交通汉语主题词表

● 交通部科学研究院　编

图书在版编目(CIP)数据

交通汉语主题词表 / 交通部科学研究院编. —修订本.
北京：人民交通出版社，2007.3
ISBN 978-7-114-06420-3

Ⅰ.交… Ⅱ.交… Ⅲ.交通－叙词表－中国
Ⅳ.G254.243

中国版本图书馆 CIP 数据核字（2007）第 023285 号

书　　名：交通汉语主题词表
著 作 者：交通部科学研究院
责任编辑：李　农
出版发行：人民交通出版社
地　　址：（100011）北京市朝阳区安定门外外馆斜街 3 号
网　　址：http：//www.ccpress.com.cn
销售电话：（010）85285838，85285995
总 经 销：北京中交盛世书刊有限公司
经　　销：各地新华书店
印　　刷：三河市吉祥印务有限公司
开　　本：880×1230　1/16
印　　张：62.25
字　　数：1976 千
版　　次：2007 年 5 月　第 1 版
印　　次：2007 年 10 月　第 2 次印刷
书　　号：ISBN 978-7-114-06420-3
印　　数：1501－2500 册
定　　价：180.00 元

《交通汉语主题词表》审定委员会

《交通汉语主题词表》编写组

前　言

为了完善我国交通运输行业科技信息计算机检索系统与联机检索网络，更好地实现文献资料资源共享，《交通汉语主题词表》在《交通专业汉语主题词表》（1990年第4版）的基础上修订、编制而成。此次修订，吸纳了近年来在主题词表编制理论研究方面的一些成果，参考了相关行业在词表编制方面的实践经验与一些专业性词表，从内容和格式上均对1990年第4版的原词表做了较大的改动。这是交通行业科技信息计算机管理方面的一项基础性工作，它将对交通运输行业科技信息加工处理和检索的计算机化、标准化工作起促进作用，在交通信息工作者和信息用户之间架起一座桥梁，有助于进一步推进交通行业信息化建设。

此次修订工作主要体现在以下5个方面：①采用了《汉语主题词表》及有关部委编制词表通常采用的组成部分与款目格式；②对原词表的分类体系做了较大的改动，以交通行业的公路运输与水路运输两大类及其分类栏目为主要范畴体系，辅以相关学科词语及各学科、行业通用词语，形成4大体系；③增加了与交通运输发展密切相关的生态与环境保护、能源等方面的词语、物流与管理方面的词语，以及近年来出现的新词语；④对1990年第4版原词表做了大量的删改和增补，收词数量由3800扩充到11167；⑤采用了计算机辅助编表技术，同时建立了相应的计算机数据库和计算机管理系统，为今后的词语更新、扩充和词表修订奠定了基础，提供了技术支撑。

修订过程主要参考了以下资料：中华人民共和国国家标准《公路运输术语》；全国科学技术名词审定委员会编写的《公路交通科技名词》、《水利科技名词》、《海峡两岸航海科技名词》；建设部科技情报研究所编写的《建设汉语叙词表》（1992）；科学技术文献出版社出版的《汉语主题词表》；NTIS文摘、BMT文摘刊物；部分中外文科技图书，以及工程技术人员收集、提供的技术词汇等。初稿形成后，分专业请有关专家进行了审核，经修改后定稿。

词表修订过程中，得到交通部科学研究院张承炯研究员、中国航空信息中心邱祖斌研究员的支持与帮助，在此出版之际，谨表衷心感谢。

修订工作的主要参与人员：王辉、饶黄裳、吴家栖、沈华春、邢国江、张垣。

对于参与此次《交通汉语主题词表》修订编制工作的人员来讲，一年半的工作过程亦是一次学习、实践的过程。由于人力与水平方面的制约，此次修订亦会有某些不妥之处，恳请各行业专家及使用本词表的人员批评指正，以便再版时予以改进。

编写组

2006年12月

编制与使用说明

1 编制《交通汉语主题词表》的必要性

交通部科学技术情报研究所、吉林省交通科学研究所曾于1990年合作研究编制了《交通专业汉语主题词表》。作为交通行业一套完整、全面的词表,该词表在交通系统数据库建设与完善、文献资料联机检索服务方面发挥了应有的作用,有力地促进了交通行业信息化建设。

十多年来,随着科学技术的不断进步,国家经济建设的迅速发展、经济体制改革的不断推进,各学科、各领域不断有新的概念、新的词语涌现,无论从词语总量来看,还是从词语分类体系来看,原有的词表已经不能适应、满足交通运输文献标引、检索的需要,因此,有必要根据现代信息处理技术和信息传递网络化发展趋势和交通科技发展的需要,对《交通专业汉语主题词表》(1990年第4版)做大量的增补和删改,在突出"新"字的前提下,调整体系结构,拓宽收词范围,实现网络环境下交通科技信息资源存储、检索的标准化和规范化。同时,过去十多年里,在文献分类法研究方面、在词表的理论研究与编制实践方面,国内外又有了诸多进展。目前,用于文献检索的"主题法"——直接以表达文献主题的词语作检索标志,以字顺为主要检索途径,并通过参照系统等方法揭示词间关系的标引和检索文献的方法——已越来越多地广泛地应用于文献标引、检索工作之中。另一方面,就词表的内容与格式而言,参照有关词表编制的理论及方法,以及十多年以来问世的主题词表(叙词表),如中国科学技术情报研究所编写的《汉语主题词表》、建设部科技情报研究所编写的《建设汉语叙词表》等,已与《交通专业汉语主题词表》(1990年第4版)有较大不同。因此,作为交通信息化建设的一项必要的基础性工作,有必要修订、编制一部新的《交通汉语主题词表》。

2 编制《交通汉语主题词表》的目的

《交通汉语主题词表》是显示交通主题词与词间语义关系的规范化动态性的检索语言词表。它是交通科研、教学、生产单位采用电子计算机进行信息存储和检索以及交通科技档案、科研成果管理和科技报告编写使用的专业工具书和信息检索系统。同时,也可供编制各类文献信息的主题目录和索引作为参考。

修订《交通汉语主题词表》,旨在使新版词表能适应并体现近年来的科技发展与进步,适应联网环境下词表利用方面的要求;改进词表的分类体系,突出交通行业中公路运输和水路运输两大主干;拓宽收词范围和领域,体现各学科的交叉与关联;增补最近十多年形成的新兴学科、领域的词语,增大信息量,更好地为交通运输行业科技文献管理与利用服务,促进交通科技发展与行业现代化。

3 编制《交通汉语主题词表》遵循的原则

(1)《交通汉语主题词表》在修订过程中,要依据国家标准,突出交通特色,借鉴国内外有益经验,选词应充分适应交通行业迅速发展的需要。

(2)修订编制过程中,应收录交通领域及其相关学科的常用名词术语。

(3)修订编制工作力求做到:科学性与实用性统一;入选的主题词明细度适当,参照关系确切。

(4)《交通汉语主题词表》将以文本形式发行,并可根据需要提供数据库形式的相应版本。

(5)在修订编制过程中,所选定的主题词应根据文献标引和检索的要求,对自然语言加以规范化处理。主题词的选定应从交通行业标引和检索文献的需要出发,结合交通行业各单位收藏的专业文献选定。选定的主题词,应是交通行业文献中经常出现、并在信息检索中有一定使用频率的名词术语。应把对交通行业文献标引和检索是否有效,作为衡量一个名词术语是否选为主题词的基本尺度。选定的主题词,必须概念明确,具有单义性。如选用一词多义的词语时,应加词义注释,或注明该词语所应用的学科领域。

(6)考虑到专业性和广泛性兼顾,在重点选好公路运输、水路运输专业的词语的前提下,在"相关学科"等部分,拟重点增补材料、生态与环境、能源等方面的词语;在有关类目及"通用词语"部分,拟适当选入少量社会、经济科学的词语,从而提高词语的广泛性和词表的实用性。

4 《交通汉语主题词表》的体系结构与内容

体系结构如下图所示:

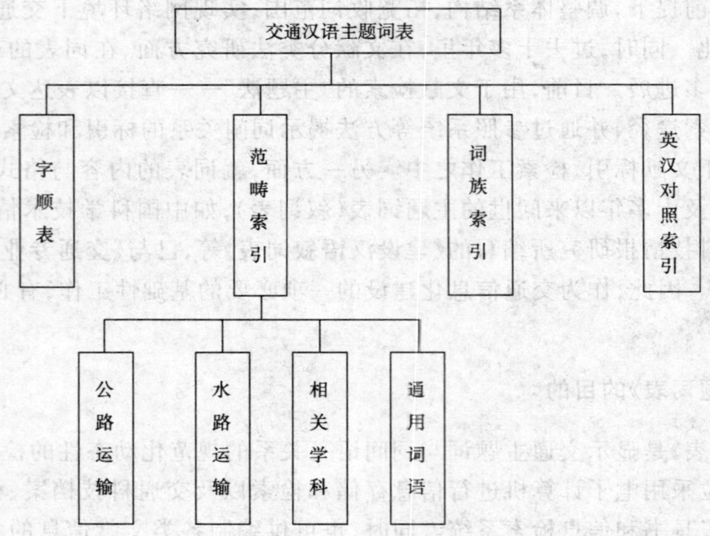

《交通汉语主题词表》以收入交通运输有关专业、相关专业词语为主,亦收入了若干通用词语,还收入了少量经济科学及社会科学的词语。词表采用近年来若干专业性词表通常采用的较好的编排形式,由"字顺表"、"范畴索引"、"词族索引"和"英汉对照索引"4 大部分组成。其中:字顺表包含了所收入的全部 11167 个主题词(正式主题词 10113 个和非正式主题词 1054 个),标注项包括该主题词的汉语拼音、顺序号、汉字、所属范畴号、首拼音、对应的英文词语,以及该主题词具有的词间关系词语。

范畴索引按"公路运输"、"水路运输"、"相关学科"和"通用词语"4 个范畴排列,下含 41 个二级类目、198 个三级类目,体现了词语所属的范畴、学科等内容,按范畴号列出该范畴/类目下的所有主题词。

词族索引体现了主题词的族系关系,收入了词表中的所有族首词(如车辆*)共 622 个,以及各族首词的各级分项词,标注项包括该族首词的汉语拼音、族首词本身,以及该族首词的各级分项词。词族共分 6 级(包括族首词本身),自族首词往下展开各级分项词。

英汉对照索引提供了词语所对应的英文、范畴号和词语本身。

4.1 字顺表及其内容

字顺表按照汉语拼音字母 A ~ Z 的顺序排列,词首为非汉字的词语排在字顺表的最后,包含了所收入的全部 11167 个主题词。

字顺表的标注项包括该主题词的汉语拼音、顺序号、汉字、所属范畴号、首拼音、对应的英文词语,以及该主题词具有的词间关系词语。

示例:正式主题词

汉语拼音——You xian yuan fa　　09069——顺序号

主题词汉字——有限元法　　CA00;CG04;CG12——范畴编号

首拼音——YXYF

英文词语——Finite element method

属项词——S: 数学分析

参项词——C: 边界元法;结构分析

分项词——F: 力法;位移法

代项词——D:有限单元法;有限元分析

族首词——Z:分析*

非正式主题词

汉语拼音——An quan xing che jian ju　　F0003——顺序号

主题词汉字——安全行车间距　　AJ04——范畴编号

首拼音——AQXCJJ

英文词语——Safe following distance

用项词——Y:行车间距

字顺表是《交通汉语主题词表》的主体,标注项包括:①汉语拼音;②顺序号;③主题词汉字;④范畴编号;⑤首拼音;⑥英文词语;⑦词间关系词语:以 Y、D、S、F、Z、C(用、代、属、分、族、参)分别反映该主题词的词间关系。正式主题词示例中,D 有限元分析,表示主题词"有限元法"的代项词为"有限单元法"及"有限元分析";非正式主题词示例中,Y 行车间距,表示非正式主题词"安全行车间距"对应的用项词为"行车间距"。* 为族首词符号,表示该主题词为族首词,即最上一级属项词。

(1)汉语拼音

汉语拼音根据《现代汉语词典》进行标注,多汉字词语的汉语拼音间有空格,首汉字汉语拼音的首字母大写。根据汉语拼音,可以很快查找到某个词语。

(2)顺序号

顺序号列于汉语拼音的右侧,反映该主题词在字顺表中的前后位置,采用正式主题词与非正式主题词分别排序的方式。正式主题词顺序号为 00001 ~ 10113;非正式主题词顺序号为 F0001 ~ F1054。

示例中,顺序号 09069,表示该词语为第 09069 个正式主题词;顺序号 F0003,表示该词语为第 3 个非正式主题词。

(3)主题词汉字

主题词汉字根据《现代汉语词典》采用规范汉字。

汉字的右上角标有 * 号的,表示该词语为族首词。

(4)范畴编号

主题词所属的范畴编号,列于该词语的右侧。范畴索引的编号采用 4 位混合编码,第一位采用大写英文字母,A、B、C、D 分别代表公路运输、水路运输、相关学科和通用词语;第二位亦采用大写的英文字母,反映二级类目在一级类目下的顺序;第三、四位采用阿拉伯数字,反映三级类目在二级类目下的顺序。

当某个词语同属于两个或两个以上的不同范畴，其所属的范畴号依次排列，其间用分号(;)隔开，表示可以在所列的范畴查到该词语。

示例中，范畴编号 CA00;CG04;CG12，即该正式主题词“有限元法”所归入的范畴编号；范畴编号 AJ04，即该非正式主题词“安全行车间距”所归入的范畴编号。

(5)首拼音

首拼音标注主题词汉字各单字汉语拼音的第一个字母，均采用大写形式，在采用计算机数据库形式查词的情况下，亦可以通过输入相应的首拼音查到该词语。

(6)英文词语

英文词语即该主题词所对应的英文名称。当某个主题词对应不同英文名称时，英文词语依次列出，词语间用分号(;)隔开。英文词语中第一个单词相同的按第二个单词的首字母的顺序排列，以下类推。

(7)词间关系词语

词间关系词语反映该主题词所具有的词间关系：即属项词、参项词、分项词、代项词、用项词和族首词。正式主题词的关系词语按属(S)、参(C)、分(F)、代(D)、族(Z)依次排列，而非正式主题词则只有用项词(Y)。一种关系词语中有 2 个以上词语的，依照汉语拼音字母的顺序依次列出，词语间用分号(;)隔开。

通过字顺表，根据汉语拼音，可以方便地查找词表中收入的任何一个主题词、该主题词所属范畴、首拼音、对应的英文词语，以及该主题词具有的关系词语。

由正式主题词的关系词语，可以获知该词语具有的属项词、参项词、分项词、代项词和族首词。而对于非正式主题词，则可以获知该词语的用项词。

4.2 范畴索引结构及其内容

(1)体系结构与内容概述

范畴索引中亦包含了词表所收入的全部主题词，按“公路运输”、“水路运输”、“相关学科”和“通用词语”4 个范畴、范畴以下的 41 个二级类目、198 个三级类目将全部主题词进行归类，按范畴编号列出该范畴/类目下的所有主题词，体现了词语所属的范畴、学科、专业等内容(详见范畴索引目录及正文)。就收入的主题词总量而言，公路运输与水路运输两部分约占总量的 67%，就三级类目数量而言，这两个部分共 156 个三级类目，占总数的 75%，词语涵盖了交通运输的各个专业，诸如：公路运输、线路、桥涵工程、交通工程、城市交通、水路运输、港口、航道工程、船舶等等。若某个主题词同属于两个或两个以上的不同范畴，则该词语同时出现在相应的不同范畴中，从而可以在不同的范畴查到该词语。例如：

安全措施　AI05

安全措施　BI01

表明在公路运输范畴的三级类目“交通安全”和水路运输范畴的三级类目“货物作业安全”中都收入有“安全措施”一词。

此外，一些跨学科、跨行业的词语亦同时出现在两个以上的不同范畴/类目中，从而体现该词语涉及到的学科或领域。例如：

河道整治*　BD04

河道整治*　CI05

表明“河道整治”一词，既涉及到航道工程中的“疏浚与整治”，也涉及到建筑工程中的“水利工程”，在水运工程和建筑工程中均有应用,体现了学科间的互相交叉。

(2)范畴编号及其含义

范畴索引的编号采用4位混合编码,第一位采用大写英文字母,A、B、C、D分别代表公路运输、水路运输、相关学科和通用词语;第二位亦采用大写的英文字母,反映二级类目在一级类目下的顺序;第三、四位采用阿拉伯数字,反映三级类目在二级类目下的顺序。

范畴编号说明:

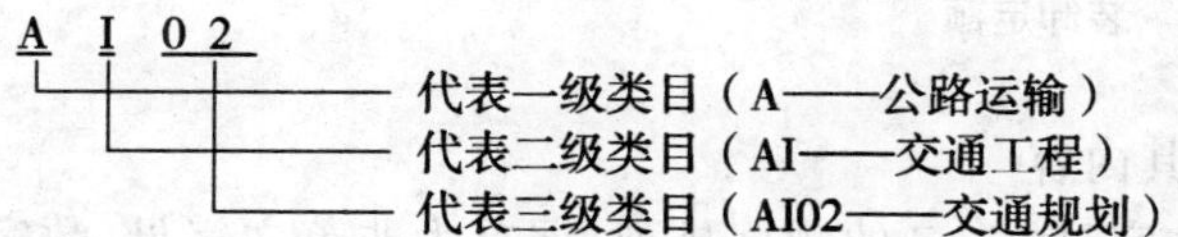

详见范畴索引目录及正文。

4.3 词族索引结构及其内容

词族索引按照汉语拼音A~Z的顺序依次排列,收入了词表中全部族首词共622个。词族索引包括指引标志、族首词本身,以及呈族状展开的各级分项词。例如:

Jian 检监鉴间减建

……

Jian Zhu Wu

建筑物*

·地下建筑物

·港口建筑物

·海洋建筑物

··离岸建筑物

···海上平台

····钻井平台

··人工岛

·河道整治建筑物

……

(1)指引标志

第一个汉字拼音相同的族首词,在其第一个族首词前有指引标志,表明在该拼音的汉字中有以这些汉字开头的族首词,以便查找。例如:

指引标志——Jian 检监鉴间减建

其后有:检测*、监测*、建筑物*等族首词。

(2)族首词

族首词即最上一级的属项词,词语上方标注有该族首词的汉语拼音,右上方标有族首词符号(*)。例如:

混凝土*

(3)词族索引

族首词以下为该族首词的词族，逐级展开，反映该族首词及各级分项词的族系关系。在各级分项词前加有黑点(·)，以黑点的多少表示该词语在族首词下的层次关系。例如：

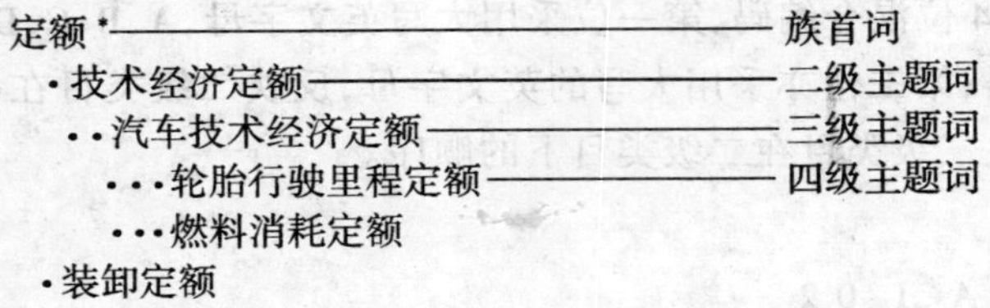

4.4　英汉对照索引及其内容

英汉对照索引按照英文字母 A～Z 的顺序排列，词首为非英文字母(数字、其他语种字母、符号等)的词语排在英汉对照索引的最后，包含了词表所收入的全部汉语主题词所对应的英文词语。

英汉对照索引的标注项包括英文词语、所属范畴号、对应的汉语主题词；对于非正式主题词而言，还标注有所对应的正式主题词。例如：

正式主题词：

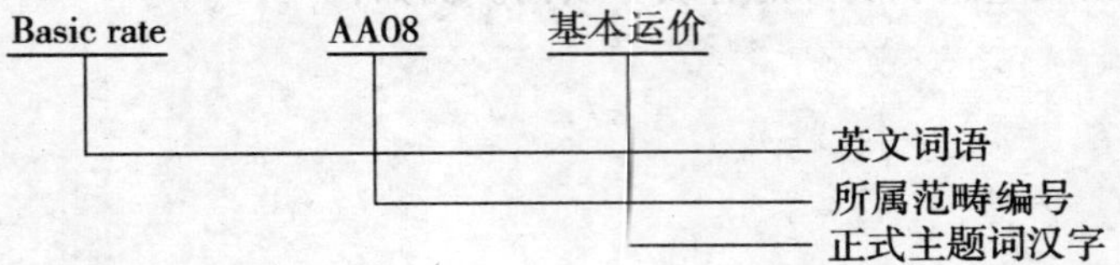

非正式主题词：

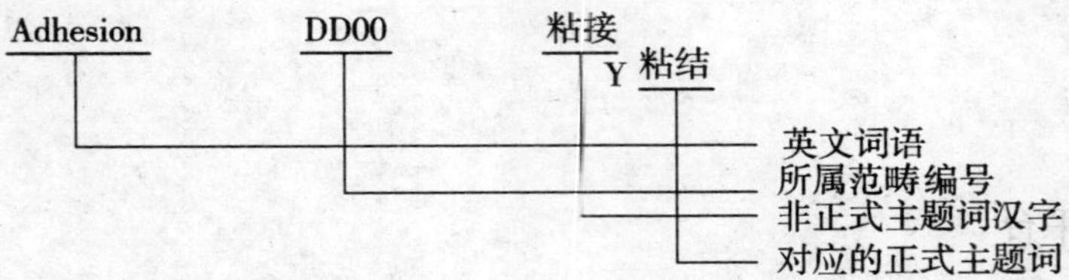

所属的范畴编号，与所对应的汉语主题词在字顺表中所属的范畴编号一致。

5　适用范围

《交通汉语主题词表》适用于交通运输行业的科研、教学、生产单位采用电子计算机进行信息存储和检索，对交通运输行业的科技文献、资料、报告进行主题标引、计算机检索和手工检索，以及交通信息化、科技文献管理及出版单位的信息管理工作。

此外，由于涵盖了交通运输行业常用的科技词语，提供有英汉、汉英对照的词表，《交通汉语主题词表》亦可作为所涵盖的交通运输行业等常用科技词语范围内的英汉/汉英词语互查的语言类工具书。

6　标引规则

标引是指通过对文献进行主题分析，将文献主题内容中具有信息检索意义的特征，包括研究对象、处理研究对象的技术、方法、所采用的试验设备等等,用规范化的检索语言——即主题词加以标识。

使用《交通汉语主题词表》进行文献标引和检索应依照国家标准《文献叙词标引规则》(GB/T 3860—1995)以及交通部相关标准的规定。

为了使交通行业的文献标引人员在使用本词表进行标引的过程中能依照共同的程序进行标引,规范标引过程,提高标引质量,标引过程一般应遵循以下原则:

(1)标引文献使用的标引词,应该是本词表中的正式主题词,书写形式应该与词表中的词形完全一致。

(2)标引词应该准确地反映文献的主题。因此,应该首先采用具有专指性的主题词标引,反映文献的特定主题,而不得采用其属项词或分项词代替专指性的主题词。

(3)组配标引

当在本词表中找不到合适的主题词进行标引时,可以采用组配标引的方法进行文献标引。

组配标引是指采用两个或两个以上的主题词反映文献主题或复杂概念的标引手段,即利用词表中词语组合来反映文献的主题,主要有交叉组配与限定组配两种。

①交叉组配

交叉组配是采用两个或两个以上具有交叉关系的主题词进行组合,以表达一个相对复杂的概念。例如:

船舶航行试验,用:船舶试验||航行试验

以及

交通通讯系统,用:交通系统||通讯系统。

②限定组配

限定组配是采用相对泛指的概念进行组合,形成一个专指的概念,以表达事物整体与部分、事物及其构成材料、事物及其特性等关系,以及事物及其过程、研究方法、加工工艺之间的关系。例如:

公路路面设计,用:公路||路面设计

以及

港口工程管理,用:港口工程||管理。

(4)不得越级组配,即能用某一个主题词进行组配时,不得用其属项词或分项词进行组配,从而保证所形成的标引词的准确性。

(5)通过组配形成的标引词应该概念确切、清楚。

当词表中既无合适的主题词,又难以采用组配标引的方法进行标引时,则可以选用最接近的属项词或相关的主题词进行标引。

7 词表的管理

《交通汉语主题词表》由交通部科学研究院信息资源室负责进行动态化管理。

字 顺 表

说　　明

1　排列

字顺表按照汉语拼音字母 A ~ Z 的顺序排列，词语中第一个汉字拼音相同的按第二个汉字的拼音首字母的顺序排列，以下类推。例如：

Bao hu	保护*
Bao hu ceng	保护层
Bao jia she ji	报价设计
Bao jia yun shu	保价运输
Bao jing zhuang zhi	报警装置
Bao kuo zhuang	爆扩桩
Bao liu jin	保留金
Bao mi	保密*
Bao mi tong xin	保密通信

词首为非汉字的词语排在字顺表的最后。例如：

γ射线辐射　　CB00

Gamma radiation

S：电磁辐射

Z:辐射*

汉语相同，对应不同英文词语的，英文词语依次列出，词语间用分号(;)隔开。例如：

保护层

Protection course; Protective covering; Protective layers

2　范畴编号

主题词所属的范畴编号，列于该词语的右侧。范畴索引的编号采用 4 位混合编码，第一位采用大写英文字母，A、B、C、D 分别代表公路运输、水路运输、相关学科和通用词语；第二位亦采用大写的英文字母，反映二级类目在一级类目下的顺序；第三、四位采用阿拉伯数字，反映三级类目在二级类目下的顺序。例如：

河口泥沙　　BD04

所属范畴编号

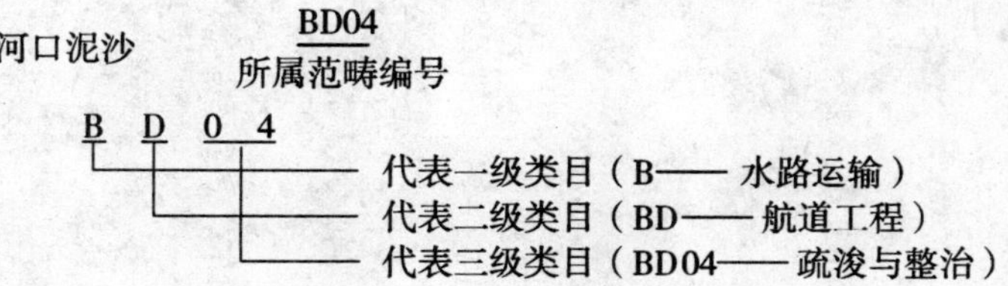

详见范畴索引目录及正文。

3 词间关系

主题词的词间关系词语，按属(S)、参(C)、分(F)、代(D)、族(Z)依次排列，而非正式主题词则只有用项词(Y)。一种关系词语中有2个以上词语的，依照汉语拼音字母的顺序依次列出，词语间用分号(;)隔开。例如：

正式主题词：
有限元法
Finite element method
S: 数学分析
C: 边界元法;结构分析
F: 力法;位移法
D: 有限单元法;有限元分析
Z: 分析*
非正式主题词：
安全行车间距
Safe following distance
Y: 行车间距

目　录

A

A fu la xing you lun 00001
阿芙拉型油轮 BE01
AFLXYL
Aframax tanker
S：油轮
Z：船舶*

ABC fen lei guan li 00002
ABC 分类管理 BA06
ABCFLGL
ABC classification
S：管理*

ABS shu zhi 00003
ABS 树脂 CC04
ABSSZ
ABS resin
S：高聚物*
C：丙烯酸树脂

Ai hang zha ba shu liang 00004 BJ04
碍航闸坝数量
AHZBSL
Numbers of lock and dam obstructive to navigation
S：航道统计指标
Z：指标*

An 00005
岸* BD01
A
Bank
F：陡岸；海岸；坍岸
D：岸坡

An bi 00006
岸壁 BC03
AB
Quay wall
S：墙*

An bi xing ma tou 00007
岸壁型码头 BC01
ABXMT
Quay walls
S：码头*

An biao 00008
岸标 BD05
AB
Landmark；Shore beacons
S：航标*
C：水上航标
D：陆上航标

An gu xing shi yan 00009
安固性试验 AH01
AGXSY
Soundness test
S：试验*

An han 00010
暗涵 AD17
AH
Buried culvert
S：涵洞*

An ji suan 00011
氨基酸 CE02
AJS
Amino acids
C：生物化学

An jiao she shi shu liang 00012 BJ04
岸绞设施数量
AJSSSL
Numbers of warping facility on the shore；Numbers of rapids-heaving facility
S：航道统计指标
Z：指标*

An li yan jiu 00013
案例研究 BB05
ALYJ
Case study
S：研究*

An po F0001
岸坡 BD01
AP
Bank slope
Y：岸*

An quan 00014

安全* DA00
AQ
Safety；Security
F：爆破安全；船舶安全；船员安全；港口安全；国际航运安全；航行安全；技术安全；计算机安全；交通安全；隧道安全；通信安全；运输安全

An quan cao zuo gui cheng 00015 BI01
安全操作规程
AQCZGC
Safety operation rules
S：规程*

An quan cuo shi 00016
安全措施 AI05；BI01
AQCS
Safety measure
S：措施*

An quan dao 00017
安全岛 AC05
AQD
Refuge island
S：安全设施
F：乘车安全岛
Z：设施*

An quan du F0002
安全度 AD03；DC00
AQD
Safety；Degree of safety
Y：安全性

An quan guan li 00018
安全管理 BI04
AQGL
Safety management
S：管理*
F：船舶安全检查；船舶交通模拟；交通安全评估

An quan ji shu 00019
安全技术 BI01
AQJS
Safety technique
S：技术*

An quan ji xian 00020

安全极限 CG04;DI00
AQJX
Safety margin
S:极限*

An quan jian cha 00021
安全检查 BI01
AQJC
Safety inspection
S:检查*

An quan ku cun 00022
安全库存 BA06
AQKC
Safety stock
S:库存*

An quan she ji 00023
安全设计 BI01
AQSJ
Safety design
S:设计*

An quan she shi 00024
安全设施 AI07
AQSS
Safety devices;Safety facilities
S:设施*
F:安全岛;行人安全设施

An quan shi gu 00025
安全事故 AG10
AQSG
Safety accident;Safety misadventure
S:事故*

An quan shui yu biao zhi 00026
安全水域标志 BD05
AQSYBZ
Safe water mark
S:标志*

An quan xi shu 00027
安全系数 AE03;BI01;CA00
AQXS
Safety coefficient;Safety factor
S:系数*

An quan xi tong gong cheng 00028
BI01
安全系统工程
AQXTGC
Safety system engineering
S:系统工程
Z:工程*

An quan xin hao 00029
安全信号 BI04
表示呼叫电台有重要航行或气象警告要发送的特定信号。
AQXH
Safety signal
S:信号*

An quan xing 00030
安全性 DC00
AQX
Safety
S:性能*
F:结构安全度
D:安全度

An quan xing che 00031
安全行车 AJ04
AQXC
Safe driving

An quan xing che jian ju F0003
AJ04
安全行车间距
AQXCJJ
Safe following distance
Y:行车间距

An quan zhi biao 00032
安全指标 AJ05
AQZB
Indicators of safety
S:指标*
F:车辆安全指标

An xian bian hua 00033
岸线变化 BC02
AXBH
Shoreline change
S:变化*

An xian chong fu chu zhi 00034
BC06
岸线重复处置
AXCFCZ
Shoreline retreat
S:处置*

An xian jian kong 00035
岸线监控 BC02
AXJK
Shoreline monitoring
S:监控
D:海岸监控
Z:控制*

An xian qin shi chu zhi 00036
BC02
岸线侵蚀处置
AXQSCZ
Treating shoreline erosion
S:处置*
C:海岸侵蚀原因;海岸侵蚀沉积

An zhuang 00037
安装 DD00
AZ
Erection;Installing

An zhuang chai xie fei 00038
AG10
安装拆卸费
AZCXF
Mounting and dismounting cost
S:费用*

Ao mi jia 00039
奥米加 BF03
一种超远程、甚低频、相位差双曲线导航系统。其工作频率为 10 ~ 14 kHz,定位精度为 1 ~ 2 n mile。
QMJ
Omega
S:航海仪器
Z:仪器*

Ao shi ping ban gua che 00040
AK01
凹式平板挂车
ASPBGC
Cranked platform trailer
S:平板挂车
Z:车辆*

B

Ba 00041
坝 BC03;CI05
B
Dam
S:水工建筑物
F:岛坝;堆石坝;高坝;拱坝;混凝土坝;土坝;橡胶坝;溢流坝;重力坝;圬工坝
Z:建筑物*

Ba gong ji shu F0004
坝工技术 BC02
BGJS
Dam construction technique
Y:筑坝技术

Ba na ma xing san huo chuan 00042 BE01
巴拿马型散货船
BNMXSHC
Panamax bulk carrier
S:散货船
Z:船舶*

Ba zhi 00043
坝趾 BC03
BZ
Dam toe

Ba zhong 00044
坝踵 BC03
BZ
Dam heel

Ba zhuang 00045
拔桩 CI01
BZ
Pile pulling
S:打桩
C:打桩工程
Z:工程*

Ba zhuang ji 00046
拔桩机 AG05
BZJ
Pile pullers
S:桩工机械
Z:机械*

Bai e 00047
白垩 AF05
BE
Chalk
S:石灰石
Z:石*

Bai gong li dian hao F0005
百公里电耗 AJ05
BGLDH
Power consumption
Y:行车电力消耗

Bai he jin 00048
白合金 AF02
BHJ
Base bearing alloy;Babbitt
S:合金
Z:材料*

Bai shi yi 00049
摆式仪 AH03
BSY
Portable pendulum tester
S:仪器*

Ban 00050
板* AD06
B
Slab;Plate;Panel
F:薄板;底板;垫板;防水板;腹板;盖板;钢板;横隔板;厚板;胶合板;模板;桥面板
D:板材

Ban cai F0006
板材 AF01;DG00
BC
Plate;Panel;Boards
Y:板*

Ban che 00051
班车 AA02
BC
Regular bus
C:旅客运输

Ban che ke yun 00052
班车客运 AA02
BCKY
Scheduled bus transport
S:客运形式
Z:运输方式*

Ban che xian lu 00053
班车线路 AA01
BCXL
Regular service route
S:运输线路
Z:线路*

Ban che yun shu 00054
班车运输 AA01
BCYS
Scheduled transportation service on fixed route
S:运输形式
Z:运输方式*

Ban ci mi du 00055
班次密度 AA02
BCMD
Intensity of runs
S:密度
C:旅客运输
Z:度*

Ban dao ti cai liao 00056
半导体材料 CF04
BDTCL
Semiconductor material
S:材料*

Ban dao ti gong yi 00057
半导体工艺 CF04
BDTGY
Semiconductor technology
S:工艺*

Ban dao ti ji shu 00058
半导体技术 CF04
BDTJS
Semiconductor technology
S:技术*

Ban dao ti qi jian 00059
半导体器件 CF04
BDTQJ
Semiconductor device

S：电子元件
Z：元件*

Ban ding xiang shi li jiao F0007 AC05
半定向式立交
BDXSLJ
Semi-directional interchange
Y：定向式立交

Ban feng bi F0008 AC05
半封闭
BFB
Partial control of access
Y：部分控制进入

Ban gan ying shi xin hao kong zhi 00060 AI03
半感应式信号控制
BGYSXHKZ
Semi-actuated signal control
S：交通感应式控制
Z：控制*

Ban gang xing ji ceng 00061 AC04
半刚性基层
BGXJC
Semi-rigid base
S：基层
Z：层*

Ban gong shi zi dong hua 00062 CF03
办公室自动化
BGSZDH
Office automation
S：自动化*

Ban gua che 00063 AK01
半挂车
BGC
Semi-trailer
S：挂车
Z：车辆*

Ban gua qi che lie che 00064 AK01
半挂汽车列车
BGQCLC
Semi-trailer train
S：汽车列车
Z：列车*

Ban gua qian yin che 00065 AK01
半挂牵引车
BGQYC
Tractor-truck
S：牵引车
Z：车辆*

Ban he F0009 DD00
拌合
BH
Mixing
Y：搅拌

Ban he wu 00066 AF01
拌合物*
BHW
Mixtures
F：混凝土拌合物；沥青拌合物；沥青混凝土混合料；沥青碎石混合料
D：混合料

Ban huo F0010 AC04
拌和
BH
Mixing
Y：搅拌

Ban huo ji F0011 AG03
拌和机
BHJ
Mixers
Y：搅拌机

Ban ji zhuang xiang chuan 00067 BE01
半集装箱船
BJZXC
Semi-container ship
S：集装箱船
Z：船舶*

Ban jing 00068 DI00
半径
BJ
Radius

Ban lei gong qiao F0012 AD01
板肋拱桥
BLGQ
Slab-rib arch bridge
Y：肋拱桥

Ban liang 00069 AD05
板梁
BLQ
Plate girder
S：梁*

Ban liang qiao 00070 AD01
板梁桥
BLA
Plate girder bridge
S：梁桥
Z：桥*

Ban lun 00071 BE01
班轮
BL
Liner
S：客轮
Z：船舶*

Ban lun chuan dui 00072 BF06
班轮船队
BLCD
Liner fleet
S：船队*
C：班轮航线

Ban lun gong hui 00073 BA09
班轮公会
BLGH
Liner conference
S：机构(组织)*

Ban lun gong hui ji qi gui ze 00074 BF01
班轮公会及其规则
BLGHJQGZ
Liner conference and their regulation
S：规则*

Ban lun gong si 00075 BF01
班轮公司
BLGS
Liner companies
S：公司*

Ban lun gong si ji 00076

tuan he lian meng BA09
班轮公司集团和联盟
BLGSJTHLM
Liner companies consortia and alliance
S:'机构(组织)*

Ban lun hang xian 00077
班轮航线 BF06
BLHX
Liner service; Liner shipping route; Liner route
S:航线*
C:班轮船队
D:定期航线

Ban lun hang yun 00078
jing ji xue BG01
班轮航运经济学
BLHYJJX
Economics of liner shipping
S:运输经济学
Z:学科*

Ban lun yun fei lü 00079
班轮运费率 BG06
BLYFL
Liner rate
S:费率
Z:比率*

Ban lun yun jia 00080
班轮运价 BG06
BLYJ
Freight rate of liner shipping
S:运价
Z:价格*

Ban lun yun shu 00081
班轮运输 BA02
BLYS
Liner transport; Liner transportation; Liner service
S:运输*
D:定期船运输

Ban lun yun ying 00082
cheng ben BG06
班轮运营成本
BLYYCB
Liner service cost
S:成本*

Ban ma xian 00083
斑马线 AI07
BMX
Zebra crossing
S:线*

Ban mu xu ye xing li F0013
jiao AC05
半苜蓿叶形立交
BMXYXLJ
Partial clover-leaf interchange
Y:苜蓿叶形立交

Ban qian shi zuan 00084
jing ping tai BE03
半潜式钻井平台
BQSZJPT
Semisubmersible rigs
S:钻井平台
C:海上平台
Z:建筑物*

Ban qiao 00085
板桥 AD01
BQ
Plate bridge
S:桥*

Ban ti duan lie 00086
板体断裂 AC08
BTDL
Slab rupture

Ban ti qiao qu 00087
板体翘曲 AC08
BTQQ
Slab warping

Ban ti wen du qiao 00088
qu ying li AC04
板体温度翘曲应力
BTWDQQYL
Slab stress due to thermal warping
S:翘曲应力
Z:应力*

Ban tian ban wa shi 00089
lu ji AC03
半填半挖式路基
BTBWSLJ
Partcut-partfill subgrade
S:路基
Z:基础(工程)*

Ban wu xian ti 00090
半无限体 CG06
BWXT
Semi-infinite body; Semi-infinite space
S:体*
C:土力学模型;无限体

Ban xian zu zhi 00091
班线阻滞 AA02
BXZZ
Regular line obstruction
C:旅客运输

Ban ya li shi han F0014
dong AD17
半压力式涵洞
BYLSHD
Inlet submerged culvert; Partial pressure culvert
Y:压力式涵洞

Ban yong jiu xing 00092
qiao AD01
半永久性桥
BYJXQ
Semi-permanent bridge
S:桥*

Ban yun F0015
搬运 BA06; DD00
BY
Handling; Carrying; Portage
Y:装卸

Ban zhuang 00093
板桩 AD11; BC06
BZ
Plank pile; Sheet pile
S:桩*

Ban zi dong hua 00094
半自动化 DD00
BZDH
Semi-automation

Bao ban 00095

薄板 DG00
BB
Sheet; Light sheet; Thin plate
S: 板*

Bao bi jie gou 00096
薄壁结构 AD04
BBJG
Thin-walled structure
S: 工程结构*

Bao che ke yun 00097
包车客运 AA02
BCKY
Chartered bus transport
S: 客运形式
Z: 运输方式*

Bao cheng cheng ke 00098
包乘乘客 AJ04
BCCK
Passenger chartered
S: 旅客*

Bao fei 00099
报废* AK02
BF
Dumping
F: 车辆报废

Bao feng jing bao 00100
暴风警报 BI04
BFJB
Storm warning(SW)
S: 危险天气通报
Z: 天气预报*

Bao feng yu 00101
暴风雨 CD03
BFY
Storm
S: 雨
Z: 降水*

Bao gan ji fei li cheng F0016
AA08
包干计费里程
BGJFLC
Charged distance of chartering
Y: 计费里程

Bao gao 00102
报告 DF00
BG
Report
S: 资料*
F: 调查报告; 风险评价报告; 考察报告; 试验报告; 研究报告

Bao gao fa 00103
报告法 BJ01
BGF
Statement method
S: 统计方法
Z: 方法*

Bao guan 00104
报关 BA02
BG
Customs declaration
C: 国际货运代理; 报关行; 进口许可; 出口许可

Bao guan 00105
保管 BA06
BG
Storage

Bao guan hang 00106
报关行 BA02
BGH
Customs broker
C: 报关

Bao he 00107
饱和 DC00
BH
Saturation

Bao he du 00108
饱和度 CG09
BHD
Degree of saturation
S: 度*
F: 停车饱和度

Bao he liu liang 00109
饱和流量 AI02
BHLL
Saturation volume
S: 流量
Z: 量*

Bao he liu lü 00110
饱和流率 AI02
BHLL
Saturation volume rate
S: 比率*

Bao he tu 00111
饱和土 CG06
BHT
Saturated soil
S: 土*
C: 饱和; 不饱和土

Bao hu 00112
保护* CE02
BH
Conservation; Protection
C: 防护*
F: 风景保护; 环境保护; 生态保护

Bao hu ceng 00113
保护层 AC04; DG00
BHC
Protection course; Protective covering; Protective layers
S: 层*
F: 松散保护层; 稳定保护层

Bao jia she ji 00114
报价设计 BE06
船厂为回答船东的询价进行投标, 估算船舶造价而做的一种设计。
BJSJ
Pricing design
S: 设计*

Bao jia yun shu 00115
保价运输 AA03; BI01
BJYS
Insured transportation; Insured transport
S: 运输*

Bao jing zhuang zhi 00116
报警装置 AE14
BJZZ
Alarming device; Warning device
S: 装置*

Bao kuo zhuang 00117

爆扩桩 CI01
BKZ
Explosion expanded piling
S：现浇混凝土桩
Z：桩*

Bao liu jin 00118
保留金 AB04
BLJ
Retention money
S：费用*

Bao mi 00119
保密* BE08；BF05
BM
Secret
F：计算机保密；通信保密

Bao mi tong xin 00120
保密通信 BE08；BF05
BMTX
Secret-keeping communication
C：通信安全；通信保密

Bao mo 00121
薄膜* DG00
BM
Membranes
F：塑料薄膜

Bao po 00122
爆破 AC03；BC06；CI02
BP
Blasting
C：爆破施工；炸药
F：拆除爆破；定向爆破；硐室爆破；多面临空爆破；光面爆破；毫秒爆破；控制爆破；抛坍爆破；抛掷爆破；深孔爆破；石方爆破；水下爆破；水压爆破；松动爆破；预裂爆破

Bao po an quan 00123
爆破安全 CI02
BPAQ
Shotfiring safety
S：安全*

Bao po gong cheng 00124
爆破工程 CI02
BPGC
Blast engineering
S：工程*

Bao po guan ce 00125
爆破观测 CI02
BPGC
Blasting observation
S：观测*

Bao po ji zhen 00126
爆破激振 AH02
BPJZ
Vibration excited by explosive action
S：激振
Z：振动*

Bao po li lun 00127
爆破理论 CI02
BPLL
Blasting theory
S：理论*

Bao po she ji 00128
爆破设计 CI02
BPSJ
Blasting design
S：设计*

Bao po shi gong 00129
爆破施工 BC06；CI02
BPSG
Blast working
S：工程施工*
C：爆破*

Bao po shi yan 00130
爆破试验 CI02
BPSY
Blasting test
S：试验*

Bao po wang luo 00131
爆破网络 CI02
BPWL
Blasting network
S：网络*

Bao po xiao ying 00132
爆破效应 CI02
BPXY
Blasting effect
S：效应*

Bao ran 00133
爆燃(汽车) AK04
BR
Detonation
S：汽车故障
Z：故障*

Bao shi xing 00134
保湿性 DC00
BSX
Moisture-holding capacity；Moisture retention
S：性能*

Bao shui cang ku 00135
保税仓库 BA06；BA07
经海关核准，由海关监管的存放进口免税油的专用仓库。
BSCK
Bonded warehouses
S：仓库*
F：保税罐
D：保税库

Bao shui guan 00136
保税罐 BA07
经海关核准，由海关监管的存放进口免税油的专用油罐。
BSG
Bonded oil tank
S：保税仓库
Z：仓库*

Bao shui ku F0017
保税库 BA01
BSK
Bonded store；Bond room
Y：保税仓库

Bao shui lü shi yan 00137
饱水率试验 AH01
BSLSY
Saturated water content test
S：试验*

Bao shui qu 00138
保税区 BA01
BSQ
Bonded area

S：区域*

Bao wen gua che 00139
保温挂车 AK01
BWGC
Thermal insulated trailer
S：挂车
Z：车辆*

Bao wen huo che 00140
保温货车 AK01
BWHC
Thermal insulated vehicle
S：载货汽车
Z：车辆*

Bao wen ji zhuang xiang 00141
BA05
保温集装箱
BWJZX
Thermal container
S：集装箱*

Bao xian 00142
保险* BA04
BX
Insurance
F：财产保险；定期保险；工程建设保险；航运保险；货物保险；强制保险；人寿保险；意外伤害保险；运输保险

Bao xian cheng ben 00143
保险成本 BA04
BXCB
Insurance costs
S：成本*
C：保险费

Bao xian fa 00144
保险法 BA04
BXF
Insurance laws
S：法律*

Bao xian fa gui 00145
保险法规 BA04
BXFG
Insurance code；Insurance law and regulation
S：法规
Z：法律*

Bao xian fei 00146
保险费 BA04
BXF
Insurance costs；Insurance premium
S：费用*
C：保险成本；保险金额
F：货物保险费
D：保险费用

Bao xian fei lü 00147
保险费率 BA04
BXFL
Insurance rates
S：费率
Z：比率*

Bao xian fei yong F0018
保险费用 BA04；BG05
BXFY
Insurance charge；Insurance fee；Cost of insurance
Y：保险费

Bao xian fen lei 00148
保险分类 BA04
BXFL
Insurance classification
S：分类*

Bao xian feng xian 00149
保险风险 BA04
BXFX
Insurance risk
S：风险*

Bao xian gong si 00150
保险公司 BA04；DJ00
BXGS
Insurance company
S：公司*
C：保险人

Bao xian guan li 00151
保险管理 BA04
BXGL
Insurance management
S：管理*

Bao xian he tong 00152
保险合同 BA04
BXHT
Insurance contact
S：合同*

Bao xian ji gou 00153
保险机构 BA04
BXJG
Insurance institution
S：机构(组织)*
F：保险集团

Bao xian ji jin 00154
保险基金 BA04
BXJJ
Insurance fund
S：基金*

Bao xian ji tuan 00155
保险集团 BA04
BXJT
Insurance group
S：保险机构
Z：机构(组织)*

Bao xian jia zhi F0019
保险价值 BA04
BXJZ
Insurance value
Y：保险金额

Bao xian jin e 00156
保险金额 BA04
BXJE
Insured amount
C：保险费
D：保险价值

Bao xian jing ji ren 00157
保险经纪人 BA04
BXJJR
Insurance broker
S：经纪人*

Bao xian li pei 00158
保险理赔 BA04
BXLP
Insurance settlement of claim；Settlement of insurance claim
C：保险索赔

Bao xian pei chang 00159
保险赔偿 BA04
BXPC
Insurance indemnity
S：赔偿*

Bao xian pei chang jin 00160 BA04
保险赔偿金
BXPCJ
Insurance benefit
S：违约金
Z：费用*

Bao xian qi xian 00161
保险期限 BA04
BXQX
Duration of insurance

Bao xian ren 00162
保险人 BA04
BXR
Insurant
C：保险公司

Bao xian shen he 00163
保险审核 BA04
BXSH
Insurance examination
S：审核*

Bao xian shi gu 00164
保险事故 BA04
BXSG
Insurance accident
S：事故*

Bao xian suo pei 00165
保险索赔 BA04
BXSP
Insurance claim
C：保险理赔；保险索赔权

Bao xian suo pei quan 00166 BA04
保险索赔权
BXSPQ
Insurance claim
S：权利*
C：保险索赔

Bao xian tiao jian 00167
保险条件 BA04
BXTJ
Insurance conditions
S：条件*

Bao xian tiao kuan 00168
保险条款 BA04
BXTK
Insurance clause；Insuring clause
S：条款*

Bao xian xi shu 00169
保险系数 CA00；DI00
BXXS
Safety factor
S：系数*

Bao xian xie yi 00170
保险协议 BA04
BXXY
Insuring agreement
S：协议*

Bao xian xin tuo 00171
保险信托 BA04
BXXT
Insurance trust

Bao xian ze ren 00172
保险责任 BA04
BXZR
Insured liability
S：责任*

Bao xian ze ren chu wai tiao kuan F0020 BA04
保险责任除外条款
BXZRCWTK
Excluded losses
Y：船舶保险条款

Bao xiang yun jia 00173
包箱运价 AA08
BXYJ
Charter rate by number container
S：运价
Z：价格*

Bao xiu cai liao fei 00174
保修材料费 AJ05
BXCLF
Maintenance material cost
S：费用*

Bao yang 00175
保养 DD00
BY
Maintenance

Bao yu 00176
暴雨 CI05
BY
Rainstorm
S：雨
Z：降水*

Bao yun he tong 00177
包运合同 BA06
BYHT
Contract of affreightment
S：合同*

Bao zha 00178
爆炸* CL01
BZ
Explosions
F：蒸汽爆炸

Bao zha han jie 00179
爆炸焊接 BE10
BZHJ
Explosive welding
S：焊接*

Bao zha hang 00180
爆炸夯 AG07
BZH
Blasting rammers；Explosive rammers
S：夯*

Bao zha li xue 00181
爆炸力学 CG01
BZLX
Explosion mechanics
S：力学
Z：学科*

Bao zha pin 00182
爆炸品 BI01
BZP
Explosive

S：危险品
Z：货物*

Bao zheng 00183
保证* DD00
BZ
Guarantee；Insure
F：航海保证；质量保证

Bao zheng jin 00184
保证金 AB03
BZJ
Bond
S：费用*
F：履约担保；投标担保

Bao zhuang 00185
包装* BA06；DD00
BZ
Package；Packaging
C：散装
F：产品包装；定牌包装；托盘包装；销售包装；运输包装；中性包装

Bao zhuang biao hao 00186
包装标号 BI01
BZBH
Packaging code number
S：代码*

Bao zhuang huo wu 00187
包装货物 BI01
BZHW
Package cargo
S：货物*

Bao zhuang huo wu yun shu 00188
包装货物运输 AA03
BZHWYS
Packed goods transport
S：货物运输
Z：运输*

Bei dong an quan xing F0021
被动安全性 AK04
BDAQX
Passive safety
Y：汽车安全性

Bei dong tu ya li 00189
被动土压力 CG06
BDTYL
Passive earth pressure
S：土压力
Z：力*

Bei ji di qu 00190
北极地区 BF02
BJDQ
Arctic regions
S：地区*
C：北极运输

Bei ji gang kou 00191
北极港口 BF02
BJGK
Arctic ports
S：港口*
C：北极航运

Bei ji hang xing 00192
北极航行 BF02
BJHX
Arctic navigation
S：航行*

Bei ji hang yun 00193
北极航运 BF02
BJHY
Arctic shipping
C：北极港口

Bei ji kao cha chuan 00194
北极考察船 BE02
BJKCC
Arctic research vessels
S：科学考察船
Z：船舶*

Bei ji kao cha ji hua 00195
北极考察计划 BB03
BJKCJH
Arctic research planning
S：计划*

Bei ji ma tou 00196
北极码头 BF02
BJMT
Arctic terminals
S：码头*

Bei ji yun shu 00197
北极运输 BF02
BJYS
Arctic transportation
S：运输*
C：北极地区

Bei ji yun shu zheng ce 00198
北极运输政策 BB02
BJYSZC
Arctic transportation policy
S：运输政策
Z：政策*

Bei jing 00199
背景 DD00
BJ
Background

Bei jing fen xi 00200
背景分析 BB04
BJFX
Environment analysis
S：分析*

Bei ke man liang F0022
贝克曼梁 AH03
BKML
Benkelman beam
Y：弯沉仪

Bei lei qiao 00201
贝雷桥 AD01
BLQ
Bailey bridge
S：桥*

Bei shao 00202
焙烧 DD00
BS
Roasting

Bei shu 00203
背书* BA02
BS
Endorsement
F：空白背书；提单背书

Bei ta xi shu 00204
贝他系数 BB04
BTXS
Beta (β) coefficient
S: 系数*

Bei yong fa dian ji zu 00205
备用发电机组 BE08
BYFDJZ
Stand-by generating set
S: 船舶电力系统
Z: 系统*

Ben di qin shi 00206
本底侵蚀 BC02
BDQS
Background Erosion
S: 侵蚀*

Ben gou guan xi 00207
本构关系 DG00
BGGX
Constitutive relations
S: 关系*

Ben piao 00208
本票 AJ04
BP
Ticket book
S: 票类
Z: 分类*

Beng 00209
泵* AG02
B
Pumps
C: 空气压缩机
F: 风泵;混凝土泵;沥青泵;离心泵;泥浆泵;喷射泵;气动泵;燃料泵;砂泵;深水泵;水泵;往复式活塞泵;消防泵;油泵

Beng an F0023
崩岸 BD01
BA
Collapsed shore
Y: 坍岸*

Beng ta 00210
崩塌 CD01;DC00
BT
Landfall;Landslides

Beng tan xing 00211
崩坍性 DC00
BTX
Collapsibility
S: 性质*

Beng zhan 00212
泵站 BD04
BZ
Pump stations

Beng zhan pai shui 00213
泵站排水 AC06
BZPS
Pumping drainage
S: 排水*

Bi biao mian 00214
比表面 CG09
BBM
Specific surface
S: 表面
Z: 面*

Bi che dong 00215
避车洞 AE14
BCD
Refuge hole
D: 避难洞

Bi feng 00216
避风 BF02
BF
Typhoonavoid

Bi feng gang 00217
避风港 BC01
BFG
Refuge harbours
S: 港口*
C: 防波堤;军港

Bi feng mao di 00218
避风锚地 BC01
BFMD
Shelter
S: 锚地*

Bi jia qi zhong ji 00219
臂架起重机 AG06
BJQZJ
Cantilever cranes
S: 起重机*

Bi jiao 00220
比较 DD00
BJ
Comparison
C: 对比

Bi jiao xian 00221
比较线 AC01
BJX
Alternative line
S: 路线设计
Z: 设计*

Bi jin fa 00222
逼近法 CA00
BJF
Approximation method
S: 计算方法
D: 逐次逼近法
Z: 方法*

Bi lei qi 00223
避雷器 CF01
BLQ
Lightning arrester

Bi li 00224
比例 DI00
BL
Proportion

Bi li shui lü 00225
比例税率 BA01
BLSL
Proportional tax
S: 税率
Z: 比率*

Bi long gu 00226
舭龙骨 BE05
BLG
Bilge keel
S: 船舶结构
C: 横摇

Z：结构*

Bi lü 00227
比率*　DI00
BL
Rate；Ratio
C：比数
F：饱和流率；财务投资率；乘车率；出行率；船舶会遇率；返修率；费率；费用效果比率；幅度比差；高峰小时上车率；工作车率；工作船率；工作率；固定比差；故障率；含水率；含油率；好路率；汇率；交通流率；孔隙率；劳动生产率；冷拉率；利率；利润率；利用率；裂缝率；路面破损率；燃料消耗率；生产率；税率；衰减率；完好率；完好率（车辆技术完好率）；无量纲数；运营率；占有率（车辆）；折旧率；折现率
D：率

Bi lu xun huan 00228
闭路循环　DC00
BLXH
Closed recirculation
S：循环*

Bi nan dong F0024
避难洞　AE14
BND
Refuge recess
Y：避车洞

Bi peng 00229
避碰　BI04
BP
Collision prevention；Collision avoidance
S：交通运输安全
C：撞船；碰撞
Z：安全*

Bi sai 00230
闭塞*　AJ03
BS
Blocking
C：闭塞分区
F：移频自动闭塞；自动闭塞

Bi sai dian hua F0025
闭塞电话　AJ03
BCDH
Block telephone
Y：站间行车电话

Bi sai feng qu 00231
闭塞分区　AJ03
BSFQ
Blocking section
C：闭塞*

Bi shi qiao dun 00232
壁式桥墩　AD09
BSQD
Wall pier
S：桥墩*

Bi shu 00233
比数　DI00
BS
Ratio
S：数*
C：比率*
F：泊松比；长细比；临界V/C比；绿信比；配合比；水灰比；效益费用比；油石比

Bi shui F0026
避税　BA01
BS
Tax avoidance
Y：合法避税

Bi shui gang 00234
避税港　BA01
BSG
Tax haven
S：港口*
C：免税区

Bi ye she ji 00235
毕业设计　DD00
BYSJ
Graduation projects
S：设计*

Bi zhong 00236
比重　CG09；DI00
BZ
Specific gravity；Specific weight；Density (mass/volume)
C：相对密度
D：容重

Bi zhong shi yan 00237
比重试验　AH01
BZSY
Specific gravity test
S：试验*

Bian dian zhan 00238
变电站*　AJ03
BDZ
Substation
F：直流牵引变电站

Bian fang ting 00239
边防艇　BE02
BFT
Frontier defence boat
S：运输辅助船
Z：船舶*

Bian fen fa 00240
变分法　CA00；CG04
BFF
Calculus of variations；Variational calculus
S：计算方法
C：结构分析；能量法；应变能
F：加权残值法；加权残值法
Z：方法*

Bian fu ji gou 00241
变幅机构　BA08
BFJG
Jib luffing mechanisms
C：自行式起重机

Bian geng yun shu 00242
变更运输　BA02
BGYS
Alteration of transport
C：取消运输

Bian gou 00243
边沟　AC06
BG
Side ditch
S：沟*

Bian hua 00244

变化* DD00
BH
Changes; Variations
F: 岸线变化;大陆架演变;海岸地貌演变;海岸区域演变;季节变化;价格变化;蠕变;时间变化;衰变;体积变化;周期变化

Bian ji 00245
编辑 DF00
BJ
Editor

Bian ji pai ban 00246
编辑排版 CF03
BJPB
Editorial type-setting

Bian jie 00247
边界* CG02;CG05;DB00
BJ
Boundaries
F: 固定边界;自由边界

Bian jie ceng 00248
边界层 BC02;CG07
BJC
Boundary layer
S: 层*
C: 层流;紊流
D: 附面层;边界层流动

Bian jie ceng liu dong F0027 BC02
边界层流动
BJCLD
Boundary layer flow
Y: 边界层

Bian jie mao yi F0028
边界贸易 DA00
BJMY
Boundary trade
Y: 边境贸易

Bian jie mian liang 00249
变截面梁 AD05
BJML
Variable cross-section beam
S: 梁*

Bian jie mian zhuang 00250 CI01
变截面桩
BJMZ
Variable cross-section piles
S: 桩*

Bian jie tiao jian 00251
边界条件 CA00;CG05
BJTJ
Boundary condition
S: 条件*

Bian jie xiao ying 00252
边界效应 CG05
BJXY
Boundary effect
S: 效应*
C: 弹塑性理论

Bian jie yuan fa 00253
边界元法 CG04;CG12
BJYF
Boundary element method
S: 数学分析
C: 差分方程;结构分析;有限元法
Z: 分析*

Bian jing mao yi 00254
边境贸易 DA00
BJMY
Border trade
S: 国际贸易
D: 过境贸易;边界贸易
Z: 贸易*

Bian ju luo xuan jiang 00255 BE08
变距螺旋桨
BJLXJ
Variable pitch propellers
S: 螺旋桨*
D: CPP;可变螺距螺旋桨;可调螺距螺旋桨

Bian liang 00256
变量 CA00
BL
Variables
S: 量*
F: 随机变量

Bian liu ji shu 00257
变流技术 CF04
BLJS
Converting technique
S: 技术*

Bian ma qi 00258
编码器 CF04
BMQ
Coding; Encoding
S: 装置*

Bian pin fa 00259
变频法 DF00
BPF
Frequency conversion method; Variable frequency method
S: 方法*

Bian pin qi 00260
变频器 CF01
BPQ
Frequency converter

Bian po 00261
边坡 AC03;CI01
BP
Side slope; Slopes
D: 边坡平台;边坡坡度;坡顶;坡脚;斜坡

Bian po ping tai F0029
边坡平台 AC03
BPPT
Plain stage of slope
Y: 边坡

Bian po po du F0030
边坡坡度 AC03
BPPD
Grade of side slope
Y: 边坡

Bian po shi wen 00262
边坡失稳 CG06
BPSW
Slope unstability
S: 工程地质现象*
D: 斜坡失稳

Bian po wen ding 00263
边坡稳定 BD04;CD01;CG06;CI01
BPWD
Slope stabilization;Stability of slope
S:工程地质现象*
C:护坡
D:斜坡稳定

Bian qiang 00264
边墙 AE03
BQ
Side wall

Bian qiao 00265
便桥 AD01
BQ
Detour bridge
S:桥*
D:施工便桥

Bian qiao qiao 00266
扁壳桥 AD01
BQQ
Shell bridge
S:桥*

Bian qiu 00267
扁球 DH00
BQ
Oblate spheroid

Bian su xiang F0031
变速箱 BE08
BSX
Gearboxes
Y:齿轮箱

Bian xing 00268
变形* AD03;DC00
BX
Deformation
C:蠕变;松弛
F:地基变形;拉伸变形;流动变形;隆凸;挠曲变形;疲劳变形;热变形;塑性变形;弹性变形;围岩变形;永久变形

Bian xing fang cheng 00269
变形方程 CG04
BXFC
Deformation equations
S:方程*

Bian xing gang jin 00270
变形钢筋 AF02
BXGJ
Deformed bars
S:钢筋
Z:材料*

Bian xing guan 00271
变形管 DG00
BXG
Deformed pipes
S:管*

Bian xing guan ce 00272
变形观测 AD15;AE13
BXGC
Deformation observation
S:观测*

Bian xing ji suan fa 00273
变形计算法 CG04
BXJSF
Deformation method;Displacement method
S:结构分析
C:虚功原理
Z:分析*

Bian xing shi yan 00274
变形试验 AH01;DF00
BXSY
Deformation tests
S:材料力学试验
F:挠度试验;蠕变试验
Z:试验*

Bian ya qi 00275
变压器 CF01
BYQ
Transformer

Bian yi xi shu 00276
变异系数 BJ01;DI00
BYXS
Variable coefficient;Variation coefficient
S:系数*

Bian yuan xian 00277
边缘线 AI07
BYX
Edge line
S:线*

Bian zhi 00278
变质 BA07
BZ
Deterioration
S:货损
Z:质量*

Bian zhi 00279
编制 DB00
BZ
Organizations

Bian zhi wen ti 00280
边值问题 CA00
BZWT
Boundary-value problems
S:数学问题
C:格林函数
Z:问题*

Bian zhi yan 00281
变质岩 AF05
BZY
Metamorphic rocks;Metamorphite
S:岩石*
F:大理岩;片麻岩;石英岩;页岩

Biao ceng 00282
表层 DG00
BC
Surface layer
S:层*
F:防滑层;封层;磨耗层;罩面
D:面层

Biao di 00283
标底 AB03
BD
Engineer's estimate

Biao ding 00284
标定 DD00
BD
Calibration

Biao guan mi du 00285
表观密度 CG09
BGMD

Apparent density
S: 密度
D: 视密度
Z: 度*

Biao guan zhuang zhi 00286
标贯装置 AH04
BGZZ
Standard penetration equipment
S: 装置*

Biao hao F0032
标号 DA00;DI00
BH
Code number;Grades
Y: 代码*

Biao mian 00287
表面 DH00
BM
Surfaces
S: 面*
F: 自由表面;自由液面

Biao mian cu cao du 00288
表面粗糙度 AC04;DI00
BMCCD
Surface roughness
S: 粗糙度
D: 粗糙率
Z: 度*

Biao mian gou zao 00289
表面构造* AC04
BMGZ
Surface texture
C: 路面*
F: 表面宏观构造;表面巨观构造;表面微观构造

Biao mian hong guan gou zao 00290 AC04
表面宏观构造
BMHGGZ
Surface macro texture
S: 表面构造*
C: 路面*

Biao mian huo xing 00291
表面活性 DC00
BMHX
Surface activity
S: 表面性质
Z: 性质*

Biao mian huo xing ji 00292 CC01
表面活性剂
BMHXJ
Surface active agents;Surfactants
S: 添加剂
C: 阳离子;阴离子
Z: 剂*

Biao mian ju guan gou zao 00293 AC04
表面巨观构造
BMJGGZ
Surface mega texture
S: 表面构造*
C: 路面*

Biao mian mo ca xi shu 00294 AC04
表面摩擦系数
BMMCXS
Surface friction coefficient
S: 摩擦系数
Z: 系数*

Biao mian ping zheng du 00295 AC04
表面平整度
BMPZD
Surface evenness
S: 平整度
Z: 度*

Biao mian wei guan gou zao 00296 AC04
表面微观构造
BMWGGZ
Surface micro texture
S: 表面构造*
C: 路面*

Biao mian wu ran yuan 00297 CK02
表面污染源
BMWRY
Surface pollution sources
S: 污染源
Z: 源*

Biao mian xiao ying chuan 00298 BE01
表面效应船
BMXYC
Surface effect ships
S: 高速船舶
Z: 船舶*

Biao mian xing zhi 00299
表面性质 DC00
BMXZ
Surface behavior
S: 物理性质
F: 表面活性
Z: 性质*

Biao mian zhang li 00300
表面张力 DC00
BMZL
Interfacial tension;Surface tension
S: 力*

Biao qian F0033
标签 BI01
BQ
Label
Y: 标志*

Biao shang zuo ye fa 00301
表上作业法 AA10
BSZYF
Table dispatching method
C: 货运调度

Biao shi 00302
标识* DH00
BS
Marking
F: 反光标识;柱式轮廓标

Biao yin 00303
标引 DF00
BY
Indexing
C: 检索;叙词表

Biao zhi 00304
标志* AI07;DA00
BZ

Sign;Label;Mark
F:安全水域标志;出租汽车标志;灯光照明标志;地名标志;发光标志;反光标志;服务区标志;辅助标志;孤立危险物标志;光纤标志;交通标志;警告标志;可变标志;路面文字标记;桥涵标;商标;危险货物标志;缘石标记;运输标志;指路标志

Biao zhi shi ren xing 00305 AI07
标志视认性
BZSRX
Sign legibility
S:特性
Z:性质*

Biao zhun 00306
标准* DB00
BZ
Standard
C:规范*
F:部颁标准;产品标准;船舶标准;地区标准;多重标准;防洪标准;管理标准;国际标准;国家标准;行业标准;环境标准;计价标准;计量标准;技术标准;计税标准;劳动定员标准;排放标准;评价标准;企业标准;设备标准;设计标准;税收标准;噪声标准;质量标准

Biao zhun guan ru shi yan 00307 AH01
标准贯入试验
BZGRSY
Standard penetration test;SPT
S:贯入试验
Z:试验*

Biao zhun hang hai yong yu 00308 BF05
标准航海用语
BZHHYY
Standard marine navigational vocabulary (SMNV)

Biao zhun hua 00309
标准化* BB02
HZH
Standardization
C:标准体系;标准设计;标准燃料
F:工业标准化;技术标准化

Biao zhun pian cha F0034
标准偏差 BJ01
BZPC
Standard deviation
Y:标准误差

Biao zhun ran liao 00310
标准燃料 BB02
BZRL
Standard fuel
C:标准化*

Biao zhun shai 00311
标准筛 AH04;BC02
BZS
Standard sieves
S:筛分机*
C:分级*;颗粒

Biao zhun she ji 00312
标准设计 AD03;BB02;DD00
BZSJ
Standard design
S:设计*
C:标准化*
D:定型设计

Biao zhun shi 00313
标准时 BF02;DJ00
BZS
Standard time
S:时间*

Biao zhun ti xi 00314
标准体系 BB02
BZTX
Standard system
C:标准化*

Biao zhun tou zi hui shou qi 00315 BB04
标准投资回收期
BZTZHSQ
Standard payback period of investment
S:投资回收期*

Biao zhun wu cha 00316
标准误差 BJ01
BZWC
Standard error
S:误差*
C:统计误差
D:标准偏差

Biao zhun xiang F0035
标准箱 BA05
BZX
Twenty-feet equivalent unit (TEU)
Y:换算箱

Biao zhun zai he 00317
标准载荷 CG11
BZZH
Standard load
S:载荷*

Biao zhun zhi 00318
标准值 DI00
BZZ
Standard value
S:值*

Bin wei wu zhong bao hu fa 00319 BI03
濒危物种保护法
BWWZBHF
Endangereal Species Act (ESA)
S:法案*

Bing 00320
冰 DE00
B
Ice

Bing bao 00321
冰雹 CD03
BB
Hail
S:灾害*
C:降雨

Bing chong hai 00322
病虫害 BI05;CK02
BCH
Pest;Plant diseases
S:病害*
C:动物病害
F:有毒病虫害

Bing chuan 00323
冰川 CD01
BC
Glacier

Bing du 00324
病毒 CE01
BD
Viruses

Bing gou F0036
并购 BG03
BG
Merger
Y: 兼并

Bing hai 00325
病害* AC03;CK02
BH
Disease
F: 病虫害;动物病害;路基病害;植物病害

Bing hai zhen duan 00326
病害诊断 AH02
BHZD
Defect diagnosis
S: 诊断*
F: 桥梁病害诊断

Bing kuang bao gao 00327
冰况报告 BI04
BKBG
Ice report
C: 撞船

Bing qing jing bao 00328
冰情警报 BI04
BQJB
Ice warning
S: 海上安全信息
Z: 信息*

Bing qu hang xing 00329
冰区航行 BF02
BQHX
Ice navigation
S: 船舶航行*

Bing xi suan shu zhi 00330
丙烯酸树脂 CC04
BXSSZ
Acrylic resins
S: 高聚物*
C: ABS树脂;聚氨酯;聚酯
F: 聚丙烯酰胺

Bing xian qi 00331
并线器 AJ03
BXQ
Trailing frog
C: 分线器

Bing xue lu mian jia shi 00332
冰雪路面驾驶 AK03
BXLMJS
Driving on snowy and icy road
S: 汽车驾驶
Z: 驾驶*

Bing ya li 00333
冰压力 CG03
BYL
Ice pressure
S: 压力
Z: 力*

Bing zai he 00334
冰载荷 CG11
BZH
Ice load
S: 载荷*

BL F0037
B/L BA02
BL
Bill of lading
Y: 提单*

Bo 00335
波* CG08
B
Waves
C: 传播;频率*
F: 不规则波;车流返回波;车流起动波;车流停驶波;地震波;规则波;横波;瞬态波;弹性波;驻波;纵波

Bo chang 00336
波场 BD02
BC
Wave fields
S: 场*

Bo che F0038
泊车 AI01
BC
Parking
Y: 停车*

Bo che qu F0039
泊车区 AI03
BCQ
Parking area
Y: 停车场*

Bo cheng liu 00337
波成流 BC02
BCL
Wave-induced currents
S: 流动*
D: 波浪引发潮流

Bo chuan 00338
驳船 BE01
BC
Barge
S: 运输船舶
C: 载驳船
F: 分节驳;分节驳船;供水驳;供油驳;开底泥驳;开体泥驳;客渡驳;矿砂驳;煤驳;泥驳;水泥驳;油驳;自航驳
Z: 船舶*

Bo chuan dui 00339
驳船队 BF06
BCD
Barge train;Barge tow
S: 船队*
C: 驳船队编组

Bo chuan dui bian zu 00340
驳船队编组 BF06
BCDBZ
Barge train formation
C:驳船队

Bo chuan dui tong ji 00341
驳船队统计 BJ05
BCDTJ

Barge fleet statistics
S：船舶统计
Z：统计*

Bo kuan 00342
拨款* BB04
BK
Appropriate a fund
C：贷款*
F：财政拨款

Bo kuan zao chuan 00343
拨款造船 BE10
BKZC
Appropriation shipbuilding
S：造船*

Bo lan hui 00344
博览会 DF00
BLH
Fair
C：展览会

Bo lang 00345
波浪* CI05；DC00
BL
Wave
F：风浪；横浪；逆浪；斜浪；涌浪

Bo lang chong jiao 00346
波浪冲角 BD02
BLCJ
Angles of wave attack
S：角*

Bo lang dian zhan 00347
波浪电站 BD06
BLDZ
Wave energy power station
S：水力发电站
C：抽水蓄能水电站；潮汐电站
Z：工厂*

Bo lang fu jia zu li 00348
BF02
波浪附加阻力
BLFJZL
Added resistance in waves
S：阻力
Z：力*

Bo lang mo xing 00349
波浪模型 BC02
BLMX
Wave model
S：模型*
F：非线性波浪模型

Bo lang mo xing shi yan 00350
BC05
波浪模型试验
BLMXSY
Wave model tests
S：水工模型试验
Z：试验*

Bo lang pou mian F0040
波浪剖面 BC02
BLPM
Wave profile
Y：波形

Bo lang san yi 00351
波浪散逸 BD02
BLSY
Wave dissipation

Bo lang shui chi 00352
波浪水池 BC05
BLSC
Wave tanks
S：试验水池
C：消波设备；造波设备
Z：水池*

Bo lang yan she 00353
波浪衍射 BD02
BLYS
Wave diffraction

Bo lang yin fa chao liu F0041
BC02
波浪引发潮流
BLYFCL
Wave-induced currents
Y：波成流

Bo lang yu bao 00354
波浪预报 BI04
BLYB
Wave forecasting
S：海上安全信息
Z：信息*

Bo lang zhe she 00355
波浪折射 BD02
BLZS
Wave refraction

Bo li 00356
玻璃 AF03
BL
Glass

Bo li 00357
剥离 DC00；DD00
BL
Peeking；Stripping

Bo li gang 00358
玻璃钢 AF03
BLG
Glass fiber reinforced plastics
S：无机纤维增强塑料
C：酚醛树脂；环氧树脂
D：玻璃纤维增强塑料
Z：材料*

Bo li gang hu lan 00359
玻璃钢护栏（交通） AI07
BLGHL
Glass fiber reinforced plastic fence
S：交通护栏
Z：设施*

Bo li gang qiao 00360
玻璃钢桥 AD01
BLGQ
Glass fiber reinforced plastic bridge
S：桥*

Bo li mian F0042
玻璃棉 AF03
BLM
Glass wool
Y：玻璃纤维

Bo li shi yan 00361
剥离试验 AH01；DF00
BLSY
Stripping tests
S：材料试验

Z：试验*

Bo li si F0043
玻璃丝 AF03
BLS
Glass fibers
Y：玻璃纤维

Bo li xian wei 00362
玻璃纤维 AF03
BLXW
Glass fiber
S：纤维*
D：玻璃丝；玻璃棉

Bo li xian wei zeng F0044
qiang su liao AF03
玻璃纤维增强塑料
BLXWZQSL
Glass fiber reinforced plastics；Glass reinforced plastics
Y：玻璃钢

Bo luo 00363
剥落 DC00
BL
Stripping

Bo luo di hai huo 00364
yun qi huo jiao yi BA03
波罗的海货运期货交易
BLDHHYQHJY
Baltic international freight futures exchange（BIFFEX）
C：波罗的海货运指数

Bo luo di hai huo 00365
yun zhi shu BA03
波罗的海货运指数
BLDHHYZS
Baltic freight index
S：指数*
C：波罗的海货运期货交易

Bo luo shi yan 00366
剥落试验 AH01
BLSY
Stripping test
S：材料试验
Z：试验*

Bo mo 00367
薄膜 DE00
BM
Films；Membranes
S：膜*

Bo mo jia re shi yan 00368
薄膜加热试验 AH01
BMJRSY
Thin-film heating test
S：试验*

Bo mo li lun 00369
薄膜理论 CG04
BMLL
Membrane theory
S：理论*
C：结构分析

Bo mo yang sheng 00370
薄膜养生 AC04
BMYS
Membrane curing
S：养生*

Bo mo ying li 00371
薄膜应力 CG03；CG05
BMYL
Membrane stress
S：应力*

Bo pu 00372
波谱 BC02
BP
Wave spectra
S：谱*

Bo qiao qu yang qi 00373
薄壳取样器 AH03
BQQYQ
Thin-walled tube sampler
S：取样器
Z：工具*

Bo shi zuo yong 00374
剥蚀作用 BD02
BSZY
Denudation
S：地质作用*
F：海蚀作用；侵蚀作用

Bo song bi 00375
泊松比 CG09；DI00
BSB
Poisson ratio；Poisson's ratio
S：比数
Z：数*

Bo te lan shui ni F0045
波特兰水泥 AF04
BTLSN
Portland cements
Y：硅酸盐水泥

Bo wei ge shu 00376
泊位个数 BJ03
BWGS
Numbers of berth
S：港口统计指标
Z：指标*

Bo wei tong guo 00377
neng li BJ03
泊位通过能力
BWTGNL
Throughput capacity of berths；Berth capacities of freight traffic
S：港口统计指标
D：港口通过能力
Z：指标*

Bo wei zong he tong 00378
guo neng li BJ03
泊位综合通过能力
BWZHTGNL
Comprehensive capacity of berths
S：港口统计指标
Z：指标*

Bo wen cai liao 00379
保温材料 AF01
BWCL
Thermal insulation material
S：建筑材料
Z：材料*

Bo wu guan 00380
博物馆 DF00
BWG
Museum

Bo xing 00381

波形 BC02
BX
Wave profile
D：波浪剖面

Bo xing liang hu lan 00382
波形梁护栏（交通） AI07
BXLHL
Corrugated beam barrier
S：交通护栏
Z：设施*

Bo yi lun 00383
博弈论 BG01
BYL
Game theory
S：理论*；运筹学
Z：学科*

Bo yun 00384
驳运 BA02
BY
Lightering

Bo yun fei 00385
驳运费 BA02
BYF
Lighterage
S：费用*

BOD F0046
BOD BI03
BOD
Biochemical oxygen demand
Y：生化需氧量

Bu ban biao zhun 00386
部颁标准 BB02
BBBZ
Standard set by a ministry
S：标准*

Bu bao he ju zhi 00387
不饱和聚酯 CC04
BBHJZ
Unsaturated polyesters
S：聚酯
Z：高聚物*

Bu bao he tu 00388
不饱和土 CG06
BBHT
Unsaturated soil
S：土*
C：饱和；饱和土
D：非饱和土

Bu biao chuan F0047
布标船 BE02
BBC
Buoy tender；Dan layer
Y：航标船

Bu biao ting F0048
布标艇 BE02
BBT
Buoy tenders
Y：航标船

Bu chang 00389
补偿 DD00
BC
Compensation；Penalties

Bu chang cha e 00390
补偿差额 BB04
BCCE
Compensating variation
D：补偿差异

Bu chang cha yi F0049
补偿差异 BB04
BCCY
Compensating variation
Y：补偿差额

Bu chang shou suo hun ning tu 00391
补偿收缩混凝土 AF07
BCSSHNT
Compensating contraction concrete
S：混凝土*

Bu chang xing cai zheng zheng ce 00392
补偿性财政政策 BB04
BCXCZZC
Compensate financial policy
S：政策*

Bu chang yuan ze 00393
补偿原则 BB04
BCYZ
Compensation principle
S：原则*

Bu chen xing F0050
不沉性 BF02
BCX
Insubmersibility
Y：抗沉性

Bu ding qi hang xian 00394
不定期航线 BF06
BDQHX
Nonscheduled line；Tramp shipping
S：航线*

Bu dong gang 00395
不冻港 BC01
BDG
Ice-free port；Unfreezing port；Warmwater port
S：港口*

Bu fen fu he gong kuang 00396
部分负荷工况 AK04
BFFHGK
Partial load mode
S：汽车运行工况
Z：状态*

Bu fen kong zhi jin ru 00397
部分控制进入 AC05
BFKZJR
Partial control of access
D：半封闭

Bu fen yu ying li 00398
部分预应力 CG04
BFYYL
Partial prestressing
S：预应力
Z：应力*

Bu fen yu ying li hun ning tu 00399
部分预应力混凝土 AF07
BFYYLHNT
Partial prestressed concrete
S：预应力混凝土

Z：混凝土*

Bu fen yu ying li hun ning tu liang 00400 AD05
部分预应力混凝土梁
BFYYLHNTL
Partially prestressed beam
S：预应力混凝土梁
Z：梁*

Bu fen yu ying li hun ning tu qiao 00401 AD01
部分预应力混凝土桥
BFYYLHNTQ
Partially prestressed bridge
S：预应力混凝土桥
Z：桥*

Bu fen yu ying li jie gou 00402 AD04
部分预应力结构
BFYYLJG
Partial prestressed structure
S：预应力混凝土结构
Z：工程结构*

Bu gui ze bo 00403
不规则波 BE09
BGZB
Irregular wave; Random seas; Random waves
S：波*

Bu he li yun shu 00404
不合理运输 BB03
BHLYS
Unreasonable transportation
S：运输*

Bu ji 00405
补给* BF04
BJ
Replenishment
F：海上补给

Bu jian 00406
部件 DG00
BJ
Parts

Bu ju 00407
布局 BC04；DD00
BJ
Layout；Site planning
C：布置

Bu jun heng xi shu 00408
不均衡系数 AJ05
BJHXS
Non-equilibrium factor
S：系数*
F：客流断面不均衡系数；客流方向不均衡系数；客流时间不均衡系数

Bu jun yun chen jiang 00409 CI01
不均匀沉降
BJYCJ
Differential settlement (foundation); Differential settlement
S：沉降*
C：路基沉降
D：差异沉降

Bu jun yun xing F0051
不均匀性 DC00
BJYX
Heterogeneity
Y：均匀性

Bu ke jie shou feng xian 00410 BB04
不可接受风险
BKJSFX
Unacceptable risk
S：风险*

Bu ke kang li 00411
不可抗力 BA04；BI04
BKKL
Force majeure

Bu ke ya suo xing F0052
不可压缩性 DC00
BKYSX
Incompressibility
Y：可压缩性

Bu ke yu jian fei 00412
不可预见费 AB03；BB03
BKYJF
Non-predicted expenses
S：费用*

Bu keng 00413
补坑 AC07
BK
Patching
C：公路养护

Bu lan chuan F0053
布缆船 BE03
BLC
Cable layer
Y：电缆敷设船

Bu men jian ding 00414
部门鉴定 DF00
BMJD
Appraisal；Departmental appraisal
S：鉴定*

Bu piao 00415
补票 AJ04
BP
Compensation fare

Bu ping heng xi shu 00416
不平衡系数(运输) AA10
表示运输量在时间上的不均衡程度。
BPHXS
Unbalance factor
S：系数*

Bu qiang ceng 00417
补强层 AC04
BQC
Strengthening course
S：基层
Z：层*

Bu qing jie ti dan 00418
不清洁提单 BA02
BQJTD
Foul bill of lading
S：提单*

Bu que ding xing fen xi 00419 BB04
不确定性分析
BQDXFX
Uncertainty analysis

S：分析*

Bu sha hu tan F0054
补沙护滩 BC06
BSHT
Beach nourishment; Beach renourishment
Y：填沙护滩

Bu shi ying du shi yan 00420 AH01
布氏硬度试验
BSYDSY
Brinell hardness test
S：硬度试验
Z：试验*

Bu tie 00421
补贴* AJ04
BT
Subsidy
F：财政补贴；票价补贴；政府补贴
D：补助

Bu tou shui ba xin qiang F0055 BC03
不透水坝心墙
BTSBXQ
Core wall of dam
Y：防渗心墙

Bu tou shui xing F0056
不透水性 DC00
BTSX
Impermeability
Y：透水性

Bu wan quan jing zheng F0057 BG03
不完全竞争
BWQJZ
Uncompleted competition
Y：国际竞争

Bu wen ding liu 00422
不稳定流 CG07
BWDL
Unsteady flow
S：流态*

Bu wen ding xing F0058
不稳定性 DC00
BWDX
Unstability
Y：稳定性

Bu wen ding xing jiao tong liu F0059 AI01
不稳定性交通流
BWDXJTL
Unstable traffic flow
Y：稳定交通流

Bu xing chu xing 00423
步行出行 AJ04
BXCX
Walking trip
S：出行方式
Z：方式*

Bu xing ju li 00424
步行距离 AJ04
BXJL
Walking distance
S：距离*

Bu xing shi wa jue ji 00425
步行式挖掘机 AG04
BXSWJJ
Walker excavators; Walking excavators
S：挖掘机
Z：机械*

Bu xiu gang 00426
不锈钢 AF02
BXG
Stainless steel
S：钢*

Bu yu quan 00427
捕鱼权 BA01
BYQ
Right of fishery
S：权利*

Bu zhi 00428
布置 DD00
BZ
Arrangement; Positioning
C：布局

Bu zhu F0060
补助 BB04
BZ
Subsidy
Y：补贴*

C

CAF F0061
C&F BG06
CAF
Cost and freight
Y：成本加运费价格

Cai chan bao xian 00429
财产保险 BA04
CCBX
Property insurance
S：保险*
C：财产估价

Cai chan gu jia 00430
财产估价 BA04
CCGJ
Property valuation
C：财产保险

Cai chan quan F0062
财产权 BB01
CCQ
Property right; Right of property
Y：产权

Cai chan shui 00431
财产税 BA01
CCS
Property tax
S：税*

Cai chan suo you quan F0063 BB01
财产所有权
CCSYQ
Property ownership
Y：财产所有制

Cai chan suo you zhi 00432
财产所有制 BB01
CCSYZ
Property ownership
S：所有制

D: 财产所有权
Z: 制度*

Cai gou 00433
采购 BG02
CG
Purchase

Cai gou he tong 00434
采购合同 BG02
CGHT
Procurement contract
S: 合同*

Cai guang 00435
采光 CI04
CG
Daylighting
C: 照明*

Cai jue ji xie 00436
采掘机械 AG08
CJJX
Excavating equipment; Excavating machinery
S: 机械*

Cai kong qu 00437
采空区 CD01
CKQ
Goaf

Cai kuang chuan 00438
采矿船 BE03
CKC
Mining dredger
S: 工程船舶
Z: 船舶*

Cai liao 00439
材料* AF01
CL
Material
F: 半导体材料;地方材料;发光材料;防护材料;非金属材料;高分子材料;工程材料;过滤材料;胶结料;胶凝材料;金属材料;粒状材料;木材;填缝材料;天然材料;涂料;无机材料;有机材料;竹材
D: 原料

Cai liao fei 00440
材料费 BG05
CLF
Cost of material
S: 费用*

Cai liao guan li 00441
材料管理 BG04
CLGL
Material management
S: 管理*

Cai liao gui ge 00442
材料规格 AF01
CLGG
Material specifications
S: 规格*
C: 材料质量

Cai liao li xue 00443
材料力学 CG03
CLLX
Strength of material
S: 力学
C: 断面分析;复合材料;强度分析
F: 复合材料力学
Z: 学科*

Cai liao li xue shi yan 00444 AH01;DF00
材料力学试验
CLLXSY
Mechanical tests of materials
S: 材料试验
F: 变形试验;冲击试验;断裂试验;击实试验;剪切试验;拉拔试验;拉裂试验;拉伸试验;冷拔试验;冷弯试验;扭转试验;碰撞试验;疲劳试验;破损试验
Z: 试验*

Cai liao shi yan 00445
材料试验 AH01;DF00
CLSY
Material tests
S: 试验*
F: 剥离试验;剥落试验;材料力学试验;稠度试验;非破坏性试验;腐蚀试验;摩擦试验;磨耗试验;磨损试验;视比重试验;石料磨光值试验;视密度试验;压碎值试验

Cai liao xiao hao 00446
材料消耗 AF01
CLXH
Materials consumption
S: 消耗*

Cai liao xing neng 00447
材料性能 AF01;CG09;DC00
CLXN
Material property; Characteristics of material; Property of material
S: 性能*

Cai liao zhi liang 00448
材料质量 AF01
CLZL
Quality of material
S: 质量*
C: 材料规格

Cai nuan 00449
采暖 CI03;CI04
CN
Heating
C: 空调

Cai se hun ning tu 00450
彩色混凝土 AF07
CSHNT
Colored concretes
S: 混凝土*

Cai wan qu zhi 00451
裁弯取直 BD04
CWQZ
Bend improvement; Curve cut-off; River straightening; Cut off river
S: 河道整治*
C: 超宽疏浚
D: 顺直

Cai wu 00452
财务* DA00
CW
Finance
F: 运输财务

Cai wu bao biao 00453
财务报表 BG05

CWBB
Financial statements
D：财务报告；财务会计报表

Cai wu bao biao fen xi 00454 BG05
财务报表分析
CWBBFX
Analysis of financial statement
S：财务分析
Z：分析*

Cai wu bao gao F0064 BG05
财务报告
CWBG
Financial report
Y：财务报表

Cai wu cheng ben 00455 BG05
财务成本
CWCB
Financial cost
S：成本*

Cai wu fei yong 00456 BG05
财务费用
CWFY
Financial cost
S：费用*

Cai wu fen xi 00457 BG05
财务分析
CWFX
Financial analysis
S：分析*
F：财务报表分析；成本收益分析；费用效益分析；临界值分析；收益成本分析；现金流量分析；效益费用分析

Cai wu guan li 00458 BG05
财务管理
CWGL
Financial management
S：管理*
C：财务制度

Cai wu guan li fen xi 00459 BG05
财务管理分析
CWGLFX
Analysis for financial management
S：分析*

Cai wu guan li xin xi xi tong 00460 BG05
财务管理信息系统
CWGLXXXT
Financial management information system
S：信息系统
Z：系统*

Cai wu ji hua 00461 BG05
财务计划
CWJH
Financial plans
S：计划*

Cai wu kuai ji 00462 BG05
财务会计
CWKJ
Financial accounting
S：会计*

Cai wu kuai ji bao biao F0065 BG05
财务会计报表
CWKJBB
Financial statements
Y：财务报表

Cai wu tou zi lü 00463 BG02
财务投资率
CWTZL
Rate of financial investment
S：比率*

Cai wu zhi du 00464 BG05
财务制度
CWZD
Financial system
S：制度*
C：财务管理

Cai you ping tai 00465 BE03
采油平台
CYPT
Production platforms
S：海上平台
Z：建筑物*

Cai zheng 00466 BG02
财政
CZ
Finance
C：金融

Cai zheng bo kuan 00467 BG02
财政拨款
CZBK
Financial allocation
S：拨款*

Cai zheng bu tie 00468 BG02
财政补贴
CZBT
Fiscal subsidy；Fiscal allowance
S：补贴*

Cai zheng guan li ti xi 00469 BG02
财政管理体系
CZGLTX
Fiscal administration system
S：体系*

Cai zheng guan shui 00470 BA01
财政关税
CZGS
Finance tariff
S：关税
Z：税*

Cai zheng xing guan shui 00471 BA01
财政性关税
CZXGS
Fiscal customs duties
S：关税
Z：税*

Cai zheng zheng ce 00472 BG02
财政政策
CZZC
Fiscal policies
S：政策*

Cai zheng zi ben 00473 BG02
财政资本
CZZB
Finance capital
S：资本*

Cai zheng zi jin 00474

财政资金 BG02
CZZJ
Financial fund
S：资金*

Can kao jia ge F0066
参考价格 BG06
CKJG
Reference price
Y：参照价格

Can liu liang 00475
残留量 CK02
CLL
Residual quantity
S：量*

Can liu xiang ying qu 00476
AH02
残留响应区
CLXYQ
Residual response zone
S：响应区
Z：区域*

Can shu 00477
参数* DI00
CS
Parameter
F：船舶参数；导航参数；隔振参数；国家参数；环境参数；汽车安全参数；汽车技术状况参数；设计参数；诊断参数

Can shu ce liang 00478
参数测量 DD00
CSCL
Parametric measurement
S：测量*.

Can shu ce shi 00479
参数测试 CF04
CSCS
Parameter test

Can shu zhen duan 00480
参数诊断 AK04
CSZD
Parameter diagnosis
S：诊断*

Can sun jian ding 00481
残损鉴定 BA07
CSJD
Damage appraisal
S：鉴定*
C：货损

Can yu bian xing F0067
残余变形 CG02
CYBX
Residual deformation
Y：永久变形

Can yu ying li 00482
残余应力 BE04
CYYL
Residual stress
S：应力*

Can zhao jia ge 00483
参照价格 BG06
CZJG
Reference price
S：价格*
D：参考价格

Can zhao xi tong 00484
参照系统 BB04
CZXT
Reference system
S：系统*

Can zhi 00485
残值 AB03；BB04
CZ
Residual value
S：值*
F：公路残值；货物残值

Cang 00486
舱 BE05
C
Tank

Cang bi 00487
舱壁 BE05
CB
Bulkhead
S：船舶结构
F：防火舱壁；水密舱壁
Z：结构*

Cang chu guan li 00488
仓储管理 BA06
CCGL
Warehousing management
S：管理*
F：分拣；集货；拣选；流通加工；组配

Cang di shui 00489
舱底水 BF07
CDS
Bilge water
S：水*

Cang gai 00490
舱盖 BE05
CG
Hatch cover
S：船舶结构
Z：结构*

Cang kou duan liang 00491
舱口端梁 BE05
CKDL
Hatch end beam
S：船舶结构
Z：结构*

Cang kou wei ban 00492
舱口围板 BE05
CKWB
Hatch coaming
S：船舶结构
Z：结构*

Cang ku 00493
仓库* AA04；BA06
CK
Storage；Warehouse
F：保税仓库；出口监管仓库；货物仓库；库房；立体仓库；通用仓库；虚拟仓库；专用仓库；自动化仓库

Cang ku bu ju 00494
仓库布局 BA06
CKBJ
Warehouse layout
S：布局*

Cang ku bu zhi 00495
仓库布置 BA06
CKBZ
Warehouse layout
S：布置*

Cang ku fen bu 00496
仓库分布 BA06
CKFB
Warehouse allocation
S：分布*

Cang ku guan li 00497
仓库管理 BA06
CKGL
Warehouse management
S：管理*

Cang ku li yong lü 00498
仓库利用率 BA06
CKLYL
Used storage space ratio of warehouse
S：利用率
Z：比率*

Cang ku rong liang 00499
仓库容量 BA06
CKRL
Warehouse volume
S：容量
Z：量*

Cang mian huo wu xian 00500
BA04
舱面货物险
CMHWX
On deck risk
S：运输保险
Z：保险*

Cang rong jiao he 00501
舱容校核 BE06
CRJH
Hold capacity check
S：船舶参数校核
Z：校核*

Cang rong xi shu 00502
舱容系数 BA02
CRXS
Coefficient of hold；Coefficient of loading；Loading factor
S：系数*

Cang shi kong jian 00503
舱室空间 BE05
CSKJ
Accommodation spaces
S：船舶结构
Z：结构*

Cang shi xi zhuang 00504
舱室舾装 BE08
CSXZ
Cabin outfitting
S：舾装*

Cao 00505
槽 DH00
C
Groove；Slot；Trough

Cao an 00506
草案 DA00
CA
Drafts

Cao ben zhi wu 00507
草本植物 CE03
CBZW
Herbaceous plants
S：植物
Z：生物*

Cao gang 00508
槽钢 AF02
CG
Channel iron；Channel steel
S：型钢
Z：材料*

Cao lü F0068
糙率 DI00
CL
Roughness
Y：粗糙度

Cao ti 00509
槽体 DH00
CT
Channel；Trench
S：体*

Cao xing liang 00510
槽形梁 AD05
CXL
Channel girder
S：梁*

Cao zong 00511
操纵* BF02
CZ
Manoeuvring
F：船舶操纵

Cao zong wen ding xing 00512
操纵稳定性 BE04
CZWDX
Control stability
S：稳定性
F：航向稳定性；横向稳定性；纵向稳定性
Z：性能*

Cao zong xing 00513
操纵性 BE04；BF02
CZX
Manoeuvreability；Maneuverability；Manoeuvability
S：性能*
F：船舶操纵性；船舶动力装置操纵性

Cao zong xing shi yan 00514
操纵性试验 BE09
CZXSY
Maneuverability test
S：船舶试验
C：操纵性试验水池
Z：试验*

Cao zong xing shi yan shui chi 00515
BE09
操纵性试验水池
CZXSYSC
Maneuvering tank；Maneuvering basin
S：试验水池
C：操纵性试验
Z：水池*

Cao zuo 00516
操作 DD00

CZ
Manipulation；Operation

Cao zuo cheng xu tu 00517
操作程序图 BA06
CZCXT
Operation process chart

Cao zuo fen xi 00518
操作分析 BA06
CZFX
Operation analysis
S：分析*

Cao zuo xing neng 00519
操作性能 DC00
CZXN
Operating performance
S：性能*

CBR shi yan 00520
CBR 试验 DF00
CBR SY
CBR Tests
S：路面试验
D：加利福尼亚承载比试验
Z：试验*

Ce dian 00521
测点 AC01
CD
Observation point
C：测量*

Ce ding 00522
测定*DD00
CD
Determination
F：粒度测定；力学测定；连续测定；流量测定；泥沙生物学特性测定；浓度测定；生物测定；物理测定；系数测定；遥测；自动测定

Ce ding fang fa 00523
测定方法 AH02；DD00
CDFF
Determining method；Determinating method；Test method
S：方法*
F：钙电极快速测定法；石灰含量测定法

Ce ding jing du F0069
测定精度 DF00；DI00
CDJD
Measure accuracy
Y：测定误差

Ce ding wu cha 00524
测定误差 DF00；DI00
CDWC
Measurement fault
S：误差*
D：测定精度

Ce ding yi 00525
测定仪 AH03；DF00
CDY
Tester；Determination instrument
S：仪器*
F：超声脉冲测量仪；磁性测裂计；钢筋保护层测定仪；钢筋锈蚀测定计；光纤测裂计；路面平整度测定仪；摩擦系数测定仪；平整度测定仪；索力测定计；通视浑浊度仪；通视能见度检验仪；液塑限联合测定仪

Ce hua 00526
侧滑(汽车) AK04
CH
Side skidding
S：汽车故障
Z：故障*

Ce hua shi yan tai 00527
侧滑试验台(汽车) AK05
CHSYT
Side slip tester
S：试验台
Z：装置*

Ce hui 00528
测绘 DD00
CH
Mapping；Surveying and mapping；Survey

Ce jing 00529
测井 CD01
CJ
Inspection well

Ce ju yi 00530
测距仪 BF03
CJY
Distant meter, range finder
S：航海仪器
C：无线电测距
F：电磁波测距仪
Z：仪器*

Ce li ji 00531
测力计 CG10
CLJ
Dynamometers
S：力学测试仪器
C：拉力计
Z：仪器*

Ce li zhu 00532
测力柱 AH04
CLZ
Load measurement column

Ce liang 00533
测量* AC01；DD00
CL
Survey
C：坐标法；切线支距法；偏角法；测站；测点
F：参数测量；测图；地形测量；电工测量；电子测量；吨位丈量；工程测量；工程地质遥感测量；光谱测量；竣工测量；路线测量；脉动测量；挠度测量；摄影测量；水道测量；水准测量；卫星遥感测量；应变测量；中线测量；自振频率测量

Ce liang chuan 00534
测量船 BE03
CLC
Survey vessels
S：工程船舶
F：水文测量船
Z：船舶*

Ce lu pai 00535
侧路牌 AJ02
CLP
Side number plate
S：路牌

Z：标志*

Ce lüe 00536
策略 DA00
CL
Strategy

Ce mian ji zhuang xiang cha che 00537 AA05
侧面集装箱叉车
CMJZXCC
Side container fork lift
S：集装箱叉车
Z：车辆*

Ce shen chui 00538
测深锤 BF03
CSC
Sounding lead
S：航海仪器
Z：仪器*

Ce shi 00539
测试* DF00
CS
Testing
F：荷载测试；计算机辅助测试；流速测试

Ce shi ji shu 00540
测试技术 DF00
CSJS
Techniques of testing
S：技术*
F：振动测试技术

Ce shi yi qi 00541
测试仪器 DF00
CSYQ
Test equipment；Test instrument
S：仪器*
F：力学测试仪器

Ce tu 00542
测图 AC01
CT
Mapping
S：测量*
F：全能法测图；微分法测图；综合法测图

Ce tui qi 00543
侧推器 BE08
CTQ
Thruster；Lateral thruster
S：推进装置
Z：装置*

Ce wei F0070
测位 BF02
CW
Position finding
Y：定位

Ce xian kang ya qiang du shi yan 00544 AH01
侧限抗压强度试验
CXKYQDSY
Confined compression strength test
S：强度试验
D：无侧限抗压强度试验
Z：试验*

Ce xiang li 00545
侧向力 CG03
CXL
Lateral force
S：力*

Ce xiang peng zhuang 00546
侧向碰撞 AI05
CXPZ
Side collision
S：碰撞*

Ce xiang shi ye 00547
侧向视野 AI05
CXSY
Field of lateral vision
S：视野*

Ce xiang tu ya li 00548
侧向土压力 CG06
CXTYL
Soil lateral pressure
S：土压力
Z：力*

Ce xiang zhen dong 00549
侧向振动 CG08
CXZD
Lateral vibration
S：振动*

Ce xiang zui xiao an quan jian ju 00550 AK03
侧向最小安全间距
CXZXAQJJ
Minimum safe lateral clearance
S：汽车安全驾驶参数
Z：参数*

Ce xie yi 00551
测斜仪 AH03
CXY
Inclinometer
S：仪器*

Ce ya shi yan 00552
侧压试验 CG10
CYSY
Lateral loading tests
S：压力试验
Z：试验*

Ce zhan 00553
测站 AC01
CZ
Instrument station
C：测量*

Ce zhe zi wu quan 00554
测者子午圈 BF02
CZZWQ
Celestial meridian

Ce zheng 00555
测震 CD02
CZ
Seismic survey
C：地震观测

Ceng 00556
层* DG00
C
Layers
F：保护层；边界层；表层；承重层；地层；地基受力层；地质断层；垫层；防水层；隔热层；联结层；路面结构层；粘层；透层；涂层

Ceng liu 00557
层流 CG07

CL
Laminar flow
S: 流态*
C: 边界层

Ceng pu fa 00558
层铺法 AC04
CPF
Layer spread method
S: 摊铺*
C: 路面施工

Ceng xi F0071
层析 CC03
CX
Chromatography
Y: 色谱

Cha bie guan shui 00559
差别关税 BA01
CBGS
Differential duties
S: 关税
Z: 税*

Cha bie yun jia 00560
差别运价 AA08
CBYJ
Differential rates
S: 运价
C: 计价标准
Z: 价格*

Cha che 00561
叉车 AA05;AG06;BA08
CC
Fork lift;Fork lift truck;Fork trucks
S: 运输车
F: 集装箱叉车;箱内作业叉车
D: 铲车
Z: 车辆*

Cha dao F0072
汊道 BD01
CD
River arm; River fork
Y: 支流

Cha dao biao zhi 00562
岔道标志 AI07
CDBZ
Cross-buck sign
S: 交通标志
Z: 标志*

Cha fen fa 00563
差分法 CA00;CG04;CG12
CFF
Difference method;Differential method
S: 计算方法
C: 结构分析;网格分析
F: 有限差分法
Z: 方法*

Cha fen fang cheng 00564
差分方程 CA00;CG04
CFFC
Difference equation
S: 方程*
C: 边界元法

Cha fen quan qiu ding wei xi tong 00565
BF05
差分全球定位系统
CFQQDWXT
Differential global positioning system (DGPS);Differential GPS
S: 定位系统
D: DGPS
Z: 导航*

Cha jia F0073
差价 BG06
CJ
Price difference
Y: 价格*

Cha piao 00566
查票 AJ04
CP
Ticket checking

Cha piao yuan 00567
查票员 AJ04
CPY
Inspector

Cha re fen xi 00568
差热分析 AH01
CRFX
Differential thermal analysis
S: 分析*

Cha shi zhuang xie che F0074
AG06
叉式装卸车
CSZXC
Forklift trucks
Y: 叉车

Cha xian 00569
岔线 AJ03
CX
Branch line
S: 线路*

Cha yi chen jiang F0075
差异沉降 CI01
CYCJ
Differential settlement
Y: 不均匀沉降

Cha yi fen xi 00570
差异分析 BJ01
CYFX
Variance analysis
S: 统计分析
Z: 分析*

Cha zhi fa 00571
插值法 CA00
CZF
Interpolation method
S: 计算方法
D: 内插法
Z: 方法*

Chai chu 00572
拆除 DD00
CC
Dismantling
C: 拆卸
D: 拆毁

Chai chu bao po 00573
拆除爆破 CI02
CCBP
Blasting for demolition
S: 爆破*

Chai chuan F0076
拆船 BE10

CC
Ship breaking
Y：造船*

Chai hui F0077
拆毁 DD00
CH
Demolition
Y：拆除

Chai kun F0078
柴捆 BC06
CK
Fascine bundle
Y：柴排

Chai pai 00574
柴排 BC06
CP
Fascine;Weaving mattress
S:护岸工程
F：埽
D：梢排；沉排；柴捆
Z：工程*

Chai xie 00575
拆卸 DD00
CX
Disassembly
C：拆除

Chai you 00576
柴油 CL03
CY
Diesel fuels
S：燃料油
C：燃料*；石油燃料
Z：油*

Chai you da zhuang ji 00577 AG05
柴油打桩机
CYDZJ
Diesel pile drivers
S：打桩机
Z：机械*

Chai you ji 00578
柴油机 AG02；DE00
CYJ
Diesel engines
S：内燃机
C：发动机
F：高速柴油机；中速柴油机
D：压燃式发动机
Z：机械*

Chai you ji dian li tui jin 00579 BE08
柴油机电力推进
CYJDLTJ
Diesel electric propulsion
S：推进装置
C：电力驱动；燃气透平电力推进；燃气透平推进
Z：装置*

Chai you ji pen you beng shi yan tai 00580 AK05
柴油机喷油泵试验台
CYJPYBSYT
Diesel fuel injection pump tester
S：试验台
Z：装置*

Chai you ji yan du ji 00581
柴油机烟度计 AK05
CYJYDJ
Diesel smoke meter
S：烟度计
Z：仪器*

Chan che F0079
铲车 AG06
CC
Forklift trucks
Y：叉车

Chan chu yong bao 00582
铲除拥包 AC07
CCYB
Upheaval leveling
C：公路养护

Chan dou 00583
铲斗 BA08
CD
Bucket
S：装卸工具
Z：工具*

Chan dou wa ni chuan 00584
铲斗挖泥船 BE03
CDWNC
Dipper dredger
S：挖泥船
Z：船舶*

Chan he 00585
掺合 DD00
CH
Blending

Chan he liao 00586
掺合料 AF01
Admixtures
S：建筑材料
F：混凝土掺合料
Z：材料*

Chan liang 00587
产量 AA07；BJ01
CL
Output
S：量*
F：车吨(客)位产量；单车产量

Chan liang 00588
掺量 DI00
CL
Blending quantity
S：量*

Chan liang zhi biao 00589
产量指标 BJ01
CLZB
Output Index
S：指标*

Chan pin 00590
产品* DA00
CP
Products
C：产品价格；产品开发；商标
F：农产品；石油产品

Chan pin bao zhuang 00591
产品包装 BA06
CPBZ
Product package
S：包装*

Chan pin biao zhun 00592

产品标准 BB02
CPBZ
Product standard
S：标准*

Chan pin cheng ben 00593
产品成本 BG05
CPCB
Product cost
S：成本*

Chan pin diao bo 00594
产品调拨 BA06
CPDB
Product allocation

Chan pin fen pei 00595
产品分配 BA06
CPFP
Product distribution
S：分配*

Chan pin jia ge 00596
产品价格 BG06
CPJG
Product price
S：价格*

Chan pin kai fa 00597
产品开发 DF00
CPKF
Product development
S：开发*

Chan qu 00598
产区 BA06
CQ
Product area
S：区域*

Chan quan 00599
产权 BB01
CQ
Property right; Right of property
S：所有权
F：公有产权；共有产权；股权；无追索权；知识产权；追索权
D：财产权
Z：权利*

Chan shi wa jue ji 00600
铲式挖掘机 AG04
CSWJJ
Shovel excavators
S：挖掘机
Z：机械*

Chan ye 00601
产业* BB04；DA00
CY
Industry; Estate
C：产业利润；产业政策
F：信息产业

Chan ye fen xin 00602
产业分析 BB04
CYFX
Industrial analysis
S：分析*

Chan ye jie gou 00603
产业结构 BB04
CYJG
Industrial structure
S：结构(组成)*
C：产业结构调整

Chan ye jie gou tiao zheng 00604
产业结构调整 BB04
CYJGTZ
Industrial structure adjustment
S：调整*
C：产业结构

Chan ye li run 00605
产业利润 BB04
CYLR
Industrial profit
S：利润*
C：产业*

Chan ye zheng ce 00606
产业政策 BB04
CYZC
Industrial policy
S：政策*
C：产业*

Chan ye zi ben 00607
产业资本 BB04
CYZB
Industrial capital
S：资本*

Chan you guo 00608
产油国 BB04
CYG
Oil producing countries

Chan yun ji 00609
铲运机 AG04
CYJ
Scrapers
F：刮板式铲运机；拉索铲运机；索式铲运机
Z：机械*

Chan zhen 00610
颤振 CG08
CZ
Flutter
S：振动*
C：振动分析；振动试验

Chan zhi li run 00611
产值利润 BB04
CZLR
Value profit
S：利润*
C：产值利润率

Chan zhi li run lü 00612
产值利润率 BB04
CZLRL
Value profit rate
S：利润率
C：产值利润
Z：比率*

Chang 00613
场* CB00
C
Fields
F：波场；磁场；电场；应力场

Chang ban fa 00614
厂拌法 AC04
CBF
Plant-mixing method
S：搅拌*
C：路面施工

Chang bo F0080
长波 CB00
CB
Long waves
Y：低频

Chang da ben zhong huo wu yun shu 00615
长大笨重货物运输 AA03
CDBZHWYS
Heavy and bulky goods transport
S：货物运输
Z：运输*

Chang dao chang 00616
场到场 BA05
CDC
Container yard to container yard（CY to CY）
S：运输方式*

Chang di fei yong 00617
场地费用 BB04
CDFY
Site expenses
S：费用*

Chang di shi yong quan 00618
场地使用权 BB04
CDSYQ
Site using right
S：使用权
Z：权利*

Chang du 00619
长度 DI00
CD
Length
S：度*
F：车列长度；悬臂长度

Chang gui shi yan 00620
常规试验 AG11
CGSY
Normal test
S：试验*

Chang huan nian xian fa 00621
偿还年限法 BB04
CHNXF
Tenure of redemption method
S：分析研究方法
Z：方法*

Chang huo gua che 00622
长货挂车 AK01
CHGC
Pole trailer
S：挂车
Z：车辆*

Chang kua qiao 00623
长跨桥 AD01
CKQ
Long span bridge
S：桥*
D：大跨渡桥

Chang kuang dao lu 00624
厂矿道路 AB02
CKDL
Factory and mine road
S：道路*

Chang nei yu pin zhuang 00625
厂内预拼装 AD12
CNYPZ
Factory assembly
S：拼装
C：工厂化施工
Z：工程施工*

Chang nei yun shu 00626
厂内运输 BA02
CNYS
Factory transportation
S：运输*

Chang qi gui hua 00627
长期规划 BB03
CQGH
Long-term planning
S：规划*

Chang qi yu ce 00628
长期预测 BB03
CQYC
Long-term forecast
S：预测*

Chang sui dao 00629
长隧道 AE01
CSD
Long tunnel
S：隧道*

Chang tu gong gong qi che zhan 00630
长途公共汽车站 AJ03
CTGGQCZ
Long distance bus stop
S：车站*

Chang tu ke che 00631
长途客车 AK01
CTKC
Intercity bus
S：客车
Z：车辆*

Chang tu ke yun 00632
长途客运 AA02
CTKY
Long-distance passenger transportation
S：客运形式
Z：运输方式*

Chang tu xian lu 00633
长途线路 AJ03
CTXL
Intercity line
S：线路*
C：公共交通线路

Chang tu yun jia 00634
长途运价 AA08
CTYJ
Long-haul rate
S：运价
Z：价格*

Chang xi bi 00635
长细比 DI00
CXB
Slenderness degree；Slenderness ratio
S：比数
Z：数*

Chang yuan gui hua 00636

长远规划 BB03
CYGH
Long range planning
S：规划*

Chang zhu shi yan ji 00637
长柱试验机 AH04
CZSYJ
Long column testing machine
S：试验机
Z：设备*

Chao chang huo wu 00638
超长货物 BI01
CCHW
Outstrip length goods
S：货物*

Chao che 00639
超车 AK03
CC
Overtaking
S：汽车驾驶
Z：驾驶*

Chao da gui mo ji cheng dian lu 00640 CF04
超大规模集成电路
CDGMJCDL
Ultra large integrated circuit
S：集成电路
Z：电路*

Chao da xing you lun 00641
超大型油轮 BE01
通常指300000 t级以上油轮。
CDXYL
Ultra large crude carrier
S：油轮
D：ULCC
Z：船舶*

Chao dao ti 00642
超导体 CF04
CDT
Superconductor

Chao dao xing 00643
超导性 DC00
CDX
Superconductivity
S：导电性
Z：性质*

Chao ding gao dui tu zai he F0081 BC02
超顶高堆土载荷
CDGDTZH
Surcharge loads
Y：超载荷

Chao fu he shi yan 00644
超负荷试验 DF00
CFHSY
Overload tests
S：荷载试验
Z：试验*

Chao gao zuo ye 00645
超高作业 AA05
CGZY
Overheight stacking up/down
S：作业*

Chao jing ding jie gou 00646 AD04
超静定结构
CJDJG
Indeterminate structure
S：工程结构*

Chao jing hua 00647
超净化 CK04
CJH
Superpurification
S：净化*

Chao kuan shu jun 00648
超宽疏浚 BD04
CKSJ
Super-width dredging
S：疏浚*
C：裁弯取直；疏浚工程

Chao liu 00649
潮流 BC02
CL
Tidal current
S：流动*

Chao qian zhi hu 00650
超前支护 AE07
CQZH
Advance support
S：支护*

Chao shen shu jun 00651
超深疏浚 BD04
CSSJ
Super-depth dredging
S：疏浚*
C：疏浚工程

Chao sheng bo che liang jian ce qi 00652 AI03
超声波车辆检测器
CSBCLJCQ
Ultra-sonic vehicle detector
S：车辆检测器
Z：仪器*

Chao sheng bo jian cha F0082 DF00
超声波检查
CSBJC
Ultrasonic examination
Y：超声检测

Chao sheng bo ying yong 00653 CB00
超声波应用
CSBYY
Application of ultrasonic waves；Ultrasonic wave utilization
S：应用*

Chao sheng jian ce 00654
超声检测 AH02；DF00
CSJC
Ultrasonic examination；Ultrasonic tests
S：检测*
C：探伤
F：强度超声检测
D：超声波检查

Chao sheng mai chong ce liang yi 00655 AH03
超声脉冲测量仪
CSMCCLY
Ultrasonic pulse velocity measurement device
S：测定仪

Z：仪器*

Chao shi 00656
潮湿 CD03；DC00
CS
Dampness；Moisture；Wetness

Chao wa 00657
超挖 AE04
CW
Overbreak
C：隧道开挖

Chao wei 00658
潮位 BC02
CW
Tidal level

Chao xi 00659
潮汐 BC02；CI05
CX
Tide
D：海潮

Chao xi dian zhan 00660
潮汐电站 BD06
CXDZ
Tidal power station
S：水力发电站
C：抽水蓄能水电站；波浪电站
Z：工厂*

Chao xi guan ce 00661
潮汐观测 BC02
CXGC
Tidal observation
S：观测*

Chao xi neng zi yuan 00662
潮汐能资源 BD06
CXNZY
Tidal energy resources
S：水电资源
Z：水资源*

Chao xian huo wu yun shu 00663 AA03
超限货物运输
CXHWYS
Oversize or overweight goods transport；Transport of out-of-gauge goods
S：货物运输
Z：运输*

Chao zai he 00664
超载荷 BC02
CZH
Surcharge loads
S：载荷*
C：挡土墙
D：超顶高堆土载荷

Chao zai yu ya 00665
超载预压 AC03
CZYY
Surcharge preloading
C：软土路基

Che chuang 00666
车床 AK05
CC
Lathe；Turning machine
S：汽车维修工艺设备
Z：设备*

Che dao 00667
车道 AI04；AJ05
CD
Lane
S：道路*
F：多乘员车辆车道；公共汽车优先车道；公共汽车专用车道；优先通行车道

Che dao fen bu 00668
车道分布 AI01
CDFB
Lane distribution
S：分布*

Che dao fen jie xian 00669
车道分界线 AI07
CDFJX
Lane line
S：线*

Che dao pian yi 00670
车道偏移 AI03
CDPY
Lane shift

Che dao ping heng 00671
车道平衡 AI04
CDPH
Lane balance
S：平衡*

Che dao tong xing neng li 00672 AI02
车道通行能力
CDTXNL
Lane capacity
S：通行能力
Z：能力*

Che dao zhan you lü 00673
车道占有率 AI01
CDZYL
Lane occupancy ratio
S：占有率（车辆）
Z：比率*

Che dui 00674
车队 AI01
CD
Platoon

Che dun (ke) wei chan liang 00675 AA07
车吨（客）位产量
CD(K)WCL
Out-put per tonnage (seat)
S：产量
Z：量*

Che gong li cheng ben 00676 AJ05
车公里成本
CGLCB
Vehicle-kilometre cost
S：车辆运营指标
Z：指标*

Che gou li 00677
车钩力 CG03
CGL
Coupler force
S：力*

Che jian jing ju 00678
车间净距 AI01
CJJJ
Vehicular gap

Che ke du lun　00679
车客渡轮　BE01
CKDL
Automobile/Passenger ferry; Auto/Passenger ferry
S: 渡轮
Z: 船舶*

Che ku　00680
车库*　CI04
CK
Shed; Car shed
F: 地下车库

Che kuang　00681
车况　AJ04
CK
Vehicle condition
S: 服务质量
Z: 质量*

Che li　00682
撤离　BH01
CL
Evacuation
C: 逃逸系统
D: 疏散

Che liang　00683
车辆*　AJ02; AK01
CL
Vehicle; Car
F: 磁垫车; 单轨车; 动车; 非机动车辆; 公路运输车辆; 挂车; 机动车辆; 救护车; 居民拥有车辆; 跨车; 缆车; 旅游车; 民用车辆; 汽车; 牵引车; 试验车; 拖车; 拖拉机; 箱式车; 营业性车辆; 运输车; 运营车辆; 在册车辆; 自动导引车; 自用车辆

Che liang an quan zhi biao　00684
车辆安全指标　AJ05
CLAQZB
Indicators of vehicle safety
S: 安全指标
F: 行车事故次数; 行车无事故天数; 行车责任事故间隔里程
Z: 指标*

Che liang bao fei　00685
车辆报废　AK02
CLBF
Vehicle scrapping
S: 报废*

Che liang bao yang jian ge li cheng　00686
车辆保养间隔里程　AJ05
CLBYJGLC
Kilometre interval of vehicle
S: 车辆运用与维修指标
Z: 指标*

Che liang da xiu jian ge li cheng　00687
车辆大修间隔里程　AJ05
CLDXJGLC
Kilometre interval of vehicle overhaul
S: 车辆运用与维修指标
Z: 指标*

Che liang dong li xue　00688
车辆动力学　CG01
CLDLX
Car dynamics
S: 动力学
Z: 学科*

Che liang gai zao　00689
车辆改造　AK02
CLGZ
Vehicle remoulding
S: 改造*

Che liang gan ying xin hao　00690
车辆感应信号　AI03
CLGYXH
Vehicle actuated signal
S: 信号*

Che liang gao du jian ce qi　00691
车辆高度检测器　AI03
CLGDJCQ
Vehicle height detector
S: 检测器
Z: 仪器*

Che liang geng xin　00692
车辆更新　AK02
CLGX
Vehicle replacement
S: 更新*

Che liang gou zhi fu jia fei　00693
车辆购置附加费　AB03
CLGZFJF
Vehicle purchase additional fee
S: 费用*

Che liang guan li　00694
车辆管理　AA10; AK02
CLGL
Registration of vehicle; Vehicle management
S: 管理*
F: 调度; 公路运输车辆管理

Che liang he li shi yong shou ming　00695
车辆合理使用寿命　AK02
CLHLSYSM
Vehicle rational service life
S: 车辆使用寿命
Z: 使用寿命*

Che liang ji shu dang an　00696
车辆技术档案　AK02
CLJSDA
Vehicle technical file
S: 技术档案
Z: 资料*

Che liang ji shu shi yong shou ming　00697
车辆技术使用寿命　AK02
CLJSSYSM
Vehicle technical service life
S: 车辆使用寿命
Z: 使用寿命*

Che liang jian ce qi　00698
车辆检测器　AI03
CLJCQ
Vehicle detector

S：检测器
F：超声波车辆检测器；磁感应式车辆检测器；存车型车辆检测器；红外线车辆检测器；环形线圈式车辆检测器；通过型车辆检测器
Z：仪器*

Che liang jing ji shi yong shou ming 00699 AK02
车辆经济使用寿命
CLJJSYSM
Vehicle economic service life
S：车辆使用寿命
Z：使用寿命*

Che liang shi yong shou ming 00700 AK02
车辆使用寿命
CLSYSM
Vehicle service life
S：使用寿命*
F：车辆合理使用寿命；车辆技术使用寿命；车辆经济使用寿命

Che liang wan hao lü 00701 AK02
车辆完好率
CLWHL
Vehicle avail ability rate
S：完好率
Z：比率*

Che liang xian jie 00702 AJ01
车辆限界
CLXJ
Vehicle gauge
S：限界*

Che liang yun shu chuan 00703 BE01
车辆运输船
CLYSC
Vehicle carrier
S：运输船舶
Z：船舶*

Che liang yun ying zhi biao 00704 AJ05
车辆运营指标
CLYYZB
Operation indicators of vehicle
S：运营指标
F：车公里成本；车日；车时；电力消耗(行车)；客位公里成本；客运收入；每车占用流动资金；票款收入；燃料消耗(行车)；人公里成本；行车电力消耗；行车燃料消耗；折旧里程(公共交通工具)；折旧期限
Z：指标*

Che liang yun yong yu wei xiu zhi biao 00705 AJ05
车辆运用与维修指标
CLYYYWXZB
Indicators of vehicle utilization and maintenance
S：指标*
F：车辆保养间隔里程；车辆大修间隔里程；轮胎平均报废里程；小修频率

Che liang zhe jiu 00706 AK02
车辆折旧
CLZJ
Vehicle depreciation
S：折旧*

Che liang zhuang bei 00707 AK02
车辆装备
CLZB
Vehicle outfitting
S：设备*

Che liang zhuang zai neng li 00708 AA07
车辆装载能力
CLZZNL
Loading capacity of vehicle
S：装载能力
Z：能力*

Che liang zu lin 00709 AK02
车辆租赁
CLZL
Vehicle leasing
S：租赁*

Che lie chang du 00710 AJ02
车列长度
CLCD
Car-row length
S：长度
Z：度*

Che liu fan hui bo 00711 AI01
车流返回波
CLFHB
Backward wave in traffic flow
S：波*
C：车流起动波；车流停驶波

Che liu qi dong bo 00712 AI01
车流起动波
CLQDB
Starting wave in traffic flow
S：波*
C：车流返回波；车流停驶波

Che liu ting shi bo 00713 AI01
车流停驶波
CLTSB
Stopping wave in traffic flow
S：波*
C：车流返回波；车流起动波

Che lun bao si 00714 AK04
车轮抱死(汽车)
CLBS
Wheel lock up
S：汽车故障
Z：故障*

Che lun ding wei yi 00715 AK05
车轮定位仪(汽车)
CLDWY
Wheel alignment meter
S：仪器*

Che lun dong ping heng yi 00716 AK05
车轮动平衡仪
CLDPHY
Wheel dynamic balancer
S：动平衡仪
Z：仪器*

Che lun hua zhuan 00717 AK03
车轮滑转(汽车)
CLHZ
Wheel spinning
S：汽车驾驶

Z：驾驶*

Che men kai du 00718
车门开度 AJ02
CMKD
Door opening degree
S：度*

Che nei jing gao 00719
车内净高 AJ02
CNJG
Interior height
S：高度
Z：度*

Che ri 00720
车日 AJ05
CR
Vehicle-days
S：车辆运营指标
D：工作车日；运营车日；完好车日
Z：指标*

Che rong 00721
车容 AA06；AJ04
CR
Vehicle appearance; Appearance of vehicle
S：服务质量
Z：质量*

Che shang jiao huo 00722
车上交货 BA02
CSJH
Free on rail; Free on truck
S：交货方式
Z：方式*

Che shen ce liang zheng xing ji 00723
车身测量整形机（轿车） AK05
CSCLZXJ
Body and frame measure and correct system
S：汽车维修工艺设备
Z：设备*

Che shen jiao zheng ji 00724
车身矫正机 AK05
CSJZJ
Body and frame straightener
S：汽车维修工艺设备
Z：设备*

Che shi 00725
车时 AJ05
CS
Vehicle-hour
S：车辆运营指标
D：工作车时；营业车时
Z：指标*

Che su 00726
车速 AI01
CS
Speed
S：速度*
F：经济车速；临界车速；平均车速；期望车速；行程车速；运行车速；自由流车速；最高车速

Che su xian zhi 00727
车速限制 AI04
CSXZ
Speed limit

Che tou jian ju 00728
车头间距 AI01
CTJJ
Space headway
C：车头时距

Che tou shi ju 00729
车头时距 AI01
CTSJ
Time headway
C：车头间距

Che wei 00730
车位 AA04
CW
Loading /Unloading lot

Che wei liang 00731
车位量 BJ05
CWL
Capacities carrying vehicles
S：船舶统计指标
Z：指标*

Che xiang 00732
车厢 AJ02
CX
Carriage

Che xiang di ban gao du 00733
车厢地板高度 AJ02
CXDBGD
Floor height
S：高度
Z：度*

Che xiang tong dao kuan du 00734
车厢通道宽度 AJ02
CXTDKD
Passage width
S：宽度
Z：度*

Che xiang zhan li mian ji 00735
车厢站立面积 AJ02
CXZLMJ
Standing area
S：面积*

Che xing dao 00736
车行道 AC02
CXD
Carriageway

Che xing jian ce qi 00737
车型检测器 AI03
CXJCQ
Vehicle type detector
S：检测器
Z：仪器*

Che yong bo yin ji 00738
车用播音机 AJ02
CYBYJ
Vehicle recorder

Che yong ji fei qi 00739
车用计费器 AJ02
CYJFQ
Taxi meter

Che yong kuo yin ji 00740
车用扩音机 AJ02

CYKYJ
Vehicle microphone

Che yong zhi liu dian du biao 00741 AJ02
车用直流电度表
CYZLDDB
Vehicle D.C. Kilowatt-hour meter
S：电度表
Z：仪器*

Che zai shi dian bo lei ji yi 00742 AH03
车载式颠簸累积仪
CZSDBLJY
Vehicular bump-integrator
S：颠簸累积仪
C：路面测试仪
Z：仪器*

Che zhan 00743
车站* AJ03
CZ
Station
F：长途公共汽车站；出租汽车站；定时车站；港湾式车站；换乘站；货运站；快车站；枢纽站；沿途站；终点站

Che zhan chu ru kou 00744
车站出入口 AJ03
CZCRK
Station entrance-exit

Che zhan she shi 00745
车站设施 AA04
CZSS
Terminal facilities
S：设施*

Che zhe 00746
车辙 AC04；AK03
CZ
Rut
D：拖印（轮胎）；压印（轮胎）

Che zhe shi yan 00747
车辙试验 AH01
CZSY
Wheel rutting test
S：路面试验
Z：试验*

Chen ai F0083
尘埃 CK02
CA
Dust
Y：粉尘*

Chen chuan 00748
沉船 BH03
CC
Shipwrecks；Wreck
S：船舶遇难
C：打捞*
D：翻船
Z：事故*

Chen chuan da lao 00749
沉船打捞 BH03
CCDL
Raising of a wreck
S：海上打捞
C：弃船
Z：打捞*

Chen chuan kan ce 00750
沉船勘测 BH03
CCKC
Wreck surveying
S：勘测*

Chen dian 00751
沉淀 DF00
CD
Precipitation；Sedimentation

Chen dian fen li 00752
沉淀分离 DE00
CDFL
Precipitation separation
S：分离*

Chen ji 00753
沉积* DD00
CJ
Cementation；Deposition
F：海岸侵蚀沉积

Chen ji guo cheng 00754
沉积过程 BD02
CJGC
Sedimentation processes
S：过程*
C：泥沙沉积

Chen ji ning ju jie gou 00755 BD02
沉积凝聚结构
CJNJJG
Sedimentation coherent structures
S：结构*

Chen ji wu 00756
沉积物* BD01；CK02
CJW
Sediment；Deposit
C：污泥*；河口；湖泊；沉积作用
F：海洋沉积物

Chen ji yan 00757
沉积岩 AF05
CJY
Sedimentary rocks
S：岩石*
F：砂岩；石灰岩
D：水成岩

Chen ji yu ni 00758
沉积淤泥 BI02
CJYN
Mud sediment
S：软土
Z：土*

Chen ji zuo yong 00759
沉积作用 BC02；BD02
CJZY
Sedimentation
S：地质作用*
C：沉积物*

Chen jiang 00760
沉降* AC08；AD11；BC02；CD01；CI01
CJ
Settlement；Settling；Subsidence
C：沉降速度
F：不均匀沉降；地面沉降；固结沉降；基础沉降；路基沉降；湿陷；压实沉降
D：沉陷

Chen jiang guan ce 00761

沉降观测 AD15;AH02
CJGC
Settlement observation
S: 观测*
F: 桥基沉降观测

Chen jiang ju li 00762
沉降距离 DI00
CJJL
Settlement length
S: 距离*

Chen jiang su du 00763
沉降速度 CI01
CJSD
Settling velocity
S: 速度*
C: 沉降*

Chen jing 00764
沉井 BC02;CI01
CJ
Open caissons;Sinking well;Sunk shaft
S: 深基础
D: 沉井基础
Z: 基础(工程)*

Chen jing ji chu F0084
沉井基础 AD11;CI01
CJJC
Open caissons; Open caisson foundation; Sunk shaft foundation
Y: 沉井

Chen jing shi gong 00765
沉井施工 CI01
CJSG
Construction of open caissons
S: 工程施工*

Chen mai fa 00766
沉埋法(隧道施工) AE04
CMF
Immersed tube method
S: 隧道施工方法
Z: 方法*

Chen mo 00767
沉没 BI04
CM
Sink
S: 船舶遇难
Z: 事故*

Chen pai F0085
沉排 BC06
CP
Sunken fascine
Y: 柴排

Chen qi 00768
衬砌* AE07
CQ
Lining
F: 混凝土衬砌;挤压混凝土衬砌;喷锚衬砌;拼装式衬砌;整体式衬砌;组合衬砌

Chen qi gong yi 00769
衬砌工艺 AE04
CQGY
Lining process
S: 工艺*

Chen qi ji xie 00770
衬砌机械 AE05
CQJX
Lining mechanism
S: 隧道施工机械
C: 混凝土喷射机
Z: 机械*

Chen qi lie sun 00771
衬砌裂损 AE11
CQLS
Lining split

Chen sha jing shi gong 00772
CI01
沉砂井施工
CSJSG
Sand drain construction
S: 工程施工*

Chen xian F0086
沉陷 BC02;CI01
CX
Yielding
Y: 沉降*

Chen xiang 00773
沉箱 BC02;CI01
CX
Caissons
S: 深基础
F: 开口沉箱
D: 沉箱基础
Z: 基础(工程)*

Chen xiang ji chu F0087
沉箱基础 AD11;CI01
CXJC
Caisson foundation
Y: 沉箱

Chen zhuang 00774
沉桩 CI01
CZ
Pile sinking
S: 打桩
F: 振动沉桩
Z: 工程*

Cheng bao zhi 00775
承包制 DA00
CBZ
Contracting out system
S: 制度*

Cheng ben 00776
成本* DA00
CB
Cost
C: 费用*
F: 班轮运营成本;保险成本;财务成本;产品成本;单船成本;单位成本;工程成本;共同成本;固定成本;管理成本;广义成本;环境成本;基础设施成本;建造成本;交通延误成本;经济成本;可变成本;年总成本;平均成本;燃料成本;融资成本;生产者成本;使用期成本;寿命周期成本;物流成本;营运成本

Cheng ben bao gao xi tong 00777
BG02
成本报告系统
CBBGXT
Cost reporting systems
S: 系统*

Cheng ben bi jiao F0088

成本比较 BG02
CBBJ
Cost comparison
Y: 成本分析

Cheng ben fen xi 00778
成本分析 BG05
CBFX
Cost analysis
S: 分析*
C: 费用分析
F: 生产成本分析;寿命周期成本分析
D: 成本比较

Cheng ben gu suan 00779
成本估算 BG02
CBGS
Cost estimating
S: 估算
Z: 计算*

Cheng ben jia yun fei jia ge 00780 BG06
成本加运费价格
CBJYFJG
Cost and freight(C&F)
S: 价格*
D: C&F

Cheng ben kong zhi 00781
成本控制 BG05
CBKZ
Cost control
S: 控制*

Cheng ben shou yi fen xi 00782 BG05
成本收益分析
CBSYFX
Cost-benefit analysis
S: 财务分析
Z: 分析*

Cheng che an quan dao 00783 AC02
乘车安全岛
CCAQD
Loading island
S: 安全岛
Z: 设施*

Cheng che lü 00784
乘车率 AJ04
CCL
Riding rate
S: 比率*

Cheng che shi jian 00785
乘车时间 AJ04
CCSJ
Ride time
S: 时间*

Cheng che shu shi xing 00786 AJ05
乘车舒适性
CCSSX
Riding comfort
S: 舒适性*

Cheng chuan xiang 00787
承船厢 BD03
CCX
Ship reception chambers
C: 单线船闸;多线船闸;双线船闸;闸室

Cheng chuan zhuang zhi 00788 BD03
承船装置
CCZZ
Ship lift-transfer chambers
C: 升船机

Cheng fen 00789
成分* CC01;DA00
CF
Compositions
F: 废水成分;化学成分

Cheng guo 00790
成果* DF00
CG
Achievement
F: 科技成果;科研成果

Cheng jian dao lu 00791
城间道路 AB02
CJDL
Interurban road
S: 道路*

Cheng ju 00792
乘距 AJ04
CJ
Riding distance
S: 距离*
F: 平均乘距

Cheng ke F0089
乘客 AA02;AJ04
CK
Passenger
Y: 旅客*

Cheng ke ji san dian 00793
乘客集散点 AJ04
CKJSD
Passenger flow collector-distributor point

Cheng ke ji shu qi 00794
乘客计数器 AJ02
CKJSQ
Passenger counter
S: 计数器
Z: 仪器*

Cheng ke xin li 00795
乘客心理 AJ01
CKXL
Passenger mentality

Cheng ke zuo yi 00796
乘客座椅 AJ02
CKZY
Passenger seat

Cheng pin you chuan 00797 BE01
成品油船
CPYC
Products tanker
S: 油轮
Z: 船舶*

Cheng qing 00798
澄清 DC00
CQ
Clarification

Cheng shi 00799

城市 CI03
CS
City

Cheng shi chu ru kou gong lu 00800 AB02
城市出入口公路
CSCRKGL
City approach highway
S：公路
Z：道路*

Cheng shi dao lu 00801
城市道路 AB02
CSDL
Urban road
S：道路*

Cheng shi dui wai jiao tong 00802 AJ01
城市对外交通
CSDWJT
Urban outbound traffic
S：交通*

Cheng shi gong gong jiao tong 00803 AJ01
城市公共交通
CSGGJT
Urban public transport
S：公共交通
F：公共交通线路设施
D：城市公共交通系统
Z：交通*

Cheng shi gong gong jiao tong gui hua 00804 AJ01
城市公共交通规划
CSGGJTGH
Urban public transport planning
S：交通规划
D：公共交通线路布局；公共交通站场布局
Z：规划*

Cheng shi gong gong jiao tong xi tong F0090 AJ01
城市公共交通系统
CSGGJTXT
Urban public transport system
Y：城市公共交通

Cheng shi gong gong ke yun 00805 AA02
城市公共客运
CSGGKY
Urban bus transport
S：客运形式*
Z：运输方式*

Cheng shi hai bin di qu 00806 BC04
城市海滨地区
CSHBDQ
Urban coastal area
S：区域*

Cheng shi huan jing 00807
城市环境 CK01
CSHJ
City environment
S：环境*

Cheng shi jian she shui 00808 BA01
城市建设税
CSJSS
City construction tax
S：税*
D：城市维护建设税

Cheng shi ke che 00809
城市客车 AK01
CSKC
City bus
S：客车
Z：车辆*

Cheng shi ke du 00810
城市客渡 AJ01
CSKD
Urban ferry
S：渡轮
C：公共交通方式
Z：船舶*

Cheng shi ke liu 00811
城市客流 AJ04
CSKL
Urban passenger flow
S：客流*

Cheng shi lü di 00812
城市绿地 CK07
CSLD
Urban greening；Urban planting
S：绿地*
C：绿地规划

Cheng shi sheng tai 00813
城市生态 CK05
CSST
Urban ecology
S：生态*
C：生态环境；自然保护

Cheng shi wei hu jian she shui F0091 BA01
城市维护建设税
CSWHJSS
Urban maintenance and development tax
Y：城市建设税

Cheng shi zao sheng 00814
城市噪声 CK02
CSZS
Community noise；Municipal noise
S：噪声*

Cheng tao she bei she ji 00815 DD00
成套设备设计
CTSBSJ
Complete equipment design
S：设计*

Cheng wu yuan 00816
乘务员 AJ04
CWY
Attendant

Cheng xiang lü hua 00817
城乡绿化 CK07
CXLH
Urban and rural greening；Urban and rural planting
S：绿化*

Cheng xing 00818
成型* AF07；DD00
CX
Forming；Modeling；Shaping
C：造型

F：混凝土成型；塑料成型；压制成型

Cheng xu 00819
程序* DA00
CX
Procedure；Programs
F：管理程序；合同签订程序

Cheng xu kong zhi 00820
程序控制 CF02
CXKZ
Program control
S：计算机控制
Z：控制*

Cheng xu she ji 00821
程序设计 DD00
CXSJ
Program design
S：设计*

Cheng ya li F0092
承压力 CI01
CYL
Load bearing capacity
Y：承载力

Cheng yun 00822
承运 AA03；BA02
CY
Acceptance of consignment; Acceptance for carriage；Acknowledgement of consignment
C：承运人；托运人；联运货物承运；托运

Cheng yun ren 00823
承运人 BA02
CYR
Carrier
C：承运

Cheng zai ban 00824
承载板 AH04
CZB
Bearing plate
S：设备*

Cheng zai ban shi yan 00825 AH01
承载板试验
CZBSY
Plate-bearing test
S：路面试验
Z：试验*

Cheng zai li 00826
承载力 AD11；CG03；CI01
CZL
Bearing capacity
S：力*
F：地基承载力；轨道承载力；桩承载力；土基承载能力
D：承压力；承载能力

Cheng zai neng li F0093
承载能力 AD11
CZNL
Bearing capacity
Y：承载力

Cheng zai suo 00827
承载索 AJ03
CZS
Loading cable
S：缆索*

Cheng zhong ceng 00828
承重层 AC04
CZC
Supporting course
S：层*

Cheng zhong xi tong 00829 AG07
称重系统
CZXT
Weighing system
S：系统*
F：沥青流量计；皮带称重装置

Cheng zu huo 00830
成组货 BI01
CZH
Unitized cargo
S：货物*

Cheng zu yun shu 00831
成组运输 BA02
CZYS
Unitized transportation
S：运输*
C：集装箱运输

Chi 00832
池 BC03
C
Basin；Pond；Tank
C：消力池

Chi cun 00833
尺寸 DH00
CC
Dimensions；Size

Chi dao zuo biao xi 00834
赤道坐标系 BF02
CDZBX
Equinoctial coordinate system
S：体系*

Chi lun xiang 00835
齿轮箱 BE08
CLX
Gearboxes
S：动力装置
D：变速箱
Z：装置*

Chi shui 00836
吃水 BE06
CS
Draft；Draught
S：船舶主尺度*
C：航向稳定性

Chi xu xing ke liu 00837
持续性客流 AA02
CXXKL
Continuous passenger traffic
S：客流*

Chi zheng cheng ke 00838
持证乘客 AJ04
CZCK
Passholder
S：旅客*

Chong dan 00839
充氮 DE00
CD
Nitrogen charging

Chong fu yun shu 00840
重复运输 AA01
CFYS
Repetitive transportation
S: 运输形式
Z: 运输方式*

Chong ji 00841
冲击 DD00
CJ
Impact; Impact shock; Shock

Chong ji bo 00842
冲击波 CD02
CJB
Shock waves
S: 波*

Chong ji hang 00843
冲击夯 AG07
CJH
Shocking rammer
S: 夯*
F: 电动冲击夯;振动冲击夯

Chong ji li 00844
冲击力 CG03
CJL
Impulsive force
S: 力*

Chong ji qiang du 00845
冲击强度 CG02
CJQD
Impact strength
S: 强度*

Chong ji ren du shi yan 00846
AH01
冲击韧度试验
CJRDSY
Impact toughness test
S: 韧度试验
Z: 试验*

Chong ji ren du shi yan yi 00847
AH03
冲击韧度试验仪
CJRDSYY
Impact toughness apparatus
S: 韧度试验仪
Z: 仪器*

Chong ji ren xing 00848
冲击韧性 CG10
CJRX
Impact toughness
S: 韧性
C: 冲击试验
Z: 性质*

Chong ji shi yan 00849
冲击试验 AH01; CG10; DF00
CJSY
Impact tests; Shock tests
S: 材料力学试验
C: 冲击*; 冲击韧性
Z: 试验*

Chong ji shi zuan kong 00850
CI01
冲击式钻孔
CJSZK
Percussion drilling
S: 钻孔*

Chong ji xi shu ce ding 00851
AH02
冲击系数测定
CJXSCD
Impact factor evaluation
S: 系数测定
Z: 测定*

Chong ji zai he 00852
冲击载荷 CG11
CJZH
Impulse load
S: 载荷*

Chong jian 00853
重建 DD00
CJ
Reconstruction
S: 建设*
F: 灾后重建

Chong kui F0094
冲溃 BD01
CK
Wash-out
Y: 溃决

Chong shua 00854
冲刷* AC03; AC08; BD02; CI05
CS
Erosion; Scouring; Washing
F: 集中冲刷; 局部冲刷; 路基冲刷; 桥渡冲刷

Chong xi 00855
冲洗 DD00
CX
Flushing

Chong xie zhi 00856
冲泻质 BD01
CXZ
Wash loads
S: 悬移质
Z: 泥沙*

Chong yang 00857
充氧 DE00
CY
Oxygenating

Chong zhi fei yong F0095
重置费用 BG05
CZFY
Replacement cost
Y: 更新费用

Chou du 00858
稠度 DC00; DI00
CD
Consistency
S: 度*
F: 沥青稠度

Chou du ji 00859
稠度计 DF00
CDJ
Consistometer
S: 仪器*

Chou du shi yan 00860
稠度试验 AH01
CDSY
Consistency test
S: 材料试验
D: 天然稠度试验

Z：试验*

Chou du yi 00861
稠度仪 AH03
CDY
Consistency tester
S：仪器*
F：砂浆稠度仪；维卡稠度仪

Chou jian F0096
抽检 BG07；DF00
CJ
Inspection by sampling
Y：抽样检验

Chou qi 00862
臭气 CK02
CQ
Odors
S：气体*
C：臭气物质

Chou qi wu zhi 00863
臭气物质 CK02
CQWZ
Odorants；Odorous substances
S：污染物
C：臭气
Z：物质*

Chou shui F0097
抽水 BC02
CS
Pumping
Y：排水*

Chou shui shi yan 00864
抽水试验 DF00
CSSY
Pumping tests
S：水工试验
Z：试验*

Chou shui xu neng F0098
dian zhan BD06
抽水蓄能电站
CSXNDZ
Pumped storage station
Y：抽水蓄能水电站

Chou shui xu neng 00865
shui dian zhan BD06
抽水蓄能水电站
CSXNSDZ
Pumped-storage power station
S：水力发电站
C：潮汐电站；波浪电站
Z：工厂*

Chou yang 00866
臭氧 BI02；CC05
CY
Ozone
S：氧化物
C：臭氧分解
Z：化合物*

Chou yang diao cha 00867
抽样调查 BG07
CYDC
Sampling survey
S：调查*

Chou yang fa 00868
抽样法 BG07
CYF
Sample method
S：分析研究方法
Z：方法*

Chou yang fen jie 00869
臭氧分解 CC02
CYFJ
Ozonolysis
S：分解
C：臭氧；氧化
Z：反应*

Chou yang jian yan 00870
抽样检验 BG07；DF00
CYJY
Sampling examination
D：抽检

Chou yang shi yan 00871
抽样试验 AG11
CYSY
Sample test
S：试验*

Chou zi F0099
筹资 BB04
CZ
Finance
Y：资金来源

Chu ban wu 00872
出版物 DB00
CBW
Publications

Chu bei tong xing 00873
neng li AI02
储备通行能力
CBTXNL
Reserve capacity
S：通行能力
Z：能力*

Chu bian xing 00874
触变性 DC00
CBX
Thixotropy
S：性质*

Chu bing 00875
除冰 DE00
CB
Deicing

Chu bu she ji 00876
初步设计 BE06；DD00
CBSJ
Preliminary design
S：设计*

Chu ce 00877
初测 AC01
CC
Preliminary survey
S：测量*

Chu chang jia 00878
出厂价 BG06
CCJ
Producer price
S：价格*

Chu chen zhuang zhi 00879
除尘装置 AG07
CCZZ
Dust collector

S：装置*

Chu chou F0100
除臭 DD00
CC
Deodorization；Deodorizing
Y：脱臭

Chu cun 00880
储存* BA06；DD00
CC
Storing；Storage
C：库存*
F：堆码；固体储存；货垛；能量储存；物品储备
D：贮存

Chu cun wen ding du shi yan 00881 AH01
储存稳定度试验
CCWDDSY
Storage stability test
S：稳定度试验
Z：试验*

Chu du 00882
除毒 DD00
CD
Detoxification

Chu fa gang 00883
出发港 BF06
CFG
Port of departure
S：港口*

Chu gou 00884
除垢 DD00
CG
Detergency

Chu huo qu F0101
出货区 BA06
CHQ
Shipping space；Shipping area
Y：货区

Chu jiao F0102
触礁 BI04
CJ
Aground
Y：搁浅

Chu kou 00885
出口 DA00
CK
Export
S：对外贸易
D：输出（贸易）
Z：贸易*

Chu kou biao zhi 00886
出口标志 AI07
CKBZ
Exit sign
S：交通标志
Z：标志*

Chu kou huo liu 00887
出口货流 BA03
CKHL
Export flow
S：货流*

Chu kou jian guan cang ku 00888 BA06
出口监管仓库
CKJGCK
Export supervised warehouse
S：仓库*

Chu kou shui F0103
出口税 BA01
CKS
Export tax
Y：关税

Chu kou xin dai 00889
出口信贷 BE10
CKXD
Export credit
S：造船贷款方式
Z：方式*

Chu kou xu ke 00890
出口许可 BA02
CKXK
Export permit
C：报关

Chu kou yu gao biao zhi 00891 AI07
出口预告标志
CKYGBZ
Advance exit sign
S：交通标志
Z：标志*

Chu kou za dao kong zhi F0104 AI03
出口匝道控制
CKZDKZ
Exit ramp control
Y：入口匝道控制

Chu li 00892
处理* BA08；DD00
CL
Processing；Treatment；Handling
F：废弃物处理；废物处理；后处理；滑坡处理；机械事故处理；垃圾处理；热处理；数字信号处理；土壤处理；脱质处理；物理化学处理；污泥处理；污水处理；信息处理；预处理；真空处理

Chu li neng li 00893
处理能力 DE00
CLNL
Processing capacity
S：能力*

Chu li xi tong 00894
处理系统 DE00
CLXT
Processing systems；Treatment systems
S：自动化系统
Z：系统*

Chu liu F0105
除硫 CK04；DE00
CL
Desulfurization
Y：脱硫

Chu qi yang hu 00895
初期养护 AC07
CQYH
Initial maintenance
S：公路养护
Z：养护*

Chu qi yun dong F0106
初期运动 BE04
CQYD
Incipient motion
Y: 初始运动

Chu qu F0107
除去 DD00
CQ
Removal
Y: 去除

Chu ru jing yun shu F0108
出入境运输 AA01
CRJYS
International transport
Y: 涉外运输

Chu se F0109
除色 DE00
CS
Decoloring; Discoloration
Y: 脱色

Chu shi 00896
除湿 DE00
CS
Dehumidification; Dehumidifying; Demoisture

Chu shi tiao jian 00897
初始条件 CA00
CSTJ
Initial conditions
S: 条件*

Chu shi yun dong 00898
初始运动 BE04
CSYD
Incipient motion
S: 运动*
D: 初期运动

Chu shuang 00899
除霜 DE00
CS
Defrosting

Chu shui liang 00900
储水量 DI00
CSL
Water storage capacity
S: 量*

Chu tan 00901
触探 CD01
CT
Sounding
C: 工程地质勘测

Chu tan shi yan 00902
触探试验 AH01
CTSY
Sounding test
S: 试验*
C: 工程地质勘测
F: 动力触探试验;静力触探试验

Chu tan yi 00903
触探仪 AH03;CD01
CTY
Cone penetrometer; Penetrometer
S: 仪器*
F: 液压静力触探仪

Chu wai tiao kuan 00904
除外条款 BA01
CWTK
Exception clause; Exemption clause
S: 条款*

Chu wei 00905
除味 DE00
CW
Deodorising

Chu wen xing 00906
初稳性 BE04
CWX
Initial stability
S: 稳定性
Z: 性能*

Chu wu ran 00907
除污染 CK04
CWR
Decontamination

Chu xian 00908
触线 AJ03
CX
Trolley wire
D: 触线网

Chu xian wang F0110
触线网 AJ03
CXW
Trolley wire network
Y: 触线

Chu xing 00909
出行* AI02
CX
Trip
F: 境内出行;徒步出行

Chu xing chang du 00910
出行长度 AI02
CXCD
Trip length
C: 出行时间

Chu xing diao cha 00911
出行调查 AJ04
CXDC
Trip survey
S: 调查*
C: 出行方式;出行目的

Chu xing duan dian mo xing 00912
出行端点模型 AI02
CXDDMX
Trip end model
S: 模型*

Chu xing fang shi 00913
出行方式 AJ04
CXFS
Trip mode
S: 方式*
C: 出行调查
F: 步行出行;公共交通出行;自行车出行

Chu xing fen bu 00914
出行分布 AI02
CXFB
Trip-distribution
C: 交通量分布

Chu xing jiao huan mo xing 00915
AI02

出行交换模型
CXJHMX
Trip interchange model
S：模型*

Chu xing ju li 00916
出行距离 AJ04
CXJL
Trip distance
S：距离*

Chu xing lü 00917
出行率 AI02
CXL
Trip rate
S：比率*

Chu xing mu di 00918
出行目的* AJ04
CXMD
Trip purpose
C：出行调查
F：工作出行；生活出行；文化出行；学习出行

Chu xing shi jian 00919
出行时间 AI02；AJ04；BB03
CXSJ
Trip time；Travel time
S：时间*
C：出行长度
D：平均出行时间

Chu xue 00920
除雪 AC08；DE00
CX
Snow removing；Snow removal

Chu xue ji 00921
除雪机 AG07
CXJ
Snow remover
S：养护机械
Z：机械*

Chu ying li 00922
初应力 CG03
CYL
Initial stress
S：应力*

Chu you 00923
除油 DD00
CY
Oil removal

Chu you chuan F0111
储油船 BE01
CYC
Oil storage ships
Y：油轮

Chu zhi 00924
处置* DD00
CZ
Disposal
F：岸线侵蚀处置；地下处置；水下处置

Chu zhi wen ti 00925
初值问题 CA00
CZWT
Initial value problems
S：数学问题
Z：问题*

Chu zu 00926
出租 DD00
CZ
Hiring；Letting

Chu zu qi che 00927
出租汽车 AJ02；AK01
CZQC
Taxi
S：汽车
F：合乘车
Z：车辆*

Chu zu qi che biao zhi 00928
出租汽车标志 AJ02
CZQCBZ
Taxi sign
S：标志*

Chu zu qi che ke yun 00929
出租汽车客运 AA02
CZQCKY
Taxi transport
S：客运形式
Z：运输方式*

Chu zu qi che yun xing su du 00930
出租汽车运行速度 AJ05
CZQCYXSD
Taxi operating speed
S：行驶速度
Z：速度*

Chu zu qi che zhan 00931
出租汽车站 AJ03
CZQCZ
Taxi station
S：车站*

Chuan F0112
船 BE01
C
Boat；Ship；Vessel
Y：船舶*

Chuan bian jiao huo 00932
船边交货 BA02
CBJH
Free alongside ship(FAS)
S：交货方式
Z：方式*

Chuan bian jiao huo jia ge F0113
船边交货价格 BG06
CBJHJG
Free alongside ship
Y：离岸价格

Chuan bo 00933
船舶* BE01
CB
Ship；Vessel
F：高速船舶；工程船舶；舰艇；近海运输船舶；科学考察船；科学研究船；民用船；浅吃水船舶；潜艇；实习船；无人驾驶船舶；渔轮；运输船舶；运输辅助船
D：船

Chuan bo 00934
传播 DD00
CB
Propagating

Chuan bo an quan 00935
船舶安全 BI04
CBAQ
Shipboard safety
S：安全*
C：航行安全
F：船舶灭火；脱浅；熏舱

Chuan bo an quan jian cha 00936 BI04
船舶安全检查
CBAQJC
Ship safety inspection
S：安全管理
Z：管理*

Chuan bo bao fei 00937
船舶报废 BG03
Ship scrapping
C：船舶市场

Chuan bo bao gao xi tong 00938 BF06
船舶报告系统
CBBGXT
Vessel reporting system
S：系统*

Chuan bo bao jia 00939
船舶报价 BE10
CBBJ
Ship price quotation；Ship's quoted price
S：价格*
C：船舶估算造价

Chuan bo bao xian 00940
船舶保险 BA04
CBBX
Insurance of vessel；Marine hull insurance
S：海上运输保险
F：船舶建造险；船舶全损险；船身保险；附加险；基本险；平安险；水渍险；一切险
Z：保险*

Chuan bo bao xian dan 00941 BA04
船舶保险单
CBBXD
Hull policy

Chuan bo bao xian tiao kuan 00942 BA04
船舶保险条款
CBBXTK
Hull clauses
S：条款*
D：保险责任除外条款

Chuan bo bi peng 00943
船舶避碰 BI04
CBBP
Ship collision prevention
S：航行安全
C：国际海事组织避碰规程
F：自动避碰系统
Z：安全*

Chuan bo biao zhun 00944
船舶标准 DB00
CBBZ
Ship standard
S：标准*
F：国际海事组织化学品运输船标准；日本造船质量标准

Chuan bo can shu 00945
船舶参数 BE06
CBCS
Ship's parameter
S：参数*
F：装载能力（船舶）

Chuan bo can shu jiao he 00946 BE06
船舶参数校核
CBCSJH
Check of ship data
S：校核*
F：舱容校核；干舷校核；稳性校核；载重量校核

Chuan bo cang shi 00947
船舶舱室* BE05
CBCS
Ship's spaces
F：驾驶桥楼；水密隔舱

Chuan bo cao zong 00948
船舶操纵 BF02
CBCZ
Ship maneuvering；Shiphandling；Manoeuvring
S：操纵*
F：船舶靠离操纵

Chuan bo cao zong xing 00949 BE04
船舶操纵性
CBCZX
Ship maneuverability
S：操纵性
Z：性能*

Chuan bo chen mo shu liang 00950 BJ02
船舶沉没数量
CBCMSL
Numbers of wrecked ship
S：运输事故统计指标
Z：指标*

Chuan bo dai li 00951
船舶代理 BF06
CBDL
Ship agency；Ship's agent
C：船舶管理

Chuan bo dai li fei 00952
船舶代理费 BA02
CBDLF
Ship agent fees
S：费用*
C：船务代理

Chuan bo dao hang 00953
船舶导航 BF05
CBDH
Marine navigation
S：导航*
C：导航系统

Chuan bo deng ji F0114
船舶登记 BA09
CBDJ
Ship registers；Ship registration
Y：船舶注册

Chuan bo di ya 00954
船舶抵押 BE10
CBDY
Ship mortgage

Chuan bo dian li xi tong 00955 BE08
船舶电力系统
CBDLXT
Ship electric power systems
S：系统*
F：备用发电机组；船舶电站；停泊发电机组；应急电站；主发电机组

Chuan bo dian qi she bei 00956 BE08
船舶电气设备
CBDQSB
Marine electrical equipment
S：设备*
F：主配电板

Chuan bo dian tai 00957
船舶电台 BF05
CBDT
Ship station
S：通信设备
Z：设备*

Chuan bo dian zhan 00958
船舶电站 BE08
CBDZ
Ship power plants；Marine electrical power plant
S：船舶电力系统
C：船舶动力装置
D：发电站
Z：系统*

Chuan bo ding wei 00959
船舶定位 BF02
CBDW
Ship's fix
S：定位(航行)*
C：船位*；方位*

Chuan bo dong li zhuang zhi 00960 BE08
船舶动力装置
CBDLZZ
Ship power plants
S：动力装置
C：船舶电站
F：船用柴油机；船用气轮机；船用燃气轮机；电力驱动；核动力装置；燃气透平电力推进；燃气透平推进；主机
Z：装置*

Chuan bo dong li zhuang zhi cao zong xing 00961 BE04
船舶动力装置操纵性
CBDLZZCZX
Marine power plant manoeuvreability
S：操纵性
Z：性能*

Chuan bo dong li zhuang zhi jing ji xing 00962 BE04
船舶动力装置经济性
CBDLZZJJX
Marine power plant economy
S：经济性
Z：性质*

Chuan bo dong li zhuang zhi ke kao xing 00963 BE04
船舶动力装置可靠性
CBDLZZKKX
Marine power plant service reliability
S：可靠性
Z：性质*

Chuan bo dun shui 00964
船舶吨税 BA01
CBDS
Tonnage duties；Tonnage dues；Tonnage tax
S：吨税
Z：税*

Chuan bo dun wei zhang liang gong yue 00965 BF01
船舶吨位丈量公约
CBDWZLGY
Tonnage Measurement Conventions
S：公约*

Chuan bo fei qi wu 00966
船舶废弃物 BI02
CBFQW
Vessel wastes
C：废弃物抛放；废弃物处理

Chuan bo fu ji 00967
船舶辅机 BE08
CBFJ
Marine auxiliaries
S：船机*
F：机舱辅机；甲板机械
D：辅机

Chuan bo gai zao zheng ce 00968 BB02
船舶改造政策
CBGZZC
Ship conversion policy
S：船队发展政策
Z：政策*

Chuan bo gong lü 00969
船舶功率 BJ05
CBGL
Horsepower of ships；Power of ships

Chuan bo gong ye 00970
船舶工业 BE10
CBGY
Shipbuilding industry
S：工业*
F：修船业

Chuan bo gu suan zao jia 00971 BE10
船舶估算造价
CBGSZJ
Estimated shipbuilding cost
C：船舶报价

Chuan bo guan li 00972
船舶管理 BF06
CBGL
Ship management
S：管理*
C：船舶检验；港务监督；船舶代理
F：船舶注册

Chuan bo guan xia quan 00973 BF01
船舶管辖权
CBGXQ
Jurisdiction over ship

S：权利*

Chuan bo gui fan 00974
船舶规范 BE07
CBGF
Ship specifications
S：规范*

Chuan bo gui hua 00975
船舶规划 BB03
CBGH
Ship program
S：规划*

Chuan bo guo ji zheng shu 00976 BE07
船舶国籍证书
CBGJZS
Certificate of Ship's Nationality
S：证书*

Chuan bo guo zha fei 00977
船舶过闸费 BA02
CBGZF
Lockage
S：费用*

Chuan bo hang xing 00978
船舶航行* BF02
CBHX
Ship's navigation
C：船位*；分道通航制；航运；水路运输；顶推船队；拖驳船队
F：大洋航行；大圆航行；远洋航行

Chuan bo hang xing tian fei yong 00979 BF06
船舶航行天费用
CBHXTFY
Daily running cost per ship
S：费用*

Chuan bo hui yu 00980
船舶会遇 BI04；BF02
CBHY
Ship encounters
C：船舶会遇率；最近会遇时间；最近会遇距离
D：会船；会遇

Chuan bo hui yu lü 00981
船舶会遇率 BI04
CBHYL
Ship encounter rate
S：比率*
C：船舶会遇

Chuan bo huo zai 00982
船舶火灾 BI04
CBHZ
Shipboard fires
C：船舶灭火

Chuan bo ji shu fen xi 00983 BE06
船舶技术分析
CBJSFX
Ship's technical analysis
S：分析*

Chuan bo ji shu jing ji lun zheng 00984 BG02
船舶技术经济论证
CBJSJJLZ
Tech-economic evaluation of ship
S：经济论证*

Chuan bo ji shu yu ce 00985
船舶技术预测 BE06
CBJSYC
Ship technical prediction
S：预测*

Chuan bo ji xie F0115
船舶机械 BE08
CBJX
Ship machineries
Y：船机*

Chuan bo jian yan 00986
船舶检验 BE07
CBJY
Ship inspection；Ship survey
S：检验*
C：船舶管理
F：船舶建造检验

Chuan bo jian yan zheng shu 00987 BE07
船舶检验证书
CBJYZS
Ship survey certificate
S：证书*
C：入级证书

Chuan bo jian yao zhuang zhi 00988 BE05
船舶减摇装置
CBJYZZ
Ship stabilizer
C：横摇
D：防摇装置

Chuan bo jian zao jian yan 00989 BE07
船舶建造检验
CBJZJY
Survey for ship construction
S：船舶检验
Z：检验*

Chuan bo jian zao xian 00990 BA04
船舶建造险
CBJZX
Builders' risks insurance
S：船舶保险
Z：保险*

Chuan bo jiao tong mo ni 00991 BI04
船舶交通模拟
CBJTMN
Ship traffic simulation
S：安全管理
Z：管理*

Chuan bo jie gou 00992
船舶结构 BE05
CBJG
Ship structure
S：结构*
F：舭龙骨；舱壁；舱盖；舱口端梁；舱口围板；舱室空间；船侧凸出部；船壳；船肋；隔舱；甲板；驾驶台；减摇舱；龙骨；球鼻艏；上部结构；双层底；水密分段；水密门；艉构架；污油水舱；舷墙

Chuan bo kao li cao zong 00993 BF02
船舶靠离操纵
CBKLCZ

Approaching and leaving-shore maneuvering
S：船舶操纵
C：防碰设备；系泊设备
Z：操纵*

Chuan bo liu ti dong li xue 00994 BE04
船舶流体动力学
CBLTDLX
Ship hydrodynamics
S：动力学
Z：学科*

Chuan bo mai mai F0116 BG03
船舶买卖
Ship selling and purchasing
Y：船舶市场

Chuan bo mie huo 00995 BI04
船舶灭火
CBMH
Marine fire-extinguishing
S：船舶安全
C：火警报警器；船舶火灾
F：干粉灭火系统；隔离法（船舶防火安全）；固定式甲板泡沫；固定式气体灭火系统；灭火系统；泡沫灭火系统；水灭火系统；水雾灭火系统；自动洒水探火系统
D：船舶消防
Z：安全*

Chuan bo qi xiang dian bao 00996 BF05
船舶气象电报
CBQXDB
Ships meteorological observation message
S：通信设备
C：航海气象
Z：设备*

Chuan bo quan sun shu 00997 BJ02
船舶全损数
CBQSS
Numbers of wrecked ship in total losses
S：运输事故统计指标
Z：指标*

Chuan bo quan sun xian 00998 BA04
船舶全损险
CBQSX
Total loss only
S：船舶保险
Z：保险*

Chuan bo ran liao gong ying 00999 BF07
船舶燃料供应
CBRLGY
Marine bunker supply
S：供应*

Chuan bo ran liao xiao hao liang 01000 BJ05
船舶燃料消耗量
CBRLXHL
Fuel consumption of ships
S：水运生产指标
Z：指标*

Chuan bo ran liao xiao hao tong ji zhi biao 01001 BJ05
船舶燃料消耗统计指标
CBRLXHTJZB
Statistical indicators of fuel consumption of ship
S：水运生产指标
Z：指标*

Chuan bo she bei 01002 BE08
船舶设备
CBSB
Ship equipment
S：设备*
F：舵

Chuan bo she ji 01003 BE06
船舶设计
CBSJ
Ship design
S：设计*
F：计算机辅助船舶设计

Chuan bo shi chang yu ce 01004 BB03
船舶市场预测
CBSCYC
Ship market prediction
S：市场预测
Z：预测*

Chuan bo shi chang 01005 BG03
船舶市场
Ship markets
S：市场*
C：航运市场；船舶报废
F：买船
D：船舶租赁；船舶买卖

Chuan bo shi shi F0117 BI04
船舶失事
CBSS
Wreckage
Y：船舶遇难

Chuan bo shi yan 01006 BE09
船舶试验
CBSY
Ship tests
S：试验*
F：船模试验；航行试验；耐波性试验；实船试验

Chuan bo shi you shu 01007 BJ05
船舶实有数
CBSYS
Number of existing vessels
S：船舶统计指标
Z：指标*

Chuan bo shu ju 01008 BE08
船舶属具*
CBSJ
Ship auxiliaries
F：绞刀头

Chuan bo sou tian fei yong 01009 BF06
船舶艘天费用
CBSTFY
Daily cost per ship
S：费用*
F：船舶在港艘天费用

Chuan bo tong ji 01010 BJ05
船舶统计
CBTJ
Ship statistics

S：水运统计
F：驳船队统计；船队统计
Z：统计*

Chuan bo tong ji zhi 01011
biao BJ05
船舶统计指标
CBTJZB
Statistical indicator on ships
S：水运统计指标
F：车位量；船舶修理费用；船舶实有数；船舶维修统计指标；船舶运用统计指标；船日；登记净吨；登记总吨；国际船舶总吨位；净载重量；客位利用率；体积吨；箱位量；重量吨；总载重量
Z：指标*

Chuan bo tou zi ke 01012
xing xing yan jiu BB04
船舶投资可行性研究
CBTZKXXYJ
Feasibility study of ship investment
S：可行性研究
Z：研究*

Chuan bo tu liao 01013
船舶涂料 BE10
CBTL
Marine paint
S：涂料
Z：材料*

Chuan bo tuo qian 01014
船舶脱浅 BI04
CBTQ
Ship's aground release
S：交通运输安全
C：搁浅
Z：安全*

Chuan bo wei xiu 01015
tong ji zhi biao BJ05
船舶维修统计指标
CBWXTJZB
Statistical indicators of ship repair
S：船舶统计指标
Z：指标*

Chuan bo wei xiu 01016
zheng ce BB02
船舶维修政策
CBWXZC
Policy of maintenance and repair
S：船队发展政策
Z：政策*

Chuan bo wen ding 01017
xing BE04
船舶稳定性
CBWDX
Stability of ship
S：稳定性
C：压载；船宽；倾覆(船舶)；减摇舱
Z：性能*

Chuan bo wen xing 01018
船舶稳性 BE04
CBWX
Ship stability
S：稳定性
Z：性能*

Chuan bo wu ran shi 01019
gu zhi jie jing ji BJ03
sun shi
船舶污染事故直接经济损失
CBWRSGZJJJSS
Direct economical losses in the accident in environmental pollution of ship's operation
S：环保统计指标
Z：指标*

Chuan bo wu xian 01020
dian dao hang BF05
船舶无线电导航
CBWXDDH
Marine radio navigation
S：无线电导航
Z：导航*

Chuan bo xia shui 01021
船舶下水 BE10
CBXS
Ship launching
C：船台；滑道；浮船坞
D：下水(船舶)

Chuan bo xiao fang F0118
船舶消防 BI04
CBXF
Ship's fire fighting
Y：船舶灭火

Chuan bo xing neng 01022
fen xi BE06
船舶性能分析
CBXNFX
Analysis of ship performance
S：分析*

Chuan bo xiu li 01023
船舶修理 BE10
CBXL
Ship maintenance; Ship repairing
S：修理*
C：浮船坞
D：修船

Chuan bo xiu li fei 01024
yong BJ05
船舶修理费用
CBXLFY
Ship repairing cost; Expenses of ship's repair
S：船舶统计指标
Z：指标*

Chuan bo yao dang 01025
船舶摇荡 BE04
CBYD
Ship oscillation
S：船舶运动
F：纵摇；横摇；艏摇
Z：运动*

Chuan bo yi qie xian F0119
船舶一切险 BA04
CBYQX
All risks
Y：一切险

Chuan bo yin hang 01026
zhuan jia xi tong BF02
船舶引航专家系统
CBYHZJXT
Shipboard Piloting Expert System
S：专家系统
Z：系统*

Chuan bo yu nan 01027
船舶遇难 BH01;BI04
CBYN
Maritime distress
S:交通运输事故
C:海难救助;海损;沉船打捞
F:沉船;搁浅;倾覆(船舶)
D:船舶失事;海难
Z:事故*

Chuan bo yun dong 01028
船舶运动 BE04
CBYD
Ship motion
S:运动*
F:船舶摇荡;横倾

Chuan bo yun shu zu zhi 01029 BF02
船舶运输组织
CBYSZZ
Ship transport organizations
C:航期(船舶);航次运输;航程*;船队*
S:运输组织
Z:组织*

Chuan bo ying yun fen xi 01030 BG02
船舶营运分析
CBYYFX
Ship operation analysis
S:分析*

Chuan bo yun yong tong ji zhi biao 01031 BJ05
船舶运用统计指标
CBYYTJZB
Statistical indicators of ship operation
S:船舶统计指标
Z:指标*

Chuan bo zai gang sou tian fei yong 01032 BF06
船舶在港艘天费用
CBZGSTFY
Daily cost in port
S:船舶艘天费用
Z:指标*

Chuan bo zhi fu de bao zheng 01033 BE10
船舶支付的保证
为了保证按期支付,由买方向卖方(或其代理机构)提交的保证,其形式为有资信的银行开具全额银行保函或船舶抵押。
CBZFDBZ
Guarantee of ship payment

Chuan bo zhu ce 01034
船舶注册 BA09
CBZC
Ship registers
S:船舶管理
D:船舶登记
Z:管理*

Chuan bo zhu chi du 01035
船舶主尺度* BE06
CBZCD
Principal dimension of ship;Hull principal dimension
C:船型系数;排水量
F:船长;垂线间长;型宽;型深;总长
D:主尺度;船体尺度

Chuan bo zhuang xie 01036
船舶装卸 BA08
CBZX
Ship loading and unloading
S:装卸*
C:码头设备

Chuan bo zi dong hu jiu xi tong 01037 BF05
船舶自动互救系统
CBZDHJXT
Automated mutual assistance vessel rescue system(AMVER)
S:系统*

Chuan bo zu li 01038
船舶阻力 BE04
CBZL
Ship resistance
S:阻力
Z:力*

Chuan bo zu li te xing 01039 BE04
船舶阻力特性
CBZLTX
Hull resistance characteristic
S:特性
Z:性质*

Chuan bo zu lin F0120
船舶租赁 BG03
Ship chartering
Y:船舶市场

Chuan ce tu chu bu 01040
船侧凸出部 BE05
CCTCB
Sponsons
S:船舶结构
Z:结构*

Chuan chang 01041
船长 BE06
CC
Ship length
S:船舶主尺度*
C:航向稳定性

Chuan chang 01042
船厂 BE10
CC
Shipyard
S:工厂*
C:造船*

Chuan chang guan li fei 01043 BE10
船厂管理费
CCGLF
Administrative expenses of shipyard
S:费用*

Chuan di 01044
船底 BE05
CD
Ship bottom
S:船体*

Chuan di 01045
传递 DD00
CD
Conduction

Chuan di fang wu tu 01046

liao BE10
船底防污涂料
CDFWTL
Ship bottom anti-fouling paint; Antifouling coatings; Antifouling paint
S: 防污涂料
Z: 材料*

Chuan di fang wu F0121
you qi BE10
船底防污油漆
CDFWYQ
Antifouling coatings; Antifouling paint
Y: 防污涂层

Chuan di fang xiu 01047
tu liao BE10
船底防锈涂料
CDFXTL
Ship bottom anticorrosive paint
S: 涂料
Z: 材料*

Chuan di xi shu 01048
传递系数 CA00
CDXS
Transfer coefficient
S: 系数*
C: 弯矩分配法

Chuan dong 01049
传动 DE00
CD
Drives; Driving; Transmission

Chuan dong zhuang 01050
zhi BE08
传动装置
CDZZ
Transmission devices
S: 装置*
F: Z型传动

Chuan du fei 01051
船渡费 AB03
CDF
Ferry toll
S: 费用*

Chuan dui 01052
船队* BF06
CD
Fleets; Train; Tow
C: 船舶运输组织
F: 班轮船队; 驳船队; 顶推驳船队; 顶推船队; 分节驳船队; 分节顶推驳船队; 拖驳船队

Chuan dui fa zhan 01053
zheng ce BB02
船队发展政策
CDFZZC
Policy of fleet development
S: 发展政策
C: 国内航运政策
F: 船舶改造政策; 船舶维修政策; 船龄政策; 船型政策
Z: 政策*

Chuan dui tong ji 01054
船队统计 BJ05
CDTJ
Fleet statistics
S: 船舶统计
Z: 统计*

Chuan gan qi 01055
传感器 AH03; DE00
CGQ
Transducer; Sensors; Detectors
S: 仪器*
F: 压电式传感器

Chuan ji 01056
船机* BE08
CJ
Marine engine
F: 船舶辅机
D: 船舶机械

Chuan ji 01057
船级 BA09; BE07
CJ
Classification of ships; Class of ship
S: 分级*
F: 入级

Chuan ji gang 01058
船籍港 BE07; BF01
CJG
Home port; Port of registration; Port of registry
S: 港口*

Chuan ji she 01059
船级社 BA09; BE07
CJS
Classification societies; Register of shipping
S: 机构(组织)*
F: 德国劳氏船级社; 俄罗斯船级社; 法国船级社; 劳氏船级社; 美国船舶局; 挪威船级社; 日本海事协会; 苏联船舶登记局; 英国劳氏船级社; 中国船级社

Chuan ji she gui ze 01060
船级社规则 BA09
CJSGZ
Classification society rules
S: 规则*

Chuan ke 01061
船壳 BE05
CK
Hull
S: 船舶结构
Z: 结构*

Chuan kong 01062
穿孔 DE00
CK
Boring

Chuan kong guan 01063
穿孔管 DG00
CKG
Perforated pipes
S: 管*

Chuan kuan 01064
船宽 BE06
CK
Ship breadth
S: 船舶主尺度*
C: 船舶稳定性

Chuan kuang 01065
船况 AJ04
CK
Ship condition
S: 服务质量

Z: 质量*

Chuan lei 01066
船肋 BE05
CL
Ship rib
S: 船舶结构
Z: 结构*

Chuan li gan 01067
传力杆 AC04
CLG
Dowel bar
C: 刚性路面

Chuan ling zheng ce 01068
BB02
船龄政策
CLZC
Policy of ship life
S: 船队发展政策
Z: 政策*

Chuan mo shi yan 01069
船模试验 BC05;BE09
CMSY
Ship model experiments
S: 船舶试验
C: 船模水池
F: 自航试验
Z: 试验*

Chuan mo shui chi 01070
船模水池 BC05;BE09
CMSC
Ship model experimental tank
S: 试验水池
C: 船模试验
Z: 水池*

Chuan pai 01071
船排 BE10
CP
Patent slip

Chuan piao 01072
船票 BA02
CP
Passenger ticket

Chuan qi biao 01073
船期表 BA02
CQB
Sailing schedule

Chuan qiao F0122
船桥 BE05
CQ
Bridge(ship)
Y: 驾驶桥楼

Chuan re 01074
传热* CB00
CR
Heat transfer
F: 辐射传热
D: 热传递

Chuan ri 01075
船日 AJ05
CR
Ship-days
S: 船舶统计指标
D: 工作船日;运营船日;完好船日
Z: 指标*

Chuan shang jiao huo jia ge F0123
BG06
船上交货价格
CSJHJG
Free on board
Y: 离岸价格

Chuan shang tong xin dian tai 01076
BF05
船上通信电台
CSTXDT
On-board communication station
S: 通信设备
Z: 设备*

Chuan shen bao xian 01077
船身保险 BA04
CSBX
Hull insurance;Insurance on hull
S: 船舶保险
D: 船体保险
Z: 保险*

Chuan song dai 01078
传送带* AJ02
CSD
Conveying belt
F: 行人传送带

Chuan song xian 01079
传送线 DE00
CSX
Conveying lines
S: 生产线
Z: 线*

Chuan suo hang xian 01080
穿梭航线 BF06
CSHX
Shuttle service
S: 航线*

Chuan tai 01081
船台 BE10
CT
Shipbuilding berth
S: 造船设施
C: 船舶下水
Z: 设施*

Chuan tai xi zhuang 01082
船台舾装 BE08
CTXZ
Berth outfitting
S: 舾装*

Chuan ti 01083
船体* BE05
CT
Ship body;Hull (structure)
F: 艏;艉;舯;船底

Chuan ti bao xian F0124
船体保险 BA04
CTBX
Insurance on hull
Y: 船身保险

Chuan ti chi du F0125
船体尺度 BE06
CTCD
Hull dimension
Y: 船舶主尺度*

Chuan ti fang yang 01084
船体放样 BE10
CTFY

Lofting
S：船体建造工艺
Z：工艺*

Chuan ti jian zao gong yi 01085 BE10
船体建造工艺
CTJZGY
Technology of ship construction
S：工艺*
F：船体放样；分段建造法；两段造船法；水上合龙

Chuan tong 01086 DB00
传统
CT
Tradition

Chuan wei 01087 BF02
船位*
CW
Ship's position；Fix；Ship position
C：船舶航行*；船舶定位
F：GPS船位；选择船位

Chuan wu 01088 BC03；BE10
船坞
CW
Docks
S：造船设施
C：进出坞操纵；港口工程
Z：设施*

Chuan wu dai li 01089 BA02
船务代理
CWDL
Shipping agency
S：代理*
C：验舱；船舶代理费

Chuan xing 01090 AJ04
船性
CX
Ship charactor
S：性能*

Chuan xing gui hua 01091 BE06
船型规划
CXGH
Ship type programme
S：规划*

Chuan xing xi shu 01092 BE06
船型系数
CXXS
Ship form coefficient
S：系数*
C：船舶主尺度*
F：方型系数；棱型系数；水线面系数；舯剖面系数

Chuan xing zheng ce 01093 BB02
船型政策
CXZC
Policy of ship type
S：船队发展政策
Z：政策*

Chuan yong chai you ji 01094 BE08
船用柴油机
CYCYJ
Marine diesel engine
S：船舶动力装置
Z：装置*

Chuan yong ji suan ji 01095 BD05
船用计算机
CYJSJ
Marine computers
S：专用计算机
D：舰载计算机
Z：电子计算机*

Chuan yong qi lun ji 01096 BE08
船用气轮机
CYQLJ
Marine steam turbine
S：船舶动力装置
C：船用燃气轮机
Z：装置*

Chuan yong ran qi lun ji 01097 BE08
船用燃气轮机
CYRQLJ
Marine gas turbine
S：船舶动力装置
C：船用气轮机
D：燃气轮机动力装置
Z：装置*

Chuan yong ran you 01098 BF07
船用燃油
CYRY
Marine fuel oil
S：燃料油
Z：油*

Chuan yong run hua you 01099 BF07
船用润滑油
CYRHY
Marine lubricants
S：润滑油
Z：油*

Chuan yuan an quan 01100 BI04
船员安全
CYAQ
Crew safety
S：安全*
C：生命保障系统

Chuan yuan ji neng 01101 BF06
船员技能
CYJN
Crew skills
C：船员培训

Chuan yuan pei xun 01102 BF06
船员培训
CYPX
Crew training
C：船员技能

Chuan zha 01103 BD03
船闸
CZ
Navigation lock；Locks
S：通航建筑物
C：闸*；升船机；过船闸操纵
F：单级船闸；单线船闸；多级船闸；多线船闸；节水船闸；双级船闸；双线船闸；梯阶式船闸
Z：建筑物*

Chuan zha shu liang 01104 BJ04
船闸数量
CZSL

Numbers of lock
S: 航道统计指标
Z: 指标*

Chuan zha shui yu 01105
船闸水域 DJ00
CZSY
Lock water area
S: 水域
Z: 区域*

Chuan zha tong guo neng li F0126 BJ04
船闸通过能力
CZTGNL
Lock capacity
Y: 航道通过能力

Chuan zhong pou mian 01106
船舯剖面 BE05
CZPM
Midship sections

Chuang 01107
窗 CI04
C
Window

Chuang sha zhi 01108
床沙质 BD01
CSZ
Bed material loads
S: 悬移质
Z: 泥沙*

Chuang xin F0127
创新 DE00
CX
Innovation
Y: 发明

Chuang zao xing 01109
创造性 DC00
CZX
Creativity

Chui ni chuan 01110
吹泥船 BE03
CNC
Reclamation dredger; Barge unloading dredger
S: 吸扬式挖泥船
Z: 船舶*

Chui sha 01111
吹沙 BD04
CS
Blown flaps
S: 输沙*

Chui tian zao di 01112
吹填造地 BD04
CTZD
Reclamation by pumping filling
C: 卸泥区

Chui xian jian chang 01113 BE06
垂线间长
CXJC
Length between perpendiculars (LBP)
S: 船舶主尺度*

Chui zhi 01114
垂直 DH00
CZ
Vertical

Chui zhi du 01115
垂直度 DI00
CZD
Perpendicularity; Verticality
S: 度*

Chui zhi lü hua 01116
垂直绿化 CK07
CZLH
Vertical greening; Vertical planting
S: 绿化*

Chui zhi sheng chuan ji 01117 BD03
垂直升船机
CZSCJ
Vertical ship lifts
S: 升船机
Z: 建筑物*

Chui zhi yun shu she bei 01118 AG06
垂直运输设备
CZYSSB
Vertical transportation equipment
S: 升降设备
C: 提升机
F: 卷扬机
Z: 设备*

Chui zhi yun shu xi tong 01119 AJ01
垂直运输系统
CZYSXT
Vertical transit system
S: 运输系统
C: 公共交通方式
Z: 系统*

Chui zhi zhen dong 01120
垂直振动 CG08
CZZD
Vertical vibration
S: 振动*

Ci bao 01121
磁暴 BF02
CB
Magnetic storm

Ci bing 01122
疵病 DC00
CB
Defects

Ci chang 01123
磁场 CB00; CF01
CC
Magnetic field
S: 场*
F: 电磁场

Ci dian 01124
词典 DF00
CD
Dictionary
S: 工具书
Z: 资料*

Ci dian che 01125
磁垫车 AJ02
CDC
Magnetic levitated vehicle
S: 车辆*

Ci gan shi chen 01126
jiang biao AH03
磁感式沉降标
CGSCJB
Magnetic tell tale

Ci gan ying 01127
磁感应 CB00
CGY
Magnetic induction
S：磁性*
F：电磁感应

Ci gan ying shi che 01128
liang jian ce qi AI03
磁感应式车辆检测器
CGYSCLJCQ
Magnetic vehicle detector
S：车辆检测器
Z：仪器*

Ci gao ji lu mian 01129
次高级路面 AC04
CGJLM
Sub-high class pavement
S：路面*

Ci gu jie 01130
次固结 CG06
CGJ
Secondary consolidation
S：固结*

Ci hua 01131
磁化 DD00
CH
Magnetization

Ci hui 01132
词汇* DF00
CH
Vocabulary
F：叙词

Ci ka che piao 01133
磁卡车票 AJ04
CKCP
Magnetic ticket
S：票类
D：磁性车票
Z：分类*

Ci ka shou fei ji 01134
磁卡收费机 AI06
CKSFJ
Magnetic card toll machine
S：道路收费系统
Z：系统*

Ci li 01135
磁力 CB00
CL
Magnetic force
S：力*

Ci li fen li 01136
磁力分离 DD00
CLFL
Magnetic separation
S：分离*

Ci li qi zhong ji F0128
磁力起重机 BA08
CLQZJ
Magnet crane
Y：磁力吸盘

Ci li xi pan 01137
磁力吸盘 BA08
CLXP
Magnet crane
S：装卸设备
D：磁力起重机；电磁吸盘
Z：设备*

Ci liu ti tui jin 01138
zhuang zhi BE08
磁流体推进装置
CLTTJZZ
Magnetohydrodynamical thruster (MHD Thruster)
S：推进装置
Z：装置*

Ci pan 01139
磁盘* CF03
CP
Magnetic disk
F：软盘

Ci pan cun chu qi 01140
磁盘存储器 CF03
CPCCQ
Disc storage；Magnetic disc memory
S：存储器*

Ci tie 01141
磁铁 CB00
CT
Magnets

Ci xing 01142
磁性* CB00；DC00
CX
Magnetic properties；Magnetism
F：磁感应

Ci xing ce lie ji 01143
磁性测裂计 AH03
CXCLJ
Magnetic crack detector
S：测定仪
Z：仪器*

Ci xing che piao F0129
磁性车票 AJ04
CXCP
Magnetic ticket
Y：磁卡车票

CIF F0130
CIF BG06
CIF
Cost insurance and freight
Y：到岸价格

Ci xing liu ti 01144
磁性流体 CG07
CXLT
Magnetic fluids
S：流体*
C：悬浮液

COD F0131
COD BI03
COD
Chemical oxygen demand
Y：化学需氧量

Cong jia shui 01145
从价税 BA01
CJS

At valorem tax
S：税*

CPP F0132
CPP BE08
CPP
Controllable pitch propeller
Y：变距螺旋桨

Cu cao du 01146
粗糙度 DI00
CCD
Roughness
S：度*
F：表面粗糙度
D：糙率

Cu cao lü F0133
粗糙率 DI00
CCL
Coarseness；Roughness coefficient；Surface roughness
Y：表面粗糙度

Cu gang jin 01147
粗钢筋 AF02
CGJ
Bar
S：钢筋
Z：材料*

Cu gu liao 01148
粗骨料 AF06
CGL
Coarse aggregate
S：骨料*

Cu ji pei 01149
粗级配 CG09
CJP
Coarse gradation
S：级配*

Cu li tu 01150
粗粒土 AF06
CLT
Coarse-grained soil
S：土*

Cu ning ji 01151
促凝剂 AF03
CNJ
Coagulator
S：添加剂
Z：剂*

Cu ning ya zheng shi yan 01152
促凝压蒸试验 AH01
CNYZSY
Accelerated setting autoclave test
S：试验*

Cu sha 01153
粗砂 AF06
CS
Coarse sand
S：砂*

Cui dian 01154
脆点 DI00
CD
Brittle point

Cui dian shi yan 01155
脆点试验 AH01
CDSY
Brittle point test
S：力学试验
Z：试验*

Cui hua 01156
催化 CC01
CH
Catalysis
C：活化

Cui hua ji 01157
催化剂 CC02
CHJ
Catalysts；Catalytic agents
S：剂*

Cui qu 01158
萃取* CC03；DD00
CQ
Extraction
F：溶剂萃取

Cui xing 01159
脆性 CG02；DC00
CX
Brittleness；Frangibility
S：力学性质
C：断裂*
F：低温脆性
Z：性质*

Cun che F0134
存车 AI01
CC
Parking
Y：停车*

Cun che da cheng 01160
存车搭乘 AI01
CCDC
Park and drive

Cun che huan cheng 01161
存车换乘 AI02
CCHC
Park and ride

Cun che xing che liang jian ce qi 01162
存车型车辆检测器 AI03
CCXCLJCQ
Presence vehicle detector
S：车辆检测器
Z：仪器*

Cun chu qi 01163
存储器* CF03
CCQ
Memory；Storage
F：磁盘存储器；光存储器；光盘；内存储器；全息照相存储器；外存储器；虚拟存储器

Cun kuan li lü 01164
存款利率 BG02
CKLL
Deposit rate
S：利率
Z：比率*

Cuo ban 01165
搓板 AC08
CB
Corrugation

Cuo shi 01166

措施* DD00
CS
Measures
F: 安全措施;技术措施

Cuo tai 01167
错台 AC08
CT
Slab staggering

Cuo wei jiao cha 01168
错位交叉 AC05
CWJC
Staggered intersection; Offset intersection
S: 平面交叉
Z: 公路交叉*

Cuo yun 01169
错运 AA06
CY
Misshipment
C: 货运质量

Cuo zhuang 01170
错装 AA06
CZ
Misloading
C: 货运质量

D

Da ba shui ni 01171
大坝水泥 AF04
DBSN
Dam cement
S: 水泥*

Da di zhen 01172
大地震 CD02
DDZ
Great earthquakes; Major earthquakes
S: 地震*

Da duan mian kai wa 01173
大断面开挖 AE04
DDMKW
Large cross-section excavation
S: 隧道开挖
Z: 工程施工*

Da duan mian sui dao 01174
大断面隧道 AE01
DDMSD
Large cross-section tunnel
S: 隧道*

Da feng jing bao 01175
大风警报 BI04
DFJB
Gale warning(GW)
S: 危险天气通报
Z: 天气预报*

Da gui mo ji cheng dian lu 01176
大规模集成电路 CF04
DGMJCDL
Large scale integrated circuit
S: 集成电路
Z: 电路*

Da jing ji 01177
打井机 BE03
DJJ
Oil drilling rig
C: 钻井平台
D: 打油井机

Da kua du qiao F0135
大跨度桥 AD01
DKDQ
Long-span bridge
Y: 长跨桥

Da lao 01178
打捞* BH03
DL
Salvaging; Salvage
C: 船舶遇难;沉船;海难应急操纵
F: 海上打捞

Da li yan 01179
大理岩 AF05
DLY
Marble
S: 变质岩
Z: 岩石*

Da lu jia 01180
大陆架 BC02
DLJ
Continental shelf
C: 大陆架演变

Da lu jia yan bian 01181
大陆架演变 BC02
DLJYB
Continental shelf evolution
S: 变化*
C: 大陆架

Da lu qiao 01182
大陆桥 AA01
DLQ
Continent bridge
C: 涉外运输;联合运输

Da lu qiao yun shu 01183
大陆桥运输 BA06
DLQYS
Land bridge transport
S: 运输*

Da qi chen 01184
大气尘 CK02
DQC
Airborne dust; Atmosphere dust
S: 粉尘*

Da qi fen xi 01185
大气分析 CK03
DQFX
Atmosphere analysis
S: 分析*
C: 空气污染监测;污染指数

Da qi fu shi 01186
大气腐蚀 BE10
DQFS
Atmospheric corrosion
S: 腐蚀*

Da qi huan jing 01187
大气环境 CK01
DQHJ
Atmospheric environment
S: 环境*
C:空气污染

Da qi wu ran F0136

大气污染 BI02;CK02
DQWR
Atmospheric pollution
Y:空气污染

Da qi wu ran zhi F0137
大气污染质 CK02
DQWRZ
Atmospheric pollutant
Y:空气污染物质

Da qi zhi liang 01188
大气质量 BI03
DQZL
Atmospheric quality
S:环境质量
Z:质量*

Da quan hang xing F0138
大圈航行 BF02
DQHX
Great-circle sailing
Y:大圆航行

Da ru zhuang 01189
打入桩 CI01
DRZ
Driven piles
S:桩*

Da xi ding lü 01190
达西定律 DB00
DXDL
Darcy law
S:定律*

Da xi tong 01191
大系统 BB05
DXT
Large scale system

Da xi tong li lun 01192
大系统理论 BB05
DXTLL
Theory of large-scale system
S:理论*

Da xi yang dong tai ping yang hang yun 01193 BF01
大西洋东太平洋航运
DXYDTPYHY
Maritime trade of Atlantic and East Pacific
S:航运*

Da xing dian zi ji suan ji 01194 CF03
大型电子计算机
DXDZJSJ
Large-scale computer
S:电子计算机*

Da xing jian she xiang mu 01195 BB05
大型建设项目
DXJSXM
Large construction project
S:建设项目
Z:项目*

Da xing shui dian zhan 01196 BD06
大型水电站
DXSDZ
Large-sized hydropower station
S:水力发电站
Z:工厂*

Da xing you lun 01197
大型油轮 BE01
通常指150000~300000t级油轮。
DXYL
Very large crude carrier
S:油轮
D:VLCC
Z:船舶*

Da xiu 01198
大修 DD00
DX
Overhaul
S:维修*
F:线路大修

Da xiu gong cheng fei 01199 AB03
大修工程费
DXGCF
Major maintenance cost
S:养护费
Z:费用*

Da xue 01200
大雪 CD03
DX
Heavy snow
S:雪
C:降雨
Z:降水*

Da yang hang xing 01201
大洋航行 BF02
DYHX
Ocean navigation
S:船舶航行*

Da yin ji 01202
打印机 CF03
DYJ
Printer;Marking machine
S:外部设备
Z:设备*

Da you jing ji F0139
打油井机 BE03
DYJJ
Oil drilling rig
Y:打井机

Da yu 01203
大雨 CD03
DY
Driving rain;Heavy rain
S:雨
C:降雨
Z:降水*

Da yuan fang wei 01204
大圆方位 BF02
DYFW
Great circle bearing(RCB)
S:方位*
C:大圆航行

Da yuan hang xiang 01205
大圆航向 BF02
DYHX
Great circle course(GCC)
S:航向*
C:大圆航行

Da yuan hang xing 01206
大圆航行 BF02
DYHX
Great circle sailing
S：船舶航行*
C：极区航行；远洋航行；大圆方位；大圆航向
D：大圈航行

Da yun liang ke yun xi tong 01207
大运量客运系统 AJ01
DYLKYXT
Mass transit system
S：客运系统
F：快速轨道交通
Z：系统*

Da zhuang 01208
打桩 BC06；CI01
DZ
Pile driving
S：打桩工程
C：桩*
F：拔桩；沉桩
Z：工程*

Da zhuang chuan 01209
打桩船 BE03
DZC
Floating pile driver
S：工程船舶
Z：船舶*

Da zhuang fen xi yi 01210
打桩分析仪 AH03
DZFXY
Pile driving analyzer(PDA)
S：分析仪
Z：仪器*

Da zhuang gong cheng 01211
打桩工程 BC06；CI01
DZGC
Piling works
S：工程*
C：拔桩；地基处理*
F：打桩
D：桩施工

Da zhuang ji 01212
打桩机 AG07；BC06
DZJ
Pile truck
S：路面施工机械
F：柴油打桩机；水下打桩机；压桩机；液压打桩机
Z：机械*

Da zong huo wu yun shu 01213
大宗货物运输 AA03
DZHWYS
Mass goods transport
S：货物运输
Z：运输*

Dai ban zhan 01214
代办站 AA04
DBZ
Agency

Dai hang 01215
待航 AJ04
DH
Waiting for shipping
S：航行*

Dai kuan 01216
贷款* AB04；BB04
DK
Loan；Credit
C：贷款计划；拨款
F：短期贷款；多边借贷；软贷款；小额信贷；硬贷款；预付贷款

Dai kuan chang huan neng li 01217
贷款偿还能力 AB03
DKCHNL
Load repay ability

Dai kuan chang huan qi 01218
贷款偿还期 BB04
DKCHQ
Credit payment period
C：贷款计划

Dai kuan huo de fei 01219
贷款获得费 BE10
借方为获得贷款而付出的手续费与利息等。
DKHDF
Acquisition cost of credit
S：费用*

Dai kuan ji hua 01220
贷款计划 BB04
DKJH
Loan plan
S：计划*
C：贷款；贷款偿还期

Dai kuan tiao jian 01221
贷款条件 BB04
DKTJ
Terms of credit
S：条件*

Dai kuan yuan ze 01222
贷款原则 BB04
DKYZ
Credit principles
S：原则*

Dai kuan zao chuan 01223
贷款造船 BE10
DKZC
Credit shipbuilding
S：造船*

Dai kuan zhi biao 01224
贷款指标 BB04
DKZB
Credit indicators
S：指标*

Dai lan ting 01225
带缆艇 BE02
DLT
Mooring boat；Line boat
S：港务船
D：系缆工作船
Z：船舶*

Dai lan zhuang F0140
带缆桩 BE05
DLZ
Bollards
Y：系船柱

Dai li 01226

代理* DA00
DL
Agent
F: 船务代理;国际货运代理

Dai ma 01227
代码* DA00
DM
Code
F: 包装标号;国际海事组织类号;国际信号码;混凝土标号;联合国编号;莫尔斯码;水泥标号;水泥混凝土标号;条型码
D: 标号

Dai ming shi jian 01228
待命时间 AJ04
DMSJ
Waiting time
S: 时间*

Dai shi shu song ji 01229
带式输送机 AG06
DSSSJ
Apron conveyors; Belt conveyors
S: 连续输送机
D: 皮带输送机
Z: 输送机*

Dai su gong kuang 01230
怠速工况 AK04
DSGK
Idling mode
S: 汽车运行工况
Z: 状态*

Dai xie F0141
代谢 CE01
DX
Metabolism
Y: 新陈代谢

Dai yong ran liao 01231
代用燃料 BF07
DYRL
Fuel substitution
S: 燃料*

Dai zhuang sha jing 01232
袋装砂井 AC03
DZSJ
Sand bag well
S: 砂井*
C: 软土路基

Dan bai zhi 01233
蛋白质 CE02
DBZ
Proteins

Dan bi jue jin ji 01234
单臂掘进机 AE05
DBJJJ
Single cantilever tunnelling machine
S: 隧道掘进机
Z: 机械*

Dan che chan liang 01235
单车产量 AA07
DCCL
Single-vehicle output
S: 产量
Z: 量*

Dan cheng shi jian 01236
单程时间 AJ04
DCSJ
Single-trip time
S: 时间*

Dan cheng yun shu 01237
单程运输 AA01
DCYS
One-way loading transport
S: 运输形式
Z: 运输方式*

Dan chuan cheng ben 01238
单船成本 BG02
DCCB
Cost of single ship
S: 成本*

Dan dian xi bo 01239
单点系泊 BF02
DDXB
Single point moorings
S: 系泊*
C: 多点系泊

Dan dian xi bo she shi 01240 BA08; BE08
单点系泊设施 DDXBSS
One-point mooring systems; Single point mooring
S: 离岸式码头
C: 海底管线;油船
Z: 码头*

Dan gui che 01241
单轨车 AJ02
DGC
Monorail car
S: 车辆*

Dan gui qi zhong ji 01242
单轨起重机 AG06
DGQZJ
Single-rail track cranes
S: 起重机*

Dan gui yun shu xi tong 01243 AJ01
单轨运输系统
DGYSXT
Monorail transit system
S: 运输系统
C: 公共交通方式
Z: 系统*

Dan hua 01244
淡化* BF06
DH
Desalination
F: 海水淡化

Dan ji chuan zha 01245
单级船闸 BD03
DJCZ
Single-lift locks
S: 船闸
C: 航道梯级
Z: 建筑物*

Dan jiao gong qiao 01246
单铰拱桥 AD01
DJGQ
Single-hinged arch bridge
S: 拱桥
Z: 桥*

Dan lu tong dao pai dui 01247 AI01

单路通道排队
DLTDPD
Single-channel queue
C：多路通道排队

Dan mao tui xi bo 01248
单锚腿系泊 BF02
DMTXB
Single anchor leg mooring
S：系泊*

Dan pian chu li ji F0142
单片处理机 CF03
DPCLJ
Monolithic processor
Y：微处理机

Dan shui 01249
淡水 BF06
DS
Fresh water
S：水*
C：海水淡化

Dan suo mian xie la qiao 01250
AD01
单索面斜拉桥
DSMXLQ
Single plane cable stayed bridge
S：斜拉桥
Z：桥*

Dan wei 01251
单位* DI00
DW
Unit
F：计量单位

Dan wei cheng ben 01252
单位成本 BG05
DWCB
Unity cost；Cost per unity
S：成本*

Dan xian chuan zha 01253
单线船闸 BD03
DXCZ
One-lane locks
S：船闸
C：承船厢；闸室

Z：建筑物*

Dan xiang pai shui F0143
单向排水(路面) AC06
DXPS
Single-slope drainage
Y：路面排水

Dan xiang xing ke liu 01254
AA02
单向性客流
DXXKL
Unidirectional passenger traffic
S：客流*

Dan xiang xing shi xian duan 01255
AJ03
单向行驶线段
DXXSXD
One-way section

Dan xing xian biao zhi 01256
AI07
单行线标志
DXXBZ
One-way sign
S：交通标志
Z：标志*

Dan yang hua wu (NO_X)pai fang liang 01257
BJ03
氮氧化物(NO_X)排放量
DYHW (NO_X) PFL
Exhaust of nitrogen oxide (NO_X) in fuel consumption of ship
S：环保统计指标
Z：指标*

Dan yi piao zhi 01258
单一票制 AJ04
DYPZ
Flat fare
S：票制
Z：体系*

Dan yuan 01259
单元 DB00
DY
Unit

Dan yuan xi zhuang 01260
单元舾装 BE08
DYXZ
Unit outfitting
S：预舾装
Z：舾装*

Dan yuan zhen duan 01261
单元诊断 AK04
DYZD
Unit diagnosis
S：诊断*

Dan yuan zhuang xie 01262
单元装卸 BA06
DYZX
Unit loading and unloading
S：装卸*

Dan zheng 01263
单证* BA06
DZ
Document
F：联运单证；运输单证

Dan zhou ya suo shi yan 01264
CG06
单轴压缩试验
DZYSSY
Uniaxial compression test
S：压缩试验
Z：试验*

Dan zi you du 01265
单自由度 CG08
DZYD
Single degree of freedom
S：自由度
C：振动系统
Z：度*

Dang an 01266
档案 DF00
DA
Archives；Files
S：资料*
F：技术档案

Dang chao zha F0144
挡潮闸 BD03
DCZ
Tide lock；Tide gates

Y: 拦潮闸

Dang liang hou du 01267
当量厚度 AC04
DLHD
Equivalent thickness

Dang liang jiao tong liang F0145
当量交通量 AI01
DLJTL
Equivalent traffic volume
Y: 换算交通量

Dang tu qiang 01268
挡土墙 AC03;BC03;CG06
DTQ
Retaining wall
S: 墙*
C: 超载荷
F: 扶壁式挡土墙;扶垛挡土墙;衡重式挡土墙;加筋挡土墙;加筋土挡土墙;锚定板式挡土墙;锚杆式挡土墙;上挡墙;下挡墙;悬臂式挡土墙;重力式挡土墙;柱板式挡土墙

Dao an jia ge 01269
到岸价格 BG06
DAJG
C.I.F. Price;Cost insurance and freight (CIF)
S: 价格*
D: CIF

Dao ba 01270
岛坝 BC03
Island mole
S: 坝
D: 离岸防波堤
Z: 建筑物*

Dao che 01271
倒车(汽车驾驶) AK03
DC
Backing
S: 汽车驾驶
Z: 驾驶*

Dao da gang 01272
到达港 BF06
DDG
Port of arrival
S: 港口*

Dao dian lü 01273
导电率 CF01
DDL
Conductivity

Dao dian xing 01274
导电性 DC00
DDX
Conductivity;Electrical conductivity
S: 物理性质
F: 超导性
Z: 性质*

Dao duo 01275
捣垛 AA05
DD
Stack transfer
D: 倒垛

Dao duo F0146
倒垛 AA05
DD
Stack transfer
Y: 捣垛

Dao fu yun fei 01276
到付运费 BG06
DFYF
Freight payable at destination
S: 运费
Z: 费用*

Dao guan jiao zhu hun ning tu shi gong 01277 BC06
导管浇筑混凝土施工
DGJZHNTSG
Tremie concreting
S: 混凝土施工
D: 水下混凝土浇筑
Z: 工程施工*

Dao guan luo xuan jiang 01278 BE08
导管螺旋桨
DGLXJ
Ducted propeller
S: 螺旋桨*

Dao hang 01279
导航* BD05
DH
Navigation
F: 船舶导航;地文导航;定位系统;多普勒导航;惯性导航;航海导航;河港导航系统;激光导航;声纳导航;数字导航;天文导航;卫星导航;无线电导航

Dao hang can shu 01280
导航参数 BF05
DHCS
Navigation parameter
S: 参数*
F: 导航坐标;基准线

Dao hang deng 01281
导航灯 BD05
DHD
Navigational lights
S: 导航设备
Z: 设备*

Dao hang fa she ji 01282
导航发射机 BD05
DHFSJ
Navigation launching machinery
S: 导航设备
Z: 设备*

Dao hang ji suan ji 01283
导航计算机 BD05
DHJSJ
Navigation computer
S: 导航设备;专用计算机;
Z: 电子计算机*

Dao hang jian zhu wu F0147
导航建筑物 BC03;BD01
DHJZW
Navigation structures
Y: 通航建筑物

Dao hang jie shou ji 01284
导航接收机 BD05
DHJSJ
Navigation receivers
S: 导航设备
Z: 设备*

Dao hang lei da 01285
导航雷达 BD05;BF05
DHLD
Navigation radar
S: 导航设备;雷达*
C: 雷达导航
F: 防撞雷达
Z: 设备*

Dao hang qian wang jing 01286 BD05
导航潜望镜
DHQWJ
Navigation periscopes

Dao hang she bei 01287
导航设备 BD05;BF05
DHSB
Navigation sets;Navigation aids
S: 设备*
F: 导航灯;导航发射机;导航接收机;导航雷达;导航信标;自主式导航设备

Dao hang sheng na 01288
导航声呐 BD05
DHSN
Navigation sonar
S: 声呐*

Dao hang wei xing 01289
导航卫星 BD05
DHWX
Navigation satellite
S: 人造卫星*
C: 卫星导航

Dao hang xi tong 01290
导航系统 BD05;BF05
DHXT
Navigation system
S: 系统*
C: 船舶导航
F: 海军导航卫星系统;环形激光陀螺仪惯性导航系统;陆基导航系统;卫星导航系统;自动导航装置

Dao hang xin biao 01291
导航信标 BD05
DHXB
Navigation beacons
S: 导航设备
D: 主信标
Z: 设备*

Dao hang zuo biao 01292
导航坐标 BF05
DHZB
Navigation coordinate
S: 导航参数
Z: 参数*

Dao hong xi 01293
倒虹吸 CG07
DHX
Inverted-siphon
S: 虹吸*

Dao hong xi han 01294
倒虹吸涵 AD17
DHXH
Inverted siphon culvert
S: 涵洞*

Dao huo tong zhi 01295
到货通知 BA02
DHTZ
Arrival notice
S: 货运文件
Z: 文件*

Dao keng 01296
导坑 AE04
DK
Heading

Dao kou 01297
道口 AC02
DK
Crossing

Dao liu F0148
导流 BD04
DL
River diversion
Y: 河流改道

Dao liu dao 01298
导流岛 AC05
DLD
Channelization island

Dao lu 01299
道路* AB02
DL
Road
F: 厂矿道路;车道;城间道路;城市道路;风景区道路;高架道路;公路;机耕道;集散道路;林区道路;林荫道;丝绸之路(古);乡村道路;畜力车道;栈道;自行车道

Dao lu biao shi 01300
道路标识 AI07
DLBS
Road markings
S: 交通标志
F: 定向行车道标记;铁路道口标志
Z: 标志*

Dao lu biao xian qi 01301
道路标线漆 AF03
DLBXQ
Road mark paint
S: 漆*

Dao lu cui mian zhuang tai 01302 AI05
道路催眠状态
DLCMZT
Road hypnosis
S: 状态*

Dao lu fan guang jing 01303 AI07
道路反光镜
DLFGJ
Road reflecting mirror

Dao lu ji he shu ju shou ji xi tong 01304 AH04
道路几何数据收集系统
DLJHSJSJXT
Road geometry data acquisition system
S: 数据收集系统
Z: 系统*

Dao lu jing ji fen xi 01305 AB03
道路经济分析

DLJJFX
Road economical analysis
S：经济分析
Z：分析*

Dao lu li qing 01306
道路沥青 AF08
DLLQ
Road bitumen
S：沥青*

Dao lu shi gong ji xie F0149 AG07
道路施工机械
DLSGJX
Road construction machinery
Y：筑路机械

Dao lu shou fei xi tong 01307 AI06
道路收费系统
DLSFXT
Road toll system
S：收费系统
F：磁卡收费机；电子收费系统；读卡机；发卡机；封闭式收费系统；混合式收费系统；开放式收费系统；收费中心；停车计时器
D：统一收费系统
Z：系统*

Dao lu shui ni 01308
道路水泥 AF04
DLSN
Road cement
S：水泥*

Dao lu wang 01309
道路网 AB01
DLW
Road networks
S：交通运输网*
F：公路网

Dao lu yin dao xi tong 01310 AI03
道路引导系统
DLYDXT
Route guidance system
S：系统*

Dao re 01311
导热 CB00
DR
Heat conduction
D：热传导

Dao re xing 01312
导热性 DC00
DRX
Heat conductivity；Thermal conductivity
S：物理性质
Z：性质*

Dao shi fang bo di 01313
岛式防波堤 BC03
DSFBD
Detached breakwaters
S：防波堤
C：离岸式码头
Z：港口外堤*

Dao ta 01314
倒塌 DC00
DT
Collapse
S：结构事故
Z：事故*

Dao xian 01315
导线 AC01
DX
Traverse
C：测量*

Dao xian ce liang 01316
导线测量 AC01
DXCL
Traverse survey
S：测量*

Dao xiang xian 01317
导向线（交通） AI07
DXX
Guide line
S：线*
F：可变向中心车道线；左转弯导向线；右转弯导向线

Dao yu 01318
岛屿 CD01
DY
Islands
S：地形*

De er fei fa 01319
德尔菲法 BB03；BJ01
DEFF
Delphi forecasting；Delphi method
S：预测方法
D：德尔菲预测法
Z：方法*

De er fei yu ce fa F0150
德尔菲预测法 BB03
DEFYCF
Delphi forecasting
Y：德尔菲法

De guo lao shi chuan ji she 01320 BA09
德国劳氏船级社
DGLSCJS
Germanisher Lloyd
S：船级社
Z：机构（组织）*

Deng biao 01321
灯标 BD05
DB
Lighted mark
S：水上航标
Z：航标*

Deng biao chuan 01322
灯标船 BD05
DBC
Light boats
S：港务船
C：船舶*

Deng chuan 01323
灯船 BD05
DC
Light vessels
S：水上航标
Z：航标*

Deng gao xian 01324
等高线 DH00
DGX
Contours

S：线*

Deng guang she cheng 01325
灯光射程 BD05
DGSC
Luminous range
S：距离*

Deng guang xin hao 01326
灯光信号 AI03
DGXH
Light signal
S：信号*

Deng guang zhao ming biao zhi 01327
灯光照明标志 AI07
DGZMBZ
Illuminated sign
S：标志*

Deng ji F0151
等级 DC00
DJ
Gradation; Grades; Ranks
Y：分级*

Deng ji gong lu 01328
等级公路 AB02
DJGL
Standard highway; Classified highway
S：公路
Z：道路*

Deng ji hang dao 01329
等级航道 BD01
DJHD
Graded fairway
S：航道*

Deng ji jing dun 01330
登记净吨 BJ05
DJJD
Net register tonnage
S：船舶统计指标
Z：指标*

Deng ji zong dun 01331
登记总吨 BJ05
DJZD
Gross register tonnage
S：船舶统计指标
Z：指标*

Deng lu jian ting F0152
登陆舰艇 BE02
DLJT
Landing ship and boat; Amphibious ship
Y：登陆艇

Deng lu ting 01332
登陆艇 BE02
DLT
Landing craft
S：舰艇
D：登陆舰艇
Z：船舶*

Deng su gong kuang 01333
等速工况 AK04
DSGK
Cruising mode
S：汽车运行工况
Z：状态*

Deng ta 01334
灯塔 BD05
DT
Lighthouses
S：岸标
C：灯桩；航标灯；离岸式码头
Z：航标*

Deng ta shu ju ku 01335
灯塔数据库 BD05
DTSJK
Lighthouse database
S：数据库*

Deng wai gong lu 01336
等外公路 AB02
DWGL
Substandard highway
S：公路
Z：道路*

Deng wen liu dong 01337
等温流动 CG07
DWLD
Isothermal flow
S：流动*

Deng xiao zai he 01338
等效载荷 CG11
DXZH
Equivalent load
S：载荷*

Deng xiao zhi 01339
等效值 DI00
DXZ
Equivalence
S：值*

Deng zhuang 01340
灯桩 BD05
DZ
Light beacons
S：岸标
C：灯塔
Z：航标*

Deng zu shi jian 01341
灯阻时间 AJ04
DZSJ
Red-time delay
S：时间*

DGPS F0153
DGPS BF05
DGPS
Differential GPS
Y：差分全球定位系统

Di 01342
堤 BC03；CI05
D
Levee; Barrage; Dike; Dyke
S：水工建筑物
C：护岸工程
Z：建筑物*

Di ban 01343
底板 AE03
DB
Base plate
S：板*

Di biao shui 01344
地表水 AC06
DBS
Surface water

S：水*

Di ceng 01345
地层 BC02；CD01
DC
Stratum；Terrain
S：层*
D：岩层

Di ceng jia gu 01346
地层加固 AE04
DCJG
Reinforcing of natural ground
S：加固*

Di dao 01347
地道 AE01
DD
Underground gallery
C：人行隧道

Di dao qiao 01348
地道桥 AD01
DDQ
Underground gallery bridge
S：桥*

Di ding 01349
滴定 CC03
DD
Titration

Di er wei xian xing 01350
第二危险性 BI01
仅次于主要危险性的其他危险性
DEWXX
Second dangers
S：危险性
Z：性质*

Di fa er mo hao shi yan ji 01351 AH04
狄法尔磨耗试验机
DFEMHSYJ
Deval abrasion testing machine
S：磨耗试验机
Z：设备*

Di fang 01352
堤防 BD02
DF
Dikes；Levee
S：防洪*
C：土坝

Di fang cai liao 01353
地方材料 AF01
DFCL
Local materials
S：材料*

Di fang gong lu 01354
地方公路 AB02
DFGL
Local highway
S：公路
Z：道路*

Di fang shui 01355
地方税 BA01
DFS
Local tax
S：税*

Di he jin gang 01356
低合金钢 AF02
DHJG
Low alloy steels
S：合金钢
Z：钢*

Di hua F0154
地滑 CI01
DH
Landslides
Y：滑坡

Di ji 01357
地基* AC03；BC02；CI01
DJ
Ground；Foundation ground；Subsoil
C：地基处理*；基础(工程)*
F：冻土地基；非均匀地基；非均质地基；黄土地基；加固地基；粘土地基；膨胀土地基；人工地基；软土地基；砂卵石地基；砂土地基；天然地基；透水地基；振动地基

Di ji 01358
底基 BD01
DJ
Subbottom
S：基础(工程)*

Di ji bian xing 01359
地基变形 CI01
DJBX
Soil deformation
S：变形*

Di ji chen xian F0155
地基沉陷 CI01
DJCX
Foundation settlement
Y：地基失效

Di ji cheng zai li 01360
地基承载力 AD11；CG03
DJCZL
Soils bearing capacity
S：承载力
F：地基基本承载力；地基容许承载力
Z：力*

Di ji chi li ceng F0156
地基持力层 CI01
DJCLC
Soil supporting layers
Y：地基受力层

Di ji chu li 01361
地基处理* BC02；CI01
DJCL
Ground treatments
C：打桩工程；地基*；基础(工程)*；人工地基；软土；桩*
F：预压加固
D：地基加固

Di ji diao cha 01362
地基调查 CI01
DJDC
Foundation investigation；Soil investigation
S：调查*
D：地基勘察

Di ji he zai shi yan 01363 CG10
地基荷载试验
DJHZSY
Foundation loading tests；Soil bearing tests

S：荷载试验
Z：试验*

Di ji ji ben cheng zai li 01364 AD11；CG03
地基基本承载力
DJJBCZL
Soil base bearing capacity
S：地基承载力
Z：力*

Di ji ji chu gong cheng 01365 CI01
地基基础工程
DJJCGC
Soil and foundation engineering
S：工程*

Di ji jia gu F0157
地基加固 BC02；CI01
DJJG
Ground strengthening
Y：地基处理*

Di ji kan cha F0158
地基勘察 CI01
DJKC
Foundation investigations
Y：地基调查

Di ji lu mian 01366
低级路面 AC04
DJLM
Low class pavement
S：路面*

Di ji pai shui 01367
地基排水 CI01
DIJPS
Subsoil drainage
S：排水*
D：地基疏干

Di ji rong xu cheng zai li 01368 AD11；CG03
地基容许承载力
DJRXCZL
Soil allowable bearing capacity
S：地基承载力
Z：力*

Di ji shi xian F0159
地基湿陷 CI01
DJSX
Ground collapse
Y：地基失效

Di ji shi xiao 01369
地基失效 CI01
DJSX
Foundation failure；Ground failure
C：湿陷
D：地基湿陷

Di ji shou li ceng 01370
地基受力层 CI01
DJSLC
Soil stressed zone
S：层*
D：地基持力层

Di ji shu gan F0160
地基疏干 CI01
DJSG
Subsoil drainage
Y：地基排水

Di ji tu 01371
地基土 CG06
DJT
Foundation soils；Ground soils
S：土*

Di ji wen ding xing 01372
地基稳定性 CI01
DJWDX
Foundation stability；Soil stabilization
S：稳定性
Z：性能*

Di ji xi shu 01373
地基系数 CI01
DJXS
Foundation modulus
S：系数*
D：K值

Di ji ying li 01374
地基应力 CI01
DJYL
Base soil stress；Foundation stress
S：应力*

Di jin di zeng yun jia 01375 AA08
递近递增运价
DJDZYJ
Increasing rate for decreasing distance
S：运价
C：计价标准
D：递远递减运价
Z：价格*

Di jing kong biao zhi 01376 AI07
低净空标志
DJKBZ
Low clearance sign
S：交通标志
Z：标志*

Di li huan jing 01377
地理环境 CK01
DLHJ
Geographic environment
S：环境*

Di li qing F0161
地沥青 AF08
DLQ
Asphalts
Y：沥青*

Di li xin xi xi tong 01378
地理信息系统 AC01
DLXXXT
Geographic information system(GIS)

Di mao F0162
地貌 AC01；BC02；CD01
DM
Topographic feature；Geomorphy；Topography
Y：地形*

Di mao 01379
地锚 CI01
DM
Ground anchors
D：土锚

Di mian 01380

地面 BC02;DE00
DM
Earth surface;Ground;Ground surface
S:面*

Di mian chen jiang 01381
地面沉降 CD01;CI01
DMCJ
Land subsidence
S:沉降*

Di mian jing liu 01382
地面径流 CD01;CI05
DMJL
Surface water runoff
S:径流*

Di mian kong zhi 01383
dian ce liang AC01
地面控制点测量
DMKZDCL
Ground control-point survey
S:测量*

Di mian li ti she 01384
ying ce liang AC01
地面立体摄影测量
DMLTSYCL
Ground stereophotogrammetry
S:摄影测量
Z:测量*

Di mian shui 01385
地面水 CI05
DMS
Surface water
S:水*

Di mian ta xian 01386
地面塌陷 AE14
DMTX
Land yielding

Di mian xian lu 01387
地面线路 AJ03
DMXL
Ground line
S:线路*
C:公共交通线路

Di ming biao zhi 01388
地名标志 AI07
DMBZ
Place name sign
S:标志*

Di nong du 01389
低浓度 DI00
DND
Low concentration
S:浓度
Z:度*

Di pin 01390
低频 CB00
DP
Low frequencies
S:频率*
D:长波

Di ping ban gua che 01391
低平板挂车 AK01
DPBGC
Low-bed trailer
S:平板挂车
Z:车辆*

Di qiu wu li kan 01392
tan CD01;CD02
地球物理勘探
DQWLKT
Geophysical exploration; Geophysical prospecting
S:勘探*
F:地震勘探

Di qu 01393
地区* DJ00
DQ
Geographic area
F:北极地区;寒冷地区;极地;极区;经济特区;沙漠地区;山区

Di qu biao zhun 01394
地区标准 BB02
DQBZ
Regional standard
S:标准*

Di qu xing 01395
地区性 DC00
DQX
Regionalism

Di re 01396
地热 CD01;CL02
DR
Geothermy;Terrestrial heat
S:热*
D:地热资源;地热能

Di re hun ning tu 01397
低热混凝土 AF07
DRHNT
Low-heat concrete
S:混凝土*

Di re neng F0163
地热能 CD01;CL02
DRN
Geothermal energy
Y:地热

Di re zi yuan F0164
地热资源 CD01;CL02
DRZY
Geothermal resource
Y:地热

Di san gui F0165
第三轨 AJ03
DSG
Third rail
Y:接触轨

Di shui wei qiao 01398
低水位桥 AD01
DSWQ
Low water-level bridge
S:桥*

Di tan gang 01399
低碳钢 AF02
DTG
Low carbon steel
S:碳钢
Z:钢*

Di tie qiao 01400
地铁桥 AD01
DTQ
Subway bridge

S：桥*

Di tie sui dao 01401
地铁隧道 AE01
DTSD
Subway tunnel
S：隧道*

Di tu 01402
地图* DJ00
DT
Maps
F：事故地点图；专题地图

Di wen cui xing 01403
低温脆性 DC00
DWCX
Cold brittleness
S：脆性
D：冷脆
Z：性质*

Di wen dao hang 01404
地文导航 BF05
DWDH
Geonavigation；Terrestrial navigation
S：导航*

Di wen hang hai 01405
地文航海 BF02
DWHH
Geo-navigation
S：航海*

Di wen qiang du 01406
低温强度 CG02
DWQD
Low temperature strength
S：强度*

Di wen shi yan 01407
低温试验 DF00
DWSY
Low temperature tests
S：环境试验
Z：试验：

Di wen wu li xue 01408
低温物理学 CB00
DWWLX
Cryophysics
S：物理学
Z：学科*

Di wu 01409
地物 AC01
DW
Culture

Di xia 01410
地下 BC02
DX
Underground

Di xia che ku 01411
地下车库 CI04
DXCK
Underground garage
S：车库*

Di xia chu zhi 01412
地下处置 DD00
DXCZ
Underground disposal
S：处置*

Di xia gong cheng 01413
地下工程 CI04
DXGC
Underground engineering
S：隧道工程
Z：工程*

Di xia gong cheng ce liang 01414 AE02；CI04
地下工程测量
DXGCCL
Underground engineering survey
S：工程测量
C：隧道测量
Z：测量*

Di xia jian zhu wu 01415
地下建筑物 CI04
DXJZW
Underground structure
S：建筑物*
C：地下室

Di xia jie gou 01416
地下结构 CI04
DXJG
Underground structure
S：工程结构*

Di xia lian xu qiang 01417 BC03；CI04
地下连续墙
在地面以下用于支承建筑物载荷、截水防渗或挡土支护而构筑的连续墙体
DXLXQ
Diaphragm wall；Underground diaphragm wall；Slurry trenched wall；Concrete slurry wall
S：墙*

Di xia lian xu qiang fa 01418
地下连续墙法 AE04
DXLXQF
Underground diaphragm wall method
S：隧道施工方法
Z：方法*

Di xia pai shui 01419
地下排水 AC06
DXPS
Subsoil drainage
S：排水*

Di xia shi 01420
地下室 CI04
DXS
Basement
C：地下建筑物

Di xia shui 01421
地下水 CI05
DXS
Ground water
S：水*

Di xia shui chu liang BD06 F0166
地下水储量
DXSCL
Ground water storage
Y：地下水资源

Di xia shui zi yuan 01422
地下水资源 BD06
DXSZY
Ground water resources

S：水资源*
D：地下水储量

Di xia tie dao 01423
地下铁道 AJ01
DXTD
Subway
S：快速轨道交通
C：公共交通方式
Z：系统*

Di xia xian lu 01424
地下线路 AJ03
DXXL
Underground line
S：线路*
C：公共交通线路

Di xie shi gua che 01425
底卸式挂车 AK01
DXSGC
Bottom-dump trailer
S：挂车
Z：车辆*

Di xing 01426
地形* AC01；BC02；CD01
DX
Geography；Landform；Surface feature；Topography
C：海岸
F：岛屿；高原；河床地形；河口地貌；盆地；平原；平原区；峭壁；山岭区；台地；滩；微丘区；峡谷；垭口；沼泽；重丘区
D：地貌

Di xing ce liang 01427
地形测量 AC01
DXCL
Topographic survey
S：测量*

Di xing tu 01428
地形图 AC01
DXT
Topographic map
S：图*

Di xing xue 01429
地形学 CD01
DXX
Topography
S：学科*

Di yan gong cheng 01430
堤堰工程 CI05
DYGC
Dyke and weir construction
S：治河工程
Z：工程*

Di ye xian fen tu 01431
低液限粉土 AF06
DYXFT
Low liquid limit silt
S：粉土
Z：土*

Di ye xian nian tu 01432
低液限粘土 AF06
DYXNT
Low liquid limit clay
S：粘土
Z：土*

Di ying li 01433
地应力 CD01；CG03
DYL
Crustal stress
S：应力*
D：原岩应力

Di yu xing gui hua 01434
地域性规划 BB03
DYXGH
Regional planning
S：规划*

Di yuan di jian yun jia F0167 AA08
递远递减运价
DYDJYJ
Decreasing rate for increasing distance
Y：递近递增运价

Di zhen 01435
地震* CD02
DZ
Earthquakes
C：震区
F：大地震；强震；微震

Di zhen bo 01436
地震波 CD02
DZB
Seismic waves
S：波*

Di zhen bo jia shu du 01437 CD02
地震波加速度
DZBJSD
Seismic acceleration
S：加速度
Z：速度*

Di zhen diao cha 01438
地震调查 CD02
DZDC
Seismic investigation
S：调查*
F：震害调查

Di zhen fan ying 01439
地震反应 CG04
DZFY
Seismic reflection；Seismic response
S：反应*
C：结构反应

Di zhen fan ying fen xi 01440 CG04
地震反应分析
DZFYFX
Seismic response analysis
S：结构分析
Z：分析*

Di zhen guan ce 01441
地震观测 CD02
DZGC
Seismic observation；Seismic surveys
S：观测*
C：测震

Di zhen he zai 01442
地震荷载 CD02
DZHZ
Seismic load
S：载荷*
D：地震力

Di zhen huo dong xing 01443
地震活动性 CD02
DZHDX
Seismicity
S:性质*

Di zhen kan tan 01444
地震勘探 CD02
DZKT
Seismic surveys;Seismic exploration;Seismic prospecting
S:地球物理勘探
Z:勘探*

Di zhen li F0168
地震力 CD02
DZL
Earthquake force;Seismic force
Y:地震荷载

Di zhen lie du 01445
地震烈度 CD02
DZLD
Seismic intensity
S:度*

Di zhen qu hua 01446
地震区划 CD02
DZQH
Seismic regionalization;Seismic zoning

Di zhen tu 01447
地震图 CD02
DZT
Seismograms
S:图*

Di zhen wei xian xing ping ding 01448
地震危险性评定 AH02
DZWXXPD
Seismic risk evaluation
S:危险性评定
Z:评定*

Di zhen xiang ying 01449
地震响应 BC02
DZXY
Seismic response
S:响应*

Di zhen xue 01450
地震学 CD02
DZX
Seismology
S:学科*

Di zhen yu bao 01451
地震预报 CD02
DZYB
Earthquake forecasting; Earthquake prediction
S:预报*

Di zhi 01452
地质* CD01
DZ
Geology
F:工程地质;水文地质

Di zhi diao cha 01453
地质调查 CD01
DZDC
Geological surveys; Geological investigation
S:调查*

Di zhi duan ceng 01454
地质断层 CI01
DZDC
Geological faults
S:层*

Di zhi gou zao 01455
地质构造 CD01
DZGZ
Geological structure
C:断层

Di zhi kan ce 01456
地质勘测 AC01
DZKC
Geological surveys
S:勘测*

Di zhi kan tan 01457
地质勘探 CD01
DZKT
Geological exploration
S:勘探*
C:工程地质;水文地质

Di zhi li xue 01458
地质力学 CD01;CG01
DZLX
Geomechanics
S:力学
Z:学科*

Di zhi tu 01459
地质图 CD01
DZT
Geological maps
S:图*
C:工程地质

Di zhi xue 01460
地质学 CD01
DZX
Geology
S:学科*
F:工程地质学;水文地质学

Di zhi zuo yong 01461
地质作用* BC02;BD02;CD01
DZZY
Geological process
F:剥蚀作用;沉积作用

Di zhu xing gang kou 01462
地主型港口 BC01
DZXGK
Landlord ports
S:港口*

Di zuo 01463
底座 CI01;DE00
DZ
Bases;Footings;Plinth

Dian 01464
电* CB00
D
Electricity
F:雷电

Dian ban 01465
垫板 AG09
DB

Bearing plates
S：板*

Dian bo 01466
电波 CF04
DB
Electric wave

Dian bo lei ji yi 01467
颠簸累积仪 AH03
DBLJY
Bump-integrator
S：仪器*
C：路面测试仪
F：车载式颠簸累积仪

Dian ceng 01468
垫层 AC04
DC
Bed course
S：路面结构层
F：砂垫层
Z：层*

Dian chang 01469
电场 CB00
DC
Electric fields
S：场*

Dian che 01470
电车 AJ02
DC
Tram
S：公共交通工具
F：无轨电车；有轨电车
Z：交通工具*

Dian ci 01471
电磁 CF01
DC
Electromagnet

Dian ci bo ce ju yi 01472
电磁波测距仪 BF03
DCBCJY
Electromagnetic wave distance measuring instrument
S：测距仪
Z：仪器*

Dian ci chang 01473
电磁场 CF01
DCC
Electromagnetic field
S：磁场
Z：场*

Dian ci fu she 01474
电磁辐射 CB00
DCFS
Electromagnetic radiation
S：辐射*
F：红外辐射；紫外辐射；γ射线辐射

Dian ci gan ying 01475
电磁感应 CB00
DCGY
Electromagnetic induction
S：磁感应
C：电磁学
Z：磁性*

Dian ci xi pan F0169
电磁吸盘 BA08
DCXP
Lifting magnet
Y：磁力吸盘

Dian ci xue 01476
电磁学 CB00
DCX
Electromagnetism
S：物理学
C：电磁感应
Z：学科*

Dian dao lü 01477
电导率 CB00
DDL
Electrical conductivity
S：比率*

Dian dong chong ji hang 01478
电动冲击夯 AG07
DDCJH
Electric shocking rammer
S：冲击夯
Z：夯*

Dian dong ji 01479
电动机 CF01；DE00
DDJ
Electric motor
S：发动机
D：马达
Z：机械*

Dian dong jiao shou jia 01480
AG09
电动脚手架
DDJSJ
Electrical scaffolding
S：脚手架*

Dian dong juan yang ji 01481
AG06
电动卷扬机
DDJYJ
Electric hoister
S：卷扬机
Z：设备*

Dian dong shi wa jue ji 01482
AG04
电动式挖掘机
DDSWJJ
Electric excavators
S：挖掘机
Z：机械*

Dian dong zhua dou 01483
电动抓斗 BA08
DDZD
Motor-operated grab
S：港口装卸工属具
Z：工具*

Dian dong zhuan zhe ji 01484
AJ03
电动转辙机
DDZZJ
Electric switcher

Dian du biao 01485
电度表 AJ02
DDB
Kilowatt-hour meter
S：电工仪表
F：车用直流电度表

Z：仪器*

Dian gan qi 01486
电感器 CF01
DGQ
Inductor

Dian gong ce liang 01487
电工测量 AH02；CF01
DGCL
Electrical engineering measure
S：测量*
C：电子测量
F：电流测量；电路参数测量；电压测量；钢筋电位测量；钢筋电阻率测量；功率测量

Dian gong ji chu 01488
电工基础 CF01
DGJC
Electrotechnical base

Dian gong shi yan 01489
电工试验 CF01
DGSY
Electrical engineering test
S：试验*

Dian gong xue 01490
电工学 CF01
DGX
Electrotechnics
S：学科*

Dian gong yi biao 01491
电工仪表 CF01
DGYB
Electrotechnical instruments
S：仪器*
F：电度表

Dian hu han 01492
电弧焊 BE10
DHH
Arc welding
S：焊接*

Dian hua 01493
电话* AJ03
DH
Telephone
F：电力调度电话；各站电话；列车调度电话；列车无线电话；站场无线电话；站间行车电话

Dian hua xue 01494
电化学 CC01
DHX
Electrochemistry
S：化学
Z：学科*

Dian hua xue jia gu 01495
电化学加固 CI01
DHXJG
Electrochemical stabilization
S：化学加固
Z：加固*

Dian ji 01496
电机* CF01
DJ
Electric machine
F：发电机

Dian jie 01497
电解 DD00
DJ
Electrolysis

Dian jie jing hua 01498
电解净化 CC03
DJJH
Electrolysis cleaning
S：净化*

Dian jie zhi 01499
电解质 CB00
DJZ
Electrolytes
S：物质*

Dian jie zhi 01500
电介质 CB00
DJZ
Dielectrics
S：物质*

Dian kong zhi 01501
点控制 AI03
DKZ
Spot control；Isolated signal control
S：控制*
C：线控制

Dian lan 01502
电缆 CF01
DL
Cable
C：电线

Dian lan bu she chuan F0170 BE03
电缆布设船
DLBSC
Cable layer
Y：电缆敷设船

Dian lan fu she chuan 01503 BE03
电缆敷设船
DLFSC
Cable layer；Cable ship
S：工程船舶
F：海底电缆敷设船
D：电缆布设船；布缆船
Z：船舶*

Dian li diao du dian hua 01504 AJ03
电力调度电话
DLDDDH
Power dispatching telephone
S：电话*

Dian li qu dong 01505
电力驱动 BE08
DLQD
Electric drives
S：船舶动力装置
C：柴油机电力推进；燃气透平电力推进；燃气透平推进
Z：装置*

Dian li xiao hao 01506
电力消耗(行车) AJ05
DLXH
Power consumption
S：车辆运营指标
Z：指标*

Dian liu 01507

电流* CF01
DL
Electric current
F：额定电流；负荷电流

Dian liu ce liang 01508
电流测量 CF01
DLCL
Current measurement
S：电工测量
Z：测量*

Dian lu 01509
电路* CF01
DL
Circuit
C：短路
F：电子电路；模拟电路；整流电路

Dian lu can shu ce liang 01510 CF04
电路参数测量
DLCSCL
Circuit parameter measurement
S：电工测量
Z：测量*

Dian lu li lun 01511
电路理论 CF04
DLLL
Circuit theory
S：理论*

Dian lu she ji 01512
电路设计 CF01
DLSJ
Circuit design
S：设计*

Dian neng 01513
电能 CL02
DN
Electrical energy
S：能*

Dian qi hua 01514
电气化 DE00
DQH
Electrification
C：自动化

Dian qi ji zhong F0171
电气集中 AJ03
DQJZ
Electric interlocking
Y：电气集中联锁

Dian qi ji zhong lian suo 01515 AJ03
电气集中联锁
DQJZLS
Electric interlocking
S：联锁*
D：电气集中

Dian qi xing neng 01516
电气性能 DC00
DQXN
Electrical properties
S：性能*

Dian re gan zao fa 01517
电热干燥法 DE00
DRGZF
Electro-drying method
S：施工方法
Z：方法*

Dian rong 01518
电容 CF01
DR
Capacitance

Dian rong qi 01519
电容器 CF01
DRQ
Capacitor

Dian shen jiang shui 01520 CI01
电渗降水
DSJS
Electroosmosis dewatering

Dian shen tou 01521
电渗透 DC00
DST
Electroosmosis
S：渗透*

Dian shen xi 01522
电渗析 DD00
DSX
Electrodialysis
S：渗析*

Dian shi 01523
点蚀（汽车） AK04
DS
Pitting
S：汽车零件磨损
Z：损失*

Dian shi F0172
电势 CF01
DS
Electric potential
Y：电位

Dian shi jian shi xi tong 01524 AJ03
电视监视系统
DSJSXT
TV monitoring system
S：监视系统
Z：系统*

Dian su du 01525
点速度 AI01
DSD
Spot speed
S：速度*

Dian tan 01526
电探 CD01
DT
Electrical prospecting method
C：工程地质勘测

Dian ti 01527
电梯 AG06；CI04
DT
Electric lift；Lift；Elevators
C：升降设备；垂直运输设备

Dian tiao chuan F0173
垫跳船 AJ03；BJ02
DTC
Pontoon
Y：趸船

Dian wei 01528
电位 CF01

DW
Potential
C：电压
D：电势

Dian wei ce liang zhuang zhi 01529 AH04
电位测量装置
DWCLZZ
Potential test device
S：检测装置
Z：装置*

Dian xian 01530
电线 CF01
DX
Wire
C：电缆

Dian xue 01531
电学 CB00
DX
Electricity
S：物理学
Z：学科*

Dian xue xing zhi 01532
电学性质 CB00；DC00
DXXZ
Electricity property
S：性质*

Dian ya 01533
电压 CF01
DY
Voltage
C：电位

Dian ya ce liang 01534
电压测量 CF01
DYCL
Voltage measurement
S：电工测量
Z：测量*

Dian yuan 01535
电源 CF01
DY
Power source
S：源*
F：交流电源；太阳能电源；直流电源

Dian yun ji guang lei da 01536 BF05
电晕激光雷达
DYJGLD
Aureole Lidar
S：雷达
Z：仪器*

Dian zhi dong 01537
电制动 AJ01
DZD
Electric braking
S：制动*

Dian zi ce liang 01538
电子测量 CF04
DZCL
Electronic measuring
S：测量*
C：电工测量

Dian zi dian lu 01539
电子电路 CF04
DZDL
Electronic circuit
S：电路*
F：集成电路；开关电路；逻辑电路；脉冲电路；数字电路；延时电路

Dian zi ding huo xi tong 01540 BA06
电子订货系统
DZDHXT
Electronic order system (EOS)
S：系统*

Dian zi guan 01541
电子管 CF04
DZG
Electron tube
S：电子元件
D：真空管
Z：元件*

Dian zi hai tu xian shi xin xi xi tong 01542 BF05
电子海图显示信息系统
DZHTXSXXXT
Electronic chart display and information system(ECDIS)
S：信息系统
Z：系统*

Dian zi hang hai 01543
电子航海 BF02
DZHH
Electronic navigation
S：航海*

Dian zi ji shu 01544
电子技术 CF04
DZJS
Electronic engineering
S：技术*
F：微电子技术

Dian zi ji suan ji 01545
电子计算机* CF03
DZJSJ
Electronic computer
F：大型电子计算机；电子模拟计算机；电子数字计算机；个人电子计算机；微型电子计算机；小型电子计算机；专用电子计算机

Dian zi mo ni ji suan ji 01546 CF03
电子模拟计算机
DZMNJSJ
Electronic analog computer
S：电子计算机*

Dian zi qi jian F0174
电子器件 CF04
DZQJ
Electronic device
Y：电子元件

Dian zi shou fei xi tong 01547 AI06
电子收费系统
DZSFXT
Electronic toll system
S：道路收费系统
Z：系统*

Dian zi shu ju jiao huan 01548
电子数据交换 BA06
DZSJJH

Electronic data interchange (EDI)
S: 数据交换
Z: 处理*

Dian zi shu zi ji suan ji 01549 CF03
电子数字计算机
DZSZJSJ
Electronic digital computer
S: 电子计算机*
F: 微型计算机;专用计算机

Dian zi shui ping yi 01550 AH03
电子水平仪
DZSPY
Electrolevel
S: 水平仪
Z: 仪器*

Dian zi ti dan 01551 BA02
电子提单
DZTD
Electronic bill of lading
S: 提单*

Dian zi xue 01552 CF04
电子学
DZX
Electronics
S: 学科*

Dian zi yuan jian 01553 CF04
电子元件
DZYJ
Electronic component
S: 元件*
F: 半导体器件;电子管;功能模块;光电器件;晶体管;逻辑元件;摄像管;显像管
D: 电子器件

Dian zi zi dong shou piao xi tong 01554 AA02
电子自动售票系统
DZZDSPXT
Automatic electronic ticket system
S: 售票系统
Z: 系统*

Dian zu 01555 CF01
电阻
DZ
Electrical resistance

Dian zu lü ce liang zhuang zhi 01556 AH04
电阻率测量装置
DZLCLZZ
Resistivity test device
S: 检测装置
Z: 装置*

Dian zu qi 01557 CF01
电阻器
DZQ
Resistor

Dian zu ying bian yi 01558 AH03
电阻应变仪
DZYBY
Electric resistance strain gauge
S: 应变仪
Z: 仪器*

Dian zu zhi dong 01559 AJ01
电阻制动
DZZD
Resistance braking
S: 制动*

Diao cha 01560 DD00
调查*
DC
Census; Inquiry; Investigation
F: 抽样调查;出行调查;地基调查;地震调查;港口调查;海事调查;海洋调查;货源调查;货运市场调查;交通调查;经济调查;客流调查;客源调查;路面调查;市场调查;事故调查;数据调查;水文地质调查;水文调查;水质调查;现场调查;现场考察;询问调查;意见调查;月票调查

Diao cha bao gao 01561 DF00
调查报告
DCBG
Investigation report
S: 报告
Z: 资料*

Diao cha tong ji ju 01562 DJ00
调查统计局
DCTJJ
Bureau of the Census
S:机构(组织)*

Diao cha yan jiu 01563 DF00
调查研究
DCYJ
Investigation and research
S: 研究*
D: 调研

Diao che F0175 AG06;BA08
吊车
DC
Crane
Y: 起重机*

Diao che 01564 AJ04
调车
DC
Dispatching vehicle

Diao chuan 01565 AJ04
调船
DC
Dispatching ship

Diao chuan mao di 01566 BC01
调船锚地
DCMD
Turnaround anchorages
S: 锚地*
D: 调头池

Diao du 01567 AA02
调度
DD
Dispatching
S: 车辆管理
F: 客车调度
Z: 管理*

Diao du fang fa 01568 AA10
调度方法
DDFF
Dispatching method
S: 方法*
C: 货运调度
F: 环形调度法;循环调度法

Diao du ji zhong 01569
调度集中 AJ03
DDJZ
Centralized control
C：调度中心

Diao du kong shi li cheng F0176 AJ05
调度空驶里程
DDKSLC
Deadhead kilometres for dispatch
Y：空驶里程

Diao du kong shi shi jian 01570 AJ04
调度空驶时间
DDKSSJ
Deadhead time for dispatch
S：空驶时间
Z：时间*

Diao du kong shi su du 01571 AJ05
调度空驶速度
DDKSSD
Deadhead speed for dispatch
S：空驶速度
Z：速度*

Diao du yuan 01572
调度员 AJ04
DDY
Controller

Diao du zhan F0177
调度站 AJ03
DDZ
Control station
Y：调度中心

Diao du zhong xin 01573
调度中心 AJ03
DDZX
Control center
C：调度集中
D：调度站

Diao gan 01574
吊杆 AD06
DG
Hanger rod
S：杆
Z：元件*

Diao gou 01575
吊钩 AG09
DG
Hanger；Hooks；Lifting hooks
S：钩*

Diao guan ji 01576
吊管机 AG04
DGJ
Sideboom tractors
S：土方机械
Z：机械*

Diao ju 01577
吊具* BA05
DJ
Hoisting equipment
F：集装箱吊具

Diao lan 01578
吊篮 AG09
DL
Cradles

Diao shang diao xia chuan F0178 BE01
吊上吊下船
DSDXC
Lo/Lo ships
Y：吊装船

Diao tou 01579
掉头(汽车驾驶) AK03
DT
Turning around
S：汽车驾驶
Z：驾驶*

Diao tou chi F0179
调头池 BC01
DTC
Turning basins
Y：调船锚地

Diao tou qu 01580
调头区 BD01
DTQ
Turning basin；Swinging area
S：区域*

Diao tou xian 01581
调头线 AJ03
DTX
Turn line
S：线路*
D：返折线

Diao yan F0180
调研 DF00
DY
Investigation and research
Y：调查研究

Diao zhuang 01582
吊装 BF04
DZ
Lift on/ lift off
S：装卸*

Diao zhuang chuan 01583
吊装船 BE01
DZC
Lo/Lo ships
S：运输船舶
D：吊上吊下船
Z：船舶*

Die dai fa 01584
迭代法 CA00；CG12
DDF
Iteration；Iterative method
S：计算方法；结构分析
Z：方法*；分析*

Die he 01585
迭合 DD00
DH
Iteration

Die jia 01586
叠加 CA00；CG04
DJ
Superposition
C：组合应力

Die shui 01587
跌水 AC06；CI05
DS

Hydraulic drop; Water drop
D: 落水

Ding ba 01588
丁坝 BC03
DB
Spur dyke; Groyne; Groin
S: 河道整治建筑物
Z: 建筑物*

Ding ban yun xing 01589
定班运行 AA10
DBYX
Scheduled run
S: 运转*
D: 非定班运行

Ding ben xiang jiao 01590
丁苯橡胶 AF03
DBXJ
Buna-S; Styrene-butadiene rubber; SBR
S: 橡胶
Z: 材料*

Ding ce 01591
定测 AC01
DC
Location survey
S: 测量*

Ding chuang 01592
定床 BD02
DC
Fixed bed
S: 河床*

Ding chuang mo xing 01593
定床模型 BC05
DCMX
Fixed bed models
S: 试验模型
Z: 模型*

Ding e 01594
定额* AA05
DE
Norm
F: 技术经济定额; 装卸定额

Ding e guan li 01595
定额管理 BG02; BG04
DEGL
Management by norm
S: 管理*

Ding e pei chang F0181
定额赔偿 AA06
DEPC
Rated compensation
Y: 赔偿*

Ding jia 01596
定价 BG06
DJ
Price making
C: 价格*; 定价规则

Ding jia gui ze 01597
定价规则 BG06
DJGZ
Pricing rule
S: 规则*
C: 定价

Ding jin fa 01598
顶进法 AE04
DJF
Pipe jacking method
S: 隧道施工方法
Z: 方法*

Ding ju luo xuan jiang 01599
定距螺旋桨 BE08
DJLXJ
Fixed pitch propellers
S: 螺旋桨*

Ding la fa jia qiao F0182
顶拉法架桥 AD14
DLFJQ
Jacking and drawing method erection
Y: 顶推法架桥

Ding li F0183
定理 DA00
DL
Theorem
Y: 定律*

Ding liang fen xi 01600
定量分析 BB05; CC03; DF00
DLFX
Quantitative analysis
S: 分析*

Ding liang xin xi 01601
定量信息 DB00
DLXX
Quantitative information
S: 信息*
C: 定性信息

Ding liang yan jiu 01602
定量研究 DF00
DLYJ
Quantitative research
S: 科学研究
Z: 研究*

Ding liang yu ce 01603
定量预测 DD00
DLYC
Quantitative forecasting
S: 预测*

Ding liang yu ce fen xi 01604
定量预测分析 DF00
DLYCFX
Quantitative forecasting analysis
S: 预测分析
Z: 分析*

Ding lü 01605
定律* DA00
DL
Law
F: 达西定律; 恩格尔定律(经济学)
D: 定理

Ding pai bao zhuang 01606
定牌包装 BA06
DPBZ
Packing of nominated brand
S: 包装*

Ding qi bao xian 01607
定期保险 BA04
DQBX
Time insurance

S：保险*

Ding qi chuan yun shu F0184
定期船运输 BA02
DQCYS
Liner transportation
Y：班轮运输

Ding qi hang xian F0185
定期航线 BF06
DQHX
Liner service
Y：班轮航线

Ding qi jian cha 01608
定期检查 AC07
DQJC
Periodical inspection
S：路况检查
Z：检查*

Ding qi yang hu 01609
定期养护 AC07
DQYH
Periodical maintenance
S：公路养护
Z：养护*

Ding shi che zhan 01610
定时车站 AJ03
DSCZ
Timed stop
S：车站*

Ding shi xin hao kong zhi 01611
AI03
定时信号控制
DSXHKZ
Fixed-time control
S：信号控制
Z：控制*

Ding shi xin hao kong zhi ji 01612
AI03
定时信号控制机
DSXHKZJ
Pretimed controller; Timing controller
S：信号控制器
Z：设备*

Ding tui 01613
顶推 BF04
DT
Pushing
C：顶推装置

Ding tui bo chuan dui 01614
BF06
顶推驳船队
DTBCD
Pushed tow; Pushed convey
S：船队*

Ding tui chuan F0186
顶推船 BE02
DTC
Push boat; Pusher tug
Y：推轮

Ding tui chuan dui 01615
顶推船队 BF06
DTCD
Push-trains; Pusher train
S：船队*
C：船舶航行*

Ding tui fa jia qiao 01616
顶推法架桥 AD14
DTFJQ
Extrusion sliding erection
S：桥梁架设*
D：顶拉法架桥

Ding tui she bei 01617
顶推设备 AG06
DTSB
Incremental launching device
S：设备*

Ding tui zhuang zhi 01618
顶推装置 BE08
DTZZ
Pushing gear
S：装置*
C：顶推

Ding wei 01619
定位(航行)* BF02
DW
Fixing; Positioning
F：船舶定位

Ding wei 01620
定位 DD00
DW
Localization; Positioning
D：测位

Ding wei xi tong 01621
定位系统 BD05; BF05
DWXT
Positioning system; Locate system
S：导航*
F：差分全球定位系统；国际海事卫星系统；卫星多普勒定位

Ding wei xian 01622
定位线 DH00
DWX
Location; Route orientation
S：线*

Ding wei xin biao 01623
定位信标 BD05
DWXB
Location beacons
S：信标*

Ding xian 01624
定线 AC01
DX
Location
S：路线设计
F：野外定线；纸上定线
Z：设计*

Ding xiang bao po 01625
定向爆破 AC03; CI02
DXBP
Directional blasting
S：爆破*

Ding xiang she ji xiao shi jiao tong liang 01626
AI01
定向设计小时交通量
DXSJXSJTL
Directional design hourly traffic volume (DDHV)
S：交通量
Z：量*

Ding xiang shi li jiao 01627 AC05
定向式立交
DXSLJ
Directional interchange
S: 立体交叉
D: 半定向式立交
Z: 公路交叉*

Ding xiang xing che dao biao ji 01628 AI07
定向行车道标记
DXXCDBJ
Directional carriageway marking
S: 道路标识
Z: 标志*

Ding xing fen xi 01629 CC03;DF00
定性分析
DXFX
Qualitative analysis
S: 分析*

Ding xing jue ce 01630 DD00
定性决策
DXJC
Qualitative decisionmaking
S: 决策*

Ding xing she ji F0187 DD00
定型设计
DXSJ
Typical design
Y: 标准设计

Ding xing xin xi 01631 DB00
定性信息
DXXX
Qualitative information
S: 信息*
C: 定量信息

Ding xing yan jiu 01632 DF00
定性研究
DXYJ
Qualitative research
S: 科学研究
Z: 研究*

Ding xing yu ce 01633 BB03
定性预测
DXYC
Qualitative forecasting
S: 预测*

Ding xing yu ce fen xi 01634 BB03
定性预测分析
DXYCFX
Qualitative forecasting analysis
S: 预测分析
Z: 分析*

Ding yuan F0188 AJ02
定员
DY
Rated passenger capacity
Y: 额定载客量

Ding yue ren F0189 DA00
订约人
DYR
Contractors
Y: 签约人

Ding zi xing jiao cha 01635 AC05
丁字形交叉
DZXJC
T-intersection
S: 平面交叉
Z: 公路交叉*

Diwen 01636 CD01
地温
DW
Ground temperature

Dong ce fa 01637 AH02
动测法(桩)
DCF
Dynamic measurement of pile
S: 检测方法
Z: 方法*

Dong che 01638 AJ02
动车
具有牵引动力装置的轨道车辆的总称
DC
Rail car
S: 车辆*

Dong chuang 01639 BD02
动床
DC
Movable bed
S: 河床*

Dong chuang mo xing 01640 BC05
动床模型
DCMX
Movable bed models
S: 试验模型
Z: 模型*

Dong gang du 01641 CG02
动刚度
DGD
Dynamic stiffness
S: 刚度
Z: 度*

Dong hai 01642 AC08
冻害
DH
Frost damage
S: 灾害*
C: 冻胀;冻融;溶陷

Dong he zai 01643 CD03
动荷载
DHZ
Dynamic loads
S: 载荷*
F: 风荷载

Dong jie 01644 DD00
冻结
DJ
Freezing; Frozen

Dong jie fa 01645
冻结法(隧道施工) AE04
DJF
Freezing method; Freezing process
S: 隧道施工方法
Z: 方法*

Dong jie fa 01646 BC02;CI01
冻结法
DJF

Freezing process; Freezing method
S: 施工方法
Z: 方法*

Dong jie jia gu 01647
冻结加固 CI01
DJJG
Freezing consolidation
S: 加固*

Dong li chu tan shi yan 01648
AH01
动力触探试验
DLCTSY
Dynamic sounding
S: 触探试验
Z: 试验*

Dong li di zhi zuo yong 01649
CD01
动力地质作用
DLDZZY
Dynamic geologic process
S: 作用*

Dong li fang da guo cheng xian 01650
AH02
动力放大过程线
DLFDGCX
Dynamic amplification duration curve

Dong li gong ying 01651
动力供应 CL01
DLGY
Power supply
S: 供应*

Dong li gu jie fa 01652
动力固结法 AC03
DLGJF
Dynamic consolidation method

Dong li ji xie 01653
动力机械 AG02
DLJX
Power equipments
S: 机械*
F: 发动机

Dong li nian du F0190
动力粘度 BC02; CG09
DLND
Dynamic viscosity; Kinetic viscosity
Y: 动力粘性

Dong li nian xing 01654
动力粘性 BC02
DLNX
Dynamic viscosity
S: 粘性
D: 动力粘度
Z: 性质*

Dong li shi wan chen yi 01655
AH03
动力式弯沉仪
DLSWCY
Dynaflect
S: 弯沉仪
Z: 仪器*

Dong li shi yan 01656
动力试验 AD16; CG10; DF00
DLSY
Dynamic test
S: 力学试验
C: 试验设备
Z: 试验*

Dong li xiang ying shi yan 01657
AH01
动力响应试验(桥梁)
DLXYSY
Bridge response to forced vibration
S: 试验*
C: 桥梁检验

Dong li xing zhi 01658
动力性质 CB00; DC00
DLXZ
Dynamic properties
S: 性质*

Dong li xü qiu 01659
动力需求 BE08
DLXQ
Power requirement
S: 需求*

Dong li xue 01660
动力学 CB00; CG01; DB00
DLX
Dynamics; Kinetics
S: 学科*
C: 质点
F: 车辆动力学; 船舶流体动力学; 构造动力学; 机车动力学; 计算流体动力学; 空气动力学; 列车动力学; 轮轨动力学; 土动力学

Dong li zhuang zhi 01661
动力装置 BE08
DLZZ
Power plant
S: 装置*
F: 齿轮箱; 船舶动力装置; 增压器

Dong ping heng yi 01662
动平衡仪 AK05
DPHY
Dynamic balancer
S: 仪器*
F: 车轮动平衡仪

Dong rong 01663
冻融 AC08
DR
Frost thawing
C: 冻害

Dong rong shi yan 01664
冻融试验 AH01; DF00
DRSY
Freezing and thawing test; Freezing-thawing test
S: 环境试验
Z: 试验*

Dong shi bao po 01665
硐室爆破 CI02
DSBP
Chamber blasting
S: 爆破*

Dong shi jue min rui du F0191
AI05
动视觉敏锐度
DSJMRD
Dynamic visual acuity
Y: 视觉敏锐度

Dong shui ya li 01666
动水压力 CG07

DSYL
Hydrodynamic pressure
S：水压力
C：水力计算
Z：力*

Dong tai 01667
动态 DA00
DT
Tendency

Dong tai 01668
动态 DC00
DT
Dynamics；Kinetic state；Dynamic state
S：状态*

Dong tai fen xi 01669
动态分析 BJ01；DF00
DTFX
Dynamic analysis
S：分析*
C：静态分析

Dong tai gui hua fa 01670
动态规划法 CA00
DTGHF
Dynamic programming
S：最优化方法
Z：方法*

Dong tai hui tan wan chen 01671 AC04
动态回弹弯沉
DTHTWC
Dynamic rebound deflection

Dong tai jing ji xue 01672
动态经济学 BG01
DTJJX
Dynamic economics
S：经济学
Z：学科*

Dong tai san zhou shi yan F0192 AH01
动态三轴试验
DTSZSY
Dynamic triaxial test
Y：三轴试验

Dong tai te xing 01673
动态特性 BE04；DC00
DTTX
Dynamics；Dynamic characteristics；Dynamic properties
S：特性
F：尾流动态特性
Z：性质*

Dong tai xiang ying 01674
动态响应 DC00
DTXY
Dynamic response
S：响应*

Dong tai zhen duan 01675
动态诊断 AK04
DTZD
Dynamic diagnosis
S：诊断*

Dong tai zhou zhong jian ce qi 01676 AI03
动态轴重检测器
DTZZJCQ
Dynamic axle weight detector
S：轴重检测器
Z：仪器*

Dong tu 01677
冻土 BC02；CG06
DT
Frozen soils
S：土*
C：冻土地基
F：多年冻土；永久冻土

Dong tu di ji 01678
冻土地基 BC02；CI01
DTDJ
Frozen ground；Frozen soil foundation
S：地基*
C：冻土；冻土构造

Dong tu gou zao 01679
冻土构造 BC02
DTGZ
Frozen soil structure
C：冻土地基

Dong tu li xue 01680
冻土力学 CD01；CG01；CG06
DTLX
Frozen soil mechanics
S：土力学
Z：学科*

Dong tu re xue 01681
冻土热学 CD01
DTRX
Frozen soil thermology
S：学科*

Dong wan chen 01682
动弯沉 AC04
DWC
Dynamic deflection
S：弯沉(路面)*

Dong wu 01683
动物 CE03
DW
Animals
S：生物*
C：水生生物

Dong wu bing hai 01684
动物病害 CK02
DWBH
Animal diseases
S：病害*

Dong wu tong dao 01685
动物通道 AI07
DWTD
Animal corridor
S：通道*

Dong wu xue 01686
动物学 CE03
DWX
Zoology
S：生物学
Z：学科*

Dong xiang 01687
动向 DB00
DX
Tendency

Dong xue 01688
洞穴 CD01

DX
Caves

Dong ying li 01689
动应力 CG03
DYL
Dynamic stress
S：应力*

Dong yuan fei yu fu dai kuan 01690
AB04
动员费预付贷款
DYFYFDK
Advance mobilization loan
S：预付贷款
Z：贷款*

Dong zai he 01691
动载荷 CG11
DZH
Dynamic load
S：载荷*

Dong zhang 01692
冻胀 AC08；CG06
DZ
Frost heaving
C：冻害

Dong zhi wu jian yi 01693
动植物检疫 BI05
DZWJY
Animal or plant quarantine
S：检疫
Z：防疫*

Dou an 01694
陡岸 BD01
DA
Steep bank；Cliffed coast
S：岸*

Dou lun shi wa jue ji 01695
斗轮式挖掘机 AG04
DLSWJJ
Bucketwheel trenchers
S：挖掘机
Z：机械*

Dou lun wa ni chuan 01696
斗轮挖泥船 BE03
DLWNC
Bucker wheel suction dredger
S：挖泥船
Z：船舶*

Dou po han dong 01697
陡坡涵洞 AD17
DPHD
Culvert on steep grade
S：涵洞*

Dou shi shu song ji 01698
斗式输送机 AG06
DSSSJ
Bucket conveyors
S：提升机
C：连续输送机
Z：机械*

Dou shi ti sheng ji 01699
斗式提升机 AG06
DSTSJ
Bucket elevators
S：提升机
Z：机械*

Dou shi wa jue ji 01700
斗式挖掘机 AG04
DSWJJ
Bucket excavators
S：挖掘机
F：多斗挖掘机
Z：机械*

Dou shi zhuang zai ji 01701
AG06
斗式装载机
DSZZJ
Shovel loaders
S：装载机
Z：机械*

Du 01702
度* DC00
D
Degree
F：饱和度；长度；车门开度；稠度；垂直度；粗糙度；地震烈度；浮漂度；辐射度；刚度；高度；贯入度；光度；光洁度；含盐度；厚度；碱度；角度；洁净度；晶粒度；精密度；精确度；均匀度；开启度；可靠度；跨度；宽度；粒度；亮度；灵敏度；流散度；密度；密实度；敏锐度；磨耗度；挠度；能见度；粘度；浓度；平整度；坡度；铅直度；清晰度；溶解度；柔度；深度；湿度；酸度；坍落度；同心度；透明度；椭圆度；细度；盐度；延度；硬度；拥挤度；浊度；自由度

Du cao 01703
渡槽 AD17；BC03
DC
Aqueduct；Flume

Du chuan F0193
渡船 BE02
DC
Ferry boat；Ferry
Y：渡轮

Du dun 01704
渡趸 AJ03
DD
Storage barge
S：趸船
Z：船舶*

Du ka ji 01705
读卡机 AI06
DKJ
Card reader
S：道路收费系统
Z：系统*

Du lou 01706
堵漏 AE12
DL
Leaking stoppage

Du lun 01707
渡轮 BE01
DL
Ferry；Ferry steamer；Ferry-boat
S：客轮
F：车客渡轮；城市客渡；海峡渡轮；火车渡轮；客渡；客渡轮；内河渡轮；汽车渡轮
D：渡船；轮渡

Z：船舶*

Du se 01708
堵塞 BD01;CI02;DD00
DS
Blockage;Block-up;Tamping
C：拥塞;拥挤

Du shui 01709
堵水 DE00
DS
Water plugging;Water shut off
S：排水*

Du ta xie la qiao 01710
独塔斜拉桥 AD01
DTXLQ
Single pylon cable stayed bridge
S：斜拉桥
Z：桥*

Du wu 01711
毒物 CK02
DW
Poisons
S：物质*

Du wu xue 01712
毒物学 BI03
DWX
Toxicology
S：学科*
C：有毒物质

Du wu xue shi yan 01713
毒物学试验 BI03
DWXSY
Toxicological test
S：试验*
C：有毒物质

Du zhan F0194
独占 BG03
DZ
Monopolization
Y：垄断

Duan ceng 01714
断层 CD01
DC
Geological fault
S：层*
C：地质构造

Duan guan xian 01715
段管线 AJ03
DGX
Section line
S：线路*

Duan hang zha ba shu liang 01716
断航闸坝数量 BJ04
DHZBSL
Numbers of lock and dam interrupting shipping; Numbers of lock and dam in navigation pause
S：航道统计指标
Z：指标*

Duan ji pei 01717
断级配 CG09
DJP
Gap gradation
S：级配*

Duan kou 01718
断口 DH00
DK
Fractures
S：口*

Duan lie 01719
断裂* AD15;CG02;CG03
DL
Cracking;Fractures;Fracturing
C：脆性
F：疲劳断裂

Duan lie li xue 01720
断裂力学 CG01
DLLX
Fracture mechanics
S：力学
F：线弹性断裂力学
Z：学科*

Duan lie dai 01721
断裂带 CD01
DLD
Fault zone

Duan lie ji li 01722
断裂机理 CG02
DLJL
Mechanism of fracture
S：机制*

Duan lie ren xing 01723
断裂韧性 CG02
DLRX
Fracture toughness
S：韧性
Z：性质*

Duan lie shi yan 01724
断裂试验 AD16;AH01;CG10
DLSY
Fracture test;Breaking test
S：材料力学试验
C：断裂韧性
Z：试验*

Duan lu 01725
短路 CF01
DL
Short-circuit
C：电路*

Duan mian 01726
断面 DH00
DM
Profiles;Sections
S：面*
F：横断面;隧道断面;纵断面
D：截面

Duan mian ce liang 01727
断面测量 AE02
DMCL
Section survey
S：工程测量
Z：测量*

Duan qi 01728
短期 BB04
DQ
Short-term

Duan qi dai kuan 01729
短期贷款 BB04
DQDK
Current liabilities

S：贷款*

Duan qi fen xi 01730
短期分析(经济学) BB04
DQFX（JJX）
Short run analysis
S：分析*

Duan qi ji hua 01731
短期计划 BG07
DQJH
Short-term plan
S：计划*

Duan tou lu 01732
断头路 AB02
DTL
Dead end highway
S：公路
Z：道路*

Duan tu hai shang yun shu chuan bo F0195 BE01
短途海上运输船舶
DTHSYSCB
Short sea vessels
Y：近海运输船舶

Duan tu ke yun 01733
短途客运 AA02
DTKY
Short-distance passenger transportation
S：客运形式
Z：运输方式*

Duan tu yun jia 01734
短途运价 AA08
DTYJ
Short-haul rate
S：运价
Z：价格*

Dui bi 01735
对比 DD00
DB
Contrast
C：比较

Dui ce 01736
对策 DB00
DC
Countermeasure
C：战略*

Dui chang 01737
堆场* BA05
DC
Storage yards；Stockpiling yards
F：货场；集装箱堆场；集装箱编组堆场

Dui chen xing 01738
对称性 DC00
DCX
Symmetry
S：性质*

Dui duo ji 01739
堆垛机 BA08
DDJ
Stacker
S：装卸机*

Dui duo ji xie 01740
堆垛机械 AA05
DDJX
Stowing machinery
S：机械*

Dui huo chang 01741
堆货场 AA04
DHC
Stock yard

Dui jiang dian hua ji 01742 BF05
对讲电话机
DJDHJ
Intercommunication telephone set
S：通信设备
Z：设备*

Dui liu 01743
对流 CD03；CG07
DL
Convection
S：流态*
F：强迫对流；自然对流

Dui liu kong xiang li cheng 01744 AA08
对流空箱里程
DLKXLC
Balanced distance of empty container
S：里程*
D：非对流空箱里程

Dui liu yun shu 01745
对流运输 AA01
DLYS
Counter-flow transportation
S：运输形式
Z：运输方式*

Dui ma 01746
堆码 BA06
DM
Stacking
S：储存*

Dui qu liao ji 01747
堆取料机 BA08
DQLJ
Stacker-reclaimer
S：装卸机*

Dui shi ba 01748
堆石坝 BC03
DSB
Rock-fill dam
S：坝
Z：建筑物*

Dui shu 01749
对数 CA00
DS
Logarithm
S：数*

Dui shu shuai jian lü 01750 CG08
对数衰减率
DSSJL
Logarithmic decrement
S：衰减率
Z：比率*

Dui wai mao yi 01751
对外贸易 DA00；BB03
DWMY
Foreign trade
S：贸易*
C：经济发展

F：许可证贸易；出口

Dui wai mao yi qu 01752
对外贸易区 DA00
DWMYQ
Foreign trade region
S：区域*

Dui wai mao yi zheng ce 01753 BB02
对外贸易政策
DWMYZC
Foreign trade policy
S：贸易政策
Z：政策*

Dui wai tou zi F0196
对外投资 BG03
DWTZ
Investment in foreign countries
Y：国际援助

Dui wai yuan zhu F0197
对外援助 BG03
DWYZ
International assistance
Y：国际援助

Dui wai zheng ce 01754
对外政策 BB02
DWZC
Foreign policy
S：政策*

Dui zhuan luo xuan jiang 01755 BE08
对转螺旋桨
DZLXJ
Contrarotating propeller
S：螺旋桨*

Dun (ke) wei 01756
吨(客)位 AA07
D(K)W
Rated tonnage (seat)
S：统计指标
Z：指标*

Dun chuan F0198
囤船 BC01；BE02
DC
Pontoons
Y：趸船

Dun chuan 01757
趸船 BE02
DC
Pontoon
S：港务船
F：渡趸
D：囤船；垫跳船
Z：船舶*

Dun chuan ma tou F0199
囤船码头 BC01；BE02
DCMT
Landing pontoons
Y：浮码头

Dun gou 01758
盾构* AE05
DG
Shield
F：挤压闭胸盾构；泥水盾构；气压盾构；土压平衡盾构

Dun gou fa 01759
盾构法 AE04
DGF
Shield driving method
S：隧道施工方法
Z：方法*

Dun gou wa jue ji 01760
盾构挖掘机 AG04
DGWJJ
Shield tunnelling machines
S：隧道掘进机
Z：机械*

Dun mao 01761
墩帽 AD09
DM
Pier coping

Dun shi qiao tai 01762
墩式桥台 AD09
DSQT
Pier abutment
S：桥台*

Dun shui 01763
吨税 BA01
DS
Tonnage dues；Tonnage tax
S：税*
C：货物税

Dun tai fang zhuang 01764
墩台防撞 AD15
DTFZ
Pier collision proof
C：抛石防护

Dun wei 01765
吨位 BE06；BJ05
DW
Tonnage
S：船舶参数
F：载重吨位；净吨位
Z：参数*

Dun wei ce liang F0200
吨位测量 BF04
DWCL
Tonnage measurement
Y：吨位丈量

Dun wei zhang liang 01766
吨位丈量 BF04
DWZL
Tonnage measurement
S：测量*
D：吨位测量

Duo 01767
舵 BE08
D
Rudder
S：船舶设备
Z：设备*

Duo bian jie dai 01768
多边借贷 BB04
DBJD
Multilateral debit and credit
S：贷款*

Duo bo shu ce shen xi tong 01769 BF03
多波束测深系统
DBSCSXT
Multi-beam sounding system

S：系统*
C：航海仪器

Duo ceng di ji F0201
多层地基 CI01
DCDJ
Multistrata foundations
Y：非均质地基

Duo ceng li jiao 01770
多层立交 AC05
DCLJ
Multi-level interchange
S：立体交叉
Z：公路交叉*

Duo cheng yuan che liang che dao 01771
AI04
多乘员车辆车道
DCYCLCD
High occupancy vehicle lane
S：车道
Z：道路*

Duo chong biao zhun 01772
多重标准 BB02
DCBZ
Multiple standard
S：标准*

Duo ci peng zhuang 01773
多次碰撞 AI05
DCPZ
Multiple collision
S：碰撞*

Duo dian xi bo 01774
多点系泊 BF02
DDXB
Multi-point moorings
S：系泊*
C：单点系泊

Duo dian xi bo she shi 01775
BE08
多点系泊设施
DDXBSS
Multiple-buoy moorings
S：离岸式码头
C：油船；海底管线

Z：码头*

Duo dian xi bo xi tong 01776
BF02
多点系泊系统
DDXBXT
Multi-point mooring system
S：系统*

Duo dou wa jue ji 01777
多斗挖掘机 AG04
DDWJJ
Trench excavators
S：斗式挖掘机
Z：机械*

Duo guo gong si 01778
多国公司 DA00
DGGS
Multinational company
S：公司*

Duo ji chuan zha 01779
多级船闸 BD03
DJCZ
Multilift locks
S：船闸
C：航道梯级
Z：建筑物*

Duo kong hun ning tu 01780
多孔混凝土 AF07
DKHNT
Cellular concretes
S：轻质混凝土
Z：混凝土*

Duo kong xing 01781
多孔性 DC00
DKX
Porosity
S：性质*

Duo lu ting che kong zhi 01782
AI03
多路停车控制
DLTCKZ
Multiway stop control
S：停车控制(汽车)
Z：控制*

Duo lu tong dao pai dui 01783
AI01
多路通道排队
DLTDPD
Multiple-channel queue
C：单路通道排队

Duo mei ti 01784
多媒体 CF03
DMT
Multimedia

Duo mian lin kong bao po 01785
AC03
多面临空爆破
DMLKBP
Open face blasting
S：爆破*

Duo mu biao kai fa F0202
多目标开发 BD06
DMBKF
Multipurpose development
Y：水利综合开发

Duo nian dong tu 01786
多年冻土 CD01
DNDT
Permafrost
S：冻土
Z：土*

Duo pu le dao hang 01787
多普勒导航 BF05
DPLDH
Doppler navigation
S：导航*
C：多普勒雷达

Duo pu le ji cheng yi 01788
多普勒计程仪 BF03
DPLJCY
Doppler log
S：计程仪
Z：仪器*

Duo pu le ji shu 01789
多普勒计数 BF02
DPLJS
Doppler count

Duo pu le lei da 01790
多普勒雷达 BF05
DPLLD
Doppler radar
S：雷达
C：多普勒导航
Z：仪器*

Duo ran liao fa dong ji 01791 BE08
多燃料发动机
DRLFDJ
Multifuel engines
S：发动机
Z：机械*

Duo shi lian yun 01792
多式联运 BA06
DSLY
Intermodal transport; Intermodal transportation; Multimodal transportation
S：运输方式*
F：国际多式联运业务；国际多式联运；陆上多式联运

Duo shi lian yun fu wu 01793 BA06
多式联运服务
DSLYFW
Intermodal services
S：服务*

Duo shi lian yun she shi 01794 BA06
多式联运设施
DSLYSS
Intermodal facilities
S：设施*

Duo shi lian yun ti dan 01795 BA02
多式联运提单
DSLYTD
Combined transport bill of lading; Multimodal transport bill of lading
S：提单*

Duo shi lian yun wen Jian 01796 BA06
多式联运文件
DSLYWJ
Intermodal documents
S：运输文件
Z：文件*

Duo shi lian yun xi tong 01797 BA06
多式联运系统
DSLYXT
Intermodal systems; Intermodal transport system
S：系统*

Duo shi lian yun xin xi xi tong 01798 BA06
多式联运信息系统
DSLYXXXT
Intermodal Information systems
S：信息系统
Z：系统*

Duo ta xie la qiao 01799
多塔斜拉桥 AD01
DTXLQ
Multi pylon cable stayed bridge
S：斜拉桥
Z：桥*

Duo tong dao shu zi ji lu xi tong 01800 AH03
多通道数字记录系统
DTDSZJLXT
Multi channel digital record system
S：数据收集系统
Z：系统*

Duo xian chuan zha 01801
多线船闸 BD03
DXCZ
Multilane locks
S：船闸
C：承船厢；闸室
Z：建筑物*

Duo xian qiao 01802
多线桥 AD01
DXQ
Multiple-line bridge
S：桥*

Duo xing qi ti 01803
惰性气体 BI03
DXQT
Inert gas (IG)
S：气体*

Duo xing qi ti bao hu wu ji hu han 01804 BE10
惰性气体保护钨极弧焊
DXQTBHWJHH
Inert gas tungsten arc welding
S：焊接*

Duo xing qi ti mie huo 01805 BI04
惰性气体灭火
DXQTMH
Inert gas fire-fighting
S：灭火
Z：消防*

Duo yang hua 01806
多样化 DB00
DYH
Diversification

Duo yong tu chuan F0203
多用途船 BE01
DYTC
Multipurpose vessel; General purpose ship
Y：多用途货船

Duo yong tu huo chuan 01807 BE01
多用途货船
DYTHC
Multipurpose carrier; Multipurpose ship; Multipurpose cargo ship; General purpose ship
S：货轮
F：集装箱杂货船；石油化学品船；油散矿船
D：多用途船
Z：船舶*

Duo yong yang hu che 01808
多用养护车 AG07
DYYHC
Multi-use maintenance truck
S：养护机械
Z：机械*

Duo yuan shi hui 01809

gui fen xi CA00
多元式回归分析
DYSHGFX
Multivariate regression analysis
S：回归分析
Z：分析*

Duo zi you du 01810
多自由度 CG08
DZYD
Multi-degree of freedom
S：自由度
C：振动系统；质点振动
Z：度*

E

E ding dian liu 01811
额定电流 CF01
EDDL
Rated current
S：电流*

E ding shui tou 01812
额定水头 BD06
EDST
Rated head
S：水头*

E ding zai ke liang 01813
额定载客量 AJ02
EDZKL
Rated passenger capacity
S：客运量
D：定员
Z：量*

E lie tian qi 01814
恶劣天气 BI04
ELTQ
Heavy weather
S：危险天气通报
Z：天气预报*

E luo si chuan ji she 01815
BA09
俄罗斯船级社
ELSCJS
Russian Maritime Register of Shipping (RS)
S：船级社
Z：机构(组织)*

En ge er ding lü 01816
恩格尔定律(经济学) BG01
EGEDL
Engel's law
S：定律*

EPIRB F0204
EPIRB BF05
EPIRB
Emergency position-indicating radio beacon
Y：紧急无线电示位标

Er ci gui hua 01817
二次规划 CA00
ECGH
Quadratic programming
S：非线性规划
Z：规划*

Er ci wu ran 01818
二次污染 CK02
ECWR
Secondary pollution
S：污染*
C：环境监测；植物病害

Er jiao gong qiao 01819
二铰拱桥 AD01
EJGQ
Two-hinged arch bridge
S：拱桥
Z：桥*

Er qiang shi qiao tai 01820
AD09
耳墙式桥台
EQSQT
Ear wall type abutment
S：桥台*

Er wei peng zhuang 01821
二维碰撞 AI05
EWPZ
Two dimension collision
S：碰撞*

Er yang hua tan (CO_2) pai fang liang 01822
BJ03
二氧化碳(CO_2)排放量
EYHT(CO_2)PFL
Exhaust of carbon dioxide (CO_2) in fuel consumption of ship
S：环保统计指标
Z：指标*

F

Fa 01823
法* DB00
F
Law
F：国际法；税法

Fa an 01824
法案* BB02
FA
Act
F：濒危物种保护法；美国航运法(1984)；美国航运法案(1920～1936)；深水港法案；石油污染防治法案(美国)；英国航行法案

Fa che jian ge 01825
发车间隔 AJ04
FCJG
Departure interval
C：发车频率；行车间隔

Fa che ping lü 01826
发车频率 AJ04
FCPL
Departure frequency
S：频率*
C：发车间隔

Fa che zhan 01827
发车站 AJ03
FCZ
Outgoing station
S：客运站
Z：车站*

Fa chuan mi du F0205
发船密度 AJ04

FCMD
Frequency of dispatching
Y：发船频率

Fa chuan ping lü 01828
发船频率 AJ04
单位时间内，驶离码头的客渡轮数量。
FCPL
Frequency of dispatching
S：频率*
D：发船密度

Fa de zhi ding 01829
法的制定 BB02
FDZD
Enactment of law
D：立法

Fa dian 01830
法典 BB02
FD
Code
S：法率*
F：经济法典

Fa dian 01831
发电 BD06；CF01
FD
Electric generation；Electric power generation；Electric generation
C：余热利用

Fa dian chang 01832
发电厂 BD06
FDC
Power plants
S：工厂*
F：水力发电站

Fa dian ji 01833
发电机 AG02；CF01
FDJ
Electric generators；Generator
S：电机*
C：发电设备
F：交流发电机；直流发电机

Fa dian she bei 01834
发电设备 DE00
FDSB
Electric generating equipment
S：设备*
C：发电机

Fa dian zhan F0206
发电站 BE08
FDZ
Electric power station
Y：船舶电站

Fa ding hui lü 01835
法定汇率 BG02
FDHL
Legal exchange rate
S：汇率
D：官方汇率
Z：比率*

Fa ding jian yan 01836
法定检验 BA02；BE07
FDJY
Statutory survey
S：检验*

Fa ding shi 01837
法定时 BF02
FDS
Legal time
S：时间*

Fa dong ji 01838
发动机 AG02；CL01；DE00
FDJ
Engines
S：动力机械
F：电动机；多燃料发动机；内燃机
Z：机械*

Fa dong ji da xiu 01839
发动机大修 AK05
FDJDX
Engine rebuilding；Engine remanufacture
S：汽车修理
Z：维修*

Fa dong ji qing xi ji 01840
发动机清洗机 AK05
FDJQXJ
Engine cleaner
S：汽车维修工艺设备
Z：设备*

Fa dong ji zhen duan yi 01841
发动机诊断仪 AK05
FDJZDY
Engine analyzer
S：诊断仪
Z：仪器*

Fa guang 01842
发光 CB00
FG
Luminescence

Fa guang biao zhi 01843
发光标志 AI07
FGBZ
Luminous sign
S：标志*

Fa guang cai liao 01844
发光材料 AF01
FGCL
Luminescent material
S：材料*

Fa gui 01845
法规 AA10；DB00
FG
Law；Law and regulation；Legislation；Regulation
S：法律*
C：细则；规程；规章；规则
F：保险法规；港口规章制度；公路运输法规；环境保护法规；交通法；运输法规

Fa guo chuan ji she 01846
法国船级社 BA09
FGCJS
Bureau Veritas (BV)
S：船级社
Z：机构(组织)*

Fa huo ren F0207
发货人 AA03
FHR
Consignor，shipper
Y：托运人

Fa ka ji 01847
发卡机 AI06
FKJ
Card sender
S: 道路收费系统
Z: 系统*

Fa lie 01848
发裂 AC08
FL
Hair-like crack
S: 裂缝*

Fa ling 01849
法令 DB00
Decree
C: 法律*;条例

Fa lü yan jiu 01850
法律研究 BB02
FLYJ
Legal studies
S: 研究*

Fa lü yue shu 01851
法律约束 BB02
FLYS
Legal constraints

Fa ming 01852
发明 DE00;DF00
FM
Invention
D: 创新

Fa ming chuang zao 01853
发明创造 DD00
FMCZ
Creation and invention

Fa ming zhuan li 01854
发明专利 DF00
FMZL
Invention patent
S: 专利*

Fa pao 01855
发泡 DD00
FP
Foaming

Fa pao ji 01856
发泡剂 AF03
FPJ
Blowing agent
S: 剂*

Fa pao ji 01857
发泡机 DE00
FPJ
Foaming machines
S: 机械*

Fa piao 01858
罚票 AJ04
FP
Penalty fare

Fa san 01859
发散 CA00
FS
Divergence

Fa shi ji chu 01860
筏式基础 BC06
FSJC
Raft foundation
S: 基础(工程)*

Fa ting 01861
法庭* AI05
FT
Court
F: 交通法庭

Fa xiang ying li F0208
法向应力 CG03
FXYL
Normal stress
Y: 正应力

Fa yun 01862
发运 AA03
FY
Pre-departure operation

Fa zhan 01863
发展* BB03;DD00
FZ
Development;Develop
F: 经济发展;可持续发展;贸易发展;社会发展;市场发展;运输发展

Fa zhan ce lue 01864
发展策略 BB03
FZCL
Developing strategy
S: 策略*

Fa zhan fang xiang F0209
发展方向 DA00
FZFX
Development target;Development tendency
Y: 预测*

Fa zhan gui hua 01865
发展规划 BB03
FZGH
Development plan;Development planning
S: 规划*

Fa zhan guo min jing ji zong fang zhen 01866
发展国民经济总方针 BB02
FZGMJJZFZ
General policy of developing national economy

Fa zhan ji jin 01867
发展基金 BB04
FZJJ
Development fund
S: 基金*
D: 开发基金;发展资金;科研基金

Fa zhan qu shi yu ce 01868
发展趋势预测 BB03
FZQSYC
Tendency forecasting
S: 预测*

Fa zhan xing yan jiu 01869
发展性研究 DF00
FZXYJ
Development research
S: 科学研究
Z: 研究*

Fa zhan zhan lüe 01870
发展战略 BB04

FZZL
Developing strategy
S：战略*
D：国家发展战略

Fa zhan zheng ce 01871
发展政策 BB02
FZZC
Development policy
S：政策*
F：船队发展政策

Fa zhan zhi biao 01872
发展指标 BB02
FZZB
Development indicators
S：指标*

Fa zhan zi jin F0210
发展资金 BB04
FZZJ
Development fund
Y：发展基金

Fan chan 01873
反铲 BA08
FC
Backhoe; Hoe
S：装卸工具
Z：工具*

Fan chan wa jue ji 01874
反铲挖掘机 AG04
FCWJJ
Backhoe excavators
S：挖掘机
Z：机械*

Fan chan wa ni chuan 01875
反铲挖泥船 BE03
FCWNC
Backhoe dredger
S：挖泥船
Z：船舶*

Fan che ji 01876
翻车机 BA08
FCJ
Wagon tippler
S：装卸机*

Fan chen chuan bo 01877
shu BJ02
翻沉船舶数
FCCBS
Numbers of wrecked ship after the marine search and rescue operation
S：水上搜寻救助统计指标
Z：指标*

Fan chou 01878
范畴 DA00
FC
Category

Fan chuan 01879
帆船 BE01
FC
Sail; Sailer
S：客轮
F：风帆助推船
Z：船舶*

Fan chuan F0211
翻船 BH03
FC
Shipwrecks
Y：沉船

Fan da xi yang hui 01880
yi xie yi BF01
泛大西洋会议协议
FDXYHYXY
Trans-Atlantic Conference Agreement (TACA)
S：协议*

Fan dou che 01881
翻斗车 AG06
FDC
Tipcars; Tipping lorries
S：运输车
Z：车辆*

Fan guang 01882
反光 CB00
FG
Reflex

Fan guang biao shi 01883
反光标识 AI07
FGBS
Reflecting marking
S：标识*

Fan guang biao zhi 01884
反光标志 AI07
FGBZ
Reflecting sign
S：标志*

Fan guang lu niu 01885
反光路钮 AI07
FGLN
Reflecting button
S：路钮*
D：猫眼

Fan jiang 01886
翻浆 AC08
FJ
Frost boiling

Fan kui 01887
反馈* BE06; DD00
FK
Feedback; Feed back
C：反馈控制
F：信息反馈

Fan kui xi tong 01888
反馈系统 BE06
FKXT
Feedback system
S：系统*

Fan kui zhi dong 01889
反馈制动 AJ01
FKZD
Regenerative braking
S：制动*
D：再生制动

Fan li 01890
反力 CG03
FL
Reaction
S：力*

Fan li shi zhi dong 01891
shi yan tai AK05
反力式制动试验台
FLSZDSYT

Reaction type brake tester
S：制动试验台
Z：装置*

Fan qing xiao F0212
反倾销 BG03
FQX
Anti-dumping
Y：倾销

Fan she 01892
反射 DC00
FS
Reflection

Fan she han shu 01893
反射函数 CA00
FSHS
Reflection function
S：函数
Z：数*

Fan she lie feng 01894
反射裂缝 AC08
FSLF
Reflection crack
S：裂缝*

Fan she lü 01895
反射率 CB00
FSL
Reflectance; Reflection degree; Reflectivity
S：比率*

Fan shen tou 01896
反渗透 DC00
FST
Reverse osmosis
S：渗透*

Fan song ji F0213
翻松机 AG04
FSJ
Scarifiers
Y：松土机

Fan tai ping yang tao lun hui xie yi 01897
泛太平洋讨论会协议 BF01
FTPYTLHXY
Trans-Pacific Discussion Agreement (TPDA)
S：协议*

Fan tu shui ni F0214
矾土水泥 AF04
FTSN
Aluminous cements
Y：铝酸盐水泥

Fan wei 01898
范围 DA00
FW
Scope

Fan xiu lü 01899
返修率 AK05
FXL
Return rate of repair
S：比率*
F：汽车大修返修率

Fan xun huan 01900
反循环 DD00
FXH
Reverse circulation
C：循环*

Fan yi 01901
翻译* DF00
FY
Translation
F：机器翻译

Fan ying 01902
反应* CC01; DC00
FY
Reaction; Response
F：地震反应；化学反应；碱骨料反应；振动反应

Fan ying fen xi 01903
反应分析 DF00
FYFX
Reaction analysis
S：分析*

Fan ying ji li 01904
反应机理 CC01
FYJL
Reaction mechanism
S：机制*

Fan ying ju li 01905
反应距离(司机) AI05
FYJL
Reaction distance(driver)
S：距离*
D：感觉反应距离(司机)

Fan ying shi jian 01906
反应时间(司机) AI05
FYSJ
Reaction time
S：时间*
F：制动反应时间(司机)

Fan ying shi jian 01907
反应时间 CC02
FYSJ
Reaction time; Response time
S：时间*

Fan you 01908
泛油 AC08
FY
Bleeding

Fan zhe xian F0215
返折线 AJ03
FZX
Turn line
Y：调头线

Fan zhuan luo xuan jiang 01909
反转螺旋桨 BE08
FZLXJ
Contrarotating propellers
S：螺旋桨*

Fang an 01910
方案* BE06; DA00
FA
Program; Alternative; Plan; Project; Proposal
C：方案评审；方案论证
F：技术方案；设计方案；运输方案

Fang an bi jiao fa 01911
方案比较法 BB04
FABJF

Comparison of alternatives
S: 分析研究方法
Z: 方法*

Fang an lun zheng 01912
方案论证 BE06
FALZ
Program demonstration; Demonstration of alternative
C: 方案评审;方案*

Fang an ping shen 01913
方案评审 BE06
FAPS
Program evaluation; Evaluation of alternative
C: 方案论证;方案*

Fang an she ji 01914
方案设计 BE06
FASJ
Proposal design; Conceptual design; Draft design
S: 设计*
F: 论证初步方案设计

Fang an yan jiu 01915
方案研究 BE06
FAYJ
Proposal research; Alternative study
S: 研究*

Fang bo di 01916
防波堤 BC03
FBD
Breakwater; Wave breaker
S: 港口外堤*
C: 避风港;海塘;码头*;筑堤块体
F: 岛式防波堤;浮式防波堤;水下防波堤
D: 防潮堤

Fang bo di chang du 01917
防波堤长度 BJ04
FBDCD
Length of water-break
S: 航道统计指标
Z: 指标*

Fang cha 01918
方差 BJ01
FC
Variance
C: 统计方法

Fang cha fen xi 01919
方差分析 CA00
FCFX
Analysis of variance
S: 数学分析
Z: 分析*

Fang chao 01920
防潮 DD00; DE00
FC
Damp-proofing; Humidity protection
S: 防护*

Fang chao di F0216
防潮堤 BC03
FCD
Dyke barrier; Dike; Dike barrier; Damp-proofing levee
Y: 防波堤

Fang chen lou dou 01921
防尘漏斗 BA08
FCLD
Dustproof hopper
S: 港口装卸工属具
Z: 工具*

Fang chen xing 01922
防尘性 DC00
FCX
Dust proof performance
S: 性能*

Fang cheng 01923
方程* CA00; CC01; CG04
FC
Equations
F: 变形方程;差分方程;非线性方程;积分方程;流体力学方程;平衡方程;微分方程;线性方程;协调方程

Fang ci 01924
防磁 DD00
FC
Magneticproof

Fang da qi 01925
放大器 CF04
FDQ
Amplifier
S: 装置*

Fang dong 01926
防冻 AE12
FD
Anti-freezing
C: 防寒

Fang dong ji 01927
防冻剂 AF03
FDJ
Freeze proof agent
S: 混凝土外加剂
Z: 剂*

Fang fa 01928
方法* DD00
FF
Methods
F: 测定方法;调度方法;分析研究方法;风险评价方法;干法;隔膜法;供应链方法;规划评审估价法;计算方法;检测方法;检验方法;简易方法;矩阵法;课税方法;类比法;模型法;汽车维护方法;汽车修理方法;取样方法;射动法;湿法;施工方法;试验方法;示踪法;随车观测法

Fang fa lun 01929
方法论 BB05; DB00
FFL
Methodology
S: 理论*

Fang feng lin F0217
防风林 CK07
FFL
Wind-break forestry
Y: 防护林

Fang fu 01930
防腐 AD15
FF
Corrosion resistant
S: 防护*

Fang fu shi 01931
防腐蚀 DE00
FFS
Antisepsis; Corrosion protection; Erosion protection
S: 防护*
D: 防蚀

Fang fu tu ceng 01932
防腐涂层 BE10
FFTC
Anticorrosion coatings
S: 涂层
Z: 层*

Fang gou 01933
防垢 DD00
FG
Antiscale
S: 防护*
D: 阻垢

Fang han 01934
防寒 AE12
FH
Cold-proof
C: 防冻

Fang hong 01935
防洪* BD02; CI05
FH
Flood control
C: 防洪标准; 洪水*
F: 堤防; 分洪; 蓄洪
D: 防汛

Fang hong biao zhun 01936
防洪标准 BD02
FHBZ
Flood control standards
S: 标准*
C: 防洪*

Fang hu 01937
防护* DD00
FH
Protection
F: 防潮; 防腐; 防腐蚀; 防垢; 防火; 防裂; 防渗; 防水; 防锈; 防振; 辐射防护; 路基防护; 抛石防护; 浅基防护; 雪崩防治; 溢出防止; 阴极防护; 预防

Fang hu cai liao 01938
防护材料 AF01
FHCL
Protective material
S: 材料*
F: 隔振材料

Fang hu lin 01939
防护林 CK07
FHL
Protective forest; Shelter-forests; Shelter-woods
D: 防风林

Fang hu lin dai 01940
防护林带 AC08
FHLD
Shelter belt

Fang hu shan 01941
防护栅 AI07
FHS
Guard fence; Safety fence

Fang hua ceng 01942
防滑层 AC04
FHC
Skid resistant course
S: 表层
Z: 层*

Fang hua chu li 01943
防滑处理 AC07
FHCL
Anti-skid treatment
C: 公路养护

Fang hua xing 01944
防滑性 DC00
FHX
Skid resistance
S: 性能*

Fang huo 01945
防火 AE12; BI04; DD00
FH
Fire protection safety; Fire safety; Fire protection
S: 防护*
F: 隧道防火
D: 防火处理

Fang huo cang bi 01946
防火舱壁 BE05
FHCB
Bulkhead resistant to fire; Fire proof bulkhead
S: 舱壁
Z: 结构*

Fang huo chu li F0218
防火处理 DD00
FHCL
Fire protection
Y: 防火

Fang huo xing 01947
防火性 DC00
FHX
Fire resistance
S: 性能*

Fang lie 01948
防裂 DD00
FL
Antisplit
S: 防护*
D: 开裂防止

Fang lou zhua dou 01949
防漏抓斗 BA08
FLZD
Leakproof grab
S: 港口装卸工属具
Z: 工具*

Fang peng she bei 01950
防碰设备 BC06
FPSB
Fenders
S: 设备*
C: 船舶靠离操纵
D: 靠船设备

Fang sha ba 01951
防沙坝 AC08
FSB
Sand protection dike
S: 防沙设施

Z：设施*

Fang sha gong cheng 01952
防沙工程 BD04
FSGC
Sediment control structure
S：工程*
C：淤积控制

Fang sha lin 01953
防沙林 AC08
FSL
Sand protection green
S：防沙设施
Z：设施*

Fang sha she shi 01954
防沙设施 AC08
FSSS
Sand protection facilities
S：设施*
F：防沙坝；防沙林；沙障

Fang she hua xue 01955
放射化学 CC01
FSHX
Radiochemistry
S：化学
Z：学科*

Fang she neng wu ran 01956
放射能污染 CK02
FSNWR
Radioactive pollution
S：污染*
C：放射性废物

Fang she xian 01957
放射线 CK04
FSX
Radioactive rays
S：线*
C：消毒

Fang she xing chen jiang wu 01958
CK02
放射性沉降物
FSXCJW
Fallout；Radioactive fallout
S：污染物
D：落下灰

Z：物质*

Fang she xing fei wu 01959
放射性废物 CK02
FSXFW
Radioactive wastes
S：废物*
C：放射能污染

Fang she xing huo wu F0219
放射性货物 AA03
FSXHW
Radioactive goods
Y：危险品

Fang she xing huo wu yun shu 01960
AA03
放射性货物运输
FSXHWYS
Transport of radioactive goods
S：货物运输
Z：运输*

Fang she xing ji liang 01961
BI01
放射性剂量
指物体受射线照射的量，用以衡量物质或物体受射线照射的程度。
FSXJL
Radioactive dosage
S：量*
F：最大允许剂量

Fang she xing tan nian dai ce ding 01962
CD01
放射性碳年代测定
FSXTNDCD
Radioactive age determination
S：测定*

Fang she xing tong wei su 01963
CB00
放射性同位素
FSXTWS
Radioactive isotopes
S：同位素*

Fang she xing wu pin 01964
放射性物品 BI01
FSXWP
Radioactive substances
S：危险品
Z：货物*

Fang she xing wu zhi 01965
放射性物质 CC01
FSXWZ
Radioactive materials
S：物质*

Fang she xing yuan su 01966
CC01
放射性元素
FSXYS
Radioactive elements
S：元素*

Fang shen 01967
防渗 DD00
FS
Seepage prevention
S：防护*

Fang shen hu mian 01968
防渗护面 BC06
FSHM
Membranes

Fang shen hun ning tu 01969
防渗混凝土 AF07
FSHNT
Impervious concrete；Waterproof concrete
S：混凝土*
D：防水混凝土

Fang shen xin qiang 01970
防渗心墙 BC03
FSXQ
Anti-seepage core wall；Watertight diaphragm
S：墙*
D：阻水隔墙；不透水坝心墙

Fang sheng xu hu lan 01971
防牲畜护栏 AI07
FSXHL
Cattle fence
S：护栏*

Fang sheng xue 01972
仿生学 CE01
FSX

Bionics
S：学科*
C：建筑学

Fang shi F0220
防蚀 AD15；DE00
FS
Anti-corrosion；Corrosion resistance
Y：防腐蚀

Fang shi 01973
方式* DD00
FS
Mode
F：出行方式；供电方式；交货方式；交通方式；竞争方式；造船贷款方式

Fang shi F0221
防蚀 AD15；DE00
FS
Corrosion resistant；Anti-corrosion
Y：防腐蚀

Fang shui 01974
防水 DD00
FS
Moisture-proof；Water proofing
S：防护*

Fang shui ban 01975
防水板 AE10
FSB
Waterproofing board
S：板*

Fang shui cai liao 01976
防水材料 AE10；AF01
FSCL
Waterproof material
S：建筑材料
C：抗渗性
Z：材料*

Fang shui ceng 01977
防水层 AD07；AE10；DB00
FSC
Waterproof layer
S：层*
F：防水涂层；聚合织物防水层；沥青薄膜防水层；沥青胶砂防水层；油毡防水层

Fang shui hun ning tu F0222
防水混凝土 AF07
FSHNT
Waterproof concrete
Y：防渗混凝土

Fang shui tu ceng 01978
防水涂层 AD07
FSTC
Water-proof coating
S：防水层
Z：层*

Fang shui xing 01979
防水性 DC00
FSX
Watertightness
S：性能*

Fang song la suo ji zhen 01980
放松拉索激振 AH02
FSLSJZ
Vibration excited by cutting off holding rope
S：激振
Z：振动*

Fang tai mao di 01981
防台锚地 BC01
FTMD
Typhoon anchorage
S：锚地*

Fang tan diao cha fang fa 01982
访谈调查方法 BB03
FTDCFF
Interview survey
S：分析研究方法
F：方法*

Fang tan lei gong ju 01983
访谈类工具 BB03
FTLGJ
Tools for interview
S：分析研究工具
Z：工具*

Fang wei 01984
方位* BF02
FW
Bearing
C：船舶定位
F：大圆方位；计算方位

Fang wei (tuo luo) yi 01985
方位(陀螺)仪 BF03
FW(TL)Y
Directional gyroscope
S：航海仪器
Z：仪器*

Fang wei fen bian li 01986
方位分辨力 BF02
FWFBL
Bearing resolution
S：分辨力
Z：能力*

Fang wei jiao 01987
方位角 DH00
FWJ
Azimuth
S：角*

Fang wen fa 01988
访问法 BJ01
FWF
Interviews approach
S：统计方法
Z：方法*

Fang wu jian zhu 01989
房屋建筑 CI04
FWJZ
House building
S：建筑
Z：建设*

Fang wu jie gou F0223
房屋结构 CI04
FWJG
Building structure
Y：建筑结构

Fang wu she ji 01990

房屋设计 CI04
FWSJ
Building design
S：设计*

Fang wu tu ceng 01991
防污涂层 BE10
FWTC
Antifouling coating
S：涂层
D：船底防污油漆
Z：层*

Fang wu tu liao 01992
防污涂料 BE10
FWTL
Anti-fouling paint
S：涂料
F：船底防污涂料
Z：材料*

Fang xiang 01993
方向* DH00
FX
Direction; Orientation
F：横向;流向;纵向

Fang xiang fen bu 01994
方向分布(交通流) AI01
FXFB
Direction distribution
S：分布*

Fang xiang wen ding xing F0224
BE04
方向稳定性
FXWDX
Direction stability; Course stability
Y：航向稳定性

Fang xing 01995
方形 DH00
FX
Squares
S：形状*

Fang xing xi shu 01996
方型系数 BE06
FXXS
Block coefficient
S：船型系数
Z：系数*

Fang xiu 01997
防锈 AD15; DD00
FX
Anti-rust; Rust prevention; Rust-proofing
S：防护*

Fang xuan ban 01998
防眩板 AI07
FXB
Anti-glare panel

Fang xuan ping 01999
防眩屏 AI07
FXP
Anti-glare screen

Fang xue shan 02000
防雪栅 AC08
FXS
Snow-fence
S：防雪设施
Z：设施*

Fang xue she shi 02001
防雪设施 AC08
FXSS
Snow protection facilities
S：设施*
F：防雪栅

Fang xun F0225
防汛 BD02
FX
Flood control
Y：防洪*

Fang yang 02002
放样 AB01; DD00
FY
Lay-out; Setting out

Fang yao zhuang zhi F0226
防摇装置 BE05
FYZZ
Anti-rolling device
Y：船舶减摇装置*

Fang yi 02003
防疫* BI05
FY
Antiepidemic
F：检疫

Fang yu 02004
放淤 BD04
FY
Colmation
S：淤积控制*

Fang zhan yun xing 02005
放站运行 AJ04
FZYX
Slipping-stop running
S：运转*

Fang zhen 02006
仿真* AI01; CF02
FZ
Simulation
C：模拟*
F：交通仿真

Fang zhen 02007
防振 CG08
FZ
Antivibration; Vibration abatement
S：防护*
C：隔振

Fang zhen zhuang zhi 02008
防振装置 CG08
FZZZ
Vibration abatement installations
S：装置*

Fang zhi 02009
防治* CK01; DD00
FZ
Combatting; Preventive control; Preventing control
F：生物防治

Fang zhuang lei da 02010
防撞雷达 BD05
FZLD
Anti-collision radar
S：导航雷达
Z：设备*

Fei bao he tu F0227
非饱和土 CG06
FBHT
Unsaturated soil
Y：不饱和土

Fei ben tu shui sheng you ji wu F0228 BI05
非本土水生有机物
FBTSSYJW
Non-indigenous aquatic organisms
Y：外来水生有机物

Fei deng wen liu dong 02011 CG07
非等温流动
FDWLD
Non-isothermal flow
S：流动*

Fei ding ban yun xing F0229 AA10
非定班运行
FDBYX
Non-scheduled run
Y：定班运行

Fei dui liu kong xiang li cheng F0230 AA08
非对流空箱里程
FDLKXLC
Unbalanced distance of empty container
Y：对流空箱里程

Fei gang jin jia jin hun ning tu jie gou 02012 BC03
非钢筋加筋混凝土结构
FGJJJHNTJG
Non-steel reinforced concrete structure
S：混凝土结构
Z：工程结构*

Fei gao feng shi jian F0231 AJ04
非高峰时间
FGFSJ
Off-peak time
Y：高峰时间

Fei guan shui bi lei 02013
非关税壁垒 BG03
FGSBL
Non-tariff barrier
S：贸易壁垒*

Fei hu tong shi li jiao F0232 AC05
非互通式立交
FHTSLJ
Grade separation without ramps
Y：分离式立交

Fei ji dong che liang 02014 AK01
非机动车辆
FJDCL
Non-power -driven vehicle
S：车辆*

Fei ji he mo xing F0233
非集合模型 AI01
FJHMX
Disaggregation model
Y：集合模型

Fei ji hua xiu li F0234
非计划修理 AK05
FJHXL
Unscheduled repair
Y：计划修理

Fei jiao zhi jiao tong liu F0235 AI01
非交织交通流
FJZJTL
Non weaving traffic flow
Y：交织交通流

Fei jin shu cai liao 02015
非金属材料 AF03
FJSCL
Non-metallic material
S：材料*
F：石灰；石英；塑料；碳；橡胶

Fei jin shu yuan su 02016
非金属元素 CC01
FJSYS
Nonmetallic elements
S：元素*
F：硅

Fei jun yun di ji 02017
非均匀地基 CI01
FJYDJ
Heterogeneous foundation
S：地基*

Fei jun yun liu dong 02018
非均匀流动 CG07
FJYLD
Nonuniform flow
S：流动*

Fei jun zhi di ji 02019
非均质地基 CI01
FJZDJ
Heterogeneous foundation
S：地基*
D：多层地基；岩石地基

Fei jun zhi xing 02020
非均质性 DC00
FJZX
Heterogeneity
S：性质*

Fei li zi ru hua li qing 02021 AF08
非离子乳化沥青
FLZRHLQ
Non-ionic emulsified bitumen
S：乳化沥青
Z：沥青*

Fei lü 02022
费率 BG06
FL
Rates；Tariff
S：比率*
C：运价
F：保险费率；附加费率；港口费率；货运费率；装卸费率

Fei niu dun liu ti 02023
非牛顿流体 CG07
FNDLT
Non-Newtonian fluids
S：流体*

Fei piao 02024
废票 AJ04
FP

Invalid ticket
S：票类
Z：分类*

Fei ping heng liu 02025
非平衡流 CG07
FPHL
Nonequilibrium flow
S：流态*

Fei ping hui shou F0236
废品回收 CK06
FPHS
Waste recovery
Y：有用物质回收

Fei po huai xing shi yan 02026 BE09
非破坏性试验
FPHXSY
Non-destructive testing
S：材料试验
Z：试验*

Fei po sun shi yan F0237
非破损试验 DF00
FPSSY
Nondestructive tests
Y：无损试验

Fei qi 02027
废气 CK02
FQ
Exhaust gases; Waste gases
S：气体*

Fei qi chu li 02028
废气处理 CK04
FQCL
Exhaust gas treatment; Waste gas treatment
S：废物处理
C：废气净化
Z：处理*

Fei qi jing hua 02029
废气净化 CK04
FQJH
Exhaust gas purification; Gas purification
S：净化*
C：废气处理

Fei qi wu F0238
废弃物 BI01; CK04
FQW
Wastes
Y：废物*

Fei qi wu chu li 02030
废弃物处理 BI03
FQWCL
Waste treatment
S：处理*
C：船舶废弃物

Fei qi wu pao fang 02031
废弃物抛放 BI03
FQWPF
Waste disposal
S：抛放*
C：船舶废弃物

Fei re F0239
废热 CK02
FR
Waste heat
Y：余热

Fei re hui shou F0240
废热回收 CK06; CL02
FRHS
Waste heat recovery
Y：热回收

Fei re li yong F0241
废热利用 BD06; CK03
FRLY
Waste heat utilization
Y：余热利用

Fei sheng chan xing jian she 02032 BB04
非生产性建设
FSCXJS
Non-productive construction
S：建设*

Fei sheng chan xing jian she tou zi 02033 BB04
非生产性建设投资
FSCXJSTZ
Non-productive construction investment
S：投资*

Fei shi chang jia ge F0242
非市场价格 BG06
FSCJG
Non-market price
Y：市场价格

Fei shui 02034
废水 BI02
FS
Waste water
C：污染物

Fei shui chan sheng liang 02035 BJ03
废水产生量
FSCSL
Quantities of sewage; Quantities of waste water
S：港口统计指标
Z：指标*

Fei shui cheng fen 02036
废水成分 CK04
FSCF
Waste water composition
S：成分*

Fei shui chu li hui yong liang 02037 BJ03
废水处理回用量
指报告期内港口企业经过各种水治理设施处理后回用的废水数量(以10 000 t计)。
FSCLHYL
Quantities of reuse sewage after treatment in certain facilities
S：港口统计指标
Z：指标*

Fei shui chu li liang 02038 BJ03
废水处理量
FSCLL
Quantities of sewage treated in treatment facilities
S：港口统计指标
Z：指标*

Fei shui chu li lü 02039

废水处理率 BJ03
FSCLL
Rate of sewage treated to the sewage production
S：港口统计指标
Z：指标*

Fei shui fen jie 02040
废水分解 CK04
FSFJ
Waste water decomposition
S：分解
Z：反应*

Fei shui hui yong F0243
废水回用 CK05
FSHY
Waste water reuse
Y：污水利用

Fei shui li yong F0244
废水利用 CK05
FSLY
Waste water utilization
Y：污水利用

Fei shui pai fang da biao liang 02041 BJ03
废水排放达标量
FSPFDBL
Quantities of sewage drained in compliance with drainage standard
S：港口统计指标
Z：指标*

Fei shui pai fang da biao lü 02042 BJ03
废水排放达标率
FSPFDBL
Rate of sewage drained in compliance with drainage standard to the total sewage drained
S：港口统计指标
Z：指标*

Fei shui pai fang liang 02043 BJ03
废水排放量
FSPFL
Quantities of sewage drained directly
S：港口统计指标
Z：指标*

Fei shui zhong wu ran wu pai fang liang 02044 BJ03
废水中污染物排放量
FSZWRWPFL
Quantities of contaminant in sewage drained
S：港口统计指标
Z：指标*

Fei tan xing fen xi 02045
非弹性分析 CG04
FTXFX
Non-elastic analysis
S：结构分析
C：弹性分析
Z：分析*

Fei teng 02046
沸腾 CB00
FT
Boiling

Fei teng chuang F0245
沸腾床 DE00
FTC
Fluidized beds
Y：流化床

Fei teng lu F0246
沸腾炉 DE00
FTL
Fluidized combustion
Y：流化床

Fei wai mao huo wu F0247
非外贸货物 BI01
FWMHW
Non-tradeable goods
Y：外贸货物

Fei wen tai 02047
非稳态 DB00
FWT
Unsteady state
S：状态*

Fei wu 02048
废物* CK04
FW
Refuse；Wastes
C：废物处理；废物试验；废物排除
F：放射性废物；高分子废物；工业废物；固体废物；垃圾；农业废物；危险性废弃物；污泥废物；液体废物
D：废弃物

Fei wu chu li 02049
废物处理 CK04
FWCL
Waste treatment
S：处理*
C：废物*；废物固化；废物排除
F：废气处理
D：废物处置

Fei wu chu li zhuang zhi 02050 CK04
废物处理装置
FWCLZZ
Waste treatment equipment
S：装置*

Fei wu chu zhi F0248
废物处置 CK04
FWCZ
Waste disposal
Y：废物处理

Fei wu fen jie 02051
废物分解 CK04
FWFJ
Resolution of wastes；Wastes disintegration
S：分解
Z：反应*

Fei wu gu hua 02052
废物固化 CK04
FWGH
Waste solidification
S：固化
C：废物处理
Z：过程*

Fei wu li yong 02053
废物利用 CK06；DE00
FWLY
Salvaging

S：利用*
C：垃圾利用；污水利用；有用物质回收
F：废渣利用

Fei wu pai chu 02054
废物排除 CK04
FWPC
Refuse disposal
S：排除*
C：废物*；废物处理；排放标准
D：废物投弃

Fei wu ran liao 02055
废物燃料 CL03
FWRL
Refuse fuels
S：燃料*

Fei wu shi yan 02056
废物试验 CK04
FWSY
Waste test
S：试验*
C：废物*

Fei wu tou qi F0249
废物投弃 CK04
FWTQ
Waste discharge
Y：废物排除

Fei xian xing 02057
非线性 DC00
FXX
Nonlinearity
S：性质*

Fei xian xing bo lang mo xing 02058 BC02
非线性波浪模型
FXXBLMX
Non-linear wave model
S：波浪模型
Z：模型*

Fei xian xing fang cheng 02059 CA00
非线性方程
FXXFC
Nonlinear equations
S：方程*

Fei xian xing fen xi 02060
非线性分析 CA00；CG04
FXXFX
Nonlinear structural analysis
S：数学分析
C：结构分析；结构力学
Z：分析*

Fei xian xing gui hua 02061 CA00
非线性规划
XXGH
Nonlinear programming
S：规划*
F：二次规划

Fei xian xing jie gou fen xi 02062 CG12
非线性结构分析
FXXJGFX
Non-linear structural analysis
S：结构分析
Z：分析*

Fei xian xing tan xing 02063 CG02
非线性弹性
FXXTX
Nonlinear elasticity
S：性质*
C：线性弹性

Fei xian xing zhen dong 02064 CG08
非线性振动
FXXZD
Nonlinear vibration
S：振动*
C：摄动法

Fei xian xing zu ni 02065
非线性阻尼 CG08
FXXZN
Nonlinear damping
S：阻尼*

Fei ying ye xing yun shu 02066 AA01
非营业性运输
FYYSYS
Own account transport
S：运输形式
D：自用运输
Z：运输方式*

Fei yong 02067
费用* AB03；BG05
FY
Cost；Expenses
C：成本*
F：安装拆卸费；保留金；保险费；保修材料费；保证金；驳运费；不可预见费；材料费；财务费用；场地费用；车辆购置附加费；船舶代理费；船舶过闸费；船舶航行天费用；船舶艘天费用；船厂管理费；船渡费；贷款获得费；辅助设施费；港口费；港口税费；港务费；港作拖轮费；更新费用；工程费用；公路使用者费用；管理费用；广义费用；过驳费；环境费用；联运运价费用；货物在途积压费用；建设费用；交通管理费；交通延误费用；经常维修费；经济费用；劳动力费用；理货费；利息费用；流通费用；年营运费用；汽车大修费用；汽车维修费用；汽车维修平均费用；设备安装费；使用期费用；台班使用费；停泊费；停车费；土地使用费；维持费用；维护费用；违约金；物流费用；养护费；移泊费；引航费；营运费用；运费；运输系统费用；暂定金额；折旧费；装卸费；装卸收费；装卸费用；资本费用；租金

Fei yong fen xi 02068
费用分析 BG05
FYFX
Cost analysis
S：分析*
F：生命周期费用分析
C：成本分析

Fei yong quan heng fen xi 02069 BA06
费用权衡分析
FYQHFX

Cost trade off analysis
S：分析*

Fei yong xiao guo bi lü 02070 BB04
费用效果比率
FYXGBL
Cost-effectiveness ratios
S：比率*

Fei yong xiao yi fen xi 02071 AB03；BG05
费用效益分析
FYXYFX
Cost/benefit analysis
S：财务分析
C：成本效益分析
Z：分析*

Fei yuan hu hua dong 02072 CI01
非圆弧滑动
FYHHD
Non-circular sliding
S：滑动*

Fei yue shu yun xing F0250 AI04
非约束运行
FYSYX
Unconstrained operation
Y：约束运行

Fei yun ying shi jian F0251 AJ04
非运营时间
FYYSJ
Non-service time
Y：运营时间

Fei yun zhi 02073 DC00
非匀质
FYZ
Anisotropy

Fei zha 02074 CK04
废渣
FZ
Waste residues
S：渣*
F：工业废渣

Fei zha li yong 02075 CK06
废渣利用
FZLY
Residues utilization
S：废物利用
C：矿渣
Z：利用*

Fei zheng fu zu zhi 02076 BA09
非政府组织
FZFZZ
Non-government organization (NGOs)
S：机构(组织)*

Fei zheng gui bu men 02077 BB03
非正规部门
FZGBM
Informal sector

Fei zheng tai fen bu 02078 CA00
非正态分布
FZTFB
Non-normal distribution
S：分布*

Fen bao 02079 AB03
分包
FB
Subcontracting

Fen bian li 02080 BF02
分辨力
FBL
Resolution
S：能力*
F：方位分辨力；距离分辨力

Fen bu 02081 DC00
分布*
FB
Distribution
F：车道分布；方向分布(交通流)；非正态分布；概率分布；故障分布；粒度分布；浓度分布；土压力分布；应力分布

Fen bu kai wa 02082 AE04
分部开挖
FBKW
Partial excavation
S：隧道开挖
Z：工程施工*

Fen ceng 02083 DC00
分层
FC
Laminates；Stratification

Fen cha 02084 BD01
分汊
FC
Branching
C：支流

Fen chen 02085 CK02
粉尘*
FC
Dust；Fine dust；Flyash
F：大气尘；工业尘；煤尘；矽尘；烟尘
D：尘埃；粉雾

Fen chen chan sheng liang 02086 BJ03
粉尘产生量
FCCSL
Dust produced in handling operation
S：港口统计指标
Z：指标*

Fen chen chu li lü 02087 BJ03
粉尘处理率
FCCLL
Rate of dust treated to the dust produced
S：港口统计指标
Z：指标*

Fen chen kong zhi 02088 DE00
粉尘控制
FCKZ
Dust control
S：污染控制
Z：控制*

Fen chen pai fang liang 02089 BJ03
粉尘排放量
FCPFL
Dust discharged after dust-proof treatment
S：港口统计指标
Z：指标*

Fen dao hang xing zhi F0252
分道航行制 BF01
FDHXZ
Traffic separation schemes (TSS)
Y: 分道通航制

Fen dao tong hang 02090
分道通航 BF01
FDTH
Separated water traffic
C: 分道通航制

Fen dao tong hang zhi 02091
分道通航制 BF01
FDTHZ
Traffic separation schemes (TSS)
C: 船舶航行*;航线*;分道通航
D: 分道航行制;通航分隔制

Fen duan fen huan jie he qi gong 02092
分段分环结合砌拱 AD13
FDFHJHQG
Laying arch by section and rings
S: 砌拱*
C: 桥梁施工

Fen duan jian zao fa 02093
分段建造法 BE10
FDJZF
Sectional method of hull construction
S: 船体建造工艺
Z: 工艺*

Fen duan jie suan 02094
分段结算 BA06
FDJS
Phased settlement of charges
C: 一次收费

Fen duan piao zhi 02095
分段票制 AJ04
FDPZ
Sectional fare
S: 票制
Z: 分类*

Fen duan qi gong 02096
分段砌拱 AD13
FDQG
Laying arch by section
S: 砌拱*
C: 桥梁施工

Fen duan xi zhuang 02097
分段舾装 BE08
FDXZ
Section outfitting
S: 预舾装
Z: 舾装*

Fen ge dai 02098
分隔带(道路) AC02;AI07
FGD
Separator

Fen ge xing shi gong lu biao zhi 02099
分隔行驶公路标志 AI07
FGXSGLBZ
Divided highway sign
S: 交通标志
Z: 标志*

Fen han liang shi yan 02100
酚含量试验 AH01
FHLSY
Phenol content test
S: 含有量试验
Z: 试验*

Fen hong 02101
分洪 BD02
FH
Flood diversion
S: 防洪*

Fen hong qu 02102
分洪区 BD02
FHQ
Flood diversion area
S: 区域*
C: 行洪区

Fen hua 02103
焚化 DD00
FH
Incineration
D: 焚烧

Fen hua lu 02104
焚化炉 CK04;DE00
FHL
Incinerators
S: 炉*
C: 垃圾处理;污泥处理;污泥处理设施;污泥焚化
D: 焚烧炉

Fen huan qi gong 02105
分环砌拱 AD13
FHQG
Laying arch by rings
S: 砌拱*
C: 桥梁施工

Fen ji 02106
分级* BC02;DD00
FJ
Grading
C: 标准筛;筛*
F: 船级;混凝土强度等级;货物运价等级;石料分级;水泥强度等级
D: 等级

Fen ji guan li 02107
分级管理 BG04
FJGL
Management by various levels
S: 管理*

Fen jian 02108
分拣 BA06
FJ
Sorting
S: 仓储管理
Z: 管理*

Fen jian zuo ye 02109
分拣作业 AA05
FJZY
Sorting operation
S: 作业*

Fen jie 02110
分解 CC02;DD00
FJ
Decomposition;Separation
S: 化学反应

F：臭氧分解；废水分解；废物分解；辐射分解；热分解
Z：反应*

Fen jie bo 02111
分节驳 BE01
FJB
Integrated barge；Unit barge
S：驳船
Z：船舶*

Fen jie bo chuan dui 02112
分节驳船队 BF06
FJBCD
Integrated barge train
S：船队*

Fen jie dian 02113
分界点 AJ03
FJD
Dividing point

Fen jie ding tui bo chuan dui 02114
分节顶推驳船队 BF06
FJDTBCD
Sectional pushed tow；Integrated tows
S：船队*

Fen lei 02115
分类* DD00
FL
Classification
F：货物运价类别；交通分类；类型；票类；税收分类；土分类
D：种类

Fen lei zhuang zhi 02116
分类装置 DE00
FLZZ
Classifiers
S：装置*

Fen li 02117
分离* DD00
FL
Isolation；Separation
F：沉淀分离；磁力分离；离心分离；泡沫分离

Fen li li he qi hua xing 02118 AK03
分离离合器滑行（汽车驾驶）
FLLHQHX
Coasting with clutch disengaged
S：滑行（汽车驾驶）
Z：驾驶*

Fen li shi li jiao 02119
分离式立交 AC05
FLSLJ
Grade separation without ramps
S：立体交叉
D：非互通式立交
Z：公路交叉*

Fen li xiang mu 02120
分立项目 BB05
FLXM
Discrete projects
S：建设项目
Z：项目*

Fen li zhuang zhi 02121
分离装置 DE00
FLZZ
Separation equipment
S：装置*

Fen liao sa bu ji 02122
粉料撒布机 AG07
FLSBJ
Filler spreader
S：撒布机
Z：机械*

Fen liu 02123
分流 BD04
FL
Flow separation
S：流动*
D：分水

Fen liu jiao tong liang 02124
分流交通量 AI04
FLJTL
Diverging traffic volume
S：交通量
C：合流交通量
Z：量*

Fen liu xian lu 02125
分流线路 AA01
FLXL
Diverting route
S：运输线路
Z：线路*

Fen liu yun shu 02126
分流运输 AA01
FLYS
Diversion transport
S：运输形式
Z：运输方式*

Fen mei hui 02127
粉煤灰 AF05；AF07
FMH
Fly ash
S：灰*
C：粉煤灰混凝土

Fen mei hui gui suan yan shui ni 02128
粉煤灰硅酸盐水泥 AF04
FMHGSYSN
Fly ash portland cements
S：混合水泥
D：粉煤灰水泥
Z：水泥*

Fen mei hui hun ning tu 02129
粉煤灰混凝土 AF07
FMHHNT
Fly ash concrete
S：混凝土*
C：粉煤灰

Fen mei hui shui ni F0253
粉煤灰水泥 AF04
FMHSN
Fly ash cements
Y：粉煤灰硅酸盐水泥

Fen mo 02130
粉末 DB00
FM
Powder (particles)

Fen pei 02131

分配 *　DD00
FP
Allotment; Distribution
F: 产品分配

Fen pei xi shu　02132
分配系数　CG04; DI00
FPXS
Distribution factors
S: 系数 *
C: 弯矩分配法

Fen qi xiu jian　02133
分期修建　AB01
FQXJ
Stage construction
S: 建设 *

Fen qu hua　02134
分区化　DB00
FQH
Zoning

Fen quan shu zhi　02135
酚醛树脂　AF03; CC04
FQSZ
Phenol formaldehyde resins
S: 热固性树脂
C: 玻璃钢
Z: 高聚物 *

Fen san　02136
分散　DC00
FS
Decentralization

Fen san ji　02137
分散剂　BI03
FSJ
Dispersant
S: 剂 *
F: 溢油分散剂

Fen san xing ke liu　02138
分散性客流　AA02
FSXKL
Dispersive passenger traffic
S: 客流 *

Fen sha　02139
粉砂　AF05
FS
Powdered sand
S: 砂 *

Fen sha bi　02140
分沙比　BD02
FSB
Sediment diversion ratio
S: 比数
Z: 数 *

Fen shao　F0254
焚烧　DD00
FS
Incineration
Y: 焚化

Fen shao lu　F0255
焚烧炉　CK04; DE00
FSL
Incinerators
Y: 焚化炉

Fen shui　F0256
分水　BD04
FS
Flow separation
Y: 分流

Fen sui　02141
粉碎　DD00
FS
Crush break; Grinding; Pulverizing

Fen sui ji　F0257
粉碎机　AG08
FSJ
Crushers
Y: 破碎机

Fen tu　02142
粉土　AF06
FT
Silt
S: 土 *
F: 低液限粉土

Fen tu zhi sha　02143
粉土质砂　AF06
FTZS
Silty sand
S: 砂 *

Fen wu　F0258
粉雾　CK02
FW
Dust clouds
Y: 粉尘 *

Fen xi　02144
分析 *　DD00
FX
Analysis; Analysis method
F: 背景分析; 不确定性分析; 财务分析; 财务管理分析; 操作分析; 差热分析; 产业分析; 成本分析; 船舶技术分析; 船舶性能分析; 船舶营运分析; 大气分析; 定量分析; 定性分析; 动态分析; 短期分析(经济学); 费用分析; 费用权衡分析; 风险分析; 概率分析; 工程地质分析; ; 化学分析; 互谱分析; 结构动力分析; 结构分析; 经济分析; 力学分析; 利益相关者分析; 量纲分析; 贸易分析; 敏感性分析; 频谱分析; 破坏性分析; 社会分析; 生物学分析; 市场分析; 事故分析; 寿命周期分析; 数据分析; 数学分析; 税收结构分析; 水文分析; 水质分析; 统计分析; 误差分析; 项目分析; 响应分析; 效果分析; 效益分析; 因素分析; 应变分析; 影响分析; 营运分析; 预测分析; 原因分析; 运输系统分析; 载荷分析; 振型分析; 政策分析; 制度分析; 质量分析; 主尺度分析; 专题分析; 状态分析; 自动分析; 自谱分析; 综合分析; 最小成本分析; 最小费用分析

Fen xi fa　02145
分析法　BB03; BG02
FXF
Analytical method
S: 分析研究方法
D: 解析法
Z: 方法 *

Fen xi guo cheng　02146
分析过程　BG02

FXGC
Analysis process
S：过程*

Fen xi hua xue 02147
分析化学 CC03
FXHX
Analytical chemistry
S：化学
Z：学科*

Fen xi ji shu 02148
分析技术 BG02
FXJS
Analysis techniques
S：技术*

Fen xi lei gong ju 02149
分析类工具 BB03
FXLGJ
Tools for analysis
S：分析研究工具
Z：工具*

Fen xi li xue 02150
分析力学 CG01
FXLX
Analytical mechanics
S：力学
C：力学分析；理论力学
D：解析力学
Z：学科*

Fen xi yan jiu fang fa 02151
BB03
分析研究方法
FXYJFF
Methods for analysis and research
S：方法*
C：混沌理论
F：方案比较法；访谈调查方法；分析法；关键路径分析；李特尔米尔里斯方法；汽车牌照调查方法；收入法；数理分析；数学方法；统计方法；统计分析法；统计分组法；支出法；综合评价法；最优化论证方法

Fen xi yan jiu gong ju 02152
BB03
分析研究工具
FXYJGJ
Tools for analysis and research
S：工具*
F：访谈类工具；分析类工具；记录类工具；排序类工具；图示类工具；研讨会议类工具；展示类工具

Fen xi yi 02153
分析仪 AH03
FXY
Analyzer
S：仪器*
F：打桩分析仪；快速傅里叶变换分析仪；纵断面分析仪

Fen xi yi qi 02154
分析仪器 CC03；DF00
FXYQ
Analytical instruments；Analyzers
S：仪器*
F：排气分析仪

Fen xi yuan ze 02155
分析原则 BG02
FXYZ
Analysis principles
S：原则*

Fen xian qi 02156
分线器 AJ03
FXQ
Frog
C：并线器

Fen xuan 02157
分选 DD00
FX
Sorting

Fen yun 02158
分运 AA03；BA02
FY
Partite transport；Sub-carriage
S：运输*

Fen zhuang huo gua che 02159
粉状货挂车 AK01
FZHGC
Bulk tanker trailer
S：挂车
Z：车辆*

Fen zhuang ti 02160
粉状体 DH00
FZT
Powder
S：体*

Fen zi 02161
分子 CC01
FZ
Molecules

Fen zi wu li xue 02162
分子物理学 CB00
FZWLX
Molecular physics
S：物理学
Z：学科*

Fen zu jiao huan 02163
分组交换 CF03
FZJH
Packet switching

Feng 02164
风* CD03
F
Wind
C：风力、风速、风向、风压力
F：龙卷风；台风

Feng bao 02165
风暴 BI04
FB
Storm
S：危险天气通报
Z：天气预报*

Feng bao chao 02166
风暴潮 BI04
FBC
Storm surge
S：海上安全信息
Z：信息*

Feng beng 02167
风泵 AG02
FB
Air compressors

S：泵*

Feng bi shi shou fei xi tong 02168
AI06
封闭式收费系统
FBSSFXT
Closed toll system
S：道路收费系统
Z：系统*

Feng cang jiao jie 02169
封舱交接 BA07
FCJJ
Handing-over according to seal
S：货物交接*

Feng ceng 02170
封层 AC04
FC
Seal coat
S：表层
Z：层*

Feng dong mo ni shi yan F0259
CG08；DF00
风洞模拟试验
FDMNSY
Wind tunnel test
Y：风洞试验

Feng dong shi yan 02171
风洞试验 AD16；AH01；CG08；DF00
FDSY
Wind tunnel test
S：试验*
C：空气动力学
F：桥梁模型风洞试验
D：风洞模拟试验

Feng fan zhu hang chuan F0260
BE01
风帆助航船
FFZHC
Sail-assisted ship
Y：风帆助推船

Feng fan zhu tui chuan 02172
BE01
风帆助推船
FFZTC
Sail-assisted ship；Sail assisted vessel
S：帆船
D：风帆助航船
Z：船舶*

Feng fu jia zu li 02173
风附加阻力 BF02
FFJZL
Added resistance due to wind
S：阻力
Z：力*

Feng gao 02174
风镐 AG09
FG
Pneumatic pick hammer

Feng he zai 02175
风荷载 CD03
FHZ
Wind load
S：动荷载
C：风压力
Z：载荷*

Feng hua 02176
风化 CD01；DC00
FH
Decomposition；Efflorescence；Erosion
S：腐蚀*
C：风化土

Feng hua tu 02177
风化土 CD01；CG06
FHT
Aeolian soil
S：土*
C：风化

Feng jing bao hu 02178
风景保护 CK07
FJBH
Landscape conservation
S：保护*
D：景观保护

Feng jing qu dao lu 02179
风景区道路 AB02
FJQDL
Park-way
S：道路*

Feng kong 02180
封孔 AG05；DE00
FK
Hole sealing
C：钻探

Feng lang 02181
风浪 BI04
FL
Wind wave
S：波浪*
D：无浪

Feng lang shi su 02182
风浪失速 BE04
FLSS
Speed loss in waves
C：耐波性

Feng li 02183
风力 CD03
FL
Wind force
S：力*
C：风*

Feng neng 02184
风能 CL02
FN
Wind energy
S：能*

Feng shi 02185
风蚀 AC08
FS
Wind erosion
C：公路灾害

Feng su 02186
风速 CD03
FS
Wind speed；Wind velocity
S：速度*
C：风*；风压力

Feng su ji F0261
风速计 CD03
FSJ
Anemometers
Y：风速仪

Feng su yi 02187
风速仪 CD03
FSY
Anemometers
S: 仪器*
D: 风速计

Feng xi 02188
缝隙 DC00
FX
Seams; Slots

Feng xian 02189
风险* BB04
FX
Risk
C: 风险分析;风险模拟;风险因素
F: 不可接受风险;航运工程建设相关风险;社会风险;投资风险

Feng xian bu chang zhe xian lü 02190 BB04
风险补偿折现率
FXBCZXL
Risk premium discount rate
S: 折现率
Z: 比率*

Feng xian cheng xu 02191
风险程序 BB04
一种进行风险分析、研究的计算机软件。
FXCX
@ RISK (c) program
C: 风险分析

Feng xian fen xi 02192
风险分析 BB04
FXFX
Venture analysis; Risk analysis
S: 分析*
C: 风险*;风险程序
D: 风险性分析

Feng xian guan li 02193
风险管理 BB04
FXGL
Venture management; Risk management
S: 管理*
C: 风险控制

Feng xian gui bi 02194
风险规避 BG02
FXGB
Risk averse
D: 风险厌恶

Feng xian kong zhi 02195
风险控制 BB04
FXKZ
Risk control
S: 控制*
C: 风险管理

Feng xian mo ni 02196
风险模拟 BB04
FXMN
Risk modeling
S: 模拟*
C: 风险*

Feng xian ping jia 02197
风险评价 BB04
FXPJ
Risk assessment
S: 评价*

Feng xian ping jia bao gao 02198 BB04
风险评价报告
FXPJBG
Risk assessment report
S: 报告
Z: 资料*

Feng xian ping jia fang fa 02199 BB04
风险评价方法
FXPJFF
Risk assessment method
S: 方法*

Feng xian ping jia xiang mu guan li 02200 BB04
风险评价项目管理
FXPJXMGL
Risk assessment project management
S: 项目管理
Z: 管理*

Feng xian shi chang jia ge 02201 BB04
风险市场价格
FXSCJG
Market price of risk
S: 价格*

Feng xian tou zi 02202
风险投资 BB04
FXTZ
Risk investment
S: 投资*

Feng xian xing fen xi F0262 BB04
风险性分析
FXXFX
Risk analysis
Y: 风险分析

Feng xian yan wu F0263
风险厌恶 BG02
FXYW
Risk averse
Y: 风险规避

Feng xian yin su 02203
风险因素 BB04
FXYS
Risk factor
S: 因素*
C: 风险*

Feng xiang 02204
风向 CD03
FX
Wind direction
C: 风*

Feng ya F0264
风压 CD03
FY
Wind pressure
Y: 风压力

Feng ya li 02205
风压力 CD03
FYL
Wind pressure
S: 压力
C: 风*;风荷载;风速
D: 风压

Z: 力*

Feng ya xi shu 02206
风压系数 CG08
FYXS
Wind pressure coefficient
S: 系数*

Feng zai he 02207
风载荷 CG11
FZH
Wind load
S: 载荷*

Feng zhi 02208
峰值 DI00
FZ
Peak value
S: 值*
C: 交通量

Feng zhi fu he 02209
峰值负荷 DB00
FZFH
Peak load
S: 载荷*

Feng zhi xiang ying 02210
峰值响应 AH02
FZXY
Peak response
S: 响应*

FOB F0265
FOB BG06
FOB
Free on board
Y: 离岸价格

Fourier bian huan F0266
FOURIER 变换 CA00
FBH
Fourier transformation
Y: 傅立叶变换

Fourier fen xi F0267
FOURIER 分析 CA00
FFX
Fourier analysis
Y: 傅立叶分析

Fu ban 02211
腹板 AD06
FB
Web plate
S: 板*

Fu bi shi dang tu qiang 02212
扶壁式挡土墙 AC03
FBSDTQ
Counterfort retaining wall
S: 挡土墙
Z: 墙*

Fu bian han shu 02213
复变函数 CA00
FBHS
Function of complex variables
S: 函数
Z: 数*

Fu biao 02214
浮标* BD05
FB
Buoys
C: 航标*;系泊浮筒
F: 航行浮标;通信浮标

Fu biao she zhi F0268
浮标设置 BD05
FBSZ
Buoyage systems
Y: 航标配布

Fu chuan wu 02215
浮船坞 BC03;BE03
FCW
Floating dock
S: 船坞
C: 船舶下水;船舶修理;浮码头
Z: 设施*

Fu di 02216
腹地* BB03
FD
Hinterland
F: 港口腹地

Fu diao F0269
浮吊 BA08;BE03
FD
Floating crane
Y: 起重船

Fu dong biao zhi 02217
浮动标志 BD05
FDBZ
Floating mark
S: 航标*

Fu dong hui lü 02218
浮动汇率 BG02
FDHL
Floating exchange rate
S: 汇率
Z: 比率*

Fu dong jia ge 02219
浮动价格 BG06
FDJG
Floating price
S: 价格*

Fu du bi cha 02220
幅度比差 AA08
FDBC
Flexible ratio with in the range
S: 比率*
C: 计价标准

Fu duo dang tu qiang 02221
扶垛挡土墙 BC03
FDDTQ
Counterfort wall
S: 挡土墙
Z: 墙*

Fu gan 02222
腹杆 AD06
FG
Web member
S: 杆
Z: 元件*

Fu hang dao 02223
副航道 BD01
FHD
Secondary fairways
S: 航道*
C: 航道等级

Fu hao 02224

符号 DA00
FH
Signs; Symbols

Fu he F0270
负荷 AJ05; CG11; DC00
FH
Loads
Y: 载荷*

Fu he cai liao 02225
复合材料 AF03
FHCL
Composite materials
S: 工程材料
Z: 材料*

Fu he cai liao li xue 02226
CG03
复合材料力学
FHCLLX
Mechanics of complex materials
S: 材料力学
Z: 学科*

Fu he dian liu 02227
负荷电流 CF01
FHDL
Load current
S: 电流*

Fu he shi shui ni hun ning tu lu mian 02228
AC04
复合式水泥混凝土路面
FHSSNHNTLM
Composite type concrete pavement
S: 刚性路面
Z: 路面*

Fu ji F0271
辅机 BE08
FJ
Auxiliary machinery
Y: 船舶辅机

Fu jia fei lü 02229
附加费率 BG02
FJFL
After charge
S: 费率
Z: 比率*

Fu jia shui 02230
附加税 BA01
FJS
Additional tax
S: 税*

Fu jia xian 02231
附加险 BA04
FJX
Accessory risk
S: 船舶保险
Z: 保险*

Fu jian 02232
附件(设备) DE00
FJ
Accessories; Attachments

Fu lao de shu 02233
佛劳德数 BC02
FLDS
Froude numbers
S: 无量纲数
Z: 比率*

Fu li 02234
复利 BG02
FL
Compound interest
S: 利率
Z: 比率*

Fu li 02235
浮力 CG07
FL
Buoyancy
S: 力*

Fu li ye bian huan 02236
傅立叶变换 CA00
FLYBH
Fourier transformation
S: 积分变换*
D: FOURIER 变换

Fu li ye fen xi 02237
傅立叶分析 CA00
FLYFX
Fourier analysis
S: 数学分析
D: FOURIER 分析
Z: 分析*

Fu ma tou 02238
浮码头 BC01; BC03
FMT
Floating pier; Floating pontoon wharf; Floating wharf; Floating berth
S: 码头*
C: 浮船坞; 起重船
D: 囤船码头

Fu mian ceng F0272
附面层 BC02
FMC
Boundary layer
Y: 边界层

Fu ni 02239
浮泥 BD01
FN
Float sludge
S: 污泥*

Fu piao du 02240
浮漂度 CG09
FPD
Floatability
S: 度*

Fu piao du shi yan 02241
浮漂度试验 AH01
FPDSY
Floatability test
S: 试验*

Fu qiang cai 02242
扶强材 BE05
FQC
Stiffener

Fu qiao 02243
浮桥 AD01
FQ
Bateau bridge
S: 桥*

Fu she 02244
辐射* CB00
FS

Radiation
C：辐射聚合
F：电磁辐射；光辐射；热辐射

Fu she 02245
敷设 DD00
FS
Laying

Fu she chuan re 02246
辐射传热 CB00
FSCR
Radiant heat transfer
S：传热*

Fu she du 02247
辐射度 DI00
FSD
Radiant emittance；Radiometry
S：度*

Fu she du xue 02248
辐射度学 DB00
FSDX
Radiometry
S：学科*

Fu she fang hu 02249
辐射防护 CK04
FSFH
Radiation protection；Radiation shielding
S：防护*
C：辐射屏蔽

Fu she fen jie 02250
辐射分解 CC02
FSFJ
Radiolysis
S：分解
Z：反应*

Fu she jian ce 02251
辐射监测 CK03
FSJC
Radiation monitoring
S：监测*
C：放射能污染

Fu she ju he 02252
辐射聚合 CB00；CC02
FSJH
Irradiation polymerization
C：辐射*

Fu she ping bi 02253
辐射屏蔽 CK04
FSPB
Radiation shielding
S：屏蔽*
C：辐射防护

Fu she qiang du 02254
辐射强度 CB00
FSQD
Radiant intensity
S：强度*

Fu she shi gong lu 02255
辐射式公路 AB02
FSSGL
Radial highway
S：公路
Z：道路*

Fu she tan ce 02256
辐射探测 DF00
FSTC
Radiation detection
S：探测*

Fu she xi shu 02257
辐射系数 DI00
FSXS
Radiance；Radiation coefficient
S：系数*

Fu she xing 02258
辐射性 DC00
FSX
Radiativity；Radioactivity
S：性质*

Fu shi 02259
腐蚀* CD01；DC00；DD00
FS
Corrosion；Erosion
F：大气腐蚀；风化；海水腐蚀；浸蚀；细菌性腐蚀

Fu shi fang bo di 02260
浮式防波堤 BC03
FSFBD
Floating breakwater
S：防波堤
Z：港口外堤*

Fu shi pin 02261
腐蚀品 BI01
FSP
Corrosives
S：危险品
Z：货物*

Fu shi qi zhong ji 02262
浮式起重机 BA08
FSQZJ
Floating crane
S：起重机*
C：起重船

Fu shi shi yan 02263
腐蚀试验 AH01；DF00
FSSY
Corrosion tests
S：材料试验
F：浸渍试验
Z：试验*

Fu shi shu you ruan guan 02264
浮式输油软管 BF02
FSSYRG
Floating oil loading hose

Fu wu 02265
服务* AA06；DA00
FW
Service
F：多式联运服务；技术服务；门到门服务；信息服务

Fu wu he ge lü F0273
服务合格率 AJ04
FWHGL
Service qualified rate
Y：服务质量

Fu wu qu 02266
服务区 AC02
FWQ
Service area

Fu wu qu biao zhi 02267

服务区标志 AI07
FWQBZ
Service area sign
S：标志*

Fu wu shui ping 02268
服务水平 AI02
FWSP
Level of service（LOS）

Fu wu ye 02269
服务业 DA00
FWY
Service trade
S：行业*

Fu wu zhi liang 02270
服务质量 AJ04
FWZL
Service level
S：质量*
F：车况；车容；站容；船况；站貌
D：服务合格率

Fu xiang ying qu F0274
负响应区 AH02
FXYQ
Negative response zone
Y：正响应区

Fu xiao guo F0275
副效果 BB03
FXG
Side effects
Y：副效应

Fu xiao ying 02271
副效应 BB03
FXY
Side effects
S：效应*
D：副效果

Fu you hui shou chuan F0276 BE02
浮油回收船
FYHSC
Oil skimmer; Oil recovery ship
Y：污油回收船

Fu you sheng wu 02272
浮游生物 CE01
FYSW
Plankton
S：生物*

Fu yuan li ju 02273
复原力矩 BF02
FYLJ
Righting arms; Righting moment; Restoring moment
C：复原能量；横倾力矩

Fu yuan neng liang 02274
复原能量 BE04；BF02
FYNL
Righting Energy
S：能量*
C：复原力矩

Fu yun fa jia qiao 02275
浮运法架桥 AD14
FYFJQ
Floating erection
S：桥梁架设*

Fu zai F0277
负载 CG11；DC00
FZ
Load
Y：载荷*

Fu zhi zhi 02276
腐殖质 CE03
FZZ
Humus

Fu zhu biao zhi 02277
辅助标志 AI07
FZBZ
Auxiliary sign
S：标志*

Fu zhu keng dao 02278
辅助坑道 AE04
FZKD
Auxiliary adit
S：坑道*
C：平行坑道；竖井；斜井

Fu zhu she bei 02279
辅助设备 DE00
FZSB
Auxiliary equipment
S：设备*

Fu zhu she shi fei 02280
辅助设施费 AG10
FZSSF
Cost of ancillary facility
S：费用*

Fu zhu sheng chan neng yuan xiao hao liang 02281 BJ03
辅助生产能源消耗量
FZSCNYXHL
Energy consumption in auxiliary port operation
S：港口统计指标
Z：指标*

Fu zhuang 02282
浮装 BF04
FZ
Float on/ float off
S：装卸*

Fu zhuo shi jiao Shou jia 02283 AG09
附着式脚手架
FZSJSJ
Attaching scaffolds; Attachment scaffolds
S：脚手架*

G

Gai ban 02284
盖板 AD06；DG00
GB
Cover plate
S：板*

Gai ban han 02285
盖板涵 AD17
GBH
Slab culvert
S：涵洞*

Gai dian ji kuai su ce ding fa 02286 AH02

钙电极快速测定法
GDJKSCDF
Calcium electric rapid determination method
S: 测定方法
Z: 方法*

Gai ge 02287
改革 DA00;DD00
GG
Reform
C: 改进

Gai jian 02288
改建* DD00
GJ
Reconstruction;Structural alteration
F: 桥梁改建;隧道改建

Gai jian qiao 02289
改建桥 AD01
GJQ
Reconstructed bridge
S: 桥*

Gai jian xiang mu 02290
改建项目 BB05
GJXM
Reconstruction project
S: 建设项目
D: 改扩建项目
Z: 项目*

Gai jin 02291
改进* DD00
GJ
Improvement
C: 改革;改造
F: 水土改良
D: 改良

Gai kuang 02292
概况 DA00
GK
General condition;Situation

Gai kuo jian xiang mu F0278
改扩建项目 BB05
GKJXM
Rebuilt and extension project
Y: 改建项目

Gai liang F0279
改良 CE02;DD00
GL
Improvement
Y: 改进*

Gai lü 02293
概率* CA00
GL
Probability
C: 概率论
F: 后验概率;先验概率

Gai lü fen bu 02294
概率分布 BB05
GLFB
Probability distribution
S: 分布*
F: 累积概率分布;联合概率分布;连续概率分布;韦伯分布;正态分布

Gai lü fen xi 02295
概率分析 BB04;BB05
GLFX
Probability analysis
S: 分析*

Gai lü lun 02296
概率论 CA00
GLL
Probability theory
S: 理论*;数学
C: 概率;概率分布;概率密度;正态分布
Z: 学科*

Gai lü mi du 02297
概率密度 CA00
GLMD
Probability density
S: 密度*
C: 概率论

Gai lü she ji fa 02298
概率设计法 CA00
GLSJF
Probabilistic design
S: 最优化方法
Z: 方法*

Gai lü tong ji 02299
概率统计 BJ01
GLTJ
Probability statistics
S: 统计*

Gai lu tong ji ji suan fa 02300
概率统计计算法 CA00
GLTJJSF
Probabilistic method
S: 计算方法
F: 统计试验法
Z: 方法*

Gai nian 02301
概念 DA00
GN
Concepts

Gai nian she ji F0280
概念设计 BE06;DD00
GNSJ
Conceptual design
Y: 论证初步方案设计

Gai xing 02302
改性 DD00
GX
Modification (of polymer)

Gai xing li qing 02303
改性沥青 AF08
GXLQ
Modified asphalt
S: 沥青*
F: 聚合物改性沥青;橡胶改性沥青

Gai zao 02304
改造* AC07;DD00;DE00
GZ
Reform;Remodelling;Transformation
F: 车辆改造;技术改造

Gan 02305
杆 AD06;DG00
G
Bar;Masts

S：机械元件
F：吊杆；腹杆；加劲杆；系杆；弦杆
Z：元件*

Gan chuan wu 02306
干船坞 BE10
GCW
Dry dock
S：造船设施
Z：设施*

Gan dian 02307
赶点（行车） AJ04
GD
Accelerated run
S：运转*

Gan fa 02308
干法 DE00
GF
Dry method
S：方法*
C：干燥

Gan fen mie huo xi tong 02309 BI04
干粉灭火系统
GFMHXT
Dry powder fire extinguishing system
S：船舶灭火
Z：安全*

Gan han 02310
干旱 CD03
GH
Droughts
S：灾害*

Gan jue fan ying ju li F0281 AI05
感觉反应距离（司机）
GJFYJL
Perception-reaction distance
Y：反应距离（司机）

Gan liu 02311
干流 BD01
GL
Trunk stream
S：流动*

Gan mi du 02312
干密度 CG09
GMD
Dry density
S：密度
F：最大干密度
Z：度*

Gan ran xing wu pin 02313
感染性物品 BI01
GRXWP
Infectious substances
S：危险品
Z：货物*

Gan rong liang 02314
干容量 CG09
GRL
Dry unit weight

Gan shi shi yan 02315
干湿试验 AH01
GSSY
Wetting and drying test
S：环境试验
Z：试验*

Gan xian 02316
干线 AJ03
GX
Artery
S：线路*
C：支线

Gan xian 02317
干舷 BE04；BE06
GX
Freeboard
S：船舶主尺度*

Gan xian gong lu 02318
干线公路 AB02
GXGL
Arterial highway
S：公路
D：国家干线公路；省级干线公路
Z：道路*

Gan xian jiao he 02319
干舷校核 BE06
GXJH
Freeboard check
S：船舶参数校核
Z：校核*

Gan xian lian yun 02320
干线联运 BA06
GXLY
Trunk line combined transport
S：联合运输
Z：运输方式*

Gan xian yun shu 02321
干线运输 AA01；BA02
GXYS
Trunk road transportation；Trunk transportation；Arterial transportation
S：运输形式
Z：运输方式*

Gan ying xin hao kong zhi ji 02322 AI03
感应信号控制机
GYXHKZJ
Traffic-actuated controller
S：信号控制器
Z：设备*

Gan ying xing 02323
干硬性 DC00
GYX
Stiffness
S：性质*

Gan ying xing hun ning tu 02324 AF07
干硬性混凝土
GYXHNT
Concrete of stiff-consistency
S：混凝土*

Gan yu 02325
干预 DD00
GY
Intervention

Gan zao 02326
干燥 DD00；DE00
GZ
Drying；Seasoning；Thermal dewatering
C：干法

Gan zao ji 02327
干燥剂 CC02
GZJ
Dryers; Drying agents
S: 剂*
C: 硅胶

Gan zao ji F0282
干燥机 DE00
GZJ
Driers; Drying apparatus
Y: 烘干设备

Gan zao qi hou 02328
干燥气候 CD03
GZQH
Arid climates
S: 气候*

Gan zao shou suo 02329
干燥收缩 DC00
GZSS
Drying shrinkage
S: 收缩*

Gan zao tong 02330
干燥筒 AG07
GZT
Drier

Gan zhi xian lian yun 02331
BA06
干支线联运
GZXLY
Trunk line-branch line combined transport
S: 联合运输
Z: 运输*

Gang 02332
钢* AF02
G
Steel
F: 不锈钢; 钢轨钢; 高强度钢; 工具钢; 合金钢; 结构钢; 锰钢; 耐候钢; 碳钢

Gang ban 02333
钢板 AF02
GB
Steel plate
S: 板*

Gang ban hu lan 02334
钢板护栏(交通) AI07
GBHL
Steel guardrail
S: 交通护栏
Z: 设施*

Gang ban zhuang 02335
钢板桩 CI01
GBZ
Steel sheet piles
S: 桩*

Gang ban zhuang wei yan 02336
CI01
钢板桩围堰
GBZWY
Steel sheet pile cofferdam
S: 围堰*

Gang cai 02337
钢材 AF02
GC
Steel material
S: 金属材料
F: 钢筋; 钢丝; 型钢
Z: 材料*

Gang cai wai guan jian yan 02338
AH01
钢材外观检验
GCWGJY
Steel visual inspection
S: 外观检验
Z: 检验*

Gang cai yan shou shi yan 02339
AH01
钢材验收试验
GCYSSY
Steel acceptance test
S: 试验*

Gang chi 02340
港池 BC01
GC
Dock basin; Port basin
C: 港口*; 锚地*; 进港航道

Gang chi shui yu 02341
港池水域 BC04
GCSY
Harbour basin area
S: 区域*
C: 港口水域

Gang du 02342
刚度 AD03; CG02
GD
Rigidity
S: 度*
C: 刚性; 刚度矩阵
F: 动刚度; 抗拉刚度; 抗扭刚度; 抗弯刚度

Gang du fa 02343
刚度法 CG04
GDF
Stiffness method
S: 结构分析
D: 劲度法
Z: 分析*

Gang du ju zhen 02344
刚度矩阵 CA00
GDJZ
Stiffness matrices
S: 矩阵*
C: 刚度

Gang gong F0283
港工 BC02
GG
Port works
Y: 港口工程

Gang gong mo xing shi yan 02345
BC05
港工模型试验
GGMXSY
Harbour model tests
S: 水工模型试验
Z: 试验*

Gang gou qiao 02346
刚构桥 AD01
GGQ
Rigid frame bridge
S: 桥*
F: 桁式 T 形刚构桥; 连续刚构桥;

T 形刚构桥;斜腿刚构桥
D:刚架桥

Gang gu hun ning tu qiao 02347 AD01
钢骨混凝土桥
GGHNTQ
Rolled shape steel reinforced concrete bridge
S:桥*

Gang guan 02348 AF02
钢管
GG
Steel pipes
S:管*

Gang guan hun ning tu qiao 02349 AD01
钢管混凝土桥
GGHNTQ
Steel pipe-encased concrete bridge
S:桥*

Gang guan jiao shou jia 02350 AG09
钢管脚手架
GGJSJ
Tubular steel scaffolds
S:脚手架*

Gang guan zhuang 02351 AD11
钢管桩
GGZ
Steel tube pile
S:桩*

Gang gui gang 02352 AF02
钢轨钢
GGG
Rail steel
S:钢*

Gang jia gong qiao 02353 AD01
刚架拱桥
GJGQ
Rigid-framed arch bridge
S:拱桥
Z:桥*

Gang jia pen she hun ning tu zhi hu 02354 AE07
钢架喷射混凝土支护
GJPSHNTZH
Rigid-frame shotcrete support
S:喷射混凝土支护
Z:支护*

Gang jia qiao F0284 AD01
刚架桥
GJQ
Rigid frame bridge
Y:刚构桥

Gang jiao xian 02355 AF02
钢绞线
GJX
Steel wire rope
S:钢丝
C:预应力配筋
Z:材料*

Gang jie 02356 AD06
刚接
GJ
Rigid joint
C:连接*

Gang jie gou 02357 AD04
钢结构
GJG
Steel structure
S:工程结构*

Gang jin 02358 AF02
钢筋
GJ
Steel bar;Reinforcing steel;Steel reinforcing bar
S:钢材
F:变形钢筋;粗钢筋;箍筋;螺纹钢筋
Z:材料*

Gang jin bao hu ceng ce ding yi 02359 AH03
钢筋保护层测定仪
GJBHCCDY
Cover protectometer
S:测定仪
Z:仪器*

Gang jin dian wei ce liang 02360 AH02
钢筋电位测量
GJDWCL
Bar potential measurement
S:电工测量
Z:测量*

Gang jin dian zu lü ce liang 02361 AH02
钢筋电阻率测量
GJDZLCL
Bar resistivity measurement
S:电工测量
Z:测量*

Gang jin hun ning tu ban zhuang 02362 CI01
钢筋混凝土板桩
GJHNTBZ
Reinforced concrete sheet piles
S:混凝土构件
C:板桩
Z:工程结构*

Gang jin hun ning tu hu lan 02363 AI07
钢筋混凝土护栏(交通)
GJHNTHL
Reinforced concrete fence
S:交通护栏
Z:设施*

Gang jin hun ning tu jie gou 02364 AD04;BC03
钢筋混凝土结构
GJHNTJG
Reinforced concrete structure
S:混凝土结构
Z:工程结构*

Gang jin hun ning tu liang 02365 AD05
钢筋混凝土梁
GJHJTL
Reinforced concrete beam
S:梁*

Gang jin hun ning tu lu mian 02366 AC04
钢筋混凝土路面

GJHNTLM
Reinforced concrete pavement
S: 刚性路面
Z: 路面*

Gang jin hun ning tu qiao 02367 AD01
钢筋混凝土桥
GJHNTQ
Reinforced concrete bridge
S: 桥*

Gang jin jia gong 02368
钢筋加工 AD12
GJJG
Steel bar preparation
S: 加工*

Gang jin xiu shi ce ding ji 02369 AH03
钢筋锈蚀测定计
GJXSCDJ
Bar corrosion activity indicator
S: 测定仪
Z: 仪器*

Gang jin xiu shi huo dong xing ping ding 02370 AH02
钢筋锈蚀活动性评定
GJXSHDXPD
Bar corrosion activity evaluation
S: 评定*

Gang jin xiu shi san yin su mo xing 02371 AH02
钢筋锈蚀三因素模型
GJXSSYSMX
Three-factor model of bar corrosion
S: 模型*

Gang jing hun ning tu 02372 AF07
钢筋混凝土
GJHNT
Reinforced concrete
S: 混凝土*

Gang kou 02373
港口* BC01
GK
Ports
C: 港湾;海洋建筑物*;航标*;航道*;航海*;疏浚*;港口设备
F: 北极港口;避风港;避税港;不冻港;出发港;船籍港;到达港;地主型港口;工业港;挂靠港;国际贸易港口;海港;河港;湖港;集装箱港口和码头;军港;陆港;旅游港;目的港;商港;深水港;始发港;外港;喂给船港口;渔港;自由港;自治港

Gang kou an bao 02374
港口安保 BI01
GKAB
Port security
C: 港口安全

Gang kou an quan 02375
港口安全 BI01
GKAQ
Port safety;Port security
S: 安全*
C: 港口安保

Gang kou chu cun she shi 02376 BA07
港口储存设施
GKCCSS
Harbour storage system
S: 设施*
C: 港口疏运设施;港区

Gang kou dian tai 02377
港口电台 BF05
GKDT
Port station
S: 通信设备
Z: 设备*

Gang kou diao cha 02378
港口调查 BB03
GKDC
Port surveys
S: 调查*

Gang kou fei F0285
港口费 BG06
GKF
Port fee
Y: 港务费

Gang kou fei lü 02379
港口费率 BG06
GKFL
Port tariff
S: 费率
Z: 比率*

Gang kou fu di 02380
港口腹地 BB03
GKFD
Harbour hinterlands;Hinterland of port
S: 腹地*
C: 港口通过能力

Gang kou ge shu 02381
港口个数 BJ03
GKGS
Numbers of port
S: 港口统计指标
Z: 指标*

Gang kou gong cheng 02382
港口工程 BC02
GKGC
Port engineering
S: 工程*
C: 船坞*;港口建设;港口建筑物;航道工程
D: 港工

Gang kou guan li 02383
港口管理 BC06;BG02
GKGL
Port management
S: 管理*
C: 港口运行;港口营运模拟

Gang kou gui fei 02384
港口规费 BA07
GKGF
Port fees
S: 港口费
Z: 费用*

Gang kou gui hua jing ji xue 02385 BG01
港口规划经济学
GKGHJJX
Port planning economics
S: 基础设施经济学

Z：学科*

Gang kou gui hua kai fa 02386 BB03
港口规划开发
GKGHKF
Port planning and development

Gang kou gui zhang zhi du 02387 BA01
港口规章制度
GKGZZD
Port regulation
S：法规
Z：法律*

Gang kou huan jing bao hu tong ji zhi biao 02388 BJ03
港口环境保护统计指标
GKHJBHTJZB
Statistical indicators concerned to environment of port
S：港口统计指标
Z：指标*

Gang kou huo wu tun tu liang F0286 BJ03
港口货物吞吐量
GKHWTTL
Cargo throughput of port
Y：港口吞吐量

Gang kou ji xie 02389 BA08
港口机械
GKJX
Harbour machinery
S：港口设备
C：港口装卸；港口设备；码头*
Z：设备*

Gang kou jian she 02390 BC04
港口建设
GKJS
Port construction
S：建设*
C：港口工程；港址选择
D：旧港改建；港口扩建；建港

Gang kou jian zhu wu 02391 BC03
港口建筑物
GKJZW
Port structures；Port building
S：建筑物*
C：港口工程

Gang kou jiao tong 02392 BA07
港口交通
GKJT
Port traffic
S：交通*

Gang kou jing ying 02393 BG04
港口经营
GKJY
Port operations

Gang kou kuo jian F0287 BC04
港口扩建
GKKJ
Expanding port construction；Port expansion
Y：港口建设

Gang kou lei da 02394 BF05
港口雷达
GKLD
Harbor radar
S：雷达
Z：仪器*

Gang kou li jiao qiao 02395 AD01
港口立交桥
GKLJQ
Estuarial crossing
S：立交桥
Z：桥*

Gang kou lu yu 02396 BC04
港口陆域
GKLY
Harbour land areas
S：区域*
C：港区

Gang kou neng yuan xiao hao tong ji zhi biao 02397 BJ03
港口能源消耗统计指标
GKNYXHTJZB
Indicators associated with energy consumption of ports
S：港口统计指标
Z：指标*

Gang kou qi zhong ji 02398 BA08
港口起重机
GKQZJ
Harbour cranes
S：起重机*
C：门式起重机

Gang kou qing yu 02399 BD04
港口清淤
GKQY
Harbour desilting
S：清淤
Z：淤积控制*

Gang kou she bei 02400 BA08
港口设备
GKSB
Port equipment
S：设备*
C：港口*；港口机械；海运枢纽站
F：港口机械
D：港口装卸设备

Gang kou she shi 02401 BJ03
港口设施
GKSS
Port facilities
S：设施*

Gang kou sheng chan lü 02402 BJ03
港口生产率
GKSCL
Port productivity
S：港口统计指标
Z：指标*

Gang kou sheng chan tong ji zhi biao 02403 BJ03
港口生产统计指标
GKSCTJZB
Statistical indicators concerned to port production
S：港口统计指标
Z：指标*

Gang kou shu yun she 02404

shi BA07

港口疏运设施

GKSYSS

Harbour traffic relieving system

S：设施*

C：港口储存设施；港区

Gang kou shui fei 02405

港口税费 BG06

GKSF

Port dues and tax

S：费用*

C：税收*

Gang kou shui yu 02406

港口水域 BC04

GKSY

Harbour water area

S：区域*

C：港池*；进港导堤；进港航道；锚地*；港池水域

Gang kou tong guo neng li 02407 BB03

港口通过能力

GKTGNL

Harbour traffic capacity; Port throughput capacity

S：通过能力

C：港口腹地

Z：能力*

Gang kou tong ji zhi biao 02408 BJ03

港口统计指标

GKTJZB

Statistical indicators of port

S：水运统计指标

F：泊位个数；泊位通过能力；泊位综合通过能力；港口个数；港口生产率；港口生产统计指标；港口环境保护统计指标；废水产生量；废水处理量；废水处理率；废水排放达标量；废水达标排放率；废水排放量；废水中污染物排放量；粉尘产生量；粉尘处理率；粉尘排放量；废水处理回用量；环境污染事故数；港口能源消耗统计指标；辅助生产能源消耗量；能源消耗总量；其他能源消耗量；装卸生产能源消耗量；港口吞吐量；港口装备统计指标；港口装卸量；港区岸线长度；港区面积；靠泊能力；码头泊位长度；码头前沿水深

Z：指标*

Gang kou tu 02409

港口图 BC04

GKT

Harbour chart

S：交通图

D：港区图

Z：地图*

Gang kou tun tu liang 02410 BJ03

港口吞吐量

GKTTL

Cargo throughput of port; Throughput; Traffic through port; Port's cargo throughput

S：港口统计指标

D：港口货物吞吐量

Z：指标*

Gang kou wai di 02411

港口外堤* BC03

GKWD

Outer embankments

C：海洋建筑物

F：防波堤；进港导堤；突堤

Gang kou wu ran 02412

港口污染 BI02

GKWR

Port pollution

S：环境污染*；环境化学

Z：学科*

Gang kou ying yun 02413

港口营运 BG04

GKYY

Port operations

Gang kou ying yun mo ni 02414 BG02

港口营运模拟

GKYYMN

Port operations simulation

S：模拟*

C：港口管理

Gang kou yun xing 02415

港口运行 BC06

GKYX

Port operations

C：港口管理

Gang kou zhuang bei tong ji zhi biao 02416 BJ03

港口装备统计指标

GKZBTJZB

Statistical indicators of port equipment

S：港口统计指标

Z：指标*

Gang kou zhuang xie 02417

港口装卸 BA08

GKZX

Harbour handling

S：装卸*

C：港口机械

Gang kou zhuang xie gong shu ju 02418 BA08

港口装卸工属具

GKZXGSJ

Port stevedoring equipment

S：工具*

F：电动抓斗；防尘漏斗；防漏抓斗；木材抓斗；汽车吊具；液压抓斗；自动脱钩

Gang kou zhuang xie liang 02419 BJ03

港口装卸量

GKZXL

Load and unload capacity in port; Cargo handling volume of port

S：港口统计指标

Z：指标*

Gang kou zhuang xie she bei F0288 BA08

港口装卸设备

GKZXSB

Ports handling machines

Y：港口设备

Gang kou zuo ye qu F0289

港口作业区 BC04

GKZYQ

Harbour operational zones
Y：港区

Gang lan 02420
钢缆 AF02
GL
Steel cable
S：钢材*

Gang liang 02421
钢梁 AD05
GL
Steel girder
S：梁*
F：预应力钢梁

Gang mu ban 02422
钢模板 AE05
GMB
Steel form
S：模板
Z：板*

Gang qiao 02423
钢桥 AD01
GQ
Steel bridge
S：桥*
F：装拆式钢桥

Gang qiao ta 02424
钢桥塔 AD10
GQT
Steel bridge tower
S：桥塔*

Gang qiu an xian chang du 02425
BJ03
港区岸线长度
GQAXCD
Length of shoreline of harbour district
S：港口统计指标
Z：指标*

Gang qu 02426
港区 BC04
GQ
Harbour districts
S：区域*
C：码头*；港口陆域；集装箱编组堆场；港口储存设施；港口疏运设施
D：港口作业区

Gang qu mian ji 02427
港区面积 BJ03
GQMJ
Area of harbour district
S：港口统计指标
Z：指标*

Gang qu tu F0290
港区图 BC04
GQT
Harbour district charts
Y：港口图

Gang si 02428
钢丝 AF02
GS
Steel wire
S：钢材
F：钢绞线；钢丝束；冷拔钢丝；预应力钢丝
Z：材料*

Gang si leng ba shi yan 02429
AH01
钢丝冷拔试验
GSLBSY
Wire cold-drawn test
S：冷拔试验
Z：试验*

Gang si shu 02430
钢丝束 AF02
GSS
Wire bundle
S：钢丝
Z：材料*

Gang si wang shui ni chuan 02431
BE01
钢丝网水泥船
用钢丝网作为船体结构基本材料的船
GSWSNC
Ferro-concrete ship
S：水泥船
Z：船舶*

Gang suo hu lan 02432
钢索护栏（交通） AI07
GSHL
Cable guardrail
S：交通护栏
Z：设施*

Gang ti 02433
刚体 CG04
GT
Rigid bodies
S：体*
C：动力学；运动学

Gang wan 02434
港湾 BC01
GW
Harbour
C：港口*

Gang wan shi che zhan 02435
AJ03
港湾式车站
GWSCZ
Bus bay
S：车站*

Gang wan shi ting che chang 02436
AI03
港湾式停车处
GWSTCC
Parking bay
S：停车场*

Gang wu chuan 02437
港务船 BE02
GWC
Harbour boats
S：运输辅助船
F：带缆艇；灯标船；趸船；救生艇；消防船；引航船
D：港作船
Z：船舶*

Gang wu fei 02438
港务费 BG06
GWF
Harbour duty；Harbour dues
S：费用*
D：港口费

Gang wu jian du 02439

港务监督 BF01
GWJD
Harbour superintendency administration
C：船舶管理；领航

Gang xian wei 02440
钢纤维 AF02
GXW
Steel fibre
S：纤维*

Gang xian wei hun ning tu F0291 AF07
钢纤维混凝土
GXWHNT
Steel fiber concrete
Y：钢纤维增强混凝土

Gang xian wei zeng qiang hun ning tu 02441 AF07
钢纤维增强混凝土
GXWZQHNT
Steel fiber concrete
S：纤维增强混凝土
D：钢纤维混凝土
Z：混凝土*

Gang xie la qiao 02442
钢斜拉桥 AD01
GXLQ
Steel deck cable stayed bridge
S：斜拉桥
Z：桥*

Gang xing 02443
刚性 CG02；DC00
GX
Rigidity
S：力学性质
C：刚度
Z：性质*

Gang xing hu lan 02444
刚性护栏(交通) AI07
GXHL
Stiff safety fence
S：交通护栏
Z：设施*

Gang xing ji chu 02445
刚性基础 AD11；CI01
GXJC
Rigid foundation
S：基础(工程)*
C：扩大基础

Gang xing ji gou 02446
刚性结构 AD04
GXJG
Rigid structure
S：工程结构*

Gang xing lian jie 02447
刚性连接 CG02
GXLJ
Rigid connections
S：连接*

Gang xing liang 02448
刚性梁 AD05
GXL
Rigid girder
S：梁*

Gang xing lu mian 02449
刚性路面 AC04
GXLM
Rigid pavement
S：路面*
F：复合式水泥混凝土路面；钢筋混凝土路面；连续配筋混凝土路面；碾压混凝土路面；水泥混凝土路面；纤维混凝土路面

Gang xing shi yan 02450
刚性试验 AH01；DF03
GXSY
Rigidity tests
S：性能试验
Z：试验*

Gang zhi xuan ze 02451
港址选择 BC04
GKJS
Harbour siting
C：港口建设

Gang zuo chuan F0292
港作船 BE02
GZC
Harbour work boats
Y：港务船

Gang zuo tuo lun 02452
港作拖轮 BE02
GZTL
Harbour tug
S：运输辅助船
Z：船舶*

Gang zuo tuo lun fei 02453
港作拖轮费 BA02
GZTLF
Charges for tugs service
S：费用*

Gao ba 02454
高坝 BC03
GB
High dams
S：坝
Z：建筑物*

Gao dan xiang F0293
高单向 AJ04
GDX
Main flow during the peak period
Y：高峰主流向

Gao du 02455
高度 DI00
GD
Altitude；Height
S：度*
F：车内净高；车厢地板高度；计算高度；六分仪高度；视高度；踏板级间高度；天体高度；一级地板高度

Gao duan mian F0294
高断面 AJ04
GDM
Maximum section of passenger flow
Y：客流最大断面

Gao fen zi F0295
高分子 CC04
GFZ
High polymer
Y：高聚物*

Gao fen zi cai liao 02456
高分子材料 AF01

GFZCL
Polymers materials
S：材料*

Gao fen zi fei wu 02457
高分子废物 CK02
GFZFW
High polymer wastes
S：废物*

Gao fen zi rong ye 02458
高分子溶液 CC01
GFZRY
Polymer solution
S：溶液*

Gao feng shi jian 02459
高峰时间 AJ04
GFSJ
Peak time
S：时间*
C：高峰小时
D：非高峰时间；早高峰；晚高峰

Gao feng xian lu 02460
高峰线路 AJ03
GFXL
Peak-hour line
S：线路*
C：公共交通线路

Gao feng xiao shi 02461
高峰小时 AJ04
GFXS
Peak hour
C：高峰时间

Gao feng xiao shi shang che lü 02462 AJ05
高峰小时上车率
高峰小时上车人数与全日客运量之比
GFXSSCL
Peak hour boarding rate
S：比率*

Gao feng xiao shi xi shu 02463 AI01
高峰小时系数
GFXSXS
Peak hour factor(P H F)
S：系数*

Gao feng zhu liu xiang 02464 AJ04
高峰主流向
GFZLX
Main flow during the peak period
D：高单向

Gao gan zhao ming 02465
高杆照明 AI07
GGZM
High mast lighting
S：照明*

Gao he jin gang 02466
高合金钢 AF02
GHJG
High alloy steel
S：合金钢
Z：钢*

Gao ji lu mian 02467
高级路面 AC04
GJLM
High class pavement
S：路面*

Gao ji shu F0296
高技术 DE00
GJS
High technology
Y：高新技术

Gao jia dao lu 02468
高架道路 AB02
GJDL
Elevated road
S：道路*

Gao jia qiao 02469
高架桥 AD01
GJQ
Viaduct
S：桥*

Gao jia xian lu 02470
高架线路 AJ03
GJXL
Elevated line
S：线路*
C：公共交通线路

Gao ju wu 02471
高聚物* CC04
GJW
High polymer
F：ABS 树脂；丙烯酸树脂；硅树脂；聚氨酯；聚丙烯酸酯；聚硅氧烷；聚酯；离子交换树脂；热固性树脂；热塑性树脂；缩合树脂
D：高分子；合成树脂；聚合物；树脂

Gao ling shi 02472
高岭石 AF05；CG06
GLS
Kaolin
S：石*
C：矿物岩
D：高岭土

Gao ling tu F0297
高岭土 AF05；CG06
GLT
Kaolin
Y：高岭石

Gao lu kuang zha shui ni 02473 AF04
高炉矿渣水泥
GLKZSN
Blast furnace cements；Portland slag cements
S：矿渣硅酸盐水泥
Z：水泥*

Gao lü shui ni F0298
高铝水泥 AF04
GLSN
Aluminate cement；High-alumina cement
Y：铝酸盐水泥

Gao neng wu li xue 02474
高能物理学 CB00
GNWLX
High energy physics
S：物理学
Z：学科*

Gao nong du 02475

高浓度 DI00
GND
High concentration
S：浓度
Z：度*

Gao pin 02476
高频 CG08
频率范围 3 MHz～30 MHz。
GP
High frequencies
S：频率*
C：振动频率

Gao pin fa she ji 02477
高频发射机 BF05
GPFSJ
HF Transmitter
S：通信设备
Z：设备*

Gao qiang du gang 02478
高强度钢 AF02
GQDG
High-strength steel
S：钢*

Gao qiang du hun ning tu 02479 AF07
高强度混凝土
GQDHNT
High-strength concrete
S：混凝土*

Gao qiang du luo shuan 02480 AD06
高强度螺栓
GQDLS
High-strength bolt
S：螺栓*

Gao qiao dun 02481
高桥墩 AD09
GQD
High pier
S：桥墩*

Gao shui wei qiao 02482
高水位桥 AD01
GSWQ
High water level bridge
S：桥*

Gao su chai you ji 02483
高速柴油机 BE08
GSCYJ
High speed diesels
S：柴油机
Z：机械*

Gao su chuan bo 02484
高速船舶 BE01
GSCB
High speed ship
S：船舶*
F：表面效应船

Gao su du 02485
高速度 DI00
GSD
High speed
S：速度*

Gao su gong lu 02486
高速公路 AB02
GSGL
Freeway; Expressway
S：汽车专用公路
Z：道路*

Gao su gong lu jian kong 02487 AI03
高速公路监控
GSGLJK
Freeway surveillance and control
S：监控*

Gao su gong lu zhu xian kong zhi 02488 AI03
高速公路主线控制
GSGLZXKZ
Freeway mainline control
S：控制*

Gao su gou zao shen du yi F0299 AH03
高速构造深度仪
GSGZSDY
High speed texture meter
Y：构造深度仪

Gao su ke lun 02489
高速客轮 BE01
GSKL
High speed passenger ship
S：客轮
F：水翼船
Z：船舶*

Gao tan gang 02490
高碳钢 AF02
GTG
High carbon steels
S：碳钢
Z：钢*

Gao wen qiang du 02491
高温强度 CG02
GWQD
High temperature strength
S：强度*

Gao wen ru bian 02492
高温蠕变 CG04
GWRB
High temperature creep
S：蠕变
Z：变化*

Gao wen shi yan 02493
高温试验 DF00
GWSY
High temperature tests
S：环境试验
Z：试验*

Gao xie zhen dong 02494
高谐振动 CG08
GXZD
Upper harmonic vibration
S：振动*

Gao xin ji shu 02495
高新技术 DE00
GXJS
Hi-tech
S：技术*
C：高新技术开发区
D：高技术

Gao xin ji shu kai fa qu 02496 DE00
高新技术开发区

GXJSKFQ
Hi-tech development area
C：高新技术

Gao ye xian nian tu 02497
高液限粘土 AF06
GYXNT
High liquid limit clay
S：粘土
Z：土*

Gao yuan 02498
高原 CD01
GY
Plateau
S：地形*

Ge 02499
铬 CC01
G
Chromium
S：金属元素
C：重金属污染
Z：元素*

Ge cang 02500
隔舱 BE05
GC
Bulkheads
S：船舶结构
Z：结构*

Ge li fa 02501
隔离法(船舶防火安全) BI04
GLF
Isolating method
S：船舶灭火
Z：安全*

Ge li shan 02502
隔离栅 AI07
GLS
Separation fence

Ge li wang 02503
隔离网 AI07
GLW
Separation net

Ge lin han shu 02504
格林函数 CA00；CG01
GLHS
Green functions
S：函数
C：边值问题；弹性力学；破坏力学
D：GREEN 函数
Z：数*

Ge lin ni zhi ping shi 02505
BF02；DJ00
格林尼治平时
GLNZPS
Greenwich Mean Time (GMT)
S：时间*
D：GMT；世界时；平时

Ge lin ni zhi zi wu xian 02506
BF02
格林尼治子午线
GLNZZWX
Greenwich meridian
D：子午线

Ge mo fa 02507
隔膜法 CC03
GMF
Diaphragm process
S：方法*
C：质量分析；自动分析

Ge pai 02508
格排 BC06
GP
Grillage

Ge qian 02509
搁浅 BI04
GQ
Stranding; Grounding; Aground; Run aground
S：船舶遇难
C：船舶脱浅；浅滩
D：触礁
Z：事故*

Ge re cai liao 02510
隔热材料 AF01
GRCL
Thermal insulation material
S：建筑材料
Z：材料*

Ge re ceng 02511
隔热层 CI04
GRC
Heat insulating layer
S：层*

Ge ren dian zi ji suan ji 02512
CF03
个人电子计算机
GRDZJSJ
Personal computer
S：电子计算机*

Ge sheng cai liao 02513
隔声材料 AF01
GSCL
Sound insulation material
S：建筑材料
Z：材料*

Ge sheng qiang 02514
隔声墙 AC02；CK02
GSQ
Acoustic insulating walls
S：墙*
C：交通噪声

Ge shui ceng 02515
隔水层 AC04
GSC
Water insulation course
S：路面结构层
Z：层*

Ge ti jing ji 02516
个体经济 BG02
GTJJ
Individual economy
S：经济*

Ge ti qi ye F0300
个体企业 BG02
GTQY
Individual enterprises
Y：私营企业

Ge wen ceng 02517
隔温层 AC04
GWC

Thermal insulation course
S：路面结构层
Z：层*

Ge xian 02518
割线 DH00
GX
Secants
S：线*

Ge xiang tong xing 02519
各向同性 CG05；DC00
GXTX
Isotropy
S：力学性质
Z：性质*

Ge xiang yi xing 02520
各向异性 CG02
GXYX
Anisotropy
S：力学性质
F：正交各向异性
Z：性质*

Ge xin 02521
革新 DD00；DE00
GX
Innovation；Reformation

Ge zhan dian hua 02522
各站电话 AJ03
GZDH
Interstation telephone
S：电话*

Ge zhen 02523
隔振 CG08
GZ
Isolation；Vibration-insulation
C：防振；隔振参数；隔振传递率；隔振理论；阻尼振动
D：隔震

Ge zhen F0301
隔震 CG09
GZ
Shock absorption
Y：隔振

Ge zhen cai liao 02524
隔振材料 AF03；CG08
GZCL
Vibration-isolation materials
S：防护材料
C：隔振传递率；撞击声
F：阻尼材料
Z：材料*

Ge zhen can shu 02525
隔振参数 CG08
GZCS
Vibration-insulating parameters
S：参数*

Ge zhen chuan di lü 02526
隔振传递率 CG08
GZCDL
Vibration transmissibility
S：比率*
C：隔振；隔振材料
D：振动传递比

Ge zhen ji shu 02527
隔振技术 CG08
GZJS
Vibration isolation techniques
S：技术*

Ge zhen li lun 02528
隔振理论 CG08
GZLL
Vibration isolation theory
S：理论*
C：隔振

Gen che li lun 02529
跟车理论 AI01
GCLL
Car-following theory
S：理论*

Gen sui lie che 02530
跟随列车 AJ04
GSLC
Following train
S：列车*
D：追踪列车

Geng huan 02531
更换 DD00
GH
Replacement；Replacing
C：替换
D：取代

Geng xin 02532
更新* DD00
GX
Renew；Renovation
F：车辆更新

Geng xin fei yong 02533
更新费用 BG05
GXFY
Replacement cost
S：费用*
D：重置费用

GMDSS F0302
GMDSS BF05
GMDSS
Global maritime distress and safety system
Y：全球海上遇险安全系统

GMT F0303
GMT BF02；DJ00
GMT
Greenwish Mean Time
Y：格林尼治平时

Gong 02534
拱* AD04
G
Arch
F：双曲拱；推力拱；系杆拱；仰拱

Gong 02535
功 DI00
G
Work

Gong an ting 02536
公安艇 BE02
GAT
Public security boat
S：运输辅助船
Z：船舶*

Gong ba 02537
拱坝 BC03
GB
Arch dams

S: 坝
C: 拱*
F: 双曲拱坝
Z: 建筑物*

Gong chang 02538
工厂* DE00
GC
Factory;Plant;Works
F: 船厂;发电厂;汽车修理厂;桥梁厂;修理厂

Gong chang jiao huo 02539
工厂交货 BA02
GCJH
Ex works;Ex factory;Ex mill
S: 交货方式
Z: 方式*

Gong chang zao sheng F0304 CK02
工厂噪声
GCZS
Factory noise
Y: 工业噪声

Gong cheng 02540
工程* DE00
GC
Engineering
F: 爆破工程;打桩工程;地基基础工程;港口工程;管道工程;海外工程;航道工程;航运工程;环境工程;基础工程;临时工程;排水工程;桥梁工程;群体工程;软件工程;森林工程;生物工程;试点工程;市政工程;疏浚工程;水利工程;隧道工程;土木工程;物流工程;系统工程;养护工程;隐蔽工程;引水工程

Gong cheng bian geng 02541 AB04
工程变更
GCBG
Project modification

Gong cheng cai liao 02542
工程材料 AF01
GCCL
Engineering material
S: 材料*
F: 复合材料;建筑材料

Gong cheng ce liang 02543
工程测量 BC04
GCCL
Engineering survey
S: 测量*
F: 地下工程测量;断面测量;海洋工程测量;桥梁测量;施工测量;隧道测量

Gong cheng cheng ben 02544 BG05
工程成本
GCCB
Engineering cost; Project cost; Construction cost
S: 成本*

Gong cheng chuan F0305
工程船 BE03
GCC
Working ship
Y: 工程船舶

Gong cheng chuan bo 02545
工程船舶 BE03
GCCB
Engineering ship; Engineering vessel; Working ship
S: 船舶*
C: 海上平台;钻井平台
F: 采矿船;测量船;打桩船;电缆敷设船;管道敷设船;海洋开发船;航道测量船;航道工程船舶;航务工程船舶;混凝土搅拌船;接力泵船;救助打捞船;内河湖泊测量调查船;抛石船;起重船;潜水工作船;深层软地基固化船;石料翻卸船;挖泥船;炸礁船;钻探船
D: 工程船

Gong cheng di zhi 02546
工程地质 CD01
GCDZ
Engineering geology
S: 地质*
C: 水文地质;地质勘探

Gong cheng di zhi fen xi 02547 AH02
工程地质分析
GCDZFX
Engineering geologic analysis
S: 分析*
F: 工程地质条件分析

Gong cheng di zhi kan ce 02548 AC01;AE02
工程地质勘测
GCDZKC
Engineering geological prospecting; Engineering geology surveys
S: 勘测*
C: 触探;电探;物探;钻探

Gong cheng di zhi kan tan 02549 CD01
工程地质勘探
GCDZKT
Engineering geological exploration
S: 勘探*

Gong cheng di zhi shi yan F0306 BC05
工程地质试验
GCDZSY
Engineering geological test
Y: 土工试验

Gong cheng di zhi tiao jian 02550 CD01
工程地质条件
GCDZTJ
Engineering geological conditions
S: 条件*

Gong cheng di zhi tiao jian fen xi 02551 AH02
工程地质条件分析
GCDZTJFX
Engineering geologic condition analysis
S: 工程地质分析
Z: 分析*

Gong cheng di zhi xian xiang 02552 CD01
工程地质现象*
GCDZXX
Engineering geology phenomenon

C：岩溶；砂土液化
F：边坡稳定；边坡失稳；滑坡；滑动；滑落；滑塌；泥石流；山崩；岩爆

Gong cheng di zhi xue 02553 BC02
工程地质学
GCDZX
Engineering geology
S：地质学
Z：学科*

Gong cheng di zhi yao gan ce liang 02554 AC01
工程地质遥感测量
GCDZYGCL
Remote sensing of engineering geology
S：测量*

Gong cheng fang sheng xue 02555 DB00
工程仿生学
GCFSX
Bionics
S：工程学
Z：学科*

Gong cheng fei yong 02556 BG05
工程费用
GCFY
Project cost
S：费用*

Gong cheng fen xi 02557 AH02
工程分析
GCFX
Engineering analysis
S：分析*

Gong cheng gai suan 02558 BG05
工程概算
GCGS
Project estimate
S：计算*

Gong cheng gai suan ding e 02559 AB03
工程概算定额
GCGSDE
Approximate estimate norm of project
F：公路工程概算定额
Z：定额*

Gong cheng guan li 02560 BC06
工程管理
GCGL
Engineering management
S：管理*

Gong cheng ji xie F0307 AG01
工程机械
GCJX
Civil engineering plants and equipments
Y：施工机械

Gong cheng jian jie fei 02561 AB03
工程间接费
GCJJF
Indirect expense of project
S：公路造价
Z：价格*

Gong cheng jian li 02562 AB03
工程监理
GCJL
Supervision of construction
S：监理*
F：公路工程监理

Gong cheng jian she bao xian 02563 BA04
工程建设保险
GCJSBX
Project construction insurance
S：保险*

Gong cheng jie gou 02564 AD03；BC03
工程结构*
GCJG
Engineering structure
F：薄壁结构；超静定结构；地下结构；钢结构；刚性结构；水工结构；拱形结构；桁架结构；混凝土结构；建筑结构；结构构件；静定结构；抗震结构；桥梁结构；轻型结构；柔性结构；栓焊结构；栓接结构；隧道结构；弹性结构；下部结构；悬吊结构；预应力混凝土结构；重力式结构；砖石结构

Gong cheng jing ji 02565 AB03
工程经济
GCJJ
Engineering economy
S：经济*

Gong cheng jing ji xue 02566 BG01
工程经济学
GCJJX
Engineering economics
S：经济学
Z：学科*

Gong cheng jue suan 02567 AB04
工程决算
GCJS
Final account of project

Gong cheng kan ce 02568 AD02
工程勘测
GCKC
Engineering survey
S：勘测*
F：桥梁勘测；隧道勘测

Gong cheng li xue 02569 CG01
工程力学
FCLX
Engineering mechanics
S：力学
Z：学科*

Gong cheng shi gong 02570 AD13；BC06
工程施工*
GCSG
Engineering construction
F：爆破施工；沉井施工；沉砂井施工；混凝土施工；基础施工；建筑施工；路面施工；桥梁施工；水下施工；隧道施工
D：施工

Gong cheng shi lu 02571 DB00
工程实录
GCSL
Engineering records；Example of project
S：实录
Z：资料*

Gong cheng su liao 02572

工程塑料 AF03
GCSL
Engineering plastics
S：塑料
Z：材料*

Gong cheng xue 02573
工程学 DB00
GCX
Engineering
S：学科*
F：土质工程学

Gong cheng yan shou 02574
工程验收 AB04
GCYS
Engineering acceptance
S：验收*
F：隐蔽工程验收

Gong cheng yu bei fei 02575 AB03
工程预备费
GCYBF
Reserve fund of project
S：公路造价
Z：价格*

Gong cheng yu suan ding e 02576 AB03
工程预算定额
GCYSDE
Budgetary norm of project
F：公路工程预算定额
Z：定额*

Gong cheng zao jia 02577
工程造价 BC06
GCZJ
Construction cost
S：造价
Z：价格*

Gong cheng zhi jie fei 02578 AB03
工程直接费
GCZJF
Direct expense of project
S：公路造价
Z：价格*

Gong dian bi F0308
供电臂 AJ03
GDB
Supply arm
Y：供电距离

Gong dian fang shi 02579
供电方式 AJ03
GDFS
Power supply mode
S：方式*

Gong dian fen qu 02580
供电分区 AJ03
GDFQ
Power supply zone

Gong dian ju li 02581
供电距离 AJ03
GDJL
Supply arm
D：供电臂

Gong dian xi tong 02582
供电系统 AJ03
GDXT
Electric supply system
S：系统*
F：牵引供电系统

Gong ding 02583
拱顶 AE03
GD
Arch crown

Gong e liang fa 02584
共轭梁法 CG04
GELF
Conjugate beam method
S：结构分析
C：材料力学
Z：分析*

Gong gong jian zhu lü hua 02585 CK07
公共建筑绿化
GGJZLH
Public building greening
S：绿化*

Gong gong jiao tong 02586
公共交通 AJ01
GGJT
Public transport
S：交通*
F：城市公共交通

Gong gong jiao tong biao zhun che 02587 AJ02
公共交通标准车
GGJTBZC
Standard transit bus
S：汽车
Z：车辆*

Gong gong jiao tong che zhan F0309 AJ01
公共交通车站
GGJTCZ
Public transport stop; Public transport station
Y：公共交通线路设施

Gong gong jiao tong chu xing 02588 AJ04
公共交通出行
GGJTCX
Transit trip
S：出行方式
Z：方式*

Gong gong jiao tong fang shi 02589 AJ01
公共交通方式
GGJTFS
Public transport mode
S：方式*
C：快速轨道交通；地下铁道；单轨运输系统；新交通系统；垂直运输系统；应急公共交通系统；城市客渡；索道缆车客运；轨道缆车客运

Gong gong jiao tong gong ju 02590 AJ02
公共交通工具
GGJTGJ
Public transport means
S：交通工具*
C：公共汽车；旅游车；客渡轮；客渡驳
F：电车；轻轨车

Gong gong jiao tong shu niu 02591 AJ01
公共交通枢纽
GGJTSN
Public transport junction

Gong gong jiao tong ting che chang F0310 AJ01
公共交通停车场
GGJTTCC
Public transport parking place
Y：公共交通线路设施

Gong gong jiao tong xi tong 02592 AJ01
公共交通系统
GGJTXT
Transit system
S：系统*
F：海上公共交通系统

Gong gong jiao tong xian lu 02593 AJ03
公共交通线路
GGJTXL
Public transport line
S：线路*
C：市区线路；郊区线路；长途线路；地面线路；地下线路；高架线路；高峰线路；昼夜线路；夜间线路；快车线路；固定线路；临时线路；游览线路；环行线路
D：公共交通线路网

Gong gong jiao tong xian lu bu ju F0311 AJ01
公共交通线路布局
GGJTXLBJ
Public transport network distribution
Y：城市公共交通规划

Gong gong jiao tong xian lu she shi 02594 AJ01
公共交通线路设施
GGJTXLSS
Public transport line facilities
S：城市公共交通
D：公共交通停车场；公共交通车站
Z：交通*

Gong gong jiao tong xian lu wang F0312 AJ01
公共交通线路网
GGJTXLW
Public transport network
Y：公共交通线路

Gong gong jiao tong you xian 02595 AJ01
公共交通优先
GGJTYX
Public transport priority
D：公共汽车优先通行系统

Gong gong jiao tong zhan chang bu ju F0313 AJ01
公共交通站场布局
GGJTZCBJ
Public transport yard and station arrangement
Y：城市公共交通规划

Gong gong lü di 02596 CK07
公共绿地
GGLD
Public garden；Public green land
S：绿地*

Gong gong qi che 02597 AJ02
公共汽车
GGQC
Bus
S：汽车
C：公共交通工具
F：招呼式公共汽车
Z：车辆*

Gong gong qi che you xian che dao 02598 AJ01
公共汽车优先车道
GGQCYXCD
Bus priority lane
S：车道
Z：道路*

Gong gong qi che you xian tong xing xi tong F0314 AJ01
公共汽车优先通行系统
GGQCYXTXXT
Bus priority system
Y：公共交通优先

Gong gong qi che you xian tong xing xin hao 02599 AJ04
公共汽车优先通行信号
GGQCYXTXXH
Bus priority signal
S：信号*

Gong gong qi che zhuan yong che dao 02600 AJ01
公共汽车专用车道
GGQCZYCD
Exclusive bus lane
S：车道
Z：道路*

Gong gong qi che zhuan yong jie dao 02601 AJ01
公共汽车专用街道
只允许公共汽车通行的街道
GGQCZYJD
Bus only street（BOS）

Gong gong suo you zhi F0315 BB01
公共所有制
GGSYZ
Public ownership
Y：公有制

Gong hai 02602 BF01
公海
GH
High sea
S：海洋*

Gong hai 02603 CK02
公害
GH
Nuisance；Public nuisance

Gong hai F0316 CK02
公害（环境）
GH
Public nuisance
Y：环境污染*

Gong hai jian ce 02604 CK03
公害监测
GHJC

Public nuisance monitoring
S：监测*

Gong han 02605
拱涵 AD17
GH
Arch culvert
S：涵洞*

Gong hui 02606
工会 DA00
GH
Labor Unions

Gong ji F0317
供给 DD00
GJ
Supplies
Y：供应*

Gong ji jia ge 02607
供给价格 BG06
GJJG
Supply price
S：价格*

Gong jia 02608
拱架 AD13
GJ
Arch centering

Gong ju 02609
工具* AK05；BA08；DE00
GJ
Instrument；Tools
F：分析研究工具；港口装卸工属具；焊枪；接头；决策支持工具；汽车维修工具；起重运输工具；装卸工具

Gong ju gang 02610
工具钢 AF02
GJG
Tool steel
S：钢*

Gong ju shu 02611
工具书 DF00
GJS
Reference book
S：资料*
F：词典；年鉴；手册；指南

Gong kuang 02612
工况 AK04；DC00
GK
Mode of operation；Operating conditions；Operating status；Working condition
S：状态*
F：汽车运行工况

Gong liao F0318
供料 DD00
GL
Feeding
Y：给料

Gong liao zhuang zhi F0319
供料装置 AG03
GLZZ
Supply equipment
Y：给料机

Gong lu 02613
公路 AB02
GL
Highway
S：道路*
F：城市出入口公路；等级公路；等外公路；地方公路；断头路；辐射式公路；干线公路；国防公路；过境公路；环形公路；联络线；汽车专用公路；晴通雨阻公路；晴雨通车公路；绕行公路；收费公路；县公路；现有公路；乡公路；新建公路；一般公路；有路面公路；支线公路；专用公路

Gong lü 02614
功率 CF01；DI00
GL
Power
D：马力

Gong lu bing hai 02615
公路病害 AC08
GLBH
Highway distress
S：病害*
C：路面板唧泥；路面沉陷；拱胀

Gong lu can zhi 02616
公路残值 AB03
GLCZ
Highway residual value
S：残值
Z：值*

Gong lü ce liang 02617
功率测量 CF01
GLCL
Power measurement
S：电工测量
Z：测量*

Gong lu da xiu 02618
公路大修 AC07
GLDX
Highway major maintenance
S：公路养护
Z：养护*

Gong lu gong cheng gai suan ding e 02619
公路工程概算定额 AB03
GLGCGSDE
Approximate estimate norm of highway project
S：工程概算定额
Z：定额*

Gong lu gong cheng gu suan zhi biao 02620
公路工程估算指标 AB03
GLGCGSZB
Estimate index of highway project
S：指标*

Gong lu gong cheng jian li 02621
公路工程监理 AB03
GLGCJL
Highway engineering supervision
S：工程监理
Z：监理*

Gong lu gong cheng yu suan ding e 02622
公路工程预算定额 AB03
GLGCYSDE
Budgetary norm of highway project
S：工程预算定额

Z：定额*

Gong lu gong neng 02623
公路功能 AB01
GLGN
Highway function

Gong lu gong neng she ji 02624 AC02
公路功能设计
GLGNSJ
Highway functional design

Gong lu gui hua 02625
公路规划 AB01
GLGH
Highway planning
S：规划*
F：公路网规划

Gong lu ji zhuang xiang zhong zhuan zhan 02626 BA05
公路集装箱中转站
GLJZXZZZ
Inland container depot; Inland container terminal

Gong lu jian she 02627
公路建设 AB03
GLJS
Highway construction
S：建设*

Gong lu jian she ji jin 02628 AB01;AB03
公路建设基金
GLJSJJ
Highway construction fund
S：建设基金
F：过路费；过桥费；过隧费
Z：基金*

Gong lu jiao cha 02629
公路交叉* AC05
GLJC
Highway intersection
F：跨线桥；立交桥；立体交叉；平面交叉；交叉口（平面）

Gong lu jiao tong fang shi 02630 AI02
公路交通方式
GLJTFS
Highway traffic mode
S：交通方式
Z：方式*

Gong lu jiao tong gui hua 02631 AI02
公路交通规划
GLJTGH
Highway and transportation planning
S：交通规划
Z：规划*

Gong lu jing guan 02632
公路景观 AC02
GLJG
Highway landscape; Vista
S：景观*
D：坡面景观

Gong lu jing guan she ji 02633 AC02
公路景观设计
GLJGSJ
Highway landscape design
S：景观设计
Z：设计*

Gong lu lü hua 02634
公路绿化 AC07
GLLH
Highway planting; Highway greening

Gong lu lü ke yun shu 02635 AA02
公路旅客运输
GLLKYS
Highway passenger transport
S：旅客运输
Z：运输*

Gong lu mei xue she ji 02636 AC02
公路美学设计
GLMXSJ
Highway esthetic design
S：美学设计
Z：设计*

Gong lu pai shui 02637
公路排水 AC06
GLPS
Highway drainage
S：排水*
D：排水系统

Gong lu qiao 02638
公路桥 AD01
GLQ
Highway bridge
S：桥*

Gong lu she ji 02639
公路设计 AC02
GLSJ
Highway design
S：设计*
C：景观设计

Gong lu shi yong zhe fei yong 02640 AB03
公路使用者费用
GLSYZFY
Highway user's cost
S：费用*

Gong lu shi yong zhe xiao yi 02641 AB03
公路使用者效益
GLSYZXY
Highway user's benefit
S：效益*
C：经济效益；社会效益

Gong lu shu ju ku 02642
公路数据库 AC02
GLSJK
Highway data bank
S：数据库*

Gong lu sui dao 02643
公路隧道 AE01
GLSD
Highway tunnel
S：隧道*

Gong lu tie lu li jiao 02644 AC05
公路铁路立交
GLTLLJ

Highway-railway grade separation
S：立体交叉
Z：公路交叉*

Gong lu tong xing neng li 02645 AI02
公路通行能力
GLTXNL
Highway capacity
S：通行能力
Z：能力*

Gong lu tou shi tu 02646 AC02
公路透视图
GLTST
Highway perspective view
S：透视图
Z：图*

Gong lu tou zi 02647 AB03
公路投资
GLTZ
Highway investment
S：投资*

Gong lu wang 02648 AB01
公路网
GLW
Highway network
S：道路网
Z：交通运输网*

Gong lu wang gui hua 02649 AB01
公路网规划
GLWGH
Highway network planning
S：公路规划
Z：规划*

Gong lu wang mi du 02650 AB01
公路网密度
GLWMD
Density of highway network
S：密度
Z：度*

Gong lu xiao xiu 02651 AC07
公路小修
GLXX
Highway routine maintenance
S：公路养护
Z：养护*

Gong lu yang hu 02652 AC07
公路养护
GLYH
Highway maintenance
S：养护*
C：行道树；植草；裂缝灌注；填缝；补坑；铲除拥包；防滑处理；沥青罩面；全面翻修
F：初期养护；定期养护；公路大修；公路小修；公路中修；巡回养护；预防性养护

Gong lu yong di 02653 AB01
公路用地
GLYD
Highway right-of way

Gong lu yun shu 02654 AA01
公路运输
GLYS
Highway transportation
S：运输*
D：汽车运输

Gong lu yun shu che liang 02655 AK01
公路运输车辆
GLYSCL
Highway transport vehicle
S：车辆*

Gong lu yun shu che liang guan li 02656 AK02
公路运输车辆管理
GLYSCLGL
Highway transport vehicle management
S：车辆管理
Z：管理*

Gong lu yun shu fa gui 02657 AA10
公路运输法规
GLYSFG
Law of highway transportation
S：法规
Z：法律*

Gong lu yun shu guan li bu men 02658 AA10
公路运输管理部门
GLYSGLBM
Management department of highway transportation

Gong lu yun shu guan li fei 02659 AA10
公路运输管理费
GLYSGLF
Administration fee of highway transportation
S：管理费用
Z：费用*

Gong lu yun shu hang ye 02660 AA10
公路运输行业
GLYSHY
Highway transport industry
S：行业*

Gong lu yun shu hang ye guan li 02661 AA10
公路运输行业管理
GLYSHYGL
Regulation of highway transport industry
S：管理*

Gong lu yun shu qi ye 02662 AA09
公路运输企业
GLYSQY
Highway transportation enterprises
S：运输企业
Z：企业*

Gong lu yun shu xing zheng guan li 02663 AA10
公路运输行政管理
GLYSXZGL
Administration of highway transportation
S：行政管理
Z：管理*

Gong lu zai hai 02664 AC08
公路灾害
GLZH
Highway disaster
S：灾害*
C：水毁；风蚀

Gong lu zao jia 02665
公路造价 AB03
GLZJ
Highway construction cost
S：造价
F：工程间接费；工程预备费；工程直接费
Z：价格*

Gong lu zhong xiu 02666
公路中修 AC07
GLZX
Highway intermediate maintenance
S：公路养护
Z：养护*

Gong lu zi ran qu hua 02667
AB01
公路自然区划
GLZRQH
Climatic zoning for highway

Gong neng 02668
功能* DE00
GN
Behavior；Function；Performance
F：使用功能

Gong neng mo kuai 02669
功能模块 CF04
GNMK
Function module
S：电子元件
Z：元件*

Gong qi 02670
工期 AB04
GQ
Construction time limit

Gong qiao 02671
拱桥 AD01
GQ
Arch bridge
S：桥*
F：单铰拱桥；二铰拱桥；刚架拱桥；桁架拱桥；空腹拱桥；肋拱桥；连续拱桥；三铰拱桥；实腹拱桥；双曲拱桥；无铰拱桥；系杆拱桥

Gong qiu yin su 02672
供求因素 BB03
GQYS
Demand and supply factor
S：因素*

Gong quan 02673
拱圈 AE03
GQ
Tunnel arch

Gong quan feng ding 02674
拱圈封顶 AD13
GQFD
Closure of arch ring

Gong quan ying li tiao zheng 02675
AD13
拱圈应力调整
GQYLTZ
Arch ring stress adjustment

Gong shi 02676
公式* CA00
GS
Formulas
F：计算公式

Gong shui bo 02677
供水驳 BE02
GSB
Water barge
S：驳船
Z：船舶*

Gong shui chuan 02678
供水船 BE02
GSC
Water ship
S：运输辅助船
Z：船舶*

Gong si 02679
公司* DA00；DJ00
GS
Companies；Corporation
F：班轮公司；保险公司；多国公司；垄断公司

Gong si suo de shui F0320
公司所得税 BA01
GSSDS
Corporate income tax
Y：所得税

Gong tong cheng ben 02680
共同成本 BG05
GTCB
Joint costs
S：成本*
D：联合成本

Gong tong guan li ku cun 02681
BA06
共同管理库存
GTGLKC
Co-managed inventory
C：国际管理库存

Gong tong hai sun 02682
共同海损 BA04
GTHS
General average
S：海损
C：海商法
Z：事故*

Gong tong pei song 02683
共同配送 BA06
GTPS
Joint distribution
S：配送*

Gong tong suo you quan F0321
BB01
共同所有权
GTSYQ
Right of common tenure
Y：共有产权

Gong tong suo you zhi F0322
BB01
共同所有制
GTSYZ
Common ownership
Y：共有制

Gong tong zuo yong 02684
共同作用 DD00
GTZY
Common action
S：作用*

Gong xing heng jia 02685
拱形桁架 AD04
GXHJ
Arch truss
S：桁架*

Gong xing jie gou 02686
拱形结构 AD04
GXJG
Arch structure
S：工程结构*

Gong xing liang 02687
工形梁 AD05
GXL
I-beam
S：梁*

Gong xing sui dao 02688
拱形隧道 AE01
GXSD
Arch tunnel
S：隧道*
D：马蹄形隧道

Gong xu 02689
工序 DD00
GX
Operating procedures; Processes

Gong xu lian 02690
供需链 BB03
GXL
Demand-supply chain
S：链*

Gong ye 02691
工业* DE00
GY
Industry
F：船舶工业

Gong ye biao zhun hua 02692
hua DB00
工业标准化
GYBZH
Industrial standardization
S：标准化*
F：设计标准化

Gong ye chen 02693
工业尘 CK02
GYC
Industrial dust
S：粉尘*

Gong ye fei shui chu li 02694
li CK04
工业废水处理
GYFSCL
Industrial wastewater treatment
S：污水处理
C：渗析*
Z：处理*

Gong ye fei wu 02695
工业废物 CK02
GYFW
Industrial wastes; Industrial yield materials
S：废物*

Gong ye fei zha 02696
工业废渣 AF06
GYFZ
Industrial solid waste
S：废渣
F：矿渣；炉渣
Z：渣*

Gong ye gang 02697
工业港 BC01
GYG
Industrial ports
S：港口*
C：军港；商港
F：油港

Gong ye hua 02698
工业化 DD00
GYH
Industrialization

Gong ye jing ji 02699
工业经济 BG02
GYJJ
Industrial economy
S：经济*

Gong ye jing ji xue 02700
工业经济学 BG01
GYJJX
Industrial economics
S：经济学
Z：学科*

Gong ye yu re 02701
工业余热 CL02
GYYR
Industrial exhaust heat
S：热*
C：热源

Gong ye zao sheng 02702
工业噪声 CK02
GYZS
Industrial noise
S：噪声*
D：工厂噪声

Gong yi 02703
工艺* DE00
GY
Technology
F：半导体工艺；衬砌工艺；船体建造工艺；混凝土工艺；集成电路工艺；加工工艺；汽车维护工艺；汽车修理工艺；生产工艺；施工工艺；预制工艺；诊断工艺；制造工艺；装卸工序

Gong yi she bei 02704
工艺设备 AK05
GYSB
Technological equipment
S：设备*
F：汽车维修工艺设备

Gong yi she ji 02705
工艺设计 AA05；DD00
GYSJ
Process design; Technological design; Technology design
S：设计*
F：装卸工艺设计

Gong ying 02706
供应* DD00
GY
Provisions; Supplies
F：船舶燃料供应；动力供应
D：供给

Gong ying chuan 02707

供应船 BE02
GYC
Supply ship
S：运输辅助船
Z：船舶*

Gong ying lian 02708
供应链 BA06
GYL
Supply chain
S：链*

Gong ying lian fang fa 02709 BA06
供应链方法
GYLFF
Supply chain approach
S：方法*

Gong ying lian guan li 02710 BA06
供应链管理
GYLGL
Supply chain management (SCM)
S：管理*

Gong ying lian lian meng 02711 BA06
供应链联盟
GYLLM
Supply chain communities

Gong ying shang guan li ku cun 02712 BA06
供应商管理库存
GYSGLKC
Vendor managed inventory
S：库存*

Gong ying xian lu 02713
共营线路 AA01
GYXL
Shared route
S：运输线路
Z：线路*

Gong ying yun shu 02714
共营运输 AA01
GYYS
Shared transportation service
S：运输形式
Z：运输方式*

Gong yong yue piao F0323
公用月票 AJ04
GYYP
Service monthly ticket
Y：月票

Gong you bo 02715
供油驳 BE02
GYB
Oil supply boat
S：驳船
Z：船舶*

Gong you chan quan 02716
公有产权 BB01
GYCQ
Right of common property
S：产权
Z：权利*

Gong you chan quan 02717
共有产权 BB01
GYCQ
Right of common tenure
S：产权
D：共同所有权
Z：权利*

Gong you chuan 02718
供油船 BE02
GYC
Bunkering barge; Oil supply ship
S：运输辅助船
Z：船舶*

Gong you zhi 02719
公有制 BB01
GYZ
Public ownership
S：所有制
D：公共所有制
Z：制度*

Gong you zhi 02720
共有制 BB01
GYZ
Ownership-in-common
S：所有制
D：共同所有制
Z：制度*

Gong yue 02721
公约* DA00
GY
Conventions
F：船舶吨位丈量公约；国际公约；国际集装箱安全公约；国际载重线公约；国际海员训练、发证与值班标准公约

Gong zhai F0324
公债 BB01
GZ
Government bond
Y：政府债券

Gong zhang 02722
拱胀 AC08
GZ
Blow up
C：公路病害

Gong zhen 02723
共振 BE04；CG08
GZ
Resonance
S：振动*
C：共振频率；振动试验
D：谐振

Gong zhen pin lü 02724
共振频率 CG08
GZPL
Resonant frequency
S：频率*
C：共振

Gong zhen shai 02725
共振筛 AG07
GZS
Resonance screen
S：筛*

Gong zi 02726
工资 BG05
GZ
Wage

Gong zi gang 02727
工字钢 AF02

GZG
H shaped steel;I-beams
S:型钢
Z:材料*

Gong zuo che lü 02728
工作车率 AJ05
GZCL
Working vehicle rate
S:比率*

Gong zuo che ri F0325
工作车日 AJ05
GZCR
Working vehicle-days
Y:车日

Gong zuo che shi F0326
工作车时 AJ05
GZCS
Working vehicle hour
Y:车时

Gong zuo chu xing 02729
工作出行 AJ04
GZCX
Working trip
S:出行目的*

Gong zuo chuan F0327
工作船 BE02
GZC
Working craft;work ship
Y:工作艇

Gong zuo chuan lü 02730
工作船率 AJ05
GZCL
Working ship rate
S:比率*

Gong zuo chuan ri F0328
工作船日 AJ05
GZCR
Working ship-days
Y:船日

Gong zuo ke liu 02731
工作客流 AJ04
GZKL
Work passenger flow
S:客流*

Gong zuo lü 02732
工作率 AA07
GZL
Working rate
S:比率*

Gong zuo ting 02733
工作艇 BE02
设置在大船上,进行各种水上杂务工作的小艇。
GZT
Jolly boat;Work boat
S:运输辅助船
F:救助工作船
D:工作船
Z:船舶*

Gong zuo ying li 02734
工作应力 CG03
GZYL
Working stress
S:应力*

Gong zuo yuan li 02735
工作原理 DB00
GZYL
Working principles
S:原理*

Gong zuo zai he 02736
工作载荷 CG11
GZZH
Working load
S:载荷*
D:使用载荷

Gong zuo zhan 02737
工作站 CF03
GZZ
Work station

Gou 02738
沟* AC06
G
Ditch
F:边沟;截水沟;排水沟;天沟

Gou 02739
钩* DG00
G
Hooks
F:吊钩

Gou jian 02740
构件 DG00
GJ
Construction components;Elements;Members

Gou zao 02741
构造 DG00
GZ
Constructions; Fabrics; Structures; Textures

Gou zao dong li xue 02742
构造动力学 CG06
GADLX
Tectonodynamic
S:动力学
C:岩体力学
Z:学科*

Gou zao shen du yi 02743
构造深度仪 AH03
GZSDY
Texture meter
S:仪器*
C:路面测试仪
D:高速构造深度仪;手推式构造深度仪

Gou zao su du F0329
构造速度 AJ05
GZSD
Design speed
Y:设计速度

Gou zhu wu F0330
构筑物 BC03
GZW
Structures
Y:建筑物*

GPS chuan wei 02744
GPS 船位 BF02
GPSCW
GPS fix

S：船位*

Green han shu F0331
GREEN 函数 CA00
GREEN HS
Green function
Y：格林函数

Gu dian jing ji xue 02745
古典经济学 BG01
GDJJX
Classical economics
S：经济学
Z：学科*

Gu ding 02746
固定 DD00
GD
Fixing

Gu ding bi cha 02747
固定比差 AA08
GDBC
Fixed ratio
S：比率*
C：计价标准

Gu ding bian jie 02748
固定边界 CG05
GDBJ
Fixed boundary
S：边界*

Gu ding biao zhi 02749
固定标志 BD05
GDBZ
Fixed mark
S：航标*

Gu ding cheng ben 02750
固定成本 BG05
GDCB
Fixed cost
S：成本*

Gu ding hang xian 02751
固定航线 AJ03
GDHX
Fixed shipping line
S：航线*

Gu ding hui lü 02752
固定汇率 BG02
GDHL
Fixed exchange rate
S：汇率
Z：比率*

Gu ding shi jia ban pao mo 02753 BI04
固定式甲板泡沫
GDSJBPM
Fixed deck foam system
S：船舶灭火
Z：安全*

Gu ding shi qi ti mie huo xi tong 02754 BI04
固定式气体灭火系统
GDSQTMHXT
Fixed gas fire extinguishing system
S：船舶灭火
Z：安全*

Gu ding shi zhuang xie ji xie 02755 AA05
固定式装卸机械
GDSZXJX
Fixed handling machinery
S：装卸机械
Z：机械*

Gu ding tou zi 02756
固定投资 BB04
GDTZ
Fixed investment
S：投资*
C：增量投资

Gu ding xian lu 02757
固定线路 AJ03
GDXL
Fixed line
S：线路*
C：公共交通线路

Gu ding xin xi biao zhi 02758 AI07
固定信息标志
GDXXBZ
Fixed-message sign
S：标志*

Gu ding zhi zuo 02759
固定支座（桥） AD08
GDZZ
Fixed bearing
S：桥梁支座
Z：支座*

Gu ding zi chan tou zi 02760 BB04
固定资产投资
GDZCTZ
Fixed assets investment
S：投资*

Gu fen zhi 02761
股份制 BB01
GFZ
Stock ownership
S：所有制
Z：制度*

Gu he dao 02762
古河道 BD01
GHD
Ancient river courses
S：河道*

Gu hua 02763
固化 DD00
GH
Solidification
S：过程*
F：废物固化

Gu ji 02764
估计 DD00
GJ
Estimation；Assessment

Gu jie 02765
固结* AC03；；CD01；CG06
GJ
Consolidation
F：次固结；先期固结；主固结

Gu jie chen jiang 02766
固结沉降 CI01
GJCJ
Consolidation settlement

S：沉降*

Gu jie li lun 02767
固结理论 CG06
GJLL
Consolidation theory
S：土力学理论
C：非线性；线性
Z：理论*

Gu jie shi yan 02768
固结试验 AH01；CG06；DF00
GJSY
Consolidation test
S：土工试验
Z：试验*

Gu jie xi shu 02769
固结系数 CG09
GJXS
Consolidation coefficient
S：系数*
F：径向固结系数

Gu jie yi 02770
固结仪 AH03
GJY
Consolidometer
S：仪器*

Gu jin 02771
箍筋 AF02
GJ
Stirrups
S：钢筋
Z：材料*

Gu li wei xian wu biao zhi 02772 BD05
孤立危险物标志
GLWXWBZ
Isolated danger mark
S：标志*

Gu liao 02773
骨料* AF06；BC06
GL
Aggregate
C：骨料加工；颗粒；混凝土*
F：粗骨料；轻骨料；亲水性集料；天然骨料；细骨料；憎水性集料
D：集料；瘠料；矿料

Gu liao ji pei F0332
骨料级配 AF06
GLJP
Aggregate grading；Screen size gradation
Y：颗粒级配

Gu liao jia gong 02774
骨料加工 BC06
GLJG
Aggregate preparation
S：加工*
C：骨料*
D：人工骨料制备

Gu quan 02775
股权 BB01
GQ
Share right
S：产权
Z：权利*

Gu suan 02776
估算 DD00
GS
Estimation
Z：计算*
F：成本估算；交通量估算

Gu ti 02777
固体 CB00
GT
Solid body；Solids

Gu ti chu cun 02778
固体储存 DE00
GTCC
Solid storage
S：储存*

Gu ti dian xue xing zhi 02779 CB00
固体电学性质
GTDXXZ
Solid electric properties
S：固体性质
Z：性质*

Gu ti fei wu 02780
固体废物 CK02
GTFW
Solid wastes
S：废物*

Gu ti fei wu wu ran 02781 BI02
固体废物污染
GTFQWWR
Solid waste pollution
S：环境污染*

Gu ti li xue 02782
固体力学 CG01
GTLX
Solid mechanics
S：力学
C：断裂力学
Z：学科*

Gu ti li xue xing zhi 02783 CB00
固体力学性质
GTLXXZ
Solid mechanical property
S：固体性质
Z：性质*

Gu ti ran liao 02784
固体燃料 CL03
GTRL
Solid fuels
S：燃料*
F：焦炭；煤

Gu ti sheng xue xing zhi 02785 CB00
固体声学性质
GTSXXZ
Solid acoustic properties
S：固体性质
Z：性质*

Gu ti wu li xue 02786
固体物理学 CB00
GTWLX
Solid state physics
S：物理学
Z：学科*

Gu ti wu ran 02787
固体污染 CK02

GTWR
Solid pollution
S：污染*

Gu ti xing zhi 02788
固体性质 CB00
GTXZ
Solid properties
S：物理性质
C：热电效应(固体)
F：固体电学性质；固体力学性质；固体声学性质
Z：性质*

Gu you pin lü 02789
固有频率 CG08
GYPL
Natural frequency
S：振动频率
C：固有振动
D：自振频率
Z：频率*

Gu you zhen dong 02790
固有振动 CG08
GYZD
Natural vibration
S：振动*
C：固有频率

Gu zhang 02791
故障* AK04；DC00
GZ
Fault；Failure；Breakdown
F：汽车故障；机械故障

Gu zhang fen bu 02792
故障分布 AK04
GZFB
Failure distribution
S：分布*
C：故障树

Gu zhang fen xi 02793
故障分析 DE00
GZFX
Failure analysis
S：分析*

Gu zhang ji li 02794
故障机理(汽车) AK04
GZJL
Failure mechanism
S：机制*

Gu zhang jian ce 02795
故障监测 CK03
GZJC
Fault checking；Fault detection
S：监测*

Gu zhang lü 02796
故障率 AK04
GZL
Failure rate
S：比率*

Gu zhang mo shi 02797
故障模式(汽车) AK04
GZMS
Failure mode
S：模式*

Gu zhang pai chu 02798
故障排除 DD00
GZPC
Breakdown fixing
S：排除*

Gu zhang shu 02799
故障树 AK04
GZS
Failure tree；Failure branch chart
C：故障分布

Gu zhang zhen duan 02800
故障诊断 BE10
GZZD
Fault diagnosis
S：诊断*

Gua ban shi chan yun ji 02801
AG04
刮板式铲运机
GBSCYJ
Scrapers
S：铲运机
Z：机械*

Gua ban shu song ji 02802
刮板输送机 AG08
GBSSJ
Slat conveyer
S：输送机*

Gua che 02803
挂车 AK01
GC
Trailer
S：车辆*
F：半挂车；保温挂车；长货挂车；底卸式挂车；粉状货挂车；横伸挂车；集装箱挂车；轿车运载(半挂)车；栏板挂车；冷藏挂车；平板挂车；全挂车；牲畜家禽挂车；特种挂车；厢式挂车；液罐挂车；预制件挂车；自卸挂车；纵伸挂车

Gua kao gang 02804
挂靠港 BF06
GKG
Port of call
S：港口*

Gua tu ji 02805
刮土机 AG04
GTJ
Scrapers
S：土方机械
C：松土机
Z：机械*

Guan 02806
管* AF02；DG00
G
Pipes；Tubes
C：管段；管径
F：变形管；穿孔管；钢管；聚氯乙烯管；聚乙烯管；毛细管；柔性管；套管；弯管；斜管；休谟管；圆管；直管
D：管材

Guan bi 02807
管壁 DG00
GB
Pipe wall

Guan bi mo ca 02808
管壁摩擦 CG07
GBMC
Skin friction

S：摩擦*
C：摩擦阻力

Guan cai F0333
管材 AF02
GC
Pipe materials
Y：管*

Guan ce 02809
观测* AH02；CD02；DD00
GC
Exploration; Inspection; Observation; Prospecting
F：爆破观测；变形观测；潮汐观测；沉降观测；地震观测；裂缝观测；挠度观测；气象观测；桥梁观测；水文观测；位移观测

Guan ce zhuang zhi 02810
观测装置 DF00
GCZZ
Inspection equipment; Observation apparatus
S：装置*

Guan cha 02811
观察* DD00；DF00
GC
Observation
F：显微镜观察

Guan dao 02812
管道 CI03
GD
Pipeline

Guan dao fu she chuan 02813
管道敷设船 BE03
GDFSC
Pipelaying vessels
S：工程船舶
Z：船舶*

Guan dao gong cheng 02814
管道工程 CI03
GDGC
Pipeline engineering
S：工程*

Guan dao pai shui 02815
管道排水 AC06
GDPS
Pipe drainage
S：排水*

Guan dao pei jian 02816
管道配件 DG00
GDPJ
Pipe fittings; Pipeline components
S：配件*
D：管件

Guan dao qiao 02817
管道桥 AD01
GDQ
Conduit bridge
S：桥*

Guan dao yun shu 02818
管道运输 CI03
GDYS
Pipeline transportation
S：运输*

Guan duan 02819
管段 AF02
GD
Segments
C：管*

Guan fang hui lü F0334
官方汇率 BG02
GFHL
Official exchange rate
Y：法定汇率

Guan feng 02820
关封 BA01
GF
Customs seal

Guan gai 02821
灌溉 CE03；CI05
GG
Irrigation
C：污水利用

Guan han 02822
管涵 AD17
GH
Pipe culvert
S：涵洞*

Guan jian F0335
管件 DG00
GJ
Pipe fittings
Y：管道配件

Guan jian ji shu F0336
关键技术 DF00
GJJS
Key technology
Y：专有技术

Guan jian lu jing fen xi 02823
关键路径分析 BA06；BB04
GJLJFX
Critical path analysis
S：分析*；分析研究方法
Z：方法*

Guan jian xian lu fa 02824
关键线路法 CA00
GJXLF
Critical path method
S：最优化方法
Z：方法*

Guan jiang 02825
灌浆 AC04
GJ
Slurry penetration
C：路面施工

Guan jiang jia gu 02826
灌浆加固 CI01
GJJG
Grouting consolidation
S：加固*

Guan jing 02827
管径 AF02；DG00；DI00
GJ
Pipe diameters
C：管*

Guan jing tai 02828
观景台 AC02
GJT

Sightseeing stand

Guan li 02829
管理* AB03;BG04;DD00
GL
Manage;Management
F:ABC分类管理;安全管理;保险管理;材料管理;财务管理;仓储管理;仓库管理;车辆管理;船舶管理;定额管理;分级管理;风险管理;港口管理;工程管理;公路运输行业管理;供应链管理;航行管理;航运管理;合同管理;环境管理;货源管理;基础设施管理;计划管理;计算机成本管理;计算机管理;建设管理;轮机管理;目标管理;品类管理;企业管理;设备管理;生产管理;数据管理;税务管理;土地管理;网络管理;维护管理;物流成本管理;物流管理;物资管理;系统管理;线路管理;项目管理;信息管理;行政管理;需求管理;养护管理;预算管理;运输管理;运输市场管理;运输系统管理;运行管理;运营管理;站务管理;质量管理;资料管理;资源管理

Guan li 02830
惯例* DA00
GL
Convention;Usual practice
F:合同惯例

Guan li biao zhun 02831
管理标准 BB02
GLBZ
Standard of administration; Standard of management
S:标准*

Guan li cheng ben 02832
管理成本 BG05
GLCB
Administrative costs
S:成本*
C:管理费用

Guan li cheng xu 02833
管理程序 BG05
GLCX
Administrative procedures
S:程序*

Guan li fei F0337
管理费 AA10;BG05
GLF
Management cost;Overhead cost
Y:管理费用

Guan li fei yong 02834
管理费用 BG05
GLFY
Administrative costs
S:费用*
C:管理成本
F:公路运输管理费
D:管理费

Guan li fen xi 02835
管理分析 BG02
GLFX
Management analysis
S:分析*

Guan li ji hua 02836
管理计划 AI02;BG07
GLJH
Management program
S:计划*
F:停车管理计划;走廊交通管理计划

Guan li jing ji xue 02837
管理经济学 BG01
GLJJX
Management economics
S:经济学
Z:学科*

Guan li jue ce 02838
管理决策 BG04
GLJC
Management decision
S:决策*

Guan li ke xue 02839
管理科学 BG01
GLKX
Management science
S:科学*

Guan li shu xue 02840
管理数学 CA00
GLSX
Managerial mathematics
S:数学
Z:学科*

Guan li ti zhi 02841
管理体制 BG04
GLTZ
Management systems
S:体制*
F:经济管理体制

Guan li xi tong 02842
管理系统 AC07;AK02;BA03;BG02
GLXT
Management system
S:系统*
C:系统管理
F:交通数据管理系统;路面管理系统;汽车管理系统;商用车辆运行管理系统;应急管理系统;自动化管理系统

Guan li xin xi xi tong 02843
BG04
管理信息系统
GLXXXT
Management information system
S:信息系统
Z:系统*

Guan li zu zhi 02844
管理组织 BG05
GLZZ
Administrative organization
S:组织*

Guan peng fa 02845
管棚法(隧道施工) AE04
GPF
Pipe-shed method
S:隧道施工方法
Z:方法*

Guan peng zhi hu 02846
管棚支护 AE07
GPZH

Pipe-shed support
S：支护*

Guan ru du 02847
贯入度 BC02；DI00
GRD
Penetration
S：度*
D：针入度

Guan ru du zhi shu 02848 CG09
贯入度指数
GRDZS
Penetration index
S：指数*

Guan ru fa 02849
贯入法 AC04
GRF
Penetration method
C：路面施工

Guan ru shi yan 02850
贯入试验 CG06；DF00
GRSY
Penetration tests
S：土工试验
F：标准贯入试验；桩贯入试验
Z：试验*

Guan ru yi 02851
贯入仪 AH03
GRY
Penetration test apparatus
S：仪器*

Guan ru zu li 02852
贯入阻力 CI01
GRZL
Penetration resistance
S：力*

Guan shi hu lan 02853
管式护栏(交通) AI07
GSHL
Pipe guardrail
S：交通护栏
Z：设施*

Guan shi ji zhuang 02854
xiang BA05
罐式集装箱
GSJZX
Tank container
S：集装箱*

Guan shui 02855
关税 BA01
GS
Customs duties；Tariff；Customs due
S：税*
C：海关
F：财政关税；财政性关税；差别关税
D：进口税；出口税；口岸纳税

Guan shui bi lei 02856
关税壁垒 BA01；BG03
GSBL
Tax barrier；Customs barrier
S：贸易壁垒*
C：世界贸易组织

Guan shui ji mao yi F0338
zong xie ding BA01
关税及贸易总协定
GSJMYZXD
General agreement on tariffs and trade
Y：世界贸易组织

Guan shui lü F0339
关税率 BA01
GSL
Customs tariffs
Y：关税税率

Guan shui shui lü 02857
关税税率 BA01
GSSL
Customs duty rate；Customs tariffs
S：税率
D：关税率
Z：比率*

Guan xi 02858
关系* DC00
GX
Relations
F：本构关系；国际关系；相关关系

Guan xi qu xian 02859
关系曲线 DH00
GXQX
Relation curves
S：曲线
Z：线*

Guan xia quan tiao 02860
kuan BA01
管辖权条款
GXQTK
Jurisdiction clause
S：条款*

Guan xing 02861
惯性 DC00
GX
Inertia
S：物理性质
Z：性质*

Guan xing dao hang 02862
惯性导航 BF05
GXDH
Inertial navigation
S：导航*

Guan xing ju 02863
惯性矩 DH00
GXJ
Moment of inertia
S：力矩*

Guan xing li 02864
惯性力 CG03
GXL
Inertial force
S：力*

Guan xing shi zhi 02865
dong shi yan tai AK05
惯性式制动试验台
GXSZDSYT
Inertial type brake tester
S：制动试验台
Z：装置*

Guan yong 02866
管涌 AC08；CI01
GY
Piping

Guan zhi 02867
管制*　BB01;DD00
GZ
Control;Regulation
F:交通管制;行人管制;运输管制;政府管制
D:规制

Guan zhu ji chu 02868
管柱基础　AD11
GZJC
Hollow tube pile foundation
S:基础(工程)*

Guan zhu zhuang F0340
灌注桩　BC02;CI01
GZZ
Bored concrete piles
Y:现浇混凝土桩

Guan zhu zhuang 02869
管柱桩　CI01
GZZ
Pipe piles;Tubular piles
S:桩*

Guan zhuang huo wu yun shu 02870
AA03
罐装货物运输
GZHWYS
Tank freight transport
S:货物运输
Z:运输*

Guang 02871
光*　CB00;CK02
G
Light
C:光源
F:激光

Guang ce tan xing shi yan zhuang zhi 02872
AH04
光测弹性试验装置
GCTXSYZZ
Photoelastic test installation
S:试验设备
Z:设备*

Guang chang lü hua 02873
广场绿化　CK07
GCLH
Square greening
S:绿化*

Guang cun chu qi 02874
光存储器　CF03
GCCQ
Optical memory
S:存储器*
C:光盘

Guang dao xian wei 02875
光导纤维　AF03
GDXW
Optical wave guide fibre
S:纤维*

Guang dian qi jian 02876
光电器件　CF04
GDQJ
Optoelectronic device
S:电子元件
Z:元件*

Guang du 02877
光度　DI00
GD
Luminosity
S:度*

Guang du kong zhi xi tong 02878
AI07
光度控制系统
GDKZXT
Light control system
S:控制系统
Z:系统*

Guang fu she 02879
光辐射　CB00
GFS
Optical radiation
S:辐射*
C:光学

Guang he zuo yong 02880
光合作用　BI02;CE03
GHZY
Photosynthesis
S:作用*

Guang hua xue fan ying 02881
CC02
光化学反应
GHXFY
Photochemical reactions
S:化学反应
Z:反应*

Guang jie du 02882
光洁度　DI00
GJD
Finish
S:度*

Guang mian bao po 02883
光面爆破　CI02
GMBP
Smooth blasting
S:爆破*

Guang pan 02884
光盘　CF03
GP
Optical disk
S:存储器*
C:光存储器

Guang pu 02885
光谱　CB00;CC03
GP
Optical spectra
S:谱*
F:红外光谱;吸收光谱;原子吸收光谱;紫外光谱

Guang pu ce liang 02886
光谱测量　CC03
GPCL
Spectral surveys
S:测量*

Guang tan xing shi yan 02887
AD16;AH01
光弹性试验
GTXSY
Photoelastic experiment
S:性能试验
Z:试验*

Guang wu ran 02888
光污染　CK02

GWR
Light pollution
S：污染*

Guang xian 02889
光线* CB00
GX
Lights
F：红外线；X射线

Guang xian biao zhi 02890
光纤标志 AI07
GXBZ
Optic fiber sign
S：标志*

Guang xian ce lie ji 02891
光纤测裂计 AH03
GXCLJ
Optic fiber sensor for crack monitor
S：测定仪
Z：仪器*

Guang xue 02892
光学 CB00
GX
Optics
S：学科*
C：光辐射；红外线
F：几何光学；物理光学

Guang xue yi qi 02893
光学仪器 DF00
GXYQ
Optical instruments
S：仪器*
F：照度计

Guang yi cheng ben 02894
广义成本 BG05
GYCB
Generalized cost
S：成本*
D：一般化成本

Guang yi fei yong 02895
广义费用 BG05
GYFY
Generalized cost
S：费用*
D：一般化费用

Guang yu wang 02896
广域网 CF03
GYW
Wide area network
S：通信网
Z：网络*

Guang yuan 02897
光源 AI07
GY
Illuminant
S：源*
F：横向间断光源；纵向连续带光源

Guang zu 02898
光租 BF06
GZ
Bareboat charter
S：租船*

Gui 02899
硅 CC01
G
Silicon
S：非金属元素
F：可控硅
Z：元素*

Gui cheng 02900
规程* DB00
GC
Rule；Code
C：法规
F：安全操作规程；技术规程

Gui dao 02901
轨道* AJ03
GD
Track
F：接触轨；缆车轨道

Gui dao cheng zai li 02902
轨道承载力 CG03
GDCZL
Track bearing capacity
S：承载力
Z：力*

Gui dao dian lu 02903
轨道电路 AJ03
GDDL
Track circuit
S：电路*

Gui dao jie gou 02904
轨道结构 AD07
GDJG
Track structure
S：结构*
F：桥上轨道结构

Gui dao lan che 02905
轨道缆车 AJ02
GDLC
Funicular railway car
S：缆车
Z：车辆*

Gui dao lan che ke yun 02906
AJ01
轨道缆车客运
GDLCKY
Funicular railway transport
S：旅客运输
C：公共交通方式
Z：运输*

Gui dao lan che ke yun zhan 02907
AJ03
轨道缆车客运站
GDLCKYZ
Funicular railway terminal
S：客运站
Z：车站*

Gui ding 02908
规定 DB00
GD
Stipulations

Gui fan 02909
规范* DB00
GF
Standard；Norm
C：标准*
F：船舶规范；技术规范；汽车维护规范；设计规范；诊断规范

Gui fen 02910
硅粉 AF03

GF
Silica powder

Gui ge 02911
规格* DE00
GE
Specifications
F: 材料规格

Gui hua 02912
规划* DD00
GH
Planning
F: 长期规划;长远规划;船舶规划;船型规划;地域性规划;发展规划;非线性规划;公路规划;河道整治规划;环境规划;机型规划;交通规划;经济规划;绿地规划;配送资源规划;区域规划;人口规划;数学规划;投资规划;土地利用规划;系统规划;线性规划;项目规划

Gui hua ping shen gu jia fa 02913 DB00
规划评审估价法
GHPSGJF
Program evaluation and review technique
S: 方法*

Gui hui 02914
硅灰 AF03
GH
Condensed silica fumes;Silicon fumes
S: 灰*

Gui jiao 02915
硅胶 CC05
GJ
Silica gel
C: 干燥剂

Gui ju 02916
轨距 AJ03
GJ
Gauge

Gui lie 02917
龟裂 AC08
GL
Alligator crack
S: 裂缝*

Gui lü 02918
规律* DA00
GL
Law
F: 经济规律

Gui lü fen xi 02919
规律分析 BJ01
GLFX
Law analysis
S: 分析*

Gui lun shi wa jue ji 02920 AG04
轨轮式挖掘机
GLSWJJ
Track excavators
S: 挖掘机
Z: 机械*

Gui shu zhi 02921
硅树脂 CC04
GSZ
Silicone resins
S: 高聚物*

Gui suan yan 02922
硅酸盐 AF03
GSY
Silicates
S: 无机化合物
C: 矿物*
Z: 化合物*

Gui suan yan shui ni 02923 AF04
硅酸盐水泥
GSYSN
Portland cement
S: 水泥*
D: 波特兰水泥;普通硅酸盐水泥

Gui tong F0341
硅酮 CC04;CC05
GT
Silicone
Y: 聚硅氧烷

Gui ze 02924
规则* AI01;DB00
GZ
Regulations;Rule
C: 法规
F: 班轮公会及其规则;定价规则;国际安全管理规则;国际海上避碰规则;国际散装运输危险化学品船舶构造与设备规则;国际散装运输液化气体船舶构造与设备规则;航海法规;驾驶和航行规则;交通规则;排队规则;停车规则

Gui ze bo 02925
规则波 BC02;BE09;CG08
GZB
Regular waves
S: 波*

Gui zhang 02926
规章 DB00
GZ
Regulation
C: 法规

Gui zhi F0342
规制 BG03
GZ
Regulation
Y: 管制*

Gui zhong huo wu yun shu 02927 AA03
贵重货物运输
GZHWYS
Valuable goods transport
S: 货物运输
Z: 运输*

Gun dong li 02928
滚动力 CG03
GDL
Rolling force
S: 力*

Gun dong shai 02929
滚动筛 AG07
GDS
Drum screen
S: 筛*

Gun qie shi wa jue ji 02930 AG04
滚切式挖掘机
GQSWJJ
Milling excavators; Rotary excavators
S: 连续式挖掘机
Z: 机械*

Gun shang gun xia ji zhuang xiang cha che 02931 AA05
滚上滚下集装箱叉车
GSGXJZXCC
Roll on/roll off container fork lift
S: 集装箱叉车
Z: 车辆*

Gun ya 02932 DD00
滚压
GY
Rolling
S: 金属加工
Z: 加工*

Gun ya ji 02933 AG07
滚压机
GYJ
Rolling machines
S: 压实机械
Z: 机械*

Gun zhuang 02934 BF04
滚装
GZ
Roll on/ roll off
S: 装卸*

Gun zhuang chuan 02935 BE01
滚装船
GZC
Roll-on vessel; Roll on-roll off ship; Ro-Ro ship; Drive on-drive off ship
S: 运输船舶
Z: 船舶*

Gun zhuang yun shu 02936 AA01
滚装运输
GZYS
Roll on/Roll off transport
S: 运输形式
Z: 运输方式*

Guo ba 02937 BD03
过坝
GB
Crossing dam

Guo bo fei 02938 BA02
过驳费
GBF
Stevedoring fees for lighter
S: 费用*

Guo chan hua 02939 DD00
国产化
GCH
Localization of manufactures

Guo cheng 02940 DD00
过程*
GC
Procedure; Processing
C: 进展
F: 沉积过程; 分析过程; 活化; 净化; 老化; 离析; 凝固; 凝结; 凝聚; 汽化; 熔化; 溶解; 融解; 统计过程; 稀释; 新陈代谢; 硬化

Guo cheng fen xi 02941 DD00
过程分析
GCFX
Procedure analysis
S: 分析*

Guo cheng kong zhi 02942 DD00
过程控制
GCKZ
Process control
S: 控制*

Guo chuan jian zhu wu F0343 BC03
过船建筑物
GCJZW
Ship passing structures;
Y: 通航建筑物

Guo chuan zha cao zong 02943 BD03
过船闸操纵
GCZCZ
Lockage manoeuvring
S: 船舶操纵*
C: 进出坞操纵; 船闸

Guo fang gong lu 02944 AB02
国防公路
GFGL
National defense highway
S: 公路
Z: 道路*

Guo ji an quan guan li gui ze 02945 BF01
国际安全管理规则
GJAQGLGZ
International Safety Management Code (ISM)
S: 规则*

Guo ji an quan tong xin wang 02946 BF05
国际安全通信网
GJAQTXW
International safety NET
S: 通讯系统
Z: 系统*

Guo ji biao zhun 02947 BB02; DB00
国际标准
GJBZ
International standard
S: 标准*

Guo ji biao zhun hua zu zhi 02948 BB01
国际标准化组织
GJBZHZZ
International standardization organization (ISO)
S: 国际组织
D: 国际标准组织
Z: 机构(组织)*

Guo ji biao zhun ji zhuang xiang 02949 BA05
国际标准集装箱
GJBZJZX
ISO Freight container
S: 集装箱*

Guo ji biao zhun zu F0344

zhi BB01
国际标准组织
GJBZZZ
International standards organization
Y: 国际标准化组织

Guo ji bing kuang 02950
xun cha bao gao BF05
国际冰况巡查报告
GJBKXCBG
International ice patrol bulletin

Guo ji chuan bo zai 02951
zhong xian zheng shu BE07
国际船舶载重线证书
GJCBZZXZS
International Load Line Certificate
S: 证书*

Guo ji chuan bo zong 02952
dun wei BJ05
国际船舶总吨位
GJCBZDW
International gross tonnage
S: 船舶统计指标
Z: 指标*

Guo ji chuan ji she 02953
lian he hui BA09
国际船级社联合会
GJCJSLHH
International Association of Classification Societies
S: 机构(组织)*

Guo ji dun wei zheng 02954
shu BE07
国际吨位证书
GJDWZS
International Tonnage Certificate
S: 证书*

Guo ji duo shi lian 02955
yun BA06
国际多式联运
GJDSLY
International multimodal transport
S: 多式联运
Z: 运输方式*

Guo ji duo shi lian 02956
yun ye wu BA06
国际多式联运业务
GJDSLYYW
International multimodal transport operation
S: 多式联运
Z: 运输方式*

Guo ji fa 02957
国际法 BB02
GJF
International law
S: 法*

Guo ji fang zhi 02958
chuan bo zao BE07;BI03
cheng wu ran
gong yue
国际防止船舶造成污染公约
GJFZCBZCWRGY
International Regulations for Prevention of Pollution from Ships; International Convention for the Prevention of Pollution from Ships; MARPOL Convention
S: 国际协定
D: MARPOL
Z: 条约*

Guo ji fang zhi san 02959
zhuang yun shu you BE07
du ye ti wu zhi wu
ran zheng shu
国际防止散装运输有毒液体物质污染证书
GJFZSZYSYDYTWZWRZS
International Pollution Prevention Certificate for the Carriage of Noxious Liquid Substances in Bulk
S: 证书*

Guo ji fang zhi 02960
sheng huo wu shui BE07
wu ran zheng shu
国际防止生活污水污染证书
GJFZSHWSWRZS
International Sewage Pollution Prevention Certificate
S: 证书*

Guo ji fang zhi you 02961
wu ran zheng shu BE07
国际防止油污染证书
GJFZYWRZS
International Oil Pollution Prevention Certificate (IOPP cert.)
S: 证书*

Guo ji gong yue 02962
国际公约 BA01
GJGY
International conventions
S: 公约*

Guo ji guan li 02963
国际惯例 BF01
GJGL
International custom and usage

Guo ji guan li ku 02964
cun BA06
国际管理库存
GJGLKC
International logistics
C: 国际物流;共同管理库存

Guo ji guan xi 02965
国际关系 DA00
GJGX
International relations
S: 关系*

Guo ji hai shang bi 02966
peng gui ze BE07
国际海上避碰规则
GJHSBPGZ
International Regulations for Preventing Collisions at Sea (COLREGS)
S: 规则*

Guo ji hai shang ren 02967
ming an quan BE07;BI04
gong yue
国际海上人命安全公约
GJHSRMAQGY
International Convention for the Safety of Life at sea; SOLAS Convention
S: 国际协定
D: SOLAS
Z: 条约*

Guo ji hai shi fa 02968
国际海事法 BF01

GJHSF
International maritime law
S: 海商法
Z: 法律*

Guo ji hai shi wei xing xi tong 02969 BF05
国际海事卫星系统
GJHSWXXT
International maritime satellite system (INMARSAT)
S: 定位系统
Z: 导航*

Guo ji hai shi zhong cai gui ze 02970 BF01
国际海事仲裁规则
GJHSZCGZ
International maritime arbitration rules
S: 规则*

Guo ji hai shi zu zhi 02971 BA09
国际海事组织
GJHSZZ
International Maritime Organization (IMO)
S: 机构(组织)*
D: IMO

Guo ji hai shi zu zhi an quan gui ze 02972 BI04
国际海事组织安全规则
GJHSZZAQGZ
IMO Safety regulations
S: 国际协定
Z: 条约*

Guo ji hai shi zu zhi bi peng gui cheng 02973 BI04
国际海事组织避碰规程
GJHSZZBPGC
IMO Collision regulations
S: 国际协定
C: 船舶避碰
Z: 条约*

Guo ji hai shi zu zhi fang wu ran tiao li 02974 BI03
国际海事组织防污染条例
GJHSZZFWRTL
IMO Pollution regulations
S: 国际协定
Z: 条约*

Guo ji hai shi zu zhi hua xue pin yun shu chuan biao zhun 02975 BF01
国际海事组织化学品运输船标准
GJHSZZHXPYSCBZ
IMO Chemical carriers code
S: 船舶标准
Z: 标准*

Guo ji hai shi zu zhi lei hao 02976 BI01
国际海事组织类号
GJHSZZLH
International Maritime Organization class (IMO class)
S: 代码*

Guo ji hai yuan xun lian fa zheng yu zhi ban biao zhun gong yue 02977 BF01
国际海员训练、发证与值班标准公约
GJHYXLFZYZBBZGY
International convention on standards of training certification and watchkeeping for seafarers(STCW Convention)
S: 公约*

Guo ji hai yun liang 02978 BJ02
国际海运量
GJHYL
International sea-borne freight traffic
S: 水运统计指标
Z: 指标*

Guo ji hang yun an quan 02979 BI04
国际航运安全
GJHYAQ
International maritime safety
S: 安全*

Guo ji hang yun hui yi 02980 BA09
国际航运会议
GJHYHY
International Marine Conference
S: 会议*
C: 航海安全委员会

Guo ji hang yun zheng ce 02981 BB02
国际航运政策
GJHYZC
International maritime policies
C: 外国航运政策

Guo ji hang yun zu zhi 02982 BF01
国际航运组织
GJHYZZ
International navigation transportation organization
S: 机构(组织)*
F: 远东航运公会

Guo ji he zuo 02983 BB01
国际合作
GJHZ
International cooperation
S: 合作*

Guo ji hui lü 02984 BG05
国际汇率
GJHL
International exchange rate
S: 汇率
Z: 比率*

Guo ji hui yi 02985 DF00
国际会议
GJHY
International conferences
S: 会议*
F: 联合国海运会议;联合国贸发会议

Guo ji huo bi ji jin zu zhi 02986 BG03
国际货币基金组织
GJHBJJZZ
International monetary fund (IMF)
S: 机构(组织)*

Guo ji huo bi shi chang 02987 BG03
国际货币市场

GJHBSC
International monetary market
S：市场*

Guo ji huo bi ti xi 02988
国际货币体系 BG03
GJHBTX
International monetary system
S：体系*

Guo ji huo wu yun shu bao xian 02989
BA04
国际货物运输保险
GJHWYSBX
International transportation cargo insurance
S：运输保险
Z：保险*

Guo ji huo yun dai li 02990
国际货运代理 BA02
GJHYDL
International freight forwarding agent
S：代理*
C：报关；验舱；滞期费；速遣费；滞纳金

Guo ji ji zhuang xiang an quan gong yue 02991
BE07
国际集装箱安全公约
GJJZXAQGY
International Regulations for Safety Container (CSC)
S：公约*

Guo ji jian yi 02992
国际检疫 BA01
GJJY
International quarantine
S：检疫
Z：防疫*

Guo ji jin rong he zuo 02993
BB01
国际金融合作
GJJRHZ
International finance corporation
S：合作*

Guo ji jin yun 02994
国际禁运 BA01
GJJY
International embargo
S：禁运*

Guo ji jing zheng 02995
国际竞争 BG03
GJJZ
International competition
S：竞争*
D：不完全竞争

Guo ji jing zheng li 02996
国际竞争力 BG03
GJJZL
International competitiveness

Guo ji jing zheng xing zhao biao 02997
AB03
国际竞争性招标
GJJZXZB
International competitive bidding(ICB)
S：招标*

Guo ji jing zheng zheng ce 02998
BB02
国际竞争政策
GJJZZC
International competition policy
S：政策*

Guo ji lian ji jian suo 02999
DF00
国际联机检索
GJLJJS
International on-line retrieval
S：联机检索
Z：检索*

Guo ji lian yun 03000
国际联运 BA06
GJLY
International through transport; International combined transport
S：联合运输
Z：营运方式*

Guo ji mao yi 03001
国际贸易 DA00
GJMY
International trade
S：贸易*
F：边境贸易
D：进出口贸易；海外贸易

Guo ji mao yi gang kou 03002
BC01
国际贸易港口
GJMYGK
International trade port
S：港口*

Guo ji san zhuang yun shu wei xian hua xue pin chuan bo gou zao yu she bei gui ze 03003
BE07
国际散装运输危险化学品船舶构造与设备规则
GJSZYSWXHXPCBGZYSBGZ
International Code for the Construction and Equipment of ships Carrying Dangerous Chemicals in Bulk (IBC Code)
S：规则*

Guo ji san zhuang yun shu wei xian hua xue pin shi zhuang zheng shu 03004
BE07
国际散装运输危险化学品适装证书
GJSZYSWXHXPSZZS
International Certificate of Fitness for the Carriage of Dangerous chemicals in Bulk
S：证书*

Guo ji san zhuang yun shu ye hua qi ti chuan bo gou zao yu she bei gui ze 03005
BE07
国际散装运输液化气体船舶构造与设备规则
GJSZYSYHQTCBGZYSBGZ
International Code for the Construction and Equipment of ships Carrying Liquefied Gases in Bulk (IGC Code)
S：规则*

Guo ji san zhuang yun shu ye hua qi ti shi zhuang zheng shu 03006
BE07
国际散装运输液化气体适装证书

GJSZYSYHQTSZZS
International Certificate of Fitness for the Carriage of Liquefied Gases in Bulk
S：证书*

Guo ji shui dao 03007
国际水道 BD01
GJSD
International waterway
S：航道*

Guo ji tie lu yun shu 03008 BA06
国际铁路运输
GJTLYS
International through railway transport
S：铁路运输
Z：运输*

Guo ji tong an jie tou 03009 BI04
国际通岸接头
GJTAJT
International shore connection
S：水灭火系统
Z：安全*

Guo ji wu liu 03010
国际物流 BA06
GJWL
International logistics
C：国际管理库存

Guo ji xie ding 03011
国际协定 DA00
GJXD
International agreements
S：条约*
F：国际防止船舶造成污染公约；国际海上人命安全公约；国际海事组织安全规则；国际海事组织避碰规程；京都议定书；蒙特利尔议定书

Guo ji xin hao ma 03012
国际信号码 BF05
GJXHM
International signal code
S：代码*

Guo ji yuan zhu 03013
国际援助 BG03
GJYZ
International assistant
D：对外援助；对外投资

Guo ji yun shu gong ren lian he hui 03014 BA09
国际运输工人联合会
GJYSGRLHH
International Transport Workers' Federation
S：机构（组织）*

Guo ji zai zhong xian gong yue 03015 BF01
国际载重线公约
GJZZXGY
International Convention on Load Line, 1966 (ICLL)
S：公约*

Guo ji zhao biao 03016
国际招标 BG03
GJZB
International bidding
S：招标*

Guo ji zhong cai 03017
国际仲裁 BA01
GJZC
International arbitration

Guo ji zu zhi 03018
国际组织 BA01
GJZZ
International organizations
S：机构（组织）*
F：国际标准化组织；欧洲共同市场；欧洲经济共同体；欧洲经济与货币联盟；世界贸易组织

Guo jia 03019
国家 DA00
GJ
Country；State

Guo jia an quan tong xin wang 03020 BF05
国家安全通信网
GJAQTXW
National safety NET
S：通讯系统
Z：系统*

Guo jia biao zhun 03021
国家标准 BB02；DB00
GJBZ
National Standard
S：标准*

Guo jia biao zhun ji zhuang xiang 03022 BA05
国家标准集装箱
GJBZJZX
GB Freight container
S：集装箱*

Guo jia can shu 03023
国家参数 BB03
GJCS
National parameters
S：参数*

Guo jia fa zhan zhan lüe F0345 BB04
国家发展战略
GJFZZL
National development strategy
Y：发展战略

Guo jia gan xian gong lu F0346 AB01
国家干线公路
GJGXGL
National trunk highway
Y：干线公路

Guo jia gan yu 03024
国家干预 BB01
GJGY
State intervention
S：干预*
D：国家规制；国家调节

Guo jia gong zhai 03025
国家公债 BB01
GJGZ
National bond

Guo jia guan li ji jin F0347 BB01
国家管理基金

GJGLJJ
National management fund
Y：国家基金

Guo jia guan xia hai yu 03026 BF01
国家管辖海域
GJGXHY
Sea areas under national jurisdiction
S：海域
Z：区域*

Guo jia gui zhi F0348 BB01
国家规制
GJGZ
State regulation
Y：国家干预

Guo jia hai yang he da qi ju 03027 BA01
国家海洋和大气局（美国）
GJHYHDQJ
National Oceanic and Atmospheric Administration（NOAA）

Guo jia hai yang zheng ce 03028 BB02
国家海洋政策
GJHYZC
National ocean policy
S：国家政策
Z：政策*

Guo jia hang yun ji hua 03029 BB03
国家航运计划
GJHYJH
National navigation plan
S：国家计划
Z：计划*

Guo jia hang yun zheng ce 03030 BB02
国家航运政策
GJHYZC
National shipping policies
S：国家政策
C：外国航运政策
Z：政策*

Guo jia ji hua 03031
国家计划 BB01
GJJH
National plan
S：计划*
C：宏观计划
F：国家航运计划

Guo jia ji jin 03032
国家基金 BB01
GJJJ
Country funds
S：基金*
D：国家管理基金

Guo jia suo you zhi 03033
国家所有制 BB01
GJSYZ
State ownership
S：所有制
D：国有制
Z：制度*

Guo jia tiao jie F0349
国家调节 BB01
GJTJ
State regulation
Y：国家干预

Guo jia yun shu an quan wei yuan hui hai shang shi gu bao gao 03034 BI04
国家运输安全委员会海上事故报告（美国）
GJYSAQWYHHSSGBG
National Transportation Safety Board Marine Accident Report

Guo jia yun shu zheng ce 03035 BB02
国家运输政策
GJYSZC
National transportation policy
S：国家政策
Z：政策*

Guo jia zheng ce 03036
国家政策 BB02
GJZC
National policy
S：政策*
F：国家海洋政策；国家航运政策；国家运输政策；国内航运政策

Guo jing gong lu 03037
过境公路 AB02
GJGL
Through highway
S：公路
Z：道路*

Guo jing jiao tong 03038
过境交通 AI02
GJJT
Through traffic
S：交通*

Guo jing mao yi F0350
过境贸易 DA00
GJMY
Frontier trade
Y：边境贸易

Guo jing shui 03039
过境税 BA01
GJS
Transit duty
S：税*

Guo jing yun shu 03040
过境运输 BA02
GJYS
Transit transportation
S：运输*

Guo leng 03041
过冷 DD00
GL
Supercooling

Guo lu 03042
锅炉 CL01
GL
Boilers
S：炉*
C：燃料油
F：热水锅炉；燃气锅炉

Guo lü 03043
过滤 DD00
GL
Filtration

Guo lü cai liao 03044
过滤材料 AF01
GLCL
Filter materials
S：材料*
D：滤料

Guo lu fei 03045
过路费 AB03
GLF
Road toll
S：公路建设基金
Z：基金*

Guo min jing ji chang qi ji hua 03046 BB01
国民经济长期计划
GMJJCQJH
Long term plan of national economy
S：国民经济计划
Z：计划*

Guo min jing ji ji hua 03047 BB01
国民经济计划
GMJJJH
National economic plan
S：计划*
F：国民经济长期计划

Guo min sheng chan zong zhi 03048 BJ01
国民生产总值
GMSCZZ
Gross national product (GNP)
S：社会经济数据；统计指标
Z：数据*；指标*

Guo min shou ru 03049
国民收入 BJ01
GMSR
National Income
S：社会经济数据；统计指标
Z：数据*；指标*

Guo mu ji 03050
过木机 BD06
GMJ
Log passage equipment
S：木材过坝设施
Z：设施*

Guo nei hang yun fen xi 03051 BB03
国内航运分析
GNHYFX
Domestic shipping analysis
C：国内航运政策

Guo nei hang yun zheng ce 03052 BB02
国内航运政策
GNHYZC
Domestic shipping policies
S：国家政策
C：船队发展政策；国内航运分析
Z：政策*

Guo nei jia ge 03053
国内价格 BG06
GNJG
Domestic price
S：价格*

Guo nei jing zheng xing zhao biao 03054 AB03
国内竞争性招标
GNJZXZB
Local competitive bidding；LCB
S：招标*

Guo nei lian yun 03055
国内联运 BA06
GNLY
Domestic combined transport
S：联合运输
Z：营运方式*

Guo nei sheng chan zong zhi 03056 BJ01
国内生产总值
GNSCZZ
Gross domestic product (GDP)
S：社会经济数据；统计指标
Z：数据*；指标*

Guo qiao fei 03057
过桥费 AB03
GQF
Bridge toll
S：公路建设基金
Z：基金*

Guo qing pu cha 03058
国情普查 DA00
GQPC
National survey

Guo shui lu mian 03059
过水路面 AC03
GSLM
Ford
S：路面*

Guo sui fei 03060
过隧费 AB03
GSF
Tunnel toll
S：公路建设基金
Z：基金*

Guo yang hua wu 03061
过氧化物 CC05
GYHW
Peroxides
S：无机化合物
Z：化合物*

Guo ying qi ye 03062
国营企业 BG02
GYQY
State-run enterprises；State-owned enterprise；State-operated enterprise
S：企业*
C：国有企业

Guo you chuan bo huo mian quan 03063 BA01
国有船舶豁免权
GYCBHMQ
Immunity of state-owned vessel
S：豁免权
Z：权利*

Guo you hua 03064
国有化 BG02
GYH
Nationalization
C：私有化

Guo you min ying 03065
国有民营 DA00

GYMY
State-owned civil-operated

Guo you qi ye 03066
国有企业 BG02
GYQY
State-owned enterprises
S：企业*
C：国营企业

Guo you zhi F0351
国有制 BB01
GYZ
State ownership
Y：国家所有制

Guo yu jian zhu wu 03067
过鱼建筑物 BC03
GYJZW
Fishpass structures
S：建筑物*
C：河道整治建筑物；取水建筑物；输水建筑物；水工建筑物；消能建筑物（水利）；泄水建筑物
F：过鱼设施；鱼道
D：集鱼系统

Guo yu she shi 03068
过鱼设施 BC03
GYSS
Fishpass facilities
S：过鱼建筑物
F：升鱼机
Z：建筑物*

Guo zha 03069
过闸 BC03
GZ
Lockage

H

Hai an 03070
海岸 BD01；CD01
HA
Coast；Sea coast
S：岸*
C：地形*

Hai an di mao 03071
yan bian BC02
海岸地貌演变
HADMYB
Beach morphology evolution
S：变化*

Hai an dian tai 03072
海岸电台 BF05
HADT
Coast station
S：通信设备
Z：设备*

Hai an fang hu 03073
海岸防护 BC06
HAFH
Coast protection ；Shore protection
S：防护*
F：海岸稳定；护岸；混凝土块体护岸；软基海岸防护；填沙护滩

Hai an jian kong F0352
海岸监控 BC02
HAJK
Beach monitoring
Y：岸线监控

Hai an ni xiang 03074
qin shi BC02
海岸逆向侵蚀
HANXQS
Reversing beach erosion
C：快速侵蚀机理；海岸侵蚀原因

Hai an qin shi 03075
chen ji BC02
海岸侵蚀沉积
HAQSCJ
Transgressive littoral deposits
S：沉积*
C：海岸侵蚀原因；岸线侵蚀处置

Hai an qin shi 03076
yuan yin BC02
海岸侵蚀原因
HAQSYY
Causes of shoreline erosion
C：快速侵蚀机理；海岸逆向侵蚀；岸线侵蚀处置；海岸侵蚀沉积

Hai an qu yu 03077
海岸区域 BC04
HAQY
Shoreline beach area
S：区域*

Hai an qu yu 03078
yan bian BC02
海岸区域演变
HAQYYB
Beach area evolution
S：变化*

Hai an wen ding 03079
海岸稳定 BC06
HAWD
Beach stabilization
S：海岸防护
Z：防护*

Hai an xian 03080
海岸线 CD01
HAX
Coast lines

Hai chao F0353
海潮 BC02
HC
Ocean tides
Y：潮汐*

Hai di F0354
海堤 BC01
HD
Sea walls
Y：海塘

Hai di chen ji wu F0355
海底沉积物 CD01
HDCJW
Sea bottom sediments; Submarine sediments
Y：海洋沉积物

Hai di dian lan 03081
fu she chuan BE03
海底电缆敷设船
HDDLFSC
Subsea cable ship
S：电缆敷设船

Z：船舶*

Hai di gong cheng ji xie F0356 AG01
海底工程机械
HDGCJX
Machineries for submarine engineering
Y：水下工程机械

Hai di guan dao 03082
海底管道 BF02
HDGD
Submarine pipeline

Hai di guan xian 03083
海底管线 BA02
HDGX
Submarine pipelines
C：单点系泊设施；多点系泊设施；海上输油系统

Hai di sui dao F0357
海底隧道 AE01
HDSD
Submarine tunnel
Y：水下隧道

Hai gang 03084
海港 BC01
HG
Sea port
S：港口*
C：海上运输；海运枢纽站

Hai guan 03085
海关 BA01
HG
Custom
C：关税

Hai guan chuan 03086
海关船 BE02
HGC
Customs boat
S：运输辅助船
Z：船舶*

Hai guan jian guan huo wu 03087 BA06
海关监管货物
HGJGHW
Cargo under custom's supervision
S：货物*

Hai guan tong ji 03088
海关统计 BJ01
HGTJ
Customs statistics
S：统计*

Hai jia xing san huo chuan 03089 BE01
海岬型散货船
HJXSHC
Capesize bulk carrier
S：散货船
D：好望角型散货船
Z：船舶*

Hai jun dao hang wei xing xi tong 03090 BF05
海军导航卫星系统
HJDHWXXT
Navy Navigation Satellite System; NNSS; Transit system
S：导航系统
Z：系统*

Hai jun jian ting F0358
海军舰艇 BE02
HJJT
Naval vessels
Y：舰艇

Hai kuang 03091
海况 BF02
HK
Sea condition

Hai li 03092
海里 DI00
HL
Nautical mile; N mile
S：计量单位
Z：单位*

Hai nan F0359
海难 BH01; BI04
HN
Marine disasters; Maritime distress
Y：船舶遇难

Hai nan jiu zhu 03093
海难救助 BH01
HNJZ
Wreck salvage; Marine salvage
S：交通运输安全
C：船舶遇难；海难应急操纵；海难
F：海上分级救治；海上搜救
D：海上救助；人命救助；海上救护
Z：安全*

Hai nan shu ju 03094
海难数据 BJ02
HNSJ
Casualty data
S：水上搜寻救助统计指标
Z：指标*

Hai nan tong ji 03095
海难统计 BJ02
HNTJ
Casualty statistics
S：水运统计
Z：统计*

Hai nan ying ji cao zong 03096 BH01
海难应急操纵
HNYJCZ
Maritime distress maneuvering
S：船舶操纵*
C：打捞；海难救助

Hai shang an quan jian du 03097 BI01
海上安全监督
HSAQJD
Marine safety supervision

Hai shang an quan xin xi 03098 BI04
海上安全信息
HSAQXX
Marine safety information
S：信息*
F：冰情警报；波浪预报；风暴潮；海啸；气象保障

Hai shang bao xian F0360
海上保险 BA04
HSBX
Marine insurance; Maritime insurance

Y：海上运输保险

Hai shang bu ji 03099
海上补给 BF04
HSBJ
Replenishment at sea
S：补给*
D：海上航行补给

Hai shang cai jue 03100
海上采掘 BF02
HSCJ
Marine quarries

Hai shang cai you 03101
海上采油 BE03
HSCY
Offshore drilling
C：钻井平台

Hai shang da lao 03102
海上打捞 BH03
HSDL
Marine salvage
S：打捞*
F：沉船打捞

Hai shang dao hang F0361
海上导航 BD05
HSDH
Marine celestial navigation
Y：航海导航

Hai shang fa 03103
海商法 BF01
HSF
Merchant marine act; Maritime law; Merchant shipping act; Merchant shipping law; Maritime law; Maritime code
C：共同海损
F：国际海事法
D：航海法
Z：法律*

Hai shang fen ji jiu zhi 03104 BH01
海上分级救治
HSFJJZ
Echelon of naval medical care
S：海难救助
Z：安全*

Hai shang feng xian 03105
海上风险 BA04
HSFX
Perils of the sea; Risk at sea
S：风险*

Hai shang gong gong jiao tong xi tong 03106 BF01
海上公共交通系统
HSGGJTXT
Marine mass transit
S：公共交通系统
Z：系统*

Hai shang hang xing F0362
海上航行 BF02
HSHX
Marine navigation
Y：航海*

Hai shang hang xing bu ji F0363 BF04
海上航行补给
HSHXBJ
Replenishment at sea
Y：海上补给

Hai shang hang yun mo shi 03107 BF01
海上航运模式
HSHYMS
Pattern of maritime trade
S：模式*
C：航运*

Hai shang hu song 03108
海上护送 BH01
HSHS
Escorting

Hai shang ji jiu 03109
海上急救 BH01
HSJJ
First aid at sea
C：海上求生

Hai shang jin bu qu 03110
海上禁捕区 BA01
HSJBQ
Marine reserve
C：禁渔期
D：禁渔区

Hai shang jiu hu F0364
海上救护 BH01
HSJH
Maritime rescue
Y：海难救助

Hai shang jiu zhu F0365
海上救助 BH01
HSJZ
Salvage at sea
Y：海难救助

Hai shang pao fang 03111
海上抛放 BI03
HSPF
Ocean disposal
S：抛放*

Hai shang ping tai 03112
海上平台 BE03
HSPT
Offshore platforms
S：离岸建筑物
F：采油平台；海上钻探平台；钻井平台
D：海洋平台
Z：建筑物*

Hai shang qiu sheng 03113
海上求生 BH01
HSQS
Survival at sea
C：海上急救

Hai shang shi gu 03114
海上事故 BA04；BI04
HSSG
Sea accident
S：事故*
F：撞船

Hai shang shu you xi tong 03115 BA02
海上输油系统
HSSYXT
Oil transfer system at sea
C：海底管线；装载臂

Hai shang sou jiu 03116
海上搜救 BH01
HSSJ
Marine search and rescue
S: 海难救助
C: 搜寻救助系统
F: 救助;搜索
D: 搜救
Z: 安全*

Hai shang yun shu 03117
海上运输 BA02;BF01
HSYS
Marine transportation; Maritime transport
S: 水路运输
C: 海港;江海直达运输;海运枢纽站
F: 远洋运输
D: 水上运输;海洋运输;海运
Z: 运输*

Hai shang yun shu bao xian 03118 BA04
海上运输保险
HSYSBX
Marine insurance
S: 运输保险
F: 船舶保险;航次保险
D: 海运保险;海上保险;海洋货物运输保险
Z: 保险*

Hai shang zi ran bao hu qu 03119 BI03
海上自然保护区
HSZRBHQ
Marine natural reserves
S: 区域*
C: 海洋环境保护

Hai shang zuan jing chuan 03120 BE03
海上钻井船
HSZJC
Drilling ships
S: 海洋开发船
Z: 船舶*

Hai shang zuan jing ping tai F0366 BE03
海上钻井平台
HSZJPT
Marine drilling platform; Offshore drilling platform
Y: 钻井平台

Hai shang zuan tan ping tai 03121 BE03
海上钻探平台
HSZTPT
Offshore drilling platforms
S: 海上平台
Z: 建筑物*

Hai shi 03122
海事 BF02
HS
Maritime affaires

Hai shi diao cha 03123
海事调查 BA04
HSDC
Marine survey; Maritime investigation
S: 调查*

Hai shi qing qiu 03124
海事请求 BF01
HSQQ
Maritime claim

Hai shi su song 03125
海事诉讼 BA04
HSSS
Maritime litigation
C: 海事仲裁

Hai shi zhong cai 03126
海事仲裁 BA04
HSZC
Maritime arbitration
S: 仲裁*
C: 海事诉讼

Hai shi zuo yong 03127
海蚀作用 BD02
HSZY
Marine erosion action
S: 剥蚀作用
D: 浪蚀作用
Z: 地质作用*

Hai shui dan hua 03128
海水淡化 BF06
HSDH
Desalination of sea water; Sea water desalinating
S: 淡化*
C: 淡水

Hai shui dan hua zhuang zhi 03129 BE08
海水淡化装置
HSDHZZ
Sea water desalting plant; Fresh water generator
S: 装置*

Hai shui fu shi 03130
海水腐蚀 BE10
HSFS
Seawater corrosion
S: 腐蚀*

Hai shui ru qin 03131
海水入侵 BC02
HSRQ
Seawater intrusion
C: 侵蚀*

Hai sun 03132
海损 BA04;BH01;BI04
HS
Average; Sea casualty
S: 交通运输事故
C: 船舶遇难
F: 共同海损;全损
Z: 事故*

Hai tang 03133
海塘 BC01
HT
Sea walls
S: 墙*
C: 防波堤;码头*
D: 海堤

Hai tu 03134
海图 BF04
HT
Admiralty
S: 图*

Hai wai gong cheng 03135
海外工程 DE00
HWGC
Overseas construction
S: 工程*

Hai wai mao yi F0367
海外贸易 DA00
HWMY
Overseas trade
Y: 国际贸易

Hai wan 03136
海湾 CD01
HW
Gulf

Hai xia du lun 03137
海峡渡轮 BE01
HXDL
Channel ship; Channel ferry; Channel steamer
S: 渡轮
Z: 船舶*

Hai xia qiao 03138
海峡桥 AD01
HXQ
Cross channel bridge
S: 桥*

Hai xia 03139
海峡 CD01
HX
Straits

Hai xiao 03140
海啸 BI04
HX
Tsunami
S: 海上安全信息
Z: 信息*

Hai yang 03141
海洋* DJ00
HY
Oceans
F: 公海;领海

Hai yang chen ji wu 03142
海洋沉积物 CD01
HYCJW
Marine sediments
S: 沉积物*
D: 海底沉积物

Hai yang diao cha 03143
海洋调查 BI03
HYDC
Marine investigation
S: 调查*
F: 海洋环境调查;海洋生态调查;海洋资源调查

Hai yang diao cha chuan 03144
海洋调查船 BE02
HYDCC
Oceanographic research ship
S: 民用船
Z: 船舶*

Hai yang fa 03145
海洋法 BB02;BF01
HYF
Law of the sea
S: 法律*

Hai yang gong cheng ce liang 03146
海洋工程测量 BC04
HYGCCL
Marine engineering survey
S: 工程测量
Z: 测量*

Hai yang huan jing 03147
海洋环境 CK01
HYHJ
Marine environments
S: 环境*
C: 海洋污染

Hai yang huan jing bao hu 03148
海洋环境保护 BI03
HYHJBH
Marine environmental protection
S: 环境保护
C: 海上自然保护区
Z: 保护*

Hai yang huan jing diao cha 03149
海洋环境调查 BI03
HYHJDC
Marine environment investigation
S: 海洋调查
Z: 调查*

Hai yang huo wu yun shu bao xian F0368
海洋货物运输保险 BA04
HYHWYSBX
Ocean cargo marine insurance
Y: 海上运输保险

Hai yang jian zhu wu 03150
海洋建筑物 BC03
HYJZW
Marine structures
S: 建筑物*
C: 港口*;港口外堤*
F: 离岸建筑物;人工岛

Hai yang kai fa Chuan 03151
海洋开发船 BE03
HYKFC
Undersea developing ship
S: 工程船舶
F: 海上钻井船;钻探平台
Z: 船舶*

Hai yang ke xue ji shu 03152
海洋科学技术 BI03
HYKXJS
Marine science and technology
S: 技术*

Hai yang kuang wu zi yuan 03153
海洋矿物资源 BI03
HYKWZY
Mineral resources of the sea
S: 海洋资源
Z: 资源*

Hai yang ping tai F0369
海洋平台 BE03
HYPT

Offshore platforms
Y：海上平台

Hai yang qi xiang bao gao 03154 BF05
海洋气象报告
HYQXBG
Ocean weather report
C：航海气象

Hai yang sheng tai diao cha 03155 BI03
海洋生态调查
HYSTDC
Marine ecological investigation
S：海洋调查
Z：调查*

Hai yang sheng wu zi yuan 03156 BI03
海洋生物资源
HYSWZY
Living resources of the sea; Marine biological resources; Marine life
S：海洋资源
Z：资源*

Hai yang shui wen 03157 BF02
海洋水文
HYSW
Marine hydrology
S：水文*

Hai yang wu ran 03158 BI02；CK02
海洋污染
HYWR
Marine pollution
S：水污染
C：海洋环境；海洋污染监测
Z：环境污染*

Hai yang wu ran jian ce 03159 BI02
海洋污染监测
HYWRJC
Marine pollution monitoring
S：水质监测
C：海洋污染
Z：监测*

Hai yang wu ran wu 03160 BI01
海洋污染物
HYWRW
Marine pollutant
S：污染物
Z：物质*

Hai yang yun shu F0370 BA02
海洋运输
HYYS
Marine transportation; Sea transport
Y：海上运输

Hai yang zhu quan 03161 BA01
海洋主权
HYZQ
Maritime sovereignty
S：权利*

Hai yang zi yuan 03162 BI03
海洋资源
HYZY
Marine resources
S：资源*
F：海洋矿物资源；海洋生物资源

Hai yang zi yuan diao cha 03163 BI03
海洋资源调查
HYZYDC
Marine resources investigation
S：海洋调查
Z：调查*

Hai yu 03164 DJ00
海域
HY
Sea area
S：区域*
C：陆域
F：国家管辖海域

Hai yun F0371 BA02
海运
HY
Marine transportation; Sea transport
Y：海上运输

Hai yun bao xian F0372 BA04
海运保险
HYBX
Marine insurance
Y：海上运输保险

Hai yun dan 03165 BA03
海运单
HYD
Waybill (W/B)
S：运单*

Hai yun guan li F0373 BF01
海运管理
HYGL
Maritime administration
Y：航运管理

Hai yun guan li ju 03166 BA09
海运管理局(美国)
HYGLJ
Maritime Administration (MARAD)
S：机构(组织)*

Hai yun he 03167 BD01
海运河
HYH
Sea canals
S：运河
Z：河流*

Hai yun ji gou 03168 BA09
海运机构
HYJG
Marine organisms
S：机构(组织)*

Hai yun shu niu zhan 03169 BA08
海运枢纽站
HYSNZ
Marine terminals; Hub port
C：港口设备；海港；海上运输；货运码头；集装箱编组堆场

Hai yun ye 03170 BF01
海运业
HYY
Maritime Industry
S：行业*
D：航运业；水运业

Hai yun zhan lüe 03171 BB03
海运战略
HYZL
Maritime strategy

S：战略*

Hai yun zu zhi 03172
海运组织 BA09
HYZZ
Marine organization
S：机构(组织)*

Han dai 03173
寒带 CD03
HD
Frigid zone
S：气候带*

Han dai qi hou 03174
寒带气候 CD03
HDQH
Cold climates; Frost climates
S：气候*

Han dong 03175
涵洞* AD17
HD
Culvert
F：暗涵；倒虹吸涵；陡坡涵洞；盖板涵；拱涵；管涵；阶梯式涵洞；明涵；箱涵；斜交涵洞；压力式涵洞

Han feng 03176
焊缝 AD06
HF
Weld seam

Han guan ji 03177
焊管机 AG09
HGJ
Pipe welders; Pipe welding machine
S：机械*
C：焊接设备

Han ji 03178
焊剂 BE10
HJ
Welding fluxes
S：剂*

Han jie 03179
焊接* BE10
HJ
Welding
F：爆炸焊接；电弧焊；惰性气体保护钨极弧焊；激光焊接；摩擦焊；水下焊接；仰焊；自动焊；自动焊接

Han jie fu zhu zhuang zhi 03180
焊接辅助装置 AG09
HJFZZZ
Auxiliary welding equipment
S：焊接装置
C：焊接设备
Z：装置*

Han jie jie dian 03181
焊接结点 AD06
HJJD
Welded joint
S：结点*

Han jie jie tou qiang du shi yan 03182
焊接接头强度试验(钢筋) AH01
HJJTQDSY
Welded joint strength test
S：强度试验
Z：试验*

Han jie liang 03183
焊接梁 AD05
HJL
Welded girder
S：梁*

Han jie she bei 03184
焊接设备 AG09
HJSB
Welding equipment
S：设备*
C：焊管机；焊接辅助装置；焊接装置；焊枪

Han jie zhuang zhi 03185
焊接装置 AG09
HJZZ
Mechanical welding equipment
S：装置*
C：焊接设备
F：焊接辅助装置

Han la liang 03186
含蜡量 CG09
HLL
Paraffin content
S：含有量
Z：量*

Han la liang shi yan 03187
含蜡量试验 AH01
HLLSY
Paraffin content test
S：含有量试验
Z：试验*

Han leng di qu 03188
寒冷地区 CD01
HLDQ
Cold region
S：地区*

Han ni liang shi yan 03189
含泥量试验 AH01
HNLSY
Site content test
S：含有量试验
Z：试验*

Han qi liang 03190
含气量 DI00
HQL
Gas content
S：含有量
Z：量*

Han qiang 03191
焊枪 AG09
HQ
Welding guns
S：工具*
C：焊接设备

Han sha liang 03192
含沙量 BD02
HSL
Sediment concentration
S：含有量
C：输沙*
Z：量*

Han shi liang 03193
含湿量 DI00
HSL
Moisture content
S：含有量

Z：量*

Han shu 03194
函数 CA00
HS
Functions
S：数*
F：反射函数；复变函数；格林函数；相关函数；需求函数

Han shui liang 03195
含水量 CG09；DI00
HSL
Moisture content；Water content
S：含有量
F：路基含水量；天然含水量；相对含水量；最佳含水量
Z：量*

Han shui liang shi yan 03196 AH01
含水量试验
HSLSY
Water content test
S：含有量试验
Z：试验*

Han shui lü 03197
含水率 CD01；DI00
HSL
Moisture content
S：比率*

Han tan liang 03198
含碳量 DI00
HTL
Carbon content
S：含有量
Z：量*

Han yan du 03199
含盐度 BC02
HYD
Salinity
S：度*

Han you liang 03200
含有量 DI00
HYL
Content
S：量*
F：含气量；含沙量；含湿量；含水量；含碳量

Han you liang shi yan 03201 AH01
含有量试验
HYLSY
Content tests
S：试验*
F：酚含量试验；含蜡量试验；含泥量试验；含水量试验；挥发物含量试验；灰分含量试验；软颗粒含量试验；有机物含量试验；游离碳含量试验；组分试验

Han you lü 03202
含油率 CG09
HYL
Bitumen content
S：比率*

Han zi chu li xi tong 03203 CF03
汉字处理系统
HZCLXT
Chinese character processing system

Han zi shu ru xi tong 03204 CF03
汉字输入系统
HZSRXT
Chinese character input system

Han zi xin xi xi tong 03205 CF03
汉字信息系统
HZXXXT
Chinese character information system
S：信息系统
Z：系统*

Hang 03206
夯* AG04
H
Rammers
F：爆炸夯；冲击夯；夯实机；落锤夯；弹力夯；蛙式夯；振动夯实机；振动平板夯

Hang biao 03207
航标* BD05
HB
Navigation markers；Aids to navigation
C：浮标*；港口*；航道*；航海*；航标背景
F：岸标；浮动标志；固定标志；视觉航标；水上航标；无线电航标；音响航标
D：助航标志

Hang biao bei jing 03208
航标背景 BD05
观察者观察航标时所见到的航标背后的地物、地貌、水面、空际、灯光等景象
HBBJ
Background of mark
C：航标*

Hang biao chuan 03209
航标船 BE02
HBC
Buoy tender
S：运输辅助船
D：设标船；布标船；布标艇
Z：船舶*

Hang biao deng 03210
航标灯 BD05
HBD
Beacon lights
S：信号设备*
C：灯塔

Hang biao pei bu 03211
航标配布 BD05
HBPB
Navigational aids planning；Placement of aid-to-navigation；Layout of aid-to-navigation
C：航标站；航道*
D：浮标设置

Hang biao shu liang 03212
航标数量 BJ04
HBSL
Numbers of navigation mark；Number of aids to navigation
S：航道统计指标
Z：指标*

Hang biao wei xing 03213
航标卫星 BD05
HBWX
Beacon satellites
S：人造卫星*

Hang biao zhan 03214
航标站 BD05
HBZ
Light station
C：航标配布

Hang che F0374
行车 BA08
HC
Overhead crane
Y：桥式起重机

Hang cheng 03215
航程* BF02
HC
Voyage distance; Voyage; Passage
F：计程仪航程；推算航程

Hang ci 03216
航次* BF06
HC
Voyage
C：航次运输
F：往返航次

Hang ci bao xian 03217
航次保险 BA04
HCBX
Voyage insurance
S：海上运输保险
Z：保险*

Hang ci yun shu 03218
航次运输 BF02
HCYS
Voyage transportation
S：运输*

Hang dao 03219
航道* BD01；CI05
HD
Navigable channels; channels; Navigation pass
C：港口*；航标*；航标配布；航海*；疏浚*；水路运输；通航水位；拖驳船队
F：等级航道；副航道；国际水道；进出港航道；进港航道；内河航道；渠化航道；深水航道；天然航道；主航道
D：窄水道；水道

Hang dao biao zhun chi du 03220
航道标准尺度* BD02
HDBZCD
Standard dimension of channel
F：航道宽度；航道弯曲半径；航道最小水深；设标水深；通航净高；通航净空；通航净宽

Hang dao ce liang chuan 03221
航道测量船 BE03
HDCLC
Surveying ship; Surveying vessel
S：工程船舶
Z：船舶*

Hang dao deng ji 03222
航道等级 BD01
HDDJ
Waterway classification
C：主航道；副航道

Hang dao ding xian 03223
航道定线 BD01
HDDX
Waterway location

Hang dao gong cheng 03224
航道工程 BD01
HDGC
Waterway engineering
S：工程*
C：港口工程；航道稳定；内河运输；运河

Hang dao gong cheng chuan bo 03225
航道工程船舶 BE03
HDGCCB
Channel engineering ship
S：工程船舶
Z：船舶*

Hang dao hui he chu 03226
航道汇合处 BD01
HDHHC
Junction

Hang dao jun shen 03227
航道浚深 BD04
HDJS
Channel deepening
S：疏浚*

Hang dao kai fa 03228
航道开发 BD04
HDKF
Waterway development
C：疏浚工程；航道整治

Hang dao kuan du 03229
航道宽度 BD02
HDKD
Channel width
S：航道标准尺度*

Hang dao li cheng 03230
航道里程 BJ04
HDLC
Mileage of waterway
S：航道统计指标
Z：指标*

Hang dao shi yan zhan 03231
航道试验站(美国工程兵) BA01
HDSYZ
Waterways Experiment Station (WES)

Hang dao shu ju ku 03232
航道数据库 BD04
HDSJK
Waterway database
S：数据库*

Hang dao shu jun 03233
航道疏浚 BD04
HDSJ
Waterway dredging
S：疏浚*
C：扫床；疏浚工程；炸礁

Hang dao shui shen 03234
航道水深 BD01
HDSS
Channel depth
S：水文要素*

Hang dao ti ji 03235
航道梯级 BD03
HDTJ
Waterway flights
C：单级船闸；多级船闸；双级船闸；河段*；渠化航道

Hang dao tong guo neng li 03236 BJ04
航道通过能力
HDTGNL
Waterway capacity；Capacity of channel
S：航道统计指标
D：船闸通过能力；升船机通过能力
Z：指标*

hang dao tong ji zhi biao 03237 BJ04
航道统计指标
HDTJZB
Statistical indicators of channel
S：水运统计指标
F：碍航闸坝数量；岸绞设施数量；船闸数量；断航闸坝数量；防波堤长度；航标数量；航道里程；航道通过能力；航道维护里程；绞滩船数量；绞滩站数量；进出港航道长度；进出港航道宽度；进出港航道水深；跨航道电缆数量；跨航道管道数量；跨航道建筑物数量；跨航道桥梁数量；内河航道统计指标；升船机数量
Z：指标*

Hang dao tu 03238
航道图 BD04
HDT
Channel chart
S：交通图
F：数字航道图
Z：地图*

Hang dao wan qu ban jing 03239 BD02
航道弯曲半径
HDWQBJ
Curvature radius of channel
S：航道标准尺度*

Hang dao wang F0375
航道网 BB03
HDW
Waterway networks；Navigable channel networks
Y：水运网

Hang dao wei hu li cheng 03240 BJ04
航道维护里程
HDWHLC
Maintenance mileage of waterway
S：航道统计指标
Z：指标*

Hang dao wen ding 03241
航道稳定 BD01
HDWD
Channel stabilization
C：河道演变；航道工程

Hang dao xin biao 03242
航道信标 BD05
HDXB
Airway beacons
S：信标*

Hang dao xin xi fu wu 03243
航道信息服务 BA03
HDXXFW
Fairway information service
S：信息服务
Z：服务*

Hang dao zheng zhi 03244
航道整治 BD04
HDZZ
Waterway regulation
C：航道开发；河道整治*；渠化运河；疏浚工程

Hang dao zheng zhi jie gou 03245 BD04
航道整治结构
HDZZJG
Channel training structures
S：结构*

Hang dao zui xiao shui shen 03246 BD02
航道最小水深
HDZXSS
Least water
S：航道标准尺度*

Hang hai 03247
航海* BF02
HH
Marine navigation
C：航道*；水路运输；港口；航标*
F：电子航海；军事航海
D：海上航行

Hang hai an quan wei yuan hui 03248 BA09
航海安全委员会
HHAQWYH
Maritime Safety Committee
S：机构(组织)*
C：国际航运会议

Hang hai bao zheng 03249
航海保证 BF02
HHBZ
Nautical service
S：保证*

Hang hai dao hang 03250
航海导航 BD05
HHDH
Marine navigation
S：导航*
F：水面导航；水下导航
D：海上导航；河港导航

Hang hai fa F0376
航海法 BF01
HHF
Maritime law
Y：海商法

Hang hai fa gui 03251
航海法规 BF01
HHFG
Maritime rules and regulations

S：规则*

Hang hai jian kang shen bao shu 03252 BI05
航海健康申报书
HHJKSBS
Maritime declaration of health
S：证书*

Hang hai qi xiang 03253
航海气象 BF02
HHQX
Nautical meteorology
S：气象*
C：海洋气象报告；船舶气象电报

Hang hai ri zhi 03254
航海日志 BF04
HHRZ
Log book
C：值班

Hang hai tian wen li 03255
航海天文历 BF02
HHTWL
Nautical almanac

Hang hai tong gao 03256
航海通告 BF01；BI04
HHTG
Notice to mariners

Hang hai yi qi 03257
航海仪器 BF03
HHYQ
Nautical instrument
S：仪器*
C：多波束测深系统
F：奥米加；测距仪；测深锤；方位[陀螺]仪；航向记录器；回声测深仪；计程仪；雷达；雷达指向标；六分仪；罗经；罗兰-A；罗兰-C；奈伏泰斯接收机；倾差仪；深度指示器；声呐；陀螺仪；无线电测向仪；自适应操舵仪

Hang hai yi xue 03258
航海医学 BF02
HHYX
Marine medicine
S：医学
Z：学科*

Hang hai zhuan jia xi tong 03259 BF05
航海专家系统
HHZJXT
Marine navigation expert system
S：专家系统
Z：系统*

Hang ji 03260
航迹 BF02
HJ
Track（TK）

Hang kong ji zhuang xiang 03261 BA05
航空集装箱
HKJZX
Air mode container
S：集装箱*

Hang kong mu jian 03262
航空母舰 BE02
HKMJ
Aircraft carrier
S：舰艇
Z：船舶*

Hang kong she ying 03263
航空摄影 AC01
HKSY
Aerial photography
S：摄影*

Hang kong she ying ce liang 03264 AC01
航空摄影测量
HKSYCL
Aerial photogrammetry
S：摄影测量
Z：测量*

Hang qi 03265
航期(船舶) BF02
HQ
Sailing schedule；Scheduled voyage
C：船舶运输组织；航次运输

Hang qu yun jia 03266
航区运价 BG06
HQYJ
Freight rate of sailing section
S：运价
Z：价格*

Hang she xiang pian pan du 03267 AC01
航摄像片判读
HSXPPD
Aerophoto interpretation
C：航空摄影测量

Hang shi 03268
夯实 AC03
HS
Tamping

Hang shi ji 03269
夯实机 AG04
HSJ
Compactors
S：夯*

Hang su 03270
航速 BE06；BF02
HS
Navigation speed；Ship speed
S：速度*
F：经济航速；营运航速

Hang wu gong cheng chuan bo 03271 BE03
航务工程船舶
HWGCCB
Harbour construction ship
S：工程船舶
Z：船舶*

Hang xian 03272
航线* AJ03；BF02；BF06
HX
Shipping line；Course；Navigation route；Shipping course
C：分道通航制
F：班轮航线；不定期航线；穿梭航线；固定航线；环球航线；货运航线；郊县航线；临时航线；市区航线；顺江航线；特快航线；邮轮航线；正规航线；直达航线；最佳航线

Hang xian she ji 03273
航线设计 BF02
HXSJ
Passage planning
S: 设计*

Hang xian xuan ze 03274
航线选择 BF01
HXXZ
Trade route selection

Hang xian yun liang tong ji 03275 BJ02
航线运量统计
HXYLTJ
Trade route statistics
S: 水运统计
Z: 统计*

Hang xian yun liang yan jiu 03276 BF01
航线运量研究
HXYLYJ
Trade route studies
S: 研究*

Hang xiang 03277
航向* BF02
Course
F: 大圆航向;计划航迹向

Hang xiang bao chi F0377
航向保持 BF04
HXBC
Course keeping
Y: 航向控制

Hang xiang ji lu qi 03278
航向记录器 BF03
HXJLQ
Course recorder
S: 航海仪器
Z: 仪器*

Hang xiang kong zhi 03279
航向控制 BF04
HXKZ
Course control
S: 控制*
D: 航向保持

Hang xiang wen ding xing 03280 BE04;BF02
航向稳定性
HXWDX
Direction stability;Course stability
S: 操纵稳定性
C: 纵向稳定性;横向稳定性;吃水;船长
D: 方向稳定性
Z: 性能*

Hang xiang wen ding xing shi yan 03281 BE09
航向稳定性试验
HXWDXSY
Course keeping test
S: 船舶试验
Z: 试验*

Hang xing 03282
航行* BF02
HX
Navigation
F: 待航;开航;上水航行;停航;下水航行;北极航行

Hang xing an quan 03283
航行安全 BI04
HXAQ
Navigational safety
S: 安全*
C: 船舶安全
F: 船舶避碰

Hang xing ban ci 03284
航行班次 AJ04
HXBC
Shipping shift

Hang xing fu biao 03285
航行浮标 BD05
HXFB
Navigation buoys
S: 浮标*

Hang xing guan li 03286
航行管理 BF01
HXGL
Navigation management
S: 管理*

Hang xing jing gao 03287
航行警告 BI04
HXJG
Navigation warning

Hang xing quan 03288
航行权 BA01
HXQ
Right of navigation
S: 权利*

Hang xing shi yan 03289
航行试验 BE09
HXSY
Sea trial;Navigation trial
S: 船舶试验
D: 试航
Z: 试验*

Hang xing tu 03290
航行图 BD01
HXT
Navigation chart
S: 交通图
Z: 地图*

Hang xing yu ce fen xi ji shu 03291 BF02
航行预测分析技术
HXYCFXJS
Navigation Predictive Analysis Technique (NAVPAT)
S: 技术*

Hang ye 03292
行业* AA08;DA00
HY
Industry;Trade
C: 行业标准
F: 服务业;公路运输行业;海运业;建筑业;林业;旅游业;农业;运输业;制造业

Hang ye biao zhun 03293
行业标准 DB00
HYBZ
Trade standard
S: 标准*
C: 行业*

Hang yun 03294

航运* BB03;BF01
HY
Shipping
C:海上航运模式;船舶航行*
F:大西洋东太平洋航运;集装箱航运;内河航运;散货航运;太平洋和印度洋航运;沿海航运

Hang yun bao xian 03295
航运保险 BA04
HYBX
Marine insurance
S:保险*

Hang yun gong cheng 03296
航运工程 BA03
HYGC
Marine engineering
S:工程*

Hang yun gong cheng jian she xiang guan feng xian 03297 BB04
航运工程建设相关风险
HYGCJCXGFX
Risk associated with marine construction activities
S:风险*

Hang yun gong hui yun jia 03298 BG06
航运公会运价
HYGHYJ
Conference rates
S:运价
Z:价格*

Hang yun gong hui yun ying 03299 BA09
航运公会运营(水角公会)
HYGHYY
Conference operation

Hang yun guan li 03300
航运管理 BF01
HYGL
Maritime administration
S:管理*
D:海运管理;水运管理

Hang yun guan li ji gou 03301 BF01
航运管理机构
HYGLJG
Organization of shipping administration
S:机构(组织)*

Hang yun shi chang 03302
航运市场 BG03
Shipping markets
S:市场*
C:船舶市场

Hang yun shu ju jiao huan 03303 BJ02
航运数据交换
HYSJJH
Marine data exchange
S:航运数据系统
Z:系统*

Hang yun shu ju xi tong 03304 BJ02
航运数据系统
HYSJXT
Marine data systems
S:数据系统
F:航运数据交换
Z:系统*

Hang yun ye F0378
航运业 BF01
HYY
Maritime administration
Y:海运业

Hang yun ye wu 03305
航运业务 BF01
HYYW
Shipping business

Hang yun zheng ce 03306
航运政策 BA01
HYZC
Shipping policies
S:政策*

Hao hua lü you chuan 03307 BE01
豪华旅游船
HHLYC
Luxury tourist ship
S:旅游船
Z:船舶*

Hao lu lü 03308
好路率 AC07
HLL
Rate of good level highway
S:比率*

Hao miao bao po 03309
毫秒爆破 AC03;CI02
HMBP
Millisecond delay blasting
S:爆破*
D:微差爆破

Hao wang jiao xing san huo chuan F0379 BE01
好望角型散货船
HWJXSHC
Capesize bulk carriers
Y:海岬型散货船

He an 03310
河岸 CI05
HA
River bank

He cao 03311
河槽 BD01
HC
River channel

He cha F0380
河汊 BD01
HC
River branch
Y:支流

He cheng 03312
合成 DD00
HC
Synthesis

He cheng che 03313
合乘车 AJ04
几位乘客联合租乘的出租汽车
HCC
Van pool
S:出租汽车

Z：车辆*

He cheng che liang 03314
che dao AI04
合乘车辆车道
HCCLCD
Car pool lane
S：车道
Z：道路*

He cheng ran liao 03315
合成燃料 CL03
HCRL
Synthetic fuels
S：燃料*

He cheng shu zhi F0381
合成树脂 CC04
HCSZ
Synthetic resins
Y：高聚物*

He cheng xian wei 03316
合成纤维 AF03
HCXW
Synthetic fibers；Synthon
S：纤维*
F：尼龙纤维

He chuan shui li xue 03317
河川水力学 BD02
HCSLX
Fluvial hydraulics
S：水力学
Z：学科*

He chuan zhi li F0382
河川治理 CI05
HCZL
Channel improvement and river regulation；River training
Y：河道工程

He chuang 03318
河床* BD02；CI05
HC
River bed；Streambed
C：河流*
F：定床；动床

He chuang bi jiang 03319
河床比降 BC02
HCBJ
Slope of river bed

He chuang cao hua 03320
河床糙化 BD02
HCCH
Bed roughening

He chuang di xing 03321
河床地形 BD01
HCDX
Bed configuration
S：地形*
F：浅滩；沙坝；沙洲

He chuang yan bian F0383
河床演变 BC02
HCYB
River bed changes；River channel process；Fluvial process
Y：河道演变

He dao 03322
河道* BD01；CI05
HD
River course
F：古河道；明渠；天然河道；网状河道
D：渠道

He dao gong cheng 03323
河道工程 CI05
HDGC
River construction
S：治河工程
C：疏浚*
D：河川治理
Z：工程*

He dao heng po mian 03324
河道横剖面 BC02
HDHPM
River channel cross-section

He dao shu xia F0384
河道束狭 BD01
HDSX
Restricted channel
Y：束狭河槽

He dao xing hong 03325
neng li BD02
河道行洪能力
HDXHNL
Flood carrying capacity

He dao yan bian 03326
河道演变 BD01
HDYB
Channel changes
C：航道稳定
D：河床演变；造床过程

He dao yu ji 03327
河道淤积 BD02；BD04
HDYJ
River channel sedimentation
S：淤积*
C：淤积控制

He dao zheng zhi 03328
河道整治* BD04；CI05
HDZZ
Channel regulation；River regulation；River training
C：航道整治；河道整治建筑物
F：裁弯取直；河口整治；河流改道；河流疏浚；护岸；交汇段整治；扫床；束狭河槽；炸礁

He dao zheng 03329
zhi gui hua BD04
河道整治规划
HDZZGH
River regulation planning
S：规划*

He dao zheng zhi 03330
jian zhu wu BD04
河道整治建筑物
HDZZJZW
River regulation structure
S：建筑物*
C：过鱼建筑物；河道整治*；取水建筑物；输水建筑物；水工建筑物；消能建筑物(水利)；泄水建筑物
F：丁坝；潜坝；顺坝；锁坝；透水坝

He dong li 03331
zhuang zhi BE08

核动力装置
HDLZZ
Nuclear power plant
S：船舶动力装置
Z：装置*

He duan 03332
河段* BD01
HD
River reach；River section；Reaches
C：航道梯级
F：上游；蜿蜒性河段；下游；中游

He fa bi shui 03333
合法避税 BA01
HFBS
Tax avoidance
C：税收征管
D：避税

He gang 03334
河港 BC01
HG
River port
S：港口*
C：内河航道

He gang dao hang F0385
河港导航 BD05
HGDH
River and harbour navigation
Y：航海导航

He gang dao hang xi tong 03335 BD05
河港导航系统
HGDHXT
River and harbour navigation system
S：导航*

He gong F0386
河工 BD01
HG
River works
Y：水工

He gong mo xing shi yan 03336 BC05
河工模型试验
HGMXSY
River model tests
S：水工模型试验
Z：试验*

He huo zhi 03337
合伙制 BB01
HHZ
Cooperative ownership
S：所有制
Z：制度*

He jin 03338
合金 AF02
HJ
Alloy
S：金属材料
F：白合金；记忆合金；铝合金；硬质合金
Z：材料*

He jin gang 03339
合金钢 AF02
HJG
Alloy steel
S：钢*
F：低合金钢；高合金钢

He jin zhu tie 03340
合金铸铁 AF02
HJZT
Alloy cast iron
S：铸铁
Z：铁*

He kou 03341
河口 BD01；CI05
HK
Estuaries；Embouchure
C：沉积物*；河流*

He kou di mao 03342
河口地貌 BC02
HKDM
Estuarine geomorphy
S：地形*
F：拦门沙（地形学）

He kou ni sha 03343
河口泥沙 BD02；BD04
HKNS
Estuary sediments
S：泥沙*
C：河口淤积

He kou wan wu ran 03344
河口湾污染 BI02
HKWWR
Estuary pollution
S：水污染
Z：环境污染*

He kou yu ji 03345
河口淤积 BD02
HKYJ
Estuary sedimentation
S：淤积*
C：河口泥沙

He kou zheng zhi 03346
河口整治 BD04
HKZZ
Regulation of river mouth
S：河道整治*

He li 03347
合力 CG03
HL
Resultance force
S：力*

He liu 03348
河流* BD01；CI05
HL
Rivers；Streams
C：河岸；河床*；河口；河源
F：山区河流；天然河流；袭夺河；运河

He liu gai dao 03349
河流改道 BD01；BD04
HLGD
Diversion of river course；Channel realignment；River diversion
S：河道整治*
D：导流

He liu Hui he chu 03350
河流会合处 BD01
HLHHC
Confluence

He liu jiao 03351

tong liang AI04
合流交通量
HLJTL
Converging traffic volume
S：交通量
C：分流交通量
Z：量*

He liu ni sha 03352
河流泥沙 BC02
HLNS
River sediment
S：泥沙*
C：泥沙输移

He liu shu jun 03353
河流疏浚 BD04
HLSJ
River dredging
S：河道整治*

He liu shu sha 03354
河流输沙 BD04
HLSS
Sediment transport in river
S：输沙*

He liu wu ran 03355
河流污染 BI02；CK02
HLWR
River pollution；Stream pollution
S：水污染
Z：环境污染*

He liu zong pou mian 03356
河流纵剖面 BC02
HLZPM
River longitudinal profile

He long 03357
合龙 BD01
修筑堤坝或桥梁等从两端施工，最后在中间接合，称为合龙。
HL
Closuring

He mei 03358
褐煤 CL03
HM
Brown coal；Hydrogenous coal；Lignitic coal
S：劣质煤
Z：燃料*

He neng 03359
核能 CC01；CL02
HN
Nuclear energy
S：能*
D：原子能

He qian ting 03360
核潜艇 BE02
HQT
Nuclear-powered submarines
S：潜艇
Z：船舶*

He shen shu zhai F0387
河身束窄 BD01
HSSZ
Channel restriction
Y：束狭河槽

He suan 03361
核算 BG02
HS
Accounting
S：计算*
F：经济核算

He tan 03362
河滩 CI05
HT
River beach

He tong 03363
合同* AB03；DA00
HT
Contract
C：协议书；契约；合同惯例
F：运输合同；保险合同；包运合同；采购合同；建筑合同

He tong guan li 03364
合同管理 AB03；BC06
HTGL
Contract administration；Contract management
S：管理*

He tong guan li 03365
合同惯例 DA00
HTGL
Contractual practice
S：惯例*
C：合同*

He tong jie chu 03366
合同解除 BA02
HTJC
Dissolution of contract
C：违约责任

He tong qian ding cheng xu 03367
DA00
合同签订程序
HTQDCX
Contract award procedures
S：程序*
C：签约

He tong tiao kuan 03368
合同条款 DA00
HTTK
Contract term
S：条款*

He tong yun shu 03369
合同运输 AA01；AA03
HTYS
Contract transportation
S：运输形式
Z：运输方式*

He wan 03370
河湾 BD01
HW
River bend

He wu li xue 03371
核物理学 CB00
HWLX
Nuclear physics
S：物理学
D：原子物理学
Z：学科*

He xiang 03372
河相 BD01
HX
Fluvial facies；River facies
C：河性

He xing 03373
河性 BD01
HX
River behaviour
C：河相

He yi xing 03374
和易性 AF07；CG09；DC00；DI00
HYX
Workability of concrete；Workability
C：混凝土浇灌；流散度；坍落度
D：流动度

He yuan 03375
河源 BD01
HY
River heads
S：源*
C：河流*

He yun shang wu 03376
河运商务 BA02
HYSW
River commerce

He zai F0388
荷载 CG11
HZ
Loads
Y：载荷*

He zai ce shi 03377
荷载测试 CG10；DF00
HZCS
Load tests
S：测试*

He zai chuan bo shi yan 03378
DF00
荷载传播试验
HZCBSY
Load distribution tests
S：荷载试验
Z：试验*

He zai pu 03379
荷载谱 CG08
HZP
Load spectra
S：谱*

He zai shi yan 03380
荷载试验 AH01；CG10；DF00
HZSY
Load tests
S：力学试验
F：超负荷试验；地基荷载试验；荷载传播试验；平板荷载试验；平板载荷试验；桥梁动载试验；桥梁静载试验；桥梁验收荷载试验；桩横向荷载试验；桩载试验；桩轴向荷载试验
Z：试验*

He zai zuo yong 03381
荷载作用 CG01
HZZY
Load effects
S：作用*
C：载荷*

He zi dong tai wen du mi du yi 03382
AH03
核子动态温度密度仪
HZDTWDMDY
Nuclear moisture and density dynamic meter
S：密度仪
Z：仪器*

He zi jing tai wen du mi du yi 03383
AH03
核子静态温度密度仪
HZJTWDMDY
Nuclear moisture and density static meter
S：密度仪
Z：仪器*

He zi shi du mi du yi 03384
AH03
核子湿度密度仪
HZSDMDY
Nuclear moisture and density meter
S：密度仪器
Z：仪器*

He zuo 03385
合作 DA00
HZ
Cooperation

He zuo lian 03386
合作链 BA06
HZL
Cooperate chain
S：链*

Hei dong xiao ying 03387
黑洞效应 AI07
HDXY
Black-hole effect
S：效应*

Hei se jin shu 03388
黑色金属 CC01
HSJS
Ferrous metal
S：金属*

Heng bo 03389
横波 CG08
HB
Transverse waves
S：波*

Heng duan mian 03390
横断面 AC01；DH00
HDM
Cross sections；Horizontal sections
S：断面
Z：面*

Heng duan mian ce liang 03391
AC01
横断面测量
HDMCL
Cross section survey
S：路线测量
Z：测量*

Heng feng 03392
横缝 AC04
HF
Transverse joint
C：路面施工；刚性路面

Heng ge ban 03393
横隔板 AD06
HGB
Cross slab

S：板*

Heng jia 03394
桁架* AD04
HJ
Truss
F：拱形桁架；空腹桁架；连续桁架；平行弦杆桁架；悬臂桁架

Heng jia gong qiao 03395
桁架拱桥 AD01
HJGQ
Trussed arch bridge
S：拱桥
Z：桥*

Heng jia jie gou 03396
桁架结构 AD04
HJJG
Truss structure
S：工程结构*

Heng jia qiao 03397
桁架桥 AD01
HJQ
Truss bridge
S：桥*

Heng lang 03398
横浪 BF02
HL
Beam seas
S：波浪*

Heng liang 03399
桁梁 AD05
HL
Truss
S：梁*

Heng liang 03400
横梁 AD07
HL
Transversal beam
S：梁*

Heng pou mian tu 03401
横剖面图 BE06
HPMT
Transverse section plan

Heng qing 03402
横倾 BE04
HQ
Heel；List
S：船舶运动
Z：运动*

Heng qing jiao 03403
横倾角 BE04
HQJ
Angle of heel；Angle of list；Heeling angle
S：角*

Heng qing li ju 03404
横倾力矩 BE04；BF02
HQLJ
Heeling moments
C：复原力矩

Heng shen gua che 03405
横伸挂车 AK01
HSGC
Adjustable track trailer
S：挂车
Z：车辆*

Heng shi T xing gang gou qiao 03406
桁式T形刚构桥 AD01
HSTXGGQ
T-shaped truss rigid frame bridge
S：刚构桥
Z：桥*

Heng su kong zhi 03407
衡速控制 DD00
HSKZ
Constant velocity control
S：调速
Z：控制*

Heng xiang 03408
横向 DH00
HX
Horizontal wise
S：方向*

Heng xiang jian duan guang yuan 03409
横向间断光源 AI07
HSJDGY
Laterally intermittent illuminant
S：光源
Z：源*

Heng xiang li 03410
横向力 CG03
HXL
Lateral force
S：力*

Heng xiang li xi shu ce shi yi 03411
横向力系数测试仪 AH03
HXLXSCSY
Sideway force coefficient routine investigation machine；SCRIM
S：测试仪
C：路面测试仪
Z：仪器*

Heng xiang lie feng 03412
横向裂缝 AC08
HXLF
Transverse crack
S：裂缝*

Heng xiang pai shui 03413
横向排水 AC06
HXPS
Transverse drainage
S：排水*

Heng xiang shu lian jie xi 03414
横向竖联结系 AD06
HXSLJX
Transverse bracing
S：联结系*

Heng xiang wen ding xing 03415
横向稳定性 BE04
HXWDX
Lateral stability
S：操纵稳定性
C：航向稳定性
Z：性能*

Heng xiang xuan qi gong fa 03416
横向悬砌拱法 AD13

HXXQGF
Laying arch by transverse overhanging method
S: 砌拱*
C: 桥梁施工

Heng xiang zai he 03417
横向载荷 CG11
HXZH
Transverse load
S: 载荷*

Heng yao 03418
横摇 BE04
HY
Rolling
S: 船舶摇荡
C: 舭龙骨;船舶减摇装置*;横摇周期
Z: 运动*

Heng yao zhou qi 03419
横摇周期 BE04
HYZQ
Rolling period
S: 周期*
C: 横摇

Heng yi fa jia qiao 03420
横移法架桥 AD14
HYFJQ
Side-sliding erections
S: 桥梁架设*

Heng zhong shi dang tu qiang 03421
衡重式挡土墙 AC03
HZSDTQ
Balance weight retaining wall
S: 挡土墙
Z: 墙*

Hong feng 03422
洪峰 BD02;CI05
HF
Flood peaks
C: 洪峰流量

Hong feng liu liang 03423
洪峰流量 BD02
HFLL
Flood peak discharge
S: 流量
C: 洪峰
Z: 量*

Hong gan 03424
烘干 DD00
HG
Drying

Hong gan she bei 03425
烘干设备 DE00
HGSB
Drying equipment
S: 设备*
D: 干燥机

Hong guan fen xi mo xing 03426
宏观分析模型 BB05
HGFXMX
Macro-analysis models
S: 模型*

Hong guan ji hua 03427
宏观计划 BB01
HGJH
Macroplan
S: 计划*
C: 国家计划

Hong guan jiao tong mo xing 03428
宏观交通模型 AI01
HGJTMX
Macro-traffic model
S: 交通模型
Z: 模型*

Hong guan jie gou 03429
宏观结构 DE00
HGJG
Macrostructures
S: 结构(组成)*

Hong guan jing ji xue 03430
宏观经济学 BG01
HGJJX
Macroeconomics
S: 经济学
Z: 学科*

Hong rang tu 03431
红壤土 CG06
HRT
Laterites;Lateritic soil
S: 壤土
Z: 土*

Hong shui 03432
洪水* AC06;BD02;CI05
HS
Flood
C: 防洪*;水灾;洪水频率
F: 历史洪水;设计洪水

Hong shui pin lü 03433
洪水频率 BD02;CI05
HSPL
Flood frequency
S: 频率*
C: 洪水*;历史洪水;可能最大洪水

Hong shui yan suan 03434
洪水演算 BC02
HSYS
Flood routing
S: 计算*
C: 设计洪水;可能最大洪水

Hong wai fu she 03435
红外辐射 CB00
HWFS
Infrared radiation
S: 电磁辐射
D: 红外线辐射
Z: 辐射*

Hong wai guang pu 03436
红外光谱 CB00
HWGP
Infrared radiation
S: 光谱
Z: 谱*

Hong wai xian 03437
红外线 CB00
HWX
Infrared rays
S: 光线*
C: 光学

Hong wai xian che liang jian ce qi 03438
红外线车辆检测器 AI03
HWXCLJCQ
Infra-red vehicle detector
S：车辆检测器
Z：仪器*

Hong wai xian fu she F0389
红外线辐射 CB00
HWXFS
Infrared radiation
Y：红外辐射

Hong wai xian gan zao fa 03439
红外线干燥法 DE00
HWXGZF
Infrared drying
S：施工方法
Z：方法*

Hong wai xian hong gan zhuang zhi 03440
红外线烘干装置 AK05
HWXHGZZ
Infrared oven stand
S：汽车维修工艺设备
Z：设备*

Hong xi 03441
虹吸* CG07
HX
Siphons
F：倒虹吸；热虹吸

Hou ban 03442
厚板 DG00
HB
Planks
S：板*

Hou che shi 03443
候车室 AJ03
HCS
Waiting hall

Hou che shi jian 03444
候车时间 AJ04
HCSJ
Wait time
S：时间*

Hou chu li 03445
后处理 DD00
HCL
Aftercare；Aftertreatment
S：处理*

Hou du 03446
厚度 DI00
HD
Thickness
S：度*

Hou lu pai 03447
后路牌 AJ02
HLP
Rear number plate
S：路牌
D：尾牌
Z：标志*

Hou ping jia F0390
后评价 AB03；BB04；BB05
HPJ
Ex-post evaluation；Post-assessment
Y：评价*

Hou qin zhi chi chuan 03448
后勤支持船 BE02
HQZCC
Logistic support ships
S：舰艇；运输辅助船
Z：船舶*

Hou yan gai lü 03449
后验概率 BG01
HYGL
Posterior belief
S：概率*

Hou zhang fa yu ying li jie gou 03450
后张法预应力结构 AD04
HZFYYLJG
Post-tensioning structure
S：预应力混凝土结构
Z：工程结构*

Hu an 03451
护岸 BC06；BD01；CI05
HA
Bank protection；Bank stabilization；Revetments
S：河道整治*
C：护岸工程；治河工程

Hu an gong cheng 03452
护岸工程 CI05
HAGC
Bank protection
S：治河工程
C：堤；护岸
F：柴排
Z：工程*

Hu bo 03453
湖泊 CD01；CI05
HB
Lakes
C：沉积物*

Hu bo wu ran 03454
湖泊污染 CK02
HBWR
Lake pollution
S：水污染
Z：环境污染*

Hu gang 03455
湖港 BC01
HG
Lake port
S：港口*

Hu hang chuan 03456
护航船 BE02
HHC
Escort tugs
S：运输辅助船
Z：船舶*

Hu huan xing 03457
互换性 DB00
HHX
Interchangeability
S：特性
Z：性质*

Hu jiu 03458

呼救 BF05
HJ
Call for rescue

Hu lan 03459
护栏* AI07
HL
Fence; Barrier
F: 防牲畜护栏;新泽西护栏

Hu lu F0391
葫芦(工具) AG06
HL
Blocks
Y: 滑车

Hu po 03460
护坡 AC03; AD09; BD04; CI05
HP
Revetments; Coastal protection; Slope protection; Slope pavement
S: 养路*
C: 运河养护;边坡稳定;筑堤块体

Hu po dao 03461
护坡道 AC03
HPD
Berm

Hu po wu ran 03462
湖泊污染 BI02
HPWR
Lake pollution
S: 水污染
Z: 环境污染*

Hu pu fen xi 03463
互谱分析 AH02
HPFX
Cross-spectrum analysis
S: 分析*
F: 振动互谱分析

Hu tong shi li jiao 03464
互通式立交 AC05
HTSLJ
Interchange
S: 立体交叉
Z: 公路交叉*

Hu wei jian 03465
护卫舰 BE02
HWJ
Frigates
S: 舰艇
D: 快速护航舰;驱逐领舰
Z: 船舶*

Hu xi xing huo wu F0392
呼吸性货物 AA03
HXXHW
Respiratory goods
Y: 鲜活货物

Hu xian 03466
护舷 BE05
HX
Fender
C: 碰垫
D: 护舷木

Hu xian mu F0393
护舷木 BE05
HXM
Fender bars
Y: 护舷

Hu xing zha men 03467
弧形闸门 BD03
HXZM
Radial gates; Tainter gate
S: 闸门*

Hua che 03468
滑车 AG06
HC
Pulleys
D: 葫芦(工具)

Hua dao 03469
滑道 BE10
HD
Launch way; Launching way; Slipway
S: 造船设施
C: 船舶下水
Z: 设施*

Hua dong 03470
滑动 CI01
HD
Sliding
S: 工程地质现象*
F: 圆弧滑动

Hua dong li 03471
滑动力 CG03
HDL
Slide force
S: 力*

Hua dong zhi zuo 03472
滑动支座(桥) AD08
HDZZ
Slide support
S: 桥梁支座
Z: 支座*

Hua gang yan 03473
花岗岩 AF05
HGY
Granite
S: 火成岩
Z: 岩石*

Hua he 03474
化合 CC01; DD00
HH
Combination
S: 化学反应
C: 分解
Z: 反应*

Hua he wu 03475
化合物* CC01; CC05
HHW
Compounds
F: 甲烷;无机化合物;有机化合物

Hua hui zhong zhi 03476
花卉种植 CK07
HHZZ
Flower planting
S: 种植*
C: 花台;花坛;种植设计

Hua liu ce liang yi 03477
滑溜测量仪 AH03
HLCLY
Skidometer
S: 测试仪
C: 路面测试仪

Z：仪器*

Hua luo 03478
滑落 CI01
HL
Slip off
S：工程地质现象*

Hua mo shi hun ning tu tan pu ji 03479
滑模式混凝土摊铺机 AG07
HMSHNTTPJ
Slipform concrete paver
S：摊铺机
Z：机械*

Hua po 03480
滑坡 CD01
HP
Landslide
D：地滑
S：工程地质现象*

Hua po chu li 03481
滑坡处理 CI01
HPCL
Landslide treatment
S：处理*

Hua pu 03482
花圃 CK07
HP
Flower nursery

Hua shi ran liao 03483
化石燃料 CL03
HSRL
Fossil fuel
S：燃料*

Hua ta 03484
滑塌 CI01
HT
Sliding; Slip
S：工程地质现象*

Hua tai 03485
花台 CK07
HT
Flower terraces
C：花卉种植；种植设计

Hua tan 03486
花坛 CK07
HT
Flower beds; Parterre
C：花卉种植；种植设计

Hua xia ji 03487
划线机 AG07
HXJ
Road marking machine
S：路面施工机械
D：划线装置
Z：机械*

Hua xian zhuang zhi F0394
划线装置 AG07
HXZZ
Road marking
Y：划线机

Hua xing 03488
滑行(汽车驾驶) AK03
车辆切断动力后，靠本身惯性行驶。
HX
Coasting
S：汽车驾驶
F：分离离合器滑行(汽车驾驶)；加速滑行(汽车驾驶)；脱挡滑行(汽车驾驶)；熄火滑行(汽车驾驶)
Z：驾驶*

Hua xing gong kuang 03489
滑行工况 AK04
HXGK
Coasting mode
S：汽车运行工况
Z：状态*

Hua xue 03490
化学 CC01；DB00
HX
Chemistry
S：学科*
F：电化学；放射化学；分析化学；环境化学；生物化学；水质化学；无机化学；物理化学；有机化学

Hua xue ce ding 03491
化学测定 DF00
HXCD
Chemical detection; Chemical determination
S：测定*

Hua xue cheng fen 03492
化学成分 CC01
HXCF
Chemical composition; Chemical elements
S：成分*

Hua xue chu li 03493
化学处理 DE00
HXCL
Chemical treatment (water)
S：污水处理
Z：处理*

Hua xue fan ying 03494
化学反应 CC02
HXFY
Chemical reactions
S：反应*
F：分解；光化学反应；化合；还原；氢化；水化；氧化；中和

Hua xue fen xi 03495
化学分析 CC01
HXFX
Chemical analysis
S：分析*
F：微量分析

Hua xue fen xi fa 03496
化学分析法 DF00
HXFXF
Chemical analysis method
S：检验方法
Z：方法*

Hua xue guan jiang 03497
化学灌浆 CI01
HXGJ
Chemical grouting
S：灌浆*

Hua xue jia gu 03498
化学加固 CI01
HXJG
Chemical grouting

S：加固*
F：电化学加固

Hua xue jiao F0395
ban zhuang CI01
化学搅拌桩
HXJBZ
Chemical mixing piles
Y：旋转喷射桩

Hua xue pin xie lou 03499
化学品泄漏 BI02
HXPXL
Chemical leakage
S：泄漏*
D：化学品溢出

Hua xue pin yi chu F0396
化学品溢出 BI02
HXPYC
Chemical spills
Y：化学品泄漏

Hua xue pin yi 03500
chu liang BJ03
化学品溢出量
HXPYCL
Chemical spillage; Chemical spill
S：环保统计指标
Z：指标*

Hua xue pin yun 03501
shu chuan BE01
化学品运输船
HXPYSC
Chemical tanker; Chemical carrier
S：货轮
Z：船舶*

Hua xue wu ran 03502
化学污染 CK02
HXWR
Chemical pollution
S：环境污染*

Hua xue xi jing 03503
化学洗净 DE00
HXXJ
Chemical cleaning
S：洗涤*

Hua xue xian wei 03504
化学纤维 AF03
HXXW
Chemical fibres
S：纤维*

Hua xue xing zhi 03505
化学性质 CC01; DC00
HXXZ
Chemical properties
S：性质*

Hua xue xu 03506
yang liang BI03
化学需氧量
HXXYL
Chemical oxygen demand (COD)
S：水质指标
C：化学需氧量测定
D：COD
Z：指标*

Hua xue xu yang 03507
liang ce ding BI03
化学需氧量测定
HXXYLCD
COD Determination
S：测定*
C：化学需氧量

Hua xue zhi biao 03508
化学指标 CC01
HXZB
Chemical indexes
S：指标*

Hua xue zhu jiang 03509
化学注浆 AE12
HXZJ
Chemical grouting
S：注浆*

Huan 03510
环 DH00
H
Rings

Huan bao tong ji 03511
zhi biao BJ03
环保统计指标
HBTJZB
Statistical indicators on environmental protection
S：运输统计指标
F：船舶污染事故直接经济损失；氮氧化物(NO_X)排放量；二氧化碳(CO_2)排放量；化学品溢出量；环境事故件数；挥发性有机化合物(VOC)排放量；垃圾产生量；垃圾入水量；其他有害物质溢出量；生活污水产生量；生活污水处理量；生活污水排放量；微小颗粒物排放量；一氧化碳(CO)排放量；溢油量
Z：指标*

Huan bao xiang mu 03512
环保项目 BI03
HBXM
Environmental protection project
S：项目*

Huan bao zhi 03513
liang guan li BI03
环保质量管理
HBZLGL
Environmental quality management
S：质量管理
Z：管理*

Huan cheng 03514
换乘* AJ04
HC
Transfer
F：驻车换乘
D：换乘时间；换乘距离；换乘率

Huan cheng cheng ke 03515
换乘乘客 AJ04
HCCK
Transfer passenger
S：旅客*

Huan cheng ju li F0397
换乘距离 AJ04
HCJL
Transfer distance
Y：换乘*

Huan cheng lü F0398
换乘率 AJ04
HCL

Transfer rate
Y：换乘*

Huan cheng shi jian F0399
换乘时间 AJ04
HCSJ
Transfer time
Y：换乘*

Huan cheng ting 03516
che chang AJ03
换乘停车场
HCTCC
Park-and-ride place
S：停车场*

Huan cheng zhan 03517
换乘站 AJ03
HCZ
Transfer stop；Transfer station
S：车站*

Huan chong hu lan 03518
缓冲护栏(交通) AI07
HCHL
Cushion guardrail
S：交通护栏
Z：设施*

Huan dang 03519
换挡(汽车驾驶) AK03
HD
Gear shifting
S：汽车驾驶
Z：驾驶*

Huan he qu xian 03520
缓和曲线 AC02
HHQX
Transition curve
S：平面线形
Z：路线线形*

Huan he zhao ming 03521
缓和照明 AI07
HHZM
Adaptation lighting
S：照明*
D：适应照明

Huan jie 03522
缓解 DD00
HJ
Mitigation

Huan jing 03523
环境* BI02；CK01
HJ
Environment
F：城市环境；大气环境；地理环境；海洋环境；农业环境；热环境；人类环境；生态环境；生物环境；水环境；土壤环境；自然环境

Huan jing bao hu 03524
环境保护 BI03；CK05
HJBH
Environmental protection
S：保护*
C：环境污染*
F：海洋环境保护；水源保护；自然保护

Huan jing bao 03525
hu chuan BE02
环境保护船
HJBHC
Environmental boat
S：运输辅助船
F：环境保护监测专用船；环境污染治理专用船；垃圾船；污水处理船；污油处理船；污油回收船；油污水处理船
Z：船舶*

Huan jing bao hu fa 03526
环境保护法 BI03
HJBHF
Environment law；Environment protection law
S：法律*

Huan jing bao 03527
hu fa gui CK01
环境保护法规
HJBHFG
Environmental protection law
S：法规
C：环境标准；环境管理
Z：法律*

Huan jing bao 03528
hu ji gou BI03
环境保护机构
HJBHJG
Environmental protection agency
S：机构(组织)*

Huan jing bao hu 03529
jian ce zhuan BE02
yong chuan
环境保护监测专用船
HJBHJCZYC
Environment supervisory boat
S：环境保护船
Z：船舶*

Huan jing biao zhun 03530
环境标准 BB02；BI03；CK02
HJBZ
Environmental standard
S：标准*
C：排放标准；环境指数；环境保护法规
F：水质标准
D：环境质量标准

Huan jing can shu 03531
环境参数 BI03
HJCS
Environmental parameters
S：参数*

Huan jing ce liang 03532
环境测量 BI03
HJCL
Environmental measurement
S：测量*

Huan jing cheng ben 03533
环境成本 BI03
HJCB
Environmental cost
S：成本*
C：环境费用

Huan jing fei yong 03534
环境费用 BG02；BG05；BI03
HJFY
Environmental cost
S：费用*
C：环境成本

Huan jing gong cheng 03535 CK01
环境工程
HJGC
Environmental engineering
S: 工程*

Huan jing guan li 03536
环境管理 BI03;CK01
HJGL
Environmental management
S: 管理*
C: 大气环境;环境保护法规
F: 环境影响分析;环境影响评价;水质管理

Huan jing gui hua 03537
环境规划 BI03;CK01
HJGH
Environmental planning
S: 规划*

Huan jing hua xue 03538
环境化学 DB00
HJHX
Environmental chemistry
S: 化学
F: 港口污染
Z: 学科*

Huan jing ji jin 03539
环境基金 BG02
HJJJ
Environmental fund
S: 基金*

Huan jing jian ce 03540
环境监测 BI03;CK03
HJJC
Environmental monitoring
S: 监测*
C: 二次污染

Huan jing jing ji 03541
环境经济 BG02
HJJJ
Environment economy
S: 经济*

Huan jing ke chi xu xing 03542 BI03
环境可持续性
HJKCXX
Environmental sustainability

Huan jing ke xue 03543
环境科学 CK01
HJKX
Environics;Environmental science
S: 学科*

Huan jing mo shi 03544
环境模式 CK01;DF00
HJMS
Environmental patterns; Environmental types
S: 模式*
D: 环境质量模式

Huan jing she ji 03545
环境设计 CK01
HJSJ
Environmental design
S: 设计*

Huan jing sheng tai xue 03546 BI03;CE02
环境生态学
HJSTX
Environment ecology
S: 生态学
C: 食物链
Z: 学科*

Huan jing sheng wu xue 03547 CE01
环境生物学
HJSWX
Environmental biology
S: 生物学
Z: 学科*

Huan jing shi gu jian shu 03548 BJ03
环境事故件数
HJSGJS
Numbers of accident in respect of environmental pollution in ship's operation
S: 环保统计指标
Z: 指标*

Huan jing shi yan 03549
环境试验 AH01;CK03;DF00
HJSY
Environment test
S: 试验*
F: 低温试验;冻融试验;干湿试验;高温试验;碳化试验;通风试验

Huan jing shi yan she shi 03550 BI03
环境试验设施
HJSYSS
Environmental test facility
S: 设施*

Huan jing shu ju 03551
环境数据 BI02
HJSJ
Environment data
S: 数据*

Huan jing shui 03552
环境税 BA01
HJS
Environmental tax
S: 税*

Huan jing sun hai 03553
环境损害 CK02
HJSH
Environmental damage
S: 损害*
C: 施工公害

Huan jing tiao jian 03554
环境条件 BI03
HJTJ
Environmental conditions
S: 条件*

Huan jing wei ji 03555
环境危机 CK01
HJWJ
Environmental crisis

Huan jing wei sheng zhun ze 03556 BI03
环境卫生准则
HJWSZZ
Environmental health criterion
S: 准则*

Huan jing wu ran 03557
环境污染* BI02;CK02
HJWR
Environment contamination; Environmental pollution
C: 污染物;环境保护;污染调查;环境友好
F: 港口污染;固体废物污染;空气污染;水污染;微生物污染;细菌污染;油污染;噪声污染;沼泽污染;重金属污染
D: 公害(环境)

Huan jing wu ran jian ce chuan 03558
BE02
环境污染监测船
HJWRJCC
Environmental pollution monitoring ships
S: 海洋调查船
D: 水质监测船
Z: 船舶*

Huan jing wu ran shi gu shu 03559
BJ03
环境污染事故数
HJWRSGS
Numbers of incident in environment pollution
S: 港口统计指标
Z: 指标*

Huan jing wu ran zhi li zhuan yong chuan 03560
BE02
环境污染治理专用船
HJWRZLZYC
Environment protection pollution treatment ship
S: 环境保护船
Z: 船舶*

Huan jing xi tong 03561
环境系统 BI03
HJXT
Environmental system
S: 系统*

Huan jing xiao yi 03562
环境效益 BG02
HJXY
Environmental benefit
S: 效益*

Huan jing xiao ying 03563
环境效应 CE02;CK01
HJXY
Environmental effects
S: 效应*

Huan jing yin su 03564
环境因素 BI02
HJYS
Environment factors
S: 因素*

Huan jing ying xiang 03565
环境影响 BI02
HJYX
Environment effects
S: 影响*

Huan jing ying xiang bao gao shu 03566
BI03
环境影响报告书
HJYXBGS
Environmental impact statements

Huan jing ying xiang fen xi 03567
BI03
环境影响分析
HJYXFX
Environmental impact analysis
S: 环境管理
Z: 管理*

Huan jing ying xiang ping jia 03568
BI03
环境影响评价
HJYXPJ
Environmental impacts assessment
S: 环境管理
Z: 管理*

Huan jing you hao 03569
环境友好 CK05
HJYH
Environmentally friendly
C: 环境污染*

Huan jing zao sheng 03570
环境噪声 CK02
HJZS
Ambient noise; Environmental noise
S: 噪声*
C: 噪声标准;噪声控制

Huan jing zheng ce 03571
环境政策 BI03;CK01
HJZC
Environmental policy
S: 政策*

Huan jing zhi liang 03572
环境质量 BI03
HJZL
Environmental quality
S: 质量*
F: 大气质量;水质

Huan jing zhi liang biao zhun F0400
BI03
环境质量标准
HJZLBZ
Environmental quality standards
Y: 环境标准

Huan jing zhi liang mo shi F0401
CK01;DF00
环境质量模式
HJZLMS
Environmental quality patterns(models)
Y: 环境模式

Huan jing zhi liang ping jia 03573
CK01
环境质量评价
HJZLPJ
Environmental quality assessment
S: 评价*

Huan jing zhi liang zhi shu 03574
BI03
环境质量指数
HJZLZS
Environmental quality Index
S: 指数*

Huan jing zhi shu 03575
环境指数 CK01
HJZS
Environmental indexes; Environmental indictors

S：指数*
C：环境标准

Huan liang 03576
换梁 AD15
HL
Beam renewal

Huan liang ji 03577
换梁机 AD15
HLJ
Beam renewal machine
S：施工机械
Z：机械*

Huan neng qi 03578
换能器 DE00
HNQ
Transducers
S：装置*

Huan ning ji 03579
缓凝剂 AF03
HNJ
Retarder
S：添加剂
Z：剂*

Huan qiu hang xian 03580
环球航线 BF06
HQHX
Bound the world
S：航线*

Huan shi ji 03581
缓蚀剂 AF03
HSJ
Corrosion inhibitor
S：剂*

Huan suan 03582
换算 DI00
HS
Conversion
S：计算*

Huan suan jiao 03583
tong liang AI01
换算交通量
HSJTL
Equivalent traffic volume
S：交通量
C：交通量计算
D：当量交通量
Z：量*

Huan suan xi shu 03584
换算系数 DI00
HSXS
Conversion coefficient
S：系数*

Huan suan xiang 03585
换算箱 BA05
HSX
Twenty-feet equivalent unit (TEU)
D：标准箱；TEU

Huan suan zhong 03586
liang AA08
换算重量
HSZL
Conversion weight
C：计价标准

Huan suan zhou F0402
zhuan liang AA03
换算周转量
HSZZL
Equivalent ton-kilometrage volume
Y：周转量

Huan tu 03587
换土 AC03
HT
Replacement of earth
S：土方工程*

Huan xing diao du fa 03588
环形调度法 AA10
HXDDF
Loop dispatching method
S：调度方法
C：货运调度
Z：方法*

Huan xing gong lu 03589
环形公路 AB02
HXGL
Ring highway
S：公路
Z：道路*

Huan xing ji guang 03590
tuo luo yi guan BF05
xing dao hang xi tong
环形激光陀螺仪惯性导航系统
HXJGTLYGXDHXT
Ring Laser Gyro Marine Inertial Navigation Systems
S：导航系统
Z：系统*

Huan xing jiao cha 03591
环形交叉 AC05
HXJC
Roundabout；Rotary intersection
S：平面交叉
Z：公路交叉*

Huan xing li jiao 03592
环形立交 AC05
HXLJ
Rotary interchange
S：立体交叉
Z：公路交叉

Huan xing xian lu 03593
环形线路 AJ03
HXXL
Loop line
S：线路*
C：公共交通线路

Huan xing xian 03594
quan shi che liang AI03
jian ce qi
环形线圈式车辆检测器
HXXQSCLJCQ
Loop vehicle detector
S：车辆检测器
Z：仪器*

Huan yang shu zhi 03595
环氧树脂 AF03
HYSZ
Epoxy resin
S：热固性树脂
C：玻璃钢
Z：高聚物*

Huan yuan 03596

还原 CC02
HY
Reduction
S：化学反应
Z：反应*

Huan zhuang bao
gan fei BA06
换装包干费
HZBGF
All-inclusive charges of transshipment
S：联运运价费用
Z：费用*

Huan zhuang ti 03598
环状体 DH00
HZT
Ring solid bodies
S：体*

Huang jia hai shang 03599
ying jiu ji gou BH02
皇家海上营救机构
HJHSYJJG
Royal National Lifeboat Institution
S：机构(组织)*

Huang tu 03600
黄土 CG06
HT
Loess
S：土*
F：湿陷性黄土

Huang tu di ji 03601
黄土地基 CI01
HTDJ
Loess foundation
S：地基*

Hui 03602
灰* AF07
H
Ash
F：粉煤灰；硅灰

Hui bian 03603
汇编 DF00
HB
Documentation；Compilation
S：资料*

Hui che 03604
会车 AK03
HC
Meeting
S：汽车驾驶
Z：驾驶*

Hui cheng xi shu 03605
回程系数 AA10
在一定时期内，同一线路上回程与去程货物运量的比值。
HCXS
Return factor
S：系数*

Hui chuan F0403
会船 BI04
HC
Head-on；Ship encounters
Y：船舶会遇

Hui fa wu han 03606
liang shi yan AH01
挥发物含量试验
HFWHLSY
Volatile matter content test
S：含有量试验
Z：试验*

Hui fa xing you 03607
ji hua he wu（VOC） BJ03
pai fang liang
挥发性有机化合物(VOC)排放量
HFSYJHHW（VOC）PFL
Exhaust of volatile organic compounds in fuel consumption of ship
S：环保统计指标
Z：指标*

Hui fen han liang 03608
shi yan AH01
灰分含量试验
HFHLSY
Ash content test
S：含有量试验
Z：试验*

Hui fu 03609
恢复 DD00
HF
Recovery

Hui gui fen xi 03610
回归分析 BB03；BJ01；CA00；DD00
HGFX
Regression analysis
S：分析*
F：多元式回归分析
D：回归分析法

Hui gui fen xi fa F0404
回归分析法 BB03
HGFXF
Regression analysis method
Y：回归分析

Hui gui fen xi 03611
yu ce fa BB03
回归分析预测法
HGFXYCF
Regression forecasting method
S：预测方法
Z：方法*

Hui gui xi shu 03612
回归系数 BJ01
HGXS
Regression factor
S：系数*

Hui jiang F0405
灰浆 AF03
HJ
Mortars
Y：砂浆

Hui liu biao zhi 03613
汇流标志 AI07
HLBZ
Converging sign
S：交通标志
Z：标志*

Hui liu 03614
汇流 BD04
HL
Merging flow
S：流动*

Hui lü 03615

汇率 BG02
HL
Rate of exchange
S: 比率*
F: 法定汇率;浮动汇率;固定汇率;国际汇率;影子汇率

Hui lü yan 03616
辉绿岩 AF05
HLY
Diabase
S: 火成岩
Z: 岩石*

Hui se kong zhi xi tong 03617 AI01
灰色控制系统
HSKZXT
Grey control system
S: 控制系统
C: 灰色系统理论
Z: 系统*

Hui se xi tong li lun 03618 AI01
灰色系统理论
HSXTLL
Grey system theory
S: 理论*
C: 灰色控制系统

Hui sha ji 03619
回砂机 AG07
HSJ
Sand recovering machine
S: 养护机械
Z: 机械*

Hui sheng ce shen yi 03620
回声测深仪 BF03
HSCSY
Echo sounder; Acoustic depth finder
S: 航海仪器
Z: 仪器*

Hui shou 03621
回收* DD00
HS
Recovery
F: 有用物质回收;资源回收

Hui shou qi 03622
回收期 AB03
HSQ
Repayment period

Hui shui 03623
回水 BD02
HS
Backwater
D: 瓮水

Hui shui bi F0406
灰水比 AF07; DI00
HSB
Water cement ratio
Y: 水灰比

Hui shui mian ji 03624
汇水面积 CI05
HSMJ
Catchment area

Hui tan 03625
回弹 CG02; DC00
HT
Resilience
S: 力学性质
Z: 性质*

Hui tan mo liang 03626
回弹模量 AC04
HTML
Modulus of resilience
S: 模量*

Hui tan shi yan 03627
回弹试验 AH01
HTSY
Rebound test
S: 性能试验
F: 混凝土回弹试验
Z: 试验*

Hui tan wan chen 03628
回弹弯沉 AC04
HTWC
Rebound deflection

Hui tan xing 03629
回弹性 BC02
HTX
Resilience
S: 性能*

Hui tan yi 03630
回弹仪 AH03
HTY
Rebound tester; Schmidt hammer
S: 仪器*

Hui tan zhi 03631
回弹值 DI00
HTZ
Resilience value
S: 值*

Hui tian 03632
回填 CI01
HT
Backfilling

Hui tu F0407
灰土 CG06; CI01
HT
Spodosol
Y: 石灰稳定土

Hui tu ji 03633
绘图机 CF03
HTJ
Plotter

Hui tu zhuang 03634
灰土桩 CG06
HTZ
Lime-soil piles
S: 桩*

Hui xuan quan F0408
回旋圈 BF02
HXQ
Turning circles
Y: 旋回圈

Hui yan F0409
灰岩 AF05
HY
Limestone
Y: 石灰岩

Hui yi 03635

会议* DF00
HY
Meeting;Conference
F:国际航运会议;国际会议;学术会议

Hui yu 03636
回淤 BD02;BD04
HY
Back-silting
S:淤积*

Hui yu F0410
会遇 BI04
HY
Head-on
Y:船舶会遇

Hui zhuan 03637
回转 DD00
HZ
Rotation

Hui zhuan ban jing 03638
回转半径 CB00
HZBJ
Radius of gyration
S:半径*

Hui zhuan shi yan 03639
回转试验 BE09
HZSY
Turning test
S:操纵性试验
Z:试验*

Hui zhuan shi Zhuang zai ji 03640 AG04
回转式装载机
HZSZZJ
Slewing loaders
S:装载机*

Hun dun li lun 03641
混沌理论 BB05
HDLL
Chaos theory
S:理论*;物理学
C:分析研究方法
Z:学科*

Hun he 03642
混合 DD00
HH
Blending;Intermixing;Mixing;Mixture

Hun he jiao tong 03643
混合交通 AI01
HHJT
Mixed traffic
S:交通*

Hun he jing ji 03644
混合经济 BG02
HHJJ
Mixed economy
S:经济*

Hun he liao F0411
混合料 AF01
HHL
Mixtures
Y:拌合物*

Hun he shi shou fei xi tong 03645 AI06
混合式收费系统
HHSSFXT
Mixed toll system
S:道路收费系统
Z:系统*

Hun he shui ni 03646
混合水泥 AF04
HHSN
Blended cements;Mixed cements
S:水泥*
F:粉煤灰硅酸盐水泥;火山灰硅酸盐水泥;矿渣硅酸盐水泥

Hun he wu 03647
混合物 CC01
HHW
Mixtures
S:物质*

Hun he yun shu chuan 03648
混合运输船 BE01
HHYSC
Mixed ship;Mixed boat
S:运输船舶
D:客货船
Z:船舶*

Hun ning 03649
混凝 DC00
HN
Coagulation

Hun ning tu 03650
混凝土* AF07
HNT
Concretes
C:骨料*;龄期;密实度
F:补偿收缩混凝土;彩色混凝土;低热混凝土;防渗混凝土;粉煤灰混凝土;干硬性混凝土;钢筋混凝土;高强度混凝土;浸渍混凝土;聚合混凝土;快硬混凝土;沥青混凝土;离心混凝土;流动混凝土;碾压混凝土;喷射混凝土;贫混凝土;普通混凝土;轻质混凝土;热拌混凝土;素混凝土;现浇混凝土

Hun ning tu ba 03651
混凝土坝 BC03
HNTB
Concrete dam
S:坝
Z:建筑物*

Hun ning tu ban he wu 03652
混凝土拌合物 AF07
HNTBHW
Concrete mixes
S:拌合物*

Hun ning tu beng 03653
混凝土泵 AG03
HNTB
Concrete pumps
S:泵*
F:汽车式混凝土泵

Hun ning tu beng che F0412
混凝土泵车 AG03
HNTBC
Concrete pumping trucks
Y:汽车式混凝土泵

Hun ning tu beng song 03654 AF07

混凝土泵送
HNTBS
Concrete pumping
C：可泵性

Hun ning tu biao hao 03655
混凝土标号 CG09
Concrete mark
S：代码*
C：混凝土强度等级

Hun ning tu chan he liao 03656 AF07
混凝土掺合料
HNTCHL
Concrete additives
S：掺合料
Z：材料*

Hun ning tu chen qi 03657
混凝土衬砌 AE07
HNTCQ
Concrete lining
S：衬砌*

Hun ning tu cheng xing 03658 DD00
混凝土成型
HNTCX
Concrete forming
S：成型*

Hun ning tu chuan F0413
混凝土船 BE01
HNTC
Concrete boat
Y：水泥船

Hun ning tu fang kuai hu an F0414 BC06
混凝土方块护岸
HNTFKHA
Concrete block revetment
Y：混凝土块体护岸

Hun ning tu gong yi 03659
混凝土工艺 AF07
HNTGY
Concrete technology
S：工艺*

Hun ning tu gou jian 03660
混凝土构件 AD06
HNTGJ
Concrete component
S：结构构件
F：钢筋混凝土板桩
Z：工程结构*

Hun ning tu guan zhu F0415 AD13
混凝土灌注
HNTGZ
Concrete pouring
Y：混凝土浇筑

Hun ning tu guan zhu zhuang F0416 BC06
混凝土灌注桩
HNTGZZ
Cast-in-place concrete pile
Y：现浇混凝土桩

Hun ning tu hui tan shi yan 03661 AH01
混凝土回弹试验
HNTHTSY
Rebound test of concrete
S：回弹试验
Z：试验*

Hun ning tu ji xie 03662
混凝土机械 AG03
HNTJX
Concreting machineries
S：机械*
C：给料机；混凝土搅拌机；混凝土切割机；混凝土摊铺机
F：混凝土喷射机；混凝土振动机械

Hun ning tu jiao ban che F0417 AG03
混凝土搅拌车
HNTJBC
Ready-mix concrete trucks
Y：汽车式搅拌机

Hun ning tu jiao ban chuan 03663 BE03
混凝土搅拌船
HNTJBC
Floating concrete mixing plant
S：工程船舶
Z：船舶*

Hun ning tu jiao ban ji 03664 AG03；AG07
混凝土搅拌机
HNTJBJ
Concrete mixer
S：搅拌机
C：混凝土机械
F：汽车式搅拌机；自落式搅拌机
Z：设备*

Hun ning tu jiao ban she bei 03665 AG07
混凝土搅拌设备
HNTJBSB
Concrete mixing plant
S：搅拌设备
Z：设备*

Hun ning tu jiao ban shu song che 03666 AG07
混凝土搅拌输送车
HNTJBSSC
Truck mixer
S：车辆*

Hun ning tu jiao guan 03667 DI00
混凝土浇灌
HNTJG
Concrete placing; Concrete placement; Concreting
C：和易性

Hun ning tu jiao zhu 03668
混凝土浇筑 BC06
HNTJZ
Concrete pouring
S：混凝土施工
F：就地混凝土灌注；水下混凝土灌注
D：混凝土灌注
Z：工程施工*

Hun ning tu jie gou 03669
混凝土结构 AD04；BC03
HNTJG
Concrete structure

S：工程结构*
F：非钢筋加筋混凝土结构；钢筋混凝土结构；现浇混凝土结构

Hun ning tu ju F0418
混凝土锯 AG03
HNTJ
Concrete saws
Y：混凝土切割机

Hun ning tu kuai ti hu an 03670
BC06
混凝土块体护岸
HNTKTHA
Concrete block revetment
S：海岸防护
D：混凝土方块护岸
Z：防护*

Hun ning tu liu dang xing shi yan 03671
AH01
混凝土流动性试验
HNTLDXSY
Concrete fluidity test
S：性能试验
C：材料试验；土工试验
Z：试验*

Hun ning tu lü hua wu han liang ce liang 03672
AH02
混凝土氯化物含量测量
HNTLHWHLCL
Concrete chloride content measurement
S：测量*
D：氯化物含量沿深度分布测量

Hun ning tu lu mian la mao ji 03673
AG07
混凝土路面拉毛机
HNTLMLMJ
Concrete pavement texturing machine
S：路面施工机械
Z：机械*

Hun ning tu lu mian qie feng ji 03674
AG07
混凝土路面切缝机
HNTLMQFJ
Concrete pavement joint cutting machine
S：路面施工机械
Z：机械*

Hun ning tu lu mian qing feng ji 03675
AG07
混凝土路面清缝机
HNTLMQFJ
Concrete pavement joint cleaning machine
S：路面施工机械
Z：机械*

Hun ning tu lu mian tian feng ji 03676
AG07
混凝土路面填缝机
HNTLMTFJ
Concrete pavement joint sealing machine
S：路面施工机械
Z：机械*

Hun ning tu lu mian zheng mian ji 03677
AG07
混凝土路面整面机
HNTLMZMJ
Concrete pavement finisher
S：路面施工机械
Z：机械*

Hun ning tu mu ban 03678
混凝土模板 BC06
HNTMB
Concrete forms
S：模板
Z：板*

Hun ning tu pei he bi 03679
DI00
混凝土配合比
HNTPHB
Proportioning of concrete
S：配合比
Z：数*

Hun ning tu pen she ji 03680
AE05；AG03
混凝土喷射机
HNTPSJ
Concrete sprayer
S：混凝土机械
C：衬砌机械
D：混凝土喷射器；砂浆喷射器
Z：机械*

Hun ning tu pen she qi F0419
AG03
混凝土喷射器
HNTPSQ
Concrete guns
Y：混凝土喷射机

Hun ning tu pu lu ji F0420
混凝土铺路机 AG03
HNTPLJ
Concrete pavers
Y：混凝土摊铺机

Hun ning tu qiang du chao sheng jian ce 03681
AH02
混凝土强度超声检测
HNTQDCSJC
Ultrasonic test of concrete strength
S：强度超声检测
C：探伤
Z：检测*

Hun ning tu qiang du deng ji 03682
CG09
混凝土强度等级
Grade of concrete strength
S：分级*
C：混凝土标号

Hun ning tu qiao ta 03683
混凝土桥塔 AD10
HNTQT
Concrete bridge tower
S：桥塔*

Hun ning tu qie ge ji 03684
AG03
混凝土切割机
HNTQGJ
Concrete cutters
S：切割机
C：混凝土机械
D：混凝土锯
Z：机械*

Hun ning tu shi gong 03685
混凝土施工 BC06
HNTSG
Concrete construction

S：工程施工*
C：模板*
F：导管浇筑混凝土施工；现浇钢筋混凝土施工

Hun ning tu shu song beng che 03686 AG07
混凝土输送泵车
HNTSSBC
Concrete pump truck
S：车辆*

Hun ning tu tan hua shi yan 03687 AH01
混凝土碳化试验
HNTTHSY
Concrete carbonation test
S：碳化试验
Z：试验*

Hun ning tu tan pu ji 03688 AG03
混凝土摊铺机
HNTTPJ
Concrete pavers
S：摊铺机
C：混凝土机械
D：混凝土铺路机
Z：机械*

Hun ning tu wai jia ji 03689 AF07
混凝土外加剂
HNTWJJ
Concrete additive
S：添加剂
F：防冻剂；调凝剂；阻锈剂
Z：剂*

Hun ning tu wei yan 03690 CI01
混凝土围堰
HNTWY
Concrete cofferdams
S：围堰*

Hun ning tu xie la qiao 03691 AD01
混凝土斜拉桥
HNTXLQ
Concrete deck cable stayed bridge
S：斜拉桥
Z：桥*

Hun ning tu xing neng 03692 AF07
混凝土性能
HNTXN
Concrete property
S：性能*
F：新拌混凝土性能

Hun ning tu xiu bu 03693 AF07
混凝土修补
HNTXB
Concrete patching
S：修补*

Hun ning tu zhen dao qi 03694 AG03
混凝土振捣器
HNTZDQ
Concrete vibrators
S：混凝土振动机械
D：振捣器
Z：机械*

Hun ning tu zhen dong ji xie 03695 AG03
混凝土振动机械
HNTZDJX
Concrete compaction machine
S：混凝土机械
F：混凝土振捣器
D：混凝土振实机械
Z：机械*

Hun ning tu zhen shi ji xie F0421 AG03
混凝土振实机械
HNTZSJX
Concrete compaction machine
Y：混凝土振动机械

Hun ning tu zhuang 03696 CI01
混凝土桩
HNTZ
Concrete piles
S：桩*
F：现浇混凝土桩；预应力桩；预制混凝土桩

Hun ning tu zuan kong nei kui jing jian cha 03697 AH02
混凝土钻孔内窥镜检查
HNTZKNKJJC
Concrete coring hole inspecting by endoscope
S：内窥镜检查
C：探伤
Z：检查*

Hun zhuang 03698 AA05
混装
HZ
Mixed loading

Hun zhuang xiu li fa 03699 AK05
混装修理法(汽车)
HZXLF
Depersonalized repair method
S：汽车修理方法
Z：方法*

Huo bi 03700 DA00
货币
HB
Money

Huo cang 03701 BE05
货舱
HC
Cargo compartment；Cargo holds
S：船舶舱室*
C：客舱

Huo cha 03702 AA06；BA07
货差
HC
Freight shortage；Shortlanded and overlanded cargo
S：货运质量
F：灭失
Z：质量*

Huo cha liang 03703 BJ02
货差量
HCL
Cargo losses
S：运输事故统计指标
Z：指标*

Huo cha lü 03704
货差率 AA06;BA07;BJ02
HCL
Rate of shortage of goods; Rate of cargo losses; Rate of shortlanded and overlanded cargo
S: 比率*;运输事故统计指标
C: 质量指标
Z: 指标*

Huo chang 03705
货场 AA04;BA06
HC
Freight yard; Goods yard
S: 堆场*

Huo che du lun 03706
火车渡轮 BE01
HCDL
Train ferry
S: 渡轮
Z: 船舶*

Huo cheng yan 03707
火成岩 AF05
HCY
Igneous rock
S: 岩石*
F: 花岗岩;辉绿岩;火山凝灰岩;玄武岩
D: 岩浆岩

Huo chuan 03708
货船 BE01
HC
Cargo ship
S: 运输船舶
C: 货运码头;商港
Z: 船舶*

Huo chuan an quan zheng shu 03709
货船安全证书 BE07
HCAQZS
Cargo Ship Safety Certificate
S: 证书*

Huo dong diao jia 03710
活动吊架 AD14
HDDJ
Travelling cradle
C: 桥梁架设

Huo dong xing ping ding 03711
活动性评定 AH02
HDXPD
Activity evaluation
S: 评定*
F: 桥址断层活动性评定

Huo dong zhi zuo 03712
活动支座(桥) AD08
HDZZ
Movable bearing support
S: 桥梁支座
Z: 支座*

Huo duo 03713
货垛 BA06
HD
Goods stack
S: 储存*

Huo hua 03714
活化 CC01
HH
Activation
S: 过程*
C: 催化

Huo jia 03715
货架 BA06
HJ
Goods shelf
S: 货区
Z: 区域*

Huo jing bao jing qi 03716
火警报警器 BI04
HJBJQ
Fire alarms
S: 灭火系统
C: 船舶灭火
Z: 安全*

Huo jiu chuan bo shu 03717
获救船舶数 BJ02
HJCBS
Numbers of ship rescued in marine search and rescue operation
S: 水上搜寻救助统计指标
Z: 指标*

Huo jiu ren yuan shu 03718
获救人员数 BJ02
HJRYS
Numbers of passenger rescued in marine search and rescue operation
S: 水上搜寻救助统计指标
Z: 指标*

Huo liu 03719
货流* AA03
HL
Freight flow
F: 出口货流

Huo liu mi du 03720
货流密度 BA02
HLMD
Intensity of freight
C: 运输管理

Huo liu tu 03721
货流图 AA03
HLT
Freight traffic diagram
S: 图*

Huo lun 03722
货轮 BE01
HL
Cargo ship
S: 运输船舶
F: 多用途货船;化学品运输船;集装箱船;江海航行船舶;散货船;危险品运输船;液货船;杂货船;载驳船;专用船舶
Z: 船舶*

Huo mian quan 03723
豁免权 BA01
HMQ
Immunity
S: 权利*
F: 国有船舶豁免权

Huo piao 03724
货票 BA02
HP
Copies of way-bill

C：理货

Huo qu 03725
货区 BA06
HQ
Shipping space;Shipping area
S：区域*
F：货架；收货区
D：出货区

Huo shan hui gui suan yan shui ni 03726 AF04
火山灰硅酸盐水泥
HSHGSYSN
Portland-pozzolan cements;Trass cements
S：混合水泥
D：火山灰水泥
Z：水泥*

Huo shan hui shui ni F0422
火山灰水泥 AF04
HSHSN
Portland- pozzolan cements
Y：火山灰硅酸盐水泥

Huo shan hui tu 03727
火山灰土 CG06
HSHT
Volcanic ash soil
S：石灰稳定土
Z：土*

Huo shan ning hui yan 03728 AF05
火山凝灰岩
HSNHY
Volcanic rocks
S：火成岩
Z：岩石*

Huo sun 03729
货损 AA06;BA07
HS
Freight damage;Damage of cargo
S：货运质量
C：货损率；残损鉴定
F：变质；湿损
Z：质量*

Huo sun liang 03730
货损量 BJ02
HSL
Quantities of goods damaged
S：运输事故统计指标
Z：指标*

Huo sun lü 03731
货损率 AA06;BA07;BJ02
HSL
Rate of damaged cargo
S：比率*；运输事故统计指标
C：货损
Z：指标*

Huo wei 03732
货位 AA04
HW
Freight lot

Huo wu 03733
货物* AA03;DD00
HW
Cargo;Goods
F：包装货物；超长货物；成组货；海关监管货物；甲板货物；件杂货物；零星货物；裸装货物；拼装货；普通货物；轻泡货物；散货；适箱货；托盘货；外贸货物；危险品；鲜活货物；整批货物；整箱货

Huo wu bao xian 03734
货物保险 BA04
HWBX
Insurance of goods;Insurance of cargo
S：保险*

Huo wu bao xian fei 03735
货物保险费 BA04
HWBXF
Cargo insurance
S：保险费
Z：费用*

Huo wu bao zhuang F0423
货物包装 AA03
HWBZ
Goods packing
Y：运输包装

Huo wu biao zhi F0424
货物标志 AA03
HWBZ
Goods mark
Y：收发货标志

Huo wu can zhi 03736
货物残值 BA07
HWCZ
Residual value of cargoes
S：残值
Z：值*

Huo wu cang ku 03737
货物仓库 AA04
HWCK
Ordinary warehouse
S：仓库*

Huo wu du chuan 03738
货物渡船 BE01
HWDC
Cargo ferry
S：货轮；渡轮
Z：船舶*

Huo wu hu di xing 03739
货物互抵性 BI01
由于货物的理化性质不同，一种货物对另一种货物能产生质量损害或两种货物互相抵触的性质。
HWHDX
Incompatibility
S：性质*

Huo wu jian yan 03740
货物检验 DF00
HWJY
Cargo inspection
S：检验*

Huo wu jiao jie 03741
货物交接* BA07
HWJJ
Cargo hand-over
F：封舱交接；双边交接

Huo wu kun bang 03742
货物捆绑 BI01
HWKB
Cargo lashing
S：运输包装
D：货物捆扎

Z：包装*

Huo wu kun zha F0425
货物捆扎 BI01
HWKZ
Cargo lashing
Y：货物捆绑

Huo wu liu liang 03743
货物流量 AA03
HWLL
Freight traffic volume
S：流量
Z：量*

Huo wu liu xiang 03744
货物流向 AA03
HWLX
Freight traffic direction

Huo wu qian zai que xian 03745
BI01
货物潜在缺陷
HWQZQX
Latent defects of goods

Huo wu qing dan 03746
货物清单 AA03
HWQD
Freight bill

Huo wu shui 03747
货物税 BA01
HWS
Tax on commodities
S：税*
C：吨税

Huo wu yun dan 03748
货物运单 AA03
HWYD
Bill of loading
S：运输单证
Z：单证*

Huo wu yun jia 03749
货物运价 AA08；BG06
HWYJ
Charge of freight transport；Freight rate
S：运价
F：特种货物运价
Z：价格*

Huo wu yun jia deng ji 03750
BG06
货物运价等级
HWYJDJ
Classification of freight rate
S：分级*

Huo wu yun jia lei bie 03751
BG06
货物运价类别
HWYJLB
The kind of freight rate
S：分类*

Huo wu yun shu 03752
货物运输 AA03；BA02
HWYS
Freight transportation
S：运输*
F：包装货物运输；长大笨重货物运输；超限货物运输；大宗货物运输；放射性货物运输；罐装货物运输；贵重货物运输；集装箱运输；快件货物运输；垃圾运输；冷藏货物运输；零担货物运输；煤炭运输；轻浮货物运输；散货运输；散装货物运输；石油运输；特种货物运输；危险品运输；鲜活货物运输；扬尘性货物运输；易碎货物运输；整车货物运输；直达货物运输

Huo wu yun shu guan li 03753
BA02
货物运输管理
HWYSGL
Management of cargo transport
S：运输管理
Z：管理*

Huo wu yun shu ji hua 03754
BA02
货物运输计划
HWYSJH
Plan of cargo transport
S：计划*

Huo wu yun shu liang yu ce 03755
AA10
货物运输量预测
HWYSLYC
Prediction of freight volume
S：运量预测
Z：预测*

Huo wu yun shu tiao jian 03756
BA02
货物运输条件
HWYSTJ
Terms and conditions concerning carriage of goods
S：条件*

Huo wu yun shu zu zhi 03757
BF01
货物运输组织
HWYSZZ
Arrangement of cargo transport
S：运输组织
Z：组织*

Huo wu zai he fen bu 03758
货物载荷分布 BI01
HWZHFB
Cargo load distribution
S：分布*

Huo wu zai tu ji ya fei yong 03759
BA02
货物在途积压费用
把运输中的货物看成流动资金，因其滞留途中，脱离生产-消费过程而造成的损失。
HWZTJYFY
Inventory cost
S：费用*

Huo wu zhou zhuan liang 03760
BJ02
货物周转量
HWZZL
Cargoes turnover
S：水运生产指标
Z：指标*

Huo wu zi ran shu xing 03761
BI01
货物自然属性
HWZRSX
Nature of the goods

S：特性
Z：性质*

Huo xian tan ce qi 03762
火险探测器 BI04
HXTCQ
Fire detectors
S：灭火系统
Z：安全*

Huo xing 03763
活性 DC00
HX
Activity
S：性质*

Huo yan 03764
火焰 CC01
HY
Flames

Huo yuan 03765
货源 AA03；BA02；BF01
HY
Merchandise resources；Source of freight

Huo yuan diao cha 03766
货源调查 AA03；BF01
HYDC
Freight survey；Survey of cargo resources
S：调查*

Huo yuan guan li 03767
货源管理 AA10
HYGL
Coordination of freight sources
S：管理*

Huo yuan xin xi 03768
货源信息 AA03；BA02
HYXX
Information of cargo resources；Information of freight source
S：信息*
C：运输管理

Huo yuan zu zhi 03769
货源组织 AA03
HYZZ
Freight management
S：组织*

Huo yun diao du 03770
货运调度 AA10
HYDD
Dispatching of freight transportation
S：调度*
C：图上作业法；表上作业法；环形调度法；执行调度；调度方法

Huo yun fei lü 03771
货运费率 BA02；BG06
HYFL
Freight rates
S：费率
D：货运价率
Z：比率*

Huo yun fen xi 03772
货运分析 BG02
HYFX
Freight analysis
S：分析*

Huo yun guan li 03773
货运管理 BG02
HYGL
Freight management
S：运输管理
C：库存量
Z：管理*

Huo yun hang xian 03774
货运航线 BF06
HYHX
Trade routes
S：航线*

Huo yun jia lü F0426
货运价率 BG06
HYJL
Freight rates
Y：货运费率

Huo yun lian yun zhan 03775
货运联运站 AA04
HYLYZ
Intermodal freight terminal
S：货运站
Z：车站*

Huo yun liang 03776
货运量 BJ02
HYL
Freight volume；Volume of freight traffic；Volume of goods transported
S：运量；水运生产指标
Z：量*；指标*

Huo yun liang yu ce 03777
货运量预测 BA02
HYLYC
Forecasting freight traffic
S：预测*

Huo yun ma tou 03778
货运码头 BC01
HYMT
Cargo terminals
S：码头*
C：海运枢纽站；货船
F：集装箱码头；件杂货码头；散货码头；油码头

Huo yun shang wu jian du 03779
货运商务监督 AA10
HYSWJD
Supervision of freight transportation
S：监督*

Huo yun shi chang diao cha 03780
货运市场调查 BF01
HYSCDC
Market survey of cargo transport
S：调查*

Huo yun shi chang 03781
货运市场 BG03
HYSC
Freight market
S：市场*

Huo yun shi gu 03782
货运事故 AA06
HYSG
Lost and/or damage of transport cargo
S：事故*
C：货运质量

F：联运货运事故

Huo yun shu niu zhan 03783
货运枢纽站 AA04
HYSNZ
Key terminal
S：货运站
Z：车站*

Huo yun wen jian 03784
货运文件 BA02
HYWJ
Freight documentation
S：运输文件
F：到货通知
Z：文件*

Huo yun xin xi 03785
zhong xin AA04
货运信息中心
HYXXZX
Freight information center
S：信息中心
Z：中心*

Huo yun ye wu 03786
货运业务 AA03；BA02
HYYW
Operation of freight transportation，Freight transport business
S：运输管理
Z：管理*

Huo yun zhan 03787
货运站 AA04
HYZ
Freight terminal
F：货运联运站；货运枢纽站；集装箱中转站；集装箱货运站；零担货运站
D：汽车货运装卸站
Z：车站*

Huo yun zhi liang 03788
货运质量 AA06；BA07
HYZL
Freight transport quality；Quality of freight service
S：质量*
C：货运事故
F：货差；货损

Huo zai 03789
火灾 AE14
HZ
Fire hazard
S：灾害*

Huo zai he 03790
活载荷 CG11
HZH
Live load
S：载荷*

Huo zai jian ce 03791
火灾监测 CK03
HZJC
Fire monitoring
S：监测*

I

IMO F0427
IMO BA09
IMO
International Maritime Organization
Y：国际海事组织

J

Ji 03792
剂* CC01
J
Agent
F：催化剂；发泡剂；分散剂；干燥剂；焊剂；缓蚀剂；减水剂；胶粘剂；溶剂；添加剂；稳定剂；吸附剂；止水剂；阻燃剂

Ji ben jian she 03793
ji hua BB01
基本建设计划
JBJSJH
Capital construction plan
S：计划*
F：基本建设投资计划

Ji ben jian she 03794
tou zi ji hua BB01
基本建设投资计划
JBJSTZJH
Investment plan of capital construction
S：基本建设计划
Z：计划*

Ji ben jian she F0428
xiang mu BB01
基本建设项目
JBJSXM
Capital construction project
Y：建设项目

Ji ben piao jia 03795
基本票价 AJ04
JBPJ
Basic fare
S：票价
Z：价格*

Ji ben tong xing 03796
neng li AI02
基本通行能力
JBTXNL
Basic capacity
S：通行能力
Z：能力*

Ji ben xian 03797
基本险 BA04
JBX
With average
S：船舶保险
Z：保险*

Ji ben yun jia 03798
基本运价 AA08
JBYJ
Basic rate
S：运价
C：计价标准
Z：价格*

Ji ben zhe jiu lü 03799
基本折旧率 AG10
JBZJL
Depreciation rate
S：折旧率
Z：比率*

Ji cang fu ji 03800
机舱辅机 BE08
JCFJ
Engine-room auxiliary machines
S：船舶辅机
Z：船机*

Ji cang zi dong hua 03801
机舱自动化 BE08
JCZDH
Engine room automation
S：自动化*
D：无人机舱

Ji cang 03802
机舱 BE05
JC
Engine room
S：船舶舱室*

Ji ceng 03803
基层 AC04
JC
Base course
S：路面结构层
F：半刚性基层；补强层；级配集料基层；块石基层；矿渣基层；粒料稳定土基层；贫混凝土基层；石灰粉煤灰土基层；水泥土基层；碎石基层；稳定材料基层；综合稳定基层
Z：层*

Ji che dong li xue 03804
机车动力学 CG01
JCDLX
Locomotive dynamics
S：动力学
Z：学科*

Ji cheng bao che yun jia 03805
AA08
计程包车运价
JCBCYJ
Charter rate by distance
S：运价
Z：价格*

Ji cheng dian lu 03806
集成电路 CF04
JCDL
Integrated circuit
S：电子电路
F：超大规模集成电路；大规模集成电路；专用集成电路
Z：电路*

Ji cheng dian lu gong yi 03807
CF04
集成电路工艺
JCDLGY
Integrated circuit technology
S：工艺*

Ji cheng piao zhi 03808
计程票制 AJ04
JCPZ
Metered fare
S：票制
Z：体制*

Ji cheng yi 03809
计程仪 BF03
JCY
Log
S：航海仪器
F：多普勒计程仪
Z：仪器*

Ji cheng yi hang cheng 03810
BF02
计程仪航程
JCYHC
Distance by log
S：航程*

Ji chu 03811
基础（工程）* AD11；BC02；CI01；DE00
JC
Foundations (engineering)；Base
C：地基*；地基处理*；围堰*；基坑
F：底基；筏式基础；刚性基础；明挖基础；浅基础；路基；桥梁基础；柔性基础；深基础；弹性基础；托换基础；箱形基础；桩基础
D：基座

Ji chu 03812
基础 DE00
JC
Bases

Ji chu 03813
基础* CI01
JC
Bases
F：刚性基础；扩大基础

Ji chu chen jiang 03814
基础沉降 AD11；CI01
JCCJ
Foundation settlement
S：沉降*

Ji chu gong cheng 03815
基础工程 CI01
JCGC
Foundation construction；Foundation engineering
S：工程*

Ji chu jia gu 03816
基础加固 CI01
JCJG
Foundation strengthening
S：加固*

Ji chu jia kuan 03817
基础加宽 CI01
JCJK
Foundation widening
C：基础施工

Ji chu she ji 03818
基础设计 CI01
JCSJ
Foundation design
S：设计*

Ji chu she shi 03819
基础设施 BB04
JCSS
Infrastructure
S：设施*
F：社会基础设施

Ji chu she shi cheng ben 03820
BG05
基础设施成本
JCSSCB
Infrastructure cost
S：成本*

Ji chu she shi 03821
guan li BA07
基础设施管理
JCSSGL
Management of infrastructures
S：管理*

Ji chu she shi 03822
jing ji xue BG01
基础设施经济学
JCSSJJX
Infrastructure economics
S：经济学
F：港口规划经济学
Z：学科*

Ji chu shi gong 03823
基础施工 CI01
JCSG
Foundation work
S：工程施工*
C：基础加宽

Ji chuang 03824
机床 AK05
JC
Machine tool
S：汽车维修工艺设备
Z：设备*

Ji di 03825
极地 DJ00
JD
Polar regions
S：地区*
C：极区

Ji dian qi 03826
继电器 CF01
JDQ
Electric relay

Ji dian zhuang zhi 03827
集电装置 AJ02
JDZZ
Power collector
S：装置*

Ji dong che liang 03828
机动车辆 AK01
JDCL
Power-driven vehicle
S：车辆*

Ji dong che 03829
liang zao sheng CK02
机动车辆噪声
JDCLZS
Motor noise
S：交通噪声
Z：噪声*

Ji fei li cheng 03830
计费里程 AA08
JFLC
Charged distance
C：计价标准
D：包干计费里程

Ji fei zhong liang 03831
计费重量 AA08
JFZL
Charged weight
C：计价标准

Ji fen 03832
积分 CA00
JF
Integral calculus

Ji fen bian huan 03833
积分变换* CA00
JFBH
Integral transformations
F：傅立叶变换；拉普拉斯变换

Ji fen fang cheng 03834
积分方程 CA00
JFFC
Integral equations
S：方程*

Ji geng dao 03835
机耕道 AB02
JGD
Tractor road
S：道路*

Ji gou 03836
机构(机械) DG00
JG
Mechanisms

Ji gou 03837
机构(组织)* DJ00
JG
Institutions; Organizations
F：班轮公会；班轮公司集团和联盟；保险机构；船级社；调查统计局；非政府组织；国际船级社联合会；国际海事组织；国际航运组织；国际货币基金组织；国际运输工人联合会；国际组织；海运管理局(美国)；海运机构；海运组织；航海安全委员会；航运管理机构；环境保护机构；皇家海上营救机构；科研机构；联合国工发组织；贸易机构；美国航运委员会；挪威国际船舶登记局；情报机构；设计机构；社区组织；生产组织；施工机构；项目组织；行政管理机构；学术机构；运价公会；政府机构；政府间海运协商组织
D：组织机构

Ji guang 03838
激光 CB00
JG
Lasers
S：光*
C：激光应用

Ji guang dao hang 03839
激光导航 BD05
JGDH
Laser navigation
S：导航*

Ji guang han jie 03840
激光焊接 BE10
JGHJ
Laser welding
S：焊接*

Ji guang ji shu 03841
激光技术 CF04
JGJS
Laser technique
S：技术*

Ji guang ying yong 03842
激光应用 CB00
JGYY

Laser application
S：应用*
C：激光

Ji guang zhuang zhi 03843
激光装置 CF04
JGZZ
Laser device
S：装置*

Ji guang zhun zhi 03844
nao du ce liang AH02
激光准直挠度测量
JGZZNDCL
Laser alignment deflection measurement
S：挠度测量
Z：测量*

Ji he guang xue 03845
几何光学 CB00
JHGX
Geometrical optics
S：光学
Z：学科*

Ji he mo xing 03846
集合模型 AI01
JHMX
Aggregation model
S：模型*
D：非集合模型

Ji he xing zhuang 03847
几何形状 DH00
JHXZ
Geometric forms
S：形状*

Ji he xue 03848
几何学 CA00
JHX
Geometry
S：数学
Z：学科*

Ji hua 03849
计划* DD00
JH
Plan
F：北极考察计划；财务计划；贷款计划；短期计划；管理计划；国家计划；国民经济计划；宏观计划；货物运输计划；基本建设计划；融资计划；停车计划；物料需求计划；研究项目计划；运输计划；运行计划；装卸作业计划

Ji hua guan li 03850
计划管理 BG02；BG04
JHGL
Management by planning
S：管理*

Ji hua hang ji xiang 03851
计划航迹向 BF02
JHHJX
Course of advance；CA，intended
S：航向*

Ji hua jue ce 03852
计划决策 BG07
JHJC
Plan decision
S：决策*

Ji hua kong zhi 03853
计划控制 BG07
JHKZ
Plan control
S：控制*

Ji hua nei yun shu 03854
计划内运输 BA02
JHNYS
Planned transport
S：运输*

Ji hua ping shen 03855
ji shu BG07
计划评审技术
JHPSJS
Program evaluation and review technique
S：技术*

Ji hua wai wei hu 03856
计划外维护 AK04
JHWWH
Unscheduled maintenance
S：汽车维护
Z：维修*

Ji hua xiu li 03857
计划修理 AK05
JHXL
Scheduled repair
S：维修*
D：非计划修理

Ji hua yu fang wei F0429
xiu zhi du AK04
计划预防维修制度
JHYFWXZD
Scheduled preventive maintenance and repair system
Y：汽车维修制度

Ji huo 03858
集货 BA06
JH
Goods collection
S：仓储管理
Z：管理*

Ji jia 03859
基价 BG06
作为计算各个等级货物运价的基准价格，一般由航行基价和停泊基价两部分组成。
JJ
Basic freight rate
S：运价
Z：价格*

Ji jia biao zhun 03860
计价标准 AA08
JJBZ
Rate-making standard
S：标准*
C：计费重量

Ji jian ji shu 03861
jing ji fen xi BB01
基建技术经济分析
JJJSJJFX
Technique and economic analysis of capital construction
S：经济分析
Z：分析*

Ji jian tou zi 03862
基建投资 BB04
JJTZ
Capital investment；Capital outlay

S：投资*
C：资本投资

Ji jian xiang 03863
mu ren wu shu BB01
基建项目任务书
JJXMRWS
Construction project instructions; Construction project prospectus

Ji jie bian hua 03864
季节变化 CD03
JJBH
Seasonal variations
S：变化*

Ji jie hang lu 03865
季节航路 BF02
JJHL
Seasonal route

Ji jie liang F0430
集结量 AJ05
JJL
Passenger collecting volume
Y：集散量

Ji jie xing huo 03866
wu yun shu BA02
季节性货物运输
JJXHWYS
Seasonal cargo transport
S：运输*

Ji jie xing ke liu 03867
季节性客流 AA02
JJXKL
Seasonal passenger traffic
S：客流*

Ji jie xing ke liu 03868
集结性客流 AA02
JJXKL
Aggregate passenger traffic
S：客流*

Ji jie xing wei hu 03869
季节性维护(汽车) AK04
JJXWH
Seasonal maintenance
S：汽车维护

Z：维修*

Ji jin 03870
基金* AB03
JJ
Fund
F：保险基金；发展基金；国家基金；环境基金；建设基金

Ji keng 03871
基坑 AD11；AD13；BC02；CI01
JK
Foundation ditches; Foundation pit
C：基础(工程)*

Ji li F0431
机理 AK04；CC01；DC00
JL
Mechanism(process)
Y：机制*

Ji liang 03872
计量 DI00
JL
Measurement

Ji liang biao zhun 03873
计量标准 BB02
JLBZ
Metering standard
S：标准*

Ji liang dan wei 03874
计量单位 DI00
JLDW
Unit of measurement; Measuring unit
S：单位*
F：海里；节；链

Ji liang yu zhi fu 03875
计量与支付 AB04
JLYZF
Measurement and payment

Ji liang zhuang zhi 03876
计量装置 AG03；DE00
JLZZ
Measuring instrument
S：装置*
F：流量计

Ji liao F0432
集料 AF06
JL
Aggregates
Y：骨料*

Ji liao F0433
瘠料 AF06
JL
Poor aggregates
Y：骨料*

Ji liao 03877
给料 DD00
JL
Feeding
D：供料

Ji liao bo luo 03878
集料剥落 AC08
JLBL
Stripping of aggregate

Ji liao ji 03879
给料机 AG03；BA08
JLJ
Feeders
S：机械*
C：运输机械；混凝土机械；料斗
D：给料装置；供料装置

Ji liao zhuang zhi F0434
给料装置 AG03
JLZZ
Supply equipment
Y：给料机

Ji liu cao 03880
急流槽 AC06
JLC
Chute
C：路基排水

Ji lu 03881
记录 DB00
JL
Record
S：资料*
F：客运记录

Ji lu lei gong ju 03882

记录类工具 BB03
JLLGJ
Tools for recordings
S：分析研究工具
Z：工具*

Ji lu yi 03883
记录仪 DF00
JLY
Recorders
S：仪器*

Ji mi zhuang 03884
挤密桩 CI01
JMZ
Compacting piles
S：桩*

Ji ni xi shu 03885
基尼系数 BB04
JNXS
GiNi coefficient
S：系数*

Ji pai shui 03886
给排水 CI03
JPS
Water supply and drainage

Ji pei 03887
级配* AF06；CG09
JP
Gradation；Grading
C：级配曲线
F：粗级配；断级配；开级配；颗粒级配；密级配；细级配；最佳级配

Ji pei ji liao 03888
ji ceng AC04
级配集料基层
JPJLJC
Graded aggregate base
S：基层
Z：层*

Ji pei lu mian 03889
级配路面 AC04
JPLM
Graded aggregate pavement
S：路面*

Ji pei qu xian 03890
级配曲线 CG09
JPQX
Grading curve
S：曲线*
C：级配*

Ji qi fan yi 03891
机器翻译 CF03
JQFY
Machine translation
S：翻译*

Ji qi jian suo F0435
机器检索 DF00
JQJS
Computer aided retrieval
Y：计算机检索

Ji qi ren 03892
机器人 CF02
JQR
Robot
C：机械手；自动机

Ji qu 03893
极区 DJ00
JQ
Polar area
S：地区*
C：极地

Ji qu hang xing 03894
极区航行 BF02
JQHX
Polar navigation
S：船舶航行*
C：大圆航行

Ji san dao lu 03895
集散道路 AB02
JSDL
Collector-distributor road
S：道路*

Ji san liang 03896
集散量 AJ05
集结量与疏散量之和
JSL
Passenger collector-distributor volume
S：量*
D：集结量；疏散量

Ji shi 03897
计时 DD00
JS
Time measurement

Ji shi piao zhi 03898
计时票制 AJ04
JSPZ
Time fare system
S：票制
Z：体系*

Ji shi shi yan 03899
击实试验 AH01
JSSY
Compaction test
S：材料力学试验
F：轻型击实试验；重型击实试验
Z：试验*

Ji shi yi 03900
击实仪 AH03
JSY
Compaction test apparatus
S：仪器*

Ji shu 03901
技术* DE00
JS
Technique；Technology
F：安全技术；半导体技术；变流技术；测试技术；电子技术；分析技术；高新技术；隔振技术；海洋科学技术；航行预测分析技术；激光技术；计划评审技术；驾驶技术；零库存技术；模拟技术；评价技术；全息照相术；软技术；射流技术；探测技术；物流技术；研发技术；预测技术；运输技术；筑坝技术

Ji shu an quan 03902
技术安全 DE00
JSAQ
Technical safety
S：安全*

Ji shu biao zhun 03903
技术标准 AK05；BB02；DB00

JSBZ
Technical standard
S：标准*
F：汽车修理技术标准

Ji shu biao zhun hua 03904
技术标准化 DB00
JSBZH
Technical standardization
S：标准化*

Ji shu cuo shi 03905
技术措施 DE00
JSCS
Technical measures
S：措施*

Ji shu dang an 03906
技术档案 AK02
JSDA
Technical file
S：档案
F：车辆技术档案
Z：资料*

Ji shu fang an 03907
技术方案 DA00
JSFA
Technical proposal; Alternatives of technology
S：方案*

Ji shu fang an ping jia 03908
BE06
技术方案评价
JSFAPJ
Technical proposal assessment
S：评价*

Ji shu fu wu 03909
技术服务 AK04
JSFW
Technical service
S：服务*

Ji shu gai jin F0436
技术改进 DE00
JSGJ
Technological improvement
Y：技术改造

Ji shu gai zao 03910
技术改造 AC07；DE00
JSGZ
Technical reform; Technical improvement
S：改造*
F：旧路技术改造
D：技术革新；技术改进

Ji shu ge ming F0437
技术革命 DE00
JSGM
Technological revolution
Y：技术进步

Ji shu ge xin F0438
技术革新 DE00
JSGX
Technological innovation
Y：技术改造

Ji shu gui cheng 03911
技术规程 BE06
JSGC
Technical specification; Technical regulation
S：规程*

Ji shu gui fan 03912
技术规范 BE06
JSGF
Technical specification; Criterion
S：规范*

Ji shu he zuo 03913
技术合作 BG03；DE00
JSHZ
Technical cooperation
D：技术协作

Ji shu jian yan 03914
技术检验 AK05
JSJY
Technical checking
S：检验*

Ji shu jiao liu 03915
技术交流 DE00
JSJL
Technical exchange

Ji shu jin bu 03916
技术进步 DE00
JSJB
Technical progress; Technological progress
C：技术老化
D：技术革命

Ji shu jing ji ding e 03917
AK02
技术经济定额
JSJJDE
Techno-economic rating
S：定额*
F：汽车技术经济定额

Ji shu jing ji zhi biao 03918
AA07
技术经济指标
JSJJZB
Technical and economic index
S：指标*

Ji shu ke xue 03919
技术科学 DB00
JSKX
Technical science
S：科学*

Ji shu kuo san F0439
技术扩散 BG03
JSKS
Technical diffusion
Y：技术推广

Ji shu lao hua 03920
技术老化 DE00
JSLH
Technical ageing
C：技术进步

Ji shu ping jia 03921
技术评价 DA00
JSPJ
Technical evaluation
S：评价*

Ji shu qi 03922
计数器 AJ02
JSQ
Counter
S：仪器*
F：乘客计数器

Ji shu su du 03923
技术速度 AA07;AJ05
JSSD
Technical speed
S:速度*

Ji shu tiao jian 03924
技术条件 BE06
JSTJ
Technical condition
D:技术要求

Ji shu tui guang 03925
技术推广 BG03
JSTG
Technical popularization
D:技术扩散

Ji shu xie zuo F0440
技术协作 BG03
JSXZ
Technical cooperation
Y:技术合作

Ji shu yao qiu F0441
技术要求 BE06
JSYQ
Technical requirements
Y:技术条件

Ji shu yin jin 03926
技术引进 BG03;DE00
JSYJ
Technical introduction
D:技术转让

Ji shu yuan zhu 03927
技术援助 BG03
JSYZ
Technical assistance

Ji shu zhuan rang F0442
技术转让 DE00
JSZR
Transfer of technology
Y:技术引进

Ji shu zhuang kuang 03928
技术状况 AK04
JSZK
Technical condition
S:状况*
F:机械技术状况;汽车技术状况

Ji shui 03929
积水 BD01
JS
Water log

Ji shui beng F0443
给水泵 AG02
JSB
Water supply pumps
Y:水泵

Ji shui biao zhun 03930
计税标准 BA01
JSBZ
Taxation standard
S:标准*

Ji shui she bei 03931
给水设备 CI03
JSSB
Feed water equipment
S:设备*

Ji si chuan 03932
缉私船 BE02
JSC
Anti-smuggling patrol boat
S:港务船
Z:船舶*

Ji suan 03933
计算* CA00
JS
Calculation;Computation
F:工程概算;估算;核算;洪水演算;换算;检算;交通量计算;力学计算;疲劳计算;平差计算;强度计算;热工计算;数值计算;水库调洪演算;水力计算;验算

Ji suan fang fa 03934
计算方法 CA00
JSFF
Calculation method;Computational method
S:方法*
F:逼近法;变分法;差分法;插值法;迭代法;概率统计计算法;算图法;外推法;最小二乘法

Ji suan fang wei 03935
计算方位 BF02
JSFW
Computed azimuth;Calculated azimuth
S:方位*

Ji suan gao du 03936
计算高度 BF02
JSGD
Computed altitude;Calculated altitude
S:高度
Z:度*

Ji suan gong shi 03937
计算公式 CA00
JSGS
Computational formula
S:公式*

Ji suan ji 03938
计算机 DE00
JSJ
Computers

Ji suan ji an quan 03939
计算机安全 DB00
JSJAQ
Computer safety
S:安全*
F:软件安全

Ji suan ji bao mi 03940
计算机保密 DB00
JSJBM
Computer secret
S:保密*
F:软件保密;网络保密

Ji suan ji cheng ben guan li 03941
计算机成本管理 BG02
JSJCBGL
Computerized cost control
S:管理*

Ji suan ji fu zhu ce shi 03942
计算机辅助测试 CF03
JSJFZCS

Computer-aided testing
S：测试*

Ji suan ji fu zhu chuan bo she ji 03943 BE06
计算机辅助船舶设计
JSJFZCBSJ
Computer-aided ship design
S：船舶设计
Z：设计*

Ji suan ji fu zhu ding huo xi tong 03944 BA06
计算机辅助订货系统
JSJFZDHXT
Computer assisted ordering（CAO）
S：系统*

Ji suan ji fu zhu she ji 03945 AC02；CF03
计算机辅助设计
JSJFZSJ
Computer aided design
S：设计*
F：路线计算机辅助设计

Ji suan ji fu zhu zhi zao 03946 CF03
计算机辅助制造
JSJFZZZ
Computer aided manufacturing
S：制造*

Ji suan ji guan li 03947
计算机管理 CF03
JSJGL
Computer management
S：管理*

Ji suan ji jian suo 03948 CF03；DF00
计算机检索
JSJJS
Computer retrieval
S：情报检索
F：联机检索
D：机器检索
Z：检索*

Ji suan ji kong zhi 03949
计算机控制 DD00
JSJKZ
Computerized control
S：控制*
F：程序控制；数字控制

Ji suan ji mo ni 03950
计算机模拟 BB05；DF00
JSJMN
Computerized simulation；Computer simulation
S：模拟*
C：计算机应用

Ji suan ji wang luo 03951
计算机网络 CF03
JSJWL
Computer network
S：网络*
F：神经网络

Ji suan ji xi tong 03952
计算机系统 CF03
JSJXT
Computer system
S：系统*
F：数据库管理系统

Ji suan ji ying yong 03953
计算机应用 CF03
JSJYY
Computer application
S：应用*
C：计算机模拟

Ji suan ji zong he wu liu xi tong 03954 BA06
计算机综合物流系统
JSJZHWLXT
Computer integrated logistic system
S：物流系统
Z：系统*

Ji suan li lun 03955
计算理论 CA00
JSLL
Computational theory
S：理论*

Ji suan liu ti dong li xue 03956 BE04
计算流体动力学
JSLTDLX
Computational fluid dynamics
S：动力学
Z：学科*

Ji suan qi 03957
计算器 CF03
JSQ
Calculator

Ji suan tu biao 03958
计算图表 CA00；DF00
JSTB
Charts；Graphs
S：图表*

Ji ti suo you zhi 03959
集体所有制 BB01
JTSYZ
Collective ownership；Ownership group
S：所有制
Z：制度*

Ji xian 03960
基线 AC01；DH00
JX
Base line
S：线*
C：测量*

Ji xian 03961
极限* CG04；DI00
JX
Limits；Ultimate
F：安全极限；疲劳极限；容许极限；塑限；塑性极限；液限

Ji xian mo sun 03962
极限磨损 AK04
JXMS
Wear limit
S：磨损
C：汽车零件磨损
Z：损失*

Ji xian qiang du F0444
极限强度 CG02
JXQD
Ultimate strength
Y：强度极限

Ji xian qiang du fa 03963
CG04
极限强度法
JXQDF
Ultimate strength method
S：结构分析
Z：分析*

Ji xian she ji 03964
极限设计 AD03
JXSJ
Ultimate design
S：结构设计
Z：设计*

Ji xian she ji fa 03965
极限设计法 CG04
JXSJF
Limit design method
S：结构分析
Z：分析*

Ji xian zai he 03966
极限载荷 CG11
JXZH
Ultimate load
S：载荷*

Ji xian zhuang tai 03967
极限状态 AD03；DC00
JXZT
Ultimate states
S：状态*

Ji xie 03968
机械* DE00
JX
Machineries；Machines
F：采掘机械；铲运机；动力机械；堆垛机械；发泡机；给料机；焊管机；混凝土机械；破碎机；碎石机；起重运输机械；起重机械；切割机；热机；石材加工机械；施工机械；水陆两用机械；挖掘机械；吸泥机；压实机械；养护机械；运输机械；凿岩机；真空作业机械；装卸机械；筑路机械；钻探机械；桩工机械

Ji xie gu zhang 03969
机械故障 AG10
JXGZ
Failure of machine
S：故障*

Ji xie guan li ze ren zhi 03970
AG10
机械管理责任制
JXGLZRZ
Responsibility system of machinery

Ji xie hua 03971
机械化 DE00
JXH
Mechanization
C：养路*；建筑施工

Ji xie ji shu zhuang kuang 03972
AG10
机械技术状况
JXJSZK
Technical condition of machine
S：技术状况
Z：状况*

Ji xie jia gu 03973
机械加固 CI01
JXJG
Mechanical consolidation
S：加固*

Ji xie li yong lü 03974
机械利用率 AG10
JXLYL
Operation rate of machinery
S：利用率
Z：比率*

Ji xie ling jian F0445
机械零件 DG00
JXLJ
Machine parts
Y：机械元件

Ji xie shi gu 03975
机械事故 AG10
JXSG
Machinery accident
S：事故*

Ji xie shi gu chu li 03976
机械事故处理 AG10
JXSGCL
Accident handling of machinery
S：处理*

Ji xie shi leng cang ji zhuang xiang 03977
BA05
机械式冷藏集装箱
JXSLCJZX
Mechanical refrigerated container
S：冷藏集装箱
Z：集装箱*

Ji xie shi yan F0446
机械试验 BE09
JXSY
Machinery test
Y：力学试验

Ji xie shou 03978
机械手 CF02
JXS
Manipulator
C：机器人

Ji xie tong feng 03979
机械通风 AE08
JXTF
Mechanical ventilation
S：通风*

Ji xie wan hao lü 03980
机械完好率 AG10JXWHL
Availability rate of machinery
S：完好率
Z：比率*

Ji xie wei xiu 03981
机械维修 AG10
JXWX
Maintenance of machine
S：维修*

Ji xie xing mao gan 03982
机械型锚杆 AE07
JXXMG
Mechanical anchor bolt
S：锚杆*
F：楔缝式锚杆；涨壳式锚杆

Ji xie xing neng 03983
机械性能 DC00
JXXN
Mechanical properties
S：性能*

Ji xie xing neng F0447
shi yan BE09
机械性能试验
JXXNSY
Mechanical property test
Y：力学试验

Ji xie xiu li 03984
机械修理 AG10
JXXL
Repair of machine
S：维修*
F：筑路机械大修；筑路机械小修；筑路机械中修

Ji xie yuan jian 03985
机械元件 DG00
JXYJ
Machine elements
S：元件*
F：杆
D：机械零件

Ji xie zhen dong 03986
机械振动 CG08
JXZD
Mechanical vibration
S：振动*

Ji xie zhuang xie 03987
机械装卸 AA05
JXZX
Mechanical handling
S：装卸*

Ji xing 03988
极性 DC00
JX
Polarity
S：物理性质
Z：性质*

Ji xing gui hua 03989
机型规划 BE06
JXGH
Marine engineering programme
S：规划*

Ji xue biao gan 03990
积雪标杆 AI07
JXBG
Snow deposit markerpost；Snow markerpost

Ji ya bi xiong 03991
dun gou AE05
挤压闭胸盾构
JYBXDG
Shotcrete closed shield
S：盾构*

Ji ya hun ning 03992
tu chen qi AE07
挤压混凝土衬砌
JYHNTCQ
Shotcrete tunnel lining
S：衬砌*

Ji ya qiang du 03993
挤压强度 CG02
JYQD
Compressive strength
S：强度*

Ji yan 03994
基岩 CI01
JY
Bed rocks
S：岩石*

Ji yi he jin 03995
记忆合金 AF02
JYHJ
Memory alloy
S：合金
Z：材料*

Ji yu xi tong F0448
集鱼系统 BC03；BD02
JYXT
Fish collection system
Y：过鱼建筑物

Ji yue hua 03996
集约化 DC00
JYH
Intension；Intensive utilization

Ji zai yin shu 03997
积载因数 BE04
JZYS
Stowage factor
S：因数
Z：数*

Ji zhen 03998
激振 AH02
JZ
Vibration excited
S：振动*
F：爆破激振；放松拉索激振；落物激振；跳车激振；行车激振

Ji zhen qi 03999
激振器 AH04
JZQ
Vibration exciter

Ji zhi 04000
机制* CC01；DC00
JZ
Mechanism
F：断裂机理；反应机理；故障机理（汽车）；破坏机理；侵蚀机理；推理机制；岩石破坏机理
D：机理

Ji zhong 04001
集中 DD00
JZ
Concentration

Ji zhong chong shua 04002
集中冲刷 AD02
JZCS
Lumped scour
S：冲刷*

Ji zhong hua 04003
集中化 DC00
JZH
Centralization

Ji zhong jia shi 04004
xi tong BF04
集中驾驶系统
JZJSXT

Integrated bridge systems
S：系统*

Ji zhong pai shui 04005
集中排水 AC06
JZPS
Concentrated drainage
S：排水*

Ji zhong zai he 04006
集中载荷 BE06；CG11
JZZH
Concentrated loads
S：载荷*

Ji zhuang bing hai 04007
jian ce xi tong AH04
基桩病害检测系统
JZBHJCXT
Foundation pile diagnosis system
S：检测系统
Z：系统*

Ji zhuang dai 04008
集装袋 BA05
JZD
Bag container；Container bag
S：集装箱*
D：散货集装袋；柔性集装箱

Ji zhuang xiang 04009
集装箱* BA05
JZX
Container
F：保温集装箱；罐式集装箱；国际标准集装箱；国家标准集装箱；航空集装箱；绝热集装箱；空陆水联运集装箱；冷藏集装箱；特种货物集装箱

Ji zhuang xiang F0449
bi rong AA03
集装箱比容
JZXBR
Container specific volume capacity coefficient
Y：箱容系数(集装箱)

Ji zhuang xiang 04010
bian zu dui chang BA05
集装箱编组堆场
JZXBZDC
Container marshalling yards；Marshalling yard
S：堆场*
C：港区；海运枢纽站
D：集装箱堆积场

Ji zhuang xiang 04011
cha che AA05
集装箱叉车
JZXCC
Container fork lift
S：叉车
F：侧面集装箱叉车；滚上滚下集装箱叉车；通用型集装箱叉车
Z：车辆*

Ji zhuang xiang 04012
chuan BE01
集装箱船
JZXC
Container ship
S：货轮
C：集装箱码头
F：半集装箱船；全集装箱船
Z：船舶*

Ji zhuang xiang 04013
diao ju BA05
集装箱吊具
JZXDJ
Spreader
S：吊具*
F：伸缩式集装箱吊具

Ji zhuang xiang 04014
dui chang BA05
集装箱堆场
JZXDC
Container yard(CY)；Storage of container
S：堆场*
D：铁路集装箱场

Ji zhuang xiang F0450
dui ji chang BA05
集装箱堆积场
JZXDJC
Marshalling yard
Y：集装箱编组堆场

Ji zhuang xiang 04015
feng yu mi xing BA05
集装箱风雨密性
JZXFYMX
Weatherproofness
S：性能*

Ji zhuang xiang 04016
gang kou he ma tou BA05
集装箱港口和码头
JZXGKHMT
Container port and terminals
S：港口*

Ji zhuang xiang 04017
gua che AK01
集装箱挂车
JZXGC
Container trailer
S：挂车
F：集装箱栏板挂车；集装箱平板挂车；集装箱专用挂车；集装箱自装卸挂车
Z：车辆*

Ji zhuang xiang 04018
hang xian BA05
集装箱航线
JZXHX
Containership routes
S：航线*
C：集装箱运输

Ji zhuang xiang 04019
hang yun BA05
集装箱航运
JZXHY
Container shipping
S：航运*

Ji zhuang xiang hua 04020
集装箱化 BA05
JZXH
Containerization
S：集装箱运输
C：集装运输
Z：运输*

Ji zhuang xiang huo 04021
集装箱货 BA05
JZXH
Container cargo

S：货物*

Ji zhuang xiang 04022
huo che AK01
集装箱货车
JZXHC
Container carrier
S：载货汽车
Z：车辆*

Ji zhuang xiang F0451
huo yun liang BJ02
集装箱货运量
JZXHYL
Freight volume of containers
Y：集装箱运量

Ji zhuang xiang 04023
huo yun zhan BA05
集装箱货运站
JZXHYZ
Container freight station (CFS)
S：货运站
Z：车站*

Ji zhuang xiang 04024
jian yan BA05
集装箱检验
JZXJY
Container inspection
S：检验*

Ji zhuang xiang 04025
kua che BA05
集装箱跨车
JZXKC
Container handling straddle carrier
S：跨车
C：集装箱起重机
Z：车辆*

Ji zhuang xiang 04026
lan ban gua che AK01
集装箱栏板挂车
JZXLBGC
Container dropsied trailer
S：集装箱挂车
Z：车辆*

Ji zhuang xiang 04027
lian yun BA06
集装箱联运
JZXLY
Combined transport of container
S：联合运输
Z：营运方式*

Ji zhuang xiang 04028
ma tou BC01
集装箱码头
JZXMT
Container terminals
S：货运码头
C：集装箱船
Z：码头*

Ji zhuang xiang 04029
ma tou zhuang BA05
xie she bei
集装箱码头装卸设备
JZXMTZXSB
Handling equipment of container terminal
S：装卸设备
Z：设备*

Ji zhuang xiang 04030
ping ban gua che AK01
集装箱平板挂车
JZXPBGC
Container platform trailer
S：集装箱挂车
Z：车辆*

Ji zhuang xiang 04031
qi zhong ji BA05
集装箱起重机
JZXQZJ
Container cranes
S：起重机*
C：集装箱跨车

Ji zhuang xiang 04032
yun jia AA08；BG06
集装箱运价
JZXYJ
Freight rate of container shipping；Rate of container transport
S：运价
F：小型车集装箱运价；专用集装箱运价
Z：价格*

Ji zhuang xiang 04033
yun liang BJ02
集装箱运量
JZXYL
Volume of container transportation
S：水运生产指标
D：集装箱货运量
Z：指标*

Ji zhuang xiang 04034
yun shu AA03；BA05
集装箱运输
JZXYS
Container transport；Container transportation
S：货物运输
C：集装箱航线；成组运输；托盘运输
F：集装箱化
Z：运输*

Ji zhuang xiang 04035
za huo chuan BE01
集装箱杂货船
JZXZHC
Container/General cargo ship
S：多用途船
Z：船舶*

Ji zhuang xiang 04036
zhong zhuan zhan AA04
集装箱中转站
JZXZZZ
Container terminal
S：货运站
Z：车站*

Ji zhuang xiang 04037
zhou zhuan liang BJ02
集装箱周转量
JZXZZL
Turnover of containers transportation；Container turnover
S：水运生产指标
Z：指标*

Ji zhuang xiang 04038
zhuan yong AK01
gua che
集装箱专用挂车
JZXZYGC

Container flatframe trailer
S：集装箱挂车
Z：车辆*

Ji zhuang xiang 04039
zhuang xie AA05
ji xie
集装箱装卸机械
JZXZXJX
Container handling machinery
S：装卸机械
Z：机械*

Ji zhuang xiang F0446
zi dong chu li BA05
集装箱自动处理
JZXZDCL
Automatic container handling
Y：集装箱自动装卸

Ji zhuang xiang 04040
zi dong shi bie BA05
集装箱自动识别
JZXZDSB
Automatic container identification
C：集装箱自动装卸

Ji zhuang xiang 04041
zi dong zhuang xie BA05
集装箱自动装卸
JZXZDZX
Automatic container handling
C：集装箱自动识别
D：集装箱自动处理

Ji zhuang xiang 04042
zi zhong xi shu AA05
集装箱自重系数
JZXZZXS
Coefficient of container dead weight
S：系数*

Ji zhuang xiang 04043
zi zhuang xie AK01
gua che
集装箱自装卸挂车
JZXZZXGC
Self-loading container trailer
S：集装箱挂车
Z：车辆*

Ji zhuang yun shu 04044
集装运输 BA05
JZYS
Containerized transport
S：运输*
Z：集装箱化

Ji zhun bao chou lü F0453
基准报酬率 BG05
JZBCL
Base rate of return
Y：基准收益率

Ji zhun hui bao lü F0454
基准回报率 BG05
JZHBL
Base rate of return
Y：基准收益率

Ji zhun shou yi lü 04045
基准收益率 BG05
JZSYL
Base rate of return
S：收益率
D：基准回报率；基本报酬率
Z：比率*

Ji zhun xian 04046
基准线 BF05
JZX
Reference line
S：导航参数
Z：参数*

Ji zi 04047
集资 AB03
JZ
Raise fund；Collect capital

Ji zuo F0455
基座 DE00
JZ
Foundations
Y：基础（工程）*

Jia ban 04048
甲板 BE05
JB
Deck
S：船舶结构
Z：结构*

Jia ban huo wu 04049
甲板货物 BI01
JBHW
Deck cargo
S：货物*

Jia ban huo wu 04050
yun shu BA02
甲板货物运输
JBHWYS
Carriage of deck cargo
S：特种运输
Z：运输*

Jia ban ji xie 04051
甲板机械 BE08
JBJX
Deck machinery
S：船舶辅机
Z：船机*

Jia ban qi zhong ji 04052
甲板起重机 BA08
JBQZJ
Deck cranes
S：起重机*
Z：起重船

Jia ban xian 04053
甲板线 BE06
JBX
Deck line

Jia feng 04054
假缝 AC04
JF
Dummy joint
C：路面施工；刚性路面

Jia fu 04055
加氟 DE00
JF
Fluoridation

Jia ge 04056
价格* DA00；BG06
JG
Price
C：定价

F：参照价格；产品价格；成本加运费价格；出厂价；船舶报价；到岸价格；风险市场价格；浮动价格；供给价格；国内价格；口岸价格；离岸价格；垄断价格；名义价格；票价；市场价格；实际价格；世界价格；需求价格；影子价格；运价；租船价格
D：差价

Jia ge bian hua 04057
价格变化 BG06
JGBH
Variation of price
S：变化*

Jia ge tiao zheng 04058
价格调整 AB04
JGTZ
Price adjustment

Jia ge zhi shu 04059
价格指数 BG02
JGZS
Price index
S：指数*

Jia gong 04060
加工* AD12；DD00
JG
Manufacturing；Processing；Working
F：钢筋加工；骨料加工；金属加工；切削加工

Jia gong gong yi 04061
加工工艺 DE00
JGGY
Processing
S：工艺*
F：加压；减压

Jia gong ying hua 04062
加工硬化 DC00
JGYH
Work hardening
S：硬化
Z：过程*

Jia gu 04063
加固* DD00
JG
Consolidation；Strengthening
C：紧固
F：地层加固；冻结加固；灌浆加固；化学加固；基础加固；机械加固；路基加固；桥梁加固；围岩加固；岩体加固

Jia gu di ji 04064
加固地基 AC03
JGDJ
Consolidated subsoil
S：地基*

Jia gu tu F0456
加固土 CG06
JGT
Compacted soils；Ground compactions
Y：稳定土

Jia jian su yan wu 04065
加减速延误 AI01
JJSYW
Acceleration-deceleration delay
S：延误*

Jia jin dang tu qiang 04066
CG06
加筋挡土墙
JJDTQ
Reinforced concrete walls
S：挡土墙
Z：墙*

Jia jin gan 04067
加劲杆 AD06
JJG
Stiffener
S：杆
Z：元件*

Jia jin liang 04068
加劲梁 AD05
JJL
Stiffening girder
S：梁*

Jia jin tu 04069
加筋土 BC02；CG06
JJT
Reinforced earth；Reinforced soils
S：土*

Jia jin tu dang tu qiang 04070
AC03
加筋土挡土墙
JJTDTQ
Reinforced earth retaining wall
S：挡土墙
Z：墙*

Jia ju 04071
夹具 BA05
JJ
Clamping apparatus

Jia kuan zhuan jiao shi jiao cha kou 04072
AC05
加宽转角式交叉口
JKZJSJCK
Intersection with widened corners
S：交叉口(平面)
Z：公路交叉*

Jia li fu ni ya cheng zai bi shi yan F0457
DF00
加利福尼亚承载比试验
JLFNYCZBSY
California bearing ratio test
Y：CBR 试验

Jia qi hun ning tu 04073
加气混凝土 AF07
JQHNT
Aerated concrete
S：轻质混凝土
Z：混凝土*

Jia qi ji 04074
加气剂 AF03
JQJ
Air entraining agent
S：添加剂
Z：剂*

Jia qiao dao liang 04075
架桥导梁 AD14
JQDL
Launching nose
C：桥梁架设

Jia qiao ji 04076
架桥机 AD14
JQJ
Erecting machine of bridge span
S：施工机械
Z：机械*

Jia qiao she bei 04077
架桥设备 AG07
JQSB
Bridging equipment
S：设备*

Jia quan 04078
加权 CA00；DB00
JQ
Weighting

Jia quan can shu fa F0458
加权残数法 CA00；CG04
JQCSF
Weighted residual method
Y：加权残值法

Jia quan can zhi fa 04079
加权残值法 CA00；CG04
JQCZF
Weighted residual method
S：变分法
D：加权残数法
Z：方法*

Jia re fen lie fa 04080
加热分裂法 BE08
JRFLF
Hot cracking

Jia re sun shi 04081
加热损失 CG09
JRSS
Heating loss
S：损失*

Jia re sun shi shi yan 04082 AH01
加热损失试验
JRSSSY
Heating loss test
S：环境试验；性能试验
Z：试验*

Jia re zhuang zhi 04083
加热装置 AG07
JRZZ
Heating device
S：装置*
F：沥青熔化加热装置

Jia she 04084
架设 AD14；DD00
JS
Erection

Jia shi 04085
驾驶* AK03
JS
Driving
F：汽车驾驶

Jia shi cao zong neng li 04086 AI05
驾驶操纵能力
JSCZNL
Driving operation ability
S：能力*
C：驾驶行为
F：驾驶员心理和生理反应

Jia shi he hang xing gui ze 04087 BF01
驾驶和航行规则
JSHHXGZ
Steering and sailing rules
S：规则*

Jia shi ji shu 04088
驾驶技术 AK03
JSJS
Driving technique
S：技术*
D：驾驶能力

Jia shi ju sheng ji 04089
架式举升机 AK05
JSJSJ
Crossing lift
S：汽车举升机
Z：设备*

Jia shi mo ni qi 04090
驾驶模拟器 AK03
JSMNQ
Driving simulator
S：模拟器
Z：装置*

Jia shi neng li F0459
驾驶能力 AK03
JSNL
Driving ability
Y：驾驶技术

Jia shi pi lao 04091
驾驶疲劳 AI05
JSPL
Driving fatigue
S：疲劳*
C：生理疲劳

Jia shi qiao lou 04092
驾驶桥楼 BE05
JSQL
Navigation bridge
S：船舶舱室*
D：桥楼；船桥

Jia shi shi ying xing 04093 AI05
驾驶适应性
JSSYX
Driving adaptability
S：适应性
Z：性能*

Jia shi tai 04094
驾驶台 BE05
JST
Bridge
S：船舶结构
Z：结构*

Jia shi tai yao kong xi tong 04095 BE08
驾驶台遥控系统
JSTYKXT
Bridge remote control system

Jia shi xi guan 04096
驾驶习惯 AI05
JSXG
Driving habits

S: 习惯*

Jia shi xin xi 04097
驾驶信息 AI05
JSXX
Driving in formation
S: 信息*

Jia shi xing wei 04098
驾驶行为 AI05
JSXW
Driving behavior
S: 行为*
C: 驾驶操纵能力
D: 驾驶员行为特性

Jia shi yuan xin 04099
li he sheng li AI05
fan ying
驾驶员心理和生理反应
JSYXLHSLFY
Driver psychological and physiological reaction
S: 驾驶操纵能力
Z: 能力*

Jia shi yuan xing F0460
wei te xing AI05
驾驶员行为特性
JSYXWTX
Driver behavior pattern
Y: 驾驶行为

Jia su 04100
加速(汽车驾驶) AK03
JS
Speeding up
S: 汽车驾驶
Z: 驾驶*

Jia su du 04101
加速度 AJ01;CD02
JSD
Acceleration
S: 速度*
C: 运动学
F: 地震波加速度;启动加速度

Jia su gong kuang 04102
加速工况 AK04
JSGK
Accelerating mode
S: 汽车运行工况
Z: 状态*

Jia su hua xing 04103
加速滑行(汽车驾驶) AK03
JSHX
Accelerating-coasting
S: 滑行(汽车驾驶)
Z: 驾驶*

Jia su shi yan 04104
加速试验 AG11;DF00
JSSY
Acceleration test
S: 试验*

Jia su zao sheng 04105
加速噪声 AI01
JSZS
Acceleration noise
S: 噪声*

Jia wai shui 04106
价外税 BA01
JWS
Tax excluded in price
S: 税*

Jia wan 04107
甲烷 CL02
JW
Methane
S: 化合物*
D: 沼气

Jia ya 04108
加压 DD00;DE00
JY
Pressurization
S: 加工工艺
Z: 工艺*

Jia za wu 04109
夹杂物 DB00
JZW
Contaminants
S: 物质*
D: 杂质

Jia zai shi yan 04110
加载试验 AD16
JZSY
Loading test
S: 试验*

Jia zai shi yan ji 04111
加载试验机 AH04
JZSYJ
Loading facility
S: 试验机
C: 路面试验机
F: 路面快速加载试验机
Z: 设备*

Jia zai zhuang zhi 04112
加载装置 AH04
JZZZ
Loading device
S: 装置*
F: 桥面单点加载装置

Jia zhou cheng 04113
zai bi AC04
加州承载比
JZCZB
California bearing ratio(CBR)

Jia zhou cheng zai 04114
bi shi yan AH01
加州承载比试验
JZCZBSY
California bearing ratio test;CBR test
S: 路面试验
Z: 试验*

Jian bian gu zhang 04115
渐变故障 AK04
JBGZ
Gradual failure
S: 汽车故障
Z: 故障*

Jian bing 04116
兼并 BG03
JB
Merger
D: 并购

Jian cao ji 04117
剪草机 AG07
JCJ

Mower
S：养护机械
Z：机械*

Jian ce 04118
检测* AH02；DF00
JC
Detection
F：超声检测；快速检测；汽车安全检测；汽车检测；缺陷检测；声发射检测；微生物检测；无损检测；钻孔检测

Jian ce 04119
监测* AK04；CK03；DE00
JC
Monitoring
F：辐射监测；公害监测；故障监测；环境监测；火灾监测；空气污染监测；汽车状况监控；声学监测；水质监测；卫生监测；温度监测；噪声监测；自动监测

Jian ce fang fa 04120
检测方法 AH02
JCFF
Measurement method
S：方法*
F：动测法（桩）

Jian ce ping jia 04121
监测评价 BB05
JCPJ
Monitoring and evaluation
F：社会监测评价
Z：评价*

Jian ce qi 04122
检测器 AI03
JCQ
Detector
S：仪器*
F：车辆高度检测器；车型检测器；气象检测器；收费车道检测器；雾检测器；行人检测器；轴重检测器

Jian ce xi tong 04123
检测系统 AH04；AK05
Detect system；Inspection system
S：系统*
F：基桩病害检测系统；汽车检测系统；声发射测量系统

Jian ce zhan 04124
检测站* AK04
JCZ
Inspection and test station
F：汽车检测站

Jian ce zhuang zhi 04125
检测装置 AH04
JCZZ
Detecting device
S：装置*
F：电位测量装置；电阻率测量装置；桥梁检测装置；压实度自动检测装置；灾害检测装置

Jian cha 04126
检查* DF00
JC
Examination；Inspection
F：安全检查；客运稽查；路况检查；内窥镜检查；限界检查

Jian ding 04127
鉴定* DD00；DF00
JD
Certification；Expertise；Verification；Appraisal
F：部门鉴定；残损鉴定；微生物鉴定

Jian du 04128
监督* AA10
JD
Supervision
F：货运商务监督

Jian du 04129
碱度 CC01
JD
Alkalinity；Basicity
S：度*

Jian fu zhen dong 04130
减幅振动 CG08
JFZD
Decadent vibration
S：振动*
D：衰减振动

Jian gang F0461
建港 BC04
JG
Port construction
Y：港口建设

Jian gu liao fan ying 04131
碱骨料反应 DC00
JGLFY
Alkali-aggregate reaction
S：反应*

Jian jie 04132
简介 DF00
JJ
Brief
S：资料*

Jian jie shi ye 04133
间接视野 AI05
JJSY
Indirect field of vision
S：视野*
C：直接视野

Jian jie shui 04134
间接税 BA01
JJS
Indirect tax
S：税*
C：直接税

Jian jie tou zi 04135
间接投资 BB04
JJTZ
Indirect investment
S：投资*
C：直接投资

Jian jie xiao yi 04136
间接效益 AB03
JJXY
Indirect benefit
S：效益*

Jian jin wen ding xing 04137
AI01

渐近稳定性
JJWDX
Asymptotic stability
S：稳定性
Z：性能*

Jian ju 04138
间距* DH00
JJ
Distance
F：站距；坐位间距

Jian kong 04139
监控 DE00
JK
Monitor；Monitoring
F：岸线监控；施工监控
S：控制*

Jian kong xi tong 04140
监控系统 CF03
JKXT
Monitor system
S：系统*

Jian li 04141
剪力 CG03
JL
Shear force
S：力*

Jian li 04142
监理 DD00
JL
Supervision

Jian li biao zhun 04143
建立标准 BB02
JLBZ
Benchmarking
D：制定标准

Jian pan 04144
键盘 CF03
JP
Keyboard
S：输入设备
Z：设备*

Jian piao ji 04145
检票机 AJ02
JPJ
Ticket checker

Jian piao kou 04146
检票口 AJ03
JPK
Ticket entrance
C：验票口

Jian qie 04147
剪切 CG02
JQ
Shear
C：剪切试验

Jian qie bian xing 04148
剪切变形 CG02
JQBX
Shear deformation
S：力学性质
C：变形*
Z：性质*

Jian qie liu dong 04149
剪切流动 CG07
JQLD
Shear flow
S：流动*

Jian qie shi yan 04150
剪切试验 AH01；DF00
JQSY
Shear tests
S：材料力学试验
C：剪切
F：扭转剪切试验；十字板剪切试验；直剪试验；直接剪切试验
Z：试验*

Jian qie yi 04151
剪切仪 AH03
JQY
Shear apparatus
S：仪器*
F：三轴剪切仪；十字板剪力仪；直剪仪

Jian qie zai he 04152
剪切载荷 CG11
JQZH
Shear load
S：载荷*

Jian rong xing 04153
兼容性 DC00
JRX
Compatibility
S：性能*

Jian shao jiao tong shi gu xiao yi 04154
减少交通事故效益 AB03
JSJTSGXY
Benefit from accidents reducing
S：效益*
C：经济效益；社会效益

Jian she 04155
建设* AB03；BB04
JS
Construction；Build
F：重建；公路建设；建造；建筑；能力建设；非生产性建设；分期修建

Jian she di zhi 04156
建设地址 BB05
JSDZ
Construction sites

Jian she fei yong 04157
建设费用 BB04；BG05
一般指企业为维持其债务和权益资本而发生的费用，有时亦可能指固定资产投资。
JSFY
Construction cost
S：费用*
C：年营运费用；资本成本；资本费用

Jian she guan li 04158
建设管理 BC06
JSGL
Construction management
S：管理*
F：施工安全

Jian she ji jin 04159
建设基金 AB01
JSJJ
Construction fund

S：基金*
F：公路建设基金

Jian she qian qi gong zuo 04160 BB05
建设前期工作
JSQQGZ
Earlier stage of construction work
D：建设项目前期工作

Jian she tou zi 04161
建设投资 BB04
JSTZ
Construction investment
S：投资*

Jian she wen ti 04162
建设问题 BC06
JSWT
Construction problems
S：问题*

Jian she xiang mu 04163
建设项目 BB05
JSXM
Construction projects
S：项目*
C：项目准备
F：大型建设项目；分立项目；改建项目

Jian she xiang mu qian qi gong zuo F0462 BB05
建设项目前期工作
JSXMQQGZ
Earlier stage of construction project
Y：建设前期工作

Jian she zhou qi 04164
建设周期 BB05
JSZQ
Construction cycle
S：周期*

Jian she zi jin 04165
建设资金 BB05
JSZJ
Construction fund
S：资金*

Jian shi xi tong 04166
监视系统 AJ03
JSXT
Monitoring system
S：系统*
F：电视监视系统

Jian shui ji 04167
减水剂 AF03
JSJ
Water reducing agent
S：剂*

Jian su 04168
减速(汽车驾驶) AK03
JS
Slowing down
S：汽车驾驶
Z：驾驶*

Jian su du 04169
减速度 AJ01
JSD
Deceleration
S：速度*
F：制动减速度

Jian su gong kuang 04170
减速工况 AK04
JSGK
Decelerating mode
S：汽车运行工况
Z：状态*

Jian suan 04171
检算 AD03
JS
Check computation
S：计算*

Jian suo 04172
检索* DF00
JS
Retrieval
C：标引；图书分类法 F：计算机检索；情报检索

Jian ting 04173
舰艇 BE02
JT
Naval ship；Naval vessel
S：船舶*
F：登陆艇；航空母舰；护卫舰；炮舰；驱逐舰；巡洋舰；鱼雷对抗船；鱼雷快艇；战列舰
D：海军舰艇

Jian tu 04174
碱土 CG06
JT
Alkali-soils；Basic soils；Solonetz
S：土*

Jian xie shi jiao tong liang guan ce zhan 04175 AI02
间歇式交通量观测站
JXSJTLGCZ
Intermittent traffic count station
S：交通量观测站*

Jian xie shi li qing hun he liao jiao ban she bei 04176 AG07
间歇式沥青混合料搅拌设备
JXSLQHHLJBSB
Batch asphalt mixing plant
S：搅拌设备
Z：设备*

Jian xing 04177
碱性 CC01
JX
Alkalinity
S：性质*

Jian xiu 04178
检修(发动机) AK05
JX
Tune-up
S：汽车修理
Z：维修*

Jian xuan 04179
拣选 BA06
JX
Order picking
S：仓储管理
Z：管理*

Jian ya 04180
减压 DE00

JY
Pressure reduction
S: 加工工艺
Z: 工艺*

Jian yan 04181
检验* AH02;DF00
JY
Inspection;Tests
F: 船舶检验;法定检验;货物检验;技术检验;集装箱检验;桥梁检验;入级检验;外观检验;显示镜检验;油品化验

Jian yan fang fa 04182
检验方法 DE00;DF00
JYFF
Test method
S: 方法*
F: 化学分析法;容量沉淀法;物理分析法;氧化还原法;中和法

Jian yan yi qi 04183
检验仪器 DF00
JYYQ
Testing devices
S: 仪器*

Jian yao cang 04184
减摇舱 BE05
JYC
Antirolling tanks
S: 船舶结构
C: 船舶稳性
Z: 结构*

Jian yi 04185
检疫 BI05
JY
Quarantine
S: 防疫*
F: 动植物检疫;国际检疫

Jian yi chuan 04186
检疫船 BE02
JYC
Quarantine boats;Quarantine vessel
S: 运输辅助船
C: 船舶*

Jian yi fang fa 04187
简易方法 DD00
JYFF
Simple method
S: 方法*

Jian yi mao di 04188
检疫锚地 BC01
JYMD
Quarantine anchorage
S: 锚地*

Jian ying li 04189
剪应力 CG03
JYL
Shear stress
S: 应力*

Jian ying yan shi 04190
坚硬岩石 CD01
JYYS
Hard rock
S: 岩石*

Jian za huo ma tou 04191
件杂货码头 BC01
JZHMT
General cargo terminals
S: 货运码头
Z: 码头*

Jian za huo wu 04192
件杂货物 BI01
JZHW
Piece and miscellaneous cargo
S: 货物*

Jian zai ji F0463
suan ji BD05
舰载计算机
JZJSJ
Shipboard computers
Y: 船用计算机

Jian zao 04193
建造 BC06
JZ
Construction;Fabrication;Building
S: 建设*

Jian zao bu tie 04194
建造补贴 BB04
JZBT
Construction subsidies
S: 补贴*

Jian zao cheng ben 04195
建造成本 BG05
JZCB
Construction costs
S: 成本*

Jian zhen 04196
减振 CG08
JZ
Vibration attenuation;Vibration damping
C: 阻尼振动

Jian zhen qi 04197
减振器 CG08
JZQ
Absorbers; Buffers; Dampers; Vibration dampers
S: 装置*
F: 液压减振器;振荡减振器

Jian zhi liang 04198
简支梁 AD05
JZL
Simple supported beam
S: 梁*

Jian zhi liang qiao 04199
简支梁桥 AD01
JZLQ
Simple girder bridge
S: 梁桥
Z: 桥*

Jian zhu 04200
建筑 BC06;DD00
JZ
Construction;Building
S: 建设*
F: 房屋建筑

Jian zhu cai liao 04201
建筑材料 AF01;BC06
JZCL
Building material
S: 工程材料
F: 保温材料;掺合料;防水材料;隔热材料;隔声材料;结构材

料;沥青卷材;路面材料;石材;熟料;填充材料
Z:材料*

Jian zhu he tong 04202
建筑合同 BC06
JZHT
Construction contracts
S:合同*

Jian zhu ji xie F0464
建筑机械 AG01
JZJX
Construction machinery
Y:施工机械

Jian zhu jie gou 04203
建筑结构 CI04
JZJG
Building structure
S:工程结构*
D:房屋结构

Jian zhu she ji 04204
建筑设计 AD03;CI03
JZSJ
Building design
S:设计*
F:景观设计;抗风设计

Jian zhu shi gong 04205
建筑施工 CI01
JZSG
Building construction; Execution of construction
S:工程施工*
F:配筋
C:机械化;施工机械

Jian zhu shui 04206
建筑税 BA01
JZS
Tax on construction
S:税*

Jian zhu wu 04207
建筑物* BC03;CI04
JZW
Structure
F:地下建筑物;港口建筑物;海洋建筑物;河道整治建筑物;路侧建筑物;水工建筑物;通航建筑物;泄水建筑物;输水建筑物;消能建筑物(水利)
D:构筑物

Jian zhu xian jie 04208
建筑限界 AE03;AJ01
JZXJ
Construction clearance
S:限界*

Jian zhu xue 04209
建筑学 CI03
JZX
Architecture
S:学科*
C:仿生学

Jian zhu ye 04210
建筑业 DA00
JZY
Construction Industry; Construction business
S:行业*

Jian zhu yi shu 04211
建筑艺术 AD03;CI03
JZYS
Art of architecture
S:艺术*

Jiang hai hang xing chuan bo 04212
BE01
江海航行船舶
JHHXCB
Oceangoing river vessels; River-sea ship; River-sea vessel; River-ocean vessel
S:货轮
D:江海直达货船
Z:船舶*

Jiang hai zhi da huo chuan F0465
BE01
江海直达货船
JHZDHC
Oceangoing river vessels; River-sea ship; River-sea vessel
Y:江海航行船舶

Jiang hai zhi da yun shu 04213
BA02
江海直达运输
JHZDYS
Direct transportation between river and sea
S:水路运输
C:海上运输;内河运输
Z:运输*

Jiang shui 04214
降水* CD03
JS
Precipitation
C:大雨;降水量
F:霜;降雨;雨;雪

Jiang shui liang 04215
降水量 CD03
JSL
Precipitation
S:量*
C:降水*

Jiang yu 04216
降雨 CD03;CI05
JY
Raining; Rainfall
S:降水*
C:冰雹;大雪;大雨;降雨量;降雨强度
F:人工降雨

Jiang yu liang 04217
降雨量 CD03
JYL
Rainfall
S:量*
C:降雨

Jiang yu qiang du 04218
降雨强度 CD03
JYQD
Rainfall intensity
S:强度*
C:降雨

Jiao 04219
礁 BD01
J
Reef
S:地形*

Jiao 04220
角* DI00
J
Angle
F: 波浪冲角;方位角;横倾角;内摩擦角;倾斜角;入射角;天体方位角;休止角;纵倾角

Jiao ban 04221
搅拌* AF07;DD00
JB
Mixing
D: 拌合;拌和
F: 冷拌法;路拌法;热拌法;厂拌法

Jiao ban ji 04222
搅拌机 AG03;AG07
JBJ
Mixers;Mixing machines
S: 搅拌设备
F: 混凝土搅拌机;路拌式稳定土搅拌机;泥浆搅拌机;钻孔搅拌机
D: 拌和机;搅拌器
Z: 设备*

Jiao ban qi F0466
搅拌器 AG07
JBQ
Mixer
Y: 搅拌机

Jiao ban she bei 04223
搅拌设备 AG07
JBSB
Mixing plant
S: 设备*
F: 混凝土搅拌设备;间歇式沥青混合料搅拌设备;搅拌机;沥青混合料搅拌设备

Jiao cha kou 04224
交叉口(平面) AC05
JCK
Intersection;Crossing;Junction
S: 公路交叉*
F: 加宽转角式交叉口;渠化交叉口;拓宽路口式交叉口;可调头交叉口;信号控制交叉口

Jiao cha kou fu he xi shu 04225 AI03
交叉口负荷系数
JCKFHXS
Load factor of intersection
S: 系数*

Jiao cha kou shi ju 04226
交叉口视距 AC05
JCKSJ
Sight distance of intersection
S: 视距
D: 路口视距
Z: 距离*

Jiao cha kou tong xing neng li 04227 AI02
交叉口通行能力
JCKTXNL
Intersection capacity
S: 通行能力
Z: 能力*

Jiao cha kou yan wu 04228
交叉口延误 AI01
JCKYW
Intersection delay
S: 延误*

Jiao cha qi 04229
交叉器 AJ03
JCQ
Crossover

Jiao cha xue ke 04230
交叉学科 DB00
JCXK
Frontier science
S: 学科*

Jiao cha xun huan diao du fa F0467 AA10
交叉循环调度法
JCXHDDF
Intersected circulation dispatching method
Y: 循环调度法

Jiao che F0468
绞车 AG06;AJ02;BA08
JC
Winch
Y: 卷扬机

Jiao che yun zai (ban gua) che 04231 AK01
轿车运载(半挂)车
JCYZ(BG)C
Car carrier semitrailer
S: 挂车
Z: 车辆*

Jiao dao tou 04232
绞刀头 BE08
绞吸式挖泥船用船舶属具
JDT
Cutters
S: 船舶属具*

Jiao du 04233
角度 DI00
JD
Angles
S: 度*

Jiao he 04234
校核* DD00
JH
Check
F: 船舶参数校核

Jiao he ban 04235
胶合板 AF03
JHB
Plywood
S: 板*

Jiao hu shi xi tong 04236
交互式系统 AI03
JHSXT
Alternate system
S: 系统*

Jiao hui duan zheng zhi 04237 BD04
交汇段整治
JHDZZ
Confluence reach regulation
S: 河道整治*

Jiao huo fang shi 04238
交货方式 BA02
JHFS

Mode of delivery
S：方式*
F：车上交货；船边交货；工厂交货；目的港船上交货；目的港码头交货

Jiao jie 04239
铰接 AD06；CG02
JJ
Hinge
S：连接*

Jiao jie 04240
胶结 AD06；DD00
JJ
Adhesive connection
C：粘结
D：胶接

Jiao jie F0469
胶接 DD00
JJ
Adhesive connection
Y：胶结

Jiao jie liao 04241
胶结料 AF03
JJL
Cementing material
S：材料*

Jiao jie qing dan 04242
交接清单 AA03
JJQD
List of delivery order and receipt
S：运输单证
Z：单证*

Jiao jie shi ya lu ji 04243 AG07
铰接式压路机
JJSYLJ
Articulated roller
S：压路机
Z：机械*

Jiao jie xing mao gan 04244 AE07
胶结型锚杆
JJXMG
Adhesive anchor bolt
S：锚杆*
F：砂浆锚杆；树脂锚杆

Jiao lie 04245
角裂 AC08
JL
Corner break

Jiao liu dian yuan 04246
交流电源 CF01
JLDY
A.C. power source
S：电源
Z：源*

Jiao liu fa dian ji 04247
交流发电机 CF01
JLFDJ
A.C. generator
S：发电机
Z：电机*

Jiao ning cai liao 04248
胶凝材料 AF04
JNCL
Binding materials
S：材料*
C：水泥*

Jiao qu ke liu 04249
郊区客流 AJ04
JQKL
Suburban passenger flow
S：客流*

Jiao qu xian lu 04250
郊区线路 AJ03
JQXL
Suburban line
S：线路*
C：公共交通线路

Jiao qu yue piao F0470
郊区月票 AJ04
JQYP
Suburban monthly ticket
Y：月票

Jiao shi zhi zuo 04251
铰式支座(桥) AD08
JSZZ
Hinge support
S：桥梁支座
Z：支座*

Jiao shou jia 04252
脚手架* AG09
JSJ
Scaffolding；Scaffolds
F：电动脚手架；附着式脚手架；钢管脚手架；桥式脚手架；移动式脚手架

Jiao tan 04253
焦炭 CL03
JT
Coke
S：固体燃料
Z：燃料*

Jiao tan chuan 04254
绞滩船 BE02
JTC
Floating winch station for warping
S：运输辅助船
Z：船舶*

Jiao tan chuan shu liang 04255 BJ04
绞滩船数量
JTCSL
Number of rapids-warping barge；Number of rapids heaving barge
S：航道统计指标
Z：指标*

Jiao tan zhan shu liang 04256 BJ04
绞滩站数量
JTZSL
Number of rapids-warping station；Number of rapids-heaving station；Number of w inching station；
S：航道统计指标
Z：指标*

Jiao tong 04257
交通* AI01；BA02
JT
Traffic；Transportation
F：城市对外交通；城市公共交通；港口交通；公共交通；过境交

通;混合交通;境内交通;陆上交通;渠化交通;区内交通;自行车交通

Jiao tong an quan 04258
交通安全 AI05
JTAQ
Traffic safety
S:安全*

Jiao tong an quan ping gu 04259
BI04
交通安全评估
JTAQPG
Appraisal of traffic safety
S:安全管理
Z:管理*

Jiao tong biao zhi 04260
交通标志 AI07;BD05
JTBZ
Traffic sign
S:标志*
C:信标*
F:岔道标志;出口标志;出口预告标志;单行线标志;道路标识;低净空标志;分隔行驶公路标志;汇流标志;禁止超车标志;禁止调头标志;禁止驶入标志;禁止通行标志;禁止右转弯标志;禁止左转弯标志;立柱式交通标志;路牌;路滑标志;门式交通标志;爬坡车道标志;坡道标志;让车道标志;绕行标志;停车标志;停车场标志;行人过街标志;弯道标志;限速标志;休息区标志;学童过街标志;学校标志;应急电话标志

Jiao tong chong tu 04261
交通冲突 AI05
JTCT
Traffic conflict

Jiao tong chuan 04262
交通船 BE02
JTC
Traffic boat
S:运输辅助船
D:交通艇

Z:船舶*

Jiao tong dao 04263
交通岛 AC05
JTD
Traffic island

Jiao tong dao de 04264
交通道德 AJ01
JTDD
Traffic morality

Jiao tong diao cha 04265
交通调查 AI02
JTDC
Traffic survey
S:调查*
F:区界交通调查

Jiao tong fa 04266
交通法 BA01
JTF
Traffic laws
S:法规
Z:法律*

Jiao tong fa ting 04267
交通法庭 AI05
JTFT
Traffic court
S:法庭*

Jiao tong fang shi 04268
交通方式 AI02
JTFS
Traffic mode
S:方式*
F:公路交通方式

Jiao tong fang shi xuan ze mo xing 04269
AI02
交通方式选择模型
JTFSXZMX
Traffic modal choice model
S:模型*

Jiao tong fang zhen 04270
AI01
交通仿真
JTFZ
Traffic simulation

S:仿真*

Jiao tong fen ge 04271
交通分隔 AI03
JTFG
Segregation of traffic

Jiao tong fen lei 04272
交通分类 AI01
JTFL
Traffic classification
S:分类*

Jiao tong fen liu 04273
交通分流 AI01
JTFL
Traffic diverging

Jiao tong fen xi 04274
交通分析 AI01;BA03;BB03
JTFX
Traffic analysis
S:分析*

Jiao tong fu he F0471
交通负荷 BA03
JTFH
Traffic loads
Y:交通流量

Jiao tong gan rao 04275
交通干扰 AI01
JTGR
Traffic interference

Jiao tong gan ying shi kong zhi 04276
AI03
交通感应式控制
JTGYSKZ
Traffic responsive control
S:交通控制
F:半感应式信号控制;全感应式信号控制
Z:控制*

Jiao tong ge li dun 04277
交通隔离墩 AI07
JTGLD
Traffic divided blocks

Jiao tong gong ju 04278

交通工具*　AJ02
JTGJ
Transport means
F：公共交通工具

Jiao tong guan li　04279
交通管理　BA03
JTGL
Traffic management
S：运输系统管理
F：交通系统管理；施工路段交通管理；综合交通管理
Z：管理*

Jiao tong guan li fei　04280　AB03
交通管理费
JTGLF
Traffic administration cost
S：费用*

Jiao tong guan li she shi　04281　AI07
交通管理设施
JTGLSS
Traffic management devices
S：交通设施
Z：设施*

Jiao tong guan zhi　04282
交通管制　BA03
JTGZ
Traffic control
S：管制*
F：施工区交通管制

Jiao tong guan zhi xi tong　04283　BA03
交通管制系统
JTGZXT
Traffic control systems
S：系统*

Jiao tong gui hua　04284
交通规划　AI02；AJ01；BA03；BB03
JTGH
Traffic planning；Transportation planning
S：规划*
F：城市公共交通规划；公路交通规划

Jiao tong hu lan　04285
交通护栏　AI07
JTHL
Traffic guardrail
S：交通设施
F：玻璃钢护栏（交通）；波形梁护栏（交通）；钢板护栏（交通）；钢筋混凝土护栏（交通）；钢索护栏（交通）；刚性护栏（交通）；管式护栏（交通）；缓冲护栏（交通）；柔性护栏（交通）；W型护栏（交通）；箱梁型护栏（交通）；液压缓冲护栏（交通）；阻挡式护栏（交通）
S：设施*

Jiao tong hui he　04286
交通汇合　AI01
JTHH
Traffic converging

Jiao tong jian kong xi tong　04287　AI03
交通监控系统
JTJKXT
Traffic surveillance and control system
S：系统*

Jiao tong jian kong zhong xin　04288　AI03
交通监控中心
JTJKZX
Traffic surveillance and control center

Jiao tong ke da xing　04289　AI02
交通可达性
JTKDX
Traffic accessibility

Jiao tong kong zhi　04290
交通控制　AI03
JTKZ
Traffic control
S：控制*
F：交通感应式控制；实时交通控制

Jiao tong liang　04291
交通量　AI01；BJ02；CA00；DI00
JTL
Traffic；Traffic volume
S：量*
C：峰值；随机变量
F：定向设计小时交通量；分流交通量；合流交通量；换算交通量；年第三十位最大小时交通量；年平均日交通量；年最大小时交通量；平均日交通量；设计小时交通量；吸引交通量；诱发交通量；月平均日交通量；增长交通量；正常交通量；转移交通量；最大服务交通量

Jiao tong liang fen bu　04292　AI02
交通量分布
JTLFB
Traffic (volume) distribution
C：交通量分配；出行分布

Jiao tong liang fen pei　04293　AI02
交通量分配
JTLFP
Traffic (volume) assignment
C：交通量分布

Jiao tong liang gu ji　04294　AI01
交通量估计
JTLGJ
Traffic volume estimating
S：估计*

Jiao tong liang gu suan　04295　BA03
交通量估算
JTLGS
Traffic estimation
S：估算
Z：计算*

Jiao tong liang guan ce zhan　04296　AI02
交通量观测站*
JTLGCZ
Traffic count station
F：间歇式交通量观测站；连续式交通量观测站

Jiao tong liang　04297

ji suan AI01
交通量计算
JTLJS
Traffic volume measurement
S：计算*
C：换算交通量

Jiao tong liang yu ce 04298 AI02
交通量预测
JTLYC
Traffic volume forecast
S：预测*

Jiao tong liu F0472
交通流 AI01；BA03
JTL
Traffic flow
Y：交通流量

Jiao tong liu lei xing 04299 BA03
交通流类型
JTLLX
Traffic flow pattern
S：类型
Z：分类*

Jiao tong liu li lun 04300
交通流理论 AI01；BA03
JTLLL
Traffic flow theory
S：理论*

Jiao tong liu liang 04301
交通流量 BA03
JTLL
Traffic flow
S：流量
F：交织交通流；连续性交通流；强制性交通流；稳定交通流；中断性交通流；自由交通流
D：交通负荷；交通流
Z：量*

Jiao tong liu liang liu xiang fen xi 04302 BB03
交通流量流向分析
JTLLLXFX
Traffic flow/flow analysis
S：分析*

Jiao tong liu lü 04303
交通流率 AI01
JTLL
Traffic flow rate
S：比率*

Jiao tong liu mo ni 04304
交通流模拟 BA03
JTLMN
Traffic flow simulation
S：模拟*

Jiao tong liu te zheng 04305 BA03
交通流特征
JTLTZ
Traffic flow characteristics
S：特征*

Jiao tong liu yu ce 04306
交通流预测 BA03
JTLYC
Traffic flow forecasting
S：预测*

Jiao tong mi du 04307
交通密度 AI01
JTMD
Traffic density
S：密度
C：最佳密度(交通)；阻塞密度(交通)；临界密度(交通)
Z：度*

Jiao tong mo xing 04308
交通模型 AI01
JTMX
Traffic model
S：模型*
F：宏观交通模型；微观交通模型

Jiao tong ping jing 04309
交通瓶颈 AI01
JTPJ
Traffic bottleneck
C：交通拥挤

Jiao tong she shi 04310
交通设施 AI07
JTSS
Traffic facilities
S：设施*
F：交通管理设施；交通护栏

Jiao tong sheng cheng 04311 AI02
交通生成
JTSC
Trip generation

Jiao tong shi gu 04312
交通事故 AI05
JTSG
Traffic accident
S：事故*
D：交通事故率

Jiao tong shi gu lü F0473
交通事故率 AI05
JTSGL
Traffic accident rate
Y：交通事故

Jiao tong shi gu yin huan 04313 AI05
交通事故隐患
JTSGYH
Hidden peril of accident

Jiao tong shi gu yu ce 04314 AI05
交通事故预测
JTSGYC
Traffic accident prediction
S：预测*

Jiao tong shu ju guan li xi tong 04315 BA03
交通数据管理系统
JTSJGLXT
Traffic data management systems
S：管理系统
Z：系统*

Jiao tong ting F0474
交通艇 BE02
JTT
Traffic ship; Traffic boat
Y：交通船

Jiao tong tong dao 04316
交通通道 AI03
JTTD
Traffic aisle
S：通道*

Jiao tong tu 04317
交通图 DJ00
JTT
Communication maps; Traffic maps
S：经济地图
C：交通运输网
F：港口图；航道图；航行图
Z：地图*

Jiao tong wang luo 04318
交通网络 AI01
JTWL
Traffic network
S：网络*

Jiao tong wei zhang 04319
交通违章 AI05
JTWZ
Traffic violation
C：交通违章者

Jiao tong wei zhang zhe 04320 AI05
交通违章者
JTWZZ
Traffic violator
C：交通违章

Jiao tong wen ding xing 04321 AI01
交通稳定性
JTWDX
Traffic stability
S：稳定性
Z：性能*

Jiao tong xi tong 04322
交通系统 AI01；AJ01
JTXT
Traffic system; Transport system
S：系统*
F：快速公共交通系统；新交通系统；应急公共交通系统

Jiao tong xi tong guan li 04323 AI04
交通系统管理
JTXTGL
Transportation system management(TSM)
S：交通管理
Z：管理*

Jiao tong xian wang you hua 04324 AI01
交通线网优化
JTXWYH
Optimization of traffic line and network

Jiao tong xin hao 04325
交通信号 AI03
JTXH
Traffic signal
S：信号*
F：联动交通信号

Jiao tong xin hao deng 04326 AI03
交通信号灯
JTXHD
Traffic singal lamp

Jiao tong xin xi xi tong 04327 AI03；BA03
交通信息系统
JTXXXT
Traffic information system
S：信息系统
Z：系统*

Jiao tong xing wei 04328
交通行为 AI01
JTXW
Traffic behavior

Jiao tong xu qiu 04329
交通需求 AI01；BB03
JTXQ
Traffic demand; Travel demand
S：需求*

Jiao tong xu yao yu ce 04330 AI02
交通需要预测
JTXYYC
Traffic demand forecast
S：预测*

Jiao tong xun luo 04331
交通巡逻 AI04
JTXL
Traffic patrolling

Jiao tong yan wu 04332
交通延误 BA03
JTYW
Traffic delay
C：交通拥挤

Jiao tong yan wu cheng ben 04333 BA03
交通延误成本
JTYWCB
Traffic delay costs
S：成本*

Jiao tong yan wu fei yong 04334 BA03
交通延误费用
JTYWFY
Traffic delay costs
S：费用*

Jiao tong yan wu yan jiu 04335 BA03
交通延误研究
JTYWYJ
Traffic delay study
S：研究*

Jiao tong yin su 04336
交通因素 AI01
JTYS
Traffic factor
S：因素*

Jiao tong yong ji 04337
交通拥挤 AI01；BA03
JTYJ
Traffic congestion
S：拥挤*
C：交通瓶颈；拥挤度；交通拥挤经济影响；交通延误

Jiao tong yong ji jing ji ying xiang 04338 BA03
交通拥挤经济影响

JTYJJJYX
Traffic congestion economic effects
C：交通拥挤

Jiao tong yun shu F0475
交通运输 BA02
JTYS
Transportation；Transport
Y：运输*

Jiao tong yun shu an quan 04339 BH01
交通运输安全
JTYSAQ
Traffic safety
S：安全*
C：交通运输事故
F：避碰；船舶脱浅；海难救助

Jiao tong yun shu shi gu 04340 BH01
交通运输事故
JTYSSG
Traffic accidents
S：事故*
C：交通运输安全
F：船舶遇难；海损

Jiao tong yun shu wang 04341 DJ00
交通运输网*
JTYSW
Traffic and transport networks
C：交通图
F：道路网；水运网

Jiao tong zao sheng 04342
交通噪声 CK02
JTZS
Traffic noise
S：噪声*
C：隔声墙；交通公害
F：机动车辆噪声

Jiao tong zhao shi zui 04343 AI05
交通肇事罪
JTZSZ
Traffic accident crime

Jiao tong zhi hui 04344
交通指挥 AI04
JTZH
Traffic guidance

Jiao tong zhi lu pai 04345
交通指路牌 AI07
JTZLP
Traffic direction block

Jiao tong zhi xiang niu 04346 AI07
交通指向钮
JTZXN
Traffic direction stud
S：路钮*

Jiao xi shi wa ni chuan 04347 BE03
绞吸式挖泥船
JXSWNC
Cutterhead dredgers; cutter suction dredgers
S：挖泥船
Z：船舶*

Jiao xian hang xian 04348
郊县航线 AJ03
JXHX
Suburban shipping line
S：航线*

Jiao xian ke du 04349
郊县客渡 AJ04
JXKD
Suburban ferry
S：客渡
Z：船舶*

Jiao you li qing 04350
焦油沥青 AF08
JYLQ
Tar asphalt
S：沥青*
C：石油沥青

Jiao yu 04351
角隅 DH00
JY
Corners

Jiao zhan ji 04352
胶粘剂 AF03
JZJ
Adhesive
S：剂*

Jiao zheng 04353
校正 CF02；DD00
JZ
Correction

Jiao zhi jiao tong liu 04354 AI01
交织交通流
JZJTL
Weaving traffic flow
S：交通流量
D：非交织交通流
Z：量*

Jiao zhi qu 04355
交织区 AI04
JZQ
Weaving area
S：区域*

Jiao zhi qu tong xing neng li 04356 AI02
交织区通行能力
JZQTXNL
Weaving section capacity
S：通行能力
Z：能力*

Jiao zhun 04357
校准 BE10
JZ
Alignment

Jie 04358
解* CA00
J
Solutions
F：解析解；数值解；瞬时解；相似解

Jie 04359
节 DI00
J
Knot；Kn
S：计量单位

Z: 单位*

Jie che zhan 04360
接车站 AJ03
JCZ
Receiving station
S: 客运站
Z: 车站*

Jie chu 04361
接触 DC00
JC
Contact

Jie chu gui 04362
接触轨 AJ03
JCG
Contact rail
S: 轨道*
D: 第三轨

Jie chu pi lao 04363
接触疲劳 CG02
JCPL
Contact fatigue
S: 疲劳*

Jie chu ya li 04364
接触压力 CG06
JCYL
Contact pressure
S: 压力
C: 地基*
Z: 力*

Jie chu yang hua 04365
接触氧化 CC02
JCYH
Contact oxidation
S: 氧化
Z: 反应*

Jie chu ying li 04366
接触应力 CG03
JCYL
Contact stress
S: 应力*

Jie di lian 04367
接地链 AJ02
JDL
Grounding chain
S: 链*

Jie dian 04368
结点* AD06
JD
Connection
F: 焊接结点;铆接结点

Jie dian 04369
节点 AD06;CF03
JD
Joint;Node

Jie dian 04370
接点 AD06
JD
Contact point

Jie dian chang shu 04371
介电常数 DI00
JDCS
Dielectric constant;Permittivity
S: 系数*

Jie feng 04372
接缝 AC04;AE04
JF
Joint
C: 路面施工;刚性路面

Jie feng po sun 04373
接缝破损 AC08
JFPS
Joint failure
S: 损害*

Jie gou 04374
结垢 DD00
JG
Scaling

Jie gou 04375
结构* AD03;BC03
JG
Structure
F: 船舶结构;轨道结构

Jie gou 04376
结构(组成)* DD00
JG
Structure (organization)
F: 产业结构;宏观结构;晶体结构;团粒结构;微观结构;需求结构;运输结构

Jie gou an quan du 04377
结构安全度 AD03
JGAQD
Structure safety
S: 安全性
Z: 性能*

Jie gou cai liao 04378
结构材料 AF01
JGCL
Structural material
S: 建筑材料
Z: 材料*

Jie gou dong li fen xi 04379 CG04;CG12
结构动力分析
JGDLFX
Dynamic structural analysis
S: 分析*
C: 结构分析

Jie gou fen xi 04380
结构分析 AD03;CG12
JGFX
Structural analysis
S: 分析*
C: 有限元法;结构动力分析;结构静力分析
F: 变形计算法;地震反应分析;非弹性分析;非线性结构分析;刚度法;共轭梁法;极限强度法;极限设计法;截面分析;力矩微分法;能量法;扭曲分析;平衡法;强度分析;柔度法;试荷载法;塑性分析;塑性铰线法;弹性分析;投影法;弯矩分配法;有限条法

Jie gou gang 04381
结构钢 AF02
JGG
Structural steel
S: 钢*

Jie gou gou jian 04382

结构构件 AD06
JGGJ
Structural member
S：工程结构*
F：混凝土构件；桥梁构件；受拉构件；受压构件；弹性构件；预制构件；装配式构件

Jie gou jing li fen xi 04383 CG04；CG12
结构静力分析
JGJLFX
Static structural analysis
S：静力分析
C：结构分析
Z：分析*

Jie gou li xue 04384
结构力学 AD03；CG04
JGLX
Structural mechanics
S：力学
Z：学科*

Jie gou mo xing 04385
结构模型 DF00
JGMX
Structural models
S：模型*

Jie gou she ji 04386
结构设计 AD03
JGSJ
Structural design
S：设计*
F：极限设计；抗震设计；疲劳设计

Jie gou shi gu 04387
结构事故 DC00
JGSG
Structural failure
S：事故*
F：倒塌

Jie gou shi yan 04388
结构试验 DF00
JGSY
Structural tests
S：试验*

Jie gou wen ding xing shi yan 04389 BE09
结构稳定性试验
JGWDXSY
Buckling test
S：稳定性试验
D：屈曲试验
Z：试验*

Jie gou xing shi ye 04390
结构性失业 BB05
JGXSY
Structural unemployment
S：失业*

Jie gou zhen dong 04391
结构振动 CG08
JGZD
Structural vibration
S：振动*
C：振动系统；振型；质点振动

Jie gou zhen dong shi yan tai 04392 AH04
结构振动试验台
JGZDSYT
Shaking table for structure test；Vibrostand
S：试验台
Z：装置*

Jie gou zu ni 04393
结构阻尼 CG08
JGZN
Structural damping
S：阻尼*

Jie guan 04394
结关 BA01
JG
Customs clearance
C：结关单

Jie guan dan 04395
结关单 BA01
JGD
Clearance certificate
C：结关

Jie he 04396
结合 DD00
JH
Binding

Jie he liang 04397
结合梁 AD05
JHL
Composite beam
S：梁*

Jie he liang qiao 04398
结合梁桥 AD01
JHLQ
Composite bridge
S：梁桥
Z：桥*

Jie he liao 04399
结合料* AF08
JHL
Binder
F：无机结合料；有机结合料

Jie jing 04400
结晶 CB00；DE00
JJ
Crystallization
C：晶体*；晶体结构

Jie jing du 04401
洁净度 DI00
JJD
Cleanness
S：度*
D：清洁度

Jie ke kong shi li cheng F0476 AJ05
接客空驶里程
JKKSLC
Deadhead kilometres for passenger
Y：空驶里程

Jie ke kong shi shi jian 04402 AJ04
接客空驶时间
JKKSSJ
Deadhead time for passenger
S：空驶时间
Z：时间*

Jie ke kong shi su du 04403
接客空驶速度 AJ05
JKKSSD

Deadhead speed for passenger
S：空驶速度
Z：速度*

Jie kou 04404
接口* CF03
JK
Interface
C：接口设备
F：人机接口

Jie kou she bei 04405
接口设备 CF03
JKSB
Interface equipment
S：设备*
C：接口*

Jie kuan chang huan qi 04406 BB04
借款偿还期
JKCHQ
Loan pay-off period
C：投资风险

Jie li beng chuan 04407
接力泵船 BE03
JLBC
Floating booster station
S：工程船舶
Z：船舶*

Jie li yun shu 04408
接力运输 AA01
JLYS
Relay transport
S：营运方式*

Jie liu 04409
截流 BD04
JL
Stream cut-off
S：流动*

Jie mian F0477
截面 AD06；DH00
JM
Section；Cross section
Y：断面

Jie mian 04410
界面 DH00
JM
Boundary；Interface；Limiting surface
S：面*

Jie mian fen xi 04411
截面分析 CG12
JMFX
Section analysis
S：结构分析
Z：分析*

Jie mian pai shui 04412
界面排水 AC06
JMPS
Interface drainage
S：排水*

Jie neng F0478
节能 AK04；CL02
JN
Economize on energy；Energy conservation
Y：能源节约

Jie neng zhuang zhi 04413
节能装置 AK04
JNZZ
Fuel saving device
S：装置*
F：汽车节能装置

Jie shuang 04414
结霜 DD00
JS
Frosting

Jie shui chuan zha 04415
节水船闸 BD03
JSCZ
Thrift lock
S：船闸
Z：建筑物*

Jie shui gou 04416
截水沟 AC06
JSG
Intercepting ditch
S：沟*

Jie suo 04417
解锁 AJ03
JS
Release
C：联锁；锁闭

Jie ti shi han dong 04418
阶梯式涵洞 AD17
JTSHD
Stepped culvert
S：涵洞*

Jie tou 04419
接头 AD06
JT
Joint
S：工具*
F：预应力接头

Jie tu 04420
借土 AC03
JT
Borrow earth
S：土方工程*

Jie xi fa F0479
解析法 BB03
JXF
Analytical method
Y：分析法

Jie xi jie 04421
解析解 CA00
JXJ
Analysis (mathematics)
S：解*

Jie xi li xue F0480
解析力学 CG01
JXLX
Analytic mechanics
Y：分析力学

Jie zhi 04422
介质* DE00
JZ
Media；Medium
F：连续介质
D：媒介

Jin chu 04423
浸出 DD00
JC

Leaching

Jin chu gang hang dao 04424 BD01
进出港航道
JCGHD
Approach channel
S：航道*

Jin chu gang hang dao chang du 04425 BJ04
进出港航道长度
JCGHDCD
Length of approach channel
S：航道统计指标
Z：指标*

Jin chu gang hang dao kuan du 04426 BJ04
进出港航道宽度
JCGHDKD
Width of approach channel
S：航道统计指标
Z：指标*

Jin chu gang hang dao shui shen 04427 BJ04
进出港航道水深
JCGHDSS
Water depth of approach channel
S：航道统计指标
Z：指标*

Jin chu kou mao yi F0481 DA00
进出口贸易
JCKMY
Import and export trade
Y：国际贸易

Jin chu kou shang pin jian yan 04428 BA02
进出口商品检验
JCKSPJY
Inspection of import and export commodity
S：商品检验
Z：检验*

Jin chu wu cao zong 04429 BD03
进出坞操纵
JCWCZ
Docking and off-docking manoeuvring
S：船舶操纵*
C：过船闸操纵；船坞*

Jin di dian 04430 BF02
近地点
JDD
Perigee

Jin du fa F0482 CG04
劲度法
JDF
Stiffness method
Y：刚度法

Jin du kong zhi 04431 AB04
进度控制
JDKZ
Rate process control

Jin gang 04432 BF04
进港
JG
Port entering

Jin gang dao di 04433 BC03
进港导堤
JGDD
Harbour entrance jetties
S：港口外堤*
C：港口水域；引航道

Jin gang hang dao 04434 BD01
进港航道
JGHD
Port entrances
S：航道*
C：港池；港口水域；领航；引航道

Jin gu 04435 DD00
紧固
JG
Fastening；Fixing
C：加固*

Jin hai hang xing 04436 BF02
近海航行
JHHX
Offshore navigation；Short-sea navigation
S：船舶航行*

Jin hai jian zhu wu F0483 BC03
近海建筑物
JHJZW
Off-shore structures
Y：离岸建筑物

Jin hai shu jun 04437 BD04
近海疏浚
JHSJ
Offshore dredging
S：疏浚*
C：扫床；疏浚工程

Jin hai yun shu chuan bo 04438 BE01
近海运输船舶
JHYSCB
Short sea vessels
S：船舶*
D：短途海上运输船舶

Jin hai zhu hang xi tong 04439 BF04
近海助航系统
JHZHXT
Short Range Aids
S：系统*

Jin ji qing kuang chu zhi 04440 BI04
紧急情况处置
JJQKCZ
Emergency response
S：处置*

Jin ji wu xian dian shi wei biao 04441 BF05
紧急无线电示位标
JJWXDSWB
Emergency position-indicating radiobeacon (EPIRB)
S：通信设备
D：EPIRB
Z：设备*

Jin ji xiang ying xi tong 04442 BH02
紧急响应系统
JJXYXT
Emergency Response Systems
S：系统*
D：响应系统

Jin ji xin hao 04443
紧急信号 BI04
JJXH
Urgency signal
S：信号*

Jin ji zhi dong 04444
紧急制动(汽车驾驶) AK03
JJZD
Emergency braking
S：汽车驾驶
Z：驾驶*

Jin kong gao du 04445
净空高度 BF02
JKGD
Clearance height; Air draft; Headway; Clear headway; Clear headroom

Jin kou shui F0484
进口税 BA01
JKS
Import tariff; Import tax
Y：关税

Jin kou xu ke 04446
进口许可 BA02
JKXK
Import permit
C：报关

Jin rong 04447
金融 BG02
JR
Finance
C：财政

Jin run 04448
浸润 DC00
JR
Infiltration; Soaking

Jin shen 04449
进深 DH00
JS
Depth

Jin shi 04450
浸蚀 DD00
JS
Etching
S：腐蚀*

Jin shu 04451
金属* CC01
JS
Metals
C：冶炼；金属元素
F：黑色金属；轻金属；有色金属；重金属

Jin shu bo wen guan 04452
金属波纹管 AD17
JSBWG
Metal corrugated

Jin shu cai liao 04453
金属材料 AF02
JSCL
Metal material
S：材料*
C：重金属
F：钢材；合金；铝；铜；稀有金属

Jin shu hua 04454
金属化 DB00
JSH
Metallization

Jin shu jia gong 04455
金属加工 DD00
JSJG
Metal working
S：加工*
F：滚压

Jin shu yuan su 04456
金属元素 CC01
JSYS
Metallic elements
S：元素*
C：金属*
F：铬；铅

Jin shui 04457
浸水* CI05
JS
Immersion in water
F：盐水浸入

Jin shui kou 04458
进水口 BC03
JSK
Inlets
S：取水建筑物
Z：建筑物*

Jin yu qi 04459
禁渔期 BA01
JYQ
Fishing closed season
C：海上禁捕区；休渔期

Jin yu qu F0485
禁渔区 BA01
JYQ
Marine reserve
Y：海上禁捕区

Jin yun 04460
禁运* BA01
JY
Embargo
F：国际禁运

Jin yun huo wu 04461
禁运货物 AA03
JYHW
Contraband goods
S：货物*

Jin zhan 04462
进展 DD00
JZ
Advancements
C：过程*

Jin zhi chao che biao zhi 04463 AI07
禁止超车标志
JZCCBZ
Overtaking prohibited sign
S：交通标志
Z：标志*

Jin zhi diao tou biao zhi 04464 AI07
禁止调头标志
JZDTBZ
No U-turn sign
S：交通标志

Z：标志*

Jin zhi shi ru 04465
biao zhi AI07
禁止驶入标志
JZSRBZ
No entry sign
S：交通标志
Z：标志*

Jin zhi ting che 04466
禁止停车 AI03
JZTC
Parking prohibited
S：停车*

Jin zhi ting fang 04467
biao zhi AI07
禁止停放标志
JZTFBZ
Parking ban sign
S：交通标志
Z：标志*

Jin zhi tong xing 04468
禁止通行 AI03
JZTX
Traffic prohibited

Jin zhi tong xing 04469
biao zhi AI07
禁止通行标志
JZTXBZ
Traffic prohibited sign
S：交通标志
Z：标志*

Jin zhi you zhuan 04470
wan biao zhi AI07
禁止右转弯标志
JZYZWBZ
No right turn sign
S：交通标志
Z：标志*

Jin zhi zuo zhuan 04471
wan biao zhi AI07
禁止左转弯标志
JZZZWBZ
No left turn sign
S：交通标志
Z：标志*

Jin zi 04472
浸渍 DD00
JZ
Immersion; Impregnation

Jin zi hun ning tu 04473
浸渍混凝土 AF07
JZHNT
Impregnated concrete
S：混凝土*

Jin zi shi yan 04474
浸渍试验 DF00
JZSY
Immersion tests
S：腐蚀试验
Z：试验*

Jing bao qi 04475
警报器 BI04
JBQ
Alarms

Jing chang ku cun 04476
经常库存 BA06
JCKC
Cycle stock
S：库存*

Jing chang wei 04477
xiu fei AG10
经常维修费
JCWXF
Routine repair cost
S：费用*

Jing dian 04478
静电 CF01
JD
Static electricity

Jing ding jie gou 04479
静定结构 AD04; CG04
JDJG
Statically determinate structure
S：工程结构*

Jing du 04480
经度* BF02
JD
Longitude
F：选择经度

Jing du yi ding shu 04481
京都议定书 BI03
JDYDS
Kyoto Protocol
S：国际协定
Z：条约*

Jing dun wei 04482
净吨位 BE06; BJ05
JDW
Net tonnage(NT)
S：吨位
C：总吨位
Z：参数*

Jing gao biao zhi 04483
警告标志 AI07
JGBZ
Warning sign; Caution sign
S：标志*

Jing guan 04484
景观* CK07
JG
Landscape
F：公路景观

Jing guan bao hu F0486
景观保护 CK07
JGBH
Landscape conservation; Landscape protection
Y：风景保护

Jing guan she ji 04485
景观设计 AC02; AD03; CI03; CK07
JGSJ
Landscape design; Landscaping; Scenario design
S：建筑设计
C：公路设计; 桥梁设计
F：公路景观设计
Z：设计*

Jing hua 04486
净化 CK04; DD00

JH
Purification
S: 过程*
F: 水体净化;超净化;废气净化

Jing hua she bei 04487
净化设备 CK04
JHSB
Purification equipment
S: 设备*

Jing ji 04488
经济* AB03
JJ
Economy
F: 个体经济;工程经济;工业经济;环境经济;混合经济;社会主义市场经济;市场经济;有中国特色的社会主义经济

Jing ji bi jiao 04489
经济比较 BG02
JJBJ
Economic comparison
C: 经济论证

Jing ji biao zhun F0487
经济标准 BJ01
JJBZ
Economic criteria
Y: 经济指标

Jing ji che su 04490
经济车速 AI01
JJCS
Economic speed
S: 车速
Z: 速度*

Jing ji cheng ben 04491
经济成本 BG05
JJCB
Economic cost
S: 成本*

Jing ji di tu 04492
经济地图 DJ00
JJDT
Economic maps
S: 专题地图
F: 交通图
Z: 地图*

Jing ji diao cha 04493
经济调查 AB03
JJDC
Economy survey
S: 调查*

Jing ji fa dian 04494
经济法典 BB02
JJFD
Economic code
S: 法典
Z: 法律*

Jing ji fa zhan 04495
经济发展 BB03;BG02
JJFZ
Economic development
S: 发展*
C: 对外贸易

Jing ji fei yong 04496
经济费用 BG05
JJFY
Economic cost
S: 费用*

Jing ji fen xi 04497
经济分析 AB03;BG02;BG05;DD00
JJFX
Economic analysis
S: 分析*
F: 道路经济分析;基建技术经济分析;经营业务分析;企业利润分析;投入产出分析;盈亏平衡分析;盈利能力分析;资金来源和运用分析

Jing ji gong tong ti 04498
经济共同体 BB01
JJGTT
Economic community
C: 经济联合体

Jing ji guan li ti zhi 04499
经济管理体制 BG02
JJGLTZ
Economic management system
S: 管理体制
C: 经济体制
Z: 体制*

Jing ji gui hua 04500
经济规划 BB03
JJGH
Economic planning
S: 规划*

Jing ji gui lü 04501
经济规律 BG02
JJGL
Economic law
S: 规律*

Jing ji hang su 04502
经济航速 BF07
JJHS
Economic speed
S: 航速
C: 营运航速
Z: 速度*

Jing ji he suan 04503
经济核算 BG02
JJHS
Economic accounting
S: 核算
Z: 计算*

Jing ji jing xian zhi 04504
经济净现值 AB03
JJJXZ
Economic net present value;ENPV
S: 净现值
Z: 值*

Jing ji jue ce 04505
经济决策 BB03
JJJC
Economic decision
S: 决策*

Jing ji lian he ti 04506
经济联合体 BB01
JJLHT
Economic joint body
C: 经济共同体;经济一体化
D: 经济联盟

Jing ji lian meng F0488
经济联盟 BB01
JJLM
Economic union
Y：经济联合体

Jing ji lun zheng 04507
经济论证* BG02
JJLZ
Economic evaluation
C：经济比较
F：船舶技术经济论证；运输系统论证

Jing ji mo xing 04508
经济模型 BG01
JJMX
Economic models
S：模型*

Jing ji nei bu shou yi lü 04509
AB03
经济内部收益率
JJNBSYL
Economic internal rate of return；EIRR

Jing ji ping gu 04510
经济评估 BG02
JJPG
Economic appraisal
S：评估*
C：经济评价

Jing ji ping jia 04511
经济评价 BG02
JJPJ
Economic evaluation；Economic assessment
S：评价*
C：经济评估

Jing ji ping jia tong ji zhi biao 04512
BJ02
经济评价统计指标
JJPJTJZB
Statistical indicators on economical evaluation
S：统计指标
Z：指标*

Jing ji ren 04513
经纪人* DA00
JJR
Broker
F：保险经纪人

Jing ji te qu 04514
经济特区 DJ00
JJTQ
Special economic district；Special economic zone（SEZ）
S：地区*
C：开发区

Jing ji ti zhi 04515
经济体制 BG02
JJTZ
Economic system
S：体制*
C：经济管理体制

Jing ji tong xing neng li 04516
经济通行能力 AI02
JJTXNL
Economical capacity
S：通行能力
Z：能力*

Jing ji wei ji 04517
经济危机 BB05
JJWJ
Economic crisis
C：通货膨胀

Jing ji xiao lü 04518
经济效率 BG04
JJXL
Economic efficiency
S：效率*
C：经济效益

Jing ji xiao yi 04519
经济效益 AB03；BG02；BG04
JJXY
Economic benefit
S：效益*
C：经济效率

Jing ji xing 04520
经济性 BG01
JJX
Economy
S：特性
F：船舶动力装置经济性；散货船经济性；运河经济性
Z：性质*

Jing ji xue 04521
经济学 BG01
JJX
Economics
S：学科*
F：动态经济学；工程经济学；工业经济学；古典经济学；管理经济学；宏观经济学；基础设施经济学；统计学；污染控制经济学；运输经济学
Z：学科*

Jing ji yi ti hua 04522
经济一体化 BB01
JJYTH
Economic integration
S：一体化*
C：经济联合体

Jing ji yu ce 04523
经济预测 BB03
JJYC
Economic forecasts
S：预测*

Jing ji yun ju 04524
经济运距 AC02
JJYJ
Economical distance
S：距离*
F：土方调配经济运距

Jing ji zhe xian lü 04525
经济折现率 BB04
JJZXL
Economic discount rate
S：折现率
Z：比率*

Jing ji zhi 04526
经济值 DI00
JJZ
Economic value
S：值*

Jing ji zhi biao 04527
经济指标 BJ01
JJZB
Economic criteria
S：统计指标
F：综合经济指标
D：经济准则；经济标准
Z：指标*

Jing ji zhi biao ti xi 04528
BJ01
经济指标体系
JJZBTX
Measures of merit；Economic indicators
S：体系*

Jing ji zhun ze F0489
经济准则 BJ01
JJZZ
Economic criteria
Y：经济指标

Jing kong 04529
净空 DH00
JK
Clearances
S：空间*

Jing kuan 04530
净宽 DI00
JK
Net width

Jing li chu tan shi yan 04531
AH01
静力触探试验
JLCTSY
Static cone penetration test
S：触探试验
Z：试验*

Jing li du 04532
晶粒度 DI00
JLD
Grain size
S：度*

Jing li fen xi 04533
静力分析 CG04
JLFX
Static analysis
S：力学分析
F：结构静力分析
Z：分析*

Jing li shi yan 04534
静力试验 AD16；CG10；DF00
JLSY
Static test
S：力学试验
C：静力学
Z：试验*

Jing li xue 04535
静力学 CG01
JLX
Statics
S：力学
C：静力试验
F：液体静力学
Z：学科*

Jing liu 04536
径流* CD01；CI05
JL
Runoff
C：数学模型；水文分析
F：地面径流

Jing liu liang 04537
径流量 CI05
JLL
Runoff volume
S：量*

Jing mi du 04538
精密度 DI00
JMD
Precision
S：度*

Jing nei chu xing 04539
境内出行 AI02
JNCX
Local trip
S：出行*

Jing nei jiao tong 04540
境内交通 AI02
JNJT
Local traffic
S：交通*

Jing que du 04541
精确度 DI00
JQD
Accuracy
S：度*

Jing sai 04542
竞赛 DD00
JS
Competition

Jing shi jue min rui du F0490
静视觉敏锐度 AI05
JSJMRD
Static visual acuity
Y：视觉敏锐度

Jing shui chi F0491
静水池 BC03
JSC
Stilling basins
Y：消力池

Jing shui qu 04543
静水区 BF02
JSQ
Calm water
S：区域*

Jing shui ya li 04544
静水压力 CG07
JSYL
Static water pressure
S：水压力
C：水力计算
Z：力*

Jing sun shi 04545
净损失 BB04
JSS
Deadweight loss
S：损失*

Jing tai 04546
静态 DC00
JT
Static-state
S：状态*

Jin tai fen xi 04547
静态分析 BJ01
JTFXS
tatic analysis
S：分析*
C：动态分析

Jing tai te xing 04548
静态特性 DC00
JTTX
Static characteristics
S：特性
Z：性质*

Jing tai zhou zhong jian ce qi 04549
静态轴重检测器 AI03
JTZZJCQ
Static axle weight detector
S：轴重检测器
Z：仪器*

Jing ti 04550
晶体* CB00
JT
Crystals
C：结晶；粒度
F：液晶

Jing ti guan 04551
晶体管 CF04
JTG
Transistor
S：电子元件
Z：元件*

Jing ti jie gou 04552
晶体结构 CB00
JTJG
Crystal structure
S：结构(组成)*
C：结晶；X射线衍射

Jing xian zhi 04553
净现值 AB03；BB04；BJ01
JXZ
Net present value (NPV)
S：值*
F：经济净现值
D：现值

Jing xian zhi zhi shu 04554
净现值指数 BJ01
JXZZS
Net present value index
S：指数*

Jing xiang gu jie xi shu 04555
径向固结系数 CG09
JXGJXS
Radial consolidation coefficient
S：固结系数
Z：系数*

Jin xing gu jia hun ning tu qiao 04556
劲性骨架混凝土桥 AD01
JXGJHNTQ
Skeleton reinforced concrete bridge
S：桥*

Jing ya li 04557
静压力 CG03
JYL
Static pressure
S：压力
Z：力*

Jing yan 04558
经验 DB00
JY
Experience

Jing ying 04559
经营 BG04
JY
Operation

Jing ying li 04560
静应力 CG03
JYL
Static stress
S：应力*

Jing ying ye wu fen xi 04561
经营业务分析 BG02
JYYWFX
Analysis of operation
S：经济分析
Z：分析*

Jing zai he 04562
静载荷 CG11
JZH
Static load
S：载荷*

Jing zai zhong liang 04563
净载重量 BJ05
JZZL
Net deadweight；Net capacity
S：船舶统计指标
Z：指标*

Jing zheng 04564
竞争* BG03
JZ
Competition*
F：国际竞争；垄断竞争

Jing zheng fang shi 04565
竞争方式 BG03
JZFS
Competitive modes
S：方式*

Jing zheng mo shi 04566
竞争模式 BG02
JZMS
Competitive model
S：模式*

Jing zheng tan pan 04567
竞争谈判 BG03
JZTP
Competitive negotiation

Jing zhi tu ya li 04568
静止土压力 CG06
JZTYL
Earth pressure at rest
S：土压力
Z：力*

Jiu che xiu li fa 04569
就车修理法 AK05
JCXLF
Personalized repair method
S：汽车修理方法

Z: 方法*

Jiu di hun ning tu guan zhu 04570 AD13
就地混凝土灌注
JDHNTGZ
Placing concrete in-situ
S: 混凝土浇筑
Z: 工程施工*

Jiu gang gai jian F0492
旧港改建 BC04
JGGJ
Old port reconstruction
Y: 港口建设

Jiu hu che 04571
救护车 AJ02
JHC
Wrecking car
S: 车辆*
F: 索道救护车

Jiu lu gai zao 04572
旧路改造 AB01
JLGZ
Existing highway reformation
S: 公路建设
Z: 建设*

Jiu lu ji shu gai zao 04573 AC07
旧路技术改造
JLJSGZ
Technical reformation of existing road
S: 技术改造
Z: 改造*

Jiu qiao 04574
旧桥 AD01
JQ
Existing bridge
S: 桥*

Jiu sheng F0493
救生 BH01
JS
Life saving
Y: 救助

Jiu sheng chuan F0494
救生船 BE02
JSC
Rescue ship; Rescue vessel
Y: 救生艇

Jiu sheng fa dian tai F0495 BF05
救生筏电台
JSFDT
Survival craft station
Y: 救生艇电台

Jiu sheng ting 04575
救生艇 BE02
JST
Lifeboats; Liferafts
S: 港务船
D: 救助船; 救生船; 救援船
Z: 船舶*

Jiu sheng ting dian tai 04576 BF05
救生艇电台
JSTDT
Survival craft station
S: 通信设备
D: 救生筏电台
Z: 设备*

Jiu sheng zhuang zhi 04577
救生装置 BH01
JSZZ
Rescue apparatus
S: 装置*

Jiu xian qing chu ji 04578 AG07
旧线清除机
JXQCJ
Marking cleaning machine
S: 养护机械
Z: 机械*

Jiu yuan chuan F0496
救援船 BE02
JYC
Rescue vessels
Y: 救生艇

Jiu zhu 04579
救助 BH01
JZ
Rescue
S: 海上搜救
D: 救生
Z: 安全*

Jiu zhu chuan F0497
救助船 BE02
JZC
Rescue vessels
Y: 救生艇

Jiu zhu da lao chuan 04580
救助打捞船 BE03
JZDLC
Salvage ship
S: 工程船舶
Z: 船舶*

Jiu zhu gong zuo chuan 04581 BE02
救助工作船
JZGZC
Rescue service ship
S: 工作艇
F: 救助拖轮
Z: 船舶*

Jiu zhu tuo lun 04582
救助拖轮 BE02
JZTL
Salvage tugs
S: 救助工作船
Z: 船舶*

Ju an zhi 04583
聚氨酯 CC04
JAZ
Polyurethane
S: 高聚物*
C: 丙烯酸树脂

Ju ben yi xi 04584
聚苯乙烯 CC04
JBYX
Polystyrene
S: 热塑性树脂
Z: 高聚物*

Ju bing xi 04585
聚丙烯 CC04

JBX
Polypropylene
S: 热塑性树脂
Z: 高聚物*

Ju bing xi suan zhi 04586
聚丙烯酸酯 CC04
JBXSZ
Polyacrylates
S: 高聚物*
F: 聚酰亚胺;有机玻璃

Ju bing xi xian an 04587
聚丙烯酰胺 CC04
JBXXA
Polyacrylamides
S: 丙烯酸树脂
Z: 高聚物*

Ju bu chong shua 04588
局部冲刷 AD02
JBCS
Local scour
S: 冲刷*

Ju bu gu zhang 04589
局部故障 AK04
JBGZ
Partial failure
S: 汽车故障
Z: 故障*

Ju bu sun shi 04590
局部损失 DC00
JBSS
Local losses
S: 损失*

Ju bu wen ding xing 04591
局部稳定性 AI01
JBWDX
Local stability
S: 稳定性
Z: 性能*

Ju bu ying li 04592
局部应力 CG03
JBYL
Local stress
S: 应力*

Ju feng 04593
锯缝 AC04
JF
Sawn joint
C: 刚性路面;路面施工

Ju feng 04594
飓风 BI04
JF
Hurricanes
S: 危险天气通报
C: 热带气旋
Z: 天气预报*

Ju gui yang wan 04595
聚硅氧烷 CC04;CC05
JGYW
Polysiloxane
S: 高聚物*
D: 硅酮

Ju he hun ning tu 04596
聚合混凝土 AF07
JHHNT
Polymer concrete
S: 混凝土*

Ju he wu F0498
聚合物 CC04
JHW
Polymers
Y: 高聚物*

Ju he wu gai xing li qing 04597
聚合物改性沥青 AF08
JHWGXLQ
Polymer modified asphalt
S: 改性沥青
Z: 沥青*

Ju he zhi wu fang shui ceng 04598
聚合织物防水层 AD07
JHZWFSC
Water proof polymer fabrics
S: 防水层
Z: 层*

Ju jia ji bing xi suan jia zhi F0499 CC04
聚甲基丙烯酸甲酯
JJJBXSJZ
Polymerthylmethaacrylate
Y: 有机玻璃

Ju li 04599
距离* DH00;DI00
JL
Distance;Range
F: 步行距离;沉降距离;乘距;出行距离;灯光射程;反应距离(司机);经济运距;识别距离(司机);视距;停车距离;行车间距;制动距离

Ju li fen bian li 04600
距离分辨力 BF02
JLFBL
Range resolution
S: 分辨力
Z: 能力*

Ju li tu 04601
巨粒土 AF06
JLT
Over coarse-grained soil
S: 土*

Ju liu quan 04602
拘留权 BA01
JLQ
Right of seizure
S: 权利*

Ju lü yi xi 04603
聚氯乙烯 CC04
JLYX
Polyvinyl chloride
S: 热塑性树酯
Z: 高聚物*

Ju lü yi xi guan 04604
聚氯乙烯管 AF03
JLYXG
Polyvinyl chloride pipe
S: 管*

Ju min cheng che chu xing liang 04605 AJ04

居民乘车出行量
JMCCCXL
Resident riding trips
S：居民出行量
S：量*

Ju min chu xing Liang 04606 AJ04
居民出行量
JMCXL
Resident trips
S：量*
F：居民乘车出行量

Ju min yong you che liang 04607 AJ05
居民拥有车辆
JMYYCL
Vehicles per resident
S：车辆*

Ju pei 04608
拒赔 BA07
JP
Rejecting claims
C：理赔；索赔；索赔时效

Ju sheng bo che ji 04609
举升泊车机 AI03
JSBCJ
Parking lift

Ju sheng ji 04610
举升机 AK05
JSJ
Lifter
S：汽车维修工艺设备
Z：设备*

Ju si fu yi xi hua dong zhi zuo 04611 AD08
聚四氟乙烯滑动支座
JSFYXHDZZ
Polytetrafluoroethylene side plate bearing
S：桥梁支座
Z：支座*

Ju tan suan zhi 04612
聚碳酸酯 CC04
JTSZ
Polycarbonates
S：聚酯
Z：高聚物*

Ju xian ya an 04613
聚酰亚胺 CC04
JXYA
Polyimide
S：聚丙烯酸酯
Z：高聚物*

Ju xing 04614
矩形 DH00
JX
Rectangles
S：形状*

Ju xing liang 04615
矩形梁 AD05
JXL
Rectangular beam
S：梁*

Ju xing sui dao 04616
矩形隧道 AE01
JXSD
Rectangular section tunnel
S：隧道*

Ju xing ti F0500
矩形体 DH00
JXT
Rectangular bodies
Y：立方体

Ju yang hua yi xi 04617
聚氧化乙烯 CC04
JYHYX
Polyethylene oxide；Polyoxyethylene
S：热塑性树脂
Z：高聚物*

Ju yi xi 04618
聚乙烯 CC04
JYX
Polyethylene
S：热塑性树脂
Z：高聚物*

Ju yi xi chun 04619
聚乙烯醇 CC04
JYXC
Polyvinyl alcohol
S：热塑性树脂
Z：高聚物*

Ju yi xi guan 04620
聚乙烯管 AF03
JYXG
Polyethylene pipe
S：管*

Ju yi xi li qing zhuang zhi 04621 AG07
聚乙烯沥青装置
JYXLQZZ
Polyethylene asphalt unit
S：装置*

Ju yu wang 04622
局域网 CF03
JYW
Local area network
S：网络*

Ju zhen 04623
矩阵* CA00
JZ
Matrices (mathematics); Matrix (mathematics)
C：结构分析；结构力学
F：刚度矩阵

Ju zhen fa 04624
矩阵法 CG12
JZF
Matrix method
S：方法*

Ju zhi 04625
聚酯 CC04
JZ
Polyester
S：高聚物*
C：丙烯酸树脂；玻璃钢
F：不饱和聚酯；聚碳酸酯

Ju zhu qu lü hua 04626
居住区绿化 CK07
JZQLH
Planting of residential area
S：绿化*

Juan tong ti 04627
sheng ji AJ03
卷筒提升机
JTTSJ
Rolled lifter
S：举升机
Z：设备*

Juan yang ji 04628
卷扬机 AG06；BA08
JYJ
Hoist；Hoister；Windlass
S：垂直运输设备
F：电动卷扬机；手摇卷扬机；索道绞车
D：绞车
Z：设备*

Jue ce 04629
决策* BB04；CA00；DD00；DF00
JC
Decision；Decision-making；Policy-making
C：投资决策准则；决策准则；决策论
F：定性决策；管理决策；计划决策；经济决策

Jue ce lun 04630
决策论 CA00；DB00
JCL
Decision theory
S：理论*；运筹学
C：决策*
Z：学科*

Jue ce zhi chi F0501
fang fa BB04
决策支持方法
JCZCFF
Decision-support tool
Y：决策支持工具

Jue ce zhi chi 04631
gong ju BB04
决策支持工具
JCZCGJ
Decision-support tool
S：工具*
D：决策支持方法

Jue ce zhun ze 04632
决策准则 BB04
JCZZ
Decision-making criteria
S：准则*
C：决策*

Jue dui zhi biao 04633
绝对指标 BJ01
JDZB
Absolute target；Absolute indicator
S：综合指标
Z：指标*

Jue jin gong zuo 04634
mian zhi hu AE07
掘进工作面支护
JJGZMZH
Excavation face support
S：支护*

Jue re ji zhuang 04635
xiang BA05
绝热集装箱
JRJZX
Insulated container
S：集装箱*

Jue suan 04636
决算 AB03
JS
Final account

Jue yuan 04637
绝缘 CF01；DC00；DD00
JY
Insulating；Insulation

Jun fang cha 04638
均方差 DI00
JFC
Mean square deviation；Mean square error

Jun gang 04639
军港 BC01
JG
Naval port；Naval harbours
S：港口*
C：避风港；工业港

Jun gong 04640
竣工 AB04
JG
Completion of construction

Jun gong ce liang 04641
竣工测量 AC01
JGCL
Final survey
S：测量*

Jun lie 04642
龟裂 DC00
JL
Fracture；Fracturing

Jun ling 04643
峻岭 AC01
JL
Steep mountain
S：地形*

Jun shi hang hai 04644
军事航海 BF02
JSHH
Military navigation
S：航海*

Jun yong liang 04645
军用梁 AD05
JYL
Military beam
S：梁*

Jun yong qiao 04646
军用桥 AD01
JYQ
Military bridge
S：桥*

Jun yun du 04647
均匀度 DI00
JYD
Degree of uniformity；Evenness；Homogeneity
S：度*

Jun yun liu dong 04648
均匀流动 CG07
JYLD
Uniform flow
S：流动*

Jun yun xing　04649
均匀性　DC00
JYX
Homogeneity
S：性质*
D：匀质性；不均匀性

K

K zhi　F0502
K 值　CI01
KZ
K-value
Y：地基系数

Ka si te　F0503
喀斯特　CI01
KST
Karst
Y：岩溶

Kai biao　04650
开标　AB03
KB
Bid opening

Kai cai　04651
开采　DD00
KC
Extraction

Kai chang yun he　04652
开敞运河　BD01
KCYH
Open canal
S：运河
C：明渠
Z：河流*

Kai di ni bo　04653
开底泥驳　BE03
KDNB
Hopper barge; Bottom dump mud barge
S：驳船
Z：船舶*

Kai di shi wa　04654
ni chuan　BE03
开底式挖泥船
KDSWNC
Hopper dredger
S：挖泥船
D：自卸挖泥船
Z：船舶*

Kai en si jing　F0504
ji xue　BG01
凯恩斯经济学
KESJJX
Keynesian economics
Y：凯恩斯主义

Kai en si mo xing　F0505
凯恩斯模型　BG01
KESMX
Keynesian model
Y：凯恩斯主义

Kai en si zhu yi　04655
凯恩斯主义　BG01
KESZY
Keynesianism
S：理论*
D：凯恩斯模型；凯恩斯经济学

Kai fa　04656
开发　DD00
KF
Developing; Development; Exploitation

Kai fa ji jin　F0506
开发基金　BB04
KFJJ
Development fund
Y：发展基金

Kai fa qu　04657
开发区　DJ00
KFQ
Development district
S：区域*
C：经济特区

Kai fang shi shou　04658
fei xi tong　AI06
开放式收费系统
KFSSFXT
Open toll system
S：道路收费系统
Z：系统*

Kai gou ji　F0507
开沟机　AG04
KGJ
Ditchers; Trencher excavators
Y：挖沟机

Kai guan　04659
开关　CF01
KG
Switch

Kai guan dian lu　04660
开关电路　CF04
KGDL
Switch circuit
S：电子电路
Z：电路*

Kai hang　04661
开航　AJ04
KH
Shipping
S：航行*

Kai he qiao　04662
开合桥　AD01
KHQ
Draw bridge
S：桥*

Kai ji pei　04663
开级配　CG09
KJP
Open gradation
S：级配*

Kai kou chen xiang　04664
开口沉箱　CI01
KKCX
Open caissons
S：沉箱
Z：基础(工程)*

Kai lie　04665
开裂　DD00
KL
Splitting

Kai lie fang zhi　F0508

开裂防止 DD00
KLFZ
Antisplit
Y：防裂

Kai qi du 04666
开启度 BC02
KQD
Opening degree
S：度*

Kai ti ni bo 04667
开体泥驳 BE03
KTNB
Open-body barge
S：驳船
Z：船舶*

Kai wa mian 04668
开挖面 AE04
KWM
Excavated surface

Kai zhuang 04669
铠装 BE10
KZ
Armour

Kan ce 04670
勘测* DD00；DF00
KC
Surveys；Surveying
F：地质勘测；工程地质勘测；工程勘测
D：踏勘

Kan tan 04671
勘探* BC02；CD01
KT
Exploration
F：地球物理勘探；工程地质勘探；坑探；空中勘探；声勘探；水文地质勘探

Kang bo luo ji 04672
抗剥落剂 AF03
KBLJ
Anti-stripping agent
S：添加剂
Z：剂*

Kang chen xing 04673
抗沉性 BF02
Insubmersibility
S：性能*
D：不沉性

Kang ci xing 04674
抗磁性 DC00
KCX
Diamagnetism
S：抗性
Z：性能*

Kang dong xing 04675
抗冻性 DC00
KDX
Frost-resistance；Frost steadiness
S：抗性
D：耐冻性
Z：性能*

Kang feng she ji 04676
抗风设计 AD03
KFSJ
Wind-proof design
S：建筑设计
Z：设计*

Kang fu shi xing 04677
抗腐蚀性 DC00
KFSX
Corrosion resistance
S：抗性
F：抗硫酸盐性
D：耐腐蚀性
Z：性能*

Kang hua shi yan 04678
抗滑试验（路面） AH01
KHSY
Anti-skid test
C：路面试验

Kang jian qiang du 04679
抗剪强度 CG02
KJQD
Shear strength
S：强度*

Kang jing dian 04680
抗静电 DE00
KJD
Anti-electrostatics

Kang la gang du 04681
抗拉刚度 CG02
KLGD
Tensile rigidity
S：刚度
Z：度*

Kang la qiang du 04682
抗拉强度 CG02
KLQD
Tensile strength
S：强度*

Kang la shi yan F0509
抗拉试验 AH01；CG10；DF00
KLSY
Tensile tests
Y：拉伸试验

Kang lao hua ji 04683
抗老化剂 AF03
KLHJ
Anti-ager
S：添加剂
Z：剂*

Kang lie ji suan 04684
抗裂计算 CG02
KLJS
Crazing computation
S：力学计算
Z：计算*

Kang lie xing 04685
抗裂性 CG02
KLX
Crazing resistance
S：抗性
C：力学性质
Z：性质*

Kang lie xing shi yan 04686
抗裂性试验 AD16
KLXSY
Crazing resistance test
S：试验*

Kang liu suan yan 04687

shui ni AF04
抗硫酸盐水泥
KLSYSN
Sulphate resistant cement
S：水泥*

Kang liu suan 04688
yan xing DC00
抗硫酸盐性
KLSYX
Sulfate resistance
S：抗腐蚀性
Z：性能*

Kang niu gang du 04689
抗扭刚度 CG02
KNGD
Torsional rigidity
S：刚度
Z：度*

Kang niu qiang du 04690
抗扭强度 CG02
KNQD
Torsional strength
S：强度*

Kang re zhen xing 04691
抗热震性 DC00
KRZX
Thermal shock resistance
S：抗性
Z：性能*

Kang shen xing 04692
抗渗性 DC00
KSX
Infiltration resistance; Percolation resistance
S：抗性
C：防水材料
Z：性能*

Kang wan gang du 04693
抗弯刚度 CG02
KWGD
Flexural rigidity
S：刚度
Z：度*

Kang wan qiang du 04694
抗弯强度 CG02；DC00
KWQD
Bending strength；Flexural strength
S：强度*

Kang xing 04695
抗性 DC00
KX
Resistance
S：性能*
F：抗磁性；抗冻性；抗腐蚀性；抗裂性；抗热震性；抗渗性；抗压性；抗振性；抗震性；耐候性；耐火性；耐碱性；耐久性；耐磨性；耐热性；耐水性；耐酸性；耐油性

Kang ya qiang du 04696
抗压强度 CG02
KYQD
Compressive strength
S：强度*

Kang ya shi yan 04697
抗压试验 CG10；DF00
KYSY
Pressure resistant tests
S：压力试验
Z：试验*

Kang ya xing 04698
抗压性 DC00
KYX
Compressive properties
S：抗性
D：耐压性
Z：性能*

Kang zhe qiang du 04699
抗折强度 CG02
KZQD
Folding strength
S：强度*

Kang zhen jie gou 04700
抗震结构 AD04
KZJG
Aseismatic structure
S：工程结构*

Kang zhen she ji 04701
抗震设计 AD03
KZSJ
Aseismatic design
S：结构设计
Z：设计*

Kang zhen shi yan 04702
抗震试验 CG10；DF00
KZSY
Antiseismic tests；Aseismatic tests
S：振动试验
Z：试验*

Kang zhen xing 04703
抗振性 DC00
KZX
Vibration resistance
S：抗性
D：耐振性
Z：性能*

Kang zhen xing 04704
抗震性 DC00
KZX
Earthquake resistance
S：抗性
D：耐震性
Z：性能*

Kang zhen zhi zuo 04705
抗震支座(桥) AD08
KZZZ
Earthquake-resistant bearing
S：桥梁支座
Z：支座*

Kao bo 04706
靠泊 BF04
KB
Berthing
C：靠泊力

Kao bo li 04707
靠泊力 BF02
KBL
Berthing thrust；Berthing impact force
S：力*
C：靠泊

Kao bo neng li 04708
靠泊能力 BJ03

KBNL
Berthing capacities
S：港口统计指标
Z：指标*

Kao bo xi tong 04709
靠泊系统 BF04
KBXT
Berthing systems
S：系统*

Kao cha bao gao 04710
考察报告 DF00
KCBG
Survey report
S：报告
Z：资料*

Kao cha chuan F0510
考察船 BE02
KCC
Science inspect ship
Y：科学考察船

Kao chuan she bei F0511
靠船设备 BC06
KCSB
Marine fenders
Y：防碰设备

Ke beng xing 04711
可泵性 DC00
KBX
Pumpability
S：性质*
C：混凝土泵送

Ke bian biao zhi 04712
可变标志 AI07
KBBZ
Variable sign
S：标志*
F：可变限速标志；可变信息标志

Ke bian cheng ben 04713
可变成本 BG05
KBCB
Variable cost
S：成本*

Ke bian cheng xu 04714
kong zhi qi CF03
可编程序控制器
KBCXKZQ
Programmable controller
S：控制器
Z：设备*

Ke bian cheng xu shu 04715
ju cai ji qi AH03
可编程序数据采集器
KBCXSJCJQ
Programmable data logger
C：数据收集系统

Ke bian huan xing 04716
可变换性 DC00
KBHX
Transformations
S：性质*

Ke bian luo ju F0512
luo xuan jiang BE08
可变螺距螺旋桨
KBLJLXJ
Controllable pitch propeller(CPP)
Y：变距螺旋桨

Ke bian xian su 04717
biao zhi AI07
可变限速标志
KBXSBZ
Variable speed-limit sign
S：可变标志
Z：标志*

Ke bian xian su 04718
kong zhi AI03
可变限速控制
KBXSKZ
Variable speed-limit control
S：控制*

Ke bian xiang 04719
zhong xin che AI07
dao xian
可变向中心车道线
KBXZXCDX
Reversible center lane line
S：导向线(交通)
Z：线*

Ke bian xin xi 04720
biao zhi AI07
可变信息标志
KBXXBZ
Changeable message sign
S：可变标志
Z：标志*

Ke cang 04721
客舱 BE05
KC
Passenger cabins；Passenger compartment
S：船舶舱室*
C：货舱

Ke cha che kong dang 04722
可插车空当 AI01
KCCKD
Acceptance gap
S：空当*
C：临界空当

Ke che 04723
客车 AK01
KC
Bus
S：汽车
F：长途客车；城市客车；卧铺客车
Z：车辆*

Ke che diao du 04724
客车调度 AA02
KCDD
Bus dispatching
S：调度
Z：管理*

Ke chi xu fa zhan 04725
可持续发展 BB03
KCXFZ
Sustainable development
S：发展*

Ke chuan F0513
客船 BE01
KC
Passenger ship
Y：客轮

Ke chuan an quan 04726
zheng shu BE07

客船安全证书
KCAQZS
Passenger Ship Safety Certificate
S：证书*

Ke diao tou jiao 04727
cha kou AI07
可调头交叉口
KDTJCK
Turn crossing
S：交叉口(平面)
Z：公路交叉*

Ke du 04728
客渡 AJ04
KD
Passenger ferry
S：渡轮
F：郊县客渡；市区客渡
Z：船舶*

Ke du bo 04729
客渡驳 AJ02
KDB
Passenger barge
S：驳船
C：公共交通工具
Z：船舶*

Ke du lun 04730
客渡轮 AJ02
KDL
Ferry
S：渡轮
C：公共交通工具
Z：船舶*

Ke du lun li yong lü 04731
客渡轮利用率 AJ05
KDLLYL
Ferryboat utilization rate
S：利用率
Z：比率*

Ke du lun yun 04732
ying lü AJ05
客渡轮运营率
KDLYYL
Ferryboat operating rate
S：运营率
Z：比率*

Ke han xing shi yan 04733
可焊性试验 DF00
KHXSY
Weldability tests
S：性能试验
Z：试验*

Ke huo chuan F0514
客货船 BE01
KHC
Combined ship；Mixed ship；Mixed boat
Y：混合运输船

Ke huo liang 04734
yong chuan BE01
客货两用船
KHLYC
Cargo-passenger ship； Passenger-cargo vessel
S：运输船舶
Z：船舶*

Ke huo yuan yu ce 04735
客货源预测 BB03
KHYYC
Passenger and cargo flow prediction
S：预测*

Ke ji cheng guo 04736
科技成果 DF00
KJCG
Scientific-technical achievement
S：成果*

Ke kai fa shui 04737
neng zi yuan BD06
可开发水能资源
KKFSNZY
Available hydropower resources
S：能源*
C：水电资源

Ke kao du 04738
可靠度 DC00
KKD
Degree of reliability
S：度*

Ke kao xing 04739
可靠性 BB04；CF02
KKX
Reliability
S：性质*
C：可靠性分析
F：船舶动力装置可靠性；设备可靠性

Ke kao xing fen xi 04740
可靠性分析 BB04
KKXFX
Reliability analysis
S：分析*
C：可靠性

Ke kao xing shi yan 04741
可靠性试验 AG11；BC05
KKXSY
Reliability test
S：试验*
C：性能试验

Ke kong gui 04742
可控硅 CC01
KKG
Thyristors
S：硅*

Ke li 04743
颗粒 BC02
KL
Grains
C：骨料*；筛*；标准筛

Ke li fen xi shi yan 04744
颗粒分析试验 AH01
KLFXSY
Grain size test
S：土工试验
Z：试验*

Ke li ji pei 04745
颗粒级配 AF06；CG09
KLJP
Grain size gradations；Gradation；Grading
S：级配*
D：骨料级配

Ke liu 04746
客流* AA02；AJ04；BA02
KL

Passenger flow
C: 客流量;运输管理
F: 城市客流;持续性客流;单向性客流;分散性客流;工作客流;季节性客流;集结性客流;郊区客流;跨区客流;区内客流;生活客流;市区客流;往返性客流;文化客流;学生客流;阵发性客流

Ke liu diao cha 04747
客流调查 BA02
KLDC
Passenger flow survey
S: 调查*
C: 运输管理;客运记录

Ke liu duan mian bu jun heng xi shu 04748
客流断面不均衡系数 AJ05
KLDMBJHXS
Section non-equilibrium factor of passenger flow
S: 不均衡系数
Z: 系数*

Ke liu fang xiang bu jun heng xi shu 04749
客流方向不均衡系数 AJ05
KLFXBJHXS
Direction non-equilibrium factor of passenger flow
S: 不均衡系数
Z: 系数*

Ke liu liang 04750
客流量 AJ04
KLL
Passenger flow volume
C: 客流*

Ke liu liu xiang 04751
客流流向 AJ04
KLLX
Passenger flow direction
D: 客向

Ke liu mi du 04752
客流密度 AA02;BA02
KLMD
Intensity of passenger flow; Intensity of passenger traffic
S: 密度
C: 运输管理
Z: 度*

Ke liu shi jian bu jun heng xi shu 04753
客流时间不均衡系数 AJ05
KLSJBJHXS
Time non-equilibrium factor of passenger flow
S: 不均衡系数
Z: 系数*

Ke liu tu 04754
客流图 AJ04
KLT
Passenger flow diagram
S: 图*

Ke liu zui da duan mian 04755
客流最大断面 AJ04
KLZDDM
Maximum section of passenger flow
D: 高断面

Ke lun 04756
客轮 BE01
KL
Passenger ship
S: 运输船舶
F: 班轮;渡轮;帆船;高速客轮;旅游船;双体船;沿海客轮;游览船;远洋班轮;远洋客轮
D: 客船
Z: 船舶*

Ke neng tong xing neng li 04757
可能通行能力 AI02
KNTXNL
Possible capacity
S: 通行能力
Z: 能力*

Ke neng zui da hong shui 04758
可能最大洪水 BC02;BD02
KNZDHS
Maximum probable flood; Probable maximum flood (PMF)
S: 设计洪水
C: 洪水演算;历史最大洪水;洪水频率
Z: 洪水*

Ke piao 04759
客票 AA02
KP
Passenger ticket

Ke ran shao xing F0515
可燃烧性 DC00
KRSX
Flammability
Y: 可燃性

Ke ran xing 04760
可燃性 DC00
KRX
Combustibility; Flammability
S: 性质*
D: 可燃烧性

Ke sheng wu jiang jie xing 04761
可生物降解性 BI03
可生物降解性是表述生物降解特性的词语。生物降解系指在有氧条件下,有机物被有机体(微生物)通过中间代谢、最后完全转化成无机物的过程。生物降解的全过程进行得很缓慢,故通常采用特定的条件和方式评价有机物的可生物降解性。
KSWJJX
Biological degradability
S: 特性
Z: 性质*

Ke shi xin xi 04762
可视信息 CF03
KSXX
Visible information
S: 信息*

Ke shui fang fa 04763
课税方法 BA01
KSFF

Tax technique
S：方法*
C：税收征管
D：课税技术

Ke shui ji shu F0516
课税技术 BA01
KSJS
Tax technique
Y：课税方法

Ke su xing 04764
可塑性 DC00
KSX
Plasticity
S：性质*

Ke suo xing F0517
可缩性 BC02
KSX
Contractibility
Y：压缩性

Ke tiao luo ju
luo xuan jiang F0518 BE08
可调螺距螺旋桨
KTLJLXJ
Controllable pitch propelle(CPP)
Y：变距螺旋桨

Ke wei gong li
cheng ben 04765 AJ05
客位公里成本
KWGLCB
Passenger-place kilometer cost
S：车辆运营指标
Z：指标*

Ke wei li yong lü 04766
客位利用率 BJ05
KWLYL
Coefficient of utilization of passenger capacity
S：船舶统计指标
Z：指标*

Ke wei shu F0519
客位数 AJ02
KWS
Rated passenger capacity
Y：额定载客量

Ke xiang F0520
客向 AJ04
KX
Passenger flow direction
Y：客流流向

Ke xing xing 04767
可行性 BB05
KXX
Feasibility
C：可行性研究；可行性分析

Ke xing xing fen xi 04768
可行性分析 BB05
KXXFX
Feasibility study；Feasibility analysis
S：分析*
C：可行性

Ke xing xing
yan jiu 04769 BB05；DC00；DF00
可行性研究
KXXYJ
Feasibility study
S：研究*
C：可行性
F：船舶投资可行性研究；投资项目可行性分析

Ke xing xing yan
jiu bao gao 04770 BB05
可行性研究报告
KXXYJBG
Feasibility study report
S：研究报告
Z：资料*

Ke xue 04771
科学* DB00
KX
Science
F：管理科学；技术科学；潜科学；前沿科学；软科学

Ke xue jue ce 04772
科学决策 DB00
KXJC
Scientific decision
S：决策*
D：软科学决策

Ke xue kao cha chuan 04773
科学考察船 BE02
KXKCC
Science inspect ship；Expedition ship
S：船舶*
F：北极考察船
D：考察船

Ke xue yan jiu 04774
科学研究 DF00
KXYJ
Scientific research
S：研究*
C：研究专题
F：定量研究；定性研究；发展性研究；探索性研究

Ke xue yan jiu chuan 04775
科学研究船 BE02
KXYJC
Research ship；Research vessel
S：船舶*

Ke ya suo xing 04776
可压缩性 DC00
KYSX
Compressibility
S：性质*
D：不可压缩性

Ke yan cheng guo 04777
科研成果 DE00
KYCG
Achievements in scientific research
S：成果*

Ke yan ji gou 04778
科研机构 DJ00
KYJG
Research institutes；Research institutions
S：机构(组织)*

Ke yan ji jin F0521
科研基金 BB04
KYJJ
Scientific research funds
Y：发展基金

Ke yuan 04779
客源 AA02

KY
Passenger source

Ke yuan diao cha 04780
客源调查 AA02
KYDC
Passenger source survey
S: 调查*

Ke yun F0522
客运 AJ01
KY
Passenger transport
Y: 旅客运输

Ke yun guan li 04781
客运管理 AA02
KYGL
Passenger traffic management
S: 运输管理
Z: 管理*

Ke yun ji cha 04782
客运稽查 AA10
KYJC
Inspection of passenger transportation
S: 检查*

Ke yun ji hua 04783
客运计划 AA02
KYJH
Plan of passenger traffic
S: 运输计划
Z: 计划*

Ke yun ji lu 04784
客运记录 BA02
KYJL
Passenger-service record
S: 记录
C: 客流调查
Z: 资料*

Ke yun liang 04785
客运量 AA02;BJ02
KYL
Passenger traffic volume; Volume of passenger traffic; Volume of passenger trans port
S: 运量
F: 额定载客量;最大载客量
Z: 量*

Ke yun ma tou 04786
客运码头 AJ03
KYMT
Passenger quay
S: 码头*

Ke yun neng li 04787
客运能力 AA02
KYNL
Capacity of passenger traffic
S: 运输能力
Z: 能力*

Ke yun shi gu 04788
客运事故 AA02
KYSG
Passenger traffic accident
S: 运输事故
Z: 事故*

Ke yun shou ru 04789
客运收入 AJ05
KYSR
Passenger transport income
S: 车辆运营指标
Z: 指标*

Ke yun tong ji 04790
客运统计 AA02
KYTJ
Passenger traffic statistics
S: 运输统计
Z: 统计*

Ke yun wang 04791
客运网 AA02
KYW
Passenger transportation network
S: 运输网络
Z: 网络*

Ke yun xi tong 04792
客运系统 AJ01
KYXT
Transit system
S: 系统*
F: 大运量客运系统

Ke yun xing shi 04793
客运形式 AA02
KYXS
Mode of passenger transportation
S: 运输形式
F: 班车客运;包车客运;长途客运;城市公共客运;出租汽车客运;短途客运;区间客运;直达客运
Z: 运输方式*

Ke yun ye wu 04794
客运业务 AA02
KYYW
Operation of passenger transportation
S: 业务*

Ke yun yun jia 04795
客运运价 AA02
KYYJ
Rate of passenger traffic
S: 运价
Z: 价格*

Ke yun zhan 04796
客运站 AA04;AJ03
KYZ
Bus terminal; Passenger station
S: 车站*
F: 发车站;轨道缆车客运站;接车站;拉紧站;驱动站;索道客运站

Ke yun zhi biao 04797
客运指标 AA02
KYZB
Passenger traffic index
S: 运输指标
Z: 指标*

Ke yun zhi liang 04798
客运质量 AA06
KYZL
Quality of passenger transportation
S: 质量*

Ke yun zu zhi 04799
客运组织 AA02
KYZZ
Organization of passenger traffic
S: 组织*

Ken bian 04800
啃边 AC08
KB
Edge failure

Keng cao 04801
坑槽 AC08
KC
Pot holes

Keng dao 04802
坑道* AE04
KD
Adit
F：辅助坑道；平行坑道

Keng tan 04803
坑探 AC01
KT
Pit test
S：勘探*

Kong bai bei shu 04804
空白背书 BA02
KBBS
Endorsement in blank
S：背书*

Kong che xing cheng 04805
空车行程（空车公里） AA07
KCXC
Unloaded kilometrage (empty vehicle-kilometer)
S：里程*

Kong chuan pai shui liang 04806
空船排水量 BE06
KCPSL
Light displacement
S：排水量
Z：量*

Kong dang 04807
空当* AI01
KD
Gap
F：可插车空当；临界空当

Kong dong 04808
孔洞 DH00
KD
Holes；Openings
D：孔口

Kong fu gong qiao 04809
空腹拱桥 AD01
KFGQ
Open spandrel arch bridge
S：拱桥
Z：桥*

Kong fu heng jia 04810
空腹桁架 AD04
KFHJ
Vierendeel truss
S：桁架*

Kong hua F0523
空化 BE04
KH
Cavitation
Y：空泡*

Kong jian 04811
空间* DH00
KJ
Space
F：净空

Kong jian ping jun su du 04812
空间平均速度 AI01
KJPJSD
Space mean speed
S：速度*

Kong jing 04813
孔径 AD02
KJ
Bore diameter

Kong kou F0524
孔口 DH00
KK
Holes
Y：孔洞

Kong lu shui lian yun ji zhuang xiang 04814
空陆水联运集装箱 BA05
KLSLYJZX
Air surface intermodal container
S：集装箱*

Kong pao 04815
空泡* BE04
KP
Cavitation
C：空穴损蚀
F：螺旋桨空泡
D：气蚀；涡穴；空化

Kong qi 04816
空气 CD03
KQ
Air
S：气体*
C：气流*；气压；气旋；自然对流

Kong qi dong li xue 04817
空气动力学 CG08
KQDLX
Aerodynamics
S：动力学
C：风洞试验
Z：学科*

Kong qi jing hua shi yan 04818
空气净化试验 DF00
KQJHSY
Air purification tests
S：试验*

Kong qi wu ran 04819
空气污染 BI02
KQWR
Air pollution
S：环境污染*
C：大气环境；空气污染控制
D：大气污染

Kong qi wu ran jian ce 04820
空气污染监测 CK03
KQWRJC
Air pollution surveillance
S：监测*
C：大气分析；空气污染；空气污染控制

Kong qi wu ran kong zhi 04821 BI03;CK02
空气污染控制
KQWRKZ
Air pollution control
S:污染控制
C:空气污染;空气污染监测;尾气净化设备
Z:控制*

Kong qi wu ran wu 04822
空气污染物 CK02
KQWRW
Air contaminants;Air pollutants;Emission
S:污染物
Z:物质*

Kong qi ya suo ji 04823
空气压缩机 AG02
KQYSJ
Air compressors
S:压缩机*
C:泵*

Kong qi zhi liang 04824
空气质量 BI02
KQZL
Air quality
S:质量*

Kong qiang 04825
空腔 DH00
KQ
Cavities

Kong shi chu cun qu 04826
控湿储存区 BA06
LSCCQ
Humidity controlled space
S:区域*

Kong shi li cheng 04827
空驶里程 AJ05
KSLC
Deadhead kilometres
S:里程*
D:调度空驶里程;接客空驶里程

Kong shi shi jian 04828
空驶时间 AJ04
KSSJ
Deadhead time
S:时间*
F:调度空驶时间;接客空驶时间

Kong shi su du 04829
空驶速度 AJ05
KSSD
Deadhead speed
S:速度*
F:调度空驶速度;接客空驶速度

Kong tiao 04830
空调 CI04
KT
Air conditioning
C:采暖

Kong tiao ji 04831
空调机 CI04
KTJ
Air conditioner
C:空调设备

Kong tiao she bei 04832
空调设备 AJ02
KTSB
Air-conditioning equipment
S:设备*
C:空调机

Kong xi 04833
孔隙 DI00
KX
Pores

Kong xi bi F0525
孔隙比 BC02;CG09;DI00
KXB
Porosity
Y:孔隙率

Kong xi lü 04834
孔隙率 BC02;CG09;DI00
KXL
Porosity;Void ratio
S:比率*
C:渗透率*
F:土壤孔隙率
D:孔隙比;孔隙性

Kong xi shui 04835
孔隙水 BC02
KXS
Pore-water flow

Kong xi shui ya li 04836
孔隙水压力 CG06
KXSYL
Pore water pressure
S:水压力
Z:力*

Kong xi shui ya li ji 04837 AH03
孔隙水压力计
KXSYLJ
Pore pressure cell
S:压力计
Z:仪器*

Kong xi xing F0526
孔隙性 BC02
KXX
Porosity
Y:孔隙率

Kong xiang yun jia 04838
空箱运价 AA08
KXYJ
Rate of empty container
S:运价
Z:价格*

Kong xin qiao 04839
空心桥 AD09
KXQ
Hollow pier
S:桥墩*

Kong xin zhuang 04840
空心桩 BC06
KXZ
Hollow pile
S:桩*

Kong xue sun shi 04841
空穴损蚀 BE04
KXSS
Cavitation erosion
C:空泡*

Kong zai 04842

空载 BE04
KZ
Empty load
C：压载；满载

Kong zhi 04843
控制* AA06；DD00；DE00
KZ
Control
F：成本控制；点控制；反馈控制；高速公路主线控制；过程控制；航向控制；计划控制；计算机控制；交通控制；可变限速控制；监控；库存控制；联动控制；联机控制(交通工程)；流量控制；群控；燃烧控制；容量控制；入口匝道控制；施工控制；施工质量控制；手动控制；数控；伺服控制；调速；停车控制(汽车)

Kong zhi bao po 04844
控制爆破 CI02
KZBP
Control blasting
S：爆破*

Kong zhi dian 04845
控制点* AC01
KZD
Control point
F：路线控制点

Kong zhi lun 04846
控制论 CA00；CF02；DB00
KZL
Cybernetics
S：理论*；数学
C：信息论
Z：学科*

Kong zhi qi 04847
控制器 CF03
KZQ
Controller
S：设备*
F：可编程序控制器；信号控制器

Kong zhi xi tong 04848
控制系统 AI01；BE08；CF02
KZXT
Control system
S：系统*
F：光度控制系统；灰色控制系统；自动控制系统

Kong zhi ying li 04849
控制应力 CG03
KZYL
Proof stress
S：应力*

Kong zhi zhong xin 04850
控制中心 BE08
KZZX
Control centres
S：中心*

Kong zhi zhuang zhi 04851
控制装置 DD00
KZZZ
Control devices；Control equipment
S：装置*

Kong zhong kan tan 04852
空中勘探 CD01
KZKT
Air exploration
S：勘探*

Kou 04853
口* DH00
K
Hole；Opening
F：断口；缺口；泄水口

Kou an jia ge 04854
口岸价格 BG06
KAJG
Border price
S：价格*

Kou an na shui F0527
口岸纳税 BA01
KANS
Tax at the port
Y：关税

Kou gu li 04855
扣固力 CG03
KGL
Fastening force
S：力*

Ku chang zuo ye 04856
库场作业 AA05
KCZY
Operation in storage
S：作业*

Ku cun 04857
库存* BA06
KC
Inventory
C：储存*；库存周期
F：安全库存；经常库存

Ku cun kong zhi 04858
库存控制 BA06
KCKZ
Inventory control
S：控制*

Ku cun liang 04859
库存量 BJ03
KCL
Inventory capacity
S：运输统计指标
C：货运管理
Z：指标*

Ku cun zhou qi 04860
库存周期 BA06
KCZQ
Inventory cycle time
S：周期*
C：库存*

Ku fang 04861
库房 BA06
KF
Storehouse
S：仓库*

Ku rong liang 04862
库容量 BJ03
KRL
Warehouse capacity
S：运输统计指标
Z：指标*

Kua che 04863
跨车 BA05

KC
Straddle carrier
S：车辆*
F：集装箱跨车

Kua du 04864
跨度 AD02
KD
Span
S：度*
F：桥跨

Kua hang dao dian lan shu liang 04865 BJ04
跨航道电缆数量
KHDDLSL
Numbers of cable crossing over river channel
S：航道统计指标
Z：指标*

Kua hang dao guan xian shu liang 04866 BJ04
跨航道管线数量
KHDGXSL
Numbers of pipeline crossing over river channel
S：航道统计指标
Z：指标*

Kua hang dao jian zhu wu shu liang 04867 BJ04
跨航道建筑物数量
KHDJZWSL
Numbers of structure crossing over river channel；Numbers of structure over river
S：航道统计指标
Z：指标*

Kua hang dao qiao liang shu liang 04868 BJ04
跨航道桥梁数量
KHDQLSL
Numbers of bridge crossing over river channel；Numbers of bridge over river
S：航道统计指标
Z：指标*

Kua liu yu shui dian kai fa 04869 BD06
跨流域水电开发
KLYSDKF
Interbasin hydropower development
S：水利资源开发*

Kua qu ke liu 04870
跨区客流 AA02
KQKL
Inter-regional passenger traffic
S：客流*
D：区间客流

Kua xian qiao 04871
跨线桥 AD01
KXQ
Flyover bridge
S：公路交叉*

Kuai che xian lu 04872
快车线路 AJ03
KCXL
Express line
S：线路*
C：公共交通线路

Kuai che zhan 04873
快车站 AJ03
KCZ
Express bus stop；Express bus station
S：车站*

Kuai dian F0528
快点(行车) AJ04
KD
Running hot
Y：早点(行车)

Kuai ji 04874
会计 BG05
KJ
Account；Accounting

Kuai jian huo wu yun shu 04875 AA03
快件货物运输
KJHWYS
Express service
S：货物运输
Z：运输*

Kuai liao lu mian 04876
块料路面 AC04
KLLM
Block pavement
S：路面*

Kuai shi 04877
块石 AF06
KS
Angular boulder；Block stone
S：石*

Kuai shi ji ceng 04878
块石基层 AC04
KSJC
Telford base
S：基层
Z：层*

Kuai su fu li ye bian huan fen xi yi 04879 AH03
快速傅里叶变换分析仪
KSFLYBHFXY
Fast Fourier transform analyzer；FFT
S：分析仪
Z：仪器*

Kuai su gong gong jiao tong xi tong 04880 AI02
快速公共交通系统
KSGGJTXT
Rapid transit system
S：交通系统
Z：系统*

Kuai su gui dao jiao tong 04881 AJ01
快速轨道交通
KSGDJT
Rail rapid transit (RRT)
S：大运量客运系统
C：公共交通方式
F：地下铁道
Z：系统*

Kuai su hu hang jian F0529
快速护航舰 BE02
KSHHJ
Frigates
Y：护卫舰

Kuai su jian ce　04882
快速检测　DF00
KSJC
High speed detection
S：检测*

Kuai su qin shi ji li　04883　BC02
快速侵蚀机理
KSQSJL
Physics of the rapid erosion
S：侵蚀机理
C：海岸侵蚀原因；海岸逆向侵蚀
Z：机制*

Kuai su you gui dian che　F0530　AJ02
快速有轨电车
KSYGDC
Light rail rapid transit car
Y：有轨电车

Kuai ting　04884
快艇　BE02
KT
Motor yachts
S：运输辅助船
Z：船舶*

Kuai ying hun ning tu　04885　AF07
快硬混凝土
KYHNT
Rapid hardening concrete; Rapid setting concrete
S：混凝土*

Kuai ying shui ni　04886
快硬水泥　AF04
KYSL
Rapid hardening cement; Rapid setting cement
S：水泥*
D：早强水泥

Kuan du　04887
宽度　DI00
KD
Breath; Width
S：度*
F：车厢通道宽度

Kuan huan qi　F0531
宽缓期　BE10
KHQ
Grace period
Y：宽限期

Kuan xian qi　04888
宽限期　BE10
KXQ
Grace period
D：宽缓期

Kuang fen　04889
矿粉　AF06
KF
Mineral powder

Kuang jing ti sheng ji　04890　AG06
矿井提升机
KJTSJ
Mine hoists; Mine lifts; Shaft elevators
S：提升机
C：垂直运输设备
Z：机械*

Kuang liao　F0532
矿料　AF06
KL
Mineral aggregates
Y：骨料*

Kuang sha bo　04891
矿砂驳　BE01
KSB
Ore barge
S：驳船
Z：船舶*

Kuang sha chuan　04892
矿砂船　BE01
KSC
Ore carrier
S：散货船
C：矿石码头
Z：船舶*

Kuang shi ma tou　04893
矿石码头　BC01
KSMT
Ore terminals
S：散货码头
C：矿砂船
Z：码头*

Kuang wu　04894
矿物*　AF01
KW
Mineral materials
C：硅酸盐；铝矾土
F：粘土矿物；石墨
D：矿物材料

Kuang wu cai liao　F0533
矿物材料　AF01
KWCL
Mineral materials
Y：矿物*

Kuang wu xian wei　04895
矿物纤维　AF03
KWXW
Mineral fibers
S：纤维*
F：石棉

Kuang zha　04896
矿渣　CK06
KZ
Mineral waste residues; Slags
S：工业废渣
C：废渣利用
Z：渣*

Kuang zha gui suan yan shui ni　04897　AF04
矿渣硅酸盐水泥
KZGSYSN
Portland blast-furnace cements; Portland slag cements
S：混合水泥
F：高炉矿渣水泥
D：矿渣水泥
Z：水泥*

Kuang zha ji ceng　04898
矿渣基层　AC04
KZJC
Slag base
S：基层

Z：层*

Kuang zha shui ni F0534
矿渣水泥 AF04
KZSN
Slag cements
Y：矿渣硅酸盐水泥

Kui jue 04899
溃决 BD01
KJ
Bursting
D：冲溃

Kui xian 04900
馈线 AJ03
KX
Feeder
D：馈线网

Kui xian wang F0535
馈线网 AJ03
KXW
Feeder network
Y：馈线

Kuo da ji chu 04901
扩大基础 CI01
KDJC
Spread foundations
S：基础*
C：刚性基础

Kuo di zhuang 04902
扩底桩 BC06
KDZ
Pedestal pile
S：桩*

Kuo san 04903
扩散 DD00
KS
Diffusion

L

La ba shi yan 04904
拉拔试验 AH01
LBSY
Pull-out tests
S：材料力学试验
Z：试验*

La ba xing li jiao 04905
喇叭形立交 AC05
LBXLJ
Trumpet interchange；3-leg interchange
S：立体交叉
Z：公路交叉*

La chan wa jue ji 04906
拉铲挖掘机 AG04
LCWJJ
Dragline excavators
S：挖掘机
D：拉索挖掘机
Z：机械*

La gan 04907
拉杆 AC04
LG
Tie bar
C：刚性路面

La gang 04908
拉缸(汽车) AK04
LG
Cylinder scoring
S：汽车故障
Z：故障*

La ge lang ri fang cheng 04909
拉格朗日方程 CA00
LGLRFC
Lagrange equations
S：偏微分方程
D：LAGRANGE 方程
Z：方程*

La ji 04910
垃圾 CK02
LJ
Refuse；Refuse materials
S：废物*
C：垃圾利用

La ji chan sheng liang 04911
垃圾产生量 BJ03
LJCSL
Quantities of rubbish produced during the ship's operation
S：环保统计指标
Z：指标*

La ji chu li 04912
垃圾处理 CK04
LJCL
Refuse disposal；Refuse treatment
S：处理*
C：焚化炉

La ji chuan 04913
垃圾船 BE02
LJC
Garbage boats
S：环境保护船
Z：船舶*

La ji li yong 04914
垃圾利用 CK06
LJLY
Refuse utilization
S：利用*
C：废物利用

La ji ru shui liang 04915
垃圾入水量 BJ03
LJRSL
Quantities of rubbish discharged directly
S：环保统计指标
Z：指标*

La ji yun shu 04916
垃圾运输 AA03
LJYS
Wastes transportation
S：货物运输
Z：运输*

La jin zhan 04917
拉紧站 AJ03
索道一端，装有张紧索道设备并设有客运服务设施的站房。
LJZ
Tensioning office
S：客运站
Z：车站*

La li 04918

拉力 CG03
LL
Tension
S：力*

La li ji 04919
拉力计 CG10
LLJ
Tensiometers
S：力学试验仪器
C：测力计
Z：仪器*

La li shi yan 04920
拉力试验 AH01
LLSY
Tension test
S：力学试验
Z：试验*

La lie shi yan 04921
拉裂试验 AH01；CG10
LLSY
Tensile split tests
S：材料力学试验
Z：试验*

La mao 04922
拉毛 AC04
LM
Broom-finish
C：路面施工；刚性路面

La mo ji 04923
拉模机 AG03
LMJ
Equipment for horizontal dragging of formwork；Slipformers
C：混凝土机械

La pu la si bian huan 04924 CA00
拉普拉斯变换
LPLSBH
Laplace transform
S：积分变换*
D：拉氏变换；LAPLACE 变换

La shen 04925
拉伸 AH01
LS
Extending
C：拉伸试验

La shen bian xing 04926
拉伸变形 CG02
LSBX
Tensive deformation
S：变形*

La shen shi yan 04927
拉伸试验 AH01；CG10
LSSY
Tensile tests；Tension tests
S：材料力学试验
C：拉伸
D：抗拉试验
Z：试验*

La shi bian huan F0536
拉氏变换 CA00
LSBH
Laplace transformation
Y：拉普拉斯变换

La suo chan yun ji 04928
拉索铲运机 AG04
LSCYJ
Backstay scrapers
S：铲运机
Z：机械*

La suo wa jue ji F0537
拉索挖掘机 AG04
LSWJJ
Cable-operated excavators
Y：拉铲挖掘机

La wan qiang du 04929
拉弯强度 CG02
LWQD
Flexural tensile strength
S：强度*

La ying li 04930
拉应力 CG03；CG05
LYL
Tensile stress
S：轴向应力
Z：应力*

LAGRANGE fang cheng F0538
LAGRANGE 方程 CA00
LAGRANGE FC
Euler- Lagrange equation；Lagrange equation
Y：拉格朗日方程

Lan ban gua che 04931
栏板挂车 AK01
LBGC
Dropside trailer
S：挂车
Z：车辆*

Lan chao zha 04932
拦潮闸 BD03
LCZ
Tide lock
S：闸*
D：挡潮闸

Lan che 04933
缆车 AJ02
LC
Cable car
S：车辆*
F：轨道缆车；索道缆车

Lan che gui dao 04934
缆车轨道 AJ03
LCGD
Funicular track
S：轨道*

Lan men sha 04935
拦门沙（地形学） BC02
LMS
Bar（topography）；Entrance bar
S：河口地貌
Z：地形*

Lan men sha 04936
拦门沙 BD01
LMS
Sand bar

Lan sha ba 04937
拦沙坝 BC03
LSB
Sediment control dam
S：坝

Z：建筑物*

Lan suo 04938
缆索 AD10
LS
Cable

Lan suo diao zhuang fa AD14 04939
缆索吊装法
LSDZF
Erection with cableway
S：桥梁架设*
D：无支架吊装法

Lan suo qi zhong ji 04940
缆索起重机 AG06
LSQZJ
Cable cranes
S：起重机*

Lang shi zuo yong F0539
浪蚀作用 BD02
LSZY
Marine erosion
Y：海蚀作用

Lao ai de chuan bo nian jian 04941
BA09；BF01
劳埃德船舶年鉴(英)
LADCBNJ
Lloyd's Register of Shipping (LRS)；Lloyd's Register
S：年鉴
Z：资料*

Lao ai de chuan bo shi gu xin xi xi tong shu ju ku 04942
BH02
劳埃德船舶事故信息系统数据库
LADCBSGXXXTSJK
Lloyd's Casualty Information System Data Base
S：信息系统数据库
Z：数据库*

Lao dong ding yuan biao zhun 04943
BG04
劳动定员标准
LDDYBZ
Labour manning standard
S：标准*

Lao dong li fei yong 04944
劳动力费用 BG05
LDLFY
Cost of labour
S：费用*

Lao dong mi ji xing jing ji 04945
BG02
劳动密集型经济
LDMJXJJ
Labour density economy
S：工业经济
Z：经济*

Lao dong sheng chan lü 04946
BB04
劳动生产率
LDSCL
Labor productivity
S：比率*

Lao hua 04947
老化 CG09；DC00；DD00
LH
Aging
S：过程*
F：热老化

Lao shi chuan ji she 04948
劳氏船级社 BA09
LSCJS
Lloyd's Registration Society (LRS)
S：船级社
Z：机构(组织)*

Lao shi chuan ji she chuan bo mu lu 04949
BF01
劳氏船级社船舶目录
LSCJSCBML
Lloyd's List
S：目录
Z：资料*

LAPLACE bian huan F0540
LAPLACE 变换 CA00
LAPLACE BH
Laplace transformation
Y：拉普拉斯变换

L/C F0541
L/C BA02
L/C
Letter of credit
Y：信用证

Lei bi fa 04950
类比法 DD00
LBF
Analogies
S：方法*

Lei da 04951
雷达 BF05；CF04
LD
Radar
S：航海仪器
F：电晕激光雷达；多普勒雷达；港口雷达；气象雷达
Z：仪器*

Lei da ce su qi 04952
雷达测速器 AI03
LDCSQ
Radar speedometer

Lei da dao hang 04953
雷达导航 BF05
LDDH
Radar navigation
S：无线电导航
C：导航雷达；多普勒导航
Z：导航*

Lei da zhi xiang biao 04954
BF03
雷达指向标
LDZXB
Ramark；Radar mark
S：航海仪器
Z：仪器*

Lei dian 04955
雷电 CD03
LD
Lightning
S：电*

Lei gong qiao 04956
肋拱桥 AD01
LGQ

Ribbed arch bridge
S: 拱桥
D: 板肋拱桥
Z: 桥*

Lei ji gai lü fen bu 04957
累积概率分布 BB05
LJGLFB
Cumulative probability distribution
S: 概率分布
C: 联合概率分布;连续概率分布
Z: 分布*

Lei nuo shu 04958
雷诺数 BC02;BE04;CA00
LNS
Reynolds number
S: 无量纲数
C: 紊流
D: REYNOLDS 数
Z: 比率*

Lei nuo ying li 04959
雷诺应力 BE04
LNYL
Reynolds stress
S: 应力*

Lei xing 04960
类型 DD00
LX
Pattern;Type
S: 分类*
F: 交通流类型

Leng ba gang si 04961
冷拔钢丝 AF02
LBGS
Cold-drawn wire
S: 钢丝
Z: 材料*

Leng ba shi yan 04962
冷拔试验 AH01
LBSY
Cold-drawn test
S: 材料力学试验
F: 钢丝冷拔试验
Z: 试验*

Leng ban fa 04963
冷拌法 AC04
LBF
Cold mixing method
S: 搅拌*
C: 路面施工

Leng cang chuan 04964
冷藏船 BE01
LCC
Refrigerator ship;Refrigerated cargo carrier
S: 专用船舶
Z: 船舶*

Leng cang gua che 04965
冷藏挂车 AK01
LCGC
Refrigerated trailer
S: 挂车
Z: 车辆*

Leng cang huo che 04966
冷藏货车 AK01
LCHC
Refrigerated vehicle
S: 载货汽车
Z: 车辆*

Leng cang huo wu yun shu 04967
冷藏货物运输 AA03
LCHWYS
Refrigerated goods
S: 货物运输
Z: 运输*

Leng cang ji zhuang xiang 04968
冷藏集装箱 BA05
LCJZX
Refrigerated containers
S: 集装箱*
F: 机械式冷藏集装箱;冷藏加热集装箱

Leng cang jia re ji zhuang xiang 04969
冷藏加热集装箱 BA05
LCJRJZX
Refrigerated and heated container
S: 冷藏集装箱
Z: 集装箱*

Leng cang qu 04970
冷藏区 BA06
LCQ
Chill space
S: 区域*

Leng cui F0542
冷脆 DC00
LC
Cold brittleness
Y: 低温脆性

Leng dong qu 04971
冷冻区 BA06
LDQ
Freeze space
S: 区域*

Leng la lü 04972
冷拉率 AH01
LLL
Cold-drawn rate
S: 比率*

Leng liao shu song ji 04973
冷料输送机 AG07
LLSSJ
Cold aggregate conveyer
S: 输送机*

Leng ning 04974
冷凝 DC00
LN
Condensation

Leng ning qi 04975
冷凝器 BE08
LLQ
Condensers
D: 液化器

Leng pu fa 04976
冷铺法 AC04
LPF
Cold laid method
S: 摊铺*
C: 路面施工

Leng que 04977
冷却 DD00
LQ
Cooling

Leng que xi tong 04978
冷却系统 BE08
LQXT
Cooling systems
S：系统*

Leng suo 04979
冷缩 DC00
LS
Temperature shrinkage

Leng wan shi yan 04980
冷弯试验 AH01；CG10；DF00
LWSY
Cold bent test
S：材料力学试验
Z：试验*

Leng xing xi shu 04981
棱型系数 BE06
LXXS
Prismatic coefficient
S：船型系数
Z：系数*

Leng zhu ti 04982
棱柱体 DH00
LZT
Prisms
S：体*

Li 04983
力* AD11；CG01
L
Force
C：载荷*
F：表面张力；侧向力；车钩力；承载力；冲击力；磁力；反力；风力；浮力；贯入阻力；惯性力；滚动力；合力；横向力；滑动力；剪力；靠泊力；扣固力；拉力；离心力；锚固力；摩擦力；内力；内粘聚力；粘附力；粘接力；粘聚力；粘着力；扭力；偏心力；牵引力；水平力；外力；握裹力；向心力；压力；约束力

Li F0543
砾 AF05
L
Gravel
Y：砾石

Li an jia ge 04984
离岸价格 BG06
LAJG
F.O.B Price；Free on board (FOB)
S：价格*
D：船上交货价格；船边交货价格；FOB

Li an jian zhu wu 04985
离岸建筑物 BC03
LAJZW
Offshore structures
S：海洋建筑物
D：近海建筑物
Z：建筑物*

Li an shi ma tou 04986
离岸式码头 BC03
LASMT
Offshore terminals
S：码头*
C：岛式防波堤；灯塔

Li cheng 04987
里程* AA05；AJ05
LC
Kilometer；Mileage
F：对流空箱里程；空驶里程；票价里程；营业里程；汽车载箱行程；汽车重箱行程；汽车空箱行程；重车行程(重车公里)；空车行程(空车公里)

Li cheng li yong lü 04988
里程利用率 AA07；AJ05
LCLYL
Kilometre utilization；Load factor
S：利用率
Z：比率*

Li cheng yun jia 04989
里程运价 BG06
LCYJ
Freight rate on the principle of distance
S：运价
Z：价格*

Li du 04990
粒度 CB00；DI00
LD
Grain size；Granularity；Granulation；Particle size；Unit size
S：度*
C：晶体*
D：粒径

Li du ce ding 04991
粒度测定 DF00
LDCD
Grading determination
S：测定*

Li du fen bu 04992
粒度分布 DC00
LDFB
Particle size distribution
S：分布*

Li fa F0544
立法 BB02
LF
Legislation
Y：法的制定

Li fa 04993
力法 CG06
LF
Force method
S：有限元法
C：协调条件
Z：分析*

Li fang ti 04994
立方体 DH00
LFT
Cube
S：体*
D：矩形体

Li he qi 04995
离合器 BE08
LHQ
Clutches
S：推进系统
Z：系统*

Li he qi hua zhuan 04996
离合器滑转(汽车) AK04
LHQHZ
Clutch slippage
S: 汽车故障
Z: 故障*

Li huo 04997
理货 AA03;BA02;BA07
LH
Tally;Tallying of cargoes
C: 货票;理货费

Li huo fei 04998
理货费 BA02
LHF
Tallying fee
S: 费用*
C: 理货

Li jiao qiao 04999
立交桥 AD01
LJQ
Grade separation bridge
S: 公路交叉*
F: 港口立交桥

Li jing F0545
粒径 CB00;DI00
LJ
Grain size;Particle diameter;Particle size
Y: 粒度

Li ju 05000
力矩* DH00
LJ
Moments
F: 惯性矩;扭矩

Li ju wei fen fa 05001
力矩微分法 CG04
LJWFF
Moment differentiation
S: 结构分析
Z: 分析*

Li lei tu 05002
砾类土 AF06
LLT
Gravelly soil
S: 土*

Li liao wen ding tu ji ceng 05003
粒料稳定土基层 AC04
LLWDTJC
Aggregate stabilized soil base
S: 基层
Z: 层*

Li lü 05004
利率 BB04
LL
Interest rate;Rate of interest
S: 比率*
C: 利息费用
F: 存款利率;复利;市场利率;债券利率

Li lun 05005
理论* DB00
LL
Theories
F: 爆破理论;薄膜理论;博弈论;大系统理论;电路理论;方法论;概率论;隔振理论;跟车理论;灰色系统理论;混沌理论;计算理论;交通流理论;决策论;凯恩斯主义;控制论;流动理论;流体动力学理论;模拟理论;粘弹性理论;排队理论;排队论

Li lun li xue 05006
理论力学 CG01
LLLX
Theoretical mechanics
S: 力学
Z: 学科*

Li lun ti xi 05007
理论体系 DB00
LLTX
Theoretical systems
S: 体系*

Li lun wan chen xi shu 05008
理论弯沉系数 AC04
LLWCXS
Theoretical deflection coefficient
S: 系数*

Li lun yan jiu 05009
理论研究 DB00;DF00
LLYJ
Theoretical research
S: 研究*

Li mian 05010
立面 DH00
LM
Elevation;Facade
S: 面*

Li mian biao xian 05011
立面标线 AI07
LMBX
Object marking
S: 线*

Li pei 05012
理赔 AA06;BA07
LP
Compensation handling; Settlement of claims
C: 拒赔;索赔

Li qing 05013
沥青* AF08
LQ
Bitumen;Asphalt
F: 道路沥青;改性沥青;焦油沥青;煤沥青;粘稠沥青;轻制沥青;乳化沥青;石油沥青;天然沥青;橡胶沥青;页岩沥青;硬沥青
D: 地沥青

Li qing ban he wu 05014
沥青拌合物 AF08
LQBHW
Bituminous mixtures
S: 拌合物*

Li qing beng 05015
沥青泵 AG07
LQB
Asphalt pump
S: 泵*

Li qing biao mian 05016

chu zhi AC04
沥青表面处置
LQBMCZ
Bituminous surface treatment

Li qing bo mo fang shui ceng 05017 AD07
沥青薄膜防水层
LQBMFSC
Water-proof asphalt membrane
S：防水层
Z：层*

Li qing chou du 05018 CG09
沥青稠度
LQCD
Bitumen consistency
S：稠度
Z：度*

Li qing chou ti yi 05019 AH03
沥青抽提仪
LQCTY
Bitumen extractor
S：仪器*

Li qing gai xing ji 05020 AF03
沥青改性剂
LQGXJ
Asphalt modifier
S：添加剂
Z：剂*

Li qing guan che 05021 AG07
沥青罐车
LQGC
Asphalt truck
S：输送车
Z：车辆*

Li qing guan ru shi lu mian 05022 AC04
沥青贯入式路面
LQGRSLM
Bituminous penetration pavement
S：沥青路面
Z：路面*

Li qing hun he liao jiao ban she bei 05023 AG07
沥青混合料搅拌设备
LQHHLJBSB
Asphalt mixing plant
S：搅拌设备
F：连续式沥青混合料搅拌设备
Z：设备*

Li qing hun he liao zai sheng ban he she bei 05024 AG07
沥青混合料再生拌和设备
LQHHLZSBHSB
Asphalt mixture recycling mixing plant
S：养护机械
Z：机械*

Li qing hun ning tu 05025 AF07
沥青混凝土
LQHNT
Asphalt concretes; Bituminous concretes
S：混凝土*

Li qing hun ning tu hun he liao 05026 AF08
沥青混凝土混合料
LQHNTHHL
Bituminous concrete mixture
S：拌合物*

Li qing hun ning tu lu mian 05027 AC04
沥青混凝土路面
LQHNTLM
Bituminous concrete pavement
S：沥青路面
Z：路面*

Li qing hun ning tu tan pu ji 05028 AG07
沥青混凝土摊铺机
LQHNTTPJ
Asphalt paver
S：摊铺机
Z：机械*

Li qing hun ning tu tan pu ji shi yan 05029 AG11
沥青混凝土摊铺机试验
LQHNTTPJSY
Asphalt paver test
S：试验*

Li qing jiao sha 05030 AF08
沥青胶砂
LQJS
Asphaltmastic

Li qing jiao sha fang shui ceng 05031 AD07
沥青胶砂防水层
LQJSFSC
Water proof asphalt mastic
S：防水层
Z：层*

Li qing juan cai 05032 AF03
沥青卷材
LQJC
Asphalt roll-roofing
S：建筑材料
D：油毡
Z：材料*

Li qing liu liang ji 05033 AG07
沥青流量计
LQLLJ
Asphalt flow meter
S：称重系统
Z：系统*

Li qing lu mian 05034 AC04
沥青路面
LQLM
Bituminous pavement
S：路面*
C：柔性路面
F：沥青贯入式路面；沥青混凝土路面；沥青碎石路面；全厚式沥青路面

Li qing lu mian hong wai xian jia re qi 05035 AG07
沥青路面红外线加热器
LQLMHWXJRQ
Asphalt pavement infrared heater
S：养护机械
Z：机械*

Li qing lu mian jia re ji 05036 AG07
沥青路面加热机
LQLMJRJ
Asphalt pavement heater

S：养护机械
Z：机械*

Li qing lu mian jiu di zai sheng ji 05037 AG07
沥青路面就地再生机
LQLMJDZSJ
Asphalt pavement in-situ recycling machine
S：养护机械
Z：机械*

Li qing pen sa ji 05038 AG07
沥青喷洒机
LQPSJ
Asphalt sprayer

Li qing rong hua jia re zhuang zhi 05039 AG07
沥青熔化加热装置
LQRHJRZZ
Asphalt melting and heating device
S：加热装置
Z：装置*

Li qing ru hua she bei 05040 AG07
沥青乳化设备
LQRHSB
Bitumen emulsifying plant
S：设备*

Li qing sha 05041 AF08
沥青砂
LQS
Sand asphalt

Li qing sui shi hun he liao 05042 AF08
沥青碎石混合料
LQSSHHL
Bituminous macadam mixture
S：拌合物*

Li qing sui shi lu mian 05043 AC04
沥青碎石路面
LQSSLM
Bituminous macadam pavement
S：沥青路面
Z：路面*

Li qing tan pu ji 05044 AG07
沥青摊铺机
LQTPJ
Asphalt pavers
S：摊铺机
Z：机械*

Li qing xi jiang 05045 AF08
沥青稀浆
LQXJ
Asphalt slurry

Li qing zhao mian 05046 AC07
沥青罩面
LQZM
Asphalt overlay
C：公路养护

Li run 05047 BG05
利润*
LR
Profit
C：利润率
F：产业利润；产值利润；年利润；应税利润

Li run lü 05048 BB04
利润率
LRL
profit rate
S：比率*
C：利润*
F：产值利润率

Li san shu xue 05049 CA00
离散数学
LSSX
Discrete mathematics
S：数学
Z：学科*

Li shi 05050 AF05
砾石
LS
Gravel
S：石材
D：砾
Z：材料*

Li shi hong shui 05051 BD02
历史洪水
LSHS
Historical floods
S：洪水*
C：洪水频率

Li shi kai gou ji 05052 AG04
犁式开沟机
LSKGJ
Plow type trenchers; Trenching ploughes
S：挖沟机
Z：机械*

Li shi zui da hong shui 05053 BD02
历史最大洪水
LSZDHS
Historical maximum flood
S：设计洪水
C：可能最大洪水
Z：洪水*

Li te er mi er li si fang fa 05054 BB04
李特尔米尔里斯方法
LTEMELSFF
Little-mirrlees approach (LM)
S：分析研究方法
Z：方法*

Li ti cang ku 05055 BA06
立体仓库
LTCK
Stereoscopic warehouse
S：仓库*

Li ti jiao cha 05056 AC05
立体交叉
LTJC
Grade separation
S：公路交叉*
F：定向式立交；多层立交；分离式立交；公路铁路立交；互通式立交；环形立交；喇叭形立交；菱形立交；苜蓿叶形立交；上跨式立交；下穿式立交

Li tu ji 05057 AG04
犁土机
LTJ

Excavating plows; Plows
S: 土方机械
Z: 机械*

Li xi 05058
离析 CG09; DD00
LX
Segregation
S: 过程*

Li xi fei yong 05059
利息费用 BB04
LXFY
Interest charge
S: 费用*
C: 利率

Li xi shui 05060
利息税 BA01
LXS
Taxation of interest
S: 税*

Li xi suo de shui F0546
利息所得税 BA01
LXSDS
Interest income tax
Y: 所得税

Li xin beng 05061
离心泵 AG02; BE08
LXB
Centrifugal pumps
S: 泵*

Li xin fen li 05062
离心分离 DD00
LXFL
Centrifugal separation
S: 分离*

Li xin fen li qi 05063
离心分离器 BE08
LXFLQ
Centrifugal separators

Li xin hun ning tu 05064
离心混凝土 AF07
LXHNT
Centrifugal concrete
S: 混凝土*

Li xin li 05065
离心力 CG03
LXL
Centrifugal force
S: 力*

Li xin tuo shui 05066
离心脱水 DD00
LXTS
Centrifugal dehydration
S: 脱水*

Li xing wei hu 05067
例行维护 AG10
LXWH
Routine maintenance
S: 维修*

Li xue 05068
力学 CG01
LX
Mechanics
S: 学科*
F: 爆炸力学; 材料力学; 地质力学; 断裂力学; 分析力学; 工程力学; 固体力学; 结构力学; 静力学; 理论力学; 连续介质力学; 流体力学; 疲劳力学; 破坏力学; 热力学; 水力学; 塑性力学; 隧道力学; 弹性力学; 流体动力学理论; 粘弹性理论; 土力学理论

Li xue ce ding 05069
力学测定 DF00
LXCD
Mechanical determination
S: 测定*
F: 应力测定

Li xue ce shi yi qi 05070
力学测试仪器 CG10; DF00
LXCSYQ
Mechanical testing instruments
S: 测试仪器
F: 测力计; 扭矩计; 压力计; 应变仪; 应力计
Z: 仪器*

Li xue fen xi 05071
力学分析 CG02; CG12
LXFX
Mechanical analysis
S: 分析*
F: 静力分析; 应力分析; 振动分析

Li xue ji suan 05072
力学计算 CG02
Mechanical computation
S: 计算*
F: 抗裂计算

Li xue mo xing 05073
力学模型 CG12
LXMX
Mechanical model
S: 模型*

Li xue shi yan 05074
力学试验 AH01; BG09; CG10; DF00
LXSY
Mechanical test
S: 试验*
C: 性能试验
F: 脆点试验; 动力试验; 荷载试验; 静力试验; 拉力试验; 强度试验; 压力试验; 应力试验; 阻力试验
D: 机械试验; 机械性能试验; 力学性能试验

Li xue xing neng F0547
力学性能 CB00; CG02; DC00
LXXN
Mechanical properties
Y: 力学性质

Li xue xing neng shi yan F0548
力学性能试验 BC05; BE09
LXXNSY
Mechanical property tests
Y: 力学试验

Li xue xing zhi 05075
力学性质 BC02; CB00; CG02; DC00
LXXZ
Mechanical properties
S: 性质*
C: 抗裂性; 内摩擦角

F：脆性；刚性；各向同性；各向异性；回弹；剪切变形；粘性；疲劳力学性质；热塑性；韧性；塑性；弹塑性；弹性
D：力学性能

Li yang ji 05076
犁扬机 AG04
LYJ
Plowing and lifting machines
S：升送机
Z：机械*

Li yi xiang guan zhe 05077
利益相关者 BB04
LYXGZ
Stakeholder
C：相关利益集团；利益相关者分析

Li yi xiang guan zhe fen xi 05078
BB04
利益相关者分析
LYXGZFX
Stakeholder analysis
S：分析*
C：利益相关者

Li yong 05079
利用* DD00
LY
Utilization
F：废物利用；污泥利用；污水利用；余热利用；再生利用；沼气利用；垃圾利用

Li yong lü 05080
利用率 AA05；AJ05；DC00
LYL
Utilization coefficient；Utilization rate；Utilizing ratio
S：比率*
F：仓库利用率；客渡轮利用率；里程利用率；汽车能量利用率；汽车燃料利用率；设备利用率；箱容利用率(集装箱)；箱载重利用率(集装箱)；重车载重(客)量利用率(吨客位利用率)；总行程载重(客)量利用率(吨客位里程利用率)

Li yong wai zi 05081
利用外资 BG03
LYWZ
Using foreign funds

Li yong xi shu 05082
利用系数 DI00
LYXS
Utilization coefficient
S：系数*

Li zhu shi jiao tong biao zhi 05083
AI07
立柱式交通标志
LZSJTBZ
Post traffic sign
S：交通标志
Z：标志*

Li zhuang cai liao 05084
粒状材料 AF01
LZCL
Granular materials
S：材料*

Li zi 05085
离子* CC01
LZ
Ion
F：阳离子；阴离子

Li zi jiao huan shu zhi 05086
CC04
离子交换树脂
LZJHSZ
Ion-exchange resins
S：高聚物*
C：阳离子；阴离子

Lian 05087
链* BA06
L
Chain
F：供应链；供需链；合作链；接地链；食物链

Lian 05088
链 DI00
海上测量距离的单位，= 1/10 n mile = 185.2m。
L
Cable；Cab
S：计量单位
Z：单位*

Lian dai ze ren 05089
连带责任 BA02
LDZR
Joint and several liability
S：责任*

Lian dong jiao tong xin hao 05090
AI03
联动交通信号
LDJTXH
Coordinated traffic signals
S：交通信号
Z：信号*

Lian dong kong zhi 05091
联动控制 AI03
LDKZ
Coordinated control
S：控制*

Lian dou 05092
链斗 BA08
LD
Chain bucket
S：装卸工具
Z：工具*

Lian dou shi wa jue ji 05093
AG04
链斗式挖掘机
LDSWJJ
Chain bucket trenchers
S：挖掘机
Z：机械*

Lian dou wa ni chuan 05094
链斗挖泥船 BE03
LDWNC
Bucket dredger；Multi-bucket dredger
S：挖泥船
Z：船舶*

Li an fang bo di F0549
离岸防波堤 BC03
LAFBD
Offshore breakwater
Y：岛坝

Lian gan zhou cheng tang chuang 05095
连杆轴承镗床 AK05
LGZCTC
Connecting rod bearing boring machine
S：汽车维修工艺设备
Z：设备*

Lian he cheng ben F0550
联合成本 BG05
LHCB
Joint costs
Y：共同成本

Lian he gai lü fen bu 05096
联合概率分布 BB05
LHGLFB
Joint probability distribution
S：概率分布
C：累积概率分布；连续概率分布
Z：分布*

Lian he guo bian hao 05097
联合国编号 BI01
LHGBH
UN number
S：代码*

Lian he guo gong fa zu zhi 05098
联合国工发组织 BA09
LHGGFZZ
UNIDO
S：机构(组织)*
D：联合国工发组织方法

Lian he guo gong fa zu zhi fang fa F0551
联合国工发组织方法 BA09
LHGGFZZFF
UNIDO Approach
Y：联合国工发组织

Lian he guo hai yun hui yi 05099
联合国海运会议 BF01
LHGHYHY
UN Law of Sea Conference
S：国际会议
Z：会议*

Lian he guo hang yun yan jiu 05100
联合国航运研究 BA09
LHGHYYJ
UN Maritime Transport Study
S：研究*

Lian he guo mao fa hui yi 05101
联合国贸发会议 BA01
LHGMFHY
UN Conference on Trade and Development(UNCTAD)
S：国际会议
Z：会议*

Lian he sui shi ji zu 05102
联合碎石机组 AG08
LHSSJZ
Crushing plant
S：碎石机
Z：机械*

Lian he tou biao F0552
联合投标 AB03
LHTB
Joint ventures bidder
Y：投标*

Lian he yun shu 05103
联合运输 AA01；BA06
LHYS
Intermodal transport；Combination transportation；Combined transport
S：营运方式*
F：干线联运；干支线联运；国际联运；国内联运；集装箱联运；水陆联运
D：联运

Lian ji jian suo 05104
联机检索 DF00
LJJS
On-line searching
S：计算机检索
F：国际联机检索
Z：检索*

Lian ji kong zhi 05105
联机控制(交通工程) AI03
LJKZ
On-line control
S：控制*

Lian jian chuan 05106
联检船 BE02
LJC
Joint inspection boat
S：运输辅助船
Z：船舶*

Lian jie 05107
连接* AD06；DD00
LJ
Connection
C：刚接
F：铰接；柔性连接
D：连结

Lian jie F0553
连结 DD00
LJ
Structural connection
Y：连接*

Lian jie ceng 05108
联结层 AC04
LJC
Binder course
S：层*

Lian jie xi 05109
联结系* AD06
LJX
Bracing
F：横向竖联结系；纵向平联结系；纵向竖联结系

Lian luo xian 05110
联络线 AB02
LLX
Linking-up line
S：公路
Z：道路*

Lian shi wa gou ji F0554
链式挖沟机 AG04
LSWGJ
Chain trenchers
Y：链斗式挖沟机

Lian suo 05111
联锁* AJ03
LS
Interlocking
C: 锁闭;解锁
F: 电气集中联锁

Lian xu ce ding 05112
连续测定 DF00
LXCD
Continuous measurement
S: 测定*

Lian xu gai lü fen bu 05113 BB05
连续概率分布
LXGLFB
Continuous probability distribution
S: 概率分布
C: 联合概率分布;累积概率分布
Z: 分布*

Lian xu gang gou qiao 05114 AD01
连续刚构桥
LXGGQ
Continuous rigid frame bridge
S: 刚构桥
Z: 桥*

Lian xu gong qiao 05115
连续拱桥 AD01
LXGQ
Continuous arch bridge
S: 拱桥
Z: 桥*

Lian xu heng jia 05116
连续桁架 AD04
LXHJ
Continuous truss
S: 桁架*

Liang xu jie zhi 05117
连续介质 DC00
LXJZ
Continuous media
S: 介质*

Lian xu jie zhi li xue 05118 CG01
连续介质力学
LXJZLX
Continuum mechanics
S: 力学
Z: 学科*

Lian xu liang 05119
连续梁 AD05
LXL
Continuous beam
S: 梁*

Lian xu liang qiao 05120
连续梁桥 AD01
LXLQ
Continuous beam bridge
S: 梁桥
Z: 桥*

Lian xu liu dong pei song 05121 BA06
连续流动配送
LXLDPS
Continuous flow distribution

Lian xu pei jin hun ning tu lu mian 05122 AC04
连续配筋混凝土路面
LXPJHNTLM
Continous reinforced concrete pavement
S: 刚性路面
Z: 路面*

Lian xu qi gong 05123
连续砌拱 AD13
LXQG
Laying arch continuously
S: 砌拱*
C: 桥梁施工

Lian xu qiao mian 05124
连续桥面 AD07
LXQM
Continuous deck
S: 桥面
Z: 面*

Lian xu shi jiao tong liang guan ce zhan 05125 AI02
连续式交通量观测站
LXSJTLGCZ
Continuous traffic count station
S: 交通量观测站*

Lian xu shi li qing hun he liao jiao ban she bei 05126 AG07
连续式沥青混合料搅拌设备
LXSLQHHLJBSB
Continuous asphalt mixing plant
S: 沥青混合料搅拌设备
Z: 设备*

Lian xu shi wa jue ji 05127 AG04
连续式挖掘机
LXSWJJ
Continuous excavators
S: 挖掘机
F: 滚切式挖掘机
Z: 机械*

Lian xu shu song ji 05128
连续输送机 AG06
LXSSJ
Continuous conveyors
S: 输送机*
C: 斗式输送机
F: 带式输送机;螺旋输送机

Lian xu xing jiao tong liu 05129 AI01
连续性交通流
LXXJTL
Continuous traffic flow
S: 交通流量
C: 中断性交通流
Z: 量*

Lian xu xing mo xing 05130
连续性模型 AI01
LXXMX
Continuity model
S: 模型*

Lian yun F0555
联运 AA01;BA06
LY
Intermodal transport; Combination transportation

Y：联合运输

Lian yun bao gan fei 05131
联运包干费 BA06
LYBGF
All-inclusive charge of combined transport
S：联运运价费用
Z：费用*

Lian yun bian geng 05132
联运变更 BA06
LYBG
Modification of combined transport
S：联运业务
Z：业务*

Lian yun cun chu liang 05133 BJ02
联运存储量
LYCCL
Volume of combined transport cargo in storage
S：联运统计
Z：统计*

Lian yun dan zheng 05134
联运单证 BA06
LYDZ
Document of combined transport
S：单证*
F：联运分运货票；联运合同；联运换装交接单；联运货票；联运货物清单；联运货物运单；联运协议

Lian yun fang shi 05135
联运方式 BA06
LYFS
Mode of combined transport
S：运输方式*

Lian yun fen yun huo piao 05136 BA06
联运分运货票
LYFYHP
Separately issued waybill of combined transport
S：联运单证
Z：单证*

Lian yun fu wu fei 05137
联运服务费 BA06
LYFWF
Service charges of combined transport
S：联运运价费用
Z：费用*

Lian yun he tong 05138
联运合同 BA06
LYHT
Contract of combined transport
S：联运单证
Z：单证*

Lian yun huan zhuang jiao jie dan 05139 BA06
联运换装交接单
LYHZJJD
Transfer document of combined transport cargo
S：联运单证
Z：单证*

Lian yun huo piao 05140
联运货票 BA06
LYHP
Waybill of combined transport
S：联运单证
Z：单证*

Lian yun huo wu cheng yun 05141 BA06
联运货物承运
LYHWCY
Shipping of combined transport cargo
S：联运业务
C：承运
Z：业务*

Lian yun huo wu jiao fu 05142 BA06
联运货物交付
LYHWJF
Delivery of combined transport cargo
S：联运业务
Z：业务*

Lian yun huo wu qing dan 05143 BA06
联运货物清单
LYHWQD
List of combined transport cargo
S：联运单证
Z：单证*

Lian yun huo wu shou li 05144 BA06
联运货物受理
LYHWSL
Acceptance of cargo for combined transport
S：联运业务
Z：业务*

Lian yun huo wu tuo yun 05145 BA06
联运货物托运
LYHWTY
Booking of combined transport cargo
S：联运业务
Z：业务*

Lian yun huo wu yun dan 05146 BA06
联运货物运单
LYHWYD
Bill of lading of combined transport
S：联运单证
Z：单证*

Lian yun huo yun liang 05147 BJ02
联运货运量
LYHYL
Freight volume of combined transport
S：联运统计
Z：统计*

Lian yun huo yun shi gu 05148 BA06
联运货运事故
LYHYSG
Lost and / or damage of combined transport cargo
S：货运事故
Z：事故*

Lian yun huo yun shi gu pei chang fei 05149 BA06
联运货运事故赔偿费
LYHYSGPCF
Compensation payment for lost and / or damage of combined transport cargo

S: 联运运价费用
Z: 费用*

Lian yun qi ye 05150
联运企业 BA06
LYQY
Combined transport operator
S: 企业*

Lian yun ti dan 05151
联运提单 BA02
LYTD
Combined transport bill of lading; Through bill of lading
S: 提单*

Lian yun tong ji 05152
联运统计 BJ02
LYTJ
Statistics of combined transport
S: 运输统计
F: 联运存储量;联运货运量;联运周转量
Z: 统计*

Lian yun wang luo 05153
联运网络 BA06
LYWL
Combined transport network
S: 网络*
C: 联运站港

Lian yun xie yi 05154
联运协议 BA06
LYXY
Agreement of combined transport
S: 联运单证
Z: 单证*

Lian yun ye wu 05155
联运业务 BA06
LYYW
Operations of combined transport
S: 业务*
F: 联运变更;联运货物承运;联运货物交付;联运货物受理;联运货物托运

Lian yun yun fei 05156
联运运费 BA06
LYYF
Freight of combined transport
S: 联运运价费用
Z: 费用*

Lian yun yun jia 05157
联运运价 BA06
LYYJ
Tariff rate of combined transport
S: 联运运价费用
Z: 费用*

Lian yun yun jia fei yong 05158
联运运价费用 BA06
LYYJFY
Tariff of combined transport
S: 费用*
F: 换装包干费;联运包干费;联运运费;联运服务费;联运货运事故赔偿费;联运运价

Lian yun zhan gang 05159
联运站港 BA06
LYZG
Terminal/port of combined transport
C: 联运网络

Lian yun zhou zhuan liang 05160
联运周转量 BJ02
LYZZL
Freight turnover of combined transport
S: 联运统计
Z: 统计*

Lian zhou jie 05161
联轴节 BE08
LZJ
Couplings
S: 推进系统
Z: 系统*

Liang 05162
梁* AD05
L
Beam
F: 板梁;变截面梁;槽形梁;钢筋混凝土梁;钢梁;刚性梁;工形梁;焊接梁;桁梁;横梁;加劲梁;简支梁;结合梁;矩形梁;军用梁;连续梁;铆接梁;Π形梁;曲梁;栓焊梁;栓接梁;T形梁;箱形梁;斜梁;型钢混凝土梁;悬臂梁;预应力混凝土梁;纵梁

Liang 05163
量* CA00;DI00
L
Value; Quantity
F: 变量;残留量;产量;掺量;储水量;放射性剂量;含有量;集散量;降水量;降雨量;交通量;径流量;居民出行量;流量;排污量;起重量;热量;容量;烧失量;土石方量;需氧量;雨量;运量;致死中量;质量(物理);重量

Liang du 05164
亮度 AI07
LD
Brilliance
S: 度*
F: 隧道入口区亮度;隧道适宜亮度

Liang duan zao chuan fa 05165
两段造船法 BE10
LDZCF
Two-part hull construction
S: 船体建造工艺
Z: 工艺*

Liang gang fen xi 05166
量纲分析 CA00
LGFX
Dimensional analysis
S: 分析*
D: 因次分析

Liang nei dao guan kong xi zhen kong jia ya shi yan 05167
梁内导管空隙真空加压试验 AH01
LNDGKXZKJYSY
Duct void examination by vacuum pressure test
S: 压力试验
Z: 试验*

Liang qi chuan bo 05168

两栖船舶 BE02
LQCB
Amphibious ships
S：船舶*

Liang qiao 05169
梁桥 AD01
LQ
Beam bridge
S：桥*
F：板梁桥；简支梁桥；结合梁桥；连续梁桥；箱梁桥；悬臂梁桥

Liao dou 05170
料斗 AG03
LD
Bunkers；Silos
C：给料机

Liao peng 05171
料棚 BA06
LP
Goods shed
S：货区*

Lie che 05172
列车* AJ02
LC
Train
F：跟随列车；通勤列车；汽车列车

Lie che chang du 05173
列车长度 AJ02
LCCD
Train length
S：长度
Z：度*

Lie che diao du dian hua 05174
AJ03
列车调度电话
LCDDDH
Train dispatching telephone
S：电话*

Lie che dong li xue 05175
列车动力学 CG01
LCDLX
Train dynamics
S：动力学
Z：学科*

Lie che wu xian dian hua 05176
AJ03
列车无线电话
LCWXDH
Train radiophone
S：电话*

Lie che zi dong ting che zhuang zhi 05177
AJ03
列车自动停车装置
LCZDTCZZ
Automatic train stop system
S：停车装置
Z：装置*

Lie che zi dong xian su zhuang zhi 05178
AJ03
列车自动限速装置
LCZDXSZZ
Train overspeed protection
S：限速装置
Z：装置*

Lie feng 05179
裂缝* AC08；AD15；CG02
LF
Crack；Fissure；Fracture
C：裂纹；防裂
F：发裂；反射裂缝；龟裂；横向裂缝；热裂缝；收缩裂缝；网裂；纵向裂缝

Lie feng du F0556
裂缝度 AC04
LFD
Cracking ratio
Y：裂缝率

Lie feng guan ce 05180
裂缝观测 AD15
LFGC
Fracture observation
S：观测*

Lie feng guan zhu 05181
裂缝灌注 AC07
LFGZ
Crack grouting
C：公路养护

Lie feng lü 05182
裂缝率 AC04
LFL
Cracking ratio
S：比率*
D：裂缝度

Lie feng sheng fa she jian ce 05183
AH02
裂缝声发射检测
LFSFSJC
Crack detecting by acoustic emission
S：声发射检测
Z：检测*

Lie hua 05184
劣化 DD00
LH
Decay；Deterioration

Lie wen 05185
裂纹* AD15；CG02
LW
Crack
C：裂缝
F：疲劳裂纹

Lie wen kuo zhan 05186
裂纹扩展 BE10
LWKZ
Crack propagation

Lie xi yan shi 05187
裂隙岩石 CD01
LXYS
Fissured rock
S：岩石*

Lie zhi mei 05188
劣质煤 CL03
LZM
Inferior coal
S：煤
F：褐煤；煤矸石；泥煤
Z：燃料*

Lin jie che su 05189
临界车速 AI01
LJCS
Critical speed

S：车速
Z：速度*

Lin jie kong dang 05190
临界空当 AI01
LJKD
Critical gap
S：空当*
C：可插车空当

Lin jie liu dong 05191
临界流动 BC02
LJLD
Critical flow
S：流体流动
Z：流动*

Lin jie mi du 05192
临界密度(交通) AI01
LJMD
Critical density
S：密度
C：交通密度
Z：度*

Lin jie qiang du 05193
临界强度 CG02
LJQD
Critical strength
S：强度*
C：临界值

Lin jie V/C bi 05194
临界 V/C 比 AI01
LJV/CB
Critical V/C ratio
S：比数
Z：数*

Lin jie ya li 05195
临界压力 CG03
LJYL
Critical pressure
S：压力
Z：力*

Lin jie ying li 05196
临界应力 CG03
LJYL
Critical stress
S：应力*

Lin jie zai he 05197
临界载荷 CG11
LJZH
Critical load
S：载荷*

Lin jie zhi 05198
临界值 DI00
LJZ
Critical value
S：值*

Lin jie zhi fen xi 05199
临界值分析 BG05
LJZFX
Critical value analysis
S：财务分析
D：转换值分析
Z：分析*

Lin qu dao lu 05200
林区道路 AB02
LQDL
Forest road
S：道路*

Lin shi gong cheng 05201
临时工程 AB04
LSGC
Temporary works
S：工程*

Lin shi hang xian 05202
临时航线 AJ03
LSHX
Temporary shipping line
S：航线*

Lin shi qiao 05203
临时桥 AD01
LSQ
Interim
S：桥*

Lin shi she shi 05204
临时设施 DD00
LSSS
Temporary facilities
S：设施*

Lin shi xian lu 05205
临时线路 AJ03
LSXL
Temporary line
S：线路*
C：公共交通线路

Lin ye 05206
林业 CE02
LY
Forestry
S：行业*

Lin yin dao 05207
林荫道 CK07
LYD
Avenues；Boulevards
S：道路*

Ling bian xing san huo chuan 05208 BE01
灵便型散货船
LBXSHC
Handysize bulk carrier
S：散货船
Z：船舶*

Ling bian xing you lun 05209 BE01
灵便型油轮
LBXYL
Handysize tanker
S：油轮
Z：船舶*

Ling dan huo wu yun shu 05210 AA03
零担货物运输
LDHWYS
Less-than-truck-load transport
S：货物运输
Z：运输*

Ling dan huo yun zhan 05211 AA04
零担货运站
LDHYZ
Less-than-truck load terminal
S：货运站

Z：车站*

Ling dan yun jia 05212
零担运价 AA08
LDYJ
Less-than-truckload rate
S：运价
Z：价格*

Ling gang chuan F0557
领港船 BE02
LGC
Pilot boats
Y：引航船

Ling hai 05213
领海 BF01；DJ00
LH
Territorial sea；Territorial water
S：海洋*

Ling hang 05214
领航 BF01
LH
Pilotage
C：港务监督；进港航道；引航
D：引水(航海)

Ling jian qing xi ji 05215
零件清洗机 AK05
LJQXJ
Parts washer
S：汽车维修工艺设备
Z：设备*

Ling ku cun ji shu 05216
零库存技术 BA06
LKCJS
Zero-inventory technology
S：技术*

Ling min du 05217
灵敏度 DI00
LMD
Sensitivity
S：度*

Ling min du fen xi F0558
灵敏度分析 BB05
LMDFX
Sensitivity analysis
Y：敏感性分析

Ling qi 05218
龄期 AF07；DI00
LQ
Age
C：混凝土*

Ling xing 05219
菱形 DH00
LX
Rhombi
S：形状*

Ling xing huo wu 05220
零星货物 BI01
LXHW
Small-lot cargo
S：货物*

Ling xing huo wu yun jia 05221
零星货物运价 BG06
LXHWYJ
Freight rate of small lot cargo
S：运价
Z：价格*

Ling xing li jiao 05222
菱形立交 AC05
LXLJ
Diamond interchange
S：立体交叉
Z：公路交叉*

Liu bian F0559
流变 CG02
LB
Flow distortion；Flowing deformation
Y：流动变形

Liu bian xing 05223
流变性 DC00
LBX
Rheological properties
S：性质*

Liu bian xue 05224
流变学 CG01
LBX
Rheology
S：学科*

Liu dong 05225
流动* BC02；CG07
LD
Flow；Flowing
F：波成流；潮流；等温流动；非等温流动；非均匀流动；分流；剪切流动；截流；均匀流动；流体流动；脉冲流动；毛细流动；位势流动；支流

Liu dong bian xing 05226
流动变形 CG02
LDBX
Flow distortion
S：变形*
D：流变

Liu dong du F0560
流动度 AF07；DC00；DI00
LDD
Fluidity
Y：和易性

Liu dong hun ning tu 05227
流动混凝土 AF07
LDHNT
Flowing concrete
S：混凝土*

Liu dong li lun 05228
流动理论 CG07
LDLL
Flow theory
S：理论*

Liu dong ren kou 05229
流动人口 BB03
LDRK
Floating population
S：人口*

Liu dong xing 05230
流动性 DC00
LDX
Flowability；Mobility
S：性质*

Liu dong zi jin 05231
流动资金 AJ05

LDZJ
Current fund
S：资金*

Liu fen yi 05232
六分仪 BF03
LFY
Sextant
S：航海仪器
Z：仪器*

Liu fen yi gao du 05233
六分仪高度 BF02
LFYGD
Sextant altitude
S：高度
Z：度*

Liu hou cheng ke 05234
留候乘客 AJ04
LHCK
Remainder
S：旅客*

Liu hua 05235
硫化 DC00
LH
Sulphidization；Vulcanizing

Liu hua chuang 05236
流化床 DE00
LHC
Fluidized beds
D：沸腾床；沸腾炉；流态化炉

Liu jiao xing 05237
六角形 DH00
LJX
Hexagon
S：形状*

Liu liang 05238
流量 CG07；CI05
LL
Flow
S：量*
F：饱和流量；洪峰流量；货物流量；交通流量

Liu liang ce ding 05239
流量测定 CG07；DF00
LLCD
Flow determination
S：测定*

Liu liang ji 05240
流量计 AK05；DF00
LLJ
Consumption gauge；Flow meter
S：计量装置
F：燃油流量计
Z：装置*

Liu liang ji liang 05241
流量计量 CG07
LLJL
Flow measurement
S：计量*

Liu liang kong zhi 05242
流量控制 DD00
LLKZ
Flow control
S：控制*

Liu lü suan yan shui ni 05243
硫铝酸盐水泥 AF04
LLSYSN
Sulfoaluminate cement
S：水泥*

Liu qin shi 05244
硫侵蚀 AC08
LQS
Sulphur corrosion
S：侵蚀*

Liu san du 05245
流散度 DI00
LSD
Fluidity
S：度*
C：和易性

Liu sha 05246
流沙 BC02；CD01
LS
Quicksand；Quick sand
S：泥沙*

Liu su 05247
流速 CG07；CI05
LS
Flowing velocity；Velocity of flow
S：速度*
C：平均值；最小值

Liu su ce shi 05248
流速测试 CG07
LSCS
Flow testing
S：测试*

Liu su yi 05249
流速仪 DF00
LSY
Current meters；Tachometers
S：仪器*

Liu tai 05250
流态* CG07
LT
Flow patterns
C：对流
F：不稳定流；层流；对流；非平衡流；逆流；稳定流；紊流；涡流；溢流；轴流

Liu tai hua 05251
流态化 DC00
LTH
Fluidization

Liu tai hua lu F0561
流态化炉 DE00
LTHL
Fluidized bed furnaces
Y：流化床

Liu ti 05252
流体* CG07
LT
Flow medium；Fluids
F：磁性流体；非牛顿流体；粘性流体；牛顿流体；转动流体

Liu ti dong li xue 05253
流体动力学 CG07
LTDLX
Fluid dynamics；Hydrodynamics
S：流体力学
Z：学科*

Liu ti dong li xue li lun 05254 AI01
流体动力学理论
LTDLXLL
Hydrodynamics theory
S：理论*；力学
Z：学科*

Liu ti li xue 05255
流体力学 CG01；CG07
LTLX
Fluid mechanics；Hydromechanics
S：力学
C：粘性流体
F：流体动力学
Z：学科*

Liu ti li xue fang cheng 05256 CA00
流体力学方程
LTLXFC
Fluid mechanics equations
S：方程*
F：N-S方程；欧拉-拉格郎日方程

Liu ti liu dong 05257
流体流动 BC02；CG07
LTLD
Fluid flow
S：流动*
F：临界流动

Liu tong fei yong 05258
流通费用 BG05
LTFY
Cost of circulation
S：费用*

Liu tong guo cheng yun shu 05259 AA01
流通过程运输
LTGCYS
Transportation in the circulation process
S：运输形式
Z：运输方式*

Liu tong jia gong 05260
流通加工 BA06
LTJG
Distribution processing
S：仓储管理
D：配送加工
Z：管理*

Liu tong shui 05261
流通税 BA01
LTS
Circulation tax
S：间接税
C：周转税
F：商品流通税
Z：税*

Liu xian 05262
流线 DH00
LX
Flow lines；Stream lines
S：线*

Liu xiang 05263
流向 CG07；CI05
LX
Direction of flow；Flow direction
S：方向*

Liu yu 05264
流域 BD01；CD01；CI05
LY
River basin；Watersheds；Basin
C：流域模型

Liu yu kai fa 05265
流域开发 BD06
LYKF
River basin development
S：水利资源开发*

Liu yu mo xing 05266
流域模型 BD01
LYMX
Watershed models
S：模型*
C：流域

Liu zhi 05267
流值 CG09
LZ
Flow value
S：值*

Liu zhi quan 05268
留置权 BA02
LZQ
Lien
S：权利*

LOGIT mo xing 05269
LOGIT 模型 BB05
LOGITMX
Logit models
S：模型*

Long duan 05270
垄断 BG03
LD
Monopoly
C：垄断地位；垄断市场
D：独占

Long duan di wei 05271
垄断地位 BG03
LDDW
Monopoly position
C：垄断

Long duan gong si 05272
垄断公司 BG03
LDGS
Monopoly company
S：公司*
C：垄断企业

Long duan hua 05273
垄断化 BG03
LDH
Monopolization

Long duan jia ge 05274
垄断价格 BG03；BG06
LDJG
Monopoly price
S：价格*

Long duan jing zheng 05275
垄断竞争 BG03
LDJZ
Monopolistic competition
S：竞争*

Long duan li 05276
垄断力 BG03
LDL
Monopoly power

D：垄断优势

Long duan qi ye 05277
垄断企业 BG03
LDQY
Monopoly enterprise
S：企业*
C：垄断公司

Long duan shi chang 05278
垄断市场 BG03
LDSC
Monopoly market
S：市场*
C：垄断

Long duan you shi F0562
垄断优势 BG03
LDYS
Monopoly advantage
Y：垄断力

Long gu 05279
龙骨 BE05
LG
Keel
S：船舶结构
Z：结构*

Long gu dun 05280
龙骨墩 BE10
LGD
Keel block
S：造船设施
Z：设施*

Long juan feng 05281
龙卷风 CD03
LJF
Tornado
S：风*

Long men qi zhong ji 05282
龙门起重机 AG06
LMQZJ
Goliath cranes; Portal cranes
S：起重机*
C：龙门架

Long tu 05283
隆凸 DC00
LT
Blow-up; Bulge; Swell
S：变形*

Lou gu 05284
露骨 AC08
LG
Bare surface

Lou qi 05285
漏气 DC00
LQ
Gas leakage

Lou shui 05286
漏水* AE11; DC00
LS
Water leakage
C：排水*
F：隧道漏水

Lou you 05287
漏油 CK02
LY
Oil leakage; Oil spill
S：泄漏*

Lou zhuang 05288
漏装 AA06
LZ
Neglected loading
C：货运质量

Lu 05289
炉* DE00
L
Stoves
F：焚化炉；锅炉

Lü 05290
铝 AF02
L
Aluminum
S：金属材料
Z：材料*

Lü F0563
率 DI00
L
Rate; Ratio
Y：比率*

Lu ban fa 05291
路拌法 AC04
LBF
Road-mixing method
S：搅拌*
C：路面施工

Lu ban ji xie shi yan 05292
路拌机械试验 AG11
LBJXSY
Road-mixing machine test
S：试验*

Lu ban shi wen ding tu jiao ban ji 05293
路拌式稳定土搅拌机 AG07
LBSWDTJBJ
Soil stabilizer; Stabilized road-mixer
S：搅拌机
Z：设备*

Lu bian ting che 05294
路边停车 AI02
LBTC
Side parking; Curb parking
S：停车*

Lü bo dai 05295
绿波带 AI03
LBD
Green wave band

Lü bo qi 05296
滤波器 BE08; CF04; DE00
LBQ
Filter; Wave absorbers
S：装置*
F：数字滤波器

Lu cao 05297
路槽 AC04
LC
Road trough

Lu ce guang bo 05298
路侧广播 AI03
LCGB
Roadside radio broadcasting

Lu ce jian zhu wu 05299
路侧建筑物 CI04
LCJZW
Roadside structure
S：建筑物*

Lu chuang 05300
路床 AC04
LC
Road bed

Lü dai shi tui tu ji 05301
履带式推土机 AG04
LDSTTJ
Bulldozers；Crawler dozers
S：推土机
Z：机械*

Lü dai shi zao yan ji 05302
AG08
履带式凿岩机
LDSZYJ
Crawler rock drill
S：凿岩机
Z：机械*

Lü dai shi zhuang zai ji 05303
AG04
履带式装载机
LDSZZJ
Crawler loaders
S：装载机
Z：机械*

Lu dan 05304
路单 AJ04
LD
Booking sheet

Lü deng shi cha xing shi 05305
AI03
绿灯时差型式
LDSCXS
Offset pattern

Lu di 05306
路堤* AC03
LD
Embankment
F：透水路堤

Lü di 05307
绿地* CK07
LD
Grassland；Green belts
F：城市绿地；公共绿地；专用绿地

Lu di dian tai 05308
陆地电台 BF05
LDDT
Land station
S：通信设备
Z：设备*

Lü di gui hua 05309
绿地规划 CK07
LDGH
Green belt planning
S：规划*
C：城市绿地

Lü ding xiang jiao 05310
氯丁橡胶 AF03
LDXJ
Polymeric chloroprene rubber
S：橡胶
Z：材料*

Lu duan tong xing neng li 05311
AI02
路段通行能力
LDTXNL
Road section capacity
S：通行能力
Z：能力*

Lü fan tu 05312
铝矾土 AF01；AF03
LFT
Bauxite
S：土*
C：矿物*

Lu fu 05313
路幅 AC02
LF
Roadway

Lu gang 05314
陆港 BA06
LG
Inland port
S：港口*

Lu gong 05315
路拱 AC02
LG
Crown

Lü he jin 05316
铝合金 AF02
LHJ
Aluminum alloy
S：合金
Z：材料*

Lü hua 05317
绿化* CK07
LH
Afforestation； Greening； Landscaping；Planting
F：城乡绿化；垂直绿化；公共建筑绿化；广场绿化；居住区绿化；庭院绿化；屋顶绿化

Lu hua biao zhi 05318
路滑标志 AI07
LHBZ
Skid sign
S：交通标志
Z：标志*

Lü hua dai 05319
绿化带 AC02
LHD
Green belt

Lü hua wu 05320
氯化物 CC05
LHW
Chlorides
S：无机化合物
Z：化合物*

Lü hua wu han liang yan shen du fen bu ce liang F0564
AH02
氯化物含量沿深度分布测量
LHWHLYSDFBCL
Chloride content depth profile measurement
Y：混凝土氯化物含量测量

Lu ji 05321
路基 AC03
LJ
Subgrade
S：基础(工程)*
F：软土路基；台口式路基；半填半挖式路基

Lu ji bing hai 05322
路基病害 AC03
LJBH
Subgrade defect
S：病害*

Lu ji chen jiang 05323
路基沉降 CI01
LJCJ
Subgrade settlement
S：沉降*
C：不均匀沉降

Lu ji chong shua 05324
路基冲刷 AC03
LJCS
Subgrade erosion
S：冲刷*

Lu ji dao hang xi tong 05325 BF05
陆基导航系统
LJDHXT
Ground-based navigational system
S：导航系统
Z：系统*

Lu ji fang hu 05326
路基防护 AC03
LJFH
Subgrade protection
S：防护*
C：路基工程

Lu ji gong cheng 05327
路基工程 AC03
LJGC
Subgrade engineering
S：工程*

Lu ji han shui liang 05328
路基含水量 AC03
LJHSL
Subgrade moisture content
S：含水量
Z：量*

Lu ji jia gu 05329
路基加固 AC03
LJJG
Subgrade strengthening
S：加固*
C：路基工程

Lu ji pai shui 05330
路基排水 AC06
LJPS
Subgrade drainage
S：排水*
C：急流槽；渗水井

Lu ji qiang du 05331
路基强度 AC03
LJQD
Subgrade strength
S：强度*

Lu ji wen ding xing 05332
路基稳定性 AC03
LJWDX
Subgrade stability
S：稳定性
Z：性能*

Lu ji yong shui 05333
路基壅水 AD02
LJYS
Subgrade water damming
S：壅水*

Lu jian 05334
路肩 AC02
LJ
Shoulder; Verge

Lü ke 05335
旅客* AA02
LK
Passenger
F：包乘乘客；持证乘客；换乘乘客；留候乘客；普票乘客；违章乘客；月票乘客
D：乘客

Lü ke bo dong xi shu 05336
旅客波动系数 AA02
LKBDXS
Passenger number fluctuation factor
S：系数*

Lü ke fu wu 05337
旅客服务 AA02
LKFW
Passenger service
S：服务*

Lü ke liu liang 05338
旅客流量 AA02
LKLL
Passenger traffic volume

Lü ke liu shi 05339
旅客流时 AA02
LKLS
Passenger traffic time

Lü ke liu xiang 05340
旅客流向 AA02
LKLX
Passenger traffic flow direction

Lü ke ping jun ri fa song liang F0565 AA02
旅客平均日发送量
LKPJRFSL
Daily dispatched number of passenger
Y：旅客日发送量

Lü ke ri fa song liang 05341 AA02
旅客日发送量
LKRFSL
Daily dispatched number of passenger
S：运量
D：旅客平均日发送量
Z：量*

Lü ke yi wai shang hai 05342 BA04
旅客意外伤害
LKYWSH
Accidental injury to passengers

Lü ke yi wai shang 05343

hai bao xian AA06
旅客意外伤害保险
LKYWSHBX
Insurance of unexpected injury of passenger
S：意外伤害保险
Z：保险*

Lü ke yi wai shang hai qiang zhi bao xian 05344 BA04
旅客意外伤害强制保险
LKYWSHQZBX
Compulsory insurance against injury to passengers
S：强制保险
Z：保险*

Lü ke yun jia 05345
旅客运价 AA08
LKYJ
Charge of passenger transport
S：运价
Z：价格*

Lü ke yun shu 05346
旅客运输 AA02;BA02
LKYS
Carriage of passenger; Passenger transportation
S：运输*
C：班次密度
F：公路旅客运输;轨道缆车客运;索道缆车客运
D：客运

Lü ke yun shu liang yu ce 05347 AA02
旅客运输量预测
LKYSLYC
Prediction of passenger volume
S：运量预测
Z：预测*

Lü ke zhou zhuan liang 05348 BJ02
旅客周转量
LKZZL
Passengers turnover
S：水运生产指标
Z：指标*

Lu kou shi ju F0566
路口视距 AC05
LKSJ
Sight distance of intersection
Y：交叉口视距

Lu kuang 05349
路况 AC07
LK
Highway condition

Lu kuang diao cha F0567
路况调查 AC07
LKDC
Highway condition investigation
Y：路况检查

Lu kuang jian cha 05350
路况检查 AC07
LKJC
Highway condition inspection
S：检查*
F：定期检查;日常检查;险情检查
D：路况调查

Lü liao F0568
滤料 AF01
LL
Filter materials
Y：过滤材料

Lu mian 05351
路面* AC04
LM
Pavement
F：次高级路面;低级路面;高级路面;刚性路面;中级路面;过水路面;块料路面;级配路面;沥青路面;渣油路面

Lu mian ban ji ni 05352
路面板唧泥 AC08
LMBJN
Slab pumping
C：公路病害

Lu mian bing hai she ying zu he yi 05353 AH03
路面病害摄影组合仪
LMBHSYZHY
Photographic road survey group
S：路面测试仪
Z：仪器*

Lu mian bu qiang 05354
路面补强 AC07
LMBQ
Pavement strengthening
C：公路养护

Lu mian bu qiang she ji 05355 AC04
路面补强设计
LMBQSJ
Pavement strengthening design
S：路面设计
Z：设计*

Lu mian cai liao 05356
路面材料 AF01
LMCL
Pavement material
S：建筑材料
C：再生利用
Z：材料*

Lu mian ce shi yi 05357
路面测试仪 AH03
LMCSY
Road surface tester
S：仪器*
F：路面病害摄影组合仪;路面激光测试仪;弯沉仪

Lu mian chen xian 05358
路面沉陷 AC08
LMCX
Pavement depression
C：公路病害

Lu mian diao cha 05359
路面调查 AC07
LMDC
Pavement investigation
S：调查*

Lu mian guan li xi tong 05360 AC04
路面管理系统
LMGLXT

Pavement management system(PMS)
S：管理系统
Z：系统*

Lu mian ji guang ce shi yi 05361 AH03
路面激光测试仪
LMJGCSY
Laser road surface tester
S：路面测试仪
Z：仪器*

Lu mian jian ce ping jia xi tong 05362 AC04
路面检测评价系统
LMJCPJXT
Pavement monitor and evaluation system
S：评价系统
Z：系统*

Lu mian jie gou ceng 05363
路面结构层 AC04
LMJGC
Pavement structure layer
S：层*
F：垫层；隔水层；隔温层；基层

Lu mian kang hua xing neng 05364 AC04
路面抗滑性能
LMKHXN
Pavement skid resistance condition (RSRC)

Lu mian kuai su jia zai shi yan ji 05365 AH04
路面快速加载试验机
LMKSJZSYJ
Accelerated loading facility；ALE
S：加载试验机
Z：设备*

Lu mian pai shui 05366
路面排水 AC06
LMPS
Pavement drainage
S：排水*
D：单向排水(路面)；双向排水(路面)

Lu mian pi lao shou ming 05367 AC04
路面疲劳寿命
LMPLSM
Fatigue life of pavement
S：疲劳寿命
Z：使用寿命*

Lu mian ping jia mo xing 05368 AC04
路面评价模型
LMPJMX
Pavement evaluation model
S：评价模型
Z：模型*

Lu mian ping zheng du ce ding yi 05369 AH03
路面平整度测定仪
LMPZDCDY
Viameter
S：测定仪
Z：仪器*

Lu mian po sun lü 05370
路面破损率 AC07
LMPSL
Pavement damage ratio
S：比率*

Lu mian pu zhu ji 05371
路面铺筑机 AG07
LMPZJ
Pavers；Paving equipment
S：筑路机械
C：摊铺机
Z：机械*

Lu mian pu zhuang lü 05372
路面铺装率 AC07
LMPZL
Paved ratio
S：比率*

Lu mian qiang du 05373
路面强度 AC04
LMQD
Pavement strength
S：强度*

Lu mian qing sao ji 05374
路面清扫机 AG07
LMQSJ
Pavement sweeping machine
S：养护机械
Z：机械*

Lu mian qu lü yi 05375
路面曲率仪 AH03
LMQLY
Surface-curvature apparatus
S：曲率仪
Z：仪器*

Lu mian she ji 05376
路面设计 AC04
LMSJ
Pavement design
S：设计*
F：路面补强设计

Lu mian shi gong 05377
路面施工 AC04
LMSG
Pavement construction
S：工程施工*
F：撒布
C：层铺法；路拌法；厂拌法；热拌法；冷拌法；热铺法；冷铺法；贯入法；拌和；摊铺；灌浆；行车碾压；填缝

Lu mian shi gong ji xie 05378 AG01
路面施工机械
LMSGJX
Pavement construction equipment；Pavement construction machineries
S：施工机械
F：打桩机；划线机；混凝土路面拉毛机；混凝土路面切缝机；混凝土路面清缝机；混凝土路面填缝机；混凝土路面整面机；撒砂机；找平装置
Z：机械*

Lu mian shi yan 05379
路面试验 AH01；DF00
LMSY
Pavement tests
S：试验*
F：CBR 试验；车辙试验；承载板试验；加州承载比试验；弯沉试

验;稳定性试验(道路)

Lu mian tou shui du ce ding yi 05380 AH03
路面透水度测定仪
LMTSDCDY
Surface permeameter
S：渗透仪
Z：仪器*

Lu mian wen zi biao ji 05381 AI07
路面文字标记
LMWZBJ
Pavement lettering marking
S：标志*

Lu mian xi xiao ji 05382 AG07
路面铣削机
LMXXJ
Pavemill
S：养护机械
Z：机械*

Lu mian zai sheng 05383 AC07
路面再生
LMZS
Pavement recycling

Lu niu 05384 AI07
路钮*
LN
Button
F：反光路钮;交通指向钮

Lu pai 05385 AJ02
路牌
LP
Line number plate
S：标志*
F：侧路牌;后路牌;前路牌

Lu qian 05386 AC03
路堑
LQ
Cutting

Lu rong 05387 AC07
路容
LR
Highway appearance

Lu shang duo shi lian yun 05388 BA06
陆上多式联运
LSDSLY
Intermodal surface transportation
S：多式联运
Z：运输方式*

Lu shang hang biao F0569 BD05
陆上航标
LSHB
Landmark
Y：岸标

Lu shang jiao tong 05389 BA02
陆上交通
LSJT
Land transportation;Surface traffic
S：交通*

Lü suan yan shui ni 05390 AF04
铝酸盐水泥
LSYSN
Aluminate cement
S：水泥*
D：高铝水泥;矾土水泥

Lu wai ting che 05391 AI02
路外停车
LWTC
Off-road parking
S：停车*

Lu xian 05392 AC02
路线
LX
Route

Lu xian ce liang 05393 AC01
路线测量
LXCL
Route survey
S：测量*
F：横断面测量;平面测量;纵断面测量

Lu xian ji suan ji fu zhu she ji 05394 AC02
路线计算机辅助设计
LXJSJFZSJ
Route computer aided design
S：计算机辅助设计
Z：设计*

Lu xian kong zhi dian 05395 AC01;AC02
路线控制点
LXKZD
Control point;Control point of route
S：控制点*

Lu xian lian xu xing 05396 AC02
路线连续性
LXLXX
Route continuity

Lu xian ping mian tu 05397 AC01
路线平面图
LXPMT
Route plan
C：路线设计

Lu xian san wei kong jian she ji 05398 AC02
路线三维空间设计
LXSWKJSJ
Route three-dimensional space design
S：路线设计
Z：设计*

Lu xian she ji 05399 AC02
路线设计
LXSJ
Route design
S：设计*
C：路线平面图
F：比较线;定线;路线三维空间设计;路线优化设计;展线

Lu xian xian xing 05400 AC02
路线线形*
LXXX
Route alignment
F：平面线形;纵面线形

Lu xian you hua she ji 05401 AC02
路线优化设计
LXYHSJ
Route optimum design
S：路线设计

Z：设计*

Lu xiang 05402
录像 DD00
LX
Video recording

Lü xin bi 05403
绿信比 AI03
LXB
Split; Green ratio
S：比数
Z：数*

Lü xing su du F0570
旅行速度 AJ05
LXSD
Travelling speed
Y：运送速度

Lu yin 05404
录音 DD00
LY
Recording

Lü you che 05405
旅游车 AJ02
LYC
Touring bus
S：车辆*
C：公共交通工具

Lü you chuan 05406
旅游船 BE01
LYC
Touring ship; Recreational boats; Tourist ship
S：客轮
F：豪华旅游船；游艇
Z：船舶*

Lü you gang 05407
旅游港 BC01
LYG
Tour harbours
S：港口*

Lü you ye 05408
旅游业 DA00
LYY
Tourism
S：行业*

Lu yu 05409
陆域 DJ00
LY
Land area
S：区域*
C：海域；水域

Lu yuan dai 05410
路缘带 AC02
LYD
Marginal strip

Lu yuan shi 05411
路缘石 AC02
LYS
Curb

Lü yue dan bao 05412
履约担保 AB03
LYDB
Performance bond
S：保证金
Z：费用*

Lu zha 05413
炉渣 AF06；CK06
LZ
Cinders
S：工业废渣
C：废渣利用
D：煤渣
Z：渣*

Lu zhang 05414
路障 AC07
LZ
Roadblock

Luan shi 05415
卵石 AF05；AF06
LS
Cobble; Gravel
S：石*

Lun du F0571
轮渡 BE01
LD
Ferry; Ferry steamer; Ferry-boat
Y：渡轮

Lun gui dong li xue 05416
轮轨动力学 CG01
LGDLX
Wheel-rail dynamics
S：动力学
Z：学科*

Lun gui zuo yong li 05417
轮轨作用力 CG03
LGZYL
Wheel rail force
S：作用力
Z：力*

Lun ji guan li 05418
轮机管理 BF07
LJGL
Marine engineering management
S：管理*

Lun kuo biao xian 05419
轮廓标线 AI07
LKBX
Delineation line
S：线*

Lun tai fan xin lü 05420
轮胎翻新率 AK02
LTFXL
Tyre recapping rate
S：比率*

Lun tai ping jun bao fei li cheng 05421
AJ05
轮胎平均报废里程
LTPJBFLC
Average kilometre of tyre scrap
S：车辆运用与维修指标
Z：指标*

Lun tai shi qi zhong ji 05422
AG06
轮胎式起重机
LTSQZJ
Tyre crane
S：起重机*

Lun tai shi tui tu ji 05423
AG04
轮胎式推土机

LTSTTJ
Wheeled dozers
S：推土机
Z：机械*

Lun tai shi wa jue ji 05424
轮胎式挖掘机 AG04
LTSWJJ
Wheeled excavators
S：挖掘机
D：汽车式挖掘机
Z：机械*

Lun tai shi zhuang zai ji 05425
轮胎式装载机 AG04
LTSZZJ
Wheeled loaders
S：装载机
Z：机械*

Lun tai xing shi li cheng ding e 05426
轮胎行驶里程定额 AK02
LTXSLCDE
Tyre mileage rating
S：汽车技术经济定额
Z：定额*

Lun tai ya lu ji 05427
轮胎压路机 AG07
LTYLJ
Pneumatic tyred roller
S：压路机
Z：机械*

Lun wen 05428
论文 DF00
LW
Article S：资料*

Lun zheng 05429
论证 DD00
LZ
Argumentation

Lun zheng chu bu fang an she ji 05430
论证初步方案设计 BE06
LZCBFASJ
Conception design
S：方案设计
D：概念设计
Z：设计*

Luo cha 05431
落差 BC02；BD02
LC
Drop；Fall
S：水文要素*
C：水头*

Luo chui hang 05432
落锤夯 AG07
LCH
Drop weight rammer
S：夯*

Luo chui shi wan chen yi 05433
落锤式弯沉仪 AH03
LCSWCY
Falling weight deflectometer(FWD)
S：弯沉仪
Z：仪器*

Luo ji F0572
逻辑 BG01
LJ
Logic
Y：逻辑学

Luo ji dian lu 05434
逻辑电路 CF04
LJDL
Logic circuit
S：电子电路
Z：电路*

Luo ji mo ni 05435
逻辑模拟 DF00
LJMN
Logical simulation
S：模拟*

Luo ji xue 05436
逻辑学 BG01
LJX
Logic
S：学科*
D：逻辑

Luo ji yuan jian 05437
逻辑元件 CF04
LJYJ
Logic element
S：电子元件
Z：元件*

Luo ji zhen duan 05438
逻辑诊断 AK04
LJZD
Logistic diagnosis
S：诊断*

Luo jing 05439
罗经 BF02
LJ
Compass
S：航海仪器
Z：仪器*

Luo ju 05440
螺距 BE08
LJ
Pitch

Luo lan A 05441
罗兰-A BF03
一种中程、中频、脉冲时差双曲线无线电导航系统。其工作频率为1.75～1.95 MHz，作用距离为400 n mile，定位精度为1 n mile。
LLA
Loran-A
S：航海仪器
Z：仪器*

Luo lan C 05442
罗兰-C BF03
一种远程、低频、脉冲相位差双曲线无线电导航系统。其工作频率为100 kHz，作用距离为1000 n mile，地波精度为传播距离的0.1%。
LLC
Loran-C
S：航海仪器
Z：仪器*

Luo lun zi qu xian 05443
洛伦兹曲线 BB04
LLZQX

Lorenz curve
S: 曲线
Z: 线*

Luo shan ji mo hao shi yan ji 05444 AH04
洛杉矶磨耗试验机
LSJMHSYJ
Los Angeles abrasion testing machine
S: 磨耗试验机
Z: 设备*

Luo shi ying du shi yan 05445 AH01
洛氏硬度试验
LSYDSY
Rockwell hardness test
S: 硬度试验
Z: 试验*

Luo shuan 05446
螺栓* AD06
LS
Bolt
F: 高强度螺栓

Luo shui F0573
落水 CI05
LS
Water drop
Y: 跌水

Luo wen gang jin 05447
螺纹钢筋 AF02
LWGJ
Thread steel bar
S: 钢筋
Z: 材料*

Luo wu ji zhen 05448
落物激振 AH02
LWJZ
Vibration excited by dropping weight
S: 激振
Z: 振动*

Luo xia hui F0574
落下灰 CK02
LXH
Fallout
Y: 放射性沉降物

Luo xuan 05449
螺旋 DH00
LX
Screws

Luo xuan jiang 05450
螺旋桨* BE08
LXJ
Propeller
F: 侧推器;导管螺旋桨;定距螺旋桨;对转螺旋桨;反转螺旋桨;无键联结螺旋桨

Luo xuan jiang kong pao 05451 BE04
螺旋桨空泡
LXJKP
Propeller cavitation
S: 空泡*

Luo xuan jiang lun gu 05452 BE08
螺旋桨轮毂
LXJLG
Propeller hubs

Luo xuan jiang te xing 05453 BE04
螺旋桨特性
LXJTX
Propeller characteristic
S: 特性
Z: 性质*

Luo xuan jiang wo ao 05454
螺旋桨涡凹 BE04
LXJWA
Propeller cavitation

Luo xuan jiang xiao lü 05455 BE06
螺旋桨效率
LXJXL
Propeller efficiency
C: 推进效率

Luo xuan jiang ye pian 05456 BE08
螺旋桨叶片
LXJYP
Propeller blades

Luo xuan shu song ji 05457
螺旋输送机 AG06;AG08
LXSSJ
Screw conveyer;Screw conveyor
S: 连续输送机
Z: 输送机*

Luo xuan zhuang zai ji 05458 AG04
螺旋装载机
LXZZJ
Screw loaders
S: 装载机
Z: 机械*

Luo ye song 05459
落叶松 CE03
LYS
Larch
S: 松
Z: 生物*

Luo zhuang huo wu 05460
裸装货物 BI01
LZHW
Uncovered cargo
S: 货物*

M

Ma da F0575
马达 DE00
MD
Motors
Y: 电动机

Ma he shu 05461
马赫数 DI00
MHS
Mach number
S: 无量纲数
Z: 比率*

Ma li F0576
马力 BE08;DI00
ML
Horse power

Y：功率

Ma mian 05462
麻面 AC08
MM
Surface pockmark

Ma ti xing sui dao F0577 AE01
马蹄形隧道
MTXSD
Horse-shoe tunnel
Y：拱形隧道

Ma tou 05463
码头* BC01
MT
Quay；Wharves
C：防波堤；海塘；港区；码头设备；锚地*；桥墩*；围堰*；港口机械
F：岸壁型码头；北极码头；浮码头；货运码头；客运码头；离岸式码头；摩托艇码头；舾装码头；直立式码头

Ma tou bo wei 05464
码头泊位 BJ03
MTBW
Berth

Ma tou bo wei chang du 05465 BJ03
码头泊位长度
MTBWCD
Length of berth
S：港口统计指标
Z：指标*

Ma tou qian yan shui shen 05466 BJ03
码头前沿水深
MTQYSS
Water depth in front of wharf；Wharf-frontage depth；Depth alongside the berth
S：港口统计指标
Z：指标*

Ma tou she bei 05467
码头设备 BC06
MTSB
Terminal facilities
S：设备*
C：码头*；船舶装卸

Ma tou shi yan F0578
码头试验 BE09
MTSY
Dock tests
Y：系泊试验

Ma tou xi zhuang 05468
码头舾装 BE08
MTXZ
Outfitting afloat
S：舾装*

Ma xie er jing du 05469
马歇尔劲度 CG09
MXEJD
Marshall stiffness

Ma xie er wen ding du 05470 CG09
马歇尔稳定度
MXEWDD
Marshall stability
S：稳定性
Z：性能*

Ma xie er wen ding du shi yan 05471 AH01
马歇尔稳定度试验
MXEWDDSY
Marshall stability test
S：稳定度试验
Z：试验*

Mai chong dian lu 05472
脉冲电路 CF04
MCDL
Pulse circuit
S：电子电路
Z：电路*

Mai chong liu dong 05473 CG07
脉冲流动
MCLD
Pulsatile flow；Pulsating flow
S：流动*

Mai chong zhen dong 05474 CG08
脉冲振动
MCZD
Pulse vibration
S：振动*

Mai chuan 05475
买船 BG03
Ship purchase
S：船舶市场
Z：市场*

Mai dong ce liang 05476
脉动测量 AH02
MDCL
Pulsation measurement
S：测量*
C：桥梁检验
F：桥梁脉动测量

Mai fang xin dai 05477
买方信贷 BE10
MFXD
Buyer's credit
S：造船贷款方式
Z：方式*

Mai fang xin dai 05478
卖方信贷 BE10
MFXD
Seller's credit
S：造船贷款方式
Z：方式*

Mai ru shi qiao dun 05479 AD09
埋入式桥墩
MRSQD
Buried pier
S：桥墩*

Mai shi qiao tai 05480
埋式桥台 AD09
MSQT
Buried abutment
S：桥台*

Mai zhuang 05481
埋桩 BC06
MZ

Buried pile
S：桩*

Man dian F0579
慢点(行车) AJ04
MD
Behind the schedule
Y：晚点(行车)

Man ding 05482
漫顶 BC02
MD
Overtopping

Man shui qiao 05483
漫水桥 AD01
MSQ
Submersible bridge
S：桥*

Man su che hun ru lü 05484 AI04
慢速车混入率
MSCHRL
Slow vehicle mixed rate
S：比率*

Man zai 05485
满载 BE04
MZ
Full load
C：空载；载重线

Man zai lü 05486
满载率 AJ05
MZL
Load factor
S：比率*
D：线路最高满载率

Man zai pai shui liang 05487 BE06
满载排水量
MZPSL
Full displacement
S：排水量
Z：量*

Mang gou 05488
盲沟 AC03
MG
Blind drain
C：路基排水

Mao 05489
锚 BC06；BE08
M
Anchor
S：系泊设备
Z：设备*

Mao bo F0580
锚泊 BC01
MB
Anchoring
Y：系泊

Mao di 05490
锚地* BC01
MD
Anchorage
F：避风锚地；调船锚地；防台锚地；检疫锚地
D：停泊区

Mao ding 05491
锚定 BF04
MD
Anchoring

Mao ding ban qiao tai 05492 AD09
锚定板桥台
MDBQT
Anchor plate bridge abutment
S：桥台*

Mao ding ban shi dang tu qiang 05493 AC03
锚定板式挡土墙
MDBSDTQ
Anchored bulkhead retaining wall
S：挡土墙
Z：墙*

Mao gan 05494
锚杆* AE07
MG
Anchor bolt
F：机械型锚杆；胶结型锚杆；摩擦型锚杆；土层锚杆；岩石锚杆；预应力锚杆

Mao gan shi dang tu qiang 05495 AC03
锚杆式挡土墙
MGSDTQ
Anchored retaining wall by tie rods
S：挡土墙
Z：墙*

Mao gu li 05496
锚固力 CG03
MGL
Anchorage force
S：力*

Mao gu qiang du 05497
锚固强度 CG02
MGQD
Anchorage strength
S：强度*
D：锚拉强度

Mao jie jie dian 05498
铆接结点 AD06
MJJD
Riveted joint
S：结点*

Mao jie liang 05499
铆接梁 AD05
MJL
Riveted girder
S：梁*

Mao la qiang du F0581
锚拉强度 CG02
MLQD
Tie back strength
Y：锚固强度

Mao lian 05500
锚链 BC06；BE08
ML
Anchor chains
S：系泊设备
Z：设备*

Mao pen 05501
锚喷 AE04
MP
Anchor bolt-spray

D：喷锚

Mao pen zhi hu 05502
锚喷支护 AE07
MPZH
Anchor bolt-spray support
S：支护*

Mao xi guan 05503
毛细管 DG00
MXG
Capillary tubes
S：管*

Mao xi liu dong 05504
毛细流动 CG07
MXLD
Capillary flow
S：流动*

Mao xi shui 05505
毛细水 AC06
MXS
Capillary water
S：水*

Mao xi zuo yong 05506
毛细作用 DC00
MXZY
Capillarity
S：作用*

Mao yan F0582
猫眼 AI07
MY
Cat eyes
Y：反光路钮

Mao yi 05507
贸易* DA00
MY
Trade
F:国际贸易

Mao yi bi lei 05508
贸易壁垒* BG03
MYBL
Trade barrier
F:非关税壁垒;关税壁垒

Mao yi fa zhan 05509
贸易发展 BB03
MYFZ
Trade development
S：发展*
C：外国航运发展

Mao yi fan wei 05510
贸易范围 BB03
MYFW
Trade zones
S：范围*

Mao yi fen xi 05511
贸易分析 BB03
MYFX
Trade analysis
S：分析*

Mao yi ji gou 05512
贸易机构 BA09
MYJG
Trade associations
S：机构(组织)*

Mao yi qu shi 05513
贸易趋势 BB03
MYQS
Trade trends
S：预测*

Mao yi wen jian 05514
贸易文件 BA02
MYWJ
Trade documentation
S：文件*

Mao yi xian zhi 05515
贸易限制 BB03
MYXZ
Trade restrictions

Mao yi yu ce 05516
贸易预测 BB03
MYYC
Trade forecasts
S：预测*

Mao yi zheng ce 05517
贸易政策 BB02
MYZC
Trade policies
S：政策*

MARPOL F0583
MARPOL BI03
MARPOL
International Convention for the Prevention of Pollution from Ships
Y：国际防止船舶造成污染公约

Mei 05518
煤 AF05；CL03
M
Coal
S：固体燃料
C：泥炭
F：劣质煤
Z：燃料*

Mei 05519
酶 CE01
M
Enzymes
S：有机化合物
Z：化合物*

Mei bo 05520
煤驳 BE01
MB
Coal barge
S：驳船
Z：船舶*

Mei che zhan yong liu dong zi jin 05521
AJ05
每车占用流动资金
MCZYLDZJ
Current fund per vehicle
S：车辆运营指标
Z：指标*

Mei chen 05522
煤尘 CK02
MC
Coal dust
S：粉尘*

Mei gan shi 05523
煤矸石 AF05
MGS
Coal gangue；Coal refuse
S：劣质煤

C：石*
Z：燃料*

Mei guo chuan bo ju 05524 BA09
美国船舶局
美国船级社
MGCBJ
American Bureau of Shipping (ABS)
S：船级社
Z：机构(组织)*

Mei guo hang yun fa 05525 BF01
美国航运法(1984)
MGHYF
Merchant Shipping(1984)
S：法案*

Mei guo hang yun fa an 05526 BF01
美国航运法案(1920~1936)
MGHYFA
Merchant Marine Acts(1920~1936)
S：法案*

Mei guo hang yun wei yuan hui 05527 BA09
美国航运委员会
MGHYWYH
US Shipping Board
S：机构(组织)*

Mei jie F0584 DE00
媒介
MJ
Media
Y：介质*

Mei li qing 05528 AF08
煤沥青
MLQ
Coal tar
S：沥青*

Mei ma tou 05529 BC01
煤码头
MMT
Coal wharfs
S：散货码头
C：运煤船
Z：码头*

Mei tan yun shu 05530 AA03
煤炭运输
MTYS
Coal transport
S：货物运输
Z：运输*

Mei xue she ji 05531 AC02
美学设计
MXSJ
Aesthetics design
S：设计*
F：公路美学设计

Mei you 05532 CL03
煤油
MY
Kerosene
S：燃料油
C：燃料*；石油燃料
Z：油*

Mei zha F0585 AF06
煤渣
MZ
Breeze
Y：炉渣

Men 05533 CI04
门
M
Door

Men dao men F0586 BA05
门到门
MDM
Door-to-door
Y：门到门运输

Men dao men fu wu 05534 AJ04
门到门服务
MDMFW
Door to door service
S：服务*

Men dao men yun shu 05535 AA01；BA05
门到门运输
MDMYS
Door to door transport
S：营运方式*
D：门到门

Men diao F0587 BA08
门吊
MD
Gantry crane
Y：门式起重机

Men kou xiao ying 05536 AI05
门口效应
“门口效应”是指视觉上收缩路幅的效应。
MKXY
Gate effect

Men shi jiao tong biao zhi 05537 AI07
门式交通标志
MSJTBZ
Overhead traffic sign
S：交通标志
Z：标志*

Men shi qi zhong ji 05538 AG06；BA08
门式起重机
MSQZJ
Gantry cranes
S：起重机*
C：港口起重机
D：门座起重机；门吊

Men zuo qi zhong ji F0588 BA08
门座起重机
MZQZJ
Gantry crane
Y：门式起重机

Meng gang 05539 AF02
锰钢
MG
Manganese steel
S：钢*

Meng te li er yi ding shu 05540 BI03
蒙特利尔议定书
国际性协议，内容是关于各缔约国采

取控制消耗臭氧层物质排放的措施，以保护臭氧层、保护人类健康与环境。
MTLEYDS
Montreal Protocol
S：国际协定
Z：条约*

Mi an shu zhi 05541
密胺树脂 CC04
MASZ
Melamine resins
S：热固性树脂
Z：高聚物*

Mi bi 05542
密闭 DE00
MB
Hermetic seals

Mi du 05543
密度 AB01；CA00；DI00
MD
Density
S：度*
F：班次密度；干密度；公路网密度；交通密度；客流密度；临界密度(交通)；表观密度；线路网密度；相对密度；阻塞密度(交通)；最佳密度(交通)

Mi du shi yan 05544
密度试验 AH01
MDSY
Density test
S：试验*
D：相对密度试验

Mi du yi 05545
密度仪 AH03
MDY
Density meter
S：仪器*
F：核子动态温度密度仪；核子静态温度密度仪

Mi ji pei 05546
密级配 CG09
MJP
Dense gradation
S：级配*

Mi shi du 05547
密实度 DI00
MSD
Density
S：度*
F：相对密实度
C：混凝土*
D：密实性

Mi shi xing F0589
密实性 DI00
MSX
Density
Y：密实度

Mi zhi 05548
米制 DI00
MZ
Meter；Metric system
S：制度*

Mian 05549
面* DH00
M
Surface
F：表面；地面；断面；界面；立面；平面；剖面；曲面；斜面；桥面

Mian ceng F0590
面层 AC04；DG00
MC
Surface；Surface course
Y：表层

Mian fei cheng che 05550
免费乘车 AJ04
MFCC
Zero fare

Mian ji 05551
面积* DI00
MJ
Area
F：车厢站立面积

Mian shui qu 05552
免税区 BA01
MSQ
Tax free zone
S：区域*
C：避税港

Mian shui tou zi 05553
免税投资 BA01
MSTZ
Tax free investment
S：投资*

Miao pu 05554
苗圃 AC07；CE02；CK07
MP
Nurseries
C：园艺

Mie huo qi 05555
灭火器 BI04
MHQ
Fire extinguishers
S：灭火系统
Z：安全*

Mie huo xi tong 05556
灭火系统 BI04
MHXT
Fire extinguishing systems
S：船舶灭火
F：火警报警器；火险探测器；灭火器；失火自动报警系统
Z：安全*

Mie huo 05557
灭火 BI04
MH
Outfire
S：消防*
F：惰性气体灭火

Mie jun F0591
灭菌 DE00
MJ
Sterilization
Y：消毒*

Mie shi 05558
灭失 BA07
MS
Less for cargo
S：货差

Z：质量*

Min gan xing fen xi 05559
AB03；BB05
敏感性分析
MGXFX
Susceptivity analysis
S：分析*
C：社会经济敏感性
D：灵敏度分析

Min rui du 05560
敏锐度 AI05
MRD
Acuity
S：度*
F：视觉敏锐度

Min ying hua F0592
民营化 BG02
MYH
Privatization
Y：私有化

Min yong che liang 05561
AK01
民用车辆
MYCL
Civilian vehicle
S：车辆*

Min yong chuan 05562
民用船 BE01
MYC
Merchant ships
S：船舶*
F：海洋调查船；农用船；渔轮

Min zu 05563
民族* DA00
MZ
Nation；Nationality ；Ethnic group
C：种族
F：少数民族

Ming dong 05564
明洞 AE01
MD
Open tunnel
C：隧道*

Ming han 05565
明涵 AD17
MH
Open culvert
S：涵洞*

Ming qu 05566
明渠 BD01
MQ
Open channels；Open canal
S：河道*
C：开敞运河

Ming qu pai shui 05567
明渠排水 AC06
MQPS
Gutter drainage
S：排水*

Ming wa fa 05568
明挖法 AE04
MWF
Cut and cover tunneling
S：隧道施工方法
Z：方法*

Ming wa ji chu 05569
明挖基础 AD11
MWJC
Open cut foundation
S：基础（工程）*

Ming yi jia ge 05570
名义价格 BG06
MYJG
Nominal price
S：价格*

Mo 05571
膜* CB00
M
Films；Membranes
F：液膜

Mo ca 05572
摩擦 CG02
MC
Friction

Mo ca han 05573
摩擦焊 BE10
MCH
Friction welding
S：焊接*

Mo ca li 05574
摩擦力 CG03
MCL
Frictional force
S：力*

Mo ca shi yan 05575
摩擦试验 AH01；DF00
MCSY
Friction tests
S：材料试验
Z：试验*

Mo ca xi shu 05576
摩擦系数 AC04；CB00；CG02
MCXS
Friction coefficient；Friction factor
S：系数*
F：表面摩擦系数

Mo ca xi shu ce ding yi 05577
AH03
摩擦系数测定仪
MCXSCDY
Friction tester
S：测定仪
Z：仪器*

Mo ca xing mao gan 05578
AE07
摩擦型锚杆
MCXMG
Friction anchor bolt
S：锚杆*

Mo ca zhuang 05579
摩擦桩 AD11
MCZ
Friction pile
S：桩*

Mo ca zu li 05580
摩擦阻力 CG07
MCZL
Friction drag
S：阻力
C：管壁摩擦

Z：力*

Mo chuang 05581
磨床 AK05
MC
Grinding machine
S：汽车维修工艺设备
Z：设备*

Mo er si ma 05582
莫尔斯码 BF05
MESM
Morse code
S：代码*

Mo guang 05583
磨光 AC08；DD00
MG
Polishing；Smoothing

Mo guang yi 05584
磨光仪 AH03
MGY
Polishing tester
S：仪器*
F：石料加速磨光仪

Mo hao ceng 05585
磨耗层 AC04
MHC
Wearing course
S：表层
Z：层*

Mo hao du 05586
磨耗度 CG09
MHD
Abrasiveness
S：度*

Mo hao shi yan 05587
磨耗试验 AH01
MHSY
Abrasion test
S：材料试验
Z：试验*

Mo hao shi yan ji 05588
磨耗试验机 AH04
MHSYJ
Abrasion testing machine
S：试验机
F：狄法尔磨耗试验机；洛杉矶磨耗试验机
Z：设备*

Mo he 05589
磨合 AK05
MH
Breaking-in

Mo hu ji li lun F0593
模糊集理论 CA00
MHJLL
Fuzzy sets theory
Y：模糊数学

Mo hu shu xue 05590
模糊数学 CA00
MHSX
Fuzzy mathematics
S：数学
D：模糊集理论
Z：学科*

Mo liang 05591
模量* AC04；CG02
ML
Modulus
F：弹性模量

Mo ni 05592
模拟* AI01；CF02；DD00；DF00
MN
Simulation
C：仿真*
F：风险模拟；港口营运模拟；计算机模拟；交通流模拟；逻辑模拟；数值模拟；水工模拟

Mo ni dian lu 05593
模拟电路 CF01
MNDL
Analogue circuit
S：电路*

Mo ni ji shu 05594
模拟技术 CF02
MNJS
Simulation technology
S：技术*

Mo ni li lun 05595
模拟理论 CF02
MNLL
Analogue theory
S：理论*

Mo ni qi 05596
模拟器 AK03；DF00
MNQ
Simulators
S：装置*
F：驾驶模拟器

Mo ni shi yan 05597
模拟试验 AG11；DF00
MNSY
Simulation test
S：试验*

Mo ni zhuang zhi 05598
模拟装置 CF02
MNZZ
Simulation equipment；Simulator
S：装置*

Mo qi men ji 05599
磨气门机 AK05
MQMJ
Valve refacer
S：汽车维修工艺设备
Z：设备*

Mo shi 05600
模式* DF00；DH00
MS
Modes；Molds；Pattern
F：故障模式(汽车)；海上航运模式；环境模式；竞争模式

Mo shu 05601
模数 DA00
MS
Modulus；Modules

Mo shu zhuan huan 05602
模数转换 CF03
MSZH
Analog-to-digital conversion
C：数模转换

Mo shu zhuan huan 05603

qi CF03
模数转换器
MSZHQ
Analog-to-digital converter
S：转换器*

Mo sun 05604
磨损 AC08；AK04；DF00
MS
Wearing；Wear and tear；Abrasion
F：极限磨损；汽车零件磨损；允许磨损；正常磨损

Mo sun lü 05605
磨损率 AK04
MSL
Wear rate
S：比率*
C：汽车零件磨损

Mo sun shi yan 05606
磨损试验 AG11；AH01； DF00
MSSY
Abrasion test；Wear test
S：材料试验
Z：试验*

Mo tuo ting ma tou 05607 BC01
摩托艇码头
MTTMT
Marinas
S：码头*

Mo xing 05608
模型* AC07；DF00
MX
Model
F：波浪模型；出行端点模型；出行交换模型；宏观分析模型；集合模型；交通方式选择模型；结构模型；经济模型；力学模型；连续性模型；流域模型；LOGIT模型；评价模型；确定性模型；试验模型；数学模型；随机性模型；统计模型；土地利用模型；土力学模型；物理模型；需求模型

Mo xing fa 05609
模型法 DF00
MXF
Modeling
S：方法*

Mo xing shi yan 05610
模型试验 AD16；AG11；AH11；BC05；DF00
MXSY
Model test
S：试验*
C：试验模型
F：桥梁模型试验；声学模型试验；水工模型试验

Mo zhan F0594
末站 AJ03
MZ
Terminal
Y：终点站

Mu ban 05611
模板 AD13；AE05；BC06
MB
Formwork；Moulding board
S：板*
C：现浇钢筋混凝土施工；混凝土施工
F：钢模板；混凝土模板

Mu ban tai che 05612
模板台车 AE05
MBTC
Formworking jumbo

Mu ben zhi wu 05613
木本植物 CE03
MBZW
Woody-plant；Xylophyta
S：植物
F：松
Z：生物*

Mu biao guan li 05614
目标管理 BG02；BG04
MBGL
Management by object
S：管理*

Mu cai 05615
木材 AF03
MC
Timber；Wood
S：材料*

Mu cai fa dao 05616
木材筏道 BD06
MCFD
Log chutes
S：木材过坝设施
D：漂木道
Z：设施*

Mu cai guo ba she shi 05617 BD06
木材过坝设施
MCGBSS
Facilities for log crossing dam
S：设施*
F：过木机；木材筏道

Mu cai yun shu chuan 05618 BE01
木材运输船
MCYSC
Timber carrier
S：专用船舶
Z：船舶*

Mu cai zhua dou 05619
木材抓斗 BA08
MCZD
Log grab
S：港口装卸工属具
Z：工具*

Mu di gang 05620
目的港 BF06
MDG
Port of destination
S：港口*

Mu di gang chuan shang jiao huo 05621 BA02
目的港船上交货
MDGCSJH
Ex ship
S：交货方式
Z：方式*

Mu di gang ma tou jiao huo 05622 BA02
目的港码头交货
MDGMTJH

Ex quay;Ex wharf;Ex pier
S:交货方式
Z:方式*

Mu ju 05623
模具 AG09
MJ
Dies;Molds

Mu lu 05624
目录 DF00
ML
Catalogue
S:资料*
F:劳氏船级社船舶目录

Mu qiao 05625
木桥 AD01
MQ
Wooden bridge
S:桥*

Mu xu ye xing li jiao 05626 AC05
苜蓿叶形立交
MXYXLJ
Clover-leaf interchange
S:立体交叉
D:半苜蓿叶形立交
Z:公路交叉*

N

Na shui ji shu F0595
纳税基数 BA01
NSJS
Taxable base
Y:税基

Na wei ai si tuo ke si fang cheng F0596 CG07
纳维埃-司托克司方程
NWASTKSFC
Navier-stokes equations
Y:N-S方程

Nai bo xing 05627
耐波性 BE04;BF02
NBX
Seakeeping;Seakeeping characteristics
S:性能*
C:风浪失速;纵摇

Nai bo xing shi yan 05628 BE09
耐波性试验
NBXSY
Seakeeping test
S:船舶试验
C:耐波性试验水池
Z:试验*

Nai bo xing shi yan shui chi 05629 BE09
耐波性试验水池
NBXSYSC
Seakeeping tank
S:试验水池
C:耐波性试验
Z:水池*

Nai dong xing F0597
耐冻性 DC00
NDX
Freeze thaw durability
Y:抗冻性

Nai feng hua xing F0598
耐风化性 DC00
NFHX
Weather proofing
Y:耐候性

Nai fu shi xing F0599
耐腐蚀性 DC00
NFSX
Corrosion resistance
Y:抗腐蚀性

Nai fu tai si jie shou ji 05630 BF03
奈伏泰斯接收机
可在国际规定的频率上,自动接收、存储、打印出海岸电台播发的航行警告和气象警告以及紧急信息的电传设备。
NFTSJSJ
NAVTEX Receiver
S:航海仪器
Z:仪器*

Nai hou gang 05631
耐候钢 AF02
NHG
Weathering steel
S:钢*

Nai hou xing 05632
耐候性 DC00
NHX
Weather resistance
S:抗性
D:耐风化性
Z:性能*

Nai huo shi yan 05633
耐火试验 DF00
NHSY
Fire tests
S:燃烧性试验
Z:试验*

Nai huo xing 05634
耐火性 DC00
NHX
Fire resistance; Fire steadiness; Refractoriness
S:抗性
Z:性能*

Nai jian xing 05635
耐碱性 DC00
NJX
Alkali resistance
S:抗性
Z:性能*

Nai jiu xing 05636
耐久性 DC00
NJX
Durability;Endurance
S:抗性
F:水工混凝土耐久性
Z:性能*

Nai jiu xing shi yan 05637 AG11
耐久性试验
NJXSY
Durability test

S：试验*

Nai mo xing 05638
耐磨性 DC00
NMX
Abrasion resistance
S：抗性
Z：性能*

Nai mo ying du shi yan yi 05639 AH03
耐磨硬度试验仪
NMYDSYY
Wear hardness testing apparatus
S：硬度试验仪
Z：仪器*

Nai pi lao qiang du 05640
耐疲劳强度 CG02
NPLQD
Fatigue strength
S：强度*
C：疲劳极限；韧性

Nai re xing 05641
耐热性 DC00
NRX
Heat resistance；Thermal resistance
S：抗性
Z：性能*

Nai shui xing 05642
耐水性 DC00
NSX
Moisture resistance；Water resistance
S：抗性
Z：性能*

Nai suan xing 05643
耐酸性 DC00
NSX
Acid resistance
S：抗性
Z：性能*

Nai ya xing F0600
耐压性 DC00
NYX
Compression resistance；Pressure proof
Y：抗压性

Nai you xing 05644
耐油性 DC00
NYX
Oil resistance
S：抗性
Z：性能*

Nai zhen xing F0601
耐振性 DC00
NZX
Vibration resistance
Y：抗振性

Nai zhen xing F0602
耐震性 DC00
NZX
Shock resistance
Y：抗震性

Nao du 05645
挠度 CG02；DI00
ND
Deflection
S：度*

Nao du ce liang 05646
挠度测量 AH02
NDCL
Measurement of deflection
S：测量*
C：桥*；桥梁挠度曲线
F：激光准直挠度测量；挠度横向分布测量

Nao du guan ce 05647
挠度观测 AD15
NDGC
Deflection observation
S：观测*

Nao du heng xiang fen bu ce liang 05648 AH02
挠度横向分布测量
NDHXFBCL
Transversal distribution measurement of girder deflection
S：挠度测量
Z：测量*

Nao du shi yan 05649
挠度试验 AH01；CG10；DF00
NDSY
Flexure tests
S：变形试验
Z：试验*

Nao qu bian xing 05650
挠曲变形 CG02
NQBX
Flexure deformation
S：变形*
D：弯曲变形

Nei bu bao chou lü F0603
内部报酬率 BB04；BG05
NBBCL
Internal rate of return（IRR）
Y：内部收益率

Nei bu hui bao lü F0604
内部回报率 BB04；BG05
NBHBL
Internal rate of return（IRR）
Y：内部收益率

Nei bu shou yi lü 05651
内部收益率 BB04；BG05
NBSYL
Internal rate of return（IRR）
S：收益率
D：内部回报率；内部报酬率
Z：比率*

Nei cha fa F0605
内插法 CA00
NCF
Interpolation method
Y：插值法

Nei cun chu qi 05652
内存储器 CF03
NCCQ
Internal memory
S：存储器*

Nei he du lun 05653
内河渡轮 BE01
NHDL
River ferry；River ferry-boat
S：渡轮
Z：船舶*

Nei he hang dao 05654
内河航道 BD01
NHHD
Inland waterways
S: 航道*
C: 河港

Nei he hang dao tong ji zhi biao 05655 BJ04
内河航道统计指标
NHHDTJZB
Statistical indicators on inland waterways
S: 航道统计指标
Z: 指标*

Nei he hang yun 05656
内河航运 BA03
NHHY
Inland waterway transport
S: 航运*

Nei he hu bo ce liang diao cha chuan 05657 BE03
内河湖泊测量调查船
NHHBCLDCC
Rivers, lakes survey ship
S: 工程船舶
Z: 船舶*

Nei he xin xi fu wu 05658 BA03
内河信息服务
NHXXFW
River information service (RIS)
S: 信息服务
Z: 服务*

Nei he yun shu 05659
内河运输 BA02
NHYS
Inland water transport; Inland waterway transport
S: 水路运输
C: 航道工程;运河*;江海直达运输
Z: 运输*

Nei kui jing 05660
内窥镜 AH03
NKJ
Endoscope

Nei kui jing jian cha 05661 AH02
内窥镜检查
NKJJC
Inspecting of endoscope
S: 检查*
F: 混凝土钻孔内窥镜检查

Nei li 05662
内力 CG03
NL
Internal force
S: 力*

Nei lu huan xiang zhan 05663 AA05
内陆还箱站
NLHXZ
Inland container depot

Nei lu yun he 05664
内陆运河 BD01
NLYH
Inland canals
S: 运河
C: 疏浚工程
Z: 河流*

Nei mo ca jiao 05665
内摩擦角 CG06;CG09
NMCJ
Internal friction angle
S: 角*
C: 力学性质;土物理性质

Nei mo ca xi shu 05666
内摩擦系数 CG09
NMCXS
Internal friction coefficient
S: 系数*

Nei nian ju li 05667
内粘聚力 CG09
NNJL
Internal cohesion
S: 力*

Nei ran ji 05668
内燃机 AG02;CL01
NRJ
Gas engines; Internal combustion engine
S: 发动机
F: 柴油机
Z: 机械*

Nei shui 05669
内水 DJ00
NS
Internal waters
S: 水域
Z: 区域*

Neng 05670
能* CL02
N
Energy
C: 能源*
F: 电能;风能;核能;热能;水能;太阳能

Neng fa F0606
能法 CG04
NF
Energy method
Y: 能量法

Neng jian du 05671
能见度 AI05;BD05
NJD
Visibility
S: 度*
F: 水平能见度(航标)

Neng li 05672
能力* DA00
NL
Abilities; Capacities
F: 处理能力;分辨力;驾驶操纵能力;排水能力;通过能力;通行能力;续航力;运输能力;装卸能力;装载能力

Neng li jian she 05673
能力建设 BB03;BB05
NLJS
Capacity building
S: 建设*

Neng liang 05674

能量* DI00
NL
Energy
F：复原能量；压实能量

Neng liang chu cun 05675 CL02
能量储存
NLCC
Energy storage
S：储存*

Neng liang fa 05676 CG04；CG12
能量法
NLF
Energy method
S：结构分析
C：变分法；应变能
F：应变能法；余能法
D：能法
Z：分析*

Neng liang hui shou 05677 CL02
能量回收
NLHS
Energy recovery
S：回收*
F：热回收

Neng liang ping heng 05678 CG05
能量平衡
NLPH
Balance of energy
S：平衡*
C：能量转换

Neng liang xiao fei F0607 CL02
能量消费
NLXF
Energy consumption；Energy dissipation
Y：能源消耗

Neng liang xu qiu 05679 CL02
能量需求
NLXQ
Energy demand
S：需求*

Neng pu 05680 CG08
能谱
NP
Energy spectra
S：谱*

Neng yuan 05681 CL02
能源*
NY
Energy sources
C：能*；太阳能
F：可开发水能资源；再生能源

Neng yuan jie yue 05682 CL02
能源节约
NYJY
Energy saving
D：节能

Neng yuan xiao hao 05683 CL02
能源消耗
NYXH
Energy consumption；Energy expenditure
S：消耗*
D：能量消费

Neng yuan xiao hao zong liang 05684 BJ03
能源消耗总量
NYXHZL *
Total energy consumption
S：港口统计指标
Z：指标*

Neng yuan zheng ce 05685 CL02
能源政策
NYZC
Energy policy；Energy sources policy
S：政策*

Ni bo 05686 BE03
泥驳
NB
Spoil barge
S：驳船
Z：船舶*

Ni hui jie sui shi lu mian 05687 AC04
泥灰结碎石路面
NHJSSLM
Clay-lime bound macadam
S：路面*

Ni jiang 05688 BD01
泥浆
NJ
Mud

Ni jiang beng 05689 AG02
泥浆泵
NJB
Mud pumps；Slush pumps
S：泵*

Ni jiang jiao ban ji 05690 AG03
泥浆搅拌机
NJJBJ
Slurry mixers
S：搅拌机
Z：设备*

Ni jiang yun shu 05691 DE00
泥浆运输
NJYS
Mud transportation
S：运输*

Ni jie sui shi lu mian 05692 AC04
泥结碎石路面
NJSSLM
Clay bound macadam
S：路面*

Ni lang 05693 BF02
逆浪
NL
Head seas
S：波浪*

Ni liu 05694 CG07
逆流
NL
Counter-current
S：流态*

Ni long xian wei 05695 AF03
尼龙纤维

NLXW
Nylon fibers
S：合成纤维
Z：纤维*

Ni mei 05696
泥煤 CL03
NM
Peat
S：劣质煤
Z：燃料*

Ni sha 05697
泥沙* BD01；CI05
NS
Sediment
F：河口泥沙；河流泥沙；流沙；水库泥沙；悬移质

Ni sha chen ji 05698
泥沙沉积 BD02
NSCJ
Sedimentation
C：沉积过程

Ni sha fen li ji 05699
泥沙分离机 BD02
NSFLJ
Sedimentation Centrifugal

Ni sha lü ding qu xian 05700 BD02
泥沙率定曲线
NSLDQX
Sediment rating curve
S：曲线
Z：线*

Ni sha sheng wu xue te xing ce ding 05701 BI03
泥沙生物学特性测定
NSSWXTXCD
Biological Testing of Sediment
S：测定*
C：疏浚物抛放；水生生物栖息地

Ni sha shu yi 05702
泥沙输移 BC02；BD01
NSSY
Sediment transport
S：输移*
C：河流泥沙

Ni shi liu 05703
泥石流 CD01；CI01
NSL
Debris flow；Detritus stream；Mud-rock flow；Mudstone flow
S：工程地质现象*

Ni shui dun gou 05704
泥水盾构 AE05
NSDG
Slurry shield
S：盾构*

Ni tan 05705
泥炭 CL03
NT
Peat
C：煤

Ni tan tu 05706
泥炭土 CG06
NTT
Peat
S：土*

Ni yan 05707
泥岩 CI01
NY
Argillaceous rock；Argillite；Mudstone
S：岩石*

Nian ceng 05708
粘层 AC04
NC
Tack coat
S：层*

Nian chou li qing 05709
粘稠沥青 AF08
NCLQ
Asphalt cement
S：沥青*

Nian di san shi wei zui da xiao shi jiao tong liang 05710 AI01
年第三十位最大小时交通量
NDSSWZDXSJTL
Annual thirtieth highest hourly traffic volume(30HV)
S：交通量
Z：量*

Nian du 05711
粘度 DI00
ND
Viscosity
S：度*
D：粘滞度

Nian du shi yan 05712
粘度试验 CG10；DF00
NDSY
Viscosity tests
S：性能试验
C：粘性
Z：试验*

Nian fu 05713
粘附(汽车) AK04
NF
Adhesion
S：汽车零件磨损
Z：损失*

Nian fu li 05714
粘附力 CG09
NFL
Adhesion
S：力*

Nian jian 05715
年鉴 DF00
NJ
Yearbook
S：工具书
F：劳埃德船舶年鉴(英)
Z：资料*

Nian jie 05716
粘结 AD06；DD00
NJ
Adhesion；Bond
C：胶结
D：粘接；黏结

Nian jie F0608
黏结 DD00
NJ

Adhesion;Bond
　Y:粘结

Nian jie li 05717
粘结力 CG09
NJL
Cohesion
　S:力*

Nian jie li shi yan 05718 AH01
粘结力试验
NJLSY
Cohesion test
　S:性能试验
　Z:试验*

Nian ju li 05719
粘聚力 CG06
NJL
Cohesion
　S:力*
　C:土内聚力

Nian ke huo yun liang 05720 BJ03
年客货运量
NKHYL
Volume of passenger and freight traffic per year
　S:运输统计指标
　Z:指标*

Nian li run 05721
年利润 BB04;BJ01
NLR
Annual profit
　S:利润*
　F:平均年利润;税后年利润
　D:年盈利

Nian ping 05722
碾平 DD00
NP
Roll planishing
　C:碾压

Nian ping jun ri jiao tong liang 05723 AI01
年平均日交通量
NPJRJTL
Annual average daily traffic volume;AADT Volume
　S:交通量
　Z:量*

Nian shou yi 05724
年收益* BJ01
NSY
Annual return
　F:税后年收益

Nian su xing 05725
粘塑性 CG02;DC00
NSX
Viscoplasticity
　S:塑性
　Z:性质*

Nian tan xing 05726
粘弹性 CG02;DC00
NTX
Viscoelasticity
　S:弹性
　C:粘性流体;屈服;弹性力学;弹性理论;弹性失稳
　F:热粘弹性
　Z:性质*

Nian tan xing li lun 05727
粘弹性理论 AC04;CG02
NTXLL
Viscoelastic theory;Viscoelasticity theory
　S:理论*;力学
　Z:学科*

Nian tu 05728
粘土 AF06;CD01;CG06
NT
Clay;Clay soil
　S:土*
　F:低液限粘土;高液限粘土
　D:粘性土

Nian tu di ji 05729
粘土地基 CI01
NTDJ
Clay bed
　S:地基*

Nian tu kuang wu 05730
粘土矿物 CI01
NTKW
Clay minerals
　S:矿物*

Nian tu zhi sha 05731
粘土质砂 AF06
NTZS
Clayed sand
　S:砂*

Nian xing 05732
粘性 BC02;DC00
NX
Viscosity
　S:力学性质
　C:无量纲数
　F:动力粘性;运动粘性
　Z:性质*

Nian xing liu ti 05733
粘性流体 CG07
NXLT
Viscous fluids
　S:流体*

Nian xing tu F0609
粘性土 CG06
NXT
Cohesive soils
　Y:粘土

Nian ya 05734
碾压 AC03;AG07;DD00
NY
Rolling;Roll compacting
　C:碾平;压路机

Nian ya hun ning tu 05735
碾压混凝土 AF07;BC06
NYHNT
Compressed concrete;Rolled concrete
　S:混凝土*

Nian ya hun ning tu lu mian 05736 AC04
碾压混凝土路面
NYHNTLM
Rolling compacted concrete pavement (RCCP)
　S:刚性路面

Z：路面*

Nian ya su du 05737
碾压速度 AC03
NYSD
Rolling speed

Nian ying li F0610
年盈利 BJ01
NYL
Annual benefit
Y：年利润

Nian ying yun fei yong 05738 BB04
年营运费用
NYYFY
Annual operation costs
S：费用*
C：建设费用

Nian zhi du F0611
粘滞度 DI00
NZD
Penetration
Y：粘度

Nian zhi du shi yan 05739 AH01
粘滞度试验
NZDSY
Viscosity test
S：性能试验
Z：试验*

Nian zhuo li 05740
粘着力 CG03
NZL
Adhesion force
S：力*

Nian zhuo shi yan 05741
粘着试验 DF00
NZSY
Adhesive tests; Bond tests
S：试验*

Nian zong cheng ben 05742 BB04
年总成本
NZCB
Annual total cost
S：成本*

Nian zui da xiao shi jiao tong liang 05743 AI01
年最大小时交通量
NZDXSJTL
Annual maximum hourly traffic volume
S：交通量
Z：量*

Niao quan shu zhi 05744
脲醛树脂 CC04
NQSZ
Urea formaldehyde resins
S：热固性树脂
Z：高聚物*

Niao shou hai 05745
鸟兽害 CK02
NSH
Nuisance caused by birds and beasts
S：生物害
Z：灾害*

Ning gu 05746
凝固 CB00
NG
Solidification
S：过程*
C：硬化

Ning jie 05747
凝结 CB00
NJ
Condensation
S：过程*

Ning ju 05748
凝聚 CC01
NJ
Agglomeration; Coagulation; Condensation
S：过程*

Niu dun liu ti 05749
牛顿流体 CG07
NDLT
Newtonian fluids
S：流体*

Niu ju 05750
扭矩 CG02
NJ
Torque moment
S：力矩*

Niu ju ji 05751
扭矩计 CG10
NJJ
Torquemeters
S：力学测试仪器
Z：仪器*

Niu li 05752
扭力 CG03
NL
Torque force
S：力*

Niu qu 05753
扭曲 CG12
NQ
Torsion
C：扭曲分析

Niu qu fen xi 05754
扭曲分析 CG12
NQFX
Torsion analysis
S：结构分析
C：扭曲
Z：分析*

Niu zhuan jian qie shi yan 05755 AH01; DF00
扭转剪切试验
NZJQSY
Torsion shear tests
S：剪切试验
Z：试验*

Niu zhuan shi yan 05756
扭转试验 AH01; CG10; DF00
NZSY
Torsion tests
S：材料力学试验
Z：试验*

Niu zhuan ying li 05757
扭转应力 CG03
NZYL
Torsional stress

S：应力*

Niu zhuan zai he 05758
扭转载荷 CG11
NZZH
Torsional load
S：载荷*

Niu zhuan zhen dong 05759
扭转振动 CG08
NZZD
Torsion vibration
S：振动*

Nong chan pin 05760
农产品 CE02
NCP
Agricultural products
S：产品*

Nong cun wu ran 05761
农村污染 CK02
NCWR
Rural pollution
S：污染*
C：农药

Nong du 05762
浓度 CC01；DI00
ND
Concentration
S：度*
F：低浓度

Nong du ce ding 05763
浓度测定 CC01
NDCD
Concentration determination
S：测定*

Nong du fen bu 05764
浓度分布 DC00
NDFB
Concentration distribution
S：分布*

Nong suo 05765
浓缩 DD00；DE00
NS
Concentration

Nong suo wu 05766
浓缩物 DE00
NSW
Concentrates
S：物质*

Nong yao 05767
农药 CK02
NY
Pesticides
C：残留量；农村污染

Nong ye 05768
农业 CE02
NY
Agriculture
S：行业*

Nong ye fei wu 05769
农业废物 CK02
NYFW
Agricultural wastes
S：废物*

Nong ye huan jing 05770
农业环境 CK01
NYHJ
Agricultural environment
S：环境*

Nong yong chuan 05771
农用船 BE01
NYC
Agricultural vessel
S：民用船
Z：船舶*

Nong yong yun shu qi che 05772
农用运输汽车 AK01
NYYSQC
Agricultural truck
S：汽车
Z：车辆*

NS fang cheng 05773
N-S 方程 CG07
NSFC
N-S equations
S：流体力学方程
D：纳维埃-司托克司方程
Z：方程*

Nuo mo tu 05774
诺模图 CA00
NMT
Nomograph
S：算图
D：线解图
Z：图*

Nuo wei chuan ji she 05775
挪威船级社 BA09
NWCJS
Det Norske Veritas (NV)
S：船级社
C：挪威国际船舶登记局
Z：机构(组织)*

Nuo wei guo ji chuan bo deng ji ju 05776 BA09
挪威国际船舶登记局
NWGJCBDJJ
Norwegian International Shipping Register
S：机构(组织)*
C：挪威船级社

O

OBO F0612
OBO BE01
OBO
OBO carrier；OBO
Y：油散矿船

Ou he ying li 05777
耦合应力 CG03
OHYL
Couple-stress
S：应力*

Ou he zhen dong 05778
耦合振动 CG08
OHZD
Coupled vibration
S：振动*
C：振动系统

Ou la la ge lang ri fang cheng 05779
欧拉-拉格郎日方程 CG07

OLLGLRFC
Euler-lagrange equations
S：流体力学方程
Z：方程*

Ou zhou gong tong shi chang 05780
欧洲共同市场 BB01
OZGTSC
European common market
S：国际组织
C：欧洲经济共同体
Z：机构(组织)*

Ou zhou jing ji gong tong ti 05781
欧洲经济共同体 BB01
OZJJGTT
European economic community
S：国际组织
Z：机构(组织)*

Ou zhou jing ji yu huo bi lian meng 05782
BB01
欧洲经济与货币联盟
OZJJYHBLM
European economy and money union
S：国际组织
Z：机构(组织)*

P

P H zhi 05783
pH 值 CC01
PHZ
PH value
S：值*
D：氢离子浓度

Pa po che dao biao zhi 05784
爬坡车道标志 AI07
PPCDBZ
Climbing lane sign
S：交通标志
Z：标志*

Pa po xing neng shi yan 05785
爬坡性能试验 AG11
PPXNSY
Climbing ability test
S：性能试验
Z：试验*

Pa xi wa ni chuan 05786
耙吸挖泥船 BE03
PXWNC
Trailing suction hopper dredger
S：挖泥船
Z：船舶*

Pai chu 05787
排除* CK04
PC
Discharge
C：排污
F：废物排除；故障排除

Pai dui gui ze 05788
排队规则 AI01
PDGZ
Queue rule
S：规则*

Pai dui li lun F0613
排队理论 AI01
PDLL
Queue theory
Y：排队论

Pai dui lun 05789
排队论 BB05；BG01；CA00
PDL
Queuing theory；Queueing theory
S：理论*；运筹学
D：排队理论
Z：学科*

Pai dui wang luo 05790
排队网络 BB05
PDWL
Queuing network
S：网络*

Pai fang biao zhun 05791
排放标准 BI03；CK03；DB00
PFBZ
Effluent standard；Emission standards
S：标准*
C：废物排除；环境标准；排水*；污染指数

Pai lao qiao 05792
排涝桥 AD01
PLQ
Flood relief bridge
S：桥*

Pai lie tu fa 05793
排列图法 BB05
PLTF
Arrangement chart
S：分析研究方法
Z：方法*

Pai mai 05794
拍卖* BA04
PM
Auction
F：拍卖船舶

Pai mai chuan bo 05795
拍卖船舶 BA04
PMCB
Auction of ship
S：拍卖*

Pai qi fen xi yi 05796
排气分析仪 AK05
PQFXY
Exhaust gas analyzer；Emission analyzer
S：分析仪器
Z：仪器*

Pai sha F0614
排沙 BD04
PS
Desilting
Y：清淤

Pai sha fang yu 05797
排沙放淤 BD04
PSFY
Sediment ejection
S：淤积控制*

Pai shui 05798
排水* AC06；AE10；BC02
PS
Drainage
C：漏水
F：泵站排水；地基排水；地下排水；堵水；公路排水；管道排水；横向排水；集中排水；界面排

水;路堑排水;路面排水;明渠排水;桥面排水;砂井排水;竖向排水;隧道排水;中间带排水;纵向排水
D:抽水

Pai shui ban fa 05799
排水板法 AC03
PSBF
Sheet drainage
C:软土路基

Pai shui gong cheng 05800
AC06
排水工程
PSGC
Drainage works
S:工程*

Pai shui gou 05801
排水沟 AC06
PSG
Drainage ditch
S:沟*

Pai shui liang 05802
排水量 BE06
PSL
Ship displacement
S:量*
C:船舶主尺度*
F:空船排水量;满载排水量

Pai shui neng li 05803
排水能力 AC06
PSNL
Drainage ability
S:能力*

Pai shui sha dian ceng 05804
AC03
排水砂垫层
PSSDC
Drainage sand mat
C:软土路基

Pai shui she bei 05805
排水设备 AE10;CI03
PSSB
Drainage facilities
S:设备*

Pai shui she ji 05806
排水设计 AC06
PSSJ
Drainage design
S:设计*

Pai shui she shi 05807
排水设施 AC06
PSSS
Drainage facility
S:设施*
F:渠

Pai shui xi tong F0615
排水系统 AC06
PSXT
Drainage system
Y:公路排水

Pai wu 05808
排污 CK04
PW
Blow-off
C:排除*

Pai wu liang 05809
排污量 CK04
PWL
Discharge capacity;Sewage disposal
S:量*
C:总排污量控制

Pai xing liang 05810
Π形梁 AD05
PXL
Π-beam
S:梁*

Pai xu lei gong ju 05811
BB03
排序类工具
PXLGJ
Tools for ranking and sorting
S:分析研究工具
Z:工具*

Pai yan 05812
排烟 DE00
PY
Smoke outlet
D:消烟

Pan bie F0616
判别 DD00
PB
Discrimination
Y:识别*

Pan duan shi jian 05813
判断时间(司机) AI05
PDSJ
Judgement time(driver)
S:时间*

Pao fang 05814
抛放* BI03
PF
Disposal;Discharge
F:废弃物抛放;海上抛放;疏浚物抛放

Pao jian 05815
炮舰 BE02
PJ
Gunboat
S:舰艇
Z:船舶*

Pao mao 05816
抛锚(汽车驾驶) AK03
PM
Breakdown on the way
S:汽车驾驶
Z:驾驶*

Pao mo fen li 05817
泡沫分离 DE00
PMFL
Foam separating
S:分离*

Pao mo hun ning tu 05818
泡沫混凝土 AF07
PMHNT
Foam concrete
S:轻质混凝土
Z:混凝土*

Pao mo li qing zhuang zhi 05819
AG07

泡沫沥青装置
PMLQZZ
Foam asphalt unit
S: 装置*

Pao mo mie huo xi tong 05820 BI04
泡沫灭火系统
PMMHXT
Foam fire extinguishing system
S: 船舶灭火
Z: 安全*

Pao pian 05821
跑偏(汽车) AK04
PP
Pulling to one side
S: 汽车故障
Z: 故障*

Pao shi 05822
抛石 AC03
PS
Riprap

Pao shi chuan 05823
抛石船 BE03
PSC
Stone dumper
S: 工程船舶
Z: 船舶*

Pao shi fang hu 05824
抛石防护 AD15;CI05
PSFH
Stonemest apron
S: 防护*
C: 墩台防撞

Pao tan bao po 05825
抛坍爆破 AC03
PTBP
Collapse blasting
S: 爆破*

Pao wu ti 05826
抛物体 DH00
PWT
Parabolic bodies
S: 体*

Pao zhi bao po 05827
抛掷爆破 AC03
PZBP
Throwing blasting
S: 爆破*

Pei chang 05828
赔偿* AA06;BA04
PC
Compensation;Indemnity
F: 保险赔偿
D: 定额赔偿

Pei chang jin F0617
赔偿金 BA02
PCJ
Compensation money
Y: 违约金

Pei chang lü 05829
赔偿率 AA06
PCL
Rate of freight compensation
S: 比率*
C: 质量指标

Pei chang xian e 05830
赔偿限额 BA07
PCXE
Maximum indemnity norm

Pei dian 05831
配电 CF01
PD
Distribution
C: 输电;配电设备

Pei dian she bei 05832
配电设备 CF01
PDSB
Distribution equipment
S: 设备*
C: 配电

Pei fang F0618
配方 DI00
PF
Proportioning
Y: 配合比

Pei he 05833
配合 DD00;DE00
PH
Fits

Pei he bi 05834
配合比 AF07;CG09;DI00
PHB
Proportioning
S: 比数
F: 混凝土配合比;水泥混凝土配合比
D: 配方
Z: 数*

Pei jian 05835
配件* DG00
PJ
Accessories;Spare parts
F: 管道配件

Pei jin 05836
配筋 AD12;AF02
PJ
Reinforcement steel layout; Reinforcements
S: 建筑施工
F: 预应力配筋
Z: 工程施工*

Pei jin pen she hun ning tu zhi hu 05837 AE07
配筋喷射混凝土支护
PJPSHNTZH
Reinforced sprayed concrete support
S: 喷射混凝土支护
Z: 支护*

Pei liao F0619
配料 DD00
PL
Compounding
Y: 配制

Pei liao ji liao zhuang zhi 05838 AG07
配料给料装置
PLJLZZ
Aggregate feeder units
S: 装置*

Pei song 05839

配送* BA06
PS
Distribution
C: 配送中心
F: 共同配送;实物配送

Pei song jia gong F0620
配送加工 BA06
PSJG
Distribution processing
Y: 流通加工

Pei song zhong xin 05840
配送中心 BA06
PSZX
Distribution center
S: 中心*
C: 配送*

Pei song zi yuan gui hua 05841
配送资源规划 BA06
PSZYGH
Distribution resource planning (DRP)
S: 规划*

Pei tao 05842
配套 DG00
PT
Set combinations

Pei zhi 05843
配置 DD00
PZ
Allocation
C: 配置效率

Pei zhi 05844
配制 DD00
PZ
Compounding
D: 配料

Pei zhi xiao lü 05845
配置效率 BB04
PZXL
Allocative efficiency
S: 效率*
C: 配置

Pen di 05846
盆地 AC01
PD
Basin
S: 地形*

Pen mao F0621
喷锚 AE04
PM
Anchor bolt spray
Y: 锚喷

Pen mao chen qi 05847
喷锚衬砌 AE07
PMCQ
Shotcrere and bolt lining
S: 衬砌*

Pen sa li qing 05848
喷洒沥青 AC04
PSLQ
Asphalt distribution
S: 撒布
Z: 工程施工*

Pen sha chu xiu F0622
喷砂除锈 BE10
PSCX
Blasting
Y: 喷砂清理

Pen sha qing li 05849
喷砂清理 BE10
PSQL
Blasting
D: 喷丸除锈;喷砂除锈

Pen she 05850
喷射 DD00;DE00
PS
Spraying

Pen she beng 05851
喷射泵 AG02
PSB
Jet ejector;Jet pumps
S: 泵*

Pen she hun ning tu 05852
喷射混凝土 AF07
PSHNT
Sprayed concrete;Shotcreting
S: 混凝土*

Pen she hun ning tu zhi hu 05853
喷射混凝土支护 AE07
PSHNTZH
Shotcrete support; Sprayed concrete support
S: 支护*
F: 钢架喷射混凝土支护;配筋喷射混凝土支护

Pen she zuan kong ji 05854
喷射钻孔机 AG05
PSZKJ
Jet drills
S: 钻孔机
Z: 机械*

Pen shui 05855
喷水 DE00
PS
Hydraulic jets;Water spray

Pen shui tui jin 05856
喷水推进 BE08
PSTJ
Waterjet propulsion
S: 推进系统
Z: 系统*

Pen tu 05857
喷涂 DD00
PT
Spray coating;Spraying

Pen wan chu xiu F0623
喷丸除锈 BE10
PWCX
Blasting
Y: 喷砂清理

Pen wu 05858
喷雾 DE00
PW
Spraying
C: 喷雾器

Pen wu qi 05859
喷雾器 DE00

PWQ
Sprayers;Spraying machines
S:装置*
C:喷雾

Pen xin 05860
喷锌 AD15
PX
Zinc spraying

Peng dian 05861
碰垫 BE05
PD
Collision mat
C:护舷

Peng run tu 05862
膨润土 CG06
PRT
Bentonite
S:土*

Peng zhang 05863
膨胀* CB00
PZ
Expanding;Expansions;Inflation
F:热膨胀

Peng zhang shi yan 05864 AH01
膨胀试验
PZSY
Swelling test
S:性能试验
Z:试验*

Peng zhang shui ni 05865 AF04
膨胀水泥
PZSN
Expansive cement
S:水泥*

Peng zhang tu 05866
膨胀土 CG06
PZT
Expansive clay
S:土*

Peng zhang tu di ji 05867
膨胀土地基 CI01
PZTDJ
Expansive soil bases
S:地基*

Peng zhang yan shi 05868 CD01
膨胀岩石
PZYS
Expansive rock
S:岩石*

Peng zhuang 05869
碰撞* AI05;BI04;CB00
PZ
Collision;Crush;Hit
C:避碰
F:侧向碰撞;多次碰撞;二维碰撞;头尾碰撞;一次碰撞;一维碰撞;迎面碰撞

Peng zhuang shi yan 05870
碰撞试验 AH01;DF00
PZSY
Impact tests
S:材料力学试验
Z:试验*

Pi dai cheng zhong zhuang zhi 05871 AG07
皮带称重装置
PDCZZZ
Conveyer belt scale
S:称重系统
Z:系统*

Pi dai shu song ji F0624
皮带输送机 AG06;BA08
PDSSJ
Belt conveyer
Y:带式输送机

Pi lao 05872
疲劳* AD03;CG04
PL
Fatigue
C:疲劳极限;疲劳力学;疲劳破损;疲劳试验
F:驾驶疲劳;接触疲劳;热疲劳;生理疲劳;应力疲劳;噪声疲劳
D:疲劳性质

Pi lao bian xing 05873
疲劳变形 CG02
PLBX
Fatigue deformation
S:变形*

Pi lao duan lie 05874
疲劳断裂 CG02
PLDL
Fatigue fracture
S:断裂*

Pi lao ji suan 05875
疲劳计算 AD03;CG02
PLJS
Fatigue calculation
S:计算*

Pi lao ji xian 05876
疲劳极限 CG02;CG04
PLJX
Fatigue limit
S:极限*
C:耐疲劳强度;疲劳*

Pi lao li xue 05877
疲劳力学 CG01
PLLX
Fatigue mechanics
S:力学
C:断裂力学;疲劳*
Z:学科*

Pi lao li xue xing zhi 05878 CG02
疲劳力学性质
PLLXXZ
Mechanical property of fatigue
S:力学性质
Z:性质*

Pi lao lie wen 05879
疲劳裂纹 BE10;CG02
PLLW
Fatigue crack
S:裂纹*

Pi lao po sun 05880
疲劳破损 CG04
PLPS

Fatigue failures; Fatigue fracture
C：疲劳*

Pi lao qiang du 05881
疲劳强度 CG02
PLQD
Fatigue strength
S：强度*

Pi lao she ji 05882
疲劳设计 AD03
PLSJ
Fatigue design
S：结构设计
Z：设计*

Pi lao shi yan 05883
疲劳试验 AD16；AH01；DF00
PLSY
Fatigue tests
S：材料力学试验
C：疲劳*
Z：试验*

Pi lao shou ming 05884
疲劳寿命 AC04；BE10
PLSM
Fatigue life
S：使用寿命*
F：路面疲劳寿命

Pi lao xing neng 05885
疲劳性能 CG02
PLXN
Fatigue property
S：性能*

Pi lao xing zhi F0625
疲劳性质 CG04
PLXZ
Fatigue properties
Y：疲劳*

Pi lao zai he 05886
疲劳载荷 CG11
PLZH
Fatigue load
S：载荷*

Pian cha 05887
偏差 DI00
PC
Deviation

Pian hang 05888
偏航 BF02
PH
Crabbing；Off course；Off way

Pian jiao fa 05889
偏角法 AC01
PJF
Deflection angle method
C：测量*

Pian ma yan 05890
片麻岩 AF05
PMY
Gneiss
S：变质岩
Z：岩石*

Pian shi 05891
片石 AF06
PS
Rubber
S：石*

Pian wei fen fang cheng 05892
偏微分方程 CA00
PWFFC
Partial differential equations
S：微分方程
F：拉格朗日方程
Z：方程*

Pian xin 05893
偏心 DC00
PX
Eccentricity

Pian xin li 05894
偏心力 CG03
PXL
Eccentric force
S：力*

Pian xin zai he 05895
偏心载荷 CG11
PXZH
Eccentric load
S：载荷*

Pian ya sui dao 05896
偏压隧道 AE01
PYSD
Asymmetrical loading tunnel
S：隧道*

Pian zhuan 05897
偏转 BF02
PZ
Yaw

Piao fu 05898
漂浮 BD02
PF
Floating

Piao fu wu 05899
漂浮物 BD02
PFW
Drifter；Floating debris

Piao jia 05900
票价 AJ04
PJ
Fare
S：价格*
F：基本票价

Piao jia bu tie 05901
票价补贴 AJ04
PJBT
Fare subsidy
S：补贴*
C：票价政策

Piao jia li cheng 05902
票价里程 AJ04
PJLC
Fare-kilometre
S：里程*

Piao jia zheng ce 05903
票价政策 AJ04
PJZC
Fare policy
S：政策*
C：票价补贴

Piao ju zi dong hua 05904

票据自动化 BJ01
PJZDH
Documentation automation
S：自动化*

Piao kuan shou ru 05905
票款收入 AJ05
PKSR
Fare income
S：车辆运营指标
Z：指标*

Piao lei 05906
票类 AJ04
PL
Fare ticket type
S：分类*
F：本票；磁卡车票；废票；普通票；月票

Piao mu dao F0626
漂木道 BD06
PMD
Log sluice
Y：木材筏道

Piao shi 05907
漂石 AF06
PS
Boulder
S：石*

Piao wu 05908
票务 AJ04
PW
Ticket business

Piao zhi 05909
票制 AJ04
PZ
Fare system；Fare
S：体系*
F：单一票制；分段票制；计程票制；计时票制

Pin hun ning tu 05910
贫混凝土 AF07
PHNT
Lean concrete
S：混凝土*

Pin hun ning tu ji ceng 05911
AC04
贫混凝土基层
PHNTJC
Lean concrete base
S：基层
Z：层*

Pin kun 05912
贫困 DA00
PK
Poverty
C：贫困线

Pin kun xian 05913
贫困线 DA00
PKX
Poverty line
C：贫困

Pin lei guan li 05914
品类管理 BA05
PLGL
Category management（CM）
S：管理*

Pin lü 05915
频率* AJ04；CG08
PL
Frequency
C：波*；临界值；振动*
F：低频；发车频率；发船频率；高频；共振频率；洪水频率；汽车小修频率；强迫频率；行车频率；振动频率

Pin lü fen xi 05916
频率分析 CG08
PLFX
Frequency analysis
S：振动分析
Z：分析*

Pin lü xiang ying 05917
频率响应 DC00
PLXY
Frequency response
S：响应*

Pin lü yi 05918
频率仪 AH03
PLY
Frequency recorder
S：仪器*

Pin pu 05919
频谱 CG08
PP
Frequency spectrum
S：谱*

Pin pu fen xi 05920
频谱分析 BE04
PPFX
Spectrum analysis
S：分析*

Pin xiang 05921
拼箱 AA05
PX
Mixed stuffing

Pin zhuang 05922
拼装 AD12
PZ
Assembly
S：桥梁施工
F：厂内预拼装
Z：工程施工*

Pin zhuang huo 05923
拼装货 BA05
PZH
Less than container load（LCL）
S：货物*

Pin zhuang shi chen qi 05924
拼装式衬砌 AE07
PZSCQ
Precast lining
S：衬砌*

Pin zhuang shi qiao dun 05925
拼装式桥墩 AD09
PZSQD
Assembly bridge pier
S：桥墩*

Ping an xian 05926
平安险 BA04
PAX
Free from particular average

S：船舶保险
Z：保险*

Ping ban gua che 05927
平板挂车 AK01
PBGC
Platform trailer；Flat trailer
S：挂车
F：凹式平板挂车；低平板挂车；重型平板挂车
Z：车辆*

Ping ban he zai shi yan 05928 CG06；DF00
平板荷载试验
PBHZSY
Plane table load tests
S：荷载试验
C：土工试验
Z：试验*

Ping ban zhi zuo 05929
平板支座(桥) AD08
PBZZ
Plate bearing
S：桥梁支座
Z：支座*

Ping bi 05930
屏蔽* DE00
PB
Shielding
F：辐射屏蔽

Ping biao 05931
评标 AB03
PB
Evaluation of bids

Ping cang 05932
平舱 BA02
PC
Trimming

Ping cha ji suan 05933
平差计算 CA00
PCJS
Adjusting；Adjustment computation
S：计算*

Ping di ji 05934
平地机 AG04
PDJ
Graders
S：土方机械
D：平路机；平土机
Z：机械*

Ping ding 05935
评定* AH02；DA00
PD
Assessments
F：钢筋锈蚀活动性评定；危险性评定；活动性评定；稳定性评定

Ping gu 05936
评估* DA00
PG
Appraisals；Estimates
F：经济评估；项目评估

Ping heng 05937
平衡* DC00
PH
Balance；Equilibrium
F：车道平衡；能量平衡

Ping heng fa 05938
平衡法 CG04
PHF
Equilibrium method
S：结构分析
Z：分析*

Ping heng fang cheng 05939
平衡方程 CC01
PHFC
Equilibrium equations
S：方程*
C：应力分析

Ping jia 05940
评价* DA00
PJ
Evaluation
F：风险评价；环境质量评价；技术方案评价；技术评价；经济评价；设备评价；社会评价；生态影响评价；项目后评价；项目评价；战略环境评价；质量评价
D：后评价

Ping jia biao zhun 05941 BJ01
评价标准
PJBZ
Criterion of evaluation；Assessment criterion
S：标准*
D：评价准则

Ping jia fang fa F0627
评价方法 BB03
PJFF
Evaluation techniques
Y：评价技术

Ping jia ji shu 05942
评价技术 BB03
PJJS
Evaluation techniques
S：技术*
D：评价方法

Ping jia mo xing 05943
评价模型 AC07
PJMX
Evaluation model
S：模型*
F：路面评价模型

Ping jia xi tong 05944
评价系统 AC07
PJXT
Evaluation system
S：系统*
F：路面检测评价系统

Ping jia zhi biao 05945 DI00
评价指标
PJZB
Evaluation criteria
S：指标*

Ping jia zhi biao ti xi 05946 BB04
评价指标体系
PJZBTX
Criteria for evaluation
S：体系*

Ping jia zhun ze F0628

评价准则 BJ01
PJZZ
Criterion of evaluation; Assessment criterion
Y: 评价标准

Ping jun che su 05947
平均车速 AI01
PJCS
Average speed
S: 车速
Z: 速度*

Ping jun cheng ben 05948
平均成本 BG05
PJCB
Average cost
S: 成本*

Ping jun cheng ju 05949
平均乘距 AJ04
PJCJ
Average riding distance
S: 乘距
Z: 距离*

Ping jun chu xing shi jian F0629 AJ04
平均出行时间
PJCXSJ
Average travel time
Y: 出行时间

Ping jun fa 05950
平均法 BJ01
PJF
Simple average method
S: 统计方法
Z: 方法*

Ping jun nian li run 05951 BJ01
平均年利润
PJNLR
Average annual profit
S: 年利润
D: 平均年盈利
Z: 利润*

Ping jun nian ying li F0630 BJ01
平均年盈利
PJNYL
Average annual benefit
Y: 平均年利润

Ping jun nian ying li zhi shu 05952 BJ01
平均年盈利指数
PJNYLZS
Average annual benefit index
S: 指数*

Ping jun ri jiao tong liang 05953 AI01
平均日交通量
PJRJTL
Average daily traffic volame (ADT)
S: 交通量
Z: 量*

Ping jun yun ju F0631
平均运距 AA03
PJYJ
Average haul distance
Y: 运距

Ping jun zhan ju F0632
平均站距 AJ05
PJZJ
Average stop spacing; Average station spacing
Y: 站距

Ping jun zhi 05954
平均值 CA00; DI00
PJZ
Average; Mean
S: 值*
C: 交通量

Ping jun zhi biao 05955
平均指标 BJ01
PJZB
Average indicator
S: 综合指标
Z: 指标*

Ping lu ji F0633
平路机 AG04
PLJ
Graders; Road finishers; Road graders
Y: 平地机

Ping lun F0634
评论 DA00
PL
Comment
Y: 评述

Ping mian 05956
平面 DH00
PM
Plane
S: 面*

Ping mian ce liang 05957 AC01
平面测量
PMCL
Plan survey
S: 路线测量
Z: 测量*

Ping mian jiao cha 05958 AC05
平面交叉
PMJC
At-grade intersection
S: 公路交叉*
F: 错位交叉; 丁字形交叉; 环形交叉; 十字形交叉; 斜交叉; Y 形交叉; 正交叉

Ping mian xian xing 05959 AC02
平面线形
PMXX
Horizontal alignment
S: 路线线形*
F: 缓和曲线; 平曲线; 直线

Ping mian ying li 05960 CG05
平面应力
PMYL
Plane stresses
S: 应力*
C: 应力分析

Ping qu xian 05961
平曲线 AC02
PQX

Horizontal curve
S：平面线形
Z：路线线形*

Ping shen 05962
评审 DA00
PS
Assessment

Ping shi F0635
平时 BF02
PS
Mean time
Y：格林尼治平时

Ping shu 05963
评述 DA00
PS
Comment
D：评论

Ping tai 05964
平台* AG09
PT
Terraces；Platforms
F：施工平台

Ping tu ji F0636
平土机 AG04
PTJ
Graders
Y：平地机

Ping xing keng dao 05965 AE04
平行坑道
PXKD
Parallel adit
S：坑道*
C：辅助坑道

Ping xing xian gan heng jia 05966 AD04
平行弦杆桁架
PXXGHJ
Parallel-chord truss
S：桁架*

Ping yuan 05967
平原 CD01
PY
Plain
S：地形*

Ping yuan qu 05968
平原区 AC01
PYQ
Plain terrain
S：地形*

Ping zheng du 05969
平整度 AC04
PZD
Evenness
S：度*
F：表面平整度

Ping zheng du ce ding yi 05970 AH03
平整度测定仪
PZDCDY
Irregularity test device
S：测定仪
F：桥面平整度测定仪
Z：仪器*

Ping zhuan qiao 05971
平转桥 AD01
PZQ
Swing bridge
S：桥*

Po bing 05972
破冰 BF04
PB
Ice break-up

Po bing chuan 05973
破冰船 BE02
PBC
Ice breaker
S：运输辅助船
Z：船舶*

Po bing zu li 05974
破冰阻力 BF02
PBZL
Icebreaker assistance
S：阻力
Z：力*

Po cang wen xing 05975
破舱稳性 BE04
PCWX
Damaged stability
S：船舶稳性
Z：性能*

Po dao 05976
坡道 BC02
PD
Ramps

Po dao biao zhi 05977
坡道标志 AI07
PDBZ
Slope sign
S：交通标志
Z：标志*

Po ding F0637
坡顶 AC03
PD
Top of slope
Y：边坡

Po du 05978
坡度 AJ03；DI00
PD
Grade；Gradients
S：度*
F：限制坡度

Po huai 05979
破坏* DD00
PH
Destruction
F：振动破坏

Po huai fen xi 05980
破坏分析 CG12
PHFX
Failure analysis
S：分析*

Po huai ji li 05981
破坏机理 DB00
PHJL
Failure mechanism
S：机制*

Po huai li xue 05982
破坏力学 CG01

PHLX
Destructive mechanics
　S：力学
　C：格林函数；破坏分析
　Z：学科*

Po huai xing shi yan　05983
AD16；BC05
破坏性试验
PHXSY
Destructive test
　S：试验*
　C：压缩试验

Po huai zai he　05984
破坏载荷　CG11
PHZH
Breaking load
　S：载荷*

Po jiao　F0638
坡脚　AC03
PJ
Top of slope
　Y：边坡

Po mian jing guan　F0639
AC02
坡面景观
PMJG
Slope landscape
　Y：公路景观

Po qiao　05985
坡桥　AD01
PQ
Bridge on slope
　S：桥*

Po sui　05986
破碎　DD00
PS
Crushing；Breaking；Fragmentation

Po sui ji　05987
破碎机　AG08
PSJ
Breakers；Crushers
　S：机械*
　D：粉碎机

Po sun　F0640
破损　AC08；DC00；DD00
PS
Breakdown；Failure
　Y：损害*

Po sun gu ji　05988
破损估计　BH03
PSGJ
Damage assessment
　S：估计*

Po sun shi yan　05989
破损试验　AH01；DF00
PSSY
Destructive tests
　S：材料力学试验
　F：无损试验
　Z：试验*

Po sun xin xi　05990
破损信息　BH03
PSXX
Damage information
　S：信息*

Pou mian　05991
剖面　DH00
PM
Sections
　S：面*

Pu　05992
谱*　CB00
P
Spectrum
　F：波谱；光谱；荷载谱；能谱；频谱；色谱；X射线谱；振动谱

Pu cao pi　F0641
铺草皮　AC07
PCP
Sodding
　Y：植草

Pu he di　05993
铺河底　BC06
PHD
Revetment of river bottom

Pu lu ji　F0642
铺路机　AG07
PLJ
Pavers
　Y：摊铺机

Pu piao cheng ke　05994
普票乘客　AJ04
PPCK
Revenue passenger
　S：旅客*

Pu qi　05995
铺砌　AC04；CI05
PQ
Pave；Pitching

Pu sha fa shi yan　05996
铺砂法试验　AH01
公路工程中，采用"铺砂法"测定路面纹理深度。
PSFSY
Sand patch test
　S：试验*
　C：路面试验

Pu she　05997
铺设　DD00
PS
Laying

Pu shi feng ji biao　05998
BF02
浦氏风级表
PSFJB
Beaufort scale

Pu shi ji shi shi yan　F0643
AH01
普氏击实试验
PSJSSY
Proctor compaction test
　Y：轻型击实试验

Pu tong gui suan yan shui ni　F0644
AF04
普通硅酸盐水泥
PTGSYSN
Ordinary portland Cements；Silicate cements
　Y：硅酸盐水泥

Pu tong hun ning tu 05999 AF07
普通混凝土
PTHNT
Normal concrete
S：混凝土*

Pu tong huo wu 06000
普通货物 BI01
PTHW
General cargo
S：货物*

Pu tong piao 06001
普通票 AJ04
PTP
Cash fare
S：票类
Z：分类*

Pu tong yun jia 06002
普通运价 BG06
PTYJ
General freight rate
S：运价
Z：价格*

Q

Qi 06003
漆* AF03
Q
Coatings; Paint
F：道路标线漆

Qi bao 06004
起爆 CI02
QB
Priming

Qi bao qi cai 06005
起爆器材 CI02
QBQC
Initiating equipment

Qi bu 06006
起步(汽车驾驶) AK03
QB
Starting
S：汽车驾驶
Z：驾驶*

Qi cai 06007
器材 DE00
QC
Instruments

Qi cha 06008
弃碴 AE04
QC
Ballast piling

Qi che 06009
汽车 AK01
QC
Motor vehicle; Automobile
S：车辆*
F：出租汽车；公共交通标准车；公共汽车；客车；农用运输汽车；商用汽车；营运汽车；载货汽车；在用汽车；专用汽车

Qi che an quan can shu 06010 AK03
汽车安全参数
QCAQCS
Parameters of automobile in safety
S：参数*
F：汽车安全驾驶参数

Qi che an quan jia shi can shu 06011 AK03
汽车安全驾驶参数
QCAQJSCS
Parameters of automobile driving in safety
S：汽车安全参数
F：侧向最小安全间距
Z：参数*

Qi che an quan jian ce 06012 AK05
汽车安全检测
QCAQJC
Vehicle safety inspection and test
S：检测*

Qi che an quan xing 06013 AK04
汽车安全性
QCAQX
Vehicle safety
S：汽车使用性能
D：被动安全性；主动安全性
Z：性能*

Qi che bai che gong li you hao 06014 AK04
汽车百车公里油耗
QCBCGLYH
Vehicle fuel consumption per hundred kilometers
S：汽车技术状况参数
Z：参数*

Qi che bai dun gong li you hao 06015 AK04
汽车百吨公里油耗
QCBDGLYH
Vehicle fuel consumption per hundred ton-kilometers
S：汽车技术状况参数
Z：参数*

Qi che bao yang F0645
汽车保养 AK04
QCBY
Vehicle maintenance
Y：汽车维护

Qi che cao zong qing bian xing 06016 AK04
汽车操纵轻便性
QCCZQBX
Easiness of vehicle control
S：汽车使用性能
Z：性能*

Qi che cheng zuo shu shi xing 06017 AK04
汽车乘坐舒适性
QCCZSSX
Vehicle ride comfort
S：汽车使用性能
Z：性能*

Qi che da xiu 06018
汽车大修 AK05
QCDX
Vehicle major repair
S：汽车修理
C：汽车大修返修率

Z: 维修*

Qi che da xiu fan xiu lu 06019 AK05
汽车大修返修率
QCDXFXL
Return rate of vehicle major repair
S: 返修率
C: 汽车大修
Z: 比率*

Qi che da xiu fei yong 06020 AK02
汽车大修费用
QCDXFY
Cost of vehicle major repair
S: 费用*

Qi che dai yong ran liao 06021 AK04
汽车代用燃料
QCDYRL
Alternative motor fuel
S: 燃料*

Qi che di bu zi dong qing xi ji 06022
汽车底部自动清洗机 AK05
QCDBZDQXJ
Automatic underbody washer
S: 汽车清洗机
Z: 设备*

Qi che diao F0646
汽车吊 BA08
QCD
Mobile crane
Y: 汽车起重机

Qi che diao ju 06023
汽车吊具 BA08
装卸汽车和其他车辆的专用吊具
QCDJ
Automobile hanger
S: 港口装卸工属具
Z: 工具*

Qi che ding qi wei hu 06024 AK04
汽车定期维护
QCDQWH
Vehicle periodic maintenance
S: 汽车维护
Z: 维修*

Qi che dong li xing 06025 AK04
汽车动力性
QCDLX
Vehicle dynamic quality
S: 汽车使用性能
Z: 性能*

Qi che du lun 06026
汽车渡轮 BE01
QCDL
Automobile ferry; Vehicle ferry
S: 渡轮
Z: 船舶*

Qi che fei qi 06027
汽车废气 CK02
QCFQ
Automobile exhaust
S: 废气*

Qi che gu zhang 06028
汽车故障 AK04
QCGZ
Vehicle failure
S: 故障*
F: 爆燃(汽车);侧滑(汽车);车轮抱死(汽车);渐变故障;局部故障;拉缸(汽车);离合器滑转(汽车);跑偏(汽车);敲缸(汽车);随机故障;损伤(汽车);突然故障;脱挡(汽车);拖滞(汽车);完全故障;污染超限(汽车);严重故障;一般故障;致命故障

Qi che guan li xi tong 06029 AK02
汽车管理系统
QCGLXT
Vehicle management system
S: 管理系统
Z: 系统*

Qi che he li shi yong 06030 AK04
汽车合理使用
QCHLSY
Vehicle rational utilization
S:汽车使用*

Qi che huo yun zhuang xie zhan F0647 AA04
汽车货运装卸站
QCHYZXZ
Motor transport handling station
Y: 货运站

Qi che ji shu jing ji ding e 06031 AK02
汽车技术经济定额
QCJSJJDE
Techno-economic rating for vehicle operation
S: 技术经济定额
F: 轮胎行驶里程定额;燃料消耗定额
Z: 定额*

Qi che ji shu zhuang kuang 06032 AK04
汽车技术状况
QCJSZK
Technical condition of vehicle
S: 技术状况
F: 汽车极限技术状况
Z: 状况*

Qi che ji shu zhuang kuang can shu 06033 AK04
汽车技术状况参数
QCJSZKCS
Parameters of vehicle technical condition
S: 参数*
F: 汽车百车公里油耗;汽车百吨公里油耗

Qi che ji xian ji shu zhuang kuang 06034 AK04
汽车极限技术状况
QCJXJSZK
Limiting technical condition of vehicle
S: 汽车技术状况
Z: 状况*

Qi che jia shi 06035
汽车驾驶 AK03

QCJS
Automobile driving
S：驾驶*
F：冰雪路面驾驶；超车；车轮滑转（汽车）；倒车（汽车驾驶）；掉头（汽车驾驶）；滑行（汽车驾驶）；换挡（汽车驾驶）；会车；加速（汽车驾驶）；减速（汽车驾驶）；紧急制动（汽车驾驶）；抛锚（汽车驾驶）；起步（汽车驾驶）；涉水驾驶；预热（汽车驾驶）；制动（汽车驾驶）；转向（汽车驾驶）

Qi che jian ce 06036
汽车检测 AK04
QCJC
Vehicle inspection and test
S：检测*

Qi che jian ce 06037
xi tong AK05
汽车检测系统
QCJCXT
Vehicle inspection system
S：检测系统
F：全自动汽车检测系统
Z：系统*

Qi che jian ce 06038
zhan AK04
汽车检测站
QCJCZ
Vehicle inspection and test station
S：检测站*

Qi che jie neng 06039
汽车节能 AK04
QCJN
Vehicle energy saving

Qi che jie neng 06040
zhuang zhi AK04
汽车节能装置
QCJNZZ
Fuel saving device
S：节能装置
Z：装置*

Qi che jing ji 06041
xing AK04
汽车经济性
QCJJX
Vehicle economy
S：汽车使用性能
Z：性能*

Qi che ju sheng 06042
ji AK05
汽车举升机
QCJSJ
Car lift
S：汽车维修工艺设备
F：架式举升机；柱式举升机
Z：设备*

Qi che kong xiang 06043
xing cheng AA05
汽车空箱行程
QCKXXC
Vehicle empty container mileage
S：里程*

Qi che lie che 06044
汽车列车 AK01
QCLC
Tractor-trailer combination
S：列车*
F：半挂汽车列车；全挂汽车列车；双挂汽车列车

Qi che ling jian 06045
mo sun AK04
汽车零件磨损
QCLJMS
Wear of vehicle parts
S：磨损
C：正常磨损；极限磨损；允许磨损；磨损率
F：点蚀（汽车）；粘附（汽车）；缺陷（汽车）；穴蚀（汽车）；咬粘（汽车）
Z：损失*

Qi che men shi zi 06046
dong qing xi ji AK05
汽车门式自动清洗机
QCMSZDQXJ
Gate type automatic car washer
S：汽车清洗机
Z：设备*

Qi che nai jiu 06047
xing AK04
汽车耐久性
QCNJX
Vehicle durability
S：汽车使用性能
Z：性能*

Qi che neng liang 06048
li yong lü AK04
汽车能量利用率
QCNLLYL
Vehicle energy utilization factor
S：利用率
Z：比率*

Qi che pai zhao 06049
diao cha fang fa BB03
汽车牌照调查方法
通过汽车牌照调查了解车辆行驶及居民出行情况。
QCPZDCFF
License plate survey
S：分析研究方法
Z：方法*

Qi che qi zhong 06050
ji AG06；BA08
汽车起重机
QCQZJ
Automobile cranes；Mobile cranes
S：自行式起重机
D：汽车吊
Z：起重机*

Qi che qing xi ji 06051
汽车清洗机 AK05
QCQXJ
Car washer
S：汽车维修工艺设备
F：汽车底部自动清洗机；汽车门式自动清洗机
Z：设备*

Qi che ran liao 06052
汽车燃料 CL03
QCRL
Mobile fuels
S：燃料*

Qi che ran liao 06053
li yong lü AK04

汽车燃料利用率
QCRLLYL
Vehicle fuel utilization factor
S：利用率
Z：比率*

Qi che ran liao 06054
xiao hao AK02
汽车燃料消耗
QCRLXH
Vehicle fuel consumption
S：燃料消耗
Z：消耗*

Qi che shi hun 06055
ning tu beng AG03
汽车式混凝土泵
QCSHNTB
Mobil concrete pumps
S：混凝土泵
D：混凝土泵车
Z：泵*

Qi che shi jiao 06056
ban ji AG03
汽车式搅拌机
QCSJBJ
Truck mounted mixers
S：混凝土搅拌机
D：混凝土搅拌车
Z：设备*

Qi che shi wa F0648
jue ji AG04
汽车式挖掘机
QCSWJJ
Mobile excavators
Y：轮胎式挖掘机

Qi che shi yong 06057
汽车使用* AK04
QCSY
Vehicle operation
F：汽车合理使用；汽车使用强度；汽车使用效率

Qi che shi yong 06058
fang bian xing AK04
汽车使用方便性
QCSYFBX
Vehicle utilization convenience
S：汽车使用性能
Z：性能*

Qi che shi yong 06059
ke kao xing AK04
汽车使用可靠性
QCSYKKX
Vehicle operational reliability
S：汽车使用性能
Z：性能*

Qi che shi yong 06060
qiang du AK04
汽车使用强度
QCSYQD
Vehicle operation intensity
S：汽车使用*

Qi che shi yong 06061
xiao lü AK04
汽车使用效率
QCSYXL
Vehicle operation efficiency
S：汽车使用*

Qi che shi yong 06062
xing neng AK04
汽车使用性能
QCSYXN
Vehicle operation performance
S：使用性能
F：汽车安全性；汽车操纵轻便性；汽车乘坐舒适性；汽车动力性；汽车经济性；汽车耐久性；汽车使用方便性；汽车使用可靠性；汽车维修性；汽车行驶平顺性
Z：性能*

Qi che sun hao 06063
汽车损耗 AK04
QCSH
Vehicle wear-out
S：损耗*

Qi che wei hu 06064
汽车维护 AK04
QCWH
Vehicle maintenance
S：维修*
C：状况监测维护；汽车维护工艺；汽车维护作业；汽车维护方法；汽车维护规范
F：计划外维护；季节性维护（汽车）；汽车定期维护；汽车维护工程；汽车维护级别；汽车维护类别；事后维护；视情维护（汽车）；预防维护（汽车）；走合维护（汽车）
D：汽车保养

Qi che wei hu 06065
ding wei zuo ye fa AK04
汽车维护定位作业法
QCWHDWZYF
Vehicle maintenance on universal post
S：汽车维护方法
Z：方法*

Qi che wei hu 06066
fang fa AK04
汽车维护方法
QCWHFF
Vehicle maintenance method
S：方法*
C：汽车维护
F：汽车维护定位作业法；汽车维护流水作业法

Qi che wei hu 06067
gong cheng AK04
汽车维护工程
QCWHGC
Vehicle maintenance engineering
S：汽车维护
Z：维修*

Qi che wei hu gong yi 06068
汽车维护工艺 AK04
QCWHGY
Vehicle maintenance technology
S：工艺*
C：汽车维护
D：汽车维护工艺过程

Qi che wei hu gong F0649
yi guo cheng AK04
汽车维护工艺过程
QCWHGYGC
Vehicle maintenance technological process
Y：汽车维护工艺

Qi che wei hu 06069

gui fan AK04
汽车维护规范
QCWHGF
Vehicle maintenance norms
S：规范*
C：汽车维护

Qi che wei hu ji 06070
bie AK04
汽车维护级别
QCWHJB
Vehicle maintenance grade
S：汽车维护
Z：维修*

Qi che wei hu lei 06071
bie AK04
汽车维护类别
QCWHLB
Vehicle maintenance classification
S：汽车维护
Z：维修*

Qi che wei hu 06072
liu shui zuo ye AK04
fa
汽车维护流水作业法
QCWHLSZYF
Flow method for vehicle maintenance
S：汽车维护方法
Z：方法*

Qi che wei hu 06073
zuo ye AK04
汽车维护作业
QCWHZY
Operation of vehicle maintenance
S：作业*
C：汽车维护

Qi che wei xiu 06074
汽车维修 AK04
QCWX
Vehicle maintenance and repair
S：维修*
C：汽车维修制度；汽车维修平均费用；汽车维修工具

Qi che wei xiu 06075
fei yong AK02
汽车维修费用
QCWXFY
Cost of vehicle maintenace and repair
S：费用*

Qi che wei xiu 06076
gong ju AK05
汽车维修工具
QCWXGJ
Instrument of vehicle maintenance and repair
S：工具*
C：汽车维修

Qi che wei xiu 06077
gong yi she bei AK05
汽车维修工艺设备
QCWXGYSB
Technological equipment of vehicle maintenance and repair
S：工艺设备
F：车床；车身测量整形机（轿车）；车身矫正机；发动机清洗机；红外线烘干装置；机床；举升机；连杆轴承镗床；零件清洗机；磨床；磨气门机；汽车举升机；汽车清洗机；汽缸珩磨机；清洗机；镗床；镗缸机（汽车）；调（配）漆机；制动鼓车床；制动蹄磨床；主轴承镗床
Z：设备*

Qi che wei xiu 06078
ping jun fei yong AK05
汽车维修平均费用
QCWXPJFY
Average costs of vehicle maintenance and repair
S：费用*
C：汽车维修

Qi che wei xiu qi 06079
ye AK04
汽车维修企业
QCWXQY
Vehicle maintenance and repair enterprise
S：企业*

Qi che wei xiu 06080
xing AK04
汽车维修性
QCWXX
Vehicle maintainability
S：汽车使用性能
Z：性能*

Qi che wei xiu 06081
zhi biao AK04
汽车维修指标
QCWXZB
Vehicle maintenance and repair indices
S：指标*

Qi che wei xiu 06082
zhi du AK04
汽车维修制度
QCWXZD
Vehicle maintenance and repair system
S：制度*
C：汽车维修
D：计划预防维修制度

Qi che xiao xiu 06083
汽车小修 AK05
QCXX
Vehicle current repair
S：汽车修理
Z：维修*

Qi che xiao xiu 06084
pin lü AK02
汽车小修频率
QCXXPL
Frequency of vehicle current repair
S：频率*

Qi che xing shi 06085
ping shun xing AK04
汽车行驶平顺性
QCXSPSX
Vehicle running smoothness
S：汽车使用性能
Z：性能*

Qi che xiu li 06086
汽车修理 AK05
QCXL
Vehicle repair
S：维修*
C：汽车修理工艺
F：发动机大修；检修（发动机）；汽车大修；汽车小修；汽车中修；事后修理；事前修理；总成修理

Qi che xiu li chang 06087 AK05
汽车修理厂
QCXLC
Vehicle repair plant
S: 工厂*
F: 汽车专项修理厂;汽车总成修理厂

Qi che xiu li ding wei zuo ye fa 06088 AK05
汽车修理定位作业法
QCXLDWZYF
Vehicle repair on universal post
S: 汽车修理方法
Z: 方法*

Qi che xiu li fang fa 06089 AK05
汽车修理方法
QCXLFF
Vehicle repair method
S: 方法*
F: 混装修理法(汽车);就车修理法;汽车修理定位作业法;汽车修理流水作业法;总成互换修理法

Qi che xiu li gong yi 06090 AK05
汽车修理工艺
QCXLGY
Vehicle repair technology
S: 工艺*
C: 汽车修理

Qi che xiu li ji shu biao zhun 06091 AK05
汽车修理技术标准
QCXLJSBZ
Vehicle repair technical standard
S: 技术标准
Z: 标准*

Qi che xiu li liu shui zuo ye fa 06092 AK05
汽车修理流水作业法
QCXLLSZYF
Flow method for vehicle repair
S: 汽车修理方法
Z: 方法*

Qi che yun jia 06093 AA08
汽车运价
QCYJ
Rate structure of motor transportation
S: 运价
Z: 价格*

Qi che yun shu F0650 AA01
汽车运输
QCYS
Motor vehicle transport
Y: 公路运输

Qi che yun shu chuan 06094 BE01
汽车运输船
QCYSC
Automobile carrier; Vehicle carrier
S: 专用船舶
Z: 船舶*

Qi che yun xing gong kuang 06095 AK04
汽车运行工况
QCYXGK
Vehicle operational mode
S: 工况
F: 部分负荷工况;怠速工况;等速工况;滑行工况;加速工况;减速工况;强制怠速工况;全负荷工况
Z: 状态*

Qi che zai xiang xing cheng 06096 AA05
汽车载箱行程
QCZXXC
Vehicle payload-container mileage
S: 里程*

Qi che zhen duan 06097 AK04
汽车诊断
QCZD
Vehicle diagnosis
S: 诊断*
C: 诊断工艺;诊断方法;诊断专家系统;诊断参数;诊断规范;诊断周期

Qi che zhong liang li yong xi shu 06098 AK04
汽车重量利用系数
QCZLLYXS
Vehicle weight efficiency
S: 系数*

Qi che zhong xiang xing cheng 06099 AA05
汽车重箱行程
QCZXXC
Vehicle loaded container mileage
S: 里程*

Qi che zhong xiu 06100 AK05
汽车中修
QCZX
Vehicle medium repair
S: 汽车修理
Z: 维修*

Qi che zhuan xiang xiu li chang 06101 AK05
汽车专项修理厂
QCZXXLC
Specialty vehicle repair shop
S: 汽车修理厂
Z: 工厂*

Qi che zhuan yong gong lu 06102 AB02
汽车专用公路
QCZYGL
Expressway; Motorway
S: 公路
F: 高速公路;一级公路
Z: 道路*

Qi che zhuang kuang jian kong 06103 AK04
汽车状况监控
QCZKJK
Vehicle condition monitoring
S: 监测*

Qi che zong cheng xiu li chang 06104 AK05
汽车总成修理厂
QCZCXLC
Unit repair plant

S：汽车修理厂
Z：工厂*

Qi che zong he 06105
zhen duan AK05
汽车综合诊断
QCZHZD
Vehicle general inspection and diagnosis
S：诊断*

Qi chuan 06106
弃船 BH03
QC
Abandonment of ship
C：沉船打捞

Qi dian chuan 06107
气垫船 BE01
QDC
Air-cushion vessel；Hovercraft；Hovercraft
S：高速船舶
Z：船舶*

Qi dian zhan 06108
起点站 AJ03
QDZ
Origin station
S：车站*
D：首站

Qi dong beng 06109
气动泵 AG02
QDB
Pneumatic pumps
S：泵*

Qi dong jia su du 06110
启动加速度 AJ01
QDJSD
Acceleration
S：加速度
Z：速度*

Qi dong yan wu 06111
起动延误 AI01
QDYW
Starting delay
S：延误*

Qi gang heng mo 06112
ji AK05
汽缸珩磨机
QGHMJ
Cylinder honing machine
S：汽车维修工艺设备
Z：设备*

Qi gang ya li F0651
biao AK01
气缸压力表
QGYLB
Compression gauge
Y：压缩压力计

Qi gong 06113
砌拱* AD13
QG
Laying arch
F：分段分环结合砌拱；分段砌拱；分环砌拱；横向悬砌拱法；连续砌拱

Qi gu 06114
起鼓 DC00
QG
Bulge

Qi hou 06115
气候* CD03
QH
Climate
F：干燥气候；寒带气候；热带气候；湿热气候；小气候；小区气候

Qi hou dai 06116
气候带* CD03
QHD
Climatic zones
F：热带；温带；亚寒带；亚热带

Qi hua 06117
汽化 DC00；DD00
QH
Evaporation
S：过程*

Qi li shi wa ni 06118
chuan BE03
气力式挖泥船
QLSWNC
Pneumatic dredgers
S：吸扬式挖泥船
Z：船舶*

Qi li shu song ji 06119
气力输送机 AG08；BA08
QLSSJ
Pneumatic conveyor
S：输送机*

Qi liu 06120
气流 CD03
QL
Air flow；Current
C：空气
D：气体流

Qi mao ting 06121
起锚艇 BE02
QMT
Anchor boat
S：运输辅助船
Z：船舶*

Qi mu 06122
气幕 BC02
QM
Air curtain

Qi shi F0652
气蚀 BE04
QS
Cavitation
Y：空泡*

Qi ta neng yuan 06123
xiao hao liang BJ03
其他能源消耗量
QTNYXHL
Other energy consumption
S：港口统计指标
Z：指标*

Qi ta you hai wu 06124
zhi yi chu liang BJ03
其他有害物质溢出量
QTYHWZYCL
Spill of other harmfull material
S：环保统计指标
Z：指标*

Qi ti 06125

气体＊ CD03；DF00
QT
Gas
F：臭气；惰性气体；废气；空气；温室气体；有毒气体；有害气体

Qi ti liu F0653
气体流 CD03
QTL
Gas streams
Y：气流＊

Qi ti ran liao F0654
气体燃料 CL03
QTRL
Gaseous fuels
Y：燃气

Qi tu 06126
弃土 AC03
QT
Waste
S：土方工程＊

Qi wang che su 06127
期望车速 AI01
QWCS
Desired speed
S：车速
Z：速度＊

Qi wen 06128
气温 CD03
QW
Air temperature
S：温度＊

Qi xi di 06129
栖息地 BI02
QXD
Habitats
S：区域＊
F：水生生物栖息地

Qi xian 06130
期限 DA00
QX
Time limitation；Time limits

Qi xiang 06131
气象＊ CD03
QX
Meteorological phenomena
C：气象观测；气象数据；气象条件；气象卫星；气象学
F：航海气象

Qi xiang bao zhang 06132
BI04
气象保障
QXBZ
Meteorological support
S：海上安全信息
C：天气预报；气象条件
Z：信息＊

Qi xiang chuan zhen jie shou ji 06133
BF05
气象传真接收机
QXCZJSJ
Weather facsimile receiver
S：通信设备
Z：设备＊

Qi xiang guan ce 06134
气象观测 CD03
QXGC
Meteorological observation
S：观测＊
C：气象＊

Qi xiang jian ce qi 06135
气象检测器 AI03
QXJCQ
Weather detector
S：检测器
Z：仪器＊

Qi xiang jing gao 06136
气象警告 BF05
QXJG
Meteorological warning

Qi xiang lei da 06137
气象雷达 BF05
QXLD
Meteorological radar
S：雷达
Z：仪器＊

Qi xiang se pu 06138
气相色谱 CC03
QXSP
Gas chromatography
S：色谱
Z：谱＊

Qi xiang se pu fa 06139
气相色谱法 DE00
QXSPF
Gas chromatography
S：物理分析法
Z：方法＊

Qi xiang shu ju 06140
气象数据 CD03
QXSJ
Meteorological data
S：数据＊
C：气象＊

Qi xiang tiao jian 06141
BI04；CD03
气象条件
QXTJ
Meteorological condition
S：条件＊
C：气象保障；气象＊

Qi xiang wei xing 06142
气象卫星 CD03
QXWX
Meteorological satellites
S：人造卫星＊
C：气象＊

Qi xiang xue 06143
气象学 CD03
QXX
Meteorology
S：学科＊
C：气象＊

Qi xiang yi qi 06144
气象仪器 CD03
QXYQ
Meteorological instruments
S：仪器＊

Qi xuan 06145
气旋 BI04；CD03
QX

Cyclone
S：危险天气通报
F：热带气旋
Z：天气预报*

Qi ya 06146
气压 CD03
QY
Air pressure；Atmospheric pressure；Barometric pressure
C：空气

Qi ya dun gou 06147
气压盾构 AE05
QYDG
Air pressure shield
S：盾构*

Qi ya shi yan 06148
气压试验 CG10；DF00
QYSY
Atmospheric pressure tests
S：压力试验
Z：试验*

Qi ye 06149
企业* AA09；DA00
QY
Enterprise
F：国营企业；国有企业；联运企业；垄断企业；汽车维修企业；私营企业；运输企业

Qi ye biao zhun 06150
企业标准 BB02
QYBZ
Standard set by an enterprise
S：标准*

Qi ye guan li 06151
企业管理 BG04
QYGL
Management in enterprises
S：管理*

Qi ye jiang jin shui 06152
企业奖金税 BA01
QYJJS
Enterprise bonus tax
S：税*

Qi ye li run fen xi 06153 BG05
企业利润分析
QYLRFX
Analysis of business profit
S：经济分析
Z：分析*

Qi ying xing 06154
气硬性 CG09
QYX
Air hardening
S：性能*

Qi you 06155
汽油 CL03
QY
Gasoline
S：燃料油
C：石油燃料
Z：油*

Qi yue 06156
契约 DA00
QY
Contract
C：合同*

Qi yue xie yi 06157
契约协议 DA00
QYXY
Contractual agreement
S：协议*

Qi zhong chuan 06158
起重船 AD13；AG06；BE03
QZC
Floating crane；Crane ship；Derrick barge；Crane barge
S：工程船舶
C：浮码头；甲板起重机；浮式起重机
D：浮吊
Z：船舶*

Qi zhong ji 06159
起重机* AG06；BA08
QZJ
Cranes
C：吊钩
F：臂架起重机；单轨起重机；港口起重机；集装箱起重机；甲板起重机；门式起重机；桥式起重机；自行式起重机
D：吊车

Qi zhong ji xie 06160
起重机械 AG06；BA08
QZJX
Hoistings；Hoisting machinery；Hoists
S：机械*
C：装卸设备；起重运输工具

Qi zhong liang 06161
起重量 DI00
QZL
Hoisting capacity
S：量*

Qi zhong yun shu gong ju 06162 AG06
起重运输工具
QZYSGJ
Hoisting and transporting tools
S：工具*
C：起重机械

Qi zhong yun shu ji xie 06163 AG06
起重运输机械
QZYSJX
Hoisting and transporting machineries
S：机械*

Qi zu 06164
期租 BF06
QZ
Time charter
S：租船*

Qian 06165
铅 CC01
Q
Lead
S：金属元素
C：重金属污染
Z：元素*

Qian ba 06166
潜坝 BC03
QB
Sill；Submerged dyke；Submerged dike

S：河道整治建筑物
Z：建筑物*

Qian chi shui chuan bo 06167
浅吃水船舶 BE01
QCSCB
Shallow draft vessels
S：船舶*

Qian da deng shi yan yi 06168
前大灯试验仪(汽车) AK05
QDDSYY
Head light tester
S：仪器*

Qian fang shi ye 06169
前方视野 AI05
QFSY
Field of front vision
S：视野*

Qian fen biao 06170
千分表 DF00
QFB
Dials
S：仪器*

Qian ji chu 06171
浅基础 AD11；CI01
QJC
Shallow foundation
S：基础(工程)*

Qian ji fang hu 06172
浅基防护 AD15
QJFH
Shallow foundation protection
S：防护*

Qian jian xiang mu 06173
迁建项目 BB05
QJXM
Construction movement project
S：建设项目
Z：项目*

Qian jin ding 06174
千斤顶 AG06；AH04
QJD
Jack

Qian ke xue 06175
潜科学 BG01；DB00
QKX
Potential science
S：科学*

Qian liu wen ding zhuang zhi 06176
潜流稳定装置 BC02
QLWDZZ
Undercurrent stabilizers
S：稳定装置
Z：装置*

Qian lu pai 06177
前路牌 AJ02
QLP
Front number plate
S：路牌
D：前牌
Z：标志*

Qian mai an wa fa 06178
浅埋暗挖法 AE04
QMAWF
Sallow buried-tunnelling method
S：隧道施工方法
Z：方法*

Qian mai sui dao 06179
浅埋隧道 AE01
QMSD
Shallow tunnel
S：隧道*

Qiao mian xi 06180
桥面系 AD07
QMX
Bridge deck system

Qian pai F0655
前牌 AJ02
QP
Front number plate
Y：前路牌

Qian re 06181
潜热 CL02
QR
Latent heat
S：热*

Qian shui 06182
潜水 BH03
QS
Diving
C：水下施工

Qian shui dian hua 06183
潜水电话 BC06
QSDH
Diving telephones
S：电话*

Qian shui gong zuo chuan 06184
潜水工作船 BE03
QSGZC
Diving support vessel
S：工程船舶
Z：船舶*

Qian shui she bei 06185
潜水设备 AD13
QSSB
Diving apparatus
S：设备*

Qian shui yuan 06186
潜水员 BH03
QSY
Divers
C：水下施工

Qian tan 06187
浅滩 BD01
QT
Shoals
S：河床地形
C：搁浅
Z：地形*

Qian ting 06188
潜艇 BE02
QT
Submarine
S：船舶*
F：核潜艇

Qian wa 06189
欠挖 AE04
QW
Underbreak
C:隧道开挖

Qian yan ke xue 06190
前沿科学 BG01;DB00
QYKX
Leading science;Frontier science
S:科学*

Qian yi 06191
迁移* DD00
QY
Migrations;Removing
F:人口迁移

Qian yin che 06192
牵引车 AJ02;AK01
QYC
Tractor
S:车辆*
F:半挂牵引车

Qian yin gong dian xi tong 06193
AJ03
牵引供电系统
QYGDXT
Tractive power supply system
S:供电系统
Z:系统*

Qian yin li 06194
牵引力 CG03
QYL
Tractive force;Tractive effort
S:力*

Qian yin suo 06195
牵引索 AJ03
QYS
Haulage cable
S:缆索*

Qian yue 06196
签约 DA00
QY
Contracting
C:合同签订程序

Qian yue ren 06197
签约人 DA00
QYR
Contractors
D:订约人

Qian zhi du 06198
铅直度 DI00
QZD
Perpendicularity
S:度*

Qiang 06199
墙* AC02;BC03;CI04
Q
Wall
F:挡土墙;地下连续墙;隔声墙;海塘;桥台端墙;水下连续墙

Qiang du 06200
强度* AD03;CG02
QD
Intensity;Strength
F:冲击强度;低温强度;辐射强度;高温强度;挤压强度;抗剪强度;抗拉强度;抗扭强度;抗弯强度;抗压强度;抗折强度;拉弯强度;临界强度;路基强度;路面强度;锚固强度;耐疲劳强度;疲劳强度;屈服强度;设计强度;无侧限抗压强度;压弯强度

Qiang du chao sheng jian ce 06201
AH02
强度超声检测
QDCSJC
Ultrasonic test of strength
S:超声检测
F:混凝土强度超声检测
Z:检测*

Qiang du fen xi 06202
强度分析 CG04
QDFX
Strength analysis
S:结构分析
C:材料力学
Z:分析*

Qiang du ji suan 06203
强度计算 AD03;CG02;CG04
QDJS
Intensity calculation;Strenth computation
S:计算*

Qiang du ji xian 06204
强度极限 CG02
QDJX
Strength limit
S:极限*
D:极限强度

Qiang du li lun 06205
强度理论 CG02
QDLL
Strength theory
S:理论*

Qiang du shi yan 06206
强度试验 AH01;BC05;DF00
QDSY
Strength tests
S:力学试验
F:侧限抗压强度试验;焊接接头强度试验(钢筋);砂浆强度试验
Z:试验*

Qiang po dui liu 06207
强迫对流 CG07
QPDL
Forced convection
S:对流
Z:流态*

Qiang po pin lü 06208
强迫频率 CG08
QPPL
Forced frequency
S:频率*
C:强迫振动

Qiang po zhen dong 06209
CG08
强迫振动
QPZD
Forced vibration
S:振动*
C:强迫频率

Qiang re dai feng bao 06210
BI04
强热带风暴
QRDFB
Severe tropical storm
S:危险天气通报
Z:天气预报*

Qiang xiu gong cheng 06211
AC07
抢修工程
QXGC
Rush-repair work
S:工程*

Qiang zhen 06212
强震 CD02
QZ
Strong shock
S:地震*

Qiang zhi bao xian 06213
BA04
强制保险
QZBX
Compulsory insurance
S:保险*
F:旅客意外伤害强制保险

Qiang zhi dai su gong kuang 06214
AK04
强制怠速工况
QZDSGK
Forced idling mode
S:汽车运行工况
Z:状态*

Qiang zhi shi wen ding tu chang ban she bei 06215
AG07
强制式稳定土厂拌设备
QZSWDTCBSB
Forced stabilized soil mixing plant
S:稳定土厂拌设备
Z:设备*

Qiang zhi xing jiao tong liu 06216
AI01
强制性交通流
QZXJTL
Forced traffic flow
S:交通流量
C:自由交通流
Z:量*

Qiao 06217
桥* AD01
Q
Bridge
C:挠度测量
F:板桥;半永久性桥;贝雷桥;便桥;扁壳桥;玻璃钢桥;长跨桥;地道桥;低水位桥;地铁桥;多线桥;浮桥;改建桥;刚构桥;钢骨混凝土桥;钢管混凝土桥;钢筋混凝土桥;钢桥;高架桥;高水位桥;公路桥;拱桥;管道桥;海峡桥;桁架桥;劲性骨架混凝土桥;旧桥;军用桥;开合桥;梁桥;临时桥;漫水桥;木桥;排涝桥;拼装式桥;平板桥;坡桥;曲线桥;人行桥;上承式桥;升降桥;石桥;收费桥;竖旋桥;双线桥;特大桥;铁路公路两用桥;铁路桥;危桥;圬工桥;下承式桥;小桥;斜拉桥;斜桥;悬索桥;溢洪桥;引桥;永久性桥;预应力混凝土桥;匝道桥;闸门桥;栈桥;中承式桥;中桥;中水位桥;舟桥;装配式桥
D:桥梁

Qiao bi 06218
峭壁 BD01
QB
Cliff
S:地形*

Qiao ce ren xing dao 06219
AD03
桥侧人行道
QCRXD
Bridge sidewalk
S:人行道*

Qiao diao F0656
桥吊 BA08
QD
Bridge crane
Y:桥式起重机

Qiao du 06220
桥渡 AD02
QD
Bridge water way;Bridge crossing

Qiao du chong shua 06221
AD02
桥渡冲刷
QDCS
Bridge site scour
S:冲刷*

Qiao du kan ce 06222
桥渡勘测 AD02
QDKC
Bridge water way survey
S:桥梁勘测
Z:勘测*

Qiao du she ji 06223
桥渡设计 AD02
QDSJ
Bridge crossing design
S:桥梁设计
Z:设计*

Qiao dun 06224
桥墩* AD09;BC01
QD
Bridge pier
C:码头*
F:壁式桥墩;高桥墩;空心桥墩;埋入式桥墩;拼装式桥墩;柔性桥墩;塔架桥墩;V形桥墩;柱式桥墩

Qiao gang 06225
敲缸(汽车) AK04
QG
Piston slap
S:汽车故障
Z:故障*

Qiao han biao 06226
桥涵标 BD05
QHB
Bridge opening mark
S:标志*

Qiao ji chen jiang guan ce 06227
AH02
桥基沉降观测
QJCJGC

Bridge foundation settlement observation
S：沉降观测
Z：观测*

Qiao ji wen ding 06228
xing ping ding AH02
桥基稳定性评定
QJWDXPD
Bridge foundation stability evaluation
S：稳定性评定
Z：评定*

Qiao jiao zhou F0657
桥脚舟 BC01
QJZ
Pontoons
Y：趸船

Qiao kong 06229
桥孔 AD02
QK
Bridge opening

Qiao kua 06230
桥跨 AD02
QK
Bridge span
S：跨度
Z：度*

Qiao lan gan 06231
桥栏杆 AD07
QLG
Bridge railing

Qiao liang F0658
桥梁 AD01
QL
Bridge
Y：桥*

Qiao liang bing 06232
hai AD15
桥梁病害
QLBH
Bridge defect
S：病害*

Qiao liang bing 06233
hai zhen duan AH02
桥梁病害诊断
QLBHZD
Bridge defect diagnosis
S：病害诊断
Z：诊断*

Qiao liang ce 06234
liang AD02
桥梁测量
QLCL
Bridge survey
S：工程测量
Z：测量*

Qiao liang ce shi 06235
che AH04
桥梁测试车
QLCSC
Bridge testing laboratory vehicle
S：试验车
Z：车辆*

Qiao liang chang 06236
桥梁厂 AD12
QLC
Bridge works
S：工厂*

Qiao liang dong 06237
zai shi yan AH01
桥梁动载试验
QLDZSY
Bridge dynamic loading test
S：荷载试验
Z：试验*

Qiao liang fang 06238
an she ji AD03
桥梁方案设计
QLFASJ
Bride conceptual design
S：桥梁设计
Z：设计*

Qiao liang gai 06239
jian AD15
桥梁改建
QLGJ
Bridge reconstruction
S：改建*

Qiao liang gong 06240
cheng AD01
桥梁工程
QLGC
Bridge engineering
S：工程*

Qiao liang gou 06241
jian AD06
桥梁构件
QLGJ
Bridge member
S：结构构件
Z：工程结构*

Qiao liang guan ce 06242
桥梁观测 AD15
QLGC
Bridge observation
S：观测*

Qiao liang guan li 06243
xi tong AD15;CF03
桥梁管理系统
QLGLXT
Bridge management system
S：自动化管理系统
Z：系统*

Qiao liang ji chu 06244
桥梁基础 AD11
QLJC
Bridge foundation
S：基础(工程)*

Qiao liang jia gu 06245
桥梁加固 AD15
QLJG
Bridge reinforcement
S：加固*

Qiao liang jia 06246
she AD14
桥梁架设*
QLJS
Bridge erections
C：活动吊架；架桥导梁
F：顶推法架桥；浮运法架桥；横移法架桥；缆索吊装法；提升法架桥；拖拉法架桥；悬臂灌注架桥；悬臂拼装架桥；膺架式架设法；转体法架桥

Qiao liang jian ce zhuang zhi 06247 AH04
桥梁检测装置
QLJCZZ
Bridge detect device
S：检测装置
F：自行式桥梁检测架
Z：装置*

Qiao liang jian ding 06248 AD15
桥梁鉴定
QLJD
Bridge rating

Qiao liang jian xiu che 06249 AD15
桥梁检修车
QLJXC
Bridge inspection car
S：车辆*

Qiao liang jian yan 06250 AH02
桥梁检验
QLJY
Bridge inspection
S：检验*
C：振型分析；脉动测量

Qiao liang jie gou 06251 AD04
桥梁结构
QLJG
Bridge structure
S：工程结构*

Qiao liang jie gou she ji 06252 AD03
桥梁结构设计
QLJGSJ
Bridge structure design
S：桥梁设计
Z：设计*

Qiao liang jing zai shi yan 06253 AH01
桥梁静载试验
QLJZSY
Bridge static loading test
S：荷载试验
Z：试验*

Qiao liang kan ce 06254
桥梁勘测 AD02
QLKC
Bridge survey
S：工程勘测
F：桥渡勘测
Z：勘测*

Qiao liang mai dong ce liang 06255 AH02
桥梁脉动测量
QLMDCL
Bridge pulsation measurement
S：脉动测量
C：桥梁检验
Z：测量*

Qiao liang mo xing feng dong shi yan 06256 AH01
桥梁模型风洞试验
QLMXFDSY
Bridge model wind tunnel test
S：风洞试验
Z：试验*

Qiao liang mo xing shi yan 06257 AH01
桥梁模型试验
QLMXSY
Bridge model test
S：模型试验
Z：试验*

Qiao liang nao du qu xian 06258 AH02
桥梁挠度曲线
QLNDQX
Bridge deflection curve
C：挠度测量

Qiao liang she ji 06259
桥梁设计 AD03
QLSJ
Bridge design
S：设计*
C：景观设计
F：桥渡设计；桥梁方案设计；桥梁结构设计；桥梁细部设计；桥梁优化设计

Qiao liang shi gong 06260 AD13
桥梁施工
QLSG
Bridge construction
S：工程施工*
F：拼装
C：膺架式架设法

Qiao liang shi yan 06261 AD16
桥梁试验
QLSY
Bridge testing
S：试验*
C：试验模型

Qiao liang wei xiu 06262 AD15
桥梁维修
QLWX
Bridge repair
S：维修*

Qiao liang xi bu she ji 06263 AD03
桥梁细部设计
QLXBSJ
Bridge detail design
S：桥梁设计
Z：设计*

Qiao liang yan shou he zai shi yan 06264 AH01
桥梁验收荷载试验
QLYSHZSY
Bridge acceptance loading test
S：荷载试验
Z：试验*

Qiao liang yang hu 06265 AD15
桥梁养护
QLYH
Bridge maintenance
S：养护*

Qiao liang yong 06266

shui AD02
桥梁壅水
QLYS
Bridge backwater
S：壅水*

Qiao liang you 06267
hua she ji AD03
桥梁优化设计
QLYHSJ
Optimum design of bridge
S：桥梁设计
Z：设计*

Qiao liang zai he 06268
桥梁载荷 AD03；CG11
QLZH
Bridge load
S：载荷*

Qiao liang zhen 06269
dong AD03
桥梁振动
QLZD
Bridge vibration
S：振动*

Qiao liang zhen 06270
xing fen xi AH02
桥梁振型分析
QLZXFX
Bridge vibration mode analysis
S：振型分析
C：桥梁检验
Z：分析*

Qiao liang zhi 06271
zao AD12
桥梁制造
QLZZ
Bridge manufacture
S：制造*

Qiao liang zhi 06272
zuo AD08
桥梁支座
QLZZ
Bridge support
S：支座*
F：固定支座(桥)；滑动支座(桥)；活动支座(桥)；铰式支座(桥)；聚四氟乙烯滑动支座；抗震支座(桥)；平板支座(桥)；橡胶支座(桥)

Qiao liang zi 06273
zhen pin lü ce AH02
liang
桥梁自振频率测量
QLZZPLCL
Bridge natural freguency measurement
S：自振频率测量
C：桥梁检验
Z：测量*

Qiao lou F0659
桥楼 BE05
QL
Bridge；Navigation bridge
Y：驾驶桥楼

Qiao men jia 06274
桥门架 AD06
QMJ
Portal bracing

Qiao mian 06275
桥面 AD07
QM
Bridge deck
S：面*
F：连续桥面

Qiao mian ban 06276
桥面板 AD07
QMB
Bridge deck board
S：板*
F：少筋微弯板(桥)；正交异性板(桥)

Qiao mian dan dian 06277
jia zai zhuang zhi AH04
桥面单点加载装置
QMDDJZZZ
Single point loading device on deck
S：加载装置
Z：装置*

Qiao mian pai 06278
shui AD07
桥面排水
QMPS
Deck drainage
S：排水*

Qiao mian ping 06279
zheng du ce ding AH03
yi
桥面平整度测定仪
QMPZDCDY
Travelling-beam testing device for deck surface irregularity
S：平整度测定仪
Z：仪器*

Qiao mian pu 06280
zhuang AD07
桥面铺装
QMPZ
Deck pavement

Qiao mian shen 06281
suo feng AD07
桥面伸缩缝
QMSSF
Deck expansion joint
S：伸缩缝*
C：桥面伸缩装置

Qiao mian shen suo 06282
zhuang zhi AD07
桥面伸缩装置
QMSSZZ
Deck expansion installation
S：装置*
C：桥面伸缩缝

Qiao qu ying li 06283
翘曲应力 AC04；CG03
QQYL
Warping stress
S：应力*
F：板体温度翘曲应力

Qiao shang gui dao 06284
jie gou AD07
桥上轨道结构
QSGDJG
Bridge deck track structure
S：轨道结构
Z：结构*

Qiao shi jiao 06285
shou jia AG09
桥式脚手架
QSJSJ
Bridge scaffolds
S：脚手架*

Qiao shi qi zhong ji 06286
桥式起重机 AG06；BA08
QSQZJ
Bridge crane；Gantry crane；Overhead crane；Traveling crane
S：起重机*
D：桥吊；行车

Qiao ta 06287
桥塔* AD10
QT
Bridge tower
F：钢桥塔；混凝土桥塔

Qiao tai 06288
桥台* AD09
QT
Abutment
F：轻型桥台；重力式桥台

Qiao tai duan 06289
qiang AD09
桥台端墙
QTDQ
Abutment end wall
S：墙*

Qiao ti 06290
壳体* DH00
QT
Shells
F：旋转壳体

Qiao tou bao 06291
桥头堡 AD09
QTB
Bridge-head

Qiao tou yin xian 06292
桥头引线 AD02
QTYX
Bridge approach

Qiao wei 06293
桥位 AD02
QW
Bridge location
D：桥址

Qiao xia jing 06294
kong BF02
桥下净空
QXJK
Air draft；Air draught；Bridge clearance
C：净空高度；通航桥孔

Qiao zhi F0660
桥址 AD02
QZ
Bridge site
Y：桥位

Qiao zhi duan ceng 06295
huo dong xing ping AH02
ding
桥址断层活动性评定
QZDCHDXPD
Fault activity evaluation of bridge site
S：活动性评定
C：工程地质
Z：评定*

Qiao zhi wen ding 06296
xing ping ding AH02
桥址稳定性评定
QZWDXPD
Bridge site stability evaluation
S：稳定性评定
Z：评定*

Qie duan F0661
切断 DD00
QD
Cutting offs；Parting
Y：切削加工

Qie ge F0662
切割 DD00
QG
Cutting
Y：切削加工

Qie ge ji 06297
切割机 AG03
QGJ
Cutters
S：机械*
F：混凝土切割机；石材切割机

Qie xian 06298
切线 DH00
QX
Tangents
S：线*

Qie xian zhi ju 06299
fa AC01
切线支距法
QXZJF
Tangent offset method
C：测量*

Qie xiao jia gong 06300
切削加工 DD00
QXJG
Cutting
S：加工*
D：切割；切断

Qin shi 06301
侵蚀* AC08；BC02；BD02
QS
Corrosion；Eroding；Erosion
C：海水入侵
F：本底侵蚀；硫侵蚀；水侵蚀；盐侵蚀

Qin shi ji li 06302
侵蚀机理 BC02
QSJL
Physics of erosion
S：机制*
F：快速侵蚀机理

Qin shi yuan yin 06303
侵蚀原因 BC02
QSYY
Causes of erosion
S：原因*

Qin shi zuo yong 06304
侵蚀作用 BD02
QSZY
Erosion
S：剥蚀作用

Z：地质作用*

Qin shui xing ji liao 06305 AF06
亲水性集料
QSXJL
Hydrophilic aggregate
S：骨料*

Qing bao 06306
情报 DF00
QB
Information
C：信息*；计算机检索

Qing bao ji gou 06307
情报机构 DJ00
QBJG
Apparatus of information
S：机构(组织)*
F：情报图书资料机构
D：情报中心
*

Qing bao jian suo 06308
情报检索 DF00
QBJS
Information retrieval
S：检索*
F：计算机检索；手工检索；追溯检索；自动化检索

Qing bao tu shu zi liao ji gou 06309 DJ00
情报图书资料机构
QBTSZLJG
Information services and libraries
S：情报机构
Z：机构(组织)*

Qing bao zhong xin F0663 DJ00
情报中心
QBZX
Information centers
Y：情报机构

Qing cha yi 06310
倾差仪 BF03
QCY
Heeling error instrumen；Heeling adjustor
S：航海仪器
Z：仪器*

Qing fan wen ding xing neng shi yan 06311 AG11
倾翻稳定性能试验
QFWDXSY
Overturning stability test
S：性能试验
Z：试验*

Qing fu 06312
倾覆(船舶) BE04；BI04
QF
Capsizing；Overturn
S：船舶遇难
C：船舶稳定性
Z：事故*

Qing fu 06313
倾覆 DC00
QF
Lateral buckling；Overturning

Qing fu huo wu yun shu 06314 AA03
轻浮货物运输
QFHWYS
Light and bulky goods transport
S：货物运输
Z：运输*

Qing fu wen ding xing 06315 AD11；BE04
倾覆稳定性
QFWDX
Overturning stability
S：稳定性
Z：性能*

Qing gu liao 06316
轻骨料 AF06
QGL
Light weight aggregate
S：骨料*

Qing gui che 06317
轻轨车 AJ02
QGC
Light rail vehicle
S：公共交通工具
Z：交通工具*

Qing hua 06318
氢化 CC02
QH
Hydrogenation
S：化学反应
Z：反应*

Qing jie du F0664
清洁度 DI00
QJD
Cleanness
Y：洁净度

Qing jie ti dan 06319
清洁提单 BA02
QJTD
Clean bill of lading
S：提单*

Qing jin shu 06320
轻金属 CC01
QJS
Light metals
S：金属*

Qing li 06321
清理 DD00
QL
Clearing
D：清扫；清洗

Qing li zi nong du F0665 CC01
氢离子浓度
QLZND
Hydrogen ion concentration
Y：pH 值

Qing pao huo wu 06322
轻泡货物 BI01
QPHW
Light goods
S：货物*

Qing sao F0666
清扫 DD00
QS
Cleaning
Y：清理

Qing tong yu zu 06323
gong lu AB02
晴通雨阻公路
QTYZGL
Fine-weather highway
S：公路
Z：道路*

Qing wei shi jian 06324
清尾时间(车) AI03
QWSJ
Clearance time

Qing xi F0667
清洗 DD00
QX
Cleaning
Y：清理

Qing xi du 06325
清晰度 DI00
QXD
Articulation；Clarity；Clearness
S：度*

Qing xi ji 06326
清洗机 AK05
QXJ
Washer
S：汽车维修工艺设备
Z：设备*

Qing xiao 06327
倾销 BG03
QX
Dumping
D：反倾销

Qing xie 06328
倾斜 DC00
QX
Bias；Inclination；Slope

Qing xie ji 06329
倾斜计 DF00
QXJ
Clinometers
S：仪器*

Qing xie jiao 06330
倾斜角 DI00
QXJ
Angle of inclination
S：角*

Qing xie shi yan 06331
倾斜试验 BE09
QXSY
Inclining experiment
S：实船试验
Z：试验*

Qing xing ji shi 06332
shi yan AH01
轻型击实试验
QXJSSY
Proctor compaction test
S：击实试验
D：普氏击实试验
Z：试验*

Qing xing jie gou 06333
轻型结构 AD04
QXJG
Light section structure
S：工程结构*

Qing xing qiao 06334
tai AD09
轻型桥台
QXQT
Light weight abutment
S：桥台*

Qing yu 06335
清淤 BD04
QY
Desilting
S：淤积控制*
F：港口清淤；渠道清淤；水库清淤
D：排沙

Qing yu tong che 06336
gong lu AB02
晴雨通车公路
QYTCGL
All-weather highway
S：公路
Z：道路*

Qing zhi ban cai 06337
轻质板材 AF01
QZBC
Light weight boards；Light weight panels
S：板材
Z：材料*

Qing zhi hun ning 06338
tu AF07
轻质混凝土
QZHNT
Light weight concrete
S：混凝土*
F：多孔混凝土；加气混凝土；泡沫混凝土

Qing zhi li qing 06339
轻制沥青 AF08
QZLQ
Cutback asphalt
S：沥青*
D：稀释沥青

Qiu bi shou 06340
球鼻艏 BE05
QBS
Bulbous bow
S：船舶结构
Z：结构*

Qiu mian qiao ti 06341
球面壳体 DH00
QMQT
Spherical shells
S：旋转壳体
D：圆球壳
Z：壳体*

Qiu mo zhu tie 06342
球墨铸铁 AF02
QMZT
Nodular cast iron
S：铸铁
Z：铁*

Qiu ti 06343
球体 DH00
QT
Spheres
S：体*

Qiu xing 06344

球形 DH00
QX
Sphere
S：形状*

Qu 06345
渠 BD06
Q
Canals；Channels
S：排水设施
Z：设施

Qu chu 06346
去除 DD00
QC
Removal
D：除去

Qu dai F0668
取代 DD00
QD
Replacement Replacing
Y：更换

Qu dao F0669
渠道 BD02；CI05
QD
Canal；Channel
Y：河道*

Qu dao qing yu 06347
渠道清淤 BD04
QDQY
Canal desilting
S：清淤
Z：淤积控制*

Qu dong zhan 06348
驱动站 AJ03
索道一端，装有驱动设备并设有客运服务设施的站房。
QDZ
Driving office
S：客运站
Z：车站*

Qu fu 06349
屈服 CG03
QF
Yield
C：断裂力学；粘弹性

Qu fu dian F0670
屈服点 CG02；CG12
QFD
Yield point
Y：屈服强度

Qu fu qiang du 06350
屈服强度 CG02
QFQD
Yield strength
S：强度*
D：屈服点

Qu fu shi yan 06351
屈服试验 AH01
QFSY
Yield tests
S：材料力学试验
Z：试验*

Qu fu xian fen xi F0671
屈服线分析 CG04
QFXFX
Yield line method
Y：塑性铰线法

Qu hua 06352
渠化 BD06
QH
Channelization

Qu hua biao xian 06353
渠化标线 AI07
QHBX
Channelizing marking
S：线*

Qu hua gong cheng F0672
渠化工程 BD04
QHGC
Canalization project
Y：运河工程

Qu hua hang dao 06354
渠化航道 BD01；BD06
QHHD
Canalized waterways
S：航道*
C：航道梯级；护岸；运河

Qu hua he duan 06355
渠化河段 BD06
QHHD
Canalized river stretch；Canalized river section
S：河段*

Qu hua jiao cha kou 06356
渠化交叉口 AC05
QHJCK
Channelized intersection
S：交叉口(平面)
Z：公路交叉*

Qu hua jiao tong 06357
渠化交通 AI02
QHJT
Channelized traffic
S：交通*

Qu hua shu niu 06358
渠化枢纽 BD06
QHSN
Hydro-junction of canalization
S：水利枢纽*

Qu hua yun he 06359
渠化运河 BD04
QHYH
Canalized canals
S：运河*
C：航道整治
D：设闸运河

Qu jian 06360
区间 AJ03
QJ
Section
C：区间占用；区间空闲

Qu jian ke liu F0673
区间客流 AA02
QJKL
Inter-regional passenger traffic
Y：跨区客流

Qu jian ke yun 06361
区间客运 AA02
QJKY
Local passenger transportation
S：客运形式

Z: 运输方式*

Qu jian kong xian 06362
区间空闲 AJ03
QJKX
Section clear
C: 区间

Qu jian zhan yong 06363
区间占用 AJ03
QJZY
Section occupied
C: 区间

Qu jie jiao tong diao cha 06364 AI02
区界交通调查
QJJTDC
Cordon traffic survey; Cordon counts
S: 交通调查
Z: 调查*

Qu liang 06365
曲梁 AD05
QL
Curved beam
S: 梁*

Qu lü 06366
曲率 DI00
QL
Curvature
S: 比率*

Qu lü yi 06367
曲率仪 AH03
QLY
Curvature apparatus
S: 仪器*
F: 路面曲率仪

Qu mian 06368
曲面 DH00
QM
Surfaces
S: 面*

Qu nei jiao tong 06369
区内交通 AI02
QNJT
Intra-zone traffic
S: 交通*

Qu nei ke liu 06370
区内客流 AA02
QNKL
Intra-regional passenger traffic
S: 客流*

Qu qu shi yan F0674
屈曲试验 BE09
QQSY
Buckling test
Y: 结构稳定性试验

Qu shi F0675
趋势 BB03; DA00
QS
Trends
Y: 预测*

Qu shui jian zhu wu 06371
取水建筑物 BC03
QSJZW
Intake structures
S: 建筑物*
C: 过鱼建筑物; 河道整治建筑物; 输水建筑物; 水工建筑物; 消能建筑物(水利); 泄水建筑物
F: 进水口

Qu xian 06372
曲线 DH00
QX
Curves
S: 线*
F: 关系曲线; 洛伦兹曲线; 泥沙率定曲线

Qu xian qiao 06373
曲线桥 AD01
QXQ
Curved bridge
S: 桥*

Qu xian sui dao 06374
曲线隧道 AE01
QXSD
Curved tunnel
S: 隧道*

Qu xiao yun shu 06375
取消运输 BA02
QXYS
Cancellation of transport
C: 变更运输

Qu xin 06376
取芯 DF00
QX
Coring
S: 取样*

Qu yang 06377
取样* DF00
QY
Sampling
F: 取芯

Qu yang fang fa 06378
取样方法 DF00
QYFF
Sampling method
S: 方法*

Qu yang qi 06379
取样器 AH04
Sampler
S: 工具*
F: 薄壳取样器; 岩芯取样器

Qu yang she bei 06380
取样设备 DF00
QYSB
Sampling equipment
S: 试验设备
Z: 设备*

Qu yu 06381
区域* DH00
QY
Area; Zone; District
F: 保税区; 产区; 城市海滨地区; 调头区; 对外贸易区; 分洪区; 港池水域; 港口陆域; 港口水域; 港区; 海岸区域; 海域; 货区; 交织区; 静水区; 开发区; 控湿储存区; 冷藏区; 冷冻区; 陆域; 免税区; 栖息地; 社区; 施工区; 水域; 温度可控区; 物流区; 响应区; 卸泥区; 行洪区; 专属经济区; 专属渔区

Qu yu gong cheng 06382
di zhi CD01
区域工程地质
QYGCDZ
Regional engineering geology
S:工程地质
Z:地质*

Qu yu gui hua 06383
区域规划 BB03
QYGH
Regional planning
S:规划*

Qu zhu jian 06384
驱逐舰 BE02
QZJ
Destroyer
S:舰艇
Z:船舶*

Qu zhu ling jian F0676
驱逐领舰 BE02
QZLJ
Frigates
Y:护卫舰

Quan bo duan jie 06385
shou ji BF05
全波段接收机
QBDJSJ
All wave receiver
S:通信设备
Z:设备*

Quan bu kong zhi 06386
jin ru AC05
全部控制进入
QBKZJR
Full control of access
D:全封闭

Quan cheng piao 06387
jia AJ04
全程票价
QCPJ
Full fare
S:票价*

Quan dong shi li 06388
全动视力 AI05
QDSL
Vision with both driver and object moving
S:视力*

Quan duan mian jue 06389
jin ji AE05
全断面掘进机
QDMJJJ
Full face tunnel boring machine
S:隧道掘进机
Z:机械*

Quan duan mian 06390
kai wa AE04
全断面开挖
QDMKW
Full face tunneling
S:隧道开挖
Z:工程施工*

Quan feng bi F0677
全封闭 AC05
QFB
Full control of access
Y:全部控制进入

Quan fu he gong 06391
kuang AK04
全负荷工况
QFHGK
Full load mode
S:汽车运行工况
Z:状态*

Quan gan ying shi 06392
xin hao kong zhi AI03
全感应式信号控制
QGYSXHKZ
Fully-actuated signal control
S:交通感应式控制
Z:控制*

Quan gua che 06393
全挂车 AK01
QGC
Full trailer
S:挂车
Z:车辆*

Quan gua qi che 06394
lie che AK01
全挂汽车列车
QGQCLC
Full trailer train
S:汽车列车
Z:列车*

Quan hong xin hao 06395
全红信号 AI03
QHXH
All red signal
S:信号*

Quan hou fan xiu 06396
全厚翻修 AC07
QHFX
Full depth resurfacing
C:公路养护

Quan hou shi li 06397
qing lu mian AC04
全厚式沥青路面
QHSLQLM
Full depth asphalt pavement
S:沥青路面
Z:路面*

Quan ji zhuang 06398
xiang chuan BE01
全集装箱船
QJZXC
Full container ship
S:集装箱船
Z:船舶*

Quan li 06399
权利* DA00
QL
Entitlement;Right
F:保险索赔权;捕鱼权;船舶管辖权;海洋主权;航行权;豁免权;拘留权;留置权;日照权;使用权;所有权;通行权;无害通过权

Quan min suo you 06400
zhi BB01
全民所有制
QMSYZ
Ownership by the entire people
S:所有制

Z：制度*

Quan neng fa ce tu 06401
AC01
全能法测图
QNFCT
Universal photo
S：测图
Z：测量*

Quan qiu ding wei xi tong 06402
AC01
全球定位系统
QQDWXT
Global positioning system (GPS)

Quan qiu hai shang shi gu jiu zhu xi tong 06403
BH02
全球海上事故救助系统
QQHSSGJZXT
Global Maritime Distress and Safety System(GMDSS)
S：搜寻救助系统
Z：系统*

Quan qiu hai shang yu xian an quan xi tong 06404
BF05
全球海上遇险安全系统
QQHSYXAQXT
Global maritime distress and safety system (GMDSS)
S：系统*
D：GMDSS

Quan qiu yi dong tong xin xi tong 06405
BF05
全球移动通信系统
QQYDTXXT
Global system for mobile communication (GSM)
S：通讯系统
Z：系统*

Quan sun 06406
BA04
全损
QS
Total loss
S：海损
Z：事故*

Quan xi zhao xiang 06407
CF04
全息照相
QXZX
Holography
S：摄影*

Quan xi zhao xiang cun chu qi 06408
CF04
全息照相存储器
QXZXCCQ
Holographic memory
S：存储器*

Quan xi zhao xiang shu 06409
CB00
全息照相术
QXZXS
Holography
S：技术*

Quan yi zi ben 06410
BB04
权益资本
QYZB
Equity capital
S：资本*
C：自有资本

Quan zi dong qi che jian ce xi tong 06411
AK05
全自动汽车检测系统
QZDQCJCXT
Computerized vehicle inspection system
S：汽车检测系统
Z：系统*

Que ding xing mo xing 06412
AI01
确定性模型
QDXMX
Determinacy model
S：模型*

Que kou 06413
DH00
缺口
QK
Notch
S：口*

Que xian 06414
AK04
缺陷(汽车)
QX
Defect
S：汽车零件磨损
Z：损失*

Que xian jian ce 06415
DF00
缺陷检测
QXJC
Defect inspection
S：检测*

Que xian ze ren qi 06416
AB04
缺陷责任期
QXZRQ
Defects liability period

Qun kong 06417
DD00
群控
QK
Group control
S：控制*

Qun ti gong cheng 06418
DB00
群体工程
QTGC
Group construction; Group engineerings
S：工程*

Qun zhuang 06419
BC06
群桩
QZ
Clustered pile
S：桩*
D：桩群

R

Ran dian 06420
BI01; DI00
燃点
RD
Burning point; Inflammable point

Ran dian shi yan 06421
AH01
燃点试验
RDSY
Burning point test

S：性能试验
Z：试验*

Ran liao 06422
燃料* AK04；CL03
RL
Fuel
C：柴油；煤油；燃料油；重油
F：代用燃料；废物燃料；固体燃料；合成燃料；化石燃料；汽车代用燃料；汽车燃料；燃气；石油燃料；天然气

Ran liao beng 06423
燃料泵 BE08
RLB
Fuel pumps
S：泵*

Ran liao cheng ben 06424
燃料成本 BF07
RLCB
Fuel costs
S：成本*

Ran liao chu bei 06425
燃料储备 BE08
RLCB
Fuel conservation

Ran liao dian chi 06426
燃料电池 BE08
RLDC
Fuel cells

Ran liao xi tong 06427
燃料系统 BE08
RLXT
Fuel systems
S：系统*

Ran liao xiao hao 06428
燃料消耗(行车) AJ05
RLXH
Fuel consumption
S：车辆运营指标
Z：指标*

Ran liao xiao hao 06429
燃料消耗 BF07
RLXH
Fuel consumption
S：消耗*
C：燃料消耗率
F：汽车燃料消耗

Ran liao xiao hao ding e 06430
燃料消耗定额 AK02
RLXHDE
Fuel consumption rating
S：汽车技术经济定额
Z：定额*

Ran liao xiao hao lü 06431
燃料消耗率 BF07
RLXHL
Fuel consumption rate
S：比率*
C：燃料消耗

Ran liao you 06432
燃料油 BF07；CL03
RLY
Fuel oil
S：油*
C：燃料*
F：柴油；船用燃油；煤油；汽油

Ran liao zhuan huan 06433
燃料转换 CL03
RLZH
Fuel exchange
S：转换*

Ran qi 06434
燃气 CL03
RQ
Fuel gas
S：燃料*
F：液化石油气
D：气体燃料

Ran qi lun ji dong li zhuang zhi F0678
燃气轮机动力装置 BE08
RQLJDLZZ
Gas turbine power plant
Y：船用燃气轮机

Ran qi tou ping 06435
燃气透平 CL01
RQTP
Gas turbines
S：透平*

Ran qi tou ping dian li tui jin 06436
燃气透平电力推进 BE08
RQTPDLTJ
Gas turbine electric propulsion
S：船舶动力装置
C：电力驱动；柴油机电力推进；燃气透平推进
Z：装置*

Ran shao 06437
燃烧 DD00
RS
Burning；Combustion

Ran shao chan wu 06438
燃烧产物 DB00
RSCW
Combustion products
S：物质*
F：烟

Ran shao kong zhi 06439
燃烧控制 DC00
RSKZ
Combustion control
S：控制*

Ran shao sun shi F0679
燃烧损失 DI00
RSSS
Burning loss；Ignition
Y：烧失量

Ran shao xing shi yan 06440
燃烧性试验 DF00
RSXSY
Burning tests; Fire retardant tests; Flammability tests
S：性能试验
F：耐火试验
Z：试验*

Ran shao zhuang zhi 06441
DC00
燃烧装置
RSZZ
Combustion plants; Firing equipment
S：装置*

Ran you liu liang ji 06442
燃油流量计 AK05
RYLLJ
Fuel consumption gauge
S：流量计
Z：装置*

Ran you shui 06443
燃油税 BA01
RYS
Fuel taxation
S：税*

Ran you xiao lü 06444
燃油效率 BF07
RYXL
Fuel efficiency
S：效率*

Rang che dao biao zhi 06445
让车道标志 AI07
RCDBZ
Passing bay sign
S：交通标志
Z：标志*

Rang tu 06446
壤土 CG06
RT
Loam; Loamy soils
S：土*
F：红壤土

Rao dong tu yang 06447
扰动土样 CG06
RDTY
Disturbed soil samples

Rao xing biao zhi 06448
绕行标志 AI07
RXBZ
Detour sign
S：交通标志
Z：标志*

Rao xing gong lu 06449
绕行公路 AB02
RXGL
Bypass
S：公路
Z：道路*

Re 06450
热* CL02
R
Heat
F：地热；工业余热；潜热；水化热

Re ban fa 06451
热拌法 AC04
RBF
Hot mixing method
S：搅拌*
C：路面施工

Re ban hun ning tu 06452
热拌混凝土 AF07
RBHNT
Hot-mixed concrete
S：混凝土*

Re bian xing 06453
热变形 CG02
RBX
Thermal deformation
S：变形*

Re chu li 06454
热处理 DD00
RCL
Heat treatment
S：处理*

Re chuan dao F0680
热传导 CB00
RCD
Heat conduction
Y：导热

Re chuan di F0681
热传递 CB00
RCD
Heat transfer; Heat transmission
Y：传热*

Re ci xiao ying 06455
热磁效应 CB00
RCXY
Pyromagnetic effect
S：效应*

Re dai 06456
热带 CD01；CD03
RD
Tropic; Tropical zone; Torrid zone
S：气候带*

Re dai feng bao 06457
热带风暴 BI04
RDFB
Tropical storm
S：危险天气通报
C：热带气旋
Z：天气预报*

Re dai qi hou 06458
热带气候 CD03
RDQH
Tropical climate
S：气候*

Re dai qi xuan 06459
热带气旋 BI04
RDQX
Tropical cyclone
S：气旋
C：热带风暴；飓风
Z：天气预报*

Re dian gong sheng 06460
热电共生 DD00
RDGS
Heat-electricity co-generation
D：热电联产

Re dian lian chan F0682
热电联产 DD00
RDLC
Heat-electricity co-generation
Y：热电共生

Re dian xiao ying 06461
热电效应（固体） CB00
RDXY

Pyroelectric effect
S：效应*
C：固体性质

Re fen jie 06462
热分解 CC02
RFJ
Pyrolysis；Thermal decomposition
S：分解
Z：反应*

Re fu she 06463
热辐射 CB00
RFS
Heat radiation；Thermal radiation
S：辐射*
F：太阳辐射

Re gong ji suan 06464
热工计算 CB00
RGJS
Thermal calculation；Thermal computation
S：计算*

Re gong xue 06465
热工学 CB00
RGX
Thermotechnology
S：学科*

Re gu xing shu zhi 06466
热固性树脂 CC04
RGXSZ
Thermosetting resins
S：高聚物*
F：酚醛树脂；环氧树脂；密胺树脂；脲醛树脂

Re hong xi 06467
热虹吸 CG07
RHX
Heat siphon；Heat syphon
S：虹吸*

Re hua xue fan ying 06468
热化学反应 CC02
RHXFY
Thermochemical reaction
S：化学反应
Z：反应*

Re huan jing 06469
热环境 CK01
RHJ
Thermal environment
S：环境*

Re hui shou 06470
热回收 CK06；CL02
RHS
Heat recovery
S：能量回收
D：废热回收
Z：回收*

Re ji 06471
热机 CL01
RJ
Heat engine
S：机械*

Re jiao huan qi 06472
热交换器 BE08
RJHQ
Heat exchangers

Re lao hua 06473
热老化 DC00
RLH
Thermal aging
S：老化
Z：过程*

Re li xue 06474
热力学 CB00；CG01
RLX
Thermodynamics
S：力学
C：物理学
Z：学科*

Re liang 06475
热量 DI00
RL
Quantity of heat
S：量*

Re lie feng 06476
热裂缝 DC00
RLF
Thermal cracking
S：裂缝*
D：温度裂缝

Re neng 06477
热能 CB00；CL02
RN
Heat energy；Thermal energy
S：能*
C：热源

Re nian tan xing 06478
热粘弹性 CG02
RNTX
Thermal viscoelasticity
S：粘弹性
Z：性质*

Re peng zhang 06479
热膨胀 CB00
RPZ
Thermal expansion
S：膨胀*

Re peng zhang xi shu 06480
热膨胀系数 CB00
RPZXS
Thermal expansion coefficient
S：系数*

Re pi lao 06481
热疲劳 CG02；CG04
RPL
Thermal fatigue
S：疲劳*

Re pu fa 06482
热铺法 AC04
RPF
Hot laid method
S：摊铺*
C：路面施工

Re shui guo lu 06483
热水锅炉 CL01
RSGL
Boilers
S：锅炉
Z：炉*

Re su xing 06484
热塑性 CG02

RSX
Thermoplasticity
S：力学性质
Z：性质*

Re su xing shu zhi 06485
热塑性树脂 CC04
RSXSZ
Thermoplastic resins
S：高聚物*
C：有机化合物
F：聚苯乙烯；聚丙烯；聚氯乙烯；聚氧化乙烯；聚乙烯；聚乙烯醇

Re su xing su liao 06486
AF03
热塑性塑料
RSXSL
Thermoplastic
S：塑料
Z：材料*

Re tan su xing 06487
热弹塑性 CG02
RTSX
Thermoelasto-plasticity
S：弹塑性
Z：性质*

Re tan xing 06488
热弹性 CG02
RTX
Thermoelasticity
S：弹性
C：弹性理论
Z：性质*

Re wan shi yan 06489
热弯试验 AH01
RWSY
Hot bent test
S：材料力学试验
Z：试验*

Re wen ding xing 06490
热稳定性 DC00
RWDX
Temperature resistance；Thermal stability
S：稳定性
Z：性能*

Re wen xing 06491
热稳性 CG09
RWX
Thermostability
S：稳定性
Z：性能*

Re wu ran 06492
热污染 CK02
RWR
Thermal pollution
S：污染*
C：余热

Re xue xing zhi 06493
热学性质 CB00；DC00
RXXZ
Thermal properties
S：性质*

Re ying li 06494
热应力 CG03
RYL
Thermal stress
S：应力*
D：温度应力

Re yuan 06495
热源 CL02
RY
Heat sources
S：源*
C：热能；工业余热；太阳能

Ren dong shi li 06496
人动视力 AI05
RDSL
Vision with driver moving
S：视力*

Ren du shi yan 06497
韧度试验 AH01
RDSY
Rupture test
S：性能试验
F：冲击韧度试验
Z：试验*

Ren du shi yan yi 06498
韧度试验仪 AH03
RDSYY
Toughness apparatus
S：试验仪
F：冲击韧度试验仪
Z：仪器*

Ren gong dao 06499
人工岛 BC03
RGD
Artificial islands
S：海洋建筑物
Z：建筑物*

Ren gong di ji 06500
人工地基 BC02；CI01
RGDJ
Artificial foundation；Manmade foundation
S：地基*
C：地基处理*
F：软基

Ren gong gu liao zhi bei F0683
BC06
人工骨料制备
RGGLZB
Manmade aggregate preparation
Y：骨料加工

Ren gong jiang yu 06501
人工降雨 CD03；CI05
RGJY
Artificial precipitation；Induced precipitation；Artificial rain
S：降雨
Z：降水*

Ren gong jiao 06502
人工礁 BC02
RGJ
Artificial reef

Ren gong li cheng ben 06503
AJ05
人公里成本
RGLCB
Person-kilometre cost
S：车辆运营指标
Z：指标*

Ren gong zhao ming guo du 06504
AI07

人工照明过渡
RGZMGD
Artificial lighting transition
S：照明过渡
Z：照明*

Ren gong zhi neng 06505
人工智能 BG01；CF02
RGZN
Artificial intelligence
C：专家系统

Ren ji gong cheng 06506
人机工程 BG01；CF02
RJGC
Ergonomics；Man-machine engineering

Ren ji jie kou 06507
人机接口 CF03
RJJK
Man-machine interface
S：接口*

Ren ji tiao jie xi tong 06508
人机调节系统 AI05
RJTJXT
Man-machine processing system

Ren ji xi tong 06509
人机系统 BG01；CF02
RJXT
Man-machine system
S：系统*

Ren kou 06510
人口* BB03
RK
Population
F：流动人口；土著居民；移民；原住民

Ren kou gui hua 06511
人口规划 CK01
RKGH
Population planning
S：规划*

Ren kou qian yi 06512
人口迁移 DD00
RKQY
Population migration；Population shifting
S：迁移*

Ren lei huan jing 06513
人类环境 CK01
RLHJ
Human environments
S：环境*

Ren li xin xi xi tong 06514
人力信息系统 BF06
RLXXXT
Manpower information systems
S：信息系统
Z：系统*

Ren li xu qiu 06515
人力需求 BF06
RLXQ
Manpower requirements
S：需求*

Ren li yan jiu 06516
人力研究 BF06
RLYJ
Manpower studies
S：研究*

Ren li zhuang xie 06517
人力装卸 AA05
RLZX
Manual handling
S：装卸*

Ren ming jiu zhu F0684
人命救助 BH01
RMJZ
Life salvage
Y：海难救助

Ren shi 06518
认识 DD00
RS
Cognition；Knowledge
C：识别*

Ren shou bao xian 06519
人寿保险 BA04
RSBX
Life Insurance
S：保险*

Ren wei xing cuo wu 06520
人为性错误 BI04
RWXCW
Human error

Ren xing 06521
韧性 CG02；DC00
RX
Ductility；Tenacity；Toughness
S：力学性质
C：耐疲劳强度
F：冲击韧性；断裂韧性
D：延性
Z：性质*

Ren xing dao 06522
人行道* AD03
RXD
Sidewalk
F：桥侧人行道

Ren xing di dao 06523
人行地道 AI07
RXDD
Pedestrian underpass
S：行人横穿设施
Z：设施*

Ren xing heng dao 06524
人行横道 AI07
RXHD
Cross walk
S：行人横穿设施
Z：设施*

Ren xing qiao 06525
人行桥 AD01
RXQ
Foot-bridge
S：桥*

Ren xing shi yan 06526
韧性试验 DF00
RXSY
Toughness tests
S：性能试验
D：延性试验

Z：试验*

Ren xing sui dao 06527
人行隧道 AE01
RXSD
Pedestrian tunnel
S：隧道*
C：地道

Ren xing tian qiao 06528 AI07
人行天桥
RXTQ
Pedestrian overpass
S：行人横穿设施
Z：设施*

Ren yuan 06529
人员 DA00
RY
Personnel

Ren zao wei xing 06530
人造卫星* BD05
RZWX
Artificial satellite
C：卫星
F：导航卫星；航标卫星；气象卫星；通信卫星

Ren zao xue beng 06531
人造雪崩 AC08
RZXB
Artificial snow slide
S：雪崩防治
Z：防护*

Ren zi zha men 06532
人字闸门 BD03
RZZM
Miter gates;
S：闸门*

REYNOLDS shu F0685
REYNOLDS 数 CA00
REYNOLDS S
Reynolds number
Y：雷诺数

Ri ben hai shi xie hui 06533 BA09
日本海事协会
日本船级社
RBHSXH
Nippon Kaiji Kyokai (NK;NKK)
S：船级社
Z：机构（组织）*

Ri ben zao chuan zhi liang biao zhun 06534 BF01
日本造船质量标准
RBZCZLBZ
Japanese Shipbuilding Quality Standard (JSQS)
S：船舶标准
Z：标准*

Ri chang jian cha 06535
日常检查 AC07
RCJC
Routine inspection
S：路况检查
Z：检查*

Ri zhao 06536
日照 CD03
RZ
Insolation;Sunlight;Sunshine
C：日照时间

Ri zhao quan 06537
日照权 DB00
RZQ
Insolation right
S：权利*

Ri zhao shi jian 06538
日照时间 CD03
RZSJ
Duration of sunshine
S：时间*
C：日照

Rong hua 06539
熔化 DC00
RH
Fusion;Fusion (melting);Melting
S：过程*

Rong ji 06540
溶剂 CC01
RJ
Fluxes
S：剂*

Rong ji cui qu 06541
溶剂萃取 CC03;DE00
RJCQ
Solution extraction;Solvent extraction
S：萃取*

Rong ji xi shu 06542
容积系数 BA02
RJXS
Volume conversion coefficient;Volumetric coefficient
S：系数*
D：体积系数

Rong jie 06543
溶解 DC00;DE00
RJ
Dissolution
S：过程*

Rong jie 06544
融解 DD00
RJ
Melting;Thawing
S：过程*

Rong jie du 06545
溶解度 DI00
RJD
Dissolubility
S：度*

Rong jie du shi yan 06546 AH01
溶解度试验
RJDSY
Dissolubility test
S：性能试验
Z：试验*

Rong liang 06547
容量 DI00
RL
Capacity;Volume
S：量*
F：仓库容量；信息容量；装机容量；站台容量

Rong liang chen dian fa 06548 DE00
容量沉淀法
RLCDF
Volumetric sedimentation method
S：检验方法
Z：方法*

Rong liang kong zhi 06549 DD00
容量控制
RLKZ
Capacity control
S：控制*

Rong qi 06550 DE00
容器*
RQ
Containers；Tanks
F：压力容器；真空容器

Rong xian 06551 AC08
溶陷
RX
Melt sinking
C：冻害

Rong xu hui tan wan chen zhi 06552 AC04
容许回弹弯沉值
RXHTWCZ
Allowable rebound deflection value
S：弯沉值(路面)
Z：值*

Rong xu ji xian 06553 CG02
容许极限
RXJX
Permissible limit
S：极限*

Rong xu su du 06554 AJ05
容许速度
RXSD
Allowable speed
S：速度*

Rong xu ying li 06555 CG03
容许应力
RXYL
Allowable stress
S：应力*

Rong xu zai he 06556 CG11
容许载荷
RXZH
Allowable load
S：载荷*

Rong xue 06557 CD03
融雪
RX
Snowmelt
C：雪

Rong ye 06558 CC01
溶液*
RY
Solutions；Solvents
F：高分子溶液；水溶液

Rong zhong F0686 DI00
容重
RZ
Unit weight
Y：比重

Rong zi 06559 BB04
融资
RZ
Financing
S：资本*
C：资金来源；融资计划；融资成本
F：债券融资

Rong zi cheng ben 06560 BB04
融资成本
RZCB
Cost of financing
S：成本*
C：融资

Rong zi ji hua 06561 BB04
融资计划
RZJH
Financing plans
S：计划*
C：融资

Rou du 06562 CG02；DI00
柔度
RD
Flexibility
S：度*

Rou du fa 06563 CG04
柔度法
RDF
Flexibility method
S：结构分析
Z：分析*

Rou ruan xing 06564 DC00
柔软性
RRX
Compliance
S：性能*

Rou ruan yan shi 06565 CD01
柔软岩石
RRYS
Soft rock
S：岩石*

Rou xing guan 06566 DG00
柔性管
RXG
Flexible pipes
S：管*

Rou xing hu lan 06567 AI07
柔性护栏(交通)
RXHL
Flexible safety fence
S：交通护栏
Z：设施*

Rou xing ji chu 06568 CI01
柔性基础
RXJC
Flexible foundations
S：基础(工程)*

Rou xing ji zhuang xiang F0687 BA05
柔性集装箱
RXJZD
Flexible container
Y：集装袋

Rou xing jie gou 06569 AD04
柔性结构
RXJG

Flexible structure
S：工程结构*

Rou xing lian jie 06570
柔性连接 CG02
RXLJ
Flexible joints
S：连接*

Rou xing lu mian 06571
柔性路面 AC04
RXLM
Flexible pavement
S：路面*
C：沥青路面

Rou xing qiao dun 06572
柔性桥墩 AD09
RXQD
Flexible pier
S：桥墩*

Ru bian 06573
蠕变 AD03；CG02；CG09；DC00
RB
Creep
S：变化*
C：收缩
F：高温蠕变
D：徐变

Ru bian shi yan 06574
蠕变试验 AH01；CG10；DF00
RBSY
Creep tests
S：变形试验
Z：试验*

Ru dong xing 06575
蠕动性 DC00
RDX
Creep properties
S：性质*

Ru hua 06576
乳化 DC00
RH
Emulsification

Ru hua ji 06577
乳化剂 AF08
RHJ
Emulsifying agent
S：添加剂
Z：剂*

Ru hua li qing 06578
乳化沥青 AF08
RHLQ
Emulsified asphalt
S：沥青*
F：非离子乳化沥青；阳离子乳化沥青；阴离子乳化沥青

Ru hua qi 06579
乳化器 DE00
RHQ
Emulsifiers
S：装置*

Ru ji 06580
入级 BE07
RJ
Classification
S：船级
C：入级证书
Z：分级*

Ru ji jian yan 06581
入级检验 BE07
RJJY
Classification survey
S：检验*

Ru ji zheng shu 06582
入级证书 BE07
RJZS
Classification certificate; Certificate of class
S：证书*
C：入级；船舶检验证书

Ru kou za dao kong zhi 06583
入口匝道控制 AI03
RKZDKZ
Entrance ramp control
S：控制*
D：出口匝道控制

Ru she jiao 06584
入射角 DH00
RSJ
Angle of incidence
S：角*

Ru zhuo ye 06585
乳浊液 CC02
RZY
Emulsion
S：液体*

Ruan dai kuan 06586
软贷款 BB04
RDK
Soft loan
S：贷款*

Ruan hua 06587
软化 DD00
RH
Softening

Ruan hua dian 06588
软化点 DI00
RHD
Softening point

Ruan hua dian shi yan 06589
软化点试验 AH01
RHDSY
Softening point test
S：性能试验
Z：试验*

Ruan ji 06590
软基 BC02
RJ
Soft foundation
S：人工地基
Z：地基*

Ruan ji hai an fang hu 06591
软基海岸防护 BC06
RJHAFH
Soft shore protection
S：海岸防护
C：软基海岸防护措施
Z：防护*

Ruan ji hai an fang hu cuo shi 06592
软基海岸防护措施 BC06
RJHAFHCS

Soft coast protection measures
S：措施*
C：软基海岸防护

Ruan ji shu 06593
软技术 DB00
RJS
Soft technology
S：技术*
C：软科学

Ruan ji tiao jian 06594
软基条件 BC02
RJTJ
Soft-ground condition
S：条件*

Ruan jian an quan 06595
软件安全 DB00
RJAQ
Software safety
S：计算机安全
C：软件保密
Z：安全*

Ruan jian bao mi 06596
软件保密 DB00
RJBM
Software secret
S：计算机保密
C：软件安全
Z：保密*

Ruan jian gong cheng 06597
软件工程 DB00
RJGC
Software engineering
S：工程*

Ruan ke li han liang shi yan 06598
软颗粒含量试验 AH01
RKLHLSY
Soft grain content test
S：含有量试验
Z：试验*

Ruan ke xue 06599
软科学 BG01；DB00
RKX
Soft science
S：科学*
C：软技术

Ruan ke xue jue ce F0688
软科学决策 DB00
RKXJC
Soft science decision
Y：科学决策

Ruan lian sha jiang qiang du shi yan 06600
软练砂浆强度试验 AH01
RLSJQDSY
Plastic mortar strength test
S：砂浆强度试验
Z：试验*

Ruan pan 06601
软盘 CF03
RP
Floppy disk
S：磁盘*

Ruan ruo di ji F0689
软弱地基 AC03；BC02；CI01
RRDJ
Soft foundation；Soft ground
Y：软土地基

Ruan ruo wei yan 06602
软弱围岩 AE06
RRWY
Weak surrounding rock
S：围岩*

Ruan ruo yan shi 06603
软弱岩石 AF05
RRYS
Soft rocks
S：岩石*

Ruan tu 06604
软土 BC02；CD01；CG06
RT
Soft soils
S：土*
C：地基处理*；软土地基
F：沉积淤泥
D：淤泥

Ruan tu di ji 06605
软土地基 BC02；CI01
RTDJ
Soft ground；Soft soil foundation
S：地基*
C：软土
D：软弱地基

Ruan tu lu ji 06606
软土路基 AC03
RTLJ
Soft soil subgrade
S：路基
Z：基础(工程)*

Run hua you 06607
润滑油 BF07
RHY
Lubricants
S：油*
F：船用润滑油

S

Sa bu 06608
撒布 AC04
SB
Spreading
S：工程施工*
C：路面施工
F：喷洒沥青

Sa bu ji 06609
撒布机 AG07
SBJ
Spreader
S：筑路机械
F：粉料撒布机；石屑撒布机
Z：机械*

Sa sha ji 06610
撒砂机 AG07
SSJ
Sand spraying machine
S：路面施工机械
Z：机械*

Sa shui che 06611

洒水车 AG07
SSC
Sprinkler
S: 养护机械
Z: 机械*

San huo 06612
散货 BI01
SH
Bulk cargo
S: 货物*
D: 散装货物

San huo chuan 06613
散货船 BE01
SHC
Bulk carrier; Bulk cargo ship
S: 货轮
C: 散货码头
F: 巴拿马型散货船;海岬型散货船;矿砂船;灵便型散货船;散粮船;散装水泥船;喂给船;运煤船;自卸船;最大灵便型散货船
Z: 船舶*

San huo chuan jing ji xing 06614
BG01
散货船经济性
SHCJJX
Bulk carries economics
S: 经济性
Z: 性质*

San huo hang yun 06615
散货航运 BA03
SHHY
Bulk shipping
S: 航运*

San huo ji zhuang dai F0690
BA05
散货集装袋
SHJZD
Immediate bulk container
Y: 集装袋

San huo ma tou 06616
散货码头 BC01
SHMT
Bulk cargo terminals
S: 货运码头
C: 输送机*;散货船
F: 矿石码头;煤码头
Z: 码头*

San huo yun shu 06617
散货运输 BA02; BA03
SHYS
Bulk transport; Bulk transportation
S: 货物运输
C: 散货航运
Z: 运输*

San jiao gong qiao 06618
AD01
三铰拱桥
SJGQ
Three-hinged arch bridge
S: 拱桥
Z: 桥*

San jiao xing 06619
三角形 DH00
SJX
Triangles
S: 形状*

San jiao zhou 06620
三角洲 BC02
SJZ
Deltas
S: 河口地貌
Z: 地形*

San liang chuan 06621
散粮船 BE01
SLC
Bulk grain carrier
S: 散货船
Z: 船舶*

San liao zhuang xie ji 06622
AG08
散料装卸机
SLZXJ
Bulk solids loaders and unloaders
S: 装卸机械
Z: 机械*

San lie 06623
散裂 DC00
SL
Spallation

San lun ya lu ji 06624
三轮压路机 AG07
SLYLJ
3-Wheel roller
S: 压路机
Z: 机械*

San zhou jian qie yi 06625
AH03
三轴剪切仪
SZJQY
Triaxial shear equipment
S: 剪切仪
Z: 仪器*

San zhou shi yan F0691
三轴试验 AH01; CG06; DF00
SZSY
Triaxial tests
Y: 三轴压缩试验

San zhou ya suo shi yan 06626
CG06; DF00
三轴压缩试验
SZYSSY
Triaxial compressive tests
S: 压缩试验
D: 三轴试验
Z: 试验*

San zhuang 06627
散装 BA06
SZ
In bulk
C: 包装*

San zhuang huo wu F0692
散装货物 BI01
SZHW
Bulk cargo
Y: 散货

San zhuang huo wu yun shu 06628
AA03
散装货物运输
SZHWYS
Bulk goods transport
S: 货物运输

Z：运输*

San zhuang shui 06629
ni chuan BE01
散装水泥船
是指以散装方式运输水泥的船舶。
SZSNC
Cement carrier
S：散货船
D：水泥运输船
Z：船舶*

Sao 06630
埽 BC06
S
Kid
S：柴排
Z：工程*

Sao chuang 06631
扫床 BD04
SC
Eroding river beds
S：河道整治*
C：航道疏浚；近海疏浚

Sao miao 06632
扫描 DD00
SM
Scanning

Sao sha ji 06633
扫砂机 AG07
SSJ
Sand sweeping machine
S：养护机械
Z：机械*

Se pu 06634
色谱 CC03
SP
Chromatography
S：谱*
F：气相色谱；液相色谱
D：层析

Se pu yi 06635
色谱仪 CC03；CG03；DF00
SPY
Chromatographs
S：仪器*

Sen lin 06636
森林 CE03
SL
Forestry
S：树林*

Sen lin gong 06637
cheng CE02
森林工程
SLGC
Forest engineering
S：工程*

Sha 06638
砂* AF05
S
Sand
F：粗砂；粉砂；粉土质砂；粘土质砂；细砂；中砂

Sha ba 06639
沙坝 BD01
SB
Sand banks
S：河床地形
Z：地形*

Sha beng 06640
砂泵 AG02
SB
Bailers
S：泵*

Sha chong ji 06641
杀虫剂 BI05
SCJ
Insecticides
S：剂*
F：熏蒸剂

Sha dian ceng 06642
砂垫层 DE00
SDC
Sand cushion
S：垫层
Z：层*

Sha hai 06643
沙害 AC08
SH
Sand hazard
S：灾害*

Sha jiang 06644
砂浆 AF03
SJ
Mortar
D：灰浆

Sha jiang chou du 06645
yi AH03
砂浆稠度仪
SJCDY
Mortar consistency tester
S：稠度仪
Z：仪器*

Sha jiang mao gan 06646
砂浆锚杆 AE07
SJMG
Mortar bolt
S：胶结型锚杆
Z：锚杆*

Sha jiang pen she F0693
qi AG03
砂浆喷射器
SJPSQ
Mortar sprayers
Y：混凝土喷射机

Sha jiang qiang du 06647
shi yan AH01
砂浆强度试验
SJQDSY
Mortar strength test
S：强度试验
F：软练砂浆强度试验；硬练砂浆强度试验
Z：试验*

Sha jing 06648
砂井* AC03
SJ
Sand well
F：袋装砂井

Sha jing pai shui 06649
砂井排水 CI01
SJPS

Sand drain
S：排水*
D：砂桩排水

Sha lei tu 06650
砂类土 AF06
SLT
Sandy soil
S：土*

Sha li 06651
砂砾 AF06
SL
Sand gravel
S：砾石
Z：材料*

Sha lü 06652
砂率 CG09
SL
Sand ratio
S：比率*

Sha luan shi di ji 06653 CI01
砂卵石地基
SLSDJ
Sandy gravel foundations
S：地基*

Sha mo 06654
沙漠 CD01
SM
Desert

Sha mo di qu 06655
沙漠地区 CD01
SMDQ
Desert area
S：地区*

Sha tu 06656
砂土 CD01；CG06
ST
Sand and soil；Sands
S：无粘性土
Z：土*

Sha tu di ji 06657
砂土地基 CI01
STDJ
Sand foundations
S：地基*

Sha tu ye hua 06658
砂土液化 CI01
STYH
Liquefaction of sandy soil；Sand liquefaction
S：液化*
C：工程地质现象*

Sha yan 06659
砂岩 AF05
SY
Sand stones
S：沉积岩
Z：岩石*

Sha zhang 06660
沙障 AC08
SZ
Sand barrier
S：防沙设施
Z：设施*

Sha zhi nian tu F0694
砂质粘土 CG06
SZNT
Sand clay
Y：亚粘土

Sha zhou 06661
沙洲 BD01
SZ
Sand bars
S：河床地形
Z：地形*

Sha zhuang 06662
砂桩 AC03
SZ
Sand pile
S：桩*

Sha zhuang pai shui F0695 CI01
砂桩排水
SZPS
Sand pile drain
Y：砂井排水

Shai 06663
筛* AG07；BC02
S
Screen
C：颗粒；分级*
F：共振筛；滚动筛；摇摆筛；振动筛

Shai fen 06664
筛分 CG09
SF
Sieve analysis

Shai fen ji 06665
筛分机* AG07；BC02
SFJ
Screens；Sieving machine
F：标准筛

Shai xuan 06666
筛选 DD00；DE00
SX
Screening (selection)

Shan beng 06667
山崩 CI01
SB
Landslides
S：工程地质现象*

Shan dian 06668
闪点 BI01；DI00
SD
Flash point

Shan dian shi yan 06669
闪点试验 AH01
SDSY
Flash point test
S：性能试验
Z：试验*

Shan guang xin hao 06670 AI03
闪光信号
SGXH
Flashing signal
S：信号*

Shan ji xian 06671
山脊线 AC01

SJX
Ridge line
S：线路*

Shan ling qu 06672
山岭区 AC01
SLQ
Mountainous terrain
S：地形*

Shan ling sui dao 06673
山岭隧道 AE01
SLSD
Mountain tunnel
S：隧道*

Shan po xian 06674
山坡线 AC01
SPX
Hill-side line
S：线路*

Shan qu 06675
山区 CD01
SQ
Mountain area
S：地区*

Shan qu he liu 06676
山区河流 BD01
SQHL
Mountain streams
S：河流*

Shan ti ya li F0696
山体压力 AD03；CG03
STYL
Ground pressure
Y：围岩压力

Shan xing zha men 06677
扇形闸门 BD03
SXZM
Segment gates
S：闸门*

Shang biao 06678
商标 DA00
SB
Trade marks
S：标志*
C：产品*

Shang bu jie gou 06679
上部结构 AD04
SBJG
Superstructure
S：船舶结构；工程结构*
D：上层建筑(船舶)
Z：结构*

Shang ceng jian zhu F0697
上层建筑(船舶) BE05
SCJZ
Superstructure
Y：上部结构

Shang cheng shi qiao 06680
上承式桥 AD01
SCSQ
Deck bridge
S：桥*

Shang dang qiang 06681
上挡墙 AC03
SDQ
Top retaining wall
S：挡土墙
Z：墙*

Shang gang 06682
商港 BC01
SG
Commercial ports
S：港口*
C：工业港；自由港；自治港；油港；货船

Shang hai 06683
伤害 AA06
SH
Injury

Shang kua shi li jiao 06684
上跨式立交 AC05
SKSLJ
Overpass
S：立体交叉
Z：公路交叉*

Shang pin 06685
商品 DD00
SP
Article；Commodities

Shang pin jian yan 06686
商品检验 BA02
SPJY
Commodity inspection
S：检验*
F：进出口商品检验

Shang pin liu tong shui 06687
商品流通税 BA01
SPLTS
Tax on commodities in circulation
S：流通税
Z：税*

Shang shui hang xing 06688
上水航行 AJ04
SSHX
Upstream shipping
S：航行*

Shang wu cha xun 06689
商务查询 AA06
SWCX
Commercial inquiry

Shang xian bi cha 06690
上限比差 AA08
SXBC
Upper-limit ratio
S：比率*
D：下限比差

Shang ye zhong xin 06691
商业中心 AJ01
SYZX
Central business district（CBD）

Shang yong che liang yun xing guan li xi tong 06692
商用车辆运行管理系统 AI03
SYCLYXGLXT

Commercial vehicle operation management system(CVOM)
S：管理系统
Z：系统*

Shang yong qi che 06693
商用汽车 AK01
SYQC
Commercial vehicle
S：汽车
Z：车辆*

Shang you 06694
上游 BD01
SY
Upper reach
S：河段*

Shao jie 06695
烧结 DC00
SJ
Clinkering；Sintering

Shao jin wei wan ban 06696
少筋微弯板(桥) AD07
SJWWB
Under-reinforced slab with slightly curved bottom
S：桥面板
Z：板*

Shao pai F0698
梢排 BC06
SP
Fascine mattress
Y：柴排

Shao shang 06697
烧伤(汽车) AK04
SS
Burning
S：损伤(汽车)
Z：故障*

Shao shi liang 06698
烧失量 DI00
SSL
Burning loss；Ignition loss
S：量*
D：燃烧损失

Shao shu min zu 06699
少数民族 DA00
SSMZ
Minority nationality
S：民族*

She bei 06700
设备* DE00
SB
Appliances；Equipment
F：车辆装备；承载板；船舶电气设备；导航设备；顶推设备；防碰设备；辅助设备；港口设备；给水设备；工艺设备；焊接设备；烘干设备；架桥设备；搅拌设备；接口设备；净化设备；空调设备；控制器；沥青乳化设备；码头设备；排水设备；配电设备；潜水设备；生产设备；升降设备；试验设备；通信设备；外部设备；稳定土厂拌设备；系泊设备；装卸设备

She bei an zhuang fei 06701
BG05
设备安装费
SBAZF
Cost of equipment installation
S：费用*

She bei bao fei 06702
设备报废 AG10
SBBF
Equipment scrapping
S：设备管理
C：设备残值
Z：管理*

She bei biao zhun 06703
设备标准 BB02
SBBZ
Equipment standards
S：标准*

She bei can zhi 06704
设备残值 AG10
SBCZ
Remanent value of equipment
C：设备报废

She bei ding qi 06705
wei hu AG10
设备定期维护
SBDQWH
Equipment periodic maintenance
S：维修*

She bei feng cun 06706
设备封存 AG10
SBFC
Equipment storing up
S：设备管理
Z：管理*

She bei geng xin 06707
设备更新 AG10
SBGX
Equipment replacement
S：设备管理
Z：管理*

She bei guan li 06708
设备管理 AG10
SBGL
Equipment management
S：管理*
F：设备报废；设备封存；设备更新

She bei ke kao 06709
xing BI04
设备可靠性
SBKKX
Equipment reliability
S：可靠性
Z：性质*

She bei li yong 06710
lü DI00
设备利用率
SBLYL
Equipment utility factor
S：利用率
Z：比率*

She bei ping jia 06711
设备评价 BG02
SBPJ
Equipment evaluation
S：评价*

She bei she ji 06712
设备设计 DD00

SBSJ
Equipment design
S：设计*

She bei xian jie 06713
设备限界 AJ01
SBXJ
Facilities clearance
S：限界*

She biao chuan F0699
设标船 BE03
SBC
Buoy tenders
Y：航标船

She biao shui shen 06714
BD02
设标水深
SBSS
Buoying depth
S：航道标准尺度*

She dong fa 06715
射动法 CG08
SDF
Perturbation method
S：方法*
C：非线性振动；线性振动

She hui 06716
社会 DB00
SH
Society

She hui bao zhang ti xi 06717
社会保障体系 BB04
SHBZTX
Social safety nets
S：体系*

She hui bian qian 06718
社会变迁 DB00
SHBQ
Social change

She hui fa zhan 06719
社会发展 DB00
SHFZ
Social development
S：发展*

She hui fa zhan cheng guo 06720
DB00
社会发展成果
SHFZCG
Social development outcomes

She hui fen xi 06721
社会分析 DB00
SHFX
Social analysis
S：分析*

She hui feng xian 06722
社会风险 BB04
SHFX
Social risk
S：风险*

She hui ji chu she shi 06723
BB05
社会基础设施
SHJCSS
Social infrastructure
S：基础设施
Z：设施*

She hui jian ce ping jia 06724
BB05
社会监测评价
SHJCPJ
Social monitoring and evaluation
S：监测评价
Z：评价*

She hui jing ji min gan xing 06725
BB05
社会经济敏感性
SHJJMGX
Socie-economic sensitivity
C：敏感性分析

She hui jing ji shu ju 06726
BJ01
社会经济数据
SHJJSJ
Socioeconomic data
S：数据*
F：国内生产总值；国民生产总值；国民收入

She hui jing ji yin su 06727
BG01
社会经济因素
SHJJYS
Socioeconomic factors
S：因素*

She hui min gan xing 06728
社会敏感性 BB04
SHMGX
Social sensibility

She hui ping jia 06729
社会评价 BB05；DB00
SHPJ
Social assessment
S：评价*

She hui rong he 06730
社会融合 DB00
SHRH
Social inclusion
C：社会整合

She hui wang luo 06731
社会网络 DB00
SHWL
Social network
S：网络*

She hui wen ti 06732
社会问题 DB00
SHWT
Social issues
S：问题*

She hui xiao yi 06733
社会效益 AB03
SHXY
Social benefit
S：效益*

She hui xiao yi ping jia 06734
BB03
社会效益评价
SHXYPJ
Social benefit evaluation
S：评价*

She hui zhe xian lü 06735

社会折现率 BB04
SHZXL
Social discount rate
S：折现率
Z：比率*

She hui zheng ce 06736
社会政策 BB02
SHZC
Social policy
S：政策*

She hui zheng he 06737
社会整合 DB00
SHZH
Social integration
C：社会融合

She hui zhi biao 06738
社会指标 DB00
SHZB
Social indicators
S：指标*

She hui zhu yi shi chang jing ji 06739 BG02
社会主义市场经济
SHZYSCJJ
Socialism market economy
S：经济*
C：有中国特色的社会主义经济

She hui zi ben 06740
社会资本 BB04
SHZB
Social capital
S：资本*

She ji 06741
设计* DD00
SJ
Design
C：设计变更
F：安全设计；报价设计；爆破设计；毕业设计；标准设计；成套设备设计；程序设计；初步设计；电路设计；方案设计；房屋设计；公路设计；工艺设计；航线设计；环境设计；基础设计；计算机辅助设计；建筑设计；结构设计；路面设计；路线设计；美学设计；排水设计；桥梁设计；设备设计；隧道设计；物流设计；系统设计；线形设计；项目设计；园林设计；运输系统设计；造型设计；正交设计；种植设计；最优设计

She ji bian geng 06742
设计变更 DD00
SJBG
Design alteration
C：设计*

She ji biao zhun 06743
设计标准 AD03；DB00
SJBZ
Design standard
S：标准*

She ji biao zhun hua 06744
设计标准化 DB00
SJBZH
Design standardization
S：工业标准化
Z：标准化*

She ji can shu 06745
设计参数 DI00
SJCS
Design parameter
S：参数*

She ji fang an 06746
设计方案 DB00；DE00
SJFA
Design proposal
S：方案*
D：设计构思

She ji gou si F0700
设计构思 DB00
SJGS
Design conception
Y：设计方案

She ji gui fan 06747
设计规范 AD03；BE06；DB00
SJGF
Code of design；Design specification
S：规范*

She ji hong shui 06748
设计洪水 BC02；BD02
SJHS
Design flood
S：洪水*
C：洪水演算
F：可能最大洪水；历史最大洪水

She ji ji gou 06749
设计机构 DJ00
SJJG
Design institutes
S：机构(组织)*

She ji ji shu ren wu shu 06750 BE06
设计技术任务书
SJJSRWS
Design specification
S：设计任务书
Z：资料*

She ji li lun 06751
设计理论 DB00
SJLL
Design theory
S：理论*

She ji ping shen 06752
设计评审 BE06
SJPS
Design assessment
S：评审*

She ji qiang du 06753
设计强度 CG02
SJQD
Design strength
S：强度*

She ji ren wu shu 06754
设计任务书 BE06
SJRWS
Detail of design；Term of reference of design；Design specification
S：资料*
F：设计技术任务书

She ji shui tou 06755
设计水头 BD06
SJST

Design head
S: 水头*

She ji su du 06756
设计速度 AJ05
SJSD
Design speed
S: 速度*
D: 构造速度

She ji tong xing neng li 06757 AI02
设计通行能力
SJTXNL
Design capacity
S: 通行能力
Z: 能力*

She ji wen jian 06758
设计文件 BE06
SJWJ
Design document

She ji xiao shi jiao tong liang 06759 AI01
设计小时交通量
SJXSJTL
Design hourly traffic volume (DHV)
S: 交通量
Z: 量*

She ji zai he 06760
设计载荷 CG11
SJZH
Design load
S: 载荷*

She liu 06761
射流* CG07
SL
Jets
F: 水射流;紊流射流

She liu ji shu 06762
射流技术 CF02
SLJS
Fluidics
S: 技术*

She pin 06763
射频 CG08
SP
Radio frequency

She qu 06764
社区 BB05;DB00
SQ
Community
S: 区域*
C: 社区组织

She qu zu zhi 06765
社区组织 BB05;DB00
SQZZ
Community based organization
S: 机构(组织)*
C: 社区

She shi 06766
设施* DE00
SS
Facilities
F: 安全设施;车站设施;多式联运设施;防沙设施;防雪设施;港口储存设施;港口设施;港口疏运设施;环境试验设施;基础设施;交通设施;临时设施;木材过坝设施;排水设施;隧道洞口设施;隧道防灾设施;污泥处理设施;行人横穿设施;造船设施;站场设施(汽车运输);助航设施

She shui chen zhuang 06767 BC06
射水沉桩
SSCZ
Jetting piling

She shui jia shi 06768
涉水驾驶 AK03
SSJS
Fording drive
S: 汽车驾驶
Z: 驾驶*

She wai yun shu 06769
涉外运输 AA01
SWYS
Transportation for foreign trade
S: 运输形式
D: 出入境运输
Z: 运输方式*

She xiang 06770
设想 DF00
SX
Imagine;Envisagement

She xiang guan 06771
摄像管 CF04
SXG
Video camera tube
S: 电子元件
Z: 元件*

She ying 06772
摄影* CF04
SY
Photography
F: 全息照相;航空摄影

She ying ce liang 06773
摄影测量 AC01
SYCL
Photogrammetry
S: 测量*
F: 地面立体摄影测量;航空摄影测量

She zha yun he F0701
设闸运河 BD04
SZYH
Canalized canal
Y: 渠化运河

Shen ceng ruan di ji gu hua chuan 06774 BE03
深层软地基固化船
SCRDJGHC
Deep chemical mixing ship
S: 工程船舶
Z: 船舶*

Shen cha 06775
审查 BE06
SC
Examination

Shen du 06776
深度 DI00
SD
Depth

S：度*

Shen du zhi shi qi 06777
深度指示器 BF03
SDZSQ
Depth indicator
S：航海仪器
Z：仪器*

Shen gao pin tong xin 06778
甚高频通信 BF05
SGPTX
VHF communication
S：通讯系统
Z：系统*

Shen gao pin wu xian dian hua she bei 06779 BF05
甚高频无线电话设备
SGPWXDHSB
VHF radiotelephone installation
S：通信设备
Z：设备*

Shen he 06780
审核* DD00
SH
Examination
F：保险审核

Shen ji 06781
审计 BG05
SJ
Audit

Shen ji chu 06782
深基础 AD11
SJC
Deep foundation
S：基础(工程)*
F：沉箱

Shen jing ji neng ce ding 06783
神经机能测定 AI05
SJJNCD
Nerve function measurement

Shen jing wang luo 06784 CF02
神经网络
SJWL
Nerval network
S：计算机网络
Z：网络*

Shen kong bao po 06785
深孔爆破 CI02
SKBP
Deep hole blasting
S：爆破*

Shen liu F0702
渗流 BC02；CI05
SL
Seepage；Seepage flow
Y：渗透*

Shen lou 06786
渗漏 DC00
SL
Leaching

Shen mai sui dao 06787
深埋隧道 AE01
SMSD
Deep tunnel
S：隧道*

Shen shui 06788
渗水 DC00
SS
Water infiltration

Shen shui beng 06789
深水泵 AG02
SSB
Deep water pumps
S：泵*

Shen shui gang 06790
深水港 BC01
SSG
Deep water ports
S：港口*
C：深水航道；疏浚*；外港

Shen shui gang fa an 06791
深水港法案 BB02
SSGFA
Deep water port act
S：法案*

Shen shui gang jing ji xing 06792 BB05
深水港经济性
SSGJJX
Deep water port economics

Shen shui hang dao 06793
深水航道 BD01
SSHD
Deep water fairways
S：航道*
C：深水港；通航水域

Shen shui jing 06794
渗水井 AC06
SSJ
Seepage well
C：路基排水

Shen shui shi yan 06795
渗水试验 BC05；DF00
SSSY
Infiltration test
S：水工试验
D：渗透试验
Z：试验*

Shen suo 06796
伸缩 DD00
SS
Expansion

Shen suo feng 06797
伸缩缝* AD06
SSF
Expansion gap
F：桥面伸缩缝

Shen suo shi ji zhuang xiang diao ju 06798 BA05
伸缩式集装箱吊具
SSSJZXDJ
Telescopic spreader
S：集装箱吊具
Z：吊具*

Shen tou 06799
渗透* BC02；DC00
ST
Infiltration；Osmosis；Permeability；Seepage

F：电渗透；反渗透
D：渗流

Shen tou lü 06800
渗透率 BC02
STL
Permeability
C：孔隙率

Shen tou shi yan F0703
渗透试验 BC05
STSY
Permeability
Y：渗水试验

Shen tou shui 06801
渗透水 AC06
STS
Seepage water
S：水*

Shen tou xi shu 06802
渗透系数 CG09；DI00
STXS
Coefficient of permeability；Permeability coefficient
S：系数*

Shen tou xing 06803
渗透性 BC02
STX
Permeability
S：性能*

Shen tou ya li 06804
渗透压力 CG07
STYL
Osmotic pressure；Seepage pressure
S：水压力
Z：力*

Shen tou yi 06805
渗透仪 AH03
STY
Permeameter
S：仪器*
F：路面透水度测定仪

Shen xi 06806
渗析* DD00
SX
Dialysis；Osmosis separation
C：工业废水处理
F：电渗析

Sheng bo tan ce ji shu 06807
声波探测技术 BE04
利用声波进行探测。
SBTCJS
Acoustic detection
S：探测技术
Z：技术*

Sheng chan 06808
生产 DD00
SC
Production

Sheng chan cheng ben fen xi 06809
生产成本分析 BG02
SCCBFX
Analysis of production cost
S：成本分析
Z：分析*

Sheng chan fa 06810
生产法 BB03
SCF
Product approach
S：分析研究方法
Z：方法*

Sheng chan gong yi 06811
生产工艺 DE00
SCGY
Productive process；Productive technology
S：工艺*

Sheng chan guan li 06812
生产管理 BG02
SCGL
Production management
S：管理*

Sheng chan guo cheng yun shu 06813
生产过程运输 AA01
SCGCYS
Transportation in the production process
S：运输形式
Z：运输方式*

Sheng chan lü 06814
生产率 AA05；DE00
SCL
Productivity
S：比率*
F：运输生产率；装卸工人生产率；装卸机械生产率

Sheng chan she bei 06815
生产设备 DE00
SCSB
Production equipment
S：设备*

Sheng chan xian 06816
生产线 DE00
SCX
Production lines
S：线*
F：传送线

Sheng chan xing shi yan 06817
生产性试验 DF00
SCXSY
Productive tests
S：试验*

Sheng chan yao su 06818
生产要素 BG04
SCYS
Factors of production
S：要素*

Sheng chan zhe cheng ben 06819
生产者成本 BG05
SCZCB
Producer's cost
S：成本*

Sheng chan zhuang zhi 06820
生产装置 DE00
SCZZ
Production equipment
S：装置*

Sheng chan zu zhi 06821

生产组织 DB00
SCZZ
Production organizations
S：机构(组织)*

Sheng chu jia qin gua che 06822 AK01
牲畜家禽挂车
SCJQGC
Livestock trailer
S：挂车
Z：车辆*

Sheng chuan ji 06823
升船机 BD03
SCJ
Ship lift
S：通航建筑物
C：承船装置；船闸；输送机*
F：垂直升船机；斜面升船机
Z：建筑物*

Sheng chuan ji shu liang 06824 BJ04
升船机数量
SCJSL
Numbers of ship-lift；Numbers of ship elevator
S：航道统计指标
Z：指标*

Sheng chuan ji tong guo neng li F0704 BJ04
升船机通过能力
SCJTGNL
Ship-lift capacity
Y：航道通过能力

Sheng fa she ce liang xi tong 06825 AH04
声发射测量系统
SFSCLXT
Acoustic emission system
S：检测系统
Z：系统*

Sheng fa she jian ce 06826 AH02
声发射检测
SFSJC
Detecting by acoustic emission
S：检测*
F：裂缝声发射检测

Sheng hua 06827
升华 DC00
SH
Sublimation

Sheng hua xu yang liang 06828 BI03
生化需氧量
SHXYL
Biochemical oxygen demand(BOD)
S：水质指标
C：生化需氧量测定；生化需氧量负荷
D：BOD
Z：指标*

Sheng hua xu yang liang ce ding 06829 BI03
生化需氧量测定
SHXYLCD
BOD Determination
S：测定*
C：生化需氧量

Sheng hua xu yang liang fu he 06830 BI03
生化需氧量负荷
SHXYLFH
Biochemical oxygen demand load
C：生化需氧量

Sheng huo chu xing 06831 AJ04
生活出行
SHCX
Living trip
S：出行目的*

Sheng huo ke liu 06832
生活客流 AJ04
SHKL
Living passenger flow
S：客流*

Sheng huo wu shui chan sheng liang 06833 BJ03
生活污水产生量
SHWSCSL
Quantities of sewage water produced
S：环保统计指标
Z：指标*

Sheng huo wu shui chu li liang 06834 BJ03
生活污水处理量
SHWSCLL
Quantities of sewage water treated
S：环保统计指标
Z：指标*

Sheng huo wu shui pai fang liang 06835 BJ03
生活污水排放量
SHWSPFL
Quantities of sewage water drained directly
S：环保统计指标
Z：指标*

Sheng huo zhi liang 06836 DB00
生活质量
SHZL
Quality of life
S：质量*

Sheng ji gan xian gong lu F0705 AB01
省级干线公路
SJGXGL
Provincial trunk highway
Y：干线公路

Sheng ji ji 06837
声级计 AK05
SJJ
Sound level meter
S：仪器*

Sheng jiang ji 06838
升降机 AG06；BA08
SJJ
Elevator；Lifter
S：输送机*

Sheng jiang qiao 06839
升降桥 AD01
SJQ
Lift bridge

S：桥*

Sheng jiang she bei 06840
升降设备 AG06
SJSB
Lifting appliances
S：设备*
C：电梯
F：垂直运输设备

Sheng jiang tai 06841
升降台 AG06
SJT
Lifting appliances
S：提升机
Z：机械*

Sheng kan tan 06842
声勘探 CD01
SKT
Acoustic prospecting
S：勘探*

Sheng li 06843
生理 CE01
SL
Physiology

Sheng li ji neng 06844
ce ding AI05
生理机能测定
SLJNCD
Physiological function measurement

Sheng li pi lao 06845
生理疲劳 AI05
SLPL
Physiological fatigue
S：疲劳*
C：驾驶疲劳

Sheng li xue 06846
生理学 CE01
SLX
Physiology
S：学科*

Sheng liao 06847
生料 AF04
SL
Raw meal
C：熟料
D：水泥生料

Sheng ming bao 06848
zhang xi tong BI04
生命保障系统
SMBZXT
Life support systems
S：系统*
C：船员安全
F：应急计划

Sheng ming zhou 06849
qi fei yong fen xi BB04
生命周期费用分析
SMZQFYFX
Life-cycle cost analysis
S：分析*

Sheng na 06850
声呐 BF03
SN
Sonar
S：航海仪器
Z：仪器*

Sheng na dao hang 06851
声呐导航 BD05
SNDH
Sonar navigation
S：导航*
C：声呐探测；声探测

Sheng na tan ce 06852
声呐探测 BD05
SNTC
Sonar detection
S：声探测
C：声呐导航
Z：探测*

Sheng shi hui 06853
生石灰 AF04
SSH
Quick lime
S：石灰
Z：材料*

Sheng song ji 06854
升送机 AG04
SSJ
Lift and conveyers；Lifting and conveying machinery
S：土方机械
F：犁扬机
Z：机械*

Sheng tai 06855
生态* CK05
ST
Bionomy；Ecology
F：城市生态

Sheng tai bao hu 06856
生态保护 CE02；CK05
STBH
Ecological conservation
S：保护*

Sheng tai huan jing 06857
生态环境 CK01；CK05
STHJ
Ecological environment
S：环境*
C：城市生态

Sheng tai xi tong 06858
生态系统 BI03
STXT
Ecosystems
S：系统*
C：熏舱

Sheng tai xiao ying 06859
生态效应 BI03
STXY
Ecological effects
S：效应*

Sheng tai xue 06860
生态学 BI03；CE02；CK01；CK05
STX
Ecology；Bionomy
S：学科*
F：环境生态学

Sheng tai ying 06861
xiang ping jia BI03
生态影响评价
STYXPJ
Ecological evaluation

S：评价*
C：水产养殖

Sheng tan ce 06862
声探测 BD05
STC
Acoustical sounding
S：探测*
C：声呐导航；水下探测
F：声呐探测

Sheng wu 06863
生物* CE01
SW
Organism
F：动物；浮游生物；水生生物；微生物；植物

Sheng wu ce ding 06864
生物测定 CE02
SWCD
Biological tests
S：测定*

Sheng wu fang zhi 06865
生物防治 CK05
SWFZ
Biotic control
S：防治*

Sheng wu gong cheng 06866 CE02
生物工程
SWGC
Bioengineering
S：工程*

Sheng wu hai 06867
生物害 BI02；CK02
SWH
Biological damage
S：灾害*
F：鸟兽害

Sheng wu hua xue 06868
生物化学 CE02
SWHX
Biochemistry
S：化学
C：氨基酸
Z：学科*

Sheng wu huan jing 06869 CK01
生物环境
SWHJ
Bioenvironment
S：环境*

Sheng wu jie lü 06870
生物节律 AI05
SWJL
Biorhythms

Sheng wu qun 06871
生物群 CE01
SWQ
Biocenosis

Sheng wu xue 06872
生物学 CE01
SWX
Biology
S：学科*
F：动物学；环境生物学；微生物学

Sheng wu xue fen xi 06873
生物学分析 CE01
SWXFX
Biological analysis
S：分析*

Sheng wu zi yuan 06874
生物资源 BI03
SWZY
Biological resources
S：资源*

Sheng xue 06875
声学 CB00
SX
Acoustics
S：学科*
F：水声学；物理声学

Sheng xue jian ce 06876
声学监测 CK03
SXJC
Acoustic monitoring
S：监测*

Sheng xue mo xing shi yan 06877 DF00
声学模型试验
SXMXSY
Acoustic model tests
S：模型试验
Z：试验*

Sheng xue xiao guo 06878
声学效果 DB00
SXXG
Acoustic effect
S：效果*

Sheng yu ji 06879
升鱼机 BC03
SYJ
Fish lifts
S：过鱼设施
Z：建筑物*

Shi 06880
石* AF05
S
Stones；Rock
C：煤矸石；石材；石墨；石英；岩石*
F：高岭石；块石；卵石；片石；漂石；石灰石；天然石

Shi bi zhong shi yan 06881
视比重试验 AH01
SBZSY
Apparent specific gravity test
S：材料试验
Z：试验*

Shi bian xi tong 06882
时变系统 DC00
SBXT
Time variability systems
S：系统*
D：时变性

Shi bian xing F0706
时变性 DC00
SBX
Time variability
Y：时变系统

Shi bie 06883

识别* CF03;DD00
SB
Identification;Recognition
C:认识
F:图像识别
D:判别

Shi bie ju li 06884
识别距离(司机) AI05
SBJL
Decipherment distance(driver)
S:距离*

Shi cai 06885
石材 AF05
SC
Stones
S:建筑材料
C:石*
F:砾石;碎石
D:石料
Z:材料*

Shi cai jia gong ji xie 06886
AG08
石材加工机械
SCJGJX
Stone processing machinery
S:机械*
C:石材切割机
D:石料加工机械

Shi cai qie ge ji 06887
石材切割机 AG08
SCQGJ
Stone cutting machines
S:切割机
C:石材加工机械
Z:机械*

Shi cai ying du 06888
石材硬度 CG09
SCYD
Hardness of stone
S:硬度
Z:度*

Shi cao yuan tu 06889
湿草原土 CD01
SCYT
Prairie soils
S:土*

Shi cha F0707
时差(信号) AI03
SC
Offset;Phase offset
Y:相位差

Shi cha 06890
时差 BF02;DJ00
SC
Equation of time (ET)

Shi cha 06891
视差 BF02
SC
Parallax
C:视距

Shi chang 06892
市场* AA01;BG03
SC
Market
C:市场分析
F:船舶市场;国际货币市场;航运市场;货运市场;垄断市场;运输市场

Shi chang chou yang diao cha F0708
BG03
市场抽样调查
SCCYDC
Sample inquiry of market
Y:市场调查

Shi chang diao cha 06893
市场调查 BG03
SCDC
Market investigation;Market surveys
S:调查*
D:市场抽样调查

Shi chang fa zhan 06894
市场发展 BG03
SCFZ
Market development
S:发展*

Shi chang fen e 06895
市场份额 BG03
SCFE
Market share

Shi chang fen xi 06896
市场分析 BG03
SCFX
Market analysis
S:分析*
C:市场*
D:市场估计

Shi chang gu ji F0709
市场估计 BG03
SCGJ
Market assessment
Y:市场分析

Shi chang jia ge 06897
市场价格 BG06
SCJG
Market price
S:价格*
D:非市场价格

Shi chang jing ji 06898
市场经济 BG02
SCJJ
Market economy
S:经济*

Shi chang li lü 06899
市场利率 BG02
SCLL
Market rate of interest
S:利率
Z:比率*

Shi chang qi zha 06900
石场弃渣 AF06
SCQZ
Quarry waste

Shi chang qian li 06901
市场潜力 BG03
SCQL
Market potential

Shi chang yan jiu 06902
市场研究 BG03
SCYJ
Market studies

S：研究*

Shi chang yu ce 06903
市场预测 BB03
SCYC
Market prediction
S：预测*
F：船舶市场预测

Shi cheng tu 06904
始成土 CD01
SCT
Cambisol；Inceptisol
S：土*

Shi chu lu wai shi gu 06905
驶出路外事故 AI05
SCLWSG
Run-off-road accident
S：事故*

Shi chuan shi yan 06906
实船试验 BE09
SCSY
Ship trial
S：船舶试验
F：倾斜试验；系泊试验
Z：试验*

Shi da shi yan F0710
实大试验 DF00
SDSY
Actual dimension tests；Prototype tests
Y：足尺试验

Shi dian gong cheng 06907
试点工程 DB00
SDGC
Pilot projects
S：工程*

Shi du 06908
湿度 CD03
SD
Humidity；Moisture
S：度*
F：相对湿度

Shi fa 06909
湿法 DE00
SF
Wet method
S：方法*

Shi fa gang 06910
始发港 BF06
SFG
Port of sailing；Port of origin
S：港口*

Shi fa yang sheng 06911
湿法养生 AC04
SFYS
Moist curing
S：养生*

Shi fa zhan 06912
始发站 AJ03
SFZ
Origin stop
S：车站*

Shi fang bao po 06913
石方爆破 AC03
SFBP
Rock blasting
S：爆破*

Shi fu gong qiao 06914
实腹拱桥 AD01
SFGQ
Filled spandrel arch bridge
S：拱桥
Z：桥*

Shi gao 06915
石膏 AF04
SG
Gypsum

Shi gao du 06916
视高度 BF02
SGD
Apparent altitude
S：高度
Z：度*

Shi gong F0711
施工 BC06；DE00
SG
Construction
Y：工程施工*

Shi gong an quan 06917
施工安全 BC06
SGAQ
Construction safety
S：建设管理
Z：管理*

Shi gong bian qiao F0712
施工便桥 AD13
SGBQ
Temporary bridge for construction
Y：便桥

Shi gong ce liang 06918
施工测量 AC07；AE02
SGCL
Construction survey
S：工程测量
Z：测量*

Shi gong fang fa 06919
施工方法 DE00；BC06
SGFF
Construction methods
S：方法*
F：电热干燥法；冻结法；红外线干燥法；隧道施工方法

Shi gong feng 06920
施工缝 AD06
SGF
Construction joint

Shi gong gong yi 06921
施工工艺 DE00
SGGY
Construction technology
S：工艺*

Shi gong ji gou 06922
施工机构 DJ00
SGJG
Construction organizations
S：机构(组织)*

Shi gong ji xie 06923
施工机械 AG01；BC06
SGJX
Construction equipment；Construction ma-

chinery
S：机械*
C：地下工程；建筑施工；水下工程；土木工程；组合机械；水陆两用机械
F：换梁机；架桥机；路面施工机械；水下工程机械；隧道施工机械；土方机械
D：施工设备；工程机械；建筑机械；土木工程机械

Shi gong jian kong 06924
施工监控 AE04
SGJK
Construction monitor control
S：监控*

Shi gong jie duan 06925
施工阶段 BC06
SGJD
Construction stage
C：施工进度表

Shi gong jin du 06926
施工进度 AE04
SGJD
Construction progress

Shi gong jin du biao 06927
施工进度表 BC06
SGJDB
Construction scheduling
C：施工阶段

Shi gong kong zhi 06928
施工控制 BC06
SGKZ
Construction control
S：控制*

Shi gong lu duan jiao tong guan li 06929
施工路段交通管理 AI04
SGLDJTGL
Construction section traffic management
S：交通管理
Z：管理*

Shi gong ping tai 06930
施工平台 AG09
SGPT
Operation platforms；Work platforms
S：平台*
C：施工机具
F：水上施工平台；自升式施工平台

Shi gong qu 06931
施工区 BC06
SGQ
Construction zones
S：区域*
C：施工区交通管制

Shi gong qu jiao tong guan zhi 06932
施工区交通管制 BC06
SGQJTGZ
Construction zone traffic control
S：交通管制
C：施工区
Z：管制*

Shi gong qu tong xing neng li 06933
施工区通行能力 AI04
SGQTXNL
Construction section capacity
S：通行能力
Z：能力*

Shi gong she bei F0713
施工设备 BC06
SGSB
Construction equipment
Y：施工机械

Shi gong tong feng 06934
施工通风 AE08
SGTF
Construction ventilation
S：通风*

Shi gong tu 06935
施工图 BD04
SGT
Construction map
S：图*
F：数字施工图；数字装备图

Shi gong wei hu wen ti 06936
施工维护问题 BC06
SGWHWT
Construction maintenance problems
S：施工问题
Z：问题*

Shi gong wen ti 06937
施工问题 BC06
SGWT
Construction problems
S：问题*
F：施工维护问题

Shi gong zhi liang kong zhi 06938
施工质量控制 BC06
SGZLKZ
Construction quality control
S：控制*

Shi gu 06939
事故* AA06；DC00
SG
Accident
F：安全事故；保险事故；海上事故；货运事故；交通事故；交通运输事故；结构事故；驶出路外事故；雨天事故；运输事故；质量事故
D：意外事件

Shi gu bao gao zhi du 06940
事故报告制度 BI03
SGBGZD
Accident reporting systems

Shi gu di dian tu 06941
事故地点图 AI05
SGDDT
Accident spot map
S：地图*

Shi gu diao cha 06942
事故调查 BI03
SGDC
Accident investigations
S：调查*

Shi gu fen xi 06943
事故分析 DD00
SGFX
Accident analysis

S：分析*

Shi gu lei xing 06944
事故类型 BJ03
SGLX
Accident types
S：类型*

Shi gu lü 06945
事故率 BJ03
SGL
Accidental rates
S：运输统计指标
Z：指标*

Shi gu si wang lü 06946
事故死亡率 AI05
SGSWL
Death rate of accident
S：比率*

Shi gu tong ji 06947
事故统计 BJ03
SGTJ
Accident statistics
S：运输统计
Z：统计*

Shi gu yi fa di dian 06948
事故易发地点
SGYFDD
Accident black spot; Black spot

Shi hang F0714
试航 BE09
SH
Sea trial
Y：航行试验

Shi hang xing 06949
适航性 BE04；BF02
SHX
Navigability; Seaworthiness
S：性能*

Shi he zai fa 06950
试荷载法 CG04
SHZF
Trial load method
S：结构分析
Z：分析*

Shi hou wei hu 06951
事后维护 AK04
SHWH
Maintenance after failure
S：汽车维护
Z：维修*

Shi hou xiu li 06952
事后修理 AK05
SHXL
Repair after failure
S：汽车修理
Z：维修*

Shi hui 06953
石灰 AF03
SH
Lime
S：非金属材料
F：生石灰；熟石灰
Z：材料*

Shi hui fen mei hui tu ji ceng 06954
AC04
石灰粉煤灰土基层
SHFMHTJC
Lime-flyash -soil base
S：基层
Z：层*

Shi hui han liang ce ding fa 06955
AH02
石灰含量测定法
SHHLCDF
Method for determining the lime content
S：测定方法
Z：方法*

Shi hui shi 06956
石灰石 AF05
SHS
Limestone
S：石*
F：白垩

Shi hui tu F0715
石灰土 CG06
SHT
Lime stabilized soils
Y：石灰稳定土

Shi hui wen ding tu 06957
石灰稳定土 CG06；CI01
SHWDT
Lime stabilized soils
S：稳定土
F：火山灰土
D：灰土；石灰土
Z：土*

Shi hui yan 06958
石灰岩 AF05
SHY
Limestone
S：沉积岩
D：灰岩
Z：岩石*

Shi hui zhuang 06959
石灰桩 AC03
SHZ
Lime pile
S：桩*

Shi huo zi dong bao jing xi tong 06960
BI04
失火自动报警系统
SHZDBJXT
Automatic fire alarm system
S：灭火系统
Z：安全*

Shi ji jia ge 06961
实际价格 BG06
SJJG
Real price
S：价格*

Shi jian 06962
时间* AJ04；DJ00
SJ
Time
F：标准时；乘车时间；出行时间；待命时间；单程时间；灯阻时间；法定时；反应时间（司机）；反应时间；高峰时间；格林尼治平时；候车时间；空驶时间；判断时间（司机）；日照时间；停泊时间；停车持续时间；停站时间；误班时间；夏令时；闲暇时

间;行程时间

Shi jian 06963
试件 DF00
SJ
Samples;Test specimens
C:试样*

Shi jian bian hua 06964
时间变化 DC00
SJBH
Time variation
S:变化*

Shi jian ping jun su du 06965
AI01
时间平均速度
SJPJSD
Time mean speed
S:速度*

Shi jian zhan you lü 06966
时间占有率 AI01
SJZYL
Time occupancy ratio
S:占有率(车辆)
Z:比率*

Shi jie jia ge 06967
世界价格 BG06
SJJG
World price
S:价格*

Shi jie mao yi zu zhi 06968
世界贸易组织 BA01
SJMYZZ
World Trade Organization(WTO)
S:国际组织
C:关税壁垒
D:关税及贸易总协定
Z:机构(组织)*

Shi jie shi F0716
世界时 BF02;DJ00
SJS
Universal time; Greenwish Mean Time (GMT)
Y:格林尼治平时

Shi ju 06969
视距 AC02;AC05;BF02
SJ
Sight distance;Visual range
S:距离*
C:视位置;视差;测距仪
F:交叉口视距;正视距

Shi jue hang biao 06970
视觉航标 BD05
SJHB
Visual aids
S:航标*

Shi jue min rui du 06971
视觉敏锐度 AI05
SJMRD
Visual acuity
S:敏锐度
D:动视觉敏锐度;静视觉敏锐度
Z:度*

Shi li 06972
视力* AI05
SL
Vision
F:全动视力;人动视力;物动视力

Shi li shi ying xing 06973
视力适应性 AI05
SLSYX
Adaptation of vision
S:适应性
Z:性能*

Shi liang fen xi F0717
矢量分析 CA00
SLFX
Vector analysis
Y:向量分析

Shi liao F0718
石料 AF05
SL
Stones
Y:石材

Shi liao fan xie chuan 06974
石料翻卸船 BE03
SLFXC
Stone dumping vessels
S:工程船舶
Z:船舶*

Shi liao fen ji 06975
石料分级 CG09
SLFJ
Stone classification
S:分级*

Shi liao jia gong ji xie F0719
石料加工机械 AG08
SLJGJX
Stone processing machinery
Y:石材加工机械

Shi liao jia su mo guang yi 06976
AH03
石料加速磨光仪
SLJSMGY
Accelerated stone polishing tester
S:磨光仪
Z:仪器*

Shi liao mo guang zhi 06977
石料磨光值 CG09
SLMGZ
Polished stone value
S:值*

Shi liao mo guang zhi shi yan 06978
AH01
石料磨光值试验
SLMGZSY
Polished stone value test
S:材料试验
Z:试验*

Shi liao tan pu ji 06979
石料摊铺机 AG07
SLTPJ
Aggregate paver
S:摊铺机
Z:机械*

Shi long 06980
石笼 AC03;BC06
SL
Rock filled gabion;Stone basket
D:填石木笼

Shi lu 06981
实录 DB00

SL
Records
S：资料*
F：工程实录

Shi mi du F0720
视密度 CG09
SMD
Apparent density
Y：表观密度

Shi mi du shi yan 06982
视密度试验 AH01
SMDSY
Apparent density test
S：材料试验
Z：试验*

Shi mian 06983
石棉 AF03
SM
Asbestos
S：矿物纤维
Z：纤维*

Shi mo 06984
石墨 AF05
SM
Graphite
S：矿物*
C：石*

Shi mo xian wei 06985
石墨纤维 AF03
SMXW
Graphite fibers
S：碳纤维
Z：纤维*

Shi qi 06986
时期* DJ00
SQ
Period
F：晚期；有效期；早期；中期

Shi qian xiu li 06987
事前修理 AK05
SQXL
Repair before failure
S：汽车修理
Z：维修*

Shi qiao 06988
石桥 AD01
SQ
Stone bridge
S：桥*

Shi qing wei hu 06989
视情维护（汽车） AK04
SQWH
Condition-based maintenance
S：汽车维护
Z：维修*

Shi qu hang xian 06990
市区航线 AJ03
SQHX
City shipping line
S：航线*

Shi qu ke du 06991
市区客渡 AJ04
SQKD
City ferry
S：客渡
Z：船舶*

Shi qu ke liu 06992
市区客流 AJ04
SQKL
City passenger flow
S：客流*

Shi qu xian lu 06993
市区线路 AJ03
SQXL
Urban line
S：线路*
C：公共交通线路

Shi qu yue piao F0721
市区月票 AJ04
SQYP
City monthly ticket
Y：月票

Shi re qi hou 06994
湿热气候 CD03
SRQH
Humid tropical climate
S：气候*

Shi shi jiao tong kong zhi 06995
实时交通控制 AI03
SSJTKZ
Real-time traffic control
S：交通控制
Z：控制*

Shi su 06996
失速 BF07
SS
Loss of speed；Stall

Shi sun 06997
湿损 BA07
SS
Damage of damp
S：货损
Z：质量*

Shi ting zhu hang she bei 06998
视听助航设备 BD05
STZHSB
Audio visual aids
S：助航设施
Z：设施*

Shi wei zhi 06999
视位置 BF02
SWZ
Apparent position
S：位置*
C：视距

Shi wu lian 07000
食物链 CE02
SWL
Food chain
S：链*
C：环境生态学

Shi wu pei song 07001
实物配送 BA06
SWPS
Physical distribution
S：配送*

Shi wu shi yan 07002
实物试验 DF00

SWSY
Object tests
S：试验*

Shi xi chuan 07003
实习船 BE02
SXC
Practice ship
S：船舶*

Shi xian 07004
视线 AC02
SX
Sight line
S：线*

Shi xian 07005
湿陷 CI01
SX
Saturated yielding
S：沉降*
C：地基失效

Shi xian xing huang tu 07006
湿陷性黄土 CG06
SXXHT
Collapsible loess
S：黄土
Z：土*

Shi xiang huo 07007
适箱货 BI01
适于装入集装箱内并能保障运输安全的各种货物
SXH
Containerizable commodity
S：货物*

Shi xiao 07008
时效 BA01；DB00
SX
Aging；Time bar；Time limitation
S：效应*

Shi xiao 07009
失效 DD00
SX
Failure

Shi xie 07010
石屑 AF06
SX
Chips

Shi xie sa bu ji 07011
石屑撒布机 AG07
SXSBJ
Chip spreader
S：撒布机
Z：机械*

Shi yan 07012
试验* AH01；DF00
SY
Experiment；Tests
F：安固性试验；爆破试验；饱水率试验；比重试验；薄膜加热试验；材料试验；常规试验；抽样试验；触探试验；船舶试验；促凝压蒸试验；电工试验；动力响应试验（桥梁）；毒物学试验；断裂试验；废物试验；风洞试验；浮漂度试验；钢材验收试验；含有量试验；力学试验；路面试验；水工试验；土工试验；稳定性试验；现场试验；性能试验；锈蚀试验；样机试验；中间试验；钻孔试验
D：实验

Shi yan F0722
实验 DF00
SY
Experiments
Y：试验*

Shi yan bao gao 07013
试验报告 DF00
SYBG
Test report
S：报告
Z：资料*

Shi yan che 07014
试验车 AH04
SYC
Laboratory vehicle
S：车辆*
F：桥梁测试车；移动试验车

Shi yan duan 07015
试验段 AE13
SYD
Test section

Shi yan fang fa 07016
试验方法 BE09
SYFF
Experimental methods
S：方法*

Shi yan huan dao 07017
试验环道 AH04
SYHD
Test loop road

Shi yan ji 07018
试验机 AD16；AH04
SYJ
Testing machine
S：试验设备
F：长柱试验机；加载试验机；磨耗试验机
Z：设备*

Shi yan ji hua fa F0723
实验计划法 CA00
SYJHF
Statistical experiment method
Y：统计试验法

Shi yan lu 07019
试验路 AH04
SYL
Test road

Shi yan mo xing 07020
试验模型 AD16
SYMX
Test model
S：模型*
F：定床模型；动床模型；水工模型；缩尺模型

Shi yan she bei 07021
试验设备 AH04；DF00
SYSB
Testing equipment
S：设备*
F：光测弹性试验装置；取样设备；试验机

Shi yan shi 07022

试验室 AD16
SYS
Laboratory
　D：实验室

Shi yan shi F0724
实验室 AD16
SYS
Laboratory
　Y：试验室

Shi yan shi shi yan 07023
试验室试验 DF00
SYSSY
Laboratory experiments; Laboratory tests
　S：试验*

Shi yan shui chi 07024
试验水池 BC05; BE09
SYSC
Experimental tanks
　S：水池*
　F：波浪水池；船模水池

Shi yan tai 07025
试验台 AD16; AH04; AK05
SYT
Test rig; Test stand
　S：试验装置
　F：侧滑试验台（汽车）；柴油机喷油泵试验台；结构振动试验台；速度（表）试验台（汽车）；制动试验台
　Z：装置*

Shi yan xian chang 07026
试验现场 BC05
SYXC
Test sites

Shi yan yan jiu 07027
试验研究 DF00
SYYJ
Experimental research
　S：研究*

Shi yan yi 07028
试验仪 AH03
SYY
Testing apparatus
　S：仪器*
　F：韧度试验仪；硬度试验仪

Shi yan zhuang zhi 07029
试验装置 AH04; BC05; DF00
SYZZ
Test equipment; Testers
　S：装置*
　F：试验台；坍落度圆锥筒

Shi yang 07030
试样* DF00
SY
Samples; Specimens
　C：试件
　F：显微镜试样

Shi yang zhi bei 07031
试样制备 DF00
SYZB
Specimen preparation
　S：制备*

Shi ye 07032
视野* AI05
SY
Field of vision
　F：侧向视野；间接视野；前方视野；直接视野

Shi ye 07033
失业* BB05
SY
Unemployment
　F：结构性失业

Shi ying 07034
石英 AF03
SY
Quartz
　S：非金属材料
　Z：材料*

Shi ying xing 07035
适应性 AI05; DC00
SYX
Adaptability; Competency; Suitability
　S：性能*
　F：驾驶适应性；视力适应性；颜色适应性

Shi ying yan 07036
石英岩 AF05
SYY
Metaquartzite; Quartzites
　S：变质岩
　Z：岩石*

Shi ying zhao ming F0725
适应照明 AI07
SYZM
Adaptation lighting
　Y：缓和照明

Shi yong gong neng 07037
使用功能 DE00
SYGN
Usable functions
　S：功能*

Shi yong qi cheng ben 07038
使用期成本 BG05
SYQCB
Life cycle costs
　S：成本*
　C：使用期费用

Shi yong qi fei yong 07039
使用期费用 BG05
SYQFY
Life cycle costs
　S：费用*
　C：使用期成本

Shi yong qi xian F0726
使用期限 BB05
SYQX
Life
　Y：使用寿命

Shi yong quan 07040
使用权 BB04
SYQ
Right of use
　S：权利*
　F：场地使用权

Shi yong shou ming 07041
使用寿命* AK02; DB00
SYSM
Service life
　F：车辆使用寿命；疲劳寿命

D：寿命；使用期限

Shi yong xin xing 07042
实用新型 DF00
SYXX
Utility model
S：专利*

Shi yong xing neng 07043
使用性能 AK04
SYXN
Operation performance
S：性能*
F：汽车使用性能

Shi yong zai he F0727
使用载荷 CG11
SYZH
Working load
Y：工作载荷

Shi you 07044
石油 CL03
SY
Crude oil；Oil；Petroleum
S：油*
C：石油燃料
F：原油

Shi you chan pin 07045
石油产品 CL03
SYCP
Petroleum products
S：产品*

Shi you hua xue pin chuan 07046
BE01
石油化学品船
SYHXPC
Oil/Chemical tanker
S：多用途船
Z：船舶*

Shi you li qing 07047
石油沥青 AF08
SYLQ
Petroleum products
S：沥青*
C：焦油沥青

Shi you ran liao 07048
石油燃料 CL03
SYRL
Petroleum fuels
S：燃料*
C：柴油；汽油，石油；煤油

Shi you wu ran 07049
石油污染 BI02
SYWR
Petroleum pollution
S：油污染
Z：环境污染*

Shi you wu ran fang zhi fa an 07050
BI03
石油污染防治法案（美国）
SYWRFZFA
Oil Pollution Act（OPA）
S：法案*

Shi you yun shu 07051
石油运输 AA03
SYYS
Petroleum transport
S：货物运输
Z：运输*

Shi zai lü 07052
实载率 AA07
指载重、客量利用率。
SZL
Rate of actual loading（utilization factor of payload or seats）
S：比率*

Shi zhen 07053
失真 DD00
SZ
Distortion

Shi zhen qi 07054
拾震器 AH03
SZQ
Geophone
S：仪器*

Shi zheng gong cheng 07055
市政工程 CI03
SZGC
Municipal engineering
S：工程*

Shi zhi 07056
试制 DD00；DE00
SZ
Pilot manufacturing

Shi zhuang 07057
试桩 AH01
SZ
Test pile

Shi zi ban jian li yi 07058
十字板剪力仪 AH03
SZBJLY
Vane-shear apparatus
S：剪切仪
Z：仪器*

Shi zi ban jian qie shi yan 07059
AH01
十字板剪切试验
SZBJQSY
Vane shear test
S：剪切试验
Z：试验*

Shi zi xing jiao cha 07060
十字形交叉 AC05
SZXJC
Cross road
S：平面交叉
Z：公路交叉*

Shi zong fa 07061
示踪法 DF00
SZF
Trace method
S：方法*

Shou 07062
艏 BE05
S
Bow
S：船体*

Shou ce 07063
手册 DF00
SC
Manual
S：工具书

Z：资料*

Shou ce xiang tui jin qi 07064
艏侧向推进器 BE08
SCXTJQ
Bow thrusters
S：推进装置
Z：装置*

Shou dong kong zhi 07065
手动控制 DD00
SDKZ
Hand control；Manual control
S：控制*

Shou fei che dao jian ce qi 07066
收费车道检测器 AI03
SFCDJCQ
Toll lane detector
S：检测器
Z：仪器*

Shou fei gong lu 07067
收费公路 AB02
SFGL
Toll highway
S：公路
Z：道路*

Shou fei qiao 07068
收费桥 AD01
SFQ
Toll bridge
S：桥*

Shou fei tan xing 07069
收费弹性 AI06
SFTX
Toll elasticity

Shou fei xi tong 07070
收费系统 AI06
SFXT
Toll system
S：系统*
C：收费制式
F：道路收费系统；收费站

Shou fei zhan 07071
收费站 AI06
SFZ
Toll station
S：收费系统
Z：系统*

Shou fei zhi shi 07072
收费制式 AI06
SFZS
Toll mode
C：收费系统

Shou fei zhong xin 07073
收费中心 AI06
SFZX
Toll center
S：道路收费系统
Z：系统*

Shou gong jian suo 07074
手工检索 DF00
SGJS
Manual retrieval
S：情报检索
Z：检索*

Shou huo qu 07075
收货区 BA06
SHQ
Receiving space
S：货区
Z：区域*

Shou huo ren 07076
收货人 BA02
SHR
Receiver

Shou ji 07077
收集 DD00
SJ
Collections

Shou la gou jian 07078
受拉构件 AD06
SLGJ
Tension member
S：结构构件
Z：工程结构*

Shou la zai he 07079
受拉载荷 CG11
SLZH
Tensional load
S：载荷*

Shou lian 07080
收敛 AE13；CA00
SL
Convergence

Shou ming F0728
寿命 BB05；DC00；DB00
SM
Life(durability)；Longevity
Y：使用寿命*

Shou ming zhou qi cheng ben 07081
寿命周期成本 BB05
SMZQCB
Life cycle costs
S：成本*

Shou ming zhou qi cheng ben fen xi 07082
寿命周期成本分析 BB05
SMZQCBFX
Life cycle costs analysis
S：分析*

Shou ming zhou qi fen xi 07083
寿命周期分析 BB05
SMZQFX
Life cycle analysis
S：分析*

Shou piao ji 07084
售票机 AJ02
SPJ
Passimeter

Shou piao ting 07085
售票厅 AJ03
SPT
Ticket hall

Shou piao xi tong 07086
售票系统 AA02
SPXT
Ticket issuing system

F：电子自动售票系统
Z：系统*

Shou po zhen dong hu pu fen xi 07087 AH02
受迫振动互谱分析
SPZDHPFX
Forced vibration cross-spectrum analysis
S：振动互谱分析
Z：分析*

Shou qing 07088
艏倾 BE04
SQ
Trim by bow
S：纵倾
Z：运动*

Shou ru 07089
收入 AJ05
SR
Income

Shou ru fa 07090
收入法 BB03
SRF
Income approach
S：分析研究方法
Z：方法*

Shou suo 07091
收缩 AD03；CG09；DC00
SS
Contraction；Retraction；Shrinkage
C：蠕变

Shou suo lie feng 07092
收缩裂缝 AC08
SSLF
Contraction crack
S：裂缝*

Shou suo shi yan 07093
收缩试验 AH01
SSSY
Shrinkage test
S：性能试验
Z：试验*

Shou tui shi gou zao shen du yi F0729 AH03
手推式构造深度仪
STSGZSDY
Minitexture meter
Y：构造深度仪

Shou ya gou jian 07094
受压构件 AD06
SYGJ
Compression member
S：结构构件
Z：工程结构*

Shou yao 07095
艏摇 BE04
SY
Yawing
S：船舶摇荡
Z：运动*

Shou yao juan yang ji 07096 AG06
手摇卷扬机
SYJYJ
Manual hoist
S：卷扬机
Z：设备*

Shou yi cheng ben fen xi 07097 BG05
收益成本分析
SYCBFX
Benefit-cost analysis
S：财务分析
Z：分析*

Shou yi lü 07098
收益率 BB04；BG05
SYL
Rate of return
S：比率*
F：基准收益率；内部收益率；投资收益率

Shou yi zhe 07099
受益者 BB03
SYZ
Beneficiary

Shou zhan F0730
首站 AJ03
SZ
Origin station
Y：起点站

Shu 07100
数* CA00；DI00
S
Figure；Number
F：比数；对数；函数；因数

Shu chu F0731
输出(贸易) DA00
SC
Export
Y：出口

Shu chu 07101
输出 DD00
SC
Output

Shu chu she bei 07102
输出设备 CF03
SCSB
Output device
S：外部设备
Z：设备*

Shu dian 07103
输电 CF01
SD
Transmission
C：配电

Shu gan 07104
疏干 BC02
SG
Dewatering

Shu jing 07105
竖井 AE04
SJ
Shaft
C：辅助坑道

Shu ju 07106
数据* DI00
SJ
Data
F：气象数据；统计数据；社会经济数据

Shu ju bian zhi 07107
数据编制 BJ01
SJBZ
Data compilation
S：数据处理
Z：处理*

Shu ju cai ji 07108
数据采集 BJ01；CF03
SJCJ
Data acquisition；Data collection
D：数据收集；数据搜集

Shu ju chu cun F0732
数据储存 BJ01
SJCC
Data storage
Y：数据库*

Shu ju chu li 07109
数据处理 BJ01；CF03
SJCL
Data processing；Data handling
S：信息处理
C：数据管理；数据库*；数据处理系统
F：数据编制；数据交换
D：数据加工
Z：处理*

Shu ju chu li xi tong 07110
数据处理系统 BJ01
SJCLXT
Data processing systems
S：系统*
C：数据处理
F：数据传输系统；数据记录系统

Shu ju chuan shu xi tong 07111 BJ01
数据传输系统
SJCSXT
Data transmission systems
S：数据处理系统
Z：系统*

Shu ju diao cha 07112
数据调查 DD00
SJDC
Data inquiry
S：调查*

Shu ju fen xi 07113
数据分析 BJ01；DF00
SJFX
Data analysis
S：分析*

Shu ju guan li 07114
数据管理 BJ01
SJGL
Data management
S：管理*
C：资料管理；数据处理

Shu ju ji lu 07115
数据记录 BJ01
SJJL
Data logging
S：数据记录系统
Z：系统*

Shu ju ji lu xi tong 07116 BJ01
数据记录系统
SJJLXT
Data logging systems
S：数据处理系统
F：数据记录
Z：系统*

Shu ju jia gong F0733
数据加工 BJ01
SJJG
Data processing
Y：数据处理

Shu ju jiao huan 07117
数据交换 BJ01；CF03
SJJH
Data exchange；Data switching
S：数据处理
F：电子数据交换
Z：处理*

Shu ju ku 07118
数据库* AC02；BJ01；CF03；DF00
SJK
Data bank；Data-base
C：数据源；数据处理
F：灯塔数据库；公路数据库；航道数据库；水深测量数据库；水文数据库；信息系统数据库
D：数据储存

Shu ju ku guan li xi tong 07119 CF03
数据库管理系统
SJKGLXT
Date-base management system
S：计算机系统
Z：系统*

Shu ju shou ji F0734
数据收集 BJ01
SJSJ
Data collection；Data acquisition
Y：数据采集

Shu ju shou ji xi tong 07120 AH04
数据收集系统
SJSJXT
Data acquisition system
S：系统*
F：道路几何数据收集系统；多通道数字记录系统

Shu ju sou ji F0735
数据搜集 BJ01
SJSJ
Data collection；Data acquisition
Y：数据采集

Shu ju xi tong 07121
数据系统 BJ02
SJXT
Data systems
S：系统*
F：航运数据系统

Shu ju xu qiu 07122
数据需求 BJ01
SJXQ
Data needs
S：需求*
D：数据需要

Shu ju xu yao F0736
数据需要 BJ01
SJXY
Data needs

Y：数据需求

Shu ju yuan 07123
数据源 BJ01
SJY
Data sources
C：数据库*

Shu jun 07124
疏浚* BD04
SJ
Dredging; Dredging work
C：港口*；航道*；深水港；挖泥船；外港；河道工程；治河工程
F：超宽疏浚；超深疏浚；航道浚深；航道疏浚；近海疏浚；维护性疏浚；养护性疏浚

Shu jun gong cheng 07125
疏浚工程 BD04
SJGC
Dredging works
S：工程*
C：航道疏浚；航道开发；航道整治；超宽疏浚；超深疏浚；近海疏浚；内陆运河

Shu jun jian kong 07126
疏浚监控 BD04
SJJK
Dredge monitoring
S：监控*

Shu jun tiao li 07127
疏浚条例 BB02
SJTL
Dredging regulations
S：条例*

Shu jun wu pao fang 07128
疏浚物抛放 BI03
SJWPF
Discharge of dredged material
S：抛放*
C：泥沙生物学特性测定；悬浮颗粒物质性状试验

Shu kong 07129
数控 DE00
SK
Numerical control
S：控制*

Shu ku 07130
书库 DF00
SK
Book stock

Shu li fen xi 07131
数理分析 BJ01
SLFX
Mathematical analysis
S：分析研究方法
Z：方法*

Shu li tong ji 07132
数理统计 BJ01；CA00
SLTJ
Mathematical statistics; Statistical analysis
S：统计*

Shu liang zhi shu 07133
数量指数 BG02
SLZS
Quantitative index
S：综合指数
Z：指数*

Shu liao 07134
熟料 AF04
SL
Chamotte; Clinkers; Grog
S：建筑材料
C：生料
D：水泥熟料
Z：材料*

Shu lin 07135
树林* CE03；CK07
SL
Woods
F：森林

Shu mo zhuan huan 07136
数模转换 CF03
SMZH
Digital to analog conversion
C：转换器*；模数转换

Shu mo zhuan huan qi 07137
数模转换器 CF03
SMZHQ
Digital to analog converter
S：转换器*

Shu mu 07138
树木 CE03
SM
Trees
C：植物

Shu niu zhan 07139
枢纽站 AJ03
SNZ
Junction station
S：车站*

Shu ping 07140
述评 DA00
SP
Review
S：资料*
C：综述

Shu ru she bei 07141
输入设备 CF03
SRSB
Input device
S：外部设备
F：键盘
Z：设备*

Shu san F0737
疏散 BH01
SS
Evacuation
Y：撤离

Shu san liang F0738
疏散量 AJ05
SSL
Passenger distributing volume
Y：集散量

Shu sha 07142
输沙* BD04
SS
Sediment transports
C：含沙量；输沙量
F：吹沙；河流输沙；水力输沙
D：淤泥输送

Shu sha liang 07143
输沙量 BD02
SSL
Sediment discharge; Sediment load
C: 输沙*

Shu shi hui 07144
熟石灰 AF04
SSH
Slaked lime
S: 石灰
Z: 材料*

Shu shi xing 07145
舒适性* AJ05
SSX
Comfort
F: 乘车舒适性

Shu shui 07146
输水 BD01
SS
Water conveying

Shu shui chong sha 07147
BD04
束水冲沙
SSCS
Sand sluicing by stream contracting
S: 淤积控制*

Shu shui gong sha F0739
束水攻沙 BD01
SSGS
Clearing sands with converging flow
Y: 束狭河槽

Shu shui gui cao F0740
束水归槽 BD01
SSGC
Converging flow into main channel
Y: 束狭河槽

Shu shui jian zhu wu 07148
BC03
输水建筑物
SSJZW
Water conveyance structures
S: 建筑物*
C: 过鱼建筑物; 河道整治建筑物; 取水建筑物; 水工建筑物; 消能建筑物(水利); 泄水建筑物

Shu shui xi tong 07149
输水系统 BD03
SSXT
Water filling system
S: 系统*

Shu shui xing F0741
疏水性 DC00
SSX
Hydrophobicity
Y: 憎水性

Shu song dai 07150
输送带 BA08
SSD
Conveying belt; Conveyer belts
D: 运输带

Shu song ji 07151
输送机* AG06; BA08
SSJ
Conveyer
C: 散货码头; 升船机; 运输机械
F: 气力输送机; 刮板输送机; 冷料输送机; 连续输送机; 升降机

Shu xia he cao 07152
束狭河槽 BD01
SXHC
Restricted channel; Channel restriction
S: 河道整治*
D: 河道束狭; 河身束窄; 束水归槽; 束水攻沙

Shu xiang pai shui 07153
AC06
竖向排水
SXPS
Vertical drainage
S: 排水*

Shu xiang zai he 07154
竖向载荷 CG11
SXZH
Vertical load
S: 载荷*

Shu xuan qiao 07155
竖旋桥 AD01
SXQ
Bascule bridge
S: 桥*

Shu xue 07156
数学 CA00
SX
Mathematics
S: 学科*
F: 管理数学; 几何学; 离散数学; 模糊数学; 统计数学; 运筹学; 概率论; 控制论

Shu xue fang fa 07157
数学方法 BJ01
SXFF
Mathematical methods
S: 分析研究方法
Z: 方法*

Shu xue fen xi 07158
数学分析 CA00; DD00
SXFX
Analysis (mathematics); Mathematics analysis
S: 分析*
F: 边界元法; 方差分析; 非线性分析; 傅立叶分析; 回归分析; 网格分析; 相关分析; 向量分析; 有限元法

Shu xue gui hua 07159
数学规划 BJ01
SXGH
Mathematical programming
S: 规划*

Shu xue mo xing 07160
数学模型 BJ01; CA00; DF00
SXMX
Mathematical model
S: 模型*
C: 径流*

Shu xue wen ti 07161
数学问题 CA00
SXWT
Mathematic problems
S: 问题*
F: 边值问题; 初值问题

Shu yi 07162
输移* BD02
SY
Transport
F：泥沙输移

Shu you bi F0742
输油臂 BA08
SYB
Marine loading arms
Y：装载臂

Shu yu 07163
术语 DF00
SY
Terminology
S：词汇*

Shu zhi F0743
树脂 CC04
SZ
Resins
Y：高聚物*

Shu zhi gui hua fa 07164
数值规划法 CA00
SZGHF
Numerical planning
S：最优化方法
Z：方法*

Shu zhi ji suan 07165
数值计算 CA00；CB00
SZJS
Numerical computation
S：计算*

Shu zhi jie 07166
数值解 CA00
SZJ
Numerical solution
S：解*

Shu zhi mao gan 07167
树脂锚杆 AE07
SZMG
Resin anchored bolt
S：胶结型锚杆
Z：锚杆*

Shu zhi mo ni 07168
数值模拟 DF00
SZMN
Numerical simulation
S：模拟*

Shu zi dao hang 07169
数字导航 BD05
SZDH
Digital navigation
S：导航*

Shu zi di mian mo xing 07170 AC01
数字地面模型
SZDMMX
Digital terrain model

Shu zi dian lu 07171
数字电路 CF04
SZDL
Digital circuit
S：电子电路
Z：电路*

Shu zi hang dao tu 07172 BD04
数字航道图
SZHDT
Digital waterway map
S：航道图
Z：地图*

Shu zi kong zhi 07173
数字控制 CF03
SZKZ
Digital control
S：计算机控制
Z：控制*

Shu zi lü bo qi 07174
数字滤波器 CF04
SZLBQ
Digital filter
S：滤波器
Z：装置*

Shu zi shi gong tu 07175
数字施工图 BD04
SZSGT
Digital construction map
S：施工图
Z：图*

Shu zi xin hao chu li 07176 CF03
数字信号处理
SZXHCL
Digital signal process
S：处理*

Shu zi xuan ze xing hu jiao 07177 BF05
数字选择性呼叫
SZXZXHJ
Digital selected calling；Digital selective calling（DSC）
S：选择性呼叫
Z：系统*

Shu zi zhuang bei tu 07178
数字装备图 BD04
SZZBT
Digital installation map
S：施工图
Z：图*

Shuai bian 07179
衰变 DC00
SB
Decay
S：变化*

Shuai gua yun shu 07180
甩挂运输 AA01；BA06
SGYS
Drop and pull transport；Trailer droped and picked up transportation
S：运输形式
Z：运输方式*

Shuai jian 07181
衰减 DC00
SJ
Attenuation；Damping
C：衰减率

Shuai jian lü 07182
衰减率 CG08
SJL
Attenuation rate；Damping factor
S：比率*

C：衰减；阻尼*
F：对数衰减率

Shuai jian xi shu 07183
衰减系数 CG08；DI00
SJXS
Attenuation coefficient
S：系数*

Shuai jian zhen dong F0744
衰减振动 CG09
SJZD
Attenuation vibration
Y：减幅振动

Shuan han jie gou 07184
栓焊结构 AD04
SHJG
Bolted and welded structure
S：工程结构*

Shuan han liang 07185
栓焊梁 AD05
SHL
Bolted and welded girder
S：梁*

Shuan jie jie dian 07186
栓接接点 AD06
SJJD
Bolted joint
S：接点*

Shuan jie jie gou 07187
栓接结构 AD04
SJJG
Bolted structure
S：工程结构*

Shuan jie liang 07188
栓接梁 AD05
SJL
Bolted girder
S：梁*

Shuang 07189
霜 CD03
S
Frost
S：降水*

Shuang bian jiao jie 07190 BA07
双边交接
SBJJ
Cargo hand-over by both side
S：货物交接*

Shuang ceng di 07191
双层底 BE05
SCD
Double bottom
S：船舶结构
Z：结构*

Shuang cheng yun shu 07192
双程运输 AA01
SCYS
Two-way loading transport
S：运输形式
Z：运输方式*

Shuang gua qi che lie che 07193 AK01
双挂汽车列车
SGQCLC
Double trailer train
S：汽车列车
Z：列车*

Shuang huang xian 07194
双黄线 AI07
SHX
Double amber lines
S：线*

Shuang ji chuan zha 07195
双级船闸 BD03
SJCZ
Double-lift locks
S：船闸
C：航道梯级
Z：建筑物*

Shuang lun ya lu ji 07196
双轮压路机 AG07
SLYLJ
Tandem roller
S：压路机
Z：机械*

Shuang lun zhen dong ya lu ji 07197 AG07
双轮振动压路机
SLZDYLJ
Tandem vibratory roller
S：压路机
Z：机械*

Shuang qu gong 07198
双曲拱 AD04
SQG
Double curvature arch
S：拱*

Shuang qu gong ba 07199
双曲拱坝 BC03
SQGB
Dome dams
S：拱坝
Z：建筑物*

Shuang qu gong qiao 07200
双曲拱桥 AD01
SQGQ
Two-way curved arch bridge
S：拱桥
Z：桥*

Shuang suo mian xie la qiao 07201 AD01
双索面斜拉桥
SSMXLQ
Double pylon cable stayed bridge
S：斜拉桥
Z：桥*

Shuang ta xie la qiao 07202
双塔斜拉桥 AD01
STXLQ
Double pylon cable stayed bridge
S：斜拉桥
Z：桥*

Shuang ti chuan 07203
双体船 BE01
STC
Catamaran
S：客轮
Z：船舶*

Shuang xian chuan zha 07204
双线船闸 BD03

SXCZ
Double locks
S：船闸
C：承船厢；闸室
Z：建筑物*

Shuang xian qiao 07205
双线桥 AD01
SXQ
Double line bridge
S：桥*

Shuang xian sui dao 07206
双线隧道 AE01
SXSD
Twin-track tunnel
S：隧道*

Shuang xiang pai shui F0745
双向排水(路面) AC06
SXPS
Double-slope drainage
Y：路面排水

Shui 07207
水* AC06
S
Water
F：舱底水；淡水；地表水；地面水；地下水；毛细水；渗透水；污水；压载水

Shui 07208
税* BA01
S
Tax
C：税收*
F：财产税；城市建设税；从价税；地方税；吨税；附加税；关税；过境税；环境税；货物税；价外税；间接税；建筑税；利息税；企业奖金税；燃油税；所得税；调节税；土地税；消费税；销售税；营业税；增值税；直接税；周转税；转口税；资本税

Shui beng 07209
水泵 AG02
SB
Water pumps
S：泵*
F：污水泵；吸泥泵
D：给水泵

Shui cao 07210
水槽* BE09
SC
Water channels
F：循环水槽

Shui chan 07211
水产 CE02
SC
Aquatic products

Shui chan yang zhi 07212
水产养殖 BI03
SCYZ
Aquaculture
C：生态影响评价

Shui cheng yan F0746
水成岩 AF05
SCY
Aqueous rocks；Hydrogenic rocks
Y：沉积岩

Shui chi 07213
水池* BC05
SC
Water basins
F：试验水池

Shui dao F0747
水道 BD01
SD
Waterway
Y：航道*

Shui dao ce liang 07214
水道测量 BD02
SDCL
Hydrographic surveys
S：测量*

Shui dian zhan jin shui kou 07215
水电站进水口 BD06
SDZJSK
Intake of hydropower station

Shui dian zi yuan 07216
水电资源 BD06
SDZY
Water electric resources
S：水资源*
C：可开发水能资源
F：潮汐能资源
D：水能资源

Shui dong li xue 07217
水动力学 CG01
SDLX
Hydrodynamics
S：动力学；水力学
Z：学科*

Shui fa 07218
税法 BA01
SF
Tax law
S：法*

Shui fen 07219
水分 CC01
SF
Moisture；Water content
C：水溶液

Shui fu lü 07220
税赋率 BA01
SFL
Tax-bearing rate
S：比率*

Shui gong 07221
水工 BC02
SG
Hydraulics
D：河工

Shui gong hun ning tu nai jiu xing 07222
水工混凝土耐久性 BC02
SGHNTNJX
Hydroconcrete durability
S：耐久性
Z：性能*

Shui gong jian zhu wu 07223
水工建筑物 BC03；CI05
SGJZW

Hydraulic structures
S：建筑物*
C：过鱼建筑物；河道整治建筑物；取水建筑物；消能建筑物(水利)；泄水建筑物
F：坝；堤

Shui gong jie gou 07224
水工结构 BC03
SGJG
Hydraulic structures
S：工程结构*

Shui gong jie gou xue 07225
水工结构学 BC02
SGJGX
Technology of hydraulic structure
S：学科*

Shui gong mo ni 07226
水工模拟 BC05
SGMN
Hydraulic analogue
S：模拟*

Shui gong mo xing 07227
水工模型 BC05
SGMX
Hydraulic models
S：试验模型
Z：模型*

Shui gong mo xing shi yan 07228
BC05；DF00
水工模型试验
SGMXSY
Hydraulic model tests
S：模型试验；水工试验
F：波浪模型试验；港工模型试验；河工模型试验
Z：试验*

Shui gong shi yan 07229
水工试验 BC05；CI05；DF00
SGSY
Hydraulic tests
S：试验*
C：水工试验装置
F：抽水试验；渗水试验；压水试验；注水试验；水工模型试验

Shui gong shi yan zhuang zhi 07230
BC05
水工试验装置
SGSYZZ
Hydraulic testing equipment
S：装置*
C：水工试验
F：消波设备；造波设备

Shui gong sui dong 07231
水工隧洞 AE01
SGSD
Hydraulic tunnel
C：隧道*

Shui he F0748
水合 CC02
SH
Hydration
Y：水化

Shui hou nian li run 07232
税后年利润 BJ01
SHNLR
Annual profit after tax
S：年利润
Z：利润*

Shui hou nian shou yi 07233
税后年收益 BJ01
SHNSY
Annual return after tax
S：年收益*

Shui hua 07234
水化 CC02
SH
Hydration
S：化学反应
D：水合
Z：反应*

Shui hua re 07235
水化热 CC02；CL02
SHR
Hydration heat
S：热*

Shui hua xian xiang 07236
AC04
水滑现象
SHXX
Hydroplaning phenomena

Shui huan jing 07237
水环境 CK01
SHJ
Water environments
S：环境*

Shui hui 07238
水毁 AC08
SH
Flood damage；Washout
C：公路灾害

Shui hui bi 07239
水灰比 AF07；CG09；DI00
SHB
Water-cement ratio
S：比数
D：灰水比
Z：数*

Shui ji 07240
税基 BA01
SJ
Taxable base
D：纳税基数

Shui jie sui shi lu mian 07241
AC04
水结碎石路面
SJSSLM
Water bound macadam
S：路面*

Shui jing ji si ting 07242
水警缉私艇 BE02
SJJST
Police anti-smuggling patrol boat
S：运输辅助船
Z：船舶*

Shui ku 07243
水库 BC01；CI05
SK
Reservoir
D：蓄洪区

Shui ku ni sha 07244
水库泥沙 BD02

SKNS
Reservoir sediments
S：泥沙*
C：水库淤积；淤积控制*

Shui ku qing yu 07245
水库清淤 BD04
SKQY
Reservoir desilting
S：清淤
Z：淤积控制*

Shui ku tiao hong yan suan 07246 BC02
水库调洪演算
SKTHYS
Reservoir routing
S：计算*

Shui ku wu ran 07247
水库污染 BI02
SKWR
Reservoir pollution
S：水污染
Z：环境污染*

Shui ku yu ji 07248
水库淤积 BD02
SKYJ
Reservoir sedimentation
S：淤积*
C：水库泥沙；淤积控制

Shui li 07249
水力 BC02
SL
Hydraulic power; Water power

Shui li 07250
水利 CG07
SL
Water conservancy

Shui li chong sha chuan 07251 BE03
水力冲沙船
SLCSC
Jetting sand dredger
S：挖泥船
Z：船舶*

Shui li fa dian chang F0749 BD06
水力发电厂
SLFDC
Hydroelectric power plants
Y：水力发电站

Shui li fa dian zhan 07252
水力发电站 BD06
SLFDZ
Hydroelectric stations
S：发电厂
F：抽水蓄能水电站；梯级水电站
D：水力发电厂
Z：工厂*

Shui li gong cheng 07253 CI05
水利工程
SLGC
Hydraulic engineering
S：工程*
C：工程测量

Shui li ji suan 07254
水力计算 CG07
SLJS
Hydraulic computations
S：计算*
C：动水压力；静水压力；流量；水头损失；水压力

Shui Li Shu Niu 07255
水利枢纽* BD06
SLSN
Hydroproject；Hydro-complex
F：渠化枢纽

Shui li shu sha 07256
水力输沙 BD04
SLSS
Hydraulic transport of sediments
S：输沙*

Shui li xue 07257
水力学 CG01；CG07；CI05
SLX
Hydraulics
S：力学
F：河川水力学
Z：学科*

Shui li zi yuan F0750
水利资源 BD06
SLZY
Water resources
Y：水资源*

Shui li zi yuan kai fa 07258 BD06
水利资源开发*
SLZYKF
Water resources development
C：水资源*
F：流域开发；水利综合开发；梯级开发

Shui li zong he kai fa 07259 BD06
水利综合开发
SLZHKF
Comprehensive development of water resources
S：水利资源开发*
D：多目标开发

Shui liang yu shui zhi yan jiu 07260 BI03
水量与水质研究
SLYSZYJ
Water Quantity and Quality Research
S：水质管理
C：水质指标
Z：管理*

Shui liu 07261
水流 CI05
SL
Water flow

Shui lü 07262
税率 BA01
SL
Tax rate；Tariff；Tariff rate
S：比率*
C：税率表
F：比例税率；关税税率

Shui lü biao 07263
税率表 BA01
SLB

Tax schedule
C：税率

Shui lu huo wu yun dan 07264
水路货物运单 BA02
SLHWYD
Waterway-bill; Water freight bill
S：运单*

Shui lu huo wu yun shu he tong 07265
水路货物运输合同 BA02
SLHWYSHT
Contract of cargo transport on water
S：运输合同
Z：合同*

Shui lu lian yun 07266
水陆联运 BA06
SLLY
Land-water combined transport; Land and water transportation
S：联合运输
Z：运输*

Shui lu liang yong ji xie 07267
水陆两用机械 AG01
SLLYJX
Amphibious mechanism
S：机械*
C：施工机械

Shui lu yun shu 07268
水路运输 BA02
SLYS
Water transportation; Waterway transportation
S：运输*
C：船舶航行*；航运；航道*；航海*
F：海上运输；江海直达运输；内河运输；载驳运输

Shui lu yun shu fu wu ye 07269
水路运输服务业 BG07
SLYSFWY
Enterprise of service for carrier and cargo owner
S：水路运输企业
Z：企业*

Shui lu yun shu qi ye 07270
水路运输企业 BG07
SLYSQY
Water transport enterprises
S：运输企业
F：水路运输服务业
Z：企业*

Shui mi cang bi 07271
水密舱壁 BE05
SMCB
Bulkhead resistant to water; Watertight bulkhead
S：舱壁
Z：结构*

Shui mi fen duan 07272
水密分段 BE05
SMFD
Watertight subdivision
S：船舶结构
Z：结构*

Shui mi ge cang 07273
水密隔舱 BE05
SMGC
Watertight bulkhead
S：船舶舱室*

Shui mi men 07274
水密门 BE05
SMM
Watertight door
S：船舶结构
Z：结构*

Shui mi xing 07275
水密性 DC00
SMX
Watertightness
S：性能*

Shui mian dao hang 07276
水面导航 BD05
SMDH
Surface navigation
S：航海导航
Z：导航*

Shui mian hang xing 07277
水面航行 BF02
SMHX
Surface navigation
S：船舶航行*

Shui mie huo xi tong 07278
水灭火系统 BI04
SMHXT
Water fire extinguishing system
S：船舶灭火
F：国际通岸接头
Z：安全*

Shui neng 07279
水能 CL02
SN
Water power
S：能*

Shui neng zi yuan F0751
水能资源 BD06
SNZY
Potential water power resources; Hydropower resources
Y：水电资源

Shui ni 07280
水泥* AF04
SN
Cements
C：胶凝材料；水泥安定性试验
F：大坝水泥；道路水泥；硅酸盐水泥；混合水泥；抗硫酸盐水泥；快硬水泥；矿渣硅酸盐水泥；硫铝酸盐水泥；铝酸盐水泥；膨胀水泥；自应力水泥

Shui ni an ding xing shi yan 07281
水泥安定性试验 AH01
SNADXSY
Cement soundness test
S：试验*
C：水泥*

Shui ni biao hao 07282
水泥标号 CG09

SNBH
Cement mark
S：代码*
C：水泥强度等级

Shui ni bo 07283
水泥驳 BE01
SNB
Cement barge
S：驳船
Z：船舶*

Shui ni chuan 07284
水泥船 BE01
指用水泥、砂石、钢筋或钢丝网作为船体结构基本材料的船。
SNC
Ferrocement boat; Concrete ships; Plastered boat
S：运输船舶
D：混凝土船
Z：船舶*

Shui ni hun ning tu biao hao 07285
水泥混凝土标号 CG09
SNHNTBH
Cement concrete mark
S：代码*

Shui ni hun ning tu lu mian 07286
水泥混凝土路面 AC04
SNHNTLM
Cement concrete pavement
S：刚性路面
Z：路面*

Shui ni hun ning tu pei he bi 07287
水泥混凝土配合比 CG09
SNHNTPHB
Proportioning of cement concrete
S：配合比
Z：数*

Shui ni jiang pen qiang F0752
水泥浆喷枪 AG03
SNJPQ
Cement guns
Y：砂浆喷射器

Shui ni qiang du deng ji 07288
水泥强度等级 CG09
Grade of cement strength
S：分级*
C：水泥标号

Shui ni sheng liao F0753
水泥生料 AF04
SNSL
Cement raw meal
Y：生料

Shui ni shu liao F0754
水泥熟料 AF04
SNSL
Cement clinker
Y：熟料

Shui ni tu 07289
水泥土 CG06
SNT
Soil cement
S：稳定土
Z：土*

Shui ni tu ji ceng 07290
水泥土基层 AC04
SNTJC
Cement-soil base
S：基层
Z：层*

Shui ni yun shu chuan F0755
水泥运输船 BE01
SNYSC
Cement carrier
Y：散装水泥船

Shui ping 07291
水平 DH00
SP
Level

Shui ping ban yun ji xie 07292
水平搬运机械 AA05
SPBYJX
Horizontal handling machinery
S：装卸机械
Z：机械*

Shui ping li 07293
水平力 CG03
SPL
Horizontal force
S：力*

Shui ping neng jian du 07294
水平能见度(航标) BD05
SPNJD
Visibility
S：能见度
Z：度*

Shui ping yi 07295
水平仪 AH03
SPY
Leveler
S：仪器*
F：电子水平仪

Shui ping zai he 07296
水平载荷 CG11
SPZH
Horizontal load
S：载荷*

Shui qin shi 07297
水侵蚀 AC08
SQS
Water erosion
S：侵蚀*

Shui rong ye 07298
水溶液 CC01
SRY
Aqueous solution; Liquor
S：溶液*
C：水分

Shui shang hang biao 07299
水上航标 BD05
SSHB
Offshore beacons

S：航标*
C：岸标
F：灯标；灯船

Shui shang he long 07300 BE10
水上合龙
通过采用水密罩或水密浮箱等特殊工艺装备，在水上将船体总段装配成完整船体的建造方法。
SSHL
Afloat joining ship sections
S：船体建造工艺
Z：工艺*

Shui shang jiao tong shi gu 07301 BJ02
水上交通事故
SSJTSG
Accident of waterborne traffic
S：交通运输事故
Z：事故*

Shui shang jiao tong shi gu zhi jie jing ji sun shi 07302 BJ02
水上交通事故直接经济损失
SSJTSGZJJJSS
Direct economical losses in the accident in waterborne traffic
S：运输事故统计指标
Z：指标*

Shui shang shi gong ping tai 07303 AG09
水上施工平台
SSSGPT
Work platforms on water
S：施工平台
C：施工机具
Z：平台*

Shui shang sou xun jiu zhu tong ji zhi biao 07304 BJ02
水上搜寻救助统计指标
SSSXJZTJZB
Statistical indicators of marine search and rescue
S：水运统计指标
F：翻沉船舶数；海难数据；获救船舶数；获救人员数；遇险船舶数；遇险人员数
Z：指标*

Shui shang tong xin 07305 BF05
水上通信
SSTX
Marine communication; Marine telecommunication
S：通信*
F：搜救协调通信

Shui shang yun shu F0756 BF01
水上运输
SSYS
Marine transportation; Maritime transport
Y：海上运输

Shui shang yun shu fang shi 07306 BA02
水上运输方式
SSYSFS
Water transportation forms
S：运输方式*

Shui she liu 07307 CG07
水射流
SSL
Water jets
S：射流*

Shui shen 07308 BD01；CI05
水深
SS
Water depth
S：水文要素*
C：通航水域

Shui shen ce liang shu ju ku 07309 BD04
水深测量数据库
SSCLSJK
Depth soundings database
S：数据库*

Shui sheng sheng wu 07310 CE01
水生生物
SSSW
Aquatic biology
S：生物*
C：动物；植物

Shui sheng sheng wu qi xi di 07311 BI02
水生生物栖息地
SSSWQXD
Biological habitats
S：栖息地
C：泥沙生物学特性测定
Z：区域*

Shui sheng xue 07312 CB00
水声学
SSX
Underwater acoustics
S：声学
Z：学科*

Shui sheng zhi wu 07313 BI02
水生植物
SSZW
Aquatic Plants
S：植物
F：藻
Z：生物*

Shui shou 07314 BA01；BG05
税收*
SS
Revenue；Tax；Tax revenue
C：税收政策；税*；港口税费
F：政府税收

Shui shou biao zhun 07315 BA01
税收标准
SSBZ
Tax criterion
S：标准*
D：税收准则

Shui shou cheng shu 07316 BA01
税收乘数
SSCS
Tax multiplier

Shui shou fen lei 07317 BA01
税收分类
SSFL
Tax classification

S：分类*
C：税务管理

Shui shou huo mian F0757 BA01
税收豁免
SSHM
Tax exclusion
Y：税收减免

Shui shou jian mian 07318 BA01
税收减免
SSJM
Tax deduction
C：税收征管
D：税收豁免；税收赦免

Shui shou jie gou fen xi 07319 BA01
税收结构分析
SSJGFX
Tax structure analysis
S：分析*

Shui shou she mian F0758 BA01
税收赦免
SSSM
Tax amnesty；Tax absolution
Y：税收减免

Shui shou tiao kuan 07320 BA01
税收条款
SSTK
Tax clause

Shui shou tiao li 07321
税收条例 BA01
SSTL
Tax regulation
S：条例*

Shui shou tiao zheng 07322 BA01
税收调整
SSTZ
Tax adjustment
S：调整*

Shui shou you dai 07323
税收优待 BA01
SSYD
Tax allowance

Shui shou zheng ce 07324 BA01
税收政策
SSZC
Taxation policy
S：政策*
C：税收*

Shui shou zheng guan 07325 BA01
税收征管
SSZG
Tax administration
C：税务局；税收减免；合法避税；课税方法

Shui shou zhun ze F0759
税收准则 BA01
SSZZ
Tax criterion
Y：税收标准

Shui ti 07326
水体 CI05
ST
Water body

Shui ti jing hua 07327
水体净化 CK04
STJH
Water purification
S：净化
C：净化设备
Z：过程*

Shui tou 07328
水头* BC02；BD03；CI05
ST
Water head
C：闸首；落差
F：额定水头；设计水头

Shui tou sun shi 07329
水头损失 CG07
STSS
Head losses
S：损失*
C：水力计算；水压力

Shui tu bao chi 07330
水土保持 CI05
STBC
Soil and water conservation

Shui tu gai liang 07331
水土改良 CE02
STGL
Soil and water improvement
S：改进*

Shui tuo zhi chu li 07332
水脱质处理 DE00
STZCL
Water demineralizing
S：脱质处理
F：脱色；脱溴；脱盐
Z：处理*

Shui wei 07333
水位* BD02；CI05
SW
Water level
F：通航水位

Shui wen 07334
水文 CD01；CI05
SW
Hydrology

Shui wen ce liang chuan 07335
水文测量船 BE03
SWCLC
Hydrographic vessel
S：测量船
Z：船舶*

Shui wen di zhi 07336
水文地质 CD01；CI05
SWDZ
Geohydrology；Hydrogeology
S：地质*
C：地质勘探；工程地质

Shui wen di zhi diao cha 07337 BC02
水文地质调查
SWDZDC

Hydrogeologic investigation
S：调查*
C：水文调查；渗水试验

Shui wen di zhi kan tan 07338
水文地质勘探 BC02
SWDZKT
Hydrogeological prospecting
S：勘探*

Shui wen di zhi shi yan 07339
水文地质试验 DF00
SWDZSY
Hydrogeological tests
S：试验*

Shui wen di zhi xue 07340
水文地质学 CD01
SWDZX
Hydrogeology
S：地质学
Z：学科*

Shui wen diao cha 07341
水文调查 BC02；CI05
SWDC
Hydrological investigation；Hydrological survey；Water survey
S：调查*
C：水文地质调查

Shui wen fen xi 07342
水文分析 CI05
SWFX
Hydrological analysis
S：分析*
C：径流*；水文学

Shui wen guan ce 07343
水文观测 CD01
SWGC
Hydrological observation
S：观测*

Shui wen shi yan 07344
水文试验 CI05
SWSY
Hydrological experiment
S：试验*

Shui wen shu ju ku 07345
水文数据库 BD04
SWSJK
Hydrological database
S：数据库*

Shui wen tong ji 07346
水文统计 CD01
SWTJ
Hydrologic statistics
S：统计*

Shui wen xing 07347
水稳性 CG09
SWX
Water stability
S：稳定性
Z：性能*

Shui wen xue 07348
水文学 CD01；CI05
SWX
Hydrology
S：学科*

Shui wen yao su 07349
水文要素* BD01
SWYS
Hydrological elements
F：落差；水深

Shui wen yu bao 07350
水文预报 CI05
SWYB
Hydrological forecast
S：预报*

Shui wen zi liao 07351
水文资料 CI05
SWZL
Hydrologic data
S：资料*

Shui wu guan li 07352
税务管理 BA01
SWGL
Taxation administration
S：管理*
C：税收分类

Shui wu ju 07353
税务局 BA01
SWJ
Tax administration
C：税收征管

Shui wu mie huo xi tong 07354
水雾灭火系统 BI04
SWMHXT
Water mist systems
S：船舶灭火
Z：安全*

Shui wu ran 07355
水污染 BI02；CK02
SWR
Water pollution
S：环境污染*
C：水质指标*；污水
F：海洋污染；河口湾污染；河流污染；湖泊污染；水库污染

Shui wu shen ji 07356
税务审计 BA01
SWSJ
Taxation audit
S：审计*

Shui wu tiao yue 07357
税务条约 BA01
SWTY
Taxation convention
S：条约*

Shui xi 07358
水洗 DD00
SX
Washing
S：洗涤*

Shui xia bao po 07359
水下爆破 CI02
SXBP
Underwater blasting
S：爆破*

Shui xia chu zhi 07360
水下处置 DD00
SXCZ

Underwater disposal
S：处置*

Shui xia da zhuang ji 07361 AG05
水下打桩机
SXDZJ
Underwater pile drivers
S：打桩机
Z：机械*

Shui xia dao hang 07362
水下导航 BD05
SXDH
Underwater navigation
S：航海导航
Z：导航*

Shui xia fang bo di 07363
水下防波堤 BC03
SXFBD
Submerged breakwater; Submerged groin system; Submerged groins
S：防波堤
Z：港口外堤*

Shui xia gong cheng ji xie 07364 AG01
水下工程机械
SXGCJX
Underwater construction machinery and equipment
S：施工机械
C：平地机；推土机；挖沟机
D：海底工程机械
Z：机械*

Shui xia han jie 07365
水下焊接 BE10
SXHJ
Underwater welding
S：焊接*

Shui xia hang xing 07366
水下航行 BF02
SXHX
Underwater navigation; Submarine navigation
S：船舶航行*

Shui xia hun ning 07367
tu guan zhu AD13
水下混凝土灌注
SXHNTGZ
Underwater concreting
S：混凝土浇筑
Z：工程施工*

Shui xia hun ning F0760
tu jiao zhu BC06
水下混凝土浇筑
SXHNTJZ
Underwater concreting
Y：导管浇筑混凝土施工

Shui xia lian xu qiang 07368
水下连续墙 BC03
SXLXQ
Underwater continuous walls
S：墙*

Shui xia shi gong 07369
水下施工 AD13；BC06
SXSG
Underwater construction
S：工程施工*
C：潜水*；潜水员
D：水下作业

Shui xia sou suo F0761
水下搜索 BD05
SXSS
Underwater sounding
Y：水下探测

Shui xia sui dao 07370
水下隧道 AE01
SXSD
Under water tunnel
S：隧道*
D：海底隧道

Shui xia tan ce 07371
水下探测 BD05
SXTC
Underwater sounding
S：探测*
C：声探测
D：水下搜索

Shui xia zhao ming 07372
水下照明 BC06
SXZM
Underwater lighting
S：照明*

Shui xia zuo ye F0762
水下作业 BC06
SXZY
Underwater operation
Y：水下施工

Shui xian 07373
水线 BE06
SX
Waterline

Shui xian mian xi shu 07374
水线面系数 BE06
SXMXS
Waterplane coefficient
S：船型系数
Z：系数*

Shui xing 07375
水性 AJ04
SX
Water nature
S：性质*

Shui ya bao po 07376
水压爆破 CI02
SYBP
Water pressure blasting
S：爆破*

Shui ya li 07377
水压力 CG03
SYL
Water pressure
S：压力
F：动水压力；静水压力；孔隙水压力；渗透压力
Z：力*

Shui ya shi yan 07378
水压试验 DF00
SYSY
Water pressure tests
S：压力试验
Z：试验*

Shui yi chuan 07379

水翼船 BE01
SYC
Hydrofoil;Hydrofoil craft
S:高速客轮
D:水翼艇
Z:船舶*

Shui yi ting F0763
水翼艇 BE01
SYT
Hydrofoil; Hydrofoil craft; Hydrofoil boat; Hydrofoil ship
Y:水翼船

Shui ying xing 07380
水硬性 CG09
SYX
Hydraulicity
S:性能*

shui yu 07381
水域 DJ00
SY
Waters
S:区域*
C:陆域
F:船闸水域;内水;通航水域;狭窄水域;拥塞水域

Shui yuan 07382
水源 BD01
SY
Headwaters
S:源*

Shui yuan bao hu 07383
水源保护 CK01
SYBH
Water source protection
S:环境保护
Z:保护*

Shui yun guan li F0764
水运管理 BF01
SYGL
Maritime administration
Y:航运管理

Shui yun sheng chan zhi biao 07384
BJ02
水运生产指标
SYSCZB
Indicators of production on water transport
S:水运统计指标
F:船舶燃料消耗统计指标;船舶燃料消耗量;货物周转量;集装箱运量;集装箱周转量;旅客周转量
Z:指标*

Shui yun tong ji 07385
水运统计 BJ02
SYTJ
Water transportation statistics
S:运输统计
F:船舶统计;海难统计;航线运量统计
Z:统计*

Shui yun tong ji zhi biao 07386
BJ02
水运统计指标
SYTJZB
Statistical indicator of waterborne transportation; Statistical index of waterway transportation
S:运输统计指标
F:船舶统计指标;港口统计指标;国际海运量;航道统计指标;水上搜寻救助统计指标;水运生产指标
Z:指标*

Shui yun wang 07387
水运网 BB03
SYW
Water transportation networks
S:交通运输网*
D:航道网

Shui yun ye F0765
水运业 BF01
SYY
Maritime Industry
Y:海运业

Shui zai 07388
水灾 BD02
SZ
Flood damages
C:洪水*

Shui zha 07389
水闸 BD03
SZ
Sluices
C:闸门*

Shui zhi 07390
税制 BA01
SZ
Taxation system
S:制度*
C:税制改革

Shui zhi 07391
水质 BI03
SZ
Water quality
S:环境质量
C:水质指标;水质标准;水质管理;水质监测
Z:质量*

Shui zhi biao zhun 07392
水质标准 BI03; CK03
SZBZ
Water quality standard
S:环境标准
C:水质;水质指标;污染指数
Z:标准*

Shui zhi diao cha 07393
水质调查 CK04
SZDC
Water quality investigations
S:调查*

Shui zhi fen xi 07394
水质分析 BC02
SZFX
Water-quality analysis
S:分析*

Shui zhi gai ge 07395
税制改革 BA01
SZGG
Tax reform
C:税制

Shui zhi guan li 07396
水质管理 BI03;CK01
SZGL

Water quality control; Water quality management
S: 环境管理
C: 水质；总需氧量
F: 水量与水质研究
Z: 管理*

Shui zhi hua xue 07397
水质化学 CC01
SZHX
Water chemistry
S: 化学
Z: 学科*

Shui zhi jian ce 07398
水质监测 BC02；BI03；CK03
SZJC
Water-quality monitoring
S: 监测*
C: 水质
F: 海洋污染监测

Shui zhi jian ce chuan F0766
水质监测船 BE02
SZJCC
Water quality monitoring ships
Y: 环境污染监测船

Shui zhi shi yan 07399
水质试验 CK04；DF00
SZSY
Water quality tests
S: 试验*

Shui zhi wu ran zhi shu 07400 CK03
水质污染指数
SZWRZS
Water pollution indexes
S: 污染指数
Z: 指数*

Shui zhi zhi biao 07401
水质指标 BI03
SZZB
Water quality index
S: 指标*
C: 水污染；水质；水质标准；污染指数；水量与水质研究
F: 化学需氧量；生化需氧量

Shui zhun ce liang 07402 AC01
水准测量
SZCL
Levelling survey
S: 测量*

Shui zi xian 07403
水渍险 BA04
SZX
With particular average
S: 船舶保险
Z: 保险*

Shui zi yuan 07404
水资源* BD06
SZY
Water resources
C: 水利资源开发*；自然资源*
F: 地下水资源；水电资源
D: 水利资源

Shun ba 07405
顺坝 BC03
SB
Longitudinal dam
S: 河道整治建筑物
Z: 建筑物*

Shun bian xiao ying 07406
瞬变效应 DC00
SSXY
Transient response
S: 效应*

Shun feng 07407
顺风 BF02
SF
Following wind
D: 送尾风

Shun jiang hang xian 07408
顺江航线 AJ03
SJHX
Downstream shipping line
S: 航线*

Shun liu 07409
顺流 BF02
SL
Following seas
D: 送尾流

Shun shi jie 07410
瞬时解 CA00
SSJ
Instantaneous solving
S: 解*

Shun shi xing 07411
瞬时性 DC00
SSX
Instantaneity
S: 性质*

Shun shi zai he 07412
瞬时载荷 CG11
SSZH
Transient load
S: 载荷*

Shun tai bo 07413
瞬态波 BD02
STB
Transient waves
S: 波*

Shun zhi F0767
顺直 BD04
SZ
Straight-forward
Y: 裁弯取直

Shuo ming shu 07414
说明书 DF00
SMS
Specification
S: 资料*

Si chou zhi lu 07415
丝绸之路(古) AB02
SCZL
The silk road
S: 道路*

Si fu kong zhi 07416
伺服控制 DD00
SFKZ
Servocontrol
S: 控制*

Si ji 07417

司机 AJ04
SJ
Driver

Si qu 07418
死区 AJ03
SQ
Dead section

Si xiang ting che 07419
四向停车 AI03
SXTC
Four-way stop
S：停车*

Si ying qi ye 07420
私营企业 BG02
SYQY
Private enterprises
S：企业*
D：个体企业

Si you hua 07421
私有化 BG02
SYH
Privatization
C：国有化
D：民营化

Si you zhi 07422
私有制 BB01
SYZ
Private ownership
S：所有制
Z：制度*

SOLAS F0768
SOLAS BI04
SOLAS
International Convention for the Safety of Life at Sea
Y：国际海上人命安全公约

Song 07423
松 CE03
S
Pine;Pine wood
S：木本植物
F：落叶松
Z：生物*

Song chi 07424
松弛 DC00
SC
Relaxation

Song dong bao po 07425
松动爆破 AC03
SDBP
Loosening blasting
S：爆破*

Song pu hou du 07426
松铺厚度 AC03
SPHD
Loose laying depth

Song pu xi shu 07427
松铺系数 AC03
SPXS
Coefficient of loose laying
S：系数*

Song san 07428
松散 AC08
SS
Surface loosening

Song san bao hu ceng 07429
松散保护层 AC04
SSBHC
Loose protection course
S：保护层
Z：层*

Song san tu ya li 07430
松散土压力 CG06
SSTYL
Noncohesive soil pressure
S：土压力
Z：力*

Song tu 07431
松土 CG06
ST
Noncohesive soils
S：土*

Song tu ji 07432
松土机 AG04
STJ
Ripper
S：土方机械
D：翻松机
Z：机械*

Song wei feng F0769
送尾风 BF02
SWF
Following wind
Y：顺风

Song wei liu F0770
送尾流 BF02
SWL
Following seas
Y：顺流

Sou jiu F0771
搜救 BH01
SJ
Search and rescue
Y：海上搜救

Sou jiu xie tiao tong xin 07433 BF05
搜救协调通信
SJXTTX
SAR Co-ordinating communication
S：水上通信
Z：通信*

Sou suo 07434
搜索 BH01
SS
Search
S：海上搜救
Z：安全*

Sou xun jiu zhu xi tong 07435 BH02
搜寻救助系统
SXJZXT
Search and Rescue (SAR)
S：系统*
C：海上搜救
F：全球海上事故救助系统

Su bian ying li 07436
塑变应力 CG03
SBYL
Plastic deformation stress

S：应力*

Su du 07437
速度* AA07；AI01；DI00
SD
Speed
F：车速；沉降速度；点速度；风速；高速度；航速；技术速度；加速度；减速度；空间平均速度；空驶速度；流速；容许速度；设计速度；时间平均速度；推荐速度；行驶速度；旋转速度；营运速度；运送速度；运营速度；最大安全速度；最佳速度
D：速率

Su du kong zhi F0772
速度控制 DD00
SDKZ
Speed control
Y：调速

Su du shi yan tai 07438
速度(表)试验台(汽车) AK05
SDSYT
Speedometer tester
S：试验台
Z：装置*

Su hua 07439
塑化 DC00
SH
Plasticizing
C：塑性

Su hun ning tu 07440
素混凝土 AF07
SHNT
Non-reinforced concrete；Plain concrete
S：混凝土*

Su lian chuan bo deng ji ju 07441
苏联船舶登记局 BA09
苏联船级社
SLCBDJJ
Register of shipping of USSR
S：船级社
Z：机构(组织)*

Su liao 07442
塑料 AF01
SL
Plastics
C：塑料成型
F：工程塑料；热塑性塑料；增强塑料
Z：材料*

Su liao bao mo 07443
塑料薄膜 AF03
SLBM
Plastics films；Polymeric films
S：薄膜*
F：土工薄膜

Su liao cheng xing 07444
塑料成型 DD00
SLCX
Plastics forming
S：成型*
C：塑料

Su lü F0773
速率 DI00
SL
Speed
Y：速度*

Su qian fei 07445
速遣费 BA02
SQF
Despatch money
C：国际货运代理

Su xian 07446
塑限 CG06；CG09
SX
Plastic limit
S：极限*
C：土物理性质

Su xian shi yan 07447
塑限试验 AH01
SXSY
Plastic limit test
S：性能试验
Z：试验*

Su xing 07448
塑性 CG02；DC00
SX
Plastic properties；Plasticity
S：力学性质
C：塑化
F：粘塑性；弹粘塑性
Z：性质*

Su xing bian xing 07449
塑性变形 CG02
SXBX
Plastic deformation
S：变形*

Su xing fen xi 07450
塑性分析 CG04；CG12
SXFX
Plastic analysis
S：结构分析
C：塑性铰线法
Z：分析*

Su xing ji xian 07451
塑性极限 CG02
SXJX
Plastic limits
S：极限*

Su xing jiao xian fa 07452
塑性铰线法 CG04
SXJXF
Yield line method
S：结构分析
C：塑性分析
D：屈服线分析
Z：分析*

Su xing li lun 07453
塑性理论 CG02
SXLL
Theory of plasticity
S：理论*

Su xing li xue 07454
塑性力学 CG01
SXLX
Plastic mechanics
S：力学
Z：学科*

Su xing shi yan 07455
塑性试验 AH01；CG06；DF00
SXSY
Plasticity tests

S：性能试验
Z：试验*

Su xing zhi shu 07456
塑性指数 CG06
SXZS
Plasticity index
S：指数*
C：土物理性质

Su yi shi xing 07457
you lun BE01
苏伊士型油轮
SYSXYL
Suezmax tanker
S：油轮
Z：船舶*

Suan du 07458
酸度 CC01
SD
Acidity
S：度*
D：酸性

Suan du ji 07459
酸度计 AH03
SDJ
pH meter
S：仪器*

Suan tu 07460
算图 CA00
ST
Nomograms；Nomographs
S：图*
F：诺模图

Suan tu fa 07461
算图法 CA00
STF
Nomodraphic method
S：计算方法
D：图解法
Z：方法*

Suan xi 07462
酸洗 DD00
SX
Pickling
S：洗涤*

Suan xing F0774
酸性 CC01
SX
Acidity
Y：酸度

Suan xing tu 07463
酸性土 CD01
SXT
Acid soils；Acidic soils
S：土*

Suan yu 07464
酸雨 CD03；CK02
SY
Acid rain
S：雨
Z：降水*

Sui che guan ce fa 07465
随车观测法 AI01
SCGCF
Moving observer method
S：方法*

Sui che zhuang xie 07466
随车装卸 AA05
SCZX
Escort handling
S：装卸*

Sui che zhuang xie 07467
ji xie AA05
随车装卸机械
SCZXJX
Escort handling machinery
S：装卸机械
Z：机械*

Sui dao 07468
隧道* AE01；BD03
SD
Tunnel
C：水工隧洞；明洞
F：长隧道；大断面隧道；地铁隧道；公路隧道；拱形隧道；矩形隧道；偏压隧道；浅埋隧道；曲线隧道；人行隧道；山岭隧道；深埋隧道；双线隧道；水下隧道；铁路隧道；土质隧道；岩石隧道；引水隧洞；圆形隧道

Sui dao an quan 07469
隧道安全 AE14
SDAQ
Tunnel safety
S：安全*

Sui dao bing hai 07470
隧道病害 AE11
SDBH
Tunnel defect
S：病害*

Sui dao ce liang 07471
隧道测量 AE02
SDCL
Tunnel survey
S：工程测量
C：地下工程测量
Z：测量*

Sui dao dong kou 07472
she shi AE03
隧道洞口设施
SDDKSS
Facilities of tunnel portal
S：设施*

Sui dao duan mian 07473
隧道断面 AE03
SDDM
Tunnel section
S：断面
Z：面*

Sui dao fang huo 07474
隧道防火 AE14
SDFH
Tunnel fire proofing
S：防火
Z：防护*

Sui dao fang shui 07475
隧道防水 AE10
SDFS
Tunnel waterproofing
S：防水*

Sui dao fang zai 07476

she shi AE14
隧道防灾设施
SDFZSS
Tunnel disaster prevention equipment
S：设施*

Sui dao gai jian 07477
隧道改建 AE04
SDGJ
Tunnel reconstruction
S：改建*

Sui dao gong cheng 07478
AE01
隧道工程
SDGC
Tunnel engineering
S：工程*
F：地下工程

Sui dao guan li xi tong 07479
AE12；CF03
隧道管理系统
SDGLXT
Tunnelling management system
S：自动化管理系统
Z：系统*

Sui dao guan tong 07480
隧道贯通 AE04
SDGT
Tunnel holing-through

Sui dao huan jing 07481
隧道环境 AE12
SDHJ
Tunnel environment
S：环境*

Sui dao jian kong liang ce 07482
AE13
隧道监控量测
SDJKLC
Tunnel monitoring measurement
S：监测*

Sui dao Jie gou 07483
隧道结构 AE03
SDJG
Tunnel structure
S：工程结构*

Sui dao jue jin ji 07484
隧道掘进机 AE05；AC04
SDJJJ
Tunnel driving machine; Tunnelling machine
S：隧道施工机械
F：单臂掘进机；盾构挖掘机；全断面掘进机
D：隧洞掘进机
Z：机械*

Sui dao kai wa 07485
隧道开挖 AE04
SDKW
Tunnel excavation
S：隧道施工
C：超挖；欠挖
F：大断面开挖；分部开挖；全断面开挖
Z：工程施工*

Sui dao kan ce 07486
隧道勘测 AE02
SDKC
Tunnel survey
S：工程勘测
Z：勘测*

Sui dao li xue 07487
隧道力学 AE03；CG01
SDLX
Tunnel mechanics
S：力学
Z：学科*

Sui dao lou shui 07488
隧道漏水 AE11
SDLS
Water leakage of tunnel
S：漏水*
C：隧道排水

Sui dao mai shen 07489
隧道埋深 AE03
SDMS
Depth of tunnel

Sui dao pai shui 07490
隧道排水 AE10
SDPS
Tunnel drainage
S：排水*
C：隧道漏水

Sui dao qun 07491
隧道群 AE03
SDQ
Tunnel group

Sui dao ru kou qu liang du 07492
AI07
隧道入口区亮度
SDRKQLD
Tunnel entrance brilliance
S：亮度
C：隧道适宜亮度
Z：度*

Sui dao she ji 07493
隧道设计 AE03
SDSJ
Tunnel design
S：设计*

Sui dao she liu shi tong feng 07494
AE08
隧道射流式通风
SDSLSTF
Efflux ventilation for tunnel
S：隧道通风
Z：通风*

Sui dao shi gong 07495
隧道施工 AE04
SDSG
Tunnel construction
S：工程施工*
F：隧道开挖

Sui dao shi gong fang fa 07496
AE04
隧道施工方法
SDSGFF
Tunnel construction method
S：施工方法
F：沉埋法（隧道施工）；地下连续墙法；顶进法；冻结法（隧道施工）；盾构法；管棚法（隧道施工）；明挖法；浅埋暗挖法；新奥法；钻爆法

Z：方法*

Sui dao shi gong ji xie 07497 AE05
隧道施工机械
SDSGJX
Tunnel construction machinery
S：施工机械
F：衬砌机械；隧道掘进机；隧道钻眼爆破机械
Z：机械*

Sui dao shi yan 07498
隧道试验 AE13
SDSY
Tunnel test
S：试验*

Sui dao shi yi liang du 07499
隧道适宜亮度 AI07
SDSYLD
Suitable brilliance in tunnel
S：亮度
C：隧道入口区亮度
Z：度*

Sui dao tong feng 07500
隧道通风 AE08
SDTF
Tunnel ventilation
S：通风*
F：隧道射流式通风

Sui dao yang hu 07501
隧道养护 AE12
SDYH
Tunnel maintenance
S：养护*

Sui dao zhao ming 07502
隧道照明 AE09
SDZM
Tunnel lighting
S：照明*

Sui dao zuan yan bao po ji xie 07503 AE05
隧道钻眼爆破机械
SDZYBPJX
Machine for tunnel drilling and blasting operation
S：隧道施工机械
Z：机械*

Sui dong jue jin ji F0775
隧洞掘进机 AG04
SDJJJ
Tunnel boring machines(TBM)
Y：隧道掘进机

Sui ji 07504
随机 CF02
SJ
Random
C：随机控制

Sui ji bian liang 07505
随机变量 CA00
SJBL
Random variables
S：变量
C：交通量
Z：量*

Sui ji gu zhang 07506
随机故障 AK04
SJGZ
Random failure
S：汽车故障
Z：故障*

Sui ji guo cheng 07507
随机过程 BB05
SJGC
Stochastic processes
S：过程*

Sui ji kong zhi 07508
随机控制 CF02
SJKZ
Random control
S：控制*
C：随机

Sui ji xing mo xing 07509
随机性模型 AI01
SJXMX
Stochastic model
S：模型*

Sui ji zai he 07510
随机载荷 CG11
SJZH
Random load
S：载荷*

Sui ji zhen dong 07511
随机振动 CG08
SJZD
Random vibration
S：振动*

Sui luo tai 07512
碎落台 AC03
SLT
Berm at the foot of cutting slope

Sui shi 07513
碎石 AF05；AF06
SS
Crushed stone
S：石材
Z：材料*

Sui shi ji 07514
碎石机 AG08
SSJ
Crusher
F：联合碎石机组
Z：机械*

Sui shi ji ceng 07515
碎石基层 AC04
SSJC
Macadam base
S：基层
Z：层*

Sui shi tu 07516
碎石土 CG06
SST
Gravelly soils
S：无粘性土
Z：土*

Sun hao 07517
损耗* BA06；DF00
SH
Loss；Dissipation
F：汽车损耗；无形损耗；有形损耗

Sun hai 07518

损害* DC00;DD00
SH
Breakdown;Damage
F:环境损害
D:破损

Sun shang 07519
损伤(汽车) AK04
SS
Damage
S:汽车故障
F:烧伤(汽车)
Z:故障*

Sun shi 07520
损失* DF00
SS
Losses
F:局部损失;磨损;水头损失

Suo ba 07521
锁坝 BC03
SB
Closure dam
S:河道整治建筑物
Z:建筑物*

Suo bi 07522
锁闭 AJ03
SB
Block
C:解锁;联锁

Suo chi mo xing 07523
缩尺模型 BC05
SCMX
Scale models
S:试验模型
Z:模型*

Suo chi xiao guo 07524
缩尺效果 DC00
SCXG
Scale effect
S:效果*

Suo dao 07525
索道 AJ03
SD
Cable way

Suo dao jiao che 07526
索道绞车 AJ02
SDJC
Cableway winch
S:卷扬机
Z:设备*

Suo dao jiu hu che 07527
索道救护车 AJ02
SDJHC
Cableway wrecking car
S:救护车
Z:车辆*

Suo dao ke yun zhan 07528
索道客运站 AJ03
SDKYZ
Cableway terminal
S:客运站
Z:车站*

Suo dao lan che 07529
索道缆车 AJ02
SDLC
Cable car
S:缆车
Z:车辆*

Suo dao lan che ke yun 07530
索道缆车客运 AJ01
SDLCKY
Cableway transport
S:旅客运输
C:公共交通方式
Z:运输*

Suo de shui 07531
所得税 BA01
SDS
Taxation of profit
S:税*
F:综合所得税
D:利息所得税;公司所得税

Suo duan li cheng xiao yi 07532
缩短里程效益 AB03
SDLCXY
Benefit from distance shortening
S:效益*
C:经济效益;社会效益

Suo feng 07533
缩缝 AC04
SF
Contraction joint
C:路面施工;刚性路面

Suo he shu zhi 07534
缩合树脂 CC04
SHSZ
Condensation resins
S:高聚物*

Suo ju 07535
索距 AJ03
SJ
Cable spacing

Suo ju 07536
索具 BA05
SJ
Tackles

Suo li ce ding ji 07537
索力测定计 AH03
SLCDJ
Cable tension measurement device
S:测定仪
Z:仪器*

Suo li ce liang 07538
索力测量 AH02
SLCL
Cable force measurement
S:测量*

Suo pei 07539
索赔 AA06;AB04;BA07
SP
Claim
C:理赔;拒赔

Suo pei shi xiao 07540
索赔时效 BA07
SPSX
Time-limit of claims
C:拒赔

Suo shi chan yun ji 07541

索式铲运机 AG04
SSCYJ
Cable scrapers
S：铲运机
Z：机械*

Suo yin 07542
索引 DF00
SY
Index
S：资料*
C：文献

Suo you quan 07543
所有权 BB01
SYQ
Ownership；Right of ownership
S：权利*
F：产权

Suo you zhi 07544
所有制 BB01
SYZ
Ownership
S：制度*
F：财产所有制；公有制；共有制；股份制；国家所有制；合伙制；集体所有制；全民所有制；私有制

T

T xing gang gou qiao 07545
T形刚构桥 AD01
TXGGQ
T-shaped rigid frame bridge
S：刚构桥
Z：桥*

T xing liang 07546
T形梁 AD05
TXL
T-beam
S：梁*

Ta ban 07547
踏板 AJ02
TB
Step
D：踏步

Ta ban ji jian gao du 07548 AJ02
踏板级间高度
TBJJGD
Step Spacing
S：高度
Z：度*

Ta bu F0776
踏步 AJ02
TB
Step
Y：踏板

Ta fang bao hu zhuang zhi 07549 AG04
塌方保护装置
TFBHZZ
Landslide protection equipment
S：装置*

Ta jia qiao dun 07550
塔架桥墩 AD09
TJQD
Tower pier
S：桥墩*

Ta kan F0777
踏勘 AC01
TK
Reconnaissance
Y：勘测*

Ta luo du F0778
塌落度 DI00
TLD
Slump；Slumping
Y：坍落度

Ta shi qi zhong ji 07551
塔式起重机 AG06
TSQZJ
Tower cranes
S：起重机*

Tai ban shi yong fei 07552
台班使用费 AG10
TBSYF
Working-day cost
S：费用*

Tai di 07553
台地 AC01
TD
Terrace
S：地形*

Tai feng 07554
台风 BI04；CD03
TF
Typhoon
S：危险天气通报；风*
C：台风警报；风灾
Z：天气预报*

Tai feng jing bao 07555
台风警报 BI04
TFJB
Typhoon warning(TW)
S：危险天气通报
C：台风
Z：天气预报*

Tai jia shi yan 07556
台架试验 AG11
TJSY
Bench test
S：试验*

Tai kou shi lu ji 07557
台口式路基 AC03
TKSLJ
Benched subgrade
S：路基
Z：基础(工程)*

Tai ping yang he yin du yang hang yun 07558 BF01
太平洋和印度洋航运
TPYHYDYHY
Maritime trade of Pacific & Indian oceans
S：航运*

Tai yang fu she 07559
太阳辐射 CB00；CD03
TYFS
Insolation；Solar radiation
S：热辐射
Z：辐射*

Tai yang neng 07560
太阳能 CL02
TYN
Solar energy
S：能*
C：能源*；热源

Tai yang neng dian yuan 07561 CF01
太阳能电源
TYNDY
Solar power supply
S：电源
Z：源*

Tai yang ri 07562
太阳日 BF02
TYR
Solar day

Tan 07563
碳 AF03
T
Carbon
S：非金属材料
Z：材料*

Tan 07564
滩 BD01
T
Beach
S：地形*

Tan an 07565
坍岸 BD01
TA
Bank caving
S：岸*
D：崩岸

Tan ce 07566
探测* DD00；DF00
TC
Detection
F：辐射探测；声探测；水下探测；X射线探测

Tan ce ji shu 07567
探测技术 BE04
TCJS
Technology of detection
S：技术*
F：声波探测技术

Tan ce qi 07568
探测器 CF04
TCQ
Detector

Tan fang 07569
坍方 AC08；AE11
TF
Landslide

Tan gang 07570
碳钢 AF02
TG
Carbon steel
S：钢*
F：低碳钢；高碳钢

Tan hua F0779
碳化 CC02
TH
Carbonation
Y：碳酸盐化

Tan hua shen du fen tai shi yan 07571 AH01
碳化深度酚酞试验
THSDFTSY
Carbonation depth by phenolphthalein test

Tan hua shi yan 07572
碳化试验 AH01
THSY
Carbonation test
S：环境试验
F：混凝土碳化试验
Z：试验*

Tan huang xian xiang 07573
弹簧现象 AC08
THXX
Springing

Tan li hang 07574
弹力夯 AG04
TLH
Tampers
S：夯*

Tan luo du 07575
坍落度 BC02；DI00
TLD
Slumps
S：度*
C：和易性
D：塌落度

Tan luo du shi yan 07576
坍落度试验 AH01
TLDSY
Slump test
S：土工试验
Z：试验*

Tan luo du yuan zhui tong 07577 AH04
坍落度圆锥筒
TLDYZT
Slump cone
S：试验装置
Z：装置*

Tan nian su xing 07578
弹粘塑性 CG02
TNSX
Elastic-viscoplasticity
S：塑性
Z：性质*

Tan pu 07579
摊铺* AC04
TP
Paving
C：路面施工
F：层铺法；冷铺法；热铺法

Tan pu cai liao ya shi du shi yan 07580 AG11
摊铺材料压实度试验
TPCLYSDSY
Paved material compaction test
S：试验*

Tan pu ji 07581
摊铺机 AG07
TPJ
Pavers
S：筑路机械

C：路面铺筑机
F：滑模式混凝土摊铺机；混凝土摊铺机；沥青混凝土摊铺机；沥青摊铺机；石料摊铺机；稳定土摊铺机
D：铺路机
Z：机械*

Tan pu lu mian ping zheng du shi yan 07582
摊铺路面平整度试验 AG11
TPLMPZDSY
Paved surface evenness test
S：试验*

Tan shang 07583
探伤 AH02；DD00
TS
Flaw detection
C：超声检测

Tan su xing 07584
弹塑性 CG02；DC00
TSX
Elastoplasticity
S：力学性质
C：断裂力学；弹性波
F：热弹塑性
Z：性质*

Tan su xing li lun 07585
弹塑性理论 CG02；CG05
TSXLL
Elastic-plastic theory
S：理论*
F：弹性理论

Tan suan yan hua 07586
碳酸盐化 CC02
TSYH
Carbonation
S：化学反应
D：碳化
Z：反应*

Tan suo xing yan jiu 07587
探索性研究 DF00
TSXYJ
Exploration research
S：科学研究
Z：研究*

Tan tao 07588
探讨 DF00
TT
Investigation

Tan xian wei 07589
碳纤维 AF03
TXW5
Carbon fibre
S：纤维*
F：石墨纤维

Tan xing 07590
弹性 CG02；DC00
TX
Elasticity
S：力学性质
C：弹性极限
F：粘弹性；热弹性；线性弹性；滞弹性
Z：性质*

Tan xing ban wu xian di ji 07591
弹性半无限地基 AC04
TXBWXDJ
Elastic semi-infinite foundation
S：地基*

Tan xing bian xing 07592
弹性变形 CG02
TXBX
Elastic deformation
S：变形*

Tan xing bo 07593
弹性波 CG08
TXB
Elastic waves
S：波*
C：弹塑性

Tan xing ceng zhuang ti xi li lun 07594
弹性层状体系理论 AC04
TXCZTXLL
Elastic layer system theory
S：理论*

Tan xing fen xi 07595
弹性分析 CG04；CG12
TXFX
Elastic analysis
S：结构分析
C：非弹性分析
Z：分析*

Tan xing gou jian 07596
弹性构件 AD06
TXGJ
Elastic component
S：结构构件
Z：工程结构*

Tan xing hou xiao 07597
弹性后效 CG05
TXHX
Elastic aftereffect
S：效应*
C：弹塑理论

Tan xing ji chu 07598
弹性基础 AD11
TXJC
Elastic foundation
S：基础(工程)*

Tan xing jie gou 07599
弹性结构 AD04
TXJG
Elastic structure
S：工程结构*

Tan xing li lun 07600
弹性理论 CG02；CG05
TXLL
Elastic theory；Theory of elasticity
S：弹塑性理论
C：粘弹性；热弹性
Z：理论*

Tan xing li xue 07601
弹性力学 CG01；CG05
TXLX
Elasticity mechanics
S：力学
C：格林函数；粘弹性
Z：学科*

Tan xing mo liang 07602

弹性模量 AC04;CG02
TXML
Modulus of elasticity
S: 模量*
C: 动态特性;静态特性
D: 杨氏模量

Tan xing mo liang shi yan 07603
弹性模量试验 AH01
TXMLSY
Elastic modulus test
S: 性能试验
Z: 试验*

Tan xing qu qu F0780
弹性屈曲 CG05
TXQQ
Elastic buckling
Y: 弹性失稳

Tan xing shi wen 07604
弹性失稳 CG05
TXSW
Elastic instability
S: 失稳*
C: 粘弹性
D: 弹性屈曲

Tan xing zhi hou 07605
弹性滞后 CG05
TXZH
Elastic hysteresis
S: 滞后*

Tang chuang 07606
镗床 AK05
TC
Boring machine
S: 汽车维修工艺设备
Z: 设备*

Tang gang ji 07607
镗缸机(汽车) AK05
TGJ
Cylinder boring machine
S: 汽车维修工艺设备
Z: 设备*

Tao ci 07608
陶瓷 AF03
TC
Ceramic

Tao guan 07609
套管 DG00
TG
Casing tubes; Casings
S: 管*

Tao li 07610
陶粒 AF06
TL
Sintered aggregate

Tao xiang 07611
掏箱 AA05
TX
Unstuffing

Tao yi xi tong 07612
逃逸系统 BH01
TYXT
Escape systems
S: 系统*
C: 撤离

Te bie yong tu xian 07613
特别用途线 AJ03
TBYTX
Special line
S: 线路*

Te da qiao 07614
特大桥 AD01
TDQ
Extra-long bridge
S: 桥*

Te dian F0781
特点 DC00
TD
Features
Y: 特征*

Te ding yun jia 07615
特定运价 BG06
TDYJ
Special freight rate
S: 运价
Z: 价格*

Te kuai hang xian 07616
特快航线 BF06
TKHX
Express service
S: 航线*

Te shu tu 07617
特殊土 AF06
TST
Special soil
S: 土*

Te xing 07618
特性 DC00
TX
Character; Characteristics; Nature
S: 性能*
F: 标志视认性;船舶阻力特性;动态特性;货物自然属性;静态特性;经济性;可生物降解性;螺旋桨特性;推进特性;危险性;响应特性

Te zheng 07619
特征* DC00
TZ
Characters
F: 交通流特征
D: 特点

Te zhong che liang yun jia 07620
特种车辆运价 AA08
TZCLYJ
Rate for special purpose vehicle
S: 运价
Z: 价格*

Te zhong gua che 07621
特种挂车 AK01
TZGC
Special trailer
S: 挂车
Z: 车辆*

Te zhong huo wu ji zhuang xiang 07622
特种货物集装箱 BA05
TZHWJZX
Specific cargo container

S：集装箱*

Te zhong huo wu yun jia 07623 AA08
特种货物运价
TZHWYJ
Rate for special goods
S：货物运价
Z：价格*

Te zhong huo wu yun shu 07624 AA03
特种货物运输
TZHWYS
Transportation of special goods
S：货物运输
Z：运输*

Te zhong yun shu 07625
特种运输 BA02；BI01
TZYS
Carriage of special cargo；Transport of special cargoes or modes
S：运输*
F：甲板货物运输；危险货物运输；易腐货物运输；邮件运输

Te zhong zai huo qi che F0782 AK01
特种载货汽车
TZZHQC
Special truck
Y：载货汽车

TEU F0783
TEU BA05
TEU
Twenty-feet equivalent unit
Y：换算箱

Ti 07626
体* DH00
T
Body
F：半无限体；槽体；粉状体；刚体；环状体；棱柱体；立方体；抛物体；球体；凸体；无限体；圆柱体；锥体

Ti dan 07627
提单* AA03；BA02
TD
Bill of lading(B/L)
C：提单背书
F：不清洁提单；电子提单；多式联运提单；联运提单；清洁提单；已装船提单
D：B/L

Ti dan bei shu 07628
提单背书 BA02
TDBS
Endorsement of bill of lading
S：背书*
C：提单*

Ti huan 07629
替换 DD00
TH
Substitution
C：更换

Ti huo tong zhi dan 07630 AA03
提货通知单
THTZD
Consignment notice
S：运输单证
Z：单证*

Ti ji 07631
体积 DI00
TJ
Volume

Ti ji bian hua 07632
体积变化 DI00
TJBH
Volume changes；Volumetric changes
S：变化*

Ti ji dun 07633
体积吨 BJ05
TJD
Measurement ton
S：船舶统计指标
Z：指标*

Ti ji kai fa 07634
梯级开发 BD06
TJKF
Cascade development
S：水利资源开发*

Ti ji shui dian zhan 07635
梯级水电站 BD06
TJSDZ
Step hydroelectric station
S：水力发电站
Z：工厂*

Ti ji xi shu F0784
体积系数 BA02
TJXS
Volume conversion coefficient；Volumetric coefficient
Y：容积系数

Ti jie shi chuan zha 07636
梯阶式船闸 BD03
TJSCZ
Lock flight
S：船闸
Z：建筑物*

Ti sheng 07637
提升 DD00
TS
Hoisting；Lifting

Ti sheng fa jia qiao 07638
提升法架桥 AD14
TSFJQ
Lifting erection
S：桥梁架设*

Ti sheng ji 07639
提升机 AG06
TSJ
Elevators；Elevators (Lift)
S：起重运输机械
F：斗式输送机；斗式提升机；矿井提升机；升降台
Z：机械*

Ti xi 07640
体系* DA00
TX
Systems
F：财政管理体系；赤道坐标系；国际货币体系；经济指标体系；理论体系；票制；评价指标体系；

社会保障体系;元素族系;指标体系

Ti xing 07641
梯形 DH00
TX
Trapezoids
S: 形状*

Ti zhi 07642
体制* DA00
TZ
Systems
C: 制度*
F: 管理体制;经济体制

Ti zhi gai ge 07643
体制改革 BB01
TZGG
Institutional reform
S: 改革*
D: 制度改革

Tian chong 07644
填充 DD00
TC
Filling;Packing

Tian chong cai liao 07645
填充材料 AF01
TCCL
Fillers;Filling materials
S: 建筑材料
D: 填料
Z: 材料*

Tian fang 07646
填方 AC03
TF
Fill
S: 土方工程*

Tian feng 07647
填缝 AC07
TF
Joint filling
C: 路面施工;公路养护

Tian feng cai liao 07648
填缝材料 AD07
TFCL
Joint sealing materials
S: 材料*

Tian feng liao po sun 07649
填缝料破损 AC08
TFLPS
Joint filler failure
S: 损害*

Tian gou 07650
天沟 AC06
TG
Gutter
S: 沟*

Tian jia 07651
添加 DD00
TJ
Adding

Tian jia ji 07652
添加剂 AF03
TJJ
Additive agents
S: 剂*
F: 促凝剂;缓凝剂;混凝土外加剂;加气剂;抗剥落剂;抗老化剂;沥青改性剂;乳化剂;早强剂
D: 外加剂

Tian liao F0785
填料 AF03
TL
Filling materials
Y: 填充材料

Tian qi yu bao 07653
天气预报* BI04
TQYB
Weather forecast
C: 气象保障
F: 危险天气通报

Tian ran cai liao 07654
天然材料 AF01
TRCL
Natural material
S: 材料*

Tian ran chou du shi yan F0786
天然稠度试验 AH01
TRCDSY
Natural consistency test
Y: 稠度试验

Tian ran di ji 07655
天然地基 AC03;CI01
TRDJ
Natural foundations;Natural subsoil
S: 地基*

Tian ran gu liao 07656
天然骨料 AF06
TRGL
Natural aggregates
S: 骨料*

Tian ran han shui liang 07657
天然含水量 CG09
TRHSL
Natural water content
S: 含水量
Z: 量*

Tian ran hang dao 07658
天然航道 BD01
TRHD
Open channels
S: 航道*

Tian ran he dao 07659
天然河道 BD01
TRHD
Natural river courses
S: 河道*

Tian ran he liu 07660
天然河流 BD01
TRHL
Natural rivers
S: 河流*

Tian ran li qing 07661
天然沥青 AF08
TRLQ
Natural asphalt
S: 沥青*

Tian ran qi 07662
天然气 CL03
TRQ

Natural gas
S：燃料*
F：压缩天然气；液化天然气

Tian ran shi 07663
天然石 AF05
TRS
Natural stones
S：石*

Tian sha hu tan 07664
填沙护滩 BC06
TSHT
Beach nourishment；Beach renourishment
S：海岸防护
D：补沙护滩
Z：防护*

Tian shi mu long F0787
填石木笼 BC06
TSML
Stone filled timber crib
Y：石笼

Tian ti fang wei jiao 07665
天体方位角 BF02
TTFWJ
Azimuth
S：角*

Tian ti gao du 07666
天体高度 BF02
TTGD
Celestial altitude
S：高度
Z：度*

Tian tu 07667
填土 AD09
TT
Filled soil

Tian wen dao hang 07668
天文导航 BD05；BF05
TWDH
Astronavigation；Celestial navigation
S：导航*

Tian wen hang hai 07669
天文航海 BF02
TWHH
Celestial navigation
S：航海*

Tian xian 07670
天线* CF04
TX
Aerial；Antenna
F：微波天线

Tian zhu ba 07671
填筑坝 BC03
TZB
Fill dam
S：坝
Z：建筑物*

Tiao che ji zhen 07672
跳车激振 AH02
TCJZ
Vibration excited by truck jumping from threshold on deck
S：激振
Z：振动*

Tiao jian 07673
条件* CA00
TJ
Condition
F：边界条件；初始条件；环境条件；贷款条件；货物运输条件；气象条件；协调条件；约束条件

Tiao jie 07674
调节* DD00
TJ
Control；Regulation
F：压力调节；匝道交通调节

Tiao jie shui 07675
调节税 BA01
TJS
Reconciliation tax
S：税*

Tiao kuan 07676
条款* DA00
TK
Term；Item；Clause
F：保险条款；船舶保险条款；除外条款；管辖权条款；合同条款

Tiao li 07677
条例* DB00
TL
Regulations
F：税收条例

Tiao ning ji 07678
调凝剂 AF07
TNJ
Accelerating-retarting coagulant
S：混凝土外加剂
Z：剂*

Tiao pin dian hua 07679
调频电话 BF05
TPDH
Frequency-modulation telephony
S：通信设备
Z：设备*

Tiao po 07680
调坡 AC07
TP
Adjusting gradient
C：旧路技术改造

Tiao qi ji 07681
调(配)漆机 AK05
TQJ
Color matching system
S：汽车维修工艺设备
Z：设备*

Tiao shi 07682
调试 DD00
TS
Debugging；Alignment

Tiao su 07683
调速 DD00
TS
Governing；Speed control
S：控制*
F：衡速控制
D：速度控制

Tiao xiang dian hua 07684
调相电话 BF05
TXDH
Phase-modulation telephony

S：通信设备
Z：设备*

Tiao xie 07685
调谐 BF05
TX
Tuning

Tiao xing ma 07686
条型码 BA06
TXM
Bar code
S：代码*

Tiao yue 07687
条约* DA00
TY
Treaty
F：国际协定；税务条约；渔业协定
D：协定

Tiao zhan yun xing 07688
跳站运行 AJ04
TZYX
Skip-stop running
S：运转*

Tiao zheng 07689
调整 DD00
TZ
Adjust；Adjustment

Tiao zhi jie tiao qi 07690
调制解调器 CF04
TZJTQ
Modem
S：装置*
F：调制器

Tiao zhi qi 07691
调制器 CF04
TZQ
Modulator
S：调制解调器
Z：装置*

Tie 07692
铁* AF02
T
Iron
F：铸铁

Tie dao F0788
铁道 AJ01
TD
Railroad
Y：铁路

Tie lu 07693
铁路 AJ01
TL
Railroad
D：铁道

Tie lu dao kou biao zhi 07694
铁路道口标志 AI07
TLDKBZ
Railway crossing sign
S：道路标识
Z：标志*

Tie lu gong lu liang yong qiao 07695
铁路公路两用桥 AD01
TLGLLYQ
Railway-highway combined bridge
S：桥*

Tie lu ji zhuang xiang chang F0789
铁路集装箱场 BA05
TLJZXC
Railway container yard
Y：集装箱堆场

Tie lu qiao 07696
铁路桥 AD01
TLQ
Railway bridge
S：桥*

Tie lu sui dao 07697
铁路隧道 AE01
TLSD
Railway tunnel
S：隧道*

Tie lu yun shu 07698
铁路运输 BA06
TLYS
Railway transportation
S：运输*
F：国际铁路运输

Ting 07699
艇 BE02
T
Craft
S：运输辅助船
Z：船舶*

Ting bo fa dian ji zu 07700
停泊发电机组 BE08
TBFDJZ
Harbour generating set
S：船舶电力系统
Z：系统*

Ting bo fei 07701
停泊费 BA02
TBF
Berthing charge；Wharfage
S：费用*

Ting bo qu F0790
停泊区 BC01
TBQ
Berthing space
Y：锚地*

Ting bo shi jian 07702
停泊时间 AJ04
TBSJ
Anchoring time
S：时间*

Ting che 07703
停车* AI01
TC
Parking
F：禁止停车；路边停车；路外停车；四向停车
D：泊车；存车

Ting che bao he du 07704
停车饱和度 AI02
TCBHD
Degree of parking saturation
S：饱和度
Z：度*

Ting che biao zhi 07705
停车标志 AI07
TCBZ
Stop sign
S：交通标志
Z：标志*

Ting che chang 07706
停车场* AC02；AI03；AJ03
TCC
Parking；Parking area；Parking lot；Parking place；Parking space
F：港湾式停车处；换乘停车场*
D：泊车区

Ting che chang biao zhi 07707
AI07
停车场标志
TCCBZ
Parking lot sign
S：交通标志
Z：标志*

Ting che che wei 07708
停车车位 AI02
TCCW
Parking set
D：停车车位短缺；车车位供应量；停车车位过剩；停车车位需要

Ting che che wei duan que F0791
AI02
停车车位短缺
TCCWDQ
Parking deficiency
Y：停车车位

Ting che che wei gong ying liang F0792
AI02
停车车位供应量
TCCWGYL
Parking supply
Y：停车车位

Ting che che wei guo sheng F0793
AI02
停车车位过剩
TCCWGS
Parking surplus
Y：停车车位

Ting che che wei xu yao F0794
AI02
停车车位需要
TCCWXY
Demand for parking space
Y：停车车位

Ting che chi xu shi jian 07709
AI02
停车持续时间
TCCXSJ
Parking duration
S：时间*

Ting che fei 07710
停车费 AI02
TCF
Parking fee
S：费用*

Ting che guan li ji hua 07711
AI02
停车管理计划
TCGLJH
Parking management program
S：管理计划
Z：计划*

Ting che gui ze 07712
停车规则 AI05
TCGZ
Parking regulation
S：规则*

Ting che ji hua 07713
停车计划 AI02
TCJH
Parking plan
S：计划*

Ting che ji shi qi 07714
停车计时器 AI06
TCJSQ
Parking meter
S：道路收费系统
Z：系统*

Ting che ju li 07715
停车距离 AJ01
TCJL
Stopping distance
S：距离*

Ting che kong zhi 07716
停车控制(汽车) AI03
TCKZ
Stop control
S：控制*

Ting che lü 07717
停车率 AI02
TCL
Parking rate
S：比率*

Ting che xian 07718
停车线 AI07
TCX
Stop line
S：线*

Ting che xian yan wu 07719
停车线延误 AI01
TCXYW
Stop line delay
S：延误*

Ting che yan wu 07720
停车延误 AI01
TCYW
Stop delay
S：延误*

Ting che zhou zhuan ci shu 07721
AI02
停车周转次数
TCZZCS
Parking turnover

Ting che zhuang zhi 07722
停车装置 AJ03
TCZZ
Stop；Stop device
S：装置*
F：列车自动停车装置

Ting fang che wei biao xian 07723
AI07
停放车位标线
TFCWBX
Parking space limit marking

S：线*

Ting hang 07724
停航 AJ04
TH
Suspend shipping
S：航行*

Ting kao zhan 07725
停靠站 AA04
TKZ
Bus stop
S 车站*

Ting shi lü 07726
停驶率 AA07
TSL
Unoperating rate
S：比率*

Ting yuan lü hua 07727
庭院绿化 CK07
TYLH
Courtyard greening
S：绿化*

Ting zhan shi jian 07728 AJ04
停站时间
TZSJ
Dwell time
S：时间*

Ting zhi 07729
停止 AI01
TZ
Stopping

TOD F0795
TOD CK04
TOD
Total oxygen demand
Y：总需氧量

Tong 07730
铜 AF02
T
Copper
S：金属材料
Z：材料*

Tong bu jiao tong shi gu yu ce fa 07731 AI05
同步交通事故预测法
TBJTSGYCF
Simultaneous traffic accident prediction method
S：预测方法
Z：方法*

Tong bu shi xi tong 07732
同步式系统 AI03
TBSXT
Synchronous system
S：系统*

Tong bu xing 07733
同步性 DC00
TBX
Synchronism
S：性质*

Tong chou fa 07734
统筹法 BG01
TCF
PERT method; Overall planning method

Tong dao 07735
通道* CF03
TD
Channel; Lane
F：动物通道；交通通道

Tong feng 07736
通风* AE08；CI04
TF
Ventilation
F：机械通风；施工通风；隧道通风；运营通风；自然通风

Tong feng she bei 07737
通风设备 AE08；CI04
TFSB
Ventilation equipment
S：设备*

Tong feng shi yan 07738
通风试验 DF00
TFSY
Ventilation experiments
S：环境试验
Z：试验*

Tong feng xi tong 07739
通风系统 BE08
TFXT
Ventilation systems
S：系统*

Tong guo neng li 07740
通过能力 BB03
TGNL
Throughput; Throughput capacity
S：能力*
F：港口通过能力

Tong guo xing che liang jian ce qi 07741 AI03
通过型车辆检测器
TGXCLJCQ
Passage vehicle detector
S：车辆检测器
Z：仪器*

Tong hang du cao 07742
通航渡槽 BD01；BD03
THDC
Navigable flumes
S：通航建筑物
C：引水隧洞
Z：建筑物*

Tong hang fen ge zhi F0796
通航分隔制 BF01
THFGZ
Traffic separation schemes (TSS)
Y：分道通航制

Tong hang jian zhu wu 07743
通航建筑物 BC03；BD01
THJZW
Navigation structures
S：建筑物*
F：升船机；通航渡槽；通航隧洞；引航道
D：导航建筑物；过船建筑物

Tong hang jing gao 07744
通航净高 BD02
设计最高通航水位至跨越航道的建筑物或其他设施最低点之间的距离。
THJG

Navigation clear height
S：航道标准尺度*

Tong hang jing kong 07745 BD02
通航净空
通航净高及净宽尺度的总称
THJK
Navigation clearance
S：航道标准尺度*

Tong hang jing kuan 07746 BD02
通航净宽
跨越航道建筑物通航孔相邻两墩内测间可供船舶或船队安全航行的有效宽度
THJK
Navigation clear width
S：航道标准尺度*

Tong hang neng li F0797 BF02
通航能力
THNL
Navigable capacity
Y：通行能力

Tong hang qiao kong 07747 BF02
通航桥孔
THQK
Navigable bridge-opening
C：桥下净空

Tong hang shui wei 07748 BD02
通航水位
THSW
Navigable water stage; Navigable water level
S：水位*
C：航道*

Tong hang shui yu 07749 BD01
通航水域
THSY
Navigable waters
S：水域
C：深水航道；水深
Z：区域*

Tong hang sui dong 07750 BD01；BD03
通航隧洞
THSD
Navigable tunnels
S：通航建筑物
Z：建筑物*

Tong huo peng zhang 07751 BB05
通货膨胀
THPZ
Inflation
C：经济危机

Tong huo peng zhang lü 07752 BG02
通货膨胀率
THPZL
Rate of inflation
S：比率*

Tong ji 07753 DD00
统计*
TJ
Statistics
F：概率统计；海关统计；数理统计；水文统计；外贸统计；运输统计

Tong ji fang fa 07754 BJ01
统计方法
TJFF
Statistical method
S：分析研究方法
C：方差
F：报告法；访问法；平均法；问卷法
Z：方法*

Tong ji fen xi 07755 BJ01；DD00
统计分析
TJFX
Statistical analysis
S：分析*
C：推断
F：差异分析

Tong ji fen xi fa 07756 BJ01
统计分析法
TJFXF
Statistics analysis method
S：分析研究方法
Z：方法*

Tong ji fen zu fa 07757 BJ01
统计分组法
TJFZF
Statistics group
S：分析研究方法
Z：方法*

Tong ji guo cheng 07758 BJ01
统计过程
TJGC
Statistical process
S：过程*

Tong ji mo xing 07759 BJ01
统计模型
TJMX
Statistical mode
S：模型*

Tong ji shi yan fa 07760 CA00
统计试验法
TJSYF
Statistical experiment method
S：概率统计计算法
D：实验计划法
Z：方法*

Tong ji shu ju 07761 BJ01
统计数据
TJSJ
Statistical data
S：数据*

Tong ji shu xue 07762 CA00
统计数学
TJSX
Statistical mathematics
S：数学
Z：学科*

Tong ji tui lun 07763 BJ01
统计推论
TJTL
Statistical inference

Tong ji wu cha 07764 BJ01
统计误差
TJWC

Statistical error
S：误差*
C：标准误差

Tong ji xue 07765
统计学 BJ01
TJX
Statistics
S：经济学
Z：学科*

Tong ji yang ben 07766
统计样本 BJ01
TJYB
Statistical sample

Tong ji zhen duan 07767
统计诊断 AK04
TJZD
Statistical diagnosis
S：诊断*

Tong ji zhi biao 07768
统计指标 BJ01
TJZB
Statistical indicator；Statistical index
S：指标*
F：吨(客)位；经济评价统计指标；经济指标；运输统计指标；国内生产总值；国民生产总值；国民收入

Tong ji zi liao 07769
统计资料 BJ01
TJZL
Statistical data
S：资料*

Tong qin lie che 07770
通勤列车 AJ04
TQLC
Commuter train
S：列车*

Tong shi hun zhuo du yi 07771 AH03
通视浑浊度仪
TSHZDY
All-through turbidimeter
S：测定仪
Z：仪器*

Tong shi neng jian du jian yan yi 07772 AH03
通视能见度检验仪
TSNJDJYY
All-through visibility tester
S：测定仪
Z：仪器*

Tong wei su 07773
同位素* CB00；CC01
TWS
Isotopes
F：放射性同位素

Tong xin 07774
通信* CF04
TX
Communication
F：水上通信

Tong xin an quan 07775
通信安全 BF05
TXAQ
Communication security
S：安全*
C：通信保密；保密通信

Tong xin bao mi 07776
通信保密 BF05
TXBM
Communication secret
S：保密*
C：通信安全；保密通信

Tong xin du 07777
同心度 DI00
TXD
Concentricity
S：度*

Tong xin fu biao 07778
通信浮标 BD05
TXFB
Communication buoys
S：浮标*

Tong xin she bei 07779
通信设备 BF05
TXSB
Communication installations；Communication equipments
S：设备*
F：船舶电台；救生艇电台；船上通信电台；对讲电话机；港口电台；高频发射机；紧急无线电示位标；陆地电台；气象传真接收机；全波段接收机；甚高频无线电话设备；调频电话；调相电话；移动电台；医务电报；用户电报；应急发射机；应急接收机；中频发射机

Tong xin wang 07780
通信网 CF03
TXW
Communication network
S：网络*
F：广域网

Tong xin wei xing 07781
通信卫星 BD05
TXWX
Communication satellites
S：人造卫星*

Tong xin xi tong F0798
通信系统 BE08；BF05
TXXT
Communication system
Y：通讯系统

Tong xing neng li 07782
通行能力(道路) AI02
TXNL
Capacity

Tong xing neng li 07783
通行能力 BF02；DC00
TXNL
Trafficability；Traffic capacity
S：能力*
F：车道通行能力；储备通行能力；公路通行能力；基本通行能力；交叉口通行能力；经济通行能力；交织区通行能力；可能通行能力；路段通行能力；设计通行能力；施工区通行能力；线路通行能力；匝道通行能力
D：通航能力

Tong xing neng li zhi shu 07784 AI02
通行能力指数
TXNLZS
Capacity index
S：指数*

Tong xing quan 07785
通行权 BA01
TXQ
Right of passage
S：权利*

Tong xun xi tong 07786
通讯系统 BE08；BF05
TXXT
Communication system
S：系统*
F：国际安全通信网；国家安全通信网；全球移动通信系统；甚高频通信；卫星通信；遇险呼叫
D：通信系统

Tong yi shou fei xi tong F0799 AI06
统一收费系统
TYSFXT
Unified toll system
Y：道路收费系统

Tong yong cang ku 07787
通用仓库 AA04
TYCK
Ordinary warehouse
S：仓库*

Tong yong xing ji zhuang xiang cha che 07788 AA05
通用型集装箱叉车
TYXJZXCC
Universal container fork lift
S：集装箱叉车
Z：车辆*

Tong yong yue piao F0800
通用月票 AJ04
TYYP
General monthly ticket
Y：月票

Tou biao 07789
投标 AB03；DD00
TB
Bidding
C：投标书；投标担保
D：联合投标

Tou biao dan bao 07790
投标担保 AB03
TBDB
Bid bond
S：保证金
C：投标
Z：费用*

Tou biao shu 07791
投标书 AB03
TBS
Bid；Tender
C：投标

Tou ceng 07792
透层 AC04
TC
Prime coat
S：层*

Tou guo 07793
透过 DD00
TG
Penetrating

Tou guo lü 07794
透过率 CD01；DI00
TGL
Transmissivity；Transmissibility
S：比率*

Tou ming du 07795
透明度 DI00
TMD
Transparency
S：度*

Tou ping 07796
透平* CL01
TP
Turbines
F：蒸汽透平

Tou qi 07797
透气 DD00
TQ
Air penetration

Tou qi xing 07798
透气性 DC00
TQX
Air permeability；Permeability
S：性能*

Tou ru chan chu fen xi 07799
投入产出分析 BG01；BG02
TRCCFX
Input-output analysis
S：经济分析
D：投入产出经济学
Z：分析*

Tou ru chan chu jing ji xue F0801 BG01
投入产出经济学
TRCCJJX
Input-output economics
Y：投入产出分析

Tou shi tu 07800
透视图 AC02
TST
Perspective drawing
S：图*
F：公路透视图

Tou shui 07801
透水 DD00
TS
Perviousness

Tou shui ba 07802
透水坝 BD04
TSB
Permeable dikes
S：河道整治建筑物
Z：建筑物*

Tou shui di ji 07803
透水地基 CI01
TSDJ
Pervious foundation
S：地基*

Tou shui du shi yan 07804
透水度试验 AH01

TSDSY
Pervious test
S: 性能试验
Z: 试验*

Tou shui lu di 07805
透水路堤 AC03
TSLD
Permeable embankment
S: 路堤*

Tou shui xing 07806
透水性 AC06; DC00
TSX
Permeability; Perviousness; Water permeability
S: 性能*
D: 不透水性

Tou wei peng zhuang 07807
AI05
头尾碰撞
TWPZ
Rear-end collision
S: 碰撞*

Tou ying fa 07808
投影法 CG04
TYF
Projective method
S: 结构分析
Z: 分析*

Tou zi 07809
投资* AB03; BB04
TZ
Investment
C: 投资规划; 投资风险; 投资回收期; 投资效率
F: 非生产性建设投资; 风险投资; 公路投资; 固定投资; 固定资产投资; 基建投资; 间接投资; 建设投资; 免税投资; 增量投资; 政府投资; 直接投资; 资本投资; 自主投资

Tou zi bao chou lü F0802
投资报酬率 BB04
TZBCL
Rate of return on investment
Y: 投资收益率

Tou zi feng xian 07810
投资风险 BB04
TZFX
Investment risk
S: 风险*
C: 投资*; 投资回收期; 借款偿还期

Tou zi gui hua 07811
投资规划 BB04
TZGH
Investment planning
S: 规划*
C: 投资*

Tou zi hui shou qi 07812
投资回收期* AB03; BB04
TZHSQ
Pay-back period; Payback period of investment
C: 投资*; 投资风险
F: 标准投资回收期

Tou zi jue ce zhun ze 07813
BB04
投资决策准则
TZJCZZ
Investment decision-making criteria
S: 准则*
C: 决策*

Tou zi shou yi lü 07814
投资收益率 BB04
TZSYL
Rate of return on investment
S: 收益率
D: 投资报酬率
Z: 比率*

Tou zi xiang mu ke xing xing fen xi 07815
BB05
投资项目可行性分析
TZXMKXXFX
Feasibility analysis of investment project
S: 可行性研究
Z: 研究*

Tou zi xiao guo xi shu 07816
BB04
投资效果系数
TZXGXS
Coefficient of investment effect
S: 系数*

Tou zi xiao lü 07817
投资效率 BB04
TZXL
Cost efficiency
S: 效率*
C: 投资*

Tu 07818
土* AF06; BC02; CD01; CG06
T
Earth; Soil
F: 饱和土; 不饱和土; 粗粒土; 地基土; 冻土; 粉土; 风化土; 黄土; 加筋土; 碱土; 巨粒土; 砾类土; 铝矾土; 泥炭土; 粘土; 膨润土; 膨胀土; 壤土; 软土; 砂类土; 湿草原土; 始成土; 松土; 酸性土; 特殊土; 土壤; 稳定土; 无粘性土; 细粒土; 新成土

Tu 07819
图* DH00
T
Diagram; Graph; Figure
F: 地形图; 地震图; 海图; 货流图; 客流图; 施工图; 算图; 透视图; 营运线路图; 运行图

Tu ba 07820
土坝 BC03; CI05
TB
Earth dam
S: 坝
C: 堤防
Z: 建筑物*

Tu biao 07821
图表* DF00
TB
Diagrams; Tables (data); Graph
F: 计算图表

Tu bu chu xing 07822
徒步出行 AI02
TBCX
Pedestrian trip

S：出行*

Tu ceng 07823
涂层 BE10
TC
Coating
S：层*
C：涂料
F：防腐涂层；防污涂层

Tu ceng mao gan 07824
土层锚杆 AE07
TCMG
Soil bolt
S：锚杆*

Tu di 07825
土地 AB01
TD
Land

Tu di 07826
突堤 BC03
TD
Jetties
S：港口外堤*

Tu di fa 07827
土地法 BB02
TDF
Land law
S：法律*

Tu di gou zhi 07828
土地购置 BB05
TDGZ
Land acquisition
C：土地招标
D：征地；土地征用

Tu di gu jia 07829
土地估价 BB05
TDGJ
Land valuation
C：土地交易

Tu di guan li 07830
土地管理 BB05
TDGL
Land administration
S：管理*
C：土地效益
F：土地回填

Tu di hui tian 07831
土地回填 BB05
TDHT
Land reclamation
S：土地管理
D：土地开垦
Z：管理*

Tu di jiao yi 07832
土地交易 BB05
TDJY
Land transaction
C：土地估价
D：土地转让

Tu di kai fa 07833
土地开发 BB05
TDKF
Land development
S：开发*

Tu di kai ken F0803
土地开垦 BB05
TDKK
Land reclamation
Y：土地回填

Tu di li yong 07834
土地利用 BB05
TDLY
Land use
S：利用*

Tu di li yong gui hua 07835
土地利用规划 BB05
TDLYGH
Land use planning
S：规划*

Tu di li yong 07836
kong zhi BB05
土地利用控制
TDLYKZ
Land use controls
S：控制*

Tu di li yong mo 07837
xing BB05
土地利用模型
TDLYMX
Land use models
S：模型*

Tu di li yong xiao guo 07838
土地利用效果 BB05
TDLYXG
Land use effects
D：土地利用影响

Tu di li yong xiao lü 07839
土地利用效率 BB05
TDLYXL
Land use efficiency
S：效率*

Tu di li yong F0804
ying xiang BB05
土地利用影响
TDLYYX
Land use effects
Y：土地利用效果

Tu di shi yong fei 07840
土地使用费 BB05
TDSYF
Land use fee
S：费用*

Tu di shou yi F0805
土地收益 BB05
TDSY
Land benefit
Y：土地效益

Tu di shui 07841
土地税 BA01
TDS
Tax on land
S：税*

Tu di suo you xin 07842
xi xi tong BD04
土地所有信息系统
TDSYXXXT
Land ownership information system
S：信息系统
Z：系统*

Tu di xiao yi 07843
土地效益 BB05
TDXY
Land benefit
C：土地管理
D：土地收益

Tu di zhao biao 07844
土地招标 BB05
TDZB
Land bidding
S：招标*
C：土地购置

Tu di zheng yong F0806
土地征用 BB05
TDZY
Land acquisition
Y：土地购置

Tu di zhuan rang F0807
土地转让 BB05
TDZR
Land transfer
Y：土地交易

Tu dong li xue 07845
土动力学 CG01；CG06
TDLX
Soil dynamics
S：动力学
C：流变学；土力学
Z：学科*

Tu fang diao pei 07846
土方调配 AC02
TFDP
Cut-fill transition
D：土方调配图

Tu fang diao pei jing ji yun ju 07847 AC02
土方调配经济运距
TFDPJJYJ
Economical hauling distance
S：经济运距
Z：距离*

Tu fang diao pei tu F0808 AC02
土方调配图
TFDPT
Cut-fill transition program
Y：土方调配

Tu fang gong cheng 07848
土方工程* AC03；BC02
TFGC
Earthworks
C：土木工程
F：换土；借土；填方；弃土；挖方

Tu fang ji xie 07849
土方机械 AG04；BC02
TFJX
Earthwork machinery
S：施工机械
F：吊管机；刮土机；犁土机；平地机；升送机；松土机；推土机
Z：机械*

Tu fen lei 07850
土分类 CI01
TFL
Soil classification
S：分类*

Tu gong bo mo 07851
土工薄膜 CI01
TGBM
Membrane for soil engineering
S：塑料薄膜
Z：薄膜*

Tu gong ge shan 07852
土工格栅 AF03
TGGS
Geogrid

Tu gong mo 07853
土工膜 AF03
TGM
Geomembrane

Tu gong shi yan 07854
土工试验 AH01；BC05；CG06；DF00
TGSY
Soil test
S：试验*
F：固结试验；贯入试验；颗粒分析试验；坍落度试验；压实试验；岩土特性指标试验；原位试验
D：土质试验

Tu gong zhi wu 07855
土工织物 AF03；CI01
TGZW
Geotextile

Tu ji cheng zai neng li 07856 AC03
土基承载能力
TJCZNL
Subsoil bearing capacity
S：承载力
Z：力*

Tu jie fa F0809
图解法 CA00
TJF
Diagramming method；Nomography
Y：算图法

Tu jie gou 07857
土结构 CD01
TJG
Soil structure
S：结构*

Tu jing li xue 07858
土静力学 CG01
TJLX
Soil statics
S：静力学；土力学
Z：学科*

Tu li 07859
土粒 CG06
TL
Soil particles

Tu li xue 07860
土力学 BC02；CD01；CG01；CG06
TLX
Soil mechanics
S：力学
C：土压力分布
F：冻土力学
Z：学科*

Tu li xue li lun 07861
土力学理论 CG06
TLXLL

Theory of soil mechanics
S：理论*；力学
F：固结理论
Z：学科*

Tu li xue mo xing 07862
土力学模型 CG06
TLXMX
Models of soil mechanics
S：模型*
C：半无限体；无限体

Tu liao 07863
涂料 AF03；BE10
TL
Coating
S：材料*
C：涂层
F：船舶涂料；船底防锈涂料；防污涂料
D：油漆

Tu mao F0810
土锚 CI01
TM
Earth anchors
Y：地锚

Tu mu gong cheng 07864
土木工程 BC02
TMGC
Civil engineering；Civil works
S：工程*
C：土方工程*

Tu mu gong cheng ji xie F0811 AG01
土木工程机械
TMGCJX
Civil engineering machinery
Y：施工机械

Tu nei ju li 07865
土内聚力 CG06
TNJL
Soil cohesion
S：力*
C：粘聚力

Tu qi 07866
涂漆 AD15；DE00
TQ
Coating；Painting

Tu ran gu zhang 07867
突然故障 AK04
TRGZ
Sudden failure
S：汽车故障
Z：故障*

Tu rang 07868
土壤 CD01；CE03
TR
Soils
S：土*

Tu rang chu li 07869
土壤处理 CE03
TRCL
Soil treatment
S：处理*

Tu rang huan jing 07870
土壤环境 CK01
TRHJ
Soil environment
S：环境*

Tu rang kong xi lü 07871
土壤孔隙率 CD01
TRKXL
Soil porosity；Void ratio of soil
S：孔隙率
Z：比率*

Tu rang wu ran 07872
土壤污染 CK02
TRWR
Soil pollution
S：污染*

Tu shang zuo ye fa 07873
图上作业法 AA10
TSZYF
Graphic dispatching method
C：货运调度

Tu shi fang liang 07874
土石方量 DI00
TSFL
Volume of earthwork
S：量*

Tu shi lei gong ju 07875
图示类工具 BB03
TSLGJ
Tools for mapping，Sketching and modeling
S：分析研究工具
Z：工具*

Tu shi wei yan 07876
土石围堰 CI01
TSWY
Earth rock cofferdams
S：围堰*

Tu shu fen lei fa 07877
图书分类法 DF00
TSFLF
Book classification
C：检索*

Tu shu guan 07878
图书馆 DF00
TSG
Library

Tu ti 07879
土体 CD01
TT
Soil mass
S：体*

Tu ti 07880
凸体 DH00
TT
Convex body
S：体*

Tu ti hua dong 07881
土体滑动 CG06
TTHD
Soil mass sliding
S：滑动*

Tu ti jie gou 07882
土体结构 CG06
TTJG
Soil structure
S：结构(组成)*
C：土物理性质

Tu wu li xing zhi 07883
土物理性质 CD01;CG06
TWLXZ
Soil physical properties
S:物理性质
C:电学性质;动力性质;内摩擦角;热学性质;塑限;土体结构;液限;液性指数
D:土物理状态
Z:性质*

Tu wu li zhuang tai F0812
土物理状态 CG06
TWLZT
Soil physical states
Y:土物理性质

Tu xiang chu li 07884
图像处理 CF03
TXCL
Image processing
S:信息处理
Z:处理*

Tu xiang shi bie 07885
图像识别 CF03
TXSB
Image recognition
S:识别*

Tu ya li 07886
土压力 CG03;CG06
TYL
Earth pressure;Soil pressure
S:压力
F:被动土压力;侧向土压力;静止土压力;松散土压力;主动土压力
Z:力*

Tu ya li fen bu 07887
土压力分布 CG06;CI01
TYLFB
Earth pressure distribution
S:分布*
C:土力学

Tu ya li li lun 07888
土压力理论 CG06
TYLLL
Earth pressure theory
S:理论*

Tu ya ping heng dun gou 07889 AE05
土压平衡盾构
TYPHDG
Soil pressure balancing shield
S:盾构*

Tu ying li 07890
土应力 CD01;CG03
TYL
Soil stress
S:应力*

Tu yuan zhui yi 07891
土圆锥仪 AH03
TYZY
Soil cone penetrator
S:仪器*

Tu zhi 07892
图纸 DF00
TZ
Drawing;Blueprint
S:资料*

Tu zhi 07893
土质 CG06
TZ
Soil properties

Tu zhi gong cheng xue 07894
土质工程学 CG06
TZGCX
Soil engineering
S:工程学
Z:学科*

Tu zhi shi yan F0813
土质试验 CG06;DF00
TZSY
Soil tests
Y:土工试验

Tu zhi sui dao 07895
土质隧道 AE01
TZSD
Earth tunnel
S:隧道*

Tu zhi wen ding 07896
土质稳定 CG06;CI01
TZWD
Soil stabilization
S:稳定*

Tu zhi xue 07897
土质学 CG06
TZX
Soil science;Soil tectonics
S:学科*

Tu zhu ju min 07898
土著居民 BB03
TZJM
Native population;Original inhabitants
S:人口*

Tu zu cheng 07899
土组成 CI01
TZC
Composition of soil;Soil constituents
S:组成*

Tuan li jie gou 07900
团粒结构 CG06;CI01
TLJG
Granular structure
S:结构(组成)*

Tuan liu F0814
湍流 BC02;CG07
TL
Turbulence
Y:紊流

Tui chuan F0815
推船 BE02
TC
Pusher;Push boat
Y:推轮

Tui dong shi wa jue ji 07901 AG04
推动式挖掘机
TDSWJJ
Push type excavators
S:挖掘机
F:蟹斗式挖掘机

Z：机械*

Tui duan 07902
推断 DD00
TD
Inference
C：统计分析

Tui jian su du 07903
推荐速度 AI01
TJSD
Advisory speed
S：速度*

Tui jin te xing 07904
推进特性 BE06
TJTX
Propulsive performance
S：特性
C：推进效率
Z：性质*

Tui jin xi tong 07905
推进系统 BE08
TJXT
Propulsion systems
S：系统*
F：离合器；联轴节；喷水推进；组合推进系统

Tui jin xiao lü 07906
推进效率 BE06
TJXL
Propulsive efficiency
S：效率*
C：螺旋桨效率；推进特性

Tui jin zhuang zhi 07907
BE08
推进装置
TJZZ
Propulsion devices
S：装置*
F：侧推器；柴油机电力推进；磁流体推进装置；艏侧向推进器；舷外发动机

Tui li gong 07908
推力拱 AD04
TLG
Trust arch
S：拱*

Tui li ji zhi 07909
推理机制 DC00
TLJZ
Inference mechanism
S：机制*

Tui lun 07910
推轮 BE02
TL
Pusher；Push boat；Pusher tug
S：运输辅助船
D：推船；顶推船
Z：船舶*

Tui suan hang cheng 07911
BF02
推算航程
TSHC
Distance made good
S：航程*

Tui tu ji 07912
推土机 AG04
TTJ
Bulldozers；Dozers
S：土方机械
F：履带式推土机；轮胎式推土机
Z：机械*

Tui yi zhi 07913
推移质 BC02；BD01
TYZ
Bed load；Tractional load
S：悬移质
Z：泥沙*

Tuo bo chuan dui 07914
拖驳船队 BF06
TBCD
Towed barge flotillas；Towing train；Towing unit
S：船队*
C：船舶航行*；航道*

Tuo che 07915
拖车 AG06
TC
Trailers
S：车辆*

Tuo che shi yi dong shi yan che 07916
AH04
拖车式移动试验车
TCSYDSYC
Trailer-typed mobile laboratory vehicle
S：移动试验车
Z：车辆*

Tuo chou 07917
脱臭 DD00
TC
Deodorizing
D：除臭

Tuo chuan F0816
拖船 BE02
TC
Tugboat；Tug
Y：拖轮

Tuo dang 07918
脱挡（汽车） AK04
TD
Spontaneous out-of-gear
S：汽车故障
Z：故障*

Tuo dang hua xing 07919
脱挡滑行（汽车驾驶） AK03
TDHX
Coasting in neutral
S：滑行（汽车驾驶）
Z：驾驶*

Tuo gua yun shu 07920
拖挂运输 AA01
TGYS
Truck-trailer/Tractor-trailer transportation
S：运输形式
Z：运输方式*

Tuo huan ji chu 07921
托换基础 BC02
THJC
Underpinning
S：基础（工程）*

Tuo kuan 07922
拓宽 AC07

TK
Widening
C：旧路技术改造

Tuo kuan lu kou shi jiao cha kou 07923 AC05
拓宽路口式交叉口
TKLKSJCK
Flared intersection
S：交叉口(平面)
Z：公路交叉*

Tuo la fa jia qiao 07924
拖拉法架桥 AD14
TLFJQ
Traction pulling erection
S：桥梁架设*

Tuo la ji 07925
拖拉机 AG06
TLJ
Tractors
S：车辆*

Tuo liu 07926
脱硫 DE00
TL
Desulfurization
D：除硫

Tuo lun 07927
拖轮 BE02
TL
Tug；Tugboat
S：运输辅助船
D：拖船
Z：船舶*

Tuo luo 07928
脱落 DD00
TL
Sloughing

Tuo luo yi 07929
陀螺仪 BE08
TLY
Gyroscope
S：航海仪器
Z：仪器*

Tuo pan 07930
托盘 BA05
TP
Pallet
S：集装箱*

Tuo pan bao zhuang 07931
托盘包装 BA06
TPBZ
Palletizing packing
S：包装*

Tuo pan huo 07932
托盘货 BI01
TPH
Palletized cargo
S：货物*

Tuo pan yun shu 07933
托盘运输 BA02
TPYS
Pelletized transportation
S：运输*
C：集装箱运输

Tuo pi 07934
脱皮 AC08
TP
Scaling

Tuo pu xue li lun 07935
拓扑学理论 AI01
TPXLL
Topologic theory
S：理论*

Tuo qian 07936
脱浅 BI04
TQ
Off-stranding
S：船舶安全
C：搁浅
Z：安全*

Tuo se 07937
脱色 DE00
TS
Decolorizing
S：水脱质处理
D：除色
Z：处理*

Tuo shi zhen dong ya lu ji 07938 AG07
拖式振动压路机
TSZDYLJ
Towed vibratory roller
S：振动压路机
Z：机械*

Tuo shui 07939
脱水* DE00
TS
Dehydration；Dewatering
F：离心脱水；污泥脱水

Tuo wang yu chuan 07940
拖网渔船 BE02
TWYC
Trawlers；Trawlboat
S：渔轮
D：艉滑道拖网渔船
Z：船舶*

Tuo wang zuo ye 07941
拖网作业 BF04
TWZY
Trawl fishing；Trawling

Tuo xiu 07942
脱溴 DE00
TX
Debromination
S：水脱质处理
Z：处理*

Tuo yan 07943
脱盐 DE00
TY
Desalination
S：水脱质处理
Z：处理*

Tuo ye shui chi 07944
拖曳水池 BE09
TYSC
Towing tank
S：试验水池
Z：水池*

Tuo yin F0817
拖印(轮胎) AK03

TY
Tyre skid
Y: 车辙

Tuo yuan du 07945
椭圆度 DI00
TYD
Ellipticity
S: 度*

Tuo yuan xing 07946
椭圆形 DH00
TYX
Ellipses
S: 形状*

Tuo yun 07947
托运 AA03;BA02
TY
Consignment
C: 承运;托运人

Tuo yun ren 07948
托运人 BA02
TYR
Shipper
C: 承运;托运
D: 发货人

Tuo zhi 07949
拖滞(汽车) AK04
TZ
Dragging
S: 汽车故障
Z: 故障*

Tuo zhi chu li 07950
脱质处理 DE00
TZCL
Demineralizing
S: 处理*
F: 水脱质处理

U

ULCC F0818
ULCC BE01
ULCC
Ultra large crude carrier
Y: 超大型油轮

V

V xing qiao dun 07951
V 形桥墩 AD09
VXQD
V-shaped pier
S: 桥墩*

VLCC F0819
VLCC BE01
VLCC
Very large crude carrier
Y: 大型油轮

W

W xing hu lan 07952
W 型护栏(交通) AI07
WXHL
W-type guardrail
S: 交通护栏
Z: 设施*

Wa fang 07953
挖方 AC03
WF
Cut
S: 土方工程*

Wa gou ji 07954
挖沟机 AG04
WGJ
Trenchers
S: 挖掘机械
F: 犁式开沟机
D: 开沟机
Z: 机械*

Wa jue 07955
挖掘 DD00
WJ
Excavation;
Excavation work

Wa jue ji 07956
挖掘机 AG04
WJJ
Excavators
S: 挖掘机械
F: 步行式挖掘机;铲式挖掘机;电动式挖掘机;斗轮式挖掘机;斗式挖掘机;反铲挖掘机;轨轮式挖掘机;拉铲挖掘机;链斗式挖掘机;连续式挖掘机;轮胎式挖掘机;推动式挖掘机;液压挖掘机
Z: 机械*

Wa jue ji xie 07957
挖掘机械 AG04
WJJX
Excavating machinery
S: 机械*
F: 挖沟机;挖掘机

Wa kong guan zhu 07958
Zhuang CI01
挖孔灌注桩
WKGZZ
Cast-in-situ
digged piles
S: 现浇混凝土桩
Z: 桩*

Wa li hang F0820
蛙力夯 AG04
WLH
Frog rammers
Y: 蛙式夯

Wa ni chuan 07959
挖泥船 AG04;BE03
WNC
Dredgers
S: 工程船舶
C: 疏浚*
F: 铲斗挖泥船;斗轮挖泥船;反铲挖泥船;绞吸式挖泥船;开底式挖泥船;链斗挖泥船;耙吸挖泥船;水力冲沙船;吸泥船;吸扬式挖泥船;抓斗挖泥船
Z: 船舶*

Wa ni she bei 07960
挖泥设备 AG04
WNSB

Dredgers;Dredging plants
S：设备*

Wa shi hang 07961
蛙式夯 AG04
WSH
Frog rammers
S：夯*
D：蛙力夯

Wai bu she bei 07962
外部设备 CF03
WBSB
External equipment
S：设备*
F：打印机;输出设备;输入设备;显示器;终端设备

Wai cun chu qi 07963
外存储器 CF03
WCCQ
External memory
S：存储器*

Wai gang 07964
外港 BC01
WG
Outports
S：港口*
C：深水港;疏浚*

Wai guan jian yan 07965
外观检验 AH02
WGJY
Visual inspection
S：检验*
F：钢材外观检验

Wai guan she ji 07966
外观设计 DF00
WGSJ
Outward design
S：专利*

Wai guo hang yun fa Zhan 07967 BB03
外国航运发展
WGHYFZ
Foreign maritime development
C：贸易发展

Wai guo hang yun zheng ce 07968 BB02
外国航运政策
WGHYZC
Foreign maritime policy
C：国家航运政策;国际航运政策

Wai jia ji F0821
外加剂 AF03;CC01
WJJ
Addictive;Admixtures
Y：添加剂

Wai lai shui sheng you ji wu 07969 BI05
外来水生有机物
WLSSYJW
Non-indigenous Aquatic Organisms
S：外来有机物
D：非本土水生有机物
Z：物质*

Wai lai you ji wu 07970
外来有机物 BI05
WLYJW
Foreign organic matter
S：有机物
F：外来水生有机物
Z：物质*

Wai li 07971
外力 CG03
WL
External force
S：力*

Wai mao huo wu 07972
外贸货物 BI01
WMHW
Tradable goods
S：货物*
D：非外贸货物

Wai mao tong ji 07973
外贸统计 BJ01
WMTJ
Foreign trade statistics
S：统计*

Wai mao yu ce 07974
外贸预测 BB03
WMYC
Foreign trade forecasts
S：预测*

Wai tui fa 07975
外推法 CA00
WTF
Extrapolation
S：计算方法
Z：方法*

Wan chen 07976
弯沉(路面)* AC04
WC
Deflection
F：动弯沉

Wan chen pen 07977
弯沉盆 AC04
WCP
Deflection basin

Wan chen shi yan 07978
弯沉试验 AH01
WCSY
Deflection test
S：路面试验
Z：试验*

Wan chen xi shu 07979
弯沉系数 AC04
WCXS
Deflection coefficient
S：系数*

Wan chen yi 07980
弯沉仪 AH03
WCY
Deflectometer
S：路面测试仪
F：动力式弯沉仪;落锤式弯沉仪;自动弯沉仪
D：贝克曼梁
Z：仪器*

Wan chen zhi 07981
弯沉值(路面) AC04
WCZ
Deflection value

S：值*
F：容许回弹弯沉值

Wan dao biao zhi 07982
弯道标志 AI07
WDBZ
Curve sign
S：交通标志
Z：标志*

Wan dian 07983
晚点(行车) AJ04
WD
Behind the schedule
S：运转*
D：慢点(行车)

Wan gao feng F0822
晚高峰 AJ04
WGF
Evening peak
Y：高峰时间

Wan guan 07984
弯管 DG00
WG
Bended pipes；Bended tubes；Elbow pipes
S：管*

Wan hao che lü 07985
完好车率 AJ05
WHCL
Well-conditioned vehicle rate
S：比率*

Wan hao che ri F0823
完好车日 AJ05
WHCR
Well-conditioned vehicle-days
Y：车日

Wan hao chuan lü 07986
完好船率 AJ05
WHCL
Well-conditioned ship rate
S：比率*

Wan hao chuan ri F0824
完好船日 AJ05
WHCR
Well-conditioned ship-days
Y：船日

Wan hao lü 07987
完好率(车辆技术完好率) AA07
WHL
Serviceability rate
S：比率*

Wan hao lü 07988
完好率 DC00
WHL
Availability rate
S：比率*
F：车辆完好率

Wan ju 07989
弯矩 CG12
WJ
Bending moment
C：弯曲

Wan ju fen pei fa 07990
弯矩分配法 CG04；CG12
WJFPF
Moment distribution method
S：结构分析
C：传递系数；分配系数
Z：分析*

Wan qi 07991
晚期 DJ00
WQ
Late stage
S：时期*

Wan qu 07992
弯曲 CG12
WQ
Bending
C：弯矩

Wan qu bian xing F0825
弯曲变形 CG02
WQBX
Bending deformation
Y：挠曲变形

Wan qu shi yan 07993
弯曲试验 AH01；CG10；DF00
WQSY
Bending tests
S：材料力学试验
Z：试验*

Wan qu ying li 07994
弯曲应力 CG03
WQYL
Bending stress
S：应力*

Wan qu zai he 07995
弯曲载荷 CG11
WQZH
Bending load
S：载荷*

Wan qu zhen dong 07996
弯曲振动 CG08
WQZD
Flexural vibration
S：振动*

Wan quan gu zhang 07997
完全故障 AK04
WQGZ
Complete failure
S：汽车故障
Z：故障*

Wan yan xing he duan 07998
蜿蜒性河段 BD01
WYXHD
Meandering reaches
S：河段*

Wang ba 07999
网坝 BC03
WB
Net dam
S：坝
Z：建筑物*

Wang fan hang ci 08000
往返航次 BF06
WFHC
Round trip
S：航次*

Wang fan piao F0826
往返票 AJ04
WFP
Round-trip ticket

Y：车(船)票

Wang fan xing ke liu 08001
往返性客流 AA02
WFXKL
Round trip passenger traffic
S：客流*

Wang fu shi huo sai beng 08002
往复式活塞泵 BE08
WFSHSB
Reciprocating pumps
S：泵*

Wang fu yun dong 08003
往复运动 DD00
WFYD
Reciprocation motion
S：运动*

Wang ge fen xi 08004
网格分析 CG04
WGFX
Network analysis
S：数学分析
C：差分法;结构分析
Z：分析*

Wang lie 08005
网裂 AC08
WL
Net-shaped crack
S：裂缝*

Wang luo 08006
网络* AA05；CF02；DE00
WL
Network
F：爆破网络;计算机网络;交通网络;局域网;联运网络;排队网络;社会网络;通信网;物流网络;有源网络;运输网络

Wang luo bao mi 08007
网络保密 DB00
WLBM
Network secret
S：计算机保密
Z：保密*

Wang luo fa 08008
网络法 CA00
WLF
Network method
S：最优化方法
Z：方法*

Wang luo guan li 08009
网络管理 CF03
WLGL
Network management
S：管理*

Wang luo guan li xi Tong 08010
网络管理系统 CF03
WLGLXT
Network management system
S：自动化管理系统
Z：系统*

Wang zhuang he dao 08011
网状河道 BD01
WZHD
Braided river
S：河道*

Wei 08012
艉 BE05
W
Stern
S：船体*

Wei bo 08013
微波 CB00
WB
Microwave
S：波*

Wei bo fen bu 08014
韦伯分布 CA00
WBFB
Weibull distributions
S：概率分布
Z：分布*

Wei bo tian xian 08015
微波天线 CF04
WBTX
Microwave antenna
S：天线*

Wei cha bao po F0827
微差爆破 CI02
WCBP
Short-delay blasting
Y：毫秒爆破

Wei chi fei yong 08016
维持费用 BG05
WCFY
Maintenance cost
S：费用*
C：维护费用

Wei chu li ji 08017
微处理机 CF03
WCLJ
Microprocessor
D：单片处理机

Wei dian zi ji shu 08018
微电子技术 CF04
WDZJS
Microelectronic technique
S：电子技术
Z：技术*

Wei du 08019
纬度* BF02
WD
Latitude
F：选择纬度

Wei fa 08020
违法 DD00
WF
Illegality

Wei fen fa ce tu 08021
微分法测图 AC01
WFFCT
Differential photo
S：测图
Z：测量*

Wei fen fang cheng 08022
微分方程 CA00
WFFC
Differential equations

S：方程*
F：偏微分方程

Wei gan qi zhong ji 08023
桅杆起重机 AG06
WGQZJ
Mast cranes
S：起重机*

Wei gou jia 08024
艉构架 BE05
WGJ
Transom sterns
S：船舶结构
Z：结构*

Wei guan jiao tong mo xing 08025
微观交通模型 AI01
WGJTMX
Micro-traffic model
S：交通模型
Z：模型*

Wei guan jie gou 08026
微观结构 CE01；DC00
WGJG
Microstructure
S：结构(组成)*
D：显微结构

Wei hu F0828
维护 AK04；DD00
WH
Maintenance
Y：维修*

Wei hu fei F0829
维护费 AG10；BG05
WHF
Maintenance cost
Y：维护费用

Wei hu fei yong 08027
维护费用 AG10；BG05
WHFY
Maintenance cost
S：费用*
C：维持费用
D：维护费

Wei hu guan li 08028
维护管理 DD00
WHGL
Maintenance management
S：管理*

Wei hu xing shu jun 08029
维护性疏浚 BD04
WHXSJ
Maintenance dredging
S：疏浚*

Wei hua dao tuo wang yu chuan F0830
艉滑道拖网渔船 BE02
WHDTWYC
Stern ramp trawlers
Y：拖网渔船

Wei ji F0831
尾迹 BC02
WJ
Wakes
Y：尾流

Wei ji chuan 08030
喂给船 BE01
WGC
Feeder；Feeder vessel
S：散货船
Z：船舶*

Wei ji chuan gang kou 08031
喂给船港口 BC01
WGCGK
Feeder port
S：港口*

Wei ji chuan yun shu 08032
喂给船运输 BA03
WGCYS
Feeder service
S：运输*

Wei ka chou du yi 08033
维卡稠度仪 AH03
WKCDY
Vicat apparatus
S：稠度仪
Z：仪器*

Wei liang fen xi 08034
微量分析 CC03
WLFX
Microanalysis
S：化学分析
Z：分析*

Wei liang yuan su 08035
微量元素 CC01
WLYS
Microelements；Trace element
S：元素*

Wei liu 08036
尾流 BC02
WL
Wakes
D：尾迹

Wei liu dong tai te xing 08037
尾流动态特性 BE04
WLDTTX
Wake dynamics
S：动态特性
Z：性质*

Wei pai F0832
尾牌 AJ02
WP
Rear number plate
Y：后路牌

Wei qi jing hua she bei 08038
尾气净化设备 BI03
WQJHSB
Exhaust cleaning equipment
S：设备*
C：空气污染控制

Wei qiao 08039
危桥 AD01
WQ
Bridge in danger
S：桥*

Wei qing 08040
艉倾 BE04
WQ
Trim by stern
S：纵倾

Z: 运动*

Wei qiu qu 08041
微丘区 AC01
WQQ
Rolling terrain
S: 地形*

Wei rao dong tu yang 08042
未扰动土样 CG06
WRDTY
Undisturbed soil samples

Wei sheng jian ce 08043
卫生监测 CK03
WSJC
Monitoring of hygiene
S: 监测*

Wei sheng she bei 08044
卫生设备 BE05;CI04
WSSB
Sanitary equipment;Sanitary facility
S: 设备*

Wei sheng wu 08045
微生物 CE01
WSW
Microbes;Microbios;Microorganisms
S: 生物*

Wei sheng wu fen jie 08046
微生物分解 CE01
WSWFJ
Microbiologic examination
S: 分解
Z: 反应*

Wei sheng wu jian ce 08047
微生物检测 CE01
WSWJC
Microbiologic inspecting
S: 检测*

Wei sheng wu jian Ding 08048
微生物鉴定 CE01
WSWJD
Microbial detection;Microbiological assay
S: 鉴定*

Wei sheng wu wu ran 08049
微生物污染 BI02;CK02
WSWWR
Microbial contamination; Microbiological pollution
S: 环境污染*

Wei sheng wu xue 08050
微生物学 CE01
WSWX
Microbiology
S: 生物学
Z: 学科*

Wei shi liu dong 08051
位势流动 CG07
WSLD
Potential flow
S: 流动*

Wei xian huo wu F0833
危险货物 BI01
WXHW
Hazardous goods
Y: 危险品

Wei xian huo wu biao zhi 08052
危险货物标志 BI01
WXHWBZ
Marks of dangerous goods
S: 标志*

Wei xian huo wu yun shu 08053
危险货物运输 AA03;BI01
WXHWYS
Carriage of dangerous cargo; Dangerous goods transport
S: 特种运输
F: 易燃货物运输
Z: 运输*

Wei xian pin 08054
危险品 BI01
WXP
Hazardous materials; Dangerous articles; Dangerous goods
S: 货物*
F: 爆炸品;放射性物品;腐蚀品;感染性物品;易燃固体;易燃液体;有毒物质;遇湿易燃物品;自燃物质
D: 放射性货物;危险货物;危险物品

Wei xian pin yun jia 08055
危险品运价 AA08
WXPYJ
Rate of dangerous goods
S: 运价
Z: 价格*

Wei xian pin yun shu 08056
危险品运输 BA02
WXPYS
Hazardous materials transportation
S: 货物运输
Z: 运输*

Wei xian pin yun shu chuan 08057
危险品运输船 BE01
WXPYSC
Dangerous cargo carrier
S: 货轮
Z: 船舶*

Wei xian tian qi tong bao 08058
危险天气通报 BI04
WXTQTB
Hazardous weather message
S: 天气预报*
F: 暴风警报;大风警报;恶劣天气;风暴;飓风;气旋;强热带风暴;热带风暴;台风;台风警报;雾警报

Wei xian wu pin F0834
危险物品 BI01
WXWP
Hazardous materials
Y: 危险品

Wei xian xing 08059
危险性 DC00
WXX
Danger
S: 特性
F: 二危险性;主要危险性
Z: 性质*

Wei xian xing fei qi wu 08060
危险性废弃物 BI01
WXXFQW
Hazardous wastes

S：废物*

Wei xian xing ping ding 08061 AH02
危险性评定
WXXPD
Risk evaluation
S：评定*
F：地震危险性评定

Wei xiao ke li wu pai fang liang 08062 BJ03
微小颗粒物排放量
WXKLWPFL
Exhaust of fine particle in fuel consumption of ship
S：环保统计指标
Z：指标*

Wei xing 08063 BD05
卫星
WX
Satellites
C：人造卫星*

Wei xing dao hang 08064 BD05；BF05
卫星导航
WXDH
Satellite navigation
S：导航*
C：导航卫星

Wei xing dao hang xi tong 08065 BF05
卫星导航系统
WXDHXT
Satellite navigation system
S：导航系统
Z：系统*

Wei xing dian zi ji suan ji 08066 CF03
微型电子计算机
WXDZJSJ
Microcomputer
S：电子计算机*

Wei xing duo pu le ding wei 08067 BF05
卫星多普勒定位
WXDPLDW
Satellite Doppler positioning
S：定位系统
Z：系统*

Wei xing hua 08068 DD00
微型化
WXH
Microminiaturization

Wei xing ji suan ji 08069 BD05
微型计算机
WXJSJ
Microcomputers
S：电子数字计算机
Z：电子计算机*

Wei xing tong xin 08070 BF05
卫星通信
WXTX
Satellite communication
S：通讯系统
Z：系统*

Wei xing yao gan ce liang 08071 AC01
卫星遥感测量
WXYGCL
Satellite remote sensing
S：测量*

Wei xiu 08072 AK04；DD00
维修*
WX
Maintenance；Repairing；Restorations
F：计划修理；汽车维护；汽车维修；汽车修理；桥梁维修；大修；中修；线路维修；状况监测维护
D：维护；修理

Wei xiu she bei 08073 DE00
维修设备
WXSB
Maintenance equipment
S：设备*

Wei yan 08074 AD13；BC03；CI05
围堰*
指维护水工建筑物的施工场地，使其免受河道水流或洪水影响的临时挡水建筑物。
WY
Cofferdams
C：码头*
F：钢板桩围堰；混凝土围堰；土石围堰

Wei yan 08075 AE06
围岩*
WY
Surrounding rock
F：软弱围岩

Wei yan bian xing 08076 AE06
围岩变形
WYBX
Surrounding rock deformation
S：变形*

Wei yan jia gu 08077 AE06
围岩加固
WYJG
Surrounding rock consolidation
S：加固*
C：岩体加固

Wei yan po huai 08078 AE06
围岩破坏
WYPH
Surrounding rock failure
S：破坏*

Wei yan wen ding 08079 AE06
围岩稳定
WYWD
Surrounding rock stability
S：稳定*

Wei yan ya li 08080 AE06
围岩压力
WYYL
Surrounding rock pressure
S：压力
D：山体压力
Z：力*

Wei yan ying li 08081 AE06；CD01；CG03
围岩应力
WYYL
Surrounding rock stress
S：应力*

Wei yi 08082

位移* CG04;DC00
WY
Displacement
F:相对位移

Wei yi fa 08083
位移法 CG04
WYF
Displacement method
S:有限元法
C:变形法
Z:分析*

Wei yi guan ce 08084
位移观测 AD15;AE13
WYGC
Displacement observation
S:观测*

Wei you lan 08085
围油栏 BI03
WYL
Oil fence;Oil boom
C:溢油控制

Wei yue 08086
违约 AB04
WY
Default

Wei yue jin 08087
违约金 AB04;BA02
WYJ
Liquidated damages; Penalty due to breach of contract
S:费用*
C:运输合同;违约责任;延迟交货
F:保险赔偿金
D:赔偿金

Wei yue ze ren 08088
违约责任 BA02
WYZR
Responsibility of breach of contract
S:责任*
C:违约金;合同解除

Wei zhang cheng ke 08089
违章乘客 AJ04
WZCK
Violated passenger
S:旅客*

Wei zhen 08090
微震 CD02
WZ
Micro-earthquakes
S:地震*

Wei zhi 08091
位置 DH00
WZ
Location;Position

Wen dai 08092
温带 CD03
WD
Temperate zone
S:气候带*

Wen ding 08093
稳定* DC00
WD
Stabilization
F:土质稳定;围岩稳定

Wen ding ban 08094
稳定板 BE04
WDB
Stabilizer fins
D:稳定鳍

Wen ding bao hu ceng 08095
稳定保护层 AC04
WDBHC
Stabilized protection course
S:保护层
Z:层*

Wen ding cai liao ji ceng 08096
AC04
稳定材料基层
WDCLJC
Stabilized material base
S:基层
Z:层*

Wen ding chu li tu F0835
稳定处理土 CG06
WDCLT
Stabilized soil
Y:稳定土

Wen ding du shi yan 08097
稳定度试验 AH01
WDDSY
Stability test
S:性能试验
C:力学试验
F:储存稳定度试验;马歇尔稳定度试验
Z:试验*

Wen ding fen xi 08098
稳定分析 CG12
WDFX
Stability analysis
S:分析*

Wen ding ji 08099
稳定剂 AF03
WDJ
Stabilizer
S:剂*

Wen ding jiao tong liu 08100
稳定交通流 AI01
WDJTL
Stable traffic flow
S:交通流量
D:不稳定性交通流
Z:量*

Wen ding liu 08101
稳定流 CG07
WDL
Steady flow
S:流态*

Wen ding qi F0836
稳定鳍 BE04
WDQ
Stabilizer fins
Y:稳定板

Wen ding tu 08102
稳定土 CG06
WDT
Stabilized soil
S:土*
F:石灰稳定土;水泥土;综合稳定土
D:加固土;稳定处理土

Wen ding tu chang 08103
ban she bei AG07
稳定土厂拌设备
WDTCBSB
Stabilized soil mixing plant
S:设备*
F:强制式稳定土厂拌设备;移动式稳定土厂拌设备;自落式稳定土厂拌设备

Wen ding tu tan pu ji 08104
稳定土摊铺机 AG07
WDTTPJ
Stabilized soil paver
S:摊铺机
Z:机械*

Wen ding xing 08105
稳定性 AD03;BE04;DC00
WDX
Stability
S:性能*
F:操纵稳定性;初稳性;船舶稳性;船舶稳定性;地基稳定性;渐近稳定性;交通稳定性;局部稳定性;路基稳定性;马歇尔稳定度;倾覆稳定性;热稳定性;热稳性;水稳性
D:稳性;不稳定性

Wen ding xing ping 08106
ding AH02
稳定性评定
WDXPD
Stability evaluation
S:评定*
F:桥基稳定性评定;桥址稳定性评定

Wen ding xing 08107
shi yan BE09
稳定性试验
WDXSY
Stability test
S:试验*
F:结构稳定性试验

Wen ding xing shi yan 08108
稳定性试验(道路) DF00
WDXSY
Stability tests
S:路面试验
Z:试验*

Wen ding zhuang zhi 08109
稳定装置 BC02
WDZZ
Stabilizers
S:装置*
F:潜流稳定装置

Wen du 08110
温度* DC00;DI00
WD
Temperature
F:气温

Wen du ji 08111
温度计 DF00
WDJ
Thermometers
S:仪器*

Wen du jian ce 08112
温度监测 CK03
WDJC
Temperature monitoring
S:监测*

Wen du ke kong qu 08113
温度可控区 BA06
WDKKQ
Temperature controlled space
S:区域*

Wen du kong zhi 08114
温度控制 DD00
WDKZ
Temperature monitoring
S:控制*

Wen du lie feng F0837
温度裂缝 DC00
WDLF
Thermal cracking
Y:热裂缝

Wen du xun jian 08115
xiang AH04
温度巡检箱
WDXJX
Temperature scanning unit

Wen du ying li F0838
温度应力 CG03
WDYL
Temperature stress
Y:热应力

Wen hua chu xing 08116
文化出行 AJ04
WHCX
Recreation trip
S:出行目的*

Wen hua ke liu 08117
文化客流 AJ04
WHKL
Recreating passenger flow
S:客流*

Wen ji 08118
文集 DF00
WJ
Collected works
S:资料*

Wen jian 08119
文件* DB00
WJ
Document;Documentation
F:贸易文件;运输文件

Wen juan fa 08120
问卷法 BJ01
WJF
Approach of questionnaire
S:统计方法
Z:方法*

Wen liu 08121
紊流 BC02;CG07
WL
Turbulence;Turbulent flow
S:流态*
C:雷诺数;边界层
D:湍流

Wen liu she liu 08122
紊流射流 CG07
WLSL
Turbulent jets

S：射流*

Wen shi 08123
温室 CE02
WS
Glasshouses; Greenhouses
C：园艺；温室效应

Wen shi qi ti 08124
温室气体 BI02
WSQT
Greenhouse gases
S：气体*

Wen shi xiao ying 08125
温室效应 BI02
WSXY
Greenhouse effect
S：效应*
C：温室

Wen tai 08126
稳态 DC00
WT
Steady state
S：状态*

Wen ti 08127
问题* DB00
WT
Problems; Issue
F：社会问题

Wen xian 08128
文献 DF00
WX
Document
S：资料*
C：文摘；索引

Wen xing F0839
稳性 BE04；DC00
WX
Stability
Y：稳定性

Wen xing jiao he 08129
稳性校核 BE06
WXJH
Stability check
S：船舶参数校核
Z：校核*

Wen xing li bi 08130
稳性力臂 BE04
WXLB
Stability lever

Wen xing li ju 08131
稳性力矩 BE04
WXLJ
Stability moment

Wen zhai 08132
文摘 DF00
WZ
Abstract
S：资料*
C：文献

Weng shui F0840
瓮水 BD02
WS
Backwater
Y：回水

Wo guo li 08133
握裹力 CG03
WGL
Holding power
S：力*

Wo liu 08134
涡流 BC02；CG07
WL
Turbulence; Vortex flow
S：流态*

Wo liu quan 08135
涡流圈 BE04
WLQ
Vortex ring
D：涡旋

Wo liu yin qi zhen 08136
Dong BE04
涡流引起振动
WLYQZD
Vortex induced vibration
S：振动*

Wo lun 08137
涡轮 BE08
WL
Impellers

Wo pu ke che 08138
卧铺客车 AK01
WPKC
Motor coach sleeper
S：客车
Z：车辆*

Wo xuan F0841
涡旋 BE04
WX
Vorticity
Y：涡流圈

Wo xue F0842
涡穴 BE04
WX
Vortex cavity
Y：空泡*

Wu 08139
雾 CD03
W
Fog

Wu ban 08140
误班 AJ04
WB
Delay
C：正点(行车)
D：误班船

Wu ban chuan F0843
误班船 AJ04
WBC
Overdue ship
Y：误班

Wu ban shi jian 08141
误班时间 AJ04
WBSJ
Overdue time
S：时间*

Wu ce xian kang ya 08142
qiang du CG09
无侧限抗压强度
WCXKYQD

Unconfined compression strength
S：强度*

Wu ce xian kang ya qiang du shi yan F0844
无侧限抗压强度试验 AH01
WCXKYQDSY
Unconfined compression strength test
Y：侧限抗压强度试验

Wu cha 08143
误差* DF00
WC
Errors
F：测定误差；统计误差；标准误差

Wu cha fen xi 08144
误差分析 DF00
WCFX
Error analysis
S：分析*

Wu di 08145
雾笛 BF03
WD
Fog siren
S：船舶设备
Z：设备*

Wu ding 08146
屋顶 CI04
WD
Roof

Wu ding hua yuan F0845
屋顶花园 CK07
WDHY
Roof garden
Y：屋顶绿化

Wu ding lü hua 08147
屋顶绿化 CK07
WDLH
Roof planting
S：绿化*
D：屋顶花园

Wu dong shi li 08148
物动视力 AI05
WDSL
Vision with object moving
S：视力*

Wu fang bu F0846
无纺布 AF03
WFB
Nonwoven fabrics
Y：非织造织物

Wu gong ba 08149
圬工坝 BC03
WGB
Masonry dam
S：坝
Z：建筑物*

Wu gong qiao 08150
圬工桥 AD01
WGQ
Masonry bridge
S：桥*

Wu gui dian che 08151
无轨电车 AJ02
WGDC
Trolley bus
S：电车
Z：交通工具*

Wu hai tong guo quan 08152
无害通过权 BA01
WHTGQ
Right of innocent passage
S：权利*

Wu hua 08153
雾化 CB00；DD00
WH
Atomizing
S：过程*

Wu ji cai liao 08154
无机材料 AF01
WJCL
Inorganic materials
S：材料*

Wu ji hua he wu 08155
无机化合物 CC01；CC05
WJHHW
Inorganic compounds
S：化合物*
F：硅酸盐；过氧化物；氯化物；氧化物

Wu ji hua xue 08156
无机化学 CC01
WJHX
Inorganic chemistry
S：化学
Z：学科*

Wu ji jie he liao 08157
无机结合料 AF08
WJJHL
Inorganic binder
S：结合料*

Wu ji wu 08158
无机物 CC01
WJW
Inorganic substances
S：物质*

Wu ji xian wei zeng qiang su liao 08159
无机纤维增强塑料 AF03
WJXWZQSL
Inorganic fiber reinforced plastics
S：增强塑料
F：玻璃钢
Z：材料*

Wu jian ce qi 08160
雾检测器 AI03
WJCQ
Fog detector
S：检测器
Z：仪器*

Wu jian lian jie luo xuan jiang 08161
无键联结螺旋桨 BE08
WJLJLXJ
Keyless propellers
S：螺旋桨*

Wu jiao gong qiao 08162
无铰拱桥 AD01
WJGQ
Hingeless arch bridge
S：拱桥

Z：桥*

Wu jing bao 08163
雾警报 BI04
WJB
Fog warning
S：危险天气通报
Z：天气预报*

Wu jing xin hao 08164
雾警信号 BI04
WJXH
Fog signal
S：信号*

Wu lang F0847
无浪 BI04
WL
Calm seas
Y：风浪

Wu li ce ding 08165
物理测定 DF00
WLCD
Physical examination; Physical measurement
S：测定*

Wu li fen xi fa 08166
物理分析法 DF00
WLFXF
Physical analysis
S：检验方法
F：气相色谱法
Z：方法*

Wu li guang xue 08167
物理光学 CB00
WLGX
Physical optics
S：光学
Z：学科*

Wu li hua xue 08168
物理化学 CC01
WLHX
Physical chemistry
S：化学
Z：学科*

Wu li hua xue chu li 08169
物理化学处理 DD00
WLHXCL
Physicochemical treatment
S：处理*

Wu li mo xing 08170
物理模型 DF00
WLMX
Physical models
S：模型*

Wu li sheng xue 08171
物理声学 CB00
WLSX
Physiological acoustics
S：声学
Z：学科*

Wu li xing neng F0848
物理性能 CB00
WLXN
Physical properties
Y：物理性质

Wu li xing zhi 08172
物理性质 CB00;DC00
WLXZ
Physical properties
S：性质*
F：表面性质;导电性;导热性;固体性质;惯性;极性;土物理性质
D：物理性能

Wu li xue 08173
物理学 CB00
WLX
Physics
S：学科*
C：热力学;相对论
F：低温物理学;电磁学;电学;分子物理学;高能物理学;固体物理学;核物理学;混沌理论

Wu liang gang shu 08174
无量纲数 BC02;DI00
WLGS
Dimensionless numbers
S：比率*
C：粘性
F：佛劳德数;雷诺数;马赫数
D：无因次数

Wu liao xu qiu ji hua 08175
物料需求计划 BA06
WLXQJH
Material requirements planning (MRP)
S：计划*

Wu liu 08176
物流* BA06
WL
Logistics
C：物资管理;物流中心
F：物流活动

Wu liu cheng ben 08177
物流成本 BA06
WLCB
Logistics cost
S：成本*

Wu liu cheng ben guan li 08178
BA06
物流成本管理
WLCBGL
Logistics cost control
S：管理*

Wu liu fang fa 08179
物流方法 BA06
WLFF
Logistics approach
S：方法*

Wu liu fei yong 08180
物流费用 BA06
WLFY
Logistics cost; Logistics fees
S：费用*

Wu liu gong cheng 08181
物流工程 BA06
WLGC
Logistics engineering
S：工程*

Wu liu guan li 08182
物流管理 BA06
WLGL
Logistics management

S：管理*

Wu liu huo dong 08183
物流活动 BA06
WLHD
Logistics activity
S：物流*
C：物流作业

Wu liu ji shu 08184
物流技术 BA06
WLJS
Logistics technology
S：技术*

Wu liu qu 08185
物流区 BA06
WLQ
Logistics zone
S：区域*

Wu liu qu dao 08186
物流渠道 BA06
WLQD
Logistics channel

Wu liu she ji 08187
物流设计 BA06
WLSJ
Design for logistics
S：设计*

Wu liu wang luo 08188
物流网络 BA06
WLWL
Logistics network
S：网络*

Wu liu xi tong 08189
物流系统 BA06
WLXT
Logistic system
S：物流信息系统
F：计算机综合物流系统
Z：系统*

Wu liu xin xi 08190
物流信息 BA06
WLXX
Logistics information
S：信息*

Wu liu xin xi xi tong 08191
物流信息系统 BA06
WLXXXT
Logistics information system (LIS)
S：信息系统
F：物流系统
Z：系统*

Wu liu zhong xin 08192
物流中心 BA06
WLZX
Logistics center
S：中心*
C：物流*

Wu liu zuo ye 08193
物流作业 BA06
WLZY
Logistics operation
S：作业*
C：物流活动

Wu ni 08194
污泥* BD01;CK02
WN
Sludge
C：沉积物*
F：浮泥

Wu ni chu li 08195
污泥处理 CK04
WNCL
Sludge treatment
S：处理*
C：焚化炉

Wu ni chu li she shi 08196
污泥处理设施 CK04
WNCLSS
Sludge treatment facility
S：设施*
C：焚化炉

Wu ni fei liao 08197
污泥肥料 CK02
WNFL
Sludge manure

Wu ni fei wu 08198
污泥废物 CK02
WNFW
Sludge
S：废物*

Wu ni fen hua 08199
污泥焚化 CK04
WNFH
Sludge incineration
S：焚化*
C：焚化炉

Wu ni gan hua F0849
污泥干化 DE00
WNGH
Sludge drying
Y：污泥脱水

Wu ni li yong 08200
污泥利用 CK02
WNLY
Sludge utilization
S：利用*

Wu ni tuo shui 08201
污泥脱水 DE00
WNTS
Sludge dewatering
S：脱水*
D：污泥干化

Wu nian xing tu 08202
无粘性土 CG06
WNXT
Noncohesive soil
S：土*
F：砂土;碎石土

Wu pao 08203
雾炮 BF03
WP
Fog gun
S：船舶设备
Z：设备*

Wu pin chu bei 08204
物品储备 BA06
WPCB
Article reserves

S：储存*

Wu ran 08205
污染 BI02；CK02
WR
Contamination；Pollution

Wu ran chao xian 08206
污染超限（汽车） AK04
WRCX
Over-limit pollution
S：汽车故障
Z：故障*

Wu ran diao cha 08207
污染调查 BI03
WRDC
Pollution survey
S：调查*
C：污染控制；环境污染

Wu ran kong zhi 08208
污染控制 BI03；CK01
WRKZ
Pollution control
S：控制*
C：污染应对系统；污染调查；
F：粉尘控制；空气污染控制；溢油回收；溢油控制；总排污量控制

Wu ran kong zhi jing ji xue 08209
BG01
污染控制经济学
WRKZJJX
Pollution control economics
S：经济学
Z：学科*

Wu ran wu 08210
污染物 BI02；CK02
WRW
Pollutants；Contaminants
S：物质*
C：废水；环境污染*；污染源；噪声源
F：臭气物质；放射性沉降物；空气污染物

Wu ran ying dui xi 08211
Tong BI03
污染应对系统
WRYDXT
Pollution response systems
S：系统*
C：污染控制

Wu ran yuan 08212
污染源 BI02；CK02
WRY
Pollution source
S：源*
C：污染物；噪声源
F：表面污染源

Wu ran zhi shu 08213
污染指数 BI03；CK03
WRZS
Pollution index
S：指数*
C：大气分析；排放标准；水质标准；水质指标
F：水质污染指数

Wu ren ji cang F0850
无人机舱 BE08
WRJC
Unmanned machinery space；Unattended machinery space
Y：机舱自动化

Wu ren jia shi 08214
chuan bo BE01
无人驾驶船舶
WRJSCB
Unmanned vehicles
S：船舶*

Wu shao 08215
雾哨 BF03
WS
Fog whistle
S：船舶设备
Z：设备*

Wu shi 08216
坞室 BE10
WS
Dock chamber
S：造船设施
Z：设施*

Wu shui 08217
污水 CK02
WS
Sewage；Waste water
S：水*
C：废水*；水污染

Wu shui beng 08218
污水泵 AG02
WSB
Sewage pumps
S：水泵
Z：泵*

Wu shui chu li 08219
污水处理 CK04
WSCL
Sewage disposal；Sewage purification；Sewage treatment
S：处理*
F：工业废水处理；化学处理

Wu shui chu li chuan 08220
污水处理船 BE02
WSCLC
Sewage treatment ship
S：环境保护船
Z：船舶*

Wu shui li yong 08221
污水利用 CK05
WSLY
Sewage utilization
S：利用*
C：废物利用；灌溉
D：废水回用；废水利用

Wu shui pai fang 08222
biao zhun BI03
污水排放标准
WSPFBZ
Sewage discharge standards
S：排放标准；水质标准
Z：标准*

Wu shui shui zhi 08223
污水水质 CK02
WSSZ
Sewage water quality
S：水质
Z：质量*

Wu sun jian ce 08224
无损检测 AH02
WSJC
Non-destructive test;NDT
S:检测*

Wu sun jian yan 08225
无损检验 DF00
WSJY
Nondestructive tests
S:检验*

Wu sun shi yan 08226
无损试验 DF00
WSSY
Nondistructive tests
S:破损试验
D:非破损试验
Z:试验*

Wu tan 08227
物探 CD01
WT
Geophysical prospecting
C:工程地质勘测

Wu tan she bei 08228
物探设备 CD01
WTSB
Geophysical prospecting apparatus
S:设备*

Wu xian dian ce ju 08229
无线电测距 BF05
WXDCJ
Radio range finding
C:测距仪

Wu xian dian ce xiang 08230 BF05
无线电测向
WXDCX
Radio direction finding
C:无线电测向仪

Wu xian dian ce xiang yi 08231 BF03
无线电测向仪
WXDCXY
Radio direction finder
S:航海仪器
C:无线电测向
Z:仪器*

Wu xian dian dao hang 08232
无线电导航 BD05;BF05
WXDDH
Radio navigation
S:导航*
F:船舶无线电导航;雷达导航

Wu xian dian hang biao 08233 BD05
无线电航标
WXDHB
Radio aids
S:航标*

Wu xian ti 08234
无限体 CG06;DH00
WXT
Infinite
S:体*
C:半无限体;土力学模型

Wu xian yao kong 08235
无线遥控 CF02
WXYK
Radio remote control
S:遥控
Z:控制*

Wu xin hao jiao cha kou F0851
无信号交叉口 AC05
WXHJCK
Non-signalized crossing
Y:信号控制交叉口

Wu xing sun hao 08236
无形损耗 BA06
WXSH
Intangible lose
S:损耗*

Wu ya li han dong F0852
无压力涵洞 AD17
WYLHD
Inlet unsubmerged culvert; Non-pressure culvert
Y:压力式涵洞

Wu yin ci shu F0853
无因次数 DI00
WYCS
Dimensionless number
Y:无量纲数

Wu you chu li chuan 08237
污油处理船 BE02
WYCLC
Dirty treatment ship
S:环境保护船
Z:船舶*

Wu you hui shou chuan 08238 BE02
污油回收船
WYHSC
Oil skimmer; Oil recovery ship; Dirty tanker Oil skimmer; Oil recovery ship
S:环境保护船
D:浮油回收船
Z:船舶*

Wu you shui cang 08239
污油水舱 BE05
WYSC
Slop tank
S:船舶结构
Z:结构*

Wu zhi 08240
物质* DA00
WZ
Matter
F:电解质;电介质;毒物;放射性物质;混合物;夹杂物;浓缩物;燃烧产物;无机物;污染物;营养物质;有害物质;致癌物质

Wu zhi jia diao zhuang fa F0854 AD14
无支架吊装法
WZJDZF
Erection with cableway
Y:缆索吊装法

Wu zhong 08241
雾钟 BF03
WZ
Fog bell
S:船舶设备

Z：设备*

Wu zhong hang xing 08242
雾中航行 BF02
WZHX
Navigation in fog
S：船舶航行*

Wu zhui suo quan 08243
无追索权 BB01
WZSQ
Right of non-recourse; Non-recourse financing mechanism
S：产权
Z：权利*

Wu zi guan li 08244
物资管理 BA06
WZGL
Material management
C：物流*

Wu zu ni zhen dong 08245
无阻尼振动 CG08
WZNZD
Undamped vibration
S：振动*
C：振动系统

X

X she xian 08246
X射线 CB00
XSX
X-rays
S：光线*

X she xian pu 08247
X射线谱 CB00；CC03
XSXP
X-ray spectra
S：谱*

X she xian tan ce 08248
X射线探测 DF00
X SXTC
X-ray detection
S：探测*

X she xian yan she 08249
X射线衍射 CB00；CC03
XSXYS
X-ray diffraction
S：衍射*
C：晶体结构

X she xian yan she yi 08250
X射线衍射仪 CC03
X SXYSY
X-ray diffractometers
S：仪器*

X she xian ying li ce ding F0855 DF00
X射线应力测定
X SXYLCD
X-ray stress measurement
Y：X射线应力分析

X she xian ying li fen xi 08251 DF00
X射线应力分析
X SXYLFX
X-ray stress analysis
S：应力分析
D：X射线应力测定
Z：分析*

Xi bo 08252
系泊* BF04
XB
Mooring
C：系泊设备
F：单点系泊；单锚腿系泊；多点系泊；悬链锚腿系泊

Xi bo fu tong 08253
系泊浮筒 BD05
XBFT
Buoy moorings
S：系泊设备
C：浮标*
Z：设备*

Xi bo ji xie 08254
系泊机械 BE08
XBJX
Mooring machines
S：甲板机械
C：系泊设备

Z：船机*

Xi bo she bei 08255
系泊设备 BC06；BE08
XBSB
Mooring facilities
S：设备*
C：系泊*；系泊机械；船舶靠离操纵
F：锚；锚链；系船柱；系泊浮筒
D：系船设备

Xi bo shi yan 08256
系泊试验 BE09
XBSY
Mooring trial
S：实船试验
D：码头试验
Z：试验*

Xi chen 08257
矽尘 CK02
XC
Silica dust
S：粉尘*

Xi chu wu 08258
析出物 BD02
XCW
Emissions

Xi chuan she bei F0856
系船设备 BC06
XCSB
Anchoring and mooring equipment
Y：系泊设备

Xi chuan zhu 08259
系船柱 BC06；BE05；BE08
XCZ
Bollards; Dolphins
S：系泊设备
D：带缆桩；系缆柱
Z：设备*

Xi di 08260
洗涤* DD00
XD
Cleaning; Scrubbing; Washing
F：化学洗净；水洗；酸洗

Xi di ji 08261
洗涤剂 CC01
XDJ
Detergents
S：剂*

Xi du 08262
细度 CG09
XD
Fineness
S：度*

Xi du mo shu 08263
细度模数 CG09
XDMS
Fineness modulus
S：模数*

Xi duo he 08264
袭夺河 BD01
XDH
Capturing river
S：河流*

Xi fu 08265
吸附 CC02；DD00
XF
Adsorption
C：吸附剂

Xi fu ji 08266
吸附剂 CC02
XFJ
Adsorbent substance；Adsorbents
S：剂*
C：吸附

Xi gan 08267
系杆 AD06
XG
Tie bar
S：杆
Z：元件*

Xi gan gong 08268
系杆拱 AD04
XGG
Tie bar arch
S：拱*

Xi gan gong qiao 08269
系杆拱桥 AD01
XGGQ
Bowstring arch bridge；Tied arch bridge
S：拱桥
Z：桥*

Xi gu liao 08270
细骨料 AF06
XGL
Fine aggregate
S：骨料*
D：细集料

Xi guan 08271
习惯* DD00
XG
Habit
F：驾驶习惯

Xi huo hua xing 08272
熄火滑行(汽车驾驶) AK03
XHHX
Coasting with engine off
S：滑行(汽车驾驶)
Z：驾驶*

Xi ji liao F0857
细集料 AF06
XJL
Fine aggregates
Y：细骨料

Xi ji pei 08273
细级配 CG09
XJP
Fine gradation
S：级配*

Xi jian 08274
洗检 AJ04
XJ
Cleaning and checking

Xi jiang feng cen ji 08275
稀浆封层机 AG07
XJFCJ
Asphalt slurry seal machine
S：养护机械
Z：机械*

Xi jiang feng ceng 08276
稀浆封层 AC04
XJFC
Slurry seal

Xi jun 08277
细菌 CE01
XJ
Bacteria

Xi jun wu ran 08278
细菌污染 BI02
XJWR
Bacterial pollution
S：环境污染*

Xi jun xing fu shi 08279
细菌性腐蚀 BE10
XJXFS
Bacterial corrosion
S：腐蚀*

Xi lan gong zuo chuan F0858
系缆工作船 BE02
XLGZC
Mooring boat；Line boat
Y：带缆艇

Xi lan zhu F0859
系缆柱 BE05
XLZ
Dolphins
Y：系船柱

Xi li tu 08280
细粒土 AF06；CG06
XLT
Fine-grained soil；Fine earth
S：土*

Xi lie hua 08281
系列化 DB00
XLH
Seriation

Xi ni beng 08282
吸泥泵 AG02
XNB
Dredge pumps；Hydraulic excavators
S：水泵

Z：泵*

Xi ni chuan 08283
吸泥船 AG04；BE03
XNC
Dredge boat；River suction dredger
S：挖泥船
Z：船舶*

Xi ni ji 08284
吸泥机 AG04
XNJ
Suction dredgers
S：机械*
C：挖泥设备

Xi qi zhuang zhi 08285
洗气装置 BE08
XQZZ
Scrubbers
S：装置*

Xi que zi yuan pei zhi 08286
稀缺资源配置 BB04
XQZYPZ
Allocation of scarce resources
S：配置*

Xi sha 08287
细砂 AF05；AF06
XS
Fine sand
S：砂*

Xi shi 08288
稀释 CC01
XS
Dilution
S：过程*

Xi shi li qing F0860
稀释沥青 AF08
XSLQ
Cutback asphalt
Y：轻制沥青

Xi shi xing 08289
吸湿性 DC00
XSX
Hydroscopicity；Moisture absorption
S：性能*

Xi shou 08290
吸收 CB00；DD00
XS
Absorption；Sorption

Xi shou guang pu 08291
吸收光谱 CC03
XSGP
Absorption spectra
S：光谱
Z：谱*

Xi shu 08292
系数* CA00；DI00
XS
Coefficient；Factor
F：安全系数；保险系数；变异系数；不均衡系数；不平衡系数(运输)；舱容系数；传递系数；地基系数；分配系数；风压系数；辐射系数；高峰小时系数；固结系数；换算系数；回程系数；回归系数；基尼系数；集装箱自重系数；交叉口负荷系数；介电常数；利用系数；汽车重量利用系数；旅客波动系数；摩擦系数；内摩擦系数；汽车重量利用系数；热膨胀系数；容积系数；渗透系数；衰减系数；松铺系数；投资效果系数；弯沉系数；线路重复系数；线路曲折系数；相关系数；箱容系数(集装箱)；压实系数；运量波动系数；转换系数；阻尼系数

Xi shu ce ding 08293
系数测定 AH02
XSCD
Factor determination
S：测定*
F：冲击系数测定

Xi shui 08294
吸水 DC00
XS
Water absorption

Xi shui lü 08295
吸水率 DI00
XSL
Water retaining rate
S：比率*

Xi shui lü shi yan 08296
吸水率试验 AH01
XSLSY
Water absorptivity test
S：性能试验
Z：试验*

Xi tong 08297
系统* DE00
XT
Systems
F：参照系统；成本报告系统；称重系统；船舶报告系统；船舶电力系统；船舶自动互救系统；导航系统；道路引导系统；电子订货系统；多波束测深系统；多点系泊系统；多式联运系统；反馈系统；供电系统；公共交通系统；管理系统；环境系统；计算机辅助订货系统；全球海上遇险安全系统；搜寻救助系统；信息系统；专家系统

Xi tong gong cheng 08298
系统工程 BG01；CF02
XTGC
System engineering
S：工程*
F：安全系统工程
D：系统工程方法论

Xi tong gong cheng fang fa lun F0861
系统工程方法论 BG01
XTGCFFL
System engineering methodology
Y：系统工程

Xi tong guan li 08299
系统管理 BA03
XTGL
Systems management
S：管理*
C：管理系统

Xi tong gui hua 08300
系统规划 BA03
XTGH

Systems planning
S：规划*

Xi tong li lun 08301
系统理论 CF02
XTLL
System theory
S：理论*

Xi tong she ji 08302
系统设计 CF02
XTSJ
System design
S：设计*

Xi tu 08303
稀土 AF02
XT
Rare earth
C：稀土金属

Xi tu jin shu 08304
稀土金属 AF02
XTJS
Rare earth metals
S：金属*
C：稀土

Xi yang shi wa ni chuan 08305
吸扬式挖泥船 BE03
XYSWNC
Suction dredger
S：挖泥船
F：吹泥船；气力式挖泥船
Z：船舶*

Xi yin jiao tong liang 08306
吸引交通量 AI02
XYJTL
Absorbed traffic [volume]
S：交通量
Z：量*

Xi you jin shu 08307
稀有金属 AF02
XYJS
Rare metal
S：金属材料
Z：材料*

Xi ze 08308
细则 DB00
XZ
Detailed rule and regulation
C：法规

Xi zhuang 08309
舾装* BE08
1，船上锚、桅杆、梯、管路、电路等设备和装置的总称；2，船体主要结构造完之后安装锚、桅杆、电路等设备和装置的工作。
XZ
Outfitting
F：舱室舾装；船台舾装；码头舾装；预舾装

Xi zhuang ma tou 08310
舾装码头 BE10
XZMT
Fitting-out quay
S：码头*

Xia bu jie gou 08311
下部结构 AD04
XBJG
Substructure
S：工程结构*

Xia cheng shi qiao 08312
下承式桥 AD01
XCSQ
Through bridge
S：桥*

Xia chuan shi li jiao 08313
jiao AC05
下穿式立交
XCSLJ
Underpass
S：立体交叉
Z：公路交叉*

Xia dang qiang 08314
下挡墙 AC03
XDQ
Lower retaining wall
S：挡土墙
Z：墙*

Xia gu 08315
峡谷 AC01
XG
Canyon
S：地形*

Xia ling shi 08316
夏令时 BF02；DJ00
XLS
Summer time；Daylight saving time
S：时间*

Xia shui F0862
下水(船舶) BE10
XS
Launching
Y：船舶下水

Xia shui hang xing 08317
下水航行 AJ04
XSHX
Downstream shipping
S：航行*

Xia xian bi cha F0863
下限比差 AA08
XXBC
Lower-limit ratio
Y：上限比差

Xia you 08318
下游 BD01
XY
Lower reach
S：河段*

Xia zhai shui yu 08319
狭窄水域 BD02
XZSY
Restricted waters
S：水域
D：限制性水域
Z：区域*

Xian 08320
舷 BE06
X
Board；Ship side

Xian 08321
线* DE00；DH00
X
Lines

F：斑马线；边缘线；车道分界线；导向线（交通）；等高线；定位线；放射线；割线；基线；立面标线；流线；轮廓标线；切线；渠化标线；曲线；生产线；视线；双黄线；停车线；停放车位标线；匝道标线；中心岛标线；中心线

Xian 08322
弦 DH00
X
Hypotenuse

Xian chang 08323
现场 AC01
XC
In-situ；Construction field

Xian chang ban he shi yan 08324 AG11
现场拌和试验
XCBHSY
Field mixing test
S：现场试验
Z：试验*

Xian chang diao cha 08325
现场调查 DD00
XCDC
Field investigation；Location investigation；Site surveys
S：调查*

Xian chang kao cha 08326
现场考察 AB04
XCKC
Site inspection
S：调查*

Xian chang shi yan 08327
现场试验 AG11；DF00
XCSY
Field test；Site test
S：试验*
F：现场拌和试验；现场压实试验

Xian chang ya shi shi yan 08328 AG11
现场压实试验
XCYSSY
Field compaction test
S：现场试验
Z：试验*

Xian dai hua 08329
现代化 DD00
XDH
Modernizing；Modernization

Xian gan 08330
弦杆 AD06
XG
Chord member
S：杆
Z：元件*

Xian gong lu 08331
县公路 AB02
XGL
County road
S：公路
Z：道路*

Xian huo huo wu 08332
鲜活货物 AA03
XHHW
Fresh and living goods
S：货物*
D：易腐货物；呼吸性货物

Xian huo huo wu yun shu 08333 AA03
鲜活货物运输
XHHWYS
Fresh and living goods traffic
S：货物运输
Z：运输*

Xian jiao gang jin hun ning tu shi gong 08334 BC06
现浇钢筋混凝土施工
XJGJHNTSG
Cast-in-situ concrete construction
S：混凝土施工
C：模板*
Z：工程施工*

Xian jiao hun ning tu 08335
现浇混凝土 AF07
XJHNT
In-situ concrete
S：混凝土*

Xian jiao hun ning tu jie gou 08336 BC03
现浇混凝土结构
XJHNTJG
Cast-in-place concrete structures
S：混凝土结构
Z：工程结构*

Xian jiao hun ning tu zhuang 08337 BC06；CI01
现浇混凝土桩
XJHNTZ
Cast-in-situ concrete piles
S：混凝土桩
F：爆扩桩；挖孔灌注桩；旋转喷射桩；钻孔灌注桩
D：灌注桩
Z：桩*

Xian jie 08338
限界* AJ01
为保证轨道车辆运行安全，而对车辆、线路、邻近建筑物和设备所规定的不允许超越的轮廓尺寸线。
XJ
Limited range
F：车辆限界；建筑限界；设备限界

Xian jie jian cha 08339
限界检查 AE12
XJJC
Clearance examination
S：检查*

Xian jie tu F0864
线解图 CA00
XJT
Nomography
Y：诺模图

Xian jin de chang tu yun shu xi tong 08340 AI03
先进的长途运输系统
XJDCTYSXT
Advanced rural transportation system (ARTS)
S：智能车路系统
Z：系统*

Xian jin de cheng 08341

shi yun shu xi tong AI03
先进的城市[公共]运输系统
XJDCSYSXT
Advanced public transportation system (APTS)
S：智能车路系统
Z：系统*

Xian jin de jia shi 08342
yuan xin xi xi tong AI03
先进的驾驶员信息系统
XJDJSYXXXT
Advanced driver information system (ADIS)
S：智能车路系统
Z：系统*

Xian jin de jiao 08343
tong guan li xi tong AI03
先进的交通管理系统
先进的交通管理系统是智能车路系统的子系统之一。
XJDJTGLXT
Advanced traffic management system (ATMS)
S：智能车路系统
Z：系统*

Xian jin de qi che 08344
kong zhi xi tong AI03
先进的汽车控制系统
XJDQCKZXT
Advanced vehicle control system (AVCS; IVCS)
S：智能车路系统
Z：系统*

Xian jin liu F0865
现金流 BG05
XJL
Cash flows
Y：现金流量

Xian jin liu liang 08345
现金流量 BG05
XJLL
Cash flows
C：现金流量分析
D：现金流

Xian jin liu liang 08346
fen xi BG05
现金流量分析
XJLLFX
Analysis of cash flow
S：财务分析
C：现金流量
Z：分析*

Xian kong zhi 08347
线控制 AI03
XKZ
Line control; Linked control
S：控制*
C：点控制

Xian lu 08348
线路* AJ03
XL
Line
F：岔线；长途线路；地面线路；地下线路；调头线；段管线；干线；高峰线路；高架线路；公共交通线路；固定线路；环形线路；郊区线路；快车线路；临时线路；山脊线；山坡线；市区线路；特别用途线；夜间线路；游览线路；站线；正线；支线；昼夜线路

Xian lu chong fu 08349
xi shu AJ01
线路重复系数
XLCFXS
Line overlap factor
S：系数*
D：线路复线系数

Xian lu da xiu 08350
线路大修 AJ03
XLDX
Track overhaul
S：大修
Z：维修*

Xian lu duan mian 08351
线路断面 AJ04
XLDM
Line section

Xian lu fei zhi F0866
xian xi shu AJ01
线路非直线系数
XLFZXXS
Line nonlinear factor
Y：线路曲折系数

Xian lu fu he 08352
线路负荷 AJ05
XLFH
Line load
S：载荷*

Xian lu fu xian F0867
xi shu AJ01
线路复线系数
XLFXXS
Line overlap factor
Y：线路重复系数

Xian lu guan li 08353
线路管理 AA10
XLGL
Administration of operational lines
S：管理*

Xian lu qu zhe xi shu 08354
AJ01
线路曲折系数
XLQZXS
Line nonlinear factor
S：系数*
D：线路非直线系数

Xian lu tong xing 08355
neng li AJ05
线路通行能力
XLTXNL
Line capacity
S：通行能力
C：站台容量
Z：能力*

Xian lu wang mi du 08356
线路网密度 AJ05
XLWMD
Network density
S：密度
Z：度*

Xian lu wei xiu 08357
线路维修 AJ03
XLWX
Track maintenance

S：维修*

Xian lu zhong xiu 08358
线路中修 AJ03
XLZX
Intermediate repair of track
S：中修
Z：维修*

Xian lu zui gao man zai lü F0868 AJ05
线路最高满载率
XLZGMZL
Maximum load factor of line
Y：满载率

Xian qi gu jie 08359
先期固结 CG06
XQGJ
Preconsolidation
S：固结*

Xian qiang 08360
舷墙 BE05
XQ
Bulwark
S：船舶结构
Z：结构*

Xian qing jian cha 08361
险情检查 AC07
XQJC
Examination of dangerous situation
S：路况检查
Z：检查*

Xian shi 08362
显示 DD00
XS
Display

Xian shi jing jian yan 08363
显示镜检验 DF00
XSJJY
Checking by indicator
S：检验*

Xian shi qi 08364
显示器 CF03
XSQ
Display device
S：外部设备
Z：设备*

Xian shui xie 08365
咸水楔 BC02
指密度大于河水的海水沿底部呈楔形侵入河口后形成的交界面清晰且形态稳定的水体。
XSX
Salt wedge in estuary
D：盐水楔

Xian su biao zhi 08366
限速标志 AI07
XSBZ
Stated-speed sign
S：交通标志
F：最低限速标志
Z：标志*

Xian su zhuang zhi 08367
限速装置 AJ03
XSZZ
Overspeed protection device
S：装置*
F：列车自动限速装置

Xian tan xing duan lie li xue 08368 CG01
线弹性断裂力学
XTXDLLX
Liner elastic fracture mechanics
S：断裂力学
Z：学科*

Xian wai fa dong ji 08369
舷外发动机 BE08
XWFDJ
Outboard engines
S：推进装置
D：舷外挂机
Z：装置*

Xian wai gua ji F0869
舷外挂机 BE08
XWGJ
Outboard engines
Y：舷外发动机

Xian wei 08370
纤维* AF03；BC06
XW
Fiber
F：玻璃纤维；钢纤维；光导纤维；合成纤维；化学纤维；矿物纤维；碳纤维

Xian wei hun ning tu F0870
纤维混凝土 AF07
XWHNT
Fiber concrete
Y：纤维增强混凝土

Xian wei hun ning tu lu mian 08371 AC04
纤维混凝土路面
XWHNTLM
Fiber concrete pavement
S：刚性路面
Z：路面*

Xian wei jie gou F0871
显微结构 CE01；DC00
XWJG
Microstructure
Y：微观结构

Xian wei jing guan cha 08372 DF00
显微镜观察
XWJGC
Microscopic observation
S：观察*

Xian wei jing shi yang 08373 DF00
显微镜试样
XWJSY
Microscopic samples
S：试样*

Xian wei zeng qiang hun ning tu 08374 AF07
纤维增强混凝土
XWZQHNT
Fiber reinforced concrete
S：混凝土*
F：钢纤维增强混凝土
D：纤维混凝土

Xian xia chan ye F0872
闲暇产业 DA00

XXCY
Leisure industry
Y：休闲产业

Xian xia shi jian　08375
闲暇时间　BB03
XXSJ
Leisure time
S：时间*

Xian xiang　08376
现象　DC00
XX
Phenomena

Xian xiang guan　08377
显像管　CF04
XXG
Video tube
S：电子元件
Z：元件*

Xian xing　08378
线性　DC00
XX
Linearity
S：性质*

Xian xing dai shu　08379
线性代数　CA00
XXDS
Linear algebra
S：数学
Z：学科*

Xian xing fang cheng　08380　CA00
线性方程
XXFC
Linear equations
S：方程*

Xian xing fen xi　08381
线性分析　CA00
XXFX
Linear analysis
S：分析*

Xian xing gui hua　08382
线性规划　CA00
XXGH
Linear programming
S：规划*
C：最优化；最优化方法

Xian xing she ji　08383
线形设计　AC02
XXSJ
Highway alignment design
S：设计*

Xian xing tan xing　08384
线性弹性　CG02
XXTX
Linear elasticity
S：弹性
C：断裂力学；非线性弹性
Z：性质*

Xian xing yao su　08385
线形要素　AC02
XXYS
Alignment elements
S：要素*

Xian xing zhen dong　08386
线性振动　CG08
XXZD
Linear vibration
S：振动*
C：振动法

Xian ya li　08387
线压力　AC03
XYL
Linear pressure
S：压力
Z：力*

Xian yan gai lü　08388
先验概率　BG01
XYGL
Prior belief
S：概率*

Xian you fu wu zhi shu　08389　AC04
现有服务指数(路面)
XYFWZS
Present service index(PSI)

Xian you gong lu　08390
现有公路　AB01
XYGL
Existing highway
S：公路
Z：道路*

Xian yun huo wu　08391
限运货物　AA03
XYHW
Restricted goods
S：货物*

Xian zhang fa yu ying li jie gou　08392　AD04
先张法预应力结构
XZFYYLJG
Pretensioning prestressed concrete structure
S：预应力混凝土结构
Z：工程结构*

Xian zhi　F0873
现值　BJ01
XZ
Present value
Y：净现值

Xian zhi　08393
限制　DD00
XZ
Limitation；Restriction

Xian zhi po du　08394
限制坡度　AJ03
XZPD
Limited grade
S：坡度
Z：度*

Xian zhi xing shui yu　F0874　BD02
限制性水域
XZXSY
Restricted waters
Y：狭窄水域

Xian zhuang　08395
现状　DC00
XZ
Status；Statue quo

Xiang cun dao lu 08396
乡村道路 AB02
XCDL
Rural road
S：道路*

Xiang dui han shui liang 08397 CG09
相对含水量
XDHSL
Relative water content
S：含水量
Z：量*

Xiang dui lun 08398
相对论 CB00
XDL
Relativity theory
S：理论*
C：物理学

Xiang dui mi du 08399
相对密度 CG09
XDMD
Specific density
S：密度
C:比重
Z：度*

Xiang dui mi shi du 08400
相对密实度 CG09
XDMSD
Relative density
S：密实度
Z：度*

Xiang dui mi du shi Yan F0875 AH01
相对密度试验
XDMDSY
Relative density test
Y：密度试验

Xiang dui shi du 08401
相对湿度 CD03
XDSD
Relative humidity
S：湿度
Z：度*

Xiang dui wei yi 08402
相对位移 CG04；DC00
XDWY
Relative displacement
S：位移*

Xiang gong lu 08403
乡公路 AB02
XGL
Township road
S：公路
Z：道路*

Xiang guan 08404
相关 DB00
XG
Correlation

Xiang guan fen xi 08405
相关分析 CA00
XGFX
Correlation analysis
S：数学分析
Z：分析*

Xiang guan guan xi 08406
相关关系 DB00
XGGX
Correlations
S：关系*

Xiang guan han shu 08407
相关函数 CA00
XGHS
Correlations functions
S：函数
Z：数*

Xiang guan li yi ji Tuan 08408 BB04
相关利益集团
XGLYJT
Referent stakeholder group
C：利益相关者

Xiang guan xi shu 08409
相关系数 BJ01
XGXS
Correlation coefficient
S：系数*

Xiang han 08410
箱涵 AD17
XH
Box culvert
S：涵洞*

Xiang jiao 08411
橡胶 AF03
XJ
Rubber
S：非金属材料
F：丁苯橡胶；氯丁橡胶
Z：材料*

Xiang jiao 08412
相交 DD00
XJ
Intersections

Xiang jiao ba 08413
橡胶坝 BC03
XJB
Rubber dam
S：坝
Z：建筑物*

Xiang jiao gai xing li qing 08414 AF08
橡胶改性沥青
XJGXLQ
Rubber modified asphalt
S：改性沥青
Z：沥青*

Xiang jiao li qing 08415
橡胶沥青 AF08
XJLQ
Rubber asphalts
S：沥青*

Xiang jiao li qing zhuang zhi 08416 AG07
橡胶沥青装置
XJLQZZ
Rubber asphalt unit
S：装置*

Xiang jiao zhi zuo 08417
橡胶支座(桥) AD08
XJZZ
Rubber bearing
S：桥梁支座

Z：支座*

Xiang liang fen xi 08418
向量分析 CA00
XLFX
Vector analysis
S：数学分析
D：矢量分析
Z：分析*

Xiang liang qiao 08419
箱梁桥 AD01
XLQ
Box girder bridge
S：梁桥
Z：桥*

Xiang liang xing hu lan 08420
箱梁型护栏(交通) AI07
XLXHL
Box-girder fence
S：交通护栏
Z：设施*

Xiang mu 08421
项目* BB05
XM
Project
F：环保项目；建设项目；研究项目

Xiang mu bei xuan fang an 08422
项目备选方案 BB05
XMBXFA
Project alternatives
S：方案*

Xiang mu fen xi 08423
项目分析 BB05
XMFX
Project analysis
S：分析*

Xiang mu guan li 08424
项目管理 BB05
XMGL
Project management
S：管理*
F：风险评价项目管理

Xiang mu gui hua 08425
项目规划 BB05
XMGH
Project planning
S：规划*

Xiang mu hou ping jia 08426
项目后评价 BB05
XMHPJ
Project post-evaluation
S：评价*
C：项目评价

Xiang mu kai fa 08427
项目开发 BB05
XMKF
Project development
S：开发*

Xiang mu kong zhi 08428
项目控制 BB05
XMKZ
Project control
S：控制*

Xiang mu ping gu 08429
项目评估 BB05
XMPG
Project appraisal
S：评估*

Xiang mu ping jia 08430
项目评价 BB05
XMPJ
Project evaluation
S：评价*
C：项目后评价

Xiang mu she ji 08431
项目设计 BB05
XMSJ
Project design
S：设计*

Xiang mu xuan ze 08432
项目选择 BB05
XMXZ
Project selection

Xiang mu zhun bei 08433
项目准备 BB05
XMZB
Project preparation
C：建设项目

Xiang mu zu zhi 08434
项目组织 BB05
XMZZ
Project organization
S：机构(组织)*

Xiang nei zuo ye cha che 08435
箱内作业叉车 AA05
XNZYCC
Inside container operation fork lift
S：叉车
Z：车辆*

Xiang pian suo yin tu 08436
像片索引图 AC01
XPSYT
Photo index
C：航空摄影测量

Xiang pian xiang qian tu 08437
像片镶嵌图 AC01
XPXQT
Photo mosaic

Xiang rong 08438
相容 DD00
XR
Compatibility

Xiang rong fang cheng F0876
相容方程 CA00
XRFC
Equations of compatibility
Y：协调方程

Xiang rong li yong lü 08439
箱容利用率(集装箱) AA05
XRLYL
Container volume capacity utilizing ratio
S：利用率

Z：比率*

Xiang rong xi shu 08440
箱容系数(集装箱) AA05
XRXS
Container specific volume capacity coefficient
S：系数*
D：集装箱比容

Xiang shi che 08441
箱式车 BA06
XSC
Box car
S：车辆*

Xiang shi gua che 08442
厢式挂车 AK01
XSGC
Van trailer
S：挂车
Z：车辆*

Xiang shi huo che 08443
厢式货车 AK01
XSHC
Van truck
S：载货汽车
Z：车辆*

Xiang si jie 08444
相似解 CA00
XSJ
Similar solution
S：解*

Xiang si xing 08445
相似性 DC00
XSX
Similarity
S：性质*

Xiang wei 08446
相位* AI03；CF01
XW
Phase
F：信号相位

Xiang wei cha 08447
相位差 AI03
XWC
Offset；Phase offset
D：时差(信号)

Xiang wei liang 08448
箱位量 BJ05
XWL
Container carrying capacity
S：船舶统计指标
Z：指标*

Xiang xin li 08449
向心力 CG03
XXL
Centripetal force
S：力*

Xiang xing ji chu 08450
箱形基础 CI01
XXJC
Box foundations
S：基础(工程)*

Xiang xing liang 08451
箱形梁 AD05
XXL
Box beam
S：梁*

Xiang xing qiao tai 08452
箱形桥台 AD09
XXQT
Box abutment
S：桥台*

Xiang ying 08453
响应* AH02；DB00
XY
Response
F：地震响应；动态响应；峰值响应

Xiang ying fen xi 08454
响应分析 DF00
XYFX
Response analysis
S：分析*

Xiang ying qu 08455
响应区 AH02
XYQ
Response zone
S：区域*
F：残留响应区；正响应区；滞后响应区

Xiang ying te xing 08456
响应特性 DC00
XYTX
Response characteristics
S：特性
Z：性质*

Xiang ying xi tong F0877
响应系统 BH02
XYXT
Response Systems
Y：紧急响应系统

Xiang zai zhong li yong lü 08457
箱载重利用率(集装箱) AA05
XZZLYL
Container load capacity utilizing ratio
S：利用率
Z：比率*

Xiao bing 08458
消冰 AC08
XB
Deicing

Xiao bo qi F0878
消波器 BE09
XBQ
Wave damper
Y：造波设备

Xiao bo she bei 08459
消波设备 BC05
XBSB
Wave damping apparatus
S：水工试验装置
C：波浪水池；造波设备
Z：装置*

Xiao du 08460
消毒 DE00
XD
Sterilization
D：灭菌

Xiao e xin dai 08461

小额信贷 BB04
XEXD
Microcredit
S：贷款*

Xiao fang 08462
消防* AE14；BI04
XF
Extinguishing and protection；Fire fighting
F：灭火

Xiao fang beng 08463
消防泵 AG02
XFB
Fire pumps
S：泵*

Xiao fang chuan 08464
消防船 BE02
XFC
Fire fighting ship；Fire boat
S：港务船
Z：船舶*

Xiao fei shui 08465
消费税 BA01
XFS
Tax on consumption
S：税*

Xiao guo 08466
效果* DB00
XG
Effects
F：声学效果；缩尺效果；营运效果；运输效果

Xiao guo fen xi 08467
效果分析 DD00
XGFX
Effect analysis；Result analysis
S：分析*

Xiao hao 08468
消耗* AJ05；DD00
XH
Consumption
F：材料消耗；能源消耗；燃料消耗

Xiao hao shi leng ji leng cang ji zhuang xiang 08469 BA05
消耗式冷剂冷藏集装箱
XHSLJLCJZX
Refrigerated container expendable refrigerant
S：冷藏集装箱
Z：集装箱*

Xiao hua 08470
硝化 CC02
XH
Nitration
S：化学反应
Z：反应*

Xiao li chi 08471
消力池 BC03
XLC
Stilling basins
S：消能建筑物(水利)
C：池*
D：静水池
Z：建筑物*

Xiao lü 08472
效率* AA05；DE00；DI00
XL
Efficiency；Effectiveness
F：经济效率；配置效率；燃油效率；投资效率；土地利用效率；推进效率

Xiao neng (shui liu) 08473 BC03
消能(水流)
XN
Energy-dissipation (flow)
C：消能建筑物(水利)

Xiao neng jian zhu wu 08474
消能建筑物(水利) BC03
XNJZW
Energy-dissipatings
S：建筑物*
C：过鱼建筑物；河道整治建筑物；取水建筑物；输水建筑物；水工建筑物；消能(水流)；泄水建筑物
F：消力池

Xiao qi hou 08475
小气候 CD03
XQH
Micro climate
S：气候*

Xiao qiao 08476
小桥 AD01
XQ
Small bridge
S：桥*

Xiao qu qi hou 08477
小区气候 CD03
XQQH
Small housing estate climate
S：气候*

Xiao shou bao zhuang 08478 BA06
销售包装
XSBZ
Sales package
S：包装*

Xiao shou shui 08479
销售税 BA01
XSS
Sales tax
S：税*

Xiao xing che ji zhuang xiang yun jia 08480 AA08
小型车集装箱运价
XXCJZXYJ
Rate of small container truck
S：集装箱运价
Z：价格*

Xiao xing che yun jia 08481
小型车运价 AA08
XXCYJ
Rate for small vehicle
S：运价
Z：价格*

Xiao xing dian zi ji suan ji 08482 CF03
小型电子计算机
XXDZJSJ
Microcomputer

S：电子计算机*

Xiao xing shui dian zhan 08483
小型水电站 BD06
XXSDZ
Small-sized hydropower station
S：水力发电站
Z：工厂*

Xiao xiu pin lü 08484
小修频率 AJ05
XXPL
Minor repair frequency
S：车辆运用与维修指标
Z：指标*

Xiao yan F0879
消烟 DE00
XY
Smoke abatement
Y：排烟

Xiao yi 08485
效益* AB03；BG02
XY
Benefit
F：公路使用者效益；环境效益；间接效益；减少交通事故效益；经济效益；社会效益；缩短里程效益；直接效益

Xiao yi fei yong bi 08486
效益费用比 BB04；BG05
XYFYB
Benefit-cost ratio
S：比数
Z：数*

Xiao yi fei yong fen xi 08487
效益费用分析 BG05
XYFYFX
Benefit-cost analysis
S：财务分析
Z：分析*

Xiao yi fen xi 08488
效益分析 AB03
XYFX
Benefit analysis
S：分析*

Xiao ying 08489
效应* CB00；CE02
XY
Effects
F：爆破效应；边界效应；黑洞效应；环境效应；热磁效应；热电效应（固体）；生态效应；时效；瞬变效应；弹性后效

Xie bo 08490
谐波 CF04
XB
Harmonic wave

Xie chuan ji 08491
卸船机 BA08
XCJ
Ship unloader
S：装卸机*

Xie ding F0880
协定 DA00
XD
Agreement
Y：条约*

Xie dou shi wa jue ji 08492
蟹斗式挖掘机 AG04
XDSWJJ
Crab excavators
S：推动式挖掘机
Z：机械*

Xie feng shi mao gan 08493
楔缝式锚杆 AE07
XFSMG
Slit wedge type bolt
S：机械型锚杆
Z：锚杆*

Xie guan 08494
斜管 DG00
XG
Inclined-tubes
S：管*

Xie he 08495
卸荷 DE00
XH
Unloading
D：卸载

Xie hui 08496
协会 DJ00
XH
Institution ；Associations；Society
C：学会

Xie jiao cha 08497
斜交叉 AC05
XJC
Skew Intersection
S：平面交叉
Z：公路交叉*

Xie jiao han dong 08498
斜交涵洞 AD17
XJHD
Skew culvert
S：涵洞*

Xie jing 08499
斜井 AE04
XJ
Sloping shaft
C：辅助坑道

Xie la qiao 08500
斜拉桥 AD01
XLQ
Cable-stayed bridge
S：桥*
F：单索面斜拉桥；独塔斜拉桥；多塔斜拉桥；钢斜拉桥；混凝土斜拉桥；双索面斜拉桥；双塔斜拉桥；组合梁式斜拉桥

Xie lang 08501
斜浪 BF02
XL
Oblique seas
S：波浪*

Xie liang 08502
斜梁 AD05
XL
Skew beam

S：梁*

Xie lou 08503
泄漏* BI02；DC00
XL
Blow-by；Leakage
F：化学品泄漏；漏油

Xie mian 08504
斜面 DH00
XM
Inclined plane
S：面*

Xie mian sheng chuan ji 08505
斜面升船机 BD03
XMSCJ
Inclined ship lifts
S：升船机
Z：建筑物*

Xie ni qu 08506
卸泥区 BD04
XNQ
Mud discharging area
S：区域*
C：吹填造地

Xie po F0881
斜坡 CI01
XP
Incline
Y：边坡

Xie po shi wen F0882
斜坡失稳 CG06
XPSW
Slope unstability
Y：边坡失稳

Xie po wen ding F0883
斜坡稳定 CG06；CI01
XPWD
Slope stabilization
Y：边坡稳定

Xie qiao 08507
斜桥 AD01
XQ
Askew bridge
S：桥*

Xie shui jian zhu wu 08508
泄水建筑物 BC03
XSJZW
Outlet structures
S：建筑物*
C：过鱼建筑物；河道整治建筑物；取水建筑物；水工建筑物；消能建筑物(水利)；输水建筑物
F：溢洪道

Xie shui kong F0884
泄水孔 AC06
XSK
Weep-hole
Y：泄水口

Xie shui kou 08509
泄水口 AC06
XSK
Drain opening
S：口*
D：泄水孔

Xie tiao 08510
协调 DD00
XT
Coordination

Xie tiao fang cheng 08511
协调方程 CA00
XTFC
Compatibility equation
S：方程*
D：相容方程

Xie tiao tiao jian 08512
协调条件 CG05
XTTJ
Compatibility conditions
S：条件*
C：力法*

Xie tui gang gou qiao 08513
斜腿刚构桥 AD01
XTGGQ
Slant legged rigid frame bridge
S：刚构桥
Z：桥*

Xie yi 08514
协议* DA00
XY
Agreement
F：保险协议；泛大西洋会议协议；泛太平洋讨论会协议；契约协议；造船贷款协议

Xie yi shu 08515
协议书 AB03
XYS
Agreement
C：合同

Xie zai F0885
卸载 DE00
XZ
Unloading
Y：卸荷

Xie zhen F0886
谐振 BE04
XZ
Resonance
Y：共振

Xin ao fa 08516
新奥法 AE04
XAF
NATM
S：隧道施工方法
Z：方法*

Xin ban hun ning tu xing neng 08517
新拌混凝土性能 AF07
XBHNTXN
Fresh mixing concrete property
S：混凝土性能
Z：性能*

Xin biao 08518
信标* BD05
XB
Beacons
C：交通标志
F：定位信标；航道信标

Xin chen dai xie 08519

新陈代谢 CE01
XCDX
Metabolism
S：过程*
D：代谢

Xin cheng tu 08520
新成土 CD01
XCT
Entisols
S：土*

Xin hao 08521
信号* AI03；AJ03
XH
Signal
C：信号机
F：安全信号；车辆感应信号；灯光信号；公共汽车优先通行信号；交通信号；紧急信号；全红信号；闪光信号；雾警信号；遇险信号

Xin hao chu li ji 08522
信号处理机 AH03
XHCLJ
Signal processor

Xin hao fa sheng qi 08523
信号发生器 CF04
XHFSQ
Signal generator
S：装置*

Xin hao ji 08524
信号机 AJ03
XHJ
Signal device
C：信号*

Xin hao kong zhi 08525
信号控制 AI03
XHKZ
Signal control
S：控制*
F：定时信号控制；自适应信号控制系统

Xin hao kong zhi jiao cha kou 08526 AC05
信号控制交叉口
XHKZJCK
Signalized crossing
S：交叉口(平面)
D：无信号交叉口
Z：公路交叉*

Xin hao kong zhi qi 08527
信号控制器 AI03
XHKZQ
Signal controller
S：控制器
F：感应信号控制机；定时信号控制机
Z：设备*

Xin hao she bei 08528
信号设备* BD05
XHSB
Signal facilities
F：航标灯

Xin hao xiang wei 08529
信号相位 AI03
XHXW
Signal phase
S：相位*
F：行人信号相位

Xin hao zhou qi 08530
信号周期 AI03
XHZQ
Signal cycle
S：周期*

Xin jian gong lu 08531
新建公路 AB01
XJGL
New highway construction
S：公路
Z：道路*

Xin jiao tong xi tong 08532 AJ01
新交通系统
XJTXT
New transport system
S：交通系统
C：公共交通方式
Z：系统*

Xin xi 08533
信息* CF02；DF00
XX
Information
C：情报*
F：定量信息；定性信息；海上安全信息；货源信息；驾驶信息；可视信息；破损信息；物流信息；运输信息

Xin xi chan ye 08534
信息产业 DA00
XXCY
Information industry
S：产业*

Xin xi chu li 08535
信息处理 CF02；CF03
XXCL
Information processing
S：处理*
F：数据处理；图像处理

Xin xi fan kui 08536
信息反馈 CF02
XXFK
Information feedback
S：反馈*

Xin xi fu wu 08537
信息服务 BA03
XXFW
Information service
S：服务*
F：航道信息服务；内河信息服务；战略交通信息服务；战术交通信息服务

Xin xi gao su gong lu 08538 CF02
信息高速公路
XXGSGL
Information superhighway

Xin xi guan li 08539
信息管理 CF03
XXGL
Information management
S：管理*

Xin xi lun 08540
信息论 CF02

XXL
Information theory
S：理论*
C：控制论

Xin xi rong liang 08541
信息容量 CF02
XXRL
Information capacity
S：容量
Z：量*

Xin xi xi tong 08542
信息系统 BF05；CF02
XXXT
Information system
S：系统*
F：财务管理信息系统；电子海图显示信息系统；多式联运信息系统；管理信息系统；交通信息系统；人力信息系统；土地所有信息系统；物流信息系统

Xin xi xi tong shu ju ku 08543
信息系统数据库 BH02
XXXTSJK
Information System Data Base
S：数据库*
F：劳埃德船舶事故信息系统数据库

Xin xi zhong xin 08544
信息中心 DJ00
XXZX
Information center
S：中心*
F：货运信息中心

Xin yong zheng 08545
信用证 BA02
XYZ
Letter of credit (L/C)
D：L/C

Xin ze xi hu lan 08546
新泽西护栏 AI07
XZXHL
New Jersey safety barrier
S：护栏*

Xing bao 08547
行包 AA02
XB
Luggage

Xing bao bao guan 08548
行包保管 AA02
XBBG
Luggage retention；Luggage storage service
S：行包业务
Z：业务*

Xing bao cheng yun 08549
行包承运 AA02
XBCY
Acceptance of luggage consignment
S：行包业务
Z：业务*

Xing bao jiao fu 08550
行包交付 AA02
XBJF
Luggage delivery
S：行包业务
Z：业务*

Xing bao shou li 08551
行包受理 AA02
XBSL
Luggage acceptance
S：行包业务
Z：业务*

Xing bao tuo yun 08552
行包托运 AA02
XBTY
Luggage registration
S：行包业务
Z：业务*

Xing bao ye wu 08553
行包业务 AA02
XBYW
Luggage service
S：业务*
F：行包保管；行包承运；行包交付；行包受理；行包托运

Xing bao yun jia 08554
行包运价 AA08
XBYJ
Rates of luggage transport
S：运价
Z：价格*

Xing bian mo liang 08555
形变模量 AC04
XBML
Modulus of deformation
S：模量*

Xing che dian li xiao hao 08556
行车电力消耗 AJ05
XCDLXH
Power consumption
S：车辆运营指标
D：百公里电耗
Z：指标*

Xing che ji zhen 08557
行车激振 AH02
XCJZ
Vibration excited by moving truck
S：激振
Z：振动*

Xing che jian ge 08558
行车间隔 AJ04
XCJG
Running interval
C：发车间隔

Xing che jian ju 08559
行车间距 AJ01
XCJJ
Following distance
S：距离*
D：安全行车间距

Xing che nian ya 08560
行车碾压 AC04
XCNY
Traffic bound；Free bound
C：路面施工

Xing che pin lü 08561
行车频率 AJ04
XCPL
Service frequency
S：频率*

Xing che ran liao 08562

xiao hao AJ05
行车燃料消耗
XCRLXH
Fuel consumption
S: 车辆运营指标
D: 百公里油耗
Z: 指标*

Xing che shi gu ci shu 08563 AJ05
行车事故次数
XCSGCS
The number of running accidents
S: 车辆安全指标
D: 行车责任事故次数
Z: 指标*

Xing che shi ke biao 08564 AJ04
行车时刻表
XCSKB
Timetable
C: 运行图

Xing che wu shi gu tian shu 08565 AJ05
行车无事故天数
XCWSGTS
Safe running days
S: 车辆安全指标
Z: 指标*

Xing che ze ren shi gu ci shu F0887 AJ05
行车责任事故次数
XCZRSGCS
The number of running responsible accidents
Y: 行车事故次数

Xing che ze ren shi gu jian ge li cheng 08566 AJ05
行车责任事故间隔里程
XCZRSGJGLC
Kilometre interval of running responsible accident
S: 车辆安全指标
Z: 指标*

Xing cheng 08567
行程 AA01
XC
Kilometrage
D:总行程

Xing cheng 08568
行程(车公里) AA07
XC
Kilometrage (vehicle-kilometer)

Xing cheng che su 08569
行程车速 AI01
XCCS
Travel speed; Journey speed
S: 车速
Z: 速度*

Xing cheng shi jian 08570
行程时间 AI01
XCSJ
Travel time; Journey time
S: 时间*
D: 行程时间比

Xing cheng shi jian bi F0888 AI01
行程时间比
XCSJB
Travel-time ratio
Y: 行程时间

Xing dao shu 08571
行道树 AC07
XDS
Road side trees
C: 公路养护

Xing gang 08572
型钢 AF02
XG
Section steel
S: 钢材
F: 槽钢;工字钢
Z: 材料*

Xing gang hun ning tu liang 08573 AD05
型钢混凝土梁
XGHNTL
Section steel concrete beam
S: 梁*

Xing hao 08574
型号 DA00
XH
Type

Xing hong qu 08575
行洪区 BD02
XHQ
Flood way district
S: 区域*
C: 分洪区

Xing kuan 08576
型宽 BE06
XK
Molded breadth
S: 船舶主尺度*

Xing neng 08577
性能* AK04; DC00
XN
Performance; Properties
C: 性质*
F: 安全性;保湿性;材料性能;操纵性;操作性能;船性;电气性能;防尘性;防滑性;防火性;防水性;混凝土性能;机械性能;兼容性;抗沉性;抗性;耐波性;疲劳性能;气硬性;柔软性;适航性;适应性;使用性能;水密性;水硬性;透气性;透水性;稳定性;吸湿性;压实性;压缩性

Xing neng shi yan 08578
性能试验 AG11; AH01; BC05; DF00
XNSY
Performance test
S: 试验*
C: 可靠性试验;力学试验
F: 刚性试验;光弹性试验;回弹试验;混凝土流动性试验;可焊性试验;粘度试验;粘结力试验;粘滞度试验;爬坡性能试验;膨胀试验;倾翻稳定性能试验;燃点试验;燃烧性试验;韧度试验;韧性试验;溶解度试验;软化点试验;闪点试验;收缩试验;塑限试验;塑性试验;吸水率试验;压实度试验;稳定度试验延度试验;硬度试验;针入度试验;制动性能试验;转向性能试验

Xing ren an niu xin hao kong zhi qi 08579 AI03
行人按钮信号控制器
XRANXHKZQ
Pedestrian Push-button Signal Controller
S：信号控制器*

Xing ren an quan she shi 08580 AI07
行人安全设施
XRAQSS
Pedestrian safety devices
S：安全设施
Z：设施*

Xing ren chuan song dai 08581 AJ02
行人传送带
XRCSD
Passenger belt
S：传送带*
D：自动步道

Xing ren guan zhi 08582 AI03
行人管制
XRGZ
Pedestrian control
S：管制*

Xing ren guo jie biao zhi 08583 AI07
行人过街标志
XRGJBZ
Pedestrian crossing sign
S：交通标志
Z：标志*

Xing ren heng chuan she shi 08584 AI07
行人横穿设施
XRHCSS
Pedestrian crossing devices
S：设施*
F：人行地道；人行横道；人行天桥

Xing ren jian ce qi 08585 AI03
行人检测器
XRJCQ
Pedestrian detector
S：检测器
Z：仪器*

Xing ren xin hao xiang wei 08586 AI03
行人信号相位
SRXHXW
Pedestrian signal phase
S：信号相位
Z：相位*

Xing shen 08587 BE06
型深
XS
Molded depth
S：船舶主尺度*

Xing shi 08588 DH00
形式
XS
Shape

Xing shi shi jian 08589 AI01
行驶时间
XSSJ
Running time
S：时间*

Xing shi su du 08590 AI01
行驶速度
XSSD
Running speed
S：速度*
F：出租汽车运行速度；载客行驶速度

Xing shi xing neng shi yan 08591 AG11
行驶性能试验
XSXNSY
Travel performance test
S：性能试验
Z：试验*

Xing shi yan wu 08592 AI01
行驶延误
XSYW
Operational delay
S：延误*

Xing wei 08593 DD00
行为
XW
Behavior

Xing zheng guan li 08594 AA10
行政管理
XZGL
Administration
S：管理*
F：公路运输行政管理

Xing zheng guan li ji gou 08595 DJ00
行政管理机构
XZGLJG
Administration organization
S：机构(组织)*
D：行政机关

Xing zheng ji guan F0889 DJ00
行政机关
XZJG
Administrative organs
Y：行政管理机构

Xing zhi 08596 DC00
性质*
XZ
Properties
C：性能*
F：崩坍性；触变性；地震活动性；电学性质；动力性质；对称性；多孔性；非均质性；非线性；非线性弹性；辐射性；干硬性；和易性；化学性质；货物互抵性；活性；碱性；均匀性；可泵性；可变换性；可靠性；可燃性；可塑性；可压缩性；力学性质；流变性；流动性；热学性质；蠕动性；水性；瞬时性；特性；同步性；物理性质；线性；相似性；岩体性质；异步性；憎水性；周期性

Xing zhuang 08597 DC00
性状
XZ
Shape and properties

Xing zhuang 08598 DH00
形状*
XZ
Form；Shape

F：方形；几何形状；矩形；菱形；六角形；球形；三角形；梯形；椭圆形；圆形

Xiu bu 08599
修补* AF07
XB
Patching；Mending；Repair
F：混凝土修补

Xiu chuan F0890
修船 BE10
XC
Ship repairing
Y：船舶修理

Xiu chuan she shi F0891
修船设施 BE10
XCSS
Ship repair facilities
Y：造船设施

Xiu chuan ye 08600
修船业 BE10
XCY
Ship repair industry
S：船舶工业
Z：工业*

Xiu li F0892
修理 AK05；DD00
XL
Repair
Y：维修*

Xiu li chang 08601
修理厂 AK05
XLC
Repair plant
S：工厂*

Xiu li lü 08602
修理率 AA07
XLL
Maintenance rate
S：比率*

Xiu mo guan 08603
休谟管 DG00
XMG
Hume ducts；Hume pipes
S：管*

Xiu shi shi yan 08604
锈蚀试验 AG11
XSSY
Corrosion test
S：试验*

Xiu xi qu biao zhi 08605
休息区标志 AI07
XXQBZ
Rest area sign
S：交通标志
Z：标志*

Xiu xian 08606
休闲 DD00
XX
Leisure
C：休养

Xiu xian chan ye 08607
休闲产业 DA00
XXCY
Leisure industry
D：闲暇产业

Xiu yang 08608
休养 DD00
XY
Recreation
C：休闲

Xiu yu qi 08609
休渔期 BA01
XYQ
Fishing Season off
C：禁渔期

Xiu zheng 08610
修整 DD00
XZ
Pruning；Trimming

Xiu zheng ji shi shi yan F0893 AH01
修正击实试验
XZJSSY
Modified compaction test；Modified proctor test
Y：重型击实试验

Xiu zhi jiao 08611
休止角 BC02
XZJ
Angle of repose
S：角*

Xu bian F0894
徐变 AD03；CG02；CG04；DC00
XB
Creep
Y：蠕变

Xu ci 08612
叙词 DF00
XC
Descriptor
S：词汇*

Xu ci biao 08613
叙词表 DF00
XCB
Thesaurus
S：工具书
C：标引
D：主题词表
Z：资料*

Xu gong yuan li 08614
虚功原理 CG04
XGYL
Principle of virtual work
S：原理*
C：变形计算法

Xu hang li 08615
续航力 BE06；BF02
XHL
Endurance ability；Endurance power
S：能力*

Xu hong 08616
蓄洪 BD02
XH
Flood storage
S：防洪*

Xu hong qu F0895
蓄洪区 BC01
XHQ
Flood storage area

Y：水库

Xu ke zheng 08617
许可证 BA02
XKZ
License

Xu ke zheng mao yi 08618
许可证贸易 BA02
XKZMY
License trade
S：对外贸易
Z：贸易*

Xu leng 08619
蓄冷 CL02
XL
Cool storage

Xu li che dao 08620
畜力车道 AB02
XLCD
Cart road
S：道路*

Xu ni cang ku 08621
虚拟仓库 BA06
XNCK
Virtual warehouse
S：仓库*

Xu ni cun chu qi 08622
虚拟存储器 CF03
XNCCQ
Virtual memory
S：存储器*

Xu qiu 08623
需求* DA00
XQ
Demands；Needs
F：动力需求；交通需求；人力需求；运输需求；总需求
D：需要

Xu qiu guan li 08624
需求管理 BB03
XQGL
Demand management
S：管理*

Xu qiu guan li zheng ce 08625
BB03
需求管理政策
XQGLZC
Demand management policy
S：政策*

Xu qiu han shu 08626
需求函数 BB03
XQHS
Demand function
S：函数
Z：数*

Xu qiu jia ge 08627
需求价格 BC06
XQJG
Demand price
S：价格*

Xu qiu jie gou 08628
需求结构 BB03
XQJG
Demand structure
S：结构(组成)*

Xu qiu mo shi 08629
需求模式 BB03
XQMS
Demand pattern
S：模式*

Xu qiu yu ce 08630
需求预测 BB03
XQYC
Demand forecasting
S：预测*
C：需求*

Xu qiu yu ce mo xing 08631
需求预测模型 BB03
XQYCMX
Demand forecasting models
S：模型*

Xu re 08632
蓄热 CL02
XR
Hest storage；Thermal storage

Xu shui liang 08633
蓄水量 BC02
XSL
Water storage
S：含有量
Z：量*

Xu yang liang 08634
需氧量 CK04
XYL
Oxygen demand
S：量*
F：总需氧量

Xu yao F0896
需要 DA00
XY
Requirements
Y：需求*

xu yao ting che ci shu 08635
AI02
需要停车次数
XYTCCS
Parking demand

Xuan bi chang du 08636
悬臂长度 DI00
XBCD
Length of cantilever
S：长度
Z：度*

Xuan bi guan zhu jia qiao 08637
AD14
悬臂灌注架桥
XBGZJQ
Balanced cantilever erection
S：桥梁架设*

Xuan bi heng jia 08638
悬臂桁架 AD04
XBHJ
Cantilever truss
S：桁架*

Xuan bi liang 08639
悬臂梁 AD05
XBL
Cantilever beam
S：梁*

Xuan bi liang qiao 08640
悬臂梁桥 AD01
XBLQ
Cantilever beam bridge
S: 梁桥
Z: 桥*

Xuan bi pin zhuang jia qiao 08641 AD14
悬臂拼装架桥
XBPZJQ
Cantilever assembly erection
S: 桥梁架设*

Xuan bi shi dang tu qiang 08642 AC03
悬臂式挡土墙
XBSDTQ
Cantilever retaining wall
S: 挡土墙
Z: 墙*

Xuan bi shi jiao tong biao zhi 08643 AI07
悬臂式交通标志
XBSJTBZ
Cantilever traffic sign
S: 交通标志
Z: 标志*

Xuan diao jie gou 08644
悬吊结构 AD04
XDJG
Suspension structure
S: 工程结构*

Xuan ding 08645
选定 DD00
XD
Choosing; Selection

Xuan fu ke li wu zhi xing zhuan shi yan 08646 BI03
悬浮颗粒物质性状试验
XFKLWZXZSY
Suspended-particulate-phase test (SPP test)
S: 试验*
C: 疏浚物抛放

Xuan fu ni sha F0897
悬浮泥沙 BC02; BD02
XFNS
Suspended sediment
Y: 悬移质

Xuan fu ye 08647
悬浮液 CC02
XFY
Suspending liquids
S: 液体*

Xuan hui quan 08648
旋回圈 BF02
XHQ
Turning circles
D: 回旋圈

Xuan lian mao tui xi bo 08649 BF02
悬链锚腿系泊
XLMTXB
Catenary anchor leg mooring
S: 系泊*

Xuan sha F0898
悬沙 BD01
XS
Suspend sand
Y: 悬移质

Xuan suo qiao 08650
悬索桥 AD01
XSQ
Suspension bridge
S: 桥*

Xuan wu yan 08651
玄武岩 AF05
XWY
Basalt
S: 火成岩
D: 玄武岩类
Z: 岩石*

Xuan wu yan lei F0899
玄武岩类 AF05
XWYL
Basalt
Y: 玄武岩

Xuan xian 08652
选线 AC01
XX
Route selection

Xuan yi zhi 08653
悬移质 BC02; BD02
XYZ
Silt load; Suspended load
S: 泥沙*
F: 冲泻质; 床沙质; 推移质
D: 悬浮泥沙; 悬沙; 沿岸漂沙

Xuan ze 08654
选择 DD00
XZ
Selection; Choice

Xuan ze chuan wei 08655
选择船位 BF02
XZCW
Assumed position
S: 船位*

Xuan ze jing du 08656
选择经度 BF02
XZJD
Assumed longitude
S: 经度*

Xuan ze wei du 08657
选择纬度 BF02
XZWD
Assumed latitude
S: 纬度*

Xuan ze xing hu jiao 08658
选择性呼叫 BF05
XZXHJ
Selected calling; Selective calling
S: 遇险呼叫
C: 遇险呼叫程序
F: 数字选择性呼叫
Z: 系统*

Xuan zhuan 08659
旋转 DD00
XZ
Spinning

Xuan zhuan pen she zhuang 08660 CI01

旋转喷射桩
XZPSZ
Churning piles
S：现浇混凝土桩
D：化学搅拌桩
Z：桩*

Xuan zhuan qiao ti 08661
旋转壳体 DH00
XZQT
Rotation shells
S：壳体*
F：球面壳体

Xuan zhuan su du 08662
旋转速度 DI00
XZSD
Rotational velocity
S：速度*
D：转速

Xue 08663
雪 CD03
X
Snow
S：降水*
C：融雪
F：大雪

Xue beng 08664
雪崩 CD01
XB
Avalanches
S：灾害*

Xue beng fang zhi 08665
雪崩防治 AC08
XBFZ
Snow slide protection
S：防护*
F：人造雪崩

Xue hai 08666
雪害 AC08
XH
Snow hazard
S：灾害*

Xue hui 08667
学会 DJ00
XH
Institution；Academy institution；Society
S：学术团体*
C：协会

Xue ke 08668
学科* DA00
XK
Branches of learning；Sciences
F：地震学；地质学；电工学；电子学；动力学；毒物学；仿生学；辐射度学；工程学；光学；化学；环境科学；建筑学；交叉学科；经济学；力学；流变学；逻辑学；气象学；热工学；生理学；生态学；生物学；声学；数学；水工结构学；水文学；土质学；物理学；医学

Xue pai 08669
学派 DB00
XP
School

Xue sheng ke liu 08670
学生客流 AJ04
XSKL
Student flow
S：客流*

Xue sheng yue piao F0900
学生月票 AJ04
XSYP
Student monthly ticket
Y：月票

Xue shi 08671
穴蚀(汽车) AK04
XS
Cavitation
S：汽车零件磨损
Z：损失*

Xue shu dong tai 08672
学术动态 DC00
XSDT
Academic trends
S：动态*

Xue shu hui yi 08673
学术会议 DB00
XSHY
Scientific conference；Academic conference；Academic meeting；Symposium
S：会议*
D：学术讨论会

Xue shu ji gou 08674
学术机构 DB00
XSJG
Learning institution；Academic body；Academic society
S：机构(组织)*

Xue shu lun wen 08675
学术论文 DF00
XSLW
Academic paper；Academic writing；Research paper
S：资料*

Xue shu tao lun hui F0901
学术讨论会 DB00
XSTLH
Symposium；Colloquium；Academic discussion
Y：学术会议

Xue shu tuan ti 08676
学术团体* DJ00
XSTT
Association
F：学会；学协会

Xue tong guo jie biao zhi 08677
学童过街标志 AI07
XTGJBZ
Children crossing sign
S：交通标志
Z：标志*

Xue xi chu xing 08678
学习出行 AJ04
XXCX
Student trip
S：出行目的*

Xue xiao biao zhi 08679
学校标志 AI07
XXBZ
School sign
S：交通标志

Z：标志*

Xue xie hui 08680
学协会 DJ00
XXH
Institutions
S：学术团体*

Xue zhong jiu jing nong du 08681 AI05
血中酒精浓度
XZJJND
Blood-alcohol concentration

Xun cang 08682
熏舱 BI05
XC
Fumigation
S：船舶安全
C：有毒病虫害；熏蒸剂；生态系统
Z：安全*

Xun huan 08683
循环* DC00
XH
Circulation
F：闭路循环

Xun huan diao du fa 08684
循环调度法 AA10
XHDDF
Cyclic dispatching method
S：调度方法
C：货运调度
D：交叉循环调度法
Z：方法*

Xun huan shui cao 08685
循环水槽 BE09
XHSC
Circulating water channels
S：水槽*
C：船模水池

Xun huan yun shu 08686
循环运输 BA02
XHYS
Circulatory transportation
S：运输*

Xun hui yang hu 08687
巡回养护 AC07
XHYH
Patrol maintenance
S：公路养护
Z：养护*

Xun luo ting 08688
巡逻艇 BE02
XLT
Patrol craft；Patrol boat
S：运输辅助船
Z：船舶*

Xun wen diao cha 08689
询问调查 AJ04
XWDC
Inquiring survey
S：调查*

Xun yang jian 08690
巡洋舰 BE02
XYJ
Cruiser
S：舰艇
Z：船舶*

Xun zheng ji 08691
熏蒸剂 BI05
XZJ
Fumigants
S：杀虫剂
C：熏舱
Z：剂*

Y

Y xing jiao cha 08692
Y形交叉 AC05
YXJC
Y-intersection
S：平面交叉
Z：公路交叉*

Ya cha ji 08693
压差计 DF00
YCJ
Differential manometers
S：仪器*

Ya dian 08694
压点(行车) AJ04
YD
Decelerated run
S：运转*

Ya dian shi chuan gan qi 08695 AH03
压电式传感器
YDSCGQ
Piezoelectric transducer
S：传感器
Z：仪器*

Ya han dai 08696
亚寒带 CD03
YHD
Subfrigid zone
S：气候带*

Ya jiang 08697
压浆 AE12
YJ
Mud jacking
C：注浆*

Ya kou 08698
垭口 AC01
YK
Pass saddle back
S：地形*

Ya li 08699
压力 CG03
YL
Pressure
S：力*
F：冰压力；接触压力；静压力；临界压力；水压力；土压力；围岩压力；线压力；有效压力

Ya li he 08700
压力盒 AH03
YLH
Pressure cell

Ya li ji 08701
压力计 AH03；AK05；DF00
YLJ
Manometers；Pressure gages
S：力学测试仪器

F: 孔隙水压力计;压缩压力计
Z: 仪器*

Ya li kong zhi 08702
压力控制 DD00
YLKZ
Pressure control
S: 控制*

Ya li liu 08703
压力流 CG07
YLL
Pressure flow
S: 流动*

Ya li rong qi 08704
压力容器 BE08;DE00
YLRQ
Pressure vessels
S: 容器*

Ya li shi han dong 08705
压力式涵洞 AD17
YLSHD
Outlet submerged culvert, Partial pressure culvert
S: 涵洞*
D: 半压力式涵洞;无压力涵洞

Ya li shi yan 08706
压力试验 AH01;CG10;DF00
YLSY
Pressure tests
S: 力学试验
F: 侧压试验;抗压试验;梁内导管空隙真空加压试验;气压试验;水压试验;液压试验
Z: 试验*

Ya li tiao jie 08707
压力调节 DD00
YLTJ
Pressure regulating
S: 调节*

Ya lu ji 08708
压路机 AG07
YLJ
Road rollers; Rollers
S: 压实机械
C: 碾压
F: 铰接式压路机;轮胎压路机;三轮压路机;双轮压路机;双轮振动压路机;羊足压路机;振荡压路机;振动压路机;组合式压路机;组合压路机
Z: 机械*

Ya nian tu 08709
亚粘土 CG06
YNT
Clayey soils
S: 土*
D: 砂质粘土

Ya ran shi fa dong ji F0902 AG02
压燃式发动机
YRSFDJ
Compression ignition engines
Y: 柴油机

Ya re dai 08710
亚热带 CD03
YRD
Subtropical zone
S: 气候带*

Ya ru shi yan 08711
压入试验 AH01;CG10;DF00
YRSY
Penetration tests
S: 材料力学试验
Z: 试验*

Ya shi chen jiang 08712
压实沉降 CI01
YSCJ
Compacting on settling
S: 沉降*

Ya shi du shi yan 08713
压实度试验 AH01
YSDSY
Compactness test
S: 材料力学试验;性能试验;土工试验
Z: 试验*

Ya shi du zi dong jian ce zhuang zhi 08714 AG07
压实度自动检测装置
YSDZDJCZZ
Automatic compactometer
S: 检测装置
Z: 装置*

Ya shi hou du 08715
压实厚度 AC03
YSHD
Compaction depth

Ya shi ji xie 08716
压实机械 AG04;AG07
YSJX
Compacting machinery; Compaction equipment
S: 机械*
F: 滚压机;压路机

Ya shi neng liang 08717
压实能量 AC03
YSNL
Compaction energy
S: 能量*

Ya shi shen du 08718
压实深度 AC03
YSSD
Rolling depth

Ya shi shi yan 08719
压实试验 CG06;DF00
YSSY
Compacting tests
S: 土工试验
Z: 试验*

Ya shi xi shu 08720
压实系数 AC03
YSXS
Compacting factor
S: 系数*

Ya shi xing 08721
压实性 BC02
YSX
Compactibility
S: 性能*

Ya shui shi yan 08722
压水试验 DF00
YSSY

Pressure water tests
S：水工试验
Z：试验*

Ya sui zi shi yan 08723
压碎值试验 AH01
YSZSY
Crushing value test
S：材料试验
Z：试验*

Ya suo ji 08724
压缩机* AG02
YSJ
Compressors
F：空气压缩机

Ya suo shi yan 08725
压缩试验 AH01；BC05；DF00
YSSY
Compression test
S：强度试验；土工试验
C：破坏性试验
F：单轴压缩试验；三轴压缩试验
Z：试验*

Ya suo tian ran qi 08726
压缩天然气 CL03
YSTRQ
Compressed natural gas
S：天然气
Z：燃料*

Ya suo xing 08727
压缩性 BC02
YSX
Compressibility
S：性能*
D：可缩性

Ya suo ya li ji 08728
压缩压力计 AK05
YSYLJ
Compression gauge
S：压力计
D：气缸压力表
Z：仪器*

Ya wan qiang du 08729
压弯强度 CG02
YWQD
Bending strength with axial compression
S：强度*

Ya yin F0903
压印（轮胎） AK03
YY
Tyre scuffs
Y：车辙

Ya ying li 08730
压应力 CG03；CG10
YYL
Compressive stress
S：轴向应力
Z：应力*

Ya yun 08731
押运 AA03
YY
Escorting

Ya zai 08732
压载 BE04；BF02
YZ
Ballast
C：船舶稳定性；空载；纵倾

Ya zai cang F0904
压载舱 BE05
YZC
Ballast tanks
Y：压载水舱

Ya zai shui 08733
压载水 BF07
YZS
Ballast water
S：水*

Ya zai shui cang 08734
压载水舱 BE05
YZSC
Ballast tank
S：船舶舱室*
D：压载舱

Ya zhi cheng xing 08735
压制成型 DD00
YZCX
Compression moulding；Press forming
S：成型*

Ya zhuang ji 08736
压桩机 AG05
YZJ
Pile drivers
S：打桩机
Z：机械*

Yan 08737
堰 BC03；BD02
Y
Weirs
C：堰顶

Yan 08738
烟 DB00
Y
Smoke
S：燃烧产物
Z：物质*

Yan an 08739
沿岸 BD01
YA
Coastal；Alongshore；Longshore

Yan an hang xing 08740
沿岸航行 BF02
YAHX
Coastal navigation
S：船舶航行*

Yan an piao sha F0905
沿岸漂沙 BD01
YAPS
Alongshore drift
Y：悬移质

Yan bao 08741
岩爆 CD01；CI01
YB
Rock burst；Rock explosion
S：工程地质现象*

Yan cang 08742
验舱 BA02
YC
Hatch checking
C：国际货运代理；船务代理

Yan ceng F0906
岩层 BC02
YC
Rock strata
Y：地层

Yan chen 08743
烟尘 CK02
YC
Smoke dust
S：粉尘*

Yan cheng sun shi 08744
沿程损失 DC00
YCSS
Loss on the way
S：损失*

Yan chi jiao huo 08745
延迟交货 BA02
YCJH
Delay in delivery
C：违约金

Yan chi shi jian 08746
延迟时间 DJ00
YCSJ
Delay time
S：时间*

Yan ding 08747
堰顶 BD02
YD
Weir crests
C：堰

Yan dong 08748
岩洞 CD01
YD
Caves

Yan du 08749
盐度 BD01
YD
Salinity
S：度*

Yan du 08750
延度 DI00
YD
Ductility
S：度*

Yan du ji 08751
烟度计 AK05
YDJ
Smoke meter
S：仪器*
F：柴油机烟度计

Yan du shi yan 08752
延度试验 AH01
YDSY
Ductility test
S：性能试验
Z：试验*

Yan fa F0907
研发 BB05
YF
Research and development (R&D)
Y：研究开发

Yan fa ji shu 08753
研发技术 BB05
YFJS
Research and technology
S：技术*
C：研究*

Yan fa zheng ce 08754
研发政策 BB05
YFZC
Research and polity
C：研究*

Yan hai 08755
沿海 CD01
YH
Coastal

Yan hai an sha zhou 08756
沿海岸沙洲 BC02
YHASZ
Longshore bars

Yan hai hang yun 08757
沿海航运 BF01
YHHY
Cabotage
S：航运*

Yan hai ke lun 08758
沿海客轮 BE01
YHKL
Coasting passenger ship
S：客轮
Z：船舶*

Yan hu 08759
盐湖 CD01
YH
Salt lake

Yan huo 08760
验货 AA03
YH
Inspection of goods

Yan jiang yan F0908
岩浆岩 AF05
YJY
Magmatic rocks
Y：火成岩

Yan jiu 08761
研究* DC00；DF00
YJ
Research
C：研究开发；研发政策；研发技术；研究方法
F：案例研究；调查研究；法律研究；方案研究；航线运量研究；交通延误研究；可行性研究；科学研究；理论研究；联合国航运研究；人力研究；市场研究；试验研究；运输研究

Yan jiu bao gao 08762
研究报告 BB05；DF00
YJBG
Report；Research report
S：报告
F：可行性研究报告
Z：资料*

Yan jiu fang fa 08763
研究方法 BB05；DF00
YJFF
Research methods
S：方法*
C：研究*

Yan jiu kai fa 08764
研究开发 BB05;DF00
YJKF
Research and development(R&D)
C:研究*
D:研制;研发

Yan jiu xiang mu 08765
研究项目 BB05
YJXM
Research projects
S:项目*

Yan jiu xiang mu
ji hua 08766
BB05
研究项目计划
YJXMJH
Research programs
S:计划*

Yan jiu zhuan ti 08767
研究专题 DF00
YJZT
Research subject
C:科学研究

Yan piao kou 08768
验票口 AJ03
YPK
Ticket exit
C:检票口

Yan qi 08769
延期 AB04
YQ
Extension of time

Yan qin shi 08770
盐侵蚀 AC08
YQS
Salt corrosion
S:侵蚀*

Yan re di qu 08771
炎热地区 CD01
YRDQ
Tropical regions
S:地区*

Yan rong 08772
岩溶 CD01;CI01
YR
Karst
C:工程地质现象*
D:喀斯特

Yan rong chu li 08773
岩溶处理 CD01
YRCL
Karst treatment
S:处理*

Yan se shi ying xing 08774
颜色适应性 AI05
YSSYX
Color adaptability
S:适应性
Z:性能*

Yan she 08775
衍射* CB00
YS
Diffraction
F:X射线衍射

Yan shen 08776
延伸 DD00
YS
Extensions

Yan shen yi 08777
延伸仪 CG10
YSY
Extensometers
S:力学测试仪
Z:仪器*

Yan shi 08778
岩石* AF05;CD01;CI01
YS
Rocks
C:石*
F:变质岩;沉积岩;火成岩;基岩;坚硬岩石;裂隙岩石;泥岩;膨胀岩石;柔软岩石;软弱岩石

Yan shi di ji F0909
岩石地基 CI01
YSDJ
Rock foundations
Y:非均质地基

Yan shi dian lu 08779
延时电路 CF04
YSDL
Time delay circuit
S:电子电路
Z:电路*

Yan shi li xue 08780
岩石力学 BC02;CD01;CG01
YSLX
Rock mechanics
S:力学
C:岩体力学
Z:学科*

Yan shi mao gan 08781
岩石锚杆 AE07
YSMG
Rock bolt
S:锚杆*

Yan shi po huai
ji li 08782
CD01
岩石破坏机理
YSPHJL
Failure mechanism of rock
S:机制*

Yan shi sui dao 08783
岩石隧道 AE01
YSSD
Rock tunnel
S:隧道*

Yan shou 08784
验收* AB04
YS
Acceptance
F:工程验收

Yan shui jin ru 08785
盐水浸入 CI05
YSJR
Saltwater encroachment
S:浸水*

Yan shui xie F0910
盐水楔 BC02
YSX
Salt wedge in estuary
Y:咸水楔

Yan suan 08786
验算 AD03;CA00
YS
Calculation;Checking computation
S:计算*

Yan tao hui yi lei gong ju 08787
研讨会议类工具 BB03
YTHYLGJ
Tools for meeting and workshops
S:分析研究工具
Z:工具*

Yan ti 08788
岩体 CD01;CI01
YT
Rock body;Rock mass

Yan ti jia gu 08789
岩体加固 CD01
YTJG
Rock mass reinforcing
S:加固*
C:围岩加固

Yan ti li xue 08790
岩体力学 CD01;CG01;CG06
YTLX
Rock mass mechanics;Rock mechanics
S:力学
C:岩石力学;构造动力学
Z:学科*

Yan ti te xing 08791
岩体特性 CD01
YTTX
Rock mass character
S:特性
Z:性质*

Yan ti xing zhi 08792
岩体性质 CI01
YTXZ
Rock properties
S:性质*

Yan ti ying li 08793
岩体应力 CD01;CG03
YTYL
Rock-mass stress
S:应力*

Yan tu 08794
盐土 CD01;CG06
YT
Saline soils;Solonchak
S:土*
C:盐渍土

Yan tu fen lei 08795
岩土分类 CD01;CG01;CG06
YTFL
Rock-soil classification
S:分类*

Yan tu te xing zhi biao shi yan 08796
岩土特性指标试验 AH01
YTTXZBSY
Geotechnical index property test
S:土工试验
Z:试验*

Yan tu zhan 08797
沿途站 AJ03
YTZ
Stop;Station
S:车站*
F:招呼站
D:中途站

Yan wu 08798
延误* AI01
YW
Delay
F:加减速延误;交叉口延误;起动延误;停车线延误;停车延误;行驶延误

Yan wu shi jian 08799
延误时间 AJ04
YWSJ
Delay time
S:时间*

Yan xi xian 08800
沿溪线 AC01
YXX
Valley line

Yan xin qu yang qi 08801
岩芯取样器 AH03
YXQYQ
Core sampler
S:取样器
Z:工具*

Yan xing F0911
延性 CG02;DC00
YX
Ductility
Y:韧性

Yan xing shi yan F0912
延性试验 AH01;DF00
YXSY
Ductility tests
Y:韧性试验

Yan zhi F0913
研制 DF00
YZ
Developing;Researching
Y:研究开发

Yan zhong gu zhang 08802
严重故障 AK04
YZGZ
Major failure
S:汽车故障
Z:故障*

Yan zi tu 08803
盐渍土 CG06
YZT
Salt-affected soils
S:土*
C:盐土

Yang chen xing huo wu yun shu 08804
扬尘性货物运输 AA03
YCXHWYS
Dusty goods transport
S:货物运输
Z:运输*

Yang gong 08805
仰拱 AE03
YG
Inverted arch

S：拱*

Yang han　08806
仰焊　BE10
YH
Overhead welding
S：焊接*

Yang hu　08807
养护*　AC07；DD00
YH
Curing
F：公路养护；桥梁养护；隧道养护

Yang hu fei　08808
养护费　AB03
YHF
Maintenance cost
S：费用*
F：大修工程费

Yang hu gong cheng　08809
养护工程　AC07
YHGC
Maintenance project
S：工程*

Yang hu guan li　08810
养护管理　AC07
YHGL
Maintenance management
S：管理*

Yang hu ji xie　08811
养护机械　AG07
YHJX
Maintenance machines
S：机械*
F：除雪机；多用养护车；回砂机；剪草机；旧线清除机；沥青混合料再生拌和设备；沥青路面红外线加热器；沥青路面加热机；沥青路面就地再生机；路面清扫机；路面铣削机；洒水车；扫砂机；稀浆封层机；综合养护车

Yang hu xing shu jun　08812
养护性疏浚　BD04
YHXSJ
Maintenance dredging
S：疏浚*

Yang hu zhi du　08813
养护制度　DB00；DD00
YHZD
Curing systems
S：制度*

Yang hua　08814
氧化　CC02
YH
Oxidation
S：化学反应
C：臭氧分解
F：接触氧化
Z：反应*

Yang hua huan yuan fa　08815
氧化还原法　DF00
YHHYF
Oxidation-reduction method
S：检验方法
Z：方法*

Yang hua wu　08816
氧化物　CC05
YHW
Oxides
S：无机化合物
F：臭氧
Z：化合物*

Yang ji shi yan　08817
样机试验　AG11
YJSY
Prototype test
S：试验*

Yang li zi　08818
阳离子　CC01
YLZ
Cations
S：离子*
C：离子交换树脂；表面活性剂

Yang li zi ru hua li qing　08819
AF08
阳离子乳化沥青
YLZRHLQ
Cationic emulsified bitumen
S：乳化沥青
Z：沥青*

Yang lu　08820
养路*　AC07
YL
Maintenance ways；Road maintenance
C：机械化
F：护坡

Yang sheng　08821
养生*　AC04；AF07
YS
Curing
F：薄膜养生；湿法养生；蒸汽养生

Yang shi mo liang　F0914
杨氏模量　CG02
YSML
Young's modulus
Y：弹性模量

Yang zu ya lu ji　08822
羊足压路机　AG07
YZYLJ
Sheep-foot-roller
S：压路机
Z：机械*

Yao bai　08823
摇摆　CG08
YB
Swing
S：振动*
C：振动试验

Yao bai shai　08824
摇摆筛　AG07
YBS
Swinging screen
S：筛*

Yao ce　08825
遥测　CF02；DF00
YC
Telemetering；Telemetry
S：测定*
C：遥感；遥控

Yao gan　08826
遥感　CF02；DD00
YG
Remote sensing
C：遥测；遥控

Yao kong 08827
遥控 CF02;DD00
YK
Remote control
S: 控制*
C: 遥感;遥测
F: 无线遥控

Yao kong zhuang zhi 08828
遥控装置 DE00
YKZZ
Remote control equipment
S: 装置*

Yao su 08829
要素* DA00
YS
Factors
F: 生产要素;线形要素

Yao zhan 08830
咬粘(汽车) AK04
YZ
Seizure
S: 汽车零件磨损
Z: 损失*

Ye di 08831
液滴 CG07
YD
Liquid drop
D: 珠滴

Ye guan gua che 08832
液罐挂车 AK01
YGGC
Tank trailer
S: 挂车
Z: 车辆*

Ye guan huo che 08833
液罐货车 AK01
YGHC
Tank truck
S: 载货汽车
Z: 车辆*

Ye hua 08834
液化* CI01
YH
Liquefaction
F: 砂土液化

Ye hua qi F0915
液化器 BE08
YHQ
Liquefiers
Y: 冷凝器

Ye hua qi chuan F0916
液化气船 BE01
YHQC
Liquefied gas carrier
Y: 液化气体船

Ye hua qi ti chuan 08835
液化气体船 BE01
YHQTC
Liquefied gas carrier
S: 液货船
D: 液化气船
Z: 船舶*

Ye hua shi you qi 08836
液化石油气 CL03
YHSYQ
Liquefied petroleum gases
S: 燃气
Z: 燃料*

Ye hua shi you qi chuan 08837 BE01
液化石油气船
YHSYQC
Liquefied petroleum gas carrier (LPGC)
S: 液货船
Z: 船舶*

Ye hua tian ran qi 08838
液化天然气 CL03
YHTRQ
Liquefied natural gas
S: 天然气
Z: 燃料*

Ye hua tian ran qi chuan 08839 BE01
液化天然气船
YHTRQC
Liquefied natural gas carrier (LNGC)
S: 液货船
Z: 船舶*

Ye huo chuan 08840
液货船 BE01
YHC
Liquid cargo ships
S: 货轮
F: 液化气体船;液化石油气船;液化天然气船;液体化学品船;油轮
Z: 船舶*

Ye jian xian lu 08841
夜间线路 AJ03
YJXL
Night line
S: 线路*
C: 公共交通线路

Ye jing 08842
液晶 CB00
YJ
Liquid crystals
S: 晶体*

Ye lian 08843
冶炼 DD00
YL
Smelting
C: 金属*

Ye lun 08844
叶轮 BE08
YL
Impellers

Ye mo 08845
液膜 CB00
YM
Liquid films
S: 膜*

Ye su xian lian he ce ding yi 08846 AH03
液塑限联合测定仪
YSXLHCDY
Liquid-plastic combine tester
S: 测定仪
Z: 仪器*

Ye ti 08847

液体* CB00
YT
Liquids
F: 乳浊液;悬浮液

Ye ti fei wu 08848
液体废物 CK02
YTFW
Liquid wastes
S: 废物*

Ye ti hua xue pin chuan 08849 BE01
液体化学品船
YTHXPC
Liquid chemical tanker
S: 液货船
Z: 船舶*

Ye ti jing li xue 08850
液体静力学 CG01
YTJLX
Hydrostatics
S: 静力学
Z: 学科*

Ye wai ce shi F0917
野外测试 CG06
YWCS
Field checking
Y: 原位试验

Ye wai ding xian 08851
野外定线 AC02
YWDX
Field location
S: 定线
Z: 设计*

Ye wai shi yan F0918
野外试验 CG06
YWSY
Field tests
Y: 原位试验

Ye wei ji 08852
液位计 DF00
YWJ
Liquid level indicators
S: 仪器*

Ye wei kong zhi 08853
液位控制 DD00;DE00
YWKZ
Liquid level control
S: 控制*

Ye wu 08854
业务* AA02;DA00
YW
Business;Operation
F: 联运业务;装卸业务;客运业务;行包业务

Ye xian 08855
液限 CG06;CG09
YX
Liquid limits
S: 极限*
C: 土物理性质

Ye xian shi yan 08856
液限试验 AH01
YXSY
Liquid limit test
S: 性能试验
Z: 试验*

Ye xiang 08857
液相 DC00
YX
Liquid phases

Ye xiang se pu 08858
液相色谱 CC03
YXSP
Liquid chromatographs
S: 色谱
Z: 谱*

Ye xing zhi shu 08859
液性指数 CG06;CG09
YXZS
Liquidity index
S: 指数*
C: 土物理性质

Ye ya da zhuang ji 08860
液压打桩机 AG05
YYDZJ
Hydraulic pile drivers
S: 打桩机
Z: 机械*

Ye ya huan chong hu lan 08861 AI07
液压缓冲护栏(交通)
YYHCHL
Hydraulic cushion guardrail
S: 交通护栏
Z: 设施*

Ye ya jian zhen qi 08862
液压减振器 CG08
YYJZQ
Hydraulic buffers; Hydraulic shock absorbers
S: 减振器
Z: 装置*

Ye ya jing li chu tan yi 08863 AH03
液压静力触探仪
YYJLCTY
Hydraulic static cone penetrometer
S: 触探仪
Z: 仪器*

Ye ya kong zhi 08864
液压控制 DD00;DE00
YYKZ
Hydraulic control
S: 控制*

Ye ya shi yan 08865
液压试验 CG10;DF00
YYSY
Hydraulic pressure tests
S: 压力试验
Z: 试验*

Ye ya wa jue ji 08866
液压挖掘机 AG04
YYWJJ
Hydraulic excavator
S: 挖掘机
Z: 机械*

Ye ya wen ding qi 08867
液压稳定器 AH04
YYWDQ
Hydraulic pressure stabilizer

Ye ya xi tong 08868
液压系统 DE00
YYXT
Hydraulic systems
S：系统*

Ye ya zha men 08869
液压闸门 BD03
YYZM
Hydraulic gates
S：闸门*

Ye ya zhua dou 08870
液压抓斗 BA08
YYZD
Hydraulic grab
S：港口装卸工属具
Z：工具*

Ye yan 08871
页岩 AF05
YY
Shales；Slates
S：变质岩
F：油页岩
Z：岩石*

Ye yan li qing 08872
页岩沥青 AF08
YYLQ
Shale tar
S：沥青*

Yi ban gong lu 08873
一般公路 AB02
YBGL
Ordinary highway；Mixed traffic highway
S：公路
Z：道路*

Yi ban gu zhang 08874
一般故障 AK04
YBGZ
Minor failure
S：汽车故障
Z：故障*

Yi ban hua cheng ben F0919
一般化成本 BG05
YBHCB
Generalized cost
Y：广义成本

Yi ban hua fei yong F0920
一般化费用 BG05
YBHFY
Generalized cost
Y：广义费用

Yi Biao F0921
仪表 AH03；DF00
YB
Gages；Instrument；Meters
Y：仪器*

Yi bo fei 08875
移泊费 BA02
YBF
Shifting charges
S：费用*

Yi bu xing 08876
异步性 DC00
YBX
Asynchronism
S：性质*

Yi chu fang zhi 08877
溢出防止 DD00
YCFZ
Overflow prevention
S：防护*

Yi ci peng zhuang 08878
一次碰撞 AI05
YCPZ
Primary collision
S：碰撞*

Yi ci shou fei 08879
一次收费 BA06
YCSF
Lump sum settlement of all charges
C：分段结算

Yi dong dian tai 08880
移动电台 BF05
YDDT
Mobile station
S：通信设备
Z：设备*

Yi dong shi jiao 08881
shou jia AG09
移动式脚手架
YDSJSJ
Movable falsework
S：脚手架*

Yi dong shi qi F0922
zhong ji BA08
移动式起重机
YDSQZJ
Movable crane
Y：自行式起重机

Yi dong shi wen 08882
ding tu chang ban AG07
she bei
移动式稳定土厂拌设备
YDSWDTCBSB
Mobile stabilized soil mixing plant
S：稳定土厂拌设备
Z：设备*

Yi dong shi yan che 08883
移动试验车 AH04
YDSYC
Mobile laboratory vehicle
S：试验车
F：拖车式移动试验车
Z：车辆*

Yi dong shi zhuang 08884
xie ji xie AA05
移动式装卸机械
YDSZXJX
Mobile handling machinery
S：装卸机械
Z：机械*

Yi fu huo wu F0923
易腐货物 AA03
YFHW
Perishable goods
Y：鲜活货物

Yi fu huo wu yun shu 08885
易腐货物运输 BI01
YFHWYS
Carriage of perishable cargo
S：特种运输

Z：运输*

Yi hong dao 08886
溢洪道 BC03
YHD
Spillways
S：泄水建筑物
Z：建筑物*

Yi hong qiao 08887
溢洪桥 AD01
YHQ
Spillway bridge
S：桥*

Yi ji di ban gao du 08888
一级地板高度 AJ02
YJDBGD
First step height
S：高度
Z：度*

Yi ji gong lu 08889
一级公路 AB02
YJGL
First class highway
S：汽车专用公路
Z：道路*

Yi jian diao cha 08890
意见调查 DD00
YJDC
Opinion investigation
S：调查*

Yi liu 08891
溢流 BD04；CG07
YL
Overflows；Spill flow；Spilling water
S：流态*

Yi liu ba 08892
溢流坝 BC03
YLB
Overflow dams
S：坝
Z：建筑物*

Yi liu yan 08893
溢流堰 BC03；BD02
YLY
Overflow weirs
S：堰*

Yi ma qi 08894
译码器 CF04
YMQ
Decoder
S：装置*

Yi min 08895
移民 BB03
YM
Migrants；Resettlement
S：人口*

Yi pin zi dong bi sai 08896
AJ03
移频自动闭塞
YPZDBS
Frequency shift automatic block
S：闭塞*

Yi qi 08897
仪器* AH03；DF00
YQ
Apparatus；Instruments
F：摆式仪；测定仪；测试仪器；测斜仪；车轮定位仪（汽车）；稠度计；稠度仪；触探仪；传感器；颠簸累积仪；电工仪表；动平衡仪；分析仪；分析仪器；风速仪；构造深度仪；光学仪器；航海仪器；回弹仪；记录仪；计数器；检测器；剪切仪；检验仪器；沥青抽提仪；流速仪；路面测试仪；密度仪；磨光仪；频率仪；气象仪器；前大灯试验仪（汽车）；千分表；倾斜计；曲率仪；色谱仪；渗透仪；声级计；试验仪；拾震器；水平仪；酸度计；土圆锥仪；温度计；X射线衍射仪；压差计；烟度计；液位计；雨量器；诊断仪；轴重仪；自控仪表
D：仪表

Yi qie xian 08898
一切险 BA04
YQX
All risks
S：船舶保险
D：综合险；船舶一切险
Z：保险*

Yi ran gu ti 08899
易燃固体 BI01
YRGT
Flammable solid
S：危险品
Z：货物*

Yi ran huo wu yun shu 08900
易燃货物运输 AA03
YRHWYS
Inflammable goods
S：危险货物运输
Z：运输*

Yi ran ye ti 08901
易燃液体 BI01
YRYT
Flammable liquid
S：危险品
Z：货物*

Yi rong 08902
仪容 AA06
YR
Appearance of staff

Yi shu 08903
艺术* DA00
YS
Art
F：建筑艺术；造园艺术

Yi sui huo wu yun shu 08904
易碎货物运输 AA03
YSHWYS
Fragile goods transport
S：货物运输
Z：运输*

Yi ti hua 08905
一体化* BA06；BB01
YTH
Integration
F：经济一体化
D：整合

Yi ti hua xi tong F0924
一体化系统 BA06
YTHXT

Integrated systems
Y：综合系统

Yi wai shang hai 08906
意外伤害 AA06
YWSH
Unexpected injury

Yi wai shang hai bao xian 08907
意外伤害保险 AA06
YWSHBX
Insurance of unexpected injury
S：保险*
F：旅客意外伤害保险

Yi wai shi jian F0925
意外事件 DA00
YWSJ
Accident event
Y：事故*

Yi wei peng zhuang 08908
一维碰撞 AI05
YWPZ
One dimension collision
S：碰撞*

Yi wu dian bao 08909
医务电报 BF05
YWDB
Medical advice
S：通信设备
Z：设备*

Yi xue 08910
医学 DB00
YX
Medicine; Iatrology
S：学科*
F：航海医学

Yi yang hua tan (CO) pai fang liang 08911
一氧化碳(CO)排放量 BJ03
YYHT(CO)PFL
Exhaust of carbon monoxide (CO) in fuel consumption of ship
S：环保统计指标
Z：指标*

Yi you chu zhi F0926
溢油处置 BI03
YYCZ
Spill countermeasures
Y：溢油控制

Yi you fen san ji 08912
溢油分散剂 BI03
YYFSJ
Oil spill dispersant
S：分散剂
C：溢油控制
Z：剂*

Yi you hui shou 08913
溢油回收 BI03
YYHS
Spill recovery
S：污染控制
D：油回收
Z：控制*

Yi you kong zhi 08914
溢油控制 BI03
YYKZ
Spill containment
S：污染控制
C：围油栏；溢油分散剂
D：溢油处置
Z：控制*

Yi you liang 08915
溢油量 BJ03
YYL
Oil spillage; Oil spill
S：环保统计指标
Z：指标*

Yi yuan 08916
翼缘 AD06
YY
Flange

Yi zhi 08917
抑制 DD00
YZ
Depression

Yi zhuang chuan ti dan 08918
已装船提单 BA02
YZCTD
Shipped bill of lading; On board bill of lading
S：提单*

Yin bi 08919
隐蔽 DD00
YB
Covering

Yin bi gong cheng 08920
隐蔽工程 DB00
YBGC
Hidden subsurface work
S：工程*

Yin bi gong cheng yan shou 08921
隐蔽工程验收 AB04
YBGCYS
Hidden work acceptance
S：工程验收
Z：验收*

Yin ci fen xi F0927
因次分析 CA00
YCFX
Dimensional analysis
Y：量纲分析

Yin hang 08922
引航 BF02
YH
Pilot
C：领航
D：引水

Yin hang chuan 08923
引航船 BE02
YHC
Pilot boats; Pilot vessel
S：港务船
D：领港船；引水船
Z：船舶*

Yin hang dao 08924
引航道 BC03; BD01
YHD
Approach channels
S：通航建筑物
C：进港导堤；进港航道

Z：建筑物*

Yin hang fei 08925
引航费 BA02
YHF
Pilotage; Pilot tax
S：费用*

Yin ji fang hu 08926
阴极防护 BE08
YJFH
Cathodic protection
S：防护*

Yin jin 08927
引进 DE00
YJ
Introduction

Yin li zi 08928
阴离子 CC01
YLZ
Anions
S：离子*
C：离子交换树脂；表面活性剂

Yin li zi ru hua li qing 08929
AF08
阴离子乳化沥青
YLZRHLQ
Anionic emulsified bitumen
S：乳化沥青
Z：沥青*

Yin qian 08930
引桥 AD01
YQ
Approach bridge
S：桥*

Yin shu 08931
因数 DA00
YS
Factors
S：数*
F：积载因数

Yin shui F0928
引水 BF02
YS
Pilot
Y：引航

Yin shui F0929
引水(航海) BF02
YS
Pilotage
Y：领航

Yin shui chuan F0930
引水船 BE02
YSC
Pilot boats
Y：引航船

Yin shui gong chen 08932
引水工程 CI05
YSGC
Diversion works
S：工程*

Yin shui qu 08933
引水渠 BD02
YSQ
Diversion channel

Yin shui sui dong 08934
引水隧洞 BD03
YSSD
Diversion tunnels
S：隧道*
C：通航渡槽

Yin su 08935
因素* DA00
YS
Factors
F：风险因素；环境因素；交通因素；社会经济因素；影响因素

Yin su fen xi 08936
因素分析 BJ01
YSFX
Factor analysis
S：分析*
D：因子分析

Yin xiang hang biao 08937
音响航标 BD05
YXHB
Audible aids
S：航标*

Yin zi fen xi F0931
因子分析 BJ01
YZFX
Factor analysis
Y：因素分析

Ying bian 08938
应变 CG05
YB
Strain
C：应变分析

Ying bian ce ding F0932
应变测定 DF00
YBCD
Strain measurement
Y：应变测量

Ying bian ce liang 08939
应变测量 DF00
YBCL
Strain measurement
S：测量*
D：应变测定

Ying bian fen xi 08940
应变分析 CG12
YBFX
Strain analysis
S：分析*
C：应变

Ying bian ji 08941
应变计 AH03
YBJ
Strain gage
S：仪器*

Ying bian neng 08942
应变能 CG05
YBN
Strain energy
C：变分法；能量法；应变能法

Ying bian neng fa 08943
应变能法 CG05
YBNF
Strain energy method
S：能量法

C：应变能
Z：分析*

Ying bian xun jian xiang 08944
应变巡检箱 AH04
YBXJX
Strain scanning unit

Ying bian yi 08945
应变仪 AH03；CG10；DF00
YBY
Strain meters；Strain gages
S：力学测试仪器
F：电阻应变仪
Z：仪器*

Ying dai kuan 08946
硬贷款 BB04
YDK
Hard loan
S：贷款*

Ying du 08947
硬度 DI00
YD
Hardness
S：度*
C：硬度试验
F：石材硬度

Ying du shi yan 08948
硬度试验 AH01；CG10；DF00
YDSY
Hardness tests
S：性能试验
C：硬度
F：布氏硬度试验；洛氏硬度试验
Z：试验*

Ying du shi yan yi 08949
硬度试验仪 AH03
YDSYY
Hardness testing apparatus
S：试验仪
F：耐磨硬度试验仪
Z：仪器*

Ying guo hang xing fa an 08950
BF01
英国航行法案
YGHXFA
Navigation Acts
S：法案*

Ying guo lao shi chuan ji she 08951
BA09
英国劳氏船级社
YGLSCJS
Lloyd's Register of Shipping（LR）
S：船级社
Z：机构（组织）*

Ying hua 08952
硬化 CB00；CG09；DC00；DD00
YH
Hardening；Setting
S：过程*
C：凝固

Ying hua ji li 08953
硬化机理 DC00
YHJL
Hardening mechanism
S：机制*

Ying ji dian hua 08954
应急电话 AI03
YJDH
Emergency telephone

Ying ji dian hua biao zhi 08955
AI07
应急电话标志
YJDHBZ
Emergency telephone sign
S：交通标志
Z：标志*

Ying ji dian zhan 08956
应急电站 BE08
YJDZ
Emergency electrical power plant
S：船舶电力系统
D：应急发电机组
Z：系统*

Ying ji fa dian ji zu F0933
应急发电机组 BE08
YJFDJZ
Emergency generating set
Y：应急电站

Ying ji fa she ji 08957
应急发射机 BF05
YJFSJ
Reserve transmitter
S：通信设备
Z：设备*

Ying ji gong gong jiao tong xi tong 08958
AJ01
应急公共交通系统
YJGGJTXT
Emergency public transport system
S：交通系统
C：公共交通方式
Z：系统*

Ying ji guan li xi tong 08959
应急管理系统 AI03
YJGLXT
Emergency management system
S：管理系统
Z：系统*

Ying ji ji hua 08960
应急计划 BI04
YJJH
Emergency contingency plans
S：生命保障系统；计划*
Z：系统*

Ying ji jie shou ji 08961
应急接收机 BF05
YJJSJ
Reserve receiver
S：通信设备
Z：设备*

Ying jia shi jia she fa 08962
AD14
膺架式架设法
YJSJSF
Erection with scaffolding method
S：桥梁架设*
C：桥梁施工

Ying kui fen xi F0934
盈亏分析 BG02
YKFX
Analysis of profit and loss
Y：盈亏平衡分析

Ying kui ping heng fen xi 08963 BG02
盈亏平衡分析
YKPHFX
Even-broken analysis
S：经济分析
C：盈利能力分析
D：盈亏分析
Z：分析*

Ying li 08964
应力* CG03
YL
Stress
C：内力；应力分析
F：薄膜应力；残余应力；初应力；地基应力；地应力；动应力；工作应力；剪应力；接触应力；静应力；局部应力；控制应力；雷诺应力；临界应力；扭转应力；偶合应力；平面应力；翘曲应力；热应力；容许应力；塑变应力；土应力；弯曲应力；围岩应力

Ying li ce ding 08965
应力测定 DF00
YLCD
Stress determination；Stress measurement
S：力学测定
Z：测定*

Ying li chang 08966
应力场 CG05
YLC
Field of stress
S：场*
C：弹塑性理论

Ying li fen bu 08967
应力分布 CG03；CG12
YLFB
Stress distribution
S：分布*
C：残余应力

Ying li fen xi 08968
应力分析 AD03；BE04；CG12；DF00
YLFX
Stress analysis
S：力学分析
F：X 射线应力分析
Z：分析*

Ying li ji 08969
应力计 CG10
YLJ
Stressometers
S：力学测试仪器
Z：仪器*

Ying li ji zhong 08970
应力集中 CG03；CG12
YLJZ
Stress concentration
C：残余应力

Ying li neng li fen xi 08971 BB03；BG02
盈利能力分析
YLNLFX
Analysis of profitability
S：经济分析
C：盈亏平衡分析
Z：分析*

Ying li pi lao 08972
应力疲劳 CG04
YLPL
Stress fatigue
S：疲劳*

Ying li qing 08973
硬沥青 AF08
YLQ
Pitch
S：沥青*

Ying li shi yan 08974
应力试验 AH01
YLSY
Stress tests
S：力学试验
Z：试验*

Ying li xi shou bo mo 08975 AC04
应力吸收薄膜
YLXSBM
Stress absorbing membrane

Ying li zhuang tai 08976
应力状态 AD03
YLZT
Stressing state
S：状态*

Ying lian sha jiang qiang du shi yan 08977 AH01
硬练砂浆强度试验
YLSJQDSY
Early-dry mortar strength test
S：砂浆强度试验
Z：试验*

Ying mian peng zhuang 08978 AI05
迎面碰撞
YMPZ
Head-on collision
S：碰撞*

Ying shui jin e 08979
应税金额 BA01
YSJE
Taxable amount

Ying shui li run 08980
应税利润 BB04
YSLR
Taxable profit
S：利润*

Ying xiang 08981
影响* DA00
YX
Influence
C：影响因素
F：环境影响

Ying xiang di tu 08982
影像地图 AC01
YXDT
Photographic map
C：航空摄影测量

Ying xiang fen xi 08983
影响分析 BB04
YXFX
Impacts analysis
S：分析*

Ying xiang xian 08984

影响线 AD03
YXX
Influence line

Ying xiang yin su 08985
影响因素 DA00
YXYS
Influencing factors
S：因素*
C：影响*

Ying yang wu zhi 08986
营养物质 BI02
YYWZ
Nourishment material
S：物质*

Ying ye che shi F0935
营业车时 AJ05
YYCS
Running time
Y：车时

Ying ye li cheng 08987
营业里程 AJ05
YYLC
Revenue kilometres
S：里程*

Ying ye shui 08988
营业税 BA01
YYS
Tax on business
S：税*

Ying ye xing che liang 08989
AA10
营业性车辆
YYXCL
Commercial vehicle
S：车辆*

Ying ye xing yun shu 08990
AA01
营业性运输
YYXYS
Commercial transportation
S：运输形式
Z：运输方式*

Ying you 08991

应用* DD00
YY
Application；Utilization
F：超声波应用；激光应用；计算机应用

Ying yun 08992
营运 BG04
YY
Operation

Ying yun cheng ben 08993
营运成本 BG05
YYCB
Operating cost；Cost of operation
S：成本*

Ying yun fan wei 08994
营运范围 AA01
YYFW
Operation area

Ying yun fang shi 08995
营运方式* AA01
YYFS
Operation manner
F：接力运输；联合运输；门到门运输

Ying yun fei yong 08996
营运费用 BG05
YYFY
Operating cost；Cost of operation
S：费用*

Ying yun fen xi 08997
营运分析 BG04
YYFX
Operational analysis
S：分析*

Ying yun hang su 08998
营运航速 BF07
YYHS
Operating speed
S：航速
C：经济航速
Z：速度*

Ying yun qi che 08999
营运汽车 AK01
YYQC
For-hire vehicle
S：汽车
Z：车辆*

Ying yun su du 09000
营运速度 AA07
YYSD
Operating speed
S：速度*

Ying yun wei hu 09001
营运维护 BG04
YYWH
Operation and maintenance

Ying yun xian lu 09002
营运线路 AA01
YYXL
Operation route
S：运输线路
Z：线路*

Ying yun xian lu tu 09003
AA04
营运线路图
YYXLT
Map of operational lines
S：图*

Ying yun xiao guo 09004
营运效果 BG04
YYXG
Operational effects
S：效果*

Ying yun zhi biao 09005
营运指标 BJ01
YYZB
Operation criteria
S：指标*

Ying zhi 09006
英制 DI00
YZ
English system
S：制度*

Ying zhi he jin 09007
硬质合金 AF02
YZHJ

Carbide
S：合金
Z：材料*

Ying zi hui lü　09008
影子汇率　BG02
YZHL
Shadow rate of exchange
S：汇率
Z：比率*

Ying zi jia ge　09009
影子价格　BG06
YZJG
Shadow price
S：价格*

Yong bao　09010
拥包　AC08
YB
Upheaval

Yong du shui yu　F0936
拥堵水域　BD02
YDSY
Congested waters
Y：拥塞水域

Yong hu dian bao　09011
用户电报　BF05
YHDB
Telex
S：通信设备
Z：设备*

Yong ji　09012
拥挤*　BD01
YJ
Congestion
C：堵塞；拥塞
F：交通拥挤

Yong ji du　09013
拥挤度　AI04
YJD
Degree of congestion
S：度*
C：交通拥挤

Yong jiu bian xing　09014
永久变形　CG02
YJBX
Permanent deformation
S：变形*
D：残余变形

Yong jiu dong tu　09015
永久冻土　CG06
YJDT
Permafrost；Permafrost soils
S：冻土
Z：土*

Yong jiu xing qiao　09016
永久性桥　AD01
YJXQ
Permanent bridge
S：桥*

Yong lang　09017
涌浪　BI04
YL
Swell
S：波浪*

Yong se　09018
拥塞　BD01
YS
Congestion
C：堵塞；拥挤

Yong se shui yu　09019
拥塞水域　BD02
YSSY
Congested waters
S：水域
D：拥堵水域
Z：区域*

Yong shui　09020
壅水*　AD02
YS
Backwater
F：路基壅水；桥梁壅水

Yong shui　09021
涌水　AE11
YS
Gushing water

You　09022
油*　CL03
Y
Oil
F：燃料油；润滑油；石油；重油

You bao　09023
油包　AC08
YB
Oil pox

You beng　09024
油泵　AG02
YB
Oil pumps
S：泵*

You bo　09025
油驳　BE01
YB
Oil barge
S：驳船
Z：船舶*

You chuan　F0937
油船　BE01
YC
Tanker；Oil-tanker
Y：油轮

You du bing chong hai　09026
有毒病虫害　BI05
YDBCH
Poisonous pest
S：病虫害
C：熏舱
Z：灾害*

You du qi ti　09027
有毒气体　CK02
YDQT
Poisonous gases；Toxic gases
S：气体*

You du wu zhi　09028
有毒物质　BI01
YDWZ
Poisonous substance；Toxic substances
S：危险品
C：毒物学；毒物学试验

Z：货物*

You fa jiao tong liang 09029 BJ02
诱发交通量
YFJTL
Generated traffic
S：交通量
D：诱增交通量
Z：量*

You gang 09030
油港 BC01
YG
Oil ports
S：工业港
C：商港；油轮
Z：港口*

You gui dian che 09031
有轨电车 AJ02
YGDC
Tram
S：电车
D：快速有轨电车
Z：交通工具*

You hai qi ti 09032
有害气体 CK02
YHQT
Harmful gases
S：气体*

You hai wu zhi 09033
有害物质 CK02
YHWZ
Harmful substances；Pollutants
S：物质*

You hua F0938
优化 DD00
YH
Optimization
Y：最优化

You hua she ji F0939
优化设计 DD00
YHSJ
Optimal design
Y：最优设计

You hui shou F0940
油回收 BI03
YHS
Oil recovery
Y：溢油回收

You ji bo li 09034
有机玻璃 CC04
YJBL
Organic glass
S：聚丙烯酸酯
D：聚甲基丙烯酸甲酯
Z：高聚物*

You ji cai liao 09035
有机材料 AF01
YJCL
Organic materials
S：材料*

You ji hua he wu 09036
有机化合物 CC05
YJHHW
Organic compounds
S：化合物*
C：热塑性树脂
F：酶；有机挥发物

You ji hua xue 09037
有机化学 CC01
YJHX
Organic chemistry
S：化学
Z：学科*

You ji hui fa wu 09038
有机挥发物 CC01
YJHFW
Organic volatile matter；Organic volatiles
S：有机化合物
Z：化合物*

You ji jie he liao 09039
有机结合料 AF08
YJJHL
Organic binder
S：结合料*

You ji tu 09040
有机土 CD01；CG06
YJT
Organic soils
S：土*

You ji wu 09041
有机物 CC01
YJW
Organisms
S：物质*
F：外来有机物
D：有机物质

You ji wu han liang shi yan 09042 AH01
有机物含量试验
YJWHLSY
Organic matter content test
S：含有量试验
Z：试验*

You ji wu zhi F0941
有机物质 CC01
YJWZ
Organic matter (substance)
Y：有机物

You jian yun shu 09043
邮件运输 BA02
YJYS
Mail transport；Mail service
S：特种运输
Z：运输*

You ku 09044
油库 BC01
YK
Oil storages
C：油码头

You lan chuan 09045
游览船 BE01
YLC
Cruise ships
S：客轮
Z：船舶*

You lan xian lu 09046
游览线路 AJ03
YLXL
Touring line
S：线路*
C：公共交通线路

You li tan han liang 09047
游离碳含量 CG09
YLTHL
Free carbon content
S：含有量
Z：量*

You li tan han liang shi yan 09048
游离碳含量试验 AH01
YLTHLSY
Free carbon content test
S：含有量试验
Z：试验*

You lu mian gong lu 09049
有路面公路 AB02
YLMGL
Paved highway
S：公路
Z：道路*

You lun 09050
油轮 BE01
YL
Tanker；Oil-tanker
S：液货船
C：单点系泊设施；多点系泊设施；油港；油码头
F：阿芙拉型油轮；超大型油轮；成品油船；大型油轮；灵便型油轮；苏伊士型油轮；原油船；最大灵便型油轮
D：油船；储油船
Z：船舶*

You lun hang xian 09051
邮轮航线 BF06
YLHX
Cruise liner
S：航线*

You ma tou 09052
油码头 BC01
YMT
Oil wharfs
S：货运码头
C：油轮；油库*
Z：码头*

You mu ye yan F0942
油母页岩 AF05
YMYY
Oil shales
Y：油页岩

You pin hua yan 09053
油品化验 BI03
YPHY
Oil products test
S：检验*

You qi F0943
油漆 AF03
YQ
Paint
Y：涂料

You san kuang chuan 09054
油散矿船 BE01
YSKC
Oil-bulk-ore carrier；Ore-bulk-oil carrier；OBO
S：多用途船
D：OBO
Z：船舶*

You se jin shu 09055
有色金属 CC01
YSJS
Nonferrous metals
S：金属*

You shi bi 09056
油石比 CG09
YSB
Bitumen aggregate ratio
S：比数
Z：数*

You shui fen li 09057
油水分离 BE08
YSFLQ
Oil water separation

You ting 09058
游艇 BE01
YT
Pleasure-boat；Yacht
S：旅游船
Z：船舶*

You wu ran 09059
油污染 BI02；CK02
YWR
Oil pollution；
S：环境污染*
C：溢油控制
F：石油污染

You wu shui chan sheng liang 09060
油污水产生量 BJ03
YWSCSL
Quantities of bilge water produced during the ship's operation
S：环保统计指标
Z：指标*

You wu shui chu li chuan 09061
油污水处理船 BE02
WYSCLC
Oily water disposal boat
S：环境保护船
Z：船舶*

You wu shui chu li liang 09062
油污水处理量 BJ03
YWSCLL
Quantities of bilge water treated
S：环保统计指标
Z：指标*

You wu shui pai fang liang 09063
油污水排放量 BJ03
YWSPFL
Quantities of bilge water drained directly
S：环保统计指标
Z：指标*

You xian cha fen fa 09064
有限差分法 CA00；CG04
YXCFF
Finite difference method
S：差分法
D：有限差分法分析
Z：方法*

You xian cha fen fa fen xi F0944 CA00;CG04
有限差分法分析
YXCFFFX
Finite difference analysis
Y:有限差分法

You xian dan yuan fa F0945
有限单元法 CA00;CG04
YXDYF
Finite element method
Y:有限元法

You xian fen tiao fa 09065
有限分条法 CG12
YXFTF
Finite strip method
S:结构分析
Z:分析*

You xian fen tiao fa fen xi F0946 CA00
有限分条法分析
YXFTFFX
Finite strip analysis
Y:有限条法

You xian shi cha 09066
优先时差 AI03
YXSC
Priority phase offset

You xian tiao fa 09067
有限条法 CA00;CG04
YXTF
Finite strip analysis
S:结构分析
D:有限条法分析;有限分条法分析
Z:分析*

You xian tiao fa fen xi F0947 CG04
有限条法分析
YXTFFX
Finite strip analysis
Y:有限条法

You xian tong xing che dao 09068 AI04
优先通行车道
YXTXCD
Priority lane
S:车道
Z:道路*

You xian yuan fa 09069
有限元法 CA00;CG04;CG12
YXYF
Finite element method
S:数学分析
C:边界元法;结构分析
F:力法;位移法
D:有限单元法;有限元分析
Z:分析*

You xian yuan fen xi F0948
有限元分析 CA00;CG04
YXYFX
Finite element analysis; Finite element method
Y:有限元法

You xiao qi 09070
有效期 DB00
YXQ
Period of effectiveness;Term of validity
S:时期*

You xiao ya li 09071
有效压力 CG03
YXYL
Effective pressure
S:压力
Z:力*

You xing sun hao 09072
有形损耗 BA06
YXSH
Tangible lose
S:损耗*

You xuan fa 09073
优选法 CA00
YXF
Optimum seeking method
S:最优化方法
C:线性规划;运筹学
Z:方法*

You ye yan 09074
油页岩 AF05
YYY
Oil shales
S:页岩
D:油母页岩
Z:岩石*

You yong wu zhi hui shou 09075 CK06
有用物质回收
YYWZHS
Materials recovery
S:回收*
C:废物利用
D:废品回收

You yuan dian lu F0949
有源电路 CF03
YYDL
Active circuit
Y:有源网络

You yuan wang luo 09076
有源网络 CF03
YYWL
Active network
S:网络*
D:有源电路

You zeng jiao tong liang F0950 AI02;BJ02
诱增交通量
YZJTL
Generated traffic;Induced traffic
Y:诱发交通量

You zhan F0951
油毡 AF03
YZ
Asphalt felts
Y:沥青卷材

You zhan fang shui ceng 09077
油毡防水层 AD07
YZFSC
Water-proof asphalt-felt
S:防水层
Z:层*

You zhong guo te se de she hui zhu yi jing ji 09078 BG02

有中国特色的社会主义经济
YZGTSDSHZYJJ
Chinese socialism characteristic economy
S: 经济*
C: 社会主义市场经济

You zhuan wan dao xiang xian 09079
右转弯导向线 AI07
YZWDXX
Right turn guide line
S: 导向线(交通)
Z: 线*

Yu 09080
雨 CD03
Y
Rain
S: 降水*
F: 暴风雨;暴雨;大雨;酸雨

Yu bao 09081
预报* CD03
YB
Forecasting; Prediction
F: 水文预报

Yu ce 09082
预测* AA01;DD00
YC
Forecasting method; Prediction
F: 长期预测;船舶技术预测;定量预测;定性预测;发展趋势预测;货运量预测;交通量预测;交通流预测;交通事故预测;交通需要预测;经济预测;客货源预测;贸易趋势;贸易预测;市场预测;外贸预测;需求预测;运输预测
D: 发展方向;趋势;远景;展望

Yu ce fang fa 09083
预测方法 BB03
YCFF
Forecasting method
S: 方法*
F: 回归分析预测法;德尔菲法;同步交通事故预测法

Yu ce fen xi 09084
预测分析 BB03
YCFX
Forecasting analysis
S: 分析*
F: 定量预测分析;定性预测分析

Yu ce ji shu 09085
预测技术 CD02;DE00
YCJS
Prediction technique
S: 技术*

Yu chu li 09086
预处理 DD00
YCL
Pre-treatments; Preparation
S: 处理*
F: 预冷;预热

Yu chuan F0952
渔船 BE02
YC
Fishing boat; Fishing ship; Fishing vessel
Y: 渔轮

yu dao 09087
鱼道 BC03;BD06
YD
Fishway
S: 过鱼建筑物
F: 鱼梯;鱼闸
Z: 建筑物*

Yu fang 09088
预防 DD00
YF
Precaution; Prevention
S: 防护*

Yu fang jie zhong zheng shu 09089
预防接种证书 BI05
JFJZZS
Vaccination certificate
S: 证书*

Yu fang wei hu 09090
预防维护(汽车) AK04
YFWH
Preventive maintenance
S: 汽车维护
Z: 维修*

Yu fang xing yang hu 09091
预防性养护 AC07
YFXYH
Preventive maintenance
S: 公路养护
Z: 养护*

Yu fu dai kuan 09092
预付贷款 AB04
YFDK
Advance loan
S: 贷款*
F: 动员费预付贷款

Yu fu yun fei 09093
预付运费 BG06
YFYF
Advanced freight
S: 运费
Z: 费用*

Yu gang 09094
渔港 BC01
YG
Fishery harbour; Fishing port
S: 港口*

Yu hui yun shu 09095
迂回运输 AA01;BA02
YHYS
Roundabout route transportation; Transportation by roundabout ways
S: 运输形式
Z: 运输方式*

Yu ji 09096
淤积* BC02;BD02;CI05
YJ
Sedimentation; Siltation
F: 河道淤积;河口淤积;回淤;水库淤积
D: 淤塞

Yu ji kong zhi 09097
淤积控制* BC02;BD04
YJKZ
Sediment control
C: 防沙工程;河道淤积;水库泥

沙;水库淤积
F:清淤;放淤;排沙放淤;束水冲沙

Yu jia ying li 09098
预加应力 AD12
YJYL
Prestressing
S:应力*

Yu jiao ban hun ning tu 09099
预搅拌混凝土 AF07
YJBHNT
Ready-mixed concrete
S:混凝土*

Yu lei dui kang chuan 09100
鱼雷对抗船 BE02
YLDKC
Mine countermeasures vessels
S:舰艇
Z:船舶*

Yu lei kuai ting 09101
鱼雷快艇 BE02
YLKT
Torpedo boat
S:舰艇
Z:船舶*

Yu leng 09102
预冷 DD00
YL
Precooling
S:预处理
Z:处理*

Yu liang 09103
雨量 CI05
YL
Rainfall
S:量*

Yu liang ji F0953
雨量计 CD03
YLJ
Hyetograph
Y:雨量器

Yu liang qi 09104
雨量器 CD03
YLQ
Pluviometers
S:仪器*
D:雨量计

Yu lie bao po 09105
预裂爆破 CI02
YLBP
Presplit blasting
S:爆破*

Yu lun 09106
渔轮 BE02
YL
Fishing ship;Fishing vessel
S:船舶*
F:拖网渔船;鱼品加工船
D:渔船

Yu neng fa 09107
余能法 CG05
YNF
Complementary energy method
S:能量法
Z:分析*

Yu ni F0954
淤泥 BC02;BI02;CG06
YN
Mud;Silts
Y:软土

Yu ni shu song F0955
淤泥输送 BD04
YNSS
Silt transport
Y:输沙*

Yu pin jia gong chuan 09108
鱼品加工船 BE02
YPJGC
Fish Processing Vessel
S:渔轮
Z:船舶*

Yu re 09109
预热(汽车驾驶) AK03
YR
Preheating
S:汽车驾驶
Z:驾驶*

Yu re 09110
余热 CK02
YR
Waste heat
C:热污染
D:废热

Yu re 09111
预热 DD00
YR
Preheating
S:预处理
Z:处理*

Yu re li yong 09112
余热利用 BD06;CK03
YRLY
Residual-heat utilization; Waste heat utilization
S:利用*
C:发电*
D:废热利用

Yu re qi 09113
预热器 BE08
YRQ
Preheater

Yu se F0956
淤塞 BD02
YS
Silting up
Y:淤积*

Yu shi yi ran wu pin 09114
遇湿易燃物品 BI01
YSYRWP
Substance emitting flammable gases when wet
S:危险品
Z:货物*

Yu suan 09115
预算 AB03
YS
Budge

Yu suan guan li 09116

预算管理　BG02
YSGL
Budgetary control
S：管理*

Yu ti　09117
鱼梯　BD06
YT
Fish ladders
S：鱼道
Z：建筑物*

Yu tian shi gu　09118
雨天事故　AI05
YTSG
Wet traffic accident
S：事故*

Yu xi zhuang　09119
预舾装　BE08
YXZ
Pre-erection outfitting
S：舾装*
F：单元舾装；分段舾装

Yu xian bao gao　09120
遇险报告　BF05
YXBG
Distress message

Yu xian chuan bo shu　09121
遇险船舶数　BJ02
YXCBS
Numbers of ship in distress
S：水上搜寻救助统计指标
Z：指标*

Yu xian hu jiao　09122
遇险呼叫　BF05
YXHJ
Distress call
S：通讯系统
F：选择性呼叫
Z：系统*

Yu xian hu jiao cheng xu　09123 BF05
遇险呼叫程序
YXHJCX
Distress call procedure
C：选择性呼叫

Yu xian ren yuan shu　09124
遇险人员数　BJ02
YXRYS
Numbers of passenger in distress
S：水上搜寻救助统计指标
Z：指标*

Yu xian xin hao　09125
遇险信号　BI04
YXXH
Distress signal
S：信号*

Yu ya fa　09126
预压法　AC03
YYF
Preloading method
C：软土路基

Yu ya jia gu　09127
预压加固　BC06
YYJG
Ground preloading
S：地基处理*

Yu ya ying li hun ning tu liang　09128 AD05
预压应力混凝土梁
YYYLHNTL
Prestressed concrete beam
S：预应力混凝土梁
Z：梁*

Yu ya ying li hun ning tu qiao　09129 AD01
预压应力混凝土桥
YYYLHNTQ
Prestressed concrete bridge
S：预应力混凝土桥
Z：桥*

Yu ye fa gui　09130
渔业法规　BA01
YYFG
Fishery rules and regulations
S：法规*

Yu ye xie ding　09131
渔业协定　BA01
YYXD
Fishery agreement
S：条约*

Yu ying li　09132
预应力　CG03；CG04
YYL
Prestress；Prestressing force
S：应力*
F：部分预应力

Yu ying li gang liang　09133 AD05
预应力钢梁
YYLGL
Prestressed steel girder
S：钢梁
Z：梁*

Yu ying li gang si　09134
预应力钢丝　AF02
YYLGS
Prestressed wire
S：钢丝
Z：材料*

Yu ying li hun ning tu　09135 AF07
预应力混凝土
YYLHNT
Prestressed concrete
S：混凝土*
F：部分预应力混凝土

Yu ying li hun ning tu jie gou　09136 AD04
预应力混凝土结构
YYLHNTJG
Prestressed concrete structure
S：工程结构*
F：部分预应力结构；后张法预应力结构；先张法预应力结构

Yu ying li hun ning tu liang　09137 AD05
预应力混凝土梁
YJLHNTL
Prestressed concrete girder
S：梁*
F：部分预应力混凝土梁；预压应力混凝土梁

Yu ying li hun ning tu qiao 09138 AD01
预应力混凝土桥
YYLHNTQ
Prestressed concrete bridge
S：桥*
F：部分预应力混凝土桥；预压应力混凝土桥

Yu ying li jie tou 09139
预应力接头 AD06
YYLJT
Prestressed joint
S：接头
Z：工具*

Yu ying li kong dao 09140
预应力孔道 AD04
YYLKD
Prestressed aperture

Yu ying li mao gan 09141
预应力锚杆 AE07
YYLMG
Prestressed anchor bolt
S：锚杆*

Yu ying li pei jin 09142
预应力配筋 AF02
YYLPJ
Prestressed reinforcement
S：配筋
C：钢绞线
Z：工程施工*

Yu ying li zhuang 09143
预应力桩 CI01
YYLZ
Prestressed piles
S：混凝土桩
Z：桩*

Yu zha 09144
鱼闸 BD06
YZ
Fish locks
S：鱼道
Z：建筑物*

Yu zhen zi pu fen xi 09145
余振自谱分析 AH02
YZZPFX
Residual vibration auto-spectrum
S：自谱分析
Z：分析*

Yu zheng 09146
渔政 BA01
YZ
Fishery administration

Yu zhi 09147
阈值 BD05；DI00
YZ
Threshold；Threshold value
S：值*
F：照度阈值(航标)

Yu zhi 09148
预制 DD00
YZ
Pre-casting

Yu zhi gong yi 09149
预制工艺 AD12
YZGY
Precasting process
S：工艺*

Yu zhi gou jian 09150
预制构件 AD06
YZGJ
Precast unit
S：结构构件
Z：工程结构*

Yu zhi hun ning tu zhuang 09151 CI01
预制混凝土桩
YZHNTZ
Precast concrete piles
S：混凝土桩
Z：桩*

Yu zhi jian gua che 09152
预制件挂车 AK01
YZJGC
Prefab trailer
S：挂车
Z：车辆*

Yuan 09153
源* DH00
Y
Source
F：电源；光源；河源；水源；污染源

Yuan cheng zhong duan 09154 CF03
远程终端
YCZD
Remote terminal
C：终端设备

Yuan di dian 09155
远地点 BF02
YDD
Apogee

Yuan dong hang yun gong hui 09156 BF01
远东航运公会
YDHYGH
Far east freight conference
S：国际航运组织
Z：机构(组织)*

Yuan guan 09157
圆管 DG00
YG
Pipes
S：管*

Yuan gun zha men 09158
圆辊闸门 BD03
YGZM
Roller gates
S：闸门*

Yuan hu 09159
圆弧 DH00
YH
Circle arc

Yuan hu hua dong 09160
圆弧滑动 CI01
YHHD
Circular slipping
S：滑动
Z：工程地质现象*

Yuan huan 09161
圆环 DH00

YH
Circular rings

Yuan jian 09162
元件* DG00
YJ
Components
F: 电子元件;机械元件

Yuan jing F0957
远景 DA00
YJ
Perspective
Y: 预测*

Yuan kong 09163
圆孔 DH00
YK
Round holes

Yuan li 09164
原理* DB00
YL
Principles
F: 工作原理

Yuan liao F0958
原料 AF01
YL
Raw material
Y: 材料*

Yuan lin 09165
园林 CK07
YL
Parks and gardens
C: 风景;自然保护区

Yuan lin gong cheng 09166
园林工程 CK07
YLGC
Landscaping
S: 工程*

Yuan lin she ji 09167
园林设计 CK07
YLSJ
Landscape design
S: 设计*

Yuan lin yi shu F0959
园林艺术 CK07
YLYS
Landscape arts
Y: 造园艺术

Yuan mu ban yun che 09168
原木搬运车 AG06
YMBYC
Log carriers
S: 运输车
Z: 车辆*

Yuan qiu qiao F0960
圆球壳 DH00
YQQ
Domes;Spherical shells
Y: 球面壳体

Yuan shi biao ji 09169
缘石标记 AI07
YSBJ
Curb marking
S: 标志*

Yuan su 09170
元素* CC01
YS
Chemical elements;Elements
F: 放射性元素;非金属元素;金属元素;微量元素

Yuan su zu xi 09171
元素族系 CC01
YSZX
Family of elements
S: 体系*

Yuan tong 09172
圆筒 DG00
YT
Cylinders

Yuan wei shi yan 09173
原位试验 CG06
YWSY
In-situ tests
S: 土工试验
D: 野外测试;野外试验
Z: 试验*

Yuan xing 09174
圆形 DH00
YX
Circles (geometry)
S: 形状*

Yuan xing sui dao 09175
圆形隧道 AE01
YXSD
Circular tunnel
S: 隧道*

Yuan yan ying li F0961
原岩应力 CD01;CG03
YYYL
Stress of primary rock
Y: 地应力

Yuan yang ban lun 09176
远洋班轮 BE01
YYBL
Ocean liner
S: 客轮
Z: 船舶*

Yuan yang hang xing 09177
远洋航行 BF02
YYHX
Ocean navigation
S: 船舶航行*
C: 大圆航行

Yuan yang ke lun 09178
远洋客轮 BE01
YYKL
Oceanic passenger ship
S: 客轮
Z: 船舶*

Yuan yang yun shu 09179
远洋运输 BA02
YYYS
Ocean transportation;Maritime transport
S: 海上运输
Z: 运输*

Yuan yi 09180
园艺 CE02
YY
Gardening; Horticulture; Landscape gardening
C: 苗圃;温室;种子

Yuan yin 09181
原因* DA00
YY
Cause
F：侵蚀原因

Yuan yin fen xi 09182
原因分析 DD00
YYFX
Analysis of reasons
S：分析*

Yuan you 09183
原油 CL03
YY
Crude oil
S：石油
Z：油*

Yuan you chuan 09184
原油船 BE01
YYC
Crude tanker
S：油轮
Z：船舶*

Yuan you xi cang 09185
原油洗舱 BI03
YYXC
Crude oil washing（COW）

Yuan ze 09186
原则* DB00
YZ
Principle
F：补偿原则；分析原则；货款原则

Yuan zhu min 09187
原住民 BB03
YZM
Host population
S：人口*

Yuan zhu ti 09188
圆柱体 DH00
YZT
Cylinders
S：体*

Yuan zhuang tu 09189
原状土 CG06
YZT
Undisturbed soils
S：土*
C：取样器

Yuan zhui 09190
圆锥 DH00
YZ
Circular cones
S：锥体
Z：体*

Yuan zi 09191
原子 CB00
YZ
Atom

Yuan zi neng F0962
原子能 CC01；CL02
YZN
Atomic energy；Nuclear energy
Y：核能

Yuan zi wu li xue F0963
原子物理学 CB00
YZWLX
Atomic physics
Y：核物理学

Yuan zi xi shou guang pu 09192
原子吸收光谱 CC03
YZXSGP
Atomic energy absorption spectra
S：光谱
Z：谱*

Yue ku F0964
越库 BA06
YK
Cross docking
Y：直接换装

Yue ling xian 09193
越岭线 AC01
YLX
Ridge crossing line

Yue piao 09194
月票 AJ04
YP
Monthly ticket
S：票类
D：市区月票；郊区月票；专线月票；学生月票；通用月票；公用月票
Z：分类*

Yue piao cheng ke 09195
月票乘客 AJ04
YPCK
Commuter
S：旅客*

Yue piao diao cha 09196
月票调查 AJ04
YPDC
Monthly ticket survey
S：调查*

Yue ping jun ri jiao tong liang 09197
月平均日交通量 AI01
YPJRJTL
Monthly average daily traffic volume；MADT Volume
S：交通量
Z：量*

Yue shu li 09198
约束力 CG03
YSL
Constrained force
S：力*

Yue shu tiao jian 09199
约束条件 CG05
YSTJ
Constraints
S：条件*

Yue shu yun xing 09200
约束运行 AI04
XSYX
Constrained operation
S：运转*
D：非约束运行

Yun chou xue 09201
运筹学 BG01；CA00
YCX

Operations research;Operational research
S: 数学
C: 优选法
F: 博弈论;决策论;排队论
Z: 学科*

Yun dan 09202
运单* BA02
YD
Transportation list;Waybill
F: 海运单;水路货物运单

Yun dong 09203
运动* DD00
YD
Motion
F: 初始运动;船舶运动;往复运动

Yun dong nian du F0965
运动粘度 BC02
YDND
Kinematic viscosity
Y: 运动粘性

Yun dong nian xing 09204
运动粘性 BC02
YDNX
Kinematic viscosity
S: 粘性
D: 运动粘度
Z: 性质*

Yun dong xue 09205
运动学 CB00;CG01
YDX
Kinematics
S: 学科*
C: 质点;加速度

Yun fei 09206
运费 BG06
YF
Freight
S: 费用*
C: 运价
F: 到付运费;预付运费

Yun fei bao xian F0966
运费保险 BA04
YFBX
Insurance of freight
Y: 运输保险

Yun fei lü 09207
运费率 BG02
YFL
Freight rate
S: 费率
Z: 比率*

Yun fei tuo shou 09208
运费托收 BA03
YFTS
Fare collection

Yun he 09209
运河 BD01
YH
Canals;Navigable canals
S: 河流*
C: 渠化航道;航道工程;内河运输
F: 海运河;开敞运河;内陆运河

Yun he gong cheng 09210
运河工程 BD04
YHGC
Canal project;Canal engineering
C: 运河养护
D: 渠化工程

Yun he jing ji xing 09211
运河经济性 BG01
YHJJX
Canal economics
S: 经济性
Z: 性质*

Yun he yang hu 09212
运河养护 BD04
YHYH
Canal maintenance
C: 运河工程;护坡

Yun jia 09213
运价 AA08;BG06
YJ
Freight rates;Tariff
S: 价格*
C: 运费;费率
F: 包箱运价;班轮运价;差别运价;长途运价;递近递增运价;短途运价;航区运价;航运公会运价;货物运价;基本运价;计程包车运价;基价;集装箱运价;客运运价;空箱运价;里程运价;零担运价;零星货物运价;旅客运价;普通运价;汽车运价;特定运价;特种车辆运价;危险品运价;小型车运价;行包运价

Yun jia gong hui 09214
运价公会 BA09
YJGH
Freight conference
S: 机构(组织)*

Yun jia jia cheng 09215
运价加成 AA08
YJJC
Rate addition
C: 计价标准
D: 运价减成

Yun jia jian cheng F0967
运价减成 AA08
YJJC
Rate reduction
Y: 运价加成

Yun jia lü 09216
运价率 AA08
YJL
Transportation rate
S: 比率*
C: 计价标准

Yun jia yu ce 09217
运价预测 AA08
YJYC
Rate foretell
S: 运输预测
Z: 预测*

Yun jia zheng ce 09218
运价政策 AA08
YJZC
Rate policy
S: 政策*

Yun ju 09219
运距 AA01
YJ

Haul distance
D：平均运距

Yun liang 09220
运量 AA01
YL
Volume
S：量*
F：客运量；旅客日发送量

Yun liang bo dong xi shu 09221
运量波动系数 AA10
YLBDXS
Freight volume fluctuation coefficient
S：系数*

Yun liang tong ji 09222
运量统计 BJ02
YLTJ
Trade statistics
S：运输统计
Z：统计*

Yun liang yu ce 09223
运量预测 AA01；BB03
YLYC
Prediction of traffic volume；Traffic forecast；Freight forecast
S：运输预测
F：货物运输量预测；旅客运输量预测
Z：预测*

Yun mei chuan 09224
运煤船 BE01
YMC
Colliers；Coal carrier
S：散货船
C：煤码头
Z：船舶*

Yun mu 09225
云母 AF05
YM
Mica

Yun shu 09226
运输* AA01；BA02
YS
Transportation；Traffic
F：班轮运输；保价运输；北极运输；不合理运输；厂内运输；成组运输；大陆桥运输；分运；公路运输；过境运输；航次运输；货物运输；计划内运输；季节性货物运输；集装运输；旅客运输；泥浆运输；水路运输；特种运输；铁路运输；托盘运输；喂给船运输；综合运输
D：交通运输

Yun shu an quan 09227
运输安全 AA06；BI01
YSAQ
Traffic safety；Transportation safety
S：安全*

Yun shu bao xian 09228
运输保险 BA04
YSBX
Insurance of transport；Transportation insurance
S：保险*
F：舱面货物险；国际货物运输保险；海上运输保险
D：运费保险

Yun shu bao zheng 09229
运输保证 BB03
YSBZ
Transportation security

Yun shu bao zhuang 09230
运输包装 AA03
YSBZ
Packing for transport；Packing for transportation
S：包装*
F：货物捆绑
D：货物包装

Yun shu bi jia F0968
运输比价 AA08
YSBJ
Parity of transport
Y：运费率

Yun shu biao zhi 09231
运输标志 BI01
YSBZ
Transport mark
S：标志*

Yun shu bu men 09232
运输部门 BA03
YSBM
Transportation sector

Yun shu cai wu 09233
运输财务 BA03
YSCW
Transportation finance
S：财务*

Yun shu che 09234
运输车 AG06
YSC
Delivery vehicles；Transport vehicles
S：车辆*
F：叉车；翻斗车；原木搬运车；运土车；自卸车

Yun shu cheng ben 09235
运输成本 AA08
YSCB
Cost of transportation；Transportation cost
S：成本*

Yun shu chuan bo 09236
运输船舶 BE01
YSCB
Merchant ship；Carrying vessel；Transport ship
S：船舶*
F：驳船；车辆运输船；吊装船；滚装船；混合运输船；货轮；客货两用船；客轮；水泥船

Yun shu dai F0969
运输带 BA08
YSD
Conveying belt；Conveyer belts
Y：输送带

Yun shu dan zheng 09237
运输单证 AA03
YSDZ
Freight document
S：单证*
F：货物运单；交接清单；提货通知单

Yun shu fa gui 09238
运输法规 BB02
YSFG
Transportation laws & regulations
S：法规
Z：法律*

Yun shu fa zhan 09239
运输发展 BA03
YSFZ
Transport development
S：发展*

Yun shu fang an 09240
运输方案 AA01
YSFA
Transport programme
S：方案*

Yun shu fang shi 09241
运输方式* BA03
YSFS
Transportation modes; Mode of transport
F：场到场；多式联运；联运方式；水上运输方式；运输形式

Yun shu fu wu qi ye 09242
运输服务企业 AA09
YSFWQY
Transportation service enterprises
S：企业*

Yun shu fu zhu chuan 09243 BE02
运输辅助船
YSFZC
Subsidiary transport ship
S：船舶*
F：边防艇；港务船；港作拖轮；公安艇；供水船；供应船；供油船；工作艇；海关船；护航船；环境保护船；检疫船；绞滩船；交通船；快艇；联检船；破冰船；起锚艇；水警缉私艇；艇；推轮；拖轮；巡逻艇

Yun shu gao feng 09244
运输高峰 AA01
YSGF
Traffic peak

Yun shu gong cheng 09245
运输工程 BA03
YSGC
Transportation engineering
S：工程*

Yun shu guan li 09246
运输管理 AA01；BA02；BA03
YSGL
Management of transportation; Transportation management
S：管理*
C：客流；客流密度；客流调查；货流密度；货源信息
F：货物运输管理；货运业务；客运管理；货运管理

Yun shu guan zhi 09247
运输管制 BB02
YSGZ
Transportation regulation
S：管制*
D：运输规制

Yun shu gui hua 09248
运输规划 BB03
YSGH
Transportation planning
S：规划*

Yun shu gui zhi F0970
运输规制 BB02
YSGZ
Transportation regulation
Y：运输管制

Yun shu he li sun hao 09249
运输合理损耗 BI01
YSHLSH
Reasonable loss of transport
S：损耗*

Yun shu he tong 09250
运输合同 BA02
YSHT
Contract of transport
S：合同*
C：违约金
F：水路货物运输合同

Yun shu ji hua 09251
运输计划 AA01
YSJH
Plan of transport
S：计划*
F：客运计划

Yun shu ji shu 09252
运输技术 BA03
YSJS
Transportation technology
S：技术*

Yun shu ji xie 09253
运输机械 BA08
YSJX
Conveying equipment
S：机械*
C：装卸机*；输送机*；装卸设备；给料机*

Yun shu jie gou 09254
运输结构 AA01
YSJG
Transport structure
S：结构（组成）*

Yun shu jing ji xue 09255
运输经济学 BG01
YSJJX
Economics of transport; Transport economics
S：经济学
F：班轮航运经济学
Z：学科*

Yun shu jiu ye 09256
运输就业 BB03
YSJY
Transportation employment

Yun shu lian 09257
运输链 BA06
YSL
Transport chain
S：链*

Yun shu liang 09258
运输量 BJ03
YSL
Transportation volume
S：运输统计指标

Z：指标*

Yun shu mo xing 09259
运输模型 BA03;BB03
YSMX
Transportation models
S：模型*

Yun shu neng li 09260
运输能力 AA01;BB03
YSNL
Transport capacity; Transportation capacity
S：能力*
F：客运能力

Yun shu neng yuan 09261
运输能源 BA03
YSNY
Transportation energy
S：能源*

Yun shu qi ye 09262
运输企业 AA08
YSQY
Transportation enterprises
S：企业*
F：公路运输企业

Yun shu qing bao F0971
运输情报 BB03
YSQB
Transportation information
Y：运输信息

Yun shu ren yuan 09263
运输人员 BB03
YSRY
Transportation personnel
S：人员*

Yun shu sheng chan lü 09264
BB03
运输生产率
YSSCL
Transportation productivity
S：生产率
Z：比率*

Yun shu shi chang 09265
运输市场 AA01
YSSC
Traffic market
S：市场*

Yun shu shi chang guan li 09266
AA10;BG04
运输市场管理
YSSCGL
Regulation of transport market; Transportation market control
S：管理*

Yun shu shi chang gui zhi 09267
BG04
运输市场规制
YSSCGZ
Regulation of transport market

Yun shu shi gu 09268
运输事故 AA01
YSSG
Transport accident
S：事故*
F：客运事故

Yun shu shi gu tong ji zhi biao 09269
BJ02
运输事故统计指标
YSSGTJZB
Statistical indicators of marine accidents
S：运输统计指标
F：船舶沉没数量;船舶全损数;货差量;货差率;货损量;水上交通事故直接经济损失
Z：指标*

Yun shu ti xi 09270
运输体系 AA01
YSTX
Transport system
S：体系*

Yun shu tong ji 09271
运输统计 BJ02
YSTJ
Transportation statistics
S：统计*
F：客运统计;联运统计;事故统计;水运统计;运量统计

Yun shu tong ji zhi biao 09272
BJ02
运输统计指标
YSTJZB
Statistical indicator of transportation; Statistical index of transportation
S：统计指标
F：环保统计指标;库存量;库容量;年客货运量;事故率;水运统计指标;运输量;运输事故统计指标;载货量
Z：指标*

Yun shu wang luo 09273
运输网络 BA03
YSWL
Transport networks; Transportation networks
S：网络*
F：客运网

Yun shu wen jian 09274
运输文件 BA02
YSWJ
Shipping documentation
S：文件*
F：多式联运文件;货运文件

Yun shu xi tong 09275
运输系统 AI02;BA03
YSXT
Transportation system
S：系统*
C：运输系统管理;运输系统分析;运输系统规划
F：垂直运输系统;单轨运输系统;综合公交运输系统;综合运输系统

Yun shu xi tong cheng ben 09276
BG05
运输系统成本
YSXTCB
Transportation system costs
S：成本*

Yun shu xi tong fei yong 09277
BG05
运输系统费用
YSXTFY
Transportation system costs
S：费用*

Yun shu xi tong fen xi 09278 BA03
运输系统分析
YSXTFX
Transportation systems analysis
S：分析*
C：运输系统

Yun shu xi tong guan li 09279 BA03
运输系统管理
YSXTGL
Transportation system management
S：管理*
C：运输系统
F：交通管理；运输需求管理

Yun shu xi tong gui hua 09280 BA03
运输系统规划
YSXTGH
Transportation systems planning
S：规划*
C：运输系统
D：综合运输规划

Yun shu xi tong lun zheng 09281 BG02
运输系统论证
YSXTLZ
Transport system evaluation
S：经济论证*

Yun shu xi tong she ji 09282 BA06
运输系统设计
YSXTSJ
Transportation system design
S：设计*

Yun shu xian lu 09283 AA01
运输线路
YSXL
Transportation route
S：线路*
F：班车线路；分流线路；共营线路；营运线路；专营线路

Yun shu xiao guo 09284 BA03
运输效果
YSXG
Transportation effects
S：效果*
D：运输影响

Yun shu xiao lü 09285 AA08
运输效率
YSXL
Efficiency of transport
S：效率*

Yun shu xin xi 09286 BB03
运输信息
YSXX
Transportation information
S：信息*
D：运输情报

Yun shu xing shi 09287 AA01
运输形式
YSXS
Types of transportation
S：运输方式*
F：迂回运输；生产过程运输；流通过程运输；营业性运输；专营运输；共营运输；干线运输；支线运输；直达运输；班车运输；涉外运输；拖挂运输；甩挂运输；对流运输；重复运输；非营业性运输；合同运输；双程运输；单程运输；分流运输；滚装运输；中转运输；租船运输；客运形式

Yun shu xu qiu 09288 BA03
运输需求
YSXQ
Transportation needs
S：需求*

Yun shu xu qiu guan li 09289 BA03
运输需求管理
YSXQGL
Transportation demand management
S：运输系统管理
Z：管理*

Yun shu yan jiu 09290 BB03；BB05
运输研究
YSYJ
Transportation research
S：研究*

Yun shu ye 09291 AA09；DA00
运输业
YSY
Transportation industry
S：行业*

Yun shu ying xiang F0972 BA03
运输影响
YSYX
Transportation effects
Y：运输效果

Yun shu yu ce 09292 AA01；BB03
运输预测
YSYC
Freight forecast；Traffic forecast
S：预测*
F：运价预测；运量预测

Yun shu zheng ce 09293 BB02
运输政策
YSZC
Transport policy；Transportation policy
S：政策*
F：北极运输政策

Yun shu zhi biao 09294 AA01
运输指标
YSZB
Transportation index
S：指标*
F：客运指标

Yun shu zhi liang 09295 AA06
运输质量
YSZL
Quality of transportation
S：质量*

Yun shu zu zhi 09296 BF01
运输组织
YSZZ
Arrangement of transport
S：组织*
F：货物运输组织

Yun song 09297 AA02
运送
YS
Transit

Yun song su du 09298
运送速度 AJ05
YSSD
Travelling speed
S：速度*
D：旅行速度

Yun tu che 09299
运土车 AG06
YTC
Earth handling equipment; Earth movers
S：运输车
Z：车辆*

Yun xing F0973
运行 AJ04; DD00
YX
Operation; Running
Y：运转*

Yun xing che su 09300
运行车速 AI01
YXCS
Operating speed
S：车速
Z：速度*

Yun xing diao du tu 09301
运行调度图 AJ04
YXDDT
Dispatching diagram
S：运行图
Z：图*

Yun xing guan li 09302
运行管理 AA10
YXGL
Operation management
S：管理*

Yun xing ji hua 09303
运行计划 AA02
YXJH
Operation plan
S：计划*
D：运行作业计划

Yun xing tu 09304
运行图 AJ04
YXT
Running chart
S：图*
C：行车时刻表
F：运行调度图

Yun xing zhou qi 09305
运行周期 AA10
YXZQ
Operation cycle
S：周期*
D：运行周期表

Yun xing zhou qi biao F0974 AA10
运行周期表
YXZQB
Graph of operation cycle
Y：运行周期

Yun xing zuo ye ji hua F0975 AA10
运行作业计划
YXZYJH
Plan of work
Y：运行计划

Yun xu mo sun 09306
允许磨损 AK04
YXMS
Permissible wear
S：磨损
C：汽车零件磨损
Z：损失*

Yun xu zuo ye shi jian 09307 BI01
允许作业时间
YXZYSJ
Permissible working time
S：时间*

Yun ying 09308
运营 BG04
YY
Operation
C：营运；经营

Yun ying che liang 09309
运营车辆 AJ05
YYCL
Operation vehicles
S：车辆*

Yun ying che ri F0976
运营车日 AJ05
YYCR
Operating vehicle-days
Y：车日

Yun ying chuan ri F0977
运营船日 AJ05
YYCR
Operating ship-days
Y：船日

Yun ying guan li 09310
运营管理 AJ04
YYGL
Management of operation
S：管理*

Yun ying lü 09311
运营率 AJ05
YYL
Operating rate
S：比率*
F：客渡轮运营率

Yun ying shi jian 09312
运营时间 AJ04
YYSJ
Service time
S：时间*
D：非运营时间

Yun ying su du 09313
运营速度 AJ05
YYSD
Overall trip speed
S：速度*

Yun ying tong feng 09314
运营通风 AE08
YYTF
Operation ventilation
S：通风*

Yun ying zhi biao 09315
运营指标 AJ05
YYZB
Operation indicators

S：指标*
F：车辆运营指标

Yun zhi xing F0978
匀质性 DC00
YZX
Homogeneity；Uniformity
Y：均匀性

Yun zhuan 09316
运转* DD00
YZ
Operations
F：放站运行；赶点（行车）；跳站运行；晚点（行车）；压点（行车）；约束运行；早点（行车）；正点（行车）
D：运行

Z

Z xing chuan dong 09317
Z型传动 BE08
ZXCD
Z Transmission；Z Drive
S：传动装置
Z：装置*

Za dao 09318
匝道 AC05
ZD
Ramp

Za dao biao xian 09319
匝道标线 AI07
ZDBX
Ramp marking
S：线*

Za dao ji cheng xi tong kong zhi 09320
匝道集成系统控制 AI03
ZDJCXTKZ
Ramp integrated system control
S：控制*

Za dao jiao tong tiao jie 09321
匝道交通调节 AI04
ZDJTTJ
Ramp metering
S：调节*

Za dao lian jie chu 09322
匝道连接处 AI04
ZDLJC
Ramp junction

Za dao qiao 09323
匝道桥 AD01
ZDQ
Ramp bridge
S：桥*

Za dao tong xing neng li 09324
匝道通行能力 AI02
ZDTXNL
Ramp capacity
S：通行能力
Z：能力*

Za huo chuan 09325
杂货船 BE01
ZHC
General cargo ships
S：货轮
Z：船舶*

Za huo yun shu 09326
杂货运输 BA02
ZHYS
General cargo transport
S：运输*

Za zhi F0979
杂质 DB00
ZZ
Impurities
Y：夹杂物

Zai bo chuan 09327
载驳船 BE01
ZBC
Barge carrier；Lighter aboard ship (LASH)
S：货轮
C：驳船
D：子母船；载驳母船
Z：船舶*

Zai bo mu chuan F0980
载驳母船 BE01
ZBMC
Lighter aboard ship (LASH)；Barge carrier
Y：载驳船

Zai bo yun shu 09328
载驳运输 BA02
ZBYS
Transportation by lighter aboard ship；Transportation by barge carrier
S：水路运输
Z：运输*

Zai ce che liang 09329
在册车辆 AJ05
ZCCL
Listed vehicles
S：车辆*

Zai hai 09330
灾害* AC08
ZH
Disaster
F：冰雹；冻害；干旱；公路灾害；火灾；沙害；生物害；雪崩；雪害；震害

Zai hai jian ce zhuang zhi 09331
灾害检测装置 AE14
ZHJCZZ
Disaster detector
S：检测装置
Z：装置*

Zai he 09332
载荷* CG11
ZH
Loads
C：力*；荷载作用
F：标准载荷；冰载荷；冲击载荷；等效载荷；地震荷载；动荷载；动载荷；风载荷；峰值负荷；工作载荷；横向载荷；活载荷；极限载荷；集中载荷；剪切载荷；静载荷；临界载荷；扭转载荷；疲劳载荷；偏心载荷；破坏载

荷；桥梁载荷；容许载荷；设计载荷；受拉载荷；竖向载荷；水平载荷；瞬时载荷
D：负载；负荷；荷载

Zai he fen xi 09333
载荷分析 CG12
ZHFX
Loading analysis
S：分析*

Zai hou chong jian 09334
灾后重建 DD00
ZHCJ
Reconstruction after calamities
S：重建
Z：建设*

Zai huo liang 09335
载货量 BJ05
ZHL
Cargo deadweight
S：运输统计指标
Z：指标*

Zai huo qi che 09336
载货汽车 AK01
ZHQC
Truck
S：汽车
F：保温货车；集装箱货车；冷藏货车；厢式货车；液罐货车；自卸货车
D：特种载货汽车
Z：车辆*

Zai ke liang 09337
载客量 AJ02；BJ05
ZKL
Passenger capacity
S：运输统计指标；船舶统计指标
Z：指标*

Zai ke shi jian 09338
载客时间 AJ04
ZKSJ
Carrying time
S：时间*

Zai ke xing shi su du 09339
载客行驶速度 AJ05
ZKXSSD
Carrying running speed
S：行驶速度
Z：速度*

Zai sheng 09340
再生* CK06
ZS
Regeneration
F：资源再生

Zai sheng li qing hun he liao 09341
再生沥青混合料 AF08
ZSLQHHL
Reclaimed asphalt mixture

Zai sheng li yong 09342
再生利用 CK06；DD00
ZSLY
Regeneration and utilization；Reutilization
S：利用*
C：路面材料

Zai sheng neng yuan 09343
再生能源 BD06
ZSNY
Renewable energy resource
S：能源*

Zai sheng zhi dong F0981
再生制动 AJ01
ZSZD
Regenerative braking
Y：反馈制动

Zai ti 09344
载体 DE00
ZT
Carrier

Zai xuan fu 09345
再悬浮 BD02
ZXF
Resuspension

Zai yong qi che 09346
在用汽车 AK01
ZYQC
Vehicle in use
S：汽车
Z：车辆*

Zai zhong dun wei 09347
载重吨位 BE04
ZZDW
Dead weight tonnages
S：吨位
C：载重线
Z：参数*

Zai zhong liang 09348
载重量 BE06；BJ05
ZZL
Deadweight；Deadweight capacity；Load capacity
S：船舶参数
Z：参数*

Zai zhong liang jiao he 09349
载重量校核 BE06
ZZLJH
Deadweight check
S：船舶参数校核
Z：校核*

Zai zhong xian 09350
载重线 BE04
ZZX
Load lines
C：满载；载重吨位

Zan ting 09351
暂停 AI01
ZT
Standing

Zao 09352
藻 CE03
Z
Algae
S：水生植物
Z：生物*

Zao bo ji F0982
造波机 BC05；BE09
ZBJ
Wave generator；Wave makers
Y：造波设备

Zao bo she bei 09353
造波设备 BC05
ZBSB
Wave making apparatus
S：水工试验装置
C：波浪水池；消波设备
D：消波器；造波机
Z：装置*

Zao chuan 09354
造船* BE10
ZC
Shipbuilding
C：船厂
F：拨款造船；贷款造船
D：拆船

Zao chuan dai kuan fang shi 09355 BE10
造船贷款方式
ZCDKFS
Credit form of shipbuilding
S：方式*
F：出口信贷；买方信贷；卖方信贷

Zao chuan dai kuan xie yi 09356 BE10
造船贷款协议
ZCDKXY
Credit agreement of shipbuilding
S：协议*

Zao chuan she shi 09357
造船设施 BE10
ZCSS
Shipbuilding facilities
S：设施*
F：船台；船坞；干船坞；滑道；龙骨墩；坞室
D：修船设施

Zao chuan sheng chan gui hua 09358 BE10
造船生产规划
ZCSCGH
Shipbuilding production program
S：规划*

Zao chuang guo cheng F0983 BC02
造床过程
ZCGC
Fluvial process
Y：河道演变*

Zao dian 09359
早点（行车） AJ04
ZD
Running hot
S：运转*
D：快点（行车）

Zao gao feng F0984
早高峰 AJ04
ZGF
Morning peak
Y：高峰时间

Zao jia 09360
造价 AB03
ZJ
Cost
F：公路造价；工程造价
S：价格*

Zao qi 09361
早期 DJ00
ZQ
Earlier period
S：时期*

Zao qiang hun ning tu 09362 AF07
早强混凝土
ZQHNT
Early strength concrete
S：混凝土*

Zao qiang shui ni F0985
早强水泥 AF04
ZQSN
High-early strength cement
Y：快硬水泥

Zao qing ji 09363
早强剂 AF03
ZQJ
Early strength agent
S：添加剂
Z：剂*

Zao sheng 09364
噪声* AI01；CK02
ZS
Noise
F：城市噪声；工业噪声；环境噪声；交通噪声
D：噪音

Zao sheng biao zhun 09365
噪声标准 CK02
ZSBZ
Noise criteria
S：标准*
C：环境噪声；噪声控制

Zao sheng jian ce 09366
噪声监测 CK03
ZSJC
Noise monitoring
S：监测*
C：噪声污染

Zao sheng jiang di F0986
噪声降低 CK02
ZSJD
Noise reduction
Y：噪声控制

Zao sheng kong zhi 09367
噪声控制 CK02
ZSKZ
Noise control
S：控制*
C：环境噪声；噪声标准；噪声污染
D：噪声消除；噪声降低

Zao sheng pi lao 09368
噪声疲劳 CG04
ZSPL
Noise fatigue
S：疲劳*

Zao sheng shi yan 09369
噪声试验 AG11
ZSSY
Noise level test
S：试验*

Zao sheng wu ran 09370
噪声污染 BI02；CK02
ZSWR
Noise pollution

S：环境污染*
C：噪声监测；噪声控制；噪声源

Zao sheng xiao chu F0987
噪声消除 CK02
ZSXC
Noise elimination；Noise prevention
Y：噪声控制

Zao sheng yuan 09371
噪声源 CK02
ZSY
Noise source
S：源*
C：污染源；噪声污染

Zao xing 09372
造型 DD00
ZX
Moldings
C：成型

Zao xing she ji 09373
造型设计 DD00
ZXSJ
Molding design
S：设计*

Zao yan 09374
凿岩 CI02
ZY
Drilling

Zao yan ji 09375
凿岩机 AE05；AG08
ZYJ
Hammer drills；Rock drills；Rock drilling machine
S：机械*
F：履带式凿岩机

Zao yan tai che 09376
凿岩台车 AE05
ZYTC
Drill jumbo

Zao yin F0988
噪音 CK02
ZY
Noise
Y：噪声*

Zao yuan yi shu 09377
造园艺术 CK07
ZYYS
Art of landscape
S：艺术*
D：园林艺术

Ze ren 09378
责任* DA00
ZR
Obligation；Responsibility
F：保险责任；连带责任；违约责任

Ze ren bao zheng 09379
责任保证 BB02
ZRBZ
Liability insurance

Zeng jia zhi 09380
增加值 BB03
ZJZ
Value added
S：值*

Zeng liang tou zi 09381
增量投资 BB04
ZLTZ
Incremental investment
S：投资*
C：固定投资

Zeng qiang 09382
增强 DD00
ZQ
Strengthening

Zeng qiang su liao 09383
增强塑料 AF03
ZQSL
Reinforced plastics
S：塑料
F：无机纤维增强塑料
Z：材料*

Zeng shui xing 09384
憎水性 DC00
ZSX
Water repellency
S：性质*
D：疏水性

Zeng shui xing ji liao 09385
AF06
憎水性集料
ZSXJL
Hydrophobic aggregate
S：骨料*

Zeng ya qi 09386
增压器 BE08
ZYQ
Turbochargers
S：动力装置
Z：装置*

Zeng zhang 09387
增长 DB00
ZZ
Growth；Increasing

Zeng zhang jiao tong liang 09388
AI02
增长交通量
ZZJTL
Increment of traffic [volume]
S：交通量
Z：量*

Zeng zhang lü fa 09389
增长率法(交通工程) AI02
ZZLF
Growth rate method

Zeng zhi 09390
增值 DD00
ZZ
Increase in value；Increment value

Zeng zhi shui 09391
增值税 BA01
ZZS
Tax on value added
S：税*

Zha 09392
闸* BD03
Z
Locks
C：船闸
F：拦潮闸

Zha 09393
渣* CK04
Z
Residues
F：废渣

Zha jiao 09394
炸礁 BD04
ZJ
Reef explosion
S：河道整治*
C：航道疏浚

Zha jiao chuan 09395
炸礁船 BE03
ZJC
Rock drilling dredger
S：工程船舶
Z：船舶*

Zha men 09396
闸门* BD03
ZM
Gates
C：闸首；水闸
F：弧形闸门；人字闸门；扇形闸门；液压闸门；圆辊闸门

Zha men qiao 09397
闸门桥 AD01
ZMQ
Water gate bridge
S：桥*

Zha shi 09398
闸室 BD03
ZS
Lock chambers
C：承船厢；闸首；单线船闸；多线船闸；双线船闸

Zha shou 09399
闸首 BD03
ZS
Lock heads
C：水头*；闸门*；闸室

Zha you lu mian 09400
渣油路面 AC04
ZYLM
Residue oil pavement
S：路面*

Zha you tu 09401
渣油土 CG06
ZYT
Residual-oil soils
S：土*

Zhai qiao biao zhi 09402
窄桥标志 AI07
ZQBZ
Narrow bridge sign
S：交通标志
Z：标志*

Zhai quan 09403
债券 BB04
ZQ
Bond

Zhai quan li lü 09404
债券利率 BB04
ZQLL
Bond rate
S：利率
Z：比率*

Zhai quan rong zi 09405
债券融资 BB04
ZQRZ
Bond financing
S：融资
Z：资本*

Zhai shui dao F0989
窄水道 BD01
ZSD
Narrow waterway
Y：航道*

Zhan chang she shi 09406
站场设施(汽车运输) AA04
ZCSS
Facilities of terminal and yard；Equipment of station and yard
S：设施*

Zhan chang wu xian dian hua 09407
AJ03
站场无线电话
ZCWXDH
Station/yard radiophone
S：电话*

Zhan dao 09408
栈道 AB02
ZD
Trestle and along cliff
S：道路*

Zhan ding jin e 09409
暂定金额 AB04
ZDJE
Provisional sums
S：费用*

Zhan jian xing che dian hua 09410
AJ03
站间行车电话
ZJXCDH
Block telephone
S：电话*
D：闭塞电话

Zhan jie F0990
粘接 DD00
ZJ
Adhesion；Bond
Y：粘结

Zhan jie 09411
站界 AJ01
车站的界限
ZJ
Station boundary

Zhan ju 09412
站距 AJ05
ZJ
Stop spacing；Station spacing
S：间距*
D：平均站距

Zhan lan hui 09413
展览会 DF00
ZLH
Exhibition
C：博览会

Zhan lie jian 09414
战列舰 BE02

ZLJ
Battle ship
S：舰艇
Z：船舶*

Zhan lue 09415
战略* DA00
ZL
Strategy
C：对策
F：发展战略；海运战略

Zhan lüe huan jing 09416
ping jia BI03
战略环境评价
ZLHJPJ
Strategic environmental assessment
S：评价*

Zhan lue jiao tong 09417
xin xi fu wu BA03
战略交通信息服务
ZLJTXXFW
Strategic traffic information service (STI)
S：信息服务
Z：服务*

Zhan mao 09418
站貌 AJ04
ZM
Station appearance
S：服务质量
Z：质量*

Zhan qiao 09419
栈桥 AD01
ZQ
Trestle bridge
S：桥*

Zhan rong 09420
站容 AA06
ZR
Appearance of terminal
S：服务质量
Z：质量*

Zhan shi lei gong ju 09421
展示类工具 BB03
ZSLGJ
Tools for visualization
S：分析研究工具
Z：工具*

Zhan shu jiao tong 09422
xin xi fu wu BA03
战术交通信息服务
ZSJTXXFW
Tactical traffic information service (TTIS)
S：信息服务
Z：服务*

Zhan tai 09423
站台 AJ03
ZT
Platform

Zhan tai rong 09424
liang AJ05
站台容量
ZTRL
Platform capacity
C：线路通行能力
Z：量*

Zhan tie 09425
粘贴 DD00
ZT
Adhesion；Sticking

Zhan wang F0991
展望 DA00
ZW
Outlook；Prospects
Y：预测*

Zhan wei shu 09426
站位数 AJ02
ZWS
Standing capacity
C：坐位数

Zhan wu guan li 09427
站务管理 AA06
ZWGL
Terminal administration
S：管理*

Zhan xian 09428
展线 AC01
ZX
ZX
Line development
S：路线设计
Z：设计*

Zhan xian 09429
站线 AJ03
ZX
Siding
S：线路*

Zhan you lü 09430
占有率(车辆) AI01
ZYL
Occupancy rate
S：比率*
F：车道占有率

Zhang feng 09431
胀缝 AC04
ZF
Expansion joint
C：路面施工；刚性路面

Zhang ke shi mao
gan 09432
涨壳式锚杆 AE07
ZKSMG
Expansion type anchor bolt
S：机械型锚杆
Z：锚杆*

Zhang la 09433
张拉 DD00
ZL
Tension

Zhang la mao gu 09434
ti xi AD04
张拉锚固体系
ZLMGTX
Tensioned anchorage system

Zhang li 09435
张力 CG03
ZL
Tension
S：力*

Zhang shui 09436
涨水 CI05
ZS

Water rise

Zhao biao 09437
招标* AB03;DD00
ZB
Calling for tenders;Tender
C:招标文件
F:国际竞争性招标;国际招标;国内竞争性招标;土地招标

Zhao biao wen jian 09438
招标文件 AB03
ZBWJ
Bidding documents
C:招标*

Zhao du ji 09439
照度计 DF00
ZDJ
Illuminometers
S:光学仪器
Z:仪器*

Zhao du yu zhi 09440
照度阈值(航标) BD05
指观察者在给定照度的背景下能察觉到点光源存在时,该光源在观察者眼睛处产生的最小照度值。
ZDYZ
Threshold of illuminance
S:阈值
Z:值*

Zhao hu shi gong gong qi che 09441 AJ04
招呼式公共汽车
乘客招手示意停车,就近下车的公共汽车。
ZHSGGQC
Request bus
S:公共汽车
Z:车辆*

Zhao hu zhan 09442
招呼站 AJ03
ZHZ
Request stop
S:沿途站
Z:车站*

Zhao mian 09443
罩面 AC04
ZM
Overlay
S:表层
Z:层*

Zhao ming 09444
照明* AE09;AI07;CI03
ZM
Illumination;Lighting
C:采光
F:高杆照明;水下照明;隧道照明;缓和照明;照明过度

Zhao ming deng ju 09445
照明灯具 AI07
ZMDJ
Lamp and lanterns
C:照明设备

Zhao ming deng zhu 09446
照明灯柱 AI07
ZMDZ
Lighting standard

Zhao ming guo du 09447
照明过渡 AI07
ZMGD
Lighting transition
S:照明*
C:照明过渡段
F:人工照明过渡

Zhao ming guo du duan 09448 AI07
照明过渡段
ZMGDD
Lighting transition section
C:照明过渡
D:照明适应段

Zhao ming she bei 09449
照明设备 AE09;AI07;CI03
ZMSB
Lighting equipment
S:设备*
C:照明灯具

Zhao ming shi ying duan F0992 AI07
照明适应段
ZMSYD
Lighting adaptation section
Y:照明过渡段

Zhao ping zhuang zhi 09450 AG07
找平装置
ZPZZ
Leveling device
S:路面施工机械
Z:机械*

Zhao qi F0993
沼气 CL02
ZQ
Fire damp;Methane
Y:甲烷

Zhao qi li yong 09451
沼气利用 CK04
ZQLY
Methane utilization
S:利用*

Zhao xiang ji 09452
照相机* AH03
ZXJ
Camera
F:钻孔照相机

Zhao ze 09453
沼泽 CD01
ZZ
Bog
S:地形*

Zhao ze wu ran 09454
沼泽污染 CK02
ZZWR
Marsh pollution
S:环境污染*

Zhe die 09455
折叠(列车) AK03
ZD
Jack knifing

Zhe die 09456
折叠 DD00
ZD
Folding

Zhe jiu 09457
折旧＊ AK02
ZJ
Depreciation
F：车辆折旧

Zhe jiu fang fa 09458
折旧方法 BB04
ZJFF
Method of depreciation
S：方法＊

Zhe jiu fei 09459
折旧费 BB04；BG05
ZJF
Cost of depreciation；Depreciation
S：费用＊

Zhe jiu li cheng 09460
折旧里程(公共交通工具) AJ05
ZJLC
Depreciation kilometre
S：车辆运营指标
Z：指标＊

Zhe jiu lü 09461
折旧率 BB04；DC00
ZJL
Depreciation rate；Rate of depreciation
S：比率＊
F：基本折旧率

zhe jiu qi xian 09462
折旧期限 AJ05
ZJQX
Depreciation time limit
S：车辆运营指标
Z：指标＊

Zhe xian lü 09463
折现率 BB04
ZXL
Discount rate
S：比率＊
F：风险补偿折现率；经济折现率；社会折现率

Zhe xue 09464
哲学 DB00
ZX
Philosophy
S：学科＊

Zhen dang jian zhen qi 09465
振荡减振器 CG08
ZDJZQ
Oscillation dampers
S：减振器
Z：装置＊

Zhen dang qi 09466
振荡器 CF04
ZDQ
Oscillator
S：装置＊

Zhen dang ya lu ji 09467
振荡压路机 AG07
ZDYLJ
Oscillatory roller
S：压路机
Z：机械＊

zhen dao qi F0994
振捣器 AG03
ZDQ
Vibrators
Y：混凝土振捣器

Zhen dong 09468
振动＊ AD03；CG08
ZD
Vibration
C：频率＊；振动理论；振幅
F：侧向振动；颤振；非线性振动；高谐振动；共振；固有振动；机械振动；激振；减幅振动；结构振动；脉冲振动；扭转振动；耦合振动；强迫振动；桥梁振动；随机振动；弯曲振动；涡流引起振动；无阻尼振动；线性振动；垂直振动；质点振动；自激振动；纵向振动；阻尼振动

Zhen dong 09469
震动 CG08
ZD
Shock

Zhen dong ce shi ji shu 09470
振动测试技术 CG08
ZDCSJS
Vibration test technique
S：测试技术
Z：技术＊

Zhen dong chen zhuang 09471
振动沉桩 CI01
ZDCZ
Pile vibro-sinking
S：沉桩
D：振动打桩
Z：工程＊

Zhen dong chong ji hang 09472
振动冲击夯 AG07
ZDCJH
Vibratory tamper
S：冲击夯
Z：夯＊

Zhen dong chuan di bi F0995
振动传递比 CG09
ZDCDB
Vibration transmitting ratio
Y：隔振传递率

Zhen dong da zhuang F0996
振动打桩 CI01
ZDDZ
Vibration pile-driving
Y：振动沉桩

Zhen dong di ji 09473
振动地基 CI01
ZDDJ
Vibration foundation
S：地基＊

Zhen dong fan ying 09474
振动反应 CG08
ZDFY
Vibration response
S：反应＊

Zhen dong fen xi 09475

振动分析 CG08
ZDFC
Vibration analysis; Flutter analysis
S: 力学分析
C: 颤振
Z: 分析*

Zhen dong hang F0997
振动夯 AG04
ZDH
Vibrating rammers
Y: 振动夯实机

Zhen dong hang shi ji 09476
振动夯实机 AG04
ZDHSJ
Vibrating rammers
S: 夯*
D: 振动夯

Zhen dong hu pu fen xi 09477
振动互谱分析 AH02
ZDHPFX
Vibration cross-spectrum analysis
S: 互谱分析
F: 受迫振动互谱分析
Z: 分析*

Zhen dong ji ya hun ning tu 09478
振动挤压混凝土 AF07
ZDJYHNT
Vibro-hydropressed concrete; Vibro-extruded concrete
S: 混凝土*

Zhen dong li lun 09479
振动理论 CG08
ZDLL
Theory of vibration
S: 理论*
C: 振动*; 振动谱; 振型

Zhen dong pin lü 09480
振动频率 CG08
ZDPL
Frequency of vibration; Vibration frequency
S: 频率*
C: 高频
F: 固有频率; 自由频率

Zhen dong ping ban hang 09481
AG07
振动平板夯
ZDPBH
Vibratory plate compactor
S: 夯*

Zhen dong po huai 09482
振动破坏 CK02
ZDPH
Vibration damage
S: 破坏*
C: 施工公害

Zhen dong pu 09483
振动谱 CG08
ZDP
Vibration spectra
S: 谱*
C: 振动理论

Zhen dong shai 09484
振动筛 AG07
ZDS
Vibrating screen
S: 筛*

Zhen dong shi yan 09485
振动试验 AD16; CG10; DF00
ZDSY
Vibration test
S: 试验*
C: 共振
F: 抗震试验

Zhen dong xi tong 09486
振动系统 CG08
ZDXT
Vibration systems
S: 系统*
C: 单自由度; 多自由度; 结构振动; 耦合振动; 无阻尼振动; 振动学; 质点振动

Zhen dong xue 09487
振动学 CG08
ZDX
Vibration
S: 学科*
C: 振动系统

Zhen dong ya lu ji 09488
振动压路机 AG07
ZDYLJ
Vibrating compactors; Vibrating rollers
S: 压路机
F: 拖式振动压路机
Z: 机械*

Zhen dong ya shi 09489
振动压实 AC03
ZDYS
Vibrating compaction

Zhen dong ye hua 09490
振动液化 CD01
ZDYH
Vibration liquefaction
S: 液化*

Zhen dong zai he 09491
振动载荷 CG11
ZDZH
Vibratory load
S: 载荷*

Zhen dong zhuang zhi 09492
CG08
振动装置
ZDZZ
Vibration equipment
S: 装置*

Zhen duan 09493
诊断* AK04; DD00
ZD
Diagnosis
F: 病害诊断; 参数诊断; 单元诊断; 动态诊断; 逻辑诊断; 汽车诊断; 汽车综合诊断; 统计诊断; 综合诊断

Zhen duan can shu 09494
诊断参数 AK04
ZDCS
Diagnostic parameters
S: 参数*
C: 汽车诊断

Zhen duan fang fa 09495
诊断方法 AK04

ZDFF
Diagnostic method
S: 方法*
C: 汽车诊断

Zhen duan gong yi 09496
诊断工艺 AK04
ZDGY
Diagnostic technology
S: 工艺*
C: 汽车诊断

Zhen duan gui fan 09497
诊断规范 AK04
ZDGF
Diagnostic norms
S: 规范*
C: 汽车诊断

Zhen duan yi 09498
诊断仪 AK05
ZDY
Analyzer
S: 仪器*
F: 发动机诊断仪

Zhen duan zhou qi 09499
诊断周期 AK04
ZDZQ
Interval between diagnosis
C: 汽车诊断

Zhen duan zhuan jia xi tong 09500
诊断专家系统 AK04
ZDZJXT
Diagnostic expert system
S: 专家系统
C: 汽车诊断
Z: 系统*

Zhen fa xing ke liu 09501
阵发性客流 AA02
ZFXKL
Intermittent passenger traffic
S: 客流*

Zhen fu 09502
振幅 CG08
ZF
Amplitude
C: 振动*

Zhen hai 09503
震害 AC08
ZH
Seismic hazard
S: 灾害*

Zhen hai diao cha 09504
震害调查 CD02
ZHDC
Investigations of seismic disasters
S: 地震调查
Z: 调查*

Zhen jiao ge xiang yi xing 09505
正交各向异性 CG02
ZJGXYX
Orthogonal anisotropy
S: 各向异性
C: 板*
Z: 性质*

Zhen kong chu li 09506
真空处理 DE00
ZKCL
Vacuum treatment
S: 处理*

Zhen kong guan F0998
真空管 CF04
ZKG
Vacuum tube
Y: 电子管

Zhen kong rong qi 09507
真空容器 DE00
ZKRQ
Vacuum containers
S: 容器*

Zhen kong tuo shui gong yi 09508
真空脱水工艺 AC04
ZKTSGY
Vacuum dewatering technique
S: 工艺*

Zhen kong xi fu 09509
真空吸附 DD00
ZKXF
Vacuum adsorption
S: 吸附*

Zhen kong xi pan 09510
真空吸盘 BA08
ZKXP
Vacu-lift; Vacuum cup; Vacuum grip device; Vacuum head ; Vacuum cup holding device ; Vacuum pad
S: 装卸设备
Z: 设备*

Zhen kong zuo ye ji xie 09511
真空作业机械 AG03
ZKZYJX
Vacuum operation machinery
S: 机械*
C: 混凝土机械

Zhen luo 09512
震落 DD00
ZL
Shattering

Zhen qu 09513
震区 CD01
ZQ
Earthquake region
C: 地震

Zhen ru du F0999
针入度 DI00
ZRD
Penetration
Y: 贯入度

Zhen ru du shi yan 09514
针入度试验 AH01
ZRDSY
Penetration test
S: 性能试验
Z: 试验*

Zhen xing 09515
振型 CG08
ZX
Modes of vibration
C: 结构振动;振动理论;质点振动

Zhen xing fen xi 09516
振型分析 AH02
ZXFX
Vibration mode analysis
S：分析*
C：桥梁检验
F：桥梁振型分析

Zhen yuan 09517
震源 CD02
ZY
Earthquake foci;Hypocenters;Seismic source
S：源*

Zheng ce 09518
政策* DB00
ZC
Policy
F：补偿性财政政策；财政政策；产业政策；对外政策；发展政策；国际竞争政策；国家政策；航运政策；环境政策；贸易政策；能源政策；票价政策；社会政策；税收政策；需求管理政策；运价政策；运输政策；政府政策

Zheng ce fen xi 09519
政策分析 BB02
ZCFX
Policy analysis
S：分析*

Zheng ce yin su 09520
政策因素 BB02
ZCYS
Policy factors
S：因素*

Zheng chang jiao tong liang 09521 BJ02
正常交通量
ZCJTL
Normal traffic
S：交通量
Z：量*

Zheng chang mo sun 09522
正常磨损 AK04
ZCMS
Normal wear
S：磨损
C：汽车零件磨损
Z：损失*

Zheng che huo wu yun shu 09523 AA03
整车货物运输
ZCHWYS
Truck-load transport
S：货物运输
Z：运输*

Zheng che yun jia 09524
整车运价 AA08
ZCYJ
Truckload rate
S：运价
Z：价格*

Zheng di F1000
征地 BB05
ZD
Land acquisition;Land requisition
Y：土地购置

Zheng di ji xie 09525
整地机械 AG07
ZDJX
Land clearing machinery
S：筑路机械
C：平地机
Z：机械*

Zheng dian 09526
正点(行车) AJ04
ZD
On schedule
S：运转*
C：误班
D：准点(行车)

Zheng du 09527
蒸镀 DD00
ZD
Vapor plating

Zheng dun 09528
整顿 DD00
ZD
Rectification

Zheng fa 09529
蒸发 DD00
ZF
Evaporation;Vaporization

Zheng fa she bei 09530
蒸发设备 DF00
ZFSB
Evaporation equipment
S：设备*

Zheng fu 09531
政府 BB01
ZF
Government

Zheng fu bu tie 09532
政府补贴 BB01
ZFBT
Government subsidy
S：补贴*

Zheng fu cai gou 09533
政府采购 BB01
ZFCG
Government procurement
S：采购*

Zheng fu chan ye he zuo 09534
政府产业合作 BB01
ZFCYHZ
Government industry cooperation
S：合作*

Zheng fu chou zi F1001
政府筹资 BB01
ZFCZ
Government financing
Y：政府融资

Zheng fu gan yu 09535
政府干预 BB01
ZFGY
Government Intervention
S：干预*

Zheng fu guan zhi 09536
政府管制 BB01
ZFGZ
Government control; Government regulation

S：管制*
D：政府规制

Zheng fu gui zhi F1002
政府规制 BB01
ZFGZ
Government control; Government regulation
Y：政府管制

Zheng fu ji gou 09537
政府机构 BB01；DB00
ZFJG
Government apparatus; Government organization; Government agencies
S：机构(组织)*

Zheng fu jian hai yun xie shang zu zhi 09538 BA09
政府间海运协商组织
ZFJHYXSZZ
Intergovernmental Maritime Consultative (IMC)
S：机构(组织)*

Zheng fu rong zi 09539
政府融资 BB01
ZFRZ
Government financing
C：政府投资
D：政府筹资

Zheng fu shen ji 09540
政府审计 BB01
ZFSJ
Government audit
S：审计*

Zheng fu shui shou 09541
政府税收 BB01
ZFSS
Government tax revenue
S：税收*

Zheng fu tong ji 09542
政府统计 BJ01
ZFTJ
Government statistics
S：统计*

Zheng fu tou zi 09543
政府投资 BB01
ZFTZ
Government investment
S：投资*
C：政府融资
D：政府资金投入

Zheng fu zhai quan 09544
政府债券 BB01
ZFZQ
Government bond
D：公债

Zheng fu zheng ce 09545
政府政策 BB01
ZFZC
Government policy
S：政策*

Zheng fu zi jin tou ru F1003 BB01
政府资金投入
ZFZJTR
Government funding
Y：政府投资

Zheng gui hang xian 09546
正规航线 BF06
ZGHX
Regular service
S：航线*

zheng he F1004
整合 BA06
ZH
Integration
Y：一体化*

Zheng jiao 09547
正交 DC00
ZJ
Orthogonality

Zheng jiao cha 09548
正交叉 AC05
ZJC
Right-angled intersection
S：平面交叉
Z：公路交叉*

Zheng jiao she ji 09549
正交设计 DC00
ZJSJ
Orthogonal design
S：设计*

Zheng jiao yi xing ban 09550 AD07
正交异性板(桥)
ZJYXB
Orthotropic slab
S：桥面板
Z：板*

Zheng liu 09551
蒸馏 CC01；DD00
ZL
Distillation

Zheng liu dian lu 09552
整流电路 CF04
ZLDL
Rectifying circuit
S：电路*

Zheng liu qi 09553
整流器 CF01
ZLQ
Rectifier

Zheng liu she bei 09554
蒸馏设备 DF00
ZLSB
Distillation equipment
S：设备*

Zheng liu shi yan 09555
蒸馏试验 AH01
ZLSY
Distillation test
S：试验*

Zheng ming 09556
证明 DD00
ZM
Demonstration; Proving
C：合格证

Zheng pi huo wu 09557
整批货物 BI01
ZPHW
Cargo in large amount

S：货物*

Zheng pi huo wu yun jia 09558 BG06
整批货物运价
ZPHWYJ
Whole lot cargo freight rate
S：运价
Z：价格*

Zheng ping ceng 09559
整平层 AC04
ZPC
Leveling course

Zheng qi bao zha 09560
蒸汽爆炸 CL01
ZQBZ
Steam explosions
S：爆炸*

Zheng qi guo lu 09561
蒸气锅炉 CL01
ZQGL
Gas boilers
S：锅炉
Z：炉*

Zheng qi tou ping 09562
蒸汽透平 CL01
ZQTP
Steam turbines
S：透平*

Zheng qi yang sheng 09563
蒸汽养生 AC04
ZQYS
Steam curing
S：养生*

Zheng shi ju 09564
正视距 BF02
ZSJ
Positive range
S：视距
Z：距离*

Zheng shu 09565
证书* BE07
ZS
Certificate
F：船舶国籍证书；船舶检验证书；国际船舶载重线证书；国际吨位证书；国际防止散装运输有毒液体物质污染证书；国际防止生活污水污染证书；国际防止油污染证书；国际散装运输危险化学品适装证书；国际散装运输液化气体适装证书；航海健康申报书；货船安全证书；客船安全证书；入级证书；预防接种证书

Zheng shui gu zhi 09566
征税估值 BA01
ZSGZ
Tax assessment

Zheng shui shang pin 09567 BA01
征税商品
ZSSP
Tax articles
S：商品*

Zheng tai fen bu 09568
正态分布 CA00
ZTFB
Normal density functions; Normal distribution
S：概率分布
C：概率论
Z：分布*

Zheng ti qian yi 09569
整体迁移 DD00
ZTQY
Integral moving; Integral transference
S：迁移*

Zheng ti shi chen qi 09570 AE07
整体式衬砌
ZTSCQ
Integral tunnel lining
S：衬砌*

Zheng xian 09571
正线 AJ03
ZX
Main line
S：线路*

Zheng xiang huo 09572
整箱货 BA05
ZXH
Full container load (FCL)
S：货物*

Zheng xiang ying qu 09573 AH02
正响应区
ZXYQ
Positive response zone
S：响应区
D：负响应区
Z：区域*

Zheng ying li 09574
正应力 CG03
ZYL
Normal force; Normal stress
S：应力*
D：法向应力

Zheng zhi 09575
整治 AE12; DD00
ZZ
Realignment; Regulation

Zhi 09576
值* DI00
Z
Value
F：标准值；残值；等效值；峰值；回弹值；经济值；净现值；临界值；pH值；石料磨光值；弯沉值(路面)；阈值；增加值；最佳值；最小值

Zhi ai wu zhi 09577
致癌物质 CE02
ZAWZ
Cancerogenic matter
S：物质*

Zhi ban 09578
值班 BF04
ZB
Watchkeeping
C：航海日志

Zhi bei 09579
植被 CE02;CK05
ZB
Plant cover;Vegetation
C:自然保护

Zhi bei 09580
制备* DD00;DF00
ZB
Preparation
F:试样制备

Zhi biao 09581
指标* AB03;AK04;DI00
ZB
Index;Target
F:安全指标;产量指标;车辆运用与维修指标;贷款指标;发展指标;化学指标;技术经济指标;评价指标;汽车维修指标;社会指标;统计指标;营运指标;运输指标;运营指标;质量指标;综合指标

Zhi biao ti xi 09582
指标体系 BJ01
ZBTX
Index system
S:体系*

Zhi cao 09583
植草 AC07
ZC
Grass planting
C:公路养护
D:铺草皮

Zhi chu fa 09584
支出法 BB03
ZCF
Expenditure approach
S:分析研究方法
Z:方法*

Zhi da gong ying 09585
直达供应 BA02
ZDGY
Direct supply

Zhi da hang xian 09586
直达航线 BF06
ZDHX
Direct service
S:航线*

Zhi da huo wu yun shu 09587 AA03
直达货物运输
ZDHWYS
Through goods traffic
S:货物运输
Z:运输*

Zhi da ke yun 09588
直达客运 AA02
ZDKY
Through bus transport
S:客运形式
Z:运输方式*

Zhi da ti dan F1005
直达提单 BA02
ZDTD
Direct bills of lading
Y:联运提单

Zhi da yun jia 09589
直达运价 BG06
ZDYJ
Freight rate of direct carriage
S:运价
Z:价格*

Zhi da yun shu 09590
直达运输 AA01;BA02;BA06
ZDYS
Direct transportation; Through transport; Through transportation
S:运输形式
Z:运输方式*

Zhi dian 09591
质点 CB00
ZD
Mass point;Particles
C:动力学;运动学

Zhi dian zhen dong 09592
质点振动 CG08
ZDZD
Particle vibration
S:振动*
C:多自由度;结构振动;振动系统;振型

Zhi ding 09593
制定 DD00
ZD
Determination;Laying down

Zhi ding biao zhun F1006
制定标准 BB02
ZDBZ
Benchmarking
Y:建立标准

Zhi dong 09594
制动 AJ01
ZD
Braking

Zhi dong 09595
制动(汽车驾驶) AK03
ZD
Braking
S:汽车驾驶
Z:驾驶*

Zhi dong fan ying shi jian 09596 AI05
制动反应时间(司机)
ZDFYSJ
Brake reaction time
S:反应时间(司机)
Z:时间*

Zhi dong gu che chuang 09597 AK05
制动鼓车床
ZDGCC
Brake drum lathe
S:汽车维修工艺设备
Z:设备*

Zhi dong jian su du 09598
制动减速度 AJ01
ZDJSD
Deceleration
S:减速度
Z:速度*

Zhi dong ju li 09599

制动距离 AI05;AJ01
ZDJL
Brake distance;Braking distance
S:距离*

Zhi dong li 09600
制动力 CG03
ZDL
Braking force
S:力*

Zhi dong lian jie xi F1007
制动联结系 AD06
ZDLJX
Brake bracing
Y:纵向竖联结系

Zhi dong shi yan tai 09601
制动试验台 AK05
ZDSYT
Brake tester
S:试验台
F:反力式制动试验台;惯性式制动试验台
Z:装置*

Zhi dong ti mo chuang 09602 AK05
制动蹄磨床
ZDTMC
Brake shoe grinder
S:汽车维修工艺设备
Z:设备*

Zhi dong xing neng shi yan 09603 AG11
制动性能试验
ZDXNSY
Braking ability test
S:性能试验
Z:试验*

Zhi du 09604
制度* DA00
ZD
Institutions;Systems
C:体制*
F:财务制度;承包制;汽车维修制度;税制;养护制度;租赁制

Zhi du fen xi 09605
制度分析 BB03
ZDFX
Institutional analysis (IA)
S:分析*

Zhi du gai ge F1008
制度改革 BB01
ZDGG
Institutional reform
Y:体制改革

Zhi guan 09606
直管 DG00
ZG
Straight pipes
S:管*

Zhi he gong cheng 09607 BD01;CI05
治河工程
ZHGC
River engineering
S:工程*
C:护岸;疏浚*
F:堤堰工程;河道工程;护岸工程

Zhi hou 09608
滞后* CG05
ZH
Hysteresis
F:弹性滞后

Zhi hou xiang ying qu 09609 AH02
滞后响应区
ZHXYQ
Hysteresis response zone
S:响应区
Z:区域*

Zhi hou zu ni 09610
滞后阻尼 CG08
ZHZN
Hysteresis damping
S:阻尼*

Zhi hu 09611
支护* AE07
ZH
Support
F:超前支护;管棚支护;掘进工作面支护;锚喷支护;喷射混凝土支护

Zhi jian shi yan 09612
直剪试验 CG06
ZJSY
Direct shear tests
S:剪切试验
Z:试验*

Zhi jian yi 09613
直剪仪 AH03
ZJY
Direct shear apparatus
S:剪切仪
Z:仪器*

Zhi jie huan zhuang 09614
直接换装 BA06
ZJHZ
Cross docking
D:越库

Zhi jie jian qie shi yan 09615 AH01
直接剪切试验
ZJJQSY
Direct shear test
S:剪切试验
Z:试验*

Zhi jie shi ye 09616
直接视野 AI05
ZJSY
Direct field of vision
S:视野*
C:间接视野

Zhi jie shui 09617
直接税 BA01
ZJS
Direct tax
S:税*
C:间接税

Zhi jie tou zi 09618
直接投资 BB04
ZJTZ
Direct investment
S:投资*
C:间接投资

Zhi jie xiao yi 09619
直接效益 AB03
ZJXY
Direct benefit
S：效益*

Zhi leng kong zhi 09620
制冷控制 DD00
ZLKZ
Refrigeration control
S：控制*

Zhi li 09621
治理 DD00
ZL
Administrating；Improvement

Zhi li shi ma tou 09622
直立式码头 BC01
ZLSMT
Vertical quays
S：码头*
F：重力式码头；桩基码头

Zhi liang 09623
质量* AA06；DC00
ZL
Quality
C：质量评价；质量控制
F：材料质量；服务质量；环境质量；货运质量；客运质量；空气质量；生活质量；运输质量

Zhi liang 09624
质量(物理) CB00
ZL
Mass
S：量*
C：重量

Zhi liang bao zheng 09625
质量保证 DC00
ZLBZ
Quality assurance
S：保证*

Zhi liang biao zhun 09626
质量标准 AA06
ZLBZ
Quality standard
S：标准*
F：装卸质量标准

Zhi liang fen xi 09627
质量分析 CC03
ZLFX
Quality analysis
S：分析*
C：隔膜法

Zhi liang guan li 09628
质量管理 AA06；AD12；BG02
ZLGL
Quality management
S：管理*
F：环保质量管理

Zhi liang ji li 09629
质量激励 DC00
ZLJL
Quality incentives

Zhi liang jian yan 09630
质量检验 DF00
ZLJY
Quality determination；Quality examination
S：检验*

Zhi liang kong zhi 09631
质量控制 AA06；DC00
ZLKZ
Quality control
S：控制*
C：质量*

Zhi liang kong zhi shi yan 09632
DF00
质量控制试验
ZLKZSY
Quality control testing
S：试验*

Zhi liang ping jia 09633
质量评价 DC00
ZLPJ
Quality assessment
S：评价*
C：质量*

Zhi liang shi gu 09634
质量事故 AA06
ZLSG
Accident due to quality of service
S：事故*

Zhi liang zhi biao 09635
质量指标 AA06
ZLZB
Quality index
S：指标*

Zhi liang zhi shu 09636
质量指数 BJ01
ZLZS
Quality index
S：综合指数
Z：指数*

Zhi liu 09637
支流 BD01
ZL
Branch stream
S：流动*
C：分汊
D：河汊；汊道

Zhi liu dian yuan 09638
直流电源 CF01
ZLDY
D.C. power source
S：电源
Z：源*

Zhi liu fa dian ji 09639
直流发电机 CF01
ZLFDJ
D.C. generator
S：发电机
Z：电机*

Zhi liu qian yin bian dian zhan 09640
AJ03
直流牵引变电站
ZLQYBDZ
D.C. traction substation
S：变电站*

Zhi lu biao zhi 09641
指路标志 AI07
ZLBZ
Directional sign；Guide sign

S：标志*

Zhi ming gu zhang 09642
致命故障 AK04
ZMGZ
Critical failure
S：汽车故障
Z：故障*

Zhi na jin 09643
滞纳金 BA02
ZNJ
Fine for delayed payment
C：国际货运代理

Zhi nan 09644
指南 DF00
ZN
Guide
S：工具书
Z：资料*

Zhi neng che lu xi tong 09645 AI03
智能车路系统
ZNCLXT
Intelligent vehicle highway system (IVHS)
S：系统*
F：先进的城市[公共]运输系统；先进的长途运输系统；先进的驾驶员信息系统；先进的交通管理系统；先进的汽车控制系统

Zhi neng zhong duan 09646
智能终端 CF03
ZNZD
Intelligent terminal
C：终端设备

Zhi qi fei 09647
滞期费 BA02
ZQF
Demurrage
C：国际货运代理

Zhi shang ding xian 09648
纸上定线 AC02
ZSDX
Paper location
S：定线
Z：设计*

Zhi shi chan quan 09649
知识产权 DF00
ZSCQ
Intellectual property right; Intellecture property
S：产权
Z：权利*

Zhi shu 09650
指数* AI02；DI00
ZS
Exponents; Index; Index numbers
F：波罗的海货运指数；贯入度指数；环境质量指数；环境指数；价格指数；净现值指数；平均年盈利指数；塑性指数；通行能力指数；污染指数；液性指数；总指数

Zhi shui ji 09651
止水剂 AF03
ZSJ
Water-stop agent
S：剂*

Zhi si zhong liang 09652
致死中量 BI01
毒害品可使生物50%致死的中毒最低数量
ZSZL
50 % lethal dose
S：量*

Zhi tan xing 09653
滞弹性 CG05
ZTX
Anelasticity; Elastic hysteresis; Hysteretic elasticity
S：弹性
Z：性质*

Zhi tu 09654
制图 DF00
ZT
Cartography; Drafting (drawing); Drawing

Zhi wu 09655
植物 CE03
ZW
Plants
S：生物*
C：水生生物；树木
F：草本植物；木本植物；水生植物

Zhi wu bing hai 09656
植物病害 CK02
ZWBH
Plant diseases
S：病害*
C：二次污染

Zhi wu sheng zhang 09657
植物生长 CE03
ZWSZ
Vegetation

Zhi wu xue 09658
植物学 CE03
ZWX
Botany
S：生物学
Z：学科*

Zhi wu yuan 09659
植物园 CK07
ZWY
Botanical gardens

Zhi xian 09660
直线 AC02
ZX
Straight line
S：平面线形
Z：路线线形*

Zhi xian 09661
支线 AJ03；DB00
ZX
Branch; Branch line
S：线路*
C：干线

Zhi xian gong lu 09662
支线公路 AB02
ZXGL
Feeder highway
S：公路
Z：道路*

Zhi xian yun shu 09663
支线运输 AA01
ZXYS
Branch road transportation
S：运输形式
Z：运输方式*

Zhi xing diao du 09664
执行调度 AA10
ZXDD
Operation dispatching
C：货运调度

Zhi zao 09665
制造* AD12；DD00
ZZ
Manufacturing；Producing
F：计算机辅助制造；桥梁制造

Zhi zao gong yi 09666
制造工艺 AD12
ZZGY
Manufacturing technology
S：工艺*

Zhi zao ye 09667
制造业 DA00
ZZY
Manufacturing industry
S：行业*

Zhi zhan 09668
滞站 AJ04
ZZ
Delay at stop

Zhi zhan shi jian 09669
滞站时间 AJ04
ZZSJ
Delay time at stop
S：时间*

Zhi zuo 09670
支座* AD08
ZZ
Support
F：桥梁支座

Zhong 09671
舯 BE05
Z
Midship
S：船体*

Zhong biao 09672
中标 AB03
ZB
Award of contract

Zhong cai 09673
仲裁* AB03；BA04
ZC
Arbitration
F：海事仲裁

Zhong che dun (ke) wei 09674 AA07
重车吨(客)位
ZCD(K)W
Rated tonnage (seat) of loaded vehicle

Zhong che xing cheng 09675 AA07
重车行程(重车公里)
ZCXC
Loaded kilometrage (loaded vehicle kilometer)
S：里程*

Zhong che zai zhong (ke) liang li yong lü 09676 AA07
重车载重(客)量利用率(吨客位利用率)
ZCZZ (K) LLYL
Utilization factor of payload of loaded vehicle (rate of tonnage or seats)
S：利用率
Z：比率*

Zhong cheng shi qiao 09677 AD01
中承式桥
ZCSQ
Midheight-deck bridge
S：桥*

Zhong dian zhan 09678
终点站 AJ03
ZDZ
Terminal
S：车站*
D：末站

Zhong dian zhan ting che shi jian 09679 AJ04
终点站停车时间
ZDZTCSJ
Layover time
S：时间*

Zhong duan she bei 09680
终端设备 CF03
ZDSB
Terminal equipment
S：外部设备
C：远程终端；智能终端
Z：设备*

Zhong duan xing jiao tong liu 09681 AI01
中断性交通流
ZDXJTL
Interrupted traffic flow
S：交通流量
C：连续性交通流
Z：量*

Zhong guo chuan ji she 09682 BA09
中国船级社
ZGCJS
China Classification Society (CCS)
S：船级社
Z：机构(组织)*

Zhong he 09683
中和 CC02
ZH
Neutralization
S：化学反应
Z：反应*

Zhong he fa 09684
中和法 DE00
ZHF
Neutralization
S：检验方法
Z：方法*

Zhong ji lu mian 09685
中级路面 AC04
ZJLM
Intermediate class pavement

S：路面*

Zhong jian dai pai shui 09686 AC06
中间带排水
ZJDPS
Median drainage
S：排水*

Zhong jian shi yan 09687
中间试验 DF00
ZJSY
Intermediate tests
S：试验*

Zhong jin shu 09688
重金属 CC01
ZJS
Heavy metals
S：金属*
C：金属材料

Zhong jin shu wu ran 09689 CK02
重金属污染
ZJSWR
Heavy metal pollution
S：环境污染*
C：铬；铅

Zhong lei F1009
种类 DB00
ZL
Classes；Forms
Y：分类*

Zhong li 09690
重力 CG03
ZL
Gravity
S：力*

Zhong li ba 09691
重力坝 BC03；CI05
ZLB
Gravity dams
S：坝
C：重力式码头
Z：建筑物*

Zhong li shi dang tu 09692
qiang AC03
重力式挡土墙
ZLSDTQ
Gravity retaining wall
S：挡土墙
Z：墙*

Zhong li shi jiao F1010
ban ji AG03
重力式搅拌机
ZLSJBJ
Gravity mixers
Y：自落式搅拌机

Zhong li shi jie gou 09693
重力式结构 AD04
ZLSJG
Gravity type structure
S：工程结构*

Zhong li shi ma tou 09694
重力式码头 BC01
ZLSMT
Gravity type quays
S：直立式码头
C：重力坝
Z：码头*

Zhong li shi qiao 09695
tai AD09
重力式桥台
ZLSQT
Gravity type abutment
S：桥台*

Zhong li zai he 09696
重力载荷 CG11
ZLZH
Gravitational load
S：载荷*

Zhong liang 09697
重量 CB00
ZL
Weight
S：量*
C：质量(物理)

Zhong liang dun 09698
重量吨 BJ05
ZLD
Weight ton
S：船舶统计指标
Z：指标*

Zhong pin fa she ji 09699
中频发射机 BF05
ZPFSJ
MF Transmitter
S：通信设备
Z：设备*

Zhong pou mian xi 09700
shu BE06
舯剖面系数
ZPMXS
Midship section coefficient
S：船型系数
Z：系数*

Zhong qi 09701
中期 DJ00
ZQ
Middle stages；Middle periods
S：时期*

Zhong qiao 09702
中桥 AD01
ZQ
Medium bridge
S：桥*

Zhong qiu qu 09703
重丘区 AC01
ZQQ
Hilly terrain
S：地形*

Zhong sha 09704
中砂 AF06
ZS
Medium sand
S：砂*

Zhong shui wei qiao 09705
中水位桥 AD01
ZSWQ
Medium water level bridge
S：桥*

Zhong su chai you 09706
ji BE08

中速柴油机
ZSCYJ
Medium speed diesels
S：柴油机
Z：机械*

Zhong tu diao du zhan 09707
中途调度站 AJ03
ZTDDZ
Intermediate control office

Zhong tu zhan F1011
中途站 AJ03
ZTZ
Stop；Station
Y：沿途站

Zhong xian 09708
中线 AC01
ZX
Center line
C：测量*

Zhong xian ce liang 09709
中线测量 AC01
ZXCL
Center line survey
S：测量*

Zhong xiang yun jia 09710
重箱运价 AA08
ZXYJ
Rate of loaded container
S：运价
Z：价格*

Zhong xin 09711
重心 CB00
ZX
Center of gravity

Zhong xin 09712
中心* DB00
ZX
Centers
F：控制中心；配送中心；物流中心；信息中心

Zhong xin dao 09713
中心岛 AC05
ZXD
Center island

Zhong xin dao biao xian 09714
中心岛标线 AI07
ZXDBX
Center island marking
S：线*

Zhong xin xian 09715
中心线 DH00
ZXX
Center lines
S：线*

Zhong xing bao zhuang 09716
中性包装 BA06
ZXBZ
Neutral packing
S：包装*

Zhong xing ji shi shi yan 09717
重型击实试验 AH01
ZXJSSY
Modified compaction test；Modified proctor test
S：击实试验
D：修正击实试验
Z：试验*

Zhong xing ping ban gua che 09718
重型平板挂车 AK01
ZXPBGC
Heavy haul trailer
S：平板挂车
Z：车辆*

Zhong xiu 09719
中修 DD00
ZX
Intermediate repair
S：维修*
F：线路中修

Zhong yang chu li ji 09720
中央处理机 CF03
ZYCLJ
Central processing unit

Zhong you 09721
中游 BD01
ZY
Middle reach
S：河段*

Zhong you 09722
重油 CL03
ZY
Heavy oil
S：油*
C：燃料*

Zhong zhi 09723
种植* CK07
ZZ
Cultivation；Planting
F：花卉种植

Zhong zhi she ji 09724
种植设计 CK07
ZZSJ
Planting design
S：设计*
C：花卉种植；花台；花坛

Zhong zhuan yun shu 09725
中转运输 BA02；BA06
ZZYS
Transfer transport；Transfer transportation
S：运输形式
Z：运输方式*

Zhong zi 09726
种子 CE03
ZZ
Seeds
C：园艺

Zhong zu 09727
种族 DA00
ZZ
Ethnicity；Race
C：民族

Zhou jing zhou cheng 09728
轴颈轴承 BE08
ZJZC

Journal bearings

Zhou liu 09729
轴流 CG07
ZL
Axial flow
S：流态*

Zhou qi 09730
周期* DA00
ZQ
Cycle；Period
F：横摇周期；建设周期；库存周期；信号周期；运行周期；纵摇周期

Zhou qi bian hua 09731
周期变化 DC00
ZQBH
Periodic variations
S：变化*

Zhou qi xing 09732
周期性 DC00
ZQX
Periodicity
S：性质*

Zhou qi xing shan guang 09733
AI07
周期性闪光
ZQXSG
Cyclic flashing

Zhou qi xing zai he 09734
周期性载荷 CG11
ZQZH
Cyclic load
S：载荷*

Zhou qiao 09735
舟桥 AD01
ZQ
Pontoon bridge；Bateau bridge
S：桥*

Zhou xiang li 09736
轴向力 CG03
ZXL
Axial force
S：力*

Zhou xiang ying li 09737
轴向应力 CG03
ZXYL
Axial stresses
S：应力*
F：拉应力；压应力

Zhou ye xian lu 09738
昼夜线路 AJ03
ZYXL
Day and night line
S：线路*
C：公共交通线路

Zhou zhong 09739
轴重 AJ02
ZZ
Axle load
S：载荷*

Zhou zhong jian ce qi 09740
AI03
轴重检测器
ZZJCQ
Axle weight detector
S：检测器
F：动态轴重检测器；静态轴重检测器
Z：仪器*

Zhou zhong yi 09741
轴重仪 AK05
ZZY
Axle load meter
S：仪器*

Zhou zhuan liang 09742
周转量 AA01
ZZL
Ton-kilometrage volume
D：换算周转量
Z：量*

Zhou zhuan shui 09743
周转税 BA01
ZZS
Tax on turnover
S：税*
C：流通税

Zhu 09744
柱 CI04
Z
Cylinder；Column

Zhu ba 09745
筑坝 BC06
ZB
Dam construction

Zhu ba ji shu 09746
筑坝技术 BC02
ZBJS
Dam construction technique
S：技术*
D：坝工技术

Zhu ban shi dang tu qiang 09747
AC03
柱板式挡土墙
ZBSDTQ
Column-plate retaining wall
S：挡土墙
Z：墙*

Zhu bo 09748
驻波 BD02
ZB
Standing waves
S：波*

Zhu cai 09749
竹材 AF03
ZC
Bamboo
S：材料*

Zhu che huan cheng 09750
驻车换乘 AJ04
将自用车辆存放后改乘公共交通工具到达目的地的行为
ZCHC
Park-and-ride
S：换乘*

Zhu chi du F1012
主尺度 BE06
ZCD
Principal dimensions

Y：船舶主尺度*

Zhu chi du fen xi 09751
主尺度分析 BE06
ZCDFX
Analysis of ship dimension
S：分析*

Zhu ci bi jin fa F1013
逐次逼近法 CA00
ZCBJF
Successive approximation
Y：逼近法

Zhu cun F1014
贮存 DD00
ZC
Storage
Y：储存*

Zhu di F1015
珠滴 CG07
ZD
Droplets; Drops
Y：液滴

Zhu di kuai ti 09752
筑堤块体 BC02
ZDKT
Levee blocks
C：防波堤；护坡

Zhu dong an quan xing F1016 AK04
主动安全性
ZDAQX
Active safety
Y：汽车安全性

Zhu dong tu ya li 09753
主动土压力 CG06
ZDTYL
Active earth pressure
S：土压力
Z：力*

Zhu fa dian ji zu 09754
主发电机组 BE08
ZFDJZ
Main generating set
S：船舶电力系统
Z：系统*

Zhu gu jie 09755
主固结 CG06
ZGJ
Primary consolidation
S：固结*

Zhu hang biao zhi F1017
助航标志 BD05
ZHBZ
Aids to navigation
Y：航标*

Zhu Hang Dao 09756
主航道 BD01
ZHD
Main fairways
S：航道*
C：航道等级

Zhu hang she shi 09757
助航设施 BD05；BJ04
ZHSS
Navigation aids; Aids to navigation; Navaids
S：设施*
F：视听助航设备

Zhu ji 09758
主机 BE08
ZJ
Main engine
S：船舶动力装置
Z：装置*

Zhu jiang 09759
注浆* AE12
ZJ
Grouting
C：压浆
F：化学注浆

Zhu jiang ji 09760
注浆机 AE05
ZJJ
Grouting machine

Zhu lu 09761
筑路 AB01；CI03
ZL
Road building

Zhu lu ji xie 09762
筑路机械 AG07
ZLJX
Road construction machines; Road building machines
S：机械*
F：路面铺筑机；撒布机；摊铺机；整地机械
D：道路施工机械

Zhu lu ji xie da xiu 09763
筑路机械大修 AG10
ZLJXDX
Major-repair of road machine
S：机械修理
Z：维修*

Zhu lu ji xie xiao xiu 09764 AG10
筑路机械小修
ZLJXXX
Current repair of road machine
S：机械修理
Z：维修*

Zhu lu ji xie zhong xiu 09765 AG10
筑路机械中修
ZLJXZX
Medium repair of road machine
S：机械修理
Z：维修*

Zhu pei dian ban 09766
主配电板 BE08
ZPDB
Main switchboard
S：船舶电气设备
Z：设备*

Zhu shi ju sheng ji 09767
柱式举升机 AK05
ZSJSJ
Post lift
S：汽车举升机
Z：设备*

Zhu shi lun kuo biao 09768
柱式轮廓标 AI07

ZSLKB
Post delineator
S：标识*

Zhu shi qiao dun 09769
柱式桥墩 AD09
ZSQD
Columnar pier
S：桥墩*

Zhu shui 09770
注水 DE00
ZS
Water injection

Zhu shui shi yan 09771
注水试验 DF00
ZSSY
Water injection tests
S：水工试验
Z：试验*

Zhu ti ci biao F1018
主题词表 DF00
ZTCB
Thesaurus
Y：叙词表

Zhu tie 09772
铸铁 AF02
ZT
Cast iron
S：铁*
F：合金铸铁；球墨铸铁

zhu xin biao F1019
主信标 BD05
ZXB
Leading beacons
Y：导航信标

Zhu yao wei xian xing 09773 BI01
主要危险性
指危险货物同时具有多种危险性时，其中对人身及周围环境危害最大的一种危险性。
ZYWXX
Main dangers
S：危险性
Z：性质*

Zhu ying li 09774
主应力 CG03
ZYL
Principal stresses
S：应力*
C：应力分析

Zhu zhan diao cha 09775
驻站调查 AJ04
ZZDC
Survey at stop；Survey at station
S：调查*

Zhu zhou cheng tang chuang 09776 AK05
主轴承镗床
ZZCTC
Main bearing boring machine
S：汽车维修工艺设备
Z：设备*

Zhu zhuang 09777
柱桩 AD11
ZZ
Column pile
S：桩*

Zhua dou 09778
抓斗 BA08
ZD
Grab
S：装卸工具
Z：工具*

Zhua dou wa ni chuan 09779 BE03
抓斗挖泥船
ZDWNC
Clamshell dredger
S：挖泥船
Z：船舶*

Zhuan dong liu ti 09780
转动流体 CG07
ZDLT
Rotational fluid
S：流体*

Zhuan huan 09781
转换* DD00
ZH
Conversion；Transfer
F：燃料转换

Zhuan huan qi 09782
转换器* CF03
ZHQ
Converter
C：数模转换
F：模数转换器

Zhuan huan xi shu 09783
转换系数 BB04
ZHXS
Conversion factors
S：系数*

Zhuan huan zhi fen xi F1020 BG05
转换值分析
ZHZFX
Switching value analysis
Y：临界值分析

Zhuan jia xi tong 09784
专家系统 BF02；CF02
ZJXT
Expert System
S：系统*
C：人工智能
F：船舶引航专家系统；航海专家系统；诊断专家系统

Zhuan kou shui 09785
转口税 BA01
ZKS
Entrepot duty
S：税*

Zhuan li 09786
专利* DF00
ZL
Patent
F：发明专利；实用新型；外观设计

Zhuan shi jie gou 09787
砖石结构 AD04
ZSJG
Masonry structure

S：工程结构*

Zhuan shu jing ji qu 09788
专属经济区 BF01；DJ00
ZSJJQ
Exclusive economic zone
S：区域*

Zhuan shu yu qu 09789
专属渔区 BA01
ZSYQ
Exclusive fishery zone
S：区域*

Zhuan su F1021
转速 DI00
ZS
Rotational velocity
Y：旋转速度

Zhuan ti di tu 09790
专题地图 DJ00
ZTDT
Thematic maps
S：地图*
F：经济地图
D：专业地图

Zhuan ti fa jia qiao 09791
转体法架桥 AD14
ZTFJQ
Rotary erection of bride
S：桥梁架设*

Zhuan ti fen xi 09792
专题分析 BJ01
ZTFX
Thematic analysis
S：分析*

Zhuan xian yue piao F1022
专线月票 AJ04
ZXYP
One-line monthly ticket
Y：月票

Zhuan xiang 09793
转向(汽车驾驶) AK03
ZX
Turning
S：汽车驾驶
Z：驾驶*

Zhuan xiang jia zhong xin ju 09794 AJ02
转向架中心距
ZXJZXJ
Distance between bogie centers

Zhuan xiang jia zhou ju 09795 AJ02
转向架轴距
ZXJZJ
Bogie wheelbase

Zhuan xiang xing neng shi yan 09796 AG11
转向性能试验
ZXXNSY
Turning test
S：性能试验
Z：试验*

Zhuan ye di tu F1023
专业地图 DJ00
ZYDT
Special maps
Y：专题地图

Zhuan ye hua 09797
专业化 DB00
ZYH
Professionalizing

Zhuan yi jiao tong liang 09798 AI02；BJ02
转移交通量
ZYJTL
Diverted traffic；Diverted traffic volume
S：交通量
Z：量*

Zhuan ying xian lu 09799
专营线路 AA01
ZYXL
Exclusive route
S：运输线路
Z：线路*

Zhuan ying yun shu 09800
专营运输 AA01
ZYYS
Exclusive transportation service
S：运输形式
Z：运输方式*

Zhuan yong cang ku 09801
专用仓库 AA04
ZYCK
Special warehouse
S：仓库*

Zhuan yong chuan bo 09802
专用船舶 BE01
ZYCB
Special ship
S：货轮
F：冷藏船；木材运输船；汽车运输船
Z：船舶*

Zhuan yong dian zi ji suan ji 09803 CF03
专用电子计算机
ZYDZJSJ
Special-purpose computer
S：电子计算机*

Zhuan yong gong lu 09804
专用公路 AB02
ZYGL
Accomodation highway
S：公路
Z：道路*

Zhuan yong ji cheng dian lu 09805 CF04
专用集成电路
ZYJCDL
Private integrated circuit
S：集成电路
Z：电路*

Zhuan yong ji suan ji 09806
专用计算机 BD05
ZYJSJ
Special-purpose computers
S：电子数字计算机
F：船用计算机
Z：电子计算机*

Zhuan yong ji zhuang xiang yun jia 09807 AA08

专用集装箱运价
ZYJZXYJ
Rate of special container
S：集装箱运价
Z：价格*

Zhuan yong lü di 09808
专用绿地 CK07
ZYLD
Special green belt
S：绿地*

Zhuan yong qi che 09809
专用汽车 AK01
ZYQC
Special purpose vehicle
S：汽车
Z：车辆*

Zhuan you ji shu 09810
专有技术 DF00
ZYJS
Know-how
D：关键技术

Zhuang 09811
桩* AC03；BC03；CI00
Z
Piles
C：地基处理*；桩基码头；打桩
F：板桩；变截面桩；打入桩；钢板桩；钢管桩；管柱桩；灰土桩；混凝土桩；挤密桩；摩擦桩；砂桩；石灰桩；柱桩

Zhuang cha yun shu ji xie 09812 AE05
装碴运输机械
ZCYSJX
Loading-conveying ballast equipment
S：运输机械；隧道施工机械
Z：机械*

Zhuang chai shi gang qiao 09813 AD01
装拆式钢桥
ZCSGQ
Fabricated and detachable steel bridge
S：钢桥
Z：桥*

Zhuang cheng zai li 09814
桩承载力 CI01
ZCZL
Pile bearing capacity
S：承载力
Z：力*

Zhuang chuan 09815
撞船 BI04
ZC
Ship collisions
S：海上事故
C：避碰；冰况报告
Z：事故*

Zhuang chuan ji 09816
装船机 BA08
ZCJ
Ship loader
S：装卸机*

Zhuang gong ji xie 09817
桩工机械 AG05
ZGJX
Pile machineries
S：机械*
C：钻孔搅拌机
F：拔桩机

Zhuang guan ru shi yan 09818 AH01
桩贯入试验
ZGRSY
Pile penetration test
S：贯入试验
Z：试验*

Zhuang heng xiang he zai shi yan 09819 AH01
桩横向荷载试验
ZHXHZSY
Lateral loading test of pile
S：荷载试验
Z：试验*

Zhuang huo wang luo 09820
装货网络 AA05
ZHWL
Loading network
S：网络*

Zhuang ji F1024
桩基 CI01
ZJ
Pile foundations
Y：桩基础

Zhuang ji cheng tai 09821
桩基承台 AD11
ZJCT
Pile platform

Zhuang ji chu 09822
桩基础 AD11；BC06；CI01
ZJC
Pile foundation
S：基础(工程)*
D：桩基

Zhuang ji ma tou 09823
桩基码头 BC01；BC03
ZJMT
Pile foundation wharfs
S：直立式码头
C：桩*
Z：码头*

Zhuang ji rong liang 09824 BD06
装机容量
ZJRL
Installed capacity
S：容量
Z：量*

Zhuang kuang jian ce wei hu 09825 AK04
状况监测维护
ZKJCWH
Status monitoring maintenance
S：维修*
C：汽车维护

Zhuang pei shi gou jian 09826 AD06
装配式构件
ZPSGJ
Prefabricated member
S：结构构件
Z：工程结构*

Zhuang pei shi qiao 09827

装配式桥 AD01
ZPSQ
Fabricated bridge
S：桥*

Zhuang qun F1025
桩群 BC06
ZQ
Pile group
Y：群桩

Zhuang shi gong F1026
桩施工 BC06
ZSG
Pile driving construction
Y：打桩工程

Zhuang tai 09828
状态* AD03；DC00
ZT
State
F：道路催眠状态；动态；非稳态；工况；极限状态；静态；稳态；应力状态

Zhuang tai fen xi 09829
状态分析 BJ01
ZTFX
State analysis
S：分析*

Zhuang wan zheng xing shi yan 09830 AH01
桩完整性试验
ZWZXSY
Pile integrity test
S：试验*

Zhuang xiang 09831
装箱 AA05
ZX
Stuffing

Zhuang xie 09832
装卸* AA05；BA06；BA08
ZX
Handling；Loading and unloading
F：船舶装卸；单元装卸；吊装；浮装；港口装卸；滚装；机械装卸；人力装卸；随车装卸；自理装卸

Zhuang xie ding e 09833
装卸定额 AA05
ZXDE
Quota of handling
S：定额*

Zhuang xie fei 09834
装卸费 BA07
ZXF
Loading / Unloading charges
S：费用*

Zhuang xie fei lü 09835
装卸费率 AA08
ZXFL
Rate of handling
S：费率
D：装卸基本费率
Z：比率*

Zhuang xie fei yong 09836
装卸费用 BG05
ZXFY
Cost of loading and unloading；Handling cost
S：费用*

Zhuang xie gong ban xiao lü 09837 AA05
装卸工班效率
ZXGBXL
Shift efficiency
S：效率*

Zhuang xie gong ju 09838
装卸工具 BA08
ZXGJ
Handling instrument
S：工具*
F：铲斗；反铲；链斗；抓斗

Zhuang xie gong ren sheng chan lü 09839 AA05
装卸工人生产率
ZXGRSCL
Handling worker's productivity
S：生产率
Z：比率*

Zhuang xie gong xu 09840
装卸工序 AA05
ZXGX
Handling sequence
S：工艺*

Zhuang xie gong yi 09841
装卸工艺 AA05
ZXGY
Handling techniques
S：工艺*
D：装卸工艺流程

Zhuang xie gong yi liu cheng F1027 AA05
装卸工艺流程
ZXGYLC
Handling technological process
Y：装卸工艺

Zhuang xie gong yi she ji 09842 AA05
装卸工艺设计
ZXGYSJ
Handling technology design
S：工艺设计
Z：设计*

Zhuang xie gong zuo cheng ben 09843 AA08
装卸工作成本
ZXGZCB
Handling operation cost
S：成本*

Zhuang xie ji 09844
装卸机* BA08
ZXJ
Loaders and unloaders
C：运输机械
F：堆垛机；堆取料机；翻车机；卸船机；装船机

Zhuang xie ji ben fei lü F1028 AA05
装卸基本费率
ZXJBFL
Basic rate of handling
Y：装卸费率

Zhuang xie ji xie 09845
装卸机械 AA05；AG06；BA08
ZXJX

Handling machinery; Load and unload machines; Loader-unloaders
S: 机械*
C: 装卸设备
F: 固定式装卸机械;集装箱装卸机械;散料装卸机;水平搬运机械;随车装卸机械;移动式装卸机械;装载机

Zhuang xie ji xie sheng chan lü 09846
装卸机械生产率 AA05
ZXJXSCL
Handling machinery productivity
S: 生产率
Z: 比率*

Zhuang xie neng li 09847
装卸能力 AA05
ZXNL
Handling capacity
S: 能力*

Zhuang xie qi ye 09848
装卸企业 AA09
ZXQY
Material handling enterprises
S: 企业*

Zhuang xie she bei 09849
装卸设备 AG06; BA08
ZXSB
Handling equipment
S: 设备*
C: 运输机械;起重机械;装卸机械
F: 磁力吸盘;集装箱码头装卸设备;真空吸盘

Zhuang xie sheng chan neng yuan xiao hao liang 09850
装卸生产能源消耗量 BJ03
ZXSCNYXHL
Energy consumption in loading and unloading operation
S: 港口统计指标
Z: 指标*

Zhuang xie shou fei 09851
装卸收费 AA08
ZXFS
Handling charge
S: 费用*

Zhuang xie xiao lü 09852
装卸效率 AA05
ZXXL
Handling efficiency
S: 效率*

Zhuang xie ye wu 09853
装卸业务 AA05
ZXYW
Handling operation
S: 业务*

Zhuang xie zhi liang biao zhun 09854
装卸质量标准 AA05
ZXZLBZ
Handling standard
S: 质量标准
Z: 标准*

Zhuang xie zuo ye ji hua 09855
装卸作业计划 AA05
ZXZYJH
Plan of handling
S: 计划*

Zhuang yao 09856
装药 CI02
ZY
Explosive loading

Zhuang zai bi 09857
装载臂 BA08
ZZB
Loading arm
C: 海上输油系统
D: 输油臂

Zhuang zai ji 09858
装载机 AG04; BA08
ZZJ
Loader
S: 装卸机械
F: 斗式装载机;履带式装载机;轮胎式装载机;螺旋装载机
Z: 机械*

Zhuang zai neng li 09859
装载能力 AA07
ZZNL
Loading capacity
S: 能力*
F: 车辆装载能力

Zhuang zai neng li 09860
装载能力(船舶) BE06
ZZNL
Loading capacity
S: 船舶参数
Z: 参数*

Zhuang zai shi yan 09861
桩载试验 CG10; DF00
ZZSY
Pile loading tests
S: 荷载试验
Z: 试验*

Zhuang zhi 09862
装置* DE00
ZZ
Equipment; Installation; Plants
F: 报警装置;编码器;标贯装置;除尘装置;传动装置;顶推装置;动力装置;放大器;防振装置;废物处理装置;分类装置;分离装置;海水淡化装置;焊接装置;换能器;集电装置;激光装置;计量装置;加热装置;加载装置;检测装置;减振器;节能装置;救生装置;聚乙烯沥青装置;控制装置;滤波器;试验装置;水工试验装置;塌方保护装置;调制解调器;停车装置;推进装置;稳定装置;洗气装置;限速装置;橡胶沥青装置;信号发生器;遥控装置;译码器;振荡器;振动装置;自动分类装置;自动驾驶装置

Zhuang zhou xiang he zai shi yan 09863
桩轴向荷载试验 AH01
ZZXHZSY
Axial loading test of pile
S: 荷载试验
Z: 试验*

Zhui su jian suo 09864
追溯检索 DF00
ZSJS
Retrospective retrieval
S：情报检索
Z：检索*

Zhui suo quan 09865
追索权 BB01
ZSQ
Right of recourse
S：产权
Z：权利*

Zhui ti 09866
锥体 DH00
ZT
Cones
S：体*
F：圆锥

Zhui zong lie che F1029
追踪列车 AJ04
ZZLC
Following train
Y：跟随列车

Zhun dian F1030
准点(行车) AJ04
ZD
On schedule
Y：正点(行车)

Zhun gao su 09867
准高速 DB00
ZGS
Quasi-high speed
S：速度*

Zhun ze 09868
准则* BB04
ZZ
Criterion
F：环境卫生准则；决策准则；投资决策准则

Zhuo du 09869
浊度 CK03；DI00
ZD
Turbidity
S：度*
C：污染指数

Zhuo se 09870
着色 DE00
ZS
Staining

Zi ben 09871
资本* BB04
ZB
Capital
F：财政资本；产业资本；权益资本；社会资本；自有资本

Zi ben cheng ben 09872
资本成本 BG05
一般指企业为维持其债务和权益资本而发生的成本，有时亦可能指固定资产投资。
ZBCB
Capital cost；Money cost；Cost of capital
S：成本*
C：建设费用；资本费用

Zi ben fei yong 09873
资本费用 BG05
一般指企业为维持其债务和权益资本而发生的费用，有时亦可能指固定资产投资。
ZBFY
Capital cost；Money cost；Cost of capital
S：费用*
C：资本成本；建设费用

Zi ben shui 09874
资本税 BA01
ZBS
Tax on capital
S：税*

Zi ben tou zi 09875
资本投资 BB04
ZBTZ
Capital investment
S：投资*
C：基建投资

Zi ben zi chan ding jia mo xing 09876
资本资产定价模型 BB05
ZBZCDJMX
The capital asset pricing model
S：模型*

Zi chan 09877
资产 DA00
ZC
Assets

Zi dong bi peng xi tong 09878
自动避碰系统 BI04
ZDBPXT
Collision avoiding system (CAS)
S：船舶避碰
Z：安全*

Zi dong bi se 09879
自动闭塞 AJ03
ZDBS
Automatic block
S：闭塞*

Zi dong bu dao F1031
自动步道 AJ02
ZDBD
Passenger belt
Y：行人传送带

Zi dong cao duo yi F1032
自动操舵仪 BF03
ZDCDY
Autopilots
Y：自动驾驶装置

Zi dong ce ding 09880
自动测定 DF00
ZDCD
Automatic determination
S：测定*

Zi dong dao hang zhuang zhi 09881
自动导航装置 BF05
ZDDHZZ
Autopilots
S：导航系统
C：自动驾驶装置
Z：系统*

Zi dong dao yin che 09882
自动导引车 BA06

ZDDYC
Automatic guided vehicle (AGV)
S: 车辆*

Zi dong fen lei zhuang zhi 09883 DE00
自动分类装置
ZDFLZZ
Automatic sorters
S: 装置*

Zi dong fen xi 09884
自动分析 CC03
ZDFX
Automatic analysis
S: 分析*
C: 隔膜法

Zi dong fu ti 09885
自动扶梯 AJ03
ZDFT
Escalator

Zi dong han 09886
自动焊 BE10
ZDH
Automatic welding
S: 焊接*

Zi dong han jie 09887
自动焊接 BE10
ZDHJ
Automatic welding
S: 焊接*

Zi dong hang hai tong gao xi tong 09888 BF05
自动航海通告系统
ZDHHTGXT
Automatic notice to mariners system (ANMS)

Zi dong hua 09889
自动化* CF02; DE00
ZDH
Automation
C: 电气化
F: 办公室自动化;机舱自动化;票据自动化

Zi dong hua cang ku 09890
自动化仓库 BA06
ZDHCK
Automatic warehouse
S: 仓库*

Zi dong hua guan li xi tong 09891 CF03
自动化管理系统
ZDHGLXT
Automatic management system
S: 管理系统
F: 桥梁管理系统;隧道管理系统
Z: 系统*

Zi dong hua jian suo 09892 DF00
自动化检索
ZDHJS
Automatic retrieval
S: 情报检索
Z: 检索*

Zi dong hua li lun 09893
自动化理论 CF02
ZDHLL
Automatic theory
S: 理论*

Zi dong hua xi tong 09894
自动化系统 DE00
ZDHXT
Automatic systems
S: 系统*
F: 处理系统

Zi dong ji 09895
自动机 CF02
ZDJ
Automat
C: 机器人

Zi dong jia shi yi F1033
自动驾驶仪 BF03
ZDJSY
Autopilots
Y: 自动驾驶装置

Zi dong jia shi zhuang zhi 09896 BF03
自动驾驶装置
ZDJSZZ
Autopilots
S: 装置*
C: 自动导航装置
D: 自动操舵仪;自动驾驶仪

Zi dong jian ce 09897
自动监测 CK03
ZDJC
Automatic monitoring
S: 监测*

Zi dong kong zhi 09898
自动控制 CF02; DE00
ZDKZ
Automatic control
S: 控制*
D: 自控

Zi dong kong zhi xi tong 09899 CF02
自动控制系统
ZDKZXT
Automatic control system
S: 控制系统
Z: 系统*

Zi dong sa shui tan huo xi tong 09900 BI04
自动洒水探火系统
ZDSSTHXT
Automatic sprinkler fire detection system
S: 船舶灭火
Z: 安全*

Zi dong shi bie xi tong 09901 BF05
自动识别系统
ZDSBXT
Automatic identification system (AIS)
S: 系统*

Zi dong tuo gou 09902
自动脱钩 BA08
ZDTG
Self-releasing hook
S: 港口装卸工属具
Z: 工具*

Zi dong wan chen yi 09903
自动弯沉仪 AH03
ZDWCY

Autodeflectometer
S：弯沉仪
Z：仪器*

Zi hang bo 09904
自航驳 BE01
ZHB
Self-propelled barge
S：驳船
Z：船舶*

Zi hang shi yan 09905
自航试验 BE09
ZHSY
Self-propulsion test
S：船模试验
Z：试验*

Zi ji zhen dong 09906
自激振动 CG08
ZJZD
Self-excited vibration
S：振动*

Zi jin 09907
资金* AJ05
ZJ
Fund
F：财政资金；建设资金；流动资金；自有资金

Zi jin lai yuan 09908
资金来源 BB04
ZJLY
Fond sources

Zi jin lai yuan he yun yong fen xi 09909 BG02
资金来源和运用分析
ZJLYHYYFX
Analysis of source and operation
S：经济分析
Z：分析*

Zi jing zuo yong 09910
自净作用 CK01
ZJZY
Self-purification
S：作用*

Zi kong F1034
自控 DE00
ZK
Automatic control
Y：自动控制

Zi kong yi biao 09911
自控仪表 DF00
ZKYB
Self-control measuring instruments
S：仪器*

Zi li zhuang xie 09912
自理装卸 AA05
ZLZX
Self-handing
S：装卸*

Zi liao 09913
资料* DF00
ZL
Reference material；Data
F：报告；档案；工具书；汇编；记录；简介；论文；目录；设计任务书；实录；水文资料；说明书；索引；统计资料；图纸；文集；文献；文摘；学术论文

Zi liao guan li 09914
资料管理 BJ01
ZLGL
Data management
S：管理*
C：数据管理

Zi luo shi jiao ban ji 09915 AG03
自落式搅拌机
ZLSJBJ
Self-dumping mixers
S：混凝土搅拌机
D：重力式搅拌机
Z：设备*

Zi luo shi wen ding tu chang ban she bei 09916 AG07
自落式稳定土厂拌设备
ZLSWDTCBSB
Gravity stablized soil mixing plant
S：稳定土厂拌设备
Z：设备*

Zi mu chuan F1035
子母船 BE01
ZMC
Lighter aboard ship (LASH)；Barge carrier
Y：载驳船

Zi pu fen xi 09917
自谱分析 AH02
ZPFX
Auto-spectrum analysis
S：分析*
F：余振自谱分析

Zi ran bao hu 09918
自然保护 CE02；CK05
ZRBH
Natural conservation
S：环境保护
C：植被；城市生态
Z：保护*

Zi ran dui liu 09919
自然对流 CD03；CG07
ZRDL
Natural convection
S：对流
C：空气
Z：流态*

Zi ran huan jing 09920
自然环境 CK01
ZRHJ
Natural environment
S：环境*

Zi ran long duan 09921
自然垄断 BB05
ZRLD
Nature monopolies

Zi ran tong feng 09922
自然通风 AE08
ZRTF
Natural ventilation
S：通风*

Zi ran wu zhi 09923
自燃物质 BI01
ZRWZ
Substance liable to spontaneous combus-

tion
S：危险品
Z：货物*

Zi ran zi yuan F1036
自然资源 CK06；DA00
ZRZY
Natural resources
Y：资源*

Zi sheng shi shi gong ping tai 09924 AG09
自升式施工平台
ZSSSGPT
Jack-up units；Self-lifting working platforms
S：施工平台
Z：平台*

Zi shi ying cao duo yi 09925 BF03
自适应操舵仪
ZSYCDY
Adaptive autopilot
S：航海仪器
Z：仪器*

Zi shi ying xin hao kong zhi xi tong 09926 AI03
自适应信号控制系统
ZSYXHKZXT
Adaptive traffic signal control system
S：信号控制
Z：控制*

Zi wai fu she 09927
紫外辐射 CB00
ZWFS
Ultraviolet radiation；UV-radiation
S：电磁辐射
D：紫外线
Z：辐射*

Zi wai guang pu 09928
紫外光谱 CC03
ZWGP
Ultraviolet spectra
S：光谱
Z：谱*

Zi wai xian F1037
紫外线 CB00
ZWX
Ultraviolet radiation；Ultraviolet rays
Y：紫外辐射

Zi wu xian F1038
子午线 BF02
ZWX
Meridian
Y：格林尼治子午线

Zi xie che 09929
自卸车 AG06
ZXC
Dump trucks；Self-dumping cars
S：运输车
Z：车辆*

Zi xie chuan 09930
自卸船 BE01
ZXC
Self-unloader；Self-unloading vessel
S：散货船
D：自卸散货船
Z：船舶*

Zi xie gua che 09931
自卸挂车 AK01
ZXGC
Dump trailer
S：挂车
Z：车辆*

Zi xie huo che 09932
自卸货车 AK01
ZXHC
Dump truck
S：载货汽车
Z：车辆*

Zi xie san huo chuan F1039
自卸散货船 BE01
ZXSHC
Bulk carrier；Self unloading
Y：自卸船

Zi xie wa ni chuan F1040
自卸挖泥船 BE03
ZXWNC
Self-discharging dredger
Y：开底式挖泥船

Zi xing che che dao F1041
自行车车道 AC02；AJ01
ZSCCD
Bicycle lane
Y：自行车交通

Zi xing che chu xing 09933
自行车出行 AJ04
ZXCCX
Cycling trip
S：出行方式
Z：方式*

Zi xing che dao 09934
自行车道 AB02
ZXCD
Bike-way，Cycle track
S：道路*

Zi xing che jiao tong 09935 AJ01
自行车交通
ZXCJT
Bicycle traffic
S：交通*
D：自行车专用路；自行车车道

Zi xing che zhuan yong lu F1042 AJ01
自行车专用路
ZXCZYL
Bicycle route
Y：自行车交通

Zi xing shi qi zhong ji 09936 BA08
自行式起重机
ZXSQZJ
Self-travelling crane；Movable crane
S：起重机*
C：变幅机构
F：汽车起重机
D：移动式起重机

Zi xing shi qiao liang jian ce jia 09937 AH04
自行式桥梁检测架
ZXSQLJCJ
Self-propelled bridge inspection cradle
S：桥梁检测装置

Z：装置*

Zi xun 09938
咨询 DF00
ZX
Consultation；Consulting

Zi ying li 09939
自应力 CG03
ZYL
Chemical-stress；Self-stress
S：应力*

Zi ying li shui ni 09940
自应力水泥 AF04
ZYLSN
Chemical-stress cement；Self-stressing cement
S：水泥*

Zi yong che liang 09941
自用车辆 AK01
ZYCL
Private vehicle
S：车辆*

Zi yong yun shu F1043
自用运输 AA01
ZYYS
Own account transport
Y：非营业运输

Zi you bian jie 09942
自由边界 CG05
ZYBJ
Free boundaries
S：边界*

Zi you biao mian 09943
自由表面 DH00
ZYBM
Free surfaces
S：表面
Z：面*

Zi you du 09944
自由度 CG12；DI00
ZYD
Degree of freedom
S：度*
F：单自由度；多自由度

Zi you gang 09945
自由港 BC01
ZYG
Free ports
S：港口*
C：商港；自治港

Zi you jiao tong liu 09946
自由交通流 AI01
ZYJTL
Free traffic flow
S：交通流量
C：强制性交通流
Z：量*

Zi you liu che su 09947
自由流车速 AI01
ZYLCS
Free flow speed
S：车速
Z：速度*

Zi you pin lü 09948
自由频率 CG08
ZYPL
Free frequencies
S：振动频率
C：自由振动
Z：频率*

Zi you ye mian 09949
自由液面 BE04；BF02
ZYYM
Free surface
S：表面
Z：面*

Zi you zi ben 09950
自有资本 BB04
ZYZB
Equity capital
S：资本*
C：权益资本

Zi you zi jin 09951
自有资金 BB04
ZYZJ
Own fund
S：资金*

Zi yuan 09952
资源* CK06；DA00
ZY
Resources
C：资源回收；资源节约；资源再生
F：生物资源；海洋资源
D：自然资源

Zi yuan guan li 09953
资源管理 BB03
ZYGL
Resource management
S：管理*
C：资源配置

Zi yuan hui shou 09954
资源回收 CK06
ZYHS
Recovery of resources
S：回收*
C：资源*

Zi yuan jie yue 09955
资源节约 CK06
ZYJY
Resources saving
C：资源*

Zi yuan pei zhi 09956
资源配置 BB03；BG02
ZYPZ
Resource allocation
S：配置*
C：资源管理

Zi yuan zai sheng 09957
资源再生 CK06
ZYZS
Resources regeneration
S：再生*
C：资源*

Zi zhen pin lü F1044
自振频率 CG09
ZZPL
Frequency of free vibration
Y：固有频率

Zi zhen pin lü ce 09958

liang AH02
自振频率测量
ZZPLCL
Natural frequency measurement
S：测量*
F：桥梁自振频率测量

Zi zhi gang 09959
自治港 BC01
ZZG
Autonomous ports
S：港口*
C：自由港；商港

Zi zhu shi dao hang 09960
she bei BF05
自主式导航设备
ZZSDHSB
Self-contained navigational aids
S：导航设备
Z：设备*

Zi zhu tou zi 09961
自主投资 BB04
ZZTZ
Autonomous investment
S：投资*

Zong bo 09962
纵波 CG08
ZB
Longitudinal waves
S：波*

Zong chang 09963
总长 BE06
ZC
Length overall (LOA)
S：船舶主尺度*

Zong che dun (ke) 09964
wei ri AA07
总车吨(客)位日
ZCD (K) WR
Total vehicle-ton (seat)-days

Zong cheng hu huan 09965
xiu li fa AK05
总成互换修理法
ZCHHXLF
Unit exchange repair method
S：汽车修理方法
Z：方法*

Zong cheng xiu li 09966
总成修理 AK05
ZCXL
Unit repair
S：汽车修理
Z：维修*

Zong duan mian 09967
纵断面(路线) AC02
ZDM
Profile
C：路线设计

Zong duan mian 09968
纵断面 DH00
ZDM
Longitudinal sections
S：断面
Z：面*

Zong duan mian ce 09969
liang AC01
纵断面测量
ZDMCL
Profile survey
S：路线测量
Z：测量*

Zong duan mian fen 09970
xi yi AH03
纵断面分析仪
ZDMFXY
Longitudinal profile analyzer
S：分析仪
Z：仪器*

Zong dun wei 09971
总吨位 BE06；BJ05
ZDW
Gross tonnage(GT)
S：吨位
C：净吨位
Z：参数*

Zong feng 09972
纵缝 AC04
ZF
Longitudinal joint
C：路面施工；刚性路面

Zong gong ji 09973
总供给 BG02
ZGJ
Aggregate supply
C：总需求

Zong he fa ce tu 09974
综合法测图 AC01
ZHFCT
Planimetric photo
S：测图
Z：测量*

Zong he fen xi 09975
综合分析 BJ01
ZHFX
Integrated analysis
S：分析*

Zong he gong jiao 09976
yun shu xi tong BA03
综合公交运输系统
ZHGJYSXT
Integrated transit systems
S：运输系统
Z：系统*

Zong he hang xing xi 09977
tong BF02
综合航行系统
ZHHXXT
Integrated navigation systems
S：综合系统
Z：系统*

Zong he ji cheng li 09978
lun BB05
综合集成理论
ZHJCLL
Meta theory
S：理论*

Zong he ji xie hua 09979
jue jin AE04
综合机械化掘进
ZHJXHJJ

Comprehensive mechanized excavation

Zong he jiao tong guan li 09980 AI04
综合交通管理
ZHJTGL
Comprehensive traffic management
S：交通管理
Z：管理*

Zong he jing ji zhi biao 09981 BJ01
综合经济指标
ZHJJZB
Synthetical economic criterion
S：经济指标
Z：指标*

Zong he ping jia fa 09982
综合评价法 BJ01
ZHPJF
Comprehensive assessment method
S：分析研究方法
Z：方法*

Zong he suo de shui 09983
综合所得税 BA01
ZHSDS
Tax on aggregate income
S：所得税
Z：税*

Zong he wen ding ji ceng 09984 AC04
综合稳定基层
ZHWDJC
Comprehensive stabilized base
S：基层
Z：层*

Zong he wen ding tu 09985
综合稳定土 CG06
ZHWDT
Comprehensive stabilized soils
S：稳定土
Z：土*

Zong he xi tong 09986
综合系统 BA06；BF02
ZHXT
Integrated systems
S：系统*
F：综合航行系统
D：一体化系统

Zong he xian F1045
综合险 BA04
ZHX
All risks
Y：一切险

Zong he yang hu che 09987
综合养护车 AG07
ZHYHC
Combined maintenahce truck
S：养护机械
Z：机械*

Zong he yun shu 09988
综合运输 BA03
ZHYS
Integrated transportation; Coordinated transportation
S：运输*

Zong he yun shu gui hua F1046 BA03
综合运输规划
ZHYSGH
Integrated transportation planning
Y：运输系统规划

Zong he yun shu xi tong 09989 AI02
综合运输系统
ZHYSXT
Comprehensive transportation system
S：运输系统
Z：系统*

Zong he zhen duan 09990
综合诊断 AK04
ZHZD
General inspection and diagnosis
S：诊断*

Zong he zhi biao 09991
综合指标 BJ01
ZHZB
Aggregative indicator
S：指标*
F：平均指标

Zong he zhi shu 09992
综合指数 BJ01
ZHZS
Aggregative index
S：总指数
F：质量指数；数量指数
Z：指数*

Zong liang 09993
纵梁 AD07
ZL
Longitudinal beam
S：梁*

Zong mian xian xing 09994
纵面线形 AC02
ZMXX
Vertical alignment
S：路线线形*

Zong pai wu liang kong zhi 09995 CK04
总排污量控制
ZPWLKZ
Total emissions control; Total sewage disposal
S：污染控制
C：排污量
Z：控制*

Zong pou mian tu 09996
纵剖面图 BE06
ZPMT
Longitudinal section plan

Zong qing 09997
纵倾 BE04
ZQ
Trim
S：船舶运动
C：压载
F：艏倾；艉倾
Z：运动*

Zong qing jiao 09998
纵倾角 BE04
ZQJ
Trimming angle; Angle of trim
S：角*

Zong qing li ju 09999
纵倾力矩 BE04

ZQLJ
Trimming moment

Zong shen gua che 10000
纵伸挂车 AK01
ZSGC
Adjustable-wheelbase trailer
S：挂车
Z：车辆*

Zong shu 10001
综述 DA00
ZS
Summarization
C：述评

Zong wen xing li bi 10002
纵稳性力臂 BE04
ZWXLB
Longitudinal stability lever

Zong xiang 10003
纵向 DH00
ZX
Longitudinal direction
S：方向*

Zong xiang li 10004
纵向力 CG03
ZXL
Longitudinal force
S：力*

Zong xiang lian xu dai guang yuan 10005
AI07
纵向连续带光源
ZXLXDGY
Longitudinal continuous band illuminant
S：光源
Z：源*

Zong xiang lie feng 10006
纵向裂缝 AC08
ZXLF
Longitudinal crack
S：裂缝*

Zong xiang pai shui 10007
纵向排水 AC06
ZXPS
Longitudinal drainage
S：排水*

Zong xiang ping lian jie xi 10008
AD06
纵向平联结系
ZXPLJX
Lateral bracing
S：联结系*

Zong xiang shu lian jie xi 10009
AD06
纵向竖联结系
ZXSLJX
Longitudinal bracing
S：联结系*
D：制动联结系

Zong xiang wen ding xing 10010
BE04
纵向稳定性
ZXWDX
Longitudinal stability
S：操纵稳定性
C：航向稳定性
Z：性能*

Zong xiang zhen dong 10011
纵向振动 CG08
ZXZD
Longitudinal vibration
S：振动*

Zong xing cheng F1047
总行程 AA01
ZXC
Total kilometrage
Y：行程

Zong xing cheng zai zhong (ke) liang li yong lü 10012
AA07
总行程载重(客)量利用率(吨客位里程利用率)
ZXCZZ (K) LLYL
Utilization factor of total payload kilometrage (rate of tonnage (seat)-kilometrage)
S：利用率
Z：比率*

Zong xu qiu 10013
总需求 BG02
ZXQ
Aggregate demand
S：需求*
C：总供给

Zong xu yang liang 10014
总需氧量 CK04
ZXYL
Total oxygen demand
S：需氧量
C：水质管理
D：TOD
Z：量*

Zong yao 10015
纵摇 BE04
ZY
Pitching
S：船舶摇荡
C：耐波性；纵摇周期
Z：运动*

Zong yao zhou qi 10016
纵摇周期 BE04
ZYZQ
Pitching period
S：周期*
C：纵摇

Zong zai zhong liang 10017
BJ05
总载重量
ZZZL
Gross deadweight; Deadweight capacity
S：船舶统计指标
Z：指标*

Zong zhi shu 10018
总指数 BJ01
ZZS
General index number
S：指数*

Zou he 10019
走合 AK05
ZH
Running-in

Zou he qi jia she 10020
走合期驾驶(汽车驾驶) AK03
ZHQJS
Driving in running-in period

S：汽车驾驶
Z：驾驶*

Zou he wei hu 10021
走合维护(汽车) AK04
ZHWH
Running-in maintenance
S：汽车维护
Z：维修*

Zou lang jiao tong guan li ji hua 10022
走廊交通管理计划 AI03
ZLJTGLJH
Corridor traffic management program
S：管理计划
Z：计划*

Zu cheng 10023
组成 DE00
ZC
Formation

Zu chi shi yan 10024
足尺试验 AG11；DF00
ZCSY
Full-scale test
S：试验*
D：实大试验

Zu chuan 10025
租船* BF06；BG03
ZC
Leasing of ship；Chartering of ship；Hiring of ship
F：光租；期租

Zu chuan fei lü F1048
租船费率 BG06
ZCFL
Charter rates
Y：租船价格

Zu chuan jia ge 10026
租船价格 BG06
ZCJG
Charter rates
S：价格*
D：租船价率；租船费率

Zu chuan jia lü F1049
租船价率 BF06
ZCJL
Charter rates
Y：租船价格

Zu chuan yun shu 10027
租船运输 BA02
ZCYS
Shipping by chartering；Carriage of chartered
S：运输形式
Z：运输方式*

Zu dang shi hu lan 10028
阻挡式护栏(交通) AI07
ZDSHL
Block out type safety fence
S：交通护栏
Z：设施*

Zu fen shi yan 10029
组分试验 AH01
ZFSY
Constituent test
S：含有量试验
Z：试验*

Zu gou F1050
阻垢 DD00
ZG
Scale resistance
Y：防垢

Zu he chen qi 10030
组合衬砌 AE07
ZHCQ
Composite lining
S：衬砌*

Zu he ji xie 10031
组合机械 AG01
ZHJX
Combined construction machinery
S：机械*
C：施工机械

Zu he jie gou 10032
组合结构 AD04
ZHJG
Composite structure
S：工程结构*

Zu he liang shi xie la qiao 10033
组合梁式斜拉桥 AD01
ZHLSXLQ
Composite deck cable stayed bridge
S：斜拉桥
Z：桥*

Zu he shi ya lu ji 10034
组合式压路机 AG07
ZHSYLJ
Combination roller
S：压路机
Z：机械*

Zu he tui jin xi tong 10035
组合推进系统 BE08
ZHTJXT
Integrated propulsion systems
S：推进系统
Z：系统*

Zu he ya lu ji 10036
组合压路机 AG07
ZHYLJ
Combined rollers
S：压路机
Z：机械*

Zu he ying li 10037
组合应力 CG03
ZHYL
Combine stresses
S：应力*
C：叠加；应力分析

Zu jin 10038
租金 BG02
ZJ
Rent
S：费用*

Zu kang 10039
阻抗 CF01
ZK
Impedance

Zu li 10040

阻力 CG03
ZL
Resistance
S：力*
F：波浪附加阻力；船舶阻力；风附加阻力；摩擦阻力；破冰阻力

Zu li shi yan 10041
阻力试验 BE09；CG10；DF00
ZLSY
Resistance test；Drag test
S：力学试验
Z：试验*

Zu lin 10042
租赁* DD00
ZL
Lease
F：车辆租赁

Zu lin zhi 10043
租赁制 DA00
ZLZ
Contractual and leasing system
S：制度*

Zu ni 10044
阻尼* CG08
ZN
Damping
C：衰减率；阻尼带
F：非线性阻尼；结构阻尼；滞后阻尼

Zu ni bi F1051
阻尼比 CG09
ZNB
Damping ratio
Y：阻尼系数

Zu ni cai liao 10045
阻尼材料 AF03；CG08
ZNCL
Damping materials
S：隔振材料
Z：材料*

Zu ni dai 10046
阻尼带 CG08
ZND
Damping tape
C：阻尼*

Zu ni xi shu 10047
阻尼系数 CG08
ZNXS
Damping coefficient；Damping factor
S：系数*
D：阻尼比

Zu ni zhen dong 10048
阻尼振动 CG08
ZNZD
Damping vibration
S：振动*
C：隔振；减振

Zu pei 10049
组配 BA06
ZP
Assembly
S：仓储管理
Z：管理*

Zu ran ji 10050
阻燃剂 AF03
ZRJ
Fire retardant
S：剂*

Zu ran xing 10051
阻燃性 DC00
ZRX
Fire resistance；Flame-resistance

Zu se mi du 10052
阻塞密度(交通) AI01
ZSMD
Jam density
S：密度
C：交通密度
Z：度*

Zu shui ge qiang F1052
阻水隔墙 BC03
ZSGQ
Diaphram of dam
Y：防渗心墙

Zu xiu ji 10053
阻锈剂 AF03
ZXJ
Corrosion resisting agent
S：混凝土外加剂
Z：剂*

Zu zhi 10054
组织* DJ00
ZZ
Organization；Arrangement
F：管理组织；客运组织；运输组织

Zu zhi ji gou F1053
组织机构 DJ00
ZZJG
Organization structure；Organizations；Institution
Y：机构(组织)*

Zu zhuang 10055
组装 DE00
ZZ
Assembling；Installations assembly

Zuan bao fa 10056
钻爆法 AE04
ZBF
Drilling and blasting method
S：隧道施工方法
Z：方法*

Zuan jing ping tai 10057
钻井平台 BE03
ZJPT
Drilling platform；Drilling rigs；Oil rigs
S：海上平台
C：海上采油；钻探船；打井机
D：海上钻井平台
Z：建筑物*

Zuan kong 10058
钻孔* CI01；DE00
ZK
Boreholes；Drill holes
C：钻头
F：冲击式钻孔

Zuan kong chui du jian ce 10059 AH02
钻孔垂(直)度检测
ZKCDJC
Bored hole verticality measurement
S：钻孔检测

Z: 检测*

Zuan kong guan zhu zhuang 10060 CI01
钻孔灌注桩
ZKGZZ
Cast-in-place bored piles
S: 现浇混凝土桩
Z: 桩*

Zuan kong ji 10061 AG05
钻孔机
ZKJ
Boring machines; Earth drills
S: 钻探机械
C: 钻头; 现浇混凝土桩
F: 喷射钻孔机
Z: 机械*

Zuan kong jian ce 10062 AH02
钻孔检测
ZKJC
Bored hole measurement
S: 检测*
F: 钻孔垂(直)度检测; 钻孔直径检测

Zuan kong jiao ban ji 10063 AG05
钻孔搅拌机
ZKJBJ
Borehole mixers
S: 搅拌机
Z: 设备*

Zuan kong ni jiang shi yan 10064 AH01
钻孔泥浆试验
ZKNJSY
Boring slurry test
S: 钻孔试验
Z: 试验*

Zuan kong qian wang jing 10065 AH03
钻孔潜望镜
ZKQWJ
Borehole periscope

Zuan kong shi yan 10066 AH02
钻孔试验
ZKSY
Boring test
S: 试验*
F: 钻孔泥浆试验

Zuan kong zhao xiang ji 10067 AH03
钻孔照相机
ZKZXJ
Borehole camera
S: 照相机*

Zuan kong zhi jing jian ce 10068 AH02
钻孔直径检测
ZKZJJC
Bored hole diameter measurement
S: 钻孔检测
Z: 检测*

Zuan kong zhuang 10069 BC06
钻孔桩
ZKZ
Cast-in-place pile; Boring and grouting pile
S: 桩*

Zuan tan 10070 AC01; CD01
钻探
ZT
Boring; Boring prospecting
C: 工程地质勘测; 封孔

Zuan tan chuan 10071 BE03
钻探船
ZTC
Drilling ship
S: 工程船舶
C: 钻井平台
Z: 船舶*

Zuan tan ji xie 10072 AG05
钻探机械
ZTJX
Boring mechanisms; Drilling equipment
S: 机械*
C: 钻头
F: 钻孔机

Zuan tan ping tai 10073 BE03
钻探平台
ZTPT
Drilling platform
S: 海洋开发船
Z: 船舶*

Zuan tou 10074 AG05
钻头
ZT
Drill bits
C: 钻孔; 钻孔机; 钻探机械

Zui da an quan su du 10075 AI03
最大安全速度
ZDAQSD
Maximum safe speed
S: 速度*

Zui da fu wu jiao tong liang 10076 AI04
最大服务交通量
ZDFWJTL
Maximum service Volume
S: 交通量
Z: 量*

Zui da gan mi du 10077 CG09
最大干密度
ZDGMD
Maximum dry density
S: 干密度
Z: 度*

Zui da ling bian xing san huo chuan 10078 BE01
最大灵便型散货船
ZDLBXSHC
Handymax bulk carrier
S: 散货船
Z: 船舶*

Zui da ling bian xing you lun 10079 BE01
最大灵便型油轮
ZDLBXYL
Handymax tanker
S: 油轮
Z: 船舶*

Zui da yun xu ji liang 10080 BI01
最大允许剂量
单位时间内接受射线对人身健康没

有危害的最大允许值
ZDYXJL
Maximum permissible dosage
S：放射性剂量
Z：量*

Zui da zai ke liang 10081
最大载客量 AJ02
ZDZKL
Maximum passenger capacity
S：客运量
Z：量*

Zui di xian su biao zhi 10082 AI07
最低限速标志
ZDXSBZ
Minimum stated-speed sign
S：限速标志
Z：标志*

Zui gao che su 10083
最高车速 AI01
ZGCS
Maximum speed
S：车速
Z：速度*

Zui hui guo dai yu 10084
最惠国待遇 BF01
ZHGDY
Most favored nation treatment(MFNT)

Zui jia han shui liang 10085 CG09
最佳含水量
ZJHSL
Optimum water content
S：含水量
Z：量*

Zui jia hang xian 10086
最佳航线 BF06
ZJHX
Optimum route
S：航线*

Zui jia ji pei 10087
最佳级配 CG09
ZJJP
Optimum gradation
S：级配*

Zui jia kong zhi F1054
最佳控制 DE00
ZJKZ
Optimal control
Y：最优控制

Zui jia mi du 10088
最佳密度(交通) AI01
ZJMD
Optimum density
S：密度
C：交通密度
Z：度*

Zui jia su du 10089
最佳速度 AI01
ZJSD
Optimum speed
S：速度*

Zui jia zhi 10090
最佳值 DI00
ZJZ
Optimum value
S：值*

Zui jin hui yu dian 10091 BF02
最近会遇点
ZJHYD
Closest point of approach(CPA)

Zui jin hui yu ju li 10092
最近会遇距离 BF02
ZJHYJL
Distance to closest point of approach(DCPA)
C：船舶会遇

Zui jin hui yu shi jian 10093 BF02
最近会遇时间
ZJHYSJ
Time to closest point of approach(TCPA)
C：船舶会遇

Zui xiao cheng ben fen xi 10094 BB04
最小成本分析
ZXCBFX
Least cost analysis
S：分析*
C：最小费用分析

Zui xiao er cheng fa 10095
最小二乘法 CA00
ZXECF
Least squares method
S：计算方法
Z：方法*

Zui xiao fei yong fen xi 10096 BB04
最小费用分析
ZXFYFX
Least cost analysis
S：分析*
C：最小成本分析

Zui xiao zhi 10097
最小值 DI00
ZXZ
Least value; Minimum value
S：值*

Zui you hua 10098
最优化 DD00
ZYH
Optimization
C：线性规划
D：优化

Zui you hua fang fa 10099
最优化方法 CA00
ZYHFF
Optimization method
S：方法*
C：线性规划;最优设计
F：动态规划法;概率设计法;关键线路法;数值规划法;网络法;优选法

Zui you hua lun zheng fang fa 10100 BB04
最优化论证方法
ZYHLZFF
Optimization method
S：分析研究方法
Z：方法*

Zui you kong zhi 10101
最优控制 DE00
ZYKZ
Optimal control
S：控制*
D：最佳控制

Zui you she ji 10102
最优设计 DD00
ZYSJ
Optimum design
S：设计*
C：最优化方法
D：优化设计

Zuo biao 10103
坐标 DH00
ZB
Abscissas；Coordinates；Coordination

Zuo biao fa 10104
坐标法 AC01
ZBF
Coordinate method
C：测量*

Zuo pin 10105
作品 DA00
ZP
Works

Zuo wei jian ju 10106
坐位间距 AJ02
ZWJJ
Seat spacing
S：间距*

Zuo wei shu 10107
坐位数 AJ02
ZWS
Seating capacity
C：站位数

Zuo ye 10108
作业* AK04
ZY
Operation
F：超高作业；分拣作业；库场作业；汽车维护作业；物流作业

Zuo yong 10109
作用* DA00
ZY
Action；Effects
F：共同作用；光合作用；荷载作用；毛细作用；自净作用

Zuo yong li 10110
作用力 CG03
ZYL
Active force
S：力*
F：轮轨作用力

Zuo zhuan wan dao xiang xian 10111
左转弯导向线 AI07
ZZWDXX
Left turn guide line
S：导向线（交通）
Z：线*

γ She xian fu she 10112
γ射线辐射 CB00
γSXFS
Gamma radiation
S：电磁辐射
Z：辐射*

Π xing liang 10113
Π形梁 AD05
ΠXL
Π-beam
S：梁*

范畴索引

说　　明

1　排列

范畴索引将字顺表中的所有主题词依照“公路运输”、“水路运输”、“相关学科”和“通用词语”4 大范畴(一级类目)顺序排列,其下,则按各范畴的二级类目、三级类目依次排列。二级类目共 41 个,三级类目共 198 个。例如:

公 路 运 输
　AA 公路运输
　　AA01 汽车运输
　　AA02 旅客运输
　　AA03 货物运输
　　……
　AC 线路工程
　　AC01 勘测
　　AC02 线路设计
　　AC03 路基
　　……
相 关 学 科
　CL 能源
　　CL01 动力工程
　　CL02 能源
　　……

详见范畴索引目录。

三级类目(例如 AA03 货物运输)以下即为该类目的主题词,按照词义相关的原则依次排列。例如:

AA 公路运输
　AA01 汽车运输
　　……
　　干线运输
　　支线运输
　　直达运输
　　……

AA02 旅客运输
客流*
客源
客源调查
运送
旅客日发送量
旅客运输量预测
旅客波动系数
……
详见范畴索引正文。

2 范畴编号

范畴索引的编号采用4位混合编码，第一位采用大写英文字母，A、B、C、D分别代表公路运输、水路运输、相关学科和通用词语；第二位亦采用大写的英文字母，反映二级类目在一级类目下的顺序；第三、四位采用阿拉伯数字，反映三级类目在二级类目下的顺序。例如：

AA 公路运输
AA01 汽车运输
AA02 旅客运输
AA03 货物运输
……
AC 线路工程
AC01 勘测
……
以及
CL 能源
CL01 动力工程
CL02 能源
……

主题词所属的范畴编号，列于该词语之后。例如：

河口泥沙 BD04
所属范畴编号

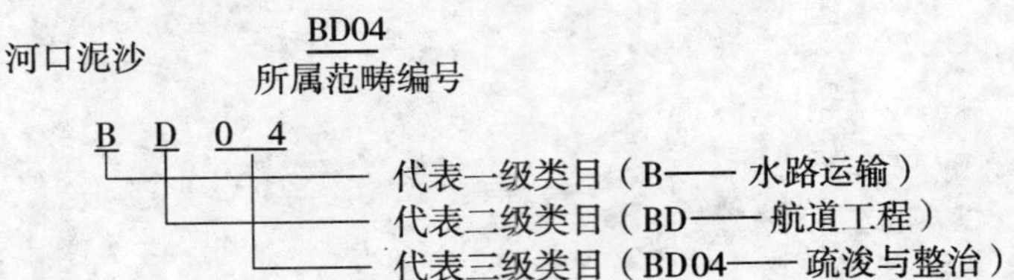

范畴索引中的所有主题词按范畴编号归类，属于同一范畴/类目的词语均归在该范畴编号以下。

3 跨范畴词语

由于若干词语同属于两个或两个以上的不同范畴,因此,这样的词语亦排在不同的范畴中,从而可以在不同的范畴查到该词语。例如:

安全措施　　AI05
安全措施　　BI01

以及
包装*　　BA06
包装*　　DD00

4 反映在范畴索引中的用代关系

对于正式主题词,在范畴索引中还标有与其对应的非正式主题词,词语前冠以大写字母 D(代项词)。而对于非正式主题词,则标有其对应的正式主题词,词语前冠以大写字母 Y(用项词)。例如:

过鱼建筑物
D: 集鱼系统

以及
集鱼系统
Y: 过鱼建筑物

目 录

公路运输

水路运输

相关学科

通用词语

公路运输

AA 公路运输

AA01 汽车运输

AA02 旅客运输

AA03 货物运输

呼吸性货物
货物包装
Y: 运输包装
货物标志
Y: 收发货标志
放射性货物
Y: 危险品
提单*
换算周转量
Y: 周转量
平均运距
Y: 运距
易腐货物
Y: 鲜活货物
呼吸性货物
Y: 鲜活货物
集装箱比容
Y: 箱容系数(集装箱)
发货人
Y: 托运人
货物*
长大笨重货物运输
危险货物运输
贵重货物运输
鲜活货物运输
包装货物运输
散装货物运输
轻浮货物运输
超限货物运输
禁运货物
限运货物
易碎货物运输
扬尘性货物运输
大宗货物运输
运输包装
D: 货物包装
整车货物运输
零担货物运输
特种货物运输
集装箱运输
快件货物运输
保价运输
合同运输
货运业务
托运
承运
发运
分运
验货
理货
货物运输
押运
货流*
货源
货源调查
货源组织
货源信息
货流图
货物流量
货物流向
运输单证
货物运单
交接清单
提货通知单
货物清单
罐装货物运输
放射性货物运输
垃圾运输
易燃货物运输
冷藏货物运输
直达货物运输
石油运输
煤炭运输

AA04 汽车运输站场设施

汽车货运装卸站
Y: 货运站
站场设施(汽车运输)
客运站
停靠站
代办站
车站设施
营运线路图
货运站
D: 汽车货运装卸站
货运枢纽站
零担货运站
集装箱中转站
货物仓库
专用仓库
通用仓库
货场
货位
车位
货运信息中心
货运联运站
堆货场
仓库*

AA05 装卸

捣垛
D: 倒垛
倒垛
Y: 捣垛
工艺设计
装卸机械
固定式装卸机械
移动式装卸机械
随车装卸机械
集装箱装卸机械
水平搬运机械
装卸*
装卸工艺流程
Y: 装卸工艺
装卸基本费率
Y: 装卸费率
人力装卸
机械装卸
装卸能力
装卸作业计划
自理装卸
随车装卸
装卸业务
装卸工艺
D: 装卸工艺流程
装卸工序
装卸质量标准
混装
超高作业
库场作业
分拣作业
堆垛机械
装卸工艺设计
装卸定额
装卸工班效率
集装箱叉车
滚上滚下集装箱叉车
侧面集装箱叉车
通用型集装箱叉车
箱内作业叉车
装卸效率
装卸机械生产率
装卸工人生产率
集装箱自重系数
箱容系数(集装箱)
D: 集装箱比容
箱容利用率(集装箱)
箱载重利用率(集装箱)
装货网络
掏箱
装箱
拼箱
内陆还箱站
汽车载箱行程

公路运输行业管理
车辆管理
货源管理
线路管理
运输市场管理
客运稽查
货运商务监督
公路运输管理费
行政管理
监督*
管理费
Y：管理费用
法规
公路运输法规
运行作业计划
Y：运行计划
运行周期表
Y：运行周期
非定班运行
Y：定班运行
运行管理
货运调度
环形调度法
执行调度
图上作业法
表上作业法
循环调度法
D：交叉循环调度法
回程系数
不平衡系数(运输)
运量波动系数
货物运输量预测
调度方法
交叉循环调度法
Y：循环调度法

AB 公路建设

AB01 公路规划

道路网
国家干线公路
Y：干线公路
省级干线公路
Y：干线公路
公路规划
公路网
土地
公路网规划
公路网密度
公路自然区划
公路用地
公路功能
现有公路
分期修建
新建公路
旧路改造
密度
建设基金
公路建设基金
放样

AB02 道路类型

道路*
公路
城市道路
城间道路
厂矿道路
林区道路
风景区道路
乡村道路
自行车道
畜力车道
机耕道
高架道路
栈道
高速公路
一级公路
汽车专用公路
一般公路
等级公路
等外公路
国防公路
丝绸之路(古)
干线公路
D：国家干线公路
省级干线公路
支线公路
专用公路
县公路
乡公路
辐射式公路
环形公路
过境公路
城市出入口公路
集散道路
地方公路
收费公路
有路面公路
晴雨通车公路
晴通雨阻公路
断头路
联络线
绕行公路

AB03 工程经济

工程经济
公路投资
投资*
贷款
集资
预算
决算
造价
公路造价
工程直接费
工程间接费
工程预备费
养护费
大修工程费
车辆购置附加费
公路建设基金
过路费
过桥费
过隧费
船渡费
敏感性分析
直接效益
间接效益
道路经济分析
费用效益分析
公路使用者费用
公路使用者效益
缩短里程效益
减少交通事故效益
后评价
经济净现值
经济内部收益率
投资回收期*
贷款偿还能力
公路工程估算指标
公路工程概算定额
公路工程预算定额
交通管理费
公路残值
公路工程监理
招标*
投标
D：联合投标
联合投标
Y：投标
公路建设
建设
国际竞争性招标

隔声墙
野外定线
纸上定线
平面线形
直线
平曲线
缓和曲线
视线
视距
纵面线形
路拱
路肩
分隔带(道路)
路缘带
路缘石
绿化带
路幅
车行道
停车场*
乘车安全岛
服务区
线形设计
公路景观设计
经济运距
计算机辅助设计
透视图
美学设计
景观设计
观景台
墙*
土方调配经济运距
土方调配图
Y: 土方调配
坡面景观
Y: 公路景观
土方调配
D: 土方调配图
纵断面(路线)
公路景观
公路数据库
数据库*

AC03 路基

边坡平台
Y: 边坡
边坡坡度
Y: 边坡
坡顶
Y: 边坡
坡脚
Y: 边坡
路基
路堤*
路堑
半填半挖式路基
台口式路基
边坡
D: 边坡平台
边坡坡度
坡顶
坡脚
护坡道
碎落台
护坡
挡土墙
重力式挡土墙
衡重式挡土墙
悬臂式挡土墙
扶壁式挡土墙
柱板式挡土墙
锚定板式挡土墙
加筋土挡土墙
上挡墙
下挡墙
锚杆式挡土墙
石笼
抛石
盲沟
透水路堤
过水路面
填方
挖方
借土
弃土
路基工程
路基稳定性
路基强度
土基承载能力
路基含水量
路基防护
路基加固
土方工程*
换土
压实系数
夯实
碾压
振动压实
压实深度
线压力
碾压速度
压实能量
松铺厚度
压实厚度
松铺系数
天然地基
加固地基
软弱地基
Y: 软土地基
软土地基
D: 软弱地基
固结*
动力固结法
预压法
袋装砂井
排水板法
排水砂垫层
超载预压
砂桩
石灰桩
砂井*
定向爆破
多面临空爆破
石方爆破
毫秒爆破
抛坍爆破
抛掷爆破
松动爆破
地基*
软土路基
桩*
爆破*
路基病害
病害*
路基冲刷
冲刷*

AC04 路面

裂缝度
Y: 裂缝率
裂缝率
D: 裂缝度
路面*
高级路面
次高级路面
中级路面
低级路面
路面结构层
面层
Y: 表层
表层
D: 面层
联结层
磨耗层

AC05 公路交叉

多层立交
分离式立交
D: 非互通式立交
上跨式立交
交叉口视距
D: 路口视距
渠化交叉口
拓宽路口式交叉口
加宽转角式交叉口
交叉口(平面)
斜交叉
正交叉
十字形交叉
丁字形交叉
Y: 形交叉
错位交叉
环形交叉
公路交叉*
平面交叉
信号控制交叉口
D: 无信号交叉口
交通岛
导流岛
中心岛
安全岛
立体交叉
匝道
公路铁路立交
视距

AC06 公路排水

公路排水
地表水
洪水*
毛细水
渗透水
透水性
排水能力
排水设施
排水设计
排水工程
地下排水
路基排水
路面排水
D: 单向排水(路面)
双向排水(路面)
中间带排水
纵向排水
横向排水
竖向排水
边沟
天沟
截水沟
排水沟
明渠排水
管道排水
泵站排水
界面排水
集中排水
急流槽
跌水
排水*
水*
沟*
渗水井
双向排水(路面)
Y: 路面排水
泄水孔
Y: 泄水口
泄水口
D: 泄水孔
排水系统
Y: 公路排水
单向排水(路面)
Y: 路面排水

AC07 公路养护

养路*
路况调查
Y: 路况检查
铺草皮
Y: 植草
植草
D: 铺草皮
施工测量
公路养护
养护管理
养护工程
路面铺装率
路况
路况检查
D: 路况调查
日常检查
定期检查
险情检查
路容
路面调查
预防性养护
初期养护
巡回养护
定期养护
公路小修
公路中修
公路大修
拓宽
调坡
旧路技术改造
路面补强
抢修工程
行道树
苗圃
路障
植草
裂缝灌注
填缝
补坑
铲除拥包
防滑处理
沥青罩面
全厚翻修
路面再生
路面破损率
好路率
公路绿化
养护*
技术改造
改造*
管理系统
评价系统
评价模型
模型*

AC08 灾害与病害

防护林带
人造雪崩
防雪栅
雪崩防治
防雪设施
除雪
消冰
防沙坝
防沙林
沙障
防沙设施
冻害
冻胀
冻融
溶陷
风蚀
沙害
震害
雪害
水毁

AD 桥涵工程

AD01 桥

双塔斜拉桥
多塔斜拉桥
闸门桥
舟桥
平转桥
竖旋桥
装配式桥
装拆式钢桥
贝雷桥
大跨度桥
Y：长跨桥
刚架桥
Y：刚构桥

AD02 桥梁勘测

桥址
Y：桥位
桥梁勘测
桥梁测量
桥位
D：桥址
桥孔
孔径
桥跨
跨度
桥渡
桥渡设计
桥渡勘测
桥渡冲刷
局部冲刷
集中冲刷
桥梁壅水
路基壅水
桥头引线
工程勘测
壅水*

AD03 桥梁设计

桥梁设计
标准设计
设计规范
设计标准
结构分析
桥梁载荷
桥梁振动
强度计算
影响线
结构力学
安全度
Y：安全性
结构安全度
应力分析
应力状态
极限状态
极限设计
抗震设计
抗风设计
建筑艺术
景观设计
疲劳*
疲劳设计
疲劳计算
强度*
刚度
稳定性
蠕变
D：徐变
徐变
Y：蠕变
收缩
变形*
检算
验算
振动*
状态*
结构设计
建筑设计
结构*
工程结构*
桥侧人行道
人行道*
桥梁方案设计
桥梁结构设计
桥梁细部设计
桥梁优化设计
山体压力
Y：围岩压力
围岩压力
D：山体压力

AD04 桥梁结构

桥梁结构
上部结构
下部结构
薄壁结构
静定结构
超静定结构
刚性结构
柔性结构
轻型结构
抗震结构
桁架结构
桁架*
拱形桁架
连续桁架
平行弦杆桁架
悬臂桁架
空腹桁架
砖石结构
拱形结构
拱*
推力拱
系杆拱
双曲拱
组合结构
钢结构
混凝土结构
钢筋混凝土结构
部分预应力结构
预应力混凝土结构
先张法预应力结构
后张法预应力结构
栓焊结构
栓接结构
弹性结构
悬吊结构
重力式结构
张拉锚固体系
预应力孔道

AD05 梁

梁*
变截面梁
T形梁
工形梁
Ⅱ形梁
箱形梁
槽形梁
矩形梁
板梁
桁梁
简支梁
连续梁
悬臂梁
结合梁
刚性梁
曲梁
斜梁
加劲梁
钢梁
预应力钢梁
铆接梁
焊接梁

AD06 桥梁构件

AD07 桥面

AD08 桥梁支座

AD09 桥墩

AD10 桥塔

AD11 桥梁基础

倾覆稳定性
地基承载力
地基基本承载力
地基容许承载力
基础沉降
基坑
承载能力
Y: 承载力
承载力
D: 承载能力
力*
沉降*

AD12 桥梁制造

桥梁制造
制造工艺
预制工艺
钢筋加工
配筋
预加应力
拼装
厂内预拼装
质量管理
桥梁厂
制造*
加工*

AD13 桥梁施工

桥梁施工
围堰*
基坑
模板
拱架
水下施工
就地混凝土灌注
水下混凝土灌注
潜水设备
起重船
工程施工*
D: 施工
混凝土灌注
Y: 混凝土浇筑
混凝土浇筑
D: 混凝土灌注
砌拱*
施工便桥
Y: 便桥
连续砌拱
分段砌拱
分环砌拱
分段分环结合砌拱
横向悬砌拱法
拱圈应力调整
拱圈封顶

AD14 桥梁架设

缆索吊装法
D: 无支架吊装法
桥梁架设
转体法架桥
顶推法架桥
D: 顶拉法架桥
浮运法架桥
横移法架桥
提升法架桥
拖拉法架桥
悬臂拼装架桥
悬臂灌注架桥
活动吊架
架桥导梁
架桥机
架设
无支架吊装法
Y: 缆索吊装法
膺架式架设法
顶拉法架桥
Y: 顶推法架桥

AD15 桥梁养护

桥梁养护
桥梁观测
变形观测
沉降观测
裂缝观测
挠度观测
位移观测
桥梁鉴定
桥梁加固
桥梁改建
换梁
换梁机
浅基防护
墩台防撞
桥梁病害
裂纹*
裂缝
断裂*
桥梁维修
防锈
防蚀
Y: 防腐蚀
防腐蚀
D: 防蚀
防腐
涂漆
喷锌
桥梁检修车
桥梁管理系统
抛石防护

AD16 桥梁试验

桥梁试验
模型试验
加载试验
破坏性试验
抗裂性试验
断裂试验
振动试验
动力试验
静力试验
疲劳试验
光弹性试验
风洞试验
试验机
试验模型
试验室
D: 实验室
实验室
Y: 试验室
试验台

AD17 涵洞

涵洞*
拱涵
箱涵
管涵
金属波纹管
明涵
暗涵
盖板涵
压力式涵洞
D: 半压力式涵洞
无压力涵洞
倒虹吸涵
陡坡涵洞
斜交涵洞
阶梯式涵洞
渡槽
半压力式涵洞
Y: 压力式涵洞
无压力涵洞
Y: 压力式涵洞

AE 隧道工程

挤压混凝土衬砌
混凝土衬砌
喷锚衬砌

AE08 隧道通风

隧道通风
施工通风
运营通风
机械通风
自然通风
隧道射流式通风
通风设备
通风*

AE09 隧道照明

隧道照明
照明设备
照明*

AE10 隧道防水与排水

隧道防水
防水板
防水层
防水材料
隧道排水
排水*
排水设备

AE11 隧道病害

隧道病害
衬砌裂损
隧道漏水
坍方
涌水
漏水*

AE12 隧道养护

隧道养护
堵漏
注浆*
化学注浆
防寒
整治
限界检查
隧道管理系统
隧道环境
压浆
防冻
防火

AE13 隧道试验

隧道试验
试验段
隧道监控量测
位移观测
变形观测
收敛

AE14 隧道安全

隧道安全
隧道防火
火灾
消防*
地面塌陷
隧道防灾设施
灾害检测装置
报警装置
避车洞
D: 避难洞
避难洞
Y: 避车洞

AF 工程材料

AF01 建筑材料

工程材料
材料*
D: 原料
防水材料
防护材料
保温材料
隔热材料
隔声材料
发光材料
材料性能
材料试验
原料
Y: 材料*
板材
Y: 板*
材料规格
材料质量
掺合料
拌合物*
D: 混合料
混合料
Y: 拌合物*
材料消耗
地方材料
高分子材料
过滤材料
D: 滤料
滤料
Y: 过滤材料
胶凝材料
结构材料
建筑材料
矿物*
D: 矿物材料
矿物材料
Y: 矿物*
粒状材料
铝矾土
路面材料
轻质板材板*
D: 板材
天然材料
填充材料
无机材料
有机材料
塑料

AF02 金属材料

金属材料
钢材
钢板
钢筋
粗钢筋
螺纹钢筋
钢丝
冷拔钢丝
预应力钢丝
钢丝束
钢绞线
钢纤维
钢缆
型钢
钢*
不锈钢
合金钢
碳钢
低碳钢
锰钢
耐候钢
高强度钢
钢轨钢
结构钢
工具钢
铁*
铸铁
球墨铸铁
合金铸铁
铝
铝合金

AF03 非金属材料

AF04 水泥

Y：铝酸盐水泥
粉煤灰水泥
Y：粉煤灰硅酸盐水泥
普通硅酸盐水泥
Y：硅酸盐水泥
火山灰水泥
Y：火山灰硅酸盐水泥
矿渣水泥
Y：矿渣硅酸盐水泥
高铝水泥
Y：铝酸盐水泥
水泥生料
Y：生料
水泥熟料
Y：熟料
早强水泥
Y：快硬水泥

AF05 石料

砾石
D：砾
石料
Y：石材
砾
Y：砾石
卵石
砂*
白垩
岩石*
变质岩
沉积岩
D：水成岩
大理岩
粉煤灰
粉砂
高岭石
D：高岭土
高岭土
Y：高岭石
花岗岩
石灰石
辉绿岩
火山凝灰岩
火成岩
D：岩浆岩
石材
D：石料
石墨
掺合料*
煤矸石
煤
片麻岩
软弱岩石
砂岩
石*
石灰岩
D：灰岩
石英岩
碎石
天然石
细砂
玄武岩
D：玄武岩类
页岩
油页岩
D：油母页岩
云母
水成岩
Y：沉积岩
高岭土
Y：高岭石
灰岩
Y：石灰岩
玄武岩类
Y：玄武岩
岩浆岩
Y：火成岩
油母页岩
Y：油页岩

AF06 骨料

骨料*
D：集料
瘠料
矿料
粗骨料
细骨料
D：细集料
轻骨料
级配*
颗粒级配
D：骨料级配
骨料级配
Y：颗粒级配
炉渣
D：煤渣
碎石
天然骨料
工业废渣
石屑
石场弃渣
矿粉
陶粒
巨粒土
粗粒土
细粒土
砾类土
砂类土
漂石
特殊土
块石
卵石
片石
亲水性集料
憎水性集料
砂砾
粗砂
中砂
细砂
土*
粉土质砂
粘土质砂
低液限粉土
低液限粘土
高液限粘土
粉土
粘土
集料
Y：骨料*
瘠料
Y：骨料*
矿料
Y：骨料*
煤渣
Y：炉渣
细集料
Y：细骨料

AF07 混凝土

混凝土*
钢筋混凝土
预应力混凝土
聚合混凝土
高强度混凝土
浸渍混凝土
低热混凝土
轻质混凝土
加气混凝土
泡沫混凝土
流动混凝土
干硬性混凝土
补偿收缩混凝土
预搅拌混凝土

AF08 沥青

AG 施工机械与设备

AG01 工程机械类型

AG02 动力机械与流体机械

AG03 混凝土机械与设备

给料机
D: 给料装置
供料装置
料斗
混凝土泵
汽车式混凝土泵
D: 混凝土泵车
混凝土机械
混凝土搅拌机
混凝土切割机
混凝土喷射器
Y: 混凝土喷射机
混凝土摊铺机
混凝土振动机械
D: 混凝土振实机械
计量装置
拉模机
泥浆搅拌机
切割机
砂浆喷射器
Y: 混凝土喷射机
混凝土振捣器
D: 振捣器
真空作业机械
给料装置
Y: 给料机
供料装置
Y: 给料机
混凝土泵车
Y: 汽车式混凝土泵
混凝土锯
Y: 混凝土切割机
混凝土喷射机
D: 混凝土喷射器
砂浆喷射器
混凝土铺路机
Y: 混凝土摊铺机
混凝土振实机械
Y: 混凝土振动机械
振捣器
Y: 混凝土振捣器
重力式搅拌机
Y: 自落式搅拌机

AG04 土工机械

步行式挖掘机
铲式挖掘机
铲运机
液压挖掘机
电动式挖掘机
吊管机
斗轮式挖掘机
斗式挖掘机
盾构挖掘机
多斗挖掘机
反铲挖掘机
松土机
D: 翻松机
刮板式铲运机
刮土机
轨轮式挖掘机
滚切式挖掘机
夯*
夯实机
回转式装载机
挖沟机
D: 开沟机
拉索铲运机
拉铲挖掘机
D: 拉索挖掘机
犁式开沟机
犁土机
犁扬机
连续式挖掘机
链斗式挖掘机
履带式推土机
履带式装载机
轮胎式推土机
轮胎式挖掘机
D: 汽车式挖掘机
轮胎式装载机
螺旋装载机
平地机
D: 平路机
平土机
升送机
隧洞掘进机
Y: 隧道掘进机
隧道掘进机
D: 隧洞掘进机
索式铲运机
塌方保护装置
弹力夯
土方机械
推动式挖掘机
推土机
挖掘机
挖掘机械
挖泥船
挖泥设备
蛙式夯
D: 蛙力夯
吸泥船
吸泥机
蟹斗式挖掘机
压实机械
振动夯实机
D: 振动夯
装载机
翻松机
Y: 松土机
开沟机
Y: 挖沟机
拉索挖掘机
Y: 拉铲挖掘机
链式挖沟机
Y: 链斗式挖沟机
平路机
Y: 平地机
平土机
Y: 平地机
汽车式挖掘机
Y: 轮胎式挖掘机
蛙力夯
Y: 蛙式夯
振动夯
Y: 振动夯实机

AG05 钻探打桩机械

拔桩机
柴油打桩机
封孔
喷射钻孔机
水下打桩机
压桩机
液压打桩机
桩工机械
钻孔机
钻孔搅拌机
钻探机械
钻头

AG06 起重运输机械

起重运输机械
臂架起重机
叉车
D: 叉式装卸车
铲车
垂直运输设备
升降设备
单轨起重机
电梯
起重机*
D: 吊车

AG07 筑路机械

撒砂机
划线机
D: 划线装置
划线装置
Y: 划线机
旧线清除机
剪草机
稀浆封层机
打桩机
架桥设备
找平装置
压实度自动检测装置

AG08 采掘与石材加工机械

采掘机械
破碎机
D: 粉碎机
履带式凿岩机
石材切割机
石材加工机械
D: 石料加工机械
凿岩机
散料装卸机
联合碎石机组
碎石机
刮板输送机
螺旋输送机
气力输送机
粉碎机
Y: 破碎机
石料加工机械
Y: 石材加工机械

AG09 建筑机具

电动脚手架
脚手架*
垫板
吊钩
吊篮
风镐
附着式脚手架
钢管脚手架
焊接设备
焊接辅助装置
焊枪
焊管机
焊接装置
模具
桥式脚手架
施工平台
平台*
水上施工平台
移动式脚手架
自升式施工平台

AG10 维修与管理

机械技术状况
机械维修
例行维护
设备定期维护
机械故障
机械修理
机械利用率
筑路机械小修
筑路机械中修
筑路机械大修
机械完好率
台班使用费
基本折旧率
经常维修费
维护费用
D: 维护费
维护费
Y: 维护费用
安装拆卸费
辅助设施费
机械事故
安全事故
机械事故处理
机械管理责任制
设备管理
设备封存
设备更新
设备报废
设备残值

AG11 机械试验

台架试验
现场试验
模型试验
足尺试验
模拟试验
锈蚀试验
磨损试验
常规试验
加速试验
样机试验
性能试验
可靠性试验
耐久性试验
抽样试验
行驶性能试验
制动性能试验
爬坡性能试验
转向性能试验
倾翻稳定性能试验
噪声试验
现场压实试验
路拌机械试验
现场拌和试验
沥青混凝土摊铺机试验
摊铺路面平整度试验
摊铺材料压实度试验

AH 材料与结构试验及设备

AH01 试验

试验*
相对密度试验
Y: 密度试验
普氏击实试验
Y: 轻型击实试验
修正击实试验
Y: 重型击实试验
动态三轴试验
Y: 三轴试验
无侧限抗压强度试验
Y: 侧限抗压强度试验
碳化深度酚酞试验
天然稠度试验
Y: 稠度试验
抗拉试验
Y: 拉伸试验
延性试验
Y: 韧性试验
韧性试验
D: 延性试验
拉拔试验
拉裂试验
拉伸试验
D: 抗拉试验
拉伸
刚性试验
应力试验
光弹性试验
硬度试验
强度试验
塑性试验
性能试验
力学试验
屈服试验
弯曲试验

AH02 检测

正响应区
残留响应区
滞后响应区
余振自谱分析
冲击系数测定
受迫振动互谱分析
无损检测
混凝土强度超声检测
裂缝声发射检测
混凝土钻孔内窥镜检查
混凝土氯化物含量测量
钢筋锈蚀活动性评定
钢筋锈蚀三因素模型
钢筋电阻率测量
钢筋电位测量
桥基沉降观测
钻孔直径检测
钻孔垂(直)度检测
动测法(桩)
工程地质条件分析
桥址稳定性评定
桥基稳定性评定
地震危险性评定
桥址断层活动性评定
石灰含量测定法
钙电极快速测定法
检验*
自振频率测量
外观检验
病害诊断
挠度测量
激振
振型分析
脉动测量
桥梁检验
响应*
响应区
自谱分析
互谱分析
振动互谱分析
工程分析
稳定性评定
危险性评定
活动性评定
沉降观测
观测*
钻孔检测
检测方法
系数测定
检测*
强度超声检测
声发射检测
超声检测
探伤
内窥镜检查
测定方法
评定*
电工测量
钻孔试验
工程地质分析
负响应区
Y:正响应区
正响应区
D:负响应区
混凝土氯化物含量测量
D:氯化物含量沿深度分布测量
氯化物含量沿深度分布测量
Y:混凝土氯化物含量测量

AH03 试验仪器

液塑限联合测定仪
硬度试验仪
击实仪
核子湿度密度仪
贯入仪
土圆锥仪
固结仪
维卡稠度仪
路面曲率仪
路面平整度测定仪
路面透水度测定仪
直剪仪
三轴剪切仪
沥青抽提仪
砂浆稠度仪
冲击韧度试验仪
耐磨硬度试验仪
石料加速磨光仪
路面激光测试仪
路面病害摄影组合仪
摩擦系数测定仪
滑溜测量仪
摆式仪
横向力系数测试仪
车载式颠簸累积仪
纵断面分析仪
构造深度仪
D:手推式构造深度仪
高速构造深度仪
弯沉仪
D:贝克曼梁
落锤式弯沉仪
动力式弯沉仪
应变计
压力盒
索力测定计
桥面平整度测定仪
回弹仪
频率仪
超声脉冲测量仪
磁性测裂计
光纤测裂计
酸度计
内窥镜
打桩分析仪
测斜仪
电子水平仪
磁感式沉降标
孔隙水压力计
十字板剪力仪
液压静力触探仪
岩芯取样器
薄壳取样器
钻孔照相机
钻孔潜望镜
钢筋锈蚀测定计
钢筋保护层测定仪
压电式传感器
拾震器
电阻应变仪
可编程序数据采集器
多通道数字记录系统
信号处理机
快速傅里叶变换分析仪
通视能见度检验仪
通视浑浊度仪
照相机
传感器
应变仪
水平仪
压力计
触探仪
平整度测定仪
颠簸累积仪
分析仪
磨光仪
路面测试仪
试验仪
韧度试验仪
硬度试验仪
曲率仪
渗透仪
剪切仪

停车线延误
停车延误
加减速延误
车道占有率
随车观测法
存车搭乘
停车*
D：泊车
存车
存车
Y：停车*
泊车
Y：停车*
非集合模型
Y：集合模型
集合模型
D：非集合模型
非交织交通流
Y：交织交通流
交织交通流
D：非交织交通流
不稳定性交通流
Y：稳定交通流
稳定交通流
D：不稳定性交通流
当量交通量
Y：换算交通量
换算交通量
D：当量交通量
行程时间比
Y：行程时间
行程时间
D：行程时间比
暂停
停止
交通流率
方向分布(交通流)
车道分布
时间占有率
交通*
交通模型
控制系统
仿真*
模拟*
噪声*
规则*
速度*
占有率(车辆)

AI02 交通规划

存车换乘
公路交通规划
交通规划
公路交通方式
境内交通
区内交通
过境交通
交通生成
交通量分配
交通量分布
交通量预测
交通需要预测
增长率法(交通工程)
连续式交通量观测站
间歇式交通量观测站
交通量观测站*
增长交通量
诱增交通量
Y：诱发交通量
转移交通量
吸引交通量
出行*
出行率
出行长度
出行时间
出行分布
徒步出行
境内出行
出行交换模型
出行端点模型
交通可达性
区界交通调查
渠化交通
综合运输系统
快速公共交通系统
交通方式选择模型
停车费
停车率
停车持续时间
停车周转次数
需要停车次数
路边停车
路外停车
停车计划
停车管理计划
停车饱和度
公路通行能力
饱和流量
饱和流率
服务水平
基本通行能力
可能通行能力
设计通行能力
交叉口通行能力
通行能力指数
路段通行能力
车道通行能力
匝道通行能力
交织区通行能力
经济通行能力
储备通行能力
交通方式
交通量观测站*
交通调查
运输系统
管理计划
指数*
通行能力(道路)
停车车位
D：停车车位需要
停车车位短缺
停车车位供应量
停车车位过剩
停车车位需要
Y：停车车位
停车车位短缺
Y：停车车位
停车车位供应量
Y：停车车位
停车车位过剩
Y：停车车位

AI03 交通控制与设备

车道偏移
四向停车
禁止通行
禁止停车
走廊交通管理计划
交通分隔
行人管制
灯光信号
信号周期
相位*
绿信比
绿波带
全红信号
相位差
优先时差
交叉口负荷系数
闪光信号
绿灯时差型式
清尾时间(车)
行人信号相位

AI04 交通管理

AI05 交通安全

制动距离
道路催眠状态
生理疲劳
驾驶疲劳
驾驶操纵能力
驾驶习惯
驾驶行为
D：驾驶员行为特性
驾驶员心理和生理反应
驾驶适应性
视力适应性
颜色适应性
视觉敏锐度
D：动视觉敏锐度
静视觉敏锐度
敏锐度
同步交通事故预测法
碰撞*
法庭*
视力*
适应性
交通事故率
Y：交通事故
感觉反应距离(司机)
Y：反应距离(司机)
驾驶员行为特性
Y：驾驶行为
动视觉敏锐度
Y：视觉敏锐度
静视觉敏锐度
Y：视觉敏锐度

AI06 道路收费系统

统一收费系统
Y：道路收费系统
磁卡收费机
发卡机
读卡机
道路收费系统
D：统一收费系统
收费站
停车计时器
收费弹性
收费中心
收费制式
开放式收费系统
封闭式收费系统
混合式收费系统
电子收费系统
收费系统

AI07 交通标志与设施

交通管理设施
安全设施
护栏*
标志*
交通标志
标志视认性
可变标志
可变限速标志
可变信息标志
固定信息标志
道路标识
交通护栏
交通设施
钢索护栏(交通)
管式护栏(交通)
箱梁型护栏(交通)
W 型护栏(交通)
缓冲护栏(交通)
钢板护栏(交通)
波形梁护栏(交通)
钢筋混凝土护栏(交通)
玻璃钢护栏(交通)
阻挡式护栏(交通)
液压缓冲护栏(交通)
刚性护栏(交通)
柔性护栏(交通)
照明*
缓和照明
D：适应照明
高杆照明
照明灯柱
隧道照明
照明过渡
照明过渡段
D：照明适应段
人工照明过渡
隧道入口区亮度
隧道适宜亮度
纵向连续带光源
横向间断光源
周期性闪光
黑洞效应
光度控制系统
照明灯具
照明设备
反光标识
路钮*
反光路钮
D：猫眼
防眩板
防眩屏
积雪标杆
交通指向钮
交通指路牌
行人安全设施
行人横穿设施
防牲畜护栏
动物通道
新泽西护栏
交通隔离墩
柱式轮廓标
分隔带(道路)
隔离网
防护栅
隔离栅
可调头交叉口
人行横道
人行地道
人行天桥
警告标志
指路标志
辅助标志
地名标志
停车场标志
停车标志
行人过街标志
弯道标志
岔道标志
门式交通标志
悬臂式交通标志
立柱式交通标志
汇流标志
窄桥标志
分隔行驶公路标志
坡道标志
限速标志
路滑标志
最低限速标志
禁止调头标志
禁止右转弯标志
禁止左转弯标志
禁止超车标志
爬坡车道标志
禁止驶入标志
让车道标志
禁止通行标志
单行线标志
禁止停放标志
低净空标志
绕行标志
休息区标志
服务区标志
应急电话标志

出口标志
出口预告标志
发光标志
反光标志
光纤标志
灯光照明标志
学童过街标志
学校标志
铁路道口标志
双黄线
车道分界线
边缘线
斑马线
左转弯导向线
右转弯导向线
轮廓标线
可变向中心车道线
渠化标线
中心岛标线
停放车位标线
停车线
匝道标线
立面标线
路面文字标记
缘石标记
定向行车道标记
道路反光镜
亮度
光源
导向线(交通)
适应照明
Y: 缓和照明
照明适应段
Y: 照明过渡段
猫眼
Y: 反光路钮

AJ 城市公共交通

AJ01 基本术语

客运系统
公共交通线路设施
D: 公共交通车站
公共交通停车场
城市公共交通
客运
Y: 旅客运输
城市公共交通
D: 城市公共交通系统
公共交通方式
大运量客运系统
快速轨道交通
城市公共交通系统
Y: 城市公共交通
公共汽车优先通行系统
Y: 公共交通优先
公共交通线路网
Y: 公共交通线路
公共交通车站
Y: 公共交通线路设施
公共交通停车场
Y: 公共交通线路设施
公共交通线路布局
Y: 城市公共交通规划
公共交通站场布局
Y: 城市公共交通规划
铁道
Y: 铁路
公共交通枢纽
城市公共交通规划
D: 公共交通线路布局
公共交通站场布局
地下铁道
单轨运输系统
新交通系统
垂直运输系统
应急公共交通系统
城市客渡
索道缆车客运
轨道缆车客运
公共交通优先
D: 公共汽车优先通行系统
公共交通
交通规划
公共交通系统
铁路
D: 铁道
交通系统
商业中心
城市对外交通
公共汽车专用街道
公共汽车专用车道
公共汽车优先车道
自行车交通
D: 自行车车道
自行车专用路
自行车车道
Y: 自行车交通
自行车专用路
Y: 自行车交通
交通道德
乘客心理
制动
制动距离
停车距离
行车间距
电制动
反馈制动
D: 再生制动
再生制动
Y: 反馈制动
电阻制动
启动加速度
制动减速度
站界
限界*
车辆限界
建筑限界
设备限界
线路曲折系数
线路非直线系数
Y: 线路曲折系数
线路重复系数
线路复线系数
Y: 线路重复系数
加速度
减速度

AJ02 公共交通工具

公共交通工具
公共汽车
旅游车
出租汽车
无轨电车
有轨电车
D: 快速有轨电车
动车
车辆*
列车*
传送带*
踏板
单轨车
磁垫车
行人传送带
客渡轮
客渡驳
索道缆车
轨道缆车
路牌
前路牌
D: 前牌
后路牌
D: 尾牌
侧路牌

出租汽车标志
空调设备
车用直流电度表
车用扩音机
车用播音机
车用计费器
乘客计数器
售票机
检票机
集电装置
接地链
索道绞车
索道救护车
车内净高
车厢通道宽度
车门开度
车厢地板高度
一级地板高度
踏板级间高度
坐位间距
车厢站立面积
坐位数
站位数
额定载客量
最大载客量
车列长度
列车长度
交通工具
电车
轻轨车
电度表
缆车
计数器
绞车
Y: 卷扬机
卷扬机
D: 绞车
救护车
公共交通标准车
轴重
转向架轴距
转向架中心距
快速有轨电车
Y: 有轨电车
自动步道
Y: 行人传送带
行人传送带
D: 自动步道
车厢
踏步
Y: 踏板
踏板
D: 踏步
乘客座椅
前牌
Y: 前路牌
尾牌
Y: 后路牌
客位数
Y: 额定载客量
定员
Y: 额定载客量
额定载客量
D: 定员
客位数
载客量

AJ03 公共交通线路

公共交通线路
市区线路
郊区线路
长途线路
地面线路
地下线路
高架线路
高峰线路
昼夜线路
夜间线路
快车线路
固定线路
临时线路
游览线路
环形线路
干线
支线
调头线
正线
站线
段管线
岔线
特别用途线
单向行驶线段
监视系统
航线*
市区航线
郊县航线
顺江航线
固定航线
临时航线
轨距
索距
限制坡度
线路大修
线路中修
线路维修
调度站
Y: 调度中心
调度中心
D: 调度站
起点站
终点站
始发站
沿途站
快车站
招呼站
定时车站
换乘站
枢纽站
港湾式车站
长途公共汽车站
出租汽车站
客运码头
索道客运站
拉紧站
驱动站
轨道缆车客运站
发车站
接车站
缆车轨道
索道
牵引索
承载索
卷筒提升机
渡趸
垫跳船
Y: 趸船
车站出入口
候车室
售票厅
检票口
验票口
站台
自动扶梯
换乘停车场
停车场*
信号*
信号机
联锁*
锁闭
解锁
电动转辙机
电气集中联锁
D: 电气集中

AJ04 运营管理

运行调度图
路单
放站运行
跳站运行
滞站
发车间隔
发车频率
发船频率
行车间距
D: 安全行车间距
安全行车间距
Y: 行车间距
行车频率
待命时间
调度空驶时间
接客空驶时间
载客时间
延误时间
滞站时间
灯阻时间
票务
票价
基本票价
全程票价
计程票制
分段票制
计时票制
单一票制
票制
票类
票价里程
普通票
月票
D: 市区月票
　郊区月票
　专线月票
　学生月票
　通用月票
　公用月票
本票
磁卡车票
D: 磁性车票
磁性车票
Y: 磁卡车票
废票
查票
补票
罚票
免费乘车
司机
乘务员
查票员
调度员
航行班次
市区客渡
郊县客渡
上水航行
下水航行
待航
开航
停航
误班
D: 误班船
合乘车
招呼式公共汽车
通勤列车
服务质量
D: 服务合格率
门到门服务
安全行车
车容
站貌
车况
船况
水性
船性
洗检
运营时间
D: 非运营时间
单程时间
停站时间
终点站停车时间
停泊时间
误班时间
公共汽车优先通行信号
票价政策
票价补贴
补贴*
频率*
时间*
空驶时间
客渡
平均出行时间
Y: 出行时间
换乘时间
Y: 换乘*
换乘距离
Y: 换乘*
换乘率
Y: 换乘*
非高峰时间
Y: 高峰时间
早高峰
Y: 高峰时间
晚高峰
Y: 高峰时间
高单向
Y: 高峰主流向
高断面
Y: 客流最大断面
追踪列车
Y: 跟随列车
准点(行车)
Y: 正点(行车)
快点(行车)
Y: 早点(行车)
慢点(行车)
Y: 晚点(行车)
发船密度
Y: 发船频率
发船频率
D: 发船密度
市区月票
Y: 月票
郊区月票
Y: 月票
专线月票
Y: 月票
学生月票
Y: 月票
通用月票
Y: 月票
公用月票
Y: 月票
往返票
Y: 车(船)票
车(船)票
D: 往返票
误班船
Y: 误班
服务合格率
Y: 服务质量
非运营时间
Y: 运营时间

AJ05 运营指标

居民拥有车辆
在册车辆
运营车辆
线路网密度
线路负荷
线路通行能力
站距

AK 汽车运用工程

AK01 公路运输车辆

挂车
全挂车
半挂车
平板挂车
栏板挂车
低平板挂车
凹式平板挂车
重型平板挂车
特种挂车
厢式挂车
集装箱挂车
集装箱专用挂车
集装箱平板挂车
集装箱栏板挂车
自卸挂车
液罐挂车
保温挂车
冷藏挂车
长货挂车
预制件挂车
底卸式挂车
粉状货挂车
牲畜家禽挂车
纵伸挂车
横伸挂车
集装箱自装卸挂车
轿车运载(半挂)车
汽车列车
全挂汽车列车
半挂汽车列车
双挂汽车列车
民用车辆
在用汽车
商用汽车
营运汽车
自用车辆
特种载货汽车
Y：载货汽车
气缸压力表
Y：压缩压力计
压缩压力计
D：气缸压力表

AK02 公路运输车辆管理

公路运输车辆管理
汽车管理系统
车辆技术档案
汽车技术经济定额
汽车燃料消耗
轮胎行驶里程定额
汽车维修费用
汽车大修费用
汽车小修频率
轮胎翻新率
车辆折旧
车辆完好率
车辆租赁
车辆报废
车辆更新
车辆装备
车辆改造
车辆使用寿命
车辆合理使用寿命
车辆经济使用寿命
车辆技术使用寿命
车辆管理
管理系统
技术档案
报废*
折旧*
使用寿命
技术经济定额
燃料消耗定额

AK03 汽车驾驶

汽车驾驶
驾驶*
预热(汽车驾驶)
起步(汽车驾驶)
换挡(汽车驾驶)
加速(汽车驾驶)
减速(汽车驾驶)
转向(汽车驾驶)
掉头(汽车驾驶)
倒车(汽车驾驶)
制动(汽车驾驶)
紧急制动(汽车驾驶)
压印(轮胎)
Y：车辙
车辙
D：压印(轮胎)
　　拖印(轮胎)
拖印(轮胎)
Y：车辙
超车
会车
侧向最小安全间距
汽车安全驾驶参数
汽车安全参数
车轮滑转(汽车)
抛锚(汽车驾驶)
折叠(列车)
滑行(汽车驾驶)
脱挡滑行(汽车驾驶)
熄火滑行(汽车驾驶)
分离离合器滑行(汽车驾驶)
加速滑行(汽车驾驶)
驾驶技术
D：驾驶能力
驾驶能力
Y：驾驶技术
涉水驾驶
冰雪路面驾驶
走合期驾驶(汽车驾驶)
驾驶模拟器
模拟器

AK04 汽车使用与维护

汽车使用*
汽车运行工况
怠速工况
强制怠速工况
加速工况
等速工况
减速工况
滑行工况
全负荷工况
部分负荷工况
汽车使用强度
汽车使用效率
汽车合理使用
汽车使用性能
使用性能
汽车重量利用系数
汽车使用可靠性
汽车耐久性
汽车动力性
汽车经济性
汽车安全性
D：被动安全性
　　主动安全性
被动安全性
Y：汽车安全性
主动安全性
Y：汽车安全性
计划预防维修制度
Y：汽车维修制度
汽车维护工艺过程
Y：汽车维护工艺
汽车使用方便性
汽车行驶平顺性
汽车乘坐舒适性
汽车操纵轻便性

AK05 汽车修理

惯性式制动试验台
轴重仪
侧滑试验台(汽车)
速度(表)试验台(汽车)
前大灯试验仪(汽车)
排气分析仪
柴油机烟度计
烟度计
车轮定位仪(汽车)
车轮动平衡仪
动平衡仪
发动机诊断仪
诊断仪
压缩压力计
压力计
柴油机喷油泵试验台
燃油流量计
流量计
声级计
镗缸机(汽车)
主轴承镗床
连杆轴承镗床
汽缸珩磨机
磨气门机
制动鼓车床
制动蹄磨床
汽车举升机
柱式举升机
架式举升机
汽车清洗机
汽车门式自动清洗机
汽车底部自动清洗机
零件清洗机
发动机清洗机
车身测量整形机(轿车)
车身矫正机
红外线烘干装置
调(配)漆机
试验台
修理厂
工艺设备
工具*
技术标准
检测系统
汽车检测系统
镗床
机床
车床
磨床
举升机
清洗机

水路运输

BA 水路运输

BA01 水运规章与条例

交通法
港口规章制度
禁运*
国际禁运
航运政策
国际检疫
国际公约
联合国贸发会议
航道试验站(美国工程兵)
国家海洋和大气局(美国)
国际仲裁
国际组织
世界贸易组织
D: 关税及贸易总协定
关税及贸易总协定
Y: 世界贸易组织
关税税率
D: 关税率
税率
关税率
Y: 关税税率
财产税
公司所得税
Y: 所得税
利息所得税
Y: 所得税
企业奖金税
城市建设税
D: 城市维护建设税
城市维护建设税
Y: 城市建设税
吨税
燃油税
海关
关税
D: 口岸纳税
出口税
进口税
口岸纳税
Y: 关税
出口税
Y: 关税
进口税
Y: 关税
转口税
过境税
船舶吨税
地方税
调节税
差别关税
附加税
间接税
直接税
流通税
关封
结关单
结关
保税库
Y: 保税仓库
保税区
税*
税收*
税法
税基
纳税基数
Y: 税基
应税金额
从价税
环境税
财政关税
财政性关税
税收调整
税收征管
税务局
税收优待
税收赦免
Y: 税收减免
征税商品
征税估值
税务管理
税务审计
税务条约
利息税
所得税
D: 公司所得税
利息所得税
税收政策
计税标准
税制
合法避税
D: 避税
避税
Y: 合法避税
关税壁垒
税赋率
税收分类

BA02 旅客运输与货物运输

船期表
提单背书
空白背书
背书*
容积系数
D：体积系数
体积系数
Y：容积系数
平舱
贸易文件
水路运输
海上运输
D：水上运输
海洋运输
海运
远洋运输
内河运输
江海直达运输
河运商务
水上运输方式
货物在途积压费用
货物运输管理
运输管理
货源信息
货源信息
货运量预测
货流密度
货物运输计划
计划内运输
季节性货物运输
货物运输条件
邮件运输
甲板货物运输
特种运输
客流*
客流密度
客流调查
船票
客运记录
货运业务
托运
承运
托运人
承运人
收货人
水路货物运单
引航费
移泊费
港作拖轮费
驳运费
过驳费
理货费
船舶代理费
停泊费
船舶过闸费

BA03 运输系统

运输需求管理
运输发展
航运工程
运输效果
D：运输影响
运输影响
Y：运输效果
运输能源
运输工程
运输财务
运输系统管理
交通管理
运输系统
运输系统分析
运输系统规划
D：综合运输规划
综合公交运输系统
综合运输
综合运输规划
Y：运输系统规划
运输技术
运输管理
内河航运
散货航运
散货运输
喂给船运输
海运单
运输模型
运输方式
运输需求
运输网络
运输部门
信息服务
内河信息服务
航道信息服务
战略交通信息服务
战术交通信息服务
出口货流
运费托收
系统规划
系统管理
交通分析
交通拥挤
交通拥挤经济影响
交通管制
交通管制系统
交通数据管理系统
管理系统
交通延误
交通延误成本
交通延误费用
交通延误研究
交通量估算
交通流
Y：交通流量
交通流量
D：交通流
交通负荷
交通流特征
交通流类型
交通流模拟
交通流理论
交通流预测
交通信息系统
交通负荷
Y：交通流量
交通规划
波罗的海货运指数
波罗的海货运期货交易

BA04 水运与保险

保险*
运输保险
D：运费保险
海上运输保险
D：海上保险
海洋货物运输保险
海运保险
财产保险
财产估价
人寿保险
工程建设保险
航次保险
定期保险
船舶全损险
全损
海上保险
Y：海上运输保险
海损
共同海损
附加险
海洋货物运输保险
Y：海上运输保险
海运保险
Y：海上运输保险
船舶保险

BA05 集装箱运输

BA06 物流与联运

产品分配
产区
陆港
仓库布置
物流*
物资管理
物流管理
多式联运系统
保税仓库
D：保税库
物流区
供应链联盟
费用权衡分析
物流方法
供应链方法
仓储管理
仓库分布
仓库管理
仓库利用率
仓库容量
操作程序图
操作分析
综合系统
D：一体化系统
一体化系统
Y：综合系统
一体化*
D：整合
整合
Y：一体化*
多式联运设施
多式联运信息系统
多式联运服务
陆上多式联运
多式联运文件
多式联运系统
多式联运
国际多式联运业务
物流活动
物流渠道
物流作业
物流工程
物流技术
物流成本
物流费用
物流中心
物流网络
物流信息
物流信息系统
共同管理库存
国际管理库存

国际物流
运输链
供应链
合作链
链
供应链管理
条型码
电子数据交换
有形损耗
无形损耗
损耗*
关键路径分析
包运合同
物流设计
计算机综合物流系统
物流系统
连续流动配送
储存*
物品储备
库存*
经常库存
安全库存
库存周期
货垛
堆码
搬运
Y：装卸
装卸*
D：搬运
单元装卸
包装*
销售包装
定牌包装
中性包装
运输包装
托盘包装
散装
直接换装
D：越库
越库
Y：直接换装
配送*
共同配送
实物配送
配送中心
分拣
拣选
集货
组配
流通加工
D：配送加工

配送加工
Y：流通加工
仓库*
库房
自动化仓库
立体仓库
虚拟仓库
出口监管仓库
海关监管货物
冷藏区
冷冻区
控湿储存区
温度可控区
收货区
货区
D：出货区
出货区
Y：货区
料棚
货场
货架
自动导引车
箱式车
仓库布局
库存控制
ABC 分类管理
电子订货系统
零库存技术
物流成本管理
物料需求计划
配送资源规划
计算机辅助订货系统
供应商管理库存
联合运输
D：联运
联运
Y：联合运输
直达运输
中转运输
甩挂运输
国际铁路运输
铁路运输
国际联运
国际多式联运
大陆桥运输
国内联运
联运企业
联运方式
干线联运
干支线联运
水陆联运

BA07 码头与堆场作业

BA08 港口装卸

汽车吊具
防尘漏斗

BA09 水运组织机构与企业组织制度

海运组织
海运机构
贸易机构
联合国工发组织
D：联合国工发组织方法
联合国工发组织方法
Y：联合国工发组织
非政府组织
班轮公司集团和联盟
航运公会运营（水角公会）
班轮公会
运价公会
国际海事组织
D：IMO
IMO
Y：国际海事组织
政府间海运协商组织
国际运输工人联合会
联合国航运研究
国际航运会议
美国航运委员会
航海安全委员会
海运管理局(美国)
船级
船级社
俄罗斯船级社
日本海事协会
美国船舶局
法国船级社
挪威船级社
挪威国际船舶登记局
劳氏船级社
劳埃德船舶年鉴(英)
英国劳氏船级社
德国劳氏船级社
苏联船舶登记局
中国船级社
船级社规则
船舶注册
D：船舶登记
船舶登记
Y：船舶注册
国际船级社联合会

BB 水运建设

BB01 水运管理体制与机构

管制*
欧洲共同市场
政府投资
D：政府资金投入
政府资金投入
Y：政府投资
政府融资
D：政府筹资
政府筹资
Y：政府融资
政府债券
D：公债
公债
Y：政府债券
政府产业合作
国际合作
国际金融合作
政府采购
政府干预
国家所有制
D：国有制
国有制
Y：国家所有制
政府补贴
政府政策
政府税收
政府审计
体制改革
D：制度改革
制度改革
Y：体制改革
政府
政府机构
政府管制
D：政府规制
政府规制
Y：政府管制
国际标准化组织
D：国际标准组织
国际标准组织
Y：国际标准化组织
欧洲经济共同体
欧洲经济与货币联盟
经济共同体
经济联合体
D：经济联盟
经济联盟
Y：经济联合体
经济一体化
一体化*
所有制
全民所有制
公有制
D：公共所有制
公共所有制
Y：公有制
共有制
D：共同所有制
共同所有制
Y：共有制
集体所有制
私有制
股份制
合伙制
财产所有制
D：财产所有权
财产所有权
Y：财产所有制
产权
D：财产权
财产权
Y：产权
公有产权
共有产权
D：共同所有权
共同所有权
Y：共有产权
股权
所有权
追索权
无追索权
国家干预
D：国家调节
国家规制
国家调节
Y：国家干预
国家规制
Y：国家干预
国家公债
国家基金
D：国家管理基金
国家管理基金
Y：国家基金
国家计划
宏观计划
国民经济长期计划
国民经济计划
基本建设计划
基本建设投资计划
基本建设项目
Y：建设项目
基建技术经济分析
基建项目任务书

BB02 政策与法规

BB03 水运发展预测与规划

市场预测
运输能力
评价技术
D：评价方法
评价方法
Y：评价技术
不合理运输
国家参数
副效应
D：副效果
副效果
Y：副效应
增加值
生产法
收入法
支出法
分析法
D：解析法
解析法
Y：分析法
长期规划
长期预测
地域性规划
定性预测
定性预测分析
市场预测
经济预测
运量预测
需求预测
需求预测模型
供求因素
需求函数
需求管理
需求管理政策
需求模式
需求结构
供需链
人口*
流动人口
原住民
土著居民
移民
非正规部门
制度分析

BB04 水运建设投资

直接投资
间接投资
资金来源
资本*
国家发展战略
Y：发展战略
贷款*
贷款偿还期
贷款计划
贷款条件
贷款原则
贷款指标
软贷款
硬贷款
小额信贷
多边借贷
船舶投资可行性研究
固定资产投资
方案比较法
背景分析
评价指标体系
最优化论证方法
发展战略
D：国家发展战略
发展基金
D：发展资金
科研基金
开发基金
发展资金
Y：发展基金
科研基金
Y：发展基金
开发基金
Y：发展基金
不确定性分析
风险*
风险分析
D：风险性分析
风险性分析
Y：风险分析
风险管理
风险控制
风险评价
决策*
社会资本
基建投资
资本投资
自主投资
风险投资
投资收益率
D：投资报酬率
投资报酬率
Y：投资收益率
非生产性建设
非生产性建设投资
投资*
投资规划
投资风险
债券
社会风险
社会保障体系
社会敏感性
利益相关者分析
偿还年限法
筹资
Y：资金来源
短期
短期贷款
短期分析(经济学)
劳动生产率
基础设施
折旧费
折旧率
残值
年营运费用
年总成本
年利润
建设费用
建造补贴
可靠性
可靠性分析
投资回收期*
投资效果系数
概率分析
利益相关者
相关利益集团
影响分析
关键路径分析
生命周期费用分析
准则*
融资成本
最小费用分析
最小成本分析
债券融资
李特尔米尔里斯方法
风险模拟
贝他系数
风险因素
风险市场价格
风险补偿折现率
风险程序
风险评价方法
风险评价项目管理
风险评价报告
航运工程建设相关风险
不可接受风险

效益费用比
收益率
内部收益率
D: 内部报酬率
内部回报率
内部报酬率
Y: 内部收益率
内部回报率
Y: 内部收益率
净现值
借款偿还期
费用效果比率
转换系数
债券利率
自有资金
自有资本
权益资本
固定投资
增量投资
投资决策准则
洛伦兹曲线
基尼系数
标准投资回收期
拨款*
补偿性财政政策
补偿原则
补贴*
D: 补助
补助
Y: 补贴*
利率
利息费用
折旧方法
应税利润
补偿差额
D: 补偿差异
补偿差异
Y: 补偿差额
净损失
决策准则
决策支持工具
D: 决策支持方法
决策支持方法
Y: 决策支持工具
稀缺资源配置
配置效率
折现率
社会折现率
经济折现率
建设*
参照系统
产业*
产业结构
产业分析
产业结构调整
产业利润
产业政策
产业资本
产油国
产值利润率
利润率
产值利润
场地费用
场地使用权
使用权
融资
融资计划
建设投资
投资效率

BB05 可行性研究与工程项目评估

随机过程
排队论
D: 排队理论
排队网络
排列图法
计算机模拟
深水港经济性
寿命周期成本
可行性
可行性研究
方法论
可行性分析
投资项目可行性分析
可行性研究报告
研究报告
案例研究
建设地址
建设周期
建设项目
分立项目
迁建项目
改建项目
D: 改扩建项目
改扩建项目
Y: 改建项目
建设前期工作
D: 建设项目前期工作
建设项目前期工作
Y: 建设前期工作
建设资金
监测评价
项目准备
社会基础设施
社会监测评价
大系统
大系统理论
大型建设项目
混沌理论
综合集成理论
资本资产定价模型
失业*
结构性失业
自然垄断
通货膨胀
经济危机
项目*
项目备选方案
项目分析
项目控制
项目设计
项目开发
项目评价
项目后评价
后评价
Y: 评价*
项目评估
项目管理
项目组织
项目规划
项目选择
定量分析
研究开发
D: 研发
研发
Y: 研究开发
研发技术
研发政策
研究方法
研究项目计划
研究项目
LOGIT 模型
宏观分析模型
运输研究
土地购置
D: 土地征用
征地
土地征用
Y: 土地购置
征地
Y: 土地购置
土地开发
土地管理

土地招标
土地回填
D：土地开垦
土地开垦
Y：土地回填
土地效益
D：土地收益
土地收益
Y：土地效益
土地使用费
土地利用
土地利用效率
土地利用控制
土地利用效果
D：土地利用影响
土地利用影响
Y：土地利用效果
土地利用模型
土地利用规划
土地估价
土地交易
D：土地转让
土地转让
Y：土地交易
使用寿命
D：寿命
　使用期限
寿命
Y：使用寿命
使用期限
Y：使用寿命
寿命周期成本分析
寿命周期分析
概率分析
概率分布
连续概率分布
累积概率分布
联合概率分布
敏感性分析
D：灵敏度分析
灵敏度分析
Y：敏感性分析
社会经济敏感性
社会评价
能力建设
社区
社区组织

BC 港口工程

BC01 港口概况

港湾
浮码头
D：囤船码头
囤船码头
Y：浮码头
停泊区
Y：锚地*
锚地*
D：停泊区
检疫锚地
避风锚地
防台锚地
调船锚地
D：调头池
调头池
Y：调船锚地
港口*
避风港
工业港
商港
深水港
外港
旅游港
自治港
地主型港口
喂给船港口
国际贸易港口
油港
海港
不冻港
自由港
河港
湖港
军港
渔港
港池
码头*
油码头
岸壁型码头
摩托艇码头
货运码头
油库
集装箱码头
件杂货码头
散货码头
矿石码头
煤码头
直立式码头
桩基码头
重力式码头
桥墩*
水库
D：蓄洪区
蓄洪区
Y：水库
囤船
Y：趸船
桥脚舟
Y：趸船
海堤
Y：海塘
海塘
D：海堤
锚泊
Y：系泊

BC02 港口工程基础

水工结构学
土力学
岩石力学
工程地质学
临界流动
流体流动
流动*
加筋土
人工地基
波谱
软基
软基条件
坡道
不规则波
规则波
非线性波浪模型
波浪模型
漫顶
渗透*
D：渗流
渗流
Y：渗透*
侵蚀机理
快速侵蚀机理
孔隙水
回弹性
海岸逆向侵蚀
岸线变化
海岸侵蚀原因
侵蚀原因
岸线监控
D：海岸监控
海岸侵蚀沉积
岸线侵蚀处置
潜流稳定装置
稳定装置

地基*
水库调洪演算
灌注桩
Y：现浇混凝土桩
淤积*
沉积作用
地质作用*
淤积控制
筑坝技术
D：坝工技术
筑堤块体
基坑
沉箱
沉井
土方工程*
土木工程
土方机械
托换基础
超载荷
D：超顶高堆土载荷
超顶高堆土载荷
Y：超载荷
河床演变
Y：河道演变*
造床过程
Y：河道演变*
运动粘度
Y：运动粘性
动力粘度
Y：动力粘性
坝工技术
Y：筑坝技术

BC03 港口水工建筑物

建筑物*
D：构筑物
构筑物
Y：建筑物*
港口建筑物
混凝土结构
结构*
工程结构*
水工结构
非钢筋加筋混凝土结构
钢筋混凝土结构
现浇混凝土结构
船坞
浮船坞
浮码头
离岸式码头
桩基码头
海洋建筑物
人工岛
离岸建筑物
D：近海建筑物
近海建筑物
Y：离岸建筑物
通航建筑物
D：导航建筑物
过船建筑物
导航建筑物
Y：通航建筑物
过船建筑物
Y：通航建筑物
桩*
水工建筑物
坝
拦沙坝
填筑坝
圬工坝
土坝
堆石坝
潜坝
网坝
锁坝
橡胶坝
丁坝
顺坝
拱坝
高坝
重力坝
混凝土坝
双曲拱坝
坝踵
坝趾
溢流坝
溢洪道
消能建筑物(水利)
消能(水流)
进水口
消力池
D：静水池
静水池
Y：消力池
池
输水建筑物
取水建筑物
泄水建筑物
过鱼建筑物
D：集鱼系统
集鱼系统
Y：过鱼建筑物
过鱼设施
升鱼机
鱼道
堤
防波堤
D：防潮堤
防潮堤
Y：防波堤
浮式防波堤
水下防波堤
岛式防波堤
港口外堤*
突堤
进港导堤
引航道
岛坝
D：离岸防波堤
离岸防波堤
Y：岛坝
堰
围堰*
溢流堰
挡土墙
扶垛挡土墙
墙*
水下连续墙
地下连续墙
防渗心墙
D：不透水坝心墙
阻水隔墙
不透水坝心墙
Y：防渗心墙
阻水隔墙
Y：防渗心墙
岸壁
渡槽
过闸

BC04 港口规划与设计

海洋工程测量
工程测量
城市海滨地区
海岸区域
港口建设
D：港口扩建
建港
旧港改建
港址选择
港口扩建
Y：港口建设
建港

BC05 港航模型试验

BC06 港口施工、施工管理与设备

纤维*
码头设备
打桩机
柴排
D: 柴捆
沉排
梢排
柴捆
Y: 柴排
沉排
Y: 柴排
梢排
Y: 柴排
埽
石笼
D: 填石木笼
填石木笼
Y: 石笼
系泊设备
D: 系船设备
系船设备
Y: 系泊设备
系船柱
靠船设备
Y: 防碰设备
防碰设备
D: 靠船设备
锚
锚链

BD 航道工程

BD01 航道概况

河道*
D: 渠道
水道
Y: 航道*
网状河道
古河道
天然河道
航道*
D: 水道
窄水道
进港航道
进出港航道
天然航道
国际水道
河流会合处
航道汇合处
内河航道
渠化航道
等级航道
调头区
水源
河源
航道水深
航行图
护岸
河道演变
D: 河床演变
造床过程
航道稳定
深水航道
通航水域
水深
水文要素*
盐度
航道等级
航道定线
航道工程
主航道
副航道
引航道
通航建筑物
D: 导航建筑物
导航建筑物
Y: 通航建筑物
通航渡槽
通航隧洞
运河
海运河
内陆运河
干流
支流
D: 汊道
河汊
汊道
Y: 支流
河汊
Y: 支流
蜿蜒性河段
河段*
上游
中游
下游
河流*
河口
河相
底基
泥沙输移
河湾
分汊
河流改道
河槽
束狭河槽
D: 河道束狭
河身束窄
束水归槽
束水攻沙
河道束狭
Y: 束狭河槽
河身束窄
Y: 束狭河槽
束水归槽
Y: 束狭河槽
束水攻沙
Y: 束狭河槽
岸*
D: 岸坡
沿岸
海岸
陡岸
坍岸
D: 崩岸
崩岸
Y: 坍岸
岸坡
Y: 岸*
滩
峭壁
河性
山区河流
天然河流
袭夺河
泥沙*
浮泥
污泥*
沉积物*
悬沙
Y: 悬移质
沿岸漂沙
Y: 悬移质
推移质
冲泻质
床沙质
窄水道
Y: 航道*
拦门沙
礁
河工
Y: :水工
堵塞

BD02 航道设计

BD03 船闸与升船机

垂直升船机
斜面升船机
航道梯级
单级船闸
双级船闸
多级船闸
单线船闸
双线船闸
多线船闸
过坝

BD04 疏浚与整治

航道疏浚
航道浚深
维护性疏浚
航道图
数字航道图
施工图
数字施工图
数字装备图
航道数据库
水文数据库
水深测量数据库
土地所有信息系统
扫床
炸礁
航道开发
疏浚*
超宽疏浚
超深疏浚
近海疏浚
养护性疏浚
疏浚工程
河道整治*
河流改道
D: 导流
导流
Y: 河流改道
护坡
边坡稳定
运河养护
运河工程
D: 渠化工程
渠化工程
Y: 运河工程
河道整治规划
河流疏浚
河口整治
交汇段整治
河道整治建筑物
透水坝
航道整治
航道整治结构
渠化运河
D: 设闸运河
设闸运河
Y: 渠化运河
裁弯取直
D: 顺直
顺直
Y: 裁弯取直
防沙工程
河道淤积
河口淤积
河口泥沙
回淤
清淤
D: 排沙
排沙
Y: 清淤
港口清淤
渠道清淤
水库清淤
淤积控制
放淤
排沙放淤
束水冲沙
疏浚监控
卸泥区
吹填造地
汇流
分流
D: 分水
分水
Y: 分流
溢流
截流
泵站
输沙*
D: 淤泥输送
淤泥输送
Y: 输沙*
吹沙
水力输沙
河流输沙

BD05 导航与助航设施

助航设施
助航标志
Y: 航标*
视觉航标
音响航标
无线电航标
浮动标志
固定标志
岸标
D: 陆上航标
陆上航标
Y: 岸标
航标背景
水平能见度(航标)
能见度
灯光射程
照度阈值(航标)
阈值
孤立危险物标志
安全水域标志
桥涵标
视听助航设备
导航*
导航系统
定位系统
航海导航
D: 海上导航
河港导航
海上导航
Y: 航海导航
河港导航
Y: 航海导航
水面导航
水下导航
河港导航系统
激光导航
声呐导航
声呐探测
声探测
水下探测
D: 水下搜索
水下搜索
Y: 水下探测
数字导航
天文导航
卫星导航
无线电导航
导航灯
导航计算机
专用计算机
船用计算机
D: 舰载计算机
舰载计算机
Y: 船用计算机
微型计算机
导航发射机

导航接收机
导航雷达
防撞雷达
导航潜望镜
导航设备
导航声呐
导航卫星
导航信标
D：主信标
主信标
Y：导航信标
通信卫星
航标卫星
人造卫星*
卫星
航标*
D：助航标志
水上航标
交通标志
信标*
航道信标
定位信标
信号设备*
航标灯
航标站
航标配布
D：浮标设置
浮标设置
Y：航标配布
灯船
灯标
灯标船
灯塔
灯塔数据库
灯桩
浮标*
航行浮标
通信浮标
系泊浮筒

BD06 河流渠化与水系综合利用

渠
渠化
渠化航道
水利枢纽*
木材过坝设施
木材筏道
D：漂木道
漂木道
Y：木材筏道
过木机
鱼梯
鱼闸
鱼道
地下水资源*
D：地下水储量
地下水储量
Y：地下水资源
潮汐能资源
水电资源
D：水能资源
水能资源
Y：水电资源
水资源*
D：水利资源
水利资源
Y：水资源*
梯级水电站
抽水蓄能水电站
D：抽水蓄能电站
抽水蓄能电站
Y：抽水蓄能水电站
再生能源
可开发水能资源
水力发电站
D：水力发电厂
水力发电厂
Y：水力发电站
发电厂
水利资源开发*
水利综合开发
D：多目标开发
多目标开发
Y：水利综合开发
流域开发
梯级开发
跨流域水电开发
设计水头
额定水头
装机容量
大型水电站
小型水电站
潮汐电站
波浪电站
水电站进水口
渠化河段
渠化枢纽
发电
余热利用
D：废热利用
废热利用
Y：余热利用

BE 船舶

BE01 运输船舶

船舶*
D：船
运输船舶
高速船舶
喂给船
客货两用船
客轮
D：客船
远洋客轮
沿海客轮
班轮
远洋班轮
豪华旅游船
渡轮
D：轮渡
轮渡
Y：渡轮
内河渡轮
海峡渡轮
火车渡轮
汽车渡轮
车客渡轮
高速客轮
水翼船
D：水翼艇
帆船
风帆助推船
D：风帆助航船
风帆助航船
Y：风帆助推船
货轮
液化天然气船
危险品运输船
油散矿船
D：OBO
OBO
Y：油散矿船
石油化学品船
全集装箱船
半集装箱船
集装箱杂货船
矿砂驳
货物渡船
煤驳
水泥驳
分节驳
运煤船

散粮船
自卸散货船
Y：自卸船
木材运输船
汽车运输船
专用船舶
原油船
成品油船
杂货船
浅吃水船舶
表面效应船
近海运输船舶
D：短途海上运输船舶
无人驾驶船舶
吊装船
D：吊上吊下船
游览船
旅游船
江海航行船舶
D：江海直达货船
散货船
矿砂船
运煤船
滚装船
混合运输船
自卸船
D：自卸散货船
多用途货船
D：多用途船
集装箱船
化学品运输船
液体化学品船
液货船
油轮
D：油船
储油船
大型油轮
D：VLCC
超大型油轮
D：ULCC
灵便型散货船
最大灵便型散货船
巴拿马型散货船
海岬型散货船
D：好望角型散货船
好望角型散货船
Y：海岬型散货船
灵便型油轮
最大灵便型油轮
阿芙拉型油轮
苏伊士型油轮
车辆运输船
货船
液化气体船
D：液化气船
液化石油气船
驳船
油驳
自航驳
载驳船
D：载驳母船
子母船
载驳母船
Y：载驳船
子母船
Y：载驳船
钢丝网水泥船
水泥船
D：混凝土船
散装水泥船
D：水泥运输船
双体船
气垫船
冷藏船
民用船
农用船
游艇
客货船
Y：混合运输船
混合运输船
D：客货船
储油船
Y：油轮
船
Y：船舶*
客船
Y：客轮
多用途船
Y：多用途货船
油船
Y：油轮
液化气船
Y：液化气体船
混凝土船
Y：水泥船
水泥运输船
Y：散装水泥船
VLCC
Y：大型油轮
ULCC
Y：超大型油轮
水翼艇
Y：水翼船
吊上吊下船
Y：吊装船
江海直达货船
Y：江海航行船舶
短途海上运输船舶
Y：近海运输船舶

BE02 运输辅助船舶

运输辅助船
拖轮
D：拖船
考察船
Y：科学考察船
港作拖轮
交通船
D：交通艇
交通艇
Y：交通船
起锚艇
绞滩船
供应船
供油船
供水船
海关船
联检船
公安艇
边防艇
水警缉私艇
推轮
D：顶推船
推船
顶推船
Y：推轮
鱼雷对抗船
救生艇
D：救生船
救援船
救助船
护卫舰
D：驱逐领舰
快速护航舰
救助拖轮
救助工作船
拖网渔船
D：艉滑道拖网渔船
渔轮
鱼品加工船
巡逻艇
快艇
趸船

BE03 工程船舶

炸礁船
抛石船
救助打捞船
半潜式钻井平台
绞吸式挖泥船
打井机
D: 打油井机
钻探平台
采油平台
海上钻探平台
打桩船
混凝土搅拌船
泥驳
开底泥驳
开体泥驳
起重船
D: 浮吊
海洋平台
Y: 海上平台
打油井机
Y: 打井机
工程船
Y: 工程船舶
自卸挖泥船
Y: 开底式挖泥船
浮吊
Y: 起重船

BE04 船舶原理

残余应力
雷诺应力
共振
D: 谐振
谐振
Y: 共振
声波探测技术
探测技术
复原能量
稳定板
D: 稳定鳍
稳定鳍
Y: 稳定板
涡流引起振动
尾流动态特性
动态特性
自由液面
频谱分析
应力分析
螺旋桨涡凹
初始运动
D: 初期运动
初期运动
Y: 初始运动
涡流圈
D: 涡旋
涡旋
Y: 涡流圈
船舶流体动力学
计算流体动力学
操纵稳定性
航向稳定性
D: 方向稳定性
方向稳定性
Y: 航向稳定性
横向稳定性
纵向稳定性
初稳性
倾覆稳定性
破舱稳性
船舶稳性
纵倾角
纵倾力矩
纵稳性力臂
稳性力矩
稳性力臂
横倾力矩
倾覆(船舶)
船舶稳定性
船舶动力装置操纵性
操纵性
船舶动力装置可靠性
船舶动力装置经济性
船舶阻力特性
螺旋桨特性
空载
满载
载重线
载重吨位
雷诺数
压载
积载因数
干舷
稳定性
D: 稳性
稳性
Y: 稳定性
横倾
横倾角
纵倾
船舶运动
艏倾
艉倾
适航性
船舶操纵性
船舶阻力
耐波性
风浪失速
纵摇
船舶摇荡
横摇
艏摇
横摇周期
纵摇周期
空泡*
D: 气蚀
涡穴
空化
螺旋桨空泡
空穴损蚀
气蚀
Y: 空泡*
涡穴
Y: 空泡*
空化
Y: 空泡*

BE05 船舶结构

船舶结构
驾驶台
球鼻艏
船侧凸出部
双层底
舷墙
舱口围板
舱口端梁
舱盖
舱壁
防火舱壁
水密舱壁
污油水舱
扶强材
水密门
隔舱
舱室空间
减摇舱
船舯剖面
船体*
艏
舯
艉
船壳
龙骨
船肋

BE06 船舶设计

BE07 船舶规范、检验与证书

国际防止生活污水污染证书
国际散装运输液化气体适装证书
国际散装运输危险化学品适装证书
船舶国籍证书

BE08 船舶机械、电气、通导与舾装

船机*
D：船舶机械
船舶机械
Y：船机*
主机
船舶辅机
D：辅机
辅机
Y：船舶辅机
机舱辅机
燃气轮机动力装置
Y：船用燃气轮机
船用燃气轮机
D：燃气轮机动力装置
船用气轮机
船用柴油机
核动力装置
螺旋桨*
导管螺旋桨
对转螺旋桨
变距螺旋桨
D：可变螺距螺旋桨
可调螺距螺旋桨
CPP
可变螺距螺旋桨
Y：变距螺旋桨
可调螺距螺旋桨
Y：变距螺旋桨
CPP
Y：变距螺旋桨
定距螺旋桨
侧推器
螺距
顶推装置
系泊设备
系泊机械
单点系泊设施
多点系泊设施
海水淡化装置
Z型传动
传动装置
机舱自动化
D：无人机舱
无人机舱
Y：机舱自动化
驾驶台遥控系统
压力容器
螺旋桨叶片
螺旋桨轮毂
绞刀头
船舶属具*
动力装置
推进装置
推进系统
马力
Y：功率*
动力需求
组合推进系统
燃料泵
燃料系统
燃气透平电力推进
齿轮箱
D：变速箱
变速箱
Y：齿轮箱
增压器
通风系统
燃气透平推进
喷水推进
船舶动力装置
滤波器
油水分离
洗气装置
舷外发动机
D：舷外挂机
舷外挂机
Y：舷外发动机
中速柴油机
叶轮
涡轮
多燃料发动机
艏侧向推进器
磁流体推进装置
离合器
冷凝器
D：液化器
液化器
Y：冷凝器
冷却系统
联轴节
轴颈轴承
无键联结螺旋桨
热交换器
阴极防护
离心泵
离心分离器
高速柴油机
加热分裂法
柴油机电力推进
反转螺旋桨
控制中心
控制系统
电力驱动
往复式活塞泵
燃料电池
燃料储备
侧推器
保密*
保密通信
通讯系统
D：通信系统
通信系统
Y：通讯系统
舾装*
舱室舾装
船台舾装
码头舾装
预舾装
单元舾装
分段舾装
船舶设备
舵
锚
锚链
系船柱
预热器
甲板机械
陀螺仪
发电站
Y：船舶电站
主配电板
船舶电气设备
船舶电力系统
船舶电站
D：发电站
主发电机组
备用发电机组
停泊发电机组
应急电站
D：应急发电机组
应急发电机组
Y：应急电站

BE09 船舶试验与试航

航行试验
D：试航
试航

BE10 造船与船厂

BF 航海

BF01 航行管理与法规

国际航运组织
远东航运公会
海运业
D：航运业
水运业
航运业
Y：海运业
水运业
Y：海运业
公海
领海
专属经济区
国家管辖海域
船籍港
船舶管辖权
海事请求
国际惯例
大西洋东太平洋航运
太平洋和印度洋航运
航运*
海上航运模式
最惠国待遇
海商法
D：航海法
航海法
Y：海商法
国际海员训练、发证与值班标准公约
国际海事仲裁规则
驾驶和航行规则
航海法规
国际海事法
班轮公司
劳氏船级社船舶目录
劳埃德船舶年鉴(英)
美国航运法案(1920～1936)
美国航运法(1984)
英国航行法案
国际安全管理规则
船舶吨位丈量公约
泛大西洋会议协议
泛太平洋讨论会协议
联合国海运会议
班轮公会及其规则
海洋法
国际海事组织化学品运输船标准
国际载重线公约
日本造船质量标准
航线选择
航线运量研究
沿海航运
分道通航
分道航行制
Y：分道通航制
通航分隔制
Y：分道通航制
分道通航制
D：分道航行制
通航分隔制
航海通告
海上公共交通系统
航运业务
航运管理机构
货物运输组织
运输组织
货运市场调查
货源调查
港务监督

BF02 航海技术保证

地文航海
天文航海
电子航海
军事航海
北极航行
北极港口
北极地区
北极航运
北极码头
北极运输
航海保证
航海气象
海洋水文
浦氏风级表
航海*
D：海上航行
海上航行
Y：航海*
航行*
雾中航行
领航
D：引水(航海)
引水(航海)
Y：领航
引航
D：引水
引水
Y：引航
航向稳定性
最近会遇点
最近会遇时间
最近会遇距离
季节航路
船舶航行*
大圆航行
D：大圈航行
大圈航行
Y：大圆航行
大圆航向
大圆方位
航海医学
航程*
航次运输
推算航程
计程仪航程
航线设计
格林尼治子午线
D：子午线
子午线
Y：格林尼治子午线
磁暴
航向*
航迹
计划航迹向
方位*
远洋航行
船舶操纵
船舶靠离操纵
船位*
通行能力
D：通航能力
通航能力
Y：通行能力
航线*
单点系泊
多点系泊
多点系泊系统
单锚腿系泊
悬链锚腿系泊
浮式输油软管
海底管道
航速
航期(船舶)
船舶运输组织
逆浪
斜浪
破冰阻力
船舶引航专家系统
专家系统
波浪附加阻力
风附加阻力
综合航行系统
船舶会遇
旋回圈

BF03 航海仪器与设备

BF04 船舶驾驶与海上作业

补给*
海上航行补给
Y：海上补给
航海日志

BF05 水上通信与导航

水上通信
通信安全
通信保密
保密*
保密通信
通讯系统
D：通信系统
通信系统
Y：通讯系统
搜救协调通信
标准航海用语
国际信号码
莫尔斯码
遇险呼叫程序
选择性呼叫
数字选择性呼叫
通信设备
中频发射机
高频发射机
全波段接收机
应急接收机
应急发射机
对讲电话机
气象传真接收机
船舶自动互救系统
自动识别系统
差分全球定位系统
D：DGPS
定位系统
全球移动通信系统
自动航海通告系统
国际安全通信网
国家安全通信网
国际冰况巡查报告
海洋气象报告
遇险报告
遇险呼叫
甚高频通信
卫星通信
甚高频无线电话设备
紧急无线电示位标
D：EPIRB
EPIRB
Y：紧急无线电示位标
调谐
调频电话
调相电话
全球海上遇险安全系统
D：GMDSS
GMDSS
Y：全球海上遇险安全系统
国际海事卫星系统
D：GPS
Y：差分全球定位系统
呼救
船舶导航
无线电导航
多普勒雷达
自动导航装置
雷达
电晕激光雷达
环形激光陀螺仪惯性导航系统
导航系统
雷达导航
航海专家系统
电子海图显示信息系统
信息系统
港口雷达
导航卫星
卫星导航系统
海军导航卫星系统
卫星多普勒定位
导航雷达
气象雷达
船舶无线电导航
导航设备
自主式导航设备
陆基导航系统
天文导航
地文导航
卫星导航
惯性导航
多普勒导航
无线电测向
无线电测距
导航参数
导航坐标
基准线
陆地电台
海岸电台
港口电台
移动电台
船舶电台
救生艇电台
D：救生筏电台
救生筏电台
Y：救生艇电台
船上通信电台
用户电报
医务电报
船舶气象电报
气象警告

BF06 船舶管理

航线*
最佳航线
邮轮航线
货运航线
不定期航线
班轮航线
D：定期航线
定期航线
Y：班轮航线
正规航线
特快航线
穿梭航线
环球航线
直达航线
始发港
出发港
挂靠港
到达港
目的港
航次*
船员培训
船员技能
人力信息系统
人力需求
人力研究
顶推船队
船队*
拖驳船队
班轮船队
租船*
期租
光租
船舶艘天费用
船舶航行天费用
船舶在港艘天费用
分节驳船
驳船队
顶推驳船队
分节驳船队
分节顶推驳船队
驳船队编组
船舶报告系统
往返航次

附加费率
租金
环境经济
环境费用
环境基金
环境效益
金融
财政
财政拨款
财政补贴
财政管理体系
财务投资率
财政政策
财政资本
财政资金
采购
采购合同
单船成本
计算机成本管理
竞争模式
成本比较
Y: 成本分析
成本估算
成本报告系统
经营业务分析
生产成本分析
盈亏平衡分析
D: 盈亏分析
盈亏分析
Y: 盈亏平衡分析
资金来源和运用分析
盈利能力分析
分析法
分析原则
分析过程
分析技术
投入产出分析

BG03 水运市场

市场*
市场分析
D: 市场估计
市场估计
Y: 市场分析
市场潜力
市场份额
兼并
D: 并购
并购
Y: 兼并
垄断竞争
垄断化
独占
Y: 垄断
垄断
D: 独占
垄断力
D: 垄断优势
倾销
D: 反倾销
反倾销
Y: 倾销
国际货币基金组织
国际货币市场
国际货币体系
市场调查
D: 市场抽样调查
市场抽样调查
Y: 市场调查
船舶市场
D: 船舶买卖
船舶租赁
船舶买卖
Y: 船舶市场
船舶租赁
Y: 船舶市场
航运市场
船舶报废
市场发展
市场研究
货运市场
国际招标
国际竞争
D: 不完全竞争
不完全竞争
Y: 国际竞争
国际竞争力
竞争*
竞争方式
竞争谈判
国际援助
D: 对外投资
对外援助
对外投资
Y: 国际援助
对外援助
Y: 国际援助
技术协作
Y: 技术合作
技术引进
技术援助
技术合作
D: 技术协作
技术扩散
Y: 技术推广
技术推广
D: 技术扩散
利用外资
垄断优势
Y: 垄断力
垄断价格
垄断公司
垄断企业
垄断地位
垄断市场
规制
Y: 管制
租船*
买船
非关税壁垒
关税壁垒
贸易壁垒*

BG04 企业经营管理

管理*
管理决策
管理信息系统
企业管理
经济效率
生产要素
经济效益
定额管理
目标管理
计划管理
材料管理
分级管理
管理体制
运输市场规制
运输市场管理
港口营运
港口经营
劳动定员标准
营运
经营
运营
营运维护
营运分析
营运效果

BG05 企业财务管理

工资
国际汇率
财务制度
财务管理

BG06 运价体系与经营指标

差价
Y：价格*
市场价格
D：非市场价格
非市场价格
Y：市场价格
供给价格
垄断价格
到岸价格
D：CIF
CIF
Y：到岸价格
离岸价格
D：FOB
船边交货价格
船上交货价格
FOB
Y：离岸价格
船边交货价格
Y：离岸价格
船上交货价格
Y：离岸价格
成本加运费价格
D：C&F
C&F
Y：成本加运费价格
影子价格
口岸价格
国内价格
世界价格
参照价格
D：参考价格
参考价格
Y：参照价格
港口税费
租船价格
D：租船费率
租船费率
Y：租船价格
价格变化
航运公会运价

BG07 水运企业计划

水路运输企业
水路运输服务业
管理计划
短期计划
计划决策
计划控制
计划评审技术
抽样调查
抽样法
抽样检验
D：抽检
抽检
Y：抽样检验

BH 救助与打捞

BH01 海难救助

海难
Y：船舶遇难
海难救助
D：海上救助
人命救助
海上救护
船舶遇难
D：海难
海损
交通运输事故
交通运输安全
海上救助
Y：海难救助
人命救助
Y：海难救助
海上救护
Y：海难救助
海难应急操纵
海上分级救治
海上搜救
D：搜救
搜救
Y：海上搜救
搜索
救助
D：救生
救生
Y：救助
撤离
D：疏散
疏散
Y：撤离
逃逸系统
海上护送
救生装置
海上求生
海上急救

BH02 救助组织与机构

响应系统
Y：紧急响应系统
紧急响应系统
D：响应系统
全球海上事故救助系统
搜寻救助系统
皇家海上营救机构
劳埃德船舶事故信息系统数据库
信息系统数据库

BH03 船舶打捞

海上打捞
沉船打捞
沉船
D：翻船
翻船
Y：沉船
沉船勘测
弃船
破损信息
破损估计
打捞*
潜水
潜水员

BI 水运安全与环境保护

BI01 货物作业安全

散货
D：散装货物
普通货物
件杂货物
轻泡货物
散装货物
Y：散货
包装货物
裸装货物
甲板货物
整批货物
零星货物
适箱货
超长货物
危险品
D：放射性货物
危险货物
危险物品
危险货物
Y：危险品
危险物品
Y：危险品
爆炸品
易燃液体
易燃固体
有毒物质

海洋污染物
废弃物
Y：废物*
危险性废弃物
自燃物质
遇湿易燃物品
感染性物品
放射性物品
腐蚀品
危险货物标志
放射性剂量
最大允许剂量
允许作业时间
致死中量
闪点
燃点
主要危险性
第二危险性
货物自然属性
货物潜在缺陷
运输合理损耗
货物互抵性
包装标号
联合国编号
国际海事组织类号
外贸货物
D：非外贸货物
非外贸货物
Y：外贸货物
标签
Y：标志*
成组货
托盘货
运输包装
运输标志
保价运输
特种运输
易腐货物运输
危险货物运输
货物载荷分布
货物捆绑
D：货物捆扎
货物捆扎
Y：货物捆绑
港口安全
港口安保
海上安全监督
运输安全
安全检查
安全操作规程
安全技术
安全设计
安全系数
安全措施
安全系统工程

BI02 港口环境与生态影响

环境*
环境数据
环境影响
环境因素
污染
污染物
空气污染
D：大气污染
大气污染
Y：空气污染
水污染
海洋污染
海洋污染监测
河口湾污染
河流污染
湖泊污染
水库污染
环境污染*
废水
污染源
港口污染
固体废物污染
细菌污染
油污染
石油污染
噪声污染
营养物质
船舶废弃物
淤泥
Y：软土
沉积淤泥
空气质量
臭氧
温室气体
温室效应
泄漏*
化学品泄漏
D：化学品溢出
化学品溢出
Y：化学品泄漏
光合作用
水生植物
水生生物栖息地
栖息地
微生物污染

BI03 港口环境与生态保护

环境规划
环境保护
环境保护机构
环境监测
环境质量
环境参数
环境质量指数
环境成本
环境政策
环境费用
环境标准
D：环境质量标准
排放标准
环境可持续性
环境系统
环境生态学
生态学
海洋调查
海洋资源调查
海洋生态调查
海洋环境调查
海洋科学技术
海洋生物资源
海洋资源
生物资源
海洋矿物资源
海上自然保护区
海洋环境保护
水质标准
水质管理
环境管理
水质监测
生化需氧量
D：BOD
生化需氧量测定
BOD
Y：生化需氧量
生化需氧量负荷
化学需氧量
D：COD
COD
Y：化学需氧量
化学需氧量测定
可生物降解性
环保项目
环保质量管理
环境测量
环境卫生准则
环境条件

环境试验设施
环境保护法
生态效应
战略环境评价
环境质量标准
Y：环境标准
污水排放标准
污染指数
污染控制
污染调查
空气污染控制
事故调查
事故报告制度
尾气净化设备
污染应对系统
惰性气体
原油洗舱
溢油控制
D：溢油处置
溢油处置
Y：溢油控制
围油栏
溢油回收
D：油回收
油回收
Y：溢油回收
油品化验
毒物学
毒物学试验
悬浮颗粒物质性状试验
抛放*
废弃物抛放
废弃物处理
海上抛放
疏浚物抛放
泥沙生物学特性测定
溢油分散剂
分散剂
水质指标
水质
大气质量
水量与水质研究
生态影响评价
水产养殖
生态系统
国际海事组织防污染条例
环境影响分析
环境影响报告书
环境影响评价
濒危物种保护法
石油污染防治法案(美国)

蒙特利尔议定书
京都议定书
国际防止船舶造成污染公约
D：MARPOL
MARPOL
Y：国际防止船舶造成污染公约

BI04 船舶安全

船舶安全
国际航运安全
船员安全
生命保障系统
国际海上人命安全公约
D：SOLAS
SOLAS
Y：国际海上人命安全公约
国际海事组织安全规则
应急计划
设备可靠性
安全管理
国际海事组织避碰规程
船舶避碰
自动避碰系统
船舶交通模拟
冰况报告
航行安全
撞船
人为性错误
海上事故
国家运输安全委员会海上事故报告(美国)
航海通告
遇险信号
紧急信号
安全信号
航行警告
雾警信号
海上安全信息
船舶遇难
D：海难
船舶失事
海难
Y：船舶遇难
船舶失事
Y：船舶遇难
避碰
船舶脱浅
搁浅
D：触礁
触礁
Y：搁浅

紧急情况处置
海损
交通安全评估
船舶安全检查
船舶灭火
D：船舶消防
船舶火灾
船舶消防
Y：船舶灭火
隔离法(船舶防火安全)
水灭火系统
国际通岸接头
固定式气体灭火系统
干粉灭火系统
泡沫灭火系统
固定式甲板泡沫
自动洒水探火系统
失火自动报警系统
水雾灭火系统
火险探测器
灭火系统
灭火器
火警报警器
警报器
灭火
消防*
防火
惰性气体灭火
船舶会遇率
船舶会遇
D：会遇
会船
会遇
Y：船舶会遇
会船
Y：船舶会遇
倾覆(船舶)
沉没
碰撞
脱浅
天气预报
危险天气通报
恶劣天气
气象保障
气象条件
大风警报
暴风警报
台风警报
冰情警报
雾警报
气旋

数据记录系统
数据处理系统
数据传输系统
票据自动化

BJ02 水上运输统计

运输统计指标
运输统计
联运统计
联运货运量
联运存储量
联运周转量
水运统计指标
经济评价统计指标
国际海运量
水运生产指标
交通量
正常交通量
转移交通量
诱发交通量
D: 诱增交通量
诱增交通量
Y: 诱发交通量
客运量
旅客周转量
货运量
货物周转量
集装箱运量
D: 集装箱货运量
集装箱货运量
Y: 集装箱运量
集装箱周转量
航线运量统计
运量统计
航运数据交换
航运数据系统
数据系统
水运统计
运输事故统计指标
货损量
货损率
货差量
货差率
水上交通事故
船舶沉没数量
船舶全损数
水上交通事故直接经济损失
水上搜寻救助统计指标
遇险人员数
获救人员数
遇险船舶数
获救船舶数
翻沉船舶数
海难数据
海难统计

BJ03 港口统计

港口统计指标
港口设施
港口个数
港区面积
港区岸线长度
码头泊位
码头泊位长度
码头前沿水深
泊位个数
靠泊能力
泊位通过能力
D: 港口通过能力
泊位综合通过能力
港口吞吐量
D: 港口货物吞吐量
港口货物吞吐量
Y: 港口吞吐量
港口通过能力
Y: 泊位通过能力
港口装卸量
运输量
年客货运量
库存量
库容量
港口生产率
港口装备统计指标
事故统计
事故率
事故类型
港口生产统计指标
港口环境保护统计指标
废水产生量
废水处理量
废水处理率
废水排放量
废水排放达标量
废水排放达标率
废水处理回用量
废水中污染物排放量
粉尘产生量
粉尘排放量
粉尘处理率
环境污染事故数
环保统计指标
环境事故件数
溢油量
化学品溢出量
其他有害物质溢出量
二氧化碳(CO_2)排放量
氮氧化物(NO_X)排放量
一氧化碳(CO)排放量
挥发性有机化合物(VOC)排放量
微小颗粒物排放量
油污水产生量
油污水处理量
油污水排放量
生活污水产生量
生活污水处理量
生活污水排放量
垃圾产生量
垃圾入水量
船舶污染事故直接经济损失
港口能源消耗统计指标
能源消耗总量
装卸生产能源消耗量
辅助生产能源消耗量
其他能源消耗量

BJ04 航道统计

航道统计指标
进出港航道长度
进出港航道水深
进出港航道宽度
防波堤长度
内河航道统计指标
航道里程
航道维护里程
航道通过能力
D: 船闸通过能力
　升船机通过能力
船闸数量
船闸通过能力
Y: 航道通过能力
升船机数量
升船机通过能力
Y: 航道通过能力
碍航闸坝数量
断航闸坝数量
跨航道建筑物数量
跨航道桥梁数量
跨航道管线数量
跨航道电缆数量
助航设施
航标数量
绞滩站数量
岸绞设施数量

线性代数
数学分析
数学模型
数值规划法
数值计算
数值解
瞬时解
算图
随机变量
交通量
统计数学
实验计划法
Y：统计试验法
算图法
D：图解法
图解法
Y：算图法
外推法
网络法
韦伯分布
概率分布
诺模图
D：线解图
线解图
Y：诺模图
线性方程
线性规划
线性分析
相关分析
矢量分析
Y：向量分析
相关函数
协调方程
D：相容方程
相容方程
Y：协调方程
相似解
验算
量纲分析
D：因次分析
因次分析
Y：量纲分析
优选法
有限差分法
D：有限差法分析
有限元法
D：有限单元法
有限元分析
有限条法
D：有限分条法分析
有限差法分析
Y：有限差分法
有限单元法
Y：有限元法
有限分条法分析
Y：有限条法
有限元分析
Y：有限元法
运筹学
正态分布
逼近法
D：逐次逼近法
逐次逼近法
Y：逼近法
最小二乘法

CB 物理学

超声波应用
传热*
D：热传递
热传递
Y：传热*
磁场
场*
磁感应
磁性*
磁力
磁铁
导热
D：热传导
热传导
Y：导热
低频
D：长波
长波
Y：低频
低温物理学
物理学
电*
电场
电磁辐射
电磁感应
电磁学
电导率
电解质
电介质
电学
电学性质
动力性质
发光
反光
反射率
放射性同位素
沸腾
分子物理学
辐射*
辐射传热
辐射强度
γ射线辐射
高能物理学
固体
固体电学性质
固体力学性质
固体声学性质
固体物理学
固体性质
光辐射
光谱
谱*
光线*
光学
核物理学
D：原子物理学
原子物理学
Y：核物理学
红外辐射
D：红外线辐射
红外线辐射
Y：红外辐射
红外光谱
红外线
回转半径
几何光学
激光
光*
激光应用
晶体*
结晶
粒度
D：粒径
粒径
Y：粒度
晶体结构
力学性质
D：力学性能
力学性能
Y：力学性质
摩擦系数
凝固
硬化
凝结
碰撞

CC 化学

CC01 基础化学

CC02 化学反应

水合
Y：水化
水化热
碳酸盐化
D：碳化
碳化
Y：碳酸盐化
吸附
吸附剂
硝化
悬浮液
氧化
中和

CC03 分析化学

色谱
D：层析
层析
Y：色谱
滴定
电解净化
定量分析
定性分析
分析化学
分析仪器
隔膜法
光谱
光谱测量
气相色谱
溶剂萃取
萃取*
色谱仪
微量分析
X 射线衍射
X 射线衍射仪
X 射线谱
吸收光谱
液相色谱
原子吸收光谱
质量分析
自动分析
紫外光谱

CC04 高聚化学

ABS 树脂
丙烯酸树脂
不饱和聚酯
酚醛树脂
高聚物*
D：高分子
合成树脂
聚合物
树脂
高分子
Y：高聚物*
硅树脂
聚硅氧烷
D：硅酮
硅酮
Y：聚硅氧烷
合成树脂
Y：高聚物*
环氧树脂
聚氨酯
聚苯乙烯
聚丙烯
聚丙烯酸酯
聚丙烯酰胺
聚合物
Y：高聚物*
有机玻璃
D：聚甲基丙烯酸甲酯
聚甲基丙烯酸甲酯
Y：有机玻璃
聚氯乙烯
聚碳酸酯
聚酰亚胺
聚氧化乙烯
聚乙烯
聚乙烯醇
聚酯
离子交换树脂
密胺树脂
脲醛树脂
热固性树脂
热塑性树脂
树脂
Y：高聚物*
缩合树脂

CC05 化合物

化合物*
无机化合物
有机化合物
硅胶
聚硅氧烷
D：硅酮
硅酮
Y：聚硅氧烷
氧化物
过氧化物
氯化物
臭氧

CD 地球科学

CD01 地质学

地质*
地貌
Y：地形*
地形学
地质调查
地质勘探
地质作用*
岛屿
地形*
D：地貌
地层
地面沉降
沉降*
地面径流
地热
D：地热能
地热资源
地热能
Y：地热
地热资源
Y：地热
地质图
地质学
水文
水文学
地球物理勘探
动力地质作用
洞穴
断裂带
放射性碳年代测定
风化
腐蚀*
风化土
海岸
海岸线
海洋沉积物
D：海底沉积物
海底沉积物
Y：海洋沉积物
海峡
海湾
径流*
岩溶
空中勘探
声勘探

CD02 地震学

CD03 气候学

龙卷风
气候*
气候带*
气体*
气流
D: 气体流
气体流
Y: 气流
气温
气象*
气象观测
气象数据
气象条件
气象卫星
气象学
气象仪器
气旋
气压
热带
热带气候
人工降雨
日照
日照时间
融雪
湿度
湿热气候
霜
酸雨
太阳辐射
台风
雾
温带
相对湿度
小气候
小区气候
雪
亚寒带
亚热带
雨量器
D: 雨量计
雨量计
Y: 雨量器
预报*
自然对流
对流

CE 生物学与农业科学

CE01 生物学

生物学
新陈代谢
D: 代谢
代谢
Y: 新陈代谢
仿生学
浮游生物
环境生物学
酶
生理
生理学
生物*
生物群
生物学分析
水生生物
微观结构
D: 显微结构
显微结构
Y: 微观结构
微生物学
微生物
微生物检测
微生物分解
微生物鉴定
细菌
病毒

CE02 生物工程

生物化学
氨基酸
蛋白质
植被
自然保护
保护*
环境效应
效应*
生物测定
生物工程
环境生态学
食物链
水产
森林工程
林业
农业
农产品
水土改良
改良
Y: 改进*
苗圃
温室
园艺
生态保护
生态学
致癌物质

CE03 动物学与植物学

植物
植物学
草本植物
腐殖质
光合作用
落叶松
松
木本植物
藻
植物生长
森林
树林*
土壤
土壤处理
种子
树木
灌溉
动物
动物学

CF 电子学

CF01 电工基础

电工基础
电工学
电阻
电容
阻抗
电位
D: 电势
电势
Y: 电位
导电率
绝缘
电工试验
功率
电流*
负荷电流
额定电流
电压
磁场
电磁场
电磁
相位*
静电
短路
电路*
模拟电路

CF02 自动化

CF03 电子计算机

有源电路
Y：有源网络
广域网
局域网
分组交换
网络管理
节点

CF04 电子学

电子学
电路理论
电子技术
微电子技术
雷达
天线*
微波天线
电波
通信*
谐波
超导体
变流技术
半导体技术
半导体器件
晶体管
半导体材料
半导体工艺
集成电路
大规模集成电路
超大规模集成电路
专用集成电路
集成电路工艺
功能模块
电子器件
Y：电子元件
电子元件
D：电子器件
探测器
光电器件
电子管
D：真空管
真空管
Y：电子管
显像管
摄像管
电子电路
放大器
滤波器
数字滤波器
振荡器
调制器
调制解调器
编码器
译码器
信号发生器
逻辑元件
逻辑电路
数字电路
整流电路
脉冲电路
开关电路
延时电路
激光技术
激光装置
全息照相
摄影*
全息照相存储器
电子测量
电路参数测量
参数测试

CG 工程力学

CG01 工程力学

力*
工程力学
力学
爆炸力学
固体力学
荷载作用
疲劳力学
破坏力学
格林函数
线弹性断裂力学
液体静力学
断裂力学
塑性力学
弹性力学
连续介质力学
理论力学
静力学
动力学
水动力学
车辆动力学
分析力学
D：解析力学
解析力学
Y：分析力学
机车动力学
列车动力学
运动学
轮轨动力学
流体力学
水力学
土力学
土动力学
土静力学
冻土力学
岩石力学
岩体力学
隧道力学
地质力学
流变学
热力学

CG02 力学性质

力学性质
D：力学性能
边界*
冲击强度
低温强度
非线性弹性
刚性
刚性连接
高温强度
各向异性
回弹
挤压强度
剪切变形
铰接
抗折强度
拉伸变形
拉弯强度
临界强度
模量*
耐疲劳强度
粘塑性
粘弹性
疲劳变形
强度*
热变形
热粘弹性
热塑性
热弹塑性
热弹性
容许极限
柔度
柔性连接
设计强度
塑性
塑性变形
塑性极限
弹粘塑性
弹塑性

CG03 材料力学

临界压力
动应力
静应力
压应力
拉应力
翘曲应力
扭转应力
接触应力
局部应力
控制应力
临界应力
自应力
工作应力
预应力
土应力
岩体应力
地应力
D：原岩应力
原岩应力
Y：地应力
围岩应力
D：山体压力
法向应力
Y：正应力
温度应力
Y：热应力

CG04 结构力学

结构力学
安全极限
边界元法
变分法
刚度法
D：劲度法
变形方程
变形计算法
薄膜理论
部分预应力
差分法
差分方程
地震反应
地震反应分析
叠加
方程*
非弹性分析
非线性分析
分配系数
刚体
高温蠕变
共轭梁法
极限*
极限强度法
极限设计法
加权残值法
D：加权残数法
结构动力分析
结构静力分析
静力分析
静定结构
力矩微分法
能量法
D：能法
疲劳*
D：疲劳性质
疲劳极限
疲劳破损
平衡法
强度分析
强度计算
热疲劳
柔度法
试荷载法
塑性分析
塑性铰线法
D：屈服线分析
弹性分析
投影法
弯矩分配法
网格分析
位移*
位移法
相对位移
虚功原理
应力疲劳
有限差分法
D：有限差分法分析
有限条法
D：有限条法分析
有限元法
D：有限单元法
有限元分析
预应力
噪声疲劳
加权残数法
Y：加权残值法
劲度法
Y：刚度法
能法
Y：能量法
疲劳性质
Y：疲劳*
徐变
Y：蠕变
屈服线分析
Y：塑性铰线法
有限差分法分析
Y：有限差分法
有限单元法
Y：有限元法
有限条法分析
Y：有限条法
有限元分析
Y：有限元法

CG05 弹性力学

弹性力学
边界*
边界条件
边界效应
薄膜应力
各向同性
固定边界
拉应力
能量平衡
平面应力
弹塑性理论
弹性后效
弹性理论
弹性失稳
D：弹性屈曲
弹性屈曲
Y：弹性失稳
弹性滞后
滞后*
协调条件
应变
应变能
应变能法
应力场
余能法
约束条件
滞弹性
自由边界

CG06 土力学与岩体力学

半无限体
饱和土
被动土压力
边坡稳定
D：斜坡稳定
不饱和土

CG07 水力学与流体力学

浮力
管壁摩擦
虹吸*
剪切流动
静水压力
均匀流动
流动*
流动理论
流量
流量测定
流量计量
流速
流速测试
流态*
流体*
流体动力学
流体流动
流向
脉冲流动
毛细流动
N-S方程
D：纳维埃-司托克司方程
逆流
粘性流体
牛顿流体
欧拉-拉格郎日方程
强迫对流
热虹吸
射流*
渗透压力
水力计算
水射流
水头损失
水压力
紊流
D：湍流
位势流动
紊流射流
稳定流
涡流
压力流
溢流
轴流
液滴
D：珠滴
转动流体
自然对流
水利
纳维埃－司托克司方程
Y：N－S方程
湍流
Y：紊流
珠滴
Y：液滴

CG08 空气动力学与振动学

风洞试验
D：风洞模拟试验
风洞模拟试验
Y：风洞试验
风压系数
空气动力学
波*
侧向振动
颤振
垂直振动
单自由度
对数衰减率
防振装置
多自由度
非线性振动
非线性阻尼
高频
高谐振动
隔振参数
隔振技术
隔振理论
隔振
D：隔震
防振
减振器*
隔振材料
共振
共振频率
固有振动
规则波
荷载谱
横波
机械振动
减幅振动
D：衰减振动
减振
阻尼振动
结构振动
结构阻尼
脉冲振动
能谱
扭转振动
耦合振动
频率*
频率分析
频谱
强迫频率
强迫振动
射频
射动法
衰减率
衰减系数
随机振动
弹性波
弯曲振动
无阻尼振动
线性振动
摇摆
液压减振器
振荡减振器
振动*
振动测试技术
隔振传递率
D：振动传递比
振动反应
振动分析
振动理论
振动频率
振动谱
振动系统
振动学
振动装置
振幅
振型
震动
质点振动
滞后阻尼
自激振动
自由频率
固有频率
D：自振频率
纵波
纵向振动
阻尼*
阻尼材料
阻尼带
阻尼系数
D：阻尼比

CG09 材料性能

材料性能
孔隙率
D：孔隙比
细度
细度模数
比表面
筛分

CG10 力学性能试验

CG11 荷载

容许载荷
竖向载荷
横向载荷
水平载荷
随机载荷
冲击载荷
瞬时载荷
工作载荷
D: 使用载荷
使用载荷
Y: 工作载荷
等效载荷
风载荷
冰载荷
振动载荷
桥梁载荷

CG12 结构分析

结构分析
结构动力分析
结构静力分析
非线性结构分析
截面分析
有限元法
D: 有限单元法
有限元分析
有限分条法
矩阵法
迭代法
能量法
边界元法
差分法
弯矩分配法
弯矩
弯曲
扭曲
扭曲分析
屈服点
Y: 屈服强度
自由度
力学模型
力学分析
弹性分析
塑性分析
破坏分析
稳定分析
应力分析
应力分布
应力集中
应变分析
载荷分析

CI 建筑工程

CI01 基础工程

建筑施工
湿陷
滑坡
D: 地滑
地基调查
D: 地基勘察
地基应力
地面沉降
地质断层
非圆弧滑动
固结系数
贯入阻力
滑动
滑落
滑塌
石灰稳定土
D: 灰土
基坑
基岩
地基系数
D: K 值
岩溶
D: 喀斯特
泥石流
泥岩
粘土矿物
砂土液化
山崩
土分类
土压力分布
土组成
团粒结构
岩爆
岩石*
岩体
岩体性质
液化*
圆弧滑动
不均匀沉降
D: 差异沉降
路基沉降
沉降*
D: 沉陷
沉降速度
基础(工程)*
地基*
地基变形
地基失效
D: 地基沉陷
地基湿陷
地基受力层
D: 地基持力层
地基稳定性
冻土地基
非均质地基
D: 多层地基
岩石地基
固结沉降
管涌
黄土地基
基础沉降
粘土地基
膨胀土地基
人工地基
软土地基
D: 软弱地基
砂卵石地基
砂土地基
天然地基
透水地基
土质稳定
边坡
D: 斜坡
边坡稳定
D: 斜坡稳定
压实沉降
非均匀地基
振动地基
沉井
D: 沉井基础
沉箱
D: 沉箱基础
刚性基础
底座
钢板桩
钢板桩围堰
钢筋混凝土板桩
混凝土围堰
基础*
基础设计
浅基础
柔性基础
地锚
D: 土锚
土石围堰
箱形基础
拔桩
爆扩桩

CI02 爆破工程

CI03 市政工程

给水设备
排水设备
采暖

CI04 房屋建筑

房屋建筑
房屋设计
建筑结构
D: 房屋结构
房屋结构
Y: 建筑结构
建筑物*
路侧建筑物
电梯
屋顶
隔热层
柱
门
窗
墙*
采光
空调
采暖
空调机
通风
通风设备
卫生设备
地下工程
地下建筑物
地下室
地下车库
车库*
地下结构
地下连续墙
地下工程测量

CI05 水利工程

地面径流
堤
堤堰工程
灌溉
河床*
河口
河流*
洪水频率
护岸
护岸工程
湖泊
浸水*
径流*
径流量
流域
疏浚*
水利工程
水体
水土保持
水文调查
水文分析
水文观测
水文统计
土坝
围堰*
盐水浸入
引水工程
运河
治河工程
重力坝
河道工程
D: 河川治理
河川治理
Y: 河道工程
河道*
D: 渠道
河道整治*
河滩
河岸
航道*
冲刷
淤积*
防洪*
水工建筑物
水库
坝
铺砌
护坡
抛石防护
渠道
Y: 河道*
水力学
水位*
水深
水流
流速
流量
洪峰
波浪*
跌水
D: 落水
涨水
落水
Y: 跌水
水头*
流向
潮汐
地面水
渗透*
D: 渗流
渗流
Y: 渗透*
地下水
泥沙*
水文
水文学
暴雨
降雨
雨量
人工降雨
洪水*
汇水面积
水文预报
水文地质
水文资料
水文试验
水工试验

CK 环境科学

CK01 环境科学

环境科学
城市环境
大气环境
地理环境
防治*
海洋环境
环境*
环境保护法规
环境工程
环境管理
环境规划
环境设计
环境危机
环境效应
环境政策
环境模式
D: 环境质量模式
环境质量模式
Y: 环境模式
环境质量评价
环境指数
农业环境
热环境
人口规划

CK02 环境污染

CK03 环境监测

CK04 污染防治

超净化
除污染
放射线
废气处理
废气净化
废物*
D：废弃物
废水成分
废水分解
废物处理装置
废物处理
D：废物处置
废物分解
废物固化
废物试验
工业废水处理
污水处理
废渣
渣*
焚化炉
D：焚烧炉
污泥处理
污泥处理设施
污泥焚化
辐射屏蔽
辐射防护
净化
净化设备
垃圾处理
排除*
排污
水体净化
水质调查
水质试验
需氧量
沼气利用
总排污量控制
排污量
除硫
Y：脱硫
废弃物
Y：废物*
废物处置
Y：废物处理
废物投弃
Y：废物排除
废物排除
D：废物投弃
焚烧炉
Y：焚化炉
TOD
Y：总需氧量
总需氧量
D：TOD

CK05 环境保护

环境保护
环境友好
城市生态
生态*
生态保护
生物防治
生态学
生态环境
污水利用
D：废水回用
废水利用
废水回用
Y：污水利用
废水利用
Y：污水利用
植被
自然保护

CK06 废物综合利用

废物利用
有用物质回收
D：废品回收
热回收
D：废热回收
废渣利用
矿渣
垃圾利用
炉渣
D：煤渣
煤渣
Y：炉渣
再生*
再生利用
资源*
D：自然资源
自然资源
Y：资源*
资源回收
资源节约
资源再生
废品回收
Y：有用物质回收
废热回收
Y：热回收

CK07 绿化规划

风景保护
D：景观保护
花卉种植
花台
花坛
园林
园林工程
园林设计
造园艺术
D：园林艺术
植物园
种植*
种植设计
城市绿地
城乡绿化
垂直绿化
防护林
D：防风林
公共建筑绿化
公共绿地
花圃
广场绿化
居住区绿化
林荫道
绿地*
绿地规划
绿化*
苗圃
树林*
庭院绿化
屋顶绿化
D：屋顶花园
专用绿地
景观*
景观设计
景观保护
Y：风景保护
园林艺术
Y：造园艺术
防风林
Y：防护林
屋顶花园
Y：屋顶绿化

CL 能源

CL01 动力工程

动力供应
锅炉

通用词语

需要
Y：需求*
因素*
因数
要素*
改革
影响*
影响因素
学科*
资源*
D：自然资源
自然资源
Y：资源*
战略*
策略
条约*
D：协定
协定
Y：条约*
国际协定
安全*
意外事件
Y：事故*
输出(贸易)
Y：出口
出口
D：输出(贸易)
工会
国情普查
闲暇产业
Y：休闲产业
休闲产业
D：闲暇产业
规律*
货币
合作
定理
Y：定律*
定律*
D：定理
动态
多国公司
成本*
价格*
范畴
范围
评定*
评估*
评价*
评审
技术评价
述评
评述
D：评论
评论
Y：评述
综述
权利*
公约*
协议*
合同*
契约
合同签订程序
签约
承包制
合同条款
条款*
签约人
D：订约人
订约人
Y：签约人
惯例*
合同惯例
契约协议
周期*
租赁制
贫困
贫困线
贸易
国际贸易
D：进出口贸易
海外贸易
进出口贸易
Y：国际贸易
对外贸易
海外贸易
Y：国际贸易
边境贸易
D：过境贸易
边界贸易
过境贸易
Y：边境贸易
边界贸易
Y：边境贸易
对外贸易区
代理*
责任*
服务*
公司*
经纪人
企业*
业务

DB00 理论、学说、法则、标准

医学
科学*
技术科学
问题*
原理*
原则*
政策*
法*
法令
法律*
法规
条例*
规程*
规章
规则*
细则
边界*
编制
设计标准化
工业标准化
标准化
系列化
互换性
标准*
国际标准
国家标准
行业标准
规范*
设计标准
船舶标准
技术标准
技术标准化
标准设计
设计规范
传统
达西定律
单元
定性信息
定量信息
生活质量
动力学
环境化学
化学
动向
对策
多样化
方法论
非稳态
分区化

DC00 性质、现象、状态

等级
Y: 分级*
地区性
低温脆性
D: 冷脆
冷脆
Y: 低温脆性
电气性能
电渗透
电学性质
动力性质
动态
动态特性
动态响应
对称性
多孔性
反射
反渗透
反应*
防尘性
防滑性
防火性
防水性
非均质性
非匀质
非线性
质量*
质量评价
质量保证
质量控制
质量激励
分布*
分层
分散
风化
腐蚀*
缝隙
负荷
Y: 载荷*
负载
Y 载荷*
辐射性
干硬性
干燥收缩
刚性
各向同性
工况
故障*
关系*
惯性
和易性
D: 流动度
流动度
Y: 和易性
化学性质
回弹
混凝
活性
机制*
D: 机理
机理
Y: 机制*
机械性能
极限状态
极性
集约化
集中化
加工硬化
兼容性
碱骨料反应
接触
浸润
静态
静态特性
局部损失
绝缘
龟裂
匀质性
Y: 均匀性
抗磁性
抗性
抗冻性
D: 耐冻性
耐冻性
Y: 抗冻性
抗腐蚀性
D: 耐腐蚀性
耐腐蚀性
Y: 抗腐蚀性
抗硫酸盐性
抗热震性
抗渗性
抗弯强度
抗压性
D: 耐压性
耐压性
Y: 抗压性
抗振性
D: 耐振性
耐振性
Y: 抗振性
抗震性
D: 耐震性
耐震性
Y: 抗震性
可泵性
可变换性
可靠度
可燃性
D: 可燃烧性
可燃烧性
Y: 可燃性
可塑性
可行性研究
研究*
老化
冷凝
冷缩
利用率
完好率
折旧率
力学性质
D: 力学性能
力学性能
Y: 力学性质
粒度分布
连续介质
流变性
流动性
流态化
硫化
隆凸
变形*
漏气
漏水
毛细作用
耐候性
D: 耐风化性
耐风化性
Y: 耐候性
耐火性
耐碱性
耐久性
耐磨性
耐热性
耐水性
耐酸性
耐油性
粘塑性
粘弹性
粘性
浓度分布
偏心

DD00 过程、操作、行为、方法

测定*
测定方法
管制
D: 规制
定性决策
缓解
半自动化
搅拌*
D: 拌合
拌合
Y: 搅拌*
搬运
Y: 装卸
包装*
保养
背景
焙烧
焚化
D: 焚烧
焚烧
Y: 焚化
比较
标定
概念设计
Y: 论证初步方案设计
标准设计
D: 定型设计
定型设计
Y: 标准设计
剥离
布局
布置
补偿
操作
拆除
D: 拆毁
拆毁
Y: 拆除
拆卸
掺合
沉积*
成套设备设计
冲击
冲刷
冲洗
重建
出租
处理*
混合
计时
处置*
地下处置
水下处置
配置
初步设计
脱臭
D: 除臭
除臭
Y: 脱臭
除毒
除垢
去除
D: 除去
除去
Y: 去除
除油
储存*
D: 贮存
贮存
Y: 储存*
传播
传递
磁化
磁力分离
萃取*
措施*
电解
电渗析
调查*
迭合
定位
冻结
堵漏
堵塞
对比
发明创造
发泡
发展*
反馈控制
反循环
防潮
防磁
防垢
D: 阻垢
阻垢
Y: 防垢
防护*
防火
D: 防火处理
防火处理
Y: 防火
防裂
D: 开裂防止
防渗
防水
防锈
防治*
放样
分级*
D: 等级
分解
分类*
D: 种类
类型
分离*
分配*
分析*
回归分析
数学分析
分选
粉碎
腐蚀*
敷设
改革
改建*
改进*
D: 改良
改良
Y: 改进*
改性
改造
干燥
革新
更新*
更换
D: 取代
取代
Y: 更换
工序
工业化
工艺设计
共同作用
供应*
D: 供给
供给
Y: 供应*
给料
D: 供料
供料
Y: 给料
固定
估算

探测*
探伤
提升
替换
添加
填充
调节*
调试
统计*
透过
透气
透水
推断
统计分析
脱落
往复运动
违法
维护管理
维修*
D：维护
修理
维护
Y：维修*
修理
Y：维修*
微型化
温度控制
物理化学处理
雾化
吸附
吸收
限制
现场调查
现代化
显示
相交
相容
消耗*
效果分析
协调
行为
休养
修整
选择
选定
旋转
压力控制
压力调节
延伸
养护*
养护制度
遥感
遥控
冶炼
液位控制
液压控制
抑制
溢出防止
意见调查
隐蔽
应用*
硬化
最优化
D：优化
优化
Y：最优化
最优设计
D：优化设计
优化设计
Y：最优设计
预处理
预防
预冷
预热
原因分析
运动*
运转*
D：运行
运行
Y：运转*
再生利用
利用*
灾后重建
造型
造型设计
增强
增值
粘贴
张拉
折叠
真空吸附
震落
蒸镀
蒸发
蒸馏
整顿
整体迁移
整治
制备*
制定
制冷控制
制造*
治理
诊断*
老化
失效

DE00 工业技术、工艺与装置

工业*
机械化
机械*
发电设备
传动
工业*
规格*
计算机*
设备*
工厂*
设施*
工具*
施工
Y：工程施工*
介质*
D：媒介
媒介
Y：介质*
冰
薄膜
地面
底座
砂垫层
垫层
载体
工程*
海外工程
宏观结构
膜*
浓缩物
自动化*
监测*
监控*
沉淀分离
充氮
充氧
处理能力
处理系统
自动化系统
系统*
高技术
Y：高新技术
高新技术
D：高技术

脱盐
维修设备
污泥脱水
D: 污泥干化
脱水*
污泥干化
Y: 污泥脱水
排烟
D: 消烟
消烟
Y: 排烟
效率*
卸荷
D: 卸载
卸载
Y: 卸荷
遥控装置
液位控制
液压控制
液压系统
压力容器
真空容器
真空处理
中和法
注水
装置*
着色
自动分类装置
自动控制
D: 自控
自控
Y: 自动控制
组成
组装
钻孔*
最佳控制
Y: 最优控制
最优控制
D: 最佳控制

DF00 试验、检验、研究

制图
简介
档案
说明书
工具书
年鉴
手册
词典
目录
文摘
文献
索引
指南
资料*
数据库*
图纸
计算图表
图表*
文集
学术论文
专利*
发明专利
实用新型
外观设计
专有技术
D: 关键技术
关键技术
Y: 专有技术
知识产权
国际会议
会议*
信息*
情报
自动化检索
情报检索
追溯检索
手工检索
机器检索
Y: 计算机检索
计算机检索
D: 机器检索
联机检索
国际联机检索
抽样检验
D: 抽检
抽检
Y: 抽样检验
汇编
论文
报告
研究报告
调查报告
考察报告
试验报告
研究方法
发展性研究
调研
Y: 调查研究
调查研究
D: 调研
探索性研究
定性研究
定量研究
定量预测分析
动态分析
中间试验
试验*
D: 实验
变频法
变形试验
剥离试验
部门鉴定
鉴定*
CBR 试验
D: 加利福尼亚承载比试验
加利福尼亚承载比试验
Y: CBR 试验
材料试验
材料力学试验
测定精度
Y: 测定误差
测定误差
D: 测定精度
误差*
测定仪
测试技术
测试仪器
产品开发
超负荷试验
超声波检查
Y: 超声检测
超声检测
D: 超声波检查
检测*
沉淀
冲击试验
抽水试验
稠度计
低温试验
环境试验
定量分析
定性分析
动力试验
力学试验
冻融试验
反应分析
无损试验
D: 非破损试验
破损试验
非破损试验
Y: 无损试验
分析仪器

压实试验
压水试验
压缩试验
研制
Y: 研究开发
研究开发
D: 研制
氧化还原法
遥测
液位计
液压试验
仪器*
D: 仪表
仪表
Y: 仪器*
应变测量
D: 应变测定
应变测定
Y: 应变测量
应变仪
应力测定
应力分析
应力试验
硬度试验
照度计
光学仪器
振动试验
蒸发设备
蒸馏设备
质量检验
注水试验
桩载试验
自动测定
自控仪表
阻力试验
足尺试验
D: 实大试验
实大试验
Y: 足尺试验
研究专题
发明
科技成果
成果*
设想
探讨
标引
咨询
翻译*
编辑
决策*
检索*
叙词表
D: 主题词表
主题词表
Y: 叙词表
叙词
词汇*
术语
图书分类法
书库
图书馆
展览会
博览会
博物馆

DG00 构件、配件、元件

保护层
层*
表层
D: 面层
面层
Y: 表层
本构关系
构件
构造
机构(机械)*
板*
D: 板材
板材
Y: 板*
变形管
薄板
薄膜*
部件
穿孔管
盖板
杆
钩*
管*
D: 管材
管壁
管材
Y: 管*
管道配件
D: 管件
配件*
管件
Y: 管道配件
管径
厚板
机械零件
Y: 机械元件
机械元件
D: 机械零件
元件*
毛细管
配套
柔性管
套管
弯管
斜管
休谟管
圆管
圆筒
直管

DH00 形状、尺寸与方位

标识*
扁球
表面
图*
面*
源*
槽
槽体
体*
尺寸
垂直
等高线
线*
定位线
断口
断面
D: 截面
截面
Y: 断面
方位角
方向*
方形
粉状体
割线
关系曲线
惯性矩
力矩*
横断面
横向
环
环状体
几何形状
基线
间距*
角隅

DI00 数据与度量

含碳量
含有量
和易性
D：流动度
混凝土浇灌
流散度
坍落度
D：塌落度
流动度
Y：和易性
厚度
换算
换算系数
回弹值
水灰比
D：灰水比
灰水比
Y：水灰比
混凝土配合比
计量
计量单位
角度
介电常数
洁净度
D：清洁度
清洁度
Y：洁净度
净宽
经济值
晶粒度
精密度
精确度
均方差
均匀度
孔隙
孔隙率
D：孔隙比
孔隙比
Y：孔隙率
跨度
宽度
利用系数
粒度
D：粒径
粒径
Y：粒度
临界值
灵敏度
龄期
米制
密度
密实度
D：密实性
密实性
Y：密实度
面积*
挠度
能量*
粘度
D：粘滞度
浓度
配合比
D：配方
配方
Y：配合比
偏差
平均值
评价指标
指标*
坡度
起重量
铅直度
倾斜角
角*
清晰度
曲率
烧失量
D：燃烧损失
燃烧损失
Y：烧失量
热量
容量
柔度
设备利用率
设计参数
深度
渗透系数
数据*
衰减系数
速度*
D：速率
速率
Y：速度*
塌落度
Y：坍落度
体积
体积变化
同心度
透过率
透明度
硬度
椭圆度
土石方量
误差*
吸水率
效率*
旋转速度
D：转速
转速
Y：旋转速度
悬臂长度
海里
链
节
英制
阈值
指数*
浊度
自由度
最佳值
最小值

DJ00 地理名词、时间、机构

交通图
交通运输网*
经济地图
专题地图
D：专业地图
专业地图
Y：专题地图
地图*
海洋*
地区*
海域
极区
陆域
水域
极地
经济特区
开发区
领海
内水
船闸水域
专属经济区
时间*
时差
格林尼治平时
D：世界时
GMT
世界时
Y：格林尼治平时
GMT
Y：格林尼治平时

词族索引

说　明

词族索引是依照主题词的成族关系快速查找相关词语的辅助工具,由词族索引可以了解该族首词(右上角标有 *)的各分项词,及其各分项词的逐级分项词,从而可以根据词语的各级属分关系进行词语的扩/缩检索,有助于提高文献查全率和查准率。

1　排列

词族索引依照族首词第一个汉字的汉语拼音 A ~ Z 的顺序排列;第一个汉字拼音相同的按第二个汉字的汉语拼音顺序排列,但是,第一个汉字相同的族首词首先依次排列,而与第二个汉字的拼音顺序无关。例如:

保密
保险
保证
薄膜
爆破
……

族首词的逐级分项词,同级的分项词亦按第一个汉字的汉语拼音顺序排列;第一个汉字拼音相同的按第二个汉字的汉语拼音顺序排列,以下类推。例如:

车辆*
·汽车
··公共交通标准车
··公共汽车
……

2　分级

按照属分关系清楚、层次明晰而不庞杂的原则,族首词及以下的分项词共分 6 级。在词语前加有黑点"·",以黑点的多少表示该词语在族首词下的层次关系。例如:

定额*——————————————族首词
·技术经济定额——————————————二级主题词
··汽车技术经济定额——————————————三级主题词
···轮胎行驶里程定额——————————————四级主题词
···燃料消耗定额
·装卸定额

3　指引标志

首汉字发音相同的族首词前面有指引标志,族首词首汉字的汉语拼音相同的则按指引标志所列顺序依次排列。例如：

Zai 灾载再

灾害*

载荷*

再生*

……

此外，族首词之上方，均标有该词语的汉语拼音。例如：

Che Zhan

车站*

目 录

D

F

G

H

J

K

L

M

N

T

W

X

Y

Z

A

An 岸安

An
岸*
·陡岸
·海岸
·坍岸

An Quan
安全*
·爆破安全
·船舶安全
··船舶灭火
···干粉灭火系统
···隔离法(船舶防火安全)
···固定式甲板泡沫
···固定式气体灭火系统
···灭火系统
····火险探测器
····火警报警器
····灭火器
····失火自动报警系统
···泡沫灭火系统
···水灭火系统
····国际通岸接头
····水雾灭火系统
···自动洒水探火系统
··脱浅
··熏舱
·船员安全
·港口安全
·国际航运安全
·航行安全
··船舶避碰
···自动避碰系统
·技术安全
·计算机安全
··软件安全
·交通安全
·交通运输安全
··海难救助
···海上分级救治
···海上搜救
····救助
····搜索
··避碰
··船舶脱浅
·隧道安全
·通信安全
·运输安全

B

Ban 板拌

Ban
板*
·薄板
·底板
·垫板
·防水板
·腹板
·盖板
·钢板
·横隔板
·厚板
·胶合板
·模板
··钢模板
··混凝土模板
·桥面板
··少筋微弯板(桥)
··正交异性板(桥)

Ban He Wu
拌合物*
·混凝土拌合物
·沥青拌合物
·沥青混凝土混合料
·沥青碎石混合料

Bao 报保薄爆包

Bao Fei
报废*
·车辆报废

Bao Hu
保护*
·风景保护
·环境保护
··海洋环境保护
··水源保护
··自然保护
·生态保护

Bao Mi
保密*
·计算机保密
··软件保密
··网络保密
·通信保密

Bao Xian
保险*
·财产保险
·定期保险
·工程建设保险
·航运保险
·货物保险
·强制保险
··旅客意外伤害强制保险
·人寿保险
·意外伤害保险
··旅客意外伤害保险
·运输保险
··舱面货物险
··国际货物运输保险
··海上运输保险
···船舶保险
····船舶建造险
····船舶全损险
····船身保险
····附加险
····基本险
····平安险
····水渍险
····一切险
···航次保险

Bao Zheng
保证*
·航海保证
·质量保证

Bao Mo
薄膜*
·塑料薄膜
··土工薄膜

Bao Po
爆破*
·拆除爆破
·定向爆破
·硐室爆破
·多面临空爆破
·光面爆破
·毫秒爆破

·控制爆破
·抛坍爆破
·抛掷爆破
·深孔爆破
·石方爆破
·水下爆破
·水压爆破
·松动爆破
·预裂爆破

Bao Zha
爆炸*
·蒸汽爆炸

Bao Zhuang
包装*
·产品包装
·定牌包装
·托盘包装
·销售包装
·运输包装
··货物捆绑
·中性包装

Bei 背

Bei Shu
背书*
·空白背书
·提单背书

Beng 泵

Beng
泵*
·风泵
·混凝土泵
··汽车式混凝土泵
·沥青泵
·离心泵
·泥浆泵
·喷射泵
·气动泵
·燃料泵
·砂泵
·深水泵
·水泵
··污水泵
··吸泥泵
·往复式活塞泵
·消防泵
·油泵

Bi 比闭

Bi Lü
比率*
·饱和流率
·财务投资率
·乘车率
·出行率
·船舶会遇率
·返修率
··汽车大修返修率
·费率
··保险费率
··附加费率
··港口费率
··货运费率
··装卸费率
·费用效果比率
·幅度比差
·高峰小时上车率
·工作车率
·工作船率
·工作率
·固定比差
·上限比差
·故障率
·含水率
·含油率
·好路率
·汇率
··法定汇率
··浮动汇率
··固定汇率
··国际汇率
··影子汇率
·交通流率
·孔隙率
··土壤孔隙率
·劳动生产率
·冷拉率
·利率
··存款利率
··复利
··市场利率
··债券利率
·利润率
··产值利润率
·利用率
··仓库利用率
··客渡轮利用率
··里程利用率
··汽车能量利用率
··汽车燃料利用率
··设备利用率
··箱容利用率(集装箱)
··箱载重利用率(集装箱)
··重车载重(客)量利用率(吨客位利用率)
··总行程载重(客)量利用率(吨客位里程利用率)
·裂缝率
·路面破损率
·砂率
·生产率
··运输生产率
··装卸工人生产率
··装卸机械生产率
·事故死亡率
·实载率
·收益率
··基准收益率
···基准回报率
···基本报酬率
··内部收益率
··投资收益率
·燃料消耗率
·税率
··比例税率
··关税税率
·衰减率
··对数衰减率
·完好率
··车辆完好率
·完好率(车辆技术完好率)
·无量纲数
··佛劳德数
··雷诺数
··马赫数
·运营率
··客渡轮运营率
·占有率(车辆)
··车道占有率
··时间占有率
·折旧率
··基本折旧率
·折现率
··风险补偿折现率
··经济折现率
··社会折现率

··数据处理
···数据编制
···数据交换
····电子数据交换
··图象处理
·预处理
··预冷
··预热
·真空处理

Chu Zhi
处置*
·岸线侵蚀处置
·地下处置
·水下处置

Chuan 船传

Chuan Bo
船舶*
·高速船舶
··表面效应船
·工程船舶
··采矿船
··测量船
···水文测量船
··打桩船
··电缆敷设船
···海底电缆敷设船
··管道敷设船
··海洋开发船
···海上钻井船
···钻探平台
··航道测量船
··航道工程船舶
··航务工程船舶
··混凝土搅拌船
··接力泵船
··救助打捞船
··内河湖泊测量调查船
··抛石船
··起重船
··潜水工作船
··深层软地基固化船
··石料翻卸船
··挖泥船
···铲斗挖泥船
···斗轮挖泥船
···反铲挖泥船
···绞吸式挖泥船
···开底式挖泥船
···链斗挖泥船
···耙吸挖泥船
···水力冲沙船
···吸泥船
···吸扬式挖泥船
····吹泥船
····气力式挖泥船
···抓斗挖泥船
··炸礁船
··钻探船
·舰艇
··登陆艇
··航空母舰
··护卫舰
··炮舰
··驱逐舰
··巡洋舰
··鱼雷对抗船
··鱼雷快艇
··战列舰
·近海运输船舶
·科学考察船
··北极考察船
·科学研究船
·两栖船舶
·民用船
··海洋调查船
··农用船
··渔轮
···拖网渔船
···鱼品加工船
·浅吃水船舶
·潜艇
··核潜艇
·实习船
·无人驾驶船舶
·渔轮
··拖网渔船
··鱼品加工船
·运输船舶
··驳船
···分节驳
···供水驳
···供油驳
···开底泥驳
···开体泥驳
···客渡驳
···矿砂驳
···煤驳
···泥驳
···水泥驳
···油驳
···自航驳
··车辆运输船
··吊装船
··滚装船
··混合运输船
··货船
··货轮
···多用途货船
····集装箱杂货船
····石油化学品船
····油散矿船
···化学品运输船
···集装箱船
····半集装箱船
····全集装箱船
···江海航行船舶
···散货船
····巴拿马型散货船
····海岬型散货船
····矿砂船
····灵便型散货船
····散粮船
····散装水泥船
····喂给船
····运煤船
····自卸船
····最大灵便型散货船
···危险品运输船
···液货船
····液化气体船
····液化石油气船
····液化天然气船
····液体化学品船
····油轮
·····阿芙拉型油轮
·····成品油船
·····灵便型油轮
·····苏伊士型油轮
·····原油船
·····超大型油轮
·····大型油轮
·····最大灵便型油轮
···杂货船
···载驳船
···专用船舶
····冷藏船
····木材运输船
····汽车运输船
··客货两用船
··客轮

·栈道
·自行车道

Di 地

Di Ji
地基*
·冻土地基
·非均匀地基
·非均质地基
·黄土地基
·加固地基
·粘土地基
·膨胀土地基
·人工地基
··软基
·软土地基
·砂卵石地基
·砂土地基
·弹性半无限地基
·天然地基
·透水地基
·振动地基

Di Ji Chu Li
地基处理*
·预压加固

Di Qu
地区*
·北极地区
·寒冷地区
·极地
·极区
·经济特区
·沙漠地区
·山区

Di Tu
地图*
·事故地点图
·专题地图
··经济地图
···交通图
····港口图
····航道图
·····数字航道图
····航行图

Di Xing
地形*
·岛屿
·高原
·河床地形
··浅滩
··沙坝
··沙洲
·河口地貌
··拦门沙（地形学）
··三角洲
·盆地
·平原
·平原区
·峭壁
·山岭区
·台地
·滩
·微丘区
·峡谷
·垭口
·沼泽
·重丘区

Di Zhen
地震*
·大地震
·强震
·微震

Di Zhi
地质*
·水文地质
·工程地质
··区域工程地质

Di Zhi Zuo Yong
地质作用*
·剥蚀作用
··海蚀作用
··侵蚀作用
·沉积作用

Dian 电

Dian
电*
·雷电

Dian Hua
电话*
·电力调度电话
·各站电话
·列车调度电话
·列车无线电话
·站场无线电话
·站间行车电话

Dian Ji
电机*
·发电机
··交流发电机
··直流发电机

Dian Liu
电流*
·额定电流
·负荷电流

Dian Lu
电路*
·电子电路
··集成电路
···超大规模集成电路
···大规模集成电路
···专用集成电路
··开关电路
··逻辑电路
··脉冲电路
··数字电路
··延时电路
·轨道电路
·模拟电路
·整流电路

Dian Zi Ji Suan Ji
电子计算机*
·大型电子计算机
·电子模拟计算机
·电子数字计算机
··微型计算机
··专用计算机
···船用计算机
·个人电子计算机
·微型电子计算机
·小型电子计算机
·专用电子计算机

Diao 调吊

Diao Cha
调查*
·抽样调查

··收入法
··数理分析
··数学方法
··统计方法
···报告法
···访问法
···平均法
···问卷法
··统计分析法
··统计分组法
··支出法
··综合评价法
··最优化论证方法
·风险评价方法
·干法
·隔膜法
·供应链方法
·规划评审估价法
·计算方法
··逼近法
··变分法
···加权残值法
··差分法
···有限差分法
··插值法
··迭代法
··概率统计计算法
···统计试验法
··算图法
··外推法
··最小二乘法
·检测方法
··动测法(桩)
·检验方法
··化学分析法
··容量沉淀法
··物理分析法
···气相色谱法
··氧化还原法
··中和法
·简易方法
·矩阵法
·课税方法
·类比法
·模型法
·汽车维护方法
··汽车维护定位作业法
··汽车维护流水作业法
·汽车修理方法
··混装修理法(汽车)
··就车修理法
··汽车修理定位作业法
··汽车修理流水作业法
··总成互换修理法
·取样方法
·射动法
·湿法
·施工方法
··电热干燥法
··冻结法
··红外线干燥法
··隧道施工方法
···沉埋法(隧道施工)
···地下连续墙法
···顶进法
···冻结法(隧道施工)
···盾构法
···管棚法(隧道施工)
···明挖法
···浅埋暗挖法
···新奥法
···钻爆法
·试验方法
·示踪法
·随车观测法
·物流方法
·预测方法
··回归分析预测法
··德尔菲法
··同步交通事故预测法
·最优化方法
··动态规划法
··概率设计法
··关键线路法
··数值规划法
··网络法
··优选法

Fang Shi
方式*
·出行方式
··步行出行
··公共交通出行
··自行车出行
·供电方式
·公共交通方式
·交通方式
··公路交通方式
·交货方式
··车上交货
··船边交货
··工厂交货
··目的港船上交货
··目的港码头交货
·竞争方式
·造船贷款方式
··出口信贷
··买方信贷
··卖方信贷

Fang Wei
方位*
·大圆方位
·计算方位

Fang Xiang
方向*
·横向
·流向
·纵向

Fang Hong
防洪*
·堤防
·分洪
·蓄洪

Fang Hu
防护*
·防潮
·防腐
·防腐蚀
·防垢
·防火
··隧道防火
·防裂
·防渗
·防水
·防锈
·防振
·辐射防护
·海岸防护
··填沙护滩
··混凝土块体护岸
··软基海岸防护
·路基防护
·抛石防护
·浅基防护
·雪崩防治
··人造雪崩
·溢出防止
·阴极防护
·预防

··交通流类型
·税收分类
·土分类

Fen Li
分离*
·沉淀分离
·磁力分离
·离心分离
·泡沫分离

Fen Pei
分配*
·产品分配

Fen Xi
分析*
·背景分析
·不确定性分析
·财务分析
··财务报表分析
··成本收益分析
··费用效益分析
··临界值分析
··收益成本分析
··现金流量分析
··效益费用分析
·财务管理分析
·操作分析
·差热分析
·产业分析
·成本分析
··生产成本分析
··寿命周期成本分析
·船舶技术分析
·船舶性能分析
·船舶营运分析
·大气分析
·定量分析
·定性分析
·动态分析
·短期分析(经济学)
·费用分析
··生命周期费用分析
·费用权衡分析
·风险分析
·概率分析
·工程地质分析
··工程地质条件分析
·化学分析
··微量分析
·互谱分析
··振动互谱分析
···受迫振动互谱分析
·结构动力分析
·结构分析
··变形计算法
··地震反应分析
··迭代法
··非弹性分析
··非线性结构分析
··刚度法
··共轭梁法
··极限强度法
··极限设计法
··截面分析
··力矩微分法
··能量法
···应变能法
···余能法
··扭曲分析
··平衡法
··强度分析
··柔度法
··试荷载法
··塑性分析
··塑性铰线法
··弹性分析
··投影法
··弯矩分配法
··有限分条法
··有限条法
·经济分析
··道路经济分析
··基建技术经济分析
··经营业务分析
··企业利润分析
··投入产出分析
··盈亏平衡分析
··盈利能力分析
··资金来源和运用分析
·力学分析
··静力分析
···结构静力分析
··应力分析
···X射线应力分析
··振动分析
···频率分析
·利益相关者分析
·量纲分析
·贸易分析
·敏感性分析
·频谱分析
·破坏性分析
·社会分析
·生物学分析
·市场分析
·事故分析
·寿命周期分析
·数据分析
·数学分析
··边界元法
··方差分析
··非线性分析
··傅立叶分析
··回归分析
··网格分析
··相关分析
··向量分析
··有限元法
···力法
···位移法
·税收结构分析
·水文分析
·水质分析
·统计分析
··差异分析
·误差分析
·现金
·项目分析
·响应分析
·效果分析
·效益分析
·因素分析
·应变分析
·影响分析
·营运分析
·预测分析
··定量预测分析
·原因分析
·运输系统分析
·载荷分析
·振型分析
··桥梁振型分析
·政策分析
·制度分析
·质量分析
·主尺度分析
·专题分析
·状态分析
·自动分析
·自谱分析
··余振自谱分析

Gong Ying
供应*
·船舶燃料供应
·动力供应

Gou 沟钩

Gou
沟*
·边沟
·截水沟
·排水沟
·天沟

Gou
钩*
·吊钩

Gu 固骨故

Gu Jie
固结*
·次固结
·先期固结
·主固结

Gu Liao
骨料*
·粗骨料
·轻骨料
·亲水性集料
·天然骨料
·细骨料
·憎水性集料

Gu Zhang
故障*
·汽车故障
··爆燃(汽车)
··侧滑(汽车)
··车轮抱死(汽车)
··渐变故障
··局部故障
··拉缸(汽车)
··离合器滑转(汽车)
··跑偏(汽车)
··敲缸(汽车)
··损伤(汽车)
···烧伤(汽车)
··随机故障
··突然故障
··脱挡(汽车)
··拖滞(汽车)
··完全故障
··污染超限(汽车)
··严重故障
··一般故障
··致命故障
·机械故障

Guan 管观惯关

Guan
管*
·变形管
·穿孔管
·钢管
·聚氯乙烯管
·聚乙烯管
·毛细管
·柔性管
·套管
·弯管
·斜管
·休谟管
·圆管
·直管

Guan Li
管理*
·ABC 分类管理
·安全管理
··船舶安全检查
··船舶交通模拟
··交通安全评估
·保险管理
·材料管理
·财务管理
·仓储管理
··分拣
··集货
··拣选
··流通加工
··组配
·仓库管理
·车辆管理
··调度
···客车调度
··公路运输车辆管理
·船舶管理
··船舶注册
·定额管理
·分级管理
·风险管理
·港口管理
·工程管理
·公路运输行业管理
·供应链管理
·航行管理
·航运管理
·合同管理
·环境管理
··环境影响分析
··环境影响评价
··水质管理
···水量与水质研究
·货源管理
·基础设施管理
·计划管理
·计算机成本管理
·计算机管理
·建设管理
·· 施工安全
·轮机管理
·目标管理
·品类管理
·企业管理
·设备管理
··设备报废
·· 设备封存
··设备更新
·生产管理
·数据管理
·税务管理
·土地管理
·网络管理
·维护管理
·物流成本管理
·物流管理
·物资管理
·系统管理
·线路管理
·项目管理
·信息管理
·行政管理
··公路运输行政管理
·需求管理
·养护管理
·预算管理
·运输管理
··货物运输管理
··货运业务
··客运管理

Kuang 矿

Kuang Wu
矿物*
·粘土矿物
·石墨

L

Li 力里理沥利离

Li
力*
·表面张力
·侧向力
·车钩力
·承载力
··地基承载力
···地基基本承载力
···地基容许承载力
··轨道承载力
··桩承载力
·冲击力
·磁力
·反力
·风力
·浮力
·贯入阻力
·惯性力
·滚动力
·合力
·横向力
·滑动力
·剪力
·靠泊力
·扣固力
·拉力
·离心力
·锚固力
·摩擦力
·内力
·内粘聚力
·粘附力
·粘结力
·粘聚力
·粘着力
·扭力
·偏心力
·牵引力
·水平力
·外力
·握裹力
·向心力
·压力
··冰压力
··接触压力
··静压力
··临界压力
··水压力
···动水压力
···静水压力
···孔隙水压力
···渗透压力
··土压力
···被动土压力
···侧向土压力
···静止土压力
···松散土压力
···主动土压力
··围岩压力
··线压力
··有效压力
·约束力
·阻力
··波浪附加阻力
··船舶阻力
··风附加阻力
··摩擦阻力
··破冰阻力
·作用力
··轮轨作用力

Li Ju
力矩*
·惯性矩
·扭矩

Li Cheng
里程*
·对流空箱里程
·空驶里程
·票价里程
·汽车载箱行程
·汽车重箱行程
·汽车空箱行程
·空车行程(空车公里)
·重车行程(重车公里)
·营业里程

Li Lun
理论*
·爆破理论
·薄膜理论
·博弈论
·大系统理论
·电路理论
·方法论
·概率论
·隔振理论
·跟车理论
·灰色系统理论
·混沌理论
·计算理论
·交通流理论
·决策论
·凯恩斯主义
·控制论
·流动理论
·流体动力学理论
·模拟理论
·粘弹性理论
·排队论
·弹塑性理论
··弹性理论
·土力学理论
··固结理论

Li Qing
沥青*
·道路沥青
·改性沥青
··聚合物改性沥青
··橡胶改性沥青
·焦油沥青
·煤沥青
·粘稠沥青
·轻制沥青
·乳化沥青
··非离子乳化沥青
··阳离子乳化沥青
··阴离子乳化沥青
·石油沥青
·天然沥青
·橡胶沥青
·页岩沥青
·硬沥青

Li Run
利润*
·产业利润
·产值利润

··客运量
···额定载客量
···最大载客量
··旅客日发送量
·致死中量
·质量(物理)
·重量
·周转量

Lie 列裂

Lie Che
列车*
·跟随列车
·通勤列车
·汽车列车
··半挂汽车列车
··全挂汽车列车
··双挂汽车列车

Lie Feng
裂缝*
·发裂
·反射裂缝
·龟裂
·横向裂缝
·热裂缝
·收缩裂缝
·网裂
·纵向裂缝

Lie Wen
裂纹*
·疲劳裂纹

Liu 流

Liu Dong
流动*
·波成流
·潮流
·等温流动
·非等温流动
·非均匀流动
·分流
·剪切流动
·截流
·均匀流动
·流体流动
··临界流动
·脉冲流动
·毛细流动
·位势流动
·支流

Liu Tai
流态*
·不稳定流
·层流
·对流
··强迫对流
··自然对流
·非平衡流
·逆流
·稳定流
·紊流
·涡流
·溢流
·轴流

Lou 漏

Lou Shui
漏水*
·隧道漏水

Lu 炉

Lu
炉*
·焚化炉
·锅炉
··热水锅炉
··燃气锅炉

Lü 绿旅

Lü Di
绿地*
·城市绿地
·公共绿地
·专用绿地

Lü Hua
绿化*
·城乡绿化
·垂直绿化
·公共建筑绿化
·广场绿化
·居住区绿化
·庭院绿化
·屋顶绿化

Lü Ke
旅客*
·包乘乘客
·持证乘客
·换乘乘客
·留候乘客
·普票乘客
·违章乘客
·月票乘客

Lu 路

Lu di
路堤*
·透水路堤

Lu Mian
路面*
·次高级路面
·低级路面
·高级路面
·刚性路面
··连续配筋混凝土路面
··纤维混凝土路面
··复合式水泥混凝土路面
··碾压混凝土路面
··水泥混凝土路面
·过水路面
·块料路面
·级配路面
·沥青路面
··沥青贯入式路面
··沥青混凝土路面
··沥青碎石路面
··全厚式沥青路面
·泥灰结碎石路面
·泥结碎石路面
·柔性路面
·水结碎石路面
·中级路面
·渣油路面

Lu Niu
路钮*
·反光路钮
·交通指向钮

Lu Xian Xian Xing
路线线形*
·平面线形

··定线
···野外定线
···纸上定线
··路线三维空间设计
··路线优化设计
··展线
·美学设计
··公路美学设计
·排水设计
·桥梁设计
··桥梁方案设计
··桥梁结构设计
··桥梁细部设计
··桥梁优化设计
··桥渡设计
·设备设计
·隧道设计
·物流设计
·系统设计
·线形设计
·项目设计
·园林设计
·运输系统设计
·造型设计
·正交设计
·种植设计
·最优设计

She Shi
设施*
·安全设施
··安全岛
···乘车安全岛
··行人安全设施
·车站设施
·多式联运设施
·防沙设施
··防沙坝
··防沙林
··沙障
·防雪设施
··防雪栅
·港口储存设施
·港口设施
·港口疏运设施
·环境试验设施
·基础设施
··社会基础设施
·交通设施
··交通管理设施
··交通护栏
···玻璃钢护栏(交通)
···波形梁护栏(交通)
···钢板护栏(交通)
···钢筋混凝土护栏(交通)
···钢索护栏(交通)
···刚性护栏(交通)
···管式护栏(交通)
···缓冲护栏(交通)
···柔性护栏(交通)
···W 型护栏(交通)
···箱梁型护栏(交通)
···液压缓冲护栏(交通)
···阻挡式护栏(交通)
·临时设施
·木材过坝设施
··过木机
··木材筏道
·排水设施
··渠
·隧道洞口设施
·隧道防灾设施
·污泥处理设施
·行人横穿设施
··人行地道
··人行横道
··人行天桥
·造船设施
··船台
··船坞
··干船坞
··滑道
··龙骨墩
··坞室
·站场设施(汽车运输)
·助航设施
··视听助航设备

She Liu
射流*
·水射流
·紊流射流

She Ying
摄影*
·全息照相
·航空摄影

Shen 审渗伸

Shen He
审核*
·保险审核

Shen Tou
渗透*
·电渗透
·反渗透

Shen Xi
渗析*
·电渗析

Shen Suo Feng
伸缩缝*
·桥面伸缩缝

Sheng 生

Sheng Tai
生态*
·城市生态

Sheng Wu
生物*
·动物
·浮游生物
·水生生物
·微生物
·植物
··草本植物
··木本植物
···松
····落叶松
··水生植物
···藻

Shi 石识市事时视试失使

Shi
石*
·高岭石
·块石
·卵石
·片石
·漂石
·石灰石
··白垩
·天然石

Shi Bie

·浮漂度试验
·钢材验收试验
·含有量试验
··酚含量试验
··含蜡量试验
··含泥量试验
··含水量试验
··挥发物含量试验
··灰分含量试验
··软颗粒含量试验
··有机物含量试验
··游离碳含量试验
··组分试验
·环境试验
··低温试验
··冻融试验
··干湿试验
··高温试验
··碳化试验
··通风试验
·力学试验
··脆点试验
··动力试验
··动压力试验
··荷载试验
···超负荷试验
···地基荷载试验
···荷载传播试验
···平板荷载试验
···平板载荷试验
···桥梁动载试验
···桥梁静载试验
···桥梁验收荷载试验
···桩横向荷载试验
···桩载试验
···桩轴向荷载试验
··静力试验
··拉力试验
··压力试验
···侧压试验
···抗压试验
···梁内导管空隙真空加压试验
···气压试验
···水压试验
···液压试验
··强度试验
···压缩试验
····单轴压缩试验
····三轴压缩试验
···侧限抗压强度试验
···焊接接头强度试验(钢筋)
···砂浆强度试验
··应力试验
··阻力试验
·路面试验
··CBR 试验
··车辙试验
··承载板试验
··加州承载比试验
··弯沉试验
··稳定性试验(道路)
·密度试验
·模型试验
··桥梁模型试验
··声学模型试验
··水工模型试验
·水工试验
··抽水试验
··渗水试验
··水工模型试验
··压水试验
··注水试验
·土工试验
··固结试验
··贯入试验
···标准贯入试验
···桩贯入试验
··颗粒分析试验
··坍落度试验
··压实试验
··压实度试验
··岩土特性指标试验
··原位试验
··压缩试验
···单轴压缩试验
···三轴压缩试验
··岩土特性指标试验
·稳定性试验
··结构稳定性试验
·现场试验
··现场拌和试验
··现场压实试验
·性能试验
··刚性试验
··光弹性试验
··回弹试验
··混凝土流动性试验
··可焊性试验
··粘度试验
··粘结力试验
··粘滞度试验
··爬坡性能试验
··膨胀试验
··倾翻稳定性能试验
··燃点试验
··燃烧性试验
···耐火试验
··韧度试验
··韧性试验
··溶解度试验
··软化点试验
··闪点试验
··收缩试验
··塑限试验
··塑性试验
··吸水率试验
··压实度试验
··稳定度试验
···储存稳定度试验
···马歇尔稳定度试验
··延度试验
··硬度试验
···布氏硬度试验
···洛氏硬度试验
··针入度试验
··制动性能试验
··转向性能试验
·锈蚀试验
·样机试验
·中间试验
·钻孔试验
··钻孔泥浆试验

Shi Yang
试样*
·显微镜试样

Shi Ye
失业*
·结构性失业

Shi Yong Shou Ming
使用寿命*
·车辆使用寿命
··车辆合理使用寿命
··车辆技术使用寿命
··车辆经济使用寿命
·疲劳寿命
··路面疲劳寿命

Shu 数疏树输舒

T

··船舶阻力特性
··动态特性
···尾流动态特性
··互换性
··货物自然属性
··静态特性
··经济性
···船舶动力装置经济性
···散货船经济性
···运河经济性
··可生物降解性
··螺旋桨特性
··推进特性
··危险性
···第二危险性
···主要危险性
··响应特性
··岩体特性
·同步性
·物理性质
··表面性质
···表面活性
··导电性
···超导性
··导热性
··固体性质
··惯性
··极性
··土物理性质
·线性
·相似性
·岩体性质
·异步性
·憎水性
·周期性

Xing Zhuang
形状*
·方形
·几何形状
·矩形
·菱形
·六角形
·球形
·三角形
·梯形
·椭圆形
·圆形

Xiu 修

Xiu Bu
修补*
·混凝土修补

Xu 需

Xu Qiu
需求*
·动力需求
·交通需求
·人力需求
·运输需求
·总需求

Xue 学

Xue Ke
学科*
·地震学
·地质学
··工程地质学
··水文地质学
·电工学
·电子学
·动力学
··车辆动力学
··船舶流体动力学
··构造动力学
··机车动力学
··计算流体动力学
··空气动力学
··列车动力学
··轮轨动力学
··土动力学
·冻土热学
·毒物学
·仿生学
·辐射度学
·工程学
··土质工程学
·光学
··几何光学
··物理光学
·化学
··电化学
··放射化学
··分析化学
··环境化学
···港口污染
··生物化学
··水质化学
··无机化学
··物理化学
··有机化学
·环境科学
·建筑学
·交叉学科
·经济学
··动态经济学
··工程经济学
··工业经济学
··古典经济学
··管理经济学
··宏观经济学
··基础设施经济学
···港口规划经济学
··统计学
··污染控制经济学
··运输经济学
···班轮航运经济学
·力学
··爆炸力学
··材料力学
···复合材料力学
··地质力学
··断裂力学
···线弹性断裂力学
··分析力学
··工程力学
··固体力学
··结构力学
··静力学
···液体静力学
··理论力学
··连续介质力学
··流体力学
···流体动力学
··流体动力学理论
··粘弹性理论
··疲劳力学
··破坏力学
··热力学
··水力学
···河川水力学
··塑性力学
··隧道力学
··弹性力学
··土力学
···冻土力学
··土力学理论
·流变学
·逻辑学

Z

Zai 灾载再

Zao 造噪

·交通噪声
··机动车辆噪声

Ze 责

Ze Ren
责任*
·保险责任
·连带责任
·违约责任

Zha 闸渣

Zha
闸*
·拦潮闸

Zha Men
闸门*
·弧形闸门
·人字闸门
·扇形闸门
·液压闸门
·圆辊闸门

Zha
渣*
·废渣
··工业废渣
···矿渣
···炉渣

Zhan 战

Zhan Lüe
战略*
·发展战略
·海运战略

Zhao 招照

Zhao Biao
招标*
·国际竞争性招标
·国际招标
·国内竞争性招标
·土地招标

Zhao Ming
照明*
·高杆照明
·缓和照明
·水下照明
·隧道照明
·照明过渡
··人工照明过渡

Zhe 折

Zhe Jiu
折旧*
·车辆折旧

Zhen 振诊

Zhen Dong
振动*
·侧向振动
·颤振
·非线性振动
·高谐振动
·共振
·固有振动
·机械振动
·激振
··爆破激振
··放松拉索激振
··落物激振
··跳车激振
··行车激振
·减幅振动
·结构振动
·脉冲振动
·扭转振动
·耦合振动
·强迫振动
·桥梁振动
·随机振动
·弯曲振动
·涡流引起振动
·无阻尼振动
·线性振动
·垂直振动
·质点振动
·自激振动
·纵向振动
·阻尼振动

Zhen Duan
诊断*
·病害诊断
··桥梁病害诊断
·参数诊断
·单元诊断
·动态诊断
·逻辑诊断
·汽车诊断
·汽车综合诊断
·统计诊断
·综合诊断

Zheng 政证

Zheng Ce
政策*
·补偿性财政政策
·财政政策
·产业政策
·对外政策
·发展政策
··船队发展政策
···船舶改造政策
···船舶维修政策
···船龄政策
···船型政策
·国际竞争政策
·国家政策
··国家海洋政策
··国家航运政策
··国家运输政策
··国内航运政策
·航运政策
·环境政策
·贸易政策
··对外贸易政策
·能源政策
·票价政策
·社会政策
·税收政策
·需求管理政策
·运价政策
·运输政策
··北极运输政策
·政府政策

Zheng Shu
证书*
·船舶国籍证书
·船舶检验证书
·国际船舶载重线证书
·国际吨位证书
·国际防止散装运输有毒液体物质污染证书

英汉对照索引

说　明

1　排列

英汉对照索引依照英文字母 A ~ Z 的顺序排列，英文词语中第一个单词相同的按第二个单词的首字母的顺序排列，以下类推。例如：

Abrasion	磨损
Abrasion resistance	耐磨性
Abrasion test	磨耗试验
Abrasion testing machine	磨耗试验机

词首为非英文字母(数字、其他语种字母、符号等)的词语排在英汉对照索引的最后。例如：

3-leg interchange
喇叭形立交
……
Π-beam
Π 形梁

2　释义

英文相同，对应不同中文释义的，按不同的词语条目分列。例如：

Adhesion	AK04	粘附(汽车)
Adhesion	AD06；DD00	粘结
Adhesion	DD00	黏结 Y：粘结
Adhesion	DD00	粘接 Y：粘结
Adhesion	CG09	粘附力

3　标注项

英汉对照索引的标注项包括英文词语、所属范畴编号、对应的汉语主题词，对于非正式主题词而言，还标注有所对应的正式主题词。例如：

正式主题词

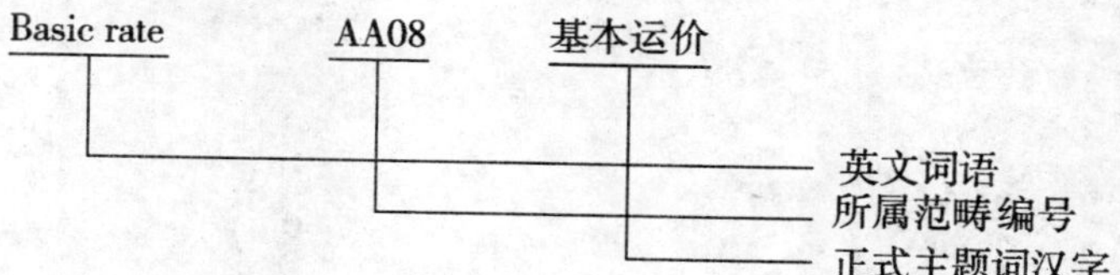

非正式主题词

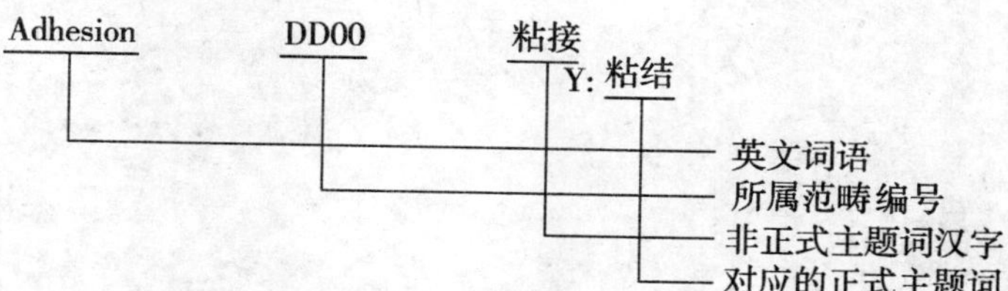

英汉对照索引中词语的范畴编号与所对应的汉语主题词在字顺表中所属的范畴编号一致。

目　录

A

Acceptance of luggage consignment
AA02、行包承运

Accessories
DE00 附件(设备)

Accessories
DG00 配件*

Accessory risk
BA04 附加险

Accident
AA06;DC00 事故*

Accident analysis
DD00 事故分析

Accident black spot
AI05 事故易发地点

Accident due to quality of service
AA06 质量事故

Accident event
DA00 意外事件
Y:事故*

Accident handling of machinery
AG10 机械事故处理

Accident investigations
BI03 事故调查

Accident of waterborne traffic
BJ02 水上交通事故

Accident reporting systems
BI03 事故报告制度

Accident spot map
AI05 事故地点图

Accident statistics
BJ03 事故统计

Accident types
BJ03 事故类型

Accidental injury to passengers
BA04 旅客意外伤害

Accidental rates
BJ03 事故率

Accomodation highway
AB02 专用公路

Accommodation spaces
BE05 舱室空间

Account
BG05 会计

Accounting
BG02 核算

Accounting
BG05 会计

Accuracy
DI00 精确度

Achievement
DF00 成果*

Achievements in scientific research
DE00 科研成果

Acid rain
CD03;CK02 酸雨

Acid resistance
DC00 耐酸性

Acid soils
CD01 酸性土

Acidity
CC01 酸性
Y:酸度

Acidity
CC01 酸度

Acknowledgement of consignment
AA03;BA02 承运

Acoustic depth finder
BF03 回声测深仪

Acoustic detection
BE04 声波探测技术

Acoustic effect
DB00 声学效果

Acoustic emission system
AH04 声发射测量系统

Acoustic insulating walls
AC02;CK02 隔声墙

Acoustic model tests
DF00 声学模型试验

Acoustic monitoring
CK03 声学监测

Acoustic prospecting
CD01 声勘探

Acoustical sounding
BD05 声探测

Acoustics
CB00 声学

Acquisition cost of credit
BE10 贷款获得费

Acrylic resins
CC04 丙烯酸树脂

Act
BB02 法案*

Action
DA00 作用*

Activation
CC01 活化

Active circuit
CF03 有源电路
Y:有源网络

Active earth pressure
CG06 主动土压力

Active force
CG03 作用力

Administrative costs
BG05 管理成本

Administrative expenses of shipyard
BE10 船厂管理费

Administrative organization
BG05 管理组织

Administrative organs
DJ00 行政机关
Y：行政管理机构

Administrative procedures
BG05 管理程序

Admiralty
BF04 海图

Admixtures
AF01 掺合料

Admixtures
AF03；CC01 外加剂
Y：添加剂

Adsorbent substance
CC02 吸附剂

Adsorbents
CC02 吸附剂

Adsorption
CC02；DD00 吸附

Advance exit sign
AI07 出口预告标志

Advance loan
AB04 预付贷款

Advance mobilization loan
AB04 动员费预付贷款

Advance support
AE07 超前支护

Advanced driver information system (ADIS)
AI03 先进的驾驶员信息系统

Advanced freight
BG06 预付运费

Advanced public transportation system (APTS)
AI03 先进的城市(公共)运输系统

Advanced rural transportation system (ARTS)
AI03 先进的长途运输系统

Advanced traffic management system (ATMS)
AI03 先进的交通管理系统

Advanced vehicle control system (AVCS)
AI03 先进的汽车控制系统

Advancements
DD00 进展

Advisory speed
AI01 推荐速度

Aeolian soil
CD01；CG06 风化土

Aerated concrete
AF07 加气混凝土

Aerial
CF04 天线*

Aerial photography
AC01 航空摄影

Aerial photogrammetry
AC01 航空摄影测量

Aerodynamics
CG08 空气动力学

Aerophoto interpretation
AC01 航摄像片判读

Aesthetics design
AC02 美学设计

Afforestation
CK07 绿化*

Afloat joining ship sections
BE10 水上合龙

Aframax tanker
BE01 阿芙拉型油轮

After charge
BG02 附加费率

Aftercare
DD00 后处理

Age
AF07；DI00 龄期

Ageing
CG09；DC00；DD00 老化

Agency
AA04 代办站

Agent
DA00 代理*

Agent
CC01 剂*

Agglomeration
CC01 凝聚

Aggregate
AF06；BC06 骨料*

Aggregate demand
BG02 总需求

Aggregate feeder units
AG07 配料给料装置

Aggregate grading
AF06 骨料级配
Y：颗粒级配

Aggregate passenger traffic
AA02 集结性客流

Aggregate paver
AG07 石料摊铺机

Aggregate preparation
BC06 骨料加工

BA05 空陆水联运集装箱

Air temperature
CD03 气温

Airborne dust
CK02 大气尘

Air-conditioning equipment
AJ02 空调设备

Aircraft carrier
BE02 航空母舰

Air-cushion vessel; Hovercraft
BE01 气垫船

Airway beacons
BD05 航道信标

Alarming device
AE14 报警装置

Alarms
BI04 警报器

ALE
AH04 路面快速加载试验机

Algae
CE03 藻

Alignment
BE10 校准

Alignment
DD00 调试

Alignment elements
AC02 线形要素

Alkali resistance
DC00 耐碱性

Alkali-aggregate reaction
DC00 碱骨料反应

Alkalinity
CC01 碱度

Alkalinity
CC01 碱性

Alkali-soils
CG06 碱土

All red signal
AI03 全红信号

All risks
BA04 一切险

All risks
BA04 船舶一切险
Y：一切险

All risks
BA04 综合险
Y：一切险

All wave receiver
BF05 全波段接收机

Alligator crack
AC08 龟裂

All-inclusive charge of combined transport
BA06 联运包干费

All-inclusive charges of transshipment
BA06 换装包干费

Allocation
DD00 配置

Allocation of scarce resources
BB04 稀缺资源配置

Allocative efficiency
BB04 配置效率

Allotment
DD00 分配*

Allowable load
CG11 容许载荷

Allowable rebound deflection value
AC04 容许回弹弯沉值

Allowable speed
AJ05 容许速度

Allowable stress
CG03 容许应力

Alloy
AF02 合金

Alloy cast iron
AF02 合金铸铁

Alloy steel
AF02 合金钢

All-through turbidimeter
AH03 通视浑浊度仪

All-through visibility tester
AH03 通视能见度检验仪

All-weather highway
AB02 晴雨通车公路

Alongshore
BD01 沿岸

Alongshore drift
BD01 沿岸漂沙
Y：悬移质

Alteration of transport
BA02 变更运输

Alternate system
AI03 交互式系统

Alternative
BE06；DA00 方案*

Alternative line
AC01 比较线

Alternative motor fuel
AK04 汽车代用燃料

Alternative study
BE06 方案研究

Alternatives of technology
DA00 技术方案

Altitude

Anchor bolt
AE07 锚杆*

Anchor bolt spray
AE04 喷锚
Y：锚喷

Anchor bolt-spray
AE04 锚喷

Anchor bolt-spray support
AE07 锚喷支护

Anchor chains
BC06；BE08 锚链

Anchor plate bridge abutment
AD09 锚定板桥台

Anchorage
BC01 锚地*

Anchorage force
CG03 锚固力

Anchorage strength
CG02 锚固强度

Anchored bulkhead retaining wall
AC03 锚定板式挡土墙

Anchored retaining wall by tie rods
AC03 锚杆式挡土墙

Anchoring
BC01 锚泊
Y：系泊

Anchoring
BF04 锚定

Anchoring and mooring equipment
BC06 系船设备
Y：系泊设备

Anchoring time
AJ04 停泊时间

Ancient river courses
BD01 古河道

Anelasticity
CG05 滞弹性

Anemometers
CD03 风速计
Y：风速仪

Anemometers
CD03 风速仪

Angle
DI00 角*

Angle of heel
BE04 横倾角

Angle of incidence
DH00 入射角

Angle of inclination
DI00 倾斜角

Angle of list
BE04 横倾角

Angle of repose
BC02 休止角

Angle of trim
BE04 纵倾角

Angles
DI00 角度

Angles of wave attack
BD02 波浪冲角

Angular boulder
AF06 块石

Animal corridor
AI07 动物通道

Animal diseases
CK02 动物病害

Animal or plant quarantine
BI05 动植物检疫

Animals
CE03 动物

Anionic emulsified bitumen
AF08 阴离子乳化沥青

Anions
CC01 阴离子

Anisotropy
DC00 非匀质

Anisotropy
CG02 各向异性

Annual average daily traffic volume
AI01 年平均日交通量

Annual benefit
BJ01 年盈利
Y：年利润

Annual maximum hourly traffic volume
AI01 年最大小时交通量

Annual operation costs
BB04 年营运费用

Annual profit
BB04；BJ01 年利润

Annual profit after tax
BJ01 税后年利润

Annual return
BJ01 年收益*

Annual return after tax
BJ01 税后年收益

Annual thirtieth highest hourly traffic volume(30HV)
AI01 年第三十位最大小时交通量

Annual total cost
BB04 年总成本

Antenna
CF04 天线*

Antiager
AF03 抗老化剂

Appraisals
DA00 评估*

Approach bridge
AD01 引桥

Approach channel
BD01 进出港航道

Approach channel
BC03;BD01 引航道

Approach of questionnaire
BJ01 问卷法

Approaching and leaving-shore maneuvering
BF02 船舶靠离操纵

Appropriate a fund
BB04 拨款*

Appropriation shipbuilding
BE10 拨款造船

Approximate estimate norm of highway project
AB03 公路工程概算定额

Approximate estimate norm of project
AB03 工程概算定额

Approximation method
CA00 逼近法

Apron conveyors
AG06 带式输送机

Aquaculture
BI03 水产养殖

Aquatic biology
CE01 水生生物

Aquatic plants
BI02 水生植物

Aquatic products
CE02 水产

Aqueduct
AD17;BC03 渡槽

Aqueous rocks
AF05 水成岩
Y: 沉积岩

Aqueous solution
CC01 水溶液

Arbitration
BA04 仲裁*

Arc welding
BE10 电弧焊

Arch
AD04 拱*

Arch bridge
AD01 拱桥

Arch centering
AD13 拱架

Arch crown
AE03 拱顶

Arch culvert
AD17 拱涵

Arch dams
BC03 拱坝

Arch ring stress adjustment
AD13 拱圈应力调整

Arch structure
AD04 拱形结构

Arch truss
AD04 拱形桁架

Arch tunnel
AE01 拱形隧道

Architecture
CI03 建筑学

Archives
DF00 档案

Arctic navigation
BF02 北极航行

Arctic ports
BF02 北极港口

Arctic regions
BF02 北极地区

Arctic research planning
BB03 北极考察计划

Arctic research vessels
BE02 北极考察船

Arctic shipping
BF02 北极航运

Arctic terminals
BF02 北极码头

Arctic transportation
BF02 北极运输

Arctic transportation policy
BB02 北极运输政策

Area
DH00 区域*

Area
DI00 面积*

Area of harbour district
BJ03 港区面积

Argillaceous rock
CI01 泥岩

Argillite
CI01 泥岩

Argumentation
DD00 论证

Arid climates
CD03 干燥气候

Armour
BE10 铠装

AG07 沥青泵

Asphalt roll-roofing
AF03 沥青卷材

Asphalt slurry
AF08 沥青稀浆

Asphalt slurry seal machine
AG07 稀浆封层机

Asphalt sprayer
AG07 沥青喷洒机

Asphalt truck
AG07 沥青罐车

Asphaltmastic
AF08 沥青胶砂

Asphalts
AF08 地沥青
Y: 沥青*

Assembling
DE00 组装

Assembly
AD12 拼装

Assembly
BA06 组配

Assembly bridge pier
AD09 拼装式桥墩

Assessment
DA00 评审

Assessment
DD00 估计

Assessment criterion
BJ01 评价标准

Assessment criterion
BJ01 评价准则
Y: 评价标准

Assessments
AH02;DA00 评定*

Assets
DA00 资产

Association
DJ00 学术团体*

Associations
DJ00 协会

Assumed latitude
BF02 选择纬度

Assumed longitude
BF02 选择经度

Assumed position
BF02 选择船位

Astronavigation
BD05;BF05 天文导航

Astronavigation
BD05;BF05 天文导航

Asymmetrical loading tunnel
AE01 偏压隧道

Asymptotic stability
AI01 渐近稳定性

Asynchronism
DC00 异步性

At valorem tax
BA01 从价税

At-grade intersection
AC05 平面交叉

Atmosphere analysis
CK03 大气分析

Atmosphere dust
CK02 大气尘

Atmospheric corrosion
BE10 大气腐蚀

Atmospheric environment
CK01 大气环境

Atmospheric pollutant
CK02 大气污染质
Y: 空气污染物质

Atmospheric pollution
BI02;CK02 大气污染
Y: 空气污染

Atmospheric pressure
CD03 气压

Atmospheric pressure tests
CG10;DF00 气压试验

Atmospheric quality
BI03 大气质量

Atom
CB00 原子

Atomic energy
CC01;CL02 原子能
Y: 核能

Atomic energy absorption spectra
CC03 原子吸收光谱

Atomic physics
CB00 原子物理学
Y: 核物理学

Atomizing
CB00;DD00 雾化

Attaching scaffolds
AG09 附着式脚手架

Attachment scaffolds
AG09 附着式脚手架

Attachments
DE00 附件(设备)

Attendant
AJ04 乘务员

Attenuation
DC00 衰减

BB04 自主投资

Autonomous ports
BC01 自治港

Autopilots
BF03 自动驾驶装置

Autopilots
BF03 自动驾驶仪
Y：自动驾驶装置

Autopilots
BF05 自动导航装置

Auto-spectrum analysis
AH02 自谱分析

Auxiliary adit
AE04 辅助坑道

Auxiliary equipment
DE00 辅助设备

Auxiliary machinery
BE08 辅机
Y：船舶辅机

Auxiliary sign
AI07 辅助标志

Auxiliary welding equipment
AG09 焊接辅助装置

Availability rate
DC00 完好率

Availability rate of machinery
AG10 机械完好率

Available hydropower resources
BD06 可开发水能资源

Avalanches
CD01 雪崩

Avenues
CK07 林荫道

Average
BA04；BH01；BI04 海损

Average
CA00；DI00 平均值

Average
CA00；DI00 平均值

Average annual benefit
BJ01 平均年盈利
Y：平均年利润

Average annual benefit index
BJ01 平均年盈利指数

Average annual profit
BJ01 平均年利润

Average cost
BG05 平均成本

Average costs of vehicle maintenance and repair
AK05 汽车维修平均费用

Average daily traffic volume（ADT）
AI01 平均日交通量

Average haul distance
AA03 平均运距
Y：运距

Average indicator
BJ01 平均指标

Average kilometre of tyre scrap
AJ05 轮胎平均报废里程

Average riding distance
AJ04 平均乘距

Average speed
AI01 平均车速

Average station spacing
AJ05 平均站距
Y：站距

Average stop spacing
AJ05 平均站距
Y：站距

Average travel time
AJ04 平均出行时间
Y：出行时间

Award of contract
AB03 中标

Axial flow
CG07 轴流

Axial force
CG03 轴向力

Axial loading test of pile
AH01 桩轴向荷载试验

Axial stresses
CG03 轴向应力

Axle load
AJ02 轴重

Axle load meter
AK05 轴重仪

Axle weight detector
AI03 轴重检测器

Azimuth
BF02 天体方位角

Azimuth
DH00 方位角

B

Babbitt
AF02 白合金

Backfilling
CI01 回填

Background
DD00 背景

Background Erosion
BC02 本底侵蚀

Background of mark

Barge carrier
BE01 子母船
Y：载驳船

Barge fleet statistics
BJ05 驳船队统计

Barge tow
BF06 驳船队

Barge train
BF06 驳船队

Barge train formation
BF06 驳船队编组

Barge unloading dredger
BE03 吹泥船

Barometric pressure
CD03 气压

Barrage
BC03；CI05 堤

Barrier
AI07 护栏*

Bars
AD06；DG00 杆

Basalt
AF05 玄武岩

Basalt
AF05 玄武岩类
Y：玄武岩

Bascule bridge
AD01 竖旋桥

Base
AD11；BC02；CI01；DE00 基础(工程)*

Base bearing alloy
AF02 白合金

Base course
AC04 基层

Base line
AC01；DH00 基线

Base plate
AE03 底板

Base rate of return
BG05 基准收益率

Base rate of return
BG05 基准报酬率
Y：基准收益率

Base rate of return
BG05 基准回报率
Y：基准收益率

Base soil stress
CI01 地基应力

Basement
CI04 地下室

Bases
CI01；DE00 底座

Bases
DE00 基础

Bases
CI01 基础*

Basic capacity
AI02 基本通行能力

Basic fare
AJ04 基本票价

Basic freight rate
BG06 基价

Basic rate
AA08 基本运价

Basic rate of handling
AA05 装卸基本费率
Y：装卸费率

Basic soils
CG06 碱土

Basicity
CC01 碱度

Basin
AC01 盆地

Basin
BC03 池

Basin
BD01；CD01；CI05 流域

Basin
AC01；CD01 盆地

Batch asphalt mixing plant
AG07 间歇式沥青混合料搅拌设备

Bateau bridge
AD01 舟桥

Bateau bridge
AD01 浮桥

Battle ship
BE02 战列舰

Bauxite
AF01；AF03 铝矾土

Beach
BD01 滩

Beach area evolution
BC02 海岸区域演变

Beach monitoring
BC02 海岸监控
Y：岸线监控

Beach morphology evolution
BC02 海岸地貌演变

Beach nourishment
BC06 填沙护滩

Beach nourishment
BC06 补沙护滩
Y：填沙护滩

Beach renourishment

AB03 缩短里程效益

Benefit-cost analysis
BG05 效益费用分析

Benefit-cost analysis
BG05 收益成本分析

Benefit-cost ratio
BB04;BG05 效益费用比

Benkelman beam
AH03 贝克曼梁
Y:弯沉仪

Bentonite
CG06 膨润土

Berm
AC03 护坡道

Berm at the foot of cutting slope
AC03 碎落台

Berth
BJ03 码头泊位

Berth capacities of freight traffic
BJ03 泊位通过能力

Berth outfitting
BE08 船台舾装

Berthing
BF04 靠泊

Berthing capacities
BJ03 靠泊能力

Berthing charge
BA02 停泊费

Berthing impact force
BF02 靠泊力

Berthing space
BC01 停泊区
Y:锚地*

Berthing systems
BF04 靠泊系统

Berthing thrust
BF02 靠泊力

Beta (β) coefficient
BB04 贝他系数

Bias
DC00 倾斜

Bicycle lane
AC02;AJ01 自行车车道
Y:自行车交通

Bicycle lane
AC02;AJ01 自行车车道
Y:自行车交通

Bicycle route
AJ01 自行车专用路
Y:自行车交通

Bicycle traffic
AJ01 自行车交通

Bid bond
AB03 投标担保

Bid opening
AB03 开标

Bid, Tender
AB03 投标书

Bidding
AB03 投标*

Bidding documents
AB03 招标文件

Bike-way
AB02 自行车道

Bilge keel
BE05 舭龙骨

Bilge water
BF07 舱底水

Bill of lading
BA02 B/L
Y:提单*

Bill of lading (B/L)
AA03;BA02 提单*

Bill of lading of combined transport
BA06 联运货物运单

Bill of loading
AA03 货物运单

Binder
AF08 结合料*

Binder course
AC04 联结层

Binding
DD00 结合

Binding material
AF01 胶凝材料

Binding materials
AF04 胶凝材料

Biocenosis
CE01 生物群

Biochemical oxygen demand
BI03 BOD
Y:生化需氧量

Biochemical oxygen demand load
BI03 生化需氧量负荷

Biochemical oxygen demand(BOD)
BI03 生化需氧量

Biochemistry
CE02 生物化学

Bioengineering
CE02 生物工程

Bioenvironment
CK01 生物环境

Biological analysis
CE01 生物学分析

Block coefficient
BE06 方型系数

Block out type safety fence
AI07 阻挡式护栏(交通)

Block pavement
AC04 块料路面

Block stone
AF06 块石

Block telephone
AJ03 站间行车电话

Block telephone
AJ03 闭塞电话
Y：站间行车电话

Blockage
BD01；CI02；DD00 堵塞

Blocking
AJ03 闭塞*

Blocking section
AJ03 闭塞分区

Blocks
AG06 葫芦(工具)
Y：滑车

Block-up
BD01；CI02；DD00 堵塞

Blood-alcohol concentration
AI05 血中酒精浓度

Blow up
AC08 拱胀

Blow-by
BI02；DC00 泄漏*

Blowing agent
AF03 发泡剂

Blown flaps
BD04 吹沙

Blow-off
CK04 排污

Blow-up
DC00 隆凸

Blueprint
DF00 图纸

Board
BE06 舷

Boards
AF01；DG00 板材
Y：板*

Boat
BE01 船
Y：船舶*

BOD Determination
BI03 生化需氧量测定

Body
DH00 体*

Body and frame measure and correct system
AK05 车身测量整形机(轿车)

Body and frame straightener
AK05 车身矫正机

Bog
CD01 沼泽

Bogie wheelbase
AJ02 转向架轴距

Boilers
CL01 锅炉

Boilers
CL01 热水锅炉

Boiling
CB00 沸腾

Bollards
BC06；BE05；BE08 系船柱

Bollards
BE05 带缆桩
Y：系船柱

Bolt
AD06 螺栓*

Bolted and welded girder
AD05 栓焊梁

Bolted and welded structure
AD04 栓焊结构

Bolted girder
AD05 栓接梁

Bolted joint
AD06 栓接接点

Bolted structure
AD04 栓接结构

Bond
AB03 保证金

Bond
AD06；DD00 粘结

Bond
BB04 债券

Bond
DD00 黏结
Y：粘结

Bond
DD00 粘接
Y：粘结

Bond financing
BB04 债券融资

Bond rate
BB04 债券利率

Bond room
BA01 保税库
Y：保税仓库

Bond tests
DF00 粘着试验

Box beam
AD05 箱形梁

Box car
BA06 箱式车

Box culvert
AD17 箱涵

Box foundations
CI01 箱形基础

Box girder bridge
AD01 箱梁桥

Box-girder fence
AI07 箱梁型护栏(交通)

Bracing
AD06 联结系*

Braided river
BD01 网状河道

Brake bracing
AD06 制动联结系
Y：纵向竖联结系

Brake distance
AI05 制动距离

Brake drum lathe
AK05 制动鼓车床

Brake reaction time
AI05 制动反应时间(司机)

Brake shoe grinder
AK05 制动蹄磨床

Brake tester
AK05 制动试验台

Braking
AJ01 制动

Braking
AK03 制动(汽车驾驶)

Braking ability test
AG11 制动性能试验

Braking distance
AJ01 制动距离

Braking force
CG03 制动力

Branch
AJ03 支线

Branch line
AJ03 岔线

Branch line
AJ03；DB00 支线

Branch road transportation
AA01 支线运输

Branch stream
BD01 支流

Branches of learning
DA00 学科*

Branching
BD01 分汊

Breakdown
AC08；DC00；DD00 破损
Y：损害*

Breakdown
AK04；DC00 故障*

Breakdown
DC00；DD00 损害*

Breakdown fixing
DD00 故障排除

Breakdown on the way
AK03 抛锚(汽车驾驶)

Breakers
AG08 破碎机

Breaking
DD00 破碎

Breaking load
CG11 破坏载荷

Breaking test
AD16；AH01；CG10 断裂试验

Breaking-in
AK05 磨合

Breakwater; Wave breaker
BC03 防波堤

Breath
DI00 宽度

Breeze
AF06；CK06 煤渣
Y：炉渣

Bride conceptual design
AD03 桥梁方案设计

Bridge
AD01 桥*

Bridge
AD01 桥梁
Y：桥*

Bridge
BE05 驾驶台

Bridge
BE05 桥楼
Y：驾驶桥楼

Bridge acceptance loading test
AH01 桥梁验收荷载试验

Bridge approach
AD02 桥头引线

Bridge backwater
AD02 桥梁壅水

Bridge clearance
BF02 桥下净空

Bridge construction
AD13 桥梁施工

Bridge crane

Bridge static loading test
AH01 桥梁静载试验

Bridge structure
AD04 桥梁结构

Bridge structure design
AD03 桥梁结构设计

Bridge support
AD08 桥梁支座

Bridge survey
AD02 桥梁勘测

Bridge survey
AD02 桥梁测量

Bridge testing
AD16 桥梁试验

Bridge testing laboratory vehicle
AH04 桥梁测试车

Bridge toll
AB03 过桥费

Bridge tower
AD10 桥塔*

Bridge vibration
AD03 桥梁振动

Bridge vibration mode analysis
AH02 桥梁振型分析

Bridge water way
AD02 桥渡

Bridge water way survey
AD02 桥渡勘测

Bridge works
AD12 桥梁厂

Bridge(ship)
BE05 船桥
Y: 驾驶桥楼

Bridge-head
AD09 桥头堡

Bridging equipment
AG07 架桥设备

Brief
DF00 简介

Brilliance
AI07 亮度

Brinell hardness test
AH01 布氏硬度试验

Brittle point
DI00 脆点

Brittle point test
AH01 脆点试验

Brittleness
CG02;DC00 脆性

Broker
DA00 经纪人*

Broom-finish
AC04 拉毛

Brown coal
CL03 褐煤

Bucker wheel suction dredger
BE03 斗轮挖泥船

Bucket
BA08 铲斗

Bucket conveyors
AG06 斗式输送机

Bucket dredger
BE03 链斗挖泥船

Bucket elevators
AG06 斗式提升机

Bucket excavators
AG04 斗式挖掘机

Bucketwheel trenchers
AG04 斗轮式挖掘机

Buckling test
BE09 结构稳定性试验

Buckling test
BE09 屈曲试验
Y: 结构稳定性试验

Budge
AB03 预算

Budgetary control
BG02 预算管理

Budgetary norm of highway project
AB03 公路工程预算定额

Budgetary norm of project
AB03 工程预算定额

Buffers
CG08 减振器

Build
AB03;BB04 建设*

Builders' risks insurance
BA04 船舶建造险

Building
BC06 建造

Building
BC06;DD00 建筑

Building construction
CI01 建筑施工

Building design
AD03;CI03 建筑设计

Building design
CI04 房屋设计

Building material
AF01;BC06 建筑材料

Building structure
CI04 建筑结构

BI01;DI00 燃点

Burning point test
AH01 燃点试验

Burning tests
DF00 燃烧性试验

Bursting
BD01 溃决

Bus
AJ02 公共汽车

Bus
AK01 客车

Bus bay
AJ03 港湾式车站

Bus dispatching
AA02 客车调度

Bus only street (BOS)
AJ01 公共汽车专用街道

Bus priority lane
AJ01 公共汽车优先车道

Bus priority signal
AJ04 公共汽车优先通行信号

Bus priority system
AJ01 公共汽车优先通行系统
Y:公共交通优先

Bus stop
AA04 停靠站

Bus terminal
AA04;AJ03 客运站

Business
AA02;DA00 业务*

Button
AI07 路钮*

Buyer's credit
BE10 买方信贷

Bypass
AB02 绕行公路

C

C.I.F. Price
BG06 到岸价格

CA, intended
BF02 计划航迹向

Cab
DI00 链

Cabin outfitting
BE08 舱室舾装

Cable
AD10 缆索

Cable
CF01 电缆

Cable
DI00 链

Cable car
AJ02 索道缆车

Cable car
AJ02 缆车

Cable cranes
AG06 缆索起重机

Cable force measurement
AH02 索力测量*

Cable guardrail
AI07 钢索护栏(交通)

Cable layer
BE03 布缆船
Y:电缆敷设船

Cable layer
BE03 电缆布设船
Y:电缆敷设船

Cable layer
BE03 电缆敷设船

Cable ship
BE03 电缆敷设船

Cable scrapers
AG04 索式铲运机

Cable spacing
AJ03 索距

Cable tension measurement device
AH03 索力测定计

Cable way
AJ03 索道

Cable-operated excavators
AG04 拉索挖掘机
Y:拉铲挖掘机

Cable-stayed bridge
AD01 斜拉桥

Cableway terminal
AJ03 索道客运站

Cableway transport
AJ01 索道缆车客运

Cableway winch
AJ02 索道绞车

Cableway wrecking car
AJ02 索道救护车

Cabotage
BF01 沿海航运

Caisson foundations
AD11;CI01 沉箱基础
Y:沉箱

Caissons
BC02;CI01 沉箱

Calcium electric rapid determination method
AH02 钙电极快速测定法

AI02 通行能力指数

Capacity of channel
BJ04 航道通过能力

Capacity of passenger traffic
AA02 客运能力

Capesize bulk carrier
BE01 海岬型散货船

Capesize bulk carriers
BE01 好望角型散货船
Y: 海岬型散货船

Capillarity
DC00 毛细作用

Capillary flow
CG07 毛细流动

Capillary tubes
DG00 毛细管

Capillary water
AC06 毛细水

Capital
BB04 资本*

Capital construction plan
BB01 基本建设计划

Capital construction project
BB01 基本建设项目
Y: 建设项目

Capital cost
BG05 资本成本

Capital cost
BG05 资本费用

Capital investment
BB04 基建投资

Capital investment
BB04 资本投资

Capital outlay
BB04 基建投资

Capsizing
BE04; BI04 倾覆(船舶)

Capturing river
BD01 袭夺河

Car
AJ02; AK01 车辆*

Car carrier semitrailer
AK01 轿车运载(半挂)车

Car dynamics
CG01 车辆动力学

Car lift
AK05 汽车举升机

Car pool lane
AI04 合乘车辆车道

Car shed
CI04 车库*

Car washer
AK05 汽车清洗机

Carbide
AF02 硬质合金

Carbon
AF03 碳

Carbon content
DI00 含碳量

Carbon fibre
AF03 碳纤维

Carbon steel
AF02 碳钢

Carbonation
CC02 碳化
Y: 碳酸盐化

Carbonation depth by phenolphthalein test
AH01 碳化深度酚酞试验

Carbonation test
AH01 碳化试验

Carbonation
CC02 碳酸盐化

Card reader
AI06 读卡机

Card sender
AI06 发卡机

Car-following theory
AI01 跟车理论

Cargo
AA03; DD00 货物*

Cargo compartment
BE05 货舱

Cargo deadweight
BJ05 载货量

Cargo ferry
BE01 货物渡船

Cargo handling volume of port
BJ03 港口装卸量

Cargo hand-over
BA07 货物交接

Cargo hand-over by both side
BA07 双边交接

Cargo holds
BE05 货舱

Cargo in large amount
BI01 整批货物

Cargo inspection
DF00 货物检验

Cargo insurance
BA04 货物保险费

Cargo lashing
BI01 货物捆绑

Cargo lashing

Catalysts
CC02 催化剂

Catalytic agents
CC02 催化剂

Catamaran
BE01 双体船

Catchment area
CI05 汇水面积

Category
DA00 范畴

Category management（CM）
BA05 品类管理

Catenary anchor leg mooring
BF02 悬链锚腿系泊

Cathodic protection
BE08 阴极防护

Cationic emulsified bitumen
AF08 阳离子乳化沥青

Cations
CC01 阳离子

Cattle fence
AI07 防牲畜护栏

Cause
DA00 原因*

Causes of erosion
BC02 侵蚀原因

Causes of shoreline erosion
BC02 海岸侵蚀原因

Caution sign
AI07 警告标志

Caves
CD01 洞穴

Caves
CD01 岩洞

Cavitation
AK04 穴蚀(汽车)

Cavitation
BE04 空泡*

Cavitation
BE04 气蚀
Y：空泡*

Cavitation
BE04 空化
Y：空泡*

Cavitation erosion
BE04 空穴损蚀

Cavities
DH00 空腔

CBR test
AH01 加州承载比试验

CBR Tests
DF00 CBR 试验

Celestial altitude
BF02 天体高度

Celestial meridian
BF02 测者子午圈

Celestial navigation
BD05；BF05 天文导航

Celestial navigation
BF02 天文航海

Cellular concretes
AF07 多孔混凝土

Cementation
DD00 沉积*

Cement barge
BE01 水泥驳

Cement carrier
BE01 散装水泥船

Cement carrier
BE01 水泥运输船
Y：散装水泥船

Cement clinker
AF04 水泥熟料
Y：熟料

Cement concrete mark
CG09 水泥混凝土标号

Cement concrete pavement
AC04 水泥混凝土路面

Cement guns
AG03 水泥浆喷枪
Y：砂浆喷射器

Cement mark
CG09 水泥标号

Cement raw meal
AF04 水泥生料
Y：生料

Cement soundness test
AH01 水泥安定性试验

Cementing material
AF03 胶结料

Cements
AF04 水泥*

Cement-soil base
AC04 水泥土基层

Census
DD00 调查*

Center island
AC05 中心岛

Center island marking
AI07 中心岛标线

Center line
AC01 中线

Center line survey
AC01 中线测量

Channelized intersection
AC05 渠化交叉口

Channelized traffic
AI02 渠化交通

Channelizing marking
AI07 渠化标线

Channelization
BD06 渠化

Channels
BD01;CI05 航道*

Channels
BD06 渠

Chaos theory
BB05 混沌理论

Character
DC00 特性

Characteristics
DC00 特性

Characteristics of material
AF01;CG09;DC00 材料性能

Characters
DC00 特征*

Charge of freight transport
AA08 货物运价

Charge of passenger transport
AA08 旅客运价

Charged distance
AA08 计费里程

Charged distance of chartering
AA08 包干计费里程
Y: 计费里程

Charged weight
AA08 计费重量

Charges for tugs service
BA02 港作拖轮费

Charter rate by distance
AA08 计程包车运价

Charter rate by number container
AA08 包箱运价

Charter rates
BG06 租船价格

Charter rates
BG06 租船费率
Y: 租船价格

Charter rates
BF06 租船价率
Y: 租船价格

Chartered bus transport
AA02 包车客运

Chartering of ship
BF06;BG03 租船*

Charts
CA00;DF00 计算图表

Check
DD00 校核

Check computation
AD03 检算

Check of ship data
BE06 船舶参数校核

Checking by indicator
DF00 显示镜检验

Checking computation
AD03;CA00 验算

Chemical analysis method
DF00 化学分析法

Chemical analysis
CC01 化学分析

Chemical carrier
BE01 化学品运输船

Chemical cleaning
DE00 化学洗净

Chemical composition
CC01 化学成分

Chemical detection
DF00 化学测定

Chemical determination
DF00 化学测定

Chemical elements
CC01 元素*

Chemical elements
CC01 化学成分

Chemical fibres
AF03 化学纤维

Chemical grouting
AE12 化学注浆

Chemical grouting
CI01 化学灌浆

Chemical grouting
CI01 化学加固

Chemical indexes
CC01 化学指标

Chemical leakage
BI02 化学品泄漏

Chemical mixing piles
CI01 化学搅拌桩
Y: 旋转喷射桩

Chemical oxygen demand
BI03 COD
Y: 化学需氧量

Chemical oxygen demand(COD)
BI03 化学需氧量

Chemical pollution
CK02 化学污染

City ferry
AJ04 市区客渡

City monthly ticket
AJ04 市区月票
Y：月票

City passenger flow
AJ04 市区客流

City shipping line
AJ03 市区航线

Civil engineering
BC02 土木工程

Civil engineering machinery
AG01 土木工程机械
Y：施工机械

Civil engineering plants and equipments
AG01 工程机械
Y：施工机械

Civil works
BC02 土木工程

Civilian vehicle
AK01 民用车辆

Claim
AA06；AB04；BA07 索赔

Clamping apparatus
BA05 夹具

Clamshell dredger
BE03 抓斗挖泥船

Clarification
DC00 澄清

Clarity
DI00 清晰度

Class of ship
BA09；BE07 船级

Classes
DB00 种类
Y：分类*

Classical economics
BG01 古典经济学

Classification
BE07 入级

Classification
DD00 分类*

Classification certificate; Certificate of class
BE07 入级证书

Classification of freight rate
BG06 货物运价等级

Classification of ship
BA09；BE07 船级

Classification societies
BA09；BE07 船级社

Classification society rules
BA09 船级社规则

Classification survey
BE07 入级检验

Classified highway
AB02 等级公路

Classifiers
DE00 分类装置

Clause
DA00 条款*

Clay
AF06；CD01；CG06 粘土

Clay bed
CI01 粘土地基

Clay bound macadam
AC04 泥结碎石路面

Clay minerals
CI01 粘土矿物

Clay soil
AF06；CD01；CG06 粘土

Clayed sand
AF06 粘土质砂

Clayey soils
CG06 亚粘土

Clay-lime bound macadam
AC04 泥灰结碎石路面

Clean bill of lading
BA02 清洁提单

Cleaning
DD00 清扫
Y：清理

Cleaning
DD00 清洗
Y：清理

Cleaning
DD00 洗涤*

Cleaning and checking
AJ04 洗检

Cleanness
DI00 洁净度

Cleanness
DI00 清洁度
Y：洁净度

Clear headroom
BF02 净空高度

Clear headway
BF02 净空高度

Clearance certificate
BA01 结关单

Clearance examination
AE12 限界检查

Clearance height
BF02 净空高度

CD01 沿海

Coasting
AK03 滑行(汽车驾驶)

Coasting in neutral
AK03 脱挡滑行(汽车驾驶)

Coasting mode
AK04 滑行工况

Coasting passenger ship
BE01 沿海客轮

Coasting with clutch disengaged
AK03 分离离合器滑行(汽车驾驶)

Coasting with engine off
AK03 熄火滑行(汽车驾驶)

Coating
AD15;DE00 涂漆

Coating
AF03;BE10 涂料

Coating
AF03;BE10 涂料

Coating
BE10 涂层

Coating
AD15;DE00 涂漆

Coatings
AF03 漆*

Cobble
AF05;AF06 卵石

COD Determination
BI03 化学需氧量测定

Code
BB02 法典

Code
DA00 代码*

Code
DB00 规程*

Code number
DA00;DI00 标号
Y: 代码*

Code of design
AD03;BE06;DB00 设计规范

Coding
CF04 编码器

Coefficient
CA00;DI00 系数*

Coefficient of consolidation
CI01 固结系数

Coefficient of container dead weight
AA05 集装箱自重系数

Coefficient of hold
BA02 舱容系数

Coefficient of investment effect
BB04 投资效果系数

Coefficient of loading
BA02 舱容系数

Coefficient of loose laying
AC03 松铺系数

Coefficient of permeability
CG09;DI00 渗透系数

Coefficient of utilization of passenger capacity
BJ05 客位利用率

Cofferdams
AD13;BC03;CI05 围堰*

Cognition
DD00 认识

Cohesion
CG09 粘结力

Cohesion test
AH01 粘结力试验

Cohesion
CG06 粘聚力

Cohesive soils
CG06 粘性土
Y: 粘土

Coke
CL03 焦炭

Cold aggregate conveyer
AG07 冷料输送机

Cold bending test
AH01;CG10;DF00 冷弯试验

Cold bent test
AH01;CG10;DF00 冷弯试验

Cold brittleness
DC00 低温脆性

Cold brittleness
DC00 冷脆
Y: 低温脆性

Cold climates
CD03 寒带气候

Cold laid method
AC04 冷铺法

Cold mixing method
AC04 冷拌法

Cold region
CD01 寒冷地区

Cold-drawn rate
AH01 冷拉率

Cold-drawn test
AH01 冷拔试验

Cold-drawn wire
AF02 冷拔钢丝

Cold-proof
AE12 防寒

Y：评述

Commercial inquiry
AA06 商务查询

Commercial ports
BC01 商港

Commercial transportation
AA01 营业性运输

Commercial vehicle
AA10 营业性车辆

Commercial vehicle
AK01 商用汽车

Commercial vehicle operation management system（CVOM）
AI03 商用车辆运行管理系统

Commodities
DD00 商品

Commodity inspection
BA02 商品检验

Common action
DD00 共同作用

Common ownership
BB01 共同所有制
Y：共有制

Communication
CF04 通信*

Communication buoys
BD05 通信浮标

Communication equipments
BF05 通信设备

Communication installations
BF05 通信设备

Communication maps
DJ00 交通图

Communication network
CF03 通信网

Communication satellites
BD05 通信卫星

Communication secret
BF05 通信保密

Communication security
BF05 通信安全

Communication system
BE08；BF05 通讯系统

Communication system
BE08；BF05 通信系统
Y：通讯系统

Community
BB05；DB00 社区

Community based organization
BB05；DB00 社区组织

Community noise
CK02 城市噪声

Commuter
AJ04 月票乘客

Commuter train
AJ04 通勤列车

Compacted soils
CG06 加固土
Y：稳定土

Compactibility
BC02 压实性

Compactibility
DD00 相容

Compacting factor
AC03 压实系数

Compacting machinery
AG04；AG07 压实机械

Compacting on settling
CI01 压实沉降

Compacting piles
CI01 挤密桩

Compacting tests
CG06；DF00 压实试验

Compaction depth
AC03 压实厚度

Compaction energy
AC03 压实能量

Compaction equipment
AG04；AG07 压实机械

Compaction test
AH01 击实试验

Compaction test apparatus
AH03 击实仪

Compactness test
AH01 压实度试验

Compactors
AG04 夯实机

Companies
DA00；DJ00 公司*

Comparison
DD00 比较

Comparison of alternatives
BB04 方案比较法

Compass
BF02 罗经

Compatibility
DC00 兼容性

Compatibility conditions
CG05 协调条件

Compatibility equation
CA00 协调方程

Compensate financial policy
BB04 补偿性财政政策

Compression gauge
AK05 压缩压力计

Compression ignition engines
AG02 压燃式发动机
Y：柴油机

Compression member
AD06 受压构件

Compression moulding
DD00 压制成型

Compression resistance
DC00 耐压性
Y：抗压性

Compression test
AH01；BC05；DF00 压缩试验

Compressive properties
DC00 抗压性

Compressive strength
CG02 挤压强度

Compressive strength
CG02 抗压强度

Compressive stress
CG03；CG10 压应力

Compressors
AG02 压缩机*

Compulsory insurance
BA04 强制保险

Compulsory insurance against injury to passengers
BA04 旅客意外伤害强制保险

Computation
CA00 计算*

Computational fluid dynamics
BE04 计算流体动力学

Computational formula
CA00 计算公式

Computational method
CA00 计算方法

Computational theory
CA00 计算理论

Computed altitude
BF02 计算高度

Computed azimuth
BF02 计算方位

Computer aided design
AC02；CF03 计算机辅助设计

Computer aided manufacturing
CF03 计算机辅助制造

Computer aided retrieval
DF00 机器检索
Y：计算机检索

Computer application
CF03 计算机应用

Computer assisted ordering (CAO)
BA06 计算机辅助订货系统

Computer integrated logistic system
BA06 计算机综合物流系统

Computer management
CF03 计算机管理

Computer network
CF03 计算机网络

Computer retrieval
CF03；DF00 计算机检索

Computer safety
DB00 计算机安全

Computer secret
DB00 计算机保密

Computer simulation
BB05；DF00 计算机模拟

Computer system
CF03 计算机系统

Computer-aided design
AC02；CF03 计算机辅助设计

Computer-aided ship design
BE06 计算机辅助船舶设计

Computer-aided testing
CF03 计算机辅助测试

Computerized control
DD00 计算机控制

Computerized cost control
BG02 计算机成本管理

Computerized simulation
BB05；DF00 计算机模拟

Computerized vehicle inspection system
AK05 全自动汽车检测系统

Computers
DE00 计算机

Concentrated drainage
AC06 集中排水

Concentrated load
BE06；CG11 集中载荷

Concentrates
DE00 浓缩物

Concentration
DD00 集中

Concentration
DD00；DE00 浓缩*

Concentration
CC01；DI00 浓度

Concentration determination
CC01 浓度测定

Concentration distribution
DC00 浓度分布

Concentricity
DI00 同心度

Concrete pumping trucks
AG03 混凝土泵车
Y：汽车式混凝土泵

Concrete pumps
AG03 混凝土泵

Concrete saws
AG03 混凝土锯
Y：混凝土切割机

Concrete ships
BE01 水泥船

Concrete slurry wall
BC03；CI04 地下连续墙

Concrete sprayer
AE05；AG03 混凝土喷射机

Concrete structure
AD04；BC03 混凝土结构

Concrete technology
AF07 混凝土工艺

Concrete vibrators
AG03 混凝土振捣器

Concretes
AF07 混凝土*

Concreting
DI00 混凝土浇灌

Concreting machineries
AG03 混凝土机械

Condensation
DC00 冷凝

Condensation resins
CC04 缩合树脂

Condensation
CB00 凝结

Condensation
CC01 凝聚

Condensed silica fumes
AF03 硅灰

Condensers
BE08 冷凝器

Condition
CA00 条件*

Condition-based maintenance
AK04 视情维护(汽车)

Conduction
DD00 传递*

Conductivity
CF01 导电率

Conductivity
DC00 导电性

Conduit bridge
AD01 管道桥

Cone penetrometer
AH03；CD01 触探仪

Cones
DH00 锥体

Conference
DF00 会议*

Conference operation
BA09 航运公会运营（水角公会）

Conference rates
BG06 航运公会运价

Confined compression strength test
AH01 侧限抗压强度试验

Confluence
BD01 河流会合处

Confluence reach regulation
BD04 交汇段整治

Congested waters
BD02 拥塞水域

Congested waters
BD02 拥堵水域
Y：拥塞水域

Congestion
BD01 拥塞

Conjugate beam method
CG04 共轭梁法

Connecting rod bearing boring machine
AK05 连杆轴承镗床

Connection
AD06 结点*

Connection
AD06；DD00 连接*

Conservation
CE02 保护*

Consignment
AA03；BA02 托运

Consignment notice
AA03 提货通知单

Consignor
AA03 发货人
Y：托运人

Consistency
DC00；DI00 稠度

Consistency test
AH01 稠度试验

Consistency tester
AH03 稠度仪

Consistometers
DF00 稠度计

Consolidated subsoil
AC03 加固地基

Consolidation
AC03；CD01；CG06 固结*

Consolidation

BB01 基建项目任务书

Construction projects
BB05 建设项目

Construction quality control
BC06 施工质量控制

Construction safety
BC06 施工安全

Construction scheduling
BC06 施工进度表

Construction section capacity
AI04 施工区通行能力

Construction section traffic management
AI04 施工路段交通管理

Construction sites
BB05 建设地址

Construction stage
BC06 施工阶段

Construction subsidies
BB04 建造补贴

Construction survey
AC07;AE02 施工测量

Construction technology
DE00 施工工艺

Construction time limit
AB04 工期

Construction ventilation
AE08 施工通风

Construction zone traffic control
BC06 施工区交通管制

Construction zones
BC06 施工区

Constructions
DG00 构造

Consultation
DF00 咨询*

Consulting
DF00 咨询*

Consumption
AJ05;DD00 消耗*

Consumption gauge
AK05;DF00 流量计

Contact
DC00 接触

Contact fatigue
CG02 接触疲劳

Contact oxidation
CC02 接触氧化

Contact point
AD06 接点

Contact pressure
CG06 接触压力

Contact rail
AJ03 接触轨

Contact stress
CG03 接触应力

Container
BA05 集装箱*

Container bag
BA05 集装袋

Container cargo
BA05 集装箱货

Container carrier
AK01 集装箱货车

Container carrying capacity
BJ05 箱位量

Container cranes
BA05 集装箱起重机

Container dropsied trailer
AK01 集装箱栏板挂车

Container flatframe trailer
AK01 集装箱专用挂车

Container fork lift
AA05 集装箱叉车

Container freight station (CFS)
BA05 集装箱货运站

Container handling machinery
AA05 集装箱装卸机械

Container handling straddle carrier
BA05 集装箱跨车

Container inspection
BA05 集装箱检验

Container load capacity utilizing ratio
AA05 箱载重利用率(集装箱)

Container marshalling yards
BA05 集装箱编组堆场

Container platform trailer
AK01 集装箱平板挂车

Container port and terminals
BA05 集装箱港口和码头

Container ship
BE01 集装箱船

Container shipping
BA05 集装箱航运

Container specific volume capacity coefficient
AA03 集装箱比容
Y: 箱容系数(集装箱)

Container specific volume capacity coefficient
AA05 箱容系数(集装箱)

Container terminal
AA04 集装箱中转站

Container terminals

Contract of combined transport
BA06 联运合同

Contract of transport
BA02 运输合同

Contract term
DA00 合同条款

Contract transportation
AA01;AA03 合同运输

Contractibility
BC02 可缩性
Y:压缩性

Contracting
DA00 签约

Contracting out system
DA00 承包制

Contraction
AD03;CG09;DC00 收缩

Contraction crack
AC08 收缩裂缝

Contraction joint
AC04 缩缝

Contractors
DA00 签约人

Contractors
DA00 订约人
Y:签约人

Contractual agreement
DA00 契约协议

Contractual and leasing system
DA00 租赁制

Contractual practice
DA00 合同惯例

Contrarotating propeller
BE08 对转螺旋桨

Contrarotating propellers
BE08 反转螺旋桨

Contrast
DD00 对比

Control
AA06;DD00;DE00 控制*

Control
DD00 管制

Control
DD00 调节*

Control blasting
CI02 控制爆破

Control center
AJ03 调度中心

Control centres
BE08 控制中心

Control devices
DD00 控制装置

Control equipment
DD00 控制装置

Control point
AC01;AC02 路线控制点

Control point
AC01 控制点

Control point of route
AC01;AC02 路线控制点

Control stability
BE04 操纵稳定性

Control station
AJ03 调度站
Y:调度中心

Control system
AI01;BE08;CF02 控制系统

Controllable pitch propelle(CPP)
BE08 可调螺距螺旋桨
Y:变距螺旋桨

Controllable pitch propeller
BE08 CPP
Y:变距螺旋桨

Controller
AJ04 调度员

Controller
CF03 控制器

Convection
CD03;CG07 对流

Convention
DA00 惯例*

Conventions
DA00 公约*

Convergence
AE13;CA00 收敛

Converging flow into main channel
BD01 束水归槽
Y:束狭河槽

Converging sign
AI07 汇流标志

Converging traffic volume
AI04 合流交通量

Conversion
DD00 转换*

Conversion
DI00 换算

Conversion coefficient
DI00 换算系数

Conversion factors
BB04 转换系数

Conversion weight
AA08 换算重量

Converter
CF03 转换器*

DC00 耐腐蚀性
Y：抗腐蚀性

Corrosion resistant
AD15 防腐

Corrosion resistant
AD15；DE00 防蚀
Y：防腐蚀

Corrosion resisting agent
AF03 阻锈剂

Corrosion test
AG11 锈蚀试验

Corrosion tests
AH01；DF00 腐蚀试验

Corrosives
BI01 腐蚀品

Corrugated beam barrier
AI07 波形梁护栏(交通)

Corrugation
AC08 搓板

Cost
AB03 造价

Cost
AB03；BG05 费用*

Cost
DA00 成本*

Cost /benefit analysis
AB03；BG05 费用效益分析

Cost analysis
BG05 成本分析

Cost analysis
BG05 费用分析

Cost and freight
BG06 C&F
Y：成本加运费价格

Cost and freight(C&F)
BG06 成本加运费价格

Cost comparison
BG02 成本比较
Y：成本分析

Cost control
BG05 成本控制

Cost efficiency
BB04 投资效率

Cost estimating
BG02 成本估算

Cost insurance and freight
BG06 CIF
Y：到岸价格

Cost insurance and freight (CIF)
BG06 到岸价格

Cost of ancillary facility
AG10 辅助设施费

Cost of capital
BG05 资本成本

Cost of capital
BG05 资本费用

Cost of circulation
BG05 流通费用

Cost of depreciation
BB04；BG05 折旧费

Cost of equipment installation
BG05 设备安装费

Cost of financing
BB04 融资成本

Cost of insurance
BA04；BG05 保险费用
Y：保险费

Cost of labour
BG05 劳动力费用

Cost of loading and unloading
BG05 装卸费用

Cost of material
BG05 材料费

Cost of operation
BG05 营运费用

Cost of operation
BG05 营运成本

Cost of single ship
BG02 单船成本

Cost of transportation
AA08 运输成本

Cost of vehicle maintenace and repair
AK02 汽车维修费用

Cost of vehicle major repair
AK02 汽车大修费用

Cost per unity
BG05 单位成本

Cost reporting systems
BG02 成本报告系统

Cost trade off analysis
BA06 费用权衡分析

Cost-benefit analysis
AB03；BG05 费用效益分析

Cost-benefit analysis
BG05 成本收益分析

Cost-effectiveness ratios
BB04 费用效果比率

Counter
AJ02 计数器

Counter-current
CG07 逆流

Counter-flow transportation
AA01 对流运输

Counterfort retaining wall

Credit agreement of shipbuilding
BE10 造船贷款协议

Credit form of shipbuilding
BE10 造船贷款方式

Credit indicators
BB04 贷款指标

Credit payment period
BB04 贷款偿还期

Credit principles
BB04 贷款原则

Credit shipbuilding
BE10 贷款造船

Creep
AD03;CG02;CG09;DC00 蠕变

Creep
AD03;CG02;CG04;DC00 徐变
Y: 蠕变

Creep properties
DC00 蠕动性

Creep tests
AH01;CG10;DF00 蠕变试验

Crew safety
BI04 船员安全

Crew skills
BF06 船员技能

Crew training
BF06 船员培训

Criteria for evaluation
BB04 评价指标体系

Criterion
BB04 准则*

Criterion
BE06 技术规范

Criterion of evaluation
BJ01 评价标准

Criterion of evaluation
BJ01 评价准则
Y: 评价标准

Critical density
AI01 临界密度(交通)

Critical failure
AK04 致命故障

Critical flow
BC02 临界流动

Critical gap
AI01 临界空当

Critical load
CG11 临界载荷

Critical path analysis
BA06;BB04 关键路径分析

Critical path method
CA00 关键线路法

Critical pressure
CG03 临界压力

Critical speed
AI01 临界车速

Critical strength
CG02 临界强度

Critical stress
CG03 临界应力

Critical V/C ratio
AI01 临界 V/C 比

Critical value
DI00 临界值

Critical value analysis
BG05 临界值分析

Cross channel bridge
AD01 海峡桥

Cross docking
BA06 直接换装

Cross docking
BA06 越库
Y: 直接换装

Cross road
AC05 十字形交叉

Cross section
AD06;DH00 截面
Y: 断面

Cross section survey
AC01 横断面测量

Cross sections
DH00 横断面

Cross slab
AD06 横隔板

Cross walk
AI07 人行横道

Cross-buck sign
AI07 岔道标志

Crossing
AC02 道口

Crossing
AC05 交叉口(平面)

Crossing dam
BD03 过坝

Crossing lift
AK05 架式举升机

Crossover
AJ03 交叉器

Cross-section
AC01 横断面

Cross-spectrum analysis
AH02 互谱分析

Crown
AC02 路拱

Crude oil

Cushion guardrail
AI07 缓冲护栏(交通)

Cushions
DE00 垫层

Custom
BA01 海关

Customs barrier
BG03 关税壁垒

Customs boat
BE02 海关船

Customs broker
BA02 报关行

Customs clearance
BA01 结关

Customs declaration
BA02 报关

Customs due
BA01 关税

Customs duties
BA01 关税

Customs duty rate
BA01 关税税率

Customs seal
BA01 关封

Customs statistics
BJ01 海关统计

Customs tariffs
BA01 关税税率

Customs tariffs
BA01 关税率
Y: 关税税率

Cut
AC03 挖方

Cut and cover tunneling
AE04 明挖法

Cut off river
BD04 裁弯取直

Cutback asphalt
AF08 轻制沥青

Cutback asphalt
AF08 稀释沥青
Y: 轻制沥青

Cut-fill transition
AC02 土方调配

Cut-fill transition program
AC02 土方调配图
Y: 土方调配

Cutter suction dredger
BE03 绞吸挖泥船

cutter suction dredgers
BE03 铰吸式挖泥船

Cutterhead dredgers
BE03 铰吸式挖泥船

Cutters
AG03 切割机

Cutters
BE08 绞刀头

Cutting
AC03 路堑

Cutting
DD00 切削加工

Cutting
DD00 切割
Y: 切削加工

Cutting offs
DD00 切断
Y: 切削加工

Cybernetics
CA00;CF02;DB00 控制论

Cycle
DA00 周期*

Cycle stock
BA06 经常库存

Cycle track
AB02 自行车道

Cyclic dispatching method
AA10 循环调度法

Cyclic flashing
AI07 周期性闪光

Cyclic load
CG11 周期性载荷

Cycling trip
AJ04 自行车出行

Cyclone
BI04;CD03 气旋

Cylinder
CI04 柱

Cylinder boring machine
AK05 镗缸机(汽车)

Cylinder honing machine
AK05 汽缸珩磨机

Cylinder scoring
AK04 拉缸(汽车)

Cylinders
DG00 圆筒

Cylinders
DH00 圆柱体

D

D.C. generator
CF01 直流发电机

D.C. power source
CF01 直流电源

Data bank
AC02;BJ01;CF03;DF00 数据库*

Data collection
BJ01;CF03 数据采集

Data collection
BJ01 数据搜集
Y: 数据采集

Data collection
BJ01 数据收集
Y: 数据采集

Data compilation
BJ01 数据编制

Data exchange
BJ01;CF03 数据交换

Data handling
BJ01;CF03 数据处理

Data inquiry
DD00 数据调查

Data logging
BJ01 数据记录

Data logging systems
BJ01 数据记录系统

Data management
BJ01 数据管理

Data management
BJ01 资料管理

Data needs
BJ01 数据需求

Data needs
BJ01 数据需要
Y: 数据需求

Data processing
BJ01;CF03 数据处理

Data processing
BJ01 数据加工
Y: 数据处理

Data processing systems
BJ01 数据处理系统

Data sources
BJ01 数据源

Data storage
BJ01 数据储存
Y: 数据库*

Data switching
BJ01;CF03 数据交换

Data systems
BJ02 数据系统

Data transmission systems
BJ01 数据传输系统

Data-base
AC02;BJ01;CF03;DF00 数据库*

Date-base management system
CF03 数据库管理系统

Day and night line
AJ03 昼夜线路

Daylight saving time
BF02;DJ00 夏令时

Daylighting
CI04 采光

Dead end highway
AB02 断头路

Dead section
AJ03 死区

Dead weight tonnages
BE04 载重吨位

Deadhead kilometres
AJ05 空驶里程

Deadhead kilometres for dispatch
AJ05 调度空驶里程
Y: 空驶里程

Deadhead kilometres for passenger
AJ05 接客空驶里程
Y: 空驶里程

Deadhead speed
AJ05 空驶速度

Deadhead speed
AJ05 空驶速度

Deadhead speed for dispatch
AJ05 调度空驶速度

Deadhead speed for passenger
AJ05 接客空驶速度

Deadhead time
AJ04 空驶时间

Deadhead time for dispatch
AJ04 调度空驶时间

Deadhead time for passenger
AJ04 接客空驶时间

Deadweight
BE06;BJ05 载重量

Deadweight capacity
BE06;BJ05 载重量

Deadweight capacity
BJ05 总载重量

Deadweight check
BE06 载重量校核

Deadweight loss
BB04 净损失

Death rate of accident
AI05 事故死亡率

Debris flow
CD01;CI01 泥石流

Debromination
DE00 脱溴

Debugging

AB04 缺陷责任期

Deflection basin
AC04 弯沉盆

Deflection
AC04 弯沉(路面)*

Deflection
CG02;DI00 挠度

Deflection angle method
AC01 偏角法

Deflection coefficient
AC04 弯沉系数

Deflection observation
AD15 挠度观测

Deflection test
AH01 弯沉试验

Deflection value
AC04 弯沉值(路面)

Deflectometer
AH03 弯沉仪

Deformation
AD03;DC00 变形*

Deformation equations
CG04 变形方程

Deformation method
CG04 变形计算法

Deformation observation
AD15;AE13 变形观测

Deformation tests
AH01;DF00 变形试验

Deformed bars
AF02 变形钢筋

Deformed pipes
DG00 变形管

Defrosting
DE00 除霜

Degree
DC00 度*

Degree of congestion
AI04 拥挤度

Degree of freedom
CG12;DI00 自由度

Degree of parking saturation
AI02 停车饱和度

Degree of reliability
DC00 可靠度

Degree of safety
AD03;DC00 安全度
Y: 安全性

Degree of saturation
CG09 饱和度

Degree of uniformity
DI00 均匀度

Dehumidification
DE00 除湿

Dehumidifying
DE00 除湿

Dehydration
DE00 脱水*

Deicing
AC08 消冰

Deicing
DE00 除冰

Delay
AI01 延误*

Delay
AJ04 误班

Delay at stop
AJ04 滞站

Delay in delivery
BA02 延迟交货

Delay time
AJ04 延误时间

Delay time
DJ00 延迟时间

Delay time at stop
AJ04 滞站时间

Delineation line
AI07 轮廓标线

Delivery of combined transport cargo
BA06 联运货物交付

Delivery vehicles
AG06 运输车

Delphi forecasting
BB03 德尔菲预测法
Y: 德尔菲法

Delphi forecasting
BB03;BJ01 德尔菲法

Deltas
BC02 三角洲

Demand and supply factor
BB03 供求因素

Demand for parking space
AI02 停车车位需要
Y: 停车车位

Demand forecasting
BB03 需求预测

Demand forecasting models
BB03 需求预测模型

Demand function
BB03 需求函数

Demand management
BB03 需求管理

Demand management policy

CD01 沙漠地区

Design
DD00 设计*

Design alteration
DD00 设计变更

Design assessment
BE06 设计评审

Design capacity
AI02 设计通行能力

Design conception
DB00 设计构思
Y: 设计方案

Design document
BE06 设计文件

Design flood
BC02;BD02 设计洪水

Design for logistics
BA06 物流设计

Design head
BD06 设计水头

Design hourly traffic volume (DHV)
AI01 设计小时交通量

Design institutes
DJ00 设计机构

Design load
CG11 设计载荷

Design parameter
DI00 设计参数

Design proposal
DB00;DE00 设计方案

Design specification
AD03;BE06;DB00 设计规范

Design specification
BE06 设计技术任务书

Design specification
BE06 设计任务书

Design speed
AJ05 设计速度

Design speed
AJ05 构造速度
Y: 设计速度

Design standard
AD03;DB00 设计标准

Design standardization
DB00 设计标准化

Design strength
CG02 设计强度

Design theory
DB00 设计理论

Desilting
BD04 清淤

Desilting
BD04 排沙
Y: 清淤

Desired speed
AI01 期望车速

Despatch money
BA02 速遣费

Destroyer
BE02 驱逐舰

Destruction
DD00 破坏*

Destructive mechanics
CG01 破坏力学

Destructive test
AD16;BC05 破坏性试验

Destructive tests
AH01;DF00 破损试验

Desulfurization
CK04;DE00 除硫
Y: 脱硫

Desulfurization
DE00 脱硫

Det Norske Veritas (NV)
BA09 挪威船级社

Detached breakwaters
BC03 岛式防波堤

Detail of design
BE06 设计任务书

Detailed rule and regulation
DB00 细则

Detect system
AH04;AK05 检测系统

Detecting by acoustic emission
AH02 声发射检测

Detecting device
AH04 检测装置

Detection
AH02;DF00 检测*

Detection
DD00;DF00 探测*

Detector
AI03 检测器

Detector
CF04 探测器

Detectors
AH03;DE00 传感器

Detergency
DD00 除垢

Detergents
CC01 洗涤剂

Deterioration
BA07 变质

Diaphragm wall
BC03;CI04 地下连续墙

Diaphram of dam
BC03 阻水隔墙
Y: 防渗心墙

Dictionary
DF00 词典

Dielectric constant
DI00 介电常数

Dielectrics
CB00 电介质

Dies
AG09 模具

Diesel electric propulsion
BE08 柴油机电力推进

Diesel engines
AG02;DE00 柴油机

Diesel fuel injection pump tester
AK05 柴油机喷油泵试验台

Diesel fuels
CL03 柴油

Diesel pile drivers
AG05 柴油打桩机

Diesel smoke meter
AK05 柴油机烟度计

Difference equation
CA00;CG04 差分方程

Difference method
CA00;CG04;CG12 差分法

Differential duties
BA01 差别关税

Differential equations
CA00 微分方程

Differential global positioning system (DGPS)
BF05 差分全球定位系统

Differential GPS
BF05 差分全球定位系统

Differential GPS
BF05 DGPS
Y: 差分全球定位系统

Differential manometers
DF00 压差计

Differential method
CA00;CG04;CG12 差分法

Differential photo
AC01 微分法测图

Differential rates
AA08 差别运价

Differential settlement
CI01 不均匀沉降

Differential settlement
CI01 差异沉降
Y: 不均匀沉降

Differential settlement(foundation)
CI01 不均匀沉降

Differential thermal analysis
AH01 差热分析

Diffraction
CB00 衍射*

Diffusion
DD00 扩散

Digital circuit
CF04 数字电路

Digital construction map
BD04 数字施工图

Digital control
CF03 数字控制

Digital filter
CF04 数字滤波器

Digital installation map
BD04 数字装备图

Digital navigation
BD05 数字导航

Digital selected calling
BF05 数字选择性呼叫

Digital selective calling (DSC)
BF05 数字选择性呼叫

Digital signal process
CF03 数字信号处理

Digital terrain model
AC01 数字地面模型

Digital to analog conversion
CF03 数模转换

Digital to analog converter
CF03 数模转换器

Digital waterway map
BD04 数字航道图

Dike
BC03;CI05 堤

Dike
BC03 防潮堤
Y: 防波堤

Dike barrier
BC03 防潮堤
Y: 防波堤

Dike
BD02 堤防

Dilution
CC01 稀释

Dimensional analysis
CA00 量纲分析

Dimensional analysis
CA00 因次分析
Y: 量纲分析

Discrimination
DD00 判别
Y：识别*

Disease
AC03；CK02 病害*

Dismantling
DD00 拆除

Dispatching
AA02 调度

Dispatching diagram
AJ04 运行调度图

Dispatching method
AA10 调度方法

Dispatching of freight transportation
AA10 货运调度

Dispatching ship
AJ04 调船

Dispatching vehicle
AJ04 调车

Dispersant
BI03 分散剂

Dispersive passenger traffic
AA02 分散性客流

Displacement
CG04；DC00 位移*

Displacement method
CG04 变形计算法

Displacement method
CG04 位移法

Displacement observation
AD15；AE13 位移观测

Display
DD00 显示

Display device
CF03 显示器

Disposal
BI03 抛放*

Disposal
DD00 处置*

Dissipation
BA06；DF00 损耗*

Dissolubility
DI00 溶解度

Dissolubility test
AH01 溶解度试验

Dissolution
DC00；DE00 溶解

Dissolution of contract
BA02 合同解除

Distance
DH00 间距*

Distance
DH00；DI00 距离*

Distance between bogie centers
AJ02 转向架中心距

Distance by log
BF02 计程仪航程

Distance made good
BF02 推算航程

Distance to closest point of approach(DCPA)
BF02 最近会遇距离

Distant meter，range finder
BF03 测距仪

Distillation
CC01；DD00 蒸馏

Distillation equipment
DF00 蒸馏设备

Distillation test
AH01 蒸馏试验

Distortion
DD00 失真

Distress call
BF05 遇险呼叫

Distress call procedure
BF05 遇险呼叫程序

Distress message
BF05 遇险报告

Distress signal
BI04 遇险信号

Distribution
BA06 配送*

Distribution
CF01 配电

Distribution
DC00 分布*

Distribution
DD00 分配*

Distribution center
BA06 配送中心

Distribution equipment
CF01 配电设备

Distribution factors
CG04；DI00 分配系数

Distribution processing
BA06 流通加工

Distribution processing
BA06 配送加工
Y：流通加工

Distribution resource planning (DRP)
BA06 配送资源规划

District
DH00 区域*

BF05 多普勒雷达

Double amber lines
AI07 双黄线

Double bottom
BE05 双层底

Double curvature arch
AD04 双曲拱

Double line bridge
AD01 双线桥

Double locks
BD03 双线船闸

Double pylon cable stayed bridge
AD01 双索面斜拉桥

Double pylon cable stayed bridge
AD01 双塔斜拉桥

Double trailer train
AK01 双挂汽车列车

Double-lift locks
BD03 双级船闸

Double-slope drainage
AC06 双向排水(路面)
Y：路面排水

Dowel bar
AC04 传力杆

Downstream shipping
AJ04 下水航行

Downstream shipping line
AJ03 顺江航线

Dozers
AG04 推土机

Draft
BE06 吃水

Draft design
BE06 方案设计

Drafting (drawing)
DF00 制图

Drafts
DA00 草案

Drag test
BE09;CG10;DF00 阻力试验

Dragging
AK01 拖滞(汽车)

Drain opening
AC06 泄水口

Drainage
AC06;AE10;BC02 排水*

Drainage ability
AC06 排水能力

Drainage design
AC06 排水设计

Drainage ditch
AC06 排水沟

Drainage facilities
AE10;CI03 排水设备

Drainage facility
AC06 排水设施

Drainage sand mat
AC03 排水砂垫层

Drainage system
AC06 排水系统
Y：公路排水

Drainage works
AC06 排水工程

Drapline excavators
AG04 拉铲挖掘机

Draught
BE06 吃水

Draw bridge
AD01 开合桥

Drawing
DF00 制图

Drawing
DF00 图纸

Dredge boat
AG04;BE03 吸泥船

Dredge monitoring
BD04 疏浚监控

Dredge pumps
AG02 吸泥泵

Dredger boat
AG04;BE03 吸泥船

Dredgers
AG04;BE03 挖泥船

Dredgers
AG04 挖泥设备

Dredging
BD04;CI05 疏浚*

Dredging plants
AG04 挖泥设备

Dredging regulations
BB02 疏浚条例

Dredging work
BD04;CI05 疏浚*

Dredging works
BD04 疏浚工程

Drier
AG07 干燥筒

Driers
DE00 干燥机
Y：烘干设备

Drifter
BD02 漂浮物

Drill bits

DE00 干燥机
Y：烘干设备

Drying equipment
DE00 烘干设备

Drying shrinkage
DC00 干燥收缩

Duct void examination by vacuum pressure test
AH01 梁内导管空隙真空加压试验

Ducted propeller
BE08 导管螺旋桨

Ductility
CG02；DC00 韧性

Ductility
CG02；DC00 延性
Y：韧性

Ductility
CG02；DC00 韧性

Ductility
DI00 延度

Ductility test
AH01 延度试验

Ductility tests
AH01；DF00 延性试验
Y：韧性试验

Dummy joint
AC04 假缝

Dump trailer
AK01 自卸挂车

Dump truck
AK01 自卸货车

Dump trucks
AG06 自卸车

Dumping
AK02 报废*

Dumping
BG03 倾销

Durability
DC00 耐久性

Durability test
AG11 耐久性试验

Duration of Insurance
BA04 保险期限

Duration of sunshine
CD03 日照时间

Dust
CK02 粉尘*

Dust
CK02 尘埃
Y：粉尘*

Dust clouds
CK02 粉雾
Y：粉尘*

Dust collector
AG07 除尘装置

Dust control
DE00 粉尘控制

Dust discharged after dust-proof treatment
BJ03 粉尘排放量

Dust produced in handling operation
BJ03 粉尘产生量

Dust proof performance
DC00 防尘性

Dustproof hopper
BA08 防尘漏斗

Dusty goods transport
AA03 扬尘性货物运输

Dwell time
AJ04 停站时间

Dyke
BC03；CI05 堤

Dyke and weir construction
CI05 堤堰工程

Dyke barrier
BC03 防潮堤
Y：防波堤

Dynaflect
AH03 动力式弯沉仪

Dynamic amplification duration curve
AH02 动力放大过程线

Dynamic analysis
BJ01；DF00 动态分析

Dynamic axle weight detector
AI03 动态轴重检测器

Dynamic balancer
AK05 动平衡仪

Dynamic characteristics
BE04；DC00 动态特性

Dynamic consolidation method
AC03 动力固结法

Dynamic deflection
AC04 动弯沉

Dynamic diagnosis
AK04 动态诊断

Dynamic economics
BG01 动态经济学

Dynamic geologic process
CD01 动力地质作用

Dynamic load
CG11 动载荷

Dynamic load
CD03 动荷载

Dynamic measurement of pile
AH02 动测法（桩）

E

Earthwork machinery
AG04;BC02 土方机械

Earthworks
AC03;BC02 土方工程*

Easiness of vehicle control
AK04 汽车操纵轻便性

Eccentric force
CG03 偏心力

Eccentric load
CG11 偏心载荷

Eccentricity
DC00 偏心

Echelon of naval medical care
BH01 海上分级救治

Echo sounder
BF03 回声测深仪

Ecological conservation
CE02;CK05 生态保护

Ecological effects
BI03 生态效应

Ecological environment
CK05 生态环境

Ecological evaluation
BI03 生态影响评价

Ecology
BI03;CE02;CK01;CK05 生态学

Ecology
CK05 生态*

Economic accounting
BG02 经济核算

Economic analysis
AB03;BG02;BG05;DD00 经济分析

Economic appraisal
BG02 经济评估

Economic assessment
BG02 经济评价

Economic benefit
AB03;BG02;BG04 经济效益

Economic code
BB02 经济法典

Economic community
BB01 经济共同体

Economic comparison
BG02 经济比较

Economic cost
BG05 经济费用

Economic cost
BG05 经济成本

Economic crisis
BB05 经济危机

Economic criteria
BJ01 经济指标

Economic criteria
BJ01 经济准则

Economic criteria
BJ01 经济标准

Economic decision
BB03 经济决策

Economic discount rate
BB04 经济折现率

Economic development
BB03;BG02 经济发展

Economic efficiency
BG04 经济效率

Economic evaluation
BG02 经济评价

Economic evaluation
BG02 经济论证*

Economic forecasts
BB03 经济预测

Economic indicators
BJ01 经济指标体系

Economic integration
BB01 经济一体化

Economic internal rate of return
AB03 经济内部收益率

Economic joint body
BB01 经济联合体

Economic law
BG02 经济规律

Economic management system
BG02 经济管理体制

Economic maps
DJ00 经济地图

Economic models
BG01 经济模型

Economic net present value
AB03 经济净现值

Economic planning
BB03 经济规划

Economic speed
AI01 经济车速

Economic speed
BF07 经济航速

Economic system
BG02 经济体制

Economic union
BB01 经济联盟
Y:经济联合体

Economic value
DI00 经济值

Electric current
CF01 电流*

Electric drives
BE08 电力驱动

Electric excavators
AG04 电动式挖掘机

Electric fields
CB00 电场

Electric generating equipment
DE00 发电设备

Electric generation
BD06;CF01 发电

Electric generators
AG02;CF01 发电机

Electric hoister
AG06 电动卷扬机

Electric interlocking
AJ03 电气集中联锁

Electric lift
AG06;CI04 电梯

Electric lifts
AG06 电梯

Electric machine
CF01 电机*

Electric motor
CF01;DE00 电动机

Electric potential
CF01 电势
Y:电位

Electric power generation
BD06;CF01 发电

Electric power station
BE08 发电站
Y:船舶电站

Electric relay
CF01 继电器

Electric resistance strain gauge
AH03 电阻应变仪

Electric shocking rammer
AG07 电动冲击夯

Electric supply system
AJ03 供电系统

Electric switcher
AJ03 电动转辙机

Electric wave
CF04 电波

Electrical conductivity
DC00 导电性

Electrical conductivity
CB00 电导率

Electrical energy
CL02 电能

Electrical engineering measure
AH02;CF01 电工测量

Electrical engineering test
CF01 电工试验

Electrical engineering measure
AH02;CF01 电工测量

Electrical properties
DC00 电气性能

Electrical prospecting method
CD01 电探

Electrical resistance
CF01 电阻

Electrical scaffolding
AG09 电动脚手架

Electricity property
CB00;DC00 电学性质

Electricity
CB00 电*

Electricity
CB00 电学

Electrification
DE00 电气化

Electrochemical stabilization
CI01 电化学加固

Electrochemistry
CC01 电化学

Electrodialysis
DD00 电渗析

Electro-drying method
DE00 电热干燥法

Electrolevel
AH03 电子水平仪

Electrolysis
DD00 电解

Electrolysis cleaning
CC03 电解净化

Electrolytes
CB00 电解质

Electromagnet
CF01 电磁

Electromagnetic field
CF01 电磁场

Electromagnetic induction
CB00 电磁感应

Electromagnetic radiation
CB00 电磁辐射

Electromagnetic wave distance measuring instrument
BF03 电磁波测距仪

Electromagnetism
CB00 电磁学

Emission
CK02 空气污染物

Emission analyzer
AK05 排气分析仪

Emission standards
CK03;DB00 排放标准

Emissions
BD02 析出物

Empty load
BE04 空载

Emulsification
DC00 乳化

Emulsified asphalt
AF08 乳化沥青

Emulsifiers
DE00 乳化器

Emulsifying agent
AF08 乳化剂

Emulsion
CC02 乳浊液

Enactment of law
BB02 法的制定

Encoding
CF04 编码器

Endangereal Species Act (ESA)
BI03 濒危物种保护法

Endorsement
BA02 背书*

Endorsement in blank
BA02 空白背书

Endorsement of bill of lading
BA02 提单背书

Endoscope
AH03 内窥镜

Endurance
DC00 耐久性

Endurance ability
BE06;BF02 续航力

Endurance power
BE06;BF02 续航力

Energy
DI00 能量*

Energy
CL02 能*

Energy conservation
AK04;CL02 节能
Y: 能源节约

Energy consumption
CL02 能源消耗

Energy consumption
CL02 能量消费
Y: 能源消耗

Energy consumption in auxiliary port operation
BJ03 辅助生产能源消耗量

Energy consumption in loading and unloading operation
BJ03 装卸生产能源消耗量

Energy demand
CL02 能量需求

Energy dissipation
CL02 能量消费
Y: 能源消耗

Energy expenditure
CL02 能源消耗

Energy method
CG04;CG12 能量法

Energy method
CG04 能法
Y: 能量法

Energy policy
CL02 能源政策

Energy recovery
CL02 能量回收

Energy saving
CL02 能源节约

Energy sources policy
CL02 能源政策

Energy sources
CL02 能源*

Energy spectra
CG08 能谱

Energy storage
CL02 能量储存

Energy-dissipatings
BC03 消能建筑物(水利)

Energy-dissipation (flow)
BC03 消能(水流)

Engel's law
BG01 恩格尔定律(经济学)

Engine analyzer
AK05 发动机诊断仪

Engine cleaner
AK05 发动机清洗机

Engine rebuilding
AK05 发动机大修

Engine remanufacture
AK05 发动机大修

Engine room
BE05 机舱

Engine room automation
BE08 机舱自动化

Engineering
DB00 工程学

BI03 环境保护法

Environment protection law
BI03 环境保护法

Environment protection pollution treatment ship
BE02 环境污染治理专用船

Environment supervisory boat
BE02 环境保护监测专用船

Environmental benefit
BG02 环境效益

Environmental biology
CE01 环境生物学

Environmental boat
BE02 环境保护船

Environmental chemistry
DB00 环境化学

Environmental conditions
BI03 环境条件

Environmental cost
BG02;BG05;BI03 环境费用

Environmental cost
BI03 环境成本

Environmental crisis
CK01 环境危机

Environmental damage
CK02 环境损害

Environmental design
CK01 环境设计

Environmental ecology
BI03;CE02 环境生态学

Environmental effects
CE02;CK01 环境效应

Environmental engineering
CK01 环境工程

Environmental fund
BG02 环境基金

Environmental health criterion
BI03 环境卫生准则

Environmental impact analysis
BI03 环境影响分析

Environmental impact statements
BI03 环境影响报告书

Environmental impacts assessment
BI03 环境影响评价

Environmental indexes
CK01 环境指数

Environmental indictors
CK01 环境指数

Environmental management
BI03;CK01 环境管理

Environmental measurement
BI03 环境测量

Environmental monitoring
BI03;CK03 环境监测

Environmental noise
CK02 环境噪声

Environmental parameters
BI03 环境参数

Environmental patterns
CK01;DF00 环境模式

Environmental planning
BI03;CK01 环境规划

Environmental policy
BI03;CK01 环境政策

Environmental pollution
BI02;CK02 环境污染*

Environmental pollution monitoring ships
BE02 环境污染监测船

Environmental protection
BI03;CK05 环境保护

Environmental protection agency
BI03 环境保护机构

Environmental protection law
CK01 环境保护法规

Environmental protection project
BI03 环保项目

Environmental quality
BI03 环境质量

Environmental quality assessment
CK01 环境质量评价

Environmental quality Index
BI03 环境质量指数

Environmental quality management
BI03 环保质量管理

Environmental quality patterns (models)
CK01;DF00 环境质量模式
　Y: 环境模式

Environmental quality standards
BI03 环境质量标准
　Y: 环境标准

Environmental science
CK01 环境科学

Environmental standard
BB02;BI03;CK02 环境标准

Environmental sustainability
BI03 环境可持续性

Environmental system
BI03 环境系统

Environmental tax
BA01 环境税

Environmental test facility
BI03 环境试验设施

Environmental tests

Errors
DF00;DI00 误差*

Escalator
AJ03 自动扶梯

Escape systems
BH01 逃逸系统

Escort handling
AA05 随车装卸

Escort handling machinery
AA05 随车装卸机械

Escort tugs
BE02 护航船

Escorting
AA03 押运

Escorting
BH01 海上护送

Estate
BB04;DA00 产业*

Estimate index of highway project
AB03 公路工程估算指标

Estimated shipbuilding cost
BE10 船舶估算造价

Estimates
DA00 评估*

Estimation
DD00 估算

Estimation
DD00 估计

Estuarial crossing
AD01 港口立交桥

Estuaries
BD01;CI05 河口

Estuarine geomorphy
BC02 河口地貌

Estuary pollution
BI02 河口湾污染

Estuary sedimentation
BD02;BD04 河口淤积

Estuary sediments
BD02;BD04 河口泥沙

Etching
DD00 浸蚀

Ethnic group
DA00 民族*

Ethnicity
DA00 种族

Euler- Lagrange equation
CA00 LAGRANGE 方程
Y: 拉格朗日方程

Euler-lagrange equations
CG07 欧拉-拉格郎日方程

European common market
BB01 欧洲共同市场

European economic community
BB01 欧洲经济共同体

European economy and money union
BB01 欧洲经济与货币联盟

Evacuation
BH01 撤离

Evacuation
BH01 疏散
Y: 撤离

Evaluation
DA00 评价*

Evaluation criteria
DI00 评价指标

Evaluation model
AC07 评价模型

Evaluation of alternative
BE06 方案评审

Evaluation of bids
AB03 评标

Evaluation system
AC07 评价系统

Evaluation techniques
BB03 评价技术

Evaluation techniques
BB03 评价方法
Y: 评价技术

Evaporation
DC00;DD00 汽化

Evaporation
DD00 蒸发

Evaporation equipment
DF00 蒸发设备

Even-broken analysis
BC02 盈亏平衡分析

Evening peak
AJ04 晚高峰
Y: 高峰时间

Evenness
AC04 平整度

Evenness
DI00 均匀度

Ex factory
BA02 工厂交货

Ex mill
BA02 工厂交货

Ex pier
BA02 目的港码头交货

Ex quay
BA02 目的港码头交货

Ex ship

CB00 膨胀*

Expansive cement
AF04 膨胀水泥

Expansive clay
CG06 膨胀土

Expansive rock
CD01 膨胀岩石

Expansive soil bases
CI01 膨胀土地基

Expedition ship
BE02 科学考察船

Expenditure approach
BB03 支出法

Expenses
AB03;BG05 费用*

Expenses of ship's repair
BJ05 船舶修理费用

Experience
DB00 经验

Experiment
AH01;DF00 试验*

Experimental methods
BE09 试验方法

Experimental research
DF00 试验研究

Experimental tanks
BC05;BE09 试验水池

Experiments
DF00 实验
Y:试验*

Expert system
BF02;CF02 专家系统

Expertise
DD00;DF00 鉴定*

Exploitation
DD00 开发

Exploration
AH02;CD02;DD00 观测*

Exploration
BC02;CD01 勘探*

Exploration research
DF00 探索性研究

Explosion expanded piling
CI01 爆扩桩

Explosion mechanics
CG01 爆炸力学

Explosions
CL01 爆炸*

Explosive
BI01 爆炸品

Explosive loading
CI02 装药

Explosive rammers
AG07 爆炸夯

Explosive welding
BE10 爆炸焊接

Exponents
AI02;DI00 指数*

Export
DA00 输出(贸易)
Y:出口

Export
DA00 出口

Export credit
BE10 出口信贷

Export flow
BA03 出口货流

Export permit
BA02 出口许可

Export supervised warehouse
BA06 出口监管仓库

Export tax
BA01 出口税
Y:关税

Ex-post evaluation
AB03;BB04 后评价

Ex-post evaluation
AB03;BB05 后评价
Y:评价*

Express bus station
AJ03 快车站

Express bus stop
AJ03 快车站

Express line
AJ03 快车线路

Express service
AA03 快件货物运输

Express service
BF06 特快航线

Expressway
AB02 高速公路

Expressway
AB02 汽车专用公路

Extending
AH01 拉伸

Extension of time
AB04 延期

Extensometers
CG10 延伸仪

Extensions
DD00 延伸

External equipment
CF03 外部设备

BC02；BD02 落差

Falling weight deflectometer（FWD）
AH03 落锤式弯沉仪

Fallout
CK02 放射性沉降物

Fallout
CK02 落下灰
Y：放射性沉降物

Family of elements
CC01 元素族系

Far east freight conference
BF01 远东航运公会

Fare
AJ04 票价

Fare
AJ04 票制

Fare collection
BA03 运费托收

Fare income
AJ05 票款收入

Fare policy
AJ04 票价政策

Fare subsidy
AJ04 票价补贴

Fare system
AJ04 票制

Fare ticket type
AJ04 票类

Fare-kilometre
AJ04 票价里程

Fascine
BC06 柴排

Fascine bundle
BC06 柴捆
Y：柴排

Fascine mattress
BC06 梢排
Y：柴排

Fast Fourier transform analyzer
AH03 快速傅里叶变换分析仪

Fastening
DD00 紧固

Fastening force
CG03 扣固力

Fatigue
AD03；CG04 疲劳*

Fatigue calculation
AD03；CG02 疲劳计算

Fatigue crack
BE10；CG02 疲劳裂纹

Fatigue deformation
CG02 疲劳变形

Fatigue design
AD03 疲劳设计

Fatigue failures
CG04 疲劳破损

Fatigue fracture
CG02 疲劳断裂

Fatigue fracture
CG04 疲劳破损

Fatigue life
AC04；BE10 疲劳寿命

Fatigue life of pavement
AC04 路面疲劳寿命

Fatigue limit
CG02；CG04 疲劳极限

Fatigue load
CG11 疲劳载荷

Fatigue mechanics
CG01 疲劳力学

Fatigue properties
CG04 疲劳性质
Y：疲劳*

Fatigue property
CG02 疲劳性能

Fatigue strength
CG02 耐疲劳强度

Fatigue strength
CG02 疲劳强度

Fatigue tests
AD16；AH01；DF00 疲劳试验

Fault
AK04；DC00 故障*

Fault activity evaluation of bridge site
AH02 桥址断层活动性评定

Fault checking
CK03 故障监测

Fault detection
CK03 故障监测

Fault diagnosis
BE10 故障诊断

Fault zone
CD01 断裂带

Feasibility
BB05 可行性

Feasibility analysis
BB05 可行性分析

Feasibility analysis of investment project
BB05 投资项目可行性分析

Feasibility study
BB05；DC00；DF00 可行性研究

Feasibility study
BB05 可行性分析

AI05 前方视野

Field of lateral vision
AI05 侧向视野

Field of stress
CG05 应力场

Field of vision
AI05 视野*

Field test
AG11;DF00 现场试验

Field tests
CG06 野外试验
Y：原位试验

Fields
CB00 场*

Figure
CA00;DI00 数*

Figure
DH00 图*

Files
DF00 档案

Fill
AC03 填方

Fill dam
BC03 填筑坝

Filled soil
AD09 填土

Filled spandrel arch bridge
AD01 实腹拱桥

Filler spreader
AG07 粉料撒布机

Fillers
AF01 填充材料

Filling
DD00 填充

Filling materials
AF01 填充材料

Filling materials
AF03 填料
Y：填充材料

Films
CB00 膜*

Films
DE00 薄膜

Filter
BE08;CF04;DE00 滤波器

Filter materials
AF01 过滤材料

Filter materials
AF01 滤料
Y：过滤材料

Filtration
DD00 过滤

Final account
AB03 决算

Final account of project
AB04 工程决算

Final survey
AC01 竣工测量

Finance
BB04 筹资
Y：资金来源

Finance
BG02 金融

Finance
BG02 财政

Finance
DA00 财务*

Finance capital
BG02 财政资本

Finance tariff
BA01 财政关税

Financial accounting
BG05 财务会计

Financial allocation
BG02 财政拨款

Financial analysis
BG05 财务分析

Financial cost
BG05 财务费用

Financial cost
BG05 财务成本

Financial fund
BG02 财政资金

Financial management
BG05 财务管理

Financial management Information system
BG05 财务管理信息系统

Financial plans
BG05 财务计划

Financial report
BG05 财务报告
Y：财务报表

Financial statements
BG05 财务会计报表
Y：财务报表

Financial statements
BG05 财务报表

Financial system
BG05 财务制度

Financing
BB04 融资

Financing plans
BB04 融资计划

Fine aggregate

Fiscal allowance
BG02 财政补贴

Fiscal customs duties
BA01 财政性关税

Fiscal policies
BG02 财政政策

Fiscal subsidy
BG02 财政补贴

Fish collection system
BC03;BD02 集鱼系统
Y:过鱼建筑物

Fish ladders
BD06 鱼梯

Fish lifts
BC03 升鱼机

Fish locks
BD06 鱼闸

Fish Processing Vessel
BE02 鱼品加工船

Fishery administration
BA01 渔政

Fishery agreement
BA01 渔业协定

Fishery harbour
BC01 渔港

Fishery rules and regulations
BA01 渔业法规

Fishing boat
BE02 渔船
Y:渔轮

Fishing boat
BE02 渔轮

Fishing closed season
BA01 禁渔期

Fishing port
BC01 渔港

Fishing Season off
BA01 休渔期

Fishing ship
BE02 渔轮

Fishing ship
BE02 渔船
Y:渔轮

Fishing vessel
BE02 渔轮

Fishing vessel
BE02 渔船
Y:渔轮

Fishpass facilities
BC03 过鱼设施

Fishpass structures
BC03 过鱼建筑物

Fishway
BC03;BD06 鱼道

Fissure
AC08;AD15;CG02 裂缝*

Fissured rock
CD01 裂隙岩石

Fits
DD00DE00 配合

Fitting-out quay
BE10 舾装码头

Fix
BF02 船位*

Fixed assets investment
BB04 固定资产投资

Fixed bearing
AD08 固定支座(桥)

Fixed bed
BD02 定床

Fixed bed models
BC05 定床模型

Fixed boundary
CG05 固定边界

Fixed cost
BG05 固定成本

Fixed deck foam system
BI04 固定式甲板泡沫

Fixed exchange rate
BG02 固定汇率

Fixed gas fire extinguishing system
BI04 固定式气体灭火系统

Fixed handling machinery
AA05 固定式装卸机械

Fixed investment
BB04 固定投资

Fixed line
AJ03 固定线路

Fixed mark
BD05 固定标志

Fixed pitch propellers
BE08 定距螺旋桨

Fixed ratio
AA08 固定比差

Fixed shipping line
AJ03 固定航线

Fixed-message sign
AI07 固定信息标志

Fixed-time control
AI03 定时信号控制

Fixing
BF02 定位(航行)

Fixing

AD14 浮运法架桥

Floating exchange rate
BG02 浮动汇率

Floating mark
BD05 浮动标志

Floating oil loading hose
BF02 浮式输油软管

Floating pier
BC01;BC03 浮码头

Floating pile driver
BE03 打桩船

Floating pontoon wharf
BC01;BC03 浮码头

Floating population
BB03 流动人口

Floating price
BG06 浮动价格

Floating wharf
BC01;BC03 浮码头

Floating winch station for warping
BE02 绞滩船

Flood
AC06;BD02;CI05 洪水*

Flood carrying capacity
BD02 河道行洪能力

Flood control
BD02;CI05 防洪*

Flood control
BD02 防汛
Y: 防洪*

Flood control standards
BD02 防洪标准

Flood damage
AC08 水毁

Flood damages
BD02 水灾

Flood diversion
BD02 分洪

Flood diversion area
BD02 分洪区

Flood frequency
BD02;CI05 洪水频率

Flood peak discharge
BD02 洪峰流量

Flood peaks
BD02;CI05 洪峰

Flood protection
DD00 堵漏*

Flood relief bridge
AD01 排涝桥

Flood routing
BC02 洪水演算

Flood storage
BD02 蓄洪

Flood storage area
BC01 蓄洪区
Y: 水库

Flood way district
BD02 行洪区

Floor height
AJ02 车厢地板高度

Floppy disk
CF03 软盘

Flow
BC02;CG07 流动*

Flow
CG07;CI05 流量

Flow control
DD00 流量控制

Flow determination
CG07;DF00 流量测定

Flow direction
CG07;CI05 流向

Flow distortion
CG02 流变
Y: 流动变形

Flow distortion
CG02 流动变形

Flow lines
DH00 流线

Flow measurement
CG07 流量计量

Flow meter
AK05;DF00 流量计

Flow method for vehicle maintenance
AK04 汽车维护流水作业法

Flow method for vehicle repair
AK05 汽车修理流水作业法

Flow patterns
CG07 流态*

Flow separation
BD04 分流

Flow separation
BD04 分水
Y: 分流

Flow testing
CG07 流速测试

Flow theory
CG07 流动理论

Flow value
CG09 流值

Flowability
DC00 流动性

BI04 雾警报

Fog whistle
BF03 雾哨

Folding
DD00 折叠

Folding strength
CG02 抗折强度

Following distance
AJ01 行车间距

Following seas
BF02 顺流

Following seas
BF02 送尾流
Y: 顺流

Following train
AJ04 跟随列车

Following train
AJ04 追踪列车
Y: 跟随列车

Following wind
BF02 顺风

Following wind
BF02 送尾风
Y: 顺风

Fond sources
BB04 资金来源

Food chain
CE02 食物链

Foot-bridge
AD01 人行桥

Footings
CI01;DE00 底座

Forecasting freight traffic
BA02 货运量预测

Force
AD11;CG01 力*

Force majeure
BA04;BI04 不可抗力

Force method
CG06 力法

Forced convection
CG07 强迫对流

Forced frequency
CG08 强迫频率

Forced idling mode
AK04 强制怠速工况

Forced stabilized soil mixing plant
AG07 强制式稳定土厂拌设备

Forced traffic flow
AI01 强制性交通流

Forced vibration
CG08 强迫振动

Forced vibration cross-spectrum analysis
AH02 受迫振动互谱分析

Ford
AC03 过水路面

Fording drive
AK03 涉水驾驶

Forecasting
CD03 预报*

Forecasting analysis
BB03 预测分析

Forecasting method
AA01;DD00 预测*

Forecasting method
BB03 预测方法

Forecasting technique
CD02;DE00 预测技术

Foreign maritime development
BB03 外国航运发展

Foreign maritime policy
BB02 外国航运政策

Foreign organic matter
BI05 外来有机物

Foreign policy
BB02 对外政策

Foreign trade
BB03 对外贸易

Foreign trade
DA00 对外贸易
Y: 国际贸易

Foreign trade forecasts
BB03 外贸预测

Foreign trade policy
BB02 对外贸易政策

Foreign trade region
DA00 对外贸易区

Foreign trade statistics
BJ01 外贸统计

Forest engineering
CE02 森林工程

Forest road
AB02 林区道路

Forestry
CE02 林业

Forestry
CE03 森林

For-hire vehicle
AK01 营运汽车

Fork lift
AA05;AG06;BA08 叉车

Fork lift truck
AA05;AG06;BA08 叉车

AD15;CG02;CG03 断裂*

Fracturing
DC00 龟裂

Fragile goods transport
AA03 易碎货物运输

Fragility
CG02;DC00 脆性

Fragmentation
DD00 破碎

Frangibility
CG02;DC00 脆性

Free alongside ship
BG06 船边交货价格
Y:离岸价格

Free alongside ship(FAS)
BA02 船边交货

Free bound
AC04 行车碾压

Free boundaries
CG05 自由边界

Free carbon content
CG09 游离碳含量

Free carbon content test
AH01 游离碳含量试验

Free flow speed
AI01 自由流车速

Free frequencies
CG08 自由频率

Free from particular average
BA04 平安险

Free on board
BG06 FOB
Y:离岸价格

Free on board
BG06 船上交货价格
Y:离岸价格

Free on board (FOB)
BG06 离岸价格

Free on rail
BA02 车上交货

Free on truck
BA02 车上交货

Free ports
BC01 自由港

Free surface
BE04;BF02 自由液面

Free surfaces
DH00 自由表面

Free traffic flow
AI01 自由交通流

Freeboard
BE04;BE06 干舷

Freeboard check
BE06 干舷校核

Freeway
AB02 高速公路

Freeway mainline control
AI03 高速公路主线控制

Freeway surveillance and control
AI03 高速公路监控

Freeze proof agent
AF03 防冻剂

Freeze space
BA06 冷冻区

Freeze thaw durability
DC00 耐冻性
Y:抗冻性

Freezing
DD00 冻结

Freezing and thawing test
AH01;DF00 冻融试验

Freezing consolidation
CI01 冻结加固

Freezing method
AE04 冻结法(隧道施工)

Freezing method
BC02;CI01 冻结法

Freezing process
AE04 冻结法(隧道施工)

Freezing process
BC02;CI01 冻结法

Freezing-thawing test
AH01;DF00 冻融试验

Freight
BG06 运费

Freight analysis
BG02 货运分析

Freight bill
AA03 货物清单

Freight conference
BA09 运价公会

Freight damage
AA06;BA07 货损

Freight document
AA03 运输单证

Freight documentation
BA02 货运文件

Freight flow
AA03 货流*

Freight forecast
AA01;BB03 运输预测

Freight forecast
AA01;BB03 运量预测

Fresh mixing concrete property
AF07 新拌混凝土性能

Fresh water
BF06 淡水

Fresh water generator
BE08 海水淡化装置

Friction
CG02 摩擦

Friction anchor bolt
AE07 摩擦型锚杆

Friction coefficient
AC04;CB00;CG02 摩擦系数

Friction drag
CG07 摩擦阻力

Friction factor
AC04;CB00;CG02 摩擦系数

Friction pile
AD11 摩擦桩

Friction tester
AH03 摩擦系数测定仪

Friction tests
AH01;DF00 摩擦试验

Friction welding
BE10 摩擦焊

Frictional force
CG03 摩擦力

Frigates
BE02 护卫舰

Frigates
BE02 驱逐领舰
Y:护卫舰

Frigates
BE02 快速护航舰
Y:护卫舰

Frigid zone
CD03 寒带

Frog
AJ03 分线器

Frog rammers
AG04 蛙式夯

Frog rammers
AG04 蛙力夯
Y:蛙式夯

Front number plate
AJ02 前路牌

Front number plate
AJ02 前牌
Y:前路牌

Frontier defence boat
BE02 边防艇

Frontier science
BG01;DB00 前沿科学

Frontier science
DB00 交叉学科

Frontier trade
DA00 过境贸易
Y:边境贸易

Frost
CD03 霜

Frost boiling
AC08 翻浆

Frost climates
CD03 寒带气候

Frost damage
AC08 冻害

Frost heaving
AC08;CG06 冻胀

Frost steadiness
DC00 抗冻性

Frost thawing
AC08 冻融

Frosting
DD00 结霜

Frost-resistance
DC00 抗冻性

Froude numbers
BC02 佛劳德数

Frozen
DD00 冻结

Frozen ground
BC02;CI01 冻土地基

Frozen soil foundation
BC02;CI01 冻土地基

Frozen soil mechanics
CD01;CG01;CG06 冻土力学

Frozen soil structure
BC02 冻土构造

Frozen soil thermology
CD01 冻土热学

Frozen soils
BC02;CG06 冻土

Fuel
AK04;CL03 燃料*

Fuel cells
BE08 燃料电池

Fuel conservation
BE08 燃料储备

Fuel consumption
AJ05 燃料消耗(行车)

Fuel consumption
AJ05 行车燃料消耗

Fuel consumption
AJ05 百公里油耗
Y:行车燃料消耗

G

Y：仪器*

Gale warning
BI04 大风警报

Game theory
BG01 博弈论

Gamma radiation
CB00 γ射线辐射

Gantry crane
AG06；BA08 桥式起重机

Gantry crane
AG06；BA08 门式起重机

Gantry crane
BA08 门吊
Y：门式起重机

Gantry crane
BA08 门座起重机
Y：门式起重机

Gap
AI01 空当*

Gap gradation
CG09 断级配

Garbage boats
BE02 垃圾船

Gardening
CE02 园艺

Gas
CD03；DF00 气体*

Gas boilers
CL01 燃气锅炉

Gas chromatography
DE00 气相色谱法

Gas chromatography
CC03 气相色谱

Gas content
DI00 含气量

Gas engine
AG02；CL01 内燃机

Gas leakage
DC00 漏气

Gas purification
CK04 废气净化

Gas streams
CD03 气体流
Y：气流

Gas turbine electric propulsion
BE08 燃气透平电力推进

Gas turbine power plant
BE08 燃气轮机动力装置
Y：船用燃气轮机

Gas turbine propulsion
BE08 燃气透平推进

Gas turbines
CL01 燃气透平

Gaseous fuels
CL03 气体燃料
Y：燃气

Gasoline
CL03 汽油

Gate effect
AI05 门口效应

Gate type automatic car washer
AK05 汽车门式自动清洗机

Gates
BD03 闸门*

Gauge
AJ03 轨距

GB Freight container
BA05 国家标准集装箱

Gear shifting
AK03 换挡(汽车驾驶)

Gearboxes
BE08 齿轮箱

Gearboxes
BE08 变速箱
Y：齿轮箱

General agreement on tariffs and trade
BA01 关税及贸易总协定
Y：世界贸易组织

General average
BA04 共同海损

General cargo
BI01 普通货物

General cargo ships
BE01 杂货船

General cargo terminals
BC01 件杂货码头

General cargo transport
BA02 杂货运输

General condition
DA00 概况

General freight rate
BG06 普通运价

General index number
BJ01 总指数

General inspection and diagnosis
AK04 综合诊断

General monthly ticket
AJ04 通用月票
Y：月票

General policy of developing national economy
BB02 发展国民经济总方针

General purpose ship
BE01 多用途船
Y：多用途货船

Glass fiber reinforced plastic bridge
AD01 玻璃钢桥

Glass fiber reinforced plastic fence
AI07 玻璃钢护栏(交通)

Glass fiber reinforced plastics
AF03 玻璃纤维增强塑料
Y: 玻璃钢

Glass fiber reinforced plastics
AF03 玻璃钢

Glass fibers
AF03 玻璃丝
Y: 玻璃纤维

Glass reinforced plastics
AF03 玻璃纤维增强塑料
Y: 玻璃钢

Glass wool
AF03 玻璃棉
Y: 玻璃纤维

Glasshouses
CE02 温室

Global maritime distress and safety system
BF05 GMDSS
Y: 全球海上遇险安全系统

Global maritime distress and safety system (GMDSS)
BF05 全球海上遇险安全系统

Global Maritime Distress and Safety System(GMDSS)
BH02 全球海上事故救助系统

Global positioning system (GPS)
AC01 全球定位系统

Global system for mobile communication (GSM)
BF05 全球移动通信系统

Gneiss
AF05 片麻岩

Goaf
CD01 采空区

Goliath cranes
AG06 龙门起重机

Goods
AA03;DD00 货物*

Goods collection
BA06 集货

Goods mark
AA03 货物标志
Y: 收发货标志

Goods packing
AA03 货物包装
Y: 运输包装

Goods shed
BA06 料棚

Goods shelf
BA06 货架

Goods stack
BA06 货垛

Goods yard
AA04;BA06 货场

Governing
DD00 调速

Government
BB01 政府

Government agencies
BB01;DB00 政府机构

Government apparatus
BB01;DB00 政府机构

Government audit
BB01 政府审计

Government bond
BB01 政府债券

Government bond
BB01 公债
Y: 政府债券

Government control
BB01 政府管制

Government control
BB01 政府规制
Y: 政府管制

Government financing
BB01 政府融资

Government financing
BB01 政府筹资
Y: 政府融资

Government funding
BB01 政府资金投入
Y: 政府投资

Government industry cooperation
BB01 政府产业合作

Government Intervention
BB01 政府干预

Government investment
BB01 政府投资

Government organization
BB01;DB00 政府机构

Government policy
BB01 政府政策

Government procurement
BB01 政府采购

Government regulation
BB01 政府管制

Government regulation
BB01 政府规制
Y: 政府管制

Government statistics
BJ01 政府统计

Government subsidy
BB01 政府补贴

Graphite fibers
AF03 石墨纤维

Graphs
CA00;DF00 计算图表

Grass planting
AC07 植草

Grassland
CK07 绿地*

Gravel
AF05 砾石

Gravel
AF05 砾
Y:砾石

Gravel
AF05;AF06 卵石

Gravelly soil
AF06 砾类土

Gravelly soils
CG06 碎石土

Gravitational load
CG11 重力载荷

Gravity
CG03 重力

Gravity dams
BC03;CI05 重力坝

Gravity mixers
AG03 重力式搅拌机
Y:自落式搅拌机

Gravity retaining wall
AC03 重力式挡土墙

Gravity stablized soil mixing plant
AG07 自落式稳定土厂拌设备

Gravity type abutment
AD09 重力式桥台

Gravity type quays
BC01 重力式码头

Gravity type structure
AD04 重力式结构

Grawler loaders
AG04 履带式装载机

Great circle bearing(RCB)
BF02 大圆方位

Great circle course(GCC)
BF02 大圆航向

Great circle sailing
BF02 大圆航行

Great earthquakes
CD02 大地震

Great-circle sailing
BF02 大圈航行
Y:大圆航行

Green belt
AC02 绿化带

Green belt planning
CK07 绿地规划

Green belts
CK07 绿地*

Green function
CA00 GREEN 函数
Y:格林函数

Green functions
CA00;CG01 格林函数

Green ratio
AI03 绿信比

Green wave band
AI03 绿波带

Greenhouse effect
BI02 温室效应

Greenhouse gases
BI02 温室气体

Greenhouses
CE02 温室

Greening
CK07 绿化*

Greenwich Mean Time (GMT)
BF02;DJ00 格林尼治平时

Greenwich meridian
BF02 格林尼治子午线

Greenwish Mean Time
BF02;DJ00 GMT
Y:格林尼治平时

Greenwish Mean Time (GMT)
BF02;DJ00 世界时
Y:格林尼治平时

Grey control system
AI01 灰色控制系统

Grey system theory
AI01 灰色系统理论

Grillage
BC06 格排

Grinding
DD00 粉碎

Grinding machine
AK05 磨床

Grog
AF04 熟料

Groin
BC03 丁坝

Groove
DH00 槽

Gross deadweight
BJ05 总载重量

Gross domestic product (GDP)
BJ01 国内生产总值

H

Habit
DD00 习惯*

Habitats
BI02 栖息地

Hail
CD03 冰雹

Hair-like crack
AC08 发裂

Hammer drills
AE05;AG08 凿岩机

Hand control
DD00 手动控制

Handing-over according to seal
BA07 封舱交接

Handling
AA05;BA06;BA08 装卸*

Handling
BA06;DD00 搬运
Y:装卸*

Handling
BA08;DD00 处理*

Handling capacity
AA05 装卸能力

Handling charge
AA08 装卸收费

Handling cost
BG05 装卸费用

Handling efficiency
AA05 装卸效率

Handling equipment
AG06;BA08 装卸设备

Handling equipment of container terminal
BA05 集装箱码头装卸设备

Handling instrument
BA08 装卸工具

Handling machinery
AA05;BA08 装卸机械

Handling machinery productivity
AA05 装卸机械生产率

Handling operation
AA05 装卸业务

Handling operation cost
AA08 装卸工作成本

Handling sequence
AA05 装卸工序

Handling standard
AA05 装卸质量标准

Handling techniques
AA05 装卸工艺

Handling technological process
AA05 装卸工艺流程
Y:装卸工艺

Handling technology design
AA05 装卸工艺设计

Handling worker's productivity
AA05 装卸工人生产率

Handymax bulk carrier
BE01 最大灵便型散货船

Handymax tanker
BE01 最大灵便型油轮

Handysize bulk carrier
BE01 灵便型散货船

Handysize tanker
BE01 灵便型油轮

Hanger
AG09 吊钩

Hanger rod
AD06 吊杆

Harbor radar
BF05 港口雷达

Harbour
BC01 港湾

Harbour basin area
BC04 港池水域

Harbour boats
BE02 港务船

Harbour chart
BC04 港口图

Harbour construction ship
BE03 航务工程船舶

Harbour cranes
BA08 港口起重机

Harbour desilting
BD04 港口清淤

Harbour district charts
BC04 港区图
Y:港口图

Harbour districts
BC04 港区

Harbour dues
BG06 港务费

Harbour duty
BG06 港务费

Harbour entrance jetties
BC03 进港导堤

Harbour generating set
BE08 停泊发电机组

Harbour handling
BA08 港口装卸

Harbour hinterlands
BB03 港口腹地

Harbour land areas
BC04 港口陆域

CL01 热机

Heat exchangers
BE08 热交换器

Heat insulating layer
CI04 隔热层

Heat radiation
CB00 热辐射

Heat recovery
CK06;CL02 热回收

Heat resistance
DC00 耐热性

Heat siphon
CG07 热虹吸

Heat sources
CL02 热源

Heat syphon
CG07 热虹吸

Heat transfer
CB00 热传递
Y:传热*

Heat transfer
CB00 传热*

Heat transmission
CB00 热传递
Y:传热*

Heat treatment
DD00 热处理

Heat-electricity co-generation
DD00 热电共生

Heat-electricity co-generation
DD00 热电联产
Y:热电共生

Heating
CI03;CI04 采暖

Heating device
AG07 加热装置

Heating loss
CG09 加热损失

Heating loss test
AH01 加热损失试验

Heavy and bulky goods transport
AA03 长大笨重货物运输

Heavy haul trailer
AK01 重型平板挂车

Heavy metal pollution
CK02 重金属污染

Heavy metals
CC01 重金属

Heavy oil
CL03 重油

Heavy rain
CD03 大雨

Heavy snow
CD03 大雪

Heavy weather
BI04 恶劣天气

Heel
BE04 横倾

Heeling adjustor
BF03 倾差仪

Heeling angle
BE04 横倾角

Heeling error instrument
BF03 倾差仪

Heeling moments
BE04;BF02 横倾力矩

Herbaceous plants
CE03 草本植物

Hermetic seals
DE00 密闭

Hest storage
CL02 蓄热

Heterogeneity
DC00 不均匀性
Y:均匀性

Heterogeneity
DC00 非均质性

Heterogeneous foundation
CI01 非均质地基

Hexagon
DH00 六角形

HF Transmitter
BF05 高频发射机

Hydraulic tunnel
AE01 水工隧洞

Hidden peril of accident
AI05 交通事故隐患

Hidden subsurface work
DB00 隐蔽工程

Hidden work acceptance
AB04 隐蔽工程验收

High alloy steel
AF02 高合金钢

High carbon steels
AF02 高碳钢

High class pavement
AC04 高级路面

High concentration
DI00 高浓度

High dams
BC03 高坝

High energy physics
CB00 高能物理学

Highway intersection
AC05 公路交叉*

Highway investment
AB03 公路投资

Highway landscape
AC02 公路景观

Highway landscape design
AC02 公路景观设计

Highway maintenance
AC07 公路养护

Highway major maintenance
AC07 公路大修

Highway network
AB01 公路网

Highway network planning
AB01 公路网规划

Highway passenger transport
AA02 公路旅客运输

Highway perspective view
AC02 公路透视图

Highway planning
AB01 公路规划

Highway planting
AC07 公路绿化

Highway residual value
AB03 公路残值

Highway right-of way
AB01 公路用地

Highway routine maintenance
AC07 公路小修

Highway traffic mode
AI02 公路交通方式

Highway transport industry
AA10 公路运输行业

Highway transport vehicle
AK01 公路运输车辆

Highway transport vehicle management
AK02 公路运输车辆管理

Highway transportation
AA01 公路运输

Highway transportation enterprises
AA09 公路运输企业

Highway tunnel
AE01 公路隧道

Highway user's benefit
AB03 公路使用者效益

Highway user's cost
AB03 公路使用者费用

Highway-railway grade separation
AC05 公路铁路立交

Hill-side line
AC01 山坡线

Hilly terrain
AC01 重丘区

Hinge
AD06;CG02 铰接

Hinge support
AD08 铰式支座(桥)

Hingeless arch bridge
AD01 无铰拱桥

Hinterland
BB03 腹地*

Hinterland of port
BB03 港口腹地

Hiring
DD00 出租

Hiring of ship
BF06;BG03 租船*

Historical floods
BD02 历史洪水

Historical maximum flood
BD02 历史最大洪水

Hit
AI05;BI04;CB00 碰撞*

Hi-tech
DE00 高新技术

Hi-tech development area
DE00 高新技术开发区

Hoist
AG06;BA08 卷扬机

Hoister
AG06;BA08 卷扬机

Hoisting
DD00 提升

Hoisting and transporting machineries
AG06 起重运输机械

Hoisting and transporting tools
AG06 起重运输工具

Hoisting capacity
DI00 起重量

Hoisting equipment
BA05 吊具*

Hoisting machinery
AG06;BA08 起重机械

Hoistings
AG06;BA08 起重机械

Hoists
AG06;BA08 起重机械

Hold capacity check
BE06 舱容校核

Holding power
CG03 握裹力

DG00 休谟管

Humid tropical climate
CD03 湿热气候

Humidity
CD03 湿度

Humidity controlled space
BA06 控湿储存区

Humidity protection
DD00;DE00 防潮

Humus
CE03 腐殖质

Hurricanes
BI04 飓风

Hydration
CC02 水合
Y: 水化

Hydration heat
CC02;CL02 水化热

Hydration
CC02 水化

Hydraulic analogue
BC05 水工模拟

Hydraulic buffers
CG08 液压减振器

Hydraulic computations
CG07 水力计算

Hydraulic control
DD00;DE00 液压控制

Hydraulic cushion guardrail
AI07 液压缓冲护栏(交通)

Hydraulic drop
AC06;CI05 跌水

Hydraulic engineering
CI05 水利工程

Hydraulic excavator
AG04 液压挖掘机

Hydraulic excavators
AG02 吸泥泵

Hydraulic gates
BD03 液压闸门

Hydraulic grab
BA08 液压抓斗

Hydraulic jets
DE00 喷水

Hydraulic model tests
BC05;DF00 水工模型试验

Hydraulic models
BC05 水工模型

Hydraulic pile drivers
AG05 液压打桩机

Hydraulic power
BC02 水力

Hydraulic pressure stabilizer
AH04 液压稳定器

Hydraulic pressure tests
CG10;DF00 液压试验

Hydraulic shock absorbers
CG08 液压减振器

Hydraulic static cone penetrometer
AH03 液压静力触探仪

Hydraulic structures
BC03 水工结构

Hydraulic structures
BC03;CI05 水工建筑物

Hydraulic systems
DE00 液压系统

Hydraulic testing equipment
BC05 水工试验装置

Hydraulic tests
BC05;CI05;DF00 水工试验

Hydraulic transport of sediments
BD04 水力输沙

Hydraulicity
CG09 水硬性

Hydraulics
BC02 水工

Hydraulics
CG01;CG07;CI05 水力学

Hydro-complex
BD06 水利枢纽*

Hydroconcrete durability
BC02 水工混凝土耐久性

Hydrodynamic pressure
CG07 动水压力

Hydrodynamics
CG01 水动力学

Hydrodynamics
CG07 流体动力学

Hydrodynamics theory
AI01 流体动力学理论

Hydroelectric power plants
BD06 水力发电厂
Y: 水力发电站

Hydroelectric stations
BD06 水力发电站

Hydrofoil
BE01 水翼船

Hydrofoil
BE01 水翼艇
Y: 水翼船

Hydrofoil boat
BE01 水翼艇
Y: 水翼船

I

BE02 破冰船

Ice break-up
BF04 破冰

Ice load
CG11 冰载荷

Ice navigation
BF02 冰区航行

Ice pressure
CG03 冰压力

Ice report
BI04 冰况报告

Ice warning
BI04 冰情警报

Icebreaker assistance
BF02 破冰阻力

Ice-free port
BC01 不冻港

Identification
CF03;DD00 识别*

Idling mode
AK04 怠速工况

Igneous rock
AF05 火成岩

Ignition
DI00 燃烧损失
Y:烧失量

Ignition loss
DI00 烧失量

Illegality
DD00 违法

Illuminant
AI07 光源

Illuminated sign
AI07 灯光照明标志

Illumination
AE09;AI07;CI03 照明*

Illuminometers
DF00 照度计

Image processing
CF03 图像处理

Image recognition
CF03 图像识别

Imagine
DF00 设想

Immediate bulk container
BA05 散货集装袋
Y:集装袋

Immersed tube method
AE04 沉埋法(隧道施工)

Immersion
DD00 浸渍

Immersion in water
CI05 浸水*

Immersion tests
DF00 浸渍试验

Immunity
BA01 豁免权

Immunity of state-owned vessel
BA01 国有船舶豁免权

IMO Chemical carriers code
BF01 国际海事组织化学品运输船标准

IMO Collision regulations
BI04 国际海事组织避碰规程

IMO Pollution regulations
BI03 国际海事组织防污染条例

IMO Safety regulations
BI04 国际海事组织安全规则

Impact
DD00 冲击

Impact factor evaluation
AH02 冲击系数测定

Impact shock
DD00 冲击

Impact strength
CG02 冲击强度

Impact test
AH01;CG10;DF00 冲击试验

Impact tests
AH01;DF00 碰撞试验

Impact toughness
CG10 冲击韧性

Impact toughness apparatus
AH03 冲击韧度试验仪

Impact toughness test
AH01 冲击韧度试验

Impacts analysis
BB04 影响分析

Impedance
CF01 阻抗

Impellers
BE08 叶轮

Impellers
BE08 涡轮

Impermeability
DC00 不透水性
Y:透水性

Impervious concrete
AF07 防渗混凝土

Import and export trade
DA00 进出口贸易
Y:国际贸易

Import permit
BA02 进口许可

tenance
AJ05 车辆运用与维修指标

Indirect benefit
AB03 间接效益

Indirect expense of project
AB03 工程间接费

Indirect field of vision
AI05 间接视野

Indirect investment
BB04 间接投资

Indirect tax
BA01 间接税

Individual economy
BG02 个体经济

Individual enterprises
BG02 个体企业
Y：私营企业

Induced precipitation
CD03；CI05 人工降雨

Induced traffic
AI02；BJ02 诱增交通量
Y：诱发交通量

Inductor
CF01 电感器

Industrial analysis
BB04 产业分析

Industrial capital
BB04 产业资本

Industrial dust
CK02 工业尘

Industrial economics
BG01 工业经济学

Industrial economy
BG02 工业经济

Industrial exhaust heat
CL02 工业余热

Industrial noise
CK02 工业噪声

Industrial policy
BB04 产业政策

Industrial ports
BC01 工业港

Industrial profit
BB04 产业利润

Industrial solid waste
AF06 工业废渣

Industrial standardization
DB00 工业标准化

Industrial structure
BB04 产业结构

Industrial structure adjustment
BB04 产业结构调整

Industrial wastes
CK02 工业废物

Industrial wastewater treatment
CK04 工业废水处理

Industrial yield materials
CK02 工业废物

Industrialization
DD00 工业化

Industry
AA08；DA00 行业*

Industry
BB04；DA00 产业*

Industry
DE00 工业*

Inert gas (IG)
BI03 惰性气体

Inert gas fire-fighting
BI04 惰性气体灭火

Inert gas tungsten arc welding
BE10 惰性气体保护钨极弧焊

Inertia
DC00 惯性

Inertial force
CG03 惯性力

Inertial navigation
BF05 惯性导航

Inertial type brake tester
AK05 惯性式制动试验台

Infectious substances
BI01 感染性物品

Inference
DD00 推断

Inference mechanism
DC00 推理机制

Inferior coal
CL03 劣质煤

Infiltration
BC02；DC00 渗透*

Infiltration
DC00 浸润

Infiltration resistance
DC00 抗渗性

Infiltration test
BC05；DF00 渗水试验

Infinite
CG06；DH00 无限体

Inflammable goods
AA03 易燃货物运输

Inflammable point
BI01；DI00 燃点

Inflation

Y: 压力式涵洞

Inlet unsubmerged culvert
AD17 无压力涵洞
Y: 压力式涵洞

Inlets
BC03 进水口

Innovation
DD00;DE00 革新

Innovation
DE00 创新
Y: 发明

Inorganic binder
AF08 无机结合料

Inorganic chemistry
CC01 无机化学

Inorganic compounds
CC01;CC05 无机化合物

Inorganic fiber reinforced plastics
AF03 无机纤维增强塑料

Inorganic materials
AF01 无机材料

Inorganic substances
CC01 无机物

Input device
CF03 输入设备

Input-output analysis
BG01;BG02 投入产出分析

Input-output economics
BG01 投入产出经济学
Y: 投入产出分析

Inquiring survey
AJ04 询问调查

Inquiry
DD00 调查*

Insecticides
BI05 杀虫剂

Inside container operation fork lift
AA05 箱内作业叉车

In-situ
AC01 现场

In-situ concrete
AF07 现浇混凝土

In-situ tests
CG06 原位试验

Insolation
CB00;CD03 太阳辐射

Insolation
CD03 日照

Insolation right
DB00 日照权

Inspecting of endoscope
AH02 内窥镜检查

Inspection
AH02;DF00 检验*

Inspection
AH02;CD02;DD00 观测*

Inspection and test station
AK04 检测站

Inspection by sampling
BG07;DF00 抽检
Y: 抽样检验

Inspection equipment
DF00 观测装置

Inspection of goods
AA03 验货

Inspection of import and export commodity
BA02 进出口商品检验

Inspection of passenger transportation
AA10 客运稽查

Inspection system
AH04;AK05 检测系统

Inspection well
CD01 测井

Inspector
AJ04 查票员

Installation
DE00 装置*

Installations assembly
DE00 组装

Installed capacity
BD06 装机容量

Installing
DD00 安装

Instantaneity
DC00 瞬时性

Instantaneous solving
CA00 瞬时解

Institution
DJ00 组织机构
Y: 机构(组织)*

Institution
DJ00 学会

Institution
DJ00 协会

Institutional analysis (IA)
BB03 制度分析

Institutional reform
BB01 体制改革

Institutional reform
BB01 制度改革
Y: 体制改革

Institutions
DA00 制度*

Institutions

Insurance settlement of claim
BA04 保险理赔

Insurance trust
BA04 保险信托

Insurance value
BA04 保险价值
Y: 保险金额

Insurant
BA04 保险人

Insure
DD00 保证*

Insured amount
BA04 保险金额

Insured liability
BA04 保险责任

Insured transport
AA03;BI01 保价运输

Insured transportation
AA03;BI01 保价运输

Insuring agreement
BA04 保险协议

Insuring clause
BA04 保险条款

Intake of hydropower station
BD06 水电站进水口

Intake structures
BC03 取水建筑物

Intangible lose
BA06 无形损耗

Integral calculus
CA00 积分

Integral equations
CA00 积分方程

Integral moving
DD00 整体迁移

Integral transference
DD00 整体迁移

Integral transformations
CA00 积分变换*

Integral tunnel lining
AE07 整体式衬砌

Integrated analysis
BJ01 综合分析

Integrated barge
BE01 分节驳

Integrated barge train
BF06 分节驳船队

Integrated bridge systems
BF04 集中驾驶系统

Integrated circuit
CF04 集成电路

Integrated circuit technology
CF04 集成电路工艺

Integrated navigation systems
BF02 综合航行系统

Integrated propulsion systems
BE08 组合推进系统

Integrated systems
BA06;BF02 综合系统

Integrated systems
BA06 一体化系统
Y: 综合系统

Integrated tows
BF06 分节顶推驳船队

Integrated transit systems
BA03 综合公交运输系统

Integrated transportation
BA03 综合运输

Integrated transportation planning
BA03 综合运输规划
Y: 运输系统规划

Integration
BA06;BB01 一体化*

Integration
BA06 整合
Y: 一体化*

Intellectual property right
DF00 知识产权

Intellecture property
DF00 知识产权

Intelligent terminal
CF03 智能终端

Intelligent vehicle highway system (IVHS)
AI03 智能车路系统

Intension
DC00 集约化

Intensity
AD03;CG02 强度*

Intensity calculation
AD03;CG02;CG04 强度计算

Intensity of freight
BA02 货流密度

Intensity of passenger flow
AA02;BA02 客流密度

Intensity of passenger traffic
AA02;BA02 客流密度

Intensity of runs
AA02 班次密度

Intensive utilization
DC00 集约化

Interbasin hydropower development
BD06 跨流域水电开发

International assistance
BG03 对外援助
Y：国际援助

International assistant
BG03 国际援助

International Association of Classification Societies
BA09 国际船级社联合会

International bidding
BG03 国际招标

International Certificate of Fitness for the Carriage of Dangerous chemicals in Bulk
BE07 国际散装运输危险化学品适装证书

International Certificate of Fitness for the Carriage of Liquefied Gases in Bulk
BE07 国际散装运输液化气体适装证书

International Code for the Construction and Equipment of ships Carrying Dangerous Chemicals in Bulk（IBC Code）
BE07 国际散装运输危险化学品船舶构造与设备规则

International Code for the Construction and Equipment of ships Carrying Liquefied Gases in Bulk（IGC Code）
BE07 国际散装运输液化气体船舶构造与设备规则

International combined transport
BA06 国际联运

International competition
BG03 国际竞争

International competition policy
BB02 国际竞争政策

International competitive bidding（ICB）
AB03 国际竞争性招标

International competitiveness
BG03 国际竞争力

International conferences
DF00 国际会议

International Convention for the Prevention of Pollution from Ships
BE07；BI03 国际防止船舶造成污染公约

International Convention for the Prevention of Pollution from Ships
BI03 MARPOL
Y：国际防止船舶造成污染公约

International Convention for the Safety of Life at Sea
BE07；BI04 国际海上人命安全公约

International Convention for the Safety of Life at Sea
BI04 SOLAS
Y：国际海上人命安全公约

International Convention on Load Line，1966（ICLL）
BF01 国际载重线公约

International convention on standards of training certification and watchkeeping for seafarers（STCW Convention）
BF01 国际海员训练、发证与值班标准公约

International conventions
BA01 国际公约

International cooperation
BB01 国际合作

International custom and usage
BF01 国际惯例

International embargo
BA01 国际禁运

International exchange rate
BG05 国际汇率

International finance corporation
BB01 国际金融合作

International freight forwarding agent
BA02 国际货运代理

International gross tonnage
BJ05 国际船舶总吨位

International ice patrol bulletin
BF05 国际冰况巡查报告

International law
BB02 国际法

International Load Line Certificate
BE07 国际船舶载重线证书

International logistics
BA06 国际管理库存

International logistics
BA06 国际物流

International Marine Conference
BA09 国际航运会议

International maritime arbitration rules
BF01 国际海事仲裁规则

International maritime law
BF01 国际海事法

International Maritime Organization
BA09 IMO
Y：国际海事组织

International Maritime Organization（IMO）
BA09 国际海事组织

International Maritime Organization class（IMO class）
BI01 国际海事组织类号

International maritime policies
BB02 国际航运政策

International maritime safety
BI04 国际航运安全

International maritime satellite system（INMARSAT）
BF05 国际海事卫星系统

Interstation telephone
AJ03 各站电话

Interurban road
AB02 城间道路

Interval between diagnosis
AK04 诊断周期

Intervention
DD00 干预

Interview survey
BB03 访谈调查方法

Interviews approach
BJ01 访问法

Intra-regional passenger traffic
AA02 区内客流

Intra-zone traffic
AI02 区内交通

Introduction
DE00 引进

Invalid ticket
AJ04 废票

Invention
DE00;DF00 发明

Invention patent
DF00 发明专利

Inventory
BA06 库存*

Inventory capacity
BJ03 库存量

Inventory control
BA06 库存控制

Inventory cost
BA02 货物在途积压费用

Inventory cycle time
BA06 库存周期

Inverted arch
AE03 仰拱

Inverted siphon culvert
AD17 倒虹吸涵

Inverted-siphon
CG07 倒虹吸

Investigation
DF00 探讨

Investigation
DD00 调查*

Investigation and research
DF00 调研
Y:调查研究

Investigation and research
DF00 调查研究

Investigation report
DF00 调查报告

Investigations of seismic disasters
CD02 震害调查

Investment
AB03;BB04 投资*

Investment decision-making criteria
BB04 投资决策准则

Investment in foreign countries
BG03 对外投资
Y:国际援助

Investment plan of capital construction
BB01 基本建设投资计划

Investment planning
BB04 投资规划

Investment risk
BB04 投资风险

Ion
CC01 离子*

Ion-exchange resins
CC04 离子交换树脂

Iron
AF02 铁*

Irradiation polymerization
CB00;CC02 辐射聚合

Irregular wave
BC02;BE09 不规则波

Irregularity test device
AH03 平整度测定仪

Irrigation
CE03;CI05 灌溉

Island mole
BC03 岛坝

Islands
CD01 岛屿

ISO Freight container
BA05 国际标准集装箱

Isolated danger mark
BD05 孤立危险物标志

Isolated signal control
AI03 点控制

Isolating method
BI04 隔离法(船舶防火安全)

Isolation
DD00 分离*

Isolation
CG08 隔振

Isothermal flow
CG07 等温流动

Isotopes
CB00;CC01 同位素*

Isotropy
CG05;DC00 各向同性

Issue

J

K

Karst
CD01;CI01 岩溶

Karst
CI01 喀斯特
Y: 岩溶

Karst treatment
CD01 岩溶处理

Keel
BE05 龙骨

Keel block
BE10 龙骨墩

Kerosene
CL03 煤油

Key technology
DF00 关键技术
Y: 专有技术

Key terminal
AA04 货运枢纽站

Keyboard
CF03 键盘

Keyless propellers
BE08 无键联结螺旋桨

Keynesian economics
BG01 凯恩斯经济学
Y: 凯恩斯主义

Keynesian model
BG01 凯恩斯模型
Y: 凯恩斯主义

Keynesianism
BG01 凯恩斯主义

Kid
BC06 埽

Kilometer
AA05;AJ05 里程 *

Kilometrage (vehicle-kilometer)
AA07 行程(车公里)

Kilometre interval of running responsible accident
AJ05 行车责任事故间隔里程

Kilometre interval of vehicle
AJ05 车辆保养间隔里程

Kilometre interval of vehicle overhaul
AJ05 车辆大修间隔里程

Kilometre utilization
AA07;AJ05 里程利用率

Kilowatt-hour meter
AJ02 电度表

Kinematic viscosity
BC02 运动粘性

Kinematic viscosity
BC02 运动粘度
Y: 运动粘性

Kinematics
CB00;CG01 运动学

Kinetic state
DC00 动态

Kinetic viscosity
BC02;CG09 动力粘度
Y: 动力粘性

Kinetics
CB00;CG01;DB00 动力学

Kn
DI00 节

Knot
DI00 节

Know-how
DF00 专有技术

Knowledge
DD00 认识

K-value
CI01 K 值

Y: 地基系数

Kyoto Protocol
BI03 京都议定书

L

Label
BI01 标签
Y: 标志 *

Label
AI07;DA00 标志 *

Labor productivity
BB04 劳动生产率

Labor Unions
DA00 工会

Laboratory
AD16 试验室

Laboratory
AD16 实验室
Y: 试验室

Laboratory experiments
DF00 试验室试验

Laboratory tests
DF00 试验室试验

Laboratory vehicle
AH04 试验车

Labour density economy
BG02 劳动密集型经济

Labour manning standard
BG04 劳动定员标准

Lagrange equation
CA00 LAGRANGE 方程
Y: 拉格朗日方程

Lagrange equations
CA00 拉格朗日方程

Landscape conservation
CK07 风景保护

Landscape conservation
CK07 景观保护
Y: 风景保护

Landscape design
AC02;AD03;CI03;CK07 景观设计

Landscape design
CK07 园林设计

Landscape gardening
CE02 园艺

Landscape protection
CK07 景观保护
Y: 风景保护

Landscaping
AC02;AD03;CI03;CK07 景观设计

Landscaping
CK07 园林工程

Landscaping
CK07 绿化*

Landslide
AC08;AE11 坍方

Landslide
CD01;CI01 滑坡

Landslide protection equipment
AG04 塌方保护装置

Landslide treatment
CI01 滑坡处理

Landslides
CD01;DC00 崩塌

Landslides
CI01 山崩

Landslides
CI01 地滑
Y: 滑坡

Landslip
CI01 滑坡

Land-water combined transport
BA06 水陆联运

Lane
AI04;AJ05 车道

Lane
CF03 通道*

Lane balance
AI04 车道平衡

Lane capacity
AI02 车道通行能力

Lane distribution
AI01 车道分布

Lane line
AI07 车道分界线

Lane occupancy ratio
AI01 车道占有率

Lane shift
AI03 车道偏移

Laplace transform
CA00 拉普拉斯变换

Laplace transformation
CA00 拉氏变换
Y: 拉普拉斯变换

Laplace transformation
CA00 LAPLACE 变换
Y: 拉普拉斯变换

Larch
CE03 落叶松

Large construction project
BB05 大型建设项目

Large cross-section excavation
AE04 大断面开挖

Large cross-section tunnel
AE01 大断面隧道

Large scale integrated circuit
CF04 大规模集成电路

Large scale system
BB05 大系统

Large-scale computer
CF03 大型电子计算机

Large-sized hydropower station
BD06 大型水电站

Laser alignment deflection measurement
AH02 激光准直挠度测量

Laser application
CB00 激光应用

Laser device
CF04 激光装置

Laser road surface tester
AH03 路面激光测试仪

Laser technique
CF04 激光技术

Laser welding
BE10 激光焊接

Lasers
CB00 激光

Late stage
DJ00 晚期

Latent defects of goods
BI01 货物潜在缺陷

Latent heat
CL02 潜热

Lateral bracing
AD06 纵向平联结系

Lateral buckling
DC00 倾覆

Leaking stoppage
AE12 堵漏

Leakproof grab
BA08 防漏抓斗

Lean concrete
AF07 贫混凝土

Lean concrete base
AC04 贫混凝土基层

Learning institution
DB00 学术机构

Lease
DD00 租赁*

Leasing of ship
BF06;BG03 租船*

Least cost analysis
BB04 最小费用分析

Least cost analysis
BB04 最小成本分析

Least squares method
CA00 最小二乘法

Least value
DI00 最小值

Least water
BD02 航道最小水深

Levee
BD02 堤防

Left turn guide line
AI07 左转弯导向线

Legal constraints
BB02 法律约束

Legal exchange rate
BG02 法定汇率

Legal studies
BB02 法律研究

Legal time
BF02 法定时

Legislation
AA10;DB00 法规

Legislation
BB02 立法
Y: 法的制定

Leisure
DD00 休闲

Leisure industry
DA00 闲暇产业
Y: 休闲产业

Leisure industry
DA00 休闲产业

Leisure time
BB03 闲暇时间

Length
DI00 长度

Length between perpendiculars (LBP)
BE06 垂线间长

Length of approach channel
BJ04 进出港航道长度

Length of berth
BJ03 码头泊位长度

Length of cantilever
DI00 悬臂长度

Length of shoreline of harbour district
BJ03 港区岸线长度

Length of water-break
BJ04 防波堤长度

Length overall (LOA)
BE06 总长

Laser navigation
BD05 激光导航

Less for cargo
BA07 灭失

Less than container load (LCL)
BA05 拼装货

Less-than-truck load terminal
AA04 零担货运站

Less-than-truckload rate
AA08 零担运价

Less-than-truck-load transport
AA03 零担货物运输

Letter of credit
BA02 L/C
Y: 信用证

Letter of credit (L/C)
BA02 信用证

Letting
DD00 出租

Levee
BC03;CI05 堤

Levee blocks
BC02 筑堤块体

Level
DH00 水平

Level of service (LOS)
AI02 服务水平

Leveler
AH03 水平仪

Leveling course
AC04 整平层

Leveling device
AG07 找平装置

Leveling survey
AC01 水准测量

Liability insurance
BB02 责任保证

Light weight boards
AF01 轻质板材

Light weight concrete
AF07 轻质混凝土

Light weight panels
AF01 轻质板材

Lighted mark
BD05 灯标

Lighter aboard ship (LASH)
BE01 载驳船

Lighter aboard ship (LASH)
BE01 载驳母船
Y: 载驳船

Lighter aboard ship (LASH)
BE01 子母船
Y: 载驳船

Lighterage
BA02 驳运费

Lightering
BA02 驳运

Lighthouse database
BD05 灯塔数据库

Lighthouses
BD05 灯塔

Lighting
AE09;AI07;CI03 照明 *

Lighting adaptation section
AI07 照明适应段
Y: 照明过渡段

Lighting equipment
AE09;AI07;CI03 照明设备

Lighting standard
AI07 照明灯柱

Lighting transition
AI07 照明过渡

Lighting transition section
AI07 照明过渡段

Lightning
CD03 雷电

Lightning arrester
CF01 避雷器

Lights
CB00 光线 *

Lignitic coal
CL03 褐煤

Liquid limit test
AH01 液限试验

Lime
AF03 石灰

Lime pile
AC03 石灰桩

Lime stabilized soil
CG06;CI01 石灰稳定土

Lime stabilized soils
CG06 石灰土
Y: 石灰稳定土

Lime-flyash -soil base
AC04 石灰粉煤灰土基层

Lime-soil piles
CG06 灰土桩

Limestone
AF05 石灰石

Limestone
AF05 石灰岩

Limestone
AF05 灰岩
Y: 石灰岩

Limit design method
CG04 极限设计法

Limitation
DD00 限制

Limited grade
AJ03 限制坡度

Limited range
AJ01 限界 *

Limiting surface
DH00 界面

Limiting technical condition of vehicle
AK04 汽车极限技术状况

Limits
CG04;DI00 极限 *

Line
AJ03 线路 *

Line boat
BE02 带缆艇

Line boat
BE02 系缆工作船
Y: 带缆艇

Line capacity
AJ05 线路通行能力

Line control
AI03 线控制

Line development
AC01 展线

Line load
AJ05 线路负荷

Line nonlinear factor
AJ01 线路曲折系数

Line nonlinear factor
AJ01 线路非直线系数
Y: 线路曲折系数

Line number plate
AJ02 路牌

Line overlap factor
AJ01 线路重复系数

Liquid index
CG09 液性指数

Liquid level control
DD00;DE00 液位控制

Liquid level indicators
DF00 液位计

Liquid limit
CG06;CG09 液限

Liquid phases
DC00 液相

Liquid wastes
CK02 液体废物

Liquidated damages
AB04;BA02 违约金

Liquidity index
CG06 液性指数

Liquid-plastic combine tester
AH03 液塑限联合测定仪

Liquids
CB00 液体*

Liquor
CC01 水溶液

List
BE04 横倾

List of combined transport cargo
BA06 联运货物清单

List of delivery order and receipt
AA03 交接清单

Listed vehicles
AJ05 在册车辆

Little-mirrlees approach (LM)
BB04 李特尔米尔里斯方法

Live load
CG11 活载荷

Livestock trailer
AK01 牲畜家禽挂车

Living passenger flow
AJ04 生活客流

Living resources of the sea
BI03 海洋生物资源

Living trip
AJ04 生活出行

Light weight abutment
AD09 轻型桥台

Lloyd's Casualty Information System Data Base
BH02 劳埃德船舶事故信息系统数据库

Lloyd's List
BF01 劳氏船级社船舶目录

Lloyd's Register
BA09;BF01 劳埃德船舶年鉴(英)

Lloyd's Register of Shipping (LR)
BA09 英国劳氏船级社

Lloyd's Register of Shipping (LRS)
BA09;BF01 劳埃德船舶年鉴(英)

Lloyd's Registration Society (LRS)
BA09 劳氏船级社

Lo/Lo Ships
BE01 吊装船

Lo/Lo Ships
BE01 吊上吊下船
Y: 吊装船

Load
CG11;DC00 负载
Y: 载荷*

Load and unload capacity in port
BJ03 港口装卸量

Load and unload machines
AG06 装卸机械

Load bearing capacity
CI01 承压力
Y: 承载力

Load capacity
BE06;BJ05 载重量

Load current
CF01 负荷电流

Load distribution tests
DF00 荷载传播试验

Load effects
CG01 荷载作用

Load factor
AA07;AJ05 里程利用率

Load factor
AJ05 满载率

Load factor of intersection
AI03 交叉口负荷系数

Load lines
BE04 载重线

Load measurement column
AH04 测力柱

Load repay ability
AB03 贷款偿还能力

Load spectra
CG08 荷载谱

Load tests
AH01;CG10;DF00 荷载试验

Load tests
CG10;DF00 荷载测试

Loaded kilometrage (loaded vehicle kilometer)
AA07 重车行程(重车公里)

Loader
AG04;BA08 装载机

Lock water area
DJ00 船闸水域

Lockage
BA02 船舶过闸费

Lockage
BC03 过闸

Lockage manoeuvring
BD03 过船闸操纵

Locks
BD03 船闸

Locks
BD03 闸*

Locomotive dynamics
CG01 机车动力学

Loess foundation
CI01 黄土地基

Loess
CG06 黄土

Lofting
BE10 船体放样

Log
BF03 计程仪

Log book
BF04 航海日志

Log carriers
AG06 原木搬运车

Log chutes
BD06 木材筏道

Log grab
BA08 木材抓斗

Log passage equipment
BD06 过木机

Log sluice
BD06 漂木道
Y：木材筏道

Logarithm
CA00 对数

Logarithmic decrement
CG08 对数衰减率

Logic
BG01 逻辑学

Logic
BG01 逻辑
Y：逻辑学

Logic circuit
CF04 逻辑电路

Logic element
CF04 逻辑元件

Logical simulation
DF00 逻辑模拟

Logistic diagnosis
AK04 逻辑诊断

Logistic support ships
BE02 后勤支持船

Logistic system
BA06 物流系统

Logistics
BA06 物流*

Logistics activity
BA06 物流活动

Logistics approach
BA06 物流方法

Logistics center
BA06 物流中心

Logistics channel
BA06 物流渠道

Logistics cost
BA06 物流成本

Logistics cost
BA06 物流费用

Logistics cost control
BA06 物流成本管理

Logistics engineering
BA06 物流工程

Logistics fees
BA06 物流费用

Logistics information
BA06 物流信息

Logistics information system (LIS)
BA06 物流信息系统

Logistics management
BA06 物流管理

Logistics network
BA06 物流网络

Logistics operation
BA06 物流作业

Logistics technology
BA06 物流技术

Logistics zone
BA06 物流区

Logit models
BB05 LOGIT 模型

Long column testing machine
AH04 长柱试验机

Long distance bus stop
AJ03 长途公共汽车站

Long range planning
BB03 长远规划

Long span bridge
AD01 长跨桥

Long term plan of national economy
BB01 国民经济长期计划

Long tunnel

Low liquid limit silt
AF06 低液限粉土

Low temperature strength
CG02 低温强度

Low temperature tests
DF00 低温试验

Low water level bridge
AD01 低水位桥

Low-bed trailer
AK01 低平板挂车

Lower reach
BD01 下游

Lower retaining wall
AC03 下挡墙

Lower-limit ratio
AA08 下限比差
Y：上限比差

Low-heat concrete
AF07 低热混凝土

Lubricants
BF07 润滑油

Luggage
AA02 行包

Luggage acceptance
AA02 行包受理

Luggage delivery
AA02 行包交付

Luggage registration
AA02 行包托运

Luggage retention
AA02 行包保管

Luggage service
AA02 行包业务

Luggage storage service
AA02 行包保管

Luminescence
CB00 发光

Luminescent material
AF01 发光材料

Luminosity
DI00 光度

Luminous range
BD05 灯光射程

Luminous sign
AI07 发光标志

Lump sum settlement of all charges
BA06 一次收费

Lumped scour
AD02 集中冲刷

Luxury tourist ship
BE01 豪华旅游船

M

Macadam base
AC04 碎石基层

Mach number
DI00 马赫数

Machine elements
DG00 机械元件

Machine for tunnel drilling and blasting operation
AE05 隧道钻眼爆破机械

Machine parts
DG00 机械零件
Y：机械元件

Machine tool
AK05 机床

Machine translation
CF03 机器翻译

Machineries
DE00 机械*

Machineries for submarine engineering
AG01 海底工程机械
Y：水下工程机械

Machinery accident
AG10 机械事故

Machinery test
BE09 机械试验
Y：力学试验

Machines
DE00 机械*

Macro-analysis models
BB05 宏观分析模型

Macroeconomics
BG01 宏观经济学

Macroplan
BB01 宏观计划

Macrostructures
DE00 宏观结构

Macro-traffic model
AI01 宏观交通模型

MADT Volume
AI01 月平均日交通量

Magmatic rocks
AF05 岩浆岩
Y：火成岩

Magnet crane
BA08 磁力吸盘

Magnet crane
BA08 磁力起重机
Y：磁力吸盘

Magnetic card toll machine
AI06 磁卡收费机

Magnetic crack detector

AC07 养路*

Major earthquakes
CD02 大地震

Major failure
AK04 严重故障

Major maintenance cost
AB03 大修工程费

Major-repair of road machine
AG10 筑路机械大修

Manage
AB03;BG04;DD00 管理*

Management
AB03;BG04;DD00 管理*

Management analysis
BG02 管理分析

Management by norm
BG02;BG04 定额管理

Management by object
BG02;BG04 目标管理

Management by planning
BG02;BG04 计划管理

Management by various levels
BG04 分级管理

Management cost
BG05 管理费
Y: 管理费用

Management decision
BG04 管理决策

Management department of highway transportation
AA10 公路运输管理部门

Management economics
BG01 管理经济学

Management in enterprises
BG04 企业管理

Management information system
BG04 管理信息系统

Management of cargo transport
BA02 货物运输管理

Management of infrastructures
BA07 基础设施管理

Management of operation
AJ04 运营管理

Management of transport
AA01;BA02;BA03 运输管理

Management of transportation
AA01;BA02;BA03 运输管理

Management planning
AI02;BG07 管理计划

Management program
AI02;BG07 管理计划

Management science
BG01 管理科学

Management system
AC07;AK02;BA03;BG02 管理系统

Management systems
BG04 管理体制

Managerial mathematics
CA00 管理数学

Maneuverability
BE04;BF02 操纵性

Maneuverability
BE04;BF02 操纵性

Maneuverability test
BE09 操纵性试验

Maneuvering basin
BE09 操纵性试验水池

Maneuvering tank
BE09 操纵性试验水池

Manganese steel
AF02 锰钢

Manipulation
DD00 操作

Manipulator
CF02 机械手

Man-machine engineering
BG01;CF02 人机工程

Man-machine interface
CF03 人机接口

Man-machine processing system
AI05 人机调节系统

Man-machine system
BG01;CF02 人机系统

Manmade aggregate preparation
BC06 人工骨料制备
Y: 骨料加工

Manmade foundation
BC02;CI01 人工地基

Manoeuvability
BE04;BF02 操纵性

Manoeuvreability
BE04;BF02 操纵性

Manoeuvring
BF02 操纵*

Manoeuvring
BF02 船舶操纵

Manometers
AH03;AK05;DF00 压力计

Manpower information systems
BF06 人力信息系统

Manpower requirements
BF06 人力需求

Manpower studies

Y: 海上运输保险

Marine insurance
BA04 海运保险
Y: 海上运输保险

Marine insurance
BA04 航运保险

Marine investigation
BI03 海洋调查

Marine life
BI03 海洋生物资源

Marine loading arms
BA08 输油臂
Y: 装载臂

Marine lubricants
BF07 船用润滑油

Marine mass transit
BF01 海上公共交通系统

Marine medicine
BF02 航海医学

Marine natural reserves
BI03 海上自然保护区

Marine navigation
BD05 航海导航

Marine navigation
BF02 航海*

Marine navigation
BF02 海上航行
Y: 航海*

Marine navigation
BF05 船舶导航

Marine navigation expert system
BF05 航海专家系统

Marine organisms
BA09 海运机构

Marine organization
BA09 海运组织

Marine paint
BE10 船舶涂料

Marine pollutant
BI01 海洋污染物

Marine pollution
BI02;CK02 海洋污染

Marine pollution monitoring
BI02 海洋污染监测

Marine power plant economy
BE04 船舶动力装置经济性

Marine power plant manoeuvreability
BE04 船舶动力装置操纵性

Marine power plant service reliability
BE04 船舶动力装置可靠性

Marine quarries
BF02 海上采掘

Marine radio navigation
BF05 船舶无线电导航

Marine reserve
BA01 海上禁捕区

Marine reserve
BA01 禁渔区
Y: 海上禁捕区

Marine resources
BI03 海洋资源

Marine resources investigation
BI03 海洋资源调查

Marine safety information
BI04 海上安全信息

Marine safety supervision
BI01 海上安全监督

Marine salvage
BH01 海难救助

Marine salvage
BH03 海上打捞

Marine science and technology
BI03 海洋科学技术

Marine search and rescue
BH01 海上搜救

Marine sediments
CD01 海洋沉积物

Marine steam turbine
BE08 船用气轮机

Marine structures
BC03 海洋建筑物

Marine survey
BA04 海事调查

Marine telecommunication
BF05 水上通信

Marine terminals
BA08 海运枢纽站

Marine transportation
BA02 海洋运输
Y: 海上运输

Marine transportation
BA02 海运
Y: 海上运输

Marine transportation
BA02;BF01 海上运输

Marine transportation
BF01 水上运输
Y: 海上运输

Maritime administration
BF01 航运管理

Maritime administration
BF01 水运管理
Y: 航运管理

Maritime administration
BF01 海运管理

BI01 危险货物标志

MARPOL Convention
BE07;BI03 国际防止船舶造成污染公约

Marsh pollution
CK02 沼泽污染

Marshall stability
CG09 马歇尔稳定度

Marshall stability test
AH01 马歇尔稳定度试验

Marshall stiffness
CG09 马歇尔劲度

Marshalling yard
BA05 集装箱堆积场
Y: 集装箱编组堆场

Marshalling yard
BA05 集装箱编组堆场

Masonry bridge
AD01 圬工桥

Masonry dam
BC03 圬工坝

Masonry structure
AD04 砖石结构

Mass
CB00 质量(物理)

Mass goods transport
AA03 大宗货物运输

Mass point
CB00 质点

Mass transit system
AJ01 大运量客运系统

Mast cranes
AG06 桅杆起重机

Masts
AD06;DG00 杆

Material
AF01 材料*

Material handling enterprises
AA09 装卸企业

Material management
BA06 物资管理

Material management
BG04 材料管理

Material property
AF01;CG09;DC00 材料性能

Material requirements planning (MRP)
BA06 物料需求计划

Material specifications
AF01 材料规格

Material testing
AF01 材料试验

Material tests
AH01;DF00 材料试验

Materials consumption
AF01 材料消耗

Materials recovery
CK06 有用物质回收

Mathematics analysis
CA00;DD00 数学分析

Mathematic problems
CA00 数学问题

Mathematical analysis
BJ01 数理分析

Mathematical methods
BJ01 数学方法

Mathematical model
BJ01;CA00;DF00 数学模型

Mathematical programming
BJ01 数学规划

Mathematical statistics
BJ01;CA00 数理统计

Mathematics
CA00 数学

Matrices(mathematics)
CA00 矩阵*

Matrix method
CG12 矩阵法

Matrix(mathematics)
CA00 矩阵*

Matter
DA00 物质*

Maximum dry density
CG09 最大干密度

Maximum indemnity norm
BA07 赔偿限额

Maximum load factor of line
AJ05 线路最高满载率
Y: 满载率

Maximum passenger capacity
AJ02 最大载客量

Maximum permissible dosage
BI01 最大允许剂量

Maximum probable flood
BC02;BD02 可能最大洪水

Maximum safe speed
AI03 最大安全速度

Maximum section of passenger flow
AJ04 客流最大断面

Maximum section of passenger flow
AJ04 高断面
Y: 客流最大断面

Maximum speed
AI01 最高车速

Medium
DE00 介质*

Medium bridge
AD01 中桥

Medium repair of road machine
AG10 筑路机械中修

Medium sand
AF06 中砂

Medium speed diesels
BE08 中速柴油机

Medium water level bridge
AD01 中水位桥

Meeting
AK03 会车

Meeting
DF00 会议*

Magnetic separation
DD00 磁力分离

Melamine resins
CC04 密胺树脂

Melt sinking
AC08 溶陷

Melting
DC00 熔化

Melting
DD00 融解

Members
DG00 构件

Membrane curing
AC04 薄膜养生

Membrane stress
CG03;CG05 薄膜应力

Membrane theory
CG04 薄膜理论

Membranes
BC06 防渗护面

Membranes
DE00;DG00 薄膜*

Membranes
CB00;DE00 膜*

Memory
CF03 存储器*

Memory alloy
AF02 记忆合金

Membrane for soil engineering
CI01 土工薄膜

Mending
AF07 修补*

Merchandise resources
AA03;BA02;BF01 货源

Merchant marine act
BF01 海商法

Merchant Marine Acts(1920～1936)
BF01 美国航运法案(1920～1936)

Merchant ship
BE01 运输船舶

Merchant shipping act
BF01 海商法

Merchant shipping law
BF01 海商法

Merchant Shipping(1984)
BF01 美国航运法(1984)

Merchant ships
BE01 民用船

Merger
BG03 兼并

Merger
BG03 并购
Y: 兼并

Merging flow
BD04 汇流

Meridian
BF02 子午线
Y: 格林尼治子午线

Meta theory
BB05 综合集成理论

Metabolism
CE01 代谢
Y: 新陈代谢

Metabolism
CE01 新陈代谢

Metal corrugated
AD17 金属波纹管

Metal material
AF02 金属材料

Metal working
DD00 金属加工

Metallic elements
CC01 金属元素

Metallization
DB00 金属化

Metals
CC01 金属*

Metamorphic rocks
AF05 变质岩

Metamorphite
AF05 变质岩

Metaquartzite
AF05 石英岩

Meteorological condition
BI04;CD03 气象条件

Meteorological data
CD03 气象数据

Microwave
CB00 微波

Middle periods
DJ00 中期

Middle reach
BD01 中游

Middle stages
DJ00 中期

Midheight-deck bridge
AD01 中承式桥

Midship
BE05 舯

Midship section coefficient
BE06 舯剖面系数

Midship sections
BE05 船舯剖面

Migrants
BB03 移民

Migrations
DD00 迁移*

Mileage
AA05;AJ05 里程*

Mileage of waterway
BJ04 航道里程

Military beam
AD05 军用梁

Military bridge
AD01 军用桥

Military navigation
BF02 军事航海

Milling excavators
AG04 滚切式挖掘机

Millisecond blasting
AC03;CI02 毫秒爆破

Millisecond delay blasting
AC03;CI02 毫秒爆破

Mine countermeasures vessels
BE02 鱼雷对抗船

Mine hoists
AG06 矿井提升机

Mine lifts
AG06 矿井提升机

Mineral aggregates
AF06 矿料
Y:骨料*

Mineral fibers
AF03 矿物纤维

Mineral materials
AF01 矿物*

Mineral materials
AF01 矿物材料
Y:矿物*

Mineral powder
AF06 矿粉

Mineral resources of the sea
BI03 海洋矿物资源

Mineral waste residues
CK06 矿渣

Minimum safe lateral clearance
AK03 侧向最小安全间距

Minimum stated-speed sign
AI07 最低限速标志

Minimum value
DI00 最小值

Mining dredger
BE03 采矿船

Minitexture meter
AH03 手推式构造深度仪
Y:构造深度仪

Minor failure
AK04 一般故障

Minor repair frequency
AJ05 小修频率

Minority nationality
DA00 少数民族

Misloading
AA06 错装

Misshipment
AA06 错运

Miter gates
BD03 人字闸门

Mitigation
DD00 缓解

Mixed boat
BE01 客货船
Y:混合运输船

Mixed boat
BE01 混合运输船

Mixed cements
AF04 混合水泥

Mixed economy
BG02 混合经济

Mixed loading
AA05 混装

Mixed ship
BE01 混合运输船

Mixed ship
BE01 客货船
Y:混合运输船

Mixed stuffing
AA05 拼箱

Mixed toll system
AI06 混合式收费系统

Y：重型击实试验

Modified proctor test
AH01 重型击实试验

Modulator
CF04 调制器

Modules
DA00 模数

Modulus
AC04；CG02 模量*

Modulus
DA00 模数

Modulus of deformation
AC04 形变模量

Modulus of elasticity
AC04；CG02 弹性模量

Modulus of resilience
AC04 回弹模量

Moist curing
AC04 湿法养生

Moisture
CC01 水分

Moisture
CD03；DC00 潮湿

Moisture
CD03 湿度

Moisture absorption
DC00 吸湿性

Moisture content
CD01；DI00 含水率

Moisture content
CG09；DI00 含水量

Moisture content
DI00 含湿量

Moisture resistance
DC00 耐水性

Moisture retention
DC00 保湿性

Moisture-holding capacity
DC00 保湿性

Moisture-proof
DD00 防水

Molded breadth
BE06 型宽

Molded depth
BE06 型深

Molding design
DD00 造型设计

Moldings
DD00 造型

Molds
DF00；DH00 模式*

Molds
AG09 模具

Molecular physics
CB00 分子物理学

Molecules
CC01 分子

Moment differentiation
CG04 力矩微分法

Moment distribution method
CG04；CG12 弯矩分配法

Moment of inertia
DH00 惯性矩

Moments
DH00 力矩*

Money
DA00 货币

Money cost
BG05 资本成本

Money cost
BG05 资本费用

Monitor
DE00 监控*

Monitor system
CF03 监控系统

Monitoring
AK04；CK03；DE00 监测*

Monitoring
DE00 监控*

Monitoring and evaluation
BB05 监测评价

Monitoring of hygiene
CK03 卫生监测

Monitoring system
AJ03 监视系统

Monolithic processor
CF03 单片处理机
Y：微处理机

Monopolization
BG03 垄断化

Monopolization
BG03 独占
Y：垄断

Monopolistic competition
BG03 垄断竞争

Monopoly
BG03 垄断

Monopoly advantage
BG03 垄断优势
Y：垄断力

Monopoly company
BG03 垄断公司

Monopoly enterprise

Mower
AG07 剪草机

Mud
BC02;BI02;CG06 淤泥
Y: 软土

Mud
BD01 泥浆

Mud discharging area
BD04 卸泥区

Mud jacking
AE12 压浆

Mud pumps
AG02 泥浆泵

Mud sediment
BI02 沉积淤泥

Mud transportation
DE00 泥浆运输

Mud-rock flow
CD01;CI01 泥石流

Mudstone
CI01 泥岩

Mudstone flow
CD01;CI01 泥石流

Multi channel digital record system
AH03 多通道数字记录系统

Multi pylon cable stayed bridge
AD01 多塔斜拉桥

Multi-beam sounding system
BF03 多波束测深系统

Multi-bucket dredger
BE03 链斗挖泥船

Multi-degree of freedom
CG08 多自由度

Multifuel engines
BE08 多燃料发动机

Multilane locks
BD03 多线船闸

Multilateral debit and credit
BB04 多边借贷

Multi-level interchange
AC05 多层立交

Multilift locks
BD03 多级船闸

Multimedia
CF03 多媒体

Multimodal transport bill of lading
BA02 多式联运提单

Multimodal transportation
BA06 多式联运

Multinational company
DA00 多国公司

Multiple collision
AI05 多次碰撞

Multiple standard
BB02 多重标准

Multiple-buoy moorings
BE08 多点系泊设施

Multiple-channel queue
AI01 多路通道排队

Multiple-line bridge
AD01 多线桥

Multi-point mooring system
BF02 多点系泊系统

Multi-point moorings
BF02 多点系泊

Multipurpose cargo ship
BE01 多用途货船

Multipurpose carrier
BE01 多用途货船

Multipurpose development
BD06 多目标开发
Y: 水利综合开发

Multipurpose ship
BE01 多用途货船

Multipurpose vessel
BE01 多用途船
Y: 多用途货船

Multistrata foundations
CI01 多层地基
Y: 非均质地基

Multi-use maintenance truck
AG07 多用养护车

Multivariate regression analysis
CA00 多元式回归分析

Multiway stop control
AI03 多路停车控制

Municipal engineering
CI03 市政工程

Municipal noise
CK02 城市噪声

Museum
DF00 博物馆

N

N mile
DI00 海里

Narrow bridge sign
AI07 窄桥标志

Narrow waterway
BD01 窄水道
Y: 航道*

Nation

Nautical meteorology
BF02 航海气象

Nautical mile
DI00 海里

Nautical service
BF02 航海保证

Navaids
BD05;BJ04 助航设施

Naval harbours
BC01 军港

Naval port
BC01 军港

Naval ship
BE02 舰艇

Naval vessel
BE02 舰艇

Naval vessels
BE02 海军舰艇
Y:舰艇

Navier-stokes equations
CG07 纳维埃-司托克司方程
Y:N-S 方程

Navigability
BE04;BF02 适航性

Navigable bridge-opening
BF02 通航桥孔

Navigable canals
BD01;CI05 运河

Navigable capacity
BF02 通航能力
Y:通行能力

Navigable channel networks
BB03 航道网
Y:水运网

Navigable channels
BD01;CI05 航道*

Navigable flumes
BD01;BD03 通航渡槽

Navigable tunnels
BD01;BD03 通航隧洞

Navigable water level
BD02 通航水位

Navigable water stage
BD02 通航水位

Navigable waters
BD01 通航水域

Navigation
BD05 导航*

Navigation
BF02 航行*

Navigation Acts
BF01 英国航行法案

Navigation aids
BD05;BJ04 助航设施

Navigation aids
BD05;BF05 导航设备

Navigation beacons
BD05 导航信标

Navigation bridge
BE05 驾驶桥楼

Navigation bridge
BE05 桥楼
Y:驾驶桥楼

Navigation buoys
BD05 航行浮标

Navigation chart
BD01 航行图

Navigation clear height
BD02 通航净高

Navigation clear width
BD02 通航净宽

Navigation clearance
BD02 通航净空

Navigation computer
BD05 导航计算机

Navigation coordinate
BF05 导航坐标

Navigation in fog
BF02 雾中航行

Navigation launching machinery
BD05 导航发射机

Navigation lock
BD03 船闸

Navigation management
BF01 航行管理

Navigation markers
BD05 航标*

Navigation parameter
BF05 导航参数

Navigation pass
BD01;CI05 航道*

Navigation periscopes
BD05 导航潜望镜

Navigation Predictive Analysis Technique (NAVPAT)
BF02 航行预测分析技术

Navigation radar
BD05;BF05 导航雷达

Navigation receivers
BD05 导航接收机

Navigation route
AJ03;BF02;BF06 航线*

Navigation satellite
BD05 导航卫星

No right turn sign
AI07 禁止右转弯标志

No U-turn sign
AI07 禁止调头标志

Node
AD06;CF03 节点

Nodular cast iron
AF02 球墨铸铁

Noise
AI01;CK02 噪声*

Noise
CK02 噪音
Y:噪声*

Noise control
CK02 噪声控制

Noise criteria
CK02 噪声标准

Noise elimination
CK02 噪声消除
Y:噪声控制

Noise fatigue
CG04 噪声疲劳

Noise level test
AG11 噪声试验

Noise monitoring
CK03 噪声监测

Noise Pollution
BI02;CK02 噪声污染

Noise prevention
CK02 噪声消除
Y:噪声控制

Noise reduction
CK02 噪声降低
Y:噪声控制

Noise source
CK02 噪声源

Nominal price
BG06 名义价格

Nomodraphic method
CA00 算图法

Nomograms
CA00 算图

Nomograph
CA00 诺模图

Nomographs
CA00 算图

Nomography
CA00 线解图
Y:诺模图

Nomography
CA00 图解法
Y:算图法

Non weaving traffic flow
AI01 非交织交通流
Y:交织交通流

Non-circular sliding
CI01 非圆弧滑动

Noncohesive soil
CG06 无粘性土

Noncohesive soil pressure
CG06 松散土压力

Noncohesive soils
CG06 松土

Non-destructive test
AH02 无损检测

Non-destructive testing
BE09 非破坏性试验

Nondestructive tests
DF00 非破损试验
Y:无损试验

Nondestructive tests
DF00 无损检验

Nondistructive tests
DF00 无损试验

Non-elastic analysis
CG04 非弹性分析

Non-equilibrium factor
AJ05 不均衡系数

Nonequilibrium flow
CG07 非平衡流

Nonferrous metals
CC01 有色金属

Non-government organization (NGOs)
BA09 非政府组织

Non-indigenous Aquatic Organisms
BI05 非本土水生有机物
Y:外来水生有机物

Non-indigenous Aquatic Organisms
BI05 外来水生有机物

Non-ionic emulsified bitumen
AF08 非离子乳化沥青

Non-isothermal flow
CG07 非等温流动

Nonlinear damping
CG08 非线性阻尼

Nonlinear elasticity
CG02 非线性弹性

Nonlinear equations
CA00 非线性方程

Nonlinear programming
CA00 非线性规划

Nonlinear structural analysis
CA00;CG04 非线性分析

Non-linear structural analysis
CG12 非线性结构分析

Nuclear-powered submarines
BE02 核潜艇

Nuisance
CK02 公害

Nuisance caused by birds and beasts
CK02 鸟兽害

Number
CA00;DI00 数*

Number of aids to navigation
BJ04 航标数量

Number of existing vessels
BJ05 船舶实有数

Number of rapids heaving barge
BJ04 绞滩船数量

Number of rapids-warping barge
BJ04 绞滩船数量

Number of rapids-warping station
BJ04 绞滩站数量

Number of winching station
BJ04 绞滩站数量

Number of rapids-heaving station
BJ04 绞滩站数量

Numbers of accident in respect of environmental pollution in ship's operation
BJ03 环境事故件数

Numbers of berth
BJ03 泊位个数

Numbers of bridge crossing over river channel
BJ04 跨航道桥梁数量

Numbers of bridge over river
BJ04 跨航道桥梁数量

Numbers of cable crossing over river channel
BJ04 跨航道电缆数量

Numbers of incident in environment pollution
BJ03 环境污染事故数

Numbers of lock
BJ04 船闸数量

Numbers of lock and dam in navigation pause
BJ04 断航闸坝数量

Numbers of lock and dam interrupting shipping
BJ04 断航闸坝数量

Numbers of lock and dam obstructive to navigation
BJ04 碍航闸坝数量

Numbers of navigation mark
BJ04 航标数量

Numbers of passenger in distress
BJ02 遇险人员数

Numbers of passenger rescued in marine search and rescue operation
BJ02 获救人员数

Numbers of pipeline crossing over river channel
BJ04 跨航道管线数量

Numbers of port
BJ03 港口个数

Numbers of rapids-heaving facility
BJ04 岸绞设施数量

Numbers of ship elevator
BJ04 升船机数量

Numbers of ship in distress
BJ02 遇险船舶数

Numbers of ship rescued in marine search and rescue operation
BJ02 获救船舶数

Numbers of ship-lift
BJ04 升船机数量

Numbers of structure crossing over river channel
BJ04 跨航道建筑物数量

Numbers of structure over river
BJ04 跨航道建筑物数量

Numbers of warping facility on the shore
BJ04 岸绞设施数量

Numbers of wrecked ship
BJ02 船舶沉没数量

Numbers of wrecked ship after the marine search and rescue operation
BJ02 翻沉船舶数

Numbers of wrecked ship in total losses
BJ02 船舶全损数

Numerical computation
CA00;CB00 数值计算

Numerical control
DE00 数控

Numerical planning
CA00 数值规划法

Numerical simulation
DF00 数值模拟

Numerical solution
CA00 数值解

Nurseries
AC07;CE02;CK07 苗圃

Nylon fibers
AF03 尼龙纤维

O

Offshore platforms
BE03 海上平台

Offshore platforms
BE03 海洋平台
Y：海上平台

Offshore structures
BC03 离岸建筑物

Off-shore structures
BC03 近海建筑物
Y：离岸建筑物

Offshore terminals
BC03 离岸式码头

Off-stranding
BI04 脱浅

Oil barge
BE01 油驳

Oil boom
BI03 围油栏

Oil drilling rig
BE03 打井机

Oil drilling rig
BE03 打油井机
Y：打井机

Oil fence
BI03 围油栏

Oil leakage
CK02 漏油

Oil pollution
BI02;CK02 油污染

Oil Pollution Act（OPA）
BI03 石油污染防治法案(美国)

Oil ports
BC01 油港

Oil pox
AC08 油包

Oil producing countries
BB04 产油国

Oil products test
BI03 油品化验

Oil pumps
AG02 油泵

Oil recovery
BI03 油回收
Y：溢油回收

Oil recovery ship
BE02 污油回收船

Oil recovery ship
BE02 浮油回收船
Y：污油回收船

Oil removal
DD00 除油

Oil resistance
DC00 耐油性

Oil rigs
BE03 钻井平台

Oil shales
AF05 油页岩

Oil shales
AF05 油母页岩
Y：油页岩

Oil skimmer
BE02 污油回收船

Oil skimmer
BE02 浮油回收船
Y：污油回收船

Oil spill
BJ03 溢油量

Oil spill
CK02 漏油

Oil spill dispersant
BI03 溢油分散剂

Oil spillage
BJ03 溢油量

Oil storage ships
BE01 储油船
Y：油轮

Oil storages
BC01 油库

Oil supply boat
BE02 供油驳

Oil supply ship
BE02 供油船

Oil-tanker
BE01 油轮

Oil-tanker
BE01 油船
Y：油轮

Oil transfer system at sea
BA02 海上输油系统

Oil water separation
BE08 油水分离

Oil wharfs
BC01 油码头

Oil/Chemical tanker
BE01 石油化学品船

Oil-bulk-ore carrier
BE01 油散矿船

Oil
CL03 石油

Oil
CL03 油*

Oily water disposal boat
BE02 油污水处理船

Old port reconstruction
BC04 旧港改建
Y：港口建设

BG04 营运

Operation
BG04 经营

Operation
BG04 运营

Operation
DD00 操作

Operation analysis
BA06 操作分析

Operation and maintenance
BG04 营运维护

Operation area
AA01 营运范围

Operation criteria
BJ01 营运指标

Operation cycle
AA10 运行周期

Operation dispatching
AA10 执行调度

Operation in storage
AA05 库场作业

Operation indicators
AJ05 运营指标

Operation indicators of vehicle
AJ05 车辆运营指标

Operation management
AA10 运行管理

Operation manner
AA01 营运方式

Operation of freight transportation
AA03;BA02 货运业务

Operation of passenger transportation
AA02 客运业务

Operation of vehicle maintenance
AK04 汽车维护作业

Operation performance
AK04 使用性能

Operation plan
AA02 运行计划

Operation platforms
AG09 施工平台

Operation process chart
BA06 操作程序图

Operation rate of machinery
AG10 机械利用率

Operation route
AA01 营运线路

Operation vehicles
AJ05 运营车辆

Operation ventilation
AE08 运营通风

Operational analysis
BG04 营运分析

Operational delay
AI01 行驶延误

Operational effects
BG04 营运效果

Operational research
BG01;CA00 运筹学

Operations
DD00 运转*

Operations of combined transport
BA06 联运业务

Operations research
BG01;CA00 运筹学

Operating procedures
DD00 工序

Opinion investigation
DD00 意见调查

Optic fiber sensor for crack monitor
AH03 光纤测裂计

Optic fiber sign
AI07 光纤标志

Optical disk
CF03 光盘

Optical instruments
DF00 光学仪器

Optical memory
CF03 光存储器

Optical radiation CB00 光辐射

Optical spectra
CB00;CC03 光谱

Optical wave guide fibre
AF03 光导纤维

Optics
CB00 光学

Optimal control
DE00 最佳控制
Y: 最优控制

Optimal control
DE00 最优控制

Optimal design
DD00 优化设计
Y: 最优设计

Optimization
DD00 最优化

Optimization
DD00 优化
Y: 最优化

Optimization method
BB04 最优化论证方法

Optimization method
CA00 最优化方法

Oscillator
CF04 振荡器

Oscillatory roller
AG07 振荡压路机

Osmosis
BC02;DC00 渗透*

Osmosis separation
DD00 渗析*

Osmotic pressure
CG07 渗透压力

Other energy consumption
BJ03 其他能源消耗量

Outboard engines
BE08 舷外发动机

Outboard engines
BE08 舷外挂机
Y: 舷外发动机

Outer embankments
BC03 港口外堤*

Outfire
BI04 灭火

Outfitting
BE08 舾装*

Outfitting afloat
BE08 码头舾装

Outgoing station
AJ03 发车站

Outlet structures
BC03 泄水建筑物

Outlet submerged culvert, Partial pressure culvert
AD17 压力式涵洞

Outlook
DA00 展望
Y: 预测*

Outports
BC01 外港

Output
AA07;BJ01 产量

Output
DD00 输出

Output device
CF03 输出设备

Output Index
BJ01 产量指标

Out-put per tonnage (seat)
AA07 车吨(客)位产量

Outstrip length goods
BI01 超长货物

Outward design
DF00 外观设计

Over coarse-grained soil
AF06 巨粒土

Overall planning method
BG01 统筹法

Overall trip speed
AJ05 运营速度

Overbreak
AE04 超挖

Overdue ship
AJ04 误班船
Y: 误班

Overdue time
AJ04 误班时间

Overflow dams
BC03 溢流坝

Overflow prevention
DD00 溢出防止

Overflow weirs
BC03;BD02 溢流堰

Overflows
BD04;CG07 溢流

Overhaul
DD00 大修

Overhead cost
BG05 管理费
Y: 管理费用

Overhead crane
AG06;BA08 桥式起重机

Overhead crane
BA08 行车
Y: 桥式起重机

Overhead traffic sign
AI07 门式交通标志

Overhead welding
BE10 仰焊

Overheight stacking up/down
AA05 超高作业

Overlay
AC04 罩面

Over-limit pollution
AK04 污染超限(汽车)

Overload tests
DF00 超负荷试验

Overpass
AC05 上跨式立交

Overseas construction
DE00 海外工程

Overseas trade
DA00 海外贸易
Y: 国际贸易

Oversize or overweight goods transport
AA03 超限货物运输

Overspeed protection device
AJ03 限速装置

AE04 平行坑道

Parallel-chord truss
AD04 平行弦杆桁架

Parameter
DI00 参数*

Parameter diagnosis
AK04 参数诊断

Parameter test
CF04 参数测试

Parameters of automobile driving in safety
AK03 汽车安全驾驶参数

Parameters of automobile in safety
AK03 汽车安全参数

Parameters of vehicle technical condition
AK04 汽车技术状况参数

Parametric measurement
DD00 参数测量

Parity of transport
AA08 运输比价
Y：运费率

Park and drive
AI01 存车搭乘

Park and ride
AI02 存车换乘

Park-and-ride
AJ04 驻车换乘

Park-and-ride place
AJ03 换乘停车场

Parking
AC02；AI03；AJ03 停车场*

Parking
AI01 停车*

Parking
AI01 存车
Y：停车*

Parking
AI01 泊车
Y：停车*

Parking area
AC02；AI03；AJ03 停车场*

Parking area
AI03 泊车区
Y：停车场*

Parking ban sign
AI07 禁止停放标志

Parking bay
AI03 港湾式停车处

Parking deficiency
AI02 停车车位短缺
Y：停车车位

Parking demand
AI02 需要停车次数

Parking duration
AI02 停车持续时间

Parking fee
AI02 停车费

Parking lift
AI03 举升泊车机

Parking lot
AC02；AI03；AJ03 停车场*

Parking lot sign
AI07 停车场标志

Parking management program
AI02 停车管理计划

Parking meter
AI06 停车计时器

Parking place
AC02；AI03；AJ03 停车场*

Parking plan
AI02 停车计划

Parking prohibited
AI03 禁止停车

Parking rate
AI02 停车率

Parking regulation
AI04 停车规则

Parking set
AI02 停车车位

Parking space
AC02；AI03；AJ03 停车场*

Parking space limit marking
AI07 停放车位标线

Parking surplus
AI02 停车车位过剩
Y：停车车位

Parking supply
AI02 停车车位供应量
Y：停车车位

Parking turnover
AI02 停车周转次数

Parks and gardens
CK07 园林

Park-way
AB02 风景区道路

Partcut-partfill subgrade
AC03 半填半挖式路基

Parterre
CK07 花坛

Partial clover-leaf interchange
AC05 半苜蓿叶形立交
Y：苜蓿叶形立交

Partial control of access
AC05 半封闭
Y：部分控制进入

AA02 旅客波动系数

Passenger quay
AJ03 客运码头

Passenger seat
AJ02 乘客座椅

Passenger service
AA02 旅客服务

Passenger ship
BE01 客轮

Passenger ship
BE01 客船
Y：客轮

Passenger Ship Safety Certificate
BE07 客船安全证书

Passenger source
AA02 客源

Passenger source survey
AA02 客源调查

Passenger station
AA04；AJ03 客运站

Passenger ticket
AA02 客票

Passenger ticket
BA02 船票

Passenger traffic accident
AA02 客运事故

Passenger traffic flow direction
AA02 旅客流向

Passenger traffic index
AA02 客运指标

Passenger traffic management
AA02 客运管理

Passenger traffic statistics
AA02 客运统计

Passenger traffic time
AA02 旅客流时

Passenger traffic volume
AA02 旅客流量

Passenger traffic volume
AA02；BJ02 客运量

Passenger transport
AJ01 客运
Y：旅客运输

Passenger transport income
AJ05 客运收入

Passenger transportation
AA02；BA02 旅客运输

Passenger transportation network
AA02 客运网

Passenger-cargo vessel
BE01 客货两用船

Passenger-place kilometer cost
AJ05 客位公里成本

Passengers turnover
BJ02 旅客周转量

Passenger-service record
BA02 客运记录

Passholder
AJ04 持证乘客

Passimeter
AJ02 售票机

Passing bay sign
AI07 让车道标志

Passive earth pressure
CG06 被动土压力

Passive safety
AK04 被动安全性
Y：汽车安全性

Patching
AC07 补坑

Patching
AF07 修补*

Patent
DF00 专利*

Patent slip
BE10 船排

Patrol boat
BE02 巡逻艇

Patrol craft
BE02 巡逻艇

Patrol maintenance
AC07 巡回养护

Pattern
DF00；DH00 模式*

Pattern
DD00 类型

Pattern of maritime trade
BF01 海上航运模式

Pave
AC04；CI05 铺砌

Paved highway
AB02 有路面公路

Paved material compaction test
AG11 摊铺材料压实度试验

Paved ratio
AC07 路面铺装率

Paved surface evenness test
AG11 摊铺路面平整度试验

Pavement
AC04 路面*

Pavement construction
AC04 路面施工

Pavement construction equipment

Pedestrian underpass
AI07 人行地道

Peeking
DC00;DD00 剥离

Pelletized transportation
BA02 托盘运输

Penalties
DD00 补偿

Penalty due to breach of contract
AB04;BA02 违约金

Penalty fare
AJ04 罚票

Penetrating
DD00 透过

Penetration
BC02;DI00 贯入度

Penetration
DI00 针入度
Y:贯入度

Penetration
DI00 粘滞度
Y:粘度

Penetration index
CG09 贯入度指数

Penetration method
AC04 贯入法

Penetration resistance
CI01 贯入阻力

Penetration test
AH01 针入度试验

Penetration test apparatus
AH03 贯入仪

Penetration tests
AH01;CG10;DF00 压入试验

Penetration tests
CG06;DF00 贯入试验

Penetrometer
AH03;CD01 触探仪

Perception-reaction distance
AI05 感觉反应距离(司机)
Y:反应距离(司机)

Percolation resistance
DC00 抗渗性

Percussion drilling
CI01 冲击式钻孔

Perforated pipes
DG00 穿孔管

Performance
AK04;DC00 性能*

Performance
DE00 功能*

Performance bond
AB03 履约担保

Performance test
AG11;AH01;BC05;DF00 性能试验

Perigee
BF02 近地点

Perils of the sea
BA04 海上风险

Period
DA00 周期*

Period
DJ00 时期*

Period of effectiveness
DB00 有效期

Periodic variations
DC00 周期变化

Periodical inspection
AC07 定期检查

Periodical maintenance
AC07 定期养护

Periodicity
DC00 周期性

Perishable goods
AA03 易腐货物
Y:鲜活货物

Permafrost
CG06 永久冻土

Permafrost soils
CG06 永久冻土

Permafrost
CD01 多年冻土

Permanent bridge
AD01 永久性桥

Permanent deformation
CG02 永久变形

Permeability
AC06;DC00 透水性

Permeability
BC02;DC00 渗透*

Permeability
BC02 渗透率

Permeability
BC02 渗透性

Permeability
BC05 渗透试验
Y:渗水试验

Permeability
DC00 透气性

Permeability coefficient
CG09;DI00 渗透系数

Permeable dikes
BD04 透水坝

DF00 物理分析法

Physical chemistry
CC01 物理化学

Physical distribution
BA06 实物配送

Physical examination
DF00 物理测定

Physical measurement
DF00 物理测定

Physical models
DF00 物理模型

Physical optics
CB00 物理光学

Physical properties
CB00;DC00 物理性质

Physical properties
CB00 物理性能
Y：物理性质

Physicochemical treatment
DD00 物理化学处理

Physics of erosion
BC02 侵蚀机理

Physics of the rapid erosion
BC02 快速侵蚀机理

Physics
CB00 物理学

Physiological acoustics
CB00 物理声学

Physiological fatigue
AI05 生理疲劳

Physiological function measurement
AI05 生理机能测定

Physiology
CE01 生理

Physiology
CE01 生理学

Pickling
DD00 酸洗

Piece and miscellaneous cargo
BI01 件杂货物

Pier abutment
AD09 墩式桥台

Pier collision proof
AD15 墩台防撞

Pier coping
AD09 墩帽

Piezoelectric transducer
AH03 压电式传感器

Pile bearing capacity
CI01 桩承载力

Pile driver
AG07;BC06 打桩机

Pile drivers
AG05 压桩机

Pile driving
BC06;CI01 打桩

Pile driving analyzer
AH03 打桩分析仪

Pile driving construction
BC06 桩施工
Y：打桩工程

Pile driving work
BC06;CI01 打桩工程

Pile foundation
AD11;BC06;CI01 桩基础

Pile foundation wharfs
BC01;BC03 桩基码头

Pile foundations
CI01 桩基
Y：桩基础

Pile group
BC06 桩群
Y：群桩

Pile integrity test
AH01 桩完整性试验

Pile loading tests
CG10;DF00 桩载试验

Pile machineries
AG05 桩工机械

Pile penetration test
AH01 桩贯入试验

Pile platform
AD11 桩基承台

Pile pullers
AG05 拔桩机

Pile pulling
CI01 拔桩

Pile sinking
CI01 沉桩

Pile truck
AG07;BC06 打桩机

Pile vibro-sinking
CI01 振动沉桩

Piles
AC03;BC03;CI00 桩*

Piling works
BC06;CI01 打桩工程

Pilot
BF02 引航

Pilot
BF02 引水
Y：引航

Pilot boats
BE02 引航船

BE06;DA00 方案*

Plan
DD00 计划*

Plan control
BG07 计划控制

Plan decision
BG07 计划决策

Plan of cargo transport
BA02 货物运输计划

Plan of handling
AA05 装卸作业计划

Plan of passenger traffic
AA02 客运计划

Plan of transport
AA01 运输计划

Plan of work
AA10 运行作业计划
Y: 运行计划

Plan survey
AC01 平面测量

Plane
DH00 平面

Plane stresses
CG05 平面应力

Plane table load tests
CG06;DF00 平板荷载试验

Planimetric photo
AC01 综合法测图

Planning
DD00 规划*

Plank pile
AD11;BC06 板桩

Planks
DG00 厚板

Plankton
CE01 浮游生物

Planned transport
BA02 计划内运输

Plant
AD06;AF01;DG00 板*

Plant
DE00 工厂*

Plant cover
CE02;CK05 植被

Plant diseases
BI05;CK02 病虫害

Plant diseases
CK02 植物病害

Planting
CK07 种植*

Planting
CK07 绿化*

Planting design
CK07 种植设计

Planting of residential area
CK07 居住区绿化

Plant-mixing method
AC04 厂拌法

Plants
CE03 植物

Plants
DE00 装置*

Plastered boat
BE01 水泥船

Plastic analysis
CG04;CG12 塑性分析

Plastic deformation
CG02 塑性变形

Plastic deformation stress
CG03 塑变应力

Plastic limit
CG06;CG09 塑限

Plastic limit test
AH01 塑限试验

Plastic limits
CG02 塑性极限

Plastic mechanics
CG01 塑性力学

Plastic mortar strength test
AH01 软练砂浆强度试验

Plastic properties
CG02;DC00 塑性

Plasticity
CG02;DC00 塑性

Plasticity
DC00 可塑性

Plasticity index
CG06 塑性指数

Plasticity tests
AH01;CG06;DF00 塑性试验

Plasticizing
DC00 塑化

Plastics
AF01;AF03 塑料

Plastics films
AF03 塑料薄膜

Plastics forming
DD00 塑料成型

Plate
AD06 板*

Plate
AF01;DG00 板材

CK02 有害物质

Pollution
BI02;CK02 污染

Pollution control
BI03;CK01 污染控制

Pollution control economics
BG01 污染控制经济学

Pollution index
BI03;CK03 污染指数

Pollution response systems
BI03 污染应对系统

Pollution source
BI02;CK02 污染源

Pollution survey
BI03 污染调查

Polyacrylamides
CC04 聚丙烯酰胺

Polyacrylates
CC04 聚丙烯酸酯

Polycarbonates
CC04 聚碳酸酯

Polyester
CC04 聚酯

Polyethylene pipe
AF03 聚乙烯管

Polyethylene oxide
CC04 聚氧化乙烯

Polyethylene
CC04 聚乙烯

Polyimide
CC04 聚酰亚胺

Polymer concrete
AF07 聚合混凝土

Polymer modified asphalt
AF08 聚合物改性沥青

Polymer solution
CC01 高分子溶液

Polymeric chloroprene rubber
AF03 氯丁橡胶

Polymeric films
AF03 塑料薄膜

Polymers
CC04 聚合物
Y：高聚物*

Polymers materials
AF01 高分子材料

Polymerthylmethaacrylate
CC04 聚甲基丙烯酸甲酯
Y：有机玻璃

Polyoxyethylene
CC04 聚氧化乙烯

Polypropylene
CC04 聚丙烯

Polysiloxane
CC04;CC05 聚硅氧烷

Polystyrene
CC04 聚苯乙烯

Polytetrafluoroethylene side plate bearing
AD08 聚四氟乙烯滑动支座

Polyethylene asphalt unit
AG07 聚乙烯沥青装置

Polyurethane
CC04 聚氨酯

Polyvinyl alcohol
CC04 聚乙烯醇

Polyvinyl chloride pipe
AF03 聚氯乙烯管

Polyvinyl chloride
CC04 聚氯乙烯

Pond
BC03 池

Pontoon
AJ03;BJ02 垫跳船
Y：趸船

Pontoon
BE02 趸船

Pontoon
BC01;BE02 囤船
Y：趸船

Pontoon bridge
AD01 舟桥

Pontoons
BC01 桥脚舟
Y：趸船

Poor aggregates
AF06 瘠料
Y：骨料*

Population migration
DD00 人口迁移

Population planning
CK01 人口规划

Population shifting
DD00 人口迁移

Population
BB03 人口*

Pore pressure cell
AH03 孔隙水压力计

Pore water pressure
CG06 孔隙水压力

Pores
DI00 孔隙

Pore-water flow
BC02 孔隙水

Porosity

Portage
BA06;DD00 搬运
Y: 装卸*

Portal bracing
AD06 桥门架

Portal cranes
AG06 龙门起重机

Portland blast-furnace cement
AF04 矿渣硅酸盐水泥

Portland cement
AF04 硅酸盐水泥

Portland cements
AF04 波特兰水泥
Y: 硅酸盐水泥

Portland- pozzolan cements
AF04 火山灰水泥
Y: 火山灰硅酸盐水泥

Portland slag cements
AF04 矿渣硅酸盐水泥

Portland slag cements
AF04 高炉矿渣水泥

Portland-pozzolan cements
AF04 火山灰硅酸盐水泥

Ports
BC01 港口*

Port's cargo throughput
BJ03 港口吞吐量

Ports handling machines
BA08 港口装卸设备
Y: 港口设备

Position
DH00 位置

Position finding
BF02 测位
Y: 定位

Positioning
BF02 定位(航行)*

Positioning
DD00 布置

Positioning
DD00 定位

Positioning system
BD05;BF05 定位系统

Positive range
BF02 正视距

Positive response zone
AH02 正响应区

Possible capacity
AI02 可能通行能力

Post-assessment
AB03;BB04;BB05 后评价
Y: 评价*

Post delineator
AI07 柱式轮廓标

Post lift
AK05 柱式举升机

Post traffic sign
AI07 立柱式交通标志

Post-tensioning structure
AD04 后张法预应力结构

Posterior belief
BG01 后验概率

Pot holes
AC08 坑槽

Potential
CF01 电位

Potential flow
CG07 位势流动

Potential science
BG01;DB00 潜科学

Potential test device
AH04 电位测量装置

Potential water power resources
BD06 水能资源
Y: 水电资源

Poverty
DA00 贫困

Poverty line
DA00 贫困线

Powder
DH00 粉状体

Powder (particles)
DB00 粉末

Powdered sand
AF05 粉砂

Power
CF01;DI00 功率

Power collector
AJ02 集电装置

Power consumption
AJ05 电力消耗(行车)

Power consumption
AJ05 行车电力消耗

Power consumption
AJ05 百公里电耗
Y: 行车电力消耗

Power dispatching telephone
AJ03 电力调度电话

Power equipments
AG02 动力机械

Power generation
BD06;CF01 发电

Power measurement
CF01 功率测量

Power of ships

Pressure gages
AH03;AK05;DF00 压力计

Pressure proof
DC00 耐压性
Y: 抗压性

Pressure reduction
DE00 减压

Pressure regulating
DD00 压力调节

Pressure resistant tests
CG10;DF00 抗压试验

Pressure tests
AH01;CG10;DF00 压力试验

Pressure vessels
BE08;DE00 压力容器

Pressure water tests
DF00 压水试验

Pressurization
DD00;DE00 加压

Prestress
CG03;CG04 预应力

Prestressed anchor bolt
AE07 预应力锚杆

Prestressed aperture
AD04 预应力孔道

Prestressed concrete
AF07 预应力混凝土

Prestressed concrete beam
AD05 预压应力混凝土梁

Prestressed concrete bridge
AD01 预应力混凝土桥

Prestressed concrete bridge
AD01 预压应力混凝土桥

Prestressed concrete structure
AD04 预应力混凝土结构

Prestressed joint
AD06 预应力接头

Prestressed piles
CI01 预应力桩

Prestressed reinforcement
AF02 预应力配筋

Prestressed steel girder
AD05 预应力钢梁

Prestressed wire
AF02 预应力钢丝

Prestressing
AD12 预加应力

Prestressing force
CG03;CG04 预应力

Pretensioning prestressed concrete structure
AD04 先张法预应力结构

Pretimed controller
AI03 定时信号控制机

Pre-treatments
DD00 预处理

Preventing control
CK01;DD00 防治*

Prevention
DD00 预防

Preventive control
CK01;DD00 防治*

Preventive maintenance
AC07 预防性养护

Preventive maintenance
AK04 预防维护(汽车)

Price
DA00;BG06 价格*

Price adjustment
AB04 价格调整

Price difference
BG06 差价
Y: 价格*

Price index
BG02 价格指数

Price making
BG06 定价

Pricing design
BE06 报价设计

Pricing rule
BG06 定价规则

Primary collision
AI05 一次碰撞

Primary consolidation
CG06 主固结

Prime coat
AC04 透层

Priming
CI02 起爆

Principal dimension of ship
BE06 船舶主尺度*

Principal dimensions
BE06 主尺度
Y: 船舶主尺度*

Principal stresses
CG03 主应力

Principle
DB00 原则*

Principle of virtual work
CG04 虚功原理

Principles
DB00 原理*

Printer
CF03 打印机

Producting
AD12;DD00 制造*

Production
DD00 生产*

Production equipment
DE00 生产设备

Production equipment
DE00 生产装置

Production lines
DE00 生产线

Production management
BG02 生产管理

Production organizations
DB00 生产组织

Production platforms
BE03 采油平台

Productive process
DE00 生产工艺

Productive technology
DE00 生产工艺

Productive tests
DF00 生产性试验

Productivity
AA05;DE00 生产率

Products
DA00 产品*

Products tanker
BE01 成品油船

Professionalizing
DB00 专业化

Profile
AC02 纵断面(路线)

Profile survey
AC01 纵断面测量

Profiles
DH00 断面

Profit
BG05 利润*

profit rate
BB04 利润率

Program
BE06;DA00 方案*

Program control
CF02 程序控制

Program demonstration
BE06 方案论证

Program design
DD00 程序设计

Program evaluation
BE06 方案评审

Program evaluation and review technique
BG07 计划评审技术

Program evaluation and review technique
DB00 规划评审估价法

Programmable controller
CF03 可编程序控制器

Programmable data logger
AH03 可编程序数据采集器

Programs
DA00 程序*

Project
BB05 项目*

Project
BE06;DA00 方案*

Project alternatives
BB05 项目备选方案

Project analysis
BB05 项目分析

Project appraisal
BB05 项目评估

Project construction insurance
BA04 工程建设保险

Project control
BB05 项目控制

Project cost
BG05 工程成本

Project cost
BG05 工程费用

Project design
BB05 项目设计

Project development
BB05 项目开发

Project estimate
BG05 工程概算

Project evaluation
BB05 项目评价

Project management
BB05 项目管理

Project modification
AB04 工程变更

Project organization
BB05 项目组织

Project planning
BB05 项目规划

Project post-evaluation
BB05 项目后评价

Project preparation
BB05 项目准备

Project selection
BB05 项目选择

Projective method
CG04 投影法

Passenger distributing volume
AJ05 疏散量
Y：集散量

Public building greening
CK07 公共建筑绿化

Public garden
CK07 公共绿地

Public green land
CK07 公共绿地

Public nuisance
CK02 公害(环境)
Y：环境污染*

Public nuisance monitoring
CK03 公害监测

Public nuisance
CK02 公害

Public ownership
BB01 公有制

Public ownership
BB01 公共所有制
Y：公有制

Public security boat
BE02 公安艇

Public transport
AJ01 公共交通

Public transport junction
AJ01 公共交通枢纽

Public transport line
AJ03 公共交通线路

Public transport line facilities
AJ01 公共交通线路设施

Public transport means
AJ02 公共交通工具

Public transport mode
AJ01 公共交通方式

Public transport network
AJ01 公共交通线路网
Y：公共交通线路

Public transport network distribution
AJ01 公共交通线路布局
Y：城市公共交通规划

Public transport parking place
AJ01 公共交通停车场
Y：公共交通线路设施

Public transport priority
AJ01 公共交通优先

Public transport station
AJ01 公共交通车站
Y：公共交通线路设施

Public transport stop
AJ01 公共交通车站
Y：公共交通线路设施

Public transport yard and station arrangement
AJ01 公共交通站场布局
Y：城市公共交通规划

Publications
DB00 出版物

Pulleys
AG06 滑车

Pulling to one side
AK01 跑偏(汽车)

Pull-out tests
AH01 拉拔试验

Pulsatile flow
CG07 脉冲流动

Pulsating flow
CG07 脉冲流动

Pulsation measurement
AH02 脉动测量

Pulse circuit
CF04 脉冲电路

Pulse vibration
CG08 脉冲振动

Pulverizing
DD00 粉碎

Pump stations
BD04 泵站

Pumpability
DC00 可泵性

Pumped storage station
BD06 抽水蓄能电站
Y：抽水蓄能水电站

Pumped-storage power station
BD06 抽水蓄能水电站

Pumping
BC02 抽水
Y：排水*

Pumping drainage
AC06 泵站排水

Pumping tests
DF00 抽水试验

Pumps
AG02 泵*

Purchase
BG02 采购

Purification
CK04;DD00 净化

Purification equipment
CK04 净化设备

Push boat
BE02 推轮

Push boat
BE02 顶推船
Y：推轮

Push boat
BE02 推船

Q

Quantities of contaminant in sewage drained
BJ03 废水中污染物排放量

Quantities of goods damaged
BJ02 货损量

Quantities of reuse sewage after treatment in certain facilities
BJ03 废水处理回用量

Quantities of rubbish discharged directly
BJ03 垃圾入水量

Quantities of rubbish produced during the ship's operation
BJ03 垃圾产生量

Quantities of sewage
BJ03 废水产生量

Quantities of sewage drained directly
BJ03 废水排放量

Quantities of sewage drained in compliance with drainage standard
BJ03 废水排放达标量

Quantities of sewage treated in treatment facilities
BJ03 废水处理量

Quantities of sewage water drained directly
BJ03 生活污水排放量

Quantities of sewage water produced
BJ03 生活污水产生量

Quantities of sewage water treated
BJ03 生活污水处理量

Quantities of waste water
BJ03 废水产生量

Quantity of heat
DI00 热量

Quantity
CA00;DI00 量*

Quarantine
BI05 检疫

Quarantine anchorage
BC01 检疫锚地

Quarantine boats
BE02 检疫船

Quarantine vessel
BE02 检疫船

Quarry waste
AF06 石场弃渣

Quartz
AF03 石英

Quartzites
AF05 石英岩

Quasi-high speed
DB00 准高速

Quay
BC01 码头*

Quay wall
BC03 岸壁

Quay walls
BC01 岸壁型码头

Queue rule
AI01 排队规则

Queue theory
AI01 排队理论
Y: 排队论

Queueing theory
BB05;BG01;CA00 排队论

Queuing network
BB05 排队网络

Queuing theory
BB05;BG01;CA00 排队论

Quick lime
AF04 生石灰

Quick sand
BC02;CD01 流沙

Quicksand
BC02;CD01 流沙

Quota of handling
AA05 装卸定额

R

Race
DA00 种族

Radar
BF05;CF04 雷达

Radar mark
BF03 雷达指向标

Radar navigation
BF05 雷达导航

Radar speedometer
AI03 雷达测速器

Radial consolidation coefficient
CG09 径向固结系数

Radial gates
BD03 弧形闸门

Radial highway
AB02 辐射式公路

Radiance
DI00 辐射系数

Radiant emittance
DI00 辐射度

Radiant heat transfer
CB00 辐射传热

Radiant intensity
CB00 辐射强度

Radiation coefficient

CD03;CI05 降雨

Rainstorm
CI05 暴雨

Raise fund
AB03 集资

Raising of a wreck
BH03 沉船打捞

Ramark
BF03 雷达指向标

Rammers
AG04 夯*

Ramp
AC05 匝道

Ramp bridge
AD01 匝道桥

Ramp capacity
AI02 匝道通行能力

Ramp integrated system control
AI03 匝道集成系统控制

Ramp junction
AI04 匝道连接处

Ramp marking
AI07 匝道标线

Ramp metering
AI04 匝道交通调节

Ramps
BC02 坡道

Random
CF02 随机

Random control
CF02 随机控制

Random failure
AK04 随机故障

Random load
CG11 随机载荷

Random seas
BC02;BE09 不规则波

Random variables
CA00 随机变量

Random vibration
CG08 随机振动

Random waves
BC02;BE09 不规则波

Range
DH00;DI00 距离*

Range resolution
BF02 距离分辨力

Ranks
DC00 等级
　Y: 分级*

Rapid hardening cement
AF04 快硬水泥

Rapid hardening concrete
AF07 快硬混凝土

Rapid setting cement
AF04 快硬水泥

Rapid setting concrete
AF07 快硬混凝土

Rapid transit system
AI02 快速公共交通系统

Rare earth
AF02 稀土

Rare earth metals
AF02 稀土金属

Rare metal
AF02 稀有金属

Rate
DI00 比率*

Rate
DI00 率
　Y: 比率*

Rate addition
AA08 运价加成

Rate for small vehicle
AA08 小型车运价

Rate for special goods
AA08 特种货物运价

Rate for special purpose vehicle
AA08 特种车辆运价

Rate foretell
AA08 运价预测

Rate of actual loading (utilization factor of payload or seats)
AA07 实载率(载重、客量利用率)

Rate of cargo losses
AA06;BA07;BJ02 货差率

Rate of container transport
AA08;BG06 集装箱运价

Rate of damaged cargo
AA06;BA07;BJ02 货损率

Rate of dangerous goods
AA08 危险品运价

Rate of depreciation
BB04;DC00 折旧率

Rate of dust treated to the dust produced
BJ03 粉尘处理率

Rate of empty container
AA08 空箱运价

Rate of exchange
BG02 汇率

Rate of financial investment
BG02 财务投资率

Rate of freight compensation

Realignment
AE12;DD00 整治

Real-time traffic control
AI03 实时交通控制

Rear number plate
AJ02 后路牌

Rear number plate
AJ02 尾牌
Y: 后路牌

Rear-end collision
AI05 头尾碰撞

Reasonable loss of transport
BI01 运输合理损耗

Rebound deflection
AC04 回弹弯沉

Rebound test
AH01 回弹试验

Rebound test of concrete
AH01 混凝土回弹试验

Rebound tester
AH03 回弹仪

Rebuilt and extension project
BB05 改扩建项目
Y: 改建项目

Receiver
BA02 收货人

Receiving space
BA06 收货区

Receiving station
AJ03 接车站

Reciprocating pumps
BE08 往复式活塞泵

Reciprocation motion
DD00 往复运动

Reclaimed asphalt mixture
AF08 再生沥青混合料

Reclamation by pumping filling
BD04 吹填造地

Reclamation dredger
BE03 吹泥船

Recognition
CF03;DD00 识别*

Reconciliation tax
BA01 调节税

Reconnaissance
AC01 踏勘
Y: 勘测*

Reconstructed bridge
AD01 改建桥

Reconstruction
DD00 重建

Reconstruction
DD00 改建*

Reconstruction after calamities
DD00 灾后重建

Reconstruction project
BB05 改建项目

Record
DB00 记录

Recorders
DF00 记录仪

Recording
DD00 录音

Records
DB00 实录

Recovery
DD00 回收*

Recovery
DD00 恢复

Recovery of resources
CK06 资源回收

Recreating passenger flow
AJ04 文化客流

Recreation
DD00 休养

Recreation trip
AJ04 文化出行

Recreational boats
BE01 旅游船

Rectangles
DH00 矩形

Rectangular beam
AD05 矩形梁

Rectangular bodies
DH00 矩形体
Y: 立方体

Rectangular section tunnel
AE01 矩形隧道

Rectification
DD00 整顿

Rectifier
CF01 整流器

Rectifying circuit
CF04 整流电路

Red-time delay
AJ04 灯阻时间

Reduction
CC02 还原

Reef
BD01 礁

Reef explosion
BD04 炸礁

Reference book

Regionalism
DC00 地区性

Register of shipping
BA09;BE07 船级社

Register of shipping of USSR
BA09 苏联船舶登记局

Registration of vehicle
AA10;AK02 车辆管理

Regression analysis
BB03;BJ01;CA00;DD00 回归分析

Regression analysis method
BB03 回归分析法
Y: 回归分析

Regression factor
BJ01 回归系数

Regression forecasting method
BB03 回归分析预测法

Regular bus
AA02 班车

Regular line obstruction
AA02 班线阻滞

Regular service
BF06 正规航线

Regular service route
AA01 班车线路

Regular wave
BC02;BE09;CG08 规则波

Regulation
AA10;DB00 法规

Regulation
AE12;DD00 整治

Regulation
BB01;DD00 管制*

Regulation
BG03 规制
Y: 管制*

Regulation
DB00 规章

Regulation
DD00 调节*

Regulation of highway transport industry
AA10 公路运输行业管理

Regulation of river mouth
BD04 河口整治

Regulation of transport market
AA10;BG04 运输市场管理

Regulation of transport market
BG04 运输市场规制

Regulation of transport market
AA10;BG04 运输市场管理

Regulations
AI01;DB00 规则*

Regulations
DB00 条例*

Reinforced concrete pavement
AC04 钢筋混凝土路面

Reinforced concrete
AF07 钢筋混凝土

Reinforced concrete beam
AD05 钢筋混凝土梁

Reinforced concrete bridge
AD01 钢筋混凝土桥

Reinforced concrete fence
AI07 钢筋混凝土护栏(交通)

Reinforced concrete sheet piles
CI01 钢筋混凝土板桩

Reinforced concrete structure
AD04;BC03 钢筋混凝土结构

Reinforced concrete walls
CG06 加筋挡土墙

Reinforced earth
BC02;CG06 加筋土

Reinforced earth retaining wall
AC03 加筋土挡土墙

Reinforced plastics
AF03 增强塑料

Reinforced soils
BC02;CG06 加筋土

Reinforced sprayed concrete support
AE07 配筋喷射混凝土支护

Reinforcement
AD12;AF02 配筋

Reinforcement steel layout
AF02 配筋

Reinforcing of natural ground
AE04 地层加固

Reinforcing steel
AF02 钢筋

Rejecting claims
BA07 拒赔

Relation curves
DH00 关系曲线

Relations
DC00 关系*

Relative density
CG09 相对密度

Relative density test
AH01 相对密度试验
Y: 密度试验

Relative displacement
CG04;DC00 相对位移

Relative humidity
CD03 相对湿度

Rescue service ship
BE02 救助工作船

Rescue ship
BE02 救生船
Y：救生艇

Rescue vessel
BE02 救生船
Y：救生艇

Rescue vessels
BE02 救援船
Y：救生艇

Rescue vessels
BE02 救助船
Y：救生艇

Research
DC00；DF00 研究*

Research and development（R&D）
BB05 研发
Y：研究开发

Research and development(R&D)
BB05；DF00 研究开发

Research and polity
BB05 研发政策

Research and technology
BB05 研发技术

Research institutes
DJ00 科研机构

Research institutions
DJ00 科研机构

Research method
BB05；DF00 研究方法

Research paper
DF00 学术论文

Research programs
BB05 研究项目计划

Research projects
BB05 研究项目

Research report
BB05；DF00 研究报告

Research ship
BE02 科学研究船

Research subject
DF00 研究专题

Research vessel
BE02 科学研究船

Researching
DF00 研制
Y：研究开发

Reserve capacity
AI02 储备通行能力

Reserve fund of project
AB03 工程预备费

Reserve receiver
BF05 应急接收机

Reserve transmitter
BF05 应急发射机

Reservoir
BC01；CI05 水库

Reservoir desilting
BD04 水库清淤

Reservoir pollution
BI02 水库污染

Reservoir routing
BC02 水库调洪演算

Reservoir sedimentation
BD02 水库淤积

Reservoir sediments
BD02 水库泥沙

Resettlement
BB03 移民

Resident riding trips
AJ04 居民乘车出行量

Resident trips
AJ04 居民出行量

Residual deformation
CG02 残余变形
Y：永久变形

Residual quantity
CK02；DI00 残留量

Residual response zone
AH02 残留响应区

Residual stress
BE04；CG03 残余应力

Residual value
AB03；BB04 残值

Residual value of cargoes
BA07 货物残值

Residual vibration auto-spectrum
AH02 余振自谱分析

Residual-heat utilization
BD06；CK03 余热利用

Residual-oil soils
CG06 渣油土

Residue oil pavement
AC04 渣油路面

Residues
CK04 渣*

Residues utilization
CK06 废渣利用

Resilience
BC02 回弹性

Resilience
CG02；DC00 回弹

Resilience value

AA10 回程系数

Return rate of repair
AK05 返修率

Return rate of vehicle major repair
AK05 汽车大修返修率

Reutilization
CK06;DD00 再生利用

Revenue
BA01;BG05 税收*

Revenue kilometres
AJ05 营业里程

Revenue passenger
AJ04 普票乘客

Reverse circulation
DD00 反循环

Reverse osmosis
DC00 反渗透

Reversible center lane line
AI07 可变向中心车道线

Reversing beach erosion
BC02 海岸逆向侵蚀

Revetment of river bottom
BC06 铺河底

Revetments
AC03;AD09;BD04;CI05 护坡

Revetments
BD01;CI05 护岸

Review
DA00 述评

Reynolds number
BC02;BE04;CA00 雷诺数

Reynolds number
CA00 REYNOLDS 数
Y: 雷诺数

Reynolds stress
BE04 雷诺应力

Rheological properties
DC00 流变性

Rheology
CG01 流变学

Rhombi
DH00 菱形

Ribbed arch bridge
AD01 肋拱桥

Ride time
AJ04 乘车时间

Ridge crossing line
AC01 越岭线

Ridge line
AC01 山脊线

Riding comfort
AJ05 乘车舒适性

Riding distance
AJ04 乘距

Riding rate
AJ04 乘车率

Right
DA00 权利*

Right of common property
BB01 公有产权

Right of common tenure
BB01 共有产权

Right of common tenure
BB01 共同所有权
Y: 共有产权

Right of fishery
BA01 捕鱼权

Right of innocent passage
BA01 无害通过权

Right of navigation
BA01 航行权

Right of non-recourse
BB01 无追索权

Right of ownership
BB01 所有权

Right of passage
BA01 通行权

Right of property
BB01 产权

Right of property
BB01 财产权
Y: 产权

Right of recourse
BB01 追索权

Right of seizure
BA01 拘留权

Right of use
BB04 使用权

Right turn guide line
AI07 右转弯导向线

Right-angled intersection
AC05 正交叉

Righting arms
BF02 复原力矩

Righting energy
BE04;BF02 复原能量

Righting moment
BF02 复原力矩

Rigid bodies
CG04 刚体

Rigid connections
CG02 刚性连接

Rigid foundation

BD01 河槽

River channel cross-section
BC02 河道横剖面

River channel process
BC02 河床演变
Y：河道演变

River channel sedimentation
BD02；BD04 河道淤积

River commerce
BA02 河运商务

River construction
CI05 河道工程

River course
BD01；CI05 河道*

River diversion
BD01；BD04 河流改道

River diversion
BD04 导流
Y：河流改道

River dredging
BD04 河流疏浚

River engineering
BD01；CI05 治河工程

River facies
BD01 河相

River ferry
BE01 内河渡轮

River ferry-boat
BE01 内河渡轮

River fork
BD01 汊道
Y：支流

River heads
BD01 河源

River information service (RIS)
BA03 内河信息服务

River longitudinal profile
BC02 河流纵剖面

River model tests
BC05 河工模型试验

River pollution
BI02；CK02 河流污染

River port
BC01 河港

River reach
BD01 河段*

River regulation
BD04；CI05 河道整治*

River regulation planning
BD04 河道整治规划

River regulation structure
BD04 河道整治建筑物

River section
BD01 河段*

River sediment
BC02 河流泥沙

River straightening
BD04 裁弯取直

River suction dredger
AG04；BE03 吸泥船

River suction dredger
AG04；BE03 吸泥船

River training
BD04；CI05 河道整治*

River training
CI05 河川治理
Y：河道工程

River works
BD01 河工
Y：水工

River-ocean vessel
BE01 江海航行船舶

Rivers
BD01；CI05 河流*

Rivers, lakes survey ship
BE03 内河湖泊测量调查船

River-sea ship
BE01 江海航行船舶

River-sea ship
BE01 江海直达货船
Y：江海航行船舶

River-sea vessel
BE01 江海航行船舶

River-sea vessel
BE01 江海直达货船
Y：江海航行船舶

Riveted girder
AD05 铆接梁

Riveted joint
AD06 铆接结点

Road
AB02 道路*

Road bed
AC04 路床

Road bitumen
AF08 道路沥青

Road building
AB01；CI03 筑路

Road building machines
AG07 筑路机械

Road cement
AF04 道路水泥

Road construction machinery
AG07 道路施工机械
Y：筑路机械

Rock-mass stress
CD01;CG03 岩体应力

Rocks
AF05;CD01;CI01 岩石*

Rock-soil classification
CD01;CG01;CG06 岩土分类

Rockwell hardness test
AH01 洛氏硬度试验

Roll compacting
AG07;DD00 碾压

Roll on/ roll off
BF04 滚装

Roll on/roll off container fork lift
AA05 滚上滚下集装箱叉车

Roll on/Roll off transport
AA01 滚装运输

Roll on-roll off ship
BE01 滚装船

Roll planishing
DD00 碾平

Rolled concrete
AF07 碾压混凝土

Rolled lifter
AJ03 卷筒提升机

Rolled shape steel reinforced concrete bridge
AD01 钢骨混凝土桥

Roller compacted concrete
BC06 碾压混凝土

Roller gates
BD03 圆辊闸门

Rollers
AG07 压路机

Rolling
AC03;AG07;DD00 碾压

Rolling
BE04 横摇

Rolling
DD00 滚压

Rolling compacted concrete pavement (RCCP)
AC04 碾压混凝土路面

Rolling depth
AC03 压实深度

Rolling force
CG03 滚动力

Rolling machines
AG07 滚压机

Rolling period
BE04 横摇周期

Rolling speed
AC03 碾压速度

Rolling terrain
AC01 微丘区

Roll-on vessel
BE01 滚装船

Roof
CI04 屋顶

Roof garden
CK07 屋顶花园
Y: 屋顶绿化

Roof planting
CK07 屋顶绿化

Ro-Ro ship
BE01 滚装船

Rotary erection of bride
AD14 转体法架桥

Rotary excavators
AG04 滚切式挖掘机

Rotary interchange
AC05 环形立交

Rotary intersection
AC05 环形交叉

Rotation
DD00 回转

Rotation shells
DH00 旋转壳体

Rotational fluid
CG07 转动流体

Rotational velocity
DI00 旋转速度

Rotational velocity
DI00 转速
Y: 旋转速度

Roughness
DI00 粗糙度

Roughness
DI00 糙率
Y: 粗糙度

Roughness coefficient
DI00 粗糙率
Y: 表面粗糙度

Round holes
DH00 圆孔

Round trip
BF06 往返航次

Round trip passenger traffic
AA02 往返性客流

Roundabout
AC05 环形交叉

Roundabout route transportation
AA01;BA02 迂回运输

Round-trip ticket
AJ04 往返票
Y: 车(船)票

S

AJ04 安全行车

Safe following distance
AJ04 安全行车间距
Y: 行车间距

Safe running days
AJ05 行车无事故天数

Safe water mark
BD05 安全水域标志

Safety
AD03;DC00 安全度
Y: 安全性

Safety
DA00 安全*

Safety
DC00 安全性

Safety accident
AG10 安全事故

Safety coefficient
AE03;BI01;CA00 安全系数

Safety design
BI01 安全设计

Safety devices
AI07 安全设施

Safety facilities
AI07 安全设施

Safety factor
BI01;CA00 安全系数

Safety factor
CA00;DI00 保险系数

Safety fence
AI07 防护栅

Safety inspection
BI01 安全检查

Safety management
BI04 安全管理

Safety margin
CG04;DI00 安全极限

Safety measure
AI05;BI01 安全措施

Safety misadventure
AG10 安全事故

Safety operation rules
BI01 安全操作规程

Safety signal
BI04 安全信号*

Safety stock
BA06 安全库存

Safety system engineering
BI01 安全系统工程

Safety technique
BI01 安全技术

Sail
BE01 帆船

Sail assisted vessel
BE01 风帆助推船

Sail-assisted ship
BE01 风帆助推船

Sail-assisted ship
BE01 风帆助航船
Y: 风帆助推船

Sailer
BE01 帆船

Sailing schedule
BA02 船期表

Sailing schedule
BF02 航期（船舶）

Sales package
BA06 销售包装

Sales tax
BA01 销售税

Saline soils
CD01;CG06 盐土

Salinity
BC02 含盐度

Salinity
BD01 盐度

Sallow buried-tunnelling method
AE04 浅埋暗挖法

Salt corrosion
AC08 盐侵蚀

Salt lake
CD01 盐湖

Salt wedge in estuary
BC02 咸水楔

Salt wedge in estuary
BC02 盐水楔
Y: 咸水楔

Salt-affected soils
CG06 盐渍土

Saltwater encroachment
CI05 盐水浸入

Salvage
BH03 打捞*

Salvage at sea
BH01 海上救助
Y: 海难救助

Salvage ship
BE03 救助打捞船

Salvage tugs
BE02 救助拖轮

Salvaging
BH03 打捞*

Salvaging
CK06;DE00 废物利用

Satellite remote sensing
AC01 卫星遥感测量

Satellites
BD05 卫星

Saturated soil
CG06 饱和土

Saturated water content test
AH01 饱水率试验

Saturated yielding
CI01 湿陷

Saturation
DC00 饱和

Saturation volume
AI02 饱和流量

Saturation volume rate
AI02 饱和流率

Sawn joint
AC04 锯缝

SBR
AF03 丁苯橡胶

Scaffolding
AG09 脚手架*

Scaffolds
AG09 脚手架*

Scale effect
DC00 缩尺效果

Scale models
BC05 缩尺模型

Scale resistance
DD00 阻垢
Y: 防垢

Scaling
AC08 脱皮

Scaling
DD00 结垢

Scanning
DD00 扫描

Scarifiers
AG04 翻松机
Y: 松土机

Scenario design
AC02;AD03;CI03;CK07 景观设计

Scheduled bus transport
AA02 班车客运

Scheduled preventive maintenance and repair system
AK04 计划预防维修制度
Y: 汽车维修制度

Scheduled repair
AK05 计划修理

Scheduled run
AA10 定班运行

Scheduled transportation service on fixed route
AA01 班车运输

Scheduled voyage
BF02 航期(船舶)

Schmidt hammer
AH03 回弹仪

School
DB00 学派

School sign
AI07 学校标志

Science
DB00 科学*

Science inspect ship
BE02 考察船
Y: 科学考察船

Science inspect ship
BE02 科学考察船

Sciences
DA00 学科*

Scientific conference
DB00 学术会议

Scientific decision
DB00 科学决策

Scientific research
DF00 科学研究

Scientific research funds
BB04 科研基金
Y: 发展基金

Scientific-technical achievement
DF00 科技成果

Scope
DA00 范围

Scour
AC03;AC08;BD02;CI05 冲刷*

Scouring
AC03;AC08;BD02;CI05 冲刷*

Scrapers
AG04 铲运机

Scrapers
AG04 刮板式铲运机

Scrapers
AG04 刮土机

Screen
AG07;BC02 筛*

Screen size gradation
AF06 骨料级配
Y: 颗粒级配

Screening (selection)
DD00;DE00 筛选

Screens
BC02 筛分机*

Secret
BE08;BF05 保密*

Secret-keeping communication
BE08;BF05 保密通信

Section
AD06;DH00 截面
Y:断面

Section
AJ03 区间

Section analysis
CG12 截面分析

Section clear
AJ03 区间空闲

Section line
AJ03 段管线

Section non-equilibrium factor of passenger flow
AJ05 客流断面不均衡系数

Section occupied
AJ03 区间占用

Section outfitting
BE08 分段舾装

Section steel
AF02 型钢

Section steel concrete beam
AD05 型钢混凝土梁

Section survey
AE02 断面测量

Sectional fare
AJ04 分段票制

Sectional method of hull construction
BE10 分段建造法

Sectional pushed tow
BF06 分节顶推驳船队

Sections
DH00 断面

Sections
DH00 剖面

Security
DA00 安全*

Sediment
BD01;CI05 泥沙*

Sediment
BD01;CK02 沉积物*

Sediment concentration
BD02 含沙量

Sediment control
BC02;BD04 淤积控制

Sediment control dam
BC03 拦沙坝

Sediment control structure
BD04 防沙工程

Sediment discharge
BD02 输沙量

Sediment diversion ratio
BD02 分沙比

Sediment ejection
BD04 排沙放淤

Sediment load
BD02 输沙量

Sediment rating curve
BD02 泥沙率定曲线

Sediment transport
BC02;BD01 泥沙输移

Sediment transport in river
BD04 河流输沙

Sediment transports
BD04 输沙*

Sedimentary rocks
AF05 沉积岩

Sedimentation
BC02;BD02;CI05 淤积*

Sedimentation
BC02;BD02 沉积作用

Sedimentation
BD02 泥沙沉积

Sedimentation
DF00 沉淀

Sedimentation Centrifugal
BD02 泥沙分离机

Sedimentation Coherent structures
BD02 沉积凝聚结构

Sedimentation Processes
BD02 沉积过程

Seeds
CE03 种子

Seepage
BC02;DC00 渗透*

Seepage
BC02;CI05 渗流
Y:渗透*

Seepage flow
BC02;CI05 渗流
Y:渗透*

Seepage pressure
CG07 渗透压力

Seepage prevention
DD00 防渗

Seepage water
AC06 渗透水

Seepage well
AC06 渗水井

Segment gates
BD03 扇形闸门

Self-unloader
BE01 自卸船

Self-unloading vessel
BE01 自卸船

Seller's credit
BE10 卖方信贷

Semi -directional interchange
AC05 半定向式立交
Y：定向式立交

Semi-actuated signal control
AI03 半感应式信号控制

Semi-automation
DD00 半自动化

Semiconductor device
CF04 半导体器件

Semiconductor material
CF04 半导体材料

Semiconductor technology
CF04 半导体技术

Semiconductor technology
CF04 半导体工艺

Semi-container ship
BE01 半集装箱船

Semi-infinite body
CG06 半无限体

Semi-infinite space
CG06 半无限体

Semi-permanent bridge
AD01 半永久性桥

Semi-rigid base
AC04 半刚性基层

Semisubmersible rigs
BE03 半潜式钻井平台

Semi-trailer
AK01 半挂车

Semi-trailer train
AK01 半挂汽车列车

Sensitivity
DI00 灵敏度

Sensitivity analysis
AB03；BB05 敏感性分析

Sensitivity analysis
BB05 灵敏度分析
Y：敏感性分析

Sensors
AH03；DE00 传感器

Separated water traffic
BF01 分道通航

Separately issued waybill of combined transport
BA06 联运分运货票

Separation
CC02；DD00 分解

Separation
DD00 分离*

Separation equipment
DE00 分离装置

Separation fence
AI07 隔离栅

Separation net
AI07 隔离网

Separator
AC02；AI07 分隔带(道路)

Seriation
DB00 系列化

Service
AA06；DA00 服务*

Service area
AC02 服务区

Service area sign
AI07 服务区标志

Service charges of combined transport
BA06 联运服务费

Service frequency
AJ04 行车频率

Service level
AJ04 服务质量

Service life
AK02；DB00 使用寿命*

Service monthly ticket
AJ04 公用月票
Y：月票

Service qualified rate
AJ04 服务合格率
Y：服务质量

Service time
AJ04 运营时间

Service trade
DA00 服务业

Serviceability rate
AA07 完好率(车辆技术完好率)

Servocontrol
DD00 伺服控制

Set combinations
DG00 配套

Setting
CB00；CG09；DC00；DD00 硬化

Setting out
AB01；DD00 放样

Settlement
AC08；AD11；BC02；CD01；CI01 沉降*

Settlement length
DI00 沉降距离

Shell bridge
AD01 扁壳桥

Shells
DH00 壳体*

Shelter
BC01 避风锚地

Shelter belt
AC08 防护林带

Shelter-forests
CK07 防护林

Shelter-woods
CK07 防护林

Shield
AE05 盾构*

Shield driving method
AE04 盾构法

Shield tunnelling machines
AG04 盾构挖掘机

Shielding
DE00 屏蔽*

Shift efficiency
AA05 装卸工班效率

Shifting charges
BA02 移泊费

Ship
BE01 船舶*

Ship
BE01 船
Y：船舶*

Ship agency
BF06 船舶代理

Ship agent fees
BA02 船舶代理费

Ship auxiliaries
BE08 船舶属具*

Ship body
BE05 船体*

Ship bottom
BE05 船底

Ship bottom anticorrosive paint
BE10 船底防锈涂料

Ship bottom anti-fouling paint
BE10 船底防污涂料

ship breadth
BE06 船宽

Ship breaking
BE10 拆船
Y：造船*

Ship charactor
AJ04 船性

Ship chartering
BG03 船舶租赁
Y：船舶市场

Ship collision prevention
BI04 船舶避碰

Ship collisions
BI04 撞船

Ship condition
AJ04 船况

Ship conversion policy
BB02 船舶改造政策

Ship design
BE06 船舶设计

Ship displacement
BE06 排水量

Ship electric power systems
BE08 船舶电力系统

Ship encounter rate
BI04 船舶会遇率

Ship encounters
BI04 会船
Y：船舶会遇

Ship encounters
BF02；BI04 船舶会遇

Ship equipment
BE08 船舶设备

Ship form coefficient
BE06 船型系数

Ship hydrodynamics
BE04 船舶流体动力学

Ship inspection
BE07 船舶检验

Ship launching
BE10 船舶下水

Ship length
BE06 船长

Ship lift
BD03 升船机

Ship lift-transfer chambers
BD03 承船装置

Ship loader
BA08 装船机

Ship loading and unloading
BA08 船舶装卸

Ship machineries
BE08 船舶机械
Y：船机*

Ship maintenance
BE10 船舶修理

Ship management
BF06 船舶管理

Ship maneuverability
BE04 船舶操纵性

Shipboard fires
BI04 船舶火灾

Shipboard Piloting Expert System
BF02 船舶引航专家系统

Shipboard safety
BI04 船舶安全

Shipbuilding
BE10 造船*

Shipbuilding berth
BE10 船台

Shipbuilding facilities
BE10 造船设施

Shipbuilding industry
BE10 船舶工业

Shipbuilding production program
BE10 造船生产规划

Ship-days
AJ05 船日

Shipper
AA03 发货人
Y：托运人

Shiphandling
BF02 船舶操纵

Ship-lift capacity
BJ04 升船机通过能力
Y：航道通过能力

Shipped bill of lading
BA02 已装船提单

Shipper
BA02 托运人

Shipping
AJ04 开航

Shipping
BB03；BF01 航运*

Shipping agency
BA02 船务代理

Shipping area
BA06 货区

Shipping area
BA06 出货区
Y：货区

Shipping business
BF01 航运业务

Shipping by chartering
BA02 租船运输

Shipping course
AJ03；BF02；BF06 航线*

Shipping documentation
BA02 运输文件

Shipping line
AJ03；BF02；BF06 航线*

Shipping markets
BG03 航运市场

Shipping of combined transport cargo
BA06 联运货物承运

Shipping policies
BA01 航运政策

Shipping shift
AJ04 航行班次

Shipping space
BA06 货区

Shipping space
BA06 出货区
Y：货区

Ship's agent
BF06 船舶代理

Ship's aground release
BI04 船舶脱浅

Ship's fire fighting
BI04 船舶消防
Y：船舶灭火

Ship's fix
BF02 船舶定位

Ships meteorological observation message
BF05 船舶气象电报

Ship's navigation
BF02 船舶航行*

Ship's parameter
BE06 船舶参数

Ship's position
BF02 船位*

Ship's quoted price
BE10 船舶报价

Ship's spaces
BE05 船舶舱室*

Ship's technical analysis
BE06 船舶技术分析

Shipwrecks
BH03 沉船

Shipwrecks
BH03 翻船
Y：沉船

Shipyard
BE10 船厂

Shoals
BD01 浅滩

Shock
DD00 冲击

Shock
CG08 震动

Shock absorption
CG09 隔震
Y：隔振

Shock resistance

Sideway force coefficient routine investigation machine
AH03 横向力系数测试仪

Siding
AJ03 站线

Sieve analysis
CG09 筛分

Sieves
AG07;BC02 筛*

Sieving machine
AG07 筛分机*

Sight distance
AC02;AC05;BF02 视距

Sight distance of intersection
AC05 路口视距
Y: 交叉口视距

Sight distance of intersection
AC05 交叉口视距

Sight line
AC02 视线

Sightseeing stand
AC02 观景台

Sign
AI07;DA00 标志*

Sign legibility
AI07 标志视认性

Signal
AI03;AJ03 信号*

Signal control
AI03 信号控制

Signal controller
AI03 信号控制器

Signal cycle
AI03 信号周期

Signal device
AJ03 信号机

Signal facilities
BD05 信号设备*

Signal generator
CF04 信号发生器

Signal phase
AI03 信号相位

Signal processor
AH03 信号处理机

Signalized crossing
AC05 信号控制交叉口

Signs
DA00 符号

Silica dust
CK02 矽尘

Silica gel
CC05 硅胶

Silica powder
AF03 硅粉

Silicate cements
AF04 普通硅酸盐水泥
Y: 硅酸盐水泥

Silicates
AF03 硅酸盐

Silicon fumes
AF03 硅灰

Silicon
CC01 硅*

Silicone
CC04;CC05 硅酮
Y: 聚硅氧烷

Silicone resins
CC04 硅树脂

Sill
BC03 潜坝

Silos
AG03 料斗

Silt
AF06 粉土

Silt load
BC02;BD02 悬移质

Silt transport
BD04 淤泥输送
Y: 输沙*

Siltation
BC02;BD02;CI05 淤积*

Silting up
BD02 淤塞
Y: 淤积*

Silts
BC02;BI02;CG06 淤泥
Y: 软土

Silty sand
AF06 粉土质砂

Similar solution
CA00 相似解

Similarity
DC00 相似性

Simple average method
BJ01 平均法

Simple girder bridge
AD01 简支梁桥

Simple method
DD00 简易方法

Simple supported beam
AD05 简支梁

Simulation
AI01;CF02 仿真*

Simulation

Slab stress due to thermal warping
AC04 板体温度翘曲应力

Slab warping
AC08 板体翘曲

Slab-rib arch bridge
AD01 板肋拱桥
Y：肋拱桥

Slag base
AC04 矿渣基层

Slag cements
AF04 矿渣水泥
Y：矿渣硅酸盐水泥

Slags
CK06 矿渣

Slaked lime
AF04 熟石灰

Slant legged rigid frame bridge
AD01 斜腿刚构桥

Slat conveyer
AG08 刮板输送机

Slates
AF05 页岩

Slenderness degree
DI00 长细比

Slenderness ratio
DI00 长细比

Slewing loaders
AG04 回转式装载机

Slide force
CG03 滑动力

Slide support
AD08 滑动支座(桥)

Sliding
CI01 滑动

Sliding
CI01 滑塌

Slip
CI01 滑塌

Slip off
CI01 滑落

Slipform concrete paver
AG07 滑模式混凝土摊铺机

Slipformers
AG03 拉模机

Slipping-stop running
AJ04 放站运行

Slipway
BE10 滑道

Slit wedge type bolt
AE07 楔缝式锚杆

Slop tank
BE05 污油水舱

Slope
DC00 倾斜

Slope landscape
AC02 坡面景观
Y：公路景观

Slope of river bed
BC02 河床比降

Slope pavement
AC03；AD09；BD04；CI05 护坡

Slope protection
AC03；AD09；BD04；CI05 护坡

Slope sign
AI07 坡道标志

Slope stabilization
BD04；CD01；CG06；CI01 边坡稳定

Slope stabilization
CG06；CI01 斜坡稳定
Y：边坡稳定

Slope unstability
CG06 斜坡失稳
Y：边坡失稳

Slopes
AC03；CI01 边坡

Sloping shaft
AE04 斜井

Slot
DH00 槽

Slots
DC00 缝隙

Sloughing
DD00 脱落

Slow vehicle mixed rate
AI04 慢速车混入率

Slowing down
AK03 减速(汽车驾驶)

Sludge
BD01；CK02 污泥*

Sludge dewatering
DE00 污泥脱水

Sludge drying
DE00 污泥干化
Y：污泥脱水

Sludge incineration
CK04 污泥焚化

Sludge manure
CK02 污泥肥料

Sludge treatment facility
CK04 污泥处理设施

Sludge treatment
CK04 污泥处理

Sludge utilization
CK02 污泥利用

Social issues
DB00 社会问题

Social monitoring and evaluation
BB05 社会监测评价

Social network
DB00 社会网络

Social policy
BB02 社会政策

Social risk
BB04 社会风险

Social safety nets
BB04 社会保障体系

Social sensibility
BB04 社会敏感性

Socialism market economy
BG02 社会主义市场经济

Socie-economic sensitivity
BB05 社会经济敏感性

Society
DB00 社会

Society
DJ00 学会

Society
DJ00 协会

Socioeconomic data
BJ01 社会经济数据

Socioeconomic factors
BG01 社会经济因素

Sodding
AC07 铺草皮
Y：植草

Soft coast protection measures
BC06 软基海岸防护措施

Soft foundation
AC03；BC02；CI01 软弱地基
Y：软土地基

Soft foundation
BC02 软基

Soft grain content test
AH01 软颗粒含量试验

Soft ground
AC03；BC02；CI01 软弱地基
Y：软土地基

Soft ground
BC02；CI01 软土地基

Soft loan
BB04 软贷款

Soft rock
CD01 柔软岩石

Soft rocks
AF05 软弱岩石

Soft science
BG01；DB00 软科学

Soft science decision
DB00 软科学决策
Y：科学决策

Soft shore protection
BC06 软基海岸防护

Soft soil
CD01 软土

Soft soil foundation
BC02；CI01 软土地基

Soft soil subgrade
AC03 软土路基

Soft soils
BC02；CD01；CG06 软土

Soft technology
DB00 软技术

Softening
DD00 软化

Softening point
DI00 软化点

Softening point test
AH01 软化点试验

Soft-ground condition
BC02 软基条件

Software engineering
DB00 软件工程

Software safety
DB00 软件安全

Software secret
DB00 软件保密

Soil
AF06；BC02；CD01；CG06 土*

Soil allowable bearing capacity
AD11；CG03 地基容许承载力

Soil and foundation engineering
CI01 地基基础工程

Soil and water conservation
CI05 水土保持

Soil and water improvement
CE02 水土改良

Soil base bearing capacity
AD11；CG03 地基基本承载力

Soil bearing tests
CG10 地基荷载试验

Soil bolt
AE07 土层锚杆

Soil cement
CG06 水泥土

Soil classification
CI01 土分类

Soil cohesion

Solid properties
CB00 固体性质

Solid state physics
CB00 固体物理学

Solid storage
DE00 固体储存

Solid waste pollution
BI02 固体废物污染

Solid wastes
CK02 固体废物

Solidification
DD00 固化

Solidification
CB00 凝固

Solids
CB00 固体

Solonchak
CD01;CG06 盐土

Solonetz
CG06 碱土

Solution extraction
CC03;DE00 溶剂萃取

Solutions
CA00 解*

Solutions
CC01 溶液*

Solvent extraction
CC03;DE00 溶剂萃取

Solvents
CC01 溶液*

Sonar
BF03 声呐

Sonar detection
BD05 声呐探测

Sonar navigation
BD05 声呐导航

Sorption
CB00;DD00 吸收

Sorting
BA06 分拣

Sorting
DD00 分选

Sorting operation
AA05 分拣作业

Sound insulation material
AF01 隔声材料

Sound level meter
AK05 声级计

Sounding lead
BF03 测深锤

Sounding test
AH01 触探试验

Sounding
CD01 触探

Soundness test
AH01 安固性试验

Source
DH00 源*

Source of freight
AA03;BF01 货源

Space
DH00 空间*

Space headway
AI01 车头间距

Space mean speed
AI01 空间平均速度

Spallation
DC00 散裂

Span
AD02;DI00 跨度

Spare parts
DG00 配件*

Special economic district
DJ00 经济特区

Special economic zone (SEZ)
DJ00 经济特区

Special freight rate
BG06 特定运价

Special green belt
CK07 专用绿地

Special line
AJ03 特别用途线

Special maps
DJ00 专业地图
Y: 专题地图

Special purpose vehicle
AK01 专用汽车

Special ship
BE01 专用船舶

Special soil
AF06 特殊土

Special trailer
AK01 特种挂车

Special truck
AK01 特种载货汽车
Y: 载货汽车

Special warehouse
AA04 专用仓库

Special-purpose computer
CF03 专用电子计算机

Special-purpose computers
BD05 专用计算机

Specialty vehicle repair shop

Spraying
DE00 喷雾

Spraying machines
DE00 喷雾器

Spread foundations
CI01 扩大基础

Spreader
AG07 撒布机

Spreader
BA05 集装箱吊具

Spreading
AC04 撒布

Springing
AC08 弹簧现象

Sprinkler
AG07 洒水车

SPT
AH01 标准贯入试验

Spur dyke
BC03 丁坝

Square greening
CK07 广场绿化

Squares
DH00 方形

Stability
AD03;BE04;DC00 稳定性

Stability
BE04;DC00 稳性
Y:稳定性

Stability analysis
CG12 稳定分析

Stability check
BE06 稳性校核

Stability evaluation
AH02 稳定性评定

Stability lever
BE04 稳性力臂

Stability moment
BE04 稳性力矩

Stability of ship
BE04 船舶稳定性

Stability of slope
BD04;CD01;CG06;CI01 边坡稳定

Stability test
AH01 稳定度试验

Stability test
BE09 稳定性试验

Stability tests
DF00 稳定性试验(道路)

Stabilization
DC00 稳定*

Stabilized material base
AC04 稳定材料基层

Stabilized protection course
AC04 稳定保护层

Stabilized road-mixer
AG07 路拌式稳定土搅拌机

Stabilized soil
CG06 稳定土

Stabilized soil mixing plant
AG07 稳定土厂拌设备

Stabilized soil paver
AG07 稳定土摊铺机

Stabilized soil
CG06 稳定处理土
Y:稳定土

Stabilizer
AF03 稳定剂

Stabilizer fins
BE04 稳定板

Stabilizer fins
BE04 稳定鳍
Y:稳定板

Stabilizers
BC02 稳定装置

Stable traffic flow
AI01 稳定交通流

Stack transfer
AA05 捣垛

Stack transfer
AA05 倒垛
Y:捣垛

Stacker
BA08 堆垛机

Stacker-reclaimer
BA08 堆取料机

Stacking
BA06 堆码

Stage construction
AB01 分期修建

Staggered intersection
AC05 错位交叉

Staining
DE00 着色

Stainless steel
AF02 不锈钢

Stakeholder
BB04 利益相关者

Stakeholder analysis
BB04 利益相关者分析

Stall
BF07 失速

Standard

Static cone penetration test
AH01 静力触探试验

Static electricity
CF01 静电

Static load
CG11 静载荷

Static pressure
CG03 静压力

Static stress
CG03 静应力

Static structural analysis
CG04;CG12 结构静力分析

Static test
AD16;CG10;DF00 静力试验

Static visual acuity
AI05 静视觉敏锐度
Y: 视觉敏锐度

Static water pressure
CG07 静水压力

Statically determinate structure
AD04;CG04 静定结构

Statics
CG01 静力学

Static-state
DC00 静态

Station
AJ03 沿途站

Station
AJ03 车站*

Station
AJ03 中途站
Y: 沿途站

Station appearance
AJ04 站貌

Station boundary
AJ01 站界

Station entrance-exit
AJ03 车站出入口

Station spacing
AJ05 站距

Station/yard radiophone
AJ03 站场无线电话

Statistical analysis
BJ01;CA00 数理统计

Statistical analysis
BJ01;DD00 统计分析

Statistical data
BJ01 统计数据

Statistical data
BJ01 统计资料

Statistical diagnosis
AK04 统计诊断

Statistical error
BJ01 统计误差

Statistical experiment method
CA00 统计试验法

Statistical experiment method
CA00 实验计划法
Y: 统计试验法

Statistical index
BJ01 统计指标

Statistical index of transportation
BJ02 运输统计指标

Statistical index of waterway transportation
BJ02 水运统计指标

Statistical indicator
BJ01 统计指标

Statistical indicator of transportation
BJ02 运输统计指标

Statistical indicator of waterborne transportation
BJ02 水运统计指标

Statistical indicator on ships
BJ05 船舶统计指标

Statistical indicators concerned to environment of port
BJ03 港口环境保护统计指标

Statistical indicators concerned to port production
BJ03 港口生产统计指标

Statistical indicators of channel
BJ04 航道统计指标

Statistical indicators of fuel consumption of ship
BJ05 船舶燃料消耗统计指标

Statistical indicators of marine accidents
BJ02 运输事故统计指标

Statistical indicators of marine search and rescue
BJ02 水上搜寻救助统计指标

Statistical indicators of port
BJ03 港口统计指标

Statistical indicators of port equipment
BJ03 港口装备统计指标

Statistical indicators of ship operation
BJ05 船舶运用统计指标

Statistical indicators of ship repair
BJ05 船舶维修统计指标

Statistical indicators on economical evaluation
BJ02 经济评价统计指标

Statistical indicators on environmental protection
BJ03 环保统计指标

Statistical indicators on inland waterways

Step
AJ02 踏步
Y：踏板

Step hydroelectric station
BD06 梯级水电站

Step Spacing
AJ02 踏板级间高度

Stepped culvert
AD17 阶梯式涵洞

Stereoscopic warehouse
BA06 立体仓库

Sterilization
DE00 消毒

Sterilization
DE00 灭菌
Y：消毒

Stern
BE05 艉

Stern ramp trawlers
BE02 艉滑道拖网渔船
Y：拖网渔船

Stevedoring fees for lighter
BA02 过驳费

Sticking
DD00 粘贴

Stiff safety fence
AI07 刚性护栏(交通)

Stiffener
AD06 加劲杆

Stiffener
BE05 扶强材

Stiffening girder
AD05 加劲梁

Stiffness
DC00 干硬性

Stiffness matrices
CA00 刚度矩阵

Stiffness method
CG04 刚度法

Stiffness method
CG04 劲度法
Y：刚度法

Stilling basins
BC03 消力池

Stilling basins
BC03 静水池
Y：消力池

Stipulations
DB00 规定

Stirrups
AF02 箍筋

Stochastic model
AI01 随机性模型

Stochastic processes
BB05 随机过程

Stock ownership
BB01 股份制

Stock yard
AA04 堆货场

Stockpiling yards
BA05 堆场*

Stone basket
AC03;BC06 石笼

Stone bridge
AD01 石桥

Stone classification
CG09 石料分级

Stone cutting machines
AG08 石材切割机

Stone dumper
BE03 抛石船

Stone dumping vessels
BE03 石料翻卸船

Stone filled timber crib
BC06 填石木笼
Y：石笼

Stone processing machinery
AG08 石材加工机械

Stone processing machinery
AG08 石料加工机械
Y：石材加工机械

Stonemest apron
AD15;CI05 抛石防护

Stones
AF05 石料
Y：石材

Stones
AF05 石材

Stones
AF05 石*

Stop
AJ03 沿途站

Stop
AJ03 停车装置

Stop
AJ03 中途站
Y：沿途站

Stop control
AI03 停车控制(汽车)

Stop delay
AI01 停车延误

Stop device
AJ03 停车装置

Stop line
AI07 停车线

BD01;CI05 河流*

Strength
AD03;CG02 强度*

Strength analysis
CG04 强度分析

Strength computation
AD03;CG02;CG04 强度计算

Strength limit
CG02 强度极限

Strength of material
CG03 材料力学

Strength tests
AH01;BC05;DF00 强度试验

Strength theory
CG02 强度理论

Strengthening
DD00 加固*

Strengthening
DD00 增强

Strengthening course
AC04 补强层

Stress
CG03 应力*

Stress absorbing membrane
AC04 应力吸收薄膜

Stress analysis
AD03;BE04;CG12;DF00 应力分析

Stress concentration
CG03;CG12 应力集中

Stress determination
DF00 应力测定

Stress distribution
CG03;CG12 应力分布

Stress fatigue
CG04 应力疲劳

Stress measurement
DF00 应力测定

Stress of primary rock
CD01;CG03 原岩应力
Y:地应力

Stress tests
AH01;DF00 应力试验

Stressing state
AD03 应力状态

Stressometers
CG10 应力计

Stripping
DC00;DD00 剥离

Stripping
DC00 剥落

Stripping of aggregate
AC08 集料剥落

Stripping test
AH01 剥落试验

Stripping tests
AH01;DF00 剥离试验

Strong shock
CD02 强震

Structural alteration
DD00 改建*

Structural analysis
AD03;CG12 结构分析

Structural connection
DD00 连结
Y:连接*

Structural damping
CG08 结构阻尼

Structural design
AD03 结构设计

Structural failure
DC00 结构事故

Structural material
AF01 结构材料

Structural mechanics
AD03;CG04 结构力学

Structural member
AD06 结构构件

Structural models
DF00 结构模型

Structural steel
AF02 结构钢

Structural tests
DF00 结构试验

Structural unemployment
BB05 结构性失业

Structural vibration
CG08 结构振动

Structure
BC03;CI04 建筑物*

Structure
AD03;BC03 结构*

Structure (organization)
DD00 结构(组成)*

Structure safety
AD03 结构安全度

Structures
BC03 构筑物
Y:建筑物*

Structures
DG00 构造

Student flow
AJ04 学生客流

Student monthly ticket

AJ03 变电站*

Substitution
DD00 替换

Substructure
AD04 下部结构

Subtropical zone
CD03 亚热带

Suburban ferry
AJ04 郊县客渡

Suburban line
AJ03 郊区线路

Suburban monthly ticket
AJ04 郊区月票
Y: 月票

Suburban passenger flow
AJ04 郊区客流

Suburban shipping line
AJ03 郊县航线

Subway
AJ01 地下铁道

Subway bridge
AD01 地铁桥

Subway tunnel
AE01 地铁隧道

Successive approximation
CA00 逐次逼近法
Y: 逼近法

Suction dredger
BE03 吸扬式挖泥船

Suction dredgers
AG04 吸泥机

Sudden failure
AK04 突然故障

Suezmax tanker
BE01 苏伊士型油轮

Suitability
AI05;DC00 适应性

Suitable brilliance in tunnel
AI07 隧道适宜亮度

Sulfate resistance
DC00 抗硫酸盐性

Sulfoaluminate cement
AF04 硫铝酸盐水泥

Sulphate resistant cement
AF04 抗硫酸盐水泥

Sulphidization
DC00 硫化

Sulphur corrosion
AC08 硫侵蚀

Summarization
DA00 综述

Summer time
BF02;DJ00 夏令时

Sunk shaft
BC02;CI01 沉井

Sunk shaft foundation
AD11;CI01 沉井基础
Y: 沉井

Sunken fascine
BC06 沉排
Y: 柴排

Sunlight
CD03 日照

Superconductivity
DC00 超导性

Superconductor
CF04 超导体

Supercooling
DD00 过冷

Super-depth dredging
BD04 超深疏浚

Superposition
CA00;CG04 叠加

Superpurification
CK04 超净化

Superstructure
AD04;BE05 上部结构

Superstructure
BE05 上层建筑(船舶)
Y: 上部结构

Supervision
AA10 监督*

Supervision
DD00 监理

Supervision of construction
AB03 工程监理

Supervision of freight transportation
AA10 货运商务监督

Super-width dredging
BD04 超宽疏浚

Supplies
DD00 供应*

Supplies
DD00 供给
Y: 供应*

Supply arm
AJ03 供电距离

Supply arm
AJ03 供电臂
Y: 供电距离

Supply chain
BA06 供应链

Supply chain approach
BA06 供应链方法

Surrounding rock stress
AE06;CD01;CG03 围岩应力

Survey
AC01;DD00 测量*

Survey at station
AJ04 驻站调查

Survey at stop
AJ04 驻站调查

Survey for ship construction
BE07 船舶建造检验

Survey of cargo resources
AA03;BF01 货源调查

Survey report
DF00 考察报告

Survey vessels
BE03 测量船

Surveying
DD00;DF00 勘测*

Surveying and mapping
DD00 测绘

Surveying ship
BE03 航道测量船

Surveying vessel
BE03 航道测量船

Surveys
DD00;DF00 勘测*

Survey
DD00 测绘

Survival at sea
BH01 海上求生

Survival craft station
BF05 救生艇电台

Survival craft station
BF05 救生筏电台
Y：救生艇电台

Susceptivity analysis
AB03;BB05 敏感性分析

Suspended load
BC02;BD02 悬移质

Suspend sand
BD01 悬沙
Y：悬移质

Suspend shipping
AJ04 停航

Suspended sediment
BC02;BD02 悬浮泥沙
Y：悬移质

Suspended-particulate-phase test （SPP test）
BI03 悬浮颗粒物质性状试验

Suspending liquids
CC02 悬浮液

Suspension bridge
AD01 悬索桥

Suspension structure
AD04 悬吊结构

Sustainable development
BB03 可持续发展

Swell
BI04 涌浪

Swell
DC00 隆凸

Swelling test
AH01 膨胀试验

Swing bridge
AD01 平转桥

Swing
CG08 摇摆

Swinging area
BD01 调头区

Swinging screen
AG07 摇摆筛

Switch circuit
CF04 开关电路

Switch
CF01 开关

Switching value analysis
BG05 转换值分析
Y：临界值分析

Symbols
DA00 符号

Symmetry
DC00 对称性

Symposium
DB00 学术会议

Symposium
DB00 学术讨论会
Y：学术会议

Synchronism
DC00 同步性

Synchronous system
AI03 同步式系统

Synthesis
DD00 合成

Synthetic fibers
AF03 合成纤维

Synthetic fuels
CL03 合成燃料

Synthetic resins
CC04 合成树脂
Y：高聚物*

Synthetical economic criterion
BJ01 综合经济指标

Synthon
AF03 合成纤维

T

Y：税收减免

Tax adjustment
BA01 税收调整

Tax administration
BA01 税收征管

Tax administration
BA01 税务局

Tax allowance
BA01 税收优待

Tax amnesty
BA01 税收赦免
Y：税收减免

Tax articles
BA01 征税商品

Tax assessment
BA01 征税估值

Tax at the port
BA01 口岸纳税
Y：关税

Tax avoidance
BA01 合法避税

Tax avoidance
BA01 避税
Y：合法避税

Tax barrier
BA01 关税壁垒

Tax classification
BA01 税收分类

Tax clause
BA01 税收条款

Tax criterion
BA01 税收标准

Tax criterion
BA01 税收准则
Y：税收标准

Tax deduction
BA01 税收减免

Tax excluded in price
BA01 价外税

Tax exclusion
BA01 税收豁免
Y：税收减免

Tax free investment
BA01 免税投资

Tax free zone
BA01 免税区

Tax haven
BA01 避税港

Tax law
BA01 税法

Tax multiplier
BA01 税收乘数

Tax on aggregate income
BA01 综合所得税

Tax on business
BA01 营业税

Tax on capital
BA01 资本税

Tax on commodities
BA01 货物税

Tax on commodities in circulation
BA01 商品流通税

Tax on construction
BA01 建筑税

Tax on consumption
BA01 消费税

Tax on land
BA01 土地税

Tax on turnover
BA01 周转税

Tax on value added
BA01 增值税

Tax rate
BA01 税率

Tax reform
BA01 税制改革

Tax regulation
BA01 税收条例

Tax revenue
BA01；BG05 税收*

Tax schedule
BA01 税率表

Tax structure analysis
BA01 税收结构分析

Tax technique
BA01 课税方法

Tax technique
BA01 课税技术
Y：课税方法

Taxable amount
BA01 应税金额

Taxable base
BA01 税基

Taxable base
BA01 纳税基数
Y：税基

Taxable profit
BB04 应税利润

Taxation administration
BA01 税务管理

Taxation audit
BA01 税务审计

Taxation convention
BA01 税务条约

Techniques of testing
DF00 测试技术

Techno-economic rating
AK02 技术经济定额

Techno-economic rating for vehicle operation
AK02 汽车技术经济定额

Technological design
AA05 ;DD00 工艺设计

Technological equipment
AK05 工艺设备

Technological equipment of vehicle maintenance and repair
AK05 汽车维修工艺设备

Technological improvement
DE00 技术改进
Y: 技术改造

Technological innovation
DE00 技术革新
Y: 技术改造

Technological progress
DE00 技术进步

Technological revolution
DE00 技术革命
Y: 技术进步

Technology
DE00 技术*

Technology
DE00 工艺*

Technology design
AA05 ;DD00 工艺设计

Technology of detection
BE04 探测技术

Technology of hydraulic structure
BC02 水工结构学

Technology of ship construction
BE10 船体建造工艺

Tectonodynamic
CG06 构造动力学

Telemetering
CF02;DF00 遥测

Telemetry
CF02;DF00 遥测

Telephone
AJ03 电话*

Telescopic spreader
BA05 伸缩式集装箱吊具

Telex
BF05 用户电报

Telford base
AC04 块石基层

Temperate zone
CD03 温带

Temperature
DI00 温度*

Temperature controlled space
BA06 温度可控区

Temperature monitoring
CK03 温度监测

Temperature monitoring
DD00 温度控制

Temperature resistance
DC00 热稳定性

Temperature scanning unit
AH04 温度巡检箱

Temperature shrinkage
DC00 冷缩

Temperature stress
CG03 温度应力
Y: 热应力

Temporary bridge for construction
AD13 施工便桥
Y: 便桥

Temporary facilities
DD00 临时设施

Temporary line
AJ03 临时线路

Temporary shipping line
AJ03 临时航线

Temporary works
AB04 临时工程

Tenacity
CG02;DC00 韧性

Tendency
DA00 动态

Tendency
DB00 动向

Tendency forecasting
BB03 发展趋势预测

Tender
AB03;DD00 招标*

Tensile rigidity
CG02 抗拉刚度

Tensile split tests
AH01;CG10 拉裂试验

Tensile strength
CG02 抗拉强度

Tensile stress
CG03;CG05 拉应力

Tensile tests
AH01;CG10;DF00 抗拉试验
Y: 拉伸试验

Tensile tests
AH01;CG10 拉伸试验

AH03 试验仪

Testing devices
DF00 检验仪器

Testing equipment
AH04;DF00 试验设备

Testing machine
AD16;AH04 试验机

Tests
AH01;DF00 试验*

Tests
AH02;DF00 检验*

Texture meter
AH03 构造深度仪

Textures
DG00 构造

Thawing
DD00 融解

The capital asset pricing model
BB05 资本资产定价模型

The kind of freight rate
BG06 货物运价类别

The number of running accidents
AJ05 行车事故次数

The number of running responsible accidents
AJ05 行车责任事故次数
Y: 行车事故次数

The silk road
AB02 丝绸之路(古)

Thematic analysis
BJ01 专题分析

Thematic maps
DJ00 专题地图

Theorem
DA00 定理
Y: 定律*

Theoretical deflection coefficient
AC04 理论弯沉系数

Theoretical mechanics
CG01 理论力学

Theoretical research
DB00;DF00 理论研究

Theoretical systems
DB00 理论体系

Theories
DB00 理论*

Theory of elasticity
CG02;CG05 弹性理论

Theory of elastic-plasticity
CG05 弹塑性理论

Theory of large-scale system
BB05 大系统理论

Theory of plasticity
CG02 塑性理论

Theory of soil mechanics
CG06 土力学理论

Theory of vibration
CG08 振动理论

Thermal aging
DC00 热老化

Thermal calculation
CB00 热工计算

Thermal computation
CB00 热工计算

Thermal conductivity
DC00 导热性

Thermal container
BA05 保温集装箱

Thermal cracking
DC00 热裂缝

Thermal cracking
DC00 温度裂缝
Y: 热裂缝

Thermal decomposition
CC02 热分解

Thermal deformation
CG02 热变形

Thermal dewatering
DD00;DE00 干燥*

Thermal energy
CB00;CL02 热能

Thermal environment
CK01 热环境

Thermal expansion coefficient
CB00 热膨胀系数

Thermal expansion
CB00 热膨胀

Thermal fatigue
CG02;CG04 热疲劳

Thermal insulated trailer
AK01 保温挂车

Thermal insulated vehicle
AK01 保温货车

Thermal insulation course
AC04 隔温层

Thermal insulation material
AF01 保温材料

Thermal insulation material
AF01 隔热材料

Thermal pollution
CK02 热污染

Thermal properties
CB00;DC00 热学性质

AJ04 票务

Ticket checker
AJ02 检票机

Ticket checking
AJ04 查票

Ticket entrance
AJ03 检票口

Ticket exit
AJ03 验票口

Ticket hall
AJ03 售票厅

Ticket issuing system
AA02 售票系统

Tidal current
BC02 潮流

Tidal energy resources
BD06 潮汐能资源

Tidal level
BC02 潮位

Tidal observation
BC02 潮汐观测

Tidal power station
BD06 潮汐电站

Tide
BC02;CI05 潮汐

Tide gates
BD03 挡潮闸
Y: 拦潮闸

Tide lock
BD03 拦潮闸

Tide lock
BD03 挡潮闸
Y: 拦潮闸

Tie back strength
CG02 锚拉强度
Y: 锚固强度

Tie bar
AC04 拉杆

Tie bar
AD06 系杆

Tie bar arch
AD04 系杆拱

Tied arch bridge
AD01 系杆拱桥

Timber
AF03 木材

Timber carrier
BE01 木材运输船

Time
AJ04;DJ00 时间*

Time bar
BA01;DB00 时效

Time charter
BF06 期租

Time delay circuit
CF04 延时电路

Time fare system
AJ04 计时票制

Time headway
AI01 车头时距

Time insurance
BA04 定期保险

Time limitation
BA01;DB00 时效

Time limitation
DA00 期限

Time limits
DA00 期限

Time mean speed
AI01 时间平均速度

Time measurement
DD00 计时

Time non-equilibrium factor of passenger flow
AJ05 客流时间不均衡系数

Time occupancy ratio
AI01 时间占有率

Time to closest point of approach(TCPA)
BF02 最近会遇时间

Time variability
DC00 时变性
Y: 时变系统

Time variability systems
DC00 时变系统

Time variation
DC00 时间变化

Timed stop
AJ03 定时车站

Time-limit of claims
BA07 索赔时效

Timetable
AJ04 行车时刻表

Timing controller
AI03 定时信号控制机

T-intersection
AC05 丁字形交叉

Tipcars
AG06 翻斗车

Tipping lorries
AG06 翻斗车

Titration
CC03 滴定

Toll bridge
AD01 收费桥

Torsional rigidity
CG02 抗扭刚度

Torsional strength
CG02 抗扭强度

Torsional stress
CG03 扭转应力

Total emissions control
CK04 总排污量控制

Total energy consumption
BJ03 能源消耗总量

Total kilometrage
AA01 总行程
Y：行程

Total loss
BA04 全损

Total loss only
BA04 船舶全损险

Total oxygen demand
CK04 TOD
Y：总需氧量

Total oxygen demand
CK04 总需氧量

Total sewage disposal
CK04 总排污量控制

Total vehicle-ton (seat)-days
AA07 总车吨(客)位日

Toughness
CG02;DC00 韧性

Toughness apparatus
AH03 韧度试验仪

Toughness tests
DF00 韧性试验

Tour harbours
BC01 旅游港

Touring bus
AJ02 旅游车

Touring line
AJ03 游览线路

Touring ship
BE01 旅游船

Tourism
DA00 旅游业

Tourist ship
BE01 旅游船

Tow
BF06 船队*

Towed barge flotillas
BF06 拖驳船队

Towed vibratory roller
AG07 拖式振动压路机

Tower cranes
AG06 塔式起重机

Tower pier
AD09 塔架桥墩

Towing tank
BE09 拖曳水池

Towing train
BF06 拖驳船队

Towing unit
BF06 拖驳船队

Township road
AB02 乡公路

Toxic gases
CK02 有毒气体

Toxic substances
CK02 有毒物质
Y：毒物

Toxicological test
BI03 毒物学试验

Toxicology
BI03 毒物学

Trace element
CC01 微量元素

Trace method
DF00 示踪法

Track
AJ03 轨道*

Track (TK)
BF02 航迹

Track bearing capacity
CG03 轨道承载力

Track circuit
AJ03 轨道电路

Track excavators
AG04 轨轮式挖掘机

Track maintenance
AJ03 线路维修

Track overhaul
AJ03 线路大修

Track structure
AD07 轨道结构

Traction pulling erection
AD14 拖拉法架桥

Tractional load
BC02;BD01 推移质

Tractive effort
CG03 牵引力

Tractive force
CG03 牵引力

Tractive power supply system
AJ03 牵引供电系统

Tractor
AJ02;AK01 牵引车

BA03 交通管制

Traffic control systems
BA03 交通管制系统

Traffic converging
AI01 交通汇合

Traffic count station
AI02 交通量观测站*

Traffic court
AI05 交通法庭

Traffic data management systems
BA03 交通数据管理系统

Traffic delay
BA03 交通延误

Traffic delay costs
BA03 交通延误成本

Traffic delay costs
BA03 交通延误费用

Traffic delay study
BA03 交通延误研究

Traffic demand
AI01;BB03 交通需求

Traffic demand forecast
AI02 交通需要预测

Traffic density
AI01 交通密度

Traffic direction block
AI07 交通指路牌

Traffic direction stud
AI07 交通指向钮

Traffic diverging
AI01 交通分流

Traffic divided blocks
AI07 交通隔离墩

Traffic estimation
BA03 交通量估算

Traffic facilities
AI07 交通设施

Traffic factor
AI01 交通因素

Traffic flow
AI01;BA03 交通流
Y: 交通流量

Traffic flow
BA03 交通流量

Traffic flow characteristics
BA03 交通流特征

Traffic flow forecasting
BA03 交通流预测

Traffic flow pattern
BA03 交通流类型

Traffic flow rate
AI01 交通流率

Traffic flow simulation
BA03 交通流模拟

Traffic flow theory
AI01;BA03 交通流理论

Traffic flow/flow analysis
BB03 交通流量流向分析

Traffic forecast
AA01;BB03 运输预测

Traffic guardrail
AI07 交通护栏

Traffic guidance
AI04 交通指挥

Traffic information system
AI03;BA03 交通信息系统

Traffic interference
AI01 交通干扰

Traffic island
AC05 交通岛

Traffic laws
BA01 交通法

Traffic loads
BA03 交通负荷
Y: 交通流量

Traffic management
BA03 交通管理

Traffic management devices
AI07 交通管理设施

Traffic maps
DJ00 交通图

Traffic market
AA01 运输市场

Traffic modal choice model
AI02 交通方式选择模型

Traffic mode
AI02 交通方式

Traffic model
AI01 交通模型

Traffic morality
AJ01 交通道德

Traffic network
AI01 交通网络

Traffic noise
CK02 交通噪声

Traffic patrolling
AI04 交通巡逻

Traffic peak
AA01 运输高峰

Traffic planning
AI02;AJ01;BA03;BB03 交通规划

Traffic prohibited
AI03 禁止通行

Transducer
AH03;DE00 传感器

Transducers
DE00 换能器

Transfer
AJ04 换乘*

Transfer
DD00 转换*

Transfer coefficient
CA00 传递系数

Transfer distance
AJ04 换乘距离
Y:换乘

Transfer document of combined transport cargo
BA06 联运换装交接单

Transfer of technology
DE00 技术转让
Y:技术引进

Transfer passenger
AJ04 换乘乘客

Transfer rate
AJ04 换乘率
Y:换乘

Transfer station
AJ03 换乘站

Transfer stop
AJ03 换乘站

Transfer time
AJ04 换乘时间
Y:换乘

Transfer transport
BA02;BA06 中转运输

Transfer transportation
BA02;BA06 中转运输

Transformation
AC07;DD00;DE00 改造*

Transformations
DC00 可变换性

Transformer
CF01 变压器

Transgressive littoral deposits
BC02 海岸侵蚀沉积

Transient load
CG11 瞬时载荷

Transient response
DC00 瞬变效应

Transient waves
BD02 瞬态波

Transistor
CF04 晶体管

Transit
AA02 运送

Transit duty
BA01 过境税

Transit system
AJ01 客运系统

Transit system
AJ01 公共交通系统

Transit system
BF05 海军导航卫星系统

Transit transportation
BA02 过境运输

Transit trip
AJ04 公共交通出行

Transition curve
AC02 缓和曲线

Translation
DF00 翻译*

Transmissibility
CD01;DI00 透过率

Transmission
CF01 输电

Transmission
DE00 传动

Transmission devices
BE08 传动装置

Transmissivity
CD01;DI00 透过率

Transom sterns
BE05 艉构架

Trans-Pacific Discussion Agreement (TP-DA)
BF01 泛太平洋讨论会协议

Transparency
DI00 透明度

Transport
BA02 交通运输
Y:运输*

Transport
BD02 输移*

Transport accident
AA01 运输事故

Transport capacity
AA01;BB03 运输能力

Transport chain
BA06 运输链

Transport development
BA03 运输发展

Transport economics
BG01 运输经济学

Transport mark
BI01 运输标志

Transport means
AJ02 交通工具

Transportation policy
BB02 运输政策

Transportation productivity
BB03 运输生产率

Transportation rate
AA08 运价率

Transportation regulation
BB02 运输管制

Transportation regulation
BB02 运输规制
Y: 运输管制

Transportation research
BB03;BB05 运输研究

Transportation route
AA01 运输线路

Transportation safety
AA06;BI01 运输安全

Transportation safety
AA06;BI01 运输安全

Transportation sector
BA03 运输部门

Transportation security
BB03 运输保证

Transportation service enterprises
AA09 运输服务企业

Transportation statistics
BJ02 运输统计

Transportation system
AI02;BA03 运输系统

Transportation system costs
BG05 运输系统成本

Transportation system costs
BG05 运输系统费用

Transportation system design
BA06 运输系统设计

Transportation system management
BA03 运输系统管理

Transportation system management(TSM)
AI04 交通系统管理

Transportation systems analysis
BA03 运输系统分析

Transportation systems planning
BA03 运输系统规划

Transportation technology
BA03 运输技术

Transportation volume
BJ03 运输量

Transversal beam
AD07 横梁

Transversal distribution measurement of girder deflection
AH02 挠度横向分布测量

Transverse bracing
AD06 横向竖联结系

Transverse crack
AC08 横向裂缝

Transverse drainage
AC06 横向排水

Transverse joint
AC04 横缝

Transverse load
CG11 横向载荷

Transverse section plan
BE06 横剖面图

Transverse waves
CG08 横波

Trapezoids
DH00 梯形

Trass cements
AF04 火山灰硅酸盐水泥

Travel demand
AI01;BB03 交通需求

Travel performance test
AG11 行驶性能试验

Travel speed
AI01 行程车速

Travel time
AI01 行程时间

Travel time
AI02;AJ04;BB03 出行时间

Traveling crane
AG06;BA08 桥式起重机

Travelling cradle
AD14 活动吊架

Travelling speed
AJ05 运送速度

Travelling speed
AJ05 旅行速度
Y: 运送速度

Travelling-beam testing device for deck surface irregularity
AH03 桥面平整度测定仪

Travel-time ratio
AI01 行程时间比
Y: 行程时间

Traverse
AC01 导线

Traverse survey
AC01 导线测量

Trawl fishing
BF04 拖网作业

Trawlboat
BE02 拖网渔船

Truck
AK01 载货汽车

Truck mixer
AG07 混凝土搅拌输送车

Truck mounted mixers
AG03 汽车式搅拌机

Truckload rate
AA08 整车运价

Truck-load transport
AA03 整车货物运输

Truck-trailer/Tractor-trailer transportation
AA01 拖挂运输

Trumpet interchange
AC05 喇叭形立交

Trunk line combined transport
BA06 干线联运

Trunk line-branch line combined transport
BA06 干支线联运

Trunk road transportation
AA01;BA02 干线运输

Trunk stream
BD01 干流

Trunk transportation
AA01;BA02 干线运输

Truss
AD04 桁架*

Truss
AD05 桁梁

Truss bridge
AD01 桁架桥

Truss structure
AD04 桁架结构

Trussed arch bridge
AD01 桁架拱桥

Trust arch
AD04 推力拱

T-shaped rigid frame bridge
AD01 T 形刚构桥

T-shaped truss rigid frame bridge
AD01 桁式 T 形刚构桥

Tsunami
BI04 海啸

Tubes
AF02;DG00 管*

Tubular piles
CI01 管柱桩

Tubular steel scaffolds
AG09 钢管脚手架

Tug
BE02 拖轮

Tug
BE02 拖船
　　Y：拖轮

Tugboat
BE02 拖轮

Tugboat
BE02 拖船
　　Y：拖轮

Tune -up
AK05 检修(发动机)

Tuning
BF05 调谐

Tunnel
AE01;BD03 隧道*

Tunnel arch
AE03 拱圈

Tunnel boring machines(TBM)
AG04 隧洞掘进机
　　Y：隧道掘进机

Tunnel construction
AE04 隧道施工

Tunnel construction machinery
AE05 隧道施工机械

Tunnel construction method
AE04 隧道施工方法

Tunnel defect
AE11 隧道病害

Tunnel design
AE03 隧道设计

Tunnel disaster prevention equipment
AE14 隧道防灾设施

Tunnel drainage
AE10 隧道排水

Tunnel driving machine
AE05;AC04 隧道掘进机

Tunnel engineering
AE01 隧道工程

Tunnel entrance brilliance
AI07 隧道入口区亮度

Tunnel environment
AE12 隧道环境

Tunnel excavation
AE04 隧道开挖

Tunnel fire proofing
AE14 隧道防火

Tunnel group
AE03 隧道群

Tunnel holing-through
AE04 隧道贯通

Tunnel lighting
AE09;AI07 隧道照明

Tunnel maintenance
AE12 隧道养护

Typhoon
BI04;CD03 台风

Typhoon anchorage
BC01 防台锚地

Typhoon warning(TW)
BI04 台风警报

Typhoonavoid
BF02 避风

Typical design
DD00 定型设计
Y：标准设计

Tyre crane
AG06 轮胎式起重机

Tyre mileage rating
AK02 轮胎行驶里程定额

Tyre recapping rate
AK02 轮胎翻新率

Tyre scuffs
AK03 压印(轮胎)
Y：车辙

Tyre skid
AK03 拖印(轮胎)
Y：车辙

U

Ultimate
CG04;DI00 极限*

Ultimate design
AD03 极限设计

Ultimate load
CG11 极限载荷

Ultimate states
AD03;DC00 极限状态

Ultimate strength
CG02 极限强度
Y：强度极限

Ultimate strength method
CG04 极限强度法

Ultra large crude carrier
BE01 超大型油轮

Ultra large crude carrier
BE01 ULCC
Y：超大型油轮

Ultra large integrated circuit
CF04 超大规模集成电路

Ultrasonic examination
AH02;DF00 超声检测

Ultrasonic examination
DF00 超声波检查
Y：超声检测

Ultrasonic pulse velocity measurement device
AH03 超声脉冲测量仪

Ultrasonic test of concrete strength
AH02 混凝土强度超声检测

Ultrasonic test of strength
AH02 强度超声检测

Ultrasonic tests
AH02;DF00 超声检测

Ultra-sonic vehicle detector
AI03 超声波车辆检测器

Ultrasonic wave utilization
CB00 超声波应用

Ultraviolet radiation
CB00 紫外辐射

Ultraviolet radiation
CB00 紫外线
Y：紫外辐射

Ultraviolet rays
CB00 紫外线
Y：紫外辐射

Ultraviolet spectra
CC03 紫外光谱

UN Conference on Trade and Development(UNCTAD)
BA01 联合国贸发会议

UN Law of Sea Conference
BF01 联合国海运会议

UN Maritime Transport Study
BA09 联合国航运研究

UN number
BI01 联合国编号

UN Shipping Board
BA09 美国航运委员会

Unacceptable risk
BB04 不可接受风险

Unattended machinery space
BE08 无人机舱
Y：机舱自动化

Unbalance factor
AA10 不平衡系数(运输)

Unbalanced distance of empty container
AA08 非对流空箱里程
Y：对流空箱里程

Uncertainty analysis
BB04 不确定性分析

Uncompleted competition
BG03 不完全竞争
Y：国际竞争

Unconfined compression strength
CG09 无侧限抗压强度

Unconfined compression strength test
AH01 无侧限抗压强度试验
Y：侧限抗压强度试验

Unconstrained operation

Uniformity
DC00 匀质性
Y：均匀性

Unit barge
BE01 分节驳

Unit diagnosis
AK04 单元诊断

Unit exchange repair method
AK05 总成互换修理法

Unit loading and unloading
BA06 单元装卸

Unit of measurement
DI00 计量单位

Unit outfitting
BE08 单元舾装

Unit repair
AK05 总成修理

Unit repair plant
AK05 汽车总成修理厂

Unit size
CB00;DI00 粒度

Unit weight
DI00 容重
Y：比重

Unitized cargo
BI01 成组货

Unitized transportation
BA02 成组运输

Unit
DB00 单元

Unit
DI00 单位*

Unity cost
BG05 单位成本

Universal container fork lift
AA05 通用型集装箱叉车

Universal photo
AC01 全能法测图

Universal time
BF02;DJ00 世界时
Y：格林尼治平时

Unloaded kilometrage (empty vehicle-kilometer)
AA07 空车行程(空车公里)

Unloading
DE00 卸荷

Unloading
DE00 卸载
Y：卸荷

Unmanned machinery space
BE08 无人机舱
Y：机舱自动化

Unmanned vehicles
BE01 无人驾驶船舶

Unoperating rate
AA07 停驶率

Unreasonable transportation
BB03 不合理运输

Unsaturated polyesters
CC04 不饱和聚酯

Unsaturated soil
CG06 不饱和土

Unsaturated soil
CG06 非饱和土
Y：不饱和土

Unscheduled maintenance
AK04 计划外维护

Unscheduled repair
AK05 非计划修理
Y：计划修理

Unstability
DC00 不稳定性
Y：稳定性

Unstable traffic flow
AI01 不稳定性交通流
Y：稳定交通流

Unsteady flow
CG07 不稳定流

Unsteady state
DB00 非稳态

Unstuffing
AA05 掏箱

Upheaval
AC08 拥包

Upheaval leveling
AC07 铲除拥包

Upper harmonic vibration
CG08 高谐振动

Upper reach
BD01 上游

Upper-limit ratio
AA08 上限比差

Upstream shipping
AJ04 上水航行

Urban and rural greening
CK07 城乡绿化

Urban and rural planting
CK07 城乡绿化

Urban bus transport
AA02 城市公共客运

Urban coastal area
BC04 城市海滨地区

Urban ecology
CK05 城市生态

Urban ferry

Vehicle repair on universal post
AK05 汽车修理定位作业法

Vehicle repair plant
AK05 汽车修理厂

Vehicle repair technical standard
AK05 汽车修理技术标准

Vehicle repair technology
AK05 汽车修理工艺

Vehicle replacement
AK02 车辆更新

Vehicle ride comfort
AK04 汽车乘坐舒适性

Vehicle running smoothness
AK04 汽车行驶平顺性

Vehicle safety
AK04 汽车安全性

Vehicle safety inspection and test
AK05 汽车安全检测

Vehicle scrapping
AK02 车辆报废

Vehicle service life
AK02 车辆使用寿命

Vehicle technical file
AK02 车辆技术档案

Vehicle technical service life
AK02 车辆技术使用寿命

Vehicle type detector
AI03 车型检测器

Vehicle utilization convenience
AK04 汽车使用方便性

Vehicle wear-out
AK04 汽车损耗

Vehicle weight efficiency
AK04 汽车重量利用系数

Vehicle-days
AJ05 车日

Vehicle-kilometre cost
AJ05 车公里成本

Vehicles per resident
AJ05 居民拥有车辆

Vehicular bump-integrator
AH03 车载式颠簸累积仪

Vehicular gap
AI01 车间净距

Velocity of flow
CG07;CI05 流速

Vendor managed inventory
BA06 供应商管理库存

Ventilation
AE08;CI04 通风*

Ventilation equipment
AE08;CI04 通风设备

Ventilation experiments
DF00 通风试验

Ventilation systems
BE08 通风系统

Venture analysis
BB04 风险分析

Venture management
BB04 风险管理

Verge
AC02 路肩

Verification
DD00;DF00 鉴定*

Vertical
DH00 垂直

Vertical alignment
AC02 纵面线形

Vertical drainage
AC06 竖向排水

Vertical greening
CK07 垂直绿化

Vertical load
CG11 竖向载荷

Vertical planting
CK07 垂直绿化

Vertical quays
BC01 直立式码头

Vertical ship lifts
BD03 垂直升船机

Vertical transit system
AJ01 垂直运输系统

Vertical transportation equipment
AG06 垂直运输设备

Vertical vibration
CG08 垂直振动

Verticality
DI00 垂直度

Very large crude carrier
BE01 大型油轮

Very large crude carrier
BE01 VLCC
Y：大型油轮

Vessel
BE01 船舶*

Vessel
BE01 船
Y：船舶*

Vessel reporting system
BF06 船舶报告系统

Vessel wastes
BI02 船舶废弃物

VHF communication

Vibratory tamper
AG07 振动冲击夯

Vibro-extruded concrete
AF07 振动挤压混凝土

Vibro-hydropressed concrete
AF07 振动挤压混凝土

Vibrostand
AH04 结构振动试验台

Vicat apparatus
AH03 维卡稠度仪

Video camera tube
CF04 摄像管

Video recording
DD00 录像

Video tube
CF04 显像管

Vierendeel truss
AD04 空腹桁架

Vehicle purchase additional fee
AB03 车辆购置附加费

Violated passenger
AJ04 违章乘客

Virtual memory
CF03 虚拟存储器

Virtual warehouse
BA06 虚拟仓库

Viruses
CE01 病毒

Viscoelastic theory
AC04;CG02 粘弹性理论

Viscoelasticity
CG02;DC00 粘弹性

Viscoelasticity theory
AC04;CG02 粘弹性理论

Viscoplasticity
CG02;DC00 粘塑性

Viscosity
BC02;DC00 粘性

Viscosity
DI00 粘度

Viscosity test
AH01 粘滞度试验

Viscosity tests
CG10;DF00 粘度试验

Viscous fluids
CG07 粘性流体

Visibility
AI05;BD05 能见度

Visibility
BD05 水平能见度(航标)

Visible information
CF03 可视信息

Vision
AI05 视力*

Vision with both driver and object moving
AI05 全动视力

Vision with driver moving
AI05 人动视力

Vision with object moving
AI05 物动视力

Vista
AC02 公路景观

Visual acuity
AI05 视觉敏锐度

Visual aids
BD05 视觉航标

Visual inspection
AH02 外观检验

Visual range
AC02;AC05;BF02 视距

Vocabulary
DF00 词汇*

Void ratio
BC02;CG09;DI00 孔隙率

Void ratio of soil
CD01 土壤孔隙率

Volatile matter content test
AH01 挥发物含量试验

Volcanic ash soil
CG06 火山灰土

Volcanic rocks
AF05 火山凝灰岩

Voltage
CF01 电压

Voltage measurement
CF01 电压测量

Volume
AA01 运量

Volume
DI00 容量

Volume
DI00 体积

Volume changes
DI00 体积变化

Volume conversion coefficient
BA02 容积系数

Volume conversion coefficient
BA02 体积系数
Y: 容积系数

Volume of combined transport cargo in storage
BJ02 联运存储量

Volume of container transportation

AE14 报警装置

Warning sign
AI07 警告标志

Warping stress
AC04;CG03 翘曲应力

Wash loads
BD01 冲泻质

Washer
AK05 清洗机

Washing
AC03;AC08;BD02;CI05;冲刷*

Washing
DD00 水洗

Washing
DD00 洗涤*

Washout
AC08 水毁

Wash-out
BD01 冲溃
Y:溃决

Waste
AC03 弃土

Waste discharge
CK04 废物投弃
Y:废物排除

Waste disposal
BI03 废弃物抛放

Waste disposal
CK04 废物处置
Y:废物处理

Waste gas treatment
CK04 废气处理

Waste gases
CK02 废气

Waste heat
CK02 余热

Waste heat
CK02 废热
Y:余热

Waste heat recovery
CK06;CL02 废热回收
Y:热回收

Waste heat utilization
BD06;CK03 余热利用

Waste heat utilization
BD06;CK03 废热利用
Y:余热利用

Waste recovery
CK06 废品回收
Y:有用物质回收

Waste residues
CK04 废渣

Waste solidification
CK04 废物固化

Waste test
CK04 废物试验

Waste treatment
BI03 废弃物处理

Waste treatment
CK04 废物处理

Waste treatment equipment
CK04 废物处理装置

Waste water
BI02 废水

Waste water composition
CK04 废水成分

Waste water decomposition
CK04 废水分解

Waste water reuse
CK05 废水回用
Y:污水利用

Waste water utilization
CK05 废水利用
Y:污水利用

Waste water
CK02 污水

Wastes
BI01;CK04 废弃物
Y:废物*

Wastes
CK04 废物*

Wastes disintegration
CK04 废物分解

Wastes transportation
AA03 垃圾运输

Watchkeeping
BF04 值班

Water
AC06 水*

Water absorption
DC00 吸水

Water absorptivity test
AH01 吸水率试验

Water barge
BE02 供水驳

Water basins
BC05 水池*

Water body
CI05 水体

Water bound macadam
AC04 水结碎石路面

Water cement ratio
AF07;DI00 灰水比
Y:水灰比

Water channels

Water quality investigations
CK04 水质调查

Water quality management
BI03;CK01 水质管理

Water quality monitoring ships
BE02 水质监测船
Y: 环境污染监测船

Water quality monitoring
BC02;BI03;CK03 水质监测

Water quality standard
BI03;CK03 水质标准

Water quality tests
CK04;DF00 水质试验

Water Quantity and Quality Research
BI03 水量与水质研究

Water reducing agent
AF03 减水剂

Water repellency
DC00 憎水性

Water resistance
DC00 耐水性

Water resources
BD06 水资源*

Water resources
BD06 水利资源
Y: 水资源*

Water resources development
BD06 水利资源开发*

Water retaining rate
DI00 吸水率

Water rise
CI05 涨水

Water ship
BE02 供水船

Water shut off
DE00 堵水

Water source protection
CK01 水源保护

Water spray
DE00 喷水

Water stability
CG09 水稳性

Water storage
BC02 蓄水量

Water storage capacity
DI00 储水量

Water supply and drainage
CI03 给排水

Water supply pumps
AG02 给水泵
Y: 水泵

Water survey
BC02;CI05 水文调查

Water transport enterprises
BG07 水路运输企业

Water transportation
BA02 水路运输

Water transportation forms
BA02 水上运输方式

Water transportation networks
BB03 水运网

Water transportation statistics
BJ02 水运统计

Water-cement ratio
AF07;CG09;DI00 水灰比

Waterjet propulsion
BE08 喷水推进

Waterline
BE06 水线

Waterplane coefficient
BE06 水线面系数

Water-proof asphalt membrane
AD07 沥青薄膜防水层

Water-proof asphalt-felt
AD07 油毡防水层

Water-proof coating
AD07 防水涂层

Waterproof concrete
AF07 防渗混凝土

Waterproof concrete
AF07 防水混凝土
Y: 防渗混凝土

Waterproof layer
AD07;AE10;DB00 防水层

Waterproof material
AE10;AF01 防水材料

Waterproofing board
AE10 防水板

Water-quality analysis
BC02 水质分析

Water-quality monitoring
BC02;BI03;CK03 水质监测

Waters
DJ00 水域

Watershed models
BD01 流域模型

Watersheds
BD01;CD01;CI05 流域

Water-stop agent
AF03 止水剂

Watertight bulkhead
BE05 水密隔舱

Watertight diaphragm
BC03 防渗心墙

AK04 磨损率

Wear test
AG11;AH01;DF00 磨损试验

Wearing
AC08;AK04;DF00 磨损

Wearing course
AC04 磨耗层

Weather detector
AI03 气象检测器

Weather facsimile receiver
BF05 气象传真接收机

Weather forecast
BI04 天气预报

Weather proofing
DC00 耐风化性
Y: 耐候性

Weather resistance
DC00 耐候性

Weathering steel
AF02 耐候钢

Weatherproofness
BA05 集装箱风雨密性

Weaving area
AI04 交织区桥

Weaving mattress
BC06 柴排

Weaving section capacity
AI02 交织区通行能力

Weaving traffic flow
AI01 交织交通流

Web member
AD06 腹杆

Web plate
AD06 腹板

Weep-hole
AC06 泄水孔
Y: 泄水口

Weibull distributions
CA00 韦伯分布

Weighing system
AG07 称重系统

Weight
CB00 重量

Weight ton
BJ05 重量吨

Weighted residual method
CA00;CG04 加权残值法

Weighted residual method
CA00;CG04 加权残数法
Y: 加权残值法

Weighting
CA00;DB00 加权

Weir crests
BD02 堰顶

Weirs
BC03;BD02 堰

Weld seam
AD06 焊缝

Weldability tests
DF00 可焊性试验

Welded girder
AD05 焊接梁

Welded joint
AD06 焊接结点

Welded joint strength test
AH01 焊接接头强度试验(钢筋)

Welding
BE10 焊接*

Welding equipment
AG09 焊接设备

Welding fluxes
BE10 焊剂

Welding guns
AG09 焊枪

Well-conditioned ship rate
AJ05 完好船率

Well-conditioned ship-days
AJ05 完好船日
Y: 船日

Well-conditioned vehicle rate
AJ05 完好车率

Well-conditioned vehicle-days
AJ05 完好车日
Y: 车日

Wet method
DE00 湿法

Wet traffic accident
AI05 雨天事故

Wetness
CD03;DC00 潮湿

Wetting and drying test
AH01 干湿试验

Wharfage
BA02 停泊费

Wharf-frontage depth
BJ03 码头前沿水深

Wharves
BC01 码头*

Wheel alignment meter
AK05 车轮定位仪(汽车)

Wheel dynamic balancer
AK05 车轮动平衡仪

Wheel lock up
AK04 车轮抱死(汽车)

Workability
AF07;CG09;DC00;DI00 和易性

Workability of concrete
AF07;CG09;DC00;DI00 和易性

Working
AD12;DD00 加工*

Working condition
AK04;DC00 工况

Working craft
BE02 工作船
　Y:工作艇

Working load
CG11 工作载荷

Working load
CG11 使用载荷
　Y:工作载荷

Working principles
DB00 工作原理

Working rate
AA07 工作率

Working ship
BE03 工程船舶

Working ship
BE03 工程船
　Y:工程船舶

Working ship rate
AJ05 工作船率

Working ship-days
AJ05 工作船日
　Y:船日

Working stress
CG03 工作应力

Working trip
AJ04 工作出行

Working vehicle hour
AJ05 工作车时
　Y:车时

Working vehicle rate
AJ05 工作车率

Working vehicle-days
AJ05 工作车日
　Y:车日

Working-day cost
AG10 台班使用费

Works
DA00 作品

Works
DE00 工厂*

World price
BG06 世界价格

World Trade Organization(WTO)
BA01 世界贸易组织

Wreck
BH03 沉船

Wreck salvage
BH01 海难救助

Wreck surveying
BH03 沉船勘测

Wreckage
BI04 船舶失事
　Y:船舶遇难

Wrecking car
AJ02 救护车

W-type guardrail
AI07 W 型护栏(交通)

X

X-ray detection
DF00 X 射线探测

X-ray diffraction
CB00;CC03 X 射线衍射

X-ray diffractometers
CC03 X 射线衍射仪

X-ray spectra
CB00;CC03 X 射线谱

X-ray stress analysis
DF00 X 射线应力分析

X-ray stress measurement
DF00 X 射线应力测定
　Y:X 射线应力分析

X-rays
CB00 X 射线

Xylophyta
CE03 木本植物

Yacht
BE01 游艇

Yaw
BF02 偏转

Yawing
BE04 艏摇

Yearbook
DF00 年鉴

Yield
CG03 屈服

Yield line method
CG04 塑性铰线法

Yield line method
CG04 屈服线分析
　Y:塑性铰线法

Yield point
CG02;CG12 屈服点
　Y:屈服强度

参考文献

[1] 全国科学技术名词审定委员会.公路交通科技名词.北京:科学出版社,1996

[2] 交通部公路科学研究所,交通部公路局.GB 8226—1987　公路运输术语.北京:中国标准出版社,1988

[3] 北京市公共交通研究所,北京工业大学,北京建筑工程学院.GB 5655—1985　城市公共交通常用名词术语.北京:中国标准出版社,1986

[4] 交通部标准计量研究所,中国长江轮船总公司,国家计委综合运输研究所,山东省航运管理局.GB/T 16158—1996　内河船舶分类与代码.北京:中国标准出版社,1996

[5] 美国国家技术情报局(NTIS)文摘数据库部分条目

[6] British Maritime Technology Abstracts. British Maritime Technology Limited, UK

[7] 全国科学技术名词审定委员会.海峡两岸船舶工程名词.北京:科学出版社,2003

[8] 大连海运学院,广州海运局.JT 4607—1989　水上通信、导航术语.北京:人民交通出版社,1991

[9] United Nations Economic and Social Commission for Asia and Pacific. The economic regulation of transport infrastructure facilities, services and economics-Principles and Issues, 2001

[10] A.Gyr, Wolfgang Kinzelbach. Sedimentation and Sediment Transport. Springer, 2003

[11] A R J M Lloyd. Seakeeping: Ship Behaviour in Rough Weather. 26 Spithead Avenue, Gosport, Hampshire, UK, 1998

[12] 中国科学技术情报研究所《汉语主题词表》自然科学部分维护组.汉语主题词表　自然科学(增订本).北京:科学技术文献出版社,1991

[13] 铁道部科学技术信息研究所.中国铁路叙词表.北京:北京科学技术出版社,1998

[14] 魏铁进,等.管理科学主题词表.北京:机械工业出版社,1996

[15] 中国社会科学院语言研究所词典编辑室.现代汉语词典.北京:商务印书馆,2005

[16] 清华大学外语系《英汉科学技术词典》编写组. 英汉科学技术词典.北京:国防工业出版社,1989

[17] 交通部第二航务工程局设计院《港口航道工程词典》编写组.英汉港口航道工程词典.北京:人民交通出版社,1981